Im Geisteskampf

Im Geisteskampf

Der Verlag Philipp Reclam jun. 1933–1945

Karolin Bove

HEIDELBERG
UNIVERSITY PUBLISHING

ORCID®
Karolin Bove https://orcid.org/0000-0003-1226-8867

Dissertation, Universität Leipzig (ROR: https://ror.org/03s7gtk40), Fakultät für Sozialwissenschaften und Philosophie, Institut für Kommunikations- und Medienwissenschaft, 2022.

Besonders gedankt sei dem ehemaligen Geschäftsführer des Reclam Verlags (1998–2015), Dr. Frank Rainer Max, der 2010 die wissenschaftliche Forschung zur Geschichte des Verlags während des Nationalsozialismus anregte und der Verfasserin den Zugang zum damals noch in den Räumen des Reclam Verlags in Ditzingen bei Stuttgart befindlichen Verlagsarchiv ermöglichte.

Diese Publikation wurde unterstützt durch den Open-Access-Publikationsfonds der Universität Leipzig.

Bibliografische Information der Deutschen Nationalbibliothek
Die Deutsche Nationalbibliothek verzeichnet diese Publikation in der Deutschen Nationalbibliografie; detaillierte bibliografische Daten sind im Internet über http://dnb.dnb.de abrufbar.

Publiziert bei Heidelberg University Publishing (heiUP), 2024

Universität Heidelberg / Universitätsbibliothek
Heidelberg University Publishing (heiUP)
Grabengasse 1, 69117 Heidelberg
https://heiup.uni-heidelberg.de

Die Online-Version dieser Publikation ist auf den Verlagswebseiten von Heidelberg University Publishing https://heiup.uni-heidelberg.de dauerhaft frei verfügbar (Open Access).

urn: urn:nbn:de:bsz:16-heiup-book-1285-5
doi: https://doi.org/10.17885/heiup.1285

Umschlagabbildung: Fotografie, Karolin Bove 2024

ISBN 978-3-96822-249-3 (Hardcover)
ISBN 978-3-96822-248-6 (PDF)

Inhalt

Abbildungs- und Tabellenverzeichnis 9

Abkürzungs- und Siglenverzeichnis 15

1 Einführung 17

1.1 Tradition und Konvergenz – Reclam als Forschungsgegenstand 17

1.2 Diskurs und Kritik – zum Forschungsstand 21

1.3 Verlag und Umwelt – zum theoretischen Hintergrund 34

1.4 Logik und Lücke – zur Quellenlage 39

1.5 Hermeneutik und Inhaltsanalyse – zur methodischen Konzeption 43

2 Wirtschaftliche und betriebliche Entwicklung 51

2.1 Am Rand der Insolvenz. Ursachen und Strategien 51
2.1.1 Viele Veränderungen, wenig Erfolg 53
2.1.2 Stabilisierung am Vorabend des Kriegs 60

2.2 Verlegen unter Kriegsbedingungen 69
2.2.1 Staatliche Reglementierung von Produktion und Distribution 70
2.2.2 Produktionsstrategien im Krieg 88

2.3 Profiteure des Kriegs 101
2.3.1 Feld-, Feldpost- und Wehrmachtsausgaben 101
2.3.2 Produktionskennzahlen im Vergleich 113
2.3.3 Umsätze und Gewinne im Krieg – eine Bilanz 121
2.3.4 Unangemessen hohe Gewinne – die Anklageverfahren gegen die Familie Reclam nach 1945 135
2.3.5 75 Jahre Universal-Bibliothek 141
2.3.6 Bücher im ‚totalen Krieg' 148
2.3.7 Auftragsverlagerungen und Ausweichlager 162
2.3.8 Prädikat „wehrwirtschaftlich wichtig" – stillzulegende, zu sichernde und beizubehaltende Verlage 167
2.3.9 Nachkriegsoptionen 171

2.4 Standortfragen 187
2.4.1 Zwischen Leipzig und Passau 187
2.4.2 (K)ein Neuanfang in Bayern 189
2.4.3 Von Leipzig nach Stuttgart 196

3 „Ein ungemeiner Kulturfaktor" – zur Programmentwicklung des Hauses Reclam 203

3.1 Republik ohne Republikaner – zum Verlagsprogramm in der Weimarer Republik 203

3.2 „Für das deutsche Ansehen als schädigend zu erachten" – zum Umgang mit ‚unerwünschter' Literatur 216

3.2.1 „Im allgemeinen kann man doch mit dem großen Aufräumen bei Reclam zufrieden sein" – zur Revision des Verlagsprogramms 219

3.2.2 „Selbstverständlich den Wandlungen der Zeit unterworfen" – Leitlinien der Neuproduktionen 242

3.2.3 „Nicht ganz gut genug" – zur Trennung von Wilhelm Schaefer & Co. 248

3.3 Sachbücher 255

3.3.1 Zum Stellenwert des Sachbuchs im Verlagsprogramm 255

3.3.2 Ratgeber und Handbücher 262

3.3.3 Naturwissenschaften und Astronomie 273

3.3.4 Staats- und Sozialwissenschaft, Volkswirtschaft und Gesetzesausgaben 277

3.3.5 Literaturwissenschaft, Musik- und Theaterliteratur 281

3.3.6 Deutsche Musik- und Kulturgeschichte in Bildern 303

3.3.7 Historische und kulturgeschichtliche Werke, Reiseschilderungen 334

3.3.8 „Ein Stück wichtiger nationalsozialistischer Erziehungsarbeit" – quantitative Auswertung des Sachbuchprogramms mittels Indizierungslisten 364

3.4 Belletristik 378

3.4.1 Drama 378

3.4.2 Lyrik 384

3.4.3 Romane 401

3.4.4 Erzählungen 429

3.5 Verlagsautoren zwischen Fanatismus und Distanz 482

3.5.1 ‚Grenzlanddeutsche' Autoren 483

3.5.2 Nationalsozialistische Autoren 494

3.5.3 Autoren im Widerspruch 502

3.6 ‚Gleichgeschaltete' Klassiker 515

3.7 ‚Zeitgenössische' versus ‚klassische' Autoren 528

3.8 Zeitschriften 537

3.8.1 „Tausendfach gewandelte Gegenwart" – *Reclams Universum* 537

3.8.2 *Das neue Deutschland. Monatsschrift für nationalsozialistische Weltanschauung* 545

3.8.3 Sprachrohr des Widerstands – das Interim der *Deutschen Rundschau* bei Reclam 561

3.9 Opportunismus versus Opposition 572

4 Selbstinszenierung und Rezeption im Kulturapparat 581

4.1 Reclams Reklame – Marketing und Werbestrategien 582
4.1.1 Crossmarketing und Vernetzung 582
4.1.2 Buchhandel 585
4.1.3 Prospektwerbung 589
4.1.4 Periodika 597
4.1.5 Zielgruppe Schule 603
4.1.6 Annoncengeschäft 608
4.1.7 Sonstige Werbemittel 612
4.1.8 Jubiläumsmarketing 613
4.1.9 Bewertung der Werbemaßnahmen 616

4.2 „Zur geistigen Aufrüstung unseres deutschen Volkes" – Reclam im nationalsozialistischen Kulturbetrieb 618
4.2.1 Reclam im Blick staatlicher Literaturkritik – Auswertung von Empfehlungslisten 618
4.2.2 Reclam in der Presse – Auswertung der Berichterstattung in Tageszeitungen und Zeitschriften 625

4.3 Führende Stellung im Geisteskampf – Reclam im Vergleich zu anderen bürgerlichen Verlagen 634
4.3.1 Verortung des Reclam'schen Verlagsprogramms im zeitgenössischen Lesegeschmack 634
4.3.2 Die angepassten bürgerlichen Traditionsverlage 638
4.3.3 Spielräume und Verantwortungen der Verleger 645
4.3.4 Unbequeme Literaturverlage 658
4.3.5 Zensurlücken und Profitstrategien 663

5 Fazit 667

Quellen- und Literaturverzeichnis 681

Archivalische Quellen 681
Quellenverzeichnis 689
Literaturverzeichnis 704
Graue Literatur 729

Anhang 731

Anhang 1: Kategoriensystem der Datenerhebung 731
Anhang 2: Kennzahlen Rechnungswesen 741
Anhang 3: Feldposttitel im Reclam-Programm 744
Anhang 4: Im Programm des Reclam Verlags vertretene Autoren aus Hellmuth Langenbuchers Literaturkanon *Volkhafte Dichtung der Zeit* 784
Anhang 5: Im Programm des Reclam Verlags vertretene Unterzeichner der Treuekundgebung für Adolf Hitler 794
Anhang 6: Im Programm des Reclam Verlags vertretene Autoren der *Schwarzen Liste* 802
Anhang 7: Im Programm des Reclam Verlags vertretene Autoren mit indiziertem Gesamtwerk auf der *Liste des schädlichen und unerwünschten Schrifttums* 806
Anhang 8: Im Programm des Reclam Verlags vertretene Autoren des Widerstands 812
Anhang 9: Vertreter des Expressionismus und der Neuen Sachlichkeit im Programm des Reclam Verlags 815
Anhang 10: Aus dem UB-Programm gestrichene Titel / „nicht lieferbare" Titel des UB-Programms 818
Anhang 11: Auf der *Liste* und / oder im *Verzeichnis der auszusondernden Literatur* indizierte Titel des Reclam'schen Verlagsprogramms vor 1933 842
Anhang 12: Auf der *Liste* und / oder im *Verzeichnis der auszusondernden Literatur* indizierte Titel des Reclam'schen Verlagsprogramms ab 1933 845
Anhang 13: Übersicht der auf der *Gottbegnadeten-Liste* und der *Sonderliste A* genannten Reclam-Autoren 863
Anhang 14: In der *Bücherkunde* besprochene bzw. im *Gutachtenanzeiger* bewertete Titel aus dem Programm des Reclam Verlags 865

Abbildungsverzeichnis

Abb. 1 Anzahl gedruckter Exemplare (absolut, Primärachse). Umsatz und Gewinn/Verlust (in RM, Sekundärachse). 1933–1945.

Abb. 2 Titelanzahl Neuerscheinungen (absolut, Primärachse). Umsatz und Gewinn/Verlust (in RM, Sekundärachse).

Abb. 3 Druckersaal Reclam Verlag, o. J. In: RAS, Mappe Grundstücke in Leipzig und Flüchtlingsrechte. Alle Rechte vorbehalten.

Abb. 4 Philipp Ernst Reclam und Hans Emil Reclam, o. J. In: Philipp Reclam jun. Verlag GmbH o. J. Alle Rechte vorbehalten – Freier Zugang.

Abb. 5 Rolf und Heinrich Reclam vor Neubau Mönchstraße, um 1961. In: Philipp Reclam jun. Verlag GmbH o. J. Alle Rechte vorbehalten – Freier Zugang.

Abb. 6 oben: Karl-Tauchnitz-Straße 35, o. J.; unten: Inselstraße 26, o. J. In: RAS, Mappe Grundstücke in Leipzig und Flüchtlingsrechte. Alle Rechte vorbehalten.

Abb. 7 Durchschnittliche Auflagenhöhe (Primärachse) und absolute Titelanzahl (Sekundärachse). Erst- und Nachauflagen 1933–1945.

Abb. 8 Titelanzahl Neuerscheinungen Gesamtbuchhandel (absolut, Primärachse). Titelanzahl Neuerscheinungen Reclam | EDV (absolut, Sekundärachse). 1918–1945.

Abb. 9 Durchschnittliche Auflagenhöhe (Primärachse) und absolute Titelanzahl (Sekundärachse) Ersterscheinungen 1918–1944.

Abb. 10 Prozentualer Anteil gedruckter Exemplare Neuerscheinungen und Nachauflagen an Gesamtproduktion – Reclam.

Abb. 11 Prozentualer Anteil gedruckter Exemplare Neuerscheinungen und Nachauflagen an Gesamtproduktion – EDV.

Abb. 12 Prozentualer Anteil belletristischer Titel am Novitätenprogramm 1933–1945. Reclam Verlag und Gesamtbuchhandel im Vergleich.

Abb. 13 Prozentualer Anteil belletristischer Titel am Novitätenprogramm und an der Gesamtproduktion des Reclam Verlags 1933–1945.

Abb. 14 Durchschnittliche Auflagenhöhen (Primärachse) und absolute Anzahl produzierter Titel (Sekundärachse). Neuerscheinungen und Nachauflagen. 1933–1945.

Abb. 15 Absolute Exemplaranzahl (Primärachse) und absolute Titelanzahl (Sekundärachse). Klassische und zeitgenössische belletristische Autoren. Gesamtproduktion 1933–1945.

Abb. 16 Anzahl neutraler und NS-affiner Feldposttitel nach Erscheinungsperiode.

Abb. 17 Werbeprospekt *Glückliche Stunden für unsere Soldaten* …, o. J. In: RAS, Mappe UB Feldpost. Alle Rechte vorbehalten.

Abb. 18 Werbeprospekt *Reclams Feldpostdienst*, o. J. In: RAS, Mappe UB Feldpost. Alle Rechte vorbehalten.

Abb. 19 Werbeprospekt *Soldaten lesen Reclam Bände*, o. J. In: RAS, Mappe UB Feldpost. Alle Rechte vorbehalten.

Abb. 20 Verlagsproduktion Reclam 1933–1945. Neuerscheinungen und Nachauflagen. UB | VW | gesamt. Anzahl Exemplare (absolut, Primärachse). Anzahl Titel (absolut, Sekundärachse).

Abb. 21 Verlagsproduktion EDV 1933–1945. Neuerscheinungen und Nachauflagen. DR | GT | gesamt. Anzahl Exemplare (absolut, Primärachse). Anzahl Titel (absolut, Sekundärachse).

Abb. 22 Durchschnittliche Auflagenhöhe VW/UB (Reclam) und GT/DR (EDV).

Abb. 23 Reclam. Prozentualer Anteil UB|VW an Gesamtproduktion Exemplare. EDV. Prozentualer Anteil GT|DR an Gesamtproduktion Exemplare.

Abb. 24 Herstellungskosten und Gewinn/Verlust in RM je Jahr (Primärachse) und pro Exemplar (Sekundärachse).

Abb. 25 Herstellungskosten und Gewinn/Verlust pro Exemplar in RM.

Abb. 26 Herstellungskosten und Gewinn/Verlust pro Titel in RM.

Abb. 27 Herstellungskosten und Gewinn/Verlust pro Exemplar in RM. Reclam und EDV im Vergleich.

Abb. 28 Herstellungskosten und Gewinn/Verlust pro Titel in RM. Reclam und EDV im Vergleich.

Abb. 29 Umsatz und Gewinn/Verlust in RM. Reclam und EDV im Vergleich.

Abb. 30 Entwicklung Umsatz- und Kapitalrendite (in Prozent). Reclam, EDV und Bertelsmann im Vergleich.

Abb. 31 Oben: Rohlager Reclam Verlag, o. J.; unten: Linotype-Setzerei Reclam Verlag, o. J. In: RAS, Mappe Grundstücke in Leipzig und Flüchtlingsrechte. Alle Rechte vorbehalten.

Abb. 32 Hauptlager Reclam Verlag, o. J. In: RAS, Mappe Grundstücke in Leipzig und Flüchtlingsrechte. Alle Rechte vorbehalten.

Abb. 33 Handsetzerei Reclam Verlag, o. J. In: RAS, Mappe Grundstücke in Leipzig und Flüchtlingsrechte. Alle Rechte vorbehalten.

Abb. 34 Dampfmaschinenraum Reclam Verlag, o. J. In: Philipp Reclam jun. Verlag GmbH o. J. Alle Rechte vorbehalten – Freier Zugang.

Abb. 35 Werbeplakat *200 verschiedene schöne Reclam-Bände*, 1927. In: RAS, Mappe UB Werbung. Alle Rechte vorbehalten.

Abb. 36 Verteilung eliminierter Autoren (N=252) nach Gründen.

Abb. 37 Buchcover *Hilfe! Mörder!* Archiv der Verfasserin. Alle Rechte vorbehalten.

Abb. 38 Titelanzahl UB | VW (absolut) nach Rubriken und Erscheinungsjahr.

Abb. 39 Titelanzahl Sachbuch und Belletristik (absolut, UB, VW, gesamt). 1918–1945.

Abb. 40 Buchcover *Wie ich fliegen lernte*, [1935]. Archiv der Verfasserin. Alle Rechte vorbehalten.

Abb. 41 Werbeflyer *Dorf des Friedens*, [1936]. In: RAS, Mappe Großbuch Einzelprospekte L–R. Alle Rechte vorbehalten.

Abb. 42 Werbeblatt *Handbuch der Naturheilkunde*, [1933]. In: RAS, Mappe Großbuch Einzelprospekte. A–E. Alle Rechte vorbehalten.

Abb. 43 Werbeannonce *Gespräche über Schulmedizin*. In: *BBl.* vom 04.10.1933, Nr. 231, S. 4467, http://digital.slub-dresden.de/id39946221X-19351004/5. Alle Rechte vorbehalten – Freier Zugang.

Abb. 44 Werbeblatt *Der neue Hausarzt*, [1938]. In: RAS, Mappe Großbuch Einzelprospekte A–E. Alle Rechte vorbehalten.

Abb. 45 Werbeblatt *Henseling Bücher*, [um 1940]. In: RAS, Mappe Großbuch Einzelprospekte F–K. Alle Rechte vorbehalten.

Abb. 46 Werbeannonce *Wirtschaftslehre*. In: *BBl.* vom 26.10.1933, Nr. 2250, S. 4941, http://digital.slub-dresden.de/id39946221X-19331026/34. Alle Rechte vorbehalten – Freier Zugang.

Abb. 47 Werbeannonce *Hitler-Gesetze*. In: *BBl.* vom 19.08.1933, Nr. 192, S. 3535, http://digital.slub-dresden.de/id39946221X-19330819/16. Alle Rechte vorbehalten – Freier Zugang.

Abb. 48 Werbefotografie *Deutsche Literatur in Entwicklungsreihen*, o. J. In: RAS, Mappe Deutsche Literatur in Entwicklungsreihen. Alle Rechte vorbehalten.

Abb. 49 Werbeannonce *Deutsche Literatur in Entwicklungsreihen*. In: *BBl.* vom 02.10.1936, Nr. 230, S. 4693, http://digital.slub-dresden.de/id39946221X-19361002/25. Alle Rechte vorbehalten – Freier Zugang.

Abb. 50 Werbezettel *Geschichte der deutschen Literatur*, [1937]. In: RAS, Mappe Großbuch Einzelprospekte L–R. Alle Rechte vorbehalten.

Abb. 51 Werbezettel *Des deutschen Dichters Sendung in der Gegenwart*, [1933]. In: RAS, Mappe Großbuch Einzelprospekte F–K. Alle Rechte vorbehalten.

Abb. 52 Werbezettel *Cosima Wagner und Houston Stewart Chamberlain im Briefwechsel 1888–1908*, [1934]. In: RAS, Mappe Großbuch Einzelprospekte L–R. Alle Rechte vorbehalten.

Abb. 53 Werbezettel *Cosima Wagner. Ein Lebensbild*, [1937]. In: RAS, Mappe Großbuch Einzelprospekte L–R. Alle Rechte vorbehalten.

Abb. 54 Werbezettel *Die deutsche Romantik*, [1937]. In: RAS, Mappe Großbuch Einzelprospekte A–E. Alle Rechte vorbehalten.

Abb. 55 Werbeflyer *Des Reiches Straße*, [1940]. In: RAS, Mappe Großbuch Einzelprospekte L–R. Alle Rechte vorbehalten.

Abb. 56 Werbezettel *Die Welt vor hundert Jahren*, [1940]. In: RAS, Mappe Großbuch Einzelprospekte L–R. Alle Rechte vorbehalten.

Abb. 57 Edwin Redslob, Februar 1942, Aufnahme: Fritz Eschen. In: Deutsche Fotothek, http://www.deutschefotothek.de/documents/obj/70235293. Alle Rechte vorbehalten – Freier Zugang.

Abb. 58 Werbebroschüren *Deutschland. Ein Handbuch*, [1937]. In: RAS, Mappe Großbuch Einzelprospekte L–R. Alle Rechte vorbehalten.

Abb. 59 Werbezettel *Lob der deutschen Landschaft*, [1938]. In: RAS, Mappe Großbuch Einzelprospekte L–R. Alle Rechte vorbehalten.

Abb. 60 Werbezettel *Das Phänomen der Technik*, [1939]. In: RAS, Mappe Großbuch Einzelprospekte A–E. Alle Rechte vorbehalten.

Abb. 61 Werbezettel *Garten als Zauberschlüssel*, [1939]. In: RAS, Mappe Großbuch Einzelprospekte F–K. Alle Rechte vorbehalten.

Abb. 62 Werbezettel *Das Buch von Tier und Mensch*, [1940]. In: RAS, Mappe Großbuch Einzelprospekte S–Z. Alle Rechte vorbehalten.

Abb. 63 Werbezettel *Deutsche Geschichte nationalsozialistisch gesehen*, [1933]. In: RAS, Mappe Großbuch Einzelprospekte A–E. Alle Rechte vorbehalten.

Abb. 64 Werbezettel *Wie Adolf Hitler der Führer wurde*, [1933]. In: RAS, Mappe UB Ankündigungen und Sammelprospekte I. Alle Rechte vorbehalten.

Abb. 65 Buchcover *Vom 30. Januar zum 21. März*, [1933]. Archiv der Verfasserin. Alle Rechte vorbehalten.

Abb. 66 Seitenabdruck aus *Menschenrassen in Vergangenheit und Gegenwart*, 1936, S. 24. In: Archiv der Verfasserin. Alle Rechte vorbehalten.

Abb. 67 Werbeflyer *Heimgekehrte Grenzlande*, [1939]. In: RAS, Mappe Großbuch Einzelprospekte F–K. Alle Rechte vorbehalten.

Abb. 68 Werbezettel *Der Bauernspiegel Großdeutschlands*, Holzstich von Alfred Finsterer, [1940]. In: RAS, Mappe Großbuch Einzelprospekte A–E. Alle Rechte vorbehalten.

Abb. 69 Werbeprospekte *Geschichte der Buchdruckerkunst*, [1940]. In: RAS, Mappe Großbuch Einzelprospekte A–E. Alle Rechte vorbehalten.

Abb. 70 Werbeannonce zur Reihe *Deutsches für Deutsche*. In: *BBl.* vom 31.05.1933, Nr. 124, S. 2725, http://digital.slub-dresden.de/id39946221X-19330531/15. Alle Rechte vorbehalten – Freier Zugang.

Abb. 71 links: Werbezettel *Kampf um den Erdraum*, [1935]. In: RAS, Mappe Großbuch Einzelprospekte L–R; rechts: Werbeannonce *Der Kampf um den Erdraum*. In: *BBl.* vom 04.11.1937, Nr. 256, S. 5345, http://digital.slub-dresden.de/id39946221X-19371104/37. Alle Rechte vorbehalten – Freier Zugang.

Abb. 72 Werbeflyer *Wendepunkte europäischer Geschichte*, [1940]. In: RAS, Mappe Großbuch Einzelprospekte S–Z. Alle Rechte vorbehalten.

Abb. 73 Werbeflyer *Wie unsere Waffen wurden*, [1940]. In: RAS, Mappe Großbuch Einzelprospekte F–K. Alle Rechte vorbehalten.

Abb. 74 Anzahl auf der *Liste der auszusondernden Literatur* indizierter Titel – Verlagsvergleich.

Abb. 75 Verteilung in der SBZ indizierter Reclam-Titel (absolut, N=169) UB |VW nach Erscheinungsjahr.

Abb. 76 Verteilung in der SBZ indizierter Reclam-Titel (absolut, N=169) nach Rubriken.

Abb. 77 Prozentuale Verteilung in der SBZ indizierter Titel (N=169) nach Rubriken.

Abb. 78 Prozentualer Titelanteil Sachbuch und Belletristik (UB, VW) am jährlichen Novitätenprogramm 1918–1945.

Abb. 79 Anzahl Exemplare Neuerscheinungen (absolut, Primärachse) und durchschnittliche Auflagenhöhe (Sekundärachse) nach Belletristik und Sachbuch in UB und VW. Druckjahr 1933–1945.

Abb. 80 Werbekatalog *Nationale Stücke für die Laienbühne aus Reclams Universal-Bibliothek*, [um 1935]. In: RAS, Mappe UB Reihen. Alle Rechte vorbehalten.

Abb. 81 Werbezettel *Das Lied der Getreuen, [1938]*. In: RAS, Mappe Großbuch Einzelprospekte L–R. Alle Rechte vorbehalten.

Abb. 82 Werbeannonce *Karjane. Geliebte unseres Sommers*. In: *BBl.* vom 21.07.1933, Nr. 167, Titelseite, http://digital.slub-dresden.de/id39946221X-19330721/1. Alle Rechte vorbehalten – Freier Zugang.

Abb. 83 Buchcover *Schicksal und Liebe des Niklas von Cues*, [1936]. Archiv der Verfasserin. Alle Rechte vorbehalten.

Abb. 84 Werbeflyer *Die silberne Jungfrau*, [1932]. In: RAS, Mappe Großbuch Einzelprospekte A–E. Alle Rechte vorbehalten.

Abb. 85 Werbezettel *Yoko und die Philosophen*, [1939]. In: RAS, Mappe Großbuch Einzelprospekte S–Z. Alle Rechte vorbehalten.

Abb. 86 Werbezettel *Der Büttnerbauer*, [1933]. In: RAS, Mappe Großbuch Einzelprospekte L–R. Alle Rechte vorbehalten.

Abb. 87 Buchcover *Streit um Agnes*, [1937]. Archiv der Verfasserin. Alle Rechte vorbehalten.

Abb. 88 Werbeannonce *Illustrierte Reihen*. In: *BBl.* vom 30.09.1938, Nr. 228, S. 5138 f., http://digital.slub-dresden.de/id39946221X-19380930/26. Alle Rechte vorbehalten – Freier Zugang.

Abb. 89 Exemplaranzahl (absolut) NS-affiner und neutraler Titel an der Neuerscheinungsproduktion 1933–1945.

Abb. 90 Prozentualer Anteil NS-affiner Titel und neutraler Titel sowie NS-affiner Exemplare und neutraler Exemplare an Neuerscheinungen nach Druckjahr.

Abb. 91 Titelanzahl Neuerscheinungen UB | VW 1918–1945. Klassische und zeitgenössische Belletristik.

Abb. 92 Werbezettel *Volks-Anzengruber*, [1940]. In: RAS, Mappe Großbuch Einzelprospekte A–E. Alle Rechte vorbehalten.

Abb. 93 Werbeplakat *Brehms Tierleben*, [1942]. In: RAS, Mappe Leipziger Plakate. Alle Rechte vorbehalten.

Abb. 94 Prozentuale Titelverteilung klassischer und zeitgenössischer Belletristik sowie Sachbuch. Neuerscheinungen 1918–1945.

Abb. 95 Anzahl Exemplare (absolut, Primärachse) und Titel (absolut, Sekundärachse) klassischer und zeitgenössischer Belletristik sowie Sachbuch. Gesamtproduktion 1933–1945.

Abb. 96 Prozentualer Titelanteil klassischer, zeitgenössischer Belletristik und Sachbuch. Prozentualer Exemplaranteil klassischer, zeitgenössischer Belletristik und Sachbuch an der Gesamtproduktion 1933–1945 nach Druckjahr.

Abb. 97 Prozentualer Anteil NS-affiner und neutraler Titel sowie NS-affiner und neutraler Exemplare an der Gesamtproduktion nach Druckjahr.

Abb. 98 Exemplaranzahl (absolut) NS-affiner und neutraler Titel an der Gesamtproduktion 1933–1945.

Abb. 99 Prozentualer Exemplaranteil Belletristik | Sachbuch an der NS-affinen Gesamtproduktion 1933–1945.

Abb. 100 Titelseite *Reclams Universum*, 06.04.1933, Nr. 27. Archiv der Verfasserin. Alle Rechte vorbehalten.

Abb. 101 Titelseite *Reclams Universum*, August 1944, H. 8. In: RAS, Mappe Reclam Universum 1935 bis 1944. Alle Rechte vorbehalten.

Abb. 102 Titelseite der *LVZ*. In: *Leipziger Volkszeitung* vom 26.07.1932, Nr. 173, http://digital.slub-dresden.de/id394414608-19320726/1. Alle Rechte vorbehalten – Freier Zugang.

Abb. 103 links: Titelseite *Das neue Deutschland* vom November 1931, Nr. 7; rechts: Titelseite *Das neue Deutschland* vom Juli 1935, Nr. 7. Archiv der Verfasserin. Alle Rechte vorbehalten.

Abb. 104 Werbeflyer *Deutsche Rundschau*, o. J. In: RAS, Mappe Großbuch Universum und Deutsche Rundschau. Alle Rechte vorbehalten.

Abb. 105 Werbeplakat *Der schöne Reclam-Band*, o. J. In RAS, Mappe UB Werbung I. Alle Rechte vorbehalten.

Abb. 106 links: Annonce *Sonderfenster-Preisausschreiben. „Eine neue Reihe des Reclam-Verlages“*. In: *BBl.* 26.10.1934, Nr. 251, S. 4662 f., http://digital.slub-dresden.de/id39946221X-19341026/22; rechts: Annonce *Ergebnis des Schaufenster-Wettbewerbs „Eine neue Reihe des Reclam-Verlags“*. In: *BBl.* 04.01.1935, Nr. 3, S. 30, http://digital.slub-dresden.de/id39946221X-19350104/4. Alle Rechte vorbehalten – Freier Zugang.

Abb. 107 *Schaufenster-Auslage zur Kriegs-Bücherwoche*, Prospekt *Das Reclam-Schaufenster*, o. J., S. 10. In: RAS, Mappe UB Ankündigungen und Sammelprospekte III. Alle Rechte vorbehalten.

Abb. 108 links: Prospekt *Bücher der deutschen Jugend für die Heim- und Eigenbücherei*, [1936]. In: RAS, Mappe UB Reihen; rechts: Prospekt *Bücher für die Jugend*, o. J. In: RAS, Mappe Schule und Jugend. Alle Rechte vorbehalten.

Abb. 109 links: Prospekt *Billiges, gutes Schrifttum aus RUB. Eine Auswahl für HJ und BDM*, o. J. In: RAS, Mappe UB Ankündigungen und Sammelprosekte III; rechts: *Poster Volk und Buch*, o. J. In: RAS, Mappe Werbung UB I. Alle Rechte vorbehalten.

Abb. 110 Prospekt *Bücher für unsere Zeit*, o. J. In: RAS, Mappe UB Ankündigungen und Sammelprosekte I. Alle Rechte vorbehalten.

Abb. 111 links: Prospekt *Mehr Freude am Buch*, o. J. In: RAS, Mappe Großbuch Reihen; rechts: Prospekt *Bücher bereichern*, o. J. In: RAS, Mappe Großbuch Ankündigungen und Sammelprospekte I. Alle Rechte vorbehalten.

Abb. 112 links: Prospekt *Freude am Schenken*, o. J. In: RAS, Mappe Großbuch Weihnachtsprospekte und Neuankündigungen; rechts: Prospekt *Die schönsten Geschenke in diesem Jahr*, o. J. In: RAS, Mappe Großbuch

Weihnachtsprospekte und Neuankündigungen. Alle Rechte vorbehalten.

Abb. 113 links: Prospekt *Volksausgaben beliebter Romane*, o. J. In: RAS, Mappe Großbuch Ankündigungen und Sammelprospekte I; rechts: Werbezettel *10 fesselnde Romane bekannter Autoren billiger*, o. J. In: RAS, Mappe Großbuch Ankündigungen und Sammelprospekte I. Alle Rechte vorbehalten.

Abb. 114 Buchcover *Deutscher Almanach für das Jahr 1935*. Archiv der Verfasserin. Alle Rechte vorbehalten.

Abb. 115 Prospekt *Amtlich empfohlene Werke aus dem Verlag Philipp Reclam jun. Leipzig*, o. J. In: RAS, Mappe Bücherfreund und amtlich empfohlene Werke. Alle Rechte vorbehalten.

Abb. 116 Werbeannonce *Reclam in der Schule*. In: *BBl.* vom 04.04.1934, Nr. 77, S. 1536 f., http://digital.slub-dresden.de/id39946221X-19340404/14. Alle Rechte vorbehalten – Freier Zugang.

Abb. 117 Prospekt *Für die Schule*, 1934. In: RAS, Mappe UB Ankündigungen und Sammelprospekte III. Alle Rechte vorbehalten.

Abb. 118 Prospekt *Buch und Schule*, o. J. In: RAS, Mappe UB Ankündigungen und Sammelprospekte III. Alle Rechte vorbehalten.

Abb. 119 Werbeannonce *Reclams Schülerkalender* 1941. In: *BBl.* vom 13.09.1940, Nr. 214, S. 4109, http://digital.slub-dresden.de/id39946221X-19400913/31. Alle Rechte vorbehalten – Freier Zugang.

Abb. 120 Werbeannonce *Des deutschen Dichters Sendung in der Gegenwart, Westermanns Monatshefte*, August 1933. In: RAS, Mappe Anzeigen in Westermanns Monatsheften. Alle Rechte vorbehalten.

Abb. 121 Anzahl (absolut) NS-affiner, neutraler und Gesetzes-Werbeanzeigen nach Jahr der Annoncierung.

Abb. 122 Anzahl (absolut) Werbeannoncen nach Annoncenumfang nach Jahr der Annoncierung.

Abb. 123 Jubiläumsannonce *Von deutscher Art und Kunst*. In: *BBl.* vom 08.05.1942, Nr. 97, S. 521, http://digital.slub-dresden.de/id39946221X-19420508/7. Alle Rechte vorbehalten – Freier Zugang.

Abb. 124 Jubiläumscover *Heute vor 75 Jahren*. In: *BBl.* vom 13.11.1942, Nr. 258, Titelseite, http://digital.slub-dresden.de/id39946221X-19421113/1. Alle Rechte vorbehalten – Freier Zugang.

Abb. 125 Anzahl in der *Bücherkunde* bzw. dem *Gutachtenanzeiger* (auch retrospektiv) bewerteter Reclam-Titel nach Erscheinungsjahr sowie Anzahl der Besprechungen/Gutachten nach Bewertungsjahr.

Abb. 126 Verlagsnennungen (absolut) nach Zeitungs- und Zeitschriftentitel im Zeitraum 1933–1945.

Abb. 127 Presseerwähnungen Verlage 1933–1944.

Tabellenverzeichnis

Tab. 1 Die 25 auflagenstärksten UB-Veröffentlichungen der Kategorie Sachbuch 1933–1945.

Tab. 2 Die 25 auflagenstärksten VW-Veröffentlichungen der Kategorie Sachbuch 1933–1945.

Abkürzungs- und Siglenverzeichnis

BArch	Bundesarchiv Berlin
BV	Börsenverein der Deutschen Buchhändler
BBl.	Börsenblatt des Deutschen Buchhandels
DAF	Deutsche Arbeitsfront
DHV	Deutschnationaler Handlungsgehilfen-Verband
DLA	Deutsches Literaturarchiv Marbach
DNB	Deutsche Nationalbibliothek
DnD	Verlag Das neue Deutschland
DVA	Deutsche Verlags-Anstalt
EDV	Eugen Diederichs Verlag
GSA	Goethe- und Schiller-Archiv
HAVA	Hanseatische Verlagsanstalt
HHI	Heinrich-Heine-Institut
LBMV	Landesbibliothek Mecklenburg-Vorpommern Günther Uecker
OKW	Oberkommando der Wehrmacht
PPK	Parteiamtlichen Prüfungskommission zum Schutze des nationalsozialistischen Schrifttums
RAL	Archiv des Verlags Philipp Reclam jun., zum Zeitpunkt der Sichtung befindlich am Institut für Kommunikations- und Medienwissenschaft an der Universität Leipzig
RAS	Archiv des Verlags Philipp Reclam jun., zum Zeitpunkt der Sichtung befindlich am Verlagsstandort in Ditzingen bei Stuttgart
RFDS	Reichsstelle zur Förderung des deutschen Schrifttums
RGBl.	Deutsches Reichsgesetzblatt
RM	Reichsmark
RMVP	Reichsministerium für Volksaufklärung und Propaganda
RSK	Reichsschrifttumskammer
SächsStA-D	Sächsisches Staatsarchiv, Hauptstaatsarchiv Dresden
SächsStA-L	Sächsisches Staatsarchiv, Staatsarchiv Leipzig
SBB	Staatsbibliothek zu Berlin – Preußischer Kulturbesitz
SD	Sicherheitsdienst des Reichsführers SS
SHLB	Schleswig-Holsteinische Landesbibliothek
SLUB	Sächsische Landesbibliothek – Staats- und Universitätsbibliothek Dresden
SMAD	Sowjetische Militäradministration in Deutschland
StadtAL	Stadtarchiv Leipzig
ThULB	Thüringer Universitäts- und Landesbibliothek Jena
UB	Universal-Bibliothek
ULB	Universitäts- und Landesbibliothek Bonn
VW	Verlagswerk
WR	Weimarer Republik
WWK	Witwen- und Waisenkasse des Reichs- und Staatsdienstpersonals Allgemeine Lebensversicherungsanstalt a. G.
ZdF	Zentrale der Frontbuchhandlungen

1 Einführung

1.1 Tradition und Konvergenz – Reclam als Forschungsgegenstand

Bis heute verbinden Millionen von Menschen die günstigen Klassikerausgaben[1] von Reclams Universal-Bibliothek (UB)[2] mit ihrer Schulzeit: alle lasen Goethe, Schiller, Shakespeare und andere literatur- und kulturgeschichtlich bedeutende Autoren[3] in den typischen, knapp postkartengroßen Büchern.

Die „Institution Reclam"[4] wurde 1828 von Anton Philipp Reclam[5] als Verlag des literarischen Museums gegründet. Die Umbenennung in Verlag Philipp Reclam jun. erfolgte 1837, der Kauf einer eigenen Druckerei 1939. Den Grundstein für den Weltruhm der UB legte Reclam im Jahr 1867 unter visionärer Nutzung dreier Beschlüsse der Bundesversammlung, die die urheberrechtliche Schutzfrist auf 30 Jahre beschränkten und auch jene Autoren gemeinfrei machten, die vor dem 09.11.1837 verstorben waren.[6] 1867 erschien als Nummer 1 der Sammlung Goethes *Faust* zum unschlagbar günstigen Preis von zwei Silbergroschen. Schnell wurde die weltweit älteste noch bestehende Taschenbuchreihe ausgebaut; mit jährlich rund 140 neuen Nummern fanden neben deutscher und europäischer Literatur auch philosophische Texte, Gesetzesausgaben und Opernlibretti Eingang in die UB.

Nach dem Tode Hans Heinrich Reclams verlagerten seine Söhne Ernst und Hans Emil Reclam in den 1920er Jahren den Schwerpunkt von dramatischer zu erzählender

1 Mit der Bezeichnung Klassiker ist im Folgenden stets nicht die eigentliche Semantik des Begriffs – die Werke aus der Literaturepoche Klassik – gemeint, sondern, im überlieferten Sinne, Werke vergangener Zeiten, deren Wirkung über die Lebenszeit ihrer Verfasser weit hinaus andauerte und die Eingang in den Bildungskanon gefunden haben. Selbstverständlich unterliegt auch dieser einer zeitlich verändernden Komponente.

2 In den Quellen wird die UB häufig auch mit den Reduktionen RUB oder U-B abgekürzt. Neben den Bänden der UB umfasst der Untersuchungsgegenstand auch die Verlagswerke größeren Formats – alle außerhalb der UB produzierten Bücher.

3 Hier und im Folgenden wird zur besseren Lesbarkeit das generische Maskulinum verwendet.

4 Weber 2018.

5 Im Folgenden werden – soweit möglich – die Vornamen von Personen bei jeder Erstnennung angegeben. Auf akademische Grade wird mit Ausnahme der für das Verlagsgeschehen relevanten Personen verzichtet. Die Brüder Reclam werden mit vollem Namen angeführt, um Verwechslungen mit dem Verlagshaus zu vermeiden.

6 Ausschlaggebend waren neben dem Bundesbeschluss vom 09.11.1837 die Beschlüsse der Bundesversammlung vom 19.06.1845 und 06.11.1856. Vgl. Marquardt o. J.

Literatur und ergänzten sie um Werke aus den Gebieten Wirtschaft, Technik, Naturwissenschaften und moderne Forschung.[7] Noch heute bietet die günstige UB als Markenkern des Verlags „neben deutschsprachigen Klassikern auch wichtige Werke der Weltliteratur [...], von der Antike über das frühe Mittelalter bis zur Gegenwart [...,] Werke anderer Nationalliteraturen [...] in deutscher Übersetzung [...], Opernlibretti und ‚bunte' Anthologien, sorgsam ausgewählte Sammlungen von Gedichten, Zitaten oder Aphorismen [,...] Ausgaben wichtiger philosophischer Werke" sowie zahlreiche Sachbücher aus den Bereichen Geschichte, Kunst, Musik, Theater, Gesellschaft, Politik, Naturwissenschaft und Religion.[8]

Bereits im Sommer 1932 geriet dieses durch und durch bürgerlich erscheinende Traditionshaus ins Visier der sozialdemokratischen *Leipziger Volkszeitung*. Auf der Titelseite seiner Ausgabe vom 26. Juli prangerte das Blatt unter der Überschrift „Hakenkreuz ist Papenkreuz" die Herstellung der in ihrer politischen Ausrichtung eindeutigen Zeitschrift *Das neue Deutschland. Monatsschrift für nationalsozialistische Weltanschauung* durch den Reclam Verlag an. Tatsächlich war die Zeitschrift kurz zuvor als gleichnamiges Tochterunternehmen – Das neue Deutschland (DnD) – an den Reclam Verlag übergegangen und wurde fortan dort produziert und vertrieben.[9] Unterlegt mit einem Zitat-Vorabdruck aus der kommenden Augustausgabe der nationalsozialistischen Monatsschrift, verurteilte dieser Aufmacher der *Leipziger Volkszeitung* jedoch nicht nur auf das Schärfste die zu zunehmender Abhängigkeit führende Annäherung der mehrheitlich deutsch-nationalen Regierung unter Franz von Papen an die Nationalsozialisten, die 1933 in der machtlegitimierenden Koalition von DNVP und NSDAP gipfeln sollte. Vielmehr richtet sich der dezidierte Hinweis auf den Reclam Verlag als Produktionsort, der durch das nebenstehende Symbol der „Eisernen Front gegen Hitler-Barone" noch an Aussagekraft gewinnt, direkt gegen das im Hintergrund wirkende Engagement des bürgerlichen Traditionsverlags.[10] Dessen eigenes Programm war bereits während der Weimarer Republik (WR) für völkische Stimmen weit offen gewesen. Statt sich nun von nationalsozialistischen Strömungen zu distanzieren, stellte sich das konservative Verlagshaus mit seiner proaktiven, nicht mit der NSDAP abgestimmten Herausgabe der über SA-Männer an Haustüren vertriebenen Zeitschrift *Das neue Deutschland* in deren Dienste und verstärkte damit propagandistisch die

7 Vgl. Koch 1992, S. 285 ff.; Philipp Reclam jun. Verlag GmbH o. J.

8 Philipp Reclam jun. Verlag GmbH o. J. Zugunsten des Leseflusses wurden bei der Zitierung von Originalquellen offensichtliche Tipp- und grammatische Flüchtigkeitsfehler stillschweigend korrigiert, veraltete Schreibformen hingegen ohne explizite Kennzeichnung beibehalten.

9 Vgl. Kapitel 3.8.2.

10 Vgl. *Leipziger Volkszeitung* 26.07.1932. Eine Kopie des Artikels befindet sich auch im Verlagsarchiv in RAL, Ordner 21. Hier und im Folgenden wird bei der Angabe von Primärquellen in Form von Zeitungsbeiträgen oder Zeitschriftenartikeln der Kurztitel der Periodika verwendet (vgl. Quellenverzeichnis). Bei der Angabe von Zeitungsbeiträgen oder Zeitschriftenartikeln aus der Sekundärliteratur (vgl. Literaturverzeichnis) wird der Kurztitel der Periodika nur bei unbekannter Verfasserangabe verwendet.

zunehmende Akzeptanz verfassungsfeindlicher Tendenzen in bürgerlichen Kreisen. War der Reclam Verlag also ein Steigbügelhalter des Nationalsozialismus?

Wenngleich diese Frage nicht Hauptthema dieser Arbeit sein soll, so evoziert sie doch vor dem Hintergrund des zunehmenden Rechtspopulismus in Europa die aktuellen Debatten und Mediendiskurse zur Verantwortung einzelner Medien-Akteure und zum angemessenen Umgang mit politischer Hetze, Falschinformationen und Verschwörungstheorien, nicht nur, aber gerade auch in den sozialen Medien. Insofern bietet der exemplarische Blick auf die Geschichte und die Wirkung des Reclam Verlags in der Zeit des NS-Regimes einen hochrelevanten zeitgeschichtlichen Zugang zu den Verbreitungs- und Durchsetzungsmechanismen demokratiefeindlicher und antiparlamentarischer Stimmen.

Dem Reclam Verlag, einem bildungsbürgerlichen Idealen verpflichteten Traditionshaus, das in weite Teile der Gesellschaft wirkte (und wirkt), kam eine relevante Rolle bei der öffentlichen Meinungsbildung und in gesellschaftlich-politischen Diskursen in der NS-Zeit zu. Neben der NS-Monatsschrift *Das neue Deutschland*, den *Hitler-Gesetzen*, zahlreichen propagandistischen Sachbüchern sowie sogenannten Konjunkturschriften verlegte der Reclam Verlag in späteren Jahren vorübergehend auch die als oppositionell geltende Zeitschrift *Deutsche Rundschau* und bewegte sich somit in einem sehr weiten Feld zwischen Opposition und Opportunismus. Ein wesentliches Ziel dieser Arbeit ist es, eine genauere Positionierung des Reclam Verlags innerhalb der vielschichtigen und von unterschiedlich stark ausgeprägten Optionen zur Interaktion und wechselseitigen Einflussnahme gekennzeichneten Netzwerke aus Autoren, Lesepublikum, kulturpolitischen Instanzen, Presse, Vertriebskanälen, Banken und Produktionspartnern herauszuarbeiten.[11] Notwendige Voraussetzung ist der Rückgriff auf eine breite Quellenbasis[12] und die Betrachtung und Einordnung des gesamten Verlagsprogramms.

Im ersten Kapitel wird ein Überblick über Forschungslage, theoretischen Hintergrund und Methodik vorgelegt. Während für die Hanseatische Verlagsanstalt (HAVA), den Eugen Diederichs Verlag (EDV), Bertelsmann, Kiepenheuer, Rowohlt, Zsolnay oder den H. Goverts Verlag in den letzten Jahren umfangreiche Verlagsgeschichten vorgelegt wurden, ist dies für den inhaltlich breit gefächerten und betriebswirtschaftlich außergewöhnlichen Verlag Reclam (Vertrieb des klassischen Kanons im Rahmen der kostengünstigen Universal-Bibliothek) bislang Desiderat geblieben.[13] Im Mittelpunkt dieser Untersuchung steht daher die Geschichte und vor allem die Programmgestaltung des Verlags Philipp Reclam jun. zwischen 1933 und 1945. Ausgehend von einer metatextuellen Analyse und Interpretation der vorliegenden Quellen in Kombination mit sozialwissenschaftlicher Inhaltsanalyse zur systematischen Erschließung und Erforschung des Verlagsprogramms mittels Komplexitätsreduktion und Offenlegung zentraler Muster (in Abgrenzung zur hermeneutischen Textanalyse) erweitert die

11 Vgl. Kapitel 1.3.
12 Vgl. Kapitel 1.4.
13 Vgl. Kapitel 1.2.

Untersuchung auch methodisch die nunmehr fortgeschrittene wissenschaftliche Aufarbeitung des Verlagswesens im Nationalsozialismus.[14]

Das zweite Kapitel der Arbeit betrachtet chronologisch die ökonomische Entwicklung des Reclam Verlags, ausgehend von der ungünstigen wirtschaftlichen Lage zu Beginn des NS-Regimes über die drohende Insolvenz 1937[15] bis hin zu bis dato nicht gekannten Gewinnen in der Kriegszeit. Diese waren nur zu geringen Teilen auf den klassischen Buchhandelsvertrieb zurückzuführen, sondern hauptsächlich auf die Verlagerung des primären Absatzmarkts weg von Schule und Bildung und hin zur Frontversorgung der Wehrmachtssoldaten.[16] Dabei wird untersucht, inwieweit die wirtschaftliche Entwicklung äußeren Einflüssen wie der Kriegswirtschaft geschuldet ist, mit anderen Worten, wie das unternehmerische Handeln in Reaktion auf gesellschaftliche Entwicklungen, politische Vorgaben und ideologische Rahmenbedingungen zu bewerten ist.[17] Ferner wird aufgezeigt, ob und, wenn ja, mit welchen Strategien sich der Verlag gegen Ende des Kriegs, unter anderem mittels staatlich geforderter Ausweichlager, auf einen Neubeginn nach 1945 in der amerikanischen Besatzungszone vorbereitet hat, in dessen Folge Reclam als Parallelverlag über vier Jahrzehnte deutsch-deutsche Literaturbeziehungen gestalten sollte.[18]

Neben der Rekonstruktion von Editions- und Entstehungsgeschichten exemplarischer Titel untersucht das dritte Kapitel systematisch und umfassend die Programmpolitik des Verlags mittels datenbasierter Methoden und auf Grundlage einer eigens erstellten Verlagsbibliografie aller ermittelbaren Titel aus dem Zeitraum 1918 bis 1945. Ausgangspunkt ist die Analyse der bereits zum Völkisch-Nationalen tendierenden Programmkonzeption während der Weimarer Republik,[19] gefolgt von der Betrachtung der Änderungen und Streichungen in der Backlist des Reclam Verlags, die im Zuge von ‚Gleichschaltung' und Vernichtung des offenen Kulturlebens ab 1933 erzwungen sowie vorauseilend vorgenommen wurden.[20] Im Mittelpunkt des Kapitels steht die vollständige Auswertung der Neuerscheinungsproduktion zwischen 1933 und 1945, gegliedert in Sachbücher und belletristische Genres. Dieser methodische Zugang der systematischen Inhaltsanalyse in Verbindung mit der Auswertung der überlieferten Auflagenbücher erlaubt nicht nur die Betrachtung ausgewählter Schlaglichter oder besonderer Verkaufserfolge mit induktiven Schlussfolgerungen für das gesamte Verlagsprogramm, sondern auch eine umfassende Bewertung des Novitätenprogramms zwischen 1918 und 1945,

14 Vgl. Kapitel 1.5.
15 Vgl. Kapitel 2.1.
16 Vgl. Kapitel 2.3.
17 Vgl. Kapitel 2.2.
18 Vgl. Kapitel 2.4. Zur Erforschung des Verlags Reclam Leipzig von 1945 bis 1991 siehe Sonntag 2016; zur Situation von Spiegel- bzw. Parallelverlagen gleichen Namens in Ost- und Westdeutschland u. a. am Beispiel des Reclam Verlags siehe Frohn 2014, S. 235–260.
19 Vgl. Kapitel 3.1.
20 Vgl. Kapitel 3.2.

womit er über andere Verlagsgeschichten hinausgeht.[21] Inwieweit verlegerische Konzessionen an das NS-Regime – sei es durch Themenwahl, einleitende Texte, Gestaltung der Werbemittel oder die Auswahl von Autoren – gemacht wurden, zeigen auch die anschließenden Untersuchungen zum Kerngeschäft des Verlagshauses (der Literatur des klassischen Kanons)[22] und zu seinen periodischen Publikationen.[23] Abschließend liegt der Fokus auf der Verortung des verlegerischen Handelns zwischen Anbiederung und Abstandswahrung.[24]

Das vierte Kapitel betrachtet die Wechselwirkungen von Selbstinszenierung und Rezeption des Reclam Verlags im Kulturapparat des Nationalsozialismus. Insbesondere aus der Auswertung der Werbe- und Marketingaktivitäten ergibt sich ein aufschlussreicher Blick auf eine veränderte Imagebildung des Verlags für die Öffentlichkeit.[25] Aus der anschließenden Analyse des Verlagsbildes in der Presse, der Rezensionen in den Feuilletons und der staatlichen Empfehlungslisten lassen sich Aussagen über die gesellschaftliche Wahrnehmung des Verlagshauses ableiten, die seine exponierte Stellung im NS-Kultursystem belegen.[26] Der abschließende Vergleich von Reclam mit anderen bürgerlichen Verlagshäusern eröffnet einen perspektivisch erweiterten Blick auf verlegerische Spielräume, staatliche Zensurlücken und erfolgreiche Profitstrategien.[27]

1.2 Diskurs und Kritik – zum Forschungsstand

Der Reclam Verlag fand über lange Zeit überraschend wenig akademisches Interesse – angesichts seiner nationalen wie internationalen Geltung und seiner wechselvollen Geschichte durchaus erstaunlich.[28] Mit dem Leipziger Forschungsprojekt *Leipziger Verlagsarchive: Reclam als Erinnerungsspeicher und Labor* wurde zwischen 2009 und 2014 die Geschichte des Leipziger Reclam Verlags seit 1945 aufgearbeitet.[29] Die wenigen

21 Vgl. Kapitel 3.3 und 3.4.
22 Vgl. Kapitel 3.6 und 3.7.
23 Vgl. Kapitel 3.8.
24 Vgl. Kapitel 3.9.
25 Vgl. Kapitel 4.1.
26 Vgl. Kapitel 4.2.
27 Vgl. Kapitel 4.3.
28 Die im Sommersemester 2000 entstandene Hausarbeit *Der Leipziger Reclam Verlag Philipp Reclam jun. zwischen Opposition und Opportunismus im Nationalsozialismus* (vgl. Münch 2000) sei hier erwähnt, kann aber aufgrund des geringen Umfangs und der marginalen Verwendung primärer Quellen nicht als Forschungsleistung bewertet werden.
29 Unter Leitung von Ingrid Sonntag entstand neben zwei Ausstellungen und einer Konferenz auch die Publikation *An den Grenzen des Möglichen. Reclam Leipzig 1945–1991*. Vgl. Sonntag 2016. Ferner diente das leihweise überlassene RAL als Quelle für zahlreiche Qualifikationsarbeiten am Institut für Kommunikations- und Medienwissenschaft der Universität Leipzig, in denen die Ent- und Abwicklung von Verlagen der ehemaligen Deutschen Demokratischen Republik erforscht wurde. Vgl. Laux 2010a, S. 413–417.

bislang vorliegenden Erkenntnisse zur Programmpolitik und zum Agieren des Verlags zwischen 1933 und 1945 wurden hingegen fast ausschließlich im Kontext von wenig objektiven und in Bezug auf die Zeit des Nationalsozialismus mit wenigen Ausnahmen vage bleibenden Jubiläumsschriften[30] vorgelegt.

Umfassenden Raum geben diese Schriften dagegen der Geschichte des Reclam Verlags bis zum Beginn des Nationalsozialismus,[31] ebenso dem Wiederaufbau nach 1945 – aus der jeweiligen Standortperspektive. So beschreibt etwa Annemarie Meiner in der 1958 publizierten Verlagsgeschichte *Reclam. Geschichte eines Verlages*[32] ausführlich die Genese des Verlags seit seiner Gründung 1828, wobei Anton Philipp Reclam und sein Sohn Heinrich im Mittelpunkt stehen, und schließt mit den jüngsten Entwicklungen des westdeutschen Verlagszweigs. Die Nachkriegsgeschichte des traditionellen Standorts Leipzig bleibt hingegen nahezu gänzlich unerwähnt. Durchaus pikant ist, dass es sich bei Meiners Text um eine überarbeitete, besser gesagt, gesäuberte, gekürzte und zeitlich fortgeschriebene Fassung der Jubiläumsschrift *Reclam. Eine Geschichte der Universal-Bibliothek zu ihrem 75-jährigen Bestehen* aus dem Jahr 1942 handelt, in der Meiner resümiert hatte: „So fand der Nationalsozialismus, als er 1933 die Staatszügel ergriff, die U-B innerlich und äußerlich bereit, mitzuwirken am Aufbau eines neuen besseren, größeren Deutschlands."[33] In der Publikation von 1958 reduzierte sie dies lapidar auf „gewisse Konzessionen"[34], die notwendig gewesen seien, beleuchtet die NS-Zeit darüber hinaus aber kaum.

Auch die von Dietrich Bode[35] 2003 zum 175. Verlagsjubiläum publizierte bildreiche Chronik *Reclam. Daten, Bilder und Dokumente zur Verlagsgeschichte. 1828–2003*[36] – eine erneut publizierte und in den Ausführungen zur NS-Zeit um wenige zeitgenössische Erinnerungen gekürzte Fassung der zum 150-jährigen Verlagsjubiläum 1978 erschienenen Dokumentation *150 Jahre Reclam. Daten, Bilder und Dokumente zur*

30 Der Großteil der Festschriften, Sammelbände und Chroniken wurde in Stuttgart publiziert und somit aus westdeutscher Perspektive verfasst – wodurch insbesondere der Spaltung und Entzweiung der beiden Häuser in der Zeit der deutschen Teilung kaum Rechnung getragen wird.

31 Sowohl die 1953 anlässlich des 125-jährigen Gründungsjubiläums publizierte Anthologie *Begegnung mit 125 Jahren Reclam* als auch die 1967 anlässlich des 100-jährigen Bestehens der UB veröffentlichte Anthologie *Reclam. 100 Jahre Universal-Bibliothek. Ein Almanach* – beide vom Reclam Verlag Stuttgart ediert – sind aufgrund ihres Almanach-Charakters und der jeweils nur wenige Seiten umfassenden Ausführungen zur Verlagshistorie kaum für die Fragestellung dieser Arbeit aussagekräftig. Vgl. Reclam Verlag Stuttgart 1953; Reclam Verlag Stuttgart 1967.

32 Vgl. Meiner 1958.

33 Meiner 1942, S. 89.

34 Meiner 1958, S. 35.

35 Der 1934 geborene Bode war seit 1962 im Lektorat des Stuttgarter Reclam Verlags tätig. Ab 1981 leitete er zusammen mit Heinrich Reclam die Geschicke des Verlags.

36 Der Aussage Müllers, dass die Jubiläumsschrift von 1978 „nicht sehr sorgfältig bearbeitet" sei, muss auch für die daran anknüpfende Publikation von 2003 zugestimmt werden. Müller 1979, S. 2. Insbesondere bei der zeitlichen Verortung sind Bode kleine Fehler unterlaufen.

Verlagsgeschichte. 1828–1978 – widmet dem Kapitel des NS-Regimes nur überschaubare zwölf Seiten und beschränkt sich dabei im Wesentlichen auf die Chronologie der Ereignisse, die Auswirkungen von Bombenschäden und das temporäre Engagement des Verlags für die Zeitschrift *Deutsche Rundschau*, während der Umgang mit der Backlist und die Programmpolitik des Verlags kaum eine Rolle spielen.

Als Leipziger Gegenstück zur Stuttgarter Publikation *Reclam. 100 Jahre Universal-Bibliothek. Ein Almanach*[37] gab Hans Marquardt[38] 1967 den Band *100 Jahre Reclams Universal-Bibliothek. 1867–1967. Beiträge zur Verlagsgeschichte*[39] heraus. Diese mit zahlreichen Abbildungen zur Geschichte der UB versehene umfangreiche Sammlung von Beiträgen zu einzelnen thematischen Aspekten der UB (darunter Buchkunst, Philosophie, nordische und russische Literatur) trägt deutliche Spuren der herrschenden Ideologie des DDR-Sozialismus, die es bei der Einordnung der Ergebnisse zu berücksichtigen gilt.[40] Hervorzuheben sind hier drei Beiträge, die sich nicht ausschließlich, aber intensiv mit der UB zur Zeit des Nationalsozialismus auseinandersetzen. Die Verlagspublikationen größeren Formats spielen weder hier noch in späteren Untersuchungen eine nennenswerte Rolle und bilden somit ein entscheidendes Desiderat der Forschung.

In ihren Reflexionen zur Geschichte der UB von 1867 bis 1945[41] versuchen Jürgen Kuczynski und Berthold Puchert, die nationalsozialistische Unterwanderung des Programms zu bewerten. Unter anderem liegt ihr Hauptinteresse in der Frage, inwieweit der Reclam Verlag 1933 bereitstand, an der Verbreitung der NS-Ideologie mitzuwirken: Meiner, so konstatieren sie, sei in ihrer Verlagsgeschichte von 1942 „im Interesse der Anbiederung an den Faschismus zweifellos zu weit“[42] gegangen. Kuczynski/Puchert betrachten die Ausgangslage des Reclam Verlags 1933 unter antikapitalistischen Vorzeichen:

> So sehen wir den Reclam-Verlag unter reaktionärer Leitung als ein Unternehmen mit einem Millionenkapital, […] das trotz zahlreicher übler Publikationen in jahrzehntelangem Dienst am Monopolkapital durch Lagerbestände und Verlagsrechte aus besserer Zeit sowie aus Tradition allseitiger Berücksichtigung bürgerlicher Schichten immer noch auf hohem Niveau stand, durchaus nicht auf den ‚Nationalsozialismus‘ vorbereitet in das Jahr 1933 schreiten.[43]

37 Siehe dazu Reclam Verlag Stuttgart 1967.
38 Hans Marquardt war von 1961/1962 bis 1987 Verlagsleiter von Reclam Leipzig. Vgl. Sonntag 2016, S. 533.
39 Siehe dazu Marquardt 1967.
40 Zu den Schwierigkeiten unternehmensgeschichtlicher Forschung unter den geschichtspolitischen Vorgaben der Sozialistischen Einheitspartei Deutschlands siehe z. B. Osterloh 2010.
41 Vgl. Kuczynski; Puchert 1967, S. 35–79.
42 Kuczynski; Puchert 1967, S. 67.
43 Kuczynski; Puchert 1967, S. 74.

Reichlich salopp fassen sie zusammen, man könne „nicht sagen, daß Reclams Universal-Bibliothek von 1933 bis 1945 ‚durchfaschisiert' wurde".[44] Die Konzessionen an den Faschismus seien zwar größer gewesen als die an die Sozialdemokratie nach 1918, und natürlich habe der Verlag nicht in Opposition zum Nationalsozialismus gestanden, aber ein Nutznießer des Faschismus sei nicht identisch mit einem Faschisten:[45]

> Reclam war in der Zeit von 1933 bis 1945 das, was er auch in der Zeit der Weimarer Republik gewesen war: ein konservativer Betrieb, mit mehr (1933–1945) oder weniger (1919–1932) großen Konzessionen an die spezifischen Züge, die der imperialistische Monopolismus trug. Reclam war kein faschistischer Betrieb, er war auch kein Kriegsverbrecherbetrieb, und darum durfte er auch nach 1945 weiterbestehen, und zwar unter der Leitung des alten kapitalistischen Unternehmers Ernst Reclam.[46]

Günther Cwojdrak führt in seinem Beitrag über die deutsche Literatur des 20. Jahrhunderts in der UB[47] an, dass das Programm schon in den 1920er Jahren stärker von den „völkisch-nationalen Autoren" als von den bürgerlich-demokratischen bestimmt wurde,[48] und dass man den Verlag „[f]ür das was [er] nach Beginn der Hitler-Herrschaft veröffentlichte […] nicht im gleichen Maße verantwortlich machen [kann], wie für die Publikationen der vorangegangenen Jahrzehnte, eine derartige Diktatur fordert ihren Tribut."[49] Folglich sei unter den Neuerscheinungen unmittelbar nach Beginn der NS-Herrschaft die Belletristik von den *Hitler-Gesetzen*, Propagandaschriften und Sachbüchern zurückgedrängt worden, und auch später habe in der UB nicht die „Schar belletristischer Kriegstrommler und schöngeistiger Führerverehrer von Ernst Jünger über Hans Grimm bis zu Josef Martin Bauer und Agnes Miegel"[50] gefehlt, deren Auftritt sich schon in den 1920er Jahren vorbereitet habe. „Reclam brauchte offenbar einige Zeit, ehe er die geforderte zeitgenössische Literatur neben den nach wie vor dominierenden Klassikern ins Programm aufnehmen konnte."[51] Als Hauptverantwortlichen sieht Cwojdrak Ernst Reclam an, für den nach 1945 die Voraussetzungen bestanden hätten, aus der Vergangenheit Konsequenzen zu ziehen. „Aber Ernst Reclam […] war zu einer solchen historischen Kritik, die auch eine Kritik der eigenen Haltung hätte einschließen müssen, nicht bereit; er zog es vor, 1950 nach Westdeutschland zu gehen."[52]

44 Kuczynski; Puchert 1967, S. 74.
45 Vgl. Kuczynski; Puchert 1967, S. 74 f., 78.
46 Kuczynski; Puchert 1967, S. 79.
47 Vgl. Cwojdrak 1967, S. 167–180.
48 Vgl. Cwojdrak 1967, S. 171.
49 Cwojdrak 1967, S. 172.
50 Cwojdrak 1967, S. 172.
51 Cwojdrak 1967, S. 172.
52 Cwojdrak 1967, S. 179.

Claus Träger, der sich mit der Entwicklung der Kommentierung und Kontextualisierung in der UB seit Beginn der Sammlung[53] auseinandergesetzt hat, belegt beispielhaft, dass

> zur Ehre nicht allein des Verlages, sondern auch eines Großteils seiner wissenschaftlichen Mitarbeiter gesagt werden [muß], daß sie die traditionsgebundene Verpflichtung gegenüber der deutschen Nationalliteratur wenigstens auf versteckte Weise zu wahren suchten, indem sie entweder im rein werkgeschichtlichen Kommentar verharrten oder in ihn flüchteten […]. Eine andere Gruppe von Kommentatoren zeigt nur leise äußerliche Spuren des Ungeists der Zeit.[54]

Daneben hebe sich aber „mit Unfehlbarkeit eine dritte Kategorie von Vor- und Nachwortautoren […] heraus, […] die offene Faschisierung der Literaturanschauung" betrieben haben.[55] Der Reclam Verlag jedoch sei

> von je allem teutonisch-nationalistischen Glauben abhold gewesen; er hatte keiner der oskurantistischen Strömungen, die dem deutschen Faschismus ideologisch das Terrain planierten, jemals ein volles Ohr und seine Pressen geliehen. […] Insofern traf ihn das Jahr 1933 vollkommen „unvorbereitet". Das war der Grund, warum selbst in den Jahren der tiefsten Erniedrigung Deutschlands diese klassische Bibliothek als Ganzes dennoch eine ungeschliffene Bastion der deutschen Nationalkultur blieb.[56]

Die drei Aufsätze von 1967 haben gemeinsam, dass sie dem Reclam Verlag Anpassungen und Konzessionen an die politischen Verhältnisse der nationalsozialistischen Diktatur attestieren. Die Antwort auf die Frage, inwieweit der Verlag diese eingehen musste oder wollte, bleibt jedoch unscharf. Gemein ist den Autoren darüber hinaus, dass sie angesichts einer Konzentration auf ausgewählte Titel die Betrachtungsebene des Beispielhaften nicht verlassen, ökonomische und betriebswirtschaftliche Entwicklungen allenfalls streifen und – dem Publikationstyp der Festschrift geschuldet – keinerlei Belege für die gewonnenen Erkenntnisse angeben.

1992 erschien zum 125-jährigen Jubiläum der UB mit *Reclam. 125 Jahre Universal-Bibliothek 1867–1992. Verlags- und kulturgeschichtliche Aufsätze*[57] eine weitere, nun von Bode in Stuttgart herausgegebene Jubiläumsschrift. Neben der Analyse des Verhältnisses von UB und der Institution Schule[58] ist von den thematisch konzipierten

53 Vgl. Träger 1967, S. 101–166.
54 Träger 1967, S. 143.
55 Träger 1967, S. 145.
56 Träger 1967, S. 116.
57 Siehe dazu Bode 1992.
58 Vgl. Lerner 1992, S. 299–330.

Beiträgen insbesondere *Die Universal-Bibliothek im „Dritten Reich“. Zwischen Anpassung und Abstand*[59] von Georg Ruppelt relevant, der als einziger dezidiert den Untersuchungszeitraum betrachtet. Ruppelt fokussiert jedoch ausschließlich den Werdegang der UB unter der nationalsozialistischen Diktatur; die weiteren Verlagspublikationen werden nicht, Aspekte wie Verlags- und Personengeschichte nur am Rande behandelt. „Die Ausmusterung der Bestände nach nationalsozialistischen Maßgaben“ wiege, so Ruppelt, zwar „schwer, ist aber angesichts der damaligen politischen Verhältnisse wenig überraschend.“[60] Erstaunlich sei hingegen, dass im Katalog von 1943, der immerhin 7.596 Nummern umfasst, noch elf wenig geschätzte Autoren wie etwa Dickens, Dostojewski, Fallada, Hesse, Puschkin und Tolstoi zu finden seien, wenn auch meist als „nicht lieferbar“ gekennzeichnet. In welchem Umfang die Streichungen in der Backlist vorgenommen wurden, und ob diese sich lediglich auf offiziell ‚unerwünschte‘ Autoren beschränkten, bleibt bei ihm offen. Das Verlagsprofil nach 1933 habe, so Ruppelt, „von der geistigen Grundlage her nicht den Schatten der Swastika“[61] geworfen. Im Gegenteil: Reclams UB habe „einen in seiner Bedeutung wahrscheinlich nicht hoch genug einzuschätzenden Beitrag zur Erhaltung deutscher bürgerlicher Lesekultur unter einer mörderischen Diktatur geleistet“.[62] Die ebenso von Ruppelt thematisierte „stark nationalsozialistisch gefärbte Werbung für die Universal-Bibliothek“ habe, „wenn man die gesamtwirtschaftliche Lage des Verlags betrachtet, also nicht nur der Absatzverbesserung, sondern letztlich auch der Existenzsicherung“ gedient.[63] Reclam habe sich „den Verhältnissen unter der Diktatur […] anpassen müssen, […] um zu überleben.“[64] Ob oder inwiefern der Reclam Verlag in Gefahr staatlicher Übergriffe stand, ist nicht Thema des Beitrags. Insgesamt dürfe aber „konstatiert werden, daß die nationalsozialistische Weltanschauungs- und Indoktrinationsliteratur nach 1933 keinen hohen Anteil an der Gesamtproduktion hatte“[65] und dass „allem Anschein nach [...] das Verlegen politischer Indoktrinationsliteratur nicht das beste Geschäft für Reclam“ war.[66] Zur Beweisführung gibt Ruppelt an, dass 48 der neu ins Programm genommenen Titel der Jahre 1933 bis 1943 nicht eine 10.000er-Auflage überschritten hätten, darunter elf als NS-affin zu klassifizierende Titel.[67] Dem gegenüber stellt

59 Vgl. Ruppelt 1992, S. 331–357.
60 Ruppelt 1992, S. 335.
61 Ruppelt 1992, S. 344.
62 Ruppelt 1992, S. 355.
63 Ruppelt 1992, S. 343.
64 Ruppelt 1992, S. 355.
65 Ruppelt 1992, S. 338.
66 Ruppelt 1992, S. 352.
67 Als NS-affin wurden Titel klassifiziert, die nach 1945 in der *Liste der auszusondernden Literatur* sowie im *Verzeichnis der auszusondernden Literatur* indiziert wurden. Ferner wurden Titel von Autoren, die laut literaturgeschichtlichem Kanon von Hellmuth Langenbucher zu den empfehlenswertesten Schriftstellern des ‚Dritten Reichs‘ gehören, die im Oktober 1933 Adolf Hitler ‚treueste Gefolgschaft‘ gelobt hatten und die auf der von Goebbels und Hitler 1944

er – unkommentiert – die 15 in höchster Exemplarzahl gedruckten Titel, darunter allerdings acht NS-affine Werke. Bei seiner Ermittlung der Auflagenzahlen verwendete Ruppelt lediglich das der numerischen Anordnung der UB folgende Auflagenbuch, während die ergänzenden Angaben aus dem chronologischen Auflagenbuch der UB nach Jahren unberücksichtigt blieben. Die Beschränkung auf das jeweils obere und untere Ende der Produktionsstatistik ist im Rahmen eines solchen Beitrags hilfreich, kann das Verhältnis des Marktanteils NS-affiner zu NS-neutralen Titeln aber nur näherungsweise bestimmen. Methodisch problematisch ist vor allem, dass offenbleibt, nach welcher Maßgabe er „Indoktrinationsliteratur" klassifiziert. Welche Umstände dazu führten, dass der Reclam Verlag „mit seinen Feldpostausgaben verdient, gut verdient"[68] habe, bleibt ebenso offen wie die Frage, wie sich das Reclam'sche Wehrmachtsgeschäft im Vergleich mit anderen Verlagen beurteilen lässt.

Auf Ruppelts Erkenntnissen und seinem Fazit zum Jubiläumsprogramm der UB – welches allerdings 283 von 317 der UB-Titel zwischen 1933 und 1945 unberücksichtigt lässt – beruht noch der heutige Blick auf die Geschichte des Reclam Verlags im Nationalsozialismus. Diese sei gekennzeichnet durch „das Lavieren des Verlags zwischen Anpassung an das politisch Opportune auf der einen Seite und den mutigen Versuch, den Abstand zur herrschenden nationalsozialistischen Diktatur zu wahren, auf der anderen".[69]

Die in diesem Abriss der Forschungsgeschichte sichtbar gewordenen Lücken und methodischen Schwächen resultieren vor allem aus dem jeweiligen Auftragskontext der Forschungsbeiträge und ihrem Festschriftcharakter. Ausnahme ist ein mittlerweile 30 Jahre zurückliegender Fachbeitrag in *Aus dem Antiquariat*,[70] der sich allerdings nahezu ausschließlich auf die nicht immer zuverlässigen persönlichen Erinnerungen des Prokuristen Gotthold Müller beruft.[71] In diesem Aufsatz bescheinigt wiederum Ruppelt, damals stellvertretender Direktor an der Herzog August Bibliothek in Wolfenbüttel, dem Reclam Verlag, er habe „in erstaunlich hohem Maße sein

zusammengestellten *Gottbegnadeten-Liste* sowie der *Sonderliste A* als wichtigste Schriftsteller des ‚Dritten Reiches' gelistet waren, als NS-affin eingestuft. Zum konkreten Vorgehen und zur kritischen Reflexion der jeweils verwendeten externen Quellen siehe Kapitel 3.1, 3.3.8, 3.5.2. Zur Problematik trennscharfer Klassifizierungen von Einstellungen gegenüber dem NS-System siehe Kapitel 3.5.2.

68 Ruppelt 1992, S. 345.

69 Ruppelt 1992, S. 349. In seinen Fallstudien zum Verlagsbuchhandel beschreibt beispielsweise Reinhard Wittmann das Agieren des Verlagshauses ebenfalls als „Lavieren"; die tendenziell kritischeren Beiträge des Marquardt-Sammelbandes berücksichtigt er nicht. Vgl. Wittmann 2015, S. 347–349, Zitat S. 365.

70 Vgl. Ruppelt 1991, S. 98–101. Im Mittelpunkt der Betrachtung steht weniger der Reclam Verlag als die Person Gotthold Müller.

71 Wohl wissend, „welche Schwierigkeiten und Probleme ein Beitrag mit sich bringt, der nahezu ausschließlich auf der mündlichen Überlieferung eines einzelnen gründet." Ruppelt 1991, S. 101.

bürgerlich-liberales Verlagsprofil bewahren“ können und „eine klare, neutrale Linie [vertreten], die sich bis auf einige schon erwähnte notwendige Zugeständnisse an das herrschende Regime […] in den Anfangsjahren des ‚Dritten Reiches‘ […] frei von nationalsozialistischen Tendenzen hielt“[72].

Die in der Verlagsgeschichtsschreibung sowohl aus west- wie aus ostdeutscher Perspektive eingeräumten „Zugeständnisse“ anhand der Analyse der gesamten, über die Titel der UB hinausgehenden Programmpolitik des Verlags zwischen 1933 und 1945 umfassend zu untersuchen und zu spezifizieren, ist nach wie vor ein Desiderat, dessen sich diese Arbeit annehmen will. Die Analyse der Produktion schließt die Betrachtung der wirtschaftlichen Entwicklung des Verlags ein, insbesondere unter Berücksichtigung exogener, außerwirtschaftlicher Faktoren wie Regimewechsel, Kulturpolitik oder Kriegseinwirkungen. Als notwendiger Hintergrund sind dabei nicht zuletzt die bisherigen Forschungen zu anderen Verlagen zu betrachten.

Die wissenschaftliche Aufarbeitung des Verlagswesens im Nationalsozialismus begann unter anderem mit Volker Dahms *Das jüdische Buch im Dritten Reich* (1979 bzw. 1982)[73] im Vergleich zu Untersuchungen über Zeitschriften und Zeitungen in der NS-Zeit[74] und zu Exilverlagen[75] erst recht spät und auch nur zögerlich.

Inzwischen liegt umfangreiche Forschungsliteratur zur Buchhandels-, Verlags- und Unternehmensgeschichte im ‚Dritten Reich‘ vor: neben spezifischen Fallbeispielen einzelner Verlage[76] auch unverzichtbare Überblicksliteratur wie Jan-Pieter Barbians Standardwerk *Literaturpolitik im „Dritten Reich“*[77], Hans-Eugen Bühlers Untersuchung zum Frontbuchhandel zwischen 1939 und 1945[78] oder Christian Adams gleichermaßen faktenreiche wie unterhaltsame Untersuchung der zehn erfolgreichsten Genres im ‚Dritten Reich‘[79]. Das Spektrum der interessierenden Aspekte ist weit und geht mit

72 Ruppelt 1991, S. 99.

73 Dahm veröffentlichte mit *Das jüdische Buch im Dritten Reich* ein Grundlagenwerk zur Aufarbeitung jüdischer Literatur in der NS-Zeit in zwei Bänden: Teil 1 *Die Ausschaltung der jüdischen Autoren, Verleger und Buchhändler* erschien 1979, 1982 folgte Teil 2 *Salman Schocken und sein Verlag*. Vgl. Dahm 1993.

74 Siehe z. B. Abel 1968; Wulf 1964; Schwarz 1972; Mallmann-Biehler 1978; Martens 1972; Boveri 1965.

75 Siehe u. a. Arnold 1974; Halfmann 1969.

76 Einen ausschnitthaften Überblick verschiedener Forschungsarbeiten zum Verlagswesen im Nationalsozialismus bot zuletzt der 2013 von Klaus G. Saur herausgegebene Sammelband *Verlage im „Dritten Reich“*. Vgl. Saur 2013.

77 Vgl. Barbian 1993a. Inhaltlich neu gegliedert und um neue Forschungserkenntnisse ergänzt, publizierte Barbian 2010 mit *Literaturpolitik im NS-Staat. Von der „Gleichschaltung“ bis zum Ruin* erneut eine umfassende Studie über Verlage, Buchhandel, Bibliotheken und Kulturinstanzen zur Zeit des Nationalsozialismus. Vgl. Barbian 2010.

78 Vgl. Bühler; Bühler 2002. Gemeinsam mit Olaf Simons publizierte Bühler 2004 ferner eine Untersuchung zu *Die blendenden Geschäfte des Matthias Lackas. Korruptionsermittlungen in der Verlagswelt des Dritten Reichs*. Vgl. Bühler; Simons 2004.

79 Vgl. Adam 2010.

Untersuchungen wie dem biografischen Zugang zur Geschichte der Holtzbrinck-Verlagsgruppe anhand des Lebenswegs von Georg von Holtzbrinck bis 1947 von Thomas Garke Rothbart[80] über die Aufarbeitung konkreter Verlagsgeschichten hinaus.

Auch Thomas Keiderlings Studie über den Zwischenbuchhändler Koehler und Volckmar widmet sich den „Denk- und Verhaltensweisen [...] von Wissenschaftseliten während des Nationalsozialismus"[81] und arbeitet die Willkür kulturpolitischer Instanzen heraus.

Sophie Fetthauer zeigt mit ihrer „auf die Rekonstruktion und Beschreibung von Biographien, Firmen- und Institutionengeschichten sowie der auf Musikverlage bezogenen Gesetzes- und Wirtschaftslage ausgerichtet[en]"[82] Studie über die systematische „Ausgrenzung der jüdischen Musikverleger und ihrer Unternehmen aus dem Kultur- und Wirtschaftsleben"[83] eindrücklich die bis heute sichtbaren Spuren der NS-Zeit bei den Musikverlagen auf.

Siegfried Lokatis, Freya Leinemann und Sophie Kräußlich präsentieren in ihrer kammerspielartigen Fallstudie zum Luchterhand Verlag die widerstreitenden Argumente zu dem Vorwurf, Luchterhand habe von der Arisierungspolitik der Nationalsozialisten profitiert: er hatte 1938 die Druckerei des zur Emigration gezwungenen Otto Heinrich Scholz übernommen.[84]

Besonders relevant für den Untersuchungsgegenstand sind jedoch Studien zu bürgerlichen Verlagen mit Programmschwerpunkten in der Belletristik und im Sachbuch.[85] Dem Genre einer Festschrift entsprechend beleuchten die Abhandlungen zum Piper Verlag[86], dem Carl Hanser Verlag[87], dem Insel Verlag[88], dem Ullstein

80 Vgl. Garke-Rothbart 2008.
81 Keiderling 2003, S. 5.
82 Fetthauer 2004, S. 12.
83 Fetthauer 2004, S. 97.
84 Siehe dazu Lokatis et al. 2018.
85 Aus der neueren Forschung zum Agieren von Wissenschaftsverlagen im NS siehe u. a. Wesolowski 2010; Königseder 2016. Zum Verlag Walter de Gruyter zwischen 1923 und 1967 entsteht ferner am Institut für Kommunikations- und Medienwissenschaft der Universität Leipzig eine Dissertation von Melanie Mienert. Von den zentralen Verlagen der NS-Bewegung liegt bislang nur eine knappe Abhandlung zum Zentralverlag der NSDAP, dem Franz Eher Nachf. Verlag, zwischen 1900 und 1945 vor, die allerdings in weiten Teilen nicht den Anspruch einer wissenschaftlichen Untersuchung erfüllt. Vgl. Tavernaro 2004. Die beiden konkurrierenden NS-Großverlage, der Nordland Verlag (Verlagshaus der SS) und der Verlag der Deutschen Arbeitsfront, sind zum gegenwärtigen Zeitpunkt Gegenstand zukünftiger Forschung. Letzterer hatte sich seit 1936 zunehmend zum wichtigsten Verlag innerhalb der Deutschen Arbeitsfront entwickelt. Vgl. Hachtmann 2012, S. 298. Zur Aufarbeitung der Geschichte der Hanseatischen Verlagsanstalt und des Langen-Müller Verlags, beide ebenfalls im Besitz der Deutschen Arbeitsfront, siehe Meyer 1989.
86 Siehe dazu Ziegler 2004.
87 Siehe dazu Wittmann 2005.
88 Siehe dazu Sarkowski 1999.

Verlag[89] und dem Verlag C. H. Beck[90] die Entwicklung des jeweiligen Verlagshauses seit seiner Gründung[91] mit dezidiert kulturgeschichtlichem Erkenntnisinteresse. Die Verlagsgeschichten, wohl sämtlich als Auftragsarbeiten bei den zu behandelnden Verlagen erschienen, folgen mit lockerem chronologischen Gerüst mehrheitlich einer thematischen Gliederung, fokussieren exemplarisch Autor-Verleger-Beziehungen und setzen Schlaglichter auf einzelne Programmsegmente oder die Buchgestaltung. Betriebswirtschaftliche Betrachtungen finden sich nur vereinzelt und am Rande, ebenso theoretische Überlegungen. Die Ausführungen zum Verlagsgeschehen während der NS-Zeit differieren in Umfang und Tiefe[92] und können somit nur partiell zum Vergleich mit dem Reclam Verlag herangezogen werden.

Eine dezidierte Aufarbeitung der Verlagsgeschichte während des NS-Regimes bieten die Fallstudien zu den Verlagen S. Fischer[93], Paul Zsolnay[94] und H. Goverts[95], jedoch sind auch die dort erarbeiteten Kenntnisse für die vorliegende Arbeit nur partiell hilfreich: Die Ausführungen zum S. Fischer Verlag von Irene Nawrocka sind als Erweiterung der Exilforschung – über die bislang vorrangig thematisierten Lebens- und Schaffensbedingungen der Exilautoren und Themen der Exilliteratur hinaus – konzipiert[96] und konzentrieren sich folglich auf den Bermann-Fischer Verlag im Exil.

Das Archiv des Zsolnay Verlags erlaubt „einen einmaligen Einblick in die Mechanismen der NS-Schrifttumspolitik, und zwar aus der Sicht eines auf den reichsdeutschen Markt angewiesenen ausländischen Verlages“.[97] Insbesondere ging es Murray G. Hall jedoch darum, aufzuzeigen,

> daß der literarische Markt in Österreich einschließlich der Rezeptions- und Produktionsbedingungen sowie der literarischen Gruppenbildung trotz der engen Verflechtungen mit dem lebenswichtigen deutschen Absatzmarkt sich z. T. anders entwickelte und anderen historischen Determinanten unterworfen war als etwa die Literatur in Deutschland vor oder nach 1933, von einzelnen Zäsuren ganz zu schweigen.[98]

89 Siehe dazu Enderlein 2011.
90 Siehe dazu Rebenich 2013.
91 Im Falle von Ullstein beginnt die Verlagsgeschichte ab dem Jahr, in dem der ursprüngliche Zeitungsverlag auch belletristische und Sachbücher verlegte – 1903.
92 Edda Ziegler widmet dem NS-Kapitel 28 Seiten ihrer 398-seitigen Verlagsgeschichte, bei Heinz Sarkowski und Stefan Rebenich hingegen füllt die NS-Zeit knapp ein Fünftel der gesamten Abhandlungen.
93 Siehe dazu Nawrocka 2000.
94 Siehe dazu Hall 1994.
95 Siehe dazu Wallrath-Janssen 2007.
96 Vgl. Nawrocka 2000, S. 6.
97 Hall 1994, S. 6.
98 Hall 1994, S. 5.

Der Verlag H. Goverts nimmt in zweierlei Hinsicht eine Sonderstellung ein: Er wurde zur denkbar ungünstigsten Zeit – 1934 – von dem wohlhabenden Henry Goverts und dessen Partner Eugen Claasen gegründet, hielt sich aber aufgrund der finanziellen Unabhängigkeit des Verlegers und des Rückzugs auf private Sphären als dezidierter Klein-Verlag (zwischen 1935 und 1945 erschienen in Summe 73 Bücher) erfolgreich aus der Schusslinie des kulturstaatlichen Rotstifts.[99] Daher kann Wallrath-Janssens Hauptinteresse, „vor dem Hintergrund der literaturpolitischen Rahmenbedingungen ein wirklichkeitsnahes Bild der Arbeit eines deutschen Verlages zwischen 1934 und 1945 mit vielen Zwischentönen zu zeichnen“[100], wohl nur partiell auf andere, größere und/oder etablierte Verlagshäuser übertragen werden.

Auch diese drei Arbeiten setzen ohne tiefere theoretische Fundierung – nahezu vollständig erhaltenen Autorenkorrespondenzen in den Archiven folgend[101] – einen explizit kulturgeschichtlichen Fokus, insbesondere auf die Autor-Verleger-Beziehungen, unter Verzicht auf wirtschaftliche Betrachtung.[102]

Der Zeitabschnitt 1933 bis 1945 in der Geschichte des Verlags Gustav Kiepenheuer wird von gleich zwei Studien näher beleuchtet. Cornelia Caroline Funke[103] legt nach Durchsicht der Quellen für den Zeitraum von 1909 bis 1944 den Schwerpunkt auf die Untersuchung der Unternehmensführung und „im besonderen Maße die Analyse des Wirtschaftsunternehmens Kiepenheuer“.[104] Die in weiten Teilen fehlende Untersuchung der Autor-Verleger-Beziehung[105] durch Funke nimmt Sabine Röttig zum Ausgangspunkt für ihre Studie zum Kiepenheuer Verlag,[106] in der sie das „Hauptaugenmerk auf das literarische Programm“[107] von 1933 bis 1949 richtet.[108] Vor allem die

99 Vgl. Wallrath-Janssen 2007, S. 5 ff.

100 Wallrath-Janssen 2007, S. 11.

101 Vgl. Nawrocka 2000, S. 6; Hall 1994, S. 6; Wallrath-Janssen 2007, S. 15 f.

102 Die lückenlose Herstellerkartei mit umfangreichen Angaben zu jedem Werk (Umfang, Papierart, Format, Satzspiegel, Druck, Schrift, Herstellungspreis, Auflagendaten und -höhen, Preise, etc.), vgl. Hall 1994, S. 9, nutzt der Verfasser nur für sehr verallgemeinernde Überblicke zur Verlagsproduktion. Wallrath-Janssen weist darauf hin, dass sich durch den Verlust „aller Geschäftsbriefe im engeren Sinn, die Herstellung, Vertrieb und Werbung betreffen [,...] die ökonomische und buchhändlerische Seite [...] nur indirekt erschließen ließ und z. B. eine Rekonstruktion von Kalkulationen nicht möglich war.“ Wallrath-Janssen 2007, S. 16.

103 Siehe dazu Funke 1999.

104 Funke 1999, S. 10.

105 Ihre Arbeit versteht sich „nicht als eine vollständige Geschichte des Gustav Kiepenheuer Verlages von 1909 bis 1944. Es sind auch keine gänzlich erschöpfenden Befunde zu all den wichtigen Autor-Verleger-Beziehungen des renommierten Unternehmens zu erwarten, da der Blickwinkel in der Regel vom Verlag ausgeht.“ Funke 1999, S. 11.

106 Siehe dazu Röttig 2004.

107 Röttig 2004, S. 3.

108 Komprimierte Fassungen der wichtigsten Ergebnisse beider Untersuchungen finden sich in der 2011 von Siegfried Lokatis und Ingrid Sonntag herausgegebenen Aufsatzsammlung *100 Jahre Kiepenheuer-Verlage*. Vgl. Funke 2011; Röttig 2011.

Untersuchungsmethode Funkes, „die auf die Textkenntnis der Verlagswerke verzichtet", stoße, so Röttig, „an ihre Grenzen. So kommt es in der Beschreibung der Programmgestaltung zu Fehlurteilen."[109]

Wie Kiepenheuer gehörte auch Rowohlt zu den Verlagen, deren Wirken sich die nationalsozialistische Schrifttumspolitik in besonderem Maße zu kontrollieren bemüßigt sah. Infolge der „unzureichenden Quellenlage"[110] – das Verlagsarchiv mit sämtlicher Korrespondenz und allen Verträgen war bei einem Luftangriff vernichtet worden, die gesichteten Autorenkorrespondenzen enthielten kaum Herstellungsakten, Verkaufszahlen, Bilanzen oder Werbematerialien[111] – konzentriert sich David Oels auf die „Markterfolge eines sich als eine Art ‚Kulturverlag' verstehenden Unternehmens in einem begrenzten Zeitraum, die daran Beteiligten in- und außerhalb des Verlages sowie das kulturelle und mit Abstrichen auch das (literatur-) politische Umfeld"[112]. Gegenstand seiner „kritischen Ergänzung" der „hausoffizielle[n] Verlags- und Verlegergeschichte"[113] zu Rowohlt ist ausdrücklich keine „Verlagsgeschichte, die alle Unternehmensbereiche und Stakeholder gleichermaßen berücksichtigen würde"[114].

Auch die umfangreiche, als interdisziplinäres Projekt konzipierte Studie zum Bertelsmann Verlag[115] konzediert, dass eine „umfassende Positionierung des Unternehmens innerhalb der deutschen Verlagslandschaft" nicht vorgelegt werden konnte; „für seine Verortung im konfessionellen und literarischen Spektrum sowie im Kommunikationsraum des NS-Regimes" sowie für „differenzierte Vergleiche fehlen vielfach die notwendigen Materialien."[116] Zwar werden die „Platzierung des Unternehmens auf dem theologischen Buchmarkt und die Schwerpunkte des Verlagsprogramms [...] ebenso deutlich wie die Unternehmensstruktur des paternalistischen Familienunternehmens und seine Einbindung in das lokale Gütersloher Umfeld"[117], allerdings wurden „Titel und Themen[...], die der theologische Verlag nach 1933 veröffentlichte", lediglich „in einer exemplarischen Auswahl [...] analysiert" und „die Analyse des belletristischen

109 Röttig 2004, S. 3. Daneben sei der Verleger Gustav Kiepenheuer differenzierter zu betrachten als bei Funke erfolgt: „wenige in Zwangssituationen getätigte Äußerungen Kiepenheuers, die deutlich als solche zu entziffern sind, sind nicht geeignet, ihn in einem ‚befremdlichen Licht' erscheinen zu lassen." Röttig 2004, S. 3.
Zur Problematik von ‚Textkenntnis' und/oder metatextueller Verfahren als Basis valider Aussagen zur Programmpolitik siehe Kapitel 1.5.

110 Oels 2013, S. 36.

111 Vgl. Oels 2013, S. 30, 32.

112 Oels 2013, S. 36.

113 Oels 2013, S. 36.

114 Oels 2013, S. 36.

115 Siehe dazu Friedländer et al. 2002.

116 Friedländer et al. 2002, S. 11. Auch wenn zum Zeitpunkt der Erarbeitung der Studie zu Bertelsmann weniger verlagsgeschichtliche Forschungsergebnisse vorlagen als heute, finden sich unter den zahlreichen Archivquellen kaum Verlagsarchive, auch die Bestände des Börsenvereins der Deutschen Buchhändler wurden nicht berücksichtigt. Vgl. Wiede 2003.

117 Wiede 2003.

Programms galt in erster Linie jenen nationalistischen Titeln, mit denen der Verlag im Dritten Reich und zuvor undenkbare kommerzielle Erfolge erzielte", zudem „wurden die erbaulichen Reihenschriften nur stichprobenhaft geprüft"[118]. Insofern bleibt die Bewertung des Verlagsprogramms lückenhaft und somit eingeschränkt aussagekräftig. Zudem verortet sich die Studie zwar explizit in einer Reihe von unternehmensgeschichtlichen Untersuchungen zur Zeit zwischen 1933 und 1945,[119] aber eine argumentative Einbettung betriebswirtschaftlicher Daten findet mit dem Hinweis, „die Geschichte eines Verlagshauses" lasse sich „nicht allein aus betriebswirtschaftlicher Perspektive darstellen"[120], nicht statt, obwohl der kleine theologische Verlag gerade in dieser Zeit die entscheidenden Grundlagen für seinen Aufstieg zum internationalen Medienkonzern schuf – und insbesondere vom Feldpostgeschäft deutlich stärker profitierte als Reclam.[121]

Siegfried Lokatis verzichtet in seiner Studie zur Geschichte der Hanseatischen Verlagsanstalt von 1931 bis 1949[122] auf die moralische Auslotung des Wirkens der Verlagsleiter Wilhelm Stapel und Benno Ziegler. Obschon die HAVA allein aufgrund der Zugehörigkeit zur Deutschen Arbeitsfront (DAF) als „nationalsozialistisches Unternehmen galt" und „schon lange vor 1933 maßgeblich mit für die Durchsetzung der im ‚Dritten Reich' gültigen literarischen Werte"[123] sorgte, würde sich wahrscheinlich herausstellen, „daß der geistig führende Verlag des ‚Dritten Reiches' von fanatischen Gegnern des Nationalsozialismus geleitet wurde."[124] Mit seiner Rekonstruktion der Geschichte der HAVA, die als „institutionelles Rückgrat der ‚Konservativen Revolution' [....] im ‚Dritten Reich' eine zentrale Brain-Trust-Funktion ein[nahm]"[125], verfolgt er das Ziel, über das buchhandelshistorische Erkenntnisinteresse hinaus zeitgeschichtliche Folgerungen etwa zur Öffentlichkeitsstruktur im ‚Dritten Reich', über institutionelle Verflechtungen zwischen Nationalsozialismus und Konservativer Revolution oder zur breitenwirksamen Durchsetzung antisemitischen Gedankenguts anzubieten.[126] Lokatis setzt dabei auf zwei zentrale methodische Vorüberlegungen. Erstens fokussiert er den interdisziplinären, weil allen Büchern anhaftenden Warencharakter und vernachlässigt bewusst die konkreten Inhalte einzelner Bücher zugunsten „generalisierende[r] Aussagen über den Inhalt (Gebrauchswert)"[127]; ihn interessieren nicht „irgendwelche Druckereikapazitäten, Verkaufszahlen und Wachstumsquoten als solche, sondern

118 Friedländer et al. 2002, S. 15.
119 Vgl. Friedländer et al. 2002, S. 9.
120 Friedländer et al. 2002, S. 10. Stattdessen werden entsprechende Daten „nicht zuletzt aus Gründen der Lesbarkeit aus dem Text ausgegliedert." Friedländer et al. 2002, S. 16.
121 Vgl. Kapitel 2.3.3.
122 Siehe dazu Lokatis 1992.
123 Lokatis 1922, S. 4.
124 Lokatis 1992, S. 9.
125 Lokatis 1992, S. 5.
126 Vgl. Lokatis 1992, S. 8.
127 Lokatis 1992, S. 8.

der Einfluß, den industrielle Fertigungszwänge und moderne Vertriebsorganisation auf die Gestaltung von Texten haben können."[128] Zweitens setzt er auf die systemtheoretische Betrachtung der Hanseatischen Verlagsanstalt als das „simulationsartig zugrunde gelegte System" und des ‚Dritten Reichs' „als neuartige Umwelt, auf die das System reagierte."[129]

Während Lokatis folglich systemtheoretische Betrachtungen mit der Reduktion des Buches auf seinen Warencharakter zugunsten eines globaleren Erkenntnisgewinns kombiniert, analysiert Florian Triebel den Eugen Diederichs Verlag zwischen 1930 und 1949[130] gänzlich aus unternehmensgeschichtlicher, betriebswirtschaftlich orientierter Perspektive. Er grenzt sich dezidiert von dem „kultur-organisationellen Ansatz" ab, der Verlagsgeschichten vorrangig kulturgeschichtlich beschreibt, indem „Publikationsentscheidungen" als Ergebnis „kulturelle[r] Erwägungen" und nicht als Konsequenz „betriebswirtschaftlicher [...] Maßgaben" gefällt werden. Letztere, so Triebel, fänden – nicht zuletzt aufgrund der häufig dünnen Materialbasis – allenfalls in wirtschaftlichen „Extremphasen" Eingang in die Forschung.[131]

Der „doppelte Charakter"[132] des Buches – Kulturgut- und Handelsware – wird in der Verlagsgeschichtsschreibung zwar als solcher durchaus häufig benannt, jedoch überwiegt die Betrachtung der kulturellen Aspekte des ‚Büchermachens' nach wie vor signifikant die Analyse und Bewertung von Verlagen als in der Regel privatwirtschaftlich agierende Wirtschaftsakteure.

1.3 Verlag und Umwelt – zum theoretischen Hintergrund

Die Synopse zur bisherigen Erforschung des Verlagswesens im Nationalsozialismus hat gezeigt, dass die Anwendung von Methoden, die auch ökonomische Aspekte angemessen berücksichtigen, auch knapp 20 Jahre nach Triebels Aufarbeitung des Eugen Diederichs Verlags noch weitgehend ein Desiderat ist. Dem soll mit der vorliegenden Arbeit am Beispiel des Reclam Verlags Rechnung getragen werden.[133]

In Fortschreibung und Erweiterung des kulturunternehmerischen Ansatzes von Florian Triebel soll versucht werden, die kulturelle und kaufmännische Perspektive innerhalb der Verlagsgeschichtsschreibung exemplarisch ins Gleichgewicht zu bringen.[134] Für seine Studie zum EDV hat Triebel aufgrund der Vielzahl von Forschungsansätzen

128 Lokatis 1992, S. 9.
129 Lokatis 1992, S. 9.
130 Siehe dazu Triebel 2001 (Online-Publikation); Triebel 2004 (Printpublikation).
131 Triebel 2004, S. 23.
132 Siehe u. a. Triebel o. J., S. 4; Jäger 2005, S. 69.
133 Ansätze ökonomisch orientierter Forschung finden sich in: Keiderling 2001; Tabaczek 2003; Müller 2004: Wissenschaft und Markt; Blaschke 2010.
134 Vgl. Triebel 2004, S. 23 ff.

innerhalb der unternehmensgeschichtlichen Forschung,[135] die einen einheitlichen Zugang angesichts der Komplexität des Untersuchungsgegenstands erschweren, einen theoretischen Analyserahmen entwickelt. Dieser soll Gewähr dafür bieten, trotz methodischer Pluralität das Untersuchungsobjekt als Ganzes im Blick zu behalten.[136] Auch die vorliegende Arbeit folgt dem diesem Rahmen zugrunde gelegten breiten Verständnis von „Unternehmen als Akteure[n] im Wirtschaftsleben, die (Geschäfts-)Ideen entwickeln und diese mittels geeigneter Produktionsmittel in Form von Dienstleistungen und Produkten umsetzen“[137]. Der gewählte Analyserahmen basiert ferner auf der Grundannahme, dass sich Unternehmen in einer Umwelt bewegen, die ihnen bekannt und zugänglich ist und die sich aus einem weitverzweigten Beziehungsnetzwerk aus sowohl natürlichen Personen und Organisationen, aber auch aus nicht materialisierten Ideen konstituiert.[138] Der durch Triebel und Seidl vorgenommenen Erweiterung der handlungsorientierten Ansätze von Organisations- und Netzwerktheorien, die nur reale Akteure kennen, um das Konzept der Idee als dem zu reflektierenden Untersuchungsgegenstand immanenten Forschungsaspekt[139] ist zuzustimmen.

Triebels Verständnis von Umwelt als den Akteuren bekannte sowie nutz- und beeinflussbare Sphäre unterscheidet sich dabei bezeichnenderweise von der Theorie der sozialen Systeme nach Niklas Luhmann, die sich insbesondere für das „‚System‘ selbst, seine Entstehung, Regelung, Steuerung sowie die Reproduktion seiner Elemente“[140] interessiert. Triebel hingegen rückt einen einzelnen „Teilnehmer im Netzwerk – das zu untersuchende Unternehmen – und die für ihn spezifischen und relevanten Beziehungen zur Umwelt in den Mittelpunkt.“[141] Er konkretisiert somit den abstrakten Ansatz systemtheoretischer Überlegungen und macht diese für die Verlagsgeschichtsschreibung faktisch anwendbarer als die soziologische Systemtheorie, die als

135 Die Wirtschaftsgeschichte analysiert die „Handlungs- und Entscheidungsprozesse in komplex organisierten Unternehmen bei variierenden technischen und ökonomischen Umweltbedingungen“. Alfred Candler, Vertreter der amerikanischen *business history*, betrachtet „die Funktion der Organisation von Unternehmen und [...] die Bedeutung der Struktur im Verhältnis zur Strategie“; die *New Institutional Economics* begreifen Unternehmen als ein „Netzwerk von Verträgen zwischen Ressourceneignern“. In Erweiterung dieses Ansatzes werden Institutionen mit Douglas C. North „als vom Menschen geschaffene Begrenzungen begriffen, welche die politische, wirtschaftliche und soziale Interaktion strukturieren“; sozialgeschichtliche Ansätze schließlich verstehen Unternehmen „als Orte des Interessenkampfes und der Konfliktaustragung“. Triebel; Seidl 2001, S. 12 ff. Zur Entwicklung des Faches Unternehmensgeschichte und zur Diversität der Forschungszugänge siehe unter anderem Berghoff 2016, S. 374–385; Pierenkemper 2000, S. 25–81; 248–263; Pierenkemper 2011, S. 7–54.

136 Vgl. Triebel; Seidl 2001, S. 15 f.

137 Triebel o. J., S. 5.

138 Vgl. Triebel; Seidl 2001, S. 16 f.

139 Vgl. Triebel; Seidl 2001, S. 20 f.

140 Triebel; Seidl 2001, S. 20.

141 Triebel; Seidl 2001, S. 20.

Universaltheorie für alle Formen der Sozialität[142] zwar aufgrund ihres hohen Abstraktionsgrades grundsätzlich geeignet ist, hochkomplexe Sachverhalte zu rationalisieren und zu erklären, aber häufig daran scheitert, die konkreten Forschungsergebnisse mit dem theoretischen Hintergrund zu verknüpfen.[143] Ferner begreift die Luhmann'sche Theorie menschliche Individuen nicht als zu untersuchendes Merkmal, sondern stellt auf sehr abstrakter Ebene auf Ereignisse zur Ausdifferenzierung der sozialen Subsysteme des sozialen Systems Gesellschaft ab.[144] Somit können beispielsweise Autor-Verleger-Beziehungen aus systemtheoretischer Sicht nicht erfasst werden.[145]

Eine weitere zentrale Grundannahme des theoretischen Analyserahmens von Triebel ist das Prinzip der wechselseitigen Beeinflussung zwischen den Verlagen und ihrer Umwelt. Über Netzwerke, die auf individuelle Bedarfen zugeschnitten und veränderlich sind, „wirken die Unternehmen auf ihre Umwelt ein, werden aber auch umgekehrt von ihr beeinflußt."[146] Auch wenn Verlage etwa Vorschriften zur Buchpreisgestaltung (vgl. Kapitel 2.2.1) oder staatlich reglementierte Papierzuteilung (vgl. Kapitel 2.2.1.1) nur bedingt beeinflussen können, so ist doch eine wechselseitige Beziehung zwischen den Verlagen und der Kulturgesellschaft (Autoren, Lesepublikum, Presse, Marketing) einerseits und den Produktionspartnern (Banken, Papierfabriken, Druckereien, Buchbindereien usw.) andererseits essenziell für verlegerisches Wirken.

Die komplexe, verlegerische Unternehmungen beeinflussende Umwelt gliedert Triebel in drei Bereiche: *Märkte* als kulturelle und soziale Konstruktionen, die sowohl für die Produktion (Finanzen, Personal- und Herstellungsressourcen) als auch für den Absatz der Verlagsprodukte zuständig sind, *kulturelle Einflüsse*, die sich in „formell kodifizierte[n] oder informell tradierte[n] Regelungen und Einschränkungen, wie [...] staatliche[n] Gesetze[n], Branchenregeln" ebenso wie in „ethischen und moralischen Werten sowie Ideologien [...,] Auswirkungen technischen Fortschritts und wissensbasierte[n] Innovationen"[147] manifestieren, und *globale Rahmenbedingungen*, also Natur und Gesellschaft als „konstituierende Grundlage menschlichen Handelns".[148]

142 Vgl. Luhmann 1996, S. 9 f. Zur gesellschaftstheoretischen Ausdifferenzierung dieses Ansatzes zu einer Theorie des Buchverlags, nach der der „Verlag als Organisation in der Interpenetrationszone von Kultur und Wirtschaft" verortet wird, woraus ihm eine „Steuerungsfunktion in der Konvertierung der Medien [der] Systeme, Wertbindung und Geld" zukommt, siehe Jäger 2005, S. 59–78; Zitat S. 74.

143 Vgl. Keiderling 2007, S. 253 f., 271, 291 f. Zu weiteren systemtheoretischen Ansätzen für Buch- und Buchhandelstheorien neben Keiderling und Jäger siehe Altenhein 1997; Mix 1998; Trinckauf o. J.

144 Vgl. Luhmann 1996, S. 242–258, 67 f.

145 Vgl. Keiderling 2007, S 271. Bourdieus literatursoziologische Theorie des literarischen Feldes hingegen begreift Verlage explizit als Akteure. Vgl. Trinckauf o. J., S. 16. Siehe dazu Bourdieu 1999.

146 Triebel o. J., S. 6.

147 Triebel; Seidl 2001, S. 18.

148 Triebel 2004, S. 26. Vgl. auch Triebel; Seidl 2001, S. 18 f.

Triebel schafft mit dem kulturunternehmerischen Ansatz die für sein konkretes Forschungsinteresse nötige Struktur und begegnet damit dem Fehlen einer dezidiert für die Buchwissenschaft zugeschnittenen, gleichsam omnipotenten Theorie, die der gleichberechtigten Untersuchung von buch-, kultur-, literatur-, wirtschafts-, politik-, geschichts- und sozialwissenschaftlichen Aspekten einer Verlagsgeschichtsschreibung gleichermaßen gerecht werden kann.[149] Buchwissenschaft, insbesondere die Verlagshistoriografie als eines ihrer zentralen Forschungsfelder, ist höchst interdisziplinär und verlangt daher einen multiperspektivischen Zugang, eine auf die konkreten Fragestellungen, Untersuchungsobjekte und Quellen abgestimmte und begründete Auswahl und Kombination methodischer Verfahren und theoretischer Annahmen. Es gilt, die einzelnen Untersuchungsaspekte nicht als unvereinbar inhomogen zu begreifen, sondern den Theorien- und Methodenpluralismus gezielt zu operationalisieren und rational einzusetzen, um die Forschungsergebnisse nicht durch Gegenstandsverlust infolge einer Übertheoretisierung oder unzureichenden Reflexion zu schmälern.[150]

Für die vorliegende Untersuchung wird der skizzierte Analyserahmen wie folgt präzisiert und erweitert: In Bezug auf die Positionierung des Reclam Verlags in den *Märkten* des Literaturbetriebs kann mittels Analyse des Verlagsnetzwerks – also der Beziehungen zu den Literaturproduzenten (Autoren, Lektoren, Tochterunternehmen, Konkurrenzverlage), den finanziell wichtigsten (Bildung, Wehrmacht) und repräsentativ gewünschten (der gebildete Bürger) Absatzmärkten, den Medien (Feuilletons, Annoncengeschäft, Rundfunklesungen), den Vertriebskanälen (Buchhandel, Direktvertrieb, Teilnahme am NS-Massenbuchmarkt) und den Produktionspartnern (Papierfabriken, Druckereien, Ausweichlager und -druckereien, Banken, Versicherungen) sowie der Beziehungen zwischen den beteiligten Akteuren untereinander – ein umfassendes Bild verlegerischer Spielräume und Handlungsoptionen unter wechselseitigen Abhängigkeiten gezeichnet werden. Nicht unerheblich ist hierbei – in Erweiterung des Triebel'schen Analyserahmens, der, vorrangig auf die Außenwirkungsanalyse abzielend, bezüglich der Reflexion der Innenperspektive der Unternehmen relativ unbestimmt bleibt – die betriebsinterne Betrachtung von Macht- und Kompetenzbereichen der handelnden Akteure, wenngleich die vorliegende Untersuchung dezidiert keinen verlegerbiografischen Schwerpunkt verfolgt.

In Bezug auf die Ebene der *kulturellen Einflüsse* ist zu konkretisieren, dass der Reclam Verlag zwar im Zentrum der Einflussanalyse der drei für diese Untersuchung als zentral verstandenen Subsysteme von Gesellschaft – also Wirtschaft, Politik und Kultur – auf das verlegerische Agieren steht, aber dennoch nicht selbstverständlich

149 Zur systematischen Analyse der Vor- und Nachteile von system-, feld-, wirtschafts- und biografietheoretischen Ansätzen in der buchwissenschaftlichen Forschung sowie zur kritischen Reflexion einer den buchwissenschaftlichen Forschungsgegenstand ganzheitlich umfassenden Theorie siehe Trinckauf o. J.; Dlugosch 2017.

150 Vgl. auch Frohn 2014, S. 15 f.; Keiderling 2007, S. 291 f.; Trinckauf o. J., S. 46 ff.; Dlugosch 2017, S. 35 f.

davon ausgegangen werden kann, dass der Reclam Verlag seinerseits diese Subsysteme (seine Umwelt) signifikant formte oder beeinflusste. In diesem Kontext muss der Analyserahmen in Bezug auf die Untersuchung wirtschaftlicher Entscheidungen und Einflussnahmen um den Aspekt der politischen Herrschaftsform geschärft werden. Die seit den 1970ern diskutierte Dichotomie zwischen dem ‚Primat der Politik' und dem ‚Primat der Ökonomie' während der NS-Diktatur ist auch in der akademischen Debatte zur Unternehmensgeschichtsforschung umstritten. Nach Peter Hayes schränkte der Diktaturzwang des NS-Staats die Handlungsspielräume der Unternehmer in höchstem Maße ein. Christoph Buchheim und Jonas Scherner hingegen postulieren, „dass nicht nur die privaten Eigentumsrechte gesichert blieben, sondern die Verhandlungen zwischen Unternehmen und Staat [...] in der Mehrzahl zu Gunsten der rationalen und langfristigen Handlungsperspektiven der Unternehmer verlaufen sind."[151] Für diese Arbeit wird angenommen, dass der Reclam Verlag im Vergleich zu Rüstungs-, Industrie- und Infrastrukturunternehmen wirtschaftlich eine zu unbedeutende Rolle einnahm, als dass ihm weitreichende Möglichkeiten zur Verhandlung staatlicher Reglementierungen oder Begünstigungen eingeräumt worden wären, wenngleich ihn seine kulturpolitische Funktion und die Erfüllung dieser Rolle gleichzeitig vor staatlichen Übergriffen schützte. Schon Franz Neumann bewertete das NS-Herrschaftssystem als Elitenkartell, als Koalition oder pragmatisches Bündnis, in dem der Staat nicht aufgrund neuer Rechtsgrundlagen stärker in die Wirtschaft eingreifen konnte, sondern deshalb, weil die NS-Wirtschaft, vorrangig konstituiert durch private Konzerne, sich den staatlichen Befehlen nicht widersetzte. Neuere Forschung bestätigt, dass die NS-Wirtschaft keineswegs eine staatliche Zentralplanwirtschaft war, sondern ein kapitalistisches Wirtschaftssystem, in dem die Unternehmer unter veränderten Bedingungen Entscheidungen trafen, die zwar rational begründbar waren, ethisch-moralische Wertestandards aber außer Acht ließen.[152]

Auch die kulturelle Dimension der den Doppel-Charakter der Verlage berücksichtigenden Betrachtungsweise – sie müsse „sowohl den kulturellen Aspekten des Unternehmens Rechnung [tragen] als auch die betriebswirtschaftliche Seite des Büchermachens angemessen berücksichtig[en]"[153] – soll für den Kontext dieser Arbeit theoretisch konkretisiert werden. Triebels Fragestellung konzentriert sich auf die verlagspolitische Gewichtung kaufmännischer und kultureller Determinanten, den Einfluss der NS-Kulturpolitik auf das Verlagsprogramm des EDV und dessen Wirkung auf die Gesellschaft, beschränkt sich dabei aber auf eine grobe Schwerpunkteinteilung des Verlagsprogramms und die exemplarische Beleuchtung einzelner Titel. Auf die Analyse von

151 Schulz 2010. Zur Debatte siehe Hayes 2009a; Buchheim; Scherner 2009; Hayes 2009b. Zur Entwicklung der unternehmensgeschichtlichen NS-Forschung siehe auch Brünger 2018.
152 Vgl. Ahrens 2010, S. 26–35.
153 Triebel o. J., S. 4.

Autor-Verleger-Beziehungen sowie auf eine Rezeptionsforschung beim Lesepublikum verzichtet er dezidiert.[154]

Obwohl die vorliegende Untersuchung eine verlässliche Rezeptionsforschung der Reclam'schen Buchproduktion mangels entsprechender Quellen weiterer Forschung überlassen muss (vgl. Kapitel 4.3.1), sind die propagierten Themen und präferierten Genres angesichts der enormen, durch Bildungsauftrag und später durch den Feldpostversand bedingten Reichweite der Reclam-Bücher sowie aufgrund der ungewöhnlich wirtschaftsstarken Backlist des Verlags mit Literatur des klassischen Kanons doch von besonderem Interesse. Im Zentrum dieser Arbeit steht daher eine umfängliche programmpolitische Untersuchung. Sie schöpft Erkenntnismehrwert aus einer Kombination metatextueller und datenbasierter Analysen sowie inhaltsanalytischer Methoden über das gesamte Neuerscheinungsprogramm des Nationalsozialismus und der Weimarer Republik sowie den Bereich der nachgedruckten Werke, in deren Ergebnis unter Beachtung der vorliegenden Auflagenzahlen und Bilanzen quantitativ belastbare Rückschlüsse zu priorisierten Programmsparten gezogen werden können. Die vorliegende Arbeit kann Aufschlüsse darüber generieren, welche Intentionen der Verlag vornehmlich mit der Ausgestaltung eines mehr oder minder ideologiekonformen Verlagsprogramms und entsprechender Marketingmaßahmen verfolgt haben mag, auch wie sich dies in der Positionierung des Verlags im NS-Kulturapparat auswirkte, aber nicht, ob dies messbar eine Beeinflussung von Wirtschaft, Politik und Kultur bedingte.[155] Allenfalls können operational nicht quantifizierbare Vermutungen über die Wirkung des von Reclam verantworteten Programms in die Gesellschaft formuliert werden. Hingegen kann in Anlehnung an Luhmann, der soziale Systeme in Interaktionen, Organisationen und Gesellschaften differenzierte,[156] die Frage beantwortet werden, wie das ‚System' Reclam Verlag auf das ‚System' NS-Staat reagierte, inwiefern der Verlag kulturideologische Anforderungen umsetzte oder sogar kulturpolitische Maßgaben gezielt nutzte.[157]

1.4 Logik und Lücke – zur Quellenlage

Eine entscheidende Vorbedingung für die theoretische und methodische Ausrichtung dieser Studie ergibt sich aus dem verfügbaren Quellenmaterial. Hier ist vor allem das 2020 vom Deutschen Literaturarchiv Marbach (DLA) erworbene[158] Archiv des Reclam Verlags zu nennen, das für den Untersuchungszeitraum allerdings erhebliche

154 Vgl. Triebel 2004, S. 28.

155 Siehe dazu auch: Trinckauf o. J., S. 39.

156 Vgl. Luhmann 1996, S. 16.

157 Die Umweltsphäre der *globalen Rahmenbedingungen* findet in dieser Arbeit aufgrund des hohen Abstraktionsgrades und der relativen Ferne zum Untersuchungsgegenstand keine Beachtung. Vgl. Dlugosch 2017, S. 53.

158 Vgl. *BBl.* 18.12.2020.

Lücken aufweist. Zum Zeitpunkt der Sichtung befand sich das Archiv noch an unterschiedlichen Standorten in Deutschland. Nachdem das gesamte Archiv nach der Schließung des Leipziger Hauses zum 31.03.2006 in der Obhut des Reclam Verlags Stuttgart (Ditzingen) verwahrt worden war, überließ dieser im Oktober 2008 den Teil des Archivs zur Geschichte des Leipziger Verlags nach 1945 dem Leipziger Lehrstuhl für Buchwissenschaft leihweise zur wissenschaftlichen Erforschung. Das Reclam Archiv Leipzig (RAL) enthält für den Zeitraum 1945 bis 1989 sämtliche Titelakten mit den dazugehörigen Autorenkorrespondenzen und Gutachten, Korrespondenzen mit staatlichen Institutionen, ökonomische Unterlagen, Protokolle zu Lektorats- und Produktionsbesprechungen sowie zu diversen Sitzungen der Geschäftsleitung und des Betriebsrats. Hinzu kommen Reiseberichte und retrospektiv erstellte Materialien zur Verlagsgeschichte (Publikationslisten, Zeittafeln, Übersicht über Streichungen im Katalog der UB).[159] Lediglich letzteres sowie wenige Autorenkorrespondenzen erwiesen sich als relevant für diese Arbeit.

In dem zum Zeitpunkt der Sichtung am Standort Stuttgart/Ditzingen befindlichen Verlagsarchiv bis 1945 (RAS) wurden für den Untersuchungszeitraum 1933 bis 1945 sechs Ordner, acht Kartons und 72 Mappen eingesehen. Die auf diesen vom Verlag vermerkten Benennungen werden im Folgenden zum Nachweis der Quellen übernommen. Da das Archiv gänzlich unerschlossen war – das Material war grob nach Themen sortiert und wiederholt fehlerhaft auf die oben erwähnten Mappen verteilt worden – wurde zunächst ein eigenes Findbuch erstellt. Der signifikant größte Teil des Archivs besteht aus verschiedenen Werbematerialien – Poster, Einlegeblätter, Prospekte, Anzeigen – für die UB, Werke in größerem Format und Zeitschriften. Diese waren nicht nur zur Aufbereitung des Verlagsprogramms nach Genre und Thema von hohem Nutzen, sie gestatteten ferner eine intensive Analyse der Marketingstrategien und insbesondere der über Sprache, Layout und Inhalt transportierten Selbstdarstellung des Verlags und seines Programms.

Das Korpus für diese Distributionsanalyse konnte über die Werbematerialien des Archivs hinaus durch digitalisierte zeitgenössische Quellen signifikant erweitert werden – insbesondere über das digital verfügbare Branchenmagazin *Börsenblatt für den deutschen Buchhandel* (*BBl.*). Die von der Sächsischen Landesbibliothek – Staats- und Universitätsbibliothek Dresden (SLUB) angebotene Plattform *Börsenblatt digital*[160] enthält volltextdurchsuchbar nahezu vollständig alle Ausgaben des *Börsenblatts* für den Zeitraum 1834 bis 1945.[161] Sowohl die Sichtung des verlags-, buchhandels-, gesellschafts- und zeithistorisch relevanten redaktionellen Teils als auch die Analyse des Anzeigeteils

159 Im RAL befinden sich 479 Akten und 46 Ordner sowie ein umfangreiches Fotoarchiv. Dank Erwin Hippes, Archivar des Leipziger Reclam Verlags, ist der Inhalt des Archives lückenlos in mehreren Findbüchern erschlossen.

160 Siehe https://www.boersenblatt-digital.de/ [25.05.2024].

161 Vgl. Bonte 2020.

erwiesen sich für die Rekonstruktion der Verlagsgeschichte als äußerst gewinnbringend. In dem von der Österreichischen Nationalbibliothek bereitgestellten Portal *ANNO – AustriaN Newspaper Online* sind 785 zwischen 1689 und 1949 in Österreich erschienene Tageszeitungen und 615 Zeitschriften zu über 90 % volltextdurchsuchbar.[162] Beide digitalen Quellen erwiesen sich über die Werbeannoncen des Reclam Verlags hinaus als unverzichtbare Fundgrube für Rezensionen und Buchbesprechungen der Reclam'schen Produktion.

Von besonderem Wert waren ferner die im Verlagsarchiv RAS überlieferten Auflagenbücher,[163] die bis auf wenige Titel die jeweilige Höhe der Druckauflagen verzeichnen. Dies ermöglicht nicht nur Aussagen über potenzielle Bestseller innerhalb des Verlagsprogramms, sondern auch Schlüsse über das gesamte Verlagsprogramm. Diese Datenbasis erlaubt quantitative Analysen zur Entwicklung des Verhältnisses literarischer Gattungen zueinander, zu den jeweiligen Anteilen NS-affiner, völkischer, emigrierter, verfolgter oder aus dem Programm gestrichener Autoren, zum Verhältnis von Neuerscheinungen zu Nachdrucken usw. Die Auflagenbücher sind somit eine ideale Grundlage für eine umfassende und vollständige Bewertung des Verlagsprogramms und der Verlagspolitik im Nationalsozialismus.

Das RAS enthält ferner an bedeutsamen Archivmaterial Verlagsverträge, interne Besprechungsnotizen, ‚Ariernachweise', Dokumente zu Grundstücksrechten, Feldpostversand und der 75-jährigen Jubiläumsfeier 1942 sowie ein umfangreiches Bucharchiv.

162 Mit Stand vom 07.07.2020 umfasst das Portal unter http://anno.onb.ac.at/ 1.607.170 Zeitungsausgaben und 119.684 Zeitschriftenausgaben mit zusammen rd. 22,8 Millionen Seiten, E-Mail-Auskunft Flóra Dörögdy, Österreichische Nationalbibliothek. Die Digitalisierung deutscher Tageszeitungen ist zum jetzigen Zeitpunkt nicht für eine systematische Analyse geeignet. Weder das Projekt Zeitungsinformationssystem ZEFYS (http://zefys.staatsbibliothek-berlin.de/) der Staatsbibliothek zu Berlin noch digiPress (https://digipress.digitale-sammlungen.de/) der Bayerischen Staatsbibliothek weisen etwa die beiden wichtigsten Leipziger Tageszeitungen – *Leipziger Neueste Nachrichten* und *Neue Leipziger Tageszeitung* – in ausreichender Aufarbeitung nach. Die in ZEFYS vorliegenden Digitalisate der *Leipziger Neuesten Nachrichten* beschränken sich jeweils auf einen Bruchteil der Jahre 1943, 1944 und 1945 und liegen zudem nur als Images, nicht volltextdurchsuchbar, vor. Eine systematische Sichtung der beiden Publikationen im Printformat wurde nach Abwägung von Aufwand und Nutzen nicht durchgeführt. Insgesamt konnten außerhalb Österreichs erschienene Besprechungen aufgrund fehlender digital auswertbarer Quellenkorpora nicht systematisch berücksichtigt werden.

163 Für die UB gibt es sowohl ein vom Reclam Verlag zur Verfügung gestelltes PDF *Reclam_Auflagenbuecher_SPR* (Digitalisat der Originalauflagebücher der UB, numerische Erfassung der Titel nach Erscheinungsverlauf, Erfassung der Auflagenhöhen nach Druckdatum) als auch ein zweites Auflagenbuch, welches die Druckproduktion der UB zwischen 1933 und 1945 chronologisch nach Druckdatum erfasst. Des Weiteren existieren folgende Auflagenbücher für die Verlagswerke: *Werke in größerem Format und Illustrierte Werke*, *Roman-Reihe*, *Romane*, *Junge Deutsche und andere Romane* sowie *Helios Bücher*. Diese sind jedoch teilweise durch die jahrzehntelange Verwahrung in ihrem durch Brand- und Wasserschäden beeinträchtigten Originalzustand in einem Kellertresor schwer lesbar, sodass in Einzelfällen Fehlinterpretationen von Auflagenhöhen nicht ausgeschlossen werden können.

Informationen zu Ernst und Hans Emil Reclam und dem Prokuristen Gotthold Müller lassen sich aus den im RAS überlieferten Quellen dagegen kaum ermitteln.[164] Der Großteil des Archivs – vor allem die für die Skizzierung einer Verlagsgeschichte eigentlich unverzichtbaren Korrespondenzen[165] und betriebswirtschaftlichen Unterlagen – ist jedoch nicht mehr erhalten. 1948 versicherte Ernst Reclam, „daß der Schriftwechsel mit der Reichsschrifttumskammer, Reichskulturkammer und dem Börsenverein der Deutschen Buchhändler zu Leipzig am 4.12.1943 und am 7.7.1944 durch Bombenschaden restlos vernichtet ist".[166] Auch „alle[] anderen Korrespondenzen aus dieser Zeit [sind] bei den Luftangriffen verbrannt."[167]

Um die Entwicklung und Positionierung des Reclam Verlags innerhalb der Netzwerke Autorenschaft, Vertriebs-, Marketing- und Produktionspartner, Finanzakteure sowie staatliche Kulturinstanzen zu erforschen, wurden in über 20 weiteren Archiven und Bibliotheken komplementäre Überlieferungen zum Reclam Verlag und zu dessen zwischen 1933 und 1945 verlegten Autoren gesichtet. In Bezug auf die Kommunikation mit den NS-Schrifttumsstellen und weiteren kulturpolitischen Lenkungsinstanzen waren vornehmlich die Bestände des Bundesarchivs (BArch) von hoher Bedeutung, insbesondere die personenbezogenen Unterlagen der Reichsschrifttumskammer (RSK) und der NSDAP/Parteikorrespondenz aus der ehemaligen Sammlung *Berlin Document Center* sowie die Unterlagen des Amtes des Beauftragten des Führers für die Überwachung der gesamten geistigen und weltanschaulichen Schulung und Erziehung der NSDAP, der RSK, des Reichsministeriums für Volksaufklärung und Propaganda (RMVP), des Reichsministeriums für Wissenschaft, Erziehung und Volksbildung und des Reichsministeriums des Inneren. Im Sächsischen Staatsarchiv, Staatsarchiv Leipzig (SächsStA-L) konnten Korrespondenzen des Verlags mit dem Börsenverein der Deutschen Buchhändler zu Leipzig (BV) sowie verlagsbezogene Unterlagen des Polizeipräsidiums Leipzig und der Reichsbankhauptstelle Leipzig eingesehen werden.

164 Während es von Ernst Reclam (verstorben am 06.03.1953) und Hans Emil Reclam (verstorben am 14.04.1943) keinerlei persönliche Erinnerungen oder Aufzeichnungen zur Zeit des Nationalsozialismus gibt, hat der Prokurist Gotthold Müller zahlreiche, nach seinem Ausscheiden aus dem Stuttgarter Reclam Verlag 1953 verfasste Typoskripte hinterlassen, die den Eindruck evozieren, er habe die Geschicke des Verlags nahezu allein gelenkt, siehe den Abschnitt *Graue Literatur* im Literaturverzeichnis. Da Zeitzeugenberichte per se nur eine anekdotenhafte Rekonstruktion und allenfalls eine vage Interpretation der Ereignisse zulassen und sich der Großteil der Aussagen Müllers nicht an zweiter Stelle verifizieren ließ, werden diese Quellen zur Aufarbeitung der Verlagsgeschichte nur ausnahmsweise verwendet.

165 Erhalten sind nur wenige Korrespondenzen – abgeheftet bei den zugehörigen Verlagsverträgen –, die sich lediglich für Anekdotenhaftes heranziehen lassen, und ein verlagsinterner Briefwechsel bzgl. der Ausweichstelle Passau und der Lizenzierungsbemühungen nach 1945 in der amerikanischen Besatzungszone.

166 Zitiert nach Carl Köpper, Bericht über Begutachtung der Finanzgestaltung der Firma Philipp Reclam jun. vom 09.02.1948. In: SächsStA-D, 13471, NS-Archiv des MfS, Nr. ZA VI 2628/01, Bl. 48.

167 Vgl. Reclam Verlag an Rüdt von Collenberg am 15.03.1947. In: RAL, Akte 5.

Ferner liegt dort der Vorlass Lothar Kretschmars, des ökonomischen Direktors bei Reclam Leipzig von 1973 bis 1991.[168] Im Sächsischen Staatsarchiv, Hauptstaatsarchiv Dresden (SächsStA-D) fanden sich im NS-Archiv des Ministeriums für Staatssicherheit neben Dokumenten der Polizei, Wirtschaftsprüfung und Staatsanwaltschaft im Zuge der Anklage der Verlegerfamilie Reclam als Kriegsverbrecher 1948 auch sämtliche Bilanzen sowie Gewinn- und Verlustkontenaufstellungen 1933 bis 1945. Diese Unterlagen sind zwar mit zahlreichen Unsicherheiten behaftet,[169] aber dennoch besonders wertvoll, erlauben sie doch, anders als viele andere Verlagsgeschichten, auch einen dezidierter betriebswirtschaftlichen Blick auf die Geschichte des Reclam Verlags im Nationalsozialismus.

Durch den fehlenden Schriftverkehr mit Autoren, der die Rekonstruktion von Editionsgeschichten, deduktive Aussagen zu Autoren-Verleger-Beziehungen und über Schwerpunkte der Programmgestaltung erlauben würde, entsteht eine Lücke, die auch durch intensive Recherche zu über 100 von Reclam verlegten zeitgenössischen Autoren nur partiell geschlossen werden konnte. Im Ergebnis konnten – mit einigen umfänglicheren Ausnahmen – vorrangig fragmentarische Briefwechsel zwischen Verlag und Schriftstellern gesichtet werden. Von besonderer Relevanz waren dabei das Deutsche Literaturarchiv Marbach, vor allem die Bestände zu Richard Benz, Wilhelm Scholz und Hans Grimm, das Goethe- und Schiller-Archiv Weimar (GSA, vor allem zu Börries Freiherr von Münchhausen), die Münchner Stadtbibliothek/Monacensia (vor allem zu Hans Ludwig Held), die Thüringer Universitäts- und Landesbibliothek (ThULB, vor allem zu Hans Künkel), die Landesbibliothek Mecklenburg-Vorpommern Günther Uecker (LBMV, vor allem zu Hans Franck) sowie die Staatsbibliothek zu Berlin – Preußischer Kulturbesitz (SBB), die Universitäts- und Landesbibliothek Bonn (ULB Bonn), die Sächsische Landesbibliothek – Staats- und Universitätsbibliothek Dresden und die Schleswig-Holsteinische Landesbibliothek (SHLB).

1.5 Hermeneutik und Inhaltsanalyse – zur methodischen Konzeption

Ziel der Arbeit ist es, die wirtschaftliche und betriebliche Entwicklung des Verlagshauses Reclam, die Gestaltung des Verlagsprogramms und die kulturpolitische Positionierung unter den Bedingungen des nationalsozialistischen Regimes zu erforschen. Eine wesentliche methodische Grundlage dafür bildete die Sichtung und explorative Auswertung der oben beschriebenen verlagsgeschichtlich relevanten Quellen, deren

168 Vgl. Sonntag 2016, S. 512.

169 Höchstwahrscheinlich sind die Bilanzen und die Gewinn- und Verlustkonten nach 1945 für den Zweck einer Wirtschaftsprüfung im Rahmen des Prozesses gegen die Familie Reclam angefertigt worden. Vollständigkeit und Korrektheit bleiben somit tendenziell vage.

Strukturierung und quellenkritische Interpretation sowie nach Möglichkeit die wechselseitige Plausibilisierung der in verlagsinternen und behördlichen Aktennotizen, Gutachten, Protokollen oder Rundschreiben sowie Korrespondenzen mit staatlichen Institutionen[170] und Autoren enthaltenen Informationen. Im Fokus dieser sozialwissenschaftlich-hermeneutischen Analyse steht weniger das Verständnis des jeweils einzelnen Textdokuments, sondern vielmehr seine Einordnung und Interpretation als Voraussetzung und Ergebnis von Interaktion und Kommunikation vor dem Hintergrund spezifischer sozialer, politischer und wirtschaftlicher Kontexte.

Um die Entwicklung der Programmpolitik des Reclam Verlags zwischen 1933 und 1945 nicht nur beispielhaft, sondern umfassend und quantitativ belastbar beschreiben und hinsichtlich erkennbarer Reaktionen auf außen- und innenpolitische Ereignisse mit kultureller Reichweite bewerten zu können, ist es notwendig, die vorrangig historisch geprägte Forschung um sozialwissenschaftliche Methoden zu erweitern. Nur mittels Triangulation,[171] also durch eine gezielte Methoden-Kombination, können fundierte Aussagen formuliert werden: über die Entwicklung und Priorisierung inhaltlicher Schwerpunkte, über Veränderungen in den priorisierten Genres und Themen, über den potenziellen Erfolg der edierten Werke, über die Bedeutsamkeit des Novitätenprogramms innerhalb der Gesamtproduktion, über das Verhältnis zeitgenössischer und klassischer Literatur, über die internationale Ausrichtung belletristischer Literatur, über die Zusammensetzung der Feldpostsendungen sowie über den Umgang mit nicht NS-konformer Literatur und den Anteil NS-affiner Titel, die das Regime legitimieren halfen.

Als Datenbasis wurde für den Zeitraum 1918 bis 1945 eine vollständige Verlagsbibliografie erstellt,[172] ergänzt um alle vor 1918 publizierten Titel, die im Zeitraum 1933 bis 1945 nachgedruckt wurden oder die aufgrund weiterer Aspekte (NS-bedingte Streichung aus dem UB-Katalog, Indizierung) im Kontext der Arbeit relevant sind.

170 Im Besonderen zählen dazu neben den Korrespondenzen mit Gerichten, Ministerien und Verbänden auch Berichte, Zeugnisse und eidesstattliche Erklärungen.

171 Die sogenannte Triangulation kombiniert den „Einsatz verschiedener Erhebungstechniken, Auswahlverfahren, Versuchsanordnungen und Meßtechniken [‚um] die spezifischen Schwächen der einen Strategie durch den Einsatz einer anderen, die dort ihre besondere Stärke hat, zu kompensieren." Schnell; Hill; Esser 2008, S. 262. Siehe auch: Diekmann 2011, S. 18 f.

172 Als Grundlage diente ein Metadatenabzug der UB aus dem Katalog der SLUB, der im Abgleich mit den Auflagenbüchern, einem gedruckten UB-Katalog aus dem Jahr 1943, einer Liste der *1933–1945 erschienenen Verlagswerke* (In: RAL, Ordner 9) sowie über umfängliche Recherchen im Online-Katalog der Deutschen Nationalbibliothek (DNB) bereinigt und ergänzt wurde. Angesichts der Quellenlage kann eine absolute Lückenlosigkeit der Neuerscheinungen nicht garantiert werden, insbesondere da die Pflichtexemplarregelung für die DNB erst 1935 auf Anordnung der RKK eingeführt und 1940 mit dem vom RMVP erlassenen Gesetz über die Deutsche Bücherei in Leipzig vom 18.04.1940 nachträglich juristisch fixiert wurde. Für den Zeitraum davor kann es also durchaus Lücken im Bestand und Online-Katalog der DNB geben, für die Zeit vor 1912 gilt dies ohnehin. Vgl. DNB o. J.

Die so entstandene Datenbasis umfasst 2.671 Titel. Erfasst wurden: *Erscheinungsjahr*,[173] *Nummer der UB, Titel, Autor* und *weitere Beteiligte* (Herausgeber, Verfasser von Vor- und Nachworten und andere). Diese bibliografischen Angaben wurden in einem insgesamt 67 Kategorien umfassenden System sowohl um produktionsrelevante als auch um inhaltliche Daten ergänzt. Für alle Titel, die im Untersuchungszeitraum gedruckt wurden (Novitätenprogramm und Nachdrucke), wurden die jeweiligen Auflagenhöhen systematisch nach den Druckjahren 1933 bis 1945 erfasst.[174] Ferner wurde für die Novitäten der Weimarer Republik und der NS-Zeit die Höhe der Erstauflagen separat erfasst, für alle Titel der Weimarer Republik die Gesamtdruckauflage ermittelt sowie die Summe der während der Weimarer Republik nachgedruckten Exemplare älterer, vor 1918 erschienener Titel bestimmt.

Für alle Titel der Verlagsbibliografie wurde der *Typ* der Publikation[175] bestimmt, und anschließend in die beiden übergeordneten Ausprägungen *UB* bzw. *Verlagswerk* (VW) geclustert.[176] Diese Unterscheidung ist notwendig, da sich die in der Herstellung deutlich aufwendigeren, häufig illustrierten, dafür aber in der Regel in deutlich geringeren Auflagen produzierten Werke größeren Formats betriebswirtschaftlich nur bedingt mit den Heften der UB vergleichen lassen. Für alle zwischen 1918 und 1945 publizierten Titel sowie für alle vor 1918 erschienenen Titel, die zwischen 1933 und 1945 nachgedruckt wurden, sowie für alle aus dem Katalog entfernten Autoren (Sachbuch und Belletristik) wurde ferner die literarische Gattung in der Kategorie *Rubrik* bestimmt und diese anschließend den übergeordneten Ausprägungen *Belletristik* bzw. *Sachbuch* der Kategorie *Cluster_Rubrik* zugeordnet.[177]

173 Um quantitative Analysen mit Bezug zum Veröffentlichungszeitraum zu erleichtern, wurden die Erscheinungsjahre in einer weiteren Kategorie *Publikationszeitraum* nach Zeiträumen geclustert: 1867–1917 | 1918–1932 | 1933–1939 | 1940–1945.

174 Grundlage hierfür bildeten das vom Reclam Verlag zur Verfügung gestellte PDF *Reclam_Auflagenbuecher_SPR* (Digitalisat der Originalauflagebücher der UB, numerische Erfassung der Titel nach Erscheinungsverlauf, Erfassung der Auflagenhöhen nach Druckdatum), ein weiteres Auflagenbuch zur UB, welches die Druckproduktion 1933–1945 nach Druckdatum erfasst, sowie die folgenden Auflagenbücher aus dem RAS für die Verlagswerke: *Werke in größerem Format und Illustrierte Werke, Roman-Reihe, Romane, Junge Deutsche und andere Romane* sowie *Helios Bücher*. Für 66 der insgesamt 598 ermittelten Titel der Verlagsneuproduktion 1933 bis 1945 sind keine Auflagenzahlen überliefert. Hierunter fallen 37 Titel der Feldpostreihe *Reclams Reihenbändchen*, die sicherlich hohe Auflagenhöhen verzeichneten, aufgrund ihres Formats (ca. 20 Seiten) jedoch eher als Heftpublikation zu werten sind.

175 Ausprägungen der Kategorie *Typ* sind: Almanach | Brehms Tierleben | Deutsche Literatur | Große Illustrierte Reihe | Helios Klassiker | Helios-Bücherei | Illustrierte Werke | Junge Deutsche | Klassiker | Kleine Illustrierte Reihe | Kurzweil-Büchel | Moderne Romane | Neue Klassiker-Ausgaben | Reclams Automaten-Bücher | Reclams Roman-Reihe | Romane | RRB | UB.

176 Als dritte Hauptausprägung wurden ferner die 37 Ausgaben von *Reclams Reihenbändchen* definiert, da sie sich aufgrund ihrer broschürenartigen Aufmachung (nicht mehr als 20 Seiten) weder in die UB noch in die Werke größeren Formats einordnen lassen.

177 Als Grundlage hierfür diente die vom Verlag im Katalog *Reclams Universal-Bibliothek geheftet* von September 1943 vorgenommene Kategorisierung. Diese wurde für die Titel der UB über-

Für alle belletristischen Autoren, die zwischen 1918 und 1945 bei Reclam gedruckt wurden (Novitäten und Nachauflagen älterer Werke), wurde außerdem das Todesjahr ermittelt, um auf dieser Grundlage die Autoren unter Berücksichtigung des im Dezember 1934 von 30 auf 50 Jahre verlängerten Urheberrechtsschutzes in der Kategorie *Status Urheberrecht* (zum Zeitpunkt der Publikation) als *gemeinfrei*, *geschützt* oder *geschützt, vor Publikation verstorben* zu klassifizieren. Abschließend wurde in der Kategorie *Aktualität* ermittelt, ob es sich um *zeitgenössische* oder *klassische* Publikationen handelt.[178] Der Term *klassisch* bezieht sich hier nicht auf den Eingang bestimmter Werke in den kulturgeschichtlichen Kanon, sondern dient lediglich der Abgrenzung von Gegenwartsliteratur in der Zeit des Nationalsozialismus zu älteren Veröffentlichungen. Für alle zeitgenössischen Autoren des Neuerscheinungsprogramms zwischen 1918 und 1945 sowie für alle aus dem Katalog entfernten Autoren (Sachbuch und Belletristik) wurde ferner die *Nationalität* (Zeitpunkt der Geburt) ermittelt. Zur Analyse des Feldpostgeschäfts wurde in der Kategorie *Feldposttyp* vermerkt, welche Titel in welcher Feldpostkollektion enthalten waren.[179]

Ferner wurde für alle zwischen 1918 und 1945 publizierten Autoren in der Kategorie *unerwünschtes Schrifttum* festgehalten, ob diese mit ihrem Gesamtwerk oder einzelnen Titeln auf der *Liste des schädlichen und unerwünschten Schrifttums* indiziert

nommen, und anschließend für die Verlagswerke sowie fehlende Titel im Katalog (z. B. aufgrund Kennzeichnung „nicht lieferbar") intellektuell vergeben.
Zur Belletristik zählen die folgenden Ausprägungen der Kategorie *Rubrik*: Erzählungen, Novellen, Märchen, Skizzen | Romane | Gedichte, größere Dichtungen | Dramatische Werke | Griechische und römische Klassiker | Humoresken und Satiren | Ältere deutsche und altnordische Literatur | Aphorismen, Sprüche | Orientalische Literatur. Außerdem wurden die Almanache der Belletristik zugeordnet.
Zum Sachbuch wurden folgende Ausprägungen gezählt: Biografien | Gesetzesausgaben | Praktische Handbücher, Spiele, Sport | Historische und kulturgeschichtliche Werke | Gesundheitslehre, Heilkunde | Literaturwissenschaft | Musik- und Theaterliteratur | Naturwissenschaften | Operntexte | Pädagogik | Philosophie | Religiöse Literatur, Religionswissenschaft | Staats- und Sozialwissenschaft, Volkswirtschaft | Wörterbücher, Lexika, sowie die Schülerkalender.

178 Die Ausprägungen der Kategorie *Aktualität* sind: vor 1918 verstorben | in Weimarer Republik verstorben | frühestens in Weimarer Republik verstorben | ab 1933 verstorben. Je nach zeitlicher Perspektive zählen alle ab 1933 verstorbenen Autoren als zeitgenössisch (NS-Zeit) bzw. alle ab 1919 verstorbenen Autoren (Weimarer Republik).

179 Die Datengrundlage zur Bestimmung der Feldposttypen bildeten die Archivmaterialien: RAS, Feldpostkiste 1; RAS, Feldpostkiste 2; Auflistung ‚Feldpostausgaben'. In: RAS, Feldpostkiste 2; Werbeprospekt *100 Freunde der Soldaten. Standardauswahl aus Reclams Universal-Bibliothek*, *Verzeichnis der einzelnen Feldpostpackungen aus Reclams Universal-Bibliothek*, Werbezettel *Reclams Feldpostpackungen – 20 Beispiele*, *Verzeichnis der Fünfer-Feldpostpackungen aus Reclams Universal-Bibliothek*, *Reclam-Hefte. Die Freunde der Soldaten in schwerer Zeit.* In: RAS, Mappe UB Feldpost. Die Ausprägungen der Kategorie *Feldposttyp* sind: Reclams Fünferpackungen | Reclams Feldbücherei 1 | Reclams Feldbücherei 2 | Reclams Feldbücherei 3 | Reclams Feldbücherei 4 | Reclams Feldbücherei 5 | 100 Freunde der Soldaten. Standardauswahl | Feldpostkiste | Feldpostkiste 1 | Feldpostkiste 2 | Reclams Feldkassetten 10 Bände | Reclams Feldkassetten 10 Bände gebunden | Reclams Feldkassetten 25 Bände. Vgl. auch Kapitel 2.3.1.

waren[180] und ob sich unter ihnen bedeutende Autoren des Expressionismus, der Neuen Sachlichkeit oder des Widerstands befanden.[181] Darüber hinaus wurden die Titel gekennzeichnet, die nach 1933 aus dem Verlagsprogramm entfernt wurden (Kategorie *Katalogstreichung*),[182] und mögliche Gründe dafür recherchiert und klassifiziert (Kategorie *Gründe Katalogstreichung*).[183] Es wurde weiterhin versucht, anhand externer Kriterien, auch wenn sie in ihrer Aussagekraft limitiert sind, eine quantitativ belastbare Einschätzung zu Anteilen NS-affiner Literatur im Programm zu treffen.[184] Zu diesem Zweck, aber auch zur thematischen Strukturierung des umfänglichen Verlagsprogramms und zur Rekonstruktion von Editionsgeschichten, galt es, die inhaltliche Ausrichtung der Sachbücher und der zeitgenössischen Belletristiktitel im Novitätenprogramm der NS-Zeit in der Kategorie *Thema* möglichst genau zu bestimmen. Dazu wurde die metatextuelle Analyse von Werbemitteln und -annoncen[185],

180 Grundlage bildete die Zusammenführung zweier frei verfügbarer, mittels OCR generierter Datensätze der *Liste des schädlichen und unerwünschten Schrifttums*, die in geringem Maße voneinander abweichen. Vgl. Senatsverwaltung Berlin 2016; Lewis 2014. Ergänzend wurden die in den Digitalen Sammlungen der Universitäts- und Landesbibliothek Münster verfügbaren Digitalisate der *Liste des schädlichen und unerwünschten Schrifttums* von 1935 und der beiden Nachträge von 1936 und 1938 sowie der *Jahreslisten des schädlichen und unerwünschten Schrifttums* 1939 bis 1942 eingesehen. Vgl. Reichsschrifttumskammer 1935 ff. Darauf basierend wurde innerhalb der erstellten Verlagsbibliografie und mittels Abgleich mit dem Online-Katalog der DNB unter https://www.dnb.de/ geprüft, wie und in welchem Umfang Autoren, deren sämtliche Schriften auf der *Liste* indiziert waren, im Verlagsprogramm des Reclam Verlags vertreten waren. Vgl. auch Kapitel 3.1.

181 Grundlage bildeten die Auflistungen von rund 600 bedeutenden Autoren des Expressionismus und der Neuen Sachlichkeit von Paul Raabe und Johannes Pankau, von denen sich rund 20 Autoren beiden Strömungen zuordnen lassen. Vgl. Raabe 1992, S. 563–567 und Pankau 2010, S. 141–143. Die Datengrundlage für die Klassifikation von Widerstandsautoren setzt sich zusammen aus: Aust; Aust 2008; Benz 2014; Brekle 1985; Hein 1991; Hilzinger o. J.; Roloff 2004.

182 Grundlage bildete eine Aufstellung der in der Nummernliste von 1943 gesperrten RUB-Nummern. In: RAL, Ordner 9. Hinzu kam der chronologische Bestellkatalog der gehefteten UB-Bände vom September 1943. In: RAS, Mappe UB Bestellzettel. Für die Analyse wurden alle UB-Nummern herangezogen, die im Katalog durch einen schwarzen Balken als „nicht lieferbar" gekennzeichnet sind. Die fehlenden Autor- und Titelangaben wurden mittels Abgleich der genannten – jedoch nicht vollständigen – Nummernliste (im Katalog waren mehr Titel als „nicht lieferbar" gekennzeichnet) und bibliografischer Recherche vorrangig im Online-Katalog der DNB sowie dem PDF Auflagenbücher nach Jahren ermittelt. Vgl. auch Kapitel 3.2.1.

183 Die Ausprägungen der Kategorie *Gründe Katalogstreichung* sind: jüdische Abstammung | Gesamtwerk verboten | Gesamtwerk weiteres Beteiligten verboten | französische Staatsangehörigkeit | amerikanische Staatsangehörigkeit | britische Staatsangehörigkeit | polnische Staatsangehörigkeit | russische Staatsangehörigkeit | Thema | Freimaurer | Liberalist | Sozialist | Hugenotte | Pazifist | spezifische Umstände | ungeklärt.

184 Siehe Kapitel 1.2, Fußnote 67.

185 Für die Zeit von 1933 bis 1945 wurde das *Börsenblatt* systematisch nach relevanten Inhalten bezüglich des Reclam Verlags ausgewertet. Das Werbeprogramm des Verlags im Branchenmagazin wurde gesondert erfasst und hinsichtlich seiner NS-ideologischen Durchdringung analysiert (vgl. Kapitel 4.1.6).

Buchrezensionen[186] sowie von Briefen, Akten und Dokumenten betreffs der und über die edierten Werke sowie die gezielte Online-Recherche und die Sichtung einzelner Publikationen eingesetzt.[187]

Die hier gewählte Methodenkombination ermöglicht es, sich der Verlagsgeschichte aus unternehmensgeschichtlicher Perspektive zu nähern und dabei gleichermaßen die Inhalte der publizierten Bücher zu berücksichtigen, wenngleich diese dezidiert auf Ebene der Metadaten diskutiert werden.[188] Die Studie grenzt sich folglich von der werkimmanenten Analyse ab und nutzt die Vorteile der Medieninhaltsanalyse, die

> eine große Zahl von Botschaften vergleichbarer Natur [...] auf darin auffindbare Muster und Tendenzen [...] hin durchsucht. Ihr Resultat speist sie nicht aus der individuellen Interpretation einer einzelnen medialen Botschaft, sondern aus der systematischen Analyse zahlreicher medialer Botschaften. Damit ist ihre Zielsetzung eine vollkommen andere: Es geht nicht darum, ein möglichst umfassendes und tiefgehendes Verständnis des jeweiligen medialen Objekts zu erreichen. Vielmehr werden aus der Vielfalt der Objekte die wesentlichen Tendenzen herausdestilliert und so allgemeine oder verallgemeinerbare Aussagen ermöglicht – auch um den Preis, nicht jedem einzelnen Objekt in Gänze gerecht werden zu können.[189]

Dieses Vorgehen soll für den Kontext dieser Arbeit konkretisiert werden: Die mittels Inhaltsanalyse zu untersuchenden Textkorpora sind nicht vergleichbarer Natur, sondern werden je nach Erkenntnisinteresse des jeweiligen Kontextes (in der Regel bezogen

186 Zur Auswertung der zeitgenössischen Zeitungs- und Zeitschriftenpresse siehe Kapitel 4.2.2.

187 Die Ausprägungen der Kategorie *Thema* sind: ‚Anschluss' Österreich/Sudetenland | Astronomie | Bauerntum und Heimat | ‚Hitler-Gesetze' | Historisch | Humor | instrumentalisierte Kulturgeschichte | instrumentalisierte Literaturwissenschaft | instrumentalisierte Lyrik | instrumentalisiertes Drama | Kolonialismus | Krieg | Kulturgeschichte | Märchen | Naturheilkunde | NS-‚Konjunktur' | Privatsphären | ‚Rassenlehre' | Ratgeber | Schifffahrt; Reisen; Fliegen | Sport | Völkische Stimmen aus Österreich | Wirtschaftslehre. Eine disjunkte Abgrenzung der einzelnen Ausprägungen sowie die Vermeidung der Mischung aus rein inhaltlicher Kategorisierung und wertenden Ausprägungen hinsichtlich der NS-ideologischen Verwertbarkeit ist hier schwerlich umzusetzen und zweckbedingt – Titelstrukturierung für die interpretative Einbettung in die Analyse des Verlagsprogramms – auch nicht nötig.

188 Eine detailliertere Bewertung des inhaltlichen Gehalts der einzelnen Bücher kann allein aufgrund des Programmumfangs (598 edierte Titel zwischen 1933 und 1945) nicht im Vordergrund stehen, zudem würden subjektive und vom Entstehungskontext weitgehend losgelöste Einzelzugriffe eine problematische Datengrundlage bilden. Vgl. auch Lokatis 1992, S. 8. Die Analyse distanziert sich somit von der traditionell geisteswissenschaftlichen Perspektive, nach der für den Inhalt von Büchern allein die Autoren verantwortlich zeichnen, und nimmt als maßgeblich gestaltenden Akteur auch den Verlag in den Blick. Vgl. Lokatis 1992, S. 8.

189 Rössler 2017, S. 17.

auf den Titel oder auf den Autor) differenziert gewählt, erfasst[190] und ausgewertet. Bei Lebensdaten, Produktionsdaten und Ähnlichem werden lediglich numerische Angaben recherchiert und übertragen; bei der Bestimmung, ob Autoren von unterschiedlichen kulturpolitischen Klassifikationssystemen erfasst werden, erfolgt zur eindeutigen Zuordnung ein intellektueller Datenabgleich. Zur Ermittlung inhaltlich-thematischer oder kulturbiografischer Gründe, die eine Eliminierung aus dem Verlagsprogramm zur Folge hatten, werden zusätzliche Informationen recherchiert, die erst durch den Schritt der qualitativen Beurteilung[191] quantifiziert auswertbar vorliegen können.[192]

In der Summe jedoch entspricht die gezielte – sowohl über standardisierte als auch über nicht-standardisierte Verfahren erfolgte – Anreicherung der Verlagsbibliografie um strukturierte externe Metadaten dem Kern der Inhaltsanalyse. Über die Reduzierung des einzelnen Objekts auf die interessierenden Merkmale werden zentrale Muster herausgearbeitet.[193] In der Bezüge setzenden Rückkopplung dieser zentralen Muster auf variable soziokulturelle Kontexte besteht das Ziel der skizzierten inhaltsanalytischen Forschung; die zielführende Konzeption und eine präzise deskriptive Auswertung der Daten werden als nötige Voraussetzungen für diesen Zweck begriffen.[194]

Die Deutung der aus dieser Kombination von archivalischer Quellenarbeit und datenbasierter Programmanalyse gewonnenen Ergebnisse bildet die wesentliche Grundlage der vorliegenden Arbeit, die zur Rekonstruktion einer Verlagsgeschichte erstmals ein Verlagsprogramm in Gänze in den Blick nimmt und auch mit der umfassenden Nutzung digital verfügbaren Referenzmaterials künftige Forschung nicht zuletzt zur forcierten Nutzung von Big Data ermutigen will.

190 Auf die Erstellung eines Codebuches, das in der Regel sicherstellt, dass unterschiedliche Codierer „bei der Anwendung desselben Instruments auf dasselbe Material zu denselben Ergebnissen kommen" (Rössler 2017, S. 23), wurde aus folgenden Gründen verzichtet: In erster Linie handelt es sich um eine vordergründig historische Arbeit, die sich der Methode der Inhaltsanalyse ergänzend bedient, ohne dass sich die Studie darin erschöpfen würde. Die Analyse des nonreaktiven Datenmaterials erfolgte ausnahmslos durch die Verfasserin der Studie, sodass eine Umwandlung sämtlicher Informationen in Codes nicht nötig – bzw. in Freitextfeldern nicht möglich – ist. Über detaillierte Angaben zu den verwendeten Materialien, zu Quelleninformationen sowie zu den Kriterien zu qualitativ zu beurteilenden Ausprägungen sind dennoch die Voraussetzungen für intersubjektive Replikationen gegeben. Einen Überblick über die erhobenen Kategorien, deren Ausprägungen, die formale Struktur der Daten sowie die verwendeten Datengrundlagen gibt Anhang 1.

191 Zur Diskussion um die Qualitätskriterien qualitativer Forschung siehe Flick 2019.

192 Vgl. Rössler 2017, S. 17. Die Arbeit folgt dem Verständnis von Werner Früh, der in der integrativen Inhaltsanalyse die breit diskutierte Dichotomie quantitativer und qualitativer Verfahren der Inhaltsanalyse (siehe u. a. Atteslander 2010, S. 211–215; Früh 2012, S. 597–610) kombiniert sieht. Vgl. Früh 2011, S. 67–74. Der qualitative Forschungsaspekt, der bei der integrativen Inhaltsanalyse insofern zum Tragen kommt, als dass diese neben explizit formulierten Botschaften auch Aussagen erfasst, die „anhand evidenter Indizien interpretiert bzw. erschlossen werden können" (Früh 2015, S. 70), wird um die Integration gezielt recherchierter Informationen erweitert.

193 Vgl. Rössler 2017, S. 17 f.

194 Vgl. Rössler 2017, S. 20, 24 f.

2 Wirtschaftliche und betriebliche Entwicklung

2.1 Am Rand der Insolvenz. Ursachen und Strategien

Der New Yorker Börsencrash vom Oktober 1929 löste eine Weltwirtschaftskrise aus, die einen bis dahin nicht gekannten Rückgang von Industrieproduktion, Welthandel und internationalen Finanzströme zur Folge hatte. Aus Schuldendeflation und Bankenkrisen resultierte die Zahlungsunfähigkeit vieler Unternehmen und massenhafte Arbeitslosigkeit, und die ohnehin politisch instabile Weimarer Republik konnte dem nur eingeschränkt regulierende Maßnahmen entgegensetzen. Mit der Vierten Notverordnung zur Sicherung von Wirtschaft und Finanzen und zum Schutz des inneren Friedens[195] der Regierung Heinrich Brüning vom 08.12.1931 sollte durch zwangsweise herabgesetzte Löhne und Preise bei gleichzeitig erhöhter Umsatzsteuer die inländische Kaufkraft erhalten und die Produktattraktivität für den ausländischen Markt erhöht werden. Der Deflationskurs zugunsten des Außenhandels anstelle von aktiver Konjunkturpolitik oder kreditfinanzierten Arbeitsbeschaffungsmaßnahmen hatte jedoch nicht den gewünschten Erfolg, eher im Gegenteil.[196] Auch im Buchhandel und im Verlagswesen blieb die erhoffte Umsatzbelebung durch staatlich verordnete Preissenkungen aus: Nachdem der Reclam Verlag mit Wirkung vom 01.01.1932 den Preis der Einfachnummer der UB-Bände um 12,5 % von 40 auf 35 Pfennig herabgesetzt hatte,[197] brach der Umsatz für das Jahr 1932 im Vergleich zu 1930 um 49 % ein.[198] Im Vergleich zum Gesamtbuchhandel, für den der Börsenverein der Deutschen Buchhändler einen

195 Vgl. *Deutsches Reichsgesetzblatt* (*RGBl.*), Teil I 09.12.1931.

196 Vgl. Winkler 1993, S. 436.

197 Für gebundene Ausgaben (Papp- und Leinenbände) wurde ein Zuschlag von 40 Pfennig pro Band erhoben. Diese Regelung galt bis 31.08.1950. Vgl. Zeittafel zur Verlagsgeschichte, S. 39. In: RAL, Ordner 3.

198 Vgl. SächsStA-D, 13471, Nr. ZA VI 2628/01, Bl. 85. Die Umsätze sind wie weitere betriebswirtschaftliche Angaben größtenteils den im Sächsischen Staatsarchiv, Hauptstaatsarchiv Dresden erhaltenen Bilanzen sowie den Verlust- und Gewinnrechnungen des Reclam Verlags entnommen, die jeweils den 31.08. zum Stichtag haben. Um die Jahresproduktion mit den Bilanzen ins Verhältnis zu setzen, werden die Angaben vereinfachend jeweils auf das laufende Kalenderjahr bezogen. Für eine Übersicht zu den ermittelten Bilanz- sowie Gewinn- und Verlustrechnungskennzahlen siehe Anhang 2.

Umsatzrückgang von 20–30 % im Jahr 1932 schätzte,[199] *war Reclam somit besonders schlecht gestellt.*[200]

Während die Ladenpreissumme der Gesamtproduktion des deutschen Buchhandels (Neuerscheinungen in je einem Exemplar) von 1930 zu 1932 lediglich von 160.000 Reichsmark (RM) auf 141.000 RM zurückging,[201] erlebte der Reclam Verlag im gleichen Zeitraum massive Gewinneinbrüche; von 98.644 RM Gewinn 1930 verschlechterte sich das Betriebsergebnis drastisch auf 287.769 RM Verlust 1932.[202] Massive Gewinneinbußen verzeichneten auch zum Beispiel der C. H. Beck Verlag (1929: 176.090 RM Gewinn, 1932: 20.143 RM Gewinn) oder der Rowohlt Verlag (1929: 277 RM Gewinn, 1931: 661.178 RM Verlust), bei dem der Einsatz des Ullstein Verlags als Geldgeber und Partner der neu gegründeten GmbH mehr zur Vermeidung der formalen Insolvenz Rowohlts beigetragen haben mag als dessen programmpolitische Konzentration auf „dokumentarische Tatsachenbücher" in Sachbuch und Belletristik.[203]

In den Verlagsbilanzen schlagen sich die prekären wirtschaftlichen Rahmenbedingungen zum Ende der Weimarer Republik nieder, deren Auswirkungen Reclam jedoch im Gegensatz zu zahlreichen zur Insolvenz gezwungenen Verlage und Buchhandlungen[204] aufgrund einer soliden Kapitaldecke vorerst abfedern konnte. Ursächlich für die Rückgänge des Umsatzes und der Gewinne war ein Wechselspiel von vermindertem Absatz aufgrund reduzierter Kaufkraft der Bevölkerung und einem geringeren Titelangebot. Die Inflationsjahre der Weimarer Republik waren generell durch eine Überproduktion des Buchhandels gekennzeichnet, für die viele Kulturverleger in erster Linie

199 Vgl. *BBl.* 29.04.1933.

200 Eine Ausnahme ist der Eugen Diederichs Verlag, dessen Umsatz von 1930 (877.666 RM) zu 1932 (804.015 RM) um nur 9 % zurückging. Vgl. Triebel 2004, S. 326 f. Einen gegenteiligen Trend verzeichnete die Hanseatische Verlagsanstalt, die ihren Umsatz im August 1932 im Vergleich zum Vorjahr um 145 % steigern konnte. Das Anzeigengeschäft und die sozialpolitische Positionierung der Buchgemeinschaft Deutsche Hausbücherei erklären diesen Erfolg: In den 1920er Jahren wurde den Mitgliedern des Mutterkonzerns der HAVA, des Deutschnationalen Handlungsgehilfen-Verbands (DHV), in nahezu erpresserischer Manier die Buchgemeinschaftsmitgliedschaft nahegelegt. Die 1933 erfolgte grundlegende Sanierung durch Umwandlung der Darlehensschulden der HAVA in Aktienkapital sowie die Verdopplung der Mitglieder des DHV auf über eine Million begründen die spätere Expansion des Betriebs. Im Vergleich zum August 1932 konnte der Umsatz im Jahr 1938 nochmals um knapp 200 % gesteigert werden. Vgl. Lokatis 1992, S. 26, 40, 74, 80.

201 Vgl. Umlauff 1934, S. 71.

202 Vgl. Aufstellung Betriebsergebnisse der Firma Reclam 1905–1942 vom 23.11.1967 durch Lothar Kretschmar (Betriebsergebnisse 1905–1942). In: RAL, Ordner 14.

203 Vgl. Oehls 2013, S. 37, 44; Rebenich 2013, S. 409. Mit der finanziellen Hilfe Ullsteins war es Rowohlt sogar möglich, reine Zuschussgeschäfte wie die Beteiligung am Gustav Kiepenheuer Verlag 1933 zu tätigen, dessen Bilanz 1934 einen Verlust von 18.825 RM auswies. Vgl. Funke 2011, S. 134.

204 Darunter namhafte Verlage wie Verlag August Langen, Fusion mit Georg Müller Verlag unter dem Dach der HAVA, oder der Konkurs des Kurt Wolff Verlags. Vgl. Triebel 2004, S. 33.

eine „Novitätensucht“[205] der Bevölkerung verantwortlich machten, die seit 1919 zu einem kontinuierlich steigenden Anteil der Neuerscheinungen in den Verlagsprogrammen geführt hatte.[206] Obwohl neue Titel keineswegs hohe Absätze garantierten, blieb die Anzahl der Neuerscheinungen bis 1929 mit jährlich ca. 30.000 Titeln konstant. 1932 jedoch verzeichnete der Buchhandel nur noch 21.452 neu aufgelegte Titel und somit einen Rückgang um fast ein Drittel.[207] Auch nach dem Machtwechsel an die Nationalsozialisten dauerte die ökonomische Krise zunächst an. 1933 war die Produktion von Erst- und Neuauflagen gegenüber dem Vorjahr erneut um 10,9 % zurückgegangen.[208]

2.1.1 Viele Veränderungen, wenig Erfolg

Die gesamtwirtschaftliche Entwicklung und die Trends des Buchmarktes kennzeichnen auch die Produktion des Reclam Verlags in der Etablierungsphase des NS-Staates: Während die Anzahl der Neuerscheinungen in der Universal-Bibliothek vor dem Ersten Weltkrieg und in den 1920er Jahren oft die Hunderter-Grenze bei Weitem überschritt,[209] wurden zum Beispiel 1935 nur noch 25 neue Nummern (20 Titel) herausgebracht; im verlustreichen Jahr 1932 waren lediglich 16 neue Titel erschienen. Dieser signifikante Rückgang lässt sich im Fall Reclam neben der allgemeinen Konjunkturschwäche ab 1935 zusätzlich auf die Verlängerung der urheberrechtlichen Schutzfrist zurückführen. Das Gesetz zur Verlängerung der Fristen im Urheberrecht[210] vom 13.12.1934 bildete den Abschluss jahrelanger intensiver gesellschaftspolitischer Debatten zur Erneuerung des Urheberrechts. Als die Verlängerung der Schutzfrist von 30 auf 50 Jahre post mortem auctoris 1930 im Reichstag verhandelt wurde, war sie noch nicht mehrheitsfähig,[211] alarmierte jedoch die Verleger. Ernst Reclam erreichte im November 1930 die Nachricht, dass das Reichsjustizministerium beabsichtige, den Rechtschutz für die am 1. Januar 1931 freiwerdenden Werke vorläufig bis zum 1. Januar 1932 zu verlängern.

205 Zeitgenössische Umfragen ergaben jedoch, dass Kenntnis des Werks durch Vorablektüre zum Beispiel durch Fortsetzungsromane oder Buchempfehlungen durch Familie und Bekannte viel mehr zum Buchkauf anregten als der generelle Wunsch nach neuer Literatur. Zu Buchkäufern und Leserschaft in der Weimarer Republik, insbesondere zum Phänomen der „Novitätensucht“, siehe Schneider 2007, S. 149–196.

206 Vgl. Kastner 2007, S. 342.

207 Von dieser Entwicklung waren nicht nur Nachauflagen älterer Titel betroffen: Von 1930 zu 1932 ging der Anteil der Neuerscheinungen um 11,4 % zurück.

208 Vgl. *BBl.* 18.04.1931; *BBl.* 12.04.1932; *BBl.* 29.04.1933; Barbian 1993b, B41, B48. Strukturell hatte die Krise zwar alle Verlagssparten erfasst, besonders betroffen waren jedoch die belletristischen und Jugendbuchverlage sowie wissenschaftliche, Schulbuch- und Lehrmittelverlage.

209 Vgl. Ruppelt 1992, S. 332.

210 Vgl. *RGBl.*, Teil II 19.12.1934.

211 Zur gesellschaftspolitischen Debatte um die Erneuerung des Urheberrechts in der Weimarer Republik siehe Fischer 2007a, S. 83–98.

Daraufhin warb er im Kreis seiner Autoren mit Bezug auf die geplante Herausgabe der Werke Nietzsches[212] um propagandistische Unterstützung:

> Mehr denn je ist heute die Erhaltung der 30jährigen Schutzfrist für unser gesamtes kulturelles und wirtschaftliches Leben von der allergrössten Bedeutung. Das deutsche Volk wartet auf den billigen Nietzsche [Unterstreichung im Original]. In der gegenwärtigen Notlage wären viele Tausende von der Erwerbung seiner Werke und damit von der bildenden erzieherischen Kraft dieses grossen Geistes schlechterdings ausgeschlossen. Angesichts der drohenden Gefahr erscheint es mir unbedingt nötig, dass die Sachwalter des Geistes und der kulturellen Erziehung unseres Volkes sich zu einem machtvollen Protest gegen die in aller Stille vorbereiteten Massnahmen erheben, um deren kulturschädigende Wirkungen zu vereiteln. Nur eine allgemeine einmündige Stellungnahme aller zur Hebung unserer Kultur Berufenen kann die offenbar schon weit fortgeschrittenen Vorbereitungen vielleicht doch noch in letzter Stunde verhindern. Aber Eile tut not! Ich möchte Sie daher bitten, durch Ihr gewichtiges Wort in der Öffentlichkeit gegen die Überrumpelungstaktik in dieser lebenswichtigen Frage schärfstens zu protestieren.[213]

Letztlich konnte jedoch dieser Appell, der neben Börries Freiherr von Münchhausen, dem Gründer der Deutschen Dichterakademie,[214] sicher auch weitere zeitgenössische Autoren des Verlags erreichte, das Inkrafttreten der verlängerten Schutzfrist im Dezember 1934 nicht verhindern. Das daraus entstandene Vakuum von 20 Jahren für gemeinfrei werdende Werke, die honorarfrei in das Verlagsprogramm aufgenommen werden konnten, führte zu konzeptionellen Veränderungen der UB. Der bisherige Rhythmus von monatlich zehn neuen Nummern[215] konnte nicht mehr eingehalten werden, stattdessen erschienen nun in der Regel jährlich zwei Serien der Neuerscheinungsproduktion – eine im Frühjahr und eine im Herbst.

212 1931 erschienen in der UB 13 Werke Friedrich Nietzsches, die bis 1945 in einer Gesamtauflage von 303.000 Exemplaren produziert wurden. Der erfolgreichste Titel war *Also sprach Zarathustra* (74.000 Exemplare).

213 Ernst Reclam an Münchhausen am 06.11.1930. In: GSA, 69/2838.

214 Münchhausen gründete 1932 gemeinsam mit dem Kunsthistoriker Hans von der Gabelentz die Deutsche Dichterakademie mit Sitz auf der Wartburg als dezidiert nationalkonservatives und nationalsozialistisches Pendant zur Preußischen Akademie der Künste, deren Demokratieverbundenheit und Internationalität er ablehnte. Dort trafen sich jährlich national-völkisch gesinnte Autoren wie Hans Friedrich Blunck, Max Dreyer, Paul Ernst, Hans Grimm, Hanns Johst, Erwin Guido Kolbenheyer, Heinrich Lilienfein, Agnes Miegel, Jakob Schaffner, Wilhelm Schäfer, Hermann Stehr und Will Vesper – fast alle waren mit einzelnen Werken in der UB vertreten. Vgl. Kaufmann 2007.

215 Aufgrund des Umfangs mancher Werke erschienen zahlreiche Titel auf mehrere UB-Bändchen (= Nummern) verteilt.

Trotz gravierender Veränderungen im Verlagsprogramm, die nicht nur die Anzahl, sondern vor allem auch die inhaltliche Ausrichtung der Neuerscheinungen betrafen,[216] und obwohl der Reclam Verlag sowohl im Rahmen der UB als auch in Form von Verlagswerken[217] zahlreiche, zum Teil sehr einträgliche Titel zeitgenössischer Autoren publizierte, erwirtschaftete er den Großteil seines Umsatzes nach wie vor aus dem Verkauf der kanonischen gemeinfreien Literatur (Abb. 1[218]).

Abbildung 2[219] gibt zudem einen Überblick über die Entwicklung von Gewinn und Umsatz einerseits und die Anzahl der Neuerscheinungen des Reclam Verlags zwischen 1929 und 1945 andererseits, wobei deutlich wird, dass kein monokausaler Zusammenhang

216 Vgl. Kapitel 3.3 bis 3.8.

217 Unter dem Begriff ‚Verlagswerk' sind alle Druckerzeugnisse des Verlags außerhalb der UB, mit Ausnahme der Zeitschriften, zu verstehen. In die Rubrik UB fallen neben der eigentlichen UB auch die Produktion für Reclams Automaten-Bücher, die Titel der Feldpostreihen sowie *Reclams* Reihenbändchen.

218 Eigene Erhebung. Für diese Arbeit wurde für den Zeitraum 1918–1945 eine vollständige Verlagsbibliografie anhand eines UB-Katalogs aus dem Jahr 1943, von Listen publizierter Verlagswerke (Liste *1933–1945 erschienene Verlagswerke*. In: RAL, Ordner 9), der erhaltenen Auflagenbücher sowie mit Hilfe des Online-Katalogs der Deutschen Nationalbibliothek erstellt. Angesichts der Quellenlage kann eine absolute Lückenlosigkeit der Neuerscheinungen nicht garantiert werden. Zusätzlich wurden alle Titel, die im Untersuchungszeitraum gedruckt wurden, sowie die jeweiligen Auflagenhöhen systematisch erfasst. Grundlage hierfür bildeten das vom Reclam Verlag zur Verfügung gestellte PDF *Reclam_Auflagenbuecher_SPR* (Digitalisat der Originalauflagebücher der UB, numerische Erfassung der Titel nach Erscheinungsverlauf, Erfassung der Auflagenhöhen nach Druckdatum), ein weiteres Auflagenbuch zur UB, welches die Druckproduktion 1933–1945 nach Druckdatum erfasst, sowie die folgenden Auflagenbücher aus dem RAS für die Verlagswerke: *Werke in größerem Format und Illustrierte Werke*, *Roman-Reihe*, *Romane*, *Junge Deutsche und andere Romane* sowie *Helios Bücher*. Für 66 der insgesamt 598 ermittelten Titel der Verlagsneuproduktion 1933 bis 1945 sind keine Auflagenzahlen überliefert. Hierunter fallen 37 Titel der Feldpostreihe *Reclams Reihenbändchen*, die sicherlich hohe Auflagenhöhen verzeichneten, aufgrund ihres Formats (ca. 20 Seiten) jedoch fast mehr als Heftpublikation zu werten sind. Die Angaben zu Umsätzen sowie zu Gewinn und Verlust wurden folgenden Dokumenten entnommen: Wirtschaftsverständiger Karl Fritz Moser am 09.07.1948: Bericht über die bei der Firma Philipp Reclam jun. durchgeführte Buch- und Betriebsprüfung. In: SächsStA-D, 13471, Nr. ZA VI 2628/01, Bl. 85; Aufstellung Betriebsergebnisse der Firma Reclam 1905–1942 vom 23.11.1967 durch Lothar Kretschmar. In: RAL, Ordner 14; Zeittafel zur Verlagsgeschichte, S. 44f. In: RAL, Ordner 3; Abschrift: Finanzgestaltung der Firma Philipp Reclam jun. ab Wirtschaftsjahr 1933. In: SächsStA-D, 13471, Nr. ZA VI 2628/01, Bl. 43–54; Verlust- und Gewinnrechnung per 31.08.1933–1945; Bilanz per 31.08.1933–1945. In: SächsStA-D, 13471, Nr. ZA VI 2628/01. Diese wurden jeweils zum 31.08. des jeweiligen Jahres abgeschlossen, sodass keine Deckungsgleichheit zwischen den Geschäftsjahren und den Erscheinungsjahren gegeben ist. Zur besseren Vergleichbarkeit von Buchproduktion und wirtschaftlichem Erfolg wurden die Geschäftsjahre den Erscheinungsjahren angepasst, so wird zum Beispiel das Geschäftsjahr 1932/1933 als Jahr 1933 angegeben. Verlust- und Gewinnrechnung per 31.12.1945; Bilanz per 31.12.1945. In: SächsStA-D, 13471, Nr. ZA VI 2628/01, Bl. 82. Siehe auch Anhang 2.

219 Eigene Erhebung. Datengrundlage: Verlagsbibliografie, Auflagenbücher des RAS sowie die Bilanzen und Verlust- und Gewinnrechnungen 1933–1945. Vgl. Kapitel 2.1.1, Fußnote 218.

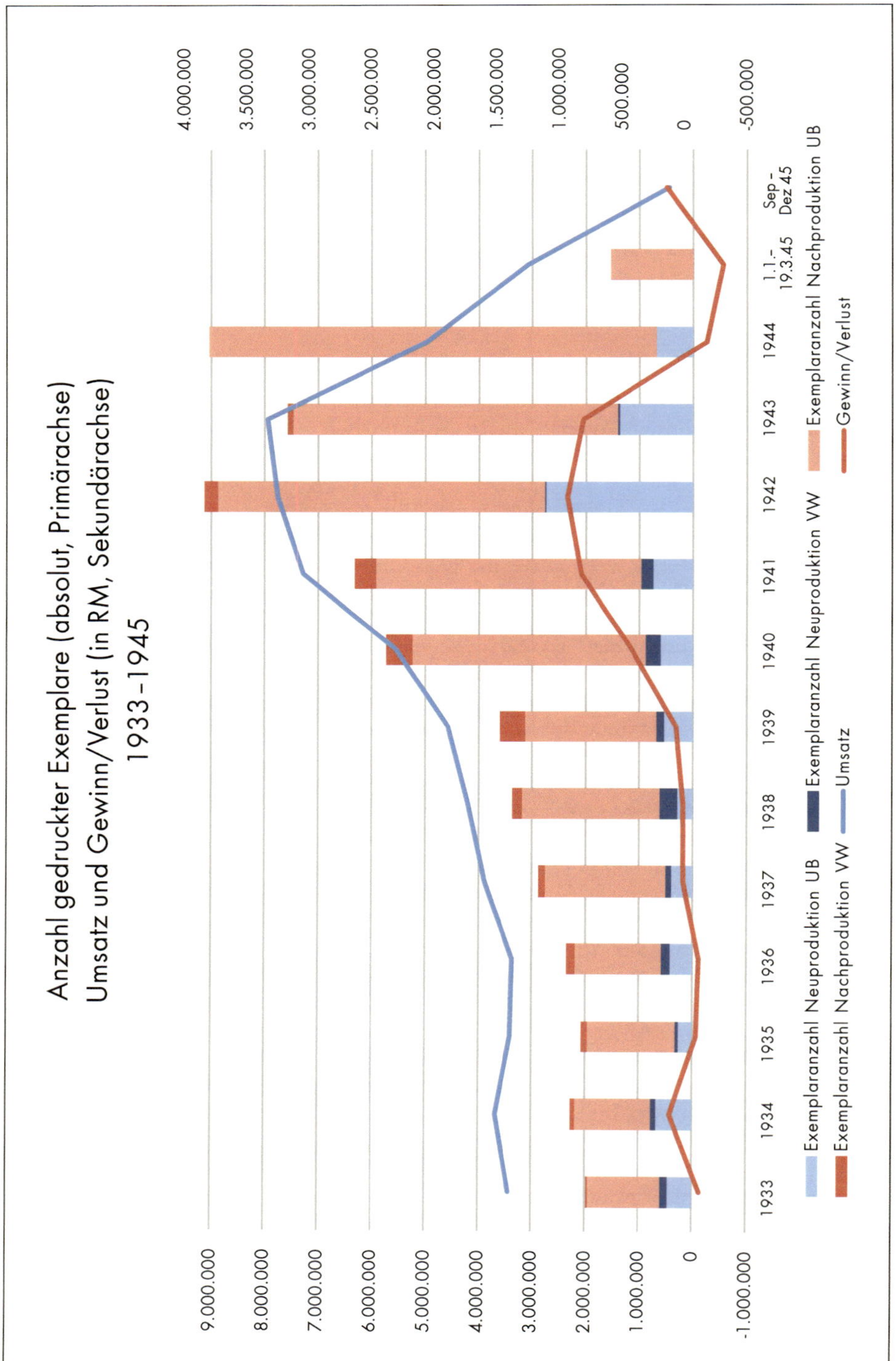

Abb. 1 Anzahl gedruckter Exemplare (absolut, Primärachse). Umsatz und Gewinn/Verlust (in RM, Sekundärachse). 1933–1945

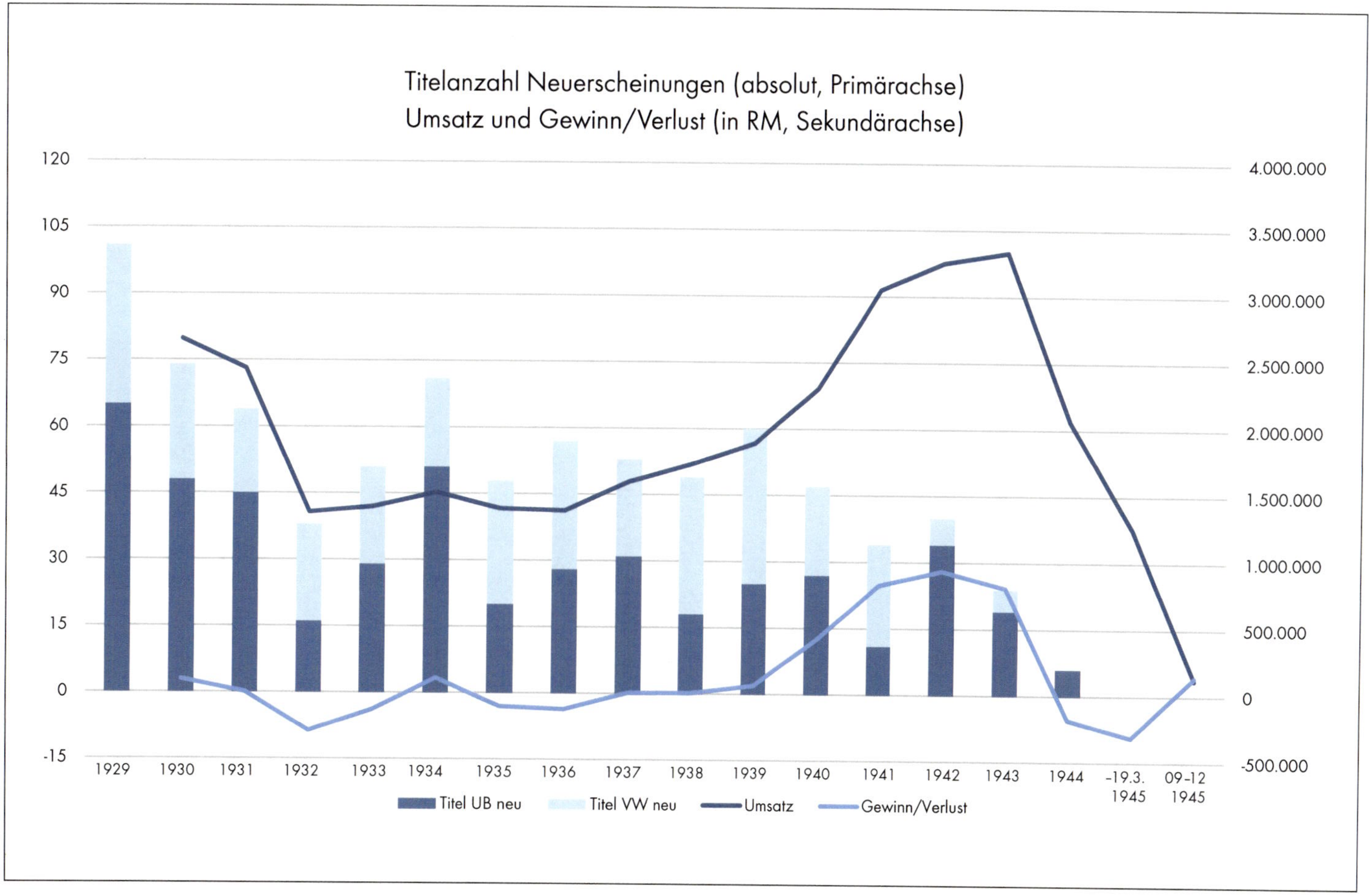

Abb. 2 Titelanzahl Neuerscheinungen (absolut, Primärachse). Umsatz und Gewinn/Verlust (in RM, Sekundärachse)

Abb. 3 Druckersaal Reclam Verlag, o. J. In: RAS, Mappe Grundstücke in Leipzig und Flüchtlingsrechte. Alle Rechte vorbehalten.

gegeben ist, und die rückläufige Anzahl von Neuerscheinungen[220] nicht als ausschlaggebend für die Einbrüche der Umsätze und Gewinne zu Beginn der 1930er Jahre zu bewerten ist. Diese spiegeln vielmehr die desolate wirtschaftliche Lage: Seit 1931 erlitt der Verlag (mit Ausnahme des Gewinns von rund 111.000 RM im Geschäftsjahr 1933/1934) hohe Verluste,[221] die sich 1933, 1935 und 1936 zwischen 100.000 und 130.000 RM bewegten, und 1932 mit einem Minus von knapp 300.000 RM den Tiefpunkt erreichten.

Neben generellen Absatzproblemen der Buchbranche führte der Mitarbeiter Georg Twittmeyer den signifikanten Absatzrückgang zurück auf die deutlich zurückgefahrenen Werbemaßnahmen und die Ablehnung der Sortimenter, die UB auf Lager zu halten – da die UB nicht mehr durchgängig auf holzfreies Papier gedruckt wurde, bestand die Gefahr des Vergilbens.[222]

220 1929 erschienen noch 65 Neuerscheinungen, 1936 waren es 28. Besonders wenige neue Werke wurden 1935 (20 Titel) und 1932 (16 Titel) ediert.

221 Hinzu kam, dass sich das Kapital seit dem Geschäftsjahr 1929/1930 nicht mehr bzw. mit weniger als fünf Prozent verzinste. Vgl. Betriebsergebnisse 1905–1942. In: RAL, Ordner 14. Nennenswerte Gewinne sollte Reclam erst wieder im Krieg einfahren.

222 Vgl. Erinnerung Georg Twittmeyers, verfasst 1942; Nachtrag: o. J.: Was ich bei Reclam schaffte und erlebte. Ein Rückblick aus dem Jahre 1942 und ein Beitrag zur Geschichte des Hauses Philipp Reclam (Twittmeyer: Rückblick), S. 13. In: RAS, Mappe Mitarbeiter II. Den Nachtrag muss Twittmeyer vor seinem Tod im Herbst 1945 ergänzt haben.

Um die finanzielle Zwangslage zu mildern, bemühte sich der Verlag, die Kapitaldecke zu erhöhen. Am 15.12.1932 belasteten die Verlagsinhaber Ernst und Hans Emil Reclam ihre Privatgrundstücke Salomonstraße 19 (alleiniger Besitzer: Ernst Reclam) sowie Inselstraße 26 und Egelstraße 4 (beide in gemeinschaftlichem Besitz) mit einer Hypothek in Höhe von 100.000 RM für drei Jahre.[223] Wenig später, am 31.03.1933, wurde die Aufnahme einer weiteren Hypothekenlast nötig: Hans Emil Reclam belieh das ihm allein gehörende Grundstück in der Marbachstraße 2 und ein unbebautes Flurstück in der Winkelstraße mit 50.000 RM und überließ das Darlehen dem Verlag fest für fünf Jahre.[224]

Des Weiteren wurde die Druckerei des Verlags (Abb. 3), in der aufgrund unzureichender Auslastung durch den eigenen Betrieb bereits zahlreiche Entlassungen notwendig geworden waren, über die eigene Verlagsproduktion hinaus geöffnet, um für andere Verlage drucken und als Kommissionsverlag für Druckschriften fungieren zu können. Das Subunternehmen Reclam-Druck, das von Arno Wilsdorf, dem Leiter des technischen Betriebs,[225] geführt wurde,[226] verlegte 1935 beispielsweise die Jubiläumsschrift des Leipziger Reitvereins *Hoch zu Roß durchs Osterland* von Walter Lange.[227] Die intendierte umsatzbelebende Wirkung stellte sich jedoch erst ab 1937 ein. Bis Kriegsbeginn entwickelte sich Reclam-Druck schließlich so vorteilhaft, dass eine eigene Abteilung geschaffen werden musste. Als jedoch die eigene Verlagsproduktion nach 1939 kaum noch bewältigt werden konnte und sogar andere Druckereien für die Verlagsherstellung herangezogen werden mussten, kam das Unternehmen Reclam-Druck

223 Auf das Grundstück in der Salomonstraße entfielen 65.000 RM, auf die anderen beiden je 17.500 RM. Nach Besitzanteilen haben dem Verlag somit Ernst Reclam 82.500 RM und Hans Emil Reclam 17.500 RM geliehen. Vgl. Darlehensvertrag vom 15.12.1932. In: SächsStA-L, 21088, Nr. 001.

224 Vgl. Darlehensvertrag vom 31.03.1933. In: SächsStA-L, 21088, Nr. 001.

225 Der gelernte Schriftsetzer Max Arno Wilsdorf, geboren am 23.10.1900, absolvierte 1925 die Meisterprüfung für Buchdrucker und begann im selben Jahr als Setzereileiter im Reclam Verlag. Im Mai 1930 übernahm er die Leitung des technischen Büros, später die des gesamten technischen Betriebs. Vgl. Lebenslauf Max Arno Wilsdorfs vom August 1945. In: Stadtarchiv Leipzig (StadtAL), StVuR Nr. 9066, Bl. 3.

226 In einem Artikel zum Thema Leipzig als Druckstadt aus dem Jahr 1936 wird Reclam-Druck als einer von wenigen der zu dieser Zeit 310 ansässigen Betriebe in Leipzig vorgestellt, wobei besonders der Ruf als Qualitätsdruckerei mit 80 Setz- und Druckmaschinen sowie 60 Buchbindereimaschinen betont wird. Vgl. *Zeitschrift für Deutschlands Buchhändler* 25.11.1936.

227 Die Kosten für den Druck der Gesamtauflage und eventuell weitere Bindungen trug der Leipziger Reitverein. Für den buchhändlerischen Vertrieb einigte man sich darauf, dass der Reitverein dem Verlag Philipp Reclam jun. eine feste Anzahl zum kommissionsweisen Verkauf an den Buchhandel übergab. Für Lagerung, Auslieferung und Abrechnung erhielt der Reclam Verlag zehn Prozent des Nettopreises von 6 RM. Vgl. Aktennotiz vom 11.12.1935; Reclam Verlag an Walter Schlobach vom 11.12.1935. In: RAS, Mappe Verlagsverträge Leipzig (gebundene Ausgaben) H–L. Im Folgenden wird in den Fällen, in denen die Namen der Verfasser von Verlagsdokumenten (Briefe, Aktennotizen etc.) dem Original nicht zu entnehmen waren, die Angabe ‚Reclam Verlag' gewählt.

fast völlig zum Stillstand, auch weil ein Großteil der Kunden – im Gegensatz zum Reclam Verlag – die Produktion stark einschränken musste.[228]

2.1.2 Stabilisierung am Vorabend des Kriegs[229]

Zunächst besserte sich die kritische Finanzlage des Unternehmens in den ersten Jahren des NS-Regimes nicht. Im Geschäftsjahr 1935/1936 war ein Verlust von 119.845,87 RM zu verzeichnen; 1936/1937 wurde ein Gewinn erzielt, der aber mit 5.933,34 RM äußerst gering ausfiel.[230] Aufgrund des anhaltenden Absatzrückgangs der UB konnte der große technische Betrieb – trotz aller Bemühungen – nur etwa zur Hälfte mit Aufträgen des Verlags ausgelastet werden. Zu Beginn des Jahres 1937 „befand sich das Haus Reclam [...] in einer existenzgefährdenden, finanziellen Krise"[231]: Bei der Commerzbank war der Verlag mit mehr als einer halben Million RM verschuldet,[232] bei dem Papiergroßhändler Gebhard, der jeglichen Papierbedarf deckte, mit rund einer Viertelmillion RM. Während wöchentlich Lohnsummen von 60.000 bis 70.000 RM für die Druckerei sowie monatlich rund 100.000 RM für die Gehälter aufgebracht werden mussten, sanken die Geldeingänge von Monat zu Monat ab und die Verschuldung bei der Commerzbank und bei Gebhard stieg weiter an.[233]

In dieser kritischen Situation übernahm der 33-jährige Gotthold Müller,[234] seit dem Frühjahr 1936[235] bei Reclam beschäftigt und zuvor Vertriebsleiter der Hanseatischen Verlagsanstalt,[236] am 01.04.1937 die Position des Prokuristen von Rudolf Kaemmerer,[237] der

228 Vgl. Twittmeyer: Rückblick, S. 12. In: RAS, Mappe Mitarbeiter II.

229 Ausschnitte dieses Kapitels basieren auf einem bereits publizierten Beitrag der Autorin zur Entwicklung des Reclam Verlags 1945 bis 1991. Vgl. Schmahl 2016, S. 30–39.

230 Vgl. Betriebsergebnisse 1905–1942. In: RAL, Ordner 14.

231 Müller 1975, S. 2. In: RAL, Ordner 15. Müller bezeichnete diesen Zustand als Ergebnis des Absatzrückgangs der UB und „unglücklicher Transaktionen des Herrn K.[aemmerer]". Gemeint ist die Herausgabe einschlägig NS-ideologischer Titel im von Reclam übernommenen Verlag Das neue Deutschland sowie die Herausgabe der gleichnamigen pronationalsozialistischen Zeitschrift. Siehe dazu Kapitel 3.8.2.

232 Hinzu kam die hohe Verzinsung des Kredits mit 8,25 %. Vgl. Müller 1975, S. 4. In: RAL, Ordner 15.

233 Vgl. Müller 1975, S. 4. In: RAL, Ordner 15.

234 Gotthold Müller, geboren am 26. März 1904 in Potsdam als sechstes Kind von Dr. Konrad Müller (Chefredakteur der konservativ-sozialen Tageszeitung *Reichsbote*), hatte 1920 eine Lehre bei der Hofbuchhandlung Max Jaeckel in Potsdam begonnen, wo er nach deren Abschluss weitere fünf Jahre bis 1929 tätig blieb. Vgl. Müller an Kretschmar am 18.04.1989. In: RAS, Mappe Gotthold Müller.

235 Vgl. Aktennotiz zu Gotthold Müller. In: RAS, Mappe Gotthold Müller.

236 Vgl. Ruppelt 1991, A 98 f. Davor war Müller nach einem Jahr Geschäftsführung in der Sato'schen Buchhandlung in Gotha von Januar 1929 bis März 1933 Verantwortlicher für das Sortiment in der Buchhandlung Albert Neubert in Halle.

237 Rudolf Edwin Herbert Kaemmerer wurde am 29. April 1895 als Sohn von Carl Ludwig Joachim Kaemmerer (Direktorialassistent Doctor philosophiae, evangelischer Religion) und seiner wohl

Reclam aufgrund seiner jüdischen Abstammung verlassen musste. Müller verschaffte dem Verlag mittels einer komplexen, über ein halbes Jahr andauernden Umschuldungsmaßnahme deutlich größere finanzielle Spielräume. Dem gelernten Buchhändler war die kritische Situation der Firma bekannt, vor allem weil „Dr. Ernst Reclam [...] in unvorsichtiger Weise durch das große Haus geisterte und den Slogan verbreitete, es knistert ja schon im Gebälk'."[238] Ernst Reclam hätte zwar, so Müllers retrospektive Einschätzung, seine Lebensbedürfnisse in anerkennenswerter Weise auf das Äußerste eingeschränkt, auf seine Tiroler Jagd und auf Gesellschaften verzichtet, ja sogar ein Privathaus zugunsten des Verlags veräußert, sein Bruder Hans Emil aber hätte „ganz unbekümmert sein aufwendiges Leben fort[ge]setzt [...], was zu ständigen Reibereien und ernsten Auseinandersetzungen"[239] zwischen den beiden geführt habe.[240]

zum Christentum konvertierten jüdischen Mutter Agnes Bertha Kaemmerer geb. Loewenthal („evangelischer Religion") in Berlin Charlottenburg geboren. Vgl. Geburts-Nebenregister des Jahres 1895 des Standesamtes Berlin Charlottenburg, Eintrag Nr. 1351. In: Landesarchiv Berlin, Personenstandsregister, Geburtsregister, lfd. Nr. 195. 1913 legte er das Abitur in Posen ab und war seit 1926 Prokurist des Reclam Verlags, wobei er maßgeblich von Horst Schöttler unterstützt wurde. Zuvor hatte er einen kleinen linksgerichteten Verlag in Dresden geleitet, den er zum 27.11.1919 von Heinrich Schilling übernommen hatte. In dem unter Rudolf Kaemmerer Verlag firmierenden Haus versammelte Kaemmerer einen Freundes- und Mitarbeiterkreis unter anderem mit Walter und Paul Hasenclever, Rudolf Leonhardt und Hugo Zelder. Herausgegeben wurden unter anderem die beiden Zeitschriften *Neue Blätter für Kunst und Dichtung* und *Die neue Schaubühne*. Daneben legte der Verlag deutliche Schwerpunkte auf Bühnenstücke. Das erste Buch der Theatersparte *Das bist du* von Friedrich Wolf wurde 1920 in Berlin uraufgeführt. Gestartet mit einem Kapital von 50.000 Mark, hatte Kaemmerer den Verlag 1921 in eine Kommanditgesellschaft umgewandelt; vier Kommanditisten beteiligten sich mit einer Gesamteinlage von 175.000 Mark. 1922 wandelte Kaemmerer die Geschäftsform erneut in eine GmbH um. Zum 08.11.1924 wurde die Gesellschaft aufgelöst, zum 30.06.1926 das Handelsgeschäft liquidiert und der Verlag in eine Aktien-Gesellschaft überführt. Die Spur des Verlags verliert sich 1927, nunmehr Rudolf Kaemmerer Verlag Aktien Gesellschaft, angesiedelt im Buchgewerbehaus in Berlin. Obwohl Kaemmerer jüdischer Abstammung war, habe Ernst Reclam versucht, ihn als Mitarbeiter zu halten – vergeblich. Zum 01.04.1937 musste Kaemmerer auf Verlangen der Reichsschrifttumskammer aus dem Verlag ausscheiden. Siehe dazu Kapitel 3.9. Nach seinem Ausscheiden hielt sich Kaemmerer in Berlin und Prag auf, 1945/1946 wirkte er als Kämmerer der Stadt Coburg, vom 1946 bis 1964 war er Landrat in Coburg. Außerdem war Kaemmerer Direktor der Treuco (Treuhand und Revisionsgesellschaft mbH). Kaemmerer verstarb am 22.03.1974. Kaemmerer an Carl Zuckmayer am 04.07.1967. In: DLA, A:Zuckmayer, Carl, HS. 1995.0001; Aufnahmeeinheiten 1351, 1334. In: SächsStA-D, 19056, Nr. 1351; Kaemmerer an Emil Szittya am 07.02.1927. In: DLA, A:Szittya, Emil; Twittmeyer: Rückblick, S. 11. In: RAS, Mappe Mitarbeiter II; Erklärung Nußbächers vom 10.08.1948, S. 2. In: RAS, Mappe Dr. Ernst Reclam; Landratsamt Coburg 2008, S. 18.

238 Müller 1975, S. 1. In: RAL, Ordner 15.

239 Müller 1975, S. 1. In: RAL, Ordner 15.

240 Die Bitte Kaemmerers, vorrangig dafür zu sorgen, „daß es zwischen den beiden Herren Reclam niemals zu einem unüberbrückbaren Zerwürfnis käme," lehnte Müller strikt ab „Ich entgegnete K., daß ich wohl an der verlegerischen Arbeit interessiert sei, mich aber nicht berufen fühlte, als ‚Prinzengouverneur' zu fungieren, zumal der Altersabstand zwischen der Herren Reclam und mir allzu groß sei." Müller 1975, S. 2. In: RAL, Ordner 15.

Abb. 4 Philipp Ernst Reclam und Hans Emil Reclam, o.J. In: Philipp Reclam jun. Verlag GmbH o.J. Alle Rechte vorbehalten – Freier Zugang.

Zu dieser Zeit lag die Leitung des Verlags bei Ernst Reclam (1876–1953)[241] und seinem Bruder Hans Emil Reclam (1881–1943)[242], die im Jahr 1906 als Teilhaber in den Reclam Verlag eingetreten waren: Ernst als verlegerischer Direktor, Hans Emil als Direktor des grafischen Betriebs (Abb. 4).

Als alleinige Verantwortungsträger seit dem Tod des Vaters Heinrich Reclam am 30.03.1920 verlagerten sie insbesondere das Programm der UB von dramatischer zu

241 Der am 21. März 1876 in Leipzig geborene Philipp Ernst Reclam, ältester von drei Geschwistern in der dritten Generation des Familienunternehmens Reclam, hatte nach dem Abitur 1896 eine buchhändlerische Lehre in der Metzler'schen Sortimentsbuchhandlung in Stuttgart absolviert, bevor er freiwillig ein Jahr bei den Husaren in Großenhain/Sachsen diente. In den Jahren 1897 bis 1904 studierte er an den Universitäten in Leipzig und München Philologie, Philosophie und Pädagogik. Nach dem Abschluss seiner Promotion über den Dichter Johann Benjamin Michaelis heiratete er Marianne von Zimmermann. Aus der Ehe gingen eine Tochter (Annemarie Hedwig, 1906–1968) und ein Sohn (Ernst Heinrich Philipp Max, 1910–1984) hervor. Seit 14.07.1906 war er Mitinhaber des Verlags Philipp Reclam jun. Nach der Teilnahme am Weltkrieg widmete er sich ab 1918 wieder vollends der Arbeit im Verlag. Nach seinem Tod am 06.03.1953 im 78. Lebensjahr in Bad Heilbrunn übernahm sein Sohn, Dr. Heinrich Reclam, die Leitung des Verlags. Vgl. RAL, Ordner 15: Ernst Reclam, Lebenslauf, 18.12.1945; RAS, Mappe Dr. Ernst Reclam: Konrad Nußbächer, Nachruf, 06.03.1953.

242 Hans Emil Reclam, geboren 1881, oblag die Führung des technischen Betriebes des Verlags. Er hatte auch die Idee zu den bekannten Bücherautomaten. Im Ersten Weltkrieg war er Führer eines Fesselballonzugs und wurde mit dem Eisernen Kreuz II. und I. Klasse ausgezeichnet. Vgl. *Neues Wiener Tageblatt* vom 17.04.1943. 1931 erhielt er von der Grazer Universität die Ehrendoktorwürde. Vgl. Ernst Reclam an Redaktion *Allgemeine Zeitung* am 24.02.1931. In: RAS, Mappe Dr. Ernst Reclam. Arthur Fischer, Prokurist und Hauptkassierer des Verlags, beschreibt den heiteren Lebemann wie folgt: „[E]r war in seiner heiteren Art stets liebenswürdig und angenehm im Verkehr; er liebte den Scherz, er machte oft witzige Bemerkungen, worauf meistens ein herzerfrischendes und schallendes Gelächter folgte. Er wurde zur Zeit des 100jährigen Jubiläums der Firma Reclam im Jahre 1928 mit dem Doktortitel (ehrenhalber) ausgezeichnet. Er war ein tüchtiger Fachmann im Buchdruckgewerbe und als guter Kenner des gesamten graphischen

erzählerischer Literatur und ergänzten sie um Werke aus den Gebieten Naturwissenschaften, Wirtschaft, Technik und moderne Forschung. Der Germanist Ernst Reclam, der unter anderem als Stadtverordneter, Vorstand des Buchgewerbevereins und in verschiedenen Ausschüssen des Börsenvereins auch öffentlich tätig wurde, setzte sich insbesondere mit dem 1929 übernommenen, auf 300 Bände angelegten Großprojekt *Deutsche Literatur in Entwicklungsreihen* für die germanistische Forschung ein.[243] Die beiden männlichen Kinder der Firmeninhaber, Heinrich Reclam (Sohn Ernst Reclams)[244] und Rolf Reclam (Sohn Hans Emil Reclams)[245] (Abb. 5) befanden sich 1937 noch in der Ausbildung und waren daher in die Verlagsleitung noch nicht enger eingebunden. So oblag die Leitung des Verlags den Brüdern Reclam und Gotthold Müller, dem neuen Prokuristen, die – verschiedenen Generationen angehörig, in

Gewerbes und verwandter Zweige allseits bekannt." Erinnerung Arthur Fischers, verfasst im September 1946: Aus meinem Berufsleben (Fischer: Rückblick), S. 5. In: RAS, Mappe Mitarbeiter II. Nach seinem frühen Tod im Alter von 63 Jahren am 14.04.1943 wurden seine Erben als Kommanditisten aufgenommen. Sie übten keinerlei Einfluss auf die Geschäftsleitung aus. Vgl. Verlagsschriftstück zu den Inhaber- und Personalverhältnissen vom 15.12.1945. In: RAL, Ordner 15.

243 Vgl. Koch 1992, S. 285; *BBl.* 21.03.1936. Vgl. dazu Kapitel 3.3.5.1.

244 Heinrich Reclam, geboren am 30.10.1910, schloss im Dezember 1937 sein Studium (Germanistik, Philosophie und Volkswirtschaftslehre in Breslau, München und Leipzig) mit einer Promotion bei Hermann August Korff ab und absolvierte anschließend bis 1939 eine Sortimentslehre bei Gräfe & Unzer in Königsberg. Von 1939 bis 1945 diente er bei der Wehrmacht. Vgl. Bode 2003, S. 119; Lebenslauf Ernst Heinrich Reclams vom 30.10.1948. In: StadtAL, StVuR Nr. 9066, Bl. 51, Heinrich Reclam, Munzinger 1984. Einen Tag vor Kriegsbeginn schrieb Marianne Reclam, Ehefrau Ernst Reclams und Mutter Heinrich Reclams, an den befreundeten Hans Ludwig Held: „Unser Sohn sitzt voller Unruhe da und wartet auf seine Einberufung. Alle Nerven sind jetzt in Spannung." Marianne Reclam an Held am 30.08.1939. In: Münchner Stadtbibliothek/Monacensia, HLH B 335. Heinrich Reclam erfüllte seinen Wehrdienst zunächst als Leutnant bei der Flak im Umkreis Dresden, im Verlaufe des Jahres 1942 wurde er ins Rheinland verlegt. Nach der Kapitulation war er in einem amerikanischen Gefangenenlager in Ostfrankreich interniert, aus dem er Ende 1945/zu Beginn 1946 entlassen wurde. Vgl. Ernst Reclam an Held am 17.01.1940; Ernst Reclam an Held am 09.11.1940; Ernst Reclam an Held am 15.05.1942; Ernst Reclam an Held am 27.11.1945; Ernst Reclam an Held am 29.01.1946. In: Münchner Stadtbibliothek/Monacensia, HLH B 335.

245 Philipp Rolf Hans Reclam (1913–1977) war das zweitgeborene Kind von Hans Emil Reclam. Rolf hatte noch zwei Schwestern: Ruth (1911–1982) und Ilse (1917–1979). Der spätere Buchdruckerlehrmeister Rolf Reclam besuchte nach dem Realgymnasium die Buchdrucker-Lehranstalt und Meisterschule für das graphische Gewerbe zu Leipzig, im Anschluss ging er beim Verlag R. Oldenbourg in München von Herbst 1935 bis Herbst 1938 in die Buchdruckerlehre. Es folgte ein Volontariat in der Buchdruckerei Waterloo im südenglischen Dunstable von Herbst 1938 bis Ostern 1939, sowie bis September 1939 der Besuch der Meisterschule für Deutschlands Buchdrucker in München. Im Herbst 1939 wurde er einberufen, im April 1945 geriet er in amerikanische Gefangenschaft, aus der er aber bereits im Juli aufgrund von Verwundungen nach Westfalen entlassen wurde. Im Anschluss erwarb er 1947 das Betriebsleiter-Diplom, von 1950 bis 1965 war er persönlich haftender Gesellschafter und Leiter des technischen Betriebs bei Reclam Stuttgart. Vgl. Lebenslauf Rolf Reclams. In: StadtAL, StVuR Nr. 9066, Bl. 52.

Abb. 5 Rolf und Heinrich Reclam vor dem Neubau Mönchstraße, um 1961. In: Philipp Reclam jun. Verlag GmbH o.J. Alle Rechte vorbehalten – Freier Zugang.

Bildung, Erziehung sowie politischer Gesinnung unterschiedlich sozialisiert und aufgrund ihrer Funktionen mit je anderen Aufgaben und Kompetenzen ausgestattet – die Ziele, Schwerpunkte und Strategien ihrer Arbeit unterschiedlich interpretierten. Hinsichtlich der inhaltlichen Gestaltung trat insbesondere Konrad Nußbächer als Lektor hervor, der das Programm des Verlags mit kulturgeschichtlichem, historischem und literaturwissenschaftlichem Schwerpunkt maßgeblich mitgestaltete.[246]

246 Konrad Otto Nußbächer wurde am 01.06.1895 in Kronstadt, Rumänien als Sohn von Victor und Mathilde Nußbächer geboren. Vgl. Tauf-Buch der innerstädtischen Gemeinde A. B. in Kronstadt, Bd. X von 1893–1914, S. 42, Eintrag 65. In: Nationalarchiv Rumänien, Kreis Braşov. Er studierte in Heidelberg und war seit 1929 als Lektor beim Reclam Verlag tätig. Vgl. Nußbächer an Benz am 14.02.1942. In: DLA, A:Benz, Richard; Bode 2003, S. 119. Die NS-Propaganda machte auf den für Kunst, Musik, Kulturgeschichte und Philosophie begeisterten Lektor tiefen Eindruck; neben seiner Kriegsbegeisterung – „Meine Meldung zum Heeresdienst, die schon in den ersten Septembertagen [1939] erfolgte, ist vorläufig nicht angenommen worden. […] So furchtbar die Opfer und so hemmend die Schwierigkeiten sind, so lebe ich doch in der Überzeugung, daß der Ernst dieses Krieges vieles neu schaffen und anderes Krankes und Falsches zerstören wird." – trat er zum 01.07.1940 auch in die NSDAP ein. Nußbächer an Benz am 25.10.1939. In: DLA, A:Benz, Richard; vgl. Zentralkartei der NSDAP. In: BArch, R 9361-IX Kartei/30930797. Gotthold Müller sah Nußbächers Sympathie für den Nationalsozialismus in dessen Herkunft begründet: „Wohl hatte es zwischen uns in letzter Zeit politische Spannungen gegeben, da dieser gescheite und hochgeistige Mann unbegreiflicherweise dem politischen Propagandaterror zum Opfer gefallen war; ein Vorgang, für den es keine vernünftige Erklärung gibt und den man wohl nur auf die Liebe der Auslandsdeutschen zum Reich zurückführen kann, denn N. war Siebenbürger Sachse." Müller 1974/1979b, S. 15. In: RAS, Mappe Gotthold Müller. Ähnlich argumentierte der mit Nußbächer befreundete Autor Richard Benz (siehe Kapitel 3.3.6.1), der sich für Nußbächer beim Oberbürgermeister von Passau verbürgte und eine Bleibegenehmigung für ihn erbat: „Dr. Konrad Nussbächer […] ist von Geburt Siebenbürger, und wie so manche Auslandsdeutsche hat er von deutscher Kultur von draussen sich höhere und idealere Vorstellungen gemacht, als sie der

Die wirtschaftliche Konsolidierung des Verlags ist in wesentlichen Punkten Gotthold Müller zuzuschreiben.[247] Seinen Bemühungen ist es vermutlich zu verdanken,[248] dass die Witwen- und Waisenkasse des Reichs- und Staatsdienstpersonals Allgemeine Lebensversicherungsanstalt a. G., München (WWK) dem Reclam Verlag eine Hypothek in Höhe von 600.000 RM zu einem jährlichen Zinssatz von fünf Prozent gewährte.[249] Als

Wirklichkeit entsprachen. Aus solchen idealen Beweggründen ist er in die Partei eingetreten; ohne je Aktivist in irgendeinem seine Mitbürger schädigenden Sinne zu sein, hat er eine zeitlang Gutes von der Bewegung erhofft, aber später sich seinen Irrtum eingestehen müssen." Benz an Oberbürgermeister Dr. R. v. Scholtz (Passau) am 20.01.1946. In: DLA, A:Benz, Richard. Nußbächer war im März 1944 von Leipzig in die in Passau aufgebaute Zweigstelle des Reclam Verlags umgezogen und, nachdem er am 16.10.1944 doch noch zum Kriegsdienst eingezogen worden war, Anfang Juni 1945 aus der Gefangenschaft dorthin entlassen worden. Vgl. Nußbächer an Oehler am 14.04.1944; Nußbächer an Oehler am 09.10.1944; Reclam Verlag (Leipzig) an Oehler am 10.10.1945. In: GSA, 72/1981. Nußbächer blieb bis 1952 in Passau und wurde dort 1947 wohl auch entnazifiziert. Vgl. Nußbächer an Viktor Zifreund am 04.04.1956. In: DLA, A:Ackerknecht, Erwin, 60.4487/4; Müller an Benz am 01.11.1947. In: DLA, A:Benz, Richard. Nußbächer war später wieder als Lektor im westdeutschen Verlag tätig und hatte sich bis zum Tod Ernst Reclams am 06.03.1953 wieder so weit rehabilitiert, dass er eine Ansprache am Grab Reclams hielt. Vgl. Manuskript *Ansprache am Grabe des Herrn Dr. Ernst Reclam am 9. März 1953 in Bad Heilbrunn* von Konrad Nußbächer. In: Universitätsbibliothek Heidelberg, Heid. Hs. 3763 III A-830, Bl. 118.

247 In Briefen und Erinnerungen Müllers – während des Untersuchungszeitraums und retrospektiv – erleben wir diesen immer wieder als äußerst streitbare und selbstgerechte Person. Müllers Texte lesen sich durchaus flott und amüsant, wenn auch stets mit einem Hang zur Übertreibung in bester Mantel-und-Degen-Abenteuerroman-Manier, dennoch zeichnen sie das Bild eines arroganten und herrschsüchtigen Egozentrikers, der offensichtlich Macht und Kompetenzen nicht zu teilen wünschte. Potenzielle Konkurrenten suchte er – sei es aus Überzeugung oder Unsicherheit und unabhängig, ob sachlich gerechtfertigt oder nicht – mit auch intriganter Hartnäckigkeit zu beseitigen. An Selbstvertrauen in die eigenen Fähigkeiten und Entscheidungen mangelte es ihm hingegen nicht. Mit Arno Wilsdorf (Leiter der Druckerei nach dem Tod Hans Emil Reclams) und Emil Grözinger (verantwortlich für den Aufbau der Zweigstelle Passau) provozierte er um 1945 gravierende Auseinandersetzungen. Sowohl über seinen Vorgänger, den Prokuristen Rudolf Kaemmerer, als auch über den Lektor Konrad Nußbächer und die Brüder Ernst und Hans Emil Reclam äußert er sich mehrfach diskreditierend. Diese Charakteristika schmälern die Bewertung der Person Müllers und verlangen ein kritisches Hinterfragen der tatsächlichen Rolle Müllers bei einzelnen Maßnahmen und Entscheidungen des Verlags, stellen dessen Verdienste um die Geschicke des Verlagshauses während des Nationalsozialismus aber nicht grundsätzlich infrage.

248 Die wenigsten der von Müller großspurig und selbstgefällig fabulierten Erinnerungen konnten mittels Gegenüberlieferungen verifiziert werden, weshalb zahlreiche Details seiner retrospektiven Betrachtungen für die Rekonstruktion dieser Verlagsgeschichte unbeachtet bleiben. Die an anderer Stelle bereits publizierte Einschätzung der Autorin, dass Müller ab 1937 als alleiniger Prokurist des Hauses Reclam maßgeblich die Geschicke des Verlags gestaltete, ist also dahingehend zu revidieren, dass diese Schlussfolgerung zwar naheliegt, jedoch nicht in aller Konsequenz verifiziert werden kann. Vgl. Schmahl 2016, S. 30. Als Prokurist hatte er entscheidenden Anteil an den verlagspolitischen Entscheidungen; inwiefern er dabei wie behauptet als alleiniger Entscheidungsträger fungierte, muss jedoch offenbleiben.

249 Vgl. Urkunde Hypothek WWK vom 16.12.1937. In: SächsStA-L, 21088, Nr. 003. Von den 600.000 RM verwendete der Verlag 35.700 RM zur Ablösung eines Teils der 1932 eingegangenen Hypothekenschuld (Inselstraße 26 und Egelstraße 4) bei Frau Kommerzienrat Frosch, Leipzig

Sicherheiten wurden die Grundstücke Egelstraße 4, Inselstraße 22/24 (Eigentum Firma Reclam), Karl-Tauchnitz-Straße 35 (Eigentum Ottilie Reclam,[250] hier wohnte auch Ernst Reclam mit seiner Familie) und Inselstraße 26 (je zur Hälfte Eigentum der Brüder Reclam, Abb. 6) angegeben.[251] Ergänzend wurden Lebensversicherungsverträge für 20 Mitarbeiter über 200.000 RM abgeschlossen: Beim Tod der Versicherungsträger fiel die Versicherungssumme dem Haus Reclam zu, das je nach den sozialen Verhältnissen des Verstorbenen entscheiden konnte, ob und in welchem Umfang der Betrag an die Erben weitergeleitet werden sollte.[252] Dieser über ein halbes Jahr andauernde Vorgang ist durch einen ausführlichen, in Anmutung eines Wirtschaftskrimis verfassten Erinnerungsbericht Müllers[253] und einen umfangreichen, auch die Grenzen der Glaubwürdigkeit[254] der nachträglich verfassten Erinnerungen Müllers aufzeigenden Briefwechsel[255] sehr gut überliefert.

Unmittelbar nach der Umschuldung übernahm der Reclam Verlag außerdem die Bürgschaft für einen Kredit in Höhe von 180.000 RM[256] für den 1834 gegründeten Verlag Julius Klinkhardt,[257] in vierter Generation geführt von Walther Julius

bei der Allgemeinen Deutschen Credit-Anstalt. Vgl. Reclam Verlag an Commerzbank am 21.12.1937. In: SächsStA-L, 21088, Nr. 003. Mit Wirkung vom 01.01.1941 wurde der Zinssatz auf 4,5 % verringert, aufgrund der „bei uns laufenden Lebensversicherungen und [der] angenehme[n] Geschäftsverbindung mit Ihrer geschätzten Firma." WWK an Reclam Verlag am 21.1941. In: SächsStA-L, 21088, Nr. 003. Damit wurde auf 33 Jahre gesehen eine Ersparnis von 100.000 RM erreicht. Vgl. Reisebericht vom 22.01.1941. In: SächsStA-L, 21088, Nr. 003.

250 Witwe des verstorbenen Geheimrats Heinrich Reclam († 07.04.1940).

251 Vgl. Urkunde Hypothek von WWK vom 19.12.1937. In: SächsStA-L, 21088, Nr. 003. Auch die Grundstücke Kreuzstraße 5/7 sowie Schwägrichenstraße 20 wurden von Baumann bewertet, aber nicht für die Hypothek als Sicherheit verwendet. Insgesamt musste Reclam für die Schätzung aller Grundstücke 2.917 RM an den vereidigten Bausachverständigen der WWK, Baumann, zahlen. Vgl. Baumann an Reclam Verlag am 07.09.1937; Baumann an Reclam Verlag am 04.11.1937. In: SächsStA-L, 21088, Nr. 003.

252 Vgl. Müller 1975, S. 8. In: RAL, Ordner 15.

253 Vgl. Müller 1975. In: RAL, Ordner 15.

254 Eine ausführliche Darstellung der Geschehnisse im Zuge der Umschuldung wurde bereits publiziert. Siehe dazu: Schmahl 2012.

255 Im Sächsischen Staatsarchiv, Staatsarchiv Leipzig kann der Briefwechsel zwischen Gotthold Müller und den Protagonisten der Umschuldung, dem Finanzvertreter Rudolf Münemann, dem Architekten Franz Baumann und dem Bezirksleiter der WWK in Nürnberg Max Schneider eingesehen werden. Vgl. SächsStA-L, 21088, Nr. 003.

256 Vgl. Müller 1975, S. 9 f. In: RAL, Ordner 15. Dieser Kredit, abgelöst vom jüdischen Bankhaus Kroch durch die Allgemeine Deutsche Credit-Anstalt, wurde jährlich im Juli mit 25.000 RM zurückgeführt. Vgl. Müller an Reichsbankhauptstelle, Kreditabteilung am 29.03.1939. In: SächsStA-L, 21033, Nr. 0958. Im Jahr 1940 war die Höhe der Bürgschaft bereits auf 72.500 RM gesunken. Weitere Bürgschaften bestanden zu diesem Zeitpunkt nicht. Vgl. Reclam Verlag an Reichsbankhauptstelle am 02.07.1940. In: SächsStA-L, 21033, Nr. 0958.

257 Der auf Pädagogik spezialisierte Fachbuchverlag war in finanzielle Schwierigkeiten geraten, die Druckerei des kurz vor dem Ersten Weltkrieg über 900 Mitarbeiter beschäftigenden Verlagshauses war infolge der Weltwirtschaftskrise bereits aufgegeben worden. Vgl. Olzog; Hacker 2004, S. 195.

Abb. 6 oben: Karl-Tauchnitz-Straße 35, o.J.; unten: Inselstraße 26, o.J. In: RAS, Mappe Grundstücke in Leipzig und Flüchtlingsrechte. Alle Rechte vorbehalten.

Klinkhardt,[258] dem Ehemann von Ernst Reclams Tochter Annemarie, um den drohenden und für das Prestige Reclams sicher abträglichen Verkauf des Familienunternehmens zu verhindern.

Ende 1937 erhält Müller, der bereits kurze Zeit nach seinem Firmeneintritt am 01.04.1936 Teilprokura erhalten hatte, in Anerkennung,

> daß Sie die wirtschaftliche Lage eines Unternehmens, mit dem Sie schnell auch innerlich verwachsen sind, Rechnung tragen können und Sie Ihren eigenen Vorteil hinter die Belange der Firma zurückstellten, bis die unumgänglich

258 Klinkhardt war nach Müller NSDAP-Mitglied und Obmann des Leipziger Verlegerausschusses. Vgl. Müller 1975, S. 9. In: RAL, Ordner 15.

> notwendigen Erfolge errungen waren […] und in der festen Zuversicht, daß Sie auch künftig Ihre ganze Kraft zum Besten der Firma Reclam einsetzen werden,[259]

mit Wirkung ab 03.03.1938 Gesamtprokura, die ihn zur alleinigen Vertretung der am 01.07.1906 gegründeten Kommanditgesellschaft berechtigte.[260]

Bemerkenswerter noch als die Umschuldungsmaßnahme ist die massive, angesichts offenbar steigender Publikumsnachfrage auf dem Buchmarkt erfolgte Produktionssteigerung des Verlags: Ab 1937 wurde der Gesamtausstoß an Exemplaren um jährlich rund 500.000 Stück gesteigert, von 2.354.478 Exemplaren 1936 auf 2.876.104 Exemplare 1937, 3.370.041 Exemplare 1938 und schließlich auf – mit etwas geringerer Steigerungsrate – 3.606.584 Exemplare im Jahr 1939. Damit konnte die Gesamtproduktion im Vergleich zu 1933 (1.982.386 Exemplare) nahezu verdoppelt werden. Bereits 1938 konnte die Kapazität der Druckerei wieder voll ausgenutzt werden,[261] wobei die UB mit 2.869.174 Bänden (85 % der Gesamtproduktion) den Löwenanteil einnahm. Der Anteil der Neuerscheinungen in Exemplaren lag konstant zwischen 17 % und 18 %. Auch der Anteil der Sachbücher, der sich in Titeln und Exemplaren seit 1935 bei rund 60 % der Neuerscheinungsproduktion eingepegelt hatte, blieb in den Jahren 1937 bis 1939 konstant hoch, war jedoch etwas geringer als 1933 (71 %) und 1934 (77 %).

Ob oder inwieweit deshalb bewusst auf Halde produziert wurde,[262] um die Kapazitäten des technischen Betriebs auszulasten, oder in welchem Umfang Produktion und Absatz kongruierten, lässt sich im Detail nicht ermitteln. Deutlich ist jedoch, dass

259 Vgl. Ernst Reclam an Müller am 12.12.1937. In: RAS, Mappe Gotthold Müller.

260 Vgl. SächsStA-L, 20124, Nr. 31531, Registerkarte HR A 392. Im März 1938 sind Philipp Ernst und Hans Emil Reclam Geschäftsinhaber, als Kommanditisten werden genannt: Margarete Reclam, Stuttgart mit einer Einlage von 853.686,26 RM, Hedwig Ottilie verw., Reclam, geb. Sachse, Leipzig mit einer Einlage von 832.138,50 RM, Ernst Heinrich Reclam, Leipzig, mit einer Einlage von 200.000 RM. Gotthold Müller verfügt über Gesamtprokura, Konrad Otto Nußbächer über Teilprokura. Im *Börsenblatt* annonciert der Verlag, dass Müller und Nußbächer am 15.07.1936 Gesamtprokura erteilt worden sei. Vgl. Annonce. In: *BBl.* vom 16.07.1936, Nr. 163, S. 3280, http://digital.slub-dresden.de/id39946221X-19360716/17 [25.05.2024].

261 Die Druckerei verfügte für die UB-Bände über eine monatliche Kapazität von 800.000 Stück. Vgl. Produktionsbericht für Wirtschaftskammer Leipzig Reclam, Abteilung Druckerei vom 15.06.1945. In: RAL, Order 15.

262 Die wertmäßig verringerten Verlagsvorräte der UB-Bände von knapp 591.000 RM 1936/1937 auf knapp 490.000 RM 1938/1939 sprechen dafür, dass sich die UB nun wieder besser absetzte. Vgl. Zeittafel zur Verlagsgeschichte, S. 44, 46. In: RAL, Ordner 3. Inwiefern die 1936 veränderte Umschlaggestaltung, die unter dem Motto „Reclam im neuen Gewand" Anlass für vielfältige Werbeansätze bot, hier eine Rolle spielte, muss offenbleiben. Dies ist die zweite Veränderung des Umschlags seit Gründung der UB. Der neue Entwurf von den Mitarbeitern des Hauses Friedrich Häder und Karl Bruns verzichtete auf sämtliche Ornamente, Umrahmungen, Begrenzungen, ebenso auf Reihenbezeichnung und Nummer. Zur Geschichte der Umschlagentwicklung im Einzelnen siehe Kretschmar 1992.

der wirtschaftliche Aufschwung erst zögerlich einsetzte: Zwar erhöhte sich der Jahresumsatz merklich von 1.597.000 RM im Geschäftsjahr 1936/1937 über 1.730.703 RM 1937/1938 auf 1.891.000 RM 1938/1939,[263] allerdings steht in diesem Zeitraum der Produktionssteigerung von 53,2 % lediglich eine Umsatzsteigerung von 18,5 % gegenüber.

Aus diesem Grund erwies sich das Geschäftsjahr 1937/1938 trotz Produktionssteigerung und durch die Umschuldung verbesserter finanzieller Freiräume mit 7.279 RM Gewinn erneut als Nullsummenspiel. Erst 1938/1939 konnte erstmals seit Beginn der 1930er Jahre mit 65.444 RM ein nennenswerter Gewinn erwirtschaftet werden, der jedoch im Vergleich zu den kommenden Margen während der Kriegszeit kaum ins Gewicht fällt.

2.2 Verlegen unter Kriegsbedingungen

Im Zuge des Zweiten Weltkriegs veränderten sich Marktstrukturen, Produktionsprozesse und Distributionsstrategien des deutschen Buchhandels essenziell, sodass die zugrunde liegenden, sowohl die Programme wie die Absatzmöglichkeiten der Verlage wesentlich beeinflussenden Rahmenbedingungen, Verordnungen und Praxen hier als Exkurs zur wirtschaftlichen Entwicklung des Reclam Verlags ausführlicher darzustellen sind.

Auf die anfängliche Stagnation der Buchproduktion zu Kriegsbeginn folgte schnell eine enorme Belebung des Buchmarktes: Ein wahrer Bücherboom brach aus und stellte Lesepublikum, Verlage, Buchhandel und staatliche Steuerungsinstanzen gleichermaßen vor Herausforderungen. Bücher erfreuten sich bei Zivilbevölkerung und Soldaten einer seit dem Ersten Weltkrieg nicht mehr erreichten Beliebtheit. Für die Zivilbevölkerung wurde der Stellenwert des Buches in der zeitgenössischen Wahrnehmung auf das Bedürfnis nach Erholung in der knappen Freizeit der arbeitenden Bevölkerung, den Wegfall anderer Geschenkartikel,[264] die Nutzung der Eisenbahn statt des Autos, die Beschäftigung während der Verdunkelung und vor allem auf die Tatsache, dass Bücher ohne Bezugsscheine erhältlich waren, zurückgeführt.[265] Nicht zuletzt wird das nach und nach eingeschränkte Freizeitleben bei verstärkter Häuslichkeit einen entscheidenden Beitrag zur neuen Liebe zum Buch geleistet haben.

263 Vgl. Betriebsergebnisse 1905–1942. In: RAL, Ordner 14. 1937 besaß die Firma etliche Auslieferungslager in Amsterdam, Berlin, Breslau, Budapest, Dresden, Florenz, Frankfurt am Main, Hamburg, Hannover, Köln, Königsberg, Leipzig, Magdeburg, München, Nürnberg, Olten, Paris, Posen, Stockholm, Stuttgart, Tokio und Wien. Vgl. Eintrag *Adreßbuch des Deutschen Buchhandels 1937*. In: RAS, Mappe Mitarbeiter I. Exportiert wurde 1938 nach England, Frankreich, Holland, Italien, Japan, Österreich, Polen, Rumänien, Schweden, Ungarn, in die Schweiz, Tschechoslowakei und USA, mit einem rückblickend geschätzten Wert von 100.000 RM. Vgl. Fragebogen der Export- und Import-GmbH, o. D. In: RAL, Ordner 15. Damit hatte sich der Wert des direkten Exports im Vergleich zum Jahr 1932 nicht geändert. Vgl. Zeittafel zur Verlagsgeschichte, S. 39, 45. In: RAL, Ordner 3.

264 Vgl. Adam 2010, S. 295.

265 Vgl. Lokatis 2013, S. 182.

Die Soldaten wurden zum einen über die von der Wehrmacht mit Hilfe der Büchersammlung der NSDAP errichteten rund 50.000 Büchereien, die bis zu 14 Millionen Bände enthielten,[266] mit Lesestoff versorgt. Zum anderen sandten die Angehörigen als Liebesgaben und zum Zeitvertreib in großen Mengen Lesestoff an die Front – unzählige Feldpostausgaben und Tornisterschriften wurden von den Verlagen hergestellt.[267] Nach einem Bericht des *Börsenblatts* verzeichnete der Buchhandel im Weihnachtsgeschäft 1939 – obgleich zahlreiche bestellte Titel bereits nicht mehr geliefert werden konnten – im Vergleich zum Vorjahr einen Umsatzanstieg von 44 %.[268] Nach der Bücherproduktionsstatistik des Börsenvereins stellten die Verlage 1940 242.276.804 Bücher her, 1941 waren es sogar 341.889.138 Exemplare.[269]

Infolge des massiv gestiegenen Bedarfs an Büchern in der Zivilbevölkerung und vor allem des Unterhaltungsbedürfnisses der Frontsoldaten wandelte sich der Nachfragemarkt rasant zum Angebotsmarkt, sodass das Angebot in den Kriegsjahren stets unter der Nachfrage lag.[270] Dies bot staatlicher Intervention, ideologischer Infiltration und finanzieller Bereicherung eine willkommene Spielwiese, deren Regeln die Verlagsarbeit gleichzeitig einschränkten und florieren ließ.

2.2.1 Staatliche Reglementierung von Produktion und Distribution

Der massiv gestiegenen Nachfrage begegneten die Verlage im Wesentlichen mit zwei Strategien: Sie versorgten erstens den Markt mit eigentlich unverkäuflicher oder qualitätsgeminderter Ware: bilanziell bereits abgeschriebene Lagerbestände wurden aufgelöst.[271] Vorteilhaft wirkte sich speziell für Reclam der Erlass des Reichskommissars

266 Vgl. Triebel 2004, S. 192.

267 Zur Soldatenversorgung mit Büchern durch Feldpostversand siehe Kapitel 2.3.1.

268 „52,74 % in Kleinstädten, 39,78 % in den Mittelstädten und 40,6 % in den Großstädten". *BBl.* 13.02.1940. Ernst Reclam schreibt in diesen Tagen zwiegespaltener Stimmung an Hans Ludwig Held: „Der Buchhandel ist allerdings für dieses Weihnachtsgeschäft voll im Schwung, soweit die Verkaufsverhältnisse nicht bremsen; aber man weiß ja noch nicht, wie sich die Zeiten auswirken, ob man noch Papier bekommt und auch herstellen kann, um entsprechende Lücken auszufüllen, was besonders für die Universalbibliothek gilt, bei der es keinen Erfolg bedeutet, wenn durch Verkauf Lücken entstanden sind, die man nicht wieder schließen kann." Ernst Reclam an Held am 22.12.1939. In: Münchner Stadtbibliothek/Monacensia, HLH B 335.

269 Vgl. Bücherproduktions-Statistik 1941, bearbeitet von der Statistischen Abteilung des Börsenvereins der Deutschen Buchhändler. In: SächsStA-L, 21766, Nr. 1055, Bl. 63.

270 Die Bevölkerung kaufte nahezu alles, das einem gedruckten Buch auch nur ähnelte. Diesbezüglich schrieb auch Ernst Reclam an seinen Freund Hans Ludwig Held: „Daß Ihnen die Grillparzer-Ausgabe gefällt, freut mich sehr. Auf den Absatz von Büchern hat es jetzt [Anmerkung K. B.: handschriftlich eingefügt] ja leider keinen Einfluß, ob sie gut sind oder schlecht, aber für später wird wohl auch die Qualität wieder den Ausschlag geben." Ernst Reclam an Held am 11.12.1940. In: Münchner Stadtbibliothek/Monacensia, HLH B 335.

271 Vgl. Rebenich 2013, S. 410.

für Preisbildung vom 16.04.1941 aus, der dem Reclam Verlag und einigen anderen Verlagen erlaubte, bei fortlaufend erscheinenden Werken trotz Ausstattungsminderung den Ladenpreis zunächst auf Jahresfrist beizubehalten. Konkret bedeutete dies, dass Reclam Einbände für die UB nur noch für umfangreiche Werke (fünf Nummern und mehr) herstellen musste. Für alle anderen Titel konnte aufgrund der Materialknappheit auf Einbände verzichtet werden. Dennoch – und dies ist der kostensenkende Faktor – durften diese weiterhin zum Originalpreis verkauft werden. Diese Ausnahmeregelung wurde für den Reclam Verlag jährlich verlängert – letztmalig im April 1944 bis zum 31.05.1945.[272]

Viele Verlage, und so auch Reclam, optimierten zweitens in bis dato unbekannter Weise ihre Produktionsprozesse, indem sie Titelzahlen senkten, Auflagenhöhen hingegen massiv steigerten und Arbeitsaufwände in Lektorat und Satz durch verstärkten Nachdruck älterer Titel zu Ungunsten neuer Manuskripte minimierten.

2.2.1.1 Papier als Steuerungsinstrument

Diese Rationalisierungsmaßnahmen können dem Bestreben, der massiven Nachfrage zu genügen, zugerechnet werden, sie lassen sich aber gleichermaßen als unternehmerische Profitmaximierung interpretieren, da sie durch verminderte Produktionskosten bei steigendem Warenoutput maximierte Gewinnchargen nach sich zogen. Sie lassen sich aber auch als notwendige Reaktion[273] auf die staatlich etablierten Kontrollmechanismen durch Papiergenehmigungen und administrativ überfrachtete Zuteilungsverfahren verstehen.

Im Zuge der Kriegsverhältnisse herrschte latenter Papiermangel,[274] der es dem Staat ermöglichte, mittels Drosselungs- und Ablehnungsverfahren verstärkt unmittelbar in die Buchproduktion der Verlage einzugreifen. Zunächst waren ab 01.04.1940 alle Verlagsplanungen auf dem Gebiet des Wehrschrifttums, des schöngeistigen und politischen Schrifttums sowie des außenpolitischen und historischen Schrifttums anmeldepflichtig, sofern diese die Wehrmacht oder den Krieg thematisierten.[275] Die Verlage mussten bei der Wirtschaftsstelle des deutschen Buchhandels, die seit 10.10.1939 im Auftrag des Propagandaministeriums die Papierbewirtschaftung der Buchverlage

272 Vgl. Müller an BV am 11.04.1944; BV an Reichskommissar für Preisbildung am 19.04.1944; Reichskommissar für Preisbildung an Reclam Verlag am 06.05.1944. In: SächsStA-L, 21765, Nr. 676.

273 Vgl. Lokatis 1992, S. 139.

274 Zur Einordnung: Als Ersatz für Jute, die zum Herstellen von Transportsäcken unter anderem für die Wehrmachtsangehörigen benötigt wurde, wurden 200–300 Millionen Kilogramm Papier pro Jahr benötigt, zur Herstellung der Lebensmittelkarten 2–3 Millionen kg pro Monat. Für den Buchhandel wurden 1940 29,5 Millionen kg Papier, 1941: 61,4 Millionen kg, 1942: 50,3 Millionen kg verwendet. Vgl. Umlauff 1978 S. 18 f.; Bericht über eine gemeinsame Sitzung des Rates der Gruppe Buchhandel und des Kleinen Rates des Börsenvereins am 05.10.1943 in Leipzig, S. 3. In: SächsStA-L, 21765, Nr. 737; Papierverbrauchs- und Bücherproduktionsstatistik, in: SächsStA-L, 21765 Börsenverein der Deutschen Buchhändler zu Leipzig (I), Nr. 599.

275 Vgl. Barbian 2010, S. 276.

übernommen hatte,[276] Anträge auf Zuteilung von Papier- und Einbandstoffen stellen. Genehmigt wurden Zuteilungen für Titel, die für den „Lebenskampf unseres Volkes"[277] förderlich waren. Als kriegswichtig wurden das politische und das Wehrschrifttum der Zeit, das Schrifttum der Forschung aller wesentlichen wissenschaftlichen Gebiete, das Fachschrifttum der kriegswichtigen Berufsgruppen, das Kinder- und Jugendschrifttum, die – besonders für die Verlagsproduktion des Reclam Verlags vorteilhafte – Dichtung der Vergangenheit und der Gegenwart sowie unterhaltende und entspannende Literatur aller Sparten eingestuft. Recht bald wurde neben diesen ‚anmeldungspflichtigen' Werken auch die übrige Produktion der Verlage einer Kontrolle unterzogen.[278] Die Verschärfung der Papier- und Einbandbeschaffungsschwierigkeiten, die mindestens seit 1937 das Alltagsgeschäft der Verlage behinderte,[279] leistete somit staatlich regulierenden

276 Faktisch konnte sich das RMVP mit der Installation des Papiergenehmigungsverfahrens nun endlich als die zentrale Institution zur Buchsteuerung durchsetzen. Die von Goebbels' Kontrahenten Philipp Bouhler geleitete Parteiamtliche Prüfungskommission zum Schutze des nationalsozialistischen Schrifttums verlor im Gegenzug erheblich an Einfluss. Der Hinweis Marianne Klein-Walbecks an Ernst Reclam, der neu aufgelegte Titel *Große Deutsche Porträtgalerie aus der Deutschen Geschichte* sei bei der PPK nicht vorlagepflichtig, da es sich nach Auskunft des Reichsinstituts für Geschichte des Neuen Deutschlands „um den Neudruck einer schon vor Jahren erschienenen Schrift handele", konnte somit nicht den von ihr intendierten zeitsparenden Effekt haben. Die Töchter Lamprechts hatten 1940 eine Neuauflage des vermutlich 1910 erstmals publizierten Werks *Porträtgalerie aus Lamprechts Deutscher Geschichte* als Erinnerungsgabe an ihren Vater, den Historiker Karl Lamprecht, entgegen früherer absatzbedingter Einwände Ernst Reclams erwirkt. Reclam sah nun hinsichtlich der „besondere[n] Funktion in der Versorgung unserer Truppen mit Lesestoff", die Chance „einen weiten Kreis neuer Leser" zu erreichen. Marianne Klein-Walbeck an Ernst Reclam am 27.03.1940. unter Signatur S 2713 : M 4 c : 163; Ernst Reclam an Marianne Klein-Walbeck am 05.04.1940 unter Signatur S 2713 : M 4 c : 169. In: ULB Bonn, Nachlass Lamprecht.

277 Zitiert nach Barbian 1993a, S. 240.

278 Vgl. Barbian 1993a, S. 239 f. So bezogen zum Beispiel zwei „streng vertrauliche Bekanntmachungen" vom 26. und 27. April 1940 auch das schöngeistige Schrifttum mit in die Gruppe der vorlagepflichtigen Literatur ein.

279 In der Vorbereitung der für Herbst 1937 geplanten *Deutschen Romantik* bestätigte Nußbächer dem Autor Richard Benz auf Nachfrage bereits im April 1937, dass die Papierbeschaffung deutlich schwieriger geworden sei. Vgl. Nußbächer an Benz am 13.02.1937; Benz an Nußbächer am 02.04.1937; Nußbächer an Benz am 07.04. 1937. In: DLA, A:Benz, Richard. Bezüglich der konträr diskutierten Ausstattung des Einbandes schreibt Müller im Frühherbst 1937 an Benz: „Die Einbandfrage hat sich insofern sehr einfach gelöst, als die Firmen nicht mehr in der Lage sind, die benötigten Mengen des Leinens zu liefern. Ich habe mich daher gezwungen gesehen zu nehmen, was ich bekomme. Etwa 1.000 Exemplare werden in dem dunklen Leinen angefertigt und weitere 1.000 Exemplare in dem von Ihnen vorgeschlagenen blaugrünen Leinen. Die Verknappung der Einbandstoffe hat in den letzten Wochen derartige Fortschritte gemacht, daß ich noch dankbar sein muss, wenn ich überhaupt etwas erhalte, da die Fabriken keine Aufträge mehr entgegennehmen. Es ist anzunehmen, daß die bisherigen Einbandstoffe überhaupt nicht mehr angefertigt werden dürfen, und daß an Ihre Stelle Zellstoffe treten." Müller an Benz am 28.09.1937. In: DLA, A:Benz, Richard. Ebenfalls 1937 wurde Hans Pflug eindrücklich gebeten, das Manuskript zum *Deutschland-Handbuch* zum verabredeten Termin fertigzustellen, da „[w]ie

Eingriffen auf den Literaturmarkt Vorschub. Die Vorzensur, die bis zu diesem Zeitpunkt nur für einzelne Buchgruppen und für ‚verdächtige' Autoren und Verleger zur Anwendung gekommen war – das Schrifttum wurde hauptsächlich über Nachprüfung und Indizierung auf Listen zensiert – wurde durch den Mechanismus der Papierzuteilung nun auf die gesamte Buchproduktion ausgeweitet.[280]

In den ersten Kriegsjahren wurden Einschränkungen nur bei hohen Auflagen gemacht, später aber häuften sich die Ablehnungen vorgeschlagener Buchtitel. Die Verlagsprogramme mussten halbjährlich zur Prüfung vorgelegt werden, verbunden mit genauen Informationen zu Inhalt, Verfasser, geplanter Auflagenhöhe der Titel und einer Begründung, warum gerade diese Bücher während des Kriegs veröffentlicht werden sollten. In Zweifelsfällen musste das Manuskript vorgelegt werden. Im August 1943 änderte man das Zuteilungsverfahren durch die Einführung gezielt steuerbarer Großauflagen von gängigen Titeln und wenigen Neuerscheinungen, um die weiter steigende Nachfrage zu decken. So erhielten 100 Titel, die aus zeitgenössischer Dichtung, klassischer Erzählung, unterhaltender und belehrender Literatur, Kriegsschrifttum, Kinder- und Jugendbuch stammten, für je 50.000 Exemplare Papierzuweisungen.[281]

Um die genehmigte Buchproduktion zu beschleunigen, wurden ab 01.04.1944 drei Dringlichkeitsstufen für die Vergabe von Druckaufträgen eingeführt. Zusätzlich bearbeitete die Schrifttumsabteilung des RMVP nicht länger Anträge für einzelne Buchtitel, sondern prüfte und bewertete die „Kernproduktion" der Verlage. Papierzuteilungen erfolgten fortan für bewilligte Programme, wobei den Verlegern zugestanden wurde, über den Einsatz der zugeteilten Papier- und Einbandkontingente im Detail selbst zu entscheiden. Auch jetzt hielt man an einer Prioritätenliste fest, dringlich waren: „Standardwerke (vom Typ Eher-Verlag)", wissenschaftliches und Fachschrifttum sowie – wiederum für Reclam günstig – gehobenes Unterhaltungsschrifttum, welches seit Herbst 1943 als besonders kriegswichtig galt.[282]

Von einer gleichmäßigen Papierzuteilung kann jedoch bezüglich weder der berücksichtigten Verlage noch der Titel die Rede sein. So klagte beispielsweise im Februar 1942 Wirtschaftsstellenleiter Hövel, dass unglaubliche Papiermengen für politisches Propagandamaterial verwendet würden, das, abgesehen vom Ausland, kein Mensch in Deutschland in die Hand nähme, geschweige denn läse, dass aber im Gegenzug die Belletristik zu kurz käme.[283] Ein Bericht zur Lage im Schrifttum vom

Ihnen bekannt sein dürfte, [...] gegenwärtig große Schwierigkeiten mit der Papierbeschaffung [bestehen]. Für Bücher, die für den Herbst vorgesehen sind, muss das Papier spätestens in diesem Monat bestellt werden." Reclam Verlag an Pflug am 14.04.1937. In: RAS, Mappe Verlagsverträge Leipzig (gebundene Ausgaben) M–Z.

280 Vgl. Strothmann 1985, S. 206, 209.

281 Vgl. Strothmann 1985, S. 205; Barbian 1993a, S. 309.

282 Vgl. Barbian 1993a, S. 241.

283 Vgl. Barbian 1993a, S. 241.

Januar 1943[284] thematisiert die empfindliche Schieflage zwischen von „mehr offiziell orientierten Verlagsanstalten“ herausgebrachten Büchern, „für die eigens geworben werden müsse“, und wissenschaftlichen sowie „politisch wertvolle[n] Werke[n]“[285]. Ebenso vermisste man kleine Reihen und handliche Ausgaben der Nationalliteratur, die sich zum Feldpostversand eigneten. An dieser Stelle des Berichts wird der Reclam Verlag namentlich genannt, mit dem Hinweis,

> daß Mitte vergangenen Jahres bereits 750 ständig verlangte Titel der bekannten Universal-Bibliothek nicht lieferbar waren. Auch die im gleichen Verlag erscheinenden Helios-Klassiker waren zu diesem Zeitpunkt nicht lieferbar, da bei einem Gesamtumfang der Sammlung von über 120 Bänden im ersten Halbjahr 1942 der Nachdruck von lediglich 2 Einzelbändchen genehmigt worden sei.[286]

Generell vermuteten Sortimenter und Verlagsbuchhändler, dass das deutsche Schrifttum in der Papierbewirtschaftung „stiefmütterlich“ behandelt werde. Die Lage der Tages- und Zeitschriftenpresse sei wesentlich besser, und sowohl das Medium Buch als solches als auch die Funktion Leipzigs als zentrale Buchstadt für das ganze Reich werde zudem durch den anhaltenden Personalentzug nachhaltig geschwächt.[287]

Nicht nur das Ergebnis der Papiergenehmigungsverfahren, auch das Verfahren selbst stieß auf Kritik. Es war zu aufwendig angelegt und zog erhebliche Verzögerungen im Produktionsablauf der Verlage nach sich. Zwischen der Annahme eines Manuskripts und dem Druck bzw. Erscheinen vergingen durchschnittlich eineinhalb Jahre.[288] Doch die organisatorischen und zeitlichen Schwierigkeiten fanden selbst

284 Dieser für Hans Johst bestimmte Bericht fasst unter *II Kulturelle Gebiete* die Meldungen der letzten Wochen zusammen. Von besonderer Relevanz waren die Bereiche Bevölkerung und Schrifttum, Sortimentsbuchhandel, Verlagsbuchhandel sowie Papierkontingentierung und graphisches Gewerbe. Vgl. Chef der Sicherheitspolizei und des SD an Präsidenten der RSK (Johst) am 15.01.1943. In: BArch, R 56-V/154, Bl. 42–50.

285 Chef der Sicherheitspolizei und des SD an Präsidenten der RSK (Johst) am 15.01.1943. In: BArch, R 56-V/154, Bl. 48.

286 Chef der Sicherheitspolizei und des SD an Präsidenten der RSK (Johst) am 15.01.1943. In: BArch, R 56-V/154, Bl. 44. Aus dem Auflagenbuch *Neue Klassiker-Ausgaben*, bei welchen es sich nach Abgleich mehrerer Werbedokumente um die thematisierten *Helios-Klassiker* handelte, lässt sich aber entnehmen, dass allein 1942 aus dieser Reihe 18 Titel von Fritz Reuter, Johann Wolfgang von Goethe, Joseph von Eichendorff, Eduard Mörike, Heinrich von Kleist, Friedrich Schiller und Theodor Fontane in zusammen 82.000 Exemplaren nachgedruckt wurden. Im Vorjahr waren 121.000 Exemplare von 17 Titeln gedruckt worden. 1943 waren es deutlich weniger, aber immerhin noch fünf Titel in zusammen 23.000 Exemplaren, 1944 kein Titel dieser Reihe mehr.

287 Vgl. Chef der Sicherheitspolizei und des SD an Präsidenten der RSK (Johst) am 15.01.1943. In: BArch, R 56-V/154, Bl. 44.

288 Vgl. Barbian 1993a, S. 241. Die Hanseatische Verlagsanstalt verschlankte z. B. ihre Prozesse: Um die benötigten Papiermengen besser berechnen zu können, beschränkte man sich auf fünf Buchformate. Vgl. Lokatis 1992, S. 137.

mit erfolgreicher Genehmigung keinen Abschluss. In dem bereits zitierten Bericht der Sicherheitspolizei an die RSK beklagt der Reclam Verlag, dass die Papierlieferung mehrere Monate dauern konnte.[289] Dieser Bericht wurde unter anderem auch in der einschlägigen Untersuchung *Der Frontbuchhandel 1939–1945* und in dem ebenfalls von Hans-Eugen Bühler verfassten Werk über Matthias Lackas zur Veranschaulichung der Papierbeschaffungsschwierigkeiten herangezogen.[290]

Es muss jedoch betont werden, dass der Reclam Verlag im Vergleich zu vielen anderen letztendlich keine Schwierigkeiten hatte, genügend Papier, insbesondere für die als kriegswichtig anerkannte Universal-Bibliothek, zugeteilt zu bekommen. Victor Meyer-Eckhardt beispielsweise, der im April 1941 um einen Titel für die UB gebeten wird, versichert Nußbächer vorsorglich:

> Da diese als kriegswichtig anerkannt ist und bei der Versorgung unserer Truppen mit Lesestoff an erster Stelle steht, ist die Gewähr gegeben, daß auch das notwendige Papier in ausreichender Menge zur Verfügung gestellt wird. Mit einem großen Absatz ist gerade während der Kriegsmonate zu rechnen.[291]

Richard Benz, dessen wohl kaum im Fokus nationalsozialistischer Kulturinteressen stehende *Deutsche Romantik* noch im Herbst als hochwertiges Verlagswerk in der dritten Auflage nachgedruckt werden konnte – „Das Papier dafür liegt ja vor. Dies ist, wie Sie wohl wissen, heute durchaus nicht selbstverständlich, wir müssen schwer um jede Neuauflage und jedes neue Werk ringen, manchmal leider erfolglos. Für die Universal-Bibliothek steht zum Glück noch ausreichend Papier zur Verfügung"[292] – teilt der Verlag im Januar 1943 sogar mit, dass er das Papier für die UB ohne Papiergenehmigung

289 Folglich wird der Verlag im Bericht wie folgt zitiert: „Antrag am 7. Januar auf 90 000 kg Papier für Reclams Universal-Bibliothek für Februar-März-April-Bedarf. Genehmigt am 22.1.42. Am 4.2.42 bestätigt der Papierlieferant, daß Lieferung für März, April und Mai in Aussicht gestellt werden kann. Verteilungsstelle 3 nimmt bis Anfang März trotz Lieferbereitschaft der Fabrik keine Einweisung vor. Am 23. März schreibt der Papierlieferant, daß er die Verteilungsstelle gebeten hat, den Teil von 40 000 kg an die Papierfabrik einzuweisen. Er hofft, auch noch im April liefern zu können. Erst Ende April wurden 40 000 kg von der Verteilungsstelle 3 der Fabrik eingewiesen. Die Firma will im Mai liefern. Ende Mai 40 000 kg geliefert. Am 29.6. bestätigt der Papierlieferant die Einweisung von weiteren 30 000 kg, die aber auf Grund der Anordnung der Reichsstelle für Papier um 25 % gekürzt wurden (auf 22 500 kg), zur Lieferung im Juli. Die noch verbleibenden 20 000 kg hofft er – die Zuteilung der Verteilungsstelle vorausgesetzt – im August liefern zu können. Zusammengefaßt: Von der im Januar erteilten Genehmigung ist am 1. Juli noch nicht einmal die Hälfte geliefert. 7 500 kg sind verloren, und die Einweisung der restlichen 20 000 kg ist noch immer ungewiß." Chef der Sicherheitspolizei und des SD an Präsidenten der RSK (Johst) am 15.01.1943. In: BArch, R 56-V/154, Bl. 44.

290 Vgl. Bühler; Bühler 2002, S. 10; Bühler; Simons 2004, S. 48 f.

291 Nußbächer an Meyer-Eckhardt am 30.04.1941. In: Heinrich-Heine-Institut (HHI), Nachlass Victor Meyer-Eckhardt.

292 Nußbächer an Benz am 13.01.1943. In: DLA, A:Benz, Richard.

erhalte.[293] Der Sonderstatus der UB war auch unter den Autoren hinlänglich bekannt. Siegfried Berger etwa verwies darauf explizit in seinem Antrag auf einen Befreiungsschein für die Novelle *Die Göttin lächelt*:

> Der Verleger [Anmerkung K.B.: Es handelte sich um den Lektor Konrad Nußbächer][294] hat sich in seinem Urteil, von dem ich beglaubigte Abschrift vorlege, darüber ausgesprochen. Ich darf annehmen, daß die Äußerung des Verlages für die Annahme des Werkes genügt und daß damit auch die Papierfrage beantwortet ist, da der Verlag Philipp Reclam die kurze Erzählung im Rahmen seiner Jubiläumsreihe herausbringt, die, schon im Hinblick auf den Feldpostversand, allseitig gefördert wird.[295]

Selbst im Sommer 1944 bestand Aussicht darauf, ein neues Verlagswerk von Richard Benz zu publizieren, für welches dieser freilich das Manuskript nicht fertigstellte; die UB sollte „sogar uneingeschränkt weitergeführt werden."[296]

Das Papiergenehmigungsverfahren verschaffte einerseits einigen ausgewählten Verlagen, nicht zuletzt den Parteiverlagen, die von der Manuskriptkontrolle befreit waren, einen deutlichen Vorteil und beschränkte andererseits die Produktionsbedingungen bei weniger begünstigten Verlagen.[297] Sonderzuweisungen erhielten unter anderem Verlage, die Frontbuchreihen produzierten, darunter neben dem Insel Verlag auch der Reclam Verlag.[298] Ab Mai/Juni 1942 baute der Schriftsteller Jürgen Eggebrecht gemeinsam mit Oberst Ziegler und mit Genehmigung von Wilhelm Keitel die Frontbüchereien des Oberkommandos der Wehrmacht (OKW) auf, verwaltete das von der Reichsstelle für Papier der Wehrmacht zugewiesene Druckpapierkontingent und steuerte damit maßgeblich, welche Titel in Massenauflagen für die Frontversorgung produziert werden konnten.[299]

Ab Juli 1942 wurden mit diesen Mitteln bis 1945 in vielen europäischen Städten Bücher mit einer Gesamtauflage von über 34 Millionen gedruckt. Insbesondere in den Vordergrund traten Suhrkamp, der Atlantis Verlag und Reclam. Das Verfahren gestaltete sich folgendermaßen: „Auf das zugeteilte Papier gab [die Abteilung] Inland

293 Vgl. Nußbächer an Benz am 13.01.1943. In: DLA, A:Benz.
294 Vgl. Beglaubigte Abschrift Dr. Nußbächer am 21.02.1942. In: BArch, R 9361-V/4048, Lesefilm-Nr. RK B 9, Bild-Nr. 1126.
295 Siegfried Berger an RSK am 24.02.1942. In: BArch, R 9361-V/4048, Lesefilm-Nr. RK B 9, Bild-Nr. 1122.
296 Nußbächer an Benz am 17.08.1944. In: DLA, A:Benz, Richard.
297 Vgl. Strothmann 1985, S. 204f.
298 Diese Auskunft habe Strothmann von Dr. Rudolf Erckmann (Ministerialrat im RMVP) erhalten. Vgl. Strothmann 1985, S. 205. Zum Anteil der Wehrmachtsproduktion bei Reclam siehe Kapitel 2.3.1.
299 Vgl. Messerschmidt 1969, S 320.

[des OKW] sogenannte ‚Papierschecks'[300] aus, mit denen bestimmte Verlage bedacht wurden. Sie konnten mit diesen Schecks für die vom OKW gewünschten Bücher Papier einkaufen"[301] – eine weitere Zensurspielart, der sich die Verlage insbesondere aus wirtschaftlichen Interessen nicht verschlossen. Im Gegenzug mussten sie sich verpflichten, die gesamte Auflage dem Frontbuchhandel zuzuführen. Die Auswahl der zu fördernden Bücher oblag der OKW-Abteilung Inland. Die Bücher des Eher Verlags und anderer der Partei nahestehender Verlage wurden ganz bewusst nicht mit Papierschecks gefördert, da das OKW der Ansicht war, sie hätten genügend eigene Bezugsquellen.[302]

Die allseits kolportierte Papierknappheit ist somit als relative Größe im jeweiligen Umfeld zu betrachten. Für den Reclam Verlag wird zu zeigen sein, dass von einer realen, das Verlagshaus im Vergleich zu Friedenszeiten schlechter stellenden Knappheit nicht die Rede sein kann – die Kriegsproduktion übertrifft die der Vorjahre bei Weitem. Dennoch lässt sich eine zensorische Wirkung des Papiergenehmigungsverfahrens als eine die verlegerische Freiheit eingrenzende und die Ausschöpfung des marktwirtschaftlichen Potentials – gemessen an den theoretischen Absatz- und Gewinnmaximierungsmöglichkeiten – behindernde staatliche Intervention nicht abstreiten, wenngleich offenbleiben muss, inwiefern der Reclam Verlag unter geringerer zensorischer Ägide in nennenswertem Umfang ‚unerwünschte' Literatur verlegt hätte.

2.2.1.2. Vom Bestell- zum Zuteilungsverfahren

Erzeugung und Vertrieb von Literatur stellten gerade in Kriegszeiten in der nationalsozialistischen Kulturpolitik einen wesentlichen Beitrag zur Stärkung von Durchhaltewillen und ‚Kampfesgeist' in der Bevölkerung dar. Im Jahr 1941 war die Gesamtauflagenhöhe der deutschen Buchproduktion mit 341.889.138 Exemplaren im Vergleich zu 1940 (242.276.804 Exemplare) noch einmal um 41 % gestiegen.[303] Allein der Reclam Verlag druckte 1941 insgesamt 6.327.855 Exemplare – 1939 waren es noch 3.606.584. Dennoch konnte der Lesebedarf nicht mehr befriedigt werden.[304] Insbesondere die

300 Der Reichsminister für Bewaffnung und Produktion ordnete per Erlass für die Wehrmacht am 17.06.1942, rückwirkend zum 01.06.1942, die Einführung von Papierschecks an. Für diese wurden Sonderkontingente an Papier angelegt. Vgl. Bühler; Bühler 2002, S. 20.

301 Messerschmidt 1969, S. 321.

302 Vgl. Messerschmidt 1969, S. 321.

303 1942 lag die Gesamtauflagenhöhe der deutschen Buchproduktion bei 244.208.108 Exemplaren. Für 1943–1945 liegen keine Zahlen vor. Vgl. Bericht über eine gemeinsame Sitzung des Rates der Gruppe Buchhandel und des Kleinen Rates des Börsenvereins am 05.10.1943 in Leipzig, S. 3. In: SächsStA-L, 21765 Börsenverein der Deutschen Buchhändler zu Leipzig (I), Nr. 737.

304 In dem Bericht zur Lage des Schrifttums wird bedauernd ausgeführt, dass seit Jahren in großen Teilen der Bevölkerung eine wahre „Sucht nach der Neuerscheinung" bestehe, die dazu geführt habe, dass Bücher von 1939/1940 bereits jetzt als „alt" gälten. Viele wertvolle Bücher litten unter dieser „Kurzlebigkeit", die vom Besprechungswesen mit verschuldet worden sei. Vgl. Chef

Literaturversorgung der Zivilbevölkerung geriet angesichts der vorrangigen Frontversorgung massiv ins Hintertreffen; der klassische Sortimentsbuchhandel, der an dem Geschäft mit soldatischem Lesefutter nur indirekt über Buchkäufe der Angehörigen partizipieren konnte, geriet trotz rasant steigender Produktion in existentielle Nöte.[305] Bereits 1940 konnten zivile Bestellungen nur noch bis zu 40 % erfüllt werden. Ab März 1940 annoncierte der Reclam Verlag im *Börsenblatt* wiederholt, dass „[u]nter den derzeitigen Verhältnissen [...] eine glatte Abwicklung der Expedition nur möglich" sei, wenn geheftete UB-Titel ausschließlich nach Nummern, gebundene hingegen ausschließlich unter Einzeltitel bestellt würden, anderenfalls käme es zu „erhebliche[r] Verzögerung". Für die Bearbeitungsdauer von Remittenden, die „nur in der Zeit stilleren Geschäftsganges bearbeitet werden" könnten, wurde keine Gewähr übernommen.[306] Am 26. und 27.11.1940 zwangen „die in außergewöhnlich großem Umfange hier bereits vorliegenden Bestellungen auf Reclam-Bände, die für Feldpostversand geeignet sind (Erzählungen, Novellen u. ä.)", den Verleger

> zu der Bekanntmachung, daß ich für derartige Werke ab sofort bis zum 15. Dezember d. J. keine neuen Aufträge mehr annehmen kann. Ich bitte auch von telefonischen und telegraphischen Anfragen und Aufträgen abzusehen, da ich nur den vorstehenden Bescheid wiederholen könnte. Dagegen können die laufenden Bestellungen auf Textbücher für Opern und Schauspiele, Gesetzausgaben, wissenschaftliche Werke, antike Klassiker im üblichen Umfange ausgeführt werden.[307]

Ab 10.02.1941 – rund zwei Monate vor der offiziellen Genehmigung durch den Reichskommissar für Preisbildung[308] – fertigte der Verlag aufgrund der

> Überlastung der Buchbindereien [...] Einbände nur noch für umfangreiche Werke (ab 5 Nummern) an. [...] Von den anderen werden nur noch etwa vorhandene gebundene Bestände ausgeliefert, aber keine Neuanfertigungen mehr

der Sicherheitspolizei und des SD an Präsidenten der RSK (Johst) am 15.01.1943. In: BArch, R 56-V/154, Bl. 50.

305 Zur Stellung des Sortimentsbuchhandels siehe Kapitel 2.2.1.3.

306 Annonce. In: *BBl.* vom 27.03.1940, Nr. 71, S. 1562, http://digital.slub-dresden.de/id39946221X-19400327/24. Die Annonce wurde erneut veröffentlicht am 30.03. http://digital.slub-dresden.de/id39946221X-19400330/33 und 03.04 http://digital.slub-dresden.de/id39946221X-19400403/16 [25.05.2024].

307 Annonce. In: *BBl.* vom 26.11.1940, Nr. 277, S. 5959, http://digital.slub-dresden.de/id39946221X-19401126/38. Eine gleichlautende Anzeige erschien am Folgetag, http://digital.slub-dresden.de/id39946221X-19401127/24 [25.05.2024]. Ex negativo lässt sich aus dieser Anzeige auch deutlich herauslesen, mit welchen Sparten Reclam im Feldpostversand und im Frontbuchhandel bevorzugt Erfolg hatte.

308 Siehe Kapitel 2.2.1.

> vorgenommen, so daß diese Ausgaben künftig nur noch kartoniert geliefert werden können. […] Die Belieferung wird – da Rückfragen wegen Personalmangel nicht erfolgen können – in der einzig lieferbaren Ausführung erfolgen […].[309]

Barsortimente und Verlage waren der starken Nachfrage nicht mehr gewachsen und das Verteilungssystem des deutschen Buchmarktes war bereits Ende 1941 stark angegriffen.[310] Mitte Oktober 1941

> gingen Aufträge für Reclams Feldpostpackungen und Feldbüchereien in einem solchen Umfange bei mir ein, daß meine Liefermöglichkeiten bis Ende des Jahres erschöpft sind. Ich bedauere daher, Aufträge für diese Zusammenstellungen und überhaupt für Hefte aus Reclams Universal-Bibliothek, wie sie für Feldpost gewünscht werden, ab sofort nicht mehr annehmen zu können und bitte daher von Bestellungen und Anfragen Abstand zu nehmen.[311]

Ab dem 19.11.1941 inserierte der Reclam Verlag an drei aufeinanderfolgenden Tagen, dass Bestellungen bis Ende des Jahres nicht mehr angenommen werden könnten.[312] Bereits zu diesem Zeitpunkt entstand im Zuge von Überlegungen zur Rationalisierung der knappen Ware Buch behördlicherseits die Idee, die Bedarfe des Sortiments durch die Verlage schätzen zu lassen und dieses dann unter Wegfall des Bestellsystems im Zuteilungsverfahren zu beliefern. Den Großbuchhandlungen und Sortimentern traute man aufgrund ungenügender Selbstbeschränkung nicht zu, korrekte Bedarfe zu melden.[313] Dies sollte einen sehr hohen Verwaltungsaufwand generieren: Am 09.10.1942 begann der BV in das bislang freie Vertriebssystem zwischen Verleger und Sortimenter einzugreifen. Neuerscheinungen und -auflagen politischer und schöngeistiger Schriften sowie von Jugend- und Bilderbüchern sollten von den Verlagen nicht mehr über das Bestellverfahren, sondern auf dem Weg der Zuteilung in den vertreibenden Buchhandel gelangen. Die Verlage durften für dieses Verfahren selbst entscheiden, welche

309 Annonce. In: *BBl.* vom 10.02.1941, Nr. 34, S. 574, http://digital.slub-dresden.de/id39946221X-19410210/16. Gleichlautend nochmals inseriert am 15.02.1941, http://digital.slub-dresden.de/id39946221X-19410215/22 und am 28.04.1941 http://digital.slub-dresden.de/id39946221X-19410428/8 [25.05.2024].

310 Vgl. Barbian 1993a, S. 307.

311 Inserat. In: *BBl.* vom 11.10.1941, Nr. 238, S. 3123, http://digital.slub-dresden.de/id39946221X-19411011/15. Eine wortgleiche Anzeige erschien nochmals am 13.10.1941, Nr. 239, o. S., http://digital.slub-dresden.de/id39946221X-19411013/9 und am 14.10.1941, Nr. 240, o. S., http://digital.slub-dresden.de/id39946221X-19411014/19 [25.05.2024].

312 Vgl. Inserat. In: *BBl.* vom 19.11.1941, Nr. 271, S. 3361, http://digital.slub-dresden.de/id39946221X-19411119/3, ebenso 20.11.1941, Nr. 272, S. 3374, http://digital.slub-dresden.de/id39946221X-19411120/8 sowie 21.11.1941, Nr. 273, S. 3378, http://digital.slub-dresden.de/id39946221X-19411121/4 [25.05.2024].

313 Vgl. Lokatis 1992, S. 139.

Firmen in ihre Zuteilungsliste aufgenommen werden sollten.[314] Diese Lösung bewährte sich in der Praxis nicht, immer wieder musste der BV die Verfahrensweise erläutern und Missbräuche kritisieren, die Verleger klagten weiter über „Phantasiebestellungen“ der Sortimenter.[315] Diese wiederum beschwerten sich, dass „für die Belieferung die persönlichen Beziehungen zwischen Buchhandel und Verlagen eine recht große Rolle spielten und insbesondere die Belieferung des Buchhandels außerhalb der Großstädte und an der Peripherie des Altreiches viel zu wünschen übrig lasse.“[316]

In der Zeittafel zur Verlagsgeschichte wird für den Übergang zum Zuteilungssystem bei der Verlagswerk- und UB-Auslieferung das Jahr 1943 angegeben,[317] andere Verlagsunterlagen jedoch belegen, dass der Reclam Verlag bereits vor der offiziellen Einführung des Mischsystems von Bestell- und Zuteilungsverfahren zumindest einen Teil seiner Bücher über Zuteilung an die Sortimenter weitergab: Im August 1942 teilte der Reclam Verlag seinem Autor Robert Henseling mit, dass „[d]as Chaos auf dem Gebiete des Büchermarktes dazu geführt [hat], dass sich auch mein Verlag dazu entschließen musste, zum System der Zuteilung an die Buchhandlungen überzugehen.“[318] Auch zwei Verlagsbroschüren zur Werbung für das Jubiläumsprogramm 1942 bezeugen, dass für diese Neuerscheinungen im Frühjahr 1942 bereits grundsätzlich keine Einzelbestellungen mehr ausgeführt wurden. Die beiden sehr ähnlichen Broschüren, die je zum Erscheinen der beiden Jubiläumsserien 1942[319] hergestellt wurden, unterscheiden sich lediglich in einem Informationskasten zur Auslieferung, neben dem bei beiden Broschüren in leuchtend rot „Keine Bestellung nur Zuteilung!“ vermerkt ist. Dieser Kasten informierte über die neuen Modalitäten der Auslieferung:

> Nach Maßgabe der verfügbaren Auflagen und bisherigen Bezüge erfolgt eine Zuteilung vom Verlag aus, Buchhandlungen in neuen Reichsgebieten werden selbstverständlich entsprechend beliefert. Bei der Zusammenstellung wird die Verkäuflichkeit der einzelnen Titel berücksichtigt. […] Bevor Reklamationen bezüglich der Höhe der Zuteilung an uns gerichtet werden, bitten wir zu bedenken, welche Druckauflagen notwendig wären, um allen Wünschen voll entsprechen zu können und welche Möglichkeiten unter den obwaltenden Umständen tatsächlich nur bestehen.[320]

314 Vgl. Barbian 1993a, S. 309 f.
315 Vgl. Barbian 1993a, S. 312.
316 Chef der Sicherheitspolizei und des SD an Präsidenten der RSK (Johst) am 15.01.1943. In: BArch, R 56-V/154, Bl. 43.
317 Vgl. Zeittafel zur Verlagsgeschichte, S. 50. In: RAL, Ordner 3.
318 Reclam Verlag an Henseling am 15.08.1942. In: RAS, Mappe Verlagsverträge Leipzig (gebundene Ausgaben) H–L.
319 Zum Jubiläum siehe Kapitel 2.3.4.
320 Werbebroschüre *75 Jahre Reclams Universal-Bibliothek*. In: RAS, Mappe Werbung 75 Jahre UB. Darüber hinaus wurde mitgeteilt, dass der Versand städteweise erfolgen wird, sodass normalerweise alle Buchhandlungen in einer Stadt zur gleichen Zeit beliefert werden. Nach Verteilungs-

Im Zuge der Jubiläumsserien nahm der Verlag prinzipiell keine Neu- oder Zusatzbestellungen auf Fortsetzungsbezug an. Während man bei der ersten Serie noch glaubte, dass sie nach Aufhebung der Auftragssperre, also nach dem 01.07.1942, wieder aufgenommen werden könne, wurde dies bei der Herbstserie frühestens für Januar 1943 angenommen.[321] Im Zuge der sich häufenden Anzeigen, in denen Verlage sich genötigt sahen, aufgrund des allzu großen Bestelleingangs die Lieferung vorübergehend zu sperren, bündelte das *Börsenblatt* spätestens ab Februar 1942 diese Anzeigen in alphabetisch sortierten, monatlichen Verlags-Sperrlisten, die zum Ende des Vormonats gesammelt Auskunft über die Liefersperren des kommenden Monats gaben. Einzelanzeigen wie die oben zitierte waren nicht länger gestattet.[322] Auf diesen Verlags-Sperrlisten findet sich auch der Reclam Verlag häufig wieder,[323] dennoch erreichten den Verlag jeden Tag „Hunderte von Bestellungen".[324] Ende 1942 inserierte der Verlag zusätzlich – immerhin eine Viertelseite umfassend: „Reclam steht in der Sperrliste! […] Alle Ersuchen um Sonderzuteilungen unter Vorlage von Dienststellenbescheinigungen sind zwecklos, da wir vordringlich Wehrmachtsaufträge größten Umfanges durchzuführen haben."[325]

Nahezu paradox muten in diesem Kontext die enormen Werbeaktivitäten des Reclam Verlags anlässlich des 75-jährigen Verlagsjubiläums während des gesamten Jahres 1942 an (siehe dazu Kapitel 4.1.8). Nicht nur im *Börsenblatt* wurde mit acht Titelblättern und 26 Einzeltitelankündigungen der Jubiläumsserien vehement auf die Reclam'sche Verlagsproduktion aufmerksam gemacht, auch in zahlreichen Tageszeitungen wurde die Werbemaschinerie breit ausgefahren.[326]

plan müsste jede bezugsberechtigte Buchhandlung eine Sendung erhalten. Sollte bis 5. Juni (für die zweite Jubiläumsserie 15. Dezember) nichts geliefert worden sein, bitte man um Nachricht, damit man die Angelegenheit prüfen könne.

321 Fortsetzungsbezieher der UB erhielten die bestellte Anzahl von Serien vorab.

322 Vgl. Bekanntmachung des Börsenvereins Betr.: Grundsätze für den Bestell- und Lieferverkehr vom 19.02.1942. In: *BBl.* vom 21.02.1942, Nr. 36, S. 33, http://digital.slub-dresden.de/id39946221X-19420221/3 [06.04.2020]; Bekanntmachung über den buchhändlerischen Bestell-, Liefer- und Zahlungsverkehr vom 09.10.1942. In: *BBl.* vom 15.10.1942, Nr. 232/233, S. 209–211, http://digital.slub-dresden.de/id39946221X-19421015/3 [25.05.2024].

323 Siehe z. B. Verlags-Sperrliste für März 1942. In: *BBl.* vom 28.02.1942, Nr. 41/42, S. 243, http://digital.slub-dresden.de/id39946221X-19420228/15 [25.05.2024]. Von der Liefersperre ausgenommen waren Klassenlesestoffe gegen Schulbestätigung, Textbücher zu Opern und Schauspielen sowie Gesetzesausgaben aus der UB. Ferner ließ sich der Reclam Verlag für April, Mai und November 1942, im Jahr 1943 außer für Mai und Dezember monatlich auf die Sperrliste setzen – dies wurde zum üblichen Zeilenpreis berechnet.

324 Annonce. In: *BBl.* vom 30.11.1942, Nr. 272, S. 1478, http://digital.slub-dresden.de/id39946221X-19421130/8 [25.05.2024].

325 Annonce. In: *BBl.* vom 30.11.1942, Nr. 272, S. 1478, http://digital.slub-dresden.de/id39946221X-19421130/8 [06.04.2020]. Derselbe Aufruf war bereits drei Tage zuvor inseriert worden, http://digital.slub-dresden.de/id39946221X-19421127/7 [25.05.2024].

326 Z. B. Werbeannonce. In: *Linzer Tages-Post* vom 13.11.1942, Nr. 268, S. 4, https://anno.onb.ac.at/cgi-content/anno?aid=tpt&datum=19421113&seite=4 [06.04.2020]. Auch 1943 warb der Verlag in Tageszeitungen für seine Neuerscheinungen, z. B. Werbeannonce. In: *Neues Wiener*

Da das dysfunktionale Zuteilungssystem die aus dem unzureichenden Angebot resultierenden Belieferungsschwierigkeiten keineswegs abmildern konnte, sollte ab Februar 1943 der Verkauf von Büchern auf Schul- und Fachbücher als unbedingt notwendiges Schrifttum beschränkt werden, alles andere sollte so oft wie möglich verliehen werden.[327] Die Situation spitzte sich weiter zu: Im Januar 1944 war der Reclam Verlag gezwungen, folgenden Sachverhalt im *Börsenblatt* anzuzeigen: „Bis auf weiteres bleibt meine Auslieferung geschlossen. Es ist aber zu hoffen, daß Zuteilungen im 2. Quartal 1944 in der üblichen Weise wieder aufgenommen werden können. Bestellungen und Reklamationen bleiben unter Berufung auf diese dreimal erscheinende Anzeige unerledigt."[328]

Das Missverhältnis von Angebot und Nachfrage war so stark angewachsen, dass man – allerdings wirkungslose – Konsequenzen zog: Das Zuteilungssystem sollte ausgeweitet werden. In einer Ergänzung und Abänderung der Anordnung vom 01.10.1943 wurden im August 1944 eine Reihe von Bestimmungen in Kraft gesetzt. Man wolle davon absehen, das System zwangsweise einzuführen, es werde aber „erwartet", dass sich alle Verleger der Fachgruppen IX (Literatur) und X (Jugendschrifttum) dem Zuteilungssystem anschlossen. Bei Nichteinhaltung mussten Gründe angegeben werden. Die Lieferlisten müssten mindestens 1.000 Firmen enthalten und sich sinnvoll aus Unternehmen der Groß, Mittel- und Kleinstädte zusammensetzen. Die Zuteilung sollte die gesamte Auflage umfassen, die Verleger waren aber berechtigt, von jeder Neuerscheinung oder Neuauflage bis zu zehn Prozent der Auflage für Sonderfälle wie Ausfuhr, Lieferung an bombengeschädigte Firmen, Wehrmachtsangehörige und anderes zurückzubehalten. Der vertreibende Buchhändler habe darauf zu achten, dass er alle seine regulären Kunden aus seinem Zuteilungsbestand befriedigen könne.[329]

Auch diese durch Druck erreichte Erweiterung des Zuteilungssystems trug nicht die gewünschten Früchte. Bereits im Frühjahr 1944 war die RSK dazu übergegangen, mit einer „Altbuchaktion" Privathaushalte zu mobilisieren, die aufgefordert wurden, Literatur aus ihren Bücherschränken, soweit nicht veraltet oder ‚unerwünscht', an Antiquare, Fachbuchhandlungen, Sortimenter und Leihbüchereien zu verkaufen.[330] Auch in der Presse wurde das Problem hitzig diskutiert, so beispielsweise im *Westdeutschen Beobachter* im Mai 1944 unter dem Titel „Wo bleiben die Bücher?". Die Zeitung unterbreitete den Vorschlag, das System der Zuteilung wieder durch Bestellungen abzulösen und druckte die „Antworten führender deutscher Verleger" dazu ab. Obwohl sich der Artikel nicht auf Unterhaltungsliteratur bezieht, meldet sich neben J. F. Lehmann auch

Tagblatt vom 18.04.1943, Nr. 108, S. 6, https://anno.onb.ac.at/cgi-content/anno?aid=nwg&datum=19430418&seite=6 [25.05.2024].

327 Vgl. Barbian 1993a, S. 308.

328 Annonce. In: *BBl.* vom 15.01.1944, Nr. 4., S. 15, http://digital.slub-dresden.de/id39946221X-19440115/9 [25.05.2024].

329 Vgl. Thieß: Anordnung über Zuteilungsverfahren am 02.08.1944. In: BArch, R 56-V/152, Bl. 163 f.

330 Vgl. Barbian 1993a, S. 311.

Gotthold Müller mit einer resignierenden Einschätzung der Situation zu Wort, in der er insbesondere den Personalmangel herausstellt. Er glaube nicht,

> daß sich der derzeitige unbefriedigende Zustand in der Buchversorgung praktisch ändern lassen wird. Das Bestellverfahren bietet keinerlei Gewähr dafür, daß die Bücher an die bevorrechtigten Käufer gelangen. Die Praxis hat erwiesen, daß unzählige von der Kaufwut erfaßte, den inneren Wert eines Buches überaus fernstehende Abnehmerkreise Mittel und Wege finden, sich Bücher anzuschaffen, die in erster Linie für ganz andere Käuferschichten bestimmt sind. Die Buchverlage sind noch viel stärker ausgekämmt worden als die Zeitungs- und Zeitschriftenverlage, so daß sie in ihrer Mehrzahl heute vom Personal so entblößt sind, daß sich das Bestellverfahren gar nicht mehr durchführen läßt und sich das Zuteilungsverfahren zwangsläufig ergibt. [...] Bitte bedenken Sie, daß fast alle Leipziger Verleger heute gar nicht mehr in der Lage sind, die Buchhandlungen einzeln zu bedienen, sondern sich regionaler Auslieferungsstellen bedienen müssen, die ihrerseits die Unterverteilung vornehmen.[331]

Vor dem Hintergrund, dass mit Voranschreiten des Kriegs der traditionelle Buchmarkt gegenüber dem NS-Massenbuchhandel (etwa von Wehrmacht und SS) stark an Bedeutung verloren hatte und der für die Zivilbevölkerung bestimmte Anteil der Buchproduktion immer kleiner wurde, erscheinen die personal- und verwaltungsintensiven Eingriffe des Zuteilungssystems in etablierte Handelssysteme nahezu irrwitzig. Ende 1944 waren 30 % jeder Auflage an das Oberkommando der Wehrmacht und das RMVP zur Truppenbetreuung, an das Barsortiment Lühe & Co. zur Versorgung von Evakuierten und Bombengeschädigten sowie an das Einkaufshaus für Bibliotheken zu liefern, weitere 50 % wurden von der Zentrale der Frontbuchhandlungen (ZdF) reklamiert, sodass 80 % einer jeden Auflage ohne Beteiligung des Sortiments an die öffentliche Hand gegeben wurde.[332] Dennoch ist die Einschätzung Johannes Roeselers, des Generalbevollmächtigten des Deutschen Verlags vom 04.12.1944, dass „die geringen Auflagen insbesondere schöngeistiger Verleger, die überhaupt noch hergestellt werden, fast vollständig für öffentliche Zwecke beschlagnahmt werden"[333], wie die nächsten Kapitel zeigen, zumindest dahingehend zu relativieren, dass einige Verlage fast bis zur Kapitulation in großen Mengen produzierten. Festhalten lässt sich aber, dass die Zivilbevölkerung und vor allem der Sortimentsbuchhandel nicht zu den Nutznießern der exorbitanten Buchproduktion des Zweiten Weltkriegs gehörten.

331 *Westdeutscher Beobachter* 14.05.1944.
332 Vgl. Barbian 2010, S. 370; Lokatis 1992, S. 140.
333 Zitiert nach Barbian 2010, S. 370.

2.2.1.3 Direktvertrieb und Vertriebsfirmen

Bereits in der Weimarer Republik hatte sich das Sortiment schwergetan, die neue literarisierte Masse der Bevölkerung zu erreichen – insbesondere der Kolportagebuchhandel und die Buchgemeinschaften hatten hier die Nase vorn. Zu Beginn der 1930er Jahre bauten sich zahlreiche Verlage, insbesondere der Hausverlag der NSDAP, Eher, zudem ein äußerst effektives Direktvertriebssystem auf: über Straßenverkauf, Haustürengeschäft mit Buchvertretern, Auslage und Verkauf bei Versammlungen und politischen Veranstaltungen unter Ausschluss des Sortimentsbuchhandels. Die zwischen 1933 und 1935 dazu öffentlich ausgetragene Diskussion sowie Beschwerden des Buchhandels im *Börsenblatt* gipfelten in dem Vorwurf, der Buchhandel habe sich nicht mit dem nötigen Engagement für die Bewegung eingesetzt, sondern den sich etablierenden NSDAP-Buchgeschäften freiwillig seine Kundschaft überlassen. Zahlreiche (halbherzige) Verbote seitens der NSDAP von Werbung und Vertrieb in Uniform und im Namen der Partei fanden kaum Gehör.

Schon zu Beginn der 1930er Jahre liefen große Teile des Buchgeschäfts am Sortiment vorbei. Arbeitslose Arbeiter und Angestellter wurden als Buchvertreter eingesetzt, brachten sich aber aufgrund ihrer Anwerbung nach dem Schneeballprinzip nahezu selbst um ihre Kundschaft; ein Übriges tat eine auf Massenvertrieb ausgelegte Rabattstaffelung. Infolge der Gründung der Parteiamtlichen Prüfungskommission zum Schutze des nationalsozialistischen Schrifttums (PPK)[334] 1934 wurde neben den Verlagen vorrangig der Buchhandel vom Geschäft mit Parteiliteratur weitgehend ausgeschlossen, stattdessen sollte der Handel in Gemeinschaftsarbeit die literarischen Bestände etwa in Bibliotheken einzelner Parteigliederungen, allen voran Einrichtungen der Deutschen Arbeitsfront (20 Millionen Mitglieder), auf den neuesten Stand bringen. Gegen zwischengeschaltete Rabatte zu Ungunsten der Buchhändler sollte der Handel mit den NS-Massenorganisationen SA, SS, HJ, BDM JV, Arbeitsdienst und Arbeitsfront kooperieren. Bis es Eher 1943 schließlich gelang, das DAF-Imperium zu zerschlagen, arrangierten sich diese beiden NS-Buchkonzerne in Bezug auf ihre im Verborgenen operierenden, weitreichenden Vertriebsnetze, wobei spätestens seit Mai

334 Die PPK zählte neben den Schrifttumstellen des Amtes Rosenberg und dem Stab des Stellvertreters des Führers (ab 1941 Partei-Kanzlei der NSDAP) zu den maßgeblichen parteiamtlichen Dienststellen, die sich mit den staatlichen Behörden (RMVP, RSK, Reichsministerium für Wissenschaft, Erziehung und Volksbildung, Auswärtiges Amt) und der Gestapo sowie dem Sicherheitsdienst des Reichsführers SS in einem beständigen Konkurrenzkampf um die vorherrschende Stellung innerhalb der staatlichen Literaturlenkung und -kontrolle befanden. Zu den Schrifttumsstellen im Einzelnen s. Barbian 2010, S. 81–192. Nicht zuletzt die Kompetenzstreitigkeiten verhinderten einen flächendeckenden Einfluss der nationalsozialistischen Literaturpolitik. Vgl. Barbian 1993a, S. 85. Die PPK überwachte die Ideologiekonformität und Stilistik der gesamten parteiamtlichen Literatur und sorgte in erster Linie als eine Art Vorzensurinstanz dafür, dass die amtlichen Publikationen dem Zentralverlag der NSDAP Eher vorbehalten wurde. Vgl. Barbian 1993a, S. 165 f. Strothmann 1985, S. 385 f.

1939 ein weiterer Akteur, der Nordland Verlag der SS, hinzukam, der bis Ende 1944 über 24 Millionen Bücher und Broschüren druckte und vertrieb.[335]

Für den Reclam Verlag konnte eine Zusammenarbeit mit den NS-Massenorganisationen für den Direktvertrieb nur für die Zeitschrift *Das neue Deutschland*, die durch SA-Männer an Haustüren vertrieben wurde (siehe Kapitel 3.8.2), und den Titel *Dorf des Friedens. Das olympische Dorf* (1936) nachgewiesen werden. Letzterer wurde unter Ausschluss des Buchhandels an Ort und Stelle, im Olympischen Dorf, von Studenten gegen einen Anteil von 10 % verkauft – die Wehrmacht erhielt weitere 10–15 % des Erlöses (siehe Kapitel 3.3.2.4).

Bereits zum 01.07.1925 hatte der Reclam Verlag mit der Buchhandlung „Bücher ins Haus" Ernst Globig & Co. GmbH eine verlagseigene Vertriebsstätte zur Ausführung der durch die Vertriebskolonne des Reclam Verlags erzielten Bestellungen gegründet.[336] Die Buchhandlung wurde mit Wirkung vom 20.04.1937 in eine offene Handelsgesellschaft umgewandelt und firmierte fortan unter dem Namen „Bücher ins Haus" Kempert & Co. Sie beschäftigte zu diesem Zeitpunkt 22 Gefolgschaftsmitglieder und 59 Buchvertreter. Bei der Gewerbepolizei war die Firma als Reise- und Versandbuchhandel gemeldet. Sie fungierte jedoch als reine Sortimentsbuchhandlung, die private Kunden direkt belieferte und auf eigene Rechnung arbeitete. Der Versandbuchhandel machte nur den kleineren Teil der Geschäftsaktivitäten aus. Mit den meisten bekannten Verlegern konnten geschäftliche Verbindungen nachgewiesen werden.[337] 1939 zog die Firma in Leipzig von der Kreuzstraße 7 in die Inselstraße 26 um,[338] erlitt dort durch die Bombenangriffe am 04.12.1943 Totalschaden und zog in der Folge in das

335 Siehe dazu ausführlich: Lokatis o. J., S. 1–24.

336 Vgl. Twittmeyer: Rückblick, S. 14. In: RAS, Mappe Mitarbeiter II. Als Geschäftsführer fungierten in dieser Zeit Alwin Möbius und der Kaufmann Max Breitfeld. Möbius schied bereits im Dezember 1931 aus. Im Oktober 1932 wurde der Zusatz *Ernst Globig & Co.* aus dem Firmennamen gestrichen. Vgl. Notizen vom 02.12.1931 und 14.10.1932. In: SächsStA-L, 21765, Nr. F 1294. Im November 1933 wurde der bis dahin als Prokurist tätige Buchhändler Hans Kempert zum Geschäftsführer neben Breitfeld ernannt. Dem zweiten Prokuristen der Buchhandlung, Julius Arthur Fischer, wurde nun Herbert Böttcher an die Seite gestellt. Vgl. Annonce. In: *BBl.* vom 06.11.1933, Nr. 258, S. 5244, http://digital.slub-dresden.de/id39946221X-19331106/35 [25.05.2024]. Arthur Fischer, geboren am 24.03.1875, hatte nach dem Realschulabschluss 1891 eine Buchhandelslehre bei der Ausländischen Sortimentsbuchhandlung von A. Twietmeyer in Leipzig absolviert. Zum 01.12.1909 begann er als „Inseraten-Fachmann" in der Anzeigenabteilung des Reclam Verlags, wechselte später jedoch als Hauptkassierer und Prokurist in die Hauptkasse des Verlags. Vgl. Lebenslauf Julius Arthur Fischers vom 20.09.1945. In: StadtAL, StVuR Nr. 9066, Bl. 10.

337 Vgl. 10.03.1937 Auskunftsbogen für die Aufnahme von Buchhandelsbetrieben in die RSK, Gruppe Buchhandel; Fachschaft Verlag – Handel – Zwischenhandel. In: SächsStA-L, 21765, Nr. F 1294. Zu diesen 22 kamen noch die vier buchhändlerischen Angestellten in leitender Position (Breitfeld, Faberé, Fischer und Kempert) hinzu.

338 Vgl. Formular für Eintrag in *Adreßbuch des Deutschen Buchhandels* 1937 und 1939. In: SächsStA-L, 21765, Nr. F 1294.

Reclam-Domizil Inselstraße 22/24, wo sie weitere Angriffe unbeschadet überstand. Der Personalstand während des Kriegs sank beträchtlich: Anfang 1944 waren mit der Fortführung des Geschäfts nur noch der Prokurist Faberé, die Buchhalterin Johanna Ruderisch und die Sekretärin Lissy Kluge beschäftigt.[339] Nach der Kapitulation wurde die Firma auf Anordnung geschlossen,[340] doch bereits am 24.08.1945 stellte der Reclam Verlag einen Antrag auf Wiedereröffnung der Firma, welchem stattgegeben wurde.[341]

Neben dem inländischen Buchvertrieb gründeten die Brüder Reclam am 25.08.1933 die Firma Weltbuchhandel GmbH zum Vertrieb des „nationalen deutschen" Buches im Ausland.[342] Die Firma fungierte als reine Exportbuchhandlung; es erschien lediglich ein Verlagswerk unter dem Firmennamen Weltbuchhandel (*Der verhinderte Schauspieler* von Arnold Kübler 1934).[343] Möglicherweise waren weitere Außenstellen im Ausland geplant, bekannt ist jedoch nur die Entwicklung der schwedischen Tochterfirma A. B. Weltbuchhandel in Stockholm. Als Vertreter dieser Firma engagierte Reclam zunächst den deutschen Schriftsteller und Übersetzer Friedrich Ege. Die geringen Umsatzzahlen der Firma für die Jahre 1934 (6.544 RM), 1935 (33.469 RM) und 1936 (48.051 RM)[344] dokumentieren jedoch eine stockende Geschäftstätigkeit. Besonders im Vergleich zu den Umsatzzahlen der für den inländischen Buchhandel zuständigen Buchhandlung „Bücher ins Haus" (1933/1934: 536.032 RM; 1934/1935: 281.443 RM; 1935/1936: 338.581 RM) wird deutlich, dass die Firma A. B. Weltbuchhandel die in sie gesetzten Erwartungen nicht erfüllte.[345] Den Weggang Friedrich Eges, dem Anfang 1936 aufgrund „seines Eintretens für den Nationalsozialismus" von den schwedischen Behörden die Arbeitsbewilligung entzogen worden war,[346] nutzte der Reclam Verlag zur Liquidation der in Stockholm

339 „Bücher ins Haus" an BV am 21.12.1943; am 03.01.1944; am 06.03.1944. In: SächsStA-L, 21765, Nr. F 1294. Zu den Auswirkungen der Bombenangriffe vgl. Kapitel 2.3.5.

340 Vgl. Zeugnis Faberé im August 1945. In: RAL, Akte 67.

341 Antrag auf Wiedereröffnung an Zentralstelle für Buch- und Bibliothekswesen am 24.08.1945. In: RAS, Mappe Dr. Ernst Reclam.

342 Der Firmensitz befand sich im Reclam-Gebäude der Inselstraße 22/24. Vgl. Auskunftsbogen für die Aufnahme von Buchhandelsbetrieben in die RSK, Gruppe Buchhandel, Fachschaft Verlage – Handel – Zwischenhandel vom 12.05.1937. In: SächsStA-L, 21765, Nr. F 10271. Die Einlage betrug 5.000 RM, die je zur Hälfte von den beiden Brüdern getragen wurden. Vgl. Zeittafel zur Verlagsgeschichte, S. 41. In: RAL, Ordner 3.

343 Vgl. Eintrag im Online-Katalog der DNB, http://d-nb.info/574802231 [25.05.2024].

344 Vgl. Auskunftsbogen für die Aufnahme von Buchhandelsbetrieben in die RSK, Gruppe Buchhandel, Fachschaft Verlage – Handel – Zwischenhandel vom 12.05.1937. In: SächsStA-L, 21765, Nr. F 10271.

345 Vgl. 10.03.1937 Auskunftsbogen für die Aufnahme von Buchhandelsbetrieben in die RSK, Gruppe Buchhandel; Fachschaft Verlag – Handel – Zwischenhandel. In: SächsStA-L, 21765, Nr. F 1294.

346 N. N. an Präsidenten der RSK am 27.05.1938. In: BArch, R 9361-V/17173, Lesefilm-Nr. RK I 91, Bild-Nr. 702. Ege ging daraufhin als Auslandskorrespondent nach Finnland, wo er auch als Übersetzer finnischer Schriftsteller ins Deutsche tätig wurde. Von den finnischen Kollegen, die die Qualität seiner Arbeit beanstandeten, wurde er allerdings nicht sehr geschätzt. Vgl. Ege an RSK am 10.09.1942. In: BArch, R 9361-V/17173, Lesefilm-Nr. RK I 91, Bild-Nr. 688; Aktenvermerk

befindlichen Tochtergesellschaft A. B. Weltbuchhandel. Um diesen Vertriebszweig für Reclam in Stockholm dennoch aufrechterhalten zu können, stieg die Weltbuchhandel Leipzig GmbH als Teilhaberin in die zum 24.03.1936 von dem schwedischen Buchhändler Hjalmar Pehrsson gegründete Firma Importbokhandeln ein.[347] Allerdings rentierte sich auch dieses Unternehmen nicht: 1937 konnte der Umsatz zwar auf 63.214 RM (= ca. 105.356 Schwedische Kronen) gesteigert werden, dies entsprach jedoch nicht den Mindestanforderungen von 120–140.000 Schwedischen Kronen. Im August 1937 überstiegen die monatlichen Unkosten den Reinverdienst,[348] im Juni 1938 machten die Warenforderungen der Weltbuchhandel GmbH an die schwedische Gesellschaft ca. 30.000 RM, also etwa 50.000 Schwedische Kronen aus. Der ursprüngliche Plan der Firma Reclam, dass sich noch andere Leipziger bzw. deutsche Buchhändler im Interesse der Verbreitung des deutschen Buches in Schweden zur Beteiligung an dem Unternehmen bereitfinden würden, hatte sich nicht erfüllt. Die infrage kommenden Firmen seien nicht bereit, „Mittel für eine sich nicht rentierende, wenn auch kulturell wünschenswerte Sache“[349] aufzubringen, und die Firma Weltbuchhandel GmbH beabsichtigte daher, sich von der schwedischen Beteiligung zu trennen.[350]

RSK vom 18.02.1943. In: BArch, R 9361-V/17173, Lesefilm-Nr. RK I 91, Bild-Nr. 658; Ege an RSK am 06.04.1943. In: BArch, R 9361-V/17173, Lesefilm-Nr. RK I 91, Bild-Nr. 668.

347 Reclam übernahm hierbei die Aktiva mit knapp 20.500 Schwedischen Kronen und die Passiva mit knapp 47.500 Schwedischen Kronen. An den Gründungskosten von 10.000 Schwedischen Kronen beteiligte sich Pehrsson, der als Geschäftsführer mit einem monatlichen Gehalt von 500 Schwedischen Kronen eingesetzt wurde, mit 5.000 Schwedischen Kronen. Der abgeschlossene Vertrag war bis zum 31.03.1941 unkündbar. Vgl. Vertrag vom 24.03.1936. In: RAS, Mappe Vertrag mit Importbokhandeln Peterson Stockholm (Hier handelt es sich um einen Fehler beim Beschriften der Mappe, richtig müsste es heißen: Pehrsson. Im Folgenden unter Kurztitel: RAS, Mappe Importbokhandeln). Den Antrag auf Einbringung der Liquidationsmasse der Firma A. B. Weltbuchhandel in die neugegründete Importbokhandeln genehmigte die Devisenstelle des Landesfinanzamtes Leipzig „nur bedingt und mit grossen Bedenken“ und ausdrücklich nur „im Interesse der Verbreitung des deutschen Buches im Auslande,“ da sie nicht erwartete, dass die nötigen Umsätze von mindestens 120.000–140.000 Schwedischen Kronen jährlich erzielt werden könnten. Sollten größere finanzielle Zuwendungen durch den Reclam Verlag nötig werden, müsse die Firma liquidiert werden. Reichbankhauptstelle an Landesfinanzamt Leipzig, Devisenstelle am 15.05.1936. In: SächsStA-L, 21033, Nr. 0958.

348 Vgl. Merkblatt für Besuch Pehrssons vom 12.08.1937; Aktennotiz Besprechung mit Pehrsson vom 17.08.1937; Merkblatt für Reise Müllers nach Stockholm vermutlich im April 1938. In: RAS, Mappe Importbokhandeln.

349 Aktennotiz Reichsbankrat Kreditabteilung vom 10.06.1938. In: SächsStA-L, 21033, Nr. 0958.

350 Darüber zumindest informierte der Verlag die Kreditabteilung des Reichsbankrates. Es ist jedoch fraglich, ob die Beteiligung an dem schwedischen Unternehmen tatsächlich aufgeben wurde – in einem Schreiben an die Wirtschaftskammer Leipzig im Oktober 1945 gibt der Reclam Verlag an, dass er mit 10.000 Schwedischen Kronen an der Firma Importbokhandeln, Stockholm, beteiligt ist. Vgl. Reclam Verlag an Wirtschaftskammer Leipzig am 23.10.1945. In: RAL, Akte 51.

2.2.2 Produktionsstrategien im Krieg

2.2.2.1 Quantität statt Diversität

Der allgemeinen Tendenz zur Rationalisierung der deutschen Verlagsproduktion während des Kriegs – Beschränkung der Produktion auf immer weniger Titel, die in immer höheren Auflagen produziert wurden[351] – folgte zwar die Neuerscheinungsproduktion des Reclam Verlags, in Bezug auf die Gesamtproduktion des Verlags einschließlich aller Nachdrucke gilt dies jedoch nur bedingt.

Abbildung 7[352] zeigt, dass die Anzahl der insgesamt bei Reclam pro Jahr produzierten Titel (Neuerscheinungen und Nachauflagen[353]) seit Kriegsbeginn deutlich

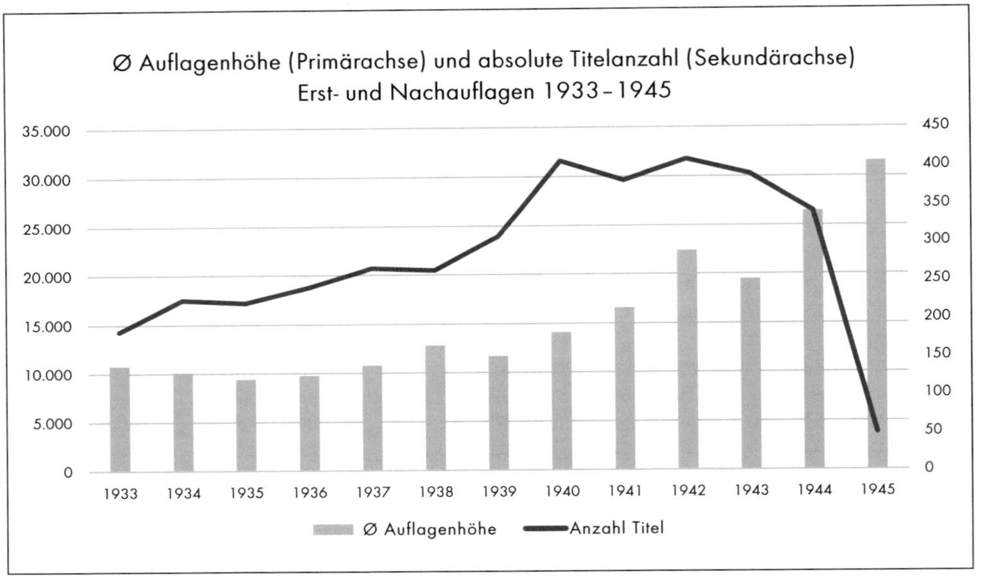

Abb. 7 Durchschnittliche Auflagenhöhe (Primärachse) und absolute Titelanzahl (Sekundärachse). Erst- und Nachauflagen 1933 - 1945

351 Während im Gesamtbuchhandel 1938 noch 20.130 Titel in Erstauflage hergestellt wurden, war die Produktion 1939 bereits um ein Viertel zurückgegangen auf 15.585 Titel. Der Abwärtstrend setzte sich kontinuierlich fort: 1943 wurden nur noch 10.131 Neuauflagen hergestellt, 1944 gar nur noch 7.231. Vgl. Schulz 1960, S. 11 ff.

352 Eigene Erhebung. Datengrundlage: Verlagsbibliografie und Auflagenbücher des RAS. Vgl. Kapitel 2.1.1, Fußnote 218.

353 Unter Nachauflagen wird der weitgehende Nachdruck älterer Titel aus vorangegangenen Jahren verstanden. Neuauflagen älterer Titel können anhand der vorgefundenen Quellen nicht eindeutig quantifiziert werden, sie werden in der Statistik dieser Arbeit daher größtenteils ebenfalls als Nachauflagen kategorisiert.

gestiegen ist, und erst 1944 leicht sinkt.[354] Seit 1933 erhöhte sich die jährlich produzierte Titelanzahl allmählich und erreichte ihren ersten Höhepunkt im Jahr 1940 mit 406 produzierten Titeln (das entspricht einer Steigerung zum Vorjahr um 32 %), nur übertroffen von 408 Titeln im Jubiläumsjahr 1942, danach sinkt die Zahl zwar leicht ab, doch selbst 1944 werden mehr Titel produziert (341 Titel) als 1939 (307 Titel). Bezüglich der durchschnittlichen Auflagenhöhe lässt sich auch für die Reclam'sche Verlagsproduktion eine massive Steigerung konstatieren. Ausgehend von durchschnittlich 11.695 Exemplaren pro hergestelltem Titel 1939 steigerte sich die durchschnittliche Auflagenhöhe kontinuierlich auf 22.375 Exemplare 1942, nach einem kleinen Rückgang im Folgejahr auf 26.504 Exemplare im Jahr 1944 und sogar auf durchschnittlich 31.531 Exemplare pro Titel 1945.

Bezüglich der jährlich produzierten Neuerscheinungen gibt Abbildung 8[355] einen Überblick über die Entwicklung der Titelzahlen neu erschienener bzw. neu aufgelegter Titel sowohl für den gesamten deutschen Buchhandel als auch für die Produktion der Verlage Reclam und Eugen Diederichs Verlag.[356]

Im gesamten deutschen Verlagswesen sank die Zahl der Neuerscheinungen von insgesamt 15.585 Titeln im Jahr 1939 stetig auf 7.271 Titel im Jahr 1944, wobei während der Zeit des Nationalsozialismus generell deutlich weniger neue Titel produziert wurden als in der Weimarer Republik. Während der Rückgang beim deutschen Buchhandel insgesamt 26,6 % ausmacht, produzierte der Reclam Verlag in der NS-Zeit im Schnitt 34,8 % Titel weniger als in der Weimarer Republik (hier wurden besondere Höhepunkte in den Jahren 1926–1931 erreicht). Ein ähnlich starker Abfall lässt sich bei EDV erkennen, von 59 neuen Titeln 1927 auf 30 im Jahr 1933.

Während die Anzahl der bei Reclam und dem EDV edierten Neuerscheinungen in den Friedensjahren der Diktatur starken Schwankungen unterliegt, sinkt sie bei EDV bereits ab 1937, bei Reclam ab 1939 (mit einem kleinen, aber nicht signifikanten

354 Für das Jahr 1945 endet das für die Auswertungen herangezogene, nach Jahren geordnete Auflagenbuch der UB am 19.03.1945, sodass hier nur Informationen für das noch nicht vollendete erste Quartal für das Jahr 1945 angegeben werden können. Am 18.04.1945 zogen amerikanische Streitkräfte in Leipzig ein, sodass anzunehmen ist, dass nach dem 19.03.1945 keine nennenswerten Mengen in der Druckerei des Reclam Verlags mehr hergestellt worden sind.

355 Eigene Erhebung. Datengrundlage für den Reclam Verlag ist die von der Verfasserin erstellte Verlagsbibliografie. Die Angaben für den gesamten deutschen Buchhandel stammen aus Schulz 1960, S. 11 f., die Angaben für 1945 beziehen sich hier nur auf den Januar 1945, bei Reclam bis zum 19.03.1945. Die Angaben für den EDV sind entnommen: Triebel 2001, Tabelle 2: Produktionszahlen Frühjahr 1927 bis Frühjahr 1945.

356 Florian Triebel konnte für seine Geschichte des EDV auf ähnlich umfangreiche Produktionsdaten (Anzahl Titel, Anzahl Exemplare, Auflagenhöhen, Bilanzwerte, etc.) wie in der vorliegenden Arbeit zurückgreifen. Da es sich bei EDV ebenso wie bei Reclam um einen familiär geführten Traditionsverlag handelt, wird er im Laufe der Arbeit – auch aus Mangel an weiteren vergleichbaren Zahlen zu anderen Verlagshäusern – an geeigneten Stellen zum Vergleich hinzugezogen.

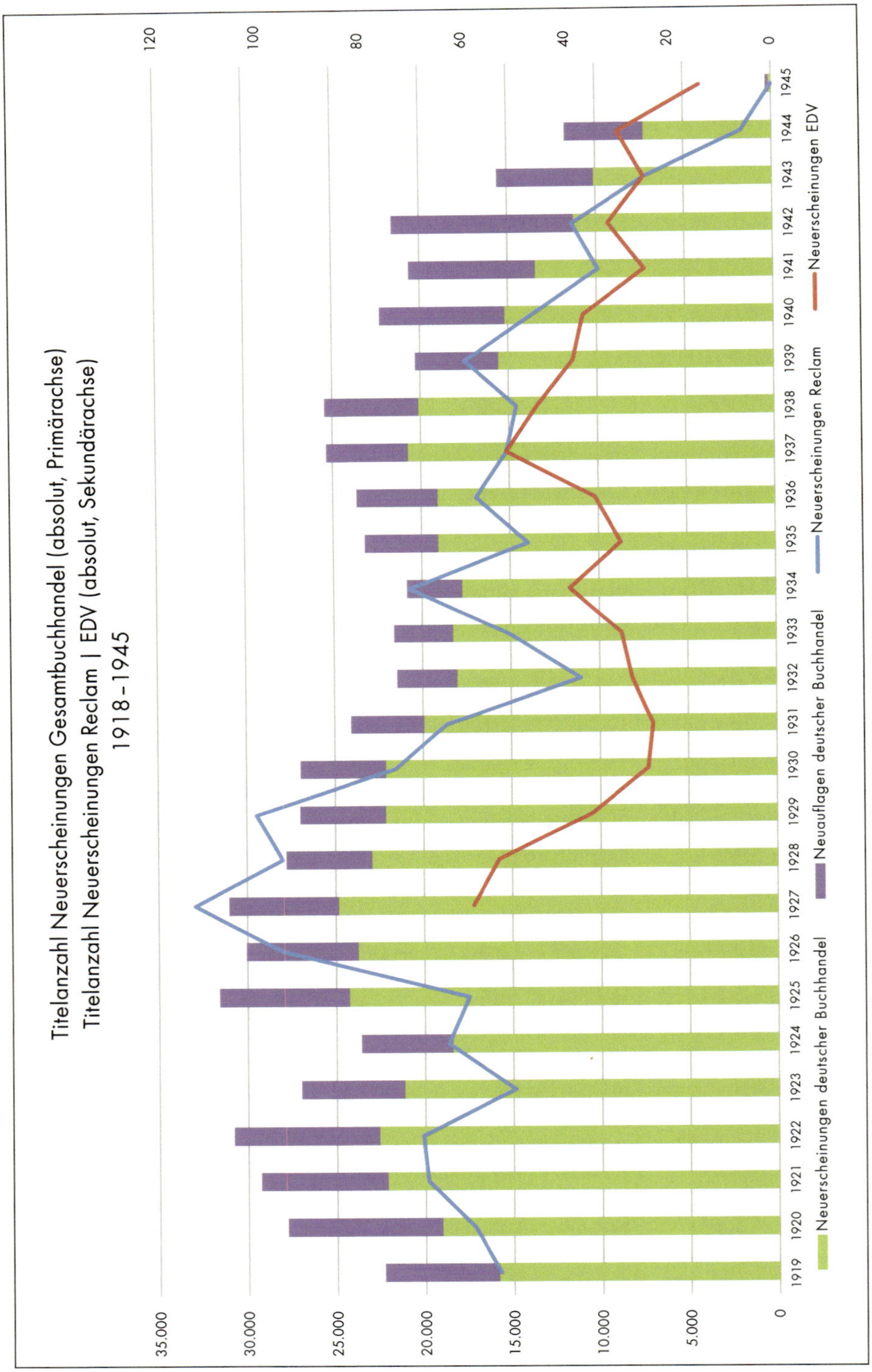

Abb. 8 Titelanzahl Neuerscheinungen Gesamtbuchhandel (absolut, Primärachse). Titelanzahl Neuerscheinungen Reclam | EDV (absolut, Sekundärachse). 1918 – 1945

Ausreißer im Jubiläumsjahr 1942)[357] kontinuierlich ab, von 56 Neuerscheinungen 1939 über 24 Titel 1943 auf 7 neue Titel im Jahr 1944, 1945 wurden nur noch Nachauflagen und keine Neuerscheinungen mehr gedruckt.[358] Von dem letzten UB-Titel des 1945er Programms vor Kriegsende, *Deutsche Heldenlieder* von Hans Voß, ist bekannt, dass er Anfang 1945 in Druckauftrag gegeben wurde, allerdings infolge der Kriegs- und Nachkriegswirren erst im November 1945 erschien.[359] Auch die Konzeption und Produktion von Verlagswerken war stark rückläufig; neben dem Rückgang der Herstellung von Bänden der *Helios-Klassiker*, *Helios-Bücher* sowie der *Deutschen Literatur* wurden mit jeweils fünf Verlagswerken 1942 und 1943, zwei Verlagswerken 1944 und einem Verlagswerk 1945[360] kaum noch Texte in größerem Format ediert – zwischen 1933 und 1941 schwankt die Produktion zwischen 20 und 30 Verlagswerken pro Jahr.[361]

Eine Neuauflage des 1918 erstmals bei Reclam erschienenen, später verfilmten Verlagswerks *Die große Liebe* von Artur Brausewetter, welches bis auf drei Exemplare Anfang 1943 vergriffen war, konnte aufgrund der Auslastung des technischen Betriebs durch Wehrmachtsaufträge und der zu erwartenden Nichtgenehmigung des benötigten Papiers nicht realisiert werden. Der Reclam Verlag stimmte der Abtretung der Verlagsrechte an den Verlag Otto Janke zu.[362] Ob die genannten Gründe tatsächlich ursächlich für die Ablehnung der Neuauflage waren, lässt sich nicht rekonstruieren,

357 Trotz zweier umfänglicher Jubiläumsserien erschienen nicht 1942 die meisten Neuerscheinungen (39) des Untersuchungszeitraums, sondern 1934 mit 70 Titeln.

358 Die Angaben oben im Text beziehen sich auf Titel, zu denen auch Produktionszahlen ermittelt werden konnten. Laut Verlagsprogramm waren jedoch deutlich mehr Titel in Planung gewesen: für das Jahr 1943 49 Titel, für 1944 31 Titel und für 1945 7 Titel. Der Titel *Die Mär von Lenggries* von Max Rohrer aus dem 1944er Programm wurde sogar erst im Januar 1945 gedruckt. Die für 1945 geplanten UB-Nummern 7597–7610 (wobei für die Nummern 7601 und 7602 die Titel nicht ermittelt werden konnten) wurden laut Auflagenbuch nicht mehr hergestellt. In der Zeittafel zur Verlagsgeschichte ist hingegen vermerkt, dass diese Titel in 14 Nummern bis zum 07.05.1945 erschienen. Vgl. Zeittafel zur Verlagsgeschichte, S. 52. In: RAL, Ordner 3. Dies lässt sich anhand des Auflagenbuchs *UB nach Jahren* nicht verifizieren.

359 Vgl. Kretschmar 1992, S. 477. Voß war von der Verlagsredaktion im September 1942 zur Beratung, Manuskriptüberarbeitung und Korrektur angestellt worden, wofür er ein monatliches Pauschalhonorar von 250 RM erhielt. Vgl. Vereinbarung Voß – Reclam Verlag vom 19.09.1942. In: RAS, Mappe Generalverträge. Im Gegenzug räumte er dem Verlag für fünf Jahre eine Vorzugsoption auf alle seine schriftstellerischen Arbeiten ein; bis auf diesen Titel scheint man davon nicht Gebrauch gemacht zu haben.

360 Die zum 80. Geburtstag Sven Hedins am 18.02.1945 im *Völkischen Beobachter* vom 17.12.1944 angekündigte Biografie, verfasst von Wilhelm Ziegler (vgl. *Völkischer Beobachter* 17.12.1944), erschien nicht.

361 Für die Titel der Jahre 1944 und 1945 konnten allerdings keine Produktionszahlen ermittelt werden. Generell geht die Verfasserin aber davon aus, dass die erhaltenen Auflagenbücher nicht das gesamte Spektrum der Verlagsproduktion im Bereich der Verlagswerke abbilden, sodass die Aussagen zu den Verlagswerken als weniger zuverlässig als die zu den UB-Produktionen zu bewerten sind.

362 Vgl. Reclam Verlag an Brausewetter am 02.02.1943. In: RAS, Mappe Verlagsverträge Leipzig (gebundene Ausgaben) A–G.

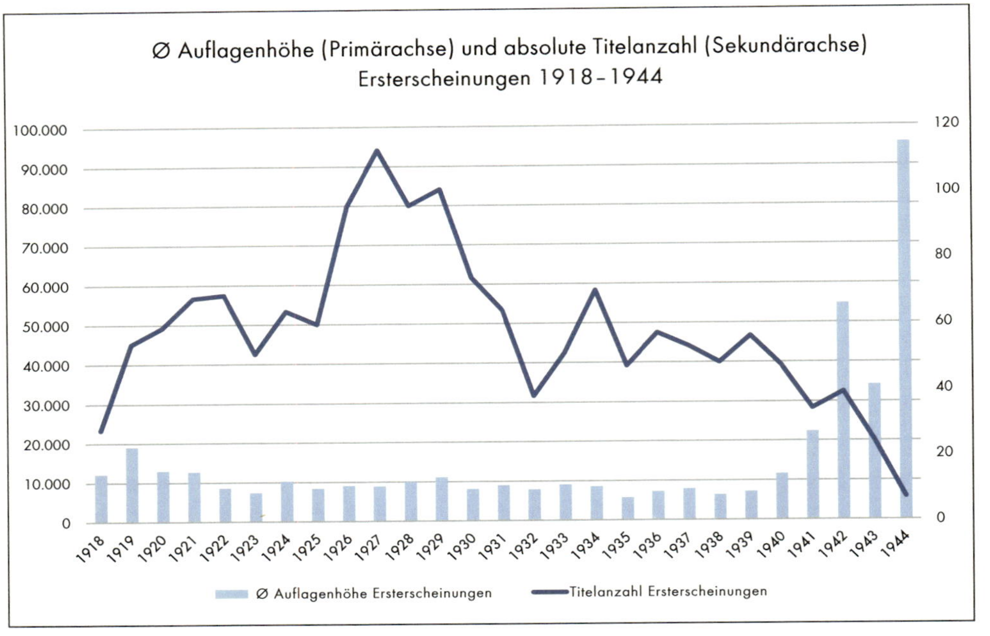

Abb. 9 Durchschnittliche Auflagenhöhe (Primärachse) und absolute Titelanzahl (Sekundärachse) Ersterscheinungen 1918 – 1944

hingegen ist belegt, dass Wehrmachtsaufträge für die UB-Produktionen stets Vorrang vor Verlagswerken hatten – sowohl aus politischen wie auch aus ökonomischen Gründen.[363]

Die sinkende Anzahl von Neuerscheinungen sowohl im gesamten Buchhandel als auch bei Reclam scheint dem oben dargestellten Bücherboom zu widersprechen. Abbildung 9[364] zeigt jedoch, dass zwar weniger Titel neu ediert wurden, diese dafür aber völlig neue Größenordnungen erreichten.

Die Steigerung der durchschnittlichen Auflagenhöhe ist bei den Neuerscheinungen wesentlich signifikanter ausgeprägt als bei der gesamten Verlagsproduktion: Während in der Weimarer Republik neue Titel bei Reclam mit durchschnittlich knapp 11.000 Exemplaren gedruckt wurden, zwangen die wirtschaftlichen Schwierigkeiten der 1930er Jahre zur Vorsicht, und die durchschnittliche Erstauflage lag zu dieser Zeit bei rund 7.750 Exemplaren. Nach einer kleinen Steigerung auf durchschnittlich 11.781 Exemplare pro Neuerscheinung 1940 und einer Verdopplung auf 22.735 Exemplare 1941 wurden 1942 und vor allem 1944 bisher unerreichte durchschnittliche Erstauflagen

363 Vgl. Kapitel 2.3.1.
364 Eigene Erhebung. Datengrundlage: Verlagsbibliografie und Auflagenbücher des RAS. Vgl. Kapitel 2.1.1, Fußnote 218.

in Höhe von 54.874 bzw. 95.714 Exemplaren hergestellt. Zu beachten ist allerdings, dass die Neuerscheinungen im Schnitt nur etwa ein Fünftel (19 %) der gesamten Verlagsproduktion ausmachen.[365] Insofern beträgt beispielsweise die durchschnittliche Auflagenhöhe für das Jahr 1944 bezogen auf die Gesamtproduktion des Jahres wie oben angeführt 26.504 Exemplare.

2.2.2.2 Altbewährtes – zur Bedeutung von Neu- und Nachauflagen

Als zweite zentrale Strategie der deutschen Verlage ist die verstärkte Produktion von Neu- und Nachauflagen zu bewerten. Während in der Weimarer Republik Neuauflagen im Schnitt 22,1 % aller edierten Titel ausmachten, wurden in den Friedensjahren der nationalsozialistischen Diktatur verstärkt Erstauflagen ediert, der Anteil der Neuauflagen sank auf 18,5 %. Während der Kriegsjahre hingegen kommt den Neuauflagen mit einem durchschnittlichen Anteil von 39,2 % an der gesamten Jahresproduktion eine enorme Bedeutung zu. Den Höhepunkt findet diese Entwicklung im Jahr 1942, in dem mit 10.276 neu aufgelegten Titeln nahezu die Hälfte der Jahresproduktion (47,6 %) mit Neuauflagen, und somit signifikant kostensparend, bestritten wird.[366]

Definitorisch unscharf und somit methodisch schwierig ist die Abgrenzung von ‚Neuauflage' und ‚Nachauflage'. Unter Nachauflage versteht die Autorin eine im Anschluss an eine vorangegangene vergriffene oder im Lagerbestand minimierte Auflage als weitgehend unveränderter Nachdruck der Erstauflage hergestellte Auflage, und ordnet daher alle in den Reclam'schen Auflagenbüchern angegebenen Druckauflagen, die sich nicht auf die Erstauflage einer Neuerscheinung beziehen, der Kategorie Nachauflage zu. Unter Neuauflage ist gemeinhin der „wiederholte[] Druck einer Publikation mit neuem Satz, oft auch mit Veränderungen, Nachträgen oder Überarbeitungen"[367] zu verstehen. Eine Differenzierung nach ‚Neuerscheinung' und ‚Neuauflage' der von Reclam edierten Titel ist anhand des Quellenmaterials nicht möglich; zudem wird aus dem Schriftverkehr mit den Autoren ersichtlich, dass oftmals Titel in neuem Satz, mit Änderungen in Vorwort oder Fließtext neu gedruckt wurden, ohne diese Titel explizit als Neuauflage zu bezeichnen. Eine scharfe Trennung zwischen Neuerscheinung und Neuauflage lassen die zugrunde liegenden Daten somit nicht zu, wohl aber eine vergleichende Analyse hinsichtlich des Verhältnisses von Erstauflagen der Neuerscheinungen und Nachauflagen älterer Titel der Verlage Reclam und EDV,[368]

365 Im Zeitraum 1933 bis 1945 bewegt sich der Anteil der gedruckten Exemplare von Neuerscheinungen an der Gesamtproduktion zwischen null % (1945) und 34 % (1934).

366 Vgl. Schulz 1960, S. 11 f.

367 Lemma „Neuauflage", in: Rautenberg 2003, S. 372.

368 Triebel differenziert bezüglich der von ihm erhobenen Produktionskennzahlen des EDV gleichermaßen in Neuerscheinung und Nachauflage, die Kategorie Neuauflage fehlt ebenfalls. Die Begriffe werden daher dem oben geschilderten Konzept folgend interpretiert, wobei von der Korrektheit dieser Deutung nicht mit abschließender Konsequenz ausgegangen werden kann.

auch wenn keine Schlüsse auf die gesamte deutsche Verlagsproduktion daraus gezogen werden können.[369]

Abbildung 10[370] zeigt, dass der Nachproduktion älterer Titel generell ein bedeutender Anteil an der Gesamtproduktion des Reclam Verlags zukommt: der Anteil der nachgedruckten Titel beträgt zwischen 1933 und 1945 nie weniger als zwei Drittel des Produktionsvolumens. Als Verlag, der kanonische Schriftsteller, entscheidende theoretische Texte, aber auch relevante Sachthemen für die breite Bevölkerung zu erschwinglichen Preisen anbot, und vor allem bis Kriegsbeginn wesentlich mit dem Vertrieb von schulischer und universitärer Lektüre Umsätze erzielte, konzentrierte Reclam von jeher einen Großteil seiner Druckaktivitäten auf den Nachdruck älterer Werke. Es ist davon auszugehen, dass dieser Anteil generell deutlich höher ist als bei Verlagen mit aktuellem Schwerpunkt.

Zumindest die Zahlen für den Eugen Diederichs Verlag belegen diese These: Während sich bei Reclam in den Jahren 1933–1945 im Schnitt 80 % der Verlagsproduktion dem Nachdruck älterer Titel widmete, waren es bei Diederichs nur 67 % (Abb. 11[371]).

Die ersten Kriegsjahre der Reclam'schen Verlagsproduktion unterscheiden sich im relativen Verhältnis nicht deutlich von den vorangegangenen Jahren, 1942 ist entgegen der Praxis des gesamten deutschen Buchwesens bei Reclam jubiläumsbedingt sogar der zweitniedrigste Anteil an Nachdrucken (30,2 %) zu verzeichnen. Die Neuproduktion des Verlags der Jahre 1943–1945 hingegen sank im Vergleich zu dem hohen UB-Ausstoß insgesamt merklich und bestätigt die These der verstärkten Nachproduktion: Während die Exemplarzahl der Ersterscheinungen der UB 1942 noch 30,2 % der Gesamtjahresproduktion ausmachte, hatte sie 1943 nur noch einen Anteil von 18,5 %, 1944 sogar nur noch von 9,7 %. 1945 konzentrierte sich das Verlagshaus gänzlich auf Nachproduktionen.

Anders beim EDV: Bereits zu Beginn des NS-Regimes verdoppelte sich der Anteil der Nachproduktion (1933: 34,9 % auf 70,2 % 1940), die Höhepunkte liegen hier aber, anders als bei Reclam, nicht in den letzten Kriegsjahren, sondern in den Jahren 1941 und 1943 mit 87,1 bzw. 85,2 %, 1944 und 1945 sank der Anteil der Nachauflagen wieder auf rund 75 %.

Für die vermehrte Produktion von Neu- und Nachauflagen werden in der Forschungsliteratur verschiedene Gründe angeführt. Stichhaltig dürfte insbesondere die anzunehmende bevorzugte Genehmigung bereits geprüfter Titel zu Ungunsten

369 Ob der von Schulz verwendete Begriff der „Neuauflage" im Sinne einer deutlich veränderten Auflage eines älteren Titels für die in Abb. 2 gegebenen Daten zutrifft, kann ebenfalls angezweifelt werden. In Anbetracht der den Kriegsverhältnissen angepassten Produktionserfordernisse, möglichst hohe Auflagen mit möglichst geringem Aufwand zu produzieren, liegt die Vermutung nahe, dass es sich auch hier in vielen Fällen eher um Nach- denn um Neuauflagen handelte.

370 Eigene Erhebung. Datengrundlage: Verlagsbibliografie und Auflagenbücher des RAS. Vgl. Kapitel 2.1.1, Fußnote 218.

371 Datengrundlage: Triebel 2001, Tabelle 2: Produktionszahlen Frühjahr 1927 bis Frühjahr 1945.

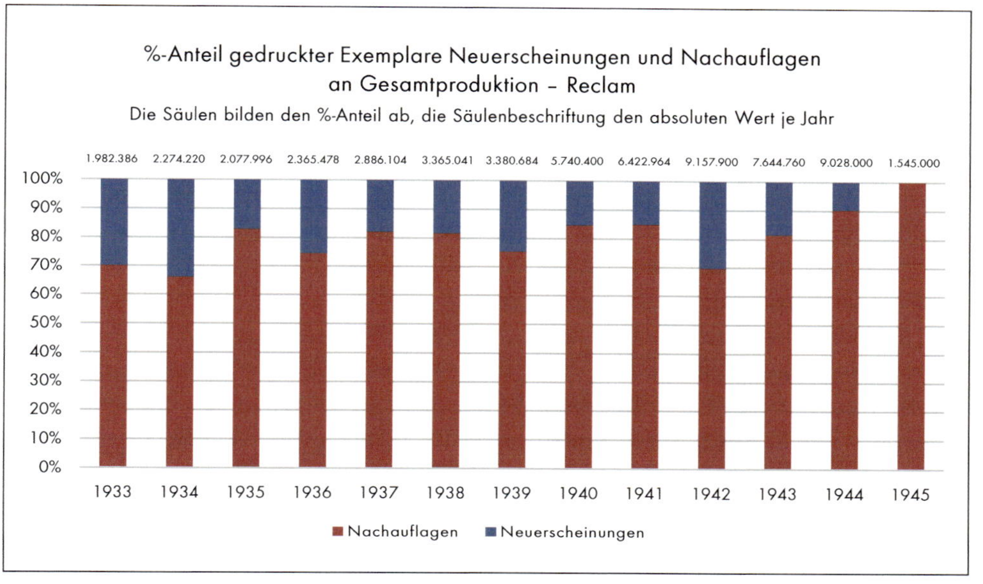

Abb. 10 Prozentualer Anteil gedruckter Exemplare Neuerscheinungen und Nachauflagen an Gesamtproduktion – Reclam

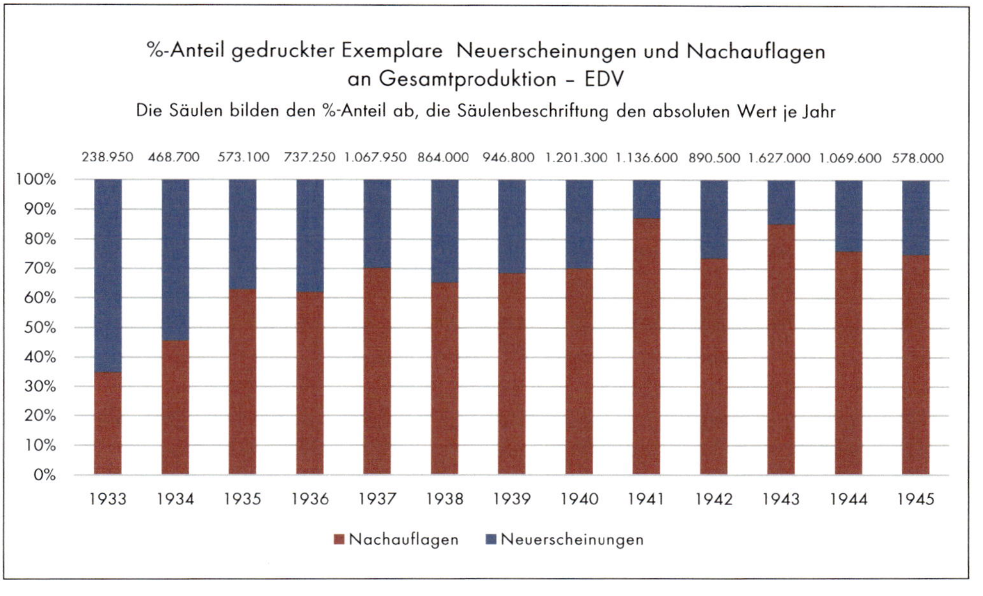

Abb. 11 Prozentualer Anteil gedruckter Exemplare Neuerscheinungen und Nachauflagen an Gesamtproduktion – EDV

neuer, noch zeitaufwendig und mühsam auf Inhalt zu prüfender Werke sein, die sich sowohl in den Kalkulationen der Verleger als auch in der tatsächlichen Arbeitsweise des Zensurprozesses manifestierte.[372] Darüber hinaus ausschlaggebend dürfte schlicht die Tatsache gewesen sein, dass sich Nachdrucke einerseits äußerst kosteneffizient herstellen ließen und lassen – Lektorat und Neusatz der Titel entfielen in der Regel – und dass die enorme Nachfrage in den Kriegsjahren, wie oben beschrieben, nicht zu Novitäten zwang.

2.2.2.3 Eskapismus durch schöne Literatur?

Ältere Forschungen konstatieren verlagsübergreifend eine verstärkte Produktion im Bereich der ‚Schönen Literatur', was faktisch nicht zu bestreiten ist. Fraglich ist hingegen, was genau unter der ‚Schönen Literatur' zu verstehen ist. Wittmann lässt in seiner Abhandlung zum Verlagsbuchhandel im ‚Dritten Reich' den Zeitgenossen Schönrock zu Wort kommen, der den Rückgang sogenannter ‚Konjunkturliteratur' wie des Bauernromans zugunsten der „Herstellung von Unterhaltungsliteratur" sehr begrüßte, vor allem, weil sich die schöngeistige Literatur in den vorangegangenen Jahren „eher […] in ruhigen Bahnen [bewegte]."[373] Da Kategorien wie ‚Konjunkturtitel' oder Bauernroman in den Statistiken nicht ausgewertet wurden, kann das Schönrock-Zitat nur als subjektive Empfindung verstanden werden, zumal zu diesem Zeitpunkt – 1936 – die Unterhaltungsliteratur weder in der NS-Kulturpolitik noch in der Verlagsproduktion raumgreifend wirkte. Als lohnend könnte sich in diesem Zusammenhang jedoch ein Blick auf die Anteile zeitgenössischer und älterer, bereits vor 1918 erstveröffentlichter Werke in den Verlagsprogrammen erweisen.

Zunächst gilt es aber festzuhalten, dass sich der Anteil schöngeistiger, besser belletristischer Buchproduktion zwar seit 1933 (14,9 %) leicht gesteigert hat, aber in den Jahren 1935–1938 zwischen 17,2 und 17,4 % verharrte (Abb. 12[374]). Ein nennenswerter Anstieg der belletristischen Literatur – im Folgenden wird der Begriff Belletristik verwendet – ist für die Jahre 1941–1944 belegbar, in denen der Anteil im Gesamtbuchhandel bei durchschnittlich 25,5 % lag. Beim Reclam Verlag zeigt sich die Steigerung der belletristischen Produktion deutlich signifikanter: Der geringste

372 Vgl. Strothmann 1985, S. 357. Die Vermutung Bühlers, die signifikante Zunahme der Neuauflagenproduktion lasse sich vorrangig auf die Feldpostproduktion, speziell auf die ‚Sonderaktion Feldpost' des Jahres 1942, zurückführen, kann nicht geteilt werden, da zum einen an der ‚Sonderaktion' aufgrund des verpflichtenden Honorarverzichts nicht alle Verlage teilnahmen, und zum anderen die oben geschilderten Überlegungen auch jenseits der Feldpostproduktion Gültigkeit haben. Vgl. Bühler; Bühler 2002, S. 85; Triebel 2001, S. 227.

373 *BBl.* vom 10.03.1936.

374 Eigene Erhebung. Werte für den deutschen Buchhandel gesamt, siehe Schulz 1960, S. 23; Wittmann 2015, S. 296 f. Zum Teil bilden die Werte das Mittel mehrerer Jahre, für 1940 konnten keine Angaben ermittelt werden. Für den Reclam Verlag wurden nur die Titel berücksichtigt, für die in den Auflagenbüchern auch tatsächliche Produktionsangaben ermittelt werden konnten.

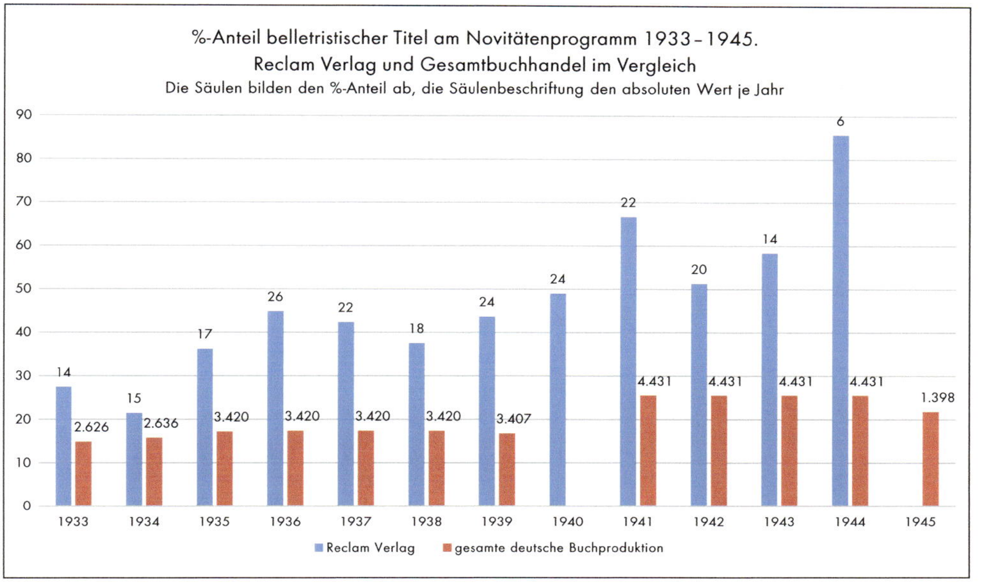

Abb. 12 Prozentualer Anteil belletristischer Titel am Novitätenprogramm 1933–1945. Reclam Verlag und Gesamtbuchhandel im Vergleich

Anteil belletristischer Titel ist zu Beginn der NS-Diktatur (1934 21,4 %) zu verzeichnen, in den Jahren 1935–1940 bewegte sich ihr Anteil zwischen 36,2 % und 49 %, in den Kriegsjahren war stets mehr als die Hälfte aller Titel belletristischer Natur, mit deutlichen Spitzen 1941 (66,7 %) und vor allem 1944 mit 85,7 %.

Betrachtet man in Abbildung 13[375] den Anteil belletristischer Titel an den Ersterscheinungen der Jahre 1933–1945 im Vergleich zum Anteil an den insgesamt bei Reclam produzierten Titeln einschließlich der Nachauflagen, tritt die Bedeutung der Belletristik noch deutlicher hervor: In der Gesamtproduktion (Erst- und Nachauflagen) nahm die Belletristik im gesamten Zeitraum immer mehr als die Hälfte ein, 1941/1942 war sie mit nahezu drei Vierteln im Verlagsprogramm vertreten, 1943, 1944 und 1945 mit gut 80 %. Damit konnte die Produktion des Reclam Verlags mit ihrem Fokus auf belletristischer Literatur die 1942 ausgesprochene Empfehlung, Frontsendungen mit 95 % Unterhaltungsliteratur und nur zu 5 % mit „leicht fassliche[r] Weltanschauungsliteratur auszustatten"[376], bestens bedienen (zur Feldpostproduktion bei Reclam siehe Kapitel 2.3.1).

375 Eigene Erhebung. Datengrundlage: Verlagsbibliografie. Vgl. Kapitel 2.1.1, Fußnote 218. Es wurden nur die Titel berücksichtigt, für die in den Auflagenbüchern Produktionsangaben ermittelt werden konnten. Für den Anteil der belletristischen Titel an der Gesamtproduktion wurde die Titelanzahl nach Druckjahr abgefragt.

376 Vgl. Barbian 2010, S. 366.

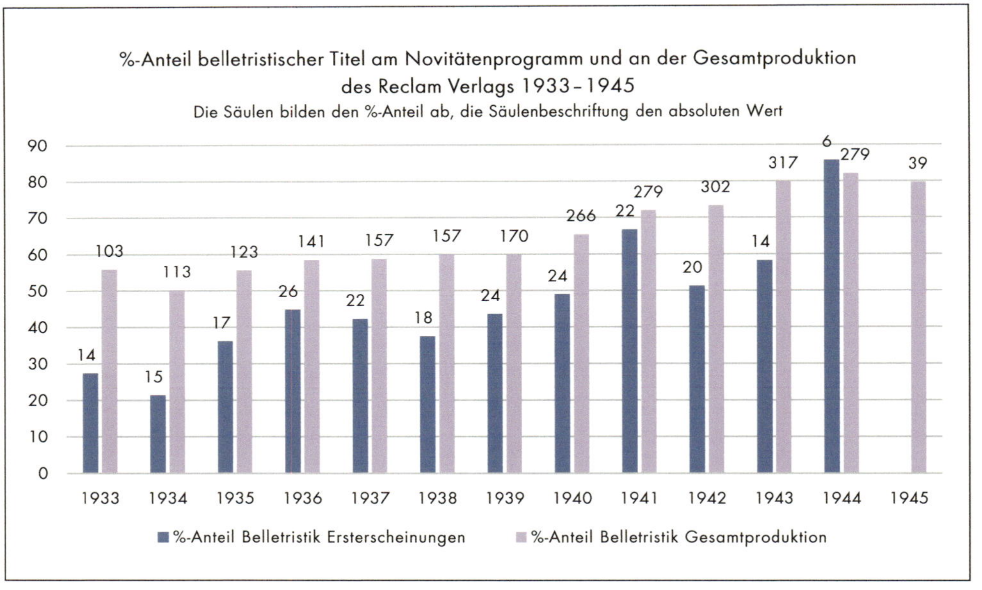

Abb. 13 Prozentualer Anteil belletristischer Titel am Novitätenprogramm und an der Gesamtproduktion des Reclam Verlags 1933–1945

Die Annahme Strothmanns, ein gestiegenes Interesse an den Erzählern des 19. Jahrhunderts habe zu den hohen Auflagenzahlen im Bereich der ‚Schönen Literatur' geführt,[377] lässt sich zumindest in Bezug auf den Reclam Verlag nicht bestätigen. Aus Abbildung 14[378] wird ersichtlich, dass im Bereich der Nachauflagen die Anzahl der Titel, die vor 1918 erstveröffentlicht wurden, zwar gestiegen ist, mit einer Spitze 1943 (218 Titel), diese aber im Vergleich zu Titeln der NS-Zeit durchschnittlich in viel kleineren Auflagen hergestellt wurden. Den größten Anteil an der Verlagsproduktion – gemessen an der durchschnittlichen Auflagenhöhe der Titel nach Produktionsjahr – nimmt eindeutig der Erst- und Nachdruck von Titeln ein, die während der NS-Zeit erstveröffentlicht wurden. Obwohl in diesem Segment weniger Titel produziert wurden, sind hier die signifikantesten Auflagensteigerungen zu verzeichnen: Titel mit Erscheinungsdatum während der NS-Zeit wurden in den Produktionsjahren 1933–1939 noch mit durchschnittlich 11.000 Exemplaren pro Auflage gedruckt, bereits 1941 liegt die durchschnittliche Auflagenhöhe bei 20.412 Exemplaren, 1942 und 1944 bei rund 35.500 Exemplaren. Nur im Zeitraum vom 1. Januar bis 19. März 1945 wurden mehr Exemplare von Titeln nachgedruckt, die in der Weimarer Republik erstveröffentlicht wurden (39.643 im Schnitt pro Auflage), auch Titel, die vor 1918 erschienen waren, wurden 1945

377 Vgl. Strothmann 1985, S. 357.

378 Eigene Erhebung. Datengrundlage: Verlagsbibliografie und Auflagenbücher des RAS. Vgl. Kapitel 2.1.1, Fußnote 218.

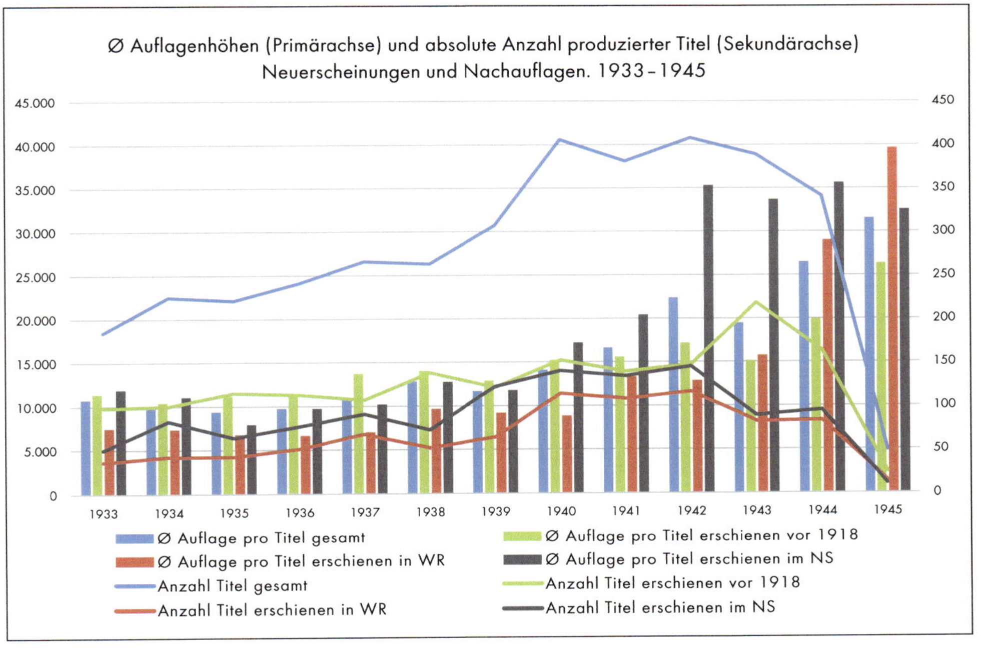

Abb. 14 Durchschnittliche Auflagenhöhen (Primärachse) und absolute Anzahl produzierter Titel (Sekundärachse). Neuerscheinungen und Nachauflagen. 1933 – 1945

in der höchsten durchschnittlichen Auflagenhöhe nachgedruckt (26.333 Exemplare je Auflage), liegen aber immer noch hinter den Titeln der NS-Zeit (32.545 Exemplare).

Die Analyse des Neuerscheinungsprogramms des Reclam Verlags in der NS-Zeit ergibt ebenfalls ein deutliches Übergewicht der zeitgenössischen Autoren.[379] Außer 1936, 1943 und 1945, wo sich die Neupublikation zeitgenössischer (14 bzw. 20 bzw. 2 Titel) und klassischer Autoren (13 bzw. 19 bzw. 2 Titel) die Waage hält, machen die aktuellen

379 Für alle während der NS-Zeit produzierten belletristischen Titel wurde ermittelt, ob es sich zum Zeitpunkt der Publikation um einen gemeinfreien Titel handelte. Bis 1934 gelten alle Autoren als gemeinfrei, deren Tod 30 Jahre oder länger zurücklag. Ab 1935 erhöhte sich der urheberrechtliche Schutz auf 50 Jahre, die Einteilung wurde entsprechend angepasst. Des Weiteren wurden anhand des Todesdatums drei Kategorien zur Bestimmung des zeitlichen Wirkens der Autoren gebildet: Vor 1918 verstorben | in bzw. frühestens in der Weimarer Republik verstorben | ab 1933 verstorben. Für die Auswertung der Neuerscheinungen der NS-Zeit werden zur Rubrik *zeitgenössisch* nur Autoren gerechnet, die in der NS-Zeit noch gelebt haben, also nach 1933 verstorben sind. Alle anderen Autoren, deren Schaffen vor 1933 endete, werden hier vereinfachend als ‚klassische' Autoren kategorisiert, unabhängig von ihrem literaturgeschichtlichen Wert und ihrer Epochenzugehörigkeit. Auch wenn die Kategorien ‚klassisch' und ‚zeitgenössisch' keine direkten Rückschlüsse auf die Produktion der Erzähler des 19. Jahrhunderts während der NS-Zeit bei Reclam zulassen, so ist diese Abgrenzung geeignet, um zumindest Tendenzen abzubilden. Weitere Analysen zum Verhältnis von Titeln klassischer, gemeinfreier und zeitgenössischer Autoren finden sich in Kapitel 3.7.

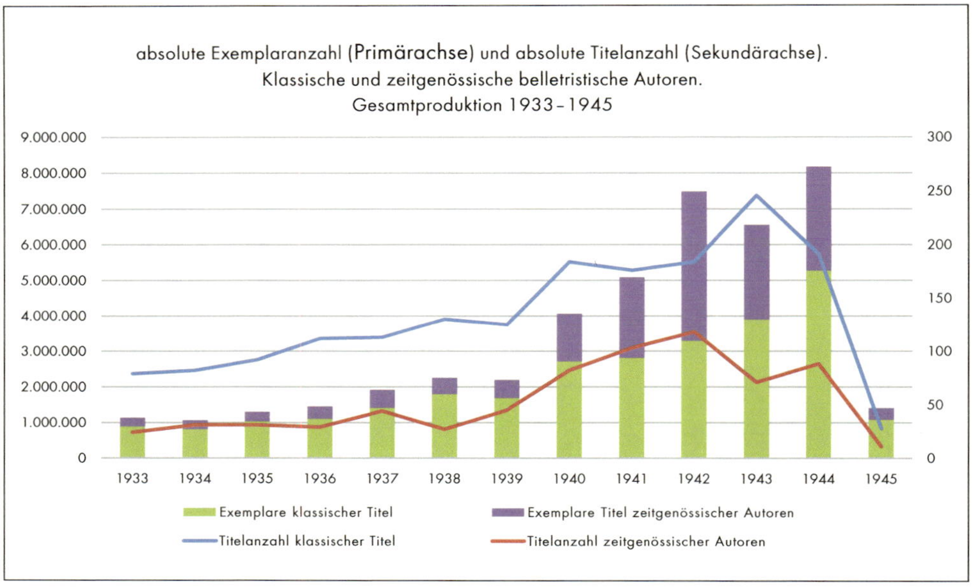

Abb. 15 Absolute Exemplaranzahl (Primärachse) und absolute Titelanzahl (Sekundärachse). Klassische und zeitgenössische belletristische Autoren. Gesamtproduktion 1933 - 1945

Autoren und Dichter während der NS-Zeit durchschnittlich 71 % der belletristischen Neuproduktion aus; 1935 werden bis auf eine Ausnahme ausschließlich Werke von Zeitgenossen erstveröffentlicht.

Legt man die Gesamtproduktion des Verlags nach Jahren (Neu- und Nachdrucke) der Analyse zugrunde, ergibt sich ein leicht differenziertes Bild. Abbildung 15[380] zeigt, dass in Bezug auf die Titelanzahl deutlich mehr Werke klassischer als zeitgenössischer Autoren gedruckt wurden, was den bereits beschriebenen Schwerpunkt der Verlagsproduktion in der Herstellung von Nachauflagen bestätigt. Allerdings wird ebenso ersichtlich, dass bezüglich der Quantität der hergestellten Exemplare die klassischen Autoren nicht etwa verstärkt gedruckt werden, sondern ihr Anteil im Laufe des Untersuchungszeitraums abnimmt, während die Bedeutung der zeitgenössischen Autoren steigt: von durchschnittlich 22,9 % Anteil an der gesamten belletristischen Verlagsproduktion 1933–1939 auf 38,9 % im Zeitraum 1940 bis 1945, wobei 1942 sogar 56 % der belletristischen Gesamtproduktion zeitgenössischen Autoren gewidmet ist. Dies steht nicht nur im Widerspruch zu den staatlichen Vorgaben, nach denen vor allem während des Kriegs die Lektüre gehobener Literatur, insbesondere der Klassiker, in weiten Teilen der Bevölkerung angeregt und gefördert werden sollte,[381] sondern konterkariert im

380 Eigene Erhebung. Datengrundlage: Verlagsbibliografie und Auflagenbücher des RAS. Vgl. Kapitel 2.1.1, Fußnote 218.

381 Vgl. Oels 2013, S. 215.

Grunde das gesamte Profil des Verlags. Statt die kulturpolitisch günstigen Voraussetzungen für den Absatz preiswert zu produzierender klassischer Literatur zu nutzen, fokussierte der Reclam Verlag die wohlgelittenen zeitgenössischen Romanciers. Siehe dazu ausführlich Kapitel 3.7.

2.3 Profiteure des Kriegs

Die veränderten politischen Rahmenbedingungen verlegerischer Arbeit, die freie Entscheidungen zu Rohstoffeinsatz und Distribution faktisch unterbanden, Produktionsprozesse erschwerten oder zumindest verlängerten, sowie die Anforderungen an ein möglichst selbstzensorisch angepasstes Verlagsprogramm brachten den an der Wehrmachtsversorgung beteiligten Verlagen durch die Möglichkeit zu Lagerausverkäufen, die Förderung von Großauflagen und vor allem durch die staatlich forcierte Versorgung von Soldaten mit Lesestoff nicht nur Beschränkungen verlegerischer Freiheiten ein, sondern boten vor allem ungeahnte geschäftliche Potentiale für bis dato nicht erreichte Gewinnmargen.

2.3.1 Feld-, Feldpost- und Wehrmachtsausgaben

Die Versorgung der Wehrmachtssoldaten mit Lesestoff war den unterschiedlichsten Instanzen nicht ausschließlich kulturpolitischer Natur ein wichtiges Anliegen. So beteiligten sich unter anderem das RMVP, die RSK und die NSDAP bereitwillig an dem neu entstehenden Buchmarkt.[382] Besonders flink agierte das Amt Rosenberg,[383] das sich im Oktober 1939 nach Beendigung des sogenannten Polenfeldzugs mit dem Aufruf „Spendet Bücher für unsere Soldaten!“[384] an die Öffentlichkeit wandte. Daneben nutzten auch etliche Privatverlage die kommerziell vielversprechende Gelegenheit und konzipierten eine eigene Buchproduktion für die Front. An erster Stelle stiegen Franz Eher Nachf., Kohlhammer, Bertelsmann und Reclam in dieses Geschäft ein.[385] 1940 rief das Werbe- und Beratungsamt für das deutsche Schrifttum die Propaganda-Aktion „Buch-Feldpost-Sendungen“ ins Leben, mit der die in der Heimat Verbliebenen

382 Vgl. Bühler; Bühler 2002, S. 15.

383 Als Amt Rosenberg wird das am 06.06.1934 unter der Leitung von Alfred Rosenberg gegründete Amt des Beauftragten des Führers für die Überwachung der gesamten geistigen und weltanschaulichen Schulung und Erziehung der NSDAP bezeichnet. Siehe dazu ausführlich Barbian 2010, S. 151–162. Auch wenn die in der *Bücherkunde* veröffentlichten Gutachten vornehmlich die Autoren positiv herausstellten, die ohnehin staatlich gefördert wurden, führten negative Gutachten andererseits häufig zu Buchverboten. Barbian 2010, S. 155f.

384 *BBl.* 14.10.1939.

385 Vgl. Bühler; Bühler 2002, S. 16.

aufgefordert wurden, ihren Verwandten und Freunden im Krieg Bücher zu senden:[386] eine ideale Gelegenheit für die Verlage, diesen Buchmarkt auszuschöpfen.

Hans-Eugen Bühler zählt in seiner 2002 publizierten Studie zum Frontbuchhandel 1939–1945 den Reclam Verlag neben Eugen Diederichs, Georg Westermann, Rütten & Loening, C. Bertelsmann, dem Insel Verlag, dem Bibliographischen Institut und dem Zentralverlag der NSDAP Franz Eher Nachf. zu den Verlagen, die den Kuchen ‚Wehrmachtsproduktion' vornehmlich untereinander aufteilten.[387] Reclam hatte bereits 1939 erste Ausgaben für den ‚Feldpostdienst' konzipiert; eine eigene Feldpostabteilung, die sich um Zusammenstellung und Versand kümmerte, wurde allerdings erst 1943 im Verlag eingerichtet.[388] Die Feldpostproduktion der Verlage gelangte auf verschiedenen Wegen zu den Soldaten. Entweder Organisationen der Wehrmacht bestellten eine bestimmte Anzahl von Titeln und übernahmen dann die gesamte hergestellte Menge direkt vom Verlag (hierbei oblag der Vertrieb nicht dem Verlag) oder der Verlag produzierte für eigene Zwecke Feldpostausgaben und vertrieb diese selbst oder über das Sortiment.

Aus den Auflagenbüchern des Reclam Verlags wird zwar nicht ersichtlich, zu welchen Teilen die Verlagsproduktion jeweils für den Feldpostversand vorgesehen war bzw. im Auftrag der Wehrmacht produziert wurde. In einem geheimen Fragebogen des Bezirkswirtschaftsamtes für den Wehrwirtschaftsbetrieb IV gibt Ernst Reclam jedoch 1941 an, dass die Universal-Bibliothek über die vorliegenden „als dringlich zu bezeichnende[n] Aufträge" von den Oberbefehlshabern der Luftwaffe, dem Oberkommando der Wehrmacht, der Deutschen Heeresbücherei, der Marinestation Ostsee, der Marinestation Nordsee, Dienststellen der Partei und der Nationalsozialistischen Volkswohlfahrt hinaus „zu 90 % direkt oder indirekt für die Wehrmacht bestimmt ist."[389] Im Zuge der Wiederzulassung der Passauer Zweigstelle[390] gab der Verlag in einem Geschäftsfragebogen der amerikanischen Militärregierung später an, Unterstützungen und Aufträge von der NSDAP oder „einer ihr angeschlossenen Organisation" sowie von der „Reichs-, Staat-, Provinzial-, Bezirks- oder Stadtregierung bzw. -verwaltung

386 Vgl. Barbian 1993a, S. 313.

387 Vgl. Bühler; Bühler 2002, S. 133–179. Weiterhin gehörten der Karl H. Bischoff Verlag (Zsolnay) in Wien, der Verlag „Der Eiserne Hammer", Velhagen & Klasing und der Gauverlag Bayerische Ostmark zu den Verlagen mit „großer Wehrmachtsproduktion". Bühler; Bühler 2002, S. 2.

388 Vgl. Zeittafel zur Verlagsgeschichte, S. 53. In: RAL, Ordner 3.

389 Reichsstatthalter in Sachsen – Landesregierung – Bezirkswirtschaftsamt für den Wehrwirtschaftsbezirk IV Leiter Staatsminister Lenk an die Betriebsführung der vom Bezirkswirtschaftsamt Dresden erfassten Betriebe am 04.03.1941. In: SächsStA-D, 13471, Nr. ZA VI 2628/01. Nach Barbian wurden 1944 30 % einer jeden Auflage an OKW und RMVP zur Truppenbetreuung geliefert. Vgl. Barbian 2010, S. 370. Rebenich gibt für den Verlag C. H. Beck an, dass dieser seit Mai 1942 Wehrmachtsaufträge ausführte, zunächst zu 10 % des Auftragsbestandes, im Dezember 1942 zu 20 %, im August 1943 zu 25 %, im September 1943 zu 35 % und im Dezember 1943 zu 40 %. Vgl. Rebenich 2013, S 413 f.

390 Siehe dazu Kapitel 2.4.2.

oder anderer öffentlichen Behörde" erhalten zu haben. Außerdem wurde bestätigt, dass Reclam zur „Soldaten-Betreuung" UB-Bände an die Nationalsozialistische Volkswohlfahrt und an andere „Regierungsstellen und -behörden" geliefert habe, welche von diesen Stellen bezahlt wurden.[391] Im Mai 1943 bat Ministerialdirektor Hans Hinkel, NSDAP-Funktionär, SS-Offizier und insbesondere mit der Verdrängung jüdischer Kulturschaffender befasst, Ernst Reclam um Mitteilung,

> welche Bestände Ihrer derartigen Verlagserzeugnisse, die sich zur Verwertung für das von mir geleitete „Amt Truppenbetreuung" eignen, noch bei Ihnen bezw. bei Ihrem Sortimenter vorhanden sind. Ich wäre Ihnen dankbar, wenn Sie mich diesbezüglich unterrichteten und mir auch Vorschläge machen würden. Zweifellos können wir von unserem Hause aus auch Neuauflagen bestimmter Büchelchen erwirken, wenn sie sich für die Betreuung unserer Soldaten eignen. Ihre „Soldaten-Bücherkisten" sind mir bekannt; hier jedoch denke ich an Einzelerscheinungen, die sich ganz besonders eignen.[392]

391 Geschäftsfragebogen der amerikanischen Militärregierung bezüglich des Zulassungsgesuchs der Passauer Zweigstelle. In: RAS, Mappe Lizenzierung Verlagstätigkeit.

392 Hinkel an Ernst Reclam am 15.05.1943. In: BArch, R 9361-V/9796, Lesefilm-Nr. RK B 168, Bild-Nr. 684. Bühler, der eine Vielzahl seiner Informationen aus den ihm von Georg Ewald – dem „Reclam-Antiquar" – zur Verfügung gestellten UB-Feldpostbänden bezogen hatte, konnte feststellen, dass der Reclam Verlag Sonderdrucke im Auftrag der Wehrmacht herstellte, so zum Beispiel *Die ängstliche Nacht* von Wilhelm Busch und *Erlebnisse beim Segelflug* von Rolf Italiaander für den Luftwaffenführungsstab Ic/VIII. Vgl. Bühler; Bühler 2002, S. 168 f. Darüber hinaus konnten beim Erstellen der Verlagsbibliografie zwei Titel ermittelt werden, die 1944 als Wehrmachtsauftrag des OKW hergestellt wurden. Beide enthalten den Hinweis „Frontbuchhandelsausgabe für die Wehrmacht im Auftrag des OKW hergestellt von der Wehrmacht-Propagandagruppe beim Wehrmachtsbefehlhaber Norwegen". Stieve 1944, S. 4; Welk 1944, S. 4. Es handelt sich dabei um den von der Druckerei Kirstes Boktrykkeri, Oslo, hergestellten Titel *Wendepunkt europäischer Geschichte* von Friedrich Stieve sowie Ehm Welks *Die wundersame Freundschaft*, gedruckt von Lie & Co., Oslo. Welks kam nach Vertagung seiner Publikation 1939 wegen mangelnden Interesses erst zu späterem Ansehen. Beide Titel waren bereits 1940 als Verlagswerke bei Reclam erschienen und als Wehrmachtsausgabe im Sortiment nicht erhältlich. Außerdem finden sich Titel oder Lizenzvergaben des Reclam Verlags in den beiden großen vom OKW herausgegeben Heftreihen *Tornisterschriften* und *Soldatenbücherei*. Innerhalb der *Tornisterschriften*, einer inhomogenen Reihe – agitatorische Titel standen neben gänzlich unpolitischen –, die sich inhaltlich und gestalterisch von anderen Reihenpublikationen abhob, erschien 1941 aus dem Reclam Verlag Werner Beumelburg: *Von 1914 bis 1940*. Vgl. Bühler; Bühler 2002, S. 184. Insgesamt führte die Reihe 110 Titel. Die Reihe der *Soldatenbücherei* umfasste mehr als 127 Ausgaben, man geht von einer Auflagenhöhe von zehn Millionen Exemplaren aus. Mehrere Nummern der Reihe waren jedoch mit unterschiedlichen Titeln doppelt oder dreifach besetzt. Vgl. Bühler; Bühler 2002, S. 190 f. Bei sechs Titeln lassen sich Verbindungen zum Reclam Verlag festmachen. Carl Diems *Der Läufer vom Marathon* wurde gänzlich von Reclam beigesteuert, bei den folgenden Titeln gab Reclam die Lizenz, die Gesamtherstellung oblag dem Bibliographischen Institut: Jeremias Gotthelfs *Erzählungen*, Wilhelm Hauffs *Das Wirtshaus im Spessart*, *Drei romantische Geschichten* von Arnim, Brentano und Eichendorff; Lars Hansens *Der Beißer*, Conrad Ferdinand Meyers *Drei*

Die offensichtliche Eignung der Reclam-Bändchen aufgrund ihres kleinen Formats und ihres günstigen Preises zum Feldpostversand stellte auch die zeitgenössische Branchenpresse lobend heraus. So bewarb das *Börsenblatt* aus einer Vielzahl der infrage kommenden Feldpostproduktionen fünf Verlage, darunter Reclam. Reclam habe die UB „unverändert in die Kriegsarbeit [hinüberführen können]. Das Reclam-Bändchen erfüllt [...] in idealer Weise die Bedingungen eines Feldpostbüchleins. So genügte ein kurzer Aufdruck, um den Einsatz auch dieser Kleinbuchreihe in den Dienst am Soldaten zu betonen." Es sei eine unter Soldaten oft gestellte Frage: „Hast du keinen Reclam für mich?"[393] Auch im *Werkbüchereidienst* wurde die Produktion des Reclam Verlags empfehlend hervorgehoben:

> Im Gegenteil, nicht nur wegen der Kosten, empfiehlt es sich, wo nicht besondere Wünsche bekannt geworden sind, das weniger umfangreiche als inhaltsreiche Buch zu wählen. Um die Auswahl zu erleichtern, wird weiter unten eine Anzahl billiger Buchreihen genannt, die durch ihre Gediegenheit Gewähr dafür bieten, daß sie nur wirklich wertvolles Schrifttum enthalten, die aber ebenso durch die Mannigfaltigkeit ihrer Auswahl gestatten, für jeden persönlichen Geschmack, der von Euch Betreuten das richtige und entsprechende Buch auszusuchen.[394]

Mit dem vom Verlag erdachten Werbeslogan „Reclam-Hefte – Die Freunde der Soldaten" wird explizit auf Reclam hingewiesen. Dieses Zitat belegt ferner, dass das Reclam'sche Feldpostprogramm auch inhaltlich den staatlichen Vorstellungen entsprach. Auf einer der drei offiziellen Empfehlungslisten für den Feldversand, dem *Schrifttumsverzeichnis* der Zentrale der Frontbuchhandlungen,[395] belegte Reclam 1941 in der Sparte Roman

Novellen. Vgl. Bühler; Bühler 2002, S. 193 ff. Bühler konnte durch Sichtung der entsprechenden Bände weiterhin feststellen, dass Reclam auch Ausgaben für die Waffen-SS und die Polizei produzierte (Kennzeichnung durch Vermerk „Sonderausgabe für die Truppenbetreuung der Waffen-SS und der Polizei" auf dem Titelblatt). Für die Titelauswahl dieser Ausgaben stand dem verantwortlichen, 1942 zur Waffen-SS eingezogenen Lektor der Hanseatischen Verlagsanstalt, Niels Hansen, ein jährlicher Etat von acht Millionen RM zur Verfügung. Bei diesen Sonderausgaben handelte es sich daher im Gegensatz zu denen für Heer, Luftwaffe und Marine nicht um Lizenzausgaben. Man habe die größeren Selbstkosten deshalb nicht gescheut, um nach Möglichkeit die Verlage und Autoren zu ihrem Recht kommen zu lassen. Vgl. Bühler; Bühler 2002, S. 215 f. Und schließlich ließ die ZdF, um den Bedürfnissen der Frontbuchhandlungen entgegenzukommen, in den besetzten Gebieten hohe Auflagen als Lizenzausgaben drucken. Auch hier war Reclam einer von 35 Verlagen, die Lizenzen gaben. Vgl. Bühler; Bühler 2002, S. 106.

393 *BBl.* 16.11.1943.

394 Edgar Diehl: Bücher ins Feld. In: *Werkbüchereidienst* (Dezember 1939). In: RAS, Mappe UB Feldpost.

395 Die ZdF war im Oktober 1939 gegründet worden, um die Verteilung der Buchlieferungen zwischen dem Buchhandel im Inland und den Verkaufsstellen im besetzten Ausland zu koordinieren. Vgl. Adam 2010, S. 297.

und Erzählungen Platz zwei mit 85 Titeln nach Langen Müller mit 177 Titeln. Es folgen Rütten & Loening (73), Diederichs (45) und Eher Nachf. mit 39 Titeln. Im Bereich Politik und Geschichte kam Reclam auf Platz sechs mit zehn Titeln, Platz eins belegte Eher mit 28 Titeln.[396]

Der Reclam Verlag warb unter anderem damit, dass das Oberkommando der Wehrmacht eine Auswahl von über 500 Nummern durchgesehen und für den Versand ins Feld gutgeheißen habe.[397] Eine Analyse der erhaltenen Werbemittel[398] verifiziert diese Zahl. Es konnten 514 Titel[399] ausfindig gemacht werden, die zum Feldpostversand

396 Vgl. Bühler; Bühler 2002, S. 24 ff. Bühler wertete die Liste des ZdF für 1941, welche 2.600 Titel enthielt und in 14 Bereiche untergliedert war, nach den zehn am häufigsten vorkommenden Verlagen in den einzelnen Sparten aus. Neben der Liste des ZdF, die – so Bühler – im Gegensatz zu den beiden anderen das „gute Buch“ betonte, gab es die sogenannten Feldpostlisten vom Werbe- und Beratungsamt des RMVP sowie *Bücher für die Wehrmacht*, herausgegeben vom OKW, in denen der Reclam Verlag kaum Erwähnung fand. Bei den Feldpostlisten dominierten NS-orientierte Unternehmen wie der Eher Verlag, der Deutsche Verlag, der Scherl und der Nibelungen Verlag, was vor allem für die Sachgruppen Romane und Erzählungen sowie Unterhaltung und Humor einen bemerkenswerten Unterschied in der Lektüreauswahl nach sich zog. Die OKW-Listen konzentrierten sich auf das aktuelle Kriegsgeschehen, womit hier vor allem agitatorische und kriegsverherrlichende Schriften empfohlen wurden, Rubriken wie Belletristik oder Humor und Lachen – und somit die klassischen Kulturverlage – fehlten völlig. In den drei Listen spiegelt sich die differenzierte Kompetenzverteilung in der Schrifttumspolitik bezüglich dessen, was unter empfehlenswerter Literatur zu verstehen sei.

397 Vgl. Werbezettel *Glückliche Stunden für unsere Soldaten*. In: RAS, Mappe UB Feldpost.

398 Vgl. Werbeprospekte *Reclam-Hefte. Die Freunde des Soldaten in schwerer Zeit*; *100 Freunde der Soldaten. Standard-Auswahl aus Reclams Universal-Bibliothek*; *Verzeichnis der einzelnen Feldpostpackungen aus Reclams Universal-Bibliothek*; *Reclams Feldpost-Packungen – 20 Beispiele*; *Verzeichnis der Fünfer-Feldpostpackungen aus Reclams Universal-Bibliothek*. In RAS: Mappe UB Feldpost.

399 Siehe Anhang 3. Die Vermutung Bühlers, Reclam habe 46 Titel der UB als Feldpostausgaben verwendet, lässt sich somit nicht bestätigen – auch wenn nicht alle Bändchen den roten Aufdruck „Feldpostausgabe“ aufweisen, der in kürzester Zeit aus normalen UB-Heften Feldpost machte. Vgl. Bühler; Bühler 2002, S. 167 ff. Die zu diesem Zweck abgedruckte Übersicht enthält etliche Fehler bezüglich der korrekten UB-Nummern und Titelangaben. Zu diesen 46 Titeln gibt Bühler zwei weitere Feldpostausgabentitel an, die – so ist es einem auf dem Titelblatt gedruckten Vermerk zu entnehmen – speziell für den Luftwaffenführungsstab hergestellt wurden, während die anderen keine Angabe über ihren Zweck auswiesen. Auch die von Bühler angenommene Auflagenhöhe von 1.200.000 (pro Titel meist 30.000, seltener 50.0000 Exemplare) sowie die Annahme, dass die Feldpostausgaben fast ausschließlich im September/Oktober 1942 in Druck gegeben wurden, lässt sich nicht verifizieren. Die von ihm ermittelte Auflagenhöhe stützt sich auf die Einträge im Auflagenbuch (UB nach Nummern) aus dieser Zeit. Vgl. Bühler; Bühler 2002, S. 123, S. 166. Wie er zu dieser Annahme gelangt, ist unklar, möglicherweise aus dem Impressum der von ihm autoptisch erfassten Exemplare, die Auflagenbücher jedoch, in denen keinerlei Angaben zum Verwendungszweck enthalten sind, lassen diesen Schluss jedenfalls nicht zu. Auch Bühlers mehrfache Vermutung, dass die Auflagenzahlen von 1941 wohl nicht die Feldpostausgaben sind, kann widerlegt werden: Es konnte ermittelt werden, dass zumindest fünf Titel – mit der entsprechenden Kennzeichnung – bereits 1941 hergestellt wurden. Vgl. RAS, Feldpostkisten I und II. Ferner muss der Behauptung Bühlers, dass nach 1942 der Aufdruck „Feldpost“ nicht mehr verwandt wurde (vgl. Bühler; Bühler 2002, S. 167) insofern widersprochen werden, als eine

angepriesen wurden. Inhaltlich lassen sich 83 % der Belletristik zuordnen, womit der Reclam Verlag den staatlichen Wünschen folgte, nach denen der Entspannungsbedarf der Soldaten und der Rüstungsarbeiter, die anstelle von Indoktrinationsliteratur vielmehr unterhaltende Stoffe präferierten, durch das gehobene Unterhaltungsschrifttum gedeckt werden sollte. Neben ‚leichten' Büchern wie Krimis, Büchern von Karl May oder sonstigen Abenteuer- und Liebesromanen überwogen verlagsübergreifend die Vertreter des klassischen Schrifttums, gefolgt von unterhaltenden und humoristischen Stoffen. Gehobenes Unterhaltungsschrifttum galt seit Herbst 1943 durch Beschluss von Hitler und Goebbels sogar als besonders kriegswichtig.[400] Dass während des Kriegs im Gesamtbuchhandel fast ein Drittel der Gesamtauflagen auf die ‚Schöne Literatur' entfiel, deren Auflagenziffern zwischen 1939 und 1944 nur um 0,6 % zurückging, während sich die Titelzahl der Gesamtproduktion in diesem Zeitraum um 23,5 % verringerte,[401] konnte für den Reclam Verlag somit nur von Vorteil sein.

Insbesondere während des Kriegs hätte sich über Sonderzuteilungen von Papier für Klassikerausgaben und durch die Förderung von klassischen Feldpostausgaben staatlich forcierte Klassikerlektüre[402] die Möglichkeit ergeben, bei der Zusammenstellung der Feldpostpakete geschickt ideologische Distanz zu wahren, doch der Klassikerverlag Reclam nutzte sie kaum. Lediglich 26 % der 514 Feldposttitel lassen sich nach Erscheinungsjahr (bis 1900) zur klassischen Lektüre zählen, 125 Titel (24,3 %) müssen dagegen als NS-affin klassifiziert werden.[403] Abbildung 16[404] zeigt die Verteilung der Feldposttitel nach Erscheinungszeitraum sowie den jeweiligen Anteil neutraler bzw. NS-affiner Lektüre.

Es wird – kaum überraschend – deutlich, dass der Anteil NS-affiner Titel mit zeitlicher Nähe deutlich zunimmt: Unter 132 UB-Titeln aus den Erscheinungsjahren 1867–1900 findet sich lediglich ein NS-affiner Titel (0,8 %),[405] von den zwischen 1901

Sichtung der Bände im Archiv ergab, dass zumindest bei drei Titeln – die den entsprechenden Aufdruck trugen – im Impressum das Jahr 1943 angegeben war. Vgl. RAS, Feldpostkisten I und II.

400 Vgl. Barbian 1993a, S. 241, 314; Strothmann 1985, S. 353ff; Wittmann 1999, S. 374.

401 Vgl. Strothmann 1958, S. 358.

402 Vgl. Oels 2013, S. 215.

403 Unter NS-affin zählen Titel, die entweder nach 1945 in der *Liste der auszusondernden Literatur* bzw. im *Verzeichnis der auszusondernden Literatur* indiziert worden waren, sowie die Bücher von NS-nahen Schriftstellern. In Ermangelung eines allgemeingültigen Kanons NS-affiner Autoren wurde hierzu die literaturgeschichtliche Auswahl von Hellmuth Langenbucher aus dem Jahr 1939 zugrunde gelegt. Siehe dazu auch Kapitel 3.1.

404 Eigene Erhebung. Datengrundlage: Verlagsbibliografie (vgl. Kapitel 2.1.1, Fußnote 218); Feldpostkiste 1; Feldpostkiste 2; Auflistung ‚Feldpostausgaben'. In: RAS, Feldpostkiste 2; Werbeprospekt *100 Freunde der Soldaten. Standardauswahl aus Reclams Universal-Bibliothek, Verzeichnis der einzelnen Feldpostpackungen aus Reclams Universal-Bibliothek*, Werbezettel *Reclams Feldpostpackungen – 20 Beispiele, Verzeichnis der Fünfer-Feldpostpackungen aus Reclams Universal-Bibliothek, Reclam-Hefte. Die Freunde der Soldaten in schwerer Zeit.* In: RAS, Mappe UB Feldpost.

405 Friedrich Hölderlins 1847 in der UB publiziertes *Hyperion oder Der Eremit in Griechenland* wird im Nachdruck durch das Nachwort von Will Vesper in den Dienst des NS gestellt.

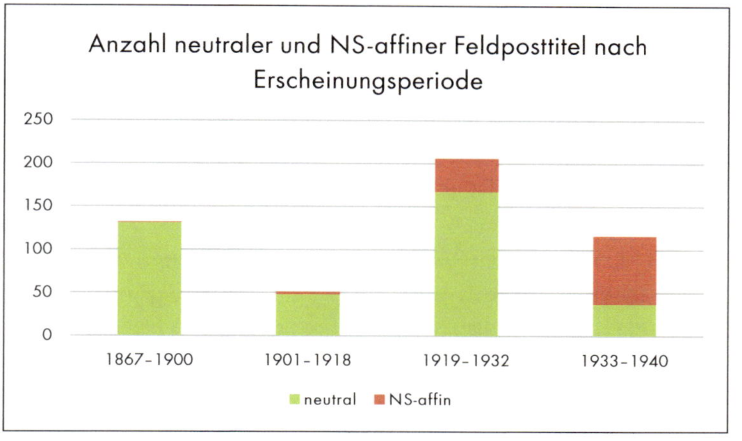

Abb. 16 Anzahl neutraler und NS-affiner Feldposttitel nach Erscheinungsperiode

und 1918 publizierten UB-Titeln ließen sich unter 51 Titeln drei NS-affine ausmachen (6 %), bei UB-Titeln der Weimarer Republik liegt der Anteil bereits bei 17,5 % (39 von 206 Titeln). Aus der Produktion von 1933 bis 1945 enthalten die Listen lediglich Titel bis 1942, sodass davon auszugehen ist, dass die ermittelte Anzahl von 514 Titeln noch nicht die gesamte Feldpostproduktion ausmacht. Allein von den 125 für die Feldpost verwendeten UB-Titeln aus den Erscheinungsjahren 1933 bis 1942 sind 82 Titel – also 66 % – als NS-affin zu bewerten, wobei die Auswahl der UB-Titel aus diesem Zeitraum immerhin 24 % aller Feldposttitel (514) ausmacht.[406] Der Anteil NS-affiner Titel unter den nicht für die Feldpost ausgewählten UB-Titeln aus dem Erscheinungszeitraum 1933 bis 1945 (473 UB-Titel) ist im Übrigen mit 28 % (132 UB-Titel) deutlich niedriger. Diese Zahlen und die Schwerpunkte der Feldpostwerbung unterstützen die These, dass der Reclam Verlag insbesondere beim Feldpostversand sorgsam auf ideologisch konforme Unterhaltung achtete: Von 87 UB-Titeln, die in mindestens vier verschiedenen Feldpostprospekten beworben wurden, sind 51 % (44 Titel) als NS-affin einzuordnen. Von den vier am häufigsten beworbenen Feldposttiteln (Erwähnung in sieben verschiedenen Prospekten, alle Titel wurden nach 1933 publiziert) sind 75 % (3 Titel) NS-affin.[407] Den hohen Anteil NS-affiner Literatur spiegelt auch die als „Standard-Auswahl aus Reclams Universal-Bibliothek" beworbene Zusammenstellung des Flyers *100 Freunde der Soldaten*. Von den dort gelisteten 81 UB-Titeln (publiziert in 100 UB-Bänden) sind 58 % (47 Titel) NS-affin.[408]

406 Bezogen auf die Gesamtheit von 514 Feldpost-UB-Titeln sind 125 Titel (24 %) als NS-affin zu klassifizieren.

407 *Deutsche Rassenpolitik* von Rudolf Frercks, *Die Berge* von Erwin Herbert Rainalter, *Das Begräbnis der Maio* von Erwin Wittstock, *Wie kam es zum Kriege 1939* von Wilhelm Ziegler, *Rübezahls Grab* von Friedrich Bischoff.

408 Vgl. Werbeprospekt *100 Freunde der Soldaten*. In: RAS, Mappe UB Feldpost. Der Anteil der NS-affinen Titel in den für den privaten Postversand konzipierten 5er-Packungen betrug

Der Behauptung Hildegard Böttchers[409] aus dem Jahr 1948, man habe bei der „auf ausdrückliche Anordnung der vorgesetzten Behörden [...] durchgeführte[n] Versorgung der Soldaten mit Lesestoff" erfolgreich vermieden, „ausgesprochene Naziliteratur zu verschicken", man habe stattdessen „darauf geachtet, daß nur gute Unterhaltungslektüre für diesen Zweck verwendet wurde"[410], ist folglich mit Nachdruck zu widersprechen.

Auf den direkten Vertrieb von Feldpost abseits der Wehrmachtsbestellungen, welcher den Sortimentsbuchhandel nahezu gänzlich umging, verwendete der Reclam Verlag erheblichen Aufwand. Zu Beginn des Kriegs bot der Verlag fünf verschiedene Möglichkeiten zur Truppenbelieferung an. Die 100 Nummern umfassende *tragbare Feldbücherei* (zu je 35 RM) wurde für Betriebe, Behörden, Organisationen und Vereine zusammengestellt, die Truppenteile, Kasernen, Bunker oder Lazarette durch eine größere Bücherspende unterstützen wollten.[411] Es handelte sich dabei um bücherbordähnliche Kästen mit Gurt und Schnürverschlüssen, die in fünf verschiedenen Varianten – jeweils unterteilt in die fünf Kategorien moderne deutsche, nordische und flämische Erzähler/klassische deutsche Erzähler/Weltliteratur/Dramen und Dichtungen/Geschichte,

immerhin 35 %, selbst in den Feldbüchereien (Zusammenstellungen von 5 Reihen je 100 Bänden in eigens gefertigten Transportkisten), die verhältnismäßig viele Klassiker enthielten, brachte der Reclam Verlag zu 24 % (96 von 387 Titeln) nazifiziertes Gedankengut unter. Vgl. Prospekt *Reclam-Hefte. Die Freunde des Soldaten in schwerer Zeit*; *Verzeichnis der Fünfer-Feldpostpackungen*; *Verzeichnis der einzelnen Feldpostpackungen aus Reclams Universal-Bibliothek*. In: RAS, Mappe UB Feldpost.

409 Hildegard Böttcher, geboren am 30.05.1903, war von 1919 bis 1922 zunächst als technische Hilfsarbeiterin in den Städtischen Bücherhallen Leipzig tätig. 1922 wechselte sie als erste Stenotypistin und Maschinenbuchhalterin zum Rat der Stadt Leipzig, wo sie jedoch 1933 nach § 4 des Berufsbeamtengesetzes vom 07.04.1933 fristlos entlassen wurde. Als Mitglied des Freigewerkschaftlichen Zentralverbandes der Angestellten wurde sie als eine der Beamten eingestuft, „die nach ihrer bisherigen politischen Betätigung nicht die Gewähr dafür bieten, dass sie jederzeit rückhaltlos für den nationalen Staat eintreten". *RGBl.*, Teil I 07.04.1933; vgl. Lebenslauf Hildegard Böttchers vom 11.02.1948. In: StadtAL, StVuR Nr. 9066, Bl. 23. Im November 1933 begann sie ihre Tätigkeit im Reclam Verlag zunächst in der Buchhaltung, später wirkte sie als Sekretärin Ernst Reclams und der Redaktion, ab Dezember 1947 als Prokuristin und schließlich, bis 1951, als Leiterin des Verlags. Vgl. Lebenslauf Hildegard Böttchers vom 11.02.1948. In: StadtAL, StVuR Nr. 9066, Bl. 23.

410 Stellungnahme Hildegard Böttchers (Prokuristin Reclam Verlag) vom 27.01.1948. In: SächsStA-D, 13471, Nr. ZA VI 2628/01, Bl. 47.

411 Vgl. Werbeprospekt *100 Freunde der Soldaten*. In: RAS, Mappe UB Feldpost. Es ist etwa überliefert, dass die Austria Vereinigte Emaillierwerke, Lampen und Metallwaren-Fabriken AG ihren eingezogenen Arbeitskollegen Reclam-Bändchen ins Feld schickte. So vermerkt die Vereinszeitschrift vom Januar/März 1943 unter der Rubrik „Unsere Soldaten-Betreuung", dass 2.436 Reclam-Hefte versandt wurden, die Ausgabe von Oktober/Dezember, dass 1.612 Päckchen mit 2.817 Reclam-Bändchen zur „Betreuung unserer Eingerückten" verschickt wurden. Vgl. *Austria Vereinigte Emaillierwerke, Lampen und Metallwaren-Fabriken* Januar/März 1943; *Austria Vereinigte Emaillierwerke, Lampen und Metallwaren-Fabriken* Oktober/Dezember 1943.

Landschaft, Volkskunde und Philosophie – erworben werden konnten.[412] Mit einem Widmungsblatt konnte sich der edle Spender, etwa der Arbeitgeber, auszeichnen. Zu Werbezwecken verwies der Verlag unter anderem auf das lobende Urteil eines Bataillonskommandeurs:

> Die Zusammenfassung Ihrer weltbekannten Reclambändchen in einer Feldbücherei ist für mich ein neuerlicher Beweis der Bedeutung Ihres Verlages und seiner führenden Stellung im Geisteskampfe unseres Volkes. Die Auswahl verrät ein ausgezeichnetes Verständnis für die geistigen Wünsche der Truppe.[413]

Als kleinere Form der einmaligen Zuwendung an Kameraden etwa aus Betrieben oder Behörden wurden die *Reclam Feldpostkassetten* konzipiert. Diese waren in 20 Ausführungen mit jeweils 25 Bändchen in kartonierter Ausstattung für 8,75 RM erhältlich. Außerdem gab es zehn unterschiedliche Zehner-Kassetten für 7,50 RM (gebundene Bändchen) oder für 3,50 RM (kartonierte Ausgaben).[414] Als laufende Zuwendung wurde der *Reclam Feldpostdienst* eingerichtet. Hierbei gaben Verwandte, Freunde oder Bekannte daheim die Anschriften mit den Feldpostnummern an, und der Reclam Verlag versandte monatlich oder in größeren Abständen ein, zwei, drei, fünf oder zehn Hefte aus seiner Sammlung direkt an die Feldpostanschrift. Die Auswahl oblag dem Verlag, Sonderwünsche konnten nicht berücksichtigt werden. Hierfür kam das Verfahren der Vorkasse zur Anwendung: Es wurden 20 RM auf das Konto des Verlags vorausgezahlt, die Abrechnung erfolgte vierteljährlich.[415] Ein weiteres Angebot zur ständigen Versorgung der Truppe bildeten die *Reclam Fünferpackungen*. Hierbei ergaben je fünf Reclam-Bändchen mit Widmungsblatt, in einem sogenannten Trickumschlag unter Ausnutzung des Höchstgewichts verpackt und versiegelt, das Feldpostpäckchen:

> Die Fünferpackung ergibt die vielfältigen Möglichkeiten, dem Frontsoldaten Dank für seinen Einsatz abzustatten. Die Geschenkpackung für die guten Absichten jeden Umfangs und für jeden Geschmack. Sie ist in 20 Zusammenstellungen lieferbar, alle in einer gesunden Mischung von Humorvollem, Unterhaltsamem, Spannendem und Besinnlichem ausgewählt.[416]

412 Vgl. Werbeprospekt *Reclam-Hefte. Die Freunde unserer Soldaten*. In: RAS, Mappe UB Feldpost.
413 Pohlmann, Hauptmann und Batl.-Kommandeur. In: Katalog *Reclams Universal-Bibliothek Katalog von A-Z. Nr. 1–7566*/Ausgabe 1943. In: RAS, Mappe UB Reihen.
414 Vgl. *Verzeichnis der einzelnen Feldpostpackungen aus Reclams Universal-Bibliothek*. In: RAS, Mappe UB Feldpost.
415 Vgl. Rundschreiben Feldpost-Abteilung an Wehrmachtsangehörige 1943; Werbeprospekt *Glückliche Stunden für unsere Soldaten*. In: RAS, Mappe Feldpost.
416 Werbeprospekt *Mein Wunschzettel*. In: RAS, Mappe UB Feldpost.

Diese Zusammenstellungen gab es in verschiedenen Varianten, sie kosteten pro Päckchen 1,75 RM. Das Porto war frei, Verpackung und Widmungsblatt kostenlos.[417] Darüber hinaus war als weitere Variante der Versand von Einzelbändchen möglich, und auch hier diente die UB als Grundlage, man konnte wählen zwischen dem Meisterband in Leinen (1 RM), dem Künstlerpappband (75 Pfennig) oder der kartonierten Ausgabe (35 Pfennig).[418]

Über die unterschiedlichen Formen des Feldversands gibt unter anderem der Werbeprospekt *Glückliche Stunden für unsere Soldaten* vom April 1940 Auskunft (Abb. 17), man beachte den hier in Szene gesetzten Titel. Insgesamt wurde die Werbung für die Feldpostausgaben sehr viel bunter und aufwändiger gestaltet sowie auf qualitativ hochwertigerem Papier hergestellt als die sonstige Verlagswerbung: Moderne Layouts auf Glanzpapier, intensive Farben und Fotografien fungierten als Eyecatcher (Abb. 18 und 19).

Im Mittelpunkt stehen zufrieden wirkende, lesende Soldaten, umrahmt von propagandistischen Slogans: „Der deutsche Soldat braucht dreierlei: Gute Waffen, gute Nahrung, gute Bücher. Oder kurz: Krupp, Landwirtschaft und Reclam“[419]. Neben diesen eher klassischen Formaten – Prospekt mit Aufzählung der verschiedenen Bezugsarten und Anpreisung der Vorteile des Reclam’schen

Abb. 17 Werbeprospekt *Glückliche Stunden für unsere Soldaten ...*, o. J. In: RAS, Mappe UB Feldpost. Alle Rechte vorbehalten.

Abb. 18 Werbeprospekt *Reclams Feldpostdienst*, o. J. In: RAS, Mappe UB Feldpost. Alle Rechte vorbehalten.

417 Vgl. Prospekte *Verzeichnis der einzelnen Feldpostpackungen aus Reclams Universal-Bibliothek; Reclams Feldpost-Packungen – 20 Beispiele; Verzeichnis der Fünfer-Feldpostpackungen aus Reclams Universal-Bibliothek*. In: RAS, Mappe UB Feldpost.

418 Vgl. Werbeprospekt *Glückliche Stunden für unsere Soldaten*. In: RAS, Mappe UB Feldpost.

419 Werbeprospekt *Glückliche Stunden für unsere Soldaten*. In: RAS, Mappe UB Feldpost.

Abb. 19 Werbeprospekt *Soldaten lesen Reclam Bände*, o.J. In: RAS, Mappe UB Feldpost. Alle Rechte vorbehalten.

Versands – setzte der Verlag auch gleichsam interaktive Werbemittel ein.

So wurden beispielsweise bereits an den Verlag adressierte blaue Postkarten hergestellt. Der Soldat brauchte nur noch unter den umseitig aufgelisteten 38 Titeln – „Das wollte ich schon längst mal lesen“[420] – durch Unterstreichung seine Wünsche kenntlich machen und seine Feldpostanschrift anzugeben. Noch einfacher war ein unter dem Titel *Mein Wunschzettel* vorformulierter Brieftext an Eltern und Freunde, in dem um den Versand von Reclam-Büchern gebeten wird, und den der Soldat nur noch unterschreiben musste; darunter eine abtrennbare Postkarte, ebenfalls an den Reclam Verlag adressiert, damit die Angesprochenen sogleich die Bestellung von Fünferpackungen in Auftrag geben konnten.

> An meine Eltern und Freunde!
>
> Ihr habt doch immer wissen wollen, womit ihr mir eine besondere Freude machen könnt. Schickt mir doch ein paar von den kleinen Reclambüchern. Sie lassen sich so gut in der Tasche tragen und kosten nur 35 Pfennig. Auf der angefügten Postkarte zeigt der Verlag gut gemischte Fünferpackungen an. Ihr braucht die Karte nur an eine Buchhandlung oder an den Verlag Reclam direkt einzusenden, dann werden mir die Hefte umgehend gesandt. Im übrigen bin ich gesund und frohen Mutes. Euer …[421]

Dass die noch erhaltenen Werbemittel nur bis 1940 datieren, dürfte ein Indiz dafür sein, dass im Zuge des enormen Bücherbooms und der kaum zu stillenden Nachfrage die Herstellung weiterer Werbemittel nicht mehr nötig war. Die zunehmenden Schwierigkeiten hinsichtlich Papierbeschaffung und Arbeitskräftemangel zwangen den Reclam Verlag vielmehr, sein Versandangebot sukzessive einzugrenzen. In einem ersten Schritt wurden 1943 aufgrund des Papiermangels *Reclams Reihenbändchen* als Noteditionen konzipiert.[422] Es handelte sich dabei um mehrheitlich ungeheftete,

420 Postkarte. In: RAS, Mappe UB Feldpost.

421 Werbeprospekt *Mein Wunschzettel*. In: RAS, Mappe UB Feldpost.

422 Der Titel war nicht neu. Bereits 1923 sollten unter ihm als neuer Marke Schullesestoffe zu erschwinglichen Preisen angeboten werden. Vgl. Reclam Verlag an Hans Franck im April 1923. In: LBMV, NL 08 Br Recl : Kasten 105. Die ersten Hefte der *Kleinen Feldpostreihe* erschienen im Mai 1943. Sie sollte Erzählungen enthalten, „die gerade unseren Soldaten Freude machen, ohne

20-seitige Drucke ohne stabilisierenden Umschlag.[423] Bis 1944 kam diese Kriegssonderreihe, die zunächst zehn, später fünfzehn Pfennig kostete, auf 45 Nummern,[424] wobei die Titel der Nummern 33 bis 40 nicht bekannt sind. Georg Ewald geht davon aus, dass sie nie produziert wurden.[425] Die vom Verlag ohne jede behördliche Einwirkung entwickelte Reihe war dazu bestimmt, von den Angehörigen privat an die Soldaten in einem normalen Brief verschickt zu werden; dem offiziellen Feldversand wurden die Hefte nicht übergeben. Bühler veranschlagte für die *Reihenbändchen* eine ungefähre Auflagenhöhe von 700.000 Exemplaren für das Jahr 1943,[426] wobei davon auszugehen ist, dass größere Mengen der Titel von staatlicher Seite aufgekauft und wie die offiziellen Feldpostbüchereien verschickt wurden.[427]

Als weitere Rationalisierungsmaßnahme wurde der direkte Feldversand begrenzt. So musste etwa der Feldpostdienst infolge Personalmangels und Materialschwierigkeiten ab 01.09.1943 vereinheitlicht und eingeschränkt werden. Von da an wurden die Sendungen nur noch in Abständen von zwei Wochen mit jeweils zwei Nummern verschickt (mehr als zwei Nummern hätten die zulässige Gewichtsgrenze von 100 g überschritten), der wöchentliche oder monatliche Turnus entfiel.[428] Während bis Dezember 1943 die Bestellung einzelner kartonierter Ausgaben noch möglich war – die gebundenen Ausgaben konnten bereits nicht mehr versandt werden – entfiel auch diese Option infolge der Bombenschäden am Produktionsstandort vom 04.12.1943.[429] Diese betrafen unter anderem das Lager, und es wurde somit nötig, die weiteren Sendungen ausschließlich aus der aktuellen Produktion zu bestreiten; der Versand von Katalogen und Verzeichnissen wurde damit obsolet. Zum gleichen Zeitpunkt senkte

daß nun etwa kriegerische Themen bevorzugt würden, im Gegenteil. Es soll bestes deutsches Erzählgut geboten werden, das von innen her stärkt." Nußbächer an Franck am 02.06.1943. In: LBMV, NL 08 Br Recl : Kasten 105.

423 Die 19 Druckseiten der UB (eine Seite wurde für den Titel benötigt) durften keinesfalls überschritten werden, je nach Drucktype entsprach dies etwa 13 Schreibmaschinenseiten. Analog zu den UB-Konditionen wurden die ersten 10.000 Exemplare zu 5 % Anteil am Ladenpreis im Voraus honoriert. Vgl. Nußbächer an Franck am 02.06.1943. In: LBMV, NL 08 Br Recl : Kasten 105.

424 Vgl. Bode 2003, S. 110 f.

425 Telefonische Auskunft Georg Ewald am 16.12.2010. Die für das Frühjahr 1944 vorgesehene Publikation der Erzählung *Eineinviertelmillion Schritte* von Hans Franck innerhalb der *Reihenbändchen* wurde beispielsweise nie gedruckt, obgleich sich Lektor und Autor bereits im Herbst 1943 einig waren, auch der Verlagsvertrag lag vor. Vgl. Nußbächer an Franck am 02.06.1943; Nußbächer an Franck am 06.11.1943; Franck an Nußbächer am 12.11.1943; Nußbächer an Franck am 23.11.1943; Nußbächer an Franck am 01.09.1944; Franck an Müller am 15.02.1945. In: LBMV, NL 08 Br Recl : Kasten 105.

426 Vgl. Bühler; Bühler 2002, S. 123. Wie er zu dieser Annahme gelangte, konnte nicht geklärt werden. Die Archivmaterialien geben hierüber keinerlei Auskunft, auch telefonische Erkundigungen bei Georg Ewald sowie Dr. Dietrich Bode am 16.12.2010 konnten diese Annahme nicht verifizieren.

427 Vgl. Briegleb 1971, S. 92.

428 Vgl. Mitteilung Feldpost-Abteilung vom August 1943. In: RAS, Mappe Feldpost UB.

429 Vgl. dazu Kapitel 2.3.5.

man den Vorauszahlungsbetrag für den Feldpostdienst um die Hälfte, von 20 auf 10 RM,[430] wobei offenbleiben muss, ob oder inwieweit dies auf gesunkene Nachfrage zurückzuführen ist. Spätestens ab 1943 konnte auch nicht mehr portofrei geliefert werden, da das Reichspostministerium entschieden hatte, dass die Verlage nun ihre Sendungen an Wehrmachtsangehörige frankieren müssten. Gleichzeitig wurde es notwendig, die Soldaten zu bitten, zusammen mit Bestellungen die erforderliche Anzahl von Zulassungsmarken zu übermitteln, oder aber die Heimatanschrift für den Versand anzugeben. Diese und weitere Neuerungen wurden den Wehrmachtsangehörigen bedauernd in Rundschreiben mitgeteilt:

> Infolge großer Überlastung der wenigen noch verbliebenen Arbeitskräfte sind wir gezwungen, auf Ihre Fragen in dieser Art zu antworten. Bitte haben Sie für die zeitbedingte Schema-Erledigung Verständnis. Es ist uns eine selbstverständliche Pflicht, die Wehrmachtsangehörigen trotz Schwierigkeiten aller Art auch im 5. Kriegsjahr nach bester Möglichkeit zu betreuen. Seien Sie überzeugt, daß wir hierfür alle Kräfte einsetzen werden.[431]

Auch eine Beförderung von Titeln als „Dienstpaket" war durch einen Entscheid der Wehrmachtsbriefstelle IV Ende 1943 nicht mehr zulässig. Der Verlag hatte versucht, „in Anbetracht der besonderen Inanspruchnahme unseres Verlages eine Ausnahme zu erwirken, doch wurde das Gesuch strikt abgelehnt."[432] Gegen Ende 1943 war bis zum 27.12.1943 eine Feldpostsperre verhängt worden, zulässig waren nur noch Briefe bis zu 20 g Höchstgewicht. Damit wurde der Feldpostdienst des Verlags unterbrochen, und auch nach Aufhebung der Postsperre konnte der Verlag aufgrund „unvorhergesehener Ereignisse" die Durchführung dieses Dienstes erst am 02.02.1944 wieder aufnehmen.[433]

2.3.2 Produktionskennzahlen im Vergleich

Aufgrund der staatlichen Papierbewirtschaftung sind für die Jahre 1940–1942 für den gesamten deutschen Buchhandel die Zahlen der produzierten Exemplare sowie die Mengen des dafür benötigten Papiers bekannt.[434] Anhand der Anzahl neu erschienener und neu aufgelegter Titel lässt sich der Höhepunkt der Buchproduktion in der NS-Zeit

430 Vgl. Mitteilung Feldpost-Abteilung 1943. In: RAS, Mappe Mitarbeiter I.
431 Mitteilung Feldpost-Abteilung 1943. In: RAS, Mappe Mitarbeiter I.
432 Feldpostabteilung an Wehrmachtsangehörige. In: RAS, Mappe Mitarbeiter I.
433 Vgl. Verlagsmitteilung vom 07.02.1944. In: RAS, Mappe UB Feldpost.
434 Höchstwahrscheinlich gelten die Angaben nur für Titel, die den staatlichen Papiergenehmigungsprozess durchliefen – was Verlage aus eigenen Reserven oder über andere Papierbezugswege herstellen konnten, wird durch diese Zahlen vermutlich nicht erfasst.

zwischen 1939 und 1942 festmachen,[435] wobei der absolute Produktionshöhepunkt 1941 bei 341.889.138 Exemplaren liegt, die aus 61.432.196 Kilogramm Papier hergestellt wurden.[436] Ab 1943 und verstärkt 1944 nahm die Verlagsproduktion spürbar ab.

Nicht so bei Reclam. Abbildung 20[437] visualisiert alle relevanten Produktionskennzahlen: Anzahl der jährlich produzierten Exemplare, differenziert nach UB und VW, sowie nach Neuerscheinungen und Nachauflagen, Anzahl der produzierten Titel mit Differenzierung nach UB, Verlagswerk, Neuerscheinungen.

Die Entwicklung der absoluten Exemplarzahlen zeigt, dass Reclams Produktionshoch in den Jahren 1942 (9.128.900 Exemplare) und 1944 (9.038.000 Exemplare)[438] lag. 1943 hingegen gab es im Vergleich zum Vorjahr einen Rückgang um 17 % auf 7.575.760 Exemplare. Es ist anzunehmen, dass infolge der beiden schweren Bombenangriffe vom 20. Oktober und 4. Dezember 1943 im letzten Quartal des Jahres nahezu keine Produktion mehr stattgefunden hat. Der aufwendige Prozess der Verlagerung von Lager und Produktion,[439] der im Jahr 1944 dieselbe Produktionsleistung wie zuvor ermöglichte, setzte vollumfänglich erst Ende 1943 ein, und konnte so im letzten Quartal noch keine Wirkung zeigen. Die Daten im Auflagenbuch der UB nach Jahren untermauern diese Annahme: Nach dem 19.10.1943 fand keine nennenswerte Produktion mehr statt. Am 2. und 5. November wurden lediglich 360.000 Exemplare verzeichnet (das entspricht knapp 4 % des Volumens von 1942), der nächste Eintrag ist auf den 03.01.1944 datiert.[440] Im Folgejahr, wenige Wochen nach dem Angriff, nahm der Verlag die Produktion in großem Stile wieder auf, von ernsthaften Produktionseinschränkungen kann somit nicht die Rede sein. Dem folgend zeigt Abbildung 20,

435 Vgl. Bühler; Bühler 2002, S. 85.

436 Zahlen für 1943 und 1944 liegen nicht vor. Interessant ist, dass 1942 mit annähernd der doppelten Papiermenge im Vergleich zu 1940 (1940: 29.580.318 kg; 1942: 50.351.034 kg) nur knapp 8 % mehr Exemplare hergestellt wurden. (1940: 242.276.804 Exemplare; 1942: 244.208.108 Exemplare). Vgl. Bericht über eine gemeinsame Sitzung des Rates der Gruppe Buchhandel und des Kleinen Rates des Börsenvereins am 05.10.1943 in Leipzig, S. 3. In: SächsStA-L, 21765 Börsenverein der Deutschen Buchhändler zu Leipzig (I), Nr. 737; Papierverbrauchs- und Bücherproduktionsstatistik. In: SächsStA-L, 21765 Börsenverein der Deutschen Buchhändler zu Leipzig (I), Nr. 599.

437 Eigene Erhebung. Datengrundlage: Verlagsbibliografie und Auflagenbücher des RAS. Vgl. Kapitel 2.1.1, Fußnote 218.

438 Unklar ist, warum der Verlag in einer Meldung zum Befehl Nr. 8 des Militärkommandanten der Stadt Leipzig für das Jahr 1944 eine Produktion von ca. 4.350.000 UB-Heften angab – also knapp die Hälfte der oben angegebenen Produktion. Vgl. Reclam Verlag an IHK am 17.08.1945. In: RAL, Akte 51. Möglicherweise sind hiermit nur alle Neuauflagen und neu gesetzten Titel gemeint und nicht sämtliche Nach- und Erstdrucke. Es finden sich jedoch in anderen Dokumenten weitere abweichende Produktionsangaben für 1944.

439 Vgl. dazu Kapitel 2.3.7.

440 Eine Selbstauskunft des Verlags, Reclam habe im Jahr 1943 – vor den Bombenschäden – die Produktionshöchstleistungen erzielt, gleichsam jedoch Produktionstiefstände in den Monaten nach den Fliegerschäden gehabt, belegt diese Annahme des Weiteren. Vgl. Notiz zu Produktionsfragen o. D. In: RAL, Ordner 15.

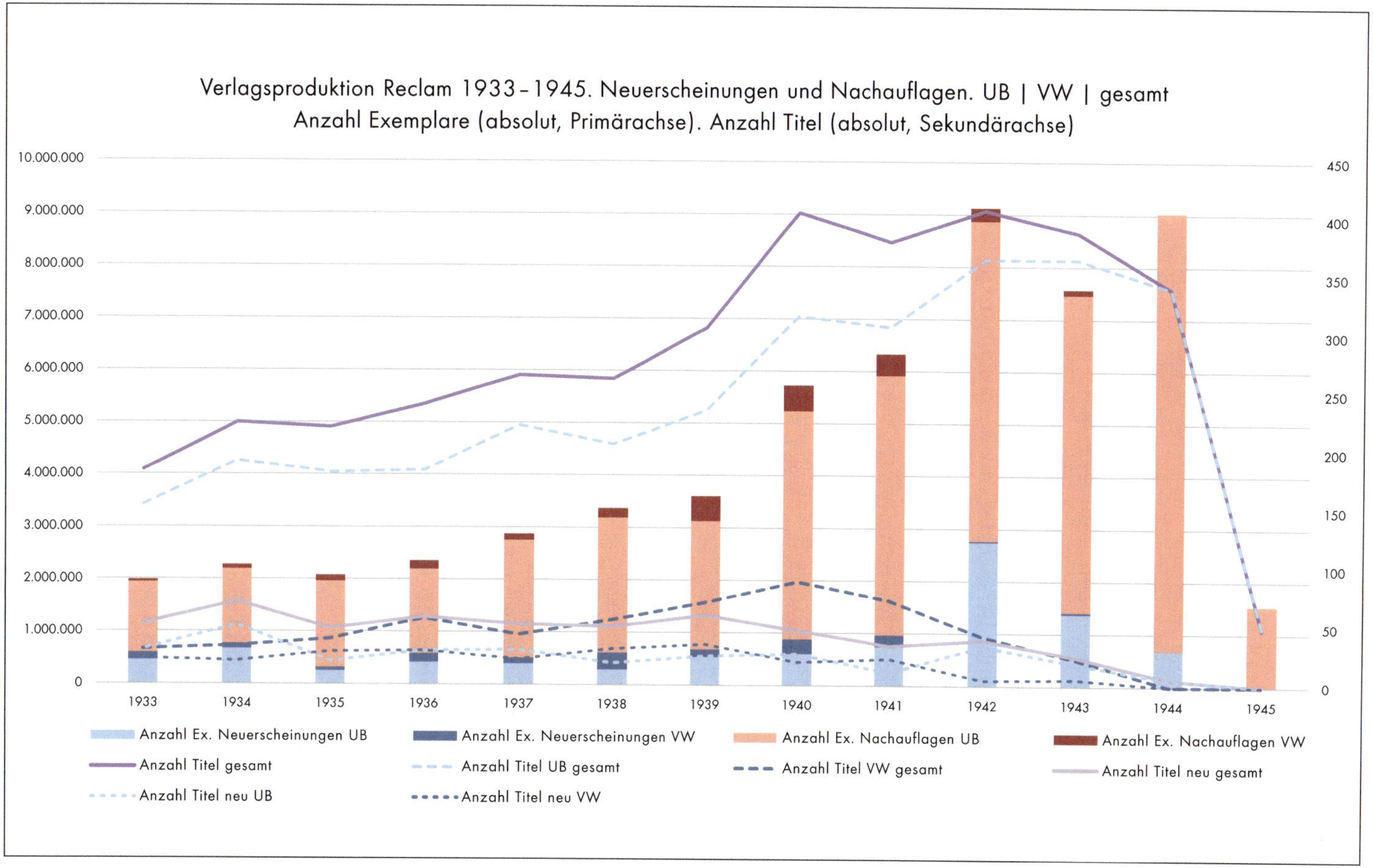

Abb. 20 Verlagsproduktion Reclam 1933–1945. Neuerscheinungen und Nachauflagen. UB | VW | gesamt. Anzahl Exemplare (absolut, Primärachse). Anzahl Titel (absolut, Sekundärachse)

dass während des Kriegs wesentlich mehr gedruckt wurde[441] als zu Friedenszeiten. Zwischen 1933 und August 1939 betrug die Gesamtproduktion (UB, VW, Erst- und Nachauflagen) 17.030.021 Exemplare; in dem – sogar etwas kürzeren Zeitraum – von September 1939 bis zum 19.03.1945 konnte sie um 240 % gesteigert werden, auf 40.857.703 Exemplare. Beim Eugen Diederichs Verlag lag das Produktionshoch, leicht gegenläufig zu Reclam, mit 1.627.000 Exemplaren im Jahr 1943 (Abb. 21[442]), während der EDV in den Jahren 1942 und 1944 deutlich weniger Exemplare (890.500 bzw. 1.069.600 Exemplare) herstellte. In der Summe war die Kriegsproduktion bei EDV (7.033.000 Exemplare) aber ebenfalls deutlich höher als zuvor (4.366.750 Exemplare), wenn auch mit 161 % im Vergleich zu Reclam weniger stark steigend.[443]

Der Nachdruck älterer Titel spielte dabei für beide Verlage eine zentrale Rolle, wobei dieser Schwerpunkt bei Reclam mit durchschnittlich 80 % aller gedruckten Exemplare stärker ausgeprägt war als beim EDV mit 67 %. Ebenso wie der Reclam Verlag konnte EDV trotz der erschwerten Produktionsbedingungen (blockierende Genehmigungsprozesse, Papierzuteilung, Personalentzug, Stromeinsparungen, Schäden durch Bombenangriffe) beachtliche Mengen herstellen, wenn auch in anderen Größenordnungen. Obwohl der EDV bereits im Oktober 1939 Prospekte drucken ließ, in denen ausdrücklich mit der Eignung der Bändchen der *Deutschen Reihe* für den Feldpostversand geworben wurde, und obwohl EDV wie Reclam die Bändchen bald in einfacherer Ausstattung produzierte – nur geheftet statt kartoniert,[444] womit nochmals deutlich Gewicht eingespart werden konnte[445] – lag die Gesamtzahl der Exemplare der Kriegsproduktion des EDV im Vergleich nur bei

441 Ab 1941 wurden zwei eigens für die UB konstruierte Bogen-Rotationsschnellpressen (eine kleine und eine große) für den Druck von Werken mit höheren Auflagen eingesetzt. Auf beiden wurden Auflagen zwischen 20.000 und 150.000 Exemplaren gedruckt, wobei die niedrigen Auflagen mit 20.000 oder 30.000 Exemplaren einen nicht geringen Teil ausmachten. Vgl. Zeittafel zur Verlagsgeschichte, S. 48. In: RAL, Ordner 3. Eine der beiden Rotationsmaschinen war in der Schweiz erworben worden, ein weiteres Gerät der Druckerei – eine Monotype-Anlage – in Ungarn. Vgl. Devisenprüfungsbericht Devisenstelle vom 22.12.1941, S. 9. In: SächsStA-L, 21033, Nr. 1438.

442 Datengrundlage: Triebel 2001, Tabelle 2: Produktionszahlen Frühjahr 1927 bis Frühjahr 1945.

443 Für die Hanseatische Verlagsanstalt liegen Produktionszahlen für die Jahre 1939 und 1940 vor: Mit gesamt 1.785.000 Exemplaren 1939 (685.000 Bände für den freien Buchhandel, 1,1 Millionen Bände für die Buchgemeinschaft) und 2,3 Millionen Bänden 1940 (1,2 Millionen Bände für den freien Buchhandel, 1,1 Millionen für die Buchgemeinschaft) ist die Produktion der HAVA fast doppelt so hoch wie die des EDV (1939: 946.800 Exemplare, 1940: 1.201.300 Exemplare), liegt jedoch nur bei 49 % bzw. 40 % des Reclam Verlags (1939: 3.606.584 Exemplare, 1940: 5.730.400 Exemplare) Vgl. Lokatis 1992, S. 127.

444 Zudem verzichtete der Verlag auf seine Honoraranteile. Im Gegensatz zum Reclam Verlag zollte der EDV der einfacheren Ausstattung Tribut und senkte den Preis der für die Feldpost vorgesehenen Heftchen der *Deutschen Reihe* von 0,80 RM auf 0,50 RM. Vgl. Triebel 2001, S. 227.

445 Vgl. Triebel 2001, S. 225.

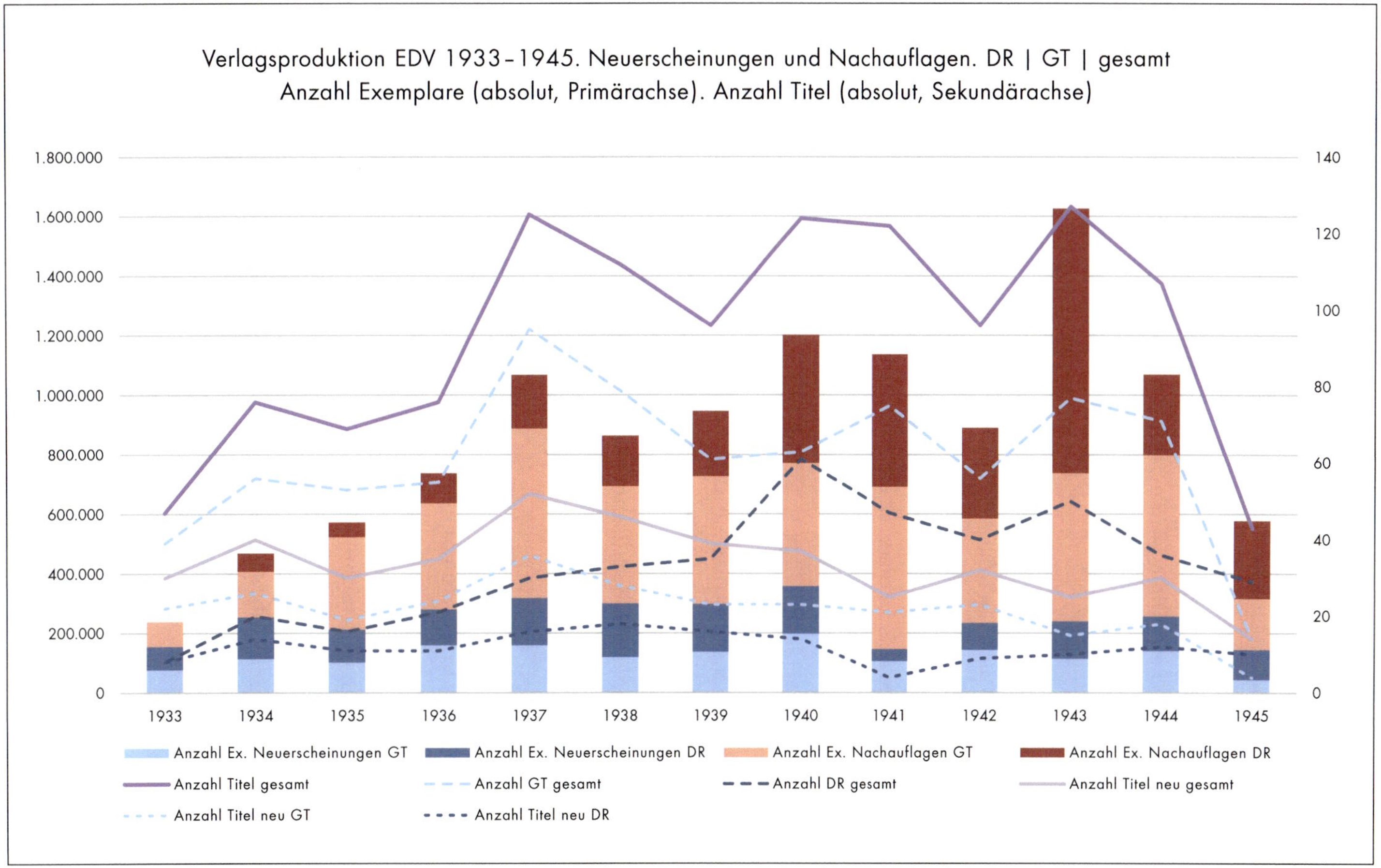

Abb. 21 Verlagsproduktion EDV 1933–1945. Neuerscheinungen und Nachauflagen. DR | GT | gesamt. Anzahl Exemplare (absolut, Primärachse). Anzahl Titel (absolut, Sekundärachse)

17,2 % der Reclam-Produktion.[446] Dies erklärt sich vorrangig aus dem schmaleren Verlagsprogramm des insgesamt kleineren Verlagsunternehmens, das schlicht weniger Titel im Angebot hatte als der Riese Reclam. Die Gesamtzahl der pro Jahr produzierten Titel (Neu- und Nachproduktion) steigerte sich bei Reclam kontinuierlich, mit Höhepunkten 1940 (406 Titel) und 1942 (408 Titel). In den Folgejahren wurden zwar deutlich weniger Titel produziert, 5 % weniger 1943 und nochmals 12 % weniger 1944, aber in diesen beiden Jahren wurden mit 389 bzw. 341 Titeln immer noch mehr Titel hergestellt als 1939 (107). Die Anzahl der Ersterscheinungen sank bei Reclam dafür deutlich von 60 Titeln im Jahr 1939 auf 39 im Jahr 1942 bzw. auf sechs im Jahr 1944.

Der EDV dagegen edierte in Summe deutlich weniger Titel. Im Gegensatz zu Reclam ist kein kontinuierlicher Anstieg der Titelzahl zu verzeichnen (zwischen 1937 und 1944 schwankte die Verlagsproduktion des EDV relativ stark zwischen 96 und 127 hergestellten Titeln jährlich), allerdings sinkt die Anzahl der neu edierten Titel im Vergleich zu Reclam deutlich weniger, ist jedoch ebenfalls Schwankungen unterworfen. Die Entwicklung der durchschnittlichen Auflagenhöhe verläuft hingegen zunächst ähnlich, unterscheidet sich jedoch in den Kriegsjahren signifikant.

Abbildung 22[447] zeigt, dass beide Verlage die Titel ihrer Heftchenproduktion (UB Reclam, DR EDV) bis Kriegsbeginn in ähnlichen Auflagenhöhen produzierten. Ab 1940 steigt die durchschnittliche Auflagenhöhe der UB-Titel jedoch rasant von 12.666 Exemplaren 1939 auf 24.208 Exemplare 1942 und auf 26.504 Exemplare 1944. Dem bereits analysierten Verlauf der Buchproduktion folgend, bildet das Jahr 1943 bei EDV den Höhepunkt mit durchschnittlich 20.3000 Exemplaren pro DR-Titel – durch die Folgen der schweren Bombenangriffe auf Leipzig nun nahezu gleichauf mit der Reclam'schen UB-Produktion –, allerdings übertrifft die durchschnittliche UB-Auflagenhöhe 1944 die des EDV dann wieder um über 150 %. Interessant ist zudem, dass der EDV sowohl 1935–1937 und verstärkt ab 1942 Verlagswerke in größeren Formaten (GT = Gebundene Titel bei EDV, VW = Verlagswerk bei Reclam) in weit höheren Auflagen herstellte als Reclam. Während Reclam die Produktion von Verlagswerken 1944 und 1945 nahezu gänzlich einstellt,[448] werden die gebundenen Titel des EDV sogar in durchschnittlich höheren Auflagen hergestellt als die Hefte

446 Für die HAVA sind für das Jahr 1943 Produktionszahlen bekannt: 1,5 Millionen Bände wurden 1943 in zehneinhalb Monaten gefertigt – eine dem EDV vergleichbare Größenordnung (1.627.000 Exemplare). Vgl. Lokatis 1992, S. 166. Der Reclam Verlag gehört somit mit 7.575.760 Ex. tatsächlich zu den Großproduzenten.

447 Reclam: VW = Verlagswerke, UB = Universal-Bibliothek; EDV: GT = gebundene Titel, DR = Deutsche Reihe. Datengrundlage: Verlagsbibliografie und Auflagenbücher des RAS. Vgl. Kapitel 2.1.1, Fußnote 218; Triebel 2001, Tabelle 2: Produktionszahlen Frühjahr 1927 bis Frühjahr 1945.

448 Für die beiden für 1944 geplanten Verlagswerke *Regine und die Ahnherren* von Siegfried Berger und *Große Naturärzte* von Alfred Brauchle konnten keine Auflagenzahlen ermittelt werden.

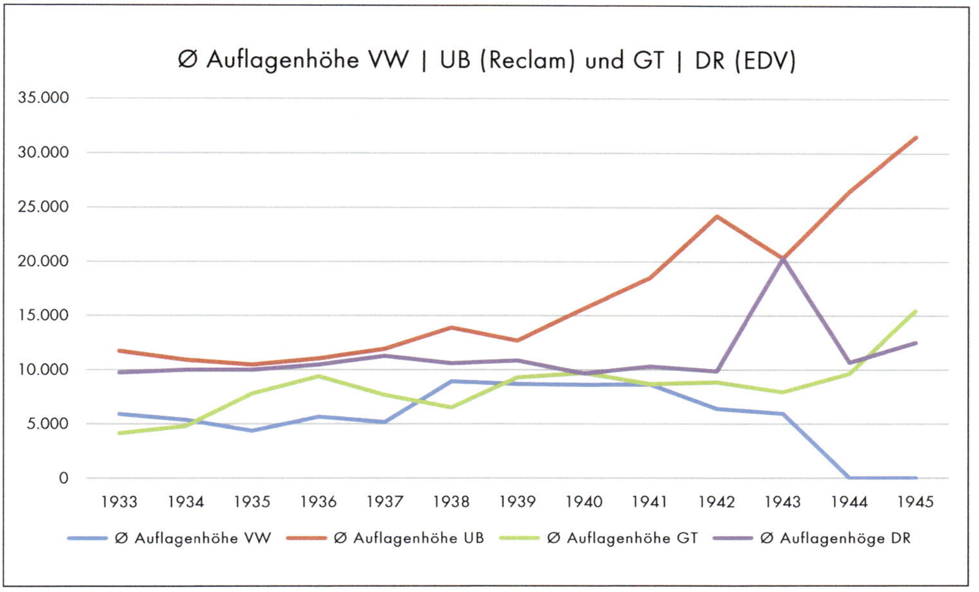

Abb. 22 Durchschnittliche Auflagenhöhe VW/UB (Reclam) und GT/DR (EDV)

der *Deutschen Reihe.*[449] Die Analyse des Anteilsverhältnisses der Heftchenproduktion und der Werke größeren Formats (Abb. 23[450]) zeigt ebenfalls deutlich, dass der EDV den gebundenen Titeln deutlich mehr Gewicht einräumt als der Reclam Verlag. Mit Ausnahme der Jahre 1943 und 1945 machen die gebundenen Titel des EDV mindestens die Hälfte der Gesamtproduktion aus, 1935 sogar 72 % und auch 1944 liegen die GT bei 64 % – trotz des boomenden Feldpostgeschäfts. Beim Reclam Verlag machen die aufwendiger produzierten Verlagswerke in den Jahren 1933–1941 dagegen im Schnitt nur einen Anteil von 11 % aus, mit einem kurzen Höhepunkt 1939 (17,1 %), um nach 1941 mit 2,9 % (1942), 1,8 % (1943) und 0 % in den Folgejahren in der Bedeutungslosigkeit zu verschwinden.

449 Unter normalen Umständen galt vor dem Bücherboom des Weltkriegs der Verkauf von 5.000 Stück als gutes Geschäft. Vgl. Lokatis 1992, S. 134. Mit dieser Kennzahl lässt sich die Heftchenproduktion der beiden Verlage aufgrund der spezifischen Charakteristika schwerlich vergleichen. In Bezug auf die gebundenen Werke größeren Formats lässt sich beobachten, dass der Reclam Verlag bereits ab 1938 die durchschnittliche Auflagenhöhe seiner Verlagswerke nahezu von 5.000 auf knapp 10.000 Exemplare verdoppelte, doch bereits 1942 setzte ein starker Rückgang ein, der letztlich in die Einstellung der VW-Produktion mündete. EDV hingegen produzierte mit Ausnahme der Jahre 1933/1934 und 1938 stets knapp 10.000 Exemplare seiner gebundenen Titel und steigerte diese Zahl 1944 und besonders 1945 nochmals deutlich.

450 Reclam: VW = Verlagswerke, UB = Universal-Bibliothek; EDV: GT = gebundene Titel, DR = Deutsche Reihe. Datengrundlage: Verlagsbibliografie und Auflagenbücher des RAS. Vgl. Kapitel 2.1.1, Fußnote 218; Triebel 2001, Tabelle 2: Produktionszahlen Frühjahr 1927 bis Frühjahr 1945.

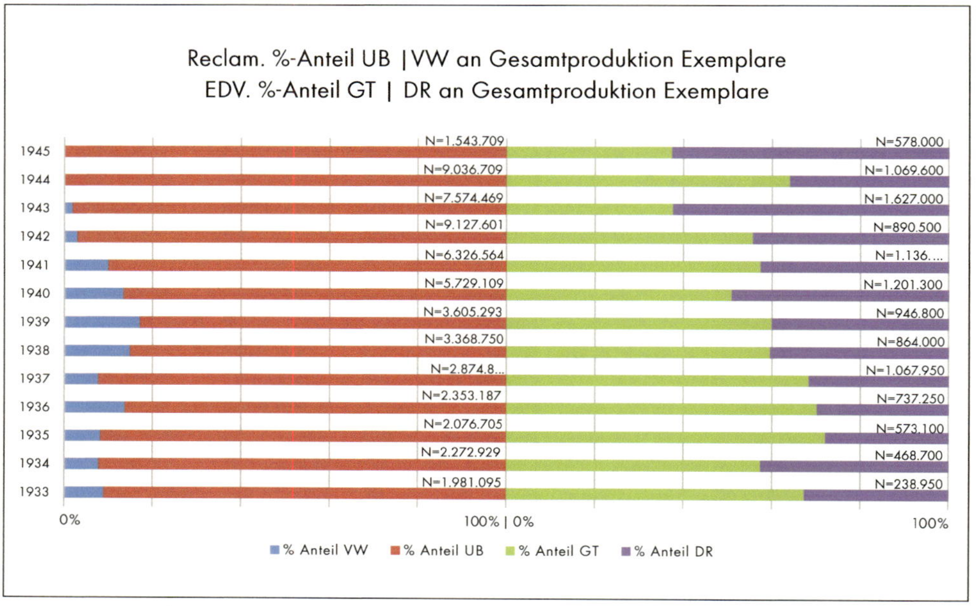

Abb. 23 Reclam. Prozentualer Anteil UB | VW an Gesamtproduktion Exemplare. EDV. Prozentualer Anteil GT | DR an Gesamtproduktion Exemplare

Folglich wurden zwar auch beim EDV zahlreiche Heftchen der *Deutschen Reihe* hergestellt, jedoch mit einem deutlich geringeren Anteil als dem der UB bei Reclam im Vergleich zu den Verlagswerken. Eine geringere Beteiligung des EDV am Feldpostgeschäft lässt sich zwar nicht direkt schlussfolgern, aber zumindest vermuten.

Sowohl Reclam als auch EDV wurden als kriegswichtige Unternehmen eingestuft und standen auf der zunehmend kleiner werdenden *Liste der beizubehaltenden Verlage*,[451] die auch nach Herbst 1944 weiter als Verlag tätig sein durften. Insofern kann von ernsthaften oder gar existenzbedrohlichen Einschränkungen der Verlagsarbeit letztlich nicht die Rede sein, im Gegenteil: Bis zum 19.03.1945 kamen noch 49 Titel in 1.608.000 Exemplaren zum Druck, der Großteil davon im Januar. Auch beim EDV spiegeln die Zahlen nur die Produktion des Frühjahres 1945. Beide Verlage weisen für den Beginn des letzten Kriegsjahres die mit Abstand größten durchschnittlichen Auflagenhöhen auf: die gebundenen Titel des EDV mit 15.429 Exemplaren, die *Deutsche Reihe* mit durchschnittlich 12.483 Exemplaren, die UB gar mit 31.531 Exemplaren pro Titel, was einer Steigerung der durchschnittlichen UB-Auflagenhöhe um knapp 270 % gegenüber dem Jahr 1933 entspricht. Aus ökonomischer Sicht hatte das Jahr 1945 für beide Verlagshäuser somit durchaus positiv begonnen; neue Produktionsrekorde wären möglicherweise bei länger andauernden Kriegshandlungen zu erreichen gewesen.

451 Vgl. Liste der beizubehaltenden Verlage. In: BArch, R 56-V/182, Bl. 364.

2.3.3 Umsätze und Gewinne im Krieg – eine Bilanz

Dank der massiv gesteigerten Nachfrage nach Büchern während des Kriegs konnten die Verlage unter Einsparung nahezu sämtlicher Vertriebs- und Werbekosten nahezu alles absetzen – auch Ladenhüter. Eine Kombination aus durch Großauflagen erhöhtem Angebot (und dessen komplettem Absatz) und gesunkenen Herstellungskosten ermöglichte den Verlagen ein rentables Arbeiten, wie es weder vor noch nach dem Zweiten Weltkrieg je zu verzeichnen war[452] und Umsätze und Gewinne der verbliebenen Verlage in ungekannte Höhen steigen ließ.[453] Die staatlich geförderte Tendenz zu Großauflagen, welche wirtschaftlicher und mit höheren Gewinnmargen hergestellt werden konnten als kleinere Stückzahlen, ist für die gesamte Branche nachzuweisen. So lag die durchschnittliche Auflage im Gesamtbuchhandel 1940 bei 11.000, 1941 bei 18.000 Exemplaren,[454] beim Reclam Verlag sogar noch deutlich darüber (vgl. Kapitel 2.2.2.1). Die durchschnittliche Auflagenhöhe der Titel der UB hatte sich von 1939 zu 1942 fast verdoppelt, von 12.600 auf 24.200 Exemplare. In zunehmendem Maße wurden kaum weniger als 20.000 Exemplare pro Titel produziert, in der Mehrzahl wurden 30.000er und 50.000er Auflagen hergestellt, vereinzelte Titel erreichten Spitzenauflagen von über 150.000 Stück.

Abbildung 24[455] zeigt eindrücklich den massiv gesteigerten Gewinn in den Jahren 1940 bis 1943 sowie die wirtschaftlich ausgesprochen günstige Entwicklung der durchschnittlichen Herstellungskosten und Gewinne – nicht Umsätze – je Exemplar, wobei zu beachten ist, dass die in absoluten Zahlen steigenden Herstellungskosten zwangsläufige Folge der weit höheren Zahl hergestellter Exemplare sind. Bereits 1944 und vor allem 1945 erwirtschaftete der Verlag jedoch Verluste (-180.000 bzw. -312.000 RM) und das Verhältnis von Kosten zu Gewinn bzw. Verlust je Exemplar ist – allerdings aufgrund exogener, vor allem durch Bombenschäden bedingter Faktoren – das schlechteste des gesamten Untersuchungszeitraums.[456]

452 Vgl. Adam 2010, S. 296 f.

453 Die Frage, welchen Anteil am Umsatz der Buchhandel bzw. Geschäfte mit NS-Formationen/NS-Massenbuchhandel hatten, bleibt dabei unbeantwortet.

454 Vgl. Adam 2016, S. 69.

455 Eigene Erhebung. Datengrundlage: Verlagsbibliografie, Auflagenbücher des RAS sowie die Bilanzen und Verlust- und Gewinnrechnungen 1933–1945. Vgl. Kapitel 2.1.1, Fußnote 218. Hier und im Folgenden werden erneut die Gewinne, die den Bilanzen jahresübergreifender Geschäftsjahre entnommen wurden (01.09.–31.08.), der Übersicht halber den Jahresangaben der Titelproduktion nach Kalenderjahren zugewiesen. Eine gewisse methodische Unschärfe bleibt somit bestehen, auch weil die genaue Berechnung der Bilanzwerte im Detail nicht nachvollziehbar ist. Ziel der Auswertung ist daher nicht die Ermittlung verlässlicher absoluter Werte, sondern das Aufzeigen von Entwicklungen und Tendenzen.

456 Zum 31.08.1944 betrug die Summe der Sachschäden 3.410.784 RM, die der Nutzungsschäden 49.986 RM. Vgl. Wirtschaftsverständiger Karl Fritz Moser am 09.07.1948: Bericht über die bei der Firma Philipp Reclam jun. durchgeführte Buch- und Betriebsprüfung. In: SächsStA-D, 13471, Nr. ZA VI 2628/01, Bl. 80. Infolge der Bombenschäden sind acht Millionen UB-Nummern verbrannt. Vgl. Stellungnahme Ernst Reclams [um 1948], S. 6. In: RAS, Mappe Dr. Ernst Reclam.

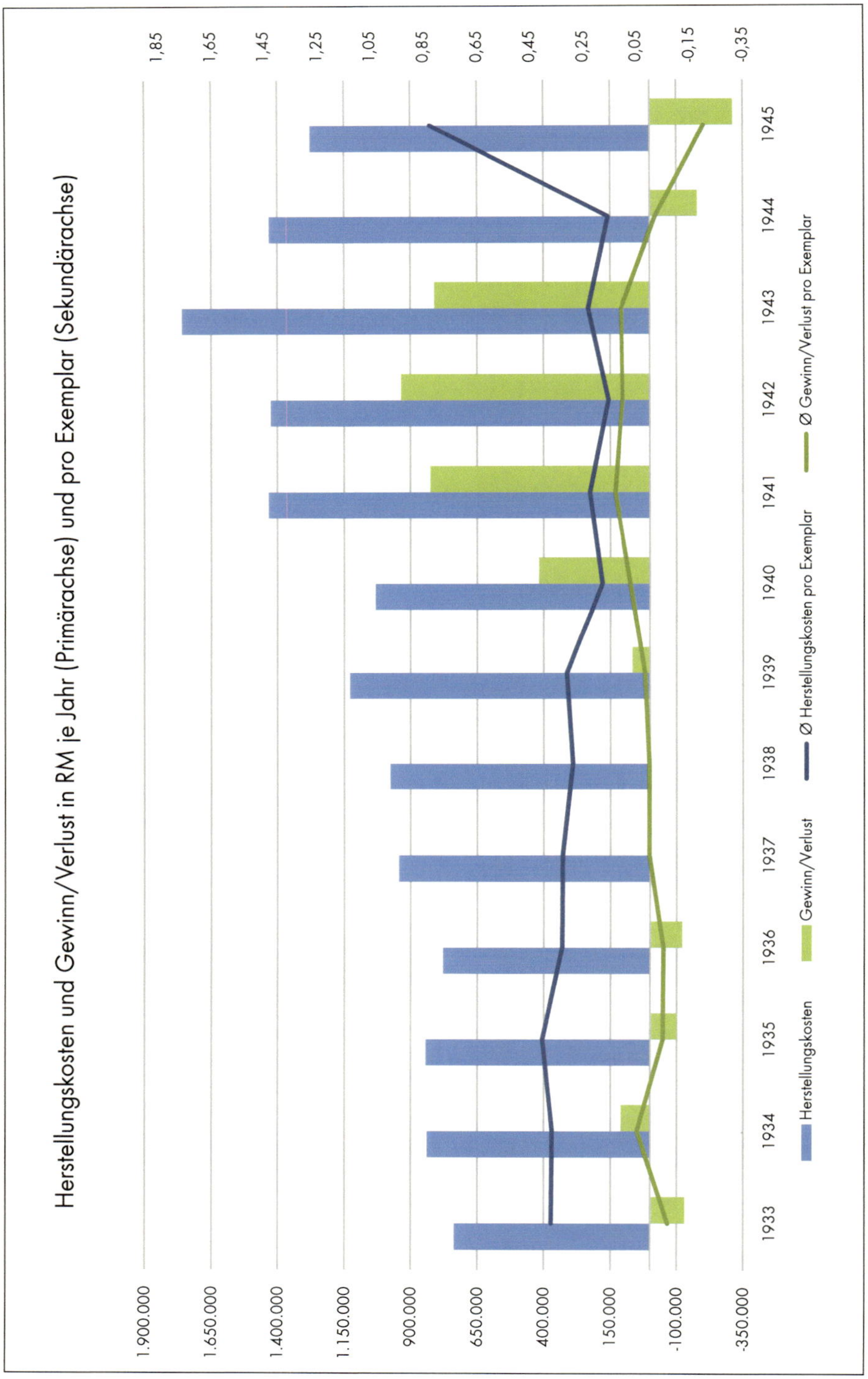

Abb. 24 Herstellungskosten und Gewinn/Verlust in RM je Jahr (Primärachse) und pro Exemplar (Sekundärachse)

Die Abbildungen 25[457] und 26[458] visualisieren durch den Vergleich der aufgewendeten Kosten und der erzielten Gewinne je Exemplar und je Titel bis 1944 die enorme Ertragskraft der Kriegswirtschaft. Die Kurven zur Gewinn/Verlust-Entwicklung nehmen einen ähnlichen Verlauf; die erwirtschafteten Verluste zu Beginn der 1930er Jahre werden sowohl auf Titel- wie auf Exemplarebene sichtbar. Der Gewinn je Exemplar hat sich von 1937 zu 1941 allerdings um das 63fache erhöht, während sich der Gewinn je Titel sogar nahezu verhundertfacht hat. Die Herstellungskosten je Exemplar sinken über den gesamten Untersuchungszeitraum sukzessive ab, von 0,37 RM 1933 auf durchschnittlich 0,19 RM in den Kriegsjahren, wobei 1942 und 1944 mit je 0,16 RM Herstellungskosten pro Exemplar die effizientesten Jahre sind. Die durchschnittlichen Herstellungskosten je Titel hingegen sinken aufgrund der steigenden Auflagenzahlen nicht nennenswert.

Interessant ist ein Vergleich mit den Kennzahlen des EDV. Die Abbildungen 27[459] und 28[460] zeigen, dass die tendenzielle Entwicklung der durchschnittlichen Herstellungskosten sowie der Gewinne bzw. Verluste nach Exemplar und Titel beider Verlage ähnlich verläuft. Beide starten mit geringen oder negativen Betriebsergebnissen in die Zeit der Diktatur und erhöhen in deren Verlauf den durchschnittlichen Gewinn sowohl je Titel als auch je Exemplar bei gleichzeitigem – wenn auch weniger signifikanten – Absinken der durchschnittlichen Herstellungskosten.

457 Eigene Erhebung. Datengrundlage: Verlagsbibliografie, Auflagenbücher des RAS sowie die Bilanzen und Verlust- und Gewinnrechnungen 1933–1945. Vgl. Kapitel 2.1.1, Fußnote 218.

458 Eigene Erhebung. Datengrundlage: Verlagsbibliografie, Auflagenbücher des RAS sowie die Bilanzen und Verlust- und Gewinnrechnungen 1933–1945. Vgl. Kapitel 2.1.1, Fußnote 218.

459 Eigene Erhebung. Datengrundlage: Verlagsbibliografie, Auflagenbücher des RAS sowie die Bilanzen und Verlust- und Gewinnrechnungen 1933–1945. Vgl. Kapitel 2.1.1, Fußnote 218. Die Angaben für den EDV wurden auf Basis der von Triebel ermittelten Kennzahlen berechnet. Vgl. Triebel 2001, Tabelle 1: Bilanzkennzahlen 1930 bis 1949, Tabelle 2: Produktionszahlen Frühjahr 1927 bis Frühjahr 1945. Für die Jahre 1933–1942 wurde der Reingewinn verwendet, für die Jahre 1943 und 1944 aufgrund mangelnder Informationen zum Reingewinn der Rohgewinn. Da die Visualisierung von Tendenzen im Vordergrund steht, scheint dies methodisch vertretbar. Die betroffenen Jahre sind durch hellere Markierung gekennzeichnet. Die Angaben zu den Herstellungskosten des EDV setzen erst 1936 ein, da sie für 1933 sehr hoch waren (1,20 RM je Exemplar), und für die Jahre 1934 und 1935 aufgrund mangelnder Angaben zu den allgemeinen Herstellungskosten nicht ermittelt werden konnten.

460 Eigene Erhebung. Datengrundlage: Verlagsbibliografie, Auflagenbücher des RAS sowie die Bilanzen und Verlust- und Gewinnrechnungen 1933–1945. Vgl. Kapitel 2.1.1, Fußnote 218. Die Angaben für den EDV wurden auf Basis der von Triebel ermittelten Kennzahlen berechnet. Vgl. Triebel 2001, Tabelle 1: Bilanzkennzahlen 1930 bis 1949, Tabelle 2: Produktionszahlen Frühjahr 1927 bis Frühjahr 1945. Für die Jahre 1933–1942 wurde der Reingewinn verwendet, für die Jahre 1943 und 1944 aufgrund mangelnder Informationen zum Reingewinn der Rohgewinn. Da die Visualisierung von Tendenzen im Vordergrund steht, scheint dies methodisch vertretbar. Die betroffenen Jahre sind durch hellere Markierung gekennzeichnet. Die Angaben zu den Herstellungskosten des EDV setzen erst 1936 ein, da sie für 1933 sehr hoch waren (6.103 RM je Titel), und für die Jahre 1934 und 1935 aufgrund mangelnder Angaben zu den allgemeinen Herstellungskosten nicht ermittelt werden konnten.

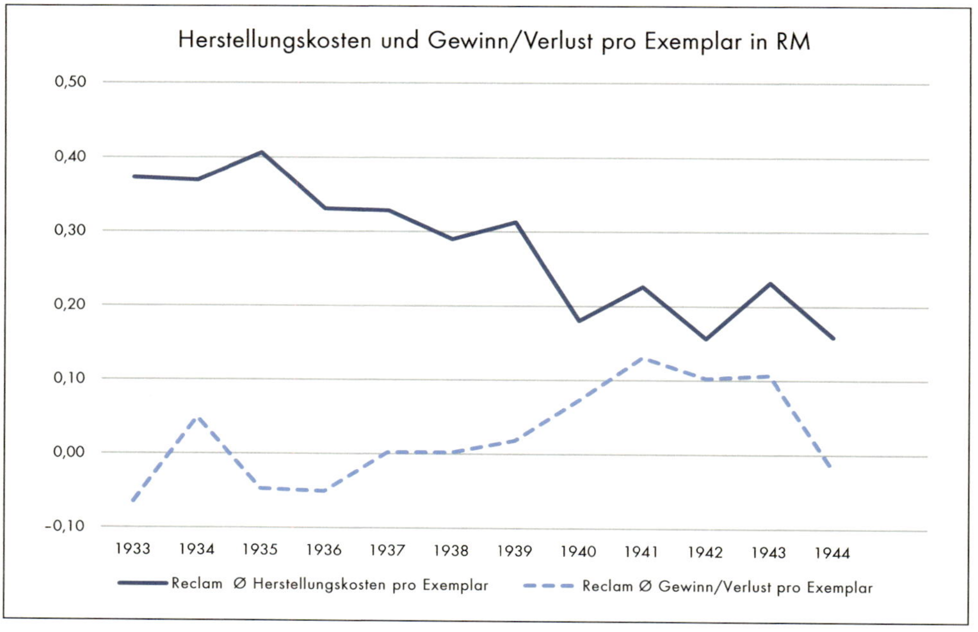

Abb. 25 Herstellungskosten und Gewinn/Verlust pro Exemplar in RM

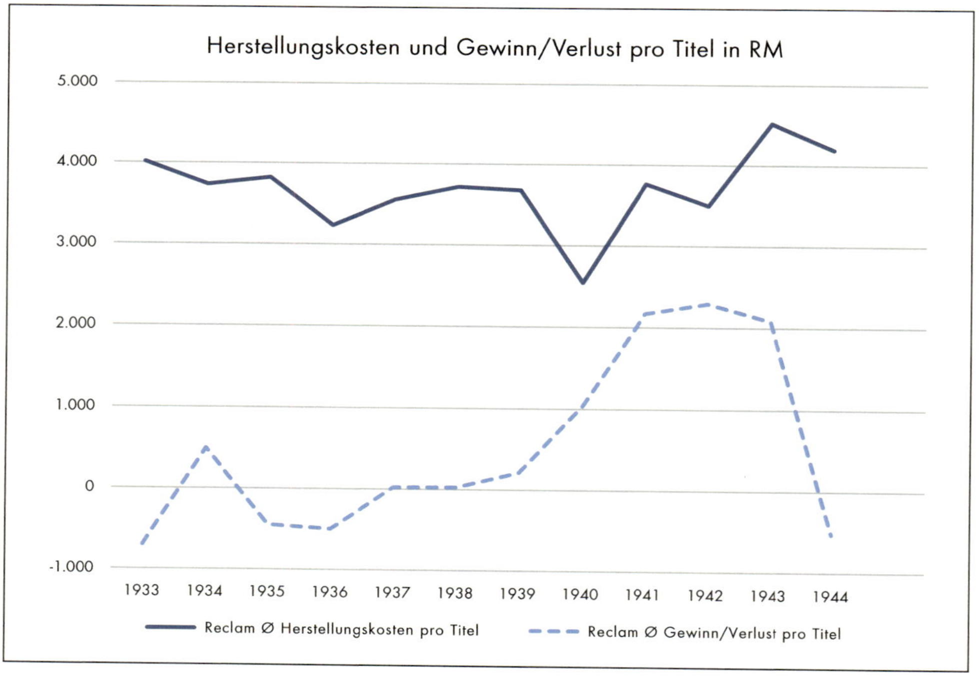

Abb. 26 Herstellungskosten und Gewinn/Verlust pro Titel in RM

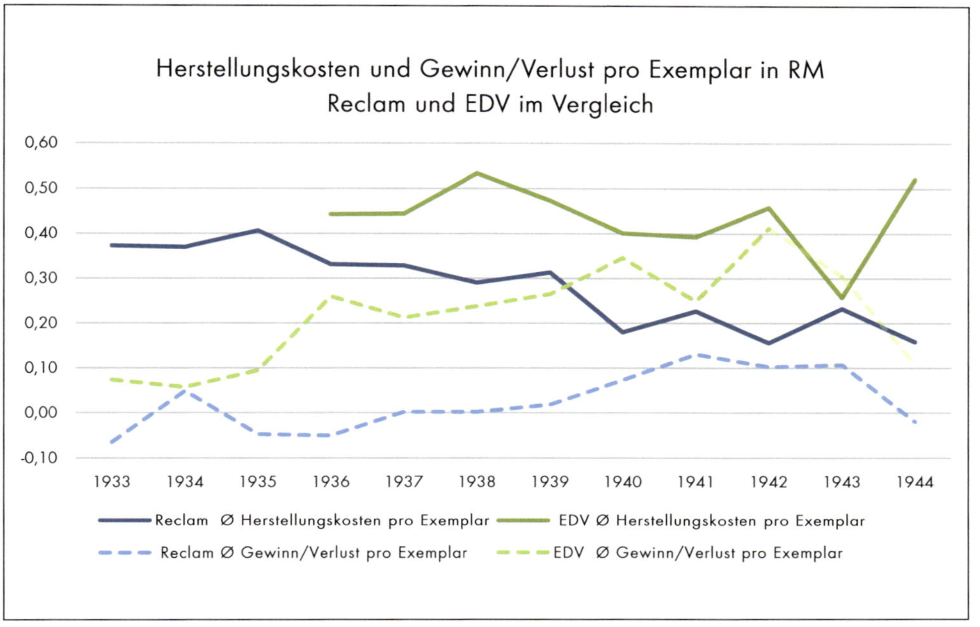

Abb. 27 Herstellungskosten und Gewinn/Verlust pro Exemplar in RM. Reclam und EDV im Vergleich

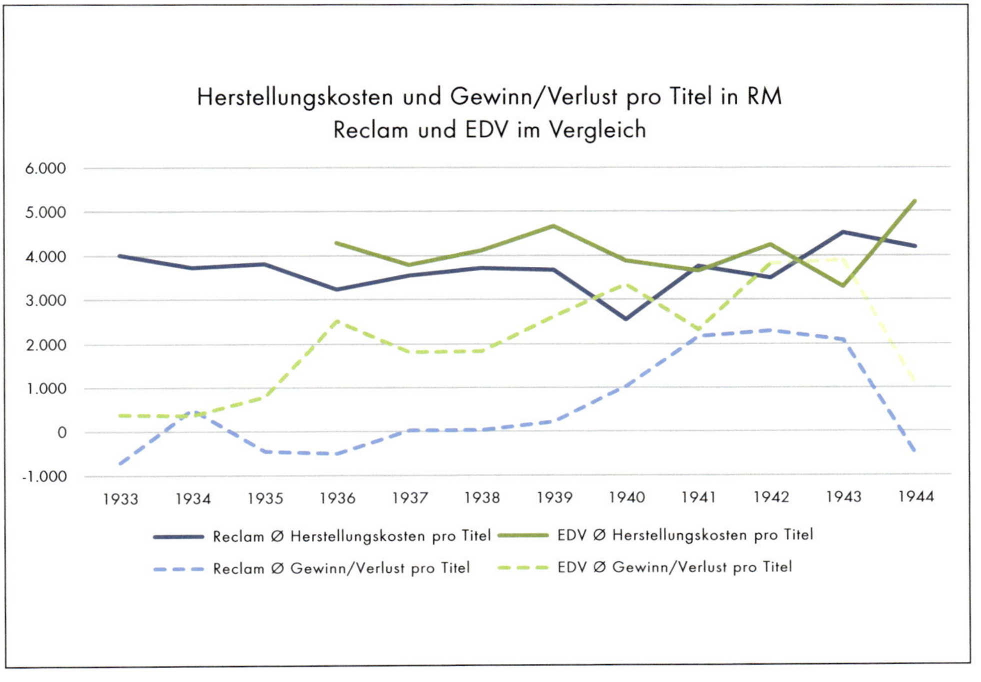

Abb. 28 Herstellungskosten und Gewinn/Verlust pro Titel in RM. Reclam und EDV im Vergleich

Im Gegensatz zum Reclam Verlag nimmt die Gewinnentwicklung sowohl für Exemplare als auch für Titel des EDV einen ähnlichen Verlauf und ist vor allem durch geringere Extrema geprägt. Der durchschnittliche Gewinn je Titel verneunfachte sich von 1933 (375 RM) zu 1940 (3.343 RM), der durchschnittliche Gewinn je Exemplar verfünffachte sich im selben Zeitraum von 0,07 RM auf 0,35 RM. Auffällig ist ein massiver Einbruch 1941 um jeweils knapp 30 % auf 2.315 RM Gewinn je Titel und 0,25 RM Gewinn je Exemplar, dem jedoch 1942 mit 3.817 RM je Titel und 0,41 RM je Exemplar der Höhepunkt folgt.[461] Die merkliche Diskrepanz zwischen massiv gestiegenen Kosten je Titel und Exemplar bei gleichzeitigem starken Rückgang der Gewinne setzt bei EDV bereits 1944 ein, da sich dort die Kriegsschäden vom Dezember 1943 bilanziell auswirkten.[462] Bei Reclam war der Effekt in dieser Ausprägung erst 1945 zu beobachten. Auch beim EDV sinken die durchschnittlichen Herstellungskosten je Exemplar deutlicher als diejenigen je Titel, allerdings hat der EDV in Gänze höhere Herstellungskosten als der Reclam Verlag. Bei den Titeln liegen die durchschnittlichen Kosten im Schnitt 14 % höher (Ø Reclam 3.688 RM, EDV 4.300 RM), bei den Exemplaren sogar 46 % höher (Ø Reclam 0,24 RM; EDV 0,43 RM). Damit korrespondieren jedoch aufgrund der deutlich ausgeprägteren Produktion von gut ausgestatteten Verlagswerken im größeren Format auch weit größere, um 73 % höhere (Ø Reclam 513 RM, EDV 1.852 RM) Gewinne je Titel, der Gewinn je Exemplar ist sogar 84 % höher als bei Reclam (Ø Reclam 0,03 RM, EDV 0,21 RM). 1942 liegen beim EDV Herstellungskosten und erzielte Gewinne gar nahezu gleich auf.

Trotz dieses wohl historischen Ereignisses im Verlagsbuchhandel[463] profitierte, wie die Abbildung 25 zeigt, nicht der EDV, sondern vor allem der Reclam Verlag überproportional von der Kriegswirtschaft. Die kriegsbedingten Schwierigkeiten – Erhaltung von Arbeitskräften, Papierzuteilungen, die generelle Rohstoffknappheit und Probleme bei der Durchführung des Zuteilungssystems[464] – betrafen die gesamte

461 Als ursächlich wertet Triebel die geminderte Frühjahrsproduktion im Jahr 1941. Im Gegenzug aber habe „die im Spätherbst 1941 mit Hochdruck vorangetriebene Herstellung von Verlagstiteln dem EDV im Jahr 1942 mit mehr als RM 455.000 wieder einen Rohgewinn auf dem 1940 erreichten Niveau […] beschert." Triebel 2001, S. 238. Der EDV, der seine Produktion in Leipzig herstellen ließ, war vom Bombenangriff in der Nacht zum 04.12.1943 insofern auch betroffen, als „fast alle Betriebe, mit denen die Herstellungsabteilung zusammenarbeitete, […] durch das Bombardement beträchtlichen Schaden [erlitten] oder […] die Herstellung ganz aufgeben [mußten]. Fast die gesamte Produktion des Verlages, die zu diesem Zeitpunkt dort in Druck oder in den Buchbindereien stand, wurde dabei vernichtet." Triebel 2001, S. 265 f.

462 Vgl. Triebel 2001, S. 282.

463 1943 übersteigen die Gewinne sogar die Herstellungskosten; da hierfür aber der Rohgewinn und nicht wie bei den vorangegangenen Jahren der Reingewinn angegeben wurde, ist unklar, ob dies auch für den Reingewinn gelten würde. Zumindest aber lässt sich sagen, dass sich die Höhe des Gewinns in etwa auf Höhe der Herstellungskosten bewegte.

464 Zum Zuteilungssystem siehe Kapitel 2.2.1.2.

Buchbranche und schränkten deren Autonomie zunehmend ein. Sie verhinderten, insbesondere im Fall Reclam, jedoch nicht ein zunehmend florierendes Verlagsgeschäft. Neben dem jährlich wachsenden Umsatz – zwischen den Geschäftsjahren 1938/1939 und 1942/1943 konnte der Umsatz um 76% von 1.891.000 RM auf 3.334.000 RM gesteigert werden[465] – entwickelte sich insbesondere der Gewinn in der Inselstraße bemerkenswert. Dieser konnte innerhalb von nur zwei Jahren mehr als verdoppelt werden: 1939/1940 lag der Gewinn bei 417.336 RM (damit war der Gewinn des Vorjahres in Höhe von 65.444 RM bereits versechsfacht worden), 1941/1942 konnte ein Gewinn von 935.290 RM verzeichnet werden, für das Geschäftsjahr 1942/1943 ein Gewinn von 810.248 RM.[466] Für die Geschäftsjahre 1943/1944 und 1944/1945 sind – infolge des Kriegsverlaufs und der Kriegsfolgen – hingegen Verluste in Höhe von 179.246 RM bzw. 311.517 RM zu verzeichnen. Als ursächlich sind im Jahr 1944 Sachverluste aus Bombenschäden, erhöhte Mittel zur Wiederaufnahme und Aufrechterhaltung der Produktion sowie zur logistischen Organisation der Auslagerung von Produktion und Lager an eine Fülle verschiedener Stellen zu nennen.[467] Produziert wurde 1944 dagegen in ungebremster Höhe, sogar mehr als im Vorjahr (Abb. 29[468]). Die hohen Verluste 1945 erklären sich durch den Produktionsstopp am 19. März und den im Zuge der Besatzung und der Kapitulation einsetzenden Absatzstopp.[469]

Insgesamt prosperierte das Verlagsgeschäft in den Jahren 1940 bis 1943 in bis dato ungekanntem Maße.[470] In welchem Umfang sich die wirtschaftlichen

465 Der Auslandsumsatz war im Gegensatz zum Inlandsumsatz rückläufig: Betrug er 1938 noch 227.840 RM, so waren es 1940 nur noch 121.771 RM. Vgl. Zeittafel zur Verlagsgeschichte, S. 45. In: RAL, Ordner 3; Devisenprüfungsbericht Devisenstelle vom 22.12.1941, S. 3, 8f. In: SächsStA-L, 21033, Nr. 1438.

466 Vgl. Bilanzen und Verlust- und Gewinnrechnungen jeweils vom 31.08. der Jahre 1938 bis 1945. In: SächsStA-D, 13471, Nr. ZA VI 2628/01; Zeittafel zur Verlagsgeschichte, S. 47–50. In: RAL, Ordner 3.

467 Siehe zur Auslagerung von Produktion und Lager Kapitel 2.3.7. Der in der Verlust- und Gewinnrechnung ausgewiesene Verlust in Höhe von 179.246 RM wurde vom Betriebsfinanzamt Leipzig-Mitte allerdings am 02.03.1946 auf einen Gewinn von 172.503 RM korrigiert, da die von Reclam geltend gemachten Abwertungen der Verlagsimmobilien wegen Kriegsschäden nicht vollständig anerkannt wurde. Vgl. Aktennotiz zur Verlust- und Gewinnrechnung per 31.08.1944. In: SächsStA-D, 13471, Nr. ZA VI 2628/01.

468 Da es sich hier ausschließlich um bilanzielle Informationen handelt, wird die Einteilung der Geschäftsjahre, die jeweils vom 1. September bis zum 31. August des Folgejahres andauerten, übernommen. Die entsprechenden Zahlen des EDV beziehen sich eigentlich auf die Kalenderjahre; da der Fokus der Untersuchung jedoch auf dem Reclam Verlag liegt, wird dessen bilanzieller Aufstellung gefolgt.

469 Vgl. Finanzgestaltung laut Bilanzbuch. In: SächsStA-D, 13471, Nr. ZA VI 2628/01, Bl. 43–45.

470 Nach Aussage Twittmeyers jedoch reichte der Absatz der UB im Zweiten Weltkrieg nicht an den während des Ersten Weltkriegs heran. Zwar sei der Absatz so beträchtlich gewesen, dass viele sonst schwer verkäufliche Werke bald ausverkauft waren und eine Neuherstellung erforderlich wurde. Diese habe jedoch nicht mit dem Bedarf Schritt halten können. Der Engpass lag hierbei weniger in den Kapazitäten der Druckerei – man half sich mittels Auftragsverlagerung an

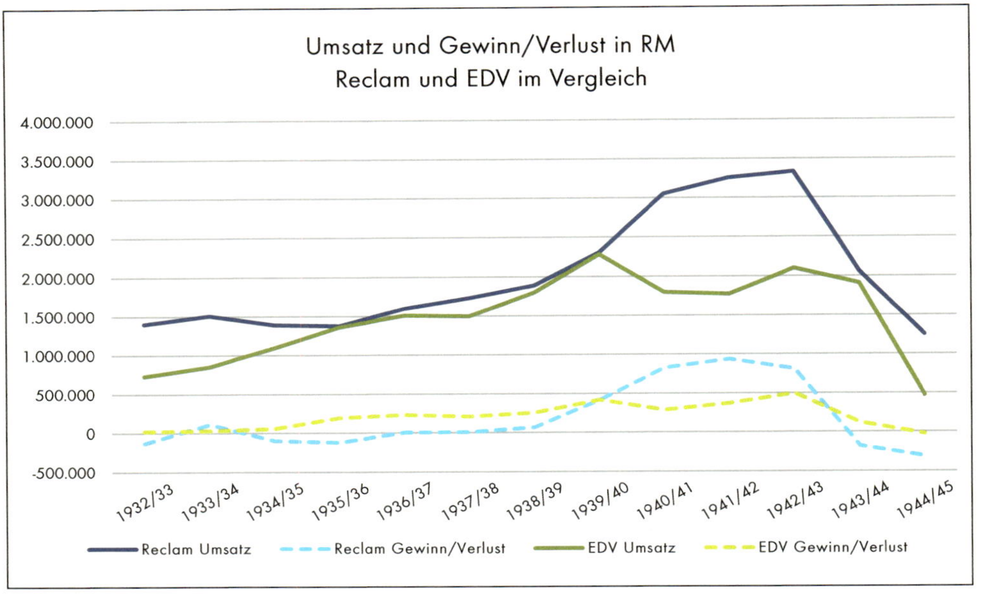

Abb. 29 Umsatz und Gewinn/Verlust in RM. Reclam und EDV im Vergleich

Handlungsmöglichkeiten des Verlags in diesem Zuge tatsächlich ausweiteten, wird in der geradezu enormen Aufstockung der „flüssigen Mittel" von 13.678 RM 1939/1940 auf 842.269 RM 1941/1942 und vor allem in der Entwicklung der Umsatzrenditen (des Verhältnisses von Gewinn zu Umsatz) sowie der Kapitalrenditen (des Betriebserfolgs im Verhältnis zum eingesetzten Kapital) ersichtlich (Abb. 30[471]).

fremde Druckfirmen – als vielmehr in der Buchbinderei, deren reduziertes Personal kaum noch die Aufträge erfüllen konnte. Als weitere Gründe, warum im Ersten Weltkrieg höhere Absätze erzielt wurden, führt Twittmeyer an, dass damals die UB mit 20 Pfennig noch günstiger gewesen sei, und dass viele Werke durch Umfangsteigerung und großzügigere Satzgestaltung verteuert werden mussten, und nennt auch den Fortfall von unzähligen UB-Nummern aus ideologischen Gründen. Vgl. Twittmeyer: Rückblick, S. 14. In: RAS, Mappe Mitarbeiter II. Nichtsdestoweniger ist die Steigerung der wirtschaftlichen Gewinne des Reclam Verlags während des Zweiten Weltkriegs beträchtlich.

471 Beide Kennzahlen sind wichtige Größen zur Messung der wirtschaftlichen Betriebsleistung. Aufgrund der aus heutiger Sicht überschaubaren Angaben in den Verlagsbilanzen und der Unklarheit, welche Zahlen die Angaben genau widerspiegeln (Roh- oder Reingewinn), sowie der unklaren Zurechnung von Fremdkapital lassen sich auch diese Werte lediglich als Tendenz abbilden und interpretieren. Datengrundlage: Verlagsbibliografie, Auflagenbücher des RAS sowie die Bilanzen und Verlust- und Gewinnrechnungen 1933–1945. Vgl. Kapitel 2.1.1, Fußnote 218. Die Angaben für den EDV wurden auf Basis der von Triebel ermittelten Kennzahlen berechnet. Vgl. Triebel 2001, Tabelle 1: Bilanzkennzahlen 1930 bis 1949, Tabelle 2: Produktionszahlen Frühjahr 1927 bis Frühjahr 1945. Die Angaben zu den Umsatzrenditen des Bertelsmann Verlags stammen aus Friedländer et al. 2002, S. 568.

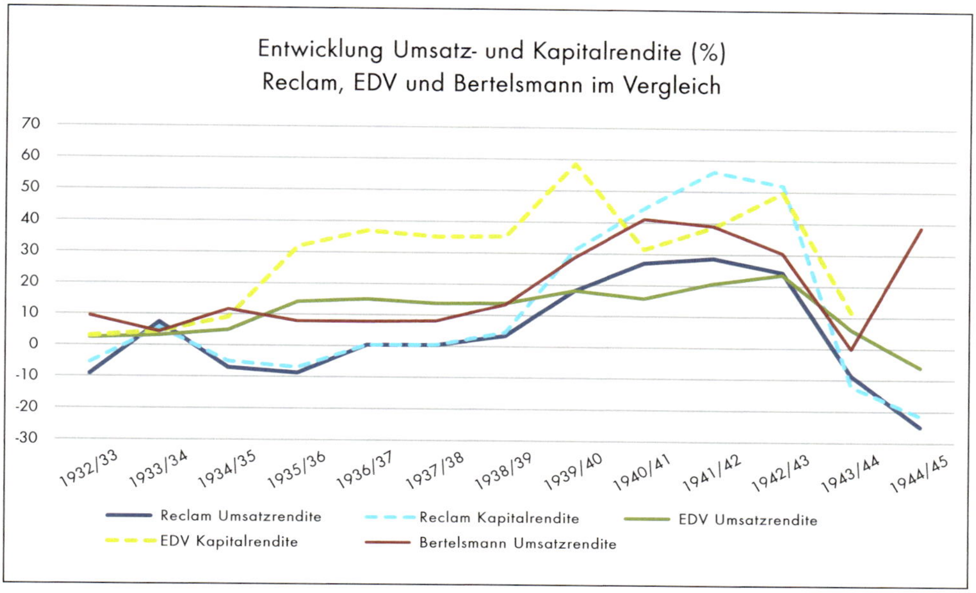

Abb. 30 Entwicklung Umsatz- und Kapitalrendite (in Prozent). Reclam, EDV und Bertelsmann im Vergleich

Beide Werte folgen der Entwicklung von Umsatz und Gewinn und beide bezeugen eindrücklich den wirtschaftlichen Aufschwung des Reclam Verlags insbesondere in den Jahren 1939 bis 1943. Nicht nur der auf den Umsatz bezogene Gewinnanteil (Umsatzrendite) entwickelte sich sehr vorteilhaft, sondern auch und gerade die Kapitalrendite, die nahezu märchenhafte Höhen erreichte. Nach wirtschaftlich schwierigen Zeiten zu Beginn der 1930er Jahre (negative Renditen in den Jahren 1933, 1935 und 1936, weniger als ein Prozent Umsatz- und Kapitalrendite 1937 und 1938) steigt der Anteil dessen, was der Reclam Verlag in Bezug auf 1 RM Umsatz verdient hat, auf 18 % im Geschäftsjahr 1939/1940 und sogar auf knapp 29 % im Zeitraum 1941/1942 – hier wurde also mit jeder umgesetzten RM knapp 30 Pfennig Gewinn erzielt.

Eine steigende Umsatzrentabilität deutet üblicherweise bei unverändertem Verkaufspreis auf eine zunehmende Produktivität im Unternehmen hin, während in diesem Fall umgekehrt auch die Beibehaltung des Ladenpreises bei verminderter Buchausstattung ursächlich für die Renditensteigerung gewesen sein dürfte. Der Reclam Verlag profitiert insofern nennenswert von dem politischen Zugeständnis, trotz geringerer Herstellungskosten gleichbleibende Preise aufrufen zu dürfen.[472]

In Bezug auf das eingesetzte Kapital entwickelte sich die Höhe des erwirtschafteten Betrags (Kapitalrendite) im Zuge der Kriegsbedingungen sogar noch eindrucksvoller. In den Geschäftsjahren 1939/1940 bis 1942/1943 ist die Verlagsarbeit

472 Vgl. Kapitel 2.2.1.

mit einer Verzinsung des eingesetzten Eigenkapitals mit bis zu 56 % 1941/1942 als hoch rentabel zu bewerten. Die niedrige bzw. negative Eigenkapitalrentabilität zu Beginn der 1930er Jahre ist per se nicht zwingend nachteilig zu bewerten, eine sinnvolle Beurteilung lässt sich für diese stark branchenabhängige Kennzahl jedoch nur im Jahresvergleich treffen.

Dies berücksichtigend lässt sich im Vergleich mit den Renditen des EDV festhalten, dass dieser das eingesetzte Kapital während der Diktatur für eine deutlich solidere Bewirtschaftung nutzen konnte: Im Vergleich mit der beim Reclam Verlag lediglich auf die Jahre 1940 bis 1943 beschränkten hohen Kapitalverzinsung startet die Kapitalrendite des EDV vergleichsweise schwach in das neue Jahrzehnt und ist stärkeren Schwankungen unterlegen, unterschreitet aber gleichzeitig seit 1936 nicht mehr die 30 %-Marke. Ähnlich verhält es sich mit der Umsatzrendite des EDV: Obwohl der EDV nicht annähernd an die Höchstwerte des Reclam Verlags zwischen 1941 und 1943 heranreicht, ist seine Umsatzrendite über die Jahre hinweg stabiler (ab 1936 nicht geringer als 14 % und ab 1940 ebenfalls deutlich im Steigen begriffen). Stark vereinfacht ist somit für den gesamten Zeitraum trotz der enormen Gewinnsteigerungen des Reclam Verlags das Unternehmen EDV als solider und auch als profitabler zu beurteilen. Triebel resümiert, der EDV habe ab 1939 geschäftlich bis dato unerreichte Erfolge eingefahren, die Kosten gesenkt, die Umsätze jedoch signifikant erhöht. Selbst nach Abzug der Kriegssteuern hätten sich die „Gesellschafter des Verlages über hohe Gewinne und somit eine ausnehmend hohe Rentabilität des Unternehmens freuen“[473] können.

Die Sondersteuern sollten unternehmerische Kriegsgewinne für den Staat abschöpfen und wurden vom deutschen Buchhandel als ernsthafte Gefahr dargestellt. Aufgrund der besonderen Marktlage seien die Unternehmen nicht in der Lage gewesen, die erwirtschafteten Gewinne in Lagerergänzungen zu reinvestieren. Im Ergebnis seien die Gewinne geschmolzen und finanzielle Mittel drohten in großem Umfang verlustig zu gehen.[474] 1940 erzielte der EDV nach Triebel so hohe Gewinne, dass sie nicht mehr investiert werden konnten. Um eine übermäßige Schmälerung des Gewinns durch die Kriegssteuern zu vermeiden,[475] legte der EDV einen Teil des Gewinns in Wertpapieren an.[476]

Der Reclam Verlag, der seinen Jahresgewinn des Bilanzjahres 1938/1939 zu 1939/1940 um 638 % und zum Folgejahr abermals um 198 % steigern konnte, muss sich mit ähnlichen Problemen konfrontiert gesehen haben. Möglicherweise diente die

473 Vgl. Triebel 2001, S. 241.
474 Vgl. Triebel 2001, S. 205.
475 Zu den einzelnen Bestimmungen der Kriegswirtschaftsverordnung im Bereich des deutschen Buchhandels siehe zum Beispiel die Anweisung zur Durchführung der §§ 22 ff. Kriegswirtschaftsverordnung vom 30.03.1942. In: *BBl.* vom 09.04.1942, Nr. 72/73, S. 69 f., http://digital.slub-dresden.de/id39946221X-19420409/3 [25.05.2024].
476 Vgl. Triebel 2001, S. 241.

im Jahr 1940 zur Eintragung ins Vereinsregister angemeldete „Unterstützungskasse der Firma Philipp Reclam jun.“[477] vor allem dazu, übermäßige Steuerabführungen an den Staat zu vermeiden und diese lieber den eigenen Betriebsangehörigen zukommen zu lassen:[478] Der Zweck des Vereins bestand darin, „aus dem Vereinsvermögen in Fällen der Not Vereinsmitgliedern und Angehörigen (Hinterbliebenen) einmalige oder wiederkehrende Unterstützungen zu gewähren. […] Als Not in diesem Sinne gilt stets Arbeitsunfähigkeit.“[479] Das Vereinsvermögen, welchem unverbrauchte Zinsen zuwuchsen, wurde aus freiwilligen Zuwendungen der Inhaber der Firma Reclam oder Dritter gebildet. Ferner wurden die Lebensversicherungsverträge über das Leben von zwanzig Angestellten, die im Zuge der Umschuldung 1937 mit der WWK abgeschlossen worden waren, so ergänzt, dass die Lebensversicherungen dem Verein als Bezugsberechtigtem zufielen, sodass er die Rechte aus den Versicherungen sofort erwarb. Diese Rechte bildeten zunächst das Vereinsvermögen.[480] Trotz des sozialen Grundgedankens dieser Einrichtung machen die Rechnungsabschlüsse dennoch deutlich, dass das Vereinskonto die Gewinne des Verlags bzw. der Inhaber nicht nur

477 Bereits während des Ersten Weltkriegs hatte es eine von Mitgliederbeiträgen finanzierte „Pumpkasse“ zur Unterstützung der Soldatenfamilien gegeben, an der aber nach Kriegsende das Interesse erlahmte. Vgl. Twittmeyer: Rückblick, S. 6. In: RAS, Mappe Mitarbeiter II. Im Vereinsvorstand fungierten Hans Emil Reclam als Vorsitzender, Prokurist Gotthold Müller als Kassenführer sowie Martha Grosser, Konrad Nußbächer, Walter Becker und Emil Prüfe als hauptamtliche Beisitzer. Vgl. Aktennotiz Polizeipräsidium vom 08.06.1940. In: SächsStA-L, 20031, PP-V Nr. 2279.

478 „In Ausnahmefällen können einem Unternehmen auf Antrag aus kriegswirtschaftlich gerechtfertigten Gründen die Abführungsbeträge ganz oder teilweise belassen werden. In diesem Falle sind die zur Abführung bestimmten Beträge einem zweckgebundenen Sonderkonto zuzuweisen, auf das das Unternehmen nur zum Ausgleich unvermeidbarer Kosten und Preiserhöhungen zurückgreifen darf.“ Absatz 11 zur Gewinnabführung. In: Anweisung zur Durchführung der §§ 22 ff. Kriegswirtschaftsverordnung im Bereich des deutschen Buchhandels vom 30.03.1942. In: *BBl.* vom 09.04.1942, Nr. 72/73, S. 69 f., http://digital.slub-dresden.de/id39946221X-19420409/3 [25.05.2024].

479 Satzung Unterstützungskasse vom 08.06.1940. In: SächsStA-L, 20031, PP-V Nr. 2279. Diese Regelung galt auch für alle diejenigen, die früher ein Arbeits- oder Dienstverhältnis zum Verlag hatten, wenn sie wenigstens zehn Jahre hintereinander im Betrieb der Firma Philipp Reclam jun. tätig waren. Die Unterstützungen konnten auch als Ruhegehalt gewährt werden. Jeder, der in einem Arbeits- oder Dienstverhältnis zum Verlag von mehr als fünf Jahren stand und volljährig war, wurde automatisch Mitglied, musste jedoch keinen Vereinsbeitrag entrichten und hatte im Gegenzug keinen Rechtsanspruch auf Unterstützung und kein Anrecht auf das Vereinsvermögen. Hauptsächlich diente die Kasse der Unterstützung von Pensionären und Familien der Soldaten. Ein Schreiben des Amts für Familienunterhalt zeigt, um welche Größenordnungen es sich handelte: Der Familie des zur Wehrmacht einberufenen Alfred Köhler wurde von Amts wegen ein Familienunterhalt von 127,20 RM gewährt. Somit könne der Reclam Verlag als freiwillige Zuwendung monatlich bis zu 48,55 RM netto zahlen, ohne dass der Betrag angerechnet würde. Vgl. Amt für Familienunterhalt an Reclam am 18.01.1945. In: RAL, Akte 67.

480 Vgl. Satzung Unterstützungskasse vom 08.06.1940. In: SächsStA-L, 20031, PP-V Nr. 2279. In bar war ein Gründungskapital von 300 RM vorhanden. Vgl. Unterstützungskasse per 31.08.1942. In: RAL, Ordner 14.

vor staatlichem Zugriff sichern konnte, sondern vorrangig zur Kapitalbildung fest angelegter Gelder durch Zinsgewinne diente. Im ersten Jahr wurden 21.725 RM als Unterstützung gezahlt, davon wurden jedoch 12.636 RM rückvergütet, sodass der Kasse letztlich reale Kosten von 9.089 RM entstanden. Im gleichen Zeitraum war das Vermögen der Kasse – nach Aufstockung des Gründungskapitals durch Zuwendungen des Verlags in Höhe von 81.000 RM – bereits auf 96.281 RM angewachsen (das Gesamtvermögen des Vereins mit den Verträgen der WWK betrug 160.000 RM). Im Jahr darauf waren an Unterstützungen 9.947 RM gezahlt worden, während das Gesamtvermögen angewachsen war auf 165.032 RM, von denen 50.000 RM zu zweieinhalb Prozent und 100.000 RM zu drei Prozent fest angelegt waren. Dies brachte dem Verein einen Zinsertrag von 2.658 RM, im Jahr zuvor waren es mit 2.345 RM geringfügig weniger Zinsen gewesen.[481]

Die Höhe der durch den Reclam Verlag zu zahlenden Kriegssteuern ist aus den vorliegenden Bilanzen nicht zu ermitteln. Was letztlich also tatsächlich im Verlag und auf den Konten der Gesellschafter verblieb, ist somit nicht eindeutig zu beziffern.

Insgesamt hatten die Gewinne des Reclam Verlags in den frühen Kriegsjahren ein bedeutendes Ausmaß. Der Vergleich mit anderen Verlagshäusern zeigt jedoch, dass nicht nur der Reclam Verlag und der EDV durch enorme Gewinnsteigerungen – vor allem beruhend auf der Produktion und dem Absatz von Feldpostausgaben, die von nahezu allen im Krieg noch am Markt befindlichen Verlagen hergestellt wurden – vom Zweiten Weltkrieg profitierten.[482] Zu den Gewinnern durch Feldpostausgaben zählten neben dem Insel Verlag und dem Bibliographischen Institut in Leipzig auch Langen Müller in München, W. Kohlhammer Verlag in Stuttgart und vor allem der ehemalige Spartenverlag Bertelsmann, der als wichtigster Buchlieferant der Wehrmacht gilt, dicht gefolgt vom Parteiverlag der NSDAP.[483]

Der Gütersloher Bertelsmann Verlag legte mit der Feldpostproduktion und den damit erzielten Gewinnen, die in absoluten Zahlen die des Reclam Verlags deutlich übertrafen, den Grundstein für den legendären Aufstieg von einem Nischenverlag zu einem Weltkonzern. Ihm gelang es, seine Umsätze von 1933 bis 1941 (dem Jahr mit den höchsten Umsätzen und Gewinnen) zu versiebenfachen, von 1.120.543 RM 1933 auf 8.064.903 RM, wobei auch hier wie bei Reclam eine nennenswerte Steigerung der Umsätze erst 1939, verstärkt ab 1940, einsetzte. Die Gewinne jedoch konnten im selben Zeitraum um das 32fache gesteigert werden, von 104.800 RM 1933 auf 3.318.600 RM

481 Vgl. Unterstützungskasse per 31.08.1941. In: RAL, Ordner 14. Vor diesem Hintergrund relativiert sich auch das Motiv der persönlichen Spende Ernst Reclams von 100.000 RM an die Kasse anlässlich des Jubiläums 1942. Siehe dazu Kapitel 2.3.4.

482 Auch wenn anhand der Auflagenbücher nicht ermittelt werden kann, wie hoch der für den Feldpostversand bestimmte Anteil an der Gesamtproduktion war, lassen verschiedene Selbstauskünfte des Verlags (siehe dazu Kapitel 2.3.1) den Schluss zu, dass große Teile (bis zu 90 % der UB-Produktion) für den Feldpostversand bestimmt waren.

483 Vgl. Adam 2016, S. 69.

1941.[484] Zum Vergleich: Reclam steigerte seine Umsätze von 1933 zum Maximum 1943 um den Faktor 2,4; die Gewinne bis 1942 um den Faktor 7,3. Auch die Analyse der Umsatzrenditen des Bertelsmann Verlags zwischen 1933 und 1945 zeigt, dass dieser, ähnlich dem EDV und im Gegensatz zu Reclam, über den gesamten Untersuchungszeitraum hinweg keine ernsthaften wirtschaftlichen Schwierigkeiten hatte (Abb. 30). Bemerkenswert ist darüber hinaus, dass Bertelsmann 1945 zwar in deutlich geringerem Maße als zuvor Umsätze erzielte und Gewinne erwirtschaftete,[485] diese aber bei Weitem die eingebrochenen Werte bei Reclam und EDV übertrafen; auch die Umsatzrendite des Bertelsmann Verlags war mit 38,7 % in Anbetracht der Umstände erstaunlich hoch.

Als weiterer Vergleich sei der Verlag C. H. Beck angeführt, der trotz Bombenschäden, Papierknappheit und Einberufung der Mitarbeiter zur Wehrmacht seine juristische und literarische Produktion auf hohem Niveau fortführen konnte und entsprechende wirtschaftliche Erfolge verzeichnete: Seine Bilanzsumme verdoppelte sich zwischen 1933 und 1943 nahezu, der Reingewinn hingegen stieg im selben Zeitraum um das 35fache. Trägt man der schlechten Ausgangslage des Buchhandels und der Verlagswirtschaft zu Beginn der 1930er Jahre Rechnung und verwendet die Zahlen von 1929 als Vergleichsgrundlage, dann verfünffachte sich der Reingewinn bei C. H. Beck. Der Verlag war auch im ‚totalen Krieg' nicht von der Schließung bedroht, sondern zählte zu den kriegswichtigen Unternehmen, die ihre Arbeit mit ausdrücklicher Genehmigung des Reichsministeriums für Volksaufklärung und Propaganda fortsetzen konnten.[486]

Von der Hanseatischen Verlagsanstalt, deren unternehmerische Strategie sich als Risikominimierung vor Profitmaximierung beschreiben lässt, ist bekannt, dass sie ebenfalls hohe Umsätze erzielen konnte: Mit der Konzentration auf – wenn möglich – kalkulierbare Absatzmechanismen wie die hauseigene Buchgemeinschaft, den KdF-Freizeitmarkt und die Belieferung der Wehrmacht konnten 1938 bis 1940 zwischen 11 und 14,3 Millionen RM Umsatz erzielt werden. Da der Großteil des konzerninternen Umsatzes durch den Verkauf von Werken der Verlagsabteilung an die Buchgemeinschaft *Deutsche Hausbücherei* generiert wurde, verwundert es jedoch nicht, dass die Umsatzzahlen in der darauffolgenden Zeit im Zuge der staatlichen Politik zurückgingen. Wilhelm Baur, seit 1935 Präsident der RSK, schwächte die Wirkungskraft aller Buchgemeinschaften nach und nach empfindlich ab: Im Oktober 1941 durften

484 1942 und 1943 sanken die Gewinne hingegen wieder auf 2.952.600 RM bzw. 1.489.000 RM. Vgl. Friedländer et al. 2002, S. 568.

485 Kennzahlen Bertelsmann für das Jahr 1945: 818.526 RM Umsatz, 316.700 RM Gewinn. 28.254 RM Verlust bei EDV, 311.517 RM Verlust bei Reclam. Auch wenn die Bilanz des Reclam Verlags nur den Zeitraum 01.09.1944 bis 31.08.1945 umfasst und somit das letzte Quartal des Jahres 1945 fehlt, wird deutlich, dass der Bertelsmann Verlag deutlich weniger Einbußen hatte als der Reclam Verlag.

486 Vgl. Rebenich 2013, S. 210 ff.

diese nur noch die Hälfte ihrer Pflichtreihen ausgeben, zum 01.01.1942 verhängte Baur ein Werbe- und Aufnahmeverbot für neue Mitglieder, was sich aufgrund der für Buchgemeinschaften prägenden hohen Mitgliederfluktuation als nahezu tödlich erwies. 1943, dem Jahr, in dem der Eher Verlag die Buchgemeinschaft *Deutsche Hausbücherei* erwarb, setzte die HAVA nur noch 6,5 Millionen RM um. In Anbetracht der Bombenschäden war man aber wohl mit diesem Ergebnis, das vermutlich die Schadensersatzsumme bereits beinhaltete, recht zufrieden.[487] Damit übertrumpfte die HAVA im Jahr 1943 haarscharf die Umsätze des Nordland Verlags. Dieser Verlag der SS, 1933 von Frithjof Fischer gegründet, hatte zunächst keine nennenswerten Umsätze zu verbuchen (160.700 RM im Jahr 1939), mauserte sich während des Zweiten Weltkriegs aber zu einem der größten deutschen Buchverlage und konnte in den Jahren 1942 (6.881.845 RM) und 1943 (6.304.187 RM)[488] nahezu doppelt so hohe Umsätze erzielen wie der Reclam Verlag.

Sogar der tendenziell verfemte Gustav Kiepenheuer Verlag, der den ideologischen Ansprüchen nicht entsprach und zahlreichen Repressionen ausgesetzt war,[489] dessen Liquidierung sich aber zugleich trotz Schließungsbescheid vom 31.08.1944 bis Ende März 1945 hinzog, konnte seine Umsätze und Gewinne mittels Wehrmachtsaufträgen sukzessive steigern. 1940 betrug der Umsatz 229.000 RM, 1941 252.000 RM und 1943 275.000 RM. Funke kommt sogar zu dem Schluss, wirtschaftlich sei es dem Verlag – durch Belieferung der Frontbuchhandlungen und inhaltlich gestützt auf den 1936 übernommenen Bühnenvertrieb – nie besser ergangen als im Zweiten Weltkrieg. Der Jahresreingewinn abzüglich aller Autorentantiemen und Ausgaben betrug 1941 82.159 RM, 1942 nahezu 25.000 RM, und 1943 sogar 40.000 RM.[490] Sowohl absolut als auch in den Steigerungsraten innerhalb der Bilanzen des Verlags lassen sich diese Zahlen in ihrer Größenordnung nicht mit denen der oben genannten Verlage vergleichen. Zudem konnte der Gustav Kiepenheuer Verlag ab 1943 keine Neuerscheinungen auf dem Markt platzieren, sodass er sich zwar wirtschaftlich behaupten konnte, aber seine Funktion als Verlag weitestgehend einbüßte und nicht in gleichem Maße zu den Nutznießern des Zweiten Weltkriegs gezählt werden kann.

Reclam hingegen war zwar im Gegensatz etwa zu Bertelsmann nicht unter den absoluten Topverdienern zu verorten, profitierte aber zweifellos enorm vom Bücherboom und der Kulturpolitik während des Zweiten Weltkriegs. Ob dies rein wirtschaftlich zu bewerten ist, oder aber strafrechtliche Relevanz hatte, beschäftigte die Administration in der Sowjetischen Besatzungszone nach Kriegsende intensiv.

487 Vgl. Lokatis 1992, S. 128ff, S. 166.

488 Vgl. Lokatis o. J., S. 22.

489 Vgl. zu Geschichte des Kiepenheuer Verlags während des NS-Regimes unter anderem die Beiträge in: Lokatis; Sonntag 2011, S. 116–137.

490 Vgl. Funke 2011, S. 134f.

2.3.4 Unangemessen hohe Gewinne[491] – die Anklageverfahren gegen die Familie Reclam nach 1945

Aufgrund des Befehls Nr. 201[492] der Sowjetischen Militäradministration in Deutschland (SMAD) vom 16.08.1947 in Verbindung mit den Ausführungsbestimmungen Nr. 3 vom 21.08.1947 und der Direktive Nr. 38 des Alliierten Kontrollrates vom 12.10.1946 wurde Ernst Reclam 1948 mehrfach wegen seiner „ausserordentliche[n] politisch-propagandistische[n] Unterstützung der nationalsozialistischen Gewaltherrschaft“[493], seiner offen bekannten überzeugten Anhängerschaft[494] sowie der Erzielung „unangemessen hohen Gewinn[s]“ aus Kriegsgeschäften[495] als Hauptverbrecher[496] angeklagt und am 08.01.1948 kurzzeitig in Haft genommen. Im Sommer 1947 setzten umfangreiche Ermittlungen zum Verlag und zur Person Ernst Reclams ein, gegen den – so Betriebsrat Thiemig – „bei der Entnazifizierungskommission kein belastendes Material vorgelegen habe“[497]. Am 18.11.1947 ordnete der Kommissarische

491 Vgl. Anklageschrift gegen Ernst Philipp Reclam, Landesregierung Sachsen, Ministerium des Inneren, Polizeiabteilung an Kriminalamt Leipzig, Untersuchungsorgan am 01.11.1948. In: SächsStA-D, 13471, Nr. ZA VI 2628/01. Die Mitglieder der Familie Reclam wurden unter anderem angeklagt als Verbrecher im Sinne des Abschnittes II, Artikel III C II, Ziffer 4 der Direktive Nr. 38 des Alliierten Kontrollrates vom 12.10.1946.

492 Um die Verfolgung und Verurteilung von Kriegsverbrechern einheitlich zu gestalten und zu beschleunigen, räumte die sowjetische Besatzungsmacht den ostdeutschen Gerichten und Ermittlungsbehörden mit dem SMAD-Befehl 201 vom 16.08.1947 ein hohes Maß an Unabhängigkeit sowie klare Zuständigkeiten für die Strafverfolgung ein. Vgl. Haberkorn 2012.

493 Hauptverbrecher im Sinne des Abschnittes II, Artikel II, Ziffer 6 der Direktive Nr. 38 des Alliierten Kontrollrates vom 12.10.1946, laut Anklageschrift gegen Ernst Philipp Reclam der Landesregierung Sachsen, Ministerium des Inneren, Polizeiabteilung an Kriminalamt Leipzig, Untersuchungsorgan am 01.11.1948. In: SächsStA-D, 13471, Nr. ZA VI 2628/01.

494 Verbrecher im Sinne des Abschnittes II, Artikel III AI, Ziffer 3 der Direktive Nr. 38 des Alliierten Kontrollrates vom 12.10.1946, laut Anklageschrift gegen Ernst Philipp Reclam der Landesregierung Sachsen, Ministerium des Inneren, Polizeiabteilung an Kriminalamt Leipzig, Untersuchungsorgan am 01.11.1948. In: SächsStA-D, 13471, Nr. ZA VI 2628/01.

495 Verbrecher im Sinne des Abschnittes II, Artikel III C II, Ziffer 4 der Direktive Nr. 38 des Alliierten Kontrollrates vom 12.10.1946, laut Anklageschrift gegen Ernst Philipp Reclam der Landesregierung Sachsen, Ministerium des Inneren, Polizeiabteilung an Kriminalamt Leipzig, Untersuchungsorgan am 01.11.1948. In: SächsStA-D, 13471, Nr. ZA VI 2628/01.

496 „Die KRD [Kontrollratsdirektive] 38 war eigens für die Verfolgung von Kriegsverbrechern gedacht und wurde in der SBZ mit den vorgesehenen Sühnemaßnahmen als einheitliches Strafgesetz ausgelegt, was in den Westzonen nicht der Fall war. Kriegsverbrecher wurden in der Direktive fünf Kategorien zugewiesen: 1. Hauptschuldige, 2. Belastete (Aktivisten und Militaristen), 3. Minderbelastete (aktive Nazis), 4. Mitläufer (passive bzw. nominelle Nazis) und 5. Entlastete. Während gegenüber den ersten drei Kategorien Verfolgungsdruck aufgebaut werden sollte, durften sich nominelle nach der Direktive am gesellschaftlichen Wiederaufbau beteiligen und gegen sie auch nicht ermittelt werden.“ Haberkorn 2012.

497 Ermittlungsbericht des Kriminalamts Leipzig Kommissariat 5 vom 04.07.1947. In: SächsStA-D, 13471, Nr. ZA VI 2628/01, Bl. 3.

Generalstaatsanwalt Richter die Einleitung eines Verfahrens nach SMAD-Befehl 201 sowie die gleichzeitige Verhaftung Reclams an, welche erstmals am 08.01.1948 in seiner im Betriebsgebäude ausgebauten Wohnung erfolgte.[498] Ernst Reclam, am 08.01. und nochmals am 22.01.1948 verhaftet, wurde zwar „mit Rücksicht auf sein hohes Alter"[499] (er war 71) sowohl am 19.01.1948 als auch am 28.01.1948 jeweils nach einigen Tagen aus der Haft entlassen, das Strafverfahren gegen die Familie Reclam wurde dennoch am 12.01.1948 eingeleitet.[500]

Mit der erst am 01.11.1948 fertiggestellten Anklageschrift wurde Ernst Reclam beschuldigt,

> in den Jahren 1932 bis 1945 [...] der nat. soz. Gewaltherrschaft ausserordentliche politisch-propagandistische Unterstützung gewährt und aus dieser Zusammenarbeit für sich und andere erheblichen Nutzen gezogen zu haben, [...] sich damit im gleichen Zeitraum als überzeugter Anhänger der nat. soz. Gewaltherrschaft offen bekannt zu haben, [und ...] in den Jahren 1939 bis 1945 in Leipzig in Kriegsgeschäften unangemessen hohen Gewinn erzielt zu haben.[501]

Mit derselben Anklageschrift wurden auch Margarete Reclam (Schwester von Ernst und Hans Emil Reclam), Ernst Heinrich Reclam (Sohn von Ernst Reclam), Annemarie Klinkhardt geb. Reclam (Tochter von Ernst Reclam), Elisabeth Charlotte Reclam geb. Schröder (Ehefrau Hans Emil Reclams), Rolf Reclam (Sohn von Hans Emil Reclam), Ilse Irene Reclam und Hedwig Wilhelmine Ruth Conrad geb. Reclam (Töchter von Hans Emil Reclam) als Verbrecher nach Abschnitt II Artikel III C II, Ziffer 4 der Direktive 38 beschuldigt, aus Kriegsgeschäften unangemessen hohe Gewinne erzielt zu haben. Das Verfahren wurde jedoch ohne Abschluss eingestellt. Bemerkenswert ist, dass die Staatsanwaltschaft Leipzig bereits am 08.02.1948 von der Landespolizeibehörde darüber informiert worden war, dass „auf Anordnung einer höheren Dienststelle [...] die Anklage gegen den Beschuldigten Reclam zurück[zuziehen] und die Verfahren ein[zustellen]" seien.[502] Die entsprechenden Einstellungsbeschlüsse für sämtliche

498 Vgl. Kommissarischer Generalstaatsanwalt im Land Sachsen an Kriminalamt Kommissariat 5 am 18.11.1947; Ermittlungsbericht des Kriminalamts Leipzig Untersuchungsorgan am 10.01.1948. In: SächsStA-D, 13471, Nr. ZA VI 2628/01, Bl. 1, 18.

499 Aktennotiz Röthig, Kriminalamt Leipzig Untersuchungsorgan vom 02.04.1948. In: SächsStA-D, 13471, Nr. ZA VI 2628/01, Bl. 54.

500 Vgl. Haft! Einlieferungszettel, Kriminalamt Leipzig, Kommissariat K5 vom 08.01.1948 und 22.01.1948; Anweisung für das Polizeigefängnis vom 19.01.1948; Aktennotiz Röthig, Kriminalamt Leipzig Untersuchungsorgan vom 19.01.1948 und 02.04.1948. In: SächsStA-D, 13471, Nr. ZA VI 2628/01, Bl. 7, 8, 26, 27, 55.

501 Landesregierung Sachsen Ministerium des Inneren Polizeiabteilung an Kriminalamt Leipzig Untersuchungsorgan am 01.11.1948. In: SächsStA-D, 13471, Nr. ZA VI 2628/01.

502 KKPA Leipzig Spezialabteilung an Staatsanwaltschaft Leipzig z. Hd. Staatsanwältin Kroschel am 08.02.1948.

Familienmitglieder wurden am 24.01.1949 ausgestellt und am 25.04.1949 bestätigt.[503] Die Korrespondenzen zwischen Kommissariat und Verwaltung der Staatssicherheit Leipzig 1951 vermuten als Ursache für die plötzliche Anweisung zur Einstellung des Verfahrens 1948 die verwandtschaftlichen Beziehungen der Reclam-Prokuristin Hildegard Böttcher zum Ministerium für Leichtindustrie in Berlin, dem das grafische Gewerbe angeschlossen war.[504] Die bereits Ende 1948 angestellten Überlegungen, den „als SED-Genossen die fortschrittliche Entwicklung durchaus vertretenden Leiter[] der Hauptbuchhaltung Mettler" als Treuhänder zum Schutz der Vermögenswerte im Falle der Verurteilung des „derzeitige[n] alleinige[n] Geschäftsführers"[505] Reclam einzusetzen, wurden erst am 21.12.1950 in die Tat umgesetzt. Eingesetzt wurde allerdings nicht Theodor Otto Herbert Mettler, sondern, mit voller Wirksamkeit, Hermann Obluda. Mettler und die Prokuristin Hildegard Böttcher, die ehemalige „rechte Hand" Ernst Reclams, konnten „mit ihren Westverbindungen nicht mehr im Betrieb" gehalten werden. Beiden war zum 01.07.1951 gekündigt worden.[506] Mit der Bestellung Obludas zum Treuhänder erloschen neben der Prokura Arno Wilsdorfs auch die Prokuren von Hildegard Böttcher und Karl Rühlig.[507] Letzteren war von Ernst Reclam im August 1950 aus einem Kuraufenthalt in Bad Heilbrunn – aus dem er nicht nach Leipzig zurückkehrte – die Aufgabe übertragen worden, „die Leitung der Firma [...], solange ich von Leipzig fern bleibe, nach meinen Weisungen [...] zu übernehmen", sodass sie im Verdacht standen, „noch die Interessen der bisherigen Inhaber [zu] vertreten."[508] Die Vertretungsmacht der Gesellschafter Ernst, Heinrich und Rolf Reclam ruhte fortan.[509] Bereits wenige Monate später musste Obluda mit Wirkung vom 16.07.1951 den Posten des Treuhänders zugunsten des Hauptdirektors der Vereinigung Volkseigener Betriebe Druck räumen.[510]

Im Rahmen der umfangreichen Ermittlungen äußerte sich Ernst Reclam ausführlich zu dem gegen ihn erhobenen Vorwurf, er gehöre zu den „Kriegsgewinnlern",

503 Vgl. Einstellungsbeschlüsse der Landesregierung Sachsen, Ministerium des Innern, Hauptabteilung Polizei, Landespolizeibehörde an KKPA-Leipzig, Untersuchungsorgan am 24.01.1919. In: SächsStA-D, 13471, Nr. ZA VI 2628/01.

504 Vgl. VPP Leipzig, Abtlg. K Kommissariat C 10 an Verwaltung für Staatssicherheit Dienststelle Leipzig am 10.05.1951. In: SächsStA-D, 13471, Nr. ZA VI 2628/01.

505 Untersuchungsorgan an Rat der Stadt Leipzig Amt für Wirtschaft z. Hd. v. Herrn Stadtdirektor Ehrlich am 03.11.1948. In: SächsStA-D, 13471, Nr. ZA VI 2628/01.

506 Vgl. VPP Leipzig, Abtlg. K Kommissariat C 10 an Verwaltung für Staatssicherheit Dienststelle Leipzig am 30.04.1951 und am 10.05.1951 [Zitate aus dem Schreiben vom 10.05.1951]; In: SächsStA-D, 13471, Nr. ZA VI 2628/01; vgl. Bode 2003, S. 121.

507 Vgl. Aktennotiz Veränderungen siehe Amtl. Bekanntmachungen vom 30.01.1951/8. In: StadtAL, StVuR Nr. 9066, Bl. 94.

508 Reclam an Böttcher und Rühlig am 04.08.1950; Rat der Stadt Leipzig, Ermittlungs- und Vollzugsamt, Bericht zu Philipp Reclam jun. vom 23.12.1950. In: SächsStA-D, 13471, Nr. ZA VI 2628/01.

509 Vgl. Aktennotiz Veränderungen siehe Amtl. Bekanntmachungen vom 30.01.1951/8. In: StadtAL, StVuR Nr. 9066, Bl. 94.

510 Vgl. Aktennotiz Veränderungen, lt. Amtliche Bekanntmachungen vom 09.10.1951/234. In: StadtAL, StVuR Nr. 9066, Bl. 96. Zur Etablierung der Treuhandschaft siehe Sonntag; Laux 2016, S. 52–72.

und stritt ihn konsequent ab. Man habe die Verlustjahre des Betriebes zu Beginn des Nationalsozialismus „den Jahren der ‚Kriegsgewinne' gegenüber gestellt […], um die Firma und mich selbst als ‚Kriegsgewinnler' brandmarken zu können."[511] In seinem Bericht über die bei der Firma Philipp Reclam jun. durchgeführte Buch- und Betriebsprüfung vom 09.07.1948 kommt der Wirtschaftssachverständige und Steuerberater Karl Fritz Moser zu dem Ergebnis, der durchschnittliche Jahresumsatz habe sich gegenüber dem Vergleichsabschnitt 1932 bis 1939 in den Kriegsjahren 1939 bis 1944 um 80 % gesteigert[512] und dabei unverhältnismäßig hohe Gewinne erzielt (das durchschnittliche Jahresergebnis 1939–1944 sei im Verhältnis zu 1932–1939 um 656.628 RM gestiegen),[513] wobei die Produktionskosten des Geschäftsjahres 1938/1939 in Höhe von 1.182.400 RM etwa denen des Jahres 1942/1943 von 1.355.000 RM entsprächen. Daraus schließt er – korrekt –, dass der Verkauf von Ladenhütern und Restbeständen zum vollen Verkaufserlös erhebliche stille Reserven freisetzte, die im Wesentlichen zu den beträchtlichen Gewinnsteigerungen führten.[514] Unklar ist hingegen für Moser,

> in welchem Umfange die Lieferungen an die Frontbuchhandlungen und die Umsätze aus der Versorgung der im Felde stehenden Soldaten mit Lesestoff zu den Umsatzerhöhungen im Kriege beigetragen haben, […] da die Konto-Korrent-Kartei, bzw. Teile davon aus den fraglichen Jahren verbrannt, bzw. abhanden gekommen ist.[515]

Reclam selbst hatte den Anteil der direkt an Heeres- und Parteistellen gelieferten UB-Bestände auf zehn bis 20 % geschätzt, was „ungefähr richtig" sei, allerdings sei er in der

511 Stellungnahme Ernst Reclams [um 1948], S. 6. In: RAS, Mappe Dr. Ernst Reclam.

512 Vgl. Wirtschaftsverständiger Karl Fritz Moser am 09.07.1948: Bericht über die bei der Firma Philipp Reclam jun. durchgeführte Buch- und Betriebsprüfung. In: SächsStA-D, 13471, Nr. ZA VI 2628/01, Bl. 82. Moser stellt zu Beginn heraus, dass die Erstellung des Berichts schwierig gewesen seien, da wesentliche Teile der Buchführung durch Bombenschaden vernichtet worden waren.

513 Vgl. Wirtschaftsverständiger Karl Fritz Moser am 09.07.1948: Bericht über die bei der Firma Philipp Reclam jun. durchgeführte Buch- und Betriebsprüfung. In: SächsStA-D, 13471, Nr. ZA VI 2628/01, Bl. 84.

514 Die einzelnen Warengruppen seien mit 15 % bis herunter auf 0,25 % des Ladenverkaufspreises in den Schlussbilanzen angesetzt worden. Vgl. Wirtschaftsverständiger Karl Fritz Moser am 09.07.1948: Bericht über die bei der Firma Philipp Reclam jun. durchgeführte Buch- und Betriebsprüfung. In: SächsStA-D, 13471, Nr. ZA VI 2628/01, Bl. 86.

515 Wirtschaftsverständiger Karl Fritz Moser am 09.07.1948: Bericht über die bei der Firma Philipp Reclam jun. durchgeführte Buch- und Betriebsprüfung. In: SächsStA-D, 13471, Nr. ZA VI 2628/01, Bl. 87. Auch die sich anschließende Frage, „[i]nwieweit die Gewinnsteigerung in den Jahren 1939 bis 1944 auf die kriegsbedingten Lieferungen an die Frontbuchhandlungen zurückzuführen sind, konnte wegen Fehlens beweiskräftiger Unterlagen nicht einwandfrei ermittelt werden." Wirtschaftsverständiger Karl Fritz Moser am 09.07.1948: Bericht über die bei der Firma Philipp Reclam jun. durchgeführte Buch- und Betriebsprüfung. In: SächsStA-D, 13471, Nr. ZA VI 2628/01, Bl. 94 f.

Anklage auf 30–40 % erhöht worden, „was viel zu hoch gegriffen“ sei.[516] Dem widerspricht sowohl, dass 1944 pauschal 30 % einer jeden Auflage an OKW und RMVP zur Truppenbetreuung geliefert wurden,[517] als auch die Aussage des Mitarbeiters Twittmeyer, wonach

> [n]icht nur d[er] Heeresmacht, sondern auch d[en] Partei-Verbände[n] [... als] Grossabnehmer[n] [...] durch geschickte Vertriebsmassnahmen [...] Millionen Bände unseren lesehungrigen Soldaten zugeleitet [wurden].[518]

Die Angabe Ernst Reclams in einem geheimen Fragebogen im Jahr 1941, die UB sei über die Aufträge von Oberbefehlshaber der Luftwaffe, Oberkommando der Wehrmacht, Deutsche Heeresbücherei, Marinestation Ostsee, Marinestation Nordsee, Dienststellen der Partei sowie Nationalsozialistische Volkswohlfahrt hinaus „zu 90 % direkt oder indirekt für die Wehrmacht bestimmt“[519], lässt keinen detaillierten Rückschluss auf die prozentuale Verteilung des Absatzes zwischen Vertrieb des Verlags bzw. des Sortiments und offiziellen Bestellungen von Gliederungen der Partei und der Wehrmacht zu. Dennoch kann festgehalten werden, dass die UB nahezu gänzlich für den Kriegsdienst instrumentalisiert wurde. An diesem Geschäft nicht zu partizipieren wäre allerdings aus rein wirtschaftlicher Sicht auch nicht vernünftig gewesen. In diesem Sinne wehrt sich Ernst Reclam gegen die Absicht, „mich zum ‚Kriegsgewinnler' im schlechten Sinne zu stempeln.“[520] Moser gibt in seinem Bericht eine Steigerung des durchschnittlichen Gewinnanteils Dr. Reclams 1939–1944 im Verhältnis zu 1932–1939 um 127.559 RM, also eine Gewinnerhöhung von rund 516 %, an.[521]

516 Stellungnahme Ernst Reclams [um 1948], S. 6. Im Juli 1948 räumt Ernst Reclam hingegen ein: „Nach nochmaliger Überlegung muß ich mich berichtigen und gebe die Ziffer der direkt an das OKW und Reichsluftministerium erfolgten Lieferungen mit ca. 30–40 % an.“ Kriminalamt Leipzig Untersuchungsorgan am 22.07.1948, Vernehmung Ernst Reclam und Theodor Otto Herbert Mettler. In: SächsStA-D, 13471, Nr. ZA VI 2628/01, Bl. 96.

517 Vgl. Barbian 2010, S. 370. Im Januar 1945 waren sogar „40 % der Buchproduktion [...] an die verschiedenen Großbedarfsträger (Wehrmacht bzw. Zentrale der Frontbuchhandlungen, Waffen-SS, OT., RAD., HJ., Einkaufshaus für Büchereien usw.)“ abzugeben. Von dieser Regelung unberührt blieben „alle Sonderauflagen, z. B. die durch Wehrmachtpapierscheck oder als Exportauflagen genehmigten Auflagen“. Erläuterung zur Amtlichen Bekanntmachung der RSK Nr. 163 vom 20.12.1944, http://digital.slub-dresden.de/id39946221X-19450106 [25.05.2024].

518 Twittmeyer: Rückblick, S. 14. In: RAS, Mappe Mitarbeiter II.

519 Reichsstatthalter in Sachsen – Landesregierung – Bezirkswirtschaftsamt für den Wehrwirtschaftsbezirk IV Leiter Staatsminister Lenk an die Betriebsführung der vom Bezirkswirtschaftsamt Dresden erfassten Betriebe am 04.03.1941. In: SächsStA-D, 13471, Nr. ZA VI 2628/01.

520 Stellungnahme Ernst Reclams [um 1948], S. 6.

521 Vgl. Wirtschaftsverständiger Karl Fritz Moser am 09.07.1948: Bericht über die bei der Firma Philipp Reclam jun. durchgeführte Buch- und Betriebsprüfung. In: SächsStA-D, 13471, Nr. ZA VI 2628/01, Bl. 84. Die von Moser ermittelten Angaben zu Gewinnen des Reclam Verlags und den Anteilen Ernst Reclams weichen in einigen Jahren allerdings von den im Rahmen dieser Arbeit anhand von Bilanzen, Privatkontenauflistungen und weiteren Materialien erhobenen Angaben ab, widersprechen jedoch nicht der Grundtendenz.

Trotz der Unterschiede lassen doch alle Zahlen den eindeutigen Schluss zu, dass die Firma Reclam und ihre Gesellschafter durch den Zweiten Weltkrieg ihr Vermögen in erheblichem Ausmaß vergrößern konnten. So sprechen allein die gesteigerten Jahreseinkommensangaben Ernst Reclams, der sich in den Krisenzeiten des Verlags stark persönlich eingeschränkt hatte, eine deutliche Sprache. Während er 1938 und 1939 ein Einkommen von 30.792 RM bzw. 44.802 RM verzeichnen konnte, gab es zum Jahr 1940 einen ersten großen Sprung auf 106.675 RM und 1941 einen zweiten auf 234.573 RM, 1942 verdiente er sogar 281.132 RM.[522] Selbst 1943 erzielte er noch ein Einkommen von 206.869 RM.[523] Auf diese Weise konnte Ernst Reclam seine Schulden gegenüber dem Verlag, die durch Privatentnahmen aus der Verlagskasse entstanden waren, erheblich abbauen. Bis zum 31.08.1939 waren die Schulden der Gesellschafter auf insgesamt 1.767.845.28 RM angewachsen. Am 31.08.1942 betrugen sie nur noch 728.244.34 RM. Ernst Reclam verringerte seine persönlichen Schulden von 331.000 RM (1934) auf 143.900 RM am 31.08.1942. Hans Emil Reclam – der im Gegensatz zu seinem Bruder seine persönlichen Schulden von 418.000 (1934) auf 616.800 (1939) noch erhöht hatte – war aufgrund der enormen Gewinne während des Kriegs ebenfalls in der Lage, diese Schulden zum 31.08.1942 auf 387.100 RM zu reduzieren.[524]

Ernst Reclam betont hingegen, dass trotz unter „steuerlichen Gesichtspunkten" feststellbarer Gewinne der Krieg durch die Kriegshandlungen und die feindlichen Luftangriffe dem Verlag „schwere, ja unwiederbringliche Verluste zugefügt"[525] habe. Diese seien nicht nur rein wirtschaftlicher Natur und in Form von acht Millionen verbrannten UB-Nummern zu beziffern, unter denen sich fast die Hälfte der Rohbestände auf holzfreiem Papier befunden habe, welche in absehbarer Zeit nicht wieder zu beschaffen seien, sondern vor allem ideeller Natur. Unter den verbrannten Beständen hätten sich Werke befunden,

> die in wissenschaftlicher Beziehung oder als Vertreter der Weltliteratur wohl für die Vollständigkeit der „U-B" von außerordentlichem Werte waren, aber nur so geringen Absatz hatten, daß an einen Neudruck dieser Nummern und dadurch an eine Vervollständigung der „U-B" wohl nie wieder zu denken ist.[526]

522 Für die Jahre 1938–1944 ist eine jährliche Vergütung Ernst Reclams in Höhe von 40.000 RM belegt. Vgl. Aufstellung Privatkonten. In: SächsStA-D, 13471, Nr. ZA VI 2628/01. Zum Vergleich: Der durchschnittliche Tariflohn im vergleichbaren Zeitraum betrug zwischen 144 und 167 RM. Vgl. Bürklin o. J.

523 Dieses Jahreseinkommen setzte sich zusammen aus seinen Anteilen als Mitinhaber der Firmen Philipp Reclam jun., Buchhandlung „Bücher ins Haus" Kempert & Co., Exportbuchhandel Breitfeld & Co., Adolf Klauß sowie aus den Anteilen an den Grundstücken Inselstraße 26, Egelstraße 4 und Karl-Tauchnitz-Straße 35. Vgl. Fragebogen Militärregierung Ernst Reclam vom 20.06.1945. In: RAL, Ordner 15.

524 Vgl. Betriebsergebnisse 1905–1942. In: RAL, Ordner 14.

525 Stellungnahme Ernst Reclams [um 1948], S. 6. In: RAS, Mappe Dr. Ernst Reclam.

526 Stellungnahme Ernst Reclams [um 1948], S. 6 f. In: RAS, Mappe Dr. Ernst Reclam.

Der erlittene Verlust könne mit einem buchmäßigen Vermögensdefizit von 3.600.000 RM beziffert werden,[527] wobei zu bedenken sei, dass es sich hierbei um Bilanzzahlen handle, in denen noch große stille Reserven enthalten sind. Der von der Untersuchung ausgerechnete reine „Kriegsgewinn" betrage hingegen nur 3.000.000 RM, womit der Reclam Verlag nicht zu den „Kriegsgewinnlern" zählen könne.[528] Ferner führt der Verlagsbesitzer an, dass es ungerechtfertigt wäre,

> den Verlag Philipp Reclam jun. neben die Lieferanten von Kriegsmaterial als „Kriegsgewinnler" zu stellen, da es eine unschätzbare Wohltat für unsere Frontkämpfer war, wenn ihnen die Hefte der „U-B" als Trost und vielfach als einzige Beziehung zur Kultur der Heimat in den Schützengraben, auf den Marsch und nach manchem einsamen Posten gesandt wurden. Wichtig ist da auch, festzustellen, daß es sich bei den für unsere Frontkämpfer gelieferten Werken in keinem Falle um nazistische Literatur handelt[e].[529]

Dass die vom Reclam Verlag an die Front gelieferten Titel in Summe keineswegs politisch neutral waren, konnte oben bereits gezeigt werden und wird im Folgenden noch näher zu untersuchen sein. Dass für die unzweifelhaft nachgewiesenen erheblichen Gewinne aus Kriegsgeschäften seitens des Verlegers der Versuch unternommen wird, diese mit den Schäden infolge des – durch eigene Propaganda unterstützten – Kriegs zu verrechnen, ist aus seiner Sicht nachvollziehbar, kann jedoch keine Relativierung der verlegerischen und persönlichen Verantwortung begründen. Insofern sind Ernst Reclams Einwände moralischer Natur gegen seine Klassifizierung als ‚Kriegsgewinnler' in Anbetracht der drohenden Enteignung durch die Sowjetische Besatzungsmacht verständlich. Versteht man aber unter einem ‚Kriegsgewinnler', wie allgemein üblich, eine Person oder Organisation, die aus den Umständen eines Kriegs Vorteile zieht, so ändern diese Einwände nichts an der Tatsache, dass sowohl der Reclam Verlag als auch seine Gesellschafter als solche zu bewerten sind.

2.3.5 75 Jahre Universal-Bibliothek

Am 10.11.1942 jährte sich der Gründungstag der UB zum 75. Mal. Der Jubiläumstag „fällt wie der 50jährige in eine schicksalsschwere Zeit. Es ist, als ob das Reclam-Bändchen allen Feiern aus dem Weg gehen solle, als sei ihm sein Wirken [...] Denkmal

527 Nach Moser betrug zum 31.08.1944 die Summe der Sachschäden 3.410.784 RM, die der Nutzungsschäden 49.986 RM. Vgl. Wirtschaftsverständiger Karl Fritz Moser am 09.07.1948: Bericht über die bei der Firma Philipp Reclam jun. durchgeführte Buch- und Betriebsprüfung. In: SächsStA-D, 13471, Nr. ZA VI 2628/01, Bl. 80.

528 Vgl. Stellungnahme Ernst Reclams [um 1948], S. 7. In: RAS, Mappe Dr. Ernst Reclam.

529 Stellungnahme Ernst Reclams [um 1948], S. 7. In: RAS, Mappe Dr. Ernst Reclam.

genug."[530] Dennoch, so schreibt Ernst Reclam an den befreundeten Autor Börries Freiherr von Münchhausen, einen völkisch orientierten Unterstützer der rassistischen Kulturpolitik des NS-Staates, sei dem Verlag „nahegelegt worden, des eigentlichen Tages des Jubiläums, an dem vor 75 Jahren die ersten Nummern der Universal-Bibliothek erschienen, durch eine besondere Feier zu gedenken."[531] In Rundbriefen des Verlags an die Pensionäre der Firma und die eingezogenen Arbeitskollegen wird dem Bedauern Ausdruck verliehen, dass die Festlichkeiten in eingeschränktem Maße stattfinden müssen:

> Leider kann man das Jubiläum nicht so begehen, wie wir es uns alle wünschen. Dazu fehlen vor allem die Arbeitskameraden, die ihren schweren Dienst für das Vaterland erfüllen. Wir Daheimgebliebenen wollen den Jubiläumstag in schlichter und würdiger Weise begehen.[532]

Mit viel organisatorischem Aufwand wurde dennoch unter der Federführung von Gotthold Müller eine recht pompöse Jubiläumsfeier gestaltet, welche die Ankündigung, diesen Tag nur „in bescheidenem Maße"[533] zu begehen, deutlich konterkariert.

Der Festtag begann um 10 Uhr im Setzersaal des Verlagshauses[534] mit einer Begrüßungs- und Dankesrede Ernst Reclams, in der er auch die Bereicherung der Unterstützungskasse um 100.000 RM verkündete,[535] gefolgt von einer Festrede des Autors Robert Hohlbaum, einem glühenden Befürworter der nationalsozialistischen Kulturpolitik. Im Namen der Autoren des Hauses Reclam richtete er ein Gruß- und Dankwort an den Verlag und den darin herrschenden „deutschen Geist"[536]. Anlässlich des Jubiläums hatte Annemarie Meiner die erste umfassende Verlagsgeschichte von 320 Seiten vorgelegt (*Reclam. Eine Geschichte der Universal-Bibliothek zu ihrem 75jährigen Bestehen*),[537] in der sie ebenfalls auf die Überlegenheit der ‚Herrenrasse' rekurriert: „Am Werdegang der Universal-Bibliothek lernen wir uns selbst kennen. Wenn wir ihren raschen Aufstieg und ihre Wirkung […] verfolgen, spüren wir

530 Meiner 1942, S. 3.
531 Ernst Reclam an Münchhausen am 02.11.1942 In: GSA, 69/6248.
532 Rundschreiben an Pensionäre am 29.10.1942. In: RAS, Mappe 75-jähriges Jubiläum.
533 Rundschreiben an Reclam-Soldaten am 06.10.1942. In: RAS, Mappe 75-jähriges Jubiläum.
534 Der Saal war anlässlich der Feierlichkeiten bereits am 12.11.1942 mit rotem und grauem Stoff ausgekleidet worden, eine große goldene 75 prangte als Blickfang über dem extra für die Festreden aufgestellten Podium mit Rednerpult, an welchem ein kleines plastisches Hakenkreuz angebracht worden war. Des Weiteren waren der gesamte Festsaal sowie die zu ihm führende Treppe mit Grünschmuck in Form von Lorbeerpyramiden und -girlanden dekoriert worden. Vgl. Auftragsbestätigung Oswald Lenz an Reclam Verlag am 29.10.1942. In: RAS, Mappe 75-jähriges Jubiläum.
535 Vgl. Ansprachen, Rede Ernst Reclams, S. 1. In: RAS, Mappe 75-jähriges Jubiläum.
536 Ansprachen, Rede Robert Hohlbaums, S. 7. In: RAS, Mappe 75-jähriges Jubiläum
537 Meiner war dem Hause Reclam von jeher verbunden gewesen. Hans Heinrich Reclam war der Vormund ihrer Mutter und sie habe „Onkel" zu ihm sagen dürfen. Vgl. Rede Annemarie Meiners, S. 2. In: RAS, Mappe 75-jähriges Jubiläum.

lebendiger als sonst die Kräfte, denen wir unsere Größe und unsere kulturelle Überlegenheit über andere Völker verdanken."[538]

Ihr pflichtete Hohlbaum bei und führte aus, die Gründung der UB sei mit der Erfindung der Buchdruckerkunst vergleichbar. Er verstieg sich schließlich sogar dazu, der Luther-Bibel Hitlers *Mein Kampf* gegenüberzustellen: „Wenn wir aber dagegen diese Erscheinung etwa mit dem Erfolg der Bibel unserer Tage, mit ‚Mein Kampf' vergleichen, so beträgt die Auflage des Luther-Buches doch nur einen ganz verschwindenden Bruchteil der Auflage des Führerwerkes."[539] Anschließend überbrachte der Landesobmann der RSK, Dr. Konrad Witzmann, im Auftrag des Präsidenten der RSK, Hanns Johst, und des Leiters des deutschen Buchhandels, Wilhelm Baur, die herzlichsten Glückwünsche und versäumte es nicht, die Symbiose zwischen Verlagserfolg und aktuellem Zeitgeschehen aufzuzeigen. Der soziale Gedanke Philipp Anton Reclams habe gerade erst im nationalsozialistischen Deutschland den richtigen Maßstab finden können, die UB sei ein „Denkmal des deutschen Volkes schlechthin."[540] Den Abschluss der Glückwunschreden bestritten Dr. Max Freyer vom Börsenverein[541] und Dr. Heiligenstaedt, Leiter der Reichsstelle für das Volksbüchereiwesen.[542]

Mit einem eigens für die Feierlichkeiten genehmigten Sonderwagen[543] fuhr die Gesamtgefolgschaft zu den Zoo-Gaststätten zum Mittagessen (Suppe, Wild, Nachspeise),[544] für das die Mitarbeiter gegen vorherige Abgabe von 50 g Fleisch-, 10 g Fett- und 30 g Kuchenmarken Gutscheine erhielten.[545] Von den Zoo-Gaststätten fuhr die Festgesellschaft, wiederum in einem Sonderwagen, zum Schauspielhaus Leipzig, wo um drei Uhr die Festvorstellung als geschlossene Veranstaltung für die Reclam-Mitarbeiter begann.

538 Meiner 1942, S. 3.

539 Ansprachen, Rede Robert Hohlbaums, S. 2. In: RAS, Mappe 75-jähriges Jubiläum.

540 Ansprachen, Rede Konrad Witzmanns, S. 9. In: RAS, Mappe 75-jähriges Jubiläum.

541 Vgl. Rede Freyers. In: RAS, Mappe 75-jähriges Jubiläum.

542 Vgl. Rede Heiligenstädts. In: RAS, Mappe 75-jähriges Jubiläum. Die Tageszeitung *Leipziger Neueste Nachrichten* berichtete am Tag darauf, dass die anerkannte Bedeutung der UB aus den Glückwunschansprachen der Gäste ersichtlich geworden sei. Vgl. *Leipziger Neueste Nachrichten* 15.11.1942.

543 Vgl. Müller an Direktion Städtische Verkehrsbetriebe am 21.10.1942. In: RAS, Mappe 75-jähriges Jubiläum.

544 Vgl. Programmkarte. In: RAS, Mappe 75-jähriges Jubiläum. An der Feier nahmen außer den ‚Kern-Mitarbeitern' des Unternehmens Reclam auch die Mitarbeiter der Firmen „Bücher ins Haus" und Klauß & Co. teil. Der Saal war ebenfalls mit silbergrauem Stoff geschmückt, Lorbeeren dienten als Dekoration der Bühne, der Bühnenbrüstung, des Saaleingangs und der Galerie-Brüstung. In diesen öffentlichen Räumen wurden die Symbole des NS-Regimes wesentlich stärker berücksichtigt. Über der Bühne wurde ein großes plastisches DAF-Rad angebracht, rechts und links von ihr je eine große Hakenkreuzfahne im Format von 10 m × 2,40 m, rechts und links der Galerie-Brüstung hingen ebenfalls je zwei Hakenkreuzschürzen und je eine DAF-Schürze. Vgl. Auftragsbestätigung Oswald Lenz an Reclam Verlag am 23.10.1942. In: RAS, Mappe 75-jähriges Jubiläum.

545 Vgl. Müller an Lübstorff (Ernährungsamt der Reichsmessestadt) am 21.10.1942. In: RAS, Mappe 75-jähriges Jubiläum.

Für den Pauschalpreis von 1.500 RM standen dem Verlag 828 Plätze zur Verfügung.[546] Die Nachmittagsveranstaltung war gewissermaßen eine Notvariante, da man eine Abendveranstaltung präferiert hätte. Fest stand, dass ein klassisches Stück aufgeführt werden sollte. Müller dachte an *Miss Sara Sampson*, aber noch geeigneter erschien ihm Kleists *Der zerbrochene Krug*.[547] Letztlich einigte man sich auf Shakespeares *Viel Lärm um nichts*,[548] was insofern passend zum Anlass der Feier war, als eine kleine Reihe von Shakespeare-Stücken, in Format und Satz der UB vergleichbar, bereits zwei Jahre vor dieser erschienen war und als Vorläufer der Sammlung bezeichnet werden kann. In Absprache mit der Theaterleitung tauschte man den eigentlichen Prolog des Stücks gegen eine Ansprache des Verlagsautors Edwin Redslob aus.[549] Zur Erinnerung an diese Festaufführung bekam die Gefolgschaft einen rosafarbenen UB-Band des Stücks geschenkt. Darüber hinaus erhielt jeder Mitarbeiter (einschließlich der Pensionäre und Soldaten) anlässlich des Jubiläums 3 RM, zwei erzählende Nummern der Jubiläumsserien 1942, die männlichen Beschäftigten zudem eine Flasche Rotwein, die weiblichen eine halbe Flasche.[550]

Die den Festtag begleitenden Werbemaßnahmen und Pressestimmen[551] – es konnten 25 ausschließlich würdigende Berichterstattungen zum Reclam'schen Verlagsjubiläum gesichtet werden – belegen die Bedeutung des Kulturverlags Reclam, aber auch die wechselseitigen Vorteile des Jubiläums: Der Reclam Verlag erhielt ein hohes mediales Echo und die NS-Politik demonstrierte die Aufrechterhaltung von Kultur und Literatur während des Kriegs.

546 Vgl. Direktor der Generalintendanz der Städtischen Theater an Reclam Verlag am 30.09.1942. In: RAS, Mappe 75-jähriges Jubiläum. Allein für die Dekoration des Setzersaales und der Zoogaststätten, die Musikdarbietungen und die Theateranmietung zahlte der Reclam Verlag 2.490 RM. Vor dem Hintergrund, dass ein Angestellter bzw. Arbeiter zu dieser Zeit über ein durchschnittliches monatliches Einkommen von 150 bis 200 RM verfügte, kann hier eigentlich nicht mehr von einem „bescheidenen Fest" die Rede sein. Vgl. Adam 2010, S. 154.

547 Vgl. Müller an Generalintendanz der Städtischen Theater am 01.09.1942. In: RAS, Mappe 75-jähriges Jubiläum.

548 Vgl. Müller an Generalintendanz der Städtischen Theater am 01.09.1942; Programmblatt. In: RAS, Mappe 75-jähriges Jubiläum.

549 Vgl. Müller an Generalintendanz der Städtischen Theater am 02.10.1942. In: RAS, Mappe 75-jähriges Jubiläum.

550 Vgl. Aktennotiz Böttcher vom 14.11.1942. In: RAS, Mappe 75-jähriges Jubiläum. Besondere Aufmerksamkeit wurde stets dem Weihnachtsfest gewidmet. Die Mitarbeiter erhielten in der Regel Weihnachtsgeld in Höhe eines Wochenlohns. Vgl. RAS, Mappe Jubiläen im Hause Reclam. Weihnachtsgratifikationen. Selbst in der schwersten Kriegszeit dachte man an die Angehörigen der zur Wehrmacht einberufenen Gefolgschaftsmitglieder. Diese erhielten z. B. 1944 neben dem Titel *Regine und die Ahnherren* eine finanzielle Sonderspende; den Soldaten selbst sandte man auch einige Titel der aktuellen UB-Produktion sowie 5 RM. Vgl. Rundschreiben an Familienangehörige am 22.11.1944; Rundschreiben an Reclam-Soldaten Ende November 1944. In: RAS, Mappe Mitarbeiter I.

551 Zu den Werbeaktivitäten des Verlags siehe Kapitel 4.1, zur Wahrnehmung des Verlags in der Presse Kapitel 4.2.2.

Anlässlich des Jubiläums publizierte der Reclam Verlag im Vergleich zu den anderen Kriegsjahren mit 34 Titeln in der UB verhältnismäßig viel. 1941 waren nur elf Titel neu in der UB ersterschienen, 1943 dann 19. Mit Ausnahme des ersten Titels wurde das gesamte UB-Programm des Jahres 1942 in den Dienst des Jubiläums gestellt: Die in dieser Zeit (1942 und 1943) erschienenen 53 Titel wurden in drei Jubiläumsserien eingeteilt, von denen jedoch nur die ersten beiden als solche beworben wurden. Die erste Jubiläumsserie (18 Titel) wurde ab 27.05.1942 im Zuteilungssystem ausgeliefert und umfasste die Nummern 7497/98 bis 7519. Die zweite Jubiläumsserie (16 Titel, Nr. 7517/18 bis 7539/40) gelangte ab dem 23.11.1942 zur Auslieferung.[552]

Die Jubiläumsserien wurden sorgfältig und frühzeitig geplant. Bereits im Januar 1941 notiert Müller erste Gedanken, in denen er der inhaltlichen Ausgestaltung der Serie größte Priorität einräumt:

> So wichtig eine grosszügige und durchschlagende Werbung für die UB aus Anlass des Jubiläums sein mag, weit wichtiger scheint es mir zu sein, in dem Jubiläumsjahr mit Neuerscheinungen der UB an die Öffentlichkeit zu treten, die alle am Buch interessierten Kreise aufhorchen lassen. Das ist nur durch grossartige Massnahmen zu erreichen. [...] Wichtig ist, dass bei der Jubiläums-Serie auf Werke von vornherein verzichtet wird, deren Inhalt nur vergnüglichen Wert besitzt. Jede einzelne Nummer der Jubiläums-Serie muss ein kleines Standardwerk von überzeitlichem Werte sein.[553]

Zu diesem Zweck sollte Nußbächer sich „auf die Reise begeben" und mit den entscheidenden Autoren „Fühlung aufnehmen". Um das Gelingen der Serie zu sichern, war man bereit, die üblichen Honorare[554] entschieden zu erhöhen:

552 Vgl. Notiz zur Jubiläumswerbung. In: RAS, Mappe Werbung 75 Jahre UB. Einige Verlagsunterlagen deuten darauf hin, dass noch eine dritte Serie, die das gesamte UB-Programm des Jahres 1943 von 19 Titeln – Nr. 7541/44 bis 7566, erschienen Anfang 1943 – umfassen sollte, geplant war. Vgl. Zeittafel zur Verlagsgeschichte, S. 49. In: RAL, Ordner 3. Der letzten Serie wurde jedoch weder in den Zeitungen noch in der Verlagswerbung Beachtung geschenkt. Dass es sich bei dem Programm von 1943 um eine weitere Jubiläumsserie handelte, wird nur aus einigen internen Verlagsunterlagen ersichtlich. Auch im *Börsenblatt* fehlt den Werbeannoncen ein Hinweis auf das Jubiläum. Vgl. Werbeannonce. In: *BBl.* vom 05.06.1942, Nr. 120, S. 636, http://digital.slub-dresden.de/id39946221X-19420605/6; Werbeannonce. In: *BBl.* vom 31.03.1943, Nr. 76, S. 447, http://digital.slub-dresden.de/id39946221X-19430331/17 [25.05.2024]. In der ersten Planungsphase sollten die ersten beiden Reihen bereits am 15.03. bzw. 15.09.1942 zur Auslieferung gelangen, von einer dritten Serie 1943 war nicht die Rede. Vgl. Protokoll Müller vom 07.03.1941. In: RAS, Mappe 75-jähriges Jubiläum.

553 Aktennotiz Müller am 22.01.1941. In: RAS, Mappe 75-jähriges Jubiläum.

554 In der Regel konnten sich die Autoren für Publikationen in der UB zwischen einem einmaligen Pauschalhonorar (meistens unter 500 RM) oder Honorierung nach Absatz (5 % des Ladenpreises) entscheiden. Vgl. Reclam Verlag an RSK am 18.01.1937. In: RAS, Mappe Korrespondenz 30er Jahre Leipzig; Nußbächer an Kluge am 24.08.1936. In: SBB, Nachl. Kurt Kluge, Mappe 512.

> Dabei haben wir den Vorteil, die bestehenden Honorarnormen zu durchbrechen und den Autoren der Jubiläums-Serie der UB durch entsprechende Honorarangebote die Mitarbeit schmackhaft zu machen. Ich bin der Meinung, dass man von dem Werbefonds RM 10 bis 15.000,- abzweigen und für Sonderhonorare ausgeben soll. [...] Den Autoren kann man je nach ihrer Bedeutung und ihrer Leistung ein Honorar von RM 1.000,-, RM 1.500,- bis 2.000,- pro Nummer anbieten, ja im Sonderfall sogar noch darüber hinaus.[555]

Von den insgesamt 34 Titeln der ersten beiden Serien waren 15 Titel Erzählungen und zwei dramatische Werke (Hölderlins *Empedokles* als Jubiläumsnummer 7500 und Grabbes *Die Hermannsschlacht*). Das Gebiet der historischen und kulturgeschichtlichen Werke wird mit sieben Titeln bedient, literaturwissenschaftliche Abhandlungen mit vier. Die restlichen Titel umfassen ein breites Feld von älterer deutscher und nordischer Literatur und Geschichte (je ein Titel) über Musik- und Theaterliteratur und Philosophie bis hin zu religiöser Literatur.

Jahrzehnte später schreibt Müller an den ökonomischen Direktor des Leipziger Reclam Verlags, Lothar Kretschmar, dass er bemüht gewesen sei, die Jubiläumsserien „so neutral wie möglich zu gestalten."[556] Laut Ruppelt zeigen die Serien das Lavieren des Verlags zwischen Anpassung an das politisch Opportune und dem mutigen Versuch, Abstand zur herrschenden NS-Diktatur zu wahren. Die Jubiläumsbände seien weitgehend der deutschen bürgerlichen Literaturtradition verpflichtet gewesen, nur wenige Zugeständnisse an die Zeit seien erkennbar, etwa durch die Aufnahme

555 Aktennotiz Müller am 22.01.1941. In: RAS, Mappe 75-jähriges Jubiläum. Besonderes Augenmerk legte Müller zudem zum einen auf eine hohe Anzahl bedeutender schöngeistiger Titel und zum anderen darauf, dass man die Autoren des Verlags besonders in der Serie berücksichtigen sollte. Er dachte im Speziellen an Benz, Diesel, Christiansen, Redslob und Pflug. Vgl. Aktennotiz Müller am 22.01.1941. In: RAS, Mappe 75-jähriges Jubiläum. Dieser Wunsch erfüllte sich nur zum Teil: Von Benz erschien in der ersten Serie der Titel *Goethe und Beethoven* sowie in Kooperation mit Wilhelm Michel die Erzählung *Das schöne Jahr* im Rahmen der dritten Serie. Pflug steuerte für die zweite Serie das landschaftskundliche Buch *Deutsche Städtebilder* bei. Diesel schrieb das Geleitwort zu den *Lebenserinnerungen* von Werner Siemens, Redslob und Christiansen waren hingegen nicht vertreten. Auch ein ursprünglich für die zweite Serie geplanter Titel von Ina Seidel – es sollte sich dabei um einen oder mehrerer ihrer Aufsätze handeln, über die sie das Verfügungsrecht hatte – wurde nicht in die Tat umgesetzt. Vgl. Nußbächer an Seidel am 23.01.1942. In: RAS, Mappe Verlagsverträge Leipzig (gebundene Ausgaben) M–Z. In diesem Brief wurde Seidel mitgeteilt, dass sich die Fertigstellung des Briefbandes weiter verzögere, da die Arbeiter in der Setzerei momentan „besonders vordringliche Aufgaben", insbesondere die erste Jubiläumsserie, zu erledigen hätten. Der Briefband erschien dann auch erst ein Jahr später, 1943. Die Annahme, dass eine Kränkung Seidels aufgrund der Zurückstellung ihres Titels sowie eine angedachte Publikation nur in der zweiten Serie zum Ausbleiben des gewünschten Beitrags führte, ist reine Mutmaßung.

556 Müller an Kretschmar am 18.04.1989. In: RAS, Mappe Gotthold Müller.

von Kolbenheyer und den NS-Germanisten Cysarz.[557] Ruppelt übersieht dabei die Erzählungen von Mirko Jelusich, Josef Wiessalla, Erwin Herbert Rainalter – sämtlich aktive Unterstützer des NS-Kulturgeistes – sowie die Erzählungen von Peter Dörfler und Paul Ernst, beide wohlgelittene Autoren des NS-Regimes.[558] Ina Seidel und Moritz Jahn, ebenso treue Anhänger des NS-Regimes, wurden vergeblich um Beteiligung an den Jubiläumsserien umworben. Auch der den Krieg nahezu mythisch verklärende Titel *Ein Leutnant von der Infanterie* von Detlef Friedrichsen[559] oder die Sachbücher von unter dem NS-Regime zu rascher akademischer Karriere gelangten Professoren – *Vom deutschen Genius: Dokumente der deutschen Bewegung* des Rassenphilosophen Kurt Hildebrandt[560] und *Gestalten und Ereignisse aus Österreichs deutscher Vergangenheit* des Antisemiten Heinrich von Srbik – widerlegen die postulierte Neutralität des Jubiläumsprogramms. Aussagekräftig ist ferner, dass der Verlag für die Besetzung der Jubiläumsnummer 7500 ursprünglich mitnichten Hölderlins Drama *Empedokles* vorgesehen hatte. Mehrere Versuche, für die prestigeträchtige Nummer einen repräsentativen Wunschautor zu gewinnen, schlugen jedoch fehl. Zunächst hatte Ernst Reclam über seinen Freund Hans Ludwig Held versucht, Hans Carossa für das Unternehmen zu begeistern, der zwar deutlich Distanz zum Regime wahrte, aber zu den meisthofierten Schriftstellern des ‚Dritten Reiches' zählte – unter anderem wurde er als einer der sechs wichtigsten Schriftsteller auf Hitlers *Gottbegnadeten-Liste* geführt:[561]

> Zur Serie der 7500. Nr. der U. B., […] suchen wir möglichst repräsentative Autoren und möchten dabei besonders den Wunsch erfüllt haben, Carossa in die Sammlung zu bekommen, der mit einem sehr guten Bändchen für die Nr. 7500 selbst ein sehr geeigneter Autor wäre. Nun habe ich die Frage, ob

557 Vgl. Ruppelt 1992, S. 347, 349.

558 Der Presse fiel es folglich nicht schwer, bei der Durchmusterung der belletristischen Beiträge der Jubiläumsreihen „für spezifisch heutige Tendenzen Beispiele anzutreffen: die historische Note Jelusich […], den Duft von Heimat und Erde bei Dörfler […] und Wiessalla […], den Zusammenklang menschlicher Seelen bei Kolbenheyer […] und Walter Bauer […], das Lied vom Heldentum und Opfer bei Friedrichsen." *Frankfurter Zeitung* 28.11.1942.

559 Friedrichsen ist ein Pseudonym. Der eigentliche Autor war der führend am misslungenen Attentat vom 20.07.1944 beteiligte Fritz-Dietlof Graf von der Schulenburg, der das Buch in Gedenken an einen Kriegskameraden verfasst hatte. Vgl. Zeittafel zur Verlagsgeschichte, S. 49; Janßen 1990.

560 Rudolf Malter, der sich im Rahmen der 1992 publizierten Aufsatzsammlung mit dem philosophischen Programm der UB beschäftigte, findet, dass die Edition dieses Bandes dadurch wettgemacht werde, dass der jüdische Philosoph Spinoza noch 1943 mit all seinen verfügbaren Schriften einen Platz im Katalog hatte. Vgl. Malter 1992, S. 170. Für das Philosophie-Programm der NS-Zeit resümiert er, dass es zwar Zugeständnisse an die Zeit gegeben habe, diese aber das Programm in seiner Substanz nicht berührt hätten. Am Ende des ‚Dritten Reiches' habe sich der aufklärerische freie Geist Kants mit *Anthropologie* durchgesetzt.

561 Vgl. Rathkolb 1991, S. 176.

> Sie mit Carossa so gut bekannt sind, und ob Sie es auch freundlichst unternehmen würden, dafür die Vermittlung zu übernehmen, Carossa hat uns auf Bitten sehr freundlich geantwortet, aber gegeben hat er bisher noch nichts; vielleicht reizt ihn die Nr. 7500.[562]

Dem war nicht so. Auf Carossas Absage hin vermutet Ernst Reclam, „daß die Hauptbehinderung darin liegt, daß Carossa eben viel zu langsam produziert, um uns auf die Bitte hin, wenn es auch noch ein Jahr Zeit hat, ein Bändchen für die Universal-Bibliothek zu liefern."[563] Die Verhandlungen mit dem sehr NS-affinen Autor Börries Freiherr von Münchhausen – „Ich wüßte nun nicht, was ich in dieser Nummer lieber sähe und für würdiger hielte, als eine Balladenauswahl aus Ihrer Feder"[564] – scheiterten letztlich an der Zustimmung des Originalverlegers: „Ich bedaure sehr, daß Ihr Originalverleger Ihnen sowohl wie mir die Suppe gehörig versalzt."[565]

2.3.6 Bücher im ‚totalen Krieg'[566]

Nach dem Jubiläumsfest Anfang November 1942 deuteten sich schwierigere Zeiten an. Die Papierbeschaffungsschwierigkeiten verstärkten sich zeitweise, die Buchproduktion des Verlags außerhalb der Feldpostproduktion war 1943 rückläufig, lag jedoch insgesamt noch deutlich über dem Niveau von 1939/1940/1941. Durch mehrere Bombenangriffe ab Herbst 1943 wurde ein Großteil des Verlagsgebäudes vernichtet, und man war gezwungen bzw. wurde staatlicherseits aufgefordert, etliche Ausweichlager zu errichten, um die Produktion zu lagern, aber auch um weiter produzieren zu können. Der Personalbestand schrumpfte und mit Beginn der Bombardierung der Stadt Leipzig gewann die Frage nach dem Überleben des Einzelnen zunehmend an Bedeutung. Ein halbes Jahr vor Beginn der Luftangriffe verstarb Hans Emil Reclam am 14.04.1943. Er erlag 62-jährig im Sanatorium Bühlerhöhe im Schwarzwald einer kurzen, aber schweren Krankheit[567] und hinterließ seine Frau, Lieselotte Reclam

562 Ernst Reclam an Held am 28.12.1940. In: Münchner Stadtbibliothek/Monacensia, HLH B 335.

563 Ernst Reclam an Held am 30.01.1941. In: Münchner Stadtbibliothek/Monacensia, HLH B 335.

564 Ernst Reclam an Münchhausen am 28.01.1941 In: GSA, 69/6248.

565 Ernst Reclam an Münchhausen am 28.02.1941 In: GSA, 69/6248.

566 Teile dieses Kapitels wurden basierend auf der Magisterarbeit der Verfasserin in ausführlicherer Form veröffentlicht. Siehe Schmahl 2013b.

567 „Viel zu früh hat er, der das Leben allzeit geliebt hat, die Seinen und uns alle verlassen müssen, noch ehe der Sohn und Erbe an die Stelle des Vaters treten durfte. [...] Wer von uns hätte geglaubt, daß Not und Tod unserem verehrten Dr. Hans Emil Reclam schon so nahe, als er noch vor wenigen Monaten in voller Rüstigkeit mit uns des Tages gedachte [...]." Beisetzungsrede Müllers vom 19.04.1943. In: RAS, Mappe Hans Emil Reclam.

geb. Schröter, sowie seinen Sohn Philipp Hans Rolf Reclam und seine Töchter Ruth und Ilse.[568] In den 40 Jahren, in denen er für den Verlag tätig gewesen war, hatte dem Buchdruckereifachmann hauptsächlich die Betreuung des technischen Teils der Firma oblegen.

Die Stadt Leipzig war während des Zweiten Weltkriegs 38 Luftangriffen ausgesetzt. Ein Hauptziel der Alliierten war die Zerstörung der grafischen Industrie, „um die Durchhaltepropaganda der Nazis zu lähmen. Über drei Viertel des Anlagewertes der graphischen Industrie [wurden] vernichtet, die Verluste der Verlage, Grossisten, Buchhandlungen [sind] nicht zu beziffern."[569] Der erste schwere Angriff erfolgte am 20.10.1943, bei dem die Betriebsgebäude Reclams zu 35 % zerstört wurden. Der Betrieb bestand aus einem Hauptgebäude mit zwei Seitenflügeln und weiteren Nebengebäuden wie dem Maschinenhaus, welche insgesamt eine Fläche von rund 5.000 m^2 einnahmen. Im Hauptgebäude befanden sich die Verlagsabteilung, die Setzerei sowie ein Boden zum Lagern der Bücherbestände.[570] Vollständig zerstört wurde das Dachgeschoss des Flügels Kreuzstraße, welches das Rohlager I der UB – ca. vier Millionen halbfertige UB-Bände, viele Umschläge zur UB, Schutzumschläge, Bilder, mehrfarbige Tafeln und anderes, sozusagen die Substanz der UB (Abb. 31) – beherbergte und mit allen Rohdrucken und sämtlichem Inventar abbrannte. Das Feuer hatte sich vom Dach, das ebenfalls vernichtet wurde, nach unten ausgebreitet, sodass in der Maschinensetzerei (Abb. 31) ein Teilschaden entstanden war: alle Setzmaschinen hatten Wasserschäden erlitten. Die Falzabteilung und die Buchbinderei konnten vor Brandschäden bewahrt werden, jedoch hatten die enormen Wassermassen an fertigen und halbfertigen Büchern, Decken, Maschinen und Einbandmaterialien erheblichen Schaden angerichtet. Die Rotationsmaschinen waren rechtzeitig mit zwei großen Planen aus dem Packraum abgedeckt worden, sodass der hier entstandene Schaden unerheblich war. Totalschaden erlitten hingegen die Räume der Stereotypie sowie die Arbeitsräume der im Mai 1941 übernommenen Firma Adolf Klauß & Co.,[571] welche direkt unter dem Dach lagen und durch spätere Deckeneinbrüche betriebsunfähig

568 Vgl. Personalnachrichten. In: *BBl.* vom 08.05.1943, Nr. 88, S. 84, http://digital.slub-dresden.de/id39946221X-19430508/6 [25.05.2024]; Sterbeurkunde Hans Emil Reclam vom 14.04.1943. In: SächsStA-L, 20031, PP-V Nr. 2279.

569 Herzog 1995, S. 297.

570 Vgl. Schadensauflistung o. D. In: RAL, Ordner 15.

571 Mit Wirkung vom 31.05.1941 hatten Ernst und Hans Emil Reclam die bis dahin von Franz Burkhardt betriebene chemigraphische Kunstanstalt mit sämtlichen Aktiva und dem Recht zur unveränderten Firmenfortführung erworben. Die Brüder waren als Gesellschafter der offenen Handelsfirma am Gesellschaftsvermögen sowie an Gewinn und Verlust je zur Hälfte beteiligt. Vgl. Vertrag vom 31.01.1942. In: SächsStA-L, 21088, Nr. 001. Die Kassengeschäfte der Firma, die ihren Sitz bereits im Reclam'schen Geschäftsgebäude in der Kreuzstraße 7 hatte, wurden sämtlich in der Hauptkasse des Reclam Verlags mit erledigt. Vgl. Fischer: Berufsleben, S. 6. In: RAS, Mappe Mitarbeiter II. Mit dem Tod Hans Emil Reclams wurde Ernst Reclam alleiniger Gesellschafter.

Abb. 31 oben: Rohlager Reclam Verlag, o. J.; unten: Linotype-Setzerei Reclam Verlag, o. J. In: RAS, Mappe Grundstücke in Leipzig und Flüchtlingsrechte. Alle Rechte vorbehalten.

wurden.[572] Insgesamt brannte das Feuer drei Tage und Nächte und forderte sämtliche Kräfte zur Bekämpfung:

> Das Bild, das sich uns am Morgen des 21. Oktobers bei Arbeitsbeginn darbot, war ein grausiges. Wir haben alle, vom Ältesten bis zum Jüngsten und vom Betriebsführer bis zum Lehrling unser Bestes getan, um weiteren Schaden zu verhüten, und gottlob ist dies auch zum großen Teil gelungen. Vier volle Tage hatte unsere gesamte Gefolgschaft, unterstützt von Mannschaften der Luftschutzpolizei, mit der Verhinderung neuer Brände und mit den schwierigen, oft lebensgefährlichen Aufräumungsarbeiten zu tun.[573]

Diese „vorbildliche Einsatzbereitschaft der Gefolgschaft" sei von den zuständigen Dienststellen, vor allem vom Kommando der Luftschutzpolizei „wiederholt rückhaltlos anerkannt" worden und habe eine weitgehende behördliche Unterstützung bei den Aufräumarbeiten zur Folge gehabt, sodass bereits am 25.10.1943 die Hoffnung bestand, in einigen Tagen das Schwerste überwunden zu haben.[574] Mitarbeiter, betriebsangehörige Soldaten sowie Autoren und Freunde des Verlags wurden in zahlreichen Rundschreiben über die Geschehnisse der Bombennacht informiert. Wiederholt wurde betont, dass man insgesamt im Großen und Ganzen noch Glück gehabt habe:

> So schwer der uns zugefügte Schaden ist, und so unersetzlich der Verlust unserer U. B.-Bestände, so müssen wir dennoch sagen, daß es hätte schlimmer sein können. Als ein ganz großes Glück muß bezeichnet werden, daß es gelungen ist, das Übergreifen des Feuers auf das Hauptlager und auf das Maschinenhaus zu vereiteln.[575]

Als Exkurs sei angemerkt, dass diese Rundbriefe einerseits zeigen, wie stets versucht wurde, die Mitarbeiter aktiv ins Verlagsgeschehen einzubinden, andererseits gleichzeitig deutlich machen, wie diese Form betriebsinterner Kommunikation – besonders an die Reclam-Soldaten – wesentlich systemstützend auch der Aufrechterhaltung der Kampfmoral diente. Auffällig ist, dass die Schreiben zu Beginn des Kriegs besonders hetzerisch formuliert sind und ein klares Freund-Feind-Bild zeichnen. Schlagworte wie „totaler Krieg", „völkischer Lebenskampf" und „endgültiger Sieg" sind gekonnt

572 Vgl. Bericht Fliegerangriff vom 30.10.1943. In: RAS, Mappe Quellen zur Geschichte des Verlages; Twittmeyer: Rückblick, S. 15 f. In: RAS, Mappe Mitarbeiter II; Rundschreiben an Reclam-Soldaten am 03.11.1943. In: RAS, Mappe Mitarbeiter I.

573 Rundschreiben an Reclam-Soldaten am 03.11.1943. In: RAS, Mappe Mitarbeiter I.

574 Vgl. Rundschreiben an Autoren, Mitarbeiter und Freunde am 25.10.1943. In: RAS, Mappe Mitarbeiter II.

575 Rundschreiben an Reclam-Soldaten am 03.11.1943. In: RAS, Mappe Mitarbeiter I.

eingebettet in pathetische Phrasen zur Bedeutung der Arbeiterschaft und machen die Rundschreiben somit zu mustergültiger Kriegspropaganda:

> In diesen Kriegsmonaten, in denen Deutschland um seinen Bestand und seine Sicherung in Europa kämpft, stehen Front und Heimat in unerschütterlicher Gemeinschaft zusammen. Im totalen Krieg kommt es auf jeden einzelnen an, und die Arbeiter der Stirn und der Faust an den Maschinen, in den Kontoren und in den Lägern leisten einen gleich wichtigen nationalen Dienst wie unsere Truppen zu Lande, zu Wasser und in der Luft. England will uns wirtschaftlich niederzwingen, aber auch hier ist Deutschland unbesiegbar: am deutschen Arbeiter wird England scheitern.
>
> Im Zeichen dieses völkischen Lebenskampfes gegen plutokratische Vernichtungsgier begehen wir die diesjährigen Weihnachten. […] Wenn es vielleicht manchmal über die Kräfte zu gehen schien, so mag jeden das Bewußtsein trösten und stärken, daß auch seine Arbeit ein kleiner wichtiger Beitrag zum endgültigen Siege ist. Jeder Betrieb, der trotz des Kriegszustandes produktiv weiterschafft, ist eine Lebenszelle des nationalen Widerstandes.[576]

Später dann unterstützten die stets optimistisch verfassten Briefe die Durchhalteparolen, wobei kämpferische Handlungen nach wie vor beschönigend dargestellt werden:

> Wir wissen, daß uns allen noch viel Schweres bevorsteht, und hoffen und wünschen, daß wir dem Druck unserer Feinde standhalten werden, um den Krieg zu einem guten Ende zu führen. In diesem Sinne kämpfen wir mit Euch, hoffend, daß jeder von uns gesund bleibt, damit wir nach Beendigung des großen Ringens die Wiederaufbauarbeiten gemeinsam vornehmen können.[577]
>
> Weihnachten 1944! Man kann zunächst den Gedanken noch gar nicht fassen, daß in 4 Wochen Weihnachten sein soll, denn alles Denken und Fühlen ist auch bei uns nur auf den Krieg ausgerichtet. Es heißt jetzt, alle Kräfte zusammenreißen, um das Ringen zu einem guten Ende zu führen. Wenn wir alle fest zusammenstehen, wird auch die schwerste Zeit für unser Volk vorübergehen.[578]

576 Verlagsrundschreiben Kriegsweihnachten 1939. In: RAS, Mitarbeiter II.
577 Verlagsrundschreiben Oktober 1944. In: RAS, Mitarbeiter I.
578 Verlagsrundschreiben Ende November 1944. In: RS Mitarbeiter I.

Abb. 32 Hauptlager Reclam Verlag, o J. In: RAS, Mappe Grundstücke in Leipzig und Flüchtlingsrechte. Alle Rechte vorbehalten.

Nicht versäumt wurde jedoch auch, den wichtigen Beitrag der in der Heimat verbliebenen Kollegen zu betonen: „In diesem Sinne grüßen wir Euch mit der Versicherung, daß wir ebenso unseren Mann stehen werden wie Ihr."[579]

Voll arbeitsfähig war das Unternehmen nach dem ersten Bombenangriff erst nach Abschluss aller Aufräumarbeiten, die einige Wochen andauerten, dennoch wurde der Betrieb bereits nach kurzer Zeit wiederaufgenommen. Mitte November wurde in der Zuversicht, „daß das schöne trockene Herbstwetter uns noch bis zum Abschluß der Dacharbeiten begünstigen wird"[580], ein Notdach errichtet; die Stereotypie fand eine Notunterkunft im benachbarten Haus Inselstraße 26. Im Hauptlager (Abb. 32), das abgesehen von einer starken Verqualmung unversehrt geblieben war, wurden etliche Sicherheitsmaßnahmen getroffen.[581] Für die Firma Adolf Klauß & Co. pachtete man die Räumlichkeiten der Graphischen Kunstanstalt Aarland & Müller in der Bayerischen Straße 78, Hinterhaus.[582]

579 Verlagsrundschreiben am 11.07.1944. In: RAS, Mappe Mitarbeiter I.

580 Rundschreiben an Reclam-Soldaten am 03.11.1943. In: RAS, Mappe Mitarbeiter.

581 Acht Doppelregale wurden entfernt und in den unteren Räumen aufgestellt, sämtliche Vorräte wurden nach unten verbracht. Vgl. Twittmeyer: Rückblick, S. 16. RAS, Mappe Mitarbeiter II.

582 Für einen monatlichen Pachtzins von 625 RM wurden der Firma das zweite und dritte Stockwerk einschließlich der gesamten in diesen Räumen befindlichen, zum Betrieb einer chemigraphischen Reproduktionsanstalt erforderlichen Apparate, Maschinen, Einrichtungsgegenstände, Mobilien sowie ein Schuppen im Hof dieses Grundstücks zur Verfügung gestellt. Vgl. Pachtvertrag Aarland & Müller – Adolf Klauß & Co. vom 29.10.1943. In: SächsStA-L, 21088, Nr. 001.

Es sollte jedoch keine lange Ruhepause geben: In der Nacht vom 03. zum 04.12.1943 erfolgte der nächste Bombenangriff, der 2.000 Großbrände und fast 3.000 mittlere und kleine Brände verursachte, die meisten im grafischen Viertel der Ostvorstadt, das zu nahezu 80 % zerstört wurde. In dieser Nacht verbrannten geschätzte 50 Millionen Bücher.[583] Der Reclam-Mitarbeiter Twittmeyer notierte gleichsam prophetisch:

> Nicht nur der Verlag Reclam, sondern auch die meisten übrigen Verleger, Kommissionäre, Buchdruckereien und sonstige graphische Betriebe sind am 4. Dezember vernichtet worden, so dass Leipzig mit einem Schlage aufgehört hat, als Buchhandelszentrale zu fungieren. Ob es wohl in Zukunft auf den früheren Stand kommen wird?[584]

Im Reclam Verlag wurden mehr als ein Drittel der Anlagen und Einrichtungen vernichtet. Der Flügel der Inselstraße war schwer getroffen. Insbesondere brannten die Büroräumlichkeiten einschließlich der Geschäftsleitung und der Redaktion sowie weitere Teile des Lagers mit 450 Tonnen bedrucktem Papier – über vier Millionen Nummern der UB – und der Packraum mit etlichen versandfertigen Bestellungen sowie der neue Setzersaal komplett aus. Die Handsetzerei (Abb. 33) wurde zu 100 % zerstört, das Handlager mit erheblichen Vorräten konnte dagegen gerettet werden.[585]

Des Weiteren blieb das Herzstück des Betriebs – die Druckerei – erneut verschont, was man erleichtert den Autoren, Mitarbeitern und Freunden des Verlags – in einem Atemzug mit der Ankündigung der baldigen Wiederaufnahme des Betriebs – verkündete:

> Es muss noch als ein grosses Glück betrachtet werden, dass bei dem sonstigen Ausmass der Zerstörung in Leipzig, insbesondere auch im graphischen Gewerbe, der lebenswichtige Teil des technischen Betriebes gerettet werden konnte, so dass der Verlag seine kriegswichtige Funktion bald wieder wird ausüben können. […] So wird es möglich sein, unter Anspannung aller Energien die Produktion nach einiger Zeit fortzuführen.[586]

583 Vgl. Herzog 1995, S. 296 f.

584 Twittmeyer: Rückblick, S. 17. In: RAS, Mappe Mitarbeiter II.

585 Durch den Schacht eines kleinen Fahrstuhls, der früher für Frühstückslieferungen verwandt wurde, gelangten die Brandmassen ins erste und zweite Geschoss, wo sich der Setzersaal und die Kontore befanden. Das gesamte Schriftmaterial im Setzersaal zerschmolz, lief auf dem Boden breit und tropfte z. T. durch den Fahrstuhlschacht ins Handlager, was die Löscharbeiten sehr erschwerte. Vgl. Zeittafel zur Verlagsgeschichte, S. 50. In: RAL, Ordner 3; Rundschreiben an Autoren, Freunde und Mitarbeiter Dezember 1943. In: RAS, Mappen Quellen zur Geschichte des Verlags; Twittmeyer: Rückblick, S. 16. In: RAS, Mappe Mitarbeiter II.

586 Rundschreiben an Autoren, Freunde und Mitarbeiter Dezember 1943. In: RAS, Mappen Quellen zur Geschichte des Verlags.

Abb. 33 Handsetzerei Reclam Verlag, o.J. In: RAS, Mappe Grundstücke in Leipzig und Flüchtlingsrechte. Alle Rechte vorbehalten.

Infolge des Brandes mussten zunächst auch für die geschäftlichen Erledigungen neue Arbeitsbedingungen geschaffen werden, da die Büroräume gänzlich ausgebrannt waren. Zu diesem Zweck wurden Regale im ehemaligen Expeditionsraum im Handlager wieder abgebrochen und Tische, soweit sie sich irgendwie als Schreibtische eigneten, bereitgestellt. Die Geschäftsleitung belegte einige Zimmer neben der Buchbinderei, andere Mitarbeiter fanden in der Binderei einen neuen Arbeitsplatz.[587] Außerdem benötigte man einige Zeit, um einen Überblick über die noch vorhandenen Vorräte der einzelnen Werke zu gewinnen und bat daher um Rücksicht:

> Wir bitten Sie, mit Rücksicht auf die ungewöhnlichen Verhältnisse in nächster Zeit Nachsicht zu haben und abzuwarten, bis eine geordnete Korrespondenz und Erledigung aller laufenden Angelegenheiten wieder möglich ist. Wir werden alles daran setzen, um einen einigermassen normalen Betrieb in absehbarer Zeit sicherzustellen; hierzu bestehen durchaus die Voraussetzungen.[588]

Auch die Privatwohnung von Dr. Ernst Reclam in der Karl-Tauchnitz-Straße 35 wurde ausgebombt, ebenso die beiden Häuser in der Dörrienstraße, wo sich der Verlag früher

587 Vgl. Twittmeyer: Rückblick, S. 17. In: RAS, Mappe Mitarbeiter II.
588 Rundschreiben an Autoren, Freunde und Mitarbeiter Dezember 1943. In: RAS, Mappen Quellen zur Geschichte des Verlags.

befunden hatte.[589] Ernst Reclam zog Mitte Januar in die Wohnung seines verstorbenen Bruders in der Marbachstraße 2, wo ihm seine Schwägerin zwei Zimmer zur Verfügung stellte. Bis dahin hatte er bei seiner Tochter und dem Schwiegersohn gewohnt.[590] Die Wirtschaftskammer Leipzig bescheinigte dem Verlag am 10.12.1943, dass er bei diesem Angriff Totalschaden erlitten habe, und kündigte Unterstützung an.[591]

In den Morgenstunden des 7. Juli 1944 wurde der Verlag zum dritten Mal durch zwei Sprengbomben schwer beschädigt, allerdings hatte man wieder auch Glück. Zerstört wurde das Kesselhaus, außerdem stürzte die Decke des Gemeinschaftsraums ein,[592] der zum Luftschutzraum umfunktioniert worden war, und in den sich ein großer Teil der Belegschaft zum Schutz gegen die feindlichen Angriffe geflüchtet hatte.[593] Schwerer wirkte sich die Zerstörung der betriebseigenen Licht- und Kraftanlage (Abb. 34) auf den Fortgang der Produktion aus. Doch auch diesmal ließ man sich nicht entmutigen und war davon überzeugt, dass sich der umfangreiche Schaden auch unter den erschwerten Umständen beheben ließe:

> So arbeiten alle Hände bereits fleißig am Wiederaufbau. Der Anschluss an das Städtische Elektrizitätswerk wird uns gestattet, die Abteilungen Setzerei und Buchbinderei schon in Kürze wieder in Betrieb zu nehmen [sic!]. Die Druckerei folgt sobald die Stromverhältnisse geregelt sind. […] Unsere Gefolgschaft arbeitet im bewährten, alten Reclam-Geist voller Hingabe an der Wiederherstellung und Ingangsetzung des Betriebes. Wir fühlen uns Euch in diesen schweren Tagen besonders eng verbunden und hoffen, daß, wenn der eine oder andere von Euch auf Urlaub kommt, sich die Arbeit schon wieder in vollem Gange befindet.[594]

589 Vgl. Zeittafel zur Verlagsgeschichte, S. 50. In: RAL, Ordner 3; Twittmeyer: Rückblick, S. 17. In: RAS, Mappe Mitarbeiter II.

590 Vgl. Ernst Reclam an Grözinger am 14.01.1944. In: RAS, Mappe Zweigstelle Passau.

591 Vgl. Bescheinigung Wirtschaftskammer Leipzig vom 10.12.1943. In: RAS, Mappe Zweigstelle Passau. Zu den Maßnahmen der Produktionsauslagerung infolge des Totalschadens siehe Kapitel 2.3.7.

592 Die erste Bombe traf das Kesselhaus an der Seitenwand des Kreuzstraßenflügels. Eigentlich hätte sie nicht nur das Kesselhaus, sondern auch den Flügel Kreuzstraße zerstören müssen. Sie fiel aber in einen tiefen Schacht des Maschinenhauses, der nach der Seite der Kreuzstraße durch eine sehr starke Mauer begrenzt war. Diese Mauer hielt stand und trieb die Explosion nach der Hofseite hinüber, sodass der Flügel Kreuzstraße völlig unversehrt blieb und nur der vordere Teil des Maschinenhauses zertrümmert wurde. Die zweite Bombe, die einige Minuten später niederging, schlug schräg auf die Außenwand der Hofseite oberhalb des Gefolgschaftsraumes ein. Sie entfaltete sich jedoch nicht mit voller Schlagkraft: Ein Teil der Wirkung ging beim Aufprall in die Luft, der andere zerriss die Seitenwand und schlug ein Loch durch mehrere Stockwerke, was zum Deckeneinsturz im Gemeinschaftsraum führte. Vgl. Rundschreiben an Reclam-Soldaten am 11.07.1944. In: RAS, Mappe Mitarbeiter I.

593 „Wie ein Wunder geschah es, daß diese Bombe außer einigen Verletzungen keine Opfer gefordert hatte; vor allem waren keine Todesopfer zu beklagen, obwohl wir dort hätten alle unser Leben einbüßen können." Fischer: Berufsleben, S. 7. In: RAS, Mappe Mitarbeiter II.

594 Rundschreiben an Reclam-Soldaten am 11.07.1944. In: RAS, Mappe Mitarbeiter I.

Abb. 34 Dampfmaschinenraum Reclam Verlag, o. J. In: Philipp Reclam jun. Verlag GmbH o. J. Alle Rechte vorbehalten – Freier Zugang.

Dennoch stellte sich die alltägliche Arbeit kurz nach dem dritten Angriff als so schwierig heraus, dass in drei aufeinanderfolgenden Nummern des *Börsenblatts* die Bearbeitung von Bestellungen für begrenzte Zeit für nicht möglich erklärt wurde: „Ich sehe mich gezwungen, das Sortiment zu bitten, den Schriftverkehr mit meiner Firma in den nächsten Wochen auf das Äußerste einzuschränken und von Bestellungen und Reklamationen jeglicher Art Abstand zu nehmen. Verlag Philipp Reclam jun.“[595] Im Oktober 1944 waren die schlimmsten Nachwehen des dritten Angriffs überstanden, zwei *Reihenbändchen* aus eigener Produktion konnten den Reclam-Soldaten[596] zugesandt werden. „Auch die Verlagsräume bekommen jetzt langsam wieder ihr Gesicht. Hoffen wir, daß das so mühsam wiedererstandene Werk uns auch weiterhin erhalten bleibt.“[597] Dieser Wunsch ging in Erfüllung. Der zweitschwerste Angriff auf Leipzig und das Buchhändlerviertel am 27. Februar 1945 ging fast spurlos an Reclam vorüber: „Bei dem gestrigen Angriff ist unser Betrieb bis auf geringe Fensterschäden usw. unbeschädigt geblieben. Die Arbeit wird, soweit es die Stromverhältnisse gestatten, fortgeführt.“[598]

595 Müller an Redaktion *Börsenblatt* am 13.07.1944. In: RAL, Akte 98.
596 Mitarbeiter des Reclam Verlags, die zum Wehrdienst eingezogen waren.
597 Rundschreiben an Reclam-Soldaten Oktober 1944. In: RAS, Mappe Mitarbeiter I.
598 Müller an BV am 28.02.1945. In: RAL, Akte 98. Auch andere Meldungen über Schädigungen bzw. Nichtschädigungen des Betriebes an den BV lassen vermuten, dass man verpflichtet war, derartige Meldungen zu machen.

Infolge der Bombenschäden fanden ab Dezember 1943 fast keine Auslieferungen mehr statt. Bestellungen wurden nur noch in Ausnahmefällen ausgeführt, dazu gehörten Aufträge für Kriegsgefangene, dringende Gesetzestexte, Auslandssendungen und Rollenbücher für Schauspieler. Eine Zuteilung von Neuerscheinungen der UB erfolgte nur noch ab und zu.[599] Der Absatz der noch einmal gesteigerten Produktion erfolgte demnach fast ausschließlich über Wehrmachtsausgaben und den Direktvertrieb für den Frontbuchhandel. Dieser Zustand hielt auch noch im August 1944 an. Der Mitarbeiter Georg Twittmeyer, der zur Erholung einen längeren Urlaub in Dresden verbrachte, wurde gebeten, aus seiner freiwilligen Verbannung zurückzukehren. Ursprünglich hatte Müller ihm davon abgeraten, nach dem Angriff am 07.07. zum Verlag zurückzukommen: „Ich weiß, daß Sie sehr gern mit uns aufräumen würden. [...] Vorläufig sieht es hier noch ziemlich wüst aus, und Sie würden wie ein Mäuschen, das seinen Schlupfwinkel eingebüßt hat, mehr oder weniger verloren umherirren."[600] Nun bat Müller Twittmeyer, sich um die verbliebene Auslieferung zu kümmern: „Da nun niemand da ist, der die Auslieferung in dieser Zeit betreuen könnte, wäre ich Ihnen sehr dankbar, wenn Sie die Vertretung übernehmen könnten. Viel ist ja jetzt nicht zu tun."[601] Die Produktion lief aber in der nahezu unversehrten Druckerei auf Hochtouren weiter. Die Zahl der insgesamt gedruckten Exemplare war – mit Ausnahme von 1942 – nie höher. Dies deckt sich mit einer Auskunft des Unternehmens Koehler & Volckmar an die Reichsbank Leipzig bezüglich einer Frage nach der Kreditwürdigkeit des Unternehmens Reclam:

> Das Unternehmen genießt in Fachkreisen den besten Ruf und verdient unserer Ansicht nach volles Vertrauen. Durch feindliche Terrorangriffe sind die Geschäftsgebäude des Verlages stark beschädigt worden. Trotzdem wird aber in umfangreichem Maße weiter produziert. Wie weit die Herstellungsbetriebe des Verlages durch Bombenschaden betroffen sind, entzieht sich unserer Kenntnis.[602]

Im September 1944 erhielt der Verlag für die Produktion der UB eine erhöhte Papierzuweisung, die es ihm ermöglichte, „die Produktion vor allem im eigenen Haus bis zum äußerst möglichen zu steigern."[603] Um dies trotz aller Schwierigkeiten – Mangel

599 Vgl. Zeittafel zur Verlagsgeschichte, S. 51. In: RAL, Ordner 3.

600 Müller an Twittmeyer am 24.07.1944. In: RAL, Akte 67.

601 Müller an Twittmeyer am 03.08.1944. In: RAL, Akte 67.

602 Koehler & Volckmar an Reichsbank Leipzig am 17.11.1944. In: SächsStA-L, 21033, Nr. 0958. Die Reichsbank hatte wiederholt (1939, 1941 und 1944) nach der Kreditwürdigkeit Reclams vertraulich angefragt bei: Commerz- und Privatbank, Koehler & Volckmar, Allgemeine Deutsche Credit-Anstalt, F. A. Brockhaus. Sie hatte stets nur positive Antworten erhalten, in denen immer die besondere Bedeutung des Verlags betont wurde.

603 Aktennotiz Arno Wilsdorf vom 02.09.1944. In: RAL, Akte 66.

an Arbeitskräften, unzureichende Stromversorgung, schlechte Transportmöglichkeiten im eigenen Haus – zu erreichen, musste jedoch die Produktion grundlegend verändert werden. Im Keller des Hauses hatte Müller als „kleinste Produktionszelle" eine leistungsfähige Spezial-Rotationsmaschine für die Herstellung der UB aufgestellt.[604] Diese sollte fortan durch zusätzliche Nachtarbeit hundertprozentig ausgenutzt werden.[605] Der dort hergestellte Druck wurde in der nebenan gelegenen früheren Tischlerei sofort gebunden. Im gleichen Raum wurden die für den Druck erforderlichen Platten gefertigt. Zur Herstellung der vorgesehenen ca. 750.000 Bände der UB pro Monat wurde unter Zugrundelegung einer Arbeitszeit in zwei Schichten – 6 bis 18 Uhr und 18 bis 6 Uhr – folgender Personalbestand nötig: in der Druckerei je Schicht ein Rotationsdrucker, ein Flachdrucker und zwei Auslegerinnen sowie in der Buchbinderei je Schicht eine Einpresserin, zwei Hefterinnen, fünf Einhängerinnen und ein Beschneider. Diese erstaunliche Produktionssteigerung des Jahres 1944 bei Reclam vollzog sich im Kontext der ‚totalen Mobilmachung des Buchhandels'[606] – Goebbels war am 20.07.1944 von Hitler zum Reichsbevollmächtigten für den totalen Kriegseinsatz ernannt worden –, in deren Zuge andernorts etliche Verlage geschlossen und zahlreiche Arbeitskräfte für Rüstungszwecke aus dem Buchhandel abgezogen wurden.[607]

Twittmeyer beschrieb das auch bei Reclam spürbare Personalproblem wenig elegant, aber anschaulich: „Besonders schwierig war im Kriege die Personalbeschaffung. [...] Wenn Lagerarbeiterinnen gesucht wurden, so meldeten sich in der Regel verheiratete Frauen, d. h. ausgesiebte Kräfte, die vielfach nicht zu gebrauchen waren."[608] Auch die Zahl der Belegschaftsmitglieder des Reclam Verlags sank – wenn auch im Vergleich zu anderen Verlagen in geringerem Maße – von 333 Beschäftigten im Januar 1943 auf 257 Belegschaftsmitglieder im Januar 1944. Aus diesem Grund wurde zur weiteren Produktionssteigerung, insbesondere durch UB-Nachdrucke für die Front, eine 60-Stunden-Woche eingeführt und eine Urlaubssperre verhängt. Ausgenommen von dieser Regelung waren Frauen über 50 und Männer über 65 Jahren.[609] Um die

604 Vgl. Müller an Oberbürgermeister der Stadt Leipzig am 20.10.1945. In: RAL, Akte 58.

605 Auch Nußbächer, der zu diesem Zeitpunkt bereits in Passau den Verlagsgeschäften nachging, arbeitete unter Hochdruck: „Passau ist im übrigen friedlich, nur durch die 60-Stunden-Woche spüren wir nun stärker das Kriegsklima". Nußbächer an Benz am 12.09.1944. In: DLA, A:Benz, Richard.

606 Siehe Reichsschrifttumskammer Merkblatt zur totalen Mobilmachung des Buchhandels. In: BBl. vom 09.09.1944, Nr. 70, Beilage ohne Paginierung, http://digital.slub-dresden.de/id39946221X-19440909/1; Anordnung über den totalen Kriegseinsatz auf dem Gebiete der Reichskulturkammer vom 22.08.1944. In: BBl. vom 09.09.1944, Nr. 70, S. 167, http://digital.slub-dresden.de/id39946221X-19440909/1 [25.05.2024].

607 Vgl. Barbian 1993a, S. 318; Barbian 2015, S. 181–185. Zu den Stilllegungsaktionen im Rahmen des ‚totalen Kriegseinsatzes' siehe Kapitel 2.3.7.

608 Twittmeyer: Rückblick, S. 14. In: RAS, Mappe Mitarbeiter II.

609 Vgl. Zeittafel zur Verlagsgeschichte, S. 50 f.

Effektivität trotz Bombenschäden noch weiter zu erhöhen, wurden ab 1944 zusätzliche Ausweichlager errichtet und weitere Druckereien angemietet:

> Es besteht berechtigte Hoffnung, die Produktion auch im eigenen Hause schon bald wieder in Gang zu setzen, da städtische Stromzufuhr gesichert ist. Daneben läuft die umfangreiche Produktion in den zahlreichen Ausweichbetrieben und Vertragsdruckereien, die ungestört weitergeht. Der Verlag ist entschlossen, auch diese neue schwere Krise zu meistern und bittet alle seine Autoren, Mitarbeiter und Freunde um verständnisvolle Unterstützung. Die redaktionellen Arbeiten werden zur Zeit in Passau, Bräugasse 11, erledigt.[610]

Abgesehen von der Vernichtung erheblicher Vorräte und den beschriebenen Schäden ist unterm Strich insgesamt keine wesentliche Produktionsunterbrechung durch die Luftkriegsschäden eingetreten, allerdings profitierten davon vor allem ältere Werke, während die Konzeption neuer Titel weitgehend eingestellt wurde. So schreibt der Lektor Nußbächer an den Autor Richard Benz im September 1944: „Für mich ist die Aussicht auf den aktiven Wehrdienst nicht unerfreulich, zumal die meisten meiner früheren redaktionellen Arbeiten zum Erliegen gekommen sind.“[611] Andererseits erteilte Müller noch im März 1945 – als Verlagsproduktion und -lager ausgelagert und die Auslieferung erheblich eingeschränkt waren – Anweisungen für geplante Titel: Ein Werk von Friedrich Heintzenberg, genannt *Siemens-Briefe*, war bereits fertig und sollte ein letztes Mal in die Korrektur gehen. Müller merkte an, dass er keine Bedenken habe, eine Auflage von 10.000 Exemplaren auch ohne Genehmigung zu drucken, falls dazu noch Möglichkeiten bestehen sollten.[612] Der Titel Deutscher *Barock* von Richard Benz sollte besonders forciert und der Satz nach Korrektur durch den Autor nach Möglichkeit sichergestellt werden.[613] Von Wilhelm Ziegler und Sven Hedin war ein Gemeinschaftswerk in Planung, dessen Satz im März 1945 kurz vor der Vollendung stand; zur Komplettierung waren noch zahlreiche Karten einzufügen. Der Satz von Redslobs *Des Reiches Straße* sollte neu hergestellt werden, da ein weiteres Kapitel eingefügt werden musste. Auch die Sätze der Bände III und IV von Henrik Beckers *Sprachlehre* waren in Planung, sobald die Setzerei wieder aufnahmefähig

610 Rundschreiben an die Autoren, Mitarbeiter und Freunde am 10.07.1944. In: RAS, Mappe Quellen zur Geschichte des Verlages.

611 Nußbächer an Benz am 09.10.1944. In: DLA, A:Benz, Richard.

612 Bei Reclam erschien auch nach 1945 kein Titel, der diesem entsprechen könnte, stattdessen veröffentlichte die Deutsche Verlags-Anstalt in Stuttgart 1953 von Friedrich Heintzenberg einen Titel, der dem Arbeitstitel in der Reclam-Vorbereitung recht nahe kam: *Werner von Siemens in Briefen an seine Familie und an Freunde: Aus einem reichen Leben.* Vgl. Eintrag im Online-Katalog der DNB, http://d-nb.info/454696507 [25.05.2024].

613 Der Titel *Deutscher Barock* erschien bei Reclam Stuttgart erst 1949.

wäre.[614] Aufgrund der Entwicklungen bis zur Kapitulation am 08.05.1945 konnten allerdings weder diese noch andere Titel erscheinen. Auch an dem durch Nußbächer betreuten Projekt einer Briefauswahl Nietzsches zu dessen 100. Geburtstag durch Major Max Oehler[615] wurde festgehalten, obgleich der Termin zum 15.10.1944 durch den Bombenschaden vom 07.07.1944 nicht gehalten werden konnte:

> Der Satz des Bändchens [...] ist durch den Bombenschaden [...] gottlob nicht zerstört worden, auch das Manuskript blieb unversehrt. Natürlich haben die Arbeiten eine bedauerliche Verzögerung erlitten, da die Setzmaschinen erst wieder in Ordnung gebracht werden mussten und auch der elektrische Strom erst seit kurzem wieder zur Verfügung steht. Es war ja unsere Kraftanlage vollständig zerstört worden. Die Herbstreihe, für die das Bändchen vorgesehen ist, wird nun mit ziemlicher Verspätung voraussichtlich im Winter erscheinen. Jedenfalls wird der Satz nun beschleunigt fertiggestellt [...] Durch die Maßnahmen des totalen Krieges wird zwar auch der Verlag Reclam stark betroffen, am wenigsten jedoch die Universal-Bibliothek, die ja als besonders kriegswichtig anerkannt ist. Nach den uns zugegangenen, allerdings vorläufig nur mündlichen Informationen werden wir die Sammlung weiter fortführen und die vorgesehenen Neuerscheinungen herausbringen können.[616]

Tatsächlich verzögerte sich die Produktion des Titels weiterhin, und nicht aufgrund mangelnden Papiers:

> Das Bedürfnis nach Büchern ist im Augenblick so groß, daß es unter den obwaltenden Produktionsverhältnissen niemals befriedigt werden kann, da das Verhältnis zwischen Nachfrage und Befriedigungsmöglichkeit mindestens 1:10, wenn nicht 1:20 beträgt. [...] Die Papierfrage ist heute keineswegs die einschneidendste, wie noch vor einem Jahr. Der Mangel an Produktionsstätten

614 Vgl. Arbeitsanweisung Müller vom 12.03.1945. In: RAS, Mappe Gotthold Müller. Band II der Becker'schen Reihe rief in der DDR einigen Unmut hervor. In der *Weltbühne* erschien eine kritische Analyse des Titels, die dem Verlag anbiederndes Verhalten in der NS-Zeit zum Vorwurf machte. Daraufhin schrieb der Verlag an die Redaktion der Zeitschrift: Man empörte sich, dass „der Verlag Reclam, der seit Lizenzerteilung bestrebt ist, in fortschrittlichem Sinne zu arbeiten, durch solche Sünden der Vergangenheit belastet wird, für die die jetzige Verlagsleitung nicht verantwortlich gemacht werden kann". Reclam Verlag an Weltbühne am 01.08.1950. In: RAL, Akte 13.

615 Der Titel *Friedrich Nietzsche. Briefe. Ausgewählt von Max Oehler* sollte ca. 200 Druckseiten der UB umfassen und gegen ein Pauschalhonorar von 600 RM durch Max Oehler besorgt werden. Trotz der kriegsbedingten Einschränkungen war sogar ein Faksimile-Druck eines Nietzschebriefes geplant. Vgl. Nußbächer an Oehler am 04.02.1944; Ernst Reclam an Oehler am 04.07.1944. In: GSA, 72/1981; Verlagsvertrag zwischen Major Max Oehler und dem Verlag Philipp Reclam jun. in Leipzig vom 25.02.1944. In: GSA, 72/1865.

616 Nußbächer an Oehler am 29.08.1944. In: GSA, 72/1981.

> nach der Vernichtung so zahlreicher Großbetriebe und der Mangel an Arbeitskräften und neuerdings auch Strommangel bestimmen die geringe Produktionskapazität. Papier steht mir genügend zur Verfügung.[617]

Kurz vor Einstellung aller Druckaktivitäten der UB – nach Auflagenbuch der UB am 19.03.1945 – wurde das Nietzsche-Bändchen als eines der letzten in Auftrag gegeben,[618] aber nicht mehr ausgeliefert.[619]

2.3.7 Auftragsverlagerungen und Ausweichlager

Die Druckerei des Reclam Verlags war im Zuge des kriegsbedingten Bücherbooms und der Vertriebsmöglichkeiten über Wehrmacht und Frontbuchhandel so gut mit eigenen Aufträgen ausgelastet, dass seit 1940 eine beträchtliche Anzahl von UB-Bänden in anderen Druckereien hergestellt werden musste, etwa durch die Leipziger Verlagsdruckerei, die Druckerei Lehmann in Berlin, Thieme in Meißen, Güntz-Druck in Dresden, Karl Ihl in Asch, Ullrich in Leisnig, Hanchler in Biberach sowie Etzold und Eiessling in Crimmitschau.[620] Darüber hinaus konnten ab 1941 im Zuge der Kriegsverhältnisse verstärkt Druckaufträge ins Ausland verlagert werden, in die neutralen bzw. besetzten Länder wie Belgien, Holland, Böhmen, Mähren, Frankreich, Schweden und in die Schweiz.[621] Der administrative Aufwand war jedoch beträchtlich: Die RSK prüfte auf Basis der Angabe der Auflagenhöhe und des Landes, in dem der Druck erfolgen sollte, die ideologische Unbedenklichkeit der Titel, die Wirtschaftsstelle des deutschen Buchhandels entschied gemeinsam mit der Fachgruppe Druck bzw. Industrielle Buchbinderei über das nötige Papier, die Reichsstelle für Papier und Verpackungswesen wiederum stellte die nötigen Papierbescheinigungen aus. Obwohl nur mit Genehmigung aller drei Stellen Druckaufträge im Ausland realisiert werden konnten,[622] nutzte

617 Müller an Oehler am 19.01.1945. In: GSA, 72/1981.

618 Vgl. Ernst Reclam an Oehler am 13.03.1945. In: GSA, 72/1981.

619 Im September 1945 wird Oehler informiert, dass zur Auslieferung auch vorläufig keine Aussicht besteht, „weil der Verlag überhaupt noch nicht arbeiten darf. Aber auch abgesehen davon, ist es noch fraglich, ob alle Bände in der jetzigen Form verkauft werden dürfen, besonders auch Ihr Nietzsche-Band. Im Vorwort auf S. 5 oben befindet sich z. B. ein Hinweis auf Bäumlers kleine Schrift in der Universal-Bibliothek. Diese Stelle würde beanstandet werden." Ernst Reclam an Oehler am 29.09.1945. Auch auf sein Honorar hatte Oehler bislang vergeblich gewartet: „dagegen aber ist es mir leider nicht möglich, Ihnen das Honorar zu überweisen, da ja die Bankkonten immer noch gesperrt sind. Wie ich Ihnen schon schrieb, ist der Verlag noch nicht wieder im Gange, so daß auch die Zahlungen für die Auslieferung Ihres Bandes, die nicht stattfinden kann, auch nicht eingehen. Ich hoffe aber, daß auch diese Hindernisse bald fallen werden." Reclam Verlag an Oehler am 10.10.1945. In: GSA, 72/1981.

620 Vgl. Zeittafel zur Verlagsgeschichte, S. 47. In: RAL, Ordner 3.

621 Vgl. Barbian 1993a, S. 307.

622 RSK an Reclam Verlag am 03.01.1942 und 04.02.1942. In: BArch, RK B/168, Bl. 556, 566.

der Reclam Verlag diese Möglichkeit zur Herstellung NS-konformer Verlagswerke, die in der eigenen Druckerei aufgrund der enormen Steigerung der UB-Produktion nicht hätten produziert werden können. Von Paul Ritters vom Werbe- und Beratungsamt „sehr gut" beurteilten *Kampf um den Erdraum* und von Kurt Hildebrandts *Goethe* konnten auf Anregung des Oberregierungsrats Dr. Rudolf Erckmann[623] im RMVP 20.000 bzw. 10.000 Exemplare in Budapest gedruckt werden.[624] Ebenfalls in Ungarn gedruckt wurden in je 20.000 Exemplaren *Cosima Wagner* von Max von Millenkovich, Träger der von Hitler verliehenen Goethe-Medaille,[625] Hans Kerns vom Werbe- und Beratungsamt besonders gefördertes Buch *Vom Genius der Liebe* sowie Ehm Welks sowohl im *Schwarzen Korps* als auch im *Völkischen Beobachter* ausführlich besprochener Titel *Die wundersame Freundschaft*.[626] Ein weiterer Titel von Millenkovich, *Dreigestirn. Wagner, Liszt, Bülow*, sowie die „bedeutendste, wissenschaftlich begründete Kampfschrift gegen die Astrologie", *Umstrittenes Weltbild* von Robert Henseling, die „sich der besonderen Förderung des Amtes Schrifttumspflege" erfreute, sollten in je 20.000 Exemplaren in Zürich hergestellt werden.[627]

Weiterhin ließ Reclam eine Reihe von Buchbindearbeiten in Belgien erledigen. Von der Schweiz bezog man Druckpapier und Einbände, hierfür waren ebenfalls stets Devisenbescheinigungen von der Reichsstelle für Papier und Verpackungswesen nötig.[628] Andere Verlagswerke wie Brauchles *Handbuch der Naturheilkunde*, „ein wissenschaftliches Standardwerk [...], das bereits in 6. Auflage vorliegt und zum unentbehrlichen Fachschrifttum für Studierende und Ärzte gehört"[629], *Reclams Wörterbuch der englischen und deutschen Sprache* und ein französisches Wörterbuch wurden 1942 in Antwerpen (Dieren & Co.), Den Haag (Haagsche Druckerei) und 1943 in Leiden (Druckerei Batteljer & Terpskra) hergestellt.[630]

Nach den gravierenden Verlusten im Dezember 1943[631] mussten, gelenkt und gefordert auch durch staatliche Stellen,[632] etliche Ausweichlager zur Sicherung der noch

623 Bis zum Kriegsbeginn gestalteten sich die staatlichen Zensurversuche nicht zuletzt aufgrund von Kompetenzstreitigkeiten verschiedener Stellen als häufig chaotisch. 1939 setzte sich das RMVP allmählich als wichtigste Lenkungsinstanz durch – mit Dr. Rudolf Erckmann als „Schrifttumsexperte[n]". Vgl. Lokatis 1992, S. 136.

624 Vgl. Werbe- und Beratungsamt für das deutsche Schrifttum an Reclam Verlag am 20.12.1941; Müller an RSK am 30.01.1942; RSK an Reclam Verlag am 04.02.1942, Bl. 552, 554, 566.

625 Zur Bewertung von Literaturpreisen und Ehrungen siehe Kapitel 3.4.2.

626 Vgl. Müller an RSK am 17.12.1941; RSK an Reclam Verlag am 03.01.1942. In: BArch, RK B/168, Bl. 562, 556.

627 Müller an RSK am 17.05.1941. Vgl. zudem Wirtschaftsstelle des deutschen Buchhandels an Reclam Verlag am 24.05.1941. In: BArch, RK B/168, Bl. 582, 580.

628 Vgl. Devisenprüfungsbericht Devisenstelle vom 22.12.1941, S. 9. In: SächsStA-L, 21033, Nr. 1438.

629 Müller an RSK am 01.09.1941. In: BArch, RK B/168, Bl. 570.

630 Vgl. Zeittafel zur Verlagsgeschichte, S. 49 f. In: RAL, Ordner 3.

631 Siehe Kapitel 2.3.5.

632 „Unterhalb der Luftkreiskommandos wurden ab 1936 Luftgaukommandos gebildet, die für die mobilmachungsmäßige Vorbereitung der Fliegerbodenorganisation [...] und den zivilen

erhaltenen und neu hergestellten Produktion in weniger luftkriegsgefährdeten Gebieten des ländlichen Raums geschaffen werden. Es handelte sich dabei um mehrere kleine Orte in Sachsen, Thüringen und Bayern.[633] Eine Gesamtübersicht zu den Ausweichstellen besteht nicht, jedoch geht aus einem Schreiben des Sonderbevollmächtigten für Luftschutzfragen im Gau Sachsen, General Friedensburg, hervor, dass es im Februar 1944 davon wohl 22 gegeben haben muss, unter anderem in Dölau bei Halle, Leisnig, Grünhainichen, Borstendorf-Grünhainichen und Groitzsch.[634] Die Matern der UB waren bereits vor dem Luftkrieg vorsorglich nach Thüringen ausgelagert worden.[635]

Während die erstgenannten Orte hauptsächlich als Warenlager dienten, spielte Groitzsch eine essenziellere Rolle für die Verlagsarbeit. Hier pachtete Ernst Reclam die Buchdruckerei G. Reichardt als Ausweichbetrieb für die Druckerei des Verlags. Der Pachtvertrag wurde zum 01.01.1944 wirksam, jedoch war im Oktober 1943 vertraglich vereinbart worden, dass der Reclam Verlag bereits zu diesem Zeitpunkt eigenes Inventar einschließlich Maschinen in die zu dem gepachteten Betrieb gehörenden Räume bringen durfte. Der jährliche Pachtzins betrug 19.200 RM; der Pachtvertrag sollte bis zum Kriegsende andauern, als welches der offizielle Friedensschluss mit Großbritannien, den Vereinigten Staaten von Amerika und Russland definiert wurde. Die Firma Reclam trat in alle bestehenden Anstellungsverträge sowie alle laufenden Druckaufträge ein. Reclam verpflichtete sich, soweit dies mit dem übernommenen Stammpersonal möglich war, Aufträge von den bisherigen Kunden der Druckerei anzunehmen und auszuführen, während andererseits die Verpächter die Verpflichtung übernahmen, die Verbindung mit den bisherigen Kunden aufrechtzuerhalten, ohne dass ihnen dafür ein Anspruch auf Zahlung einer Provision oder sonstiger Entschädigung zustand.[636] Der Besitzer

Luftschutz zuständig waren". Bundesarchiv 2014. Für die Provinz Sachsen war im Wesentlichen das Luftgaukommando III zuständig.

633 In einem vertraulichen Rundschreiben vom 08.02.1944 war den Verlagen und Zwischenbuchhändlern mitgeteilt worden, dass jede weitere Lagerung von Gegenständen des Buchhandels in Leipzig verboten wurde. Die Kommissionäre sollten in weniger gefährdeten Gebieten Ausweichauslieferungsstätten einrichten, an die die Verlage ihre fertigen Werke unmittelbar zu liefern hatten. In Fertigungsstellen der Großstädte durfte Ware nicht mehr lagern, über Leipzig durften nur noch Einzelsendungen zur Zusammenstellung von Sammelsendungen gehen. Vgl. Vertrauliches Rundschreiben vom 08.02.1944. In: RAS, Mappe Zweigstelle Passau.

634 Vgl. Friedensburg an Ernst Reclam am 16.02.1944. In: RAS, Mappe Zweigstelle Passau.

635 Vgl. Müller 1974/1979b, S. 2. In: RAS, Mappe Gotthold Müller.

636 Reclam erklärte sich ferner damit einverstanden, einer vom Verpächter beauftragten Mitarbeiterin Räumlichkeiten zur weiteren Inseratannahme und Auslieferung der *Groitzscher Zeitung*, deren Verleger die Verpächter waren, zur Verfügung zu stellen. Dies sollte im Auftrag und auf Rechnung der Verpächter geschehen Vgl. Pachtvertrag Alfred und Paul Reichardt – Ernst Reclam vom 16.10.1943. In: SächsStA-L, 21088, Nr. 001. Bei diesem Pachtvertrag galten dieselben Treuhandbestimmungen wie bei den als Ausweichräumlichkeiten für die Firma Klauß & Co. gepachteten Räumen. Vgl. Vereinbarung Ernst Reclam – Firma Philipp Reclam jun. vom 03.11.1943. In: SächsStA-L, 21088, Nr. 001.

der Druckerei, Paul Reichardt, übernahm ab 01.01.1944 die Stellung des Betriebsleiters und erhielt dafür ein monatliches Gehalt von 500 RM.[637] Die Kassengeschäfte der Ausweichdruckerei wurden in der Hauptkasse des Hauses Reclams mit erledigt;[638] das Pachtverhältnis endete am 01.01.1946.[639]

Zum Auslagern der Bestände nutzte der Reclam Verlag eine Vielzahl von Firmenräumen; so wurden dem Verlag etwa in Dölau die leerstehenden Räume der Wollgewinnung Hilsenbeck vom Reichsverteidigungskommissar zugewiesen. Der Firmeninhaber hatte daraufhin eine Vereinbarung mit dem Verlag getroffen, wonach ihm eine Kündigung des Übereinkommens vor Kriegsende nicht möglich war.[640] In Leisnig nutzte man in den Räumen der Leisniger Mühlenwerke AG von März 1944 bis Oktober 1944 eine Fläche von 40 m² und bis Januar 1946 von 80 m² für ein Mietgeld von 480 RM.[641] In welcher Anzahl Bestände ausgelagert wurden, ist im Detail nicht bekannt, jedoch vermitteln die Angaben der im September 1945 noch vorhandenen Bücherbestände einen ungefähren Eindruck. Demnach befanden sich in Groitzsch noch 169 Titel mit zusammen 556.008 Exemplaren, in Leisnig 77 Titel mit insgesamt 219.843 Exemplaren (der Großteil davon mit je 3.000 Exemplaren), in Grünhainichen 87 Titel mit 190.848 Exemplaren und in Borstendorf-Grünhainichen 17 Titel mit zusammen 40.868 Exemplaren. Bei der überwiegenden Mehrzahl handelte es sich um klassische Werke, beispielsweise von Goethe, Hauff, Hebbel, Heine, Keller, Kleist, Lessing, Mörike, Pichler, Reuter, Schiller, Shakespeare und Storm.[642] Diese Angaben sind den Anträgen auf Freigabe der durch die Verordnung vom 19.07.1945 in Sachsen beschlagnahmten Buchbestände der Ausweichlager entnommen;[643] nach Bewilligung der Anträge gelangten die Bestände in den Monaten September bis November 1945

637 Vgl. Anstellungsvertrag Ernst Reclam – Paul Reichardt vom 03.11.1943. In: SächsStA-L, 21088, Nr. 001.

638 Vgl. Fischer: Berufsleben, S. 6. In: RAS, Mappe Mitarbeiter II.

639 Vgl. Buchdruckerei Groitzsch an IHK Leipzig am 14.03.1946. In: SächsStA-L, 20242, Nr. 2969.

640 Vgl. Reichsverteidigungskommissar Halle-Merseburg an Reclam Verlag am 28.12.1943; Reclam Verlag an Hilsenbeck am 20.10.1943. In: RAL, Akte 209. Demnach hatte sich Reclam zur Raumfindung an höhere Stellen gewandt. Auch hier bürokratische Korrektheit: Der Reichsverteidigungskommissar setzte den Landrat von seiner Entscheidung in Kenntnis.

641 Vgl. Leipziger Mühlenwerke AG an Reclam Verlag am 05.02.1946. In: RAL, Akte 209.

642 Vgl. Müller an Landesverwaltung Sachsen Inneres und Volksbildung, Abteilung Buchhandel und Bibliothekswesen am 11.09. und 13.09.1945. In: RAL, Akte 59. Am 25.08.1948 besichtigte ein Mitarbeiter des Amtes für Buch- und Bibliothekswesen die Reclam'schen Lagerräume, wo er sich „von der Menge der jetzt herbeigebrachten ehedem ausgelagerten Verlagsbestände überzeugen konnte. Es handelt sich um zehntausende von Verlagsobjekten im Rohzustand. […] Eine Durchsicht der deckenhohen Stapel ist z. Zt. unmöglich, zumal noch laufend Bestände dazukommen." Aktennotiz Rat der Stadt Leipzig, Dezernat Volksbildung, Amt für Buch- und Bibliothekswesen vom 25.08.1948. In: StadtAL, StVuR Nr. 9066, Bl. 26.

643 Vgl. Reclam Verlag an Landesverwaltung Sachsen, Inneres und Volksbildung, Abteilung Buchhandel und Bibliothekswesen am 11.09.1945 und 13.09.1945. In: RAL, Akte 59.

zurück nach Leipzig.[644] Reclam hatte sich hierbei verpflichtet, „die Ausmerzung verbotener oder unzeitgemäßer Literatur [...] sorgfältig" vorzunehmen.[645] Während diese Ausweichlager der sicheren Lagerung möglichst vieler Exemplare dienen sollten, wurden bereits im August 1943 an die Buchhandlung und Zeitungsbüro Morawa & Co. in Wien zur Sicherung der geistigen Substanz des Verlags je zwei Titel aller Verlagswerke einschließlich der *Helios-Klassiker* sowie der UB verschickt.[646]

Trotz eines für Auslagerungszwecke staatlicherseits zur Verfügung gestellten Fahrzeugs[647] gestaltete sich die Verlagerung als aufwendiger und aufreibender Prozess. Dies belegen einige Aktennotizen zu ausgelagerten Titeln nach Leisnig: So gelangten am 27.12.1943 im Auto 397 Pakete à zwölf Exemplare und 15 Pakete à 16 Exemplare (insgesamt 5.004 Exemplare) von Berit Spongs *Wolken über Härnevi* nach Leisnig, und am 09.08.1944 folgten 3.008 Bände von Kellers *Novellen*, die zwar in Leipzig gedruckt, aber in der Großbuchbinderei Naumann gebunden worden waren.[648] Bis zum Januar 1945 finden sich Meldungen über die Beförderung von Büchern, nun in Kilogramm-Angaben, von Leipzig nach Leisnig. Diese Lieferungen differierten zwischen 600 und 5.000 kg.[649] Ende April 1944 war die Verlagerung der nach dem 04.12.1943 erhalten gebliebenen Buchbestände zum größten Teil erfolgt. Von den einzelnen Titeln der größeren Verlagswerke waren jeweils nur die Bestände zurückbehalten worden, die unbedingt für die Auslieferung, soweit sie noch von Leipzig aus erfolgte, nötig waren. Müller beantwortete das „Vertrauliche Rundschreiben" vom 21.04.1944, in dem das BV von den Verlagen Meldung über das Veranlasste bzgl. die Verlagerung von Buchbeständen verlangte, mit folgender Mitteilung: „Ich bemühe mich um die Verlagerung meiner gesamten Auslieferung, konnte aber bis jetzt infolge der bekannten Raumschwierigkeiten nicht zum Zuge kommen. Verhandlungen in dieser Richtung sind weiterhin im Gange."[650] Damit spielt Müller in erster Linie auf die hartnäckigen Verhandlungen um die Zweigstelle Passau an. Diese bot zweifellos die wichtigste und größte Ausweichmöglichkeit, wohin der Verlag sukzessive in seiner

644 Vgl. Landesverwaltung Sachsen, Inneres und Volksbildung, Abteilung Buchhandel und Bibliothekswesen an Reclam Verlag am 12.09.1945 und 04.10.1945. In: RAL, Akte 59.

645 Reclam Verlag an Landesverwaltung Sachsen, Inneres und Volksbildung, Abteilung Buchhandel und Bibliothekswesen am 11.09.1945 und 13.09.1945. In: RAL, Akte 59.

646 Die Firma Morawa & Co., ein Auslieferungslager des Reclam Verlags, war erfreut, Reclam bei diesem Unternehmen behilflich zu sein. Man bat lediglich darum, den Spediteur zu beauftragen, die Ladung (50 Kisten à 50 kg) in Wien bis zum Aufstellungsort zu transportieren, da dafür das nötige Personal fehle. Vgl. Aktennotiz Müller/Böttcher vom 19.08.1943; Morawa an Reclam Verlag am 21.08.1943. In: RAL, Akte 209.

647 Den Verlagsunterlagen ist zu entnehmen, dass teilweise trotzdem fremde Transportunternehmen beauftragt wurden.

648 Vgl. Aktennotiz Großmann vom 27.12.1943; Richard Naumann Großbuchbinderei an Reclam Verlag am 09.08.1944. In: RAL, Akte 209.

649 Vgl. Leisniger Mühlen AG an Reclam Verlag am 09.08.1944, 02.11.1944 und 10.02.1945. In: RAL, Akte 209.

650 Müller an BV am 03.05.1944. In: RAL, Akte 98.

Gesamtheit (ausgenommen der technische Betrieb) verlagert werden sollte, da die Prüfstelle des Luftgaukommandos III vom Verlag die unverzügliche Überführung aller wertvollen Verlagsteile verlangt hatte.[651]

2.3.8 Prädikat „wehrwirtschaftlich wichtig" – stillzulegende, zu sichernde und beizubehaltende Verlage

Zur Belieferung der Ausweichlager erhielt der Verlag Schützenhilfe von oberster Stelle: Der Sonderbeauftragte Süd des Luftgaukommandos III, Walter Friedensburg, erklärte in einem Schreiben bezüglich vorsorglicher Maßnahmen gegen Fliegerschäden, dass die jetzt vorhandenen Lagermengen, ca. 315 Tonnen, schnellstens nach außerhalb verlagert werden müssten. Dies sei insbesondere nötig, da infolge mangelnder Transportmittel die notwendigen Auslagerungen nicht in dem vom Verlag geplanten Umfang hätten durchgeführt werden können, wodurch unersetzliche Verluste etwa an gelagerten Büchern und Papier eingetreten seien. Er werde die Wirtschaftskammer Leipzig sowie das Rüstungskommando anweisen, nunmehr ausreichende Transportkapazitäten und Treibstoff hierfür zur Verfügung zu stellen. Des Weiteren wies er ausdrücklich darauf hin, dass der Verlag von allen Dienststellen bei der Durchführung von Schutzmaßnahmen zu unterstützen sei:

> Da Ihr Verlag ein anerkannter wehrwirtschaftlich wichtiger Betrieb ist, sollen diese Auflagen Sie auch den für die nötige Unterstützung zuständigen Dienststellen und Behörden gegenüber ausweisen und dadurch die schnelle Durchführung ermöglichen bzw. erleichtern. Ich gebe daher je eine Ausfertigung dieses Schreibens auch an Rüstungskommando Leipzig, Werkluftschutzbereich Sachsen und Wirtschaftskammer Leipzig.[652]

Die Einstufung des Reclam Verlags als wehrwirtschaftlichen Betrieb, aufgrund derer Friedensburg die folgenden umfangreichen Maßnahmen anordnete, sollte dem Verlag auch noch im Zuge der Stilllegungsaktionen zugutekommen. Um die Ausweichstellen bedienen zu können und einen ständigen Transport von Personen und Material zwischen ihnen und der Verlagszentrale zu ermöglichen, sei es unerlässlich, dass Reclam die Genehmigung zur Benutzung eines PKW, möglichst mit Anhänger, erteilt und der hierfür erforderliche Treibstoff zur Verfügung gestellt werde. Darüber hinaus gab

651 Vgl. Grözinger an Carl Sittler (Bürgermeister Passau) am 25.02.1944. In: RAS, Mappe Zweigstelle Passau.

652 Friedensburg an Ernst Reclam am 16.02.1944. In: RAS, Mappe Zweigstelle Passau. Das Schreiben ist deutlich als „geheim" klassifiziert.

Friedensburg detaillierte Anweisungen, wie bei einem künftigen Fliegerangriff größere Schäden zu vermeiden seien.[653]

Die Klassifizierung des Reclam Verlags als „wehrwirtschaftlich wichtiger Betrieb" sicherte für die als kriegswichtig erachtete Produktion für die Wehrmacht ausreichende Papierkontingente. Außerdem hatte der Verlag dadurch bessere Chancen, Mitarbeiter unabkömmlich stellen zu lassen und vor der Einberufung zu bewahren.[654] Im Schriftwechsel mit dem um die eigene Einberufung besorgten Richard Benz offenbart Nußbächer beispielsweise freimütig: „Ich selbst als viel jüngerer Jahrgang bin immer wieder uk-gestellt worden, ohne daß besondere Schritte notwendig waren, bloß mit Rücksicht auf die Bedeutung des Reclam-Verlages."[655]

Im Oktober 1941 hatte die RSK die Verlage erstmals aufgefordert, nur noch die Mitarbeiter zu beanspruchen, die „zur ordnungsgemäßen Herstellung der kriegswichtigen Produktion"[656] unbedingt notwendig seien. Die entbehrlichen hingegen sollten anderen Produktionszweigen der deutschen Wirtschaft zur Verfügung stehen. Noch war das Freistellen von Arbeitskräften somit freiwillig. Ab August 1942 begann die Schrifttumsabteilung jedoch, die Arbeitskräfte von den Verlagen abzuziehen, beispielsweise dort, wo keine Papierkontingente mehr genehmigt worden waren. Ende 1942 hatten sich die Engpässe im Rohstoffbereich einerseits und der Arbeitskräftebedarf der Kriegswirtschaft andererseits so zugespitzt, dass im RMVP Pläne zu einer umfangreichen „Stilllegungsaktion" diskutiert wurden.[657]

653 Möglichst alle entbehrlichen Öffnungen in den einzelnen Decken sowie alle entbehrlichen Fenster und Türöffnungen sollten zugemauert werden, um eine Übertragung von Feuer über Stockwerke zu vermeiden. Die wichtigsten Akten, Büro- und Schreibmaschinen sollten täglich in die feuersicheren Tresore im Keller gebracht werden und nicht nur ins Erdgeschosslager. Die Besetzung und Bedienung der Maschinen- und Kesselanlage müsse Tag und Nacht sichergestellt sein, ebenso die Stromerzeugung. Er werde das Arbeitsamt bitten, umgehend die hierfür erforderlichen zwei Heizer zuzuweisen, denn von diesem Punkt hänge die Rettung des Betriebes bei neuen Bränden ab. Die bisherige Nachtwache von 18 Personen solle verdoppelt werden, die Brandbekämpfung müsse eingeübt werden. Der Bestand an Feuerlöschschläuchen sei gänzlich ungenügend. Der Werkluftschutzbereich Sachsen werde dringend gebeten, die Forderung nach mindestens 500–600 m Schlauch sofort zu erfüllen sowie die seit langem bestellte 800-Liter-Tragkraftspritze zu liefern. Vgl. Friedensburg an Ernst Reclam am 16.02.1944. In: RAS, Mappe Zweigstelle Passau.

654 Vgl. Adam 2010, S. 299. Mitte 1942 durften ca. 200 Verlage in wehrwirtschaftlicher Betreuung für Fachkräfte über das RMVP eine UK-Stellung beantragen. Vgl. Lokatis 1992, S. 139.

655 Nußbächer an Benz am 10.09.1943. In: DLA, A:Benz, Richard. Selbst als er zum 16.10.1944 doch noch seinen Einberufungsbefehl erhält, beruhigt er Benz: „Ich werde voraussichtlich nicht direkt an die Front kommen, da ich nur ‚bedingt kv' bin und ja auch zu den älteren Semestern gehöre." Nußbächer an Benz am 09.10.1944. In: DLA: Benz. So kam es dann auch, Nußbächers Kriegseinsatz ließ ihm sogar genügend Zeit, den geplanten Titel Benz' zur Kultur des deutschen Barock weiter zu betreuen. Vgl. Müller an Benz am 16.11.1944. In: DLA, A:Benz, Richard.

656 Bühler; Bühler 2002, S. 70.

657 Vgl. Barbian 1993a, S. 315.

Bereits 1940 wurden Möglichkeiten und Schwierigkeiten bei der Stilllegung von Verlagen kontrovers diskutiert, in einem Punkt jedoch herrschte Einigkeit: „Um bestimmte Aktionen der Propaganda durchzuführen und sowohl die Truppe als auch die Heimat mit geeignetem Buchmaterial zu versehen und dadurch die Stimmung günstig zu beeinflussen, ist es notwendig, daß die wichtigsten Verlage und Druckereien betriebsfähig bleiben.“[658] Schon im Juli 1940 türmten sich die durch die Kriegswirtschaft bedingten Schwierigkeiten in Form von Papier- und Einbandbeschaffung

> bei dem für die Gesamtheit des deutschen Verlags lebenswichtigen Leipziger graphischen Gewerbe beängstigend auf. [...] [Es] wurde jetzt dazu übergegangen, den grössten Teil aller Leipziger Druckereien völlig stillzulegen! [...] [Es sind] 300 von vierhundert bisher bestehenden Betrieben betroffen. Es sind unter ihnen einige der grössten Werkdruckereien, die für den deutschen Verlagsbuchhandel bisher arbeiteten.[659]

Der Reclam Verlag zählte nicht hierzu. Auch von den folgenden Maßnahmen zur Stilllegung von Betrieben des Buchhandels blieb Reclam als wehrwirtschaftlicher Betrieb verschont. Die Tatsache, dass selbst im Januar 1945 immerhin noch 54 % (236 Mitarbeiter) der Friedensbelegschaft von 1939 (440 Mitarbeiter) bei Reclam arbeiteten,[660] unterstreicht die Kriegswichtigkeit des Verlags.

Die rechtliche Grundlage für Stilllegungen bildete die Verordnung zur Freimachung von Arbeitskräften für kriegswichtigen Einsatz[661] vom 29.01.1943, die es dem RMVP ermöglichte, Anordnungen zur Stilllegung oder Zusammenlegung von Betrieben und zur Unterlassung von bestimmten Tätigkeiten zu erlassen. In der Praxis erwiesen sich die Stilllegungsaktionen jedoch als außerordentlich schwierig und es kam zu regional völlig unterschiedlichen Ergebnissen. Mitte 1943 legte das RMVP eine umfangreiche, 73 Seiten umfassende Liste stillzulegender Verlage vor, allerdings wurden zahlreiche Verlage aus der Liste gestrichen und stattdessen auf die *Liste der zu sichernden Verlage* gesetzt.[662] Auf dieser 18-seitigen Liste – eine Seite umfasste ca. 40 Verlagsnamen – findet sich auch der Reclam Verlag.[663] Auch auf der *Liste der beizubehaltenden Verlage* (sie umfasste zehn Seiten, mit ca. 30 Verlagsangaben pro Seite) ist der Reclam Verlag aufgeführt.[664] Bis ins Jahr 1944 blieb die Erhaltung eines trotz

658 (nicht lesbar) an Reichsarbeitsministerium am 09.04.1940. In: BArch, R 56-V/106, Bl. 33.
659 (nicht lesbar) an OKW am 02.07.1940. In: BArch, R 56-V/106, Bl. 10. Am 26.04.1941 ordnete Hanns Johst eine Gründungssperre für Verlage an. Vgl. Strothmann 1985, S. 125.
660 Vgl. Reclam Verlag an IHK am 17.08.1945. In: RAL, Akte 51; Zeittafel zur Verlagsgeschichte, S. 52. In: RAL, Ordner 3.
661 *RGBl.*, Teil I 01.02.1943.
662 Vgl. Barbian 1993a, S. 316.
663 Vgl. Liste der zu sichernden Verlage. In: BArch, R 56-V/182, Bl. 372.
664 Vgl. Liste der beizubehaltenden Verlage. In: BArch, R 56-V/182, Bl. 364.

Kriegs – quantitativ – reichhaltigen kulturellen Angebots oberstes Ziel der NS-Propaganda. Hierdurch sollten sowohl der Glaube an die politische Führung als auch die öffentliche Kampfmoral gestärkt werden. Nachdem Goebbels am 20.07.1944 zum Reichsbevollmächtigten für den totalen Kriegseinsatz ernannt worden war, leitete er jedoch umfassende Stilllegungen ein. Bis Ende 1944 wurde laut Barbian der gesamte Reise- und Versandbuchhandel (995 Firmen) geschlossen, der Zwischenbuchhandel (113 betroffene Firmen) und das Leibüchereiwesen (910 geschlossene Büchereien) drastisch reduziert sowie die Hälfte der Arbeitskräfte aus dem Sortiment abgezogen (Schließung von 5.160 Sortimenten und Buchverkaufsstellen). Von den Verlagsunternehmen wurden 1.902 geschlossen, womit nur noch 220 verblieben,[665] darunter Reclam. Für die Schließung von Verlagen und Sortimenten waren unterschiedliche Beweggründe ausschlaggebend:

> Was die Stillegung von Verlagen anbelangt, so ist die Schliessung nach dem Gesichtspunkt vorgenommen, welche Verlage die Produktion herausbringen, die unter den enorm eingeschränkten Verhältnissen im 6. Kriegsjahr noch als kriegswichtig angesehen werden muss. Alle übrigen Verlage sind geschlossen worden ohne Rücksicht darauf, was arbeitseinsatzmässig dabei herauskommt.[666]

Bei der Stilllegung von Buchhandlungen sei hingegen maßgeblich gewesen, Menschen für den Arbeitseinsatz freizustellen, wobei jedoch folgender Umstand berücksichtigt werden sollte: „Kulturpolitisch ist es aber unbedingt notwendig, dass bei Wiedereintreten normaler Verhältnisse ein lebensfähiges Sortiment vorhanden ist. […] Es muss also eine verkleinerte, aber gesunde Zahl vorhanden sein, die den Vertrieb nach dem Kriege weiterführen kann.“[667] Am Ende des ‚Dritten Reiches‘ existierte somit ein nicht nur durch politische Reglementierungen beeinträchtigter, sondern nun auch durch starke Veränderungen der wirtschaftlichen Strukturen und Eigentumsverhältnisse „entstellter Rumpfbuchhandel“.[668]

Bühler ermittelte anhand ihrer Beteiligung am Bestell- oder Zuteilungsverfahren 273 Verlage, die nach dem 04.01.1944 noch bestanden. Von diesen lagen 17 in Österreich und einige im Elsass und im Sudetenland. Nach den Schließungen konzentrierte sich das deutsche Verlagswesen auf sechs Gaue, deren Mittelpunkte die Städte Berlin, Potsdam, Leipzig, Stuttgart und Wien bildeten. Diese beherbergten fast 74 % der deutschen Verlage. Buchhändlerisch abgeschnitten waren 20 Gaue, in denen teilweise weniger als zwei Verlage verblieben waren. Interessanterweise blieb ein Großteil der renommierten belletristischen Verlage wie Insel, Piper, Rütten & Loening,

665 Vgl. Barbian 1997, S. 127 f.; Barbian 1993a, S. 318 f.
666 (nicht lesbar) an Präsidenten der RSK am 06.12.1944. In: BArch, R 56-V/152, Bl. 13.
667 (nicht lesbar) an Präsidenten der RSK am 06.12.1944. In: BArch, R 56-V/152, Bl. 14.
668 Vgl. Barbian 1993a, S. 319.

Suhrkamp und auch Reclam bestehen. Großen Einfluss scheinen auch die Empfehlungslisten der ZdF und des OKW ausgeübt zu haben. Von den dort verzeichneten Verlagen existierten immerhin noch 180, darunter die großen belletristischen Verlage und Unternehmen, die Fachliteratur und Schulbücher publizierten.[669]

Die durch die Sonderaktion Feldpost und die Einführung der Wehrmachtspapierschecks 1942 beeinflusste Umsatzentwicklung der Verlage hatte sich insofern als zukunftsweisend ausgewirkt, als ein Absatzknick gleichsam eine Vorauslese für die späteren Schließungsaktionen darstellte: Von den 71 Verlagen, die ab 1942 Einzeltitel oder Reihen als „Feldpostausgaben“ in den Handel brachten, überstanden immerhin 28 (= 40 %) die Schließungsaktionen von 1943 und 1944 nicht.[670]

2.3.9 Nachkriegsoptionen

2.3.9.1 Die Gründung der Zweigstelle Passau

Die Entstehung der Zweigstelle Passau[671] gehört zu den wenigen Vorgängen, die im Archiv des Reclam Verlags in Stuttgart/Ditzingen umfangreich überliefert sind. Die Briefe aus jener Zeit beschwören ein deutliches Bild des letzten, von Sorge geprägten Kriegsjahres, in dem Reisen, Telefonieren und Postversand zu schier unüberwindbaren Hürden geworden waren, die Hauptsorgen aber Essen und Heizen galten. Kurz vor Weihnachten 1943 hatte Müller im RMVP eine Besprechung, in der das Propagandaministerium die Verlagerung der gesamten UB-Produktion in weniger luftgefährdete Räume verlangte.[672] Die Schlacht von Stalingrad im Winter 1942/1943 und der nahezu gleichzeitig einsetzende strategische Luftkrieg (Combined Bomber Offensive) der amerikanischen und britischen Luftwaffe hatten die Haltung der Reichsregierung bezüglich der Evakuierungsprozesse geändert: „Nun hieß es: Jeder, der die luftkriegsgefährdeten Städte verlasse, helfe siegen, und jeder, der weiterhin in der Stadt bleibe, bringe nicht nur sich selbst in Gefahr, sondern mittelbar die Kriegsanstrengungen insgesamt.“[673] Für Reclam ging es nicht länger um die Auslagerung von Beständen, vielmehr sollte nun das Herz des Verlags umziehen. Zu diesem Zweck entsandte

669 Vgl. Bühler; Bühler 2002, S. 79 f., 84 f.

670 Vgl. Bühler; Bühler 2002, S. 133.

671 Eine ausführlichere Darstellung der Ereignisse zur Entstehung der Zweigstelle Passau wurde bereits publiziert. Siehe dazu: Schmahl 2013b. Dieser Beitrag fußte auf der unveröffentlichten Magisterarbeit der Verfasserin und wurde für die Dissertation überarbeitet.

672 Vgl. Müller an Grözinger o. D. In: RAS, Mappe Zweigstelle Passau.

673 Zitiert nach Klee 1999, S. 304, laut dem Autor ein sinngemäßes Zitat zu „einer Äußerung Martin Bormanns über die Notwendigkeit von Evakuierungen.“ In: Akten der Parteikanzlei, Teil 1, 10 200 066, Mitteilung des Reichsführers-SS an SS-Gruppenführer Berger vom 19.04.1943. Vgl. Klee 1993, S. 304.

der Verlag Emil Grözinger, einen Kaufmann aus der Zigarettenindustrie, der von Müller vorsorglich für den Fall seiner Einberufung „als linke Hand für kaufmännisch-organisatorische Aufgaben"[674] eingestellt worden war. In den ersten Kriegsjahren hatte er den Versand von Feldpostpäckchen mit Reclam-Heften für große Firmen erfolgreich organisiert und damit die großen Lagerbestände reduziert.[675] In Bayern sollte er nach Druckereien zur Auslagerung der Leipziger Druckerei, insbesondere der Rotationsmaschinen, suchen. Müller ließ Grözinger die Abschrift eines Briefs des RMVP zukommen, der zweifellos geeignet sei, ihn bei diesen Bemühungen zu unterstützen. Müller habe dem Ministerium gegenüber Passau erwähnt und durchaus Zustimmung gefunden.

> Da mir Passau aber ein wichtiger Verkehrsknotenpunkt zu sein scheint (Donauhafen!), so möchte ich, besonders angesichts des Innsbrucker Unglücks, doch noch mehr zu den anderen besprochenen Städten raten, wie Eichstätt, Wasserburg usw.[676]

Generell gestaltete sich die Suche nach geeigneten Druckereien schwierig, da nicht nur Reclam ein Asyl in Bayern suchte:

> Daß in dem bekannten „Dreieck" nichts zu wollen ist, habe ich von vornherein angenommen, denn der Bereich des Wehrkreises VII ist mehr als überlaufen. Es scheint halt gerade diese Gegend nicht nur eine der schönsten, sondern auch der sichersten in unserem schönen Deutschland zu sein.[677]

Bereits vier Tage später schien es Grözinger aber gelungen zu sein, ein geeignetes Objekt ausfindig zu machen. Ernst Reclam ermächtigte ihn zum Abschluss aller Vertragsangelegenheiten mit dem Passauer Bürgermeister Dr. Carl Sittler.[678] Aus dem Brief

674 Müller 1974, S. 4f.

675 Vgl. Müller 1974, S. 5. Emil Wilhelm Grözinger, geboren am 18.11.1888 in Schwäbisch Gmünd, war von 1925–1938 als Verkaufsleiter bei Reemtsma in Hamburg und Dresden tätig und arbeitete eine Zeit lang als Werbeexperte in Berlin, bevor er 1940 als Verkaufsleiter bei Reclam begann. Vgl. Fragebogen Military Government of Germany vom 07.08.1945. In: RAS, Mappe Lizenzierung Verlagstätigkeit.

676 Müller an Grözinger o. D. in: RAS, Mappe Zweigstelle Passau.

677 Vgl. Anton Herberger an Grözinger am 10.01.1944. In: RAS, Mappe Zweigstelle Passau. Nußbächer, der im Frühjahr 1944 nach Passau übergesiedelt war, beschreibt die Stadt gegenüber Richard Benz als „friedliche Halbinsel", in der man so gar nichts von Luftangriffen höre. Allerdings sei er von einer Unruhe befallen, die er nicht kannte, als er noch im Luftnotgebiet lebte. Nußbächer an Benz am 09.05.1944. In: DLA, A:Benz, Richard.

678 Vgl. Ernst Reclam an Grözinger am 14.01.1944. In: RAS, Mappe Zweigstelle Passau. Sittler war bis 1933 Oberbürgermeister der Stadt Passau gewesen, im April 1945 übernahm er erneut dieses Amt.

geht auch hervor, dass sich die Passauer Behörden dank Grözingers Bemühungen, für die Ernst Reclam ihm herzlichst dankte, sehr für die Übersiedlung des Reclam Verlags eingesetzt hatten. Sobald die Angelegenheit mit der Druckerei „spruchreif" sei, werde Arno Wilsdorf sofort nach Passau kommen.[679]

Grözinger bemühte sich daraufhin, zum einen die Druckerei Passavia, Eigentum des bischöflichen Ordinariats, als Ausweichdruckerei und zum anderen die Räumlichkeiten des Wasserwirtschaftsamtes in Passau für die Auslagerung des Verlagsbetriebes zu gewinnen. Für die Druckerei Passavia hatten jedoch der Ortsgruppenleiter Hartl und sein Partner Kühberger bereits einen Pachtvertrag abgeschlossen, um sich die Druckerei, so Grözinger an den Passauer OB Sittler, „[zu] konservieren, d. h. sich ‚auf alle Fälle' für später [zu] sichern."[680] Trotz intensiver Bemühungen unter Einbeziehung des Passauer Oberbürgermeisters scheiterte das Vorhaben. Aus einem Geschäftsbericht Grözingers Ende November 1945 geht hervor, dass Hartls Pachtvertrag mit der Druckerei bestehen blieb.[681] Der technische Betrieb Reclams wurde letztlich nach Landshut in die Räume der Firma Kratzsch & Co., Papierwarenfabrik und Buchdruckerei, überführt.[682] Bereits im Februar 1944 wurden eine der beiden Rotationsmaschinen und alle anderen in Leipzig entbehrlichen Maschinen dorthin verlagert.[683]

Nach anfänglicher Freude über die Möglichkeit, das gesamte Gebäude des nach Deggendorf umgezogenen Wasserwirtschaftsamtes einschließlich der Telefone und Lichtapparate in der Bräugasse 11 in Passau nutzen zu können,[684] stellte sich in kürzester Zeit heraus, dass dieser Platz nicht ausreichen würde, um die vom Luftgaukommando III geforderte unverzügliche Überführung aller wertvollen Teile des Verlags zu realisieren. Um den Verlag in seiner Gesamtheit (ausgenommen der nach Landshut verlegte technische Betrieb) dennoch nach Passau überführen zu können, stellte die Stadt zusätzlich das Haus in der Bräugasse 13 zur Verfügung. Dort sollten das Hauptlager, der zentrale Versand mit Expedition, die Packerei und die zweite Rotationsmaschine unterkommen. Die Hauptauslieferungsarbeiten müssten jedoch die Auslieferungslager in Köln, Berlin und Wien tragen, damit sich der Personalbedarf für Passau auf das Nötigste beschränke.[685] Des Weiteren stand eine Weile zur Debatte, das Haus in der Bräugasse 13 nicht zu mieten, sondern zu kaufen. Dies war jedoch erneut mit einigen Schwierigkeiten verbunden, da der Besitzer Mandl ein in die Schweiz emigrierter Jude war. Daher

679 Vgl. Ernst Reclam an Grözinger am 14.01.1944. In: RAS, Mappe Zweigstelle Passau.
680 Grözinger an Sittler am 21.01.1944. In: RAS, Mappe Zweigstelle Passau.
681 Auch ein erneutes Gesuch um Überlassung der Druckerei – als erster Versuch, sich der amerikanischen Militärregierung zu nähern – blieb ohne Erfolg, da das bischöfliche Ordinariat den Pachtvertrag mit Hartl gekündigt hatte, um selbst wieder in Alleinbesitz der Druckerei zu sein. Vgl. Grözinger: Geschäftsbericht vom 21.11.1945, S. 1. In: RAS, Mappe Zweigstelle Passau.
682 Vgl. Grözinger an Bruno Kratzsch am 13.02.1944. In: RAS, Mappe Zweigstelle Passau.
683 Vgl. Müller an Grözinger am 19.02.1944. In: RAS, Mappe Zweigstelle Passau.
684 Vgl. Sittler an Grözinger am 25.01.1944; vgl. Grözinger an Sittler am 12.02.1944. In: RAS, Mappe Zweigstelle Passau.
685 Vgl. Grözinger an Sittler am 25.02.1944. In: RAS, Mappe Zweigstelle Passau.

> empfiehlt es sich für Dr. Reclam eine Bestätigung des Promi [RMVP] zu verschaffen, dass Dr. Reclam zu Verhandlungen mit dem jüd. Besitzer in der Schweiz berechtigt ist, damit nicht etwa von den Überwachungsbehörden falsche Schlussfolgerungen aus solchen mündlichen Verhandlungen gezogen werden!! Wichtig ist ausserdem die Prüfung der Frage, ob es richtig ist, zu Verhandlungen mit einem jüd. Schweizer Staatsangehörigen einen deutschen Rechtsanwalt zuzuziehen![686]

Bevor diese Fragen geklärt werden konnte, zog der Passauer OB zunächst das Angebot mit der Begründung zurück, ein etwaiger Verkauf käme ausschließlich an die Stadt Passau selbst infrage,[687] sicherte jedoch kurze Zeit später dem Reclam Verlag jedwede Unterstützung zum Hauskauf zu – sehr zur Erleichterung des Verlags, denn die Übernahme des Anwesens war mittlerweile bedeutend für die Verlagsübersiedlung geworden. Aus dem am 29.11.1944 geschlossenen Mietvertrag für die Bräugasse 13 zwischen Franz Glaser, dem treuhänderischen Verwalter des Grundstücks, und der Firma Reclam wird ersichtlich, dass die begonnenen Verhandlungen mit Mandl, der 50.000 Schweizer Franken für sein Grundstück forderte, ein Preis, der nicht viel über dem geschätzten Wert von 29.000 RM liege,[688] nicht zu einem Verkauf geführt haben.[689] Entgegen der in Aussicht gestellten kompletten Nutzung der Gebäude wurden ab Dezember 1944 das zweite Stockwerk (390 m²) und die Geschäftsräume im Erdgeschoss (300 m²) der Bräugasse 13 zunächst auf Kriegsdauer zu einem gesamten monatlichen Mietpreis von 286,50 RM angemietet.[690] Für die Nutzung der ersten Etage der Bräugasse 11, in der die Büroräume des Verlags eingerichtet worden waren, wurde erst nachträglich ein Mietvertrag abgeschlossen. Dieses Mietverhältnis, welches de facto am 01.03.1944 begann, wurde erst fünf Jahre später, im September 1949, vertraglich geregelt.[691] Im September 1944 hielt der Mitarbeiter Maaß bezüglich der Mietzahlungen fest, dass

686 Grözinger an Müller am 05.03.1944. In: RAS, Mappe Zweigstelle Passau.

687 Vgl. Grözinger an Müller am 28.03.1944. In: RAS, Mappe Zweigstelle Passau.

688 Inwiefern jüdische Personen im Nationalsozialismus gezwungen waren, ihre Besitztümer unter Wert zu verkaufen und wie kompliziert die Entscheidungen über Zwangsarisierungen und Entschädigungen in den Prozessen der Nachkriegszeit waren, schildert eindrucksvoll die Aufarbeitung der Geschichte des Luchterhand Verlags, siehe dazu: Lokatis et al. 2018. Ob der Reclam Verlag im Fall Mandl fast von einer Zwangsarisierung profitiert hätte, lässt sich anhand der vorliegenden Unterlagen nicht beurteilen.

689 Vgl. Aktennotiz Besprechung Ernst Reclam, Müller und Nußbächer vom 12.05.1944. In: RAS, Mappe Zweigstelle Passau.

690 Vgl. Mietvertrag Glaser – Reclam Verlag vom 29.11.1944. In: RAL, Akte 209. Im ersten Geschoss des Hauses verblieb die Firma Franz Glas Internationales Speditionsbüro.

691 Vgl. Mietvertrag Bayerischer Staat, vertreten durch Wasserwirtschaftsamt Außenstelle Passau – Reclam Verlag vom 19.07.1949. In: RAS, Mappe Zweigstelle Passau. Für einen monatlichen Mietzins von 80 RM mietete man das erste Obergeschoss. Eine Aktennotiz besagt allerdings, dass der monatliche Mietpreis 100 RM betragen habe. Das Mietverhältnis endete am 31.10.1950. Vgl. Reclam Verlag Stuttgart an Dr. Heinrich Reclam am 13.09.1950. In: RAS, Mappe Zweigstelle Passau.

bisher kein Vertrag geschlossen werden konnte, da das Landbauamt Passau sich für die Mietfestsetzung nicht zuständig fühle und das Wasserwirtschaftsamt Pfarrkirchen bisher nicht Stellung genommen habe. Es sei daher bis jetzt auch weder Miete gefordert noch gezahlt worden. Des Weiteren nutzte der Verlag vom 01.07.1944 bis 30.09.1944 Lagerräume in der Bräugasse 5. Die dort gelagerten Bestände wurden danach in die Räume der Bischöflichen Residenz am Residenzplatz in Passau überführt, wo der Großteil der ausgelagerten Bestände aufbewahrt wurde.[692] Das bischöfliche Ordinariat gewährte dem Reclam Verlag mietfreie Nutzung.[693]

Die Einrichtung der Büroräume – dem Verlag standen vier Zimmer, drei Kammern, ein Korridor, ein Keller- und ein Bodenraum zur Verfügung – und die Unterbringung des nötigen Personals, das von Leipzig nach Passau übersiedeln sollte, bereiteten Grözinger erneut Probleme. Ein Antrag auf Büromöbel bei der Wirtschaftskammer hätte keine Aussicht auf Erfolg, da die Ausgabe von Möbelmarken für Berlin und Leipzig gesperrt sei. Für einen Waggon Eisen könne man einfacher Bezugsscheine bekommen als ein paar Möbelmarken, da Holz momentan der wichtigste Rohstoff sei. Obwohl man für Tische und Stühle gar keine Marken brauche, seien die Lieferanten dazu übergegangen, selbst dafür welche zu verlangen.[694] Gleichzeitig waren die Ansprüche nicht eben gering. Für Ernst Reclam sollte ein ganzes Herrenzimmer beschafft werden, tatsächlich war nur ein Chefschreibtisch aufzutreiben.[695] Schließlich gelang es bei den Firmen Soennecken und Waldbaur, Büromöbel ohne Bezugsmarken – „Woher nehmen und nicht stehlen?“[696] – zu einem Preis von 3.000 RM zu ergattern, jedoch waren hier keine Stühle lieferbar,[697] ein Missstand, auf den Grözinger wiederholt hinwies:

> so fehlen doch die Stühle und so werde ich für die Unterhaltung mit Dr. Reclam noch einen weiteren Stuhl pumpen müssen, damit wir nicht stehenderweise eine Konferenz abzuhalten brauchen. […] Übersehen Sie bitte nicht, dem ersten nach hier rollenden Waggon eine größere Anzahl Bürostühle beizupacken, wie ich überhaupt empfehlen möchte, die von Soennecken noch zu liefernden Stühle ausschliesslich für Passau zu reservieren.[698]

Als Ergebnis der erschwerten Kommunikationsbedingungen und der allgemein konfusen Situation war Grözinger letzten Endes mit der Verteilung zu vieler Möbel konfrontiert: „Ich weiß zwar im Augenblick noch nicht, wo ich mit dieser

692 Vgl. Müller 1978, S. 5. In: RAS, Mappe Gotthold Müller.
693 Vgl. Aktennotiz Maaß vom 19.09.1944. In: RAS, Mappe Zweigstelle Passau.
694 Vgl. Aktennotiz Maaß vom 10.02.1944. In: RAS, Mappe Zweigstelle Passau.
695 Vgl. Arthur Schleicher an Grözinger am 24.02.1944. In: RAS, Mappe Zweigstelle Passau.
696 Müller zu dem Problem der fehlenden Bezugsmarken in seinem Schreiben an Grözinger am 08.03.1944. In: RAS, Mappe Zweigstelle Passau.
697 Vgl. Bericht Grözinger: Neues aus Passau vom 05.03.1944. In: RAS, Mappe Zweigstelle Passau.
698 Grözinger an Müller am 28.03.1944. In: RAS, Mappe Zweigstelle Passau.

Möbel-Invasion hin soll, allein ich lasse mich durch Nichts mehr schrecken."[699] Grözingers Ziel war es, die Büroräume bis zum 15.03.1944 bezugsfertig zu gestalten. Zu diesem Zweck besorgte er persönlich ein Waschbecken und einen „neuen Closett-Sitz, sodass sich die Gefolgschaft in jedem Falle ‚wohler' fühlt!"[700] Noch am 13.02.1944 hatte Grözinger darauf hingewiesen, dass aufgrund der Unterbringungsschwierigkeiten am besten nur die Geschäftsleitung, also Ernst Reclam, Müller, Nußbächer, Maaß und die nötigsten Sekretärinnen, nach Passau kommen sollten, da man auch vor Ort Personal finden könne. Alle übrigen Abteilungen sollten so lange wie möglich in Leipzig bleiben.[701] Weniger optimistisch klingt sein Brief Ende März: die Gauwirtschaftskammer sei über die erste Personalanweisung nicht entzückt gewesen, es gäbe keine Stenotypistinnen.

> Mit Ach und Krach habe ich erreicht, daß am Montag Früh eine Reinemachfrau angetreten ist, welche ich zunächst stundenweise täglich beschäftigen kann und so wenigstens nicht selbst heizen, d. h. Holz und Kohlen zusammentragen, abstauben und Bodenputzen muß! Aber auch dies wäre mir ja schließlich vom Kommiß her geläufig, auch mußte ich mich hier so vielen entwürdigenden Dingen unterziehen, daß es hierauf auch nicht mehr ankommt.[702]

Die Unterbringung der Leipziger Mitarbeiter entpuppte sich als Puzzlespiel. Von 28 beantragten Quartieren hatte der Reichsverteidigungskommissar in Bayreuth nur 17 bewilligt, in denen es keinerlei Möbelunterstellmöglichkeiten gab, auch Ehepartner konnten nicht mit umsiedeln. Die Raumnot zwang zur schärfsten Überprüfung der beabsichtigten Personalübersiedlung.[703] Die Quartierfrage spitzte sich weiter zu, Grözinger schilderte dazu: „Passau wird allmählich das Dorado für Bombenflüchtlinge, außerdem versuchen die Militärbehörden mit allen möglichen Stellen in die Stadt einzudringen, es wird schwer das einmal Erreichte festzuhalten."[704] So trafen am 12.04.1944 zunächst nur Nußbächer mit den Verlagsmitarbeiterinnen Johanna Hoppe und Gretl Ritsche zur Unterstützung in Passau ein. Ende Februar informierte Nußbächer Max Oehler, mit dem er einen Nietzsche-Band zu dessen 100. Geburtstag plante, dass

699 Grözinger an Müller am 09.03.1944. Aus diesem Grund war es eher vorteilhaft, dass der in München mit der Möbelabholung beauftragte Wetsch versäumt hatte, dies auch auszuführen. Was dann aus den Möbeln wurde, ist unklar. Vgl. Grözinger an Müller am 28.03.1944. In: RAS, Mappe Zweigstelle Passau.
700 Grözinger an Müller am 09.03.1944. In: RAS, Mappe Zweigstelle Passau.
701 Vgl. Grözinger an Reclam Verlag am 13.02.1944. In: RAS, Mappe Zweigstelle Passau.
702 Grözinger an Müller am 28.03.1944. In: RAS, Mappe Zweigstelle Passau.
703 Vgl. Grözinger an Müller am 05.03.1944. In: RAS, Mappe Zweigstelle Passau.
704 Grözinger an Müller am 28.03.1944. In: RAS, Mappe Zweigstelle Passau.

> das Propagandaministerium nun die sofortige Verlagerung verfügt. Schon in 2 Wochen soll die Umquartierung nach Passau beginnen, die Produktion, die ja am meisten ortsgebunden ist, zuerst. So werde ich wohl bald meine Zelte hier abbrechen u. mit meiner Frau übersiedeln. An der Situation und an unserem Verlagsprogramm ändert sich dadurch nichts. Auch die Post erreicht uns nach wie vor über Leipzig.[705]

Zwei Wochen später jedoch vermeldet er,

> [i]m übrigen verzögert sich unsere Umsiedlung erheblich, und man kann ja ohnehin heute fast nur von einem Tag zum andern leben u. planen – die nächste Nacht kann ja wieder alles umstürzen. Ich hoffe, in der Woche nach Ostern für einen Tag nach Passau kommen zu können u. werde mich noch rechtzeitig melden.[706]

Mitte April hingegen: „Früher als ich gedacht hatte, ist unsere Übersiedlung nach Passau erfolgt."[707]

Kurz zuvor waren die ersten beiden Waggons mit Bücherpaketen und den heiß ersehnten Stühlen eingetroffen.[708] Grözinger hatte bereits zwei Wochen zuvor mitgeteilt, dass man ab dem 11.04.1944 mit der Einlagerung von Warenbeständen beginnen könne; von Versandbetrieb könne jedoch auf gar keinen Fall die Rede sein, daher brauche man hierfür auch noch kein Personal.[709] Sichere Quartiere hatte Grözinger nur für Ernst Reclam und Gotthold Müller besorgen können. Doch keiner der beiden nahm sie für längere Zeit in Anspruch. Müller schlug in Erwartung seiner baldigen Einziehung zur Wehrmacht das Angebot Grözingers aus, sein Quartier mit zu beziehen.[710] Für Ernst Reclam hatte Sittler bereits im Januar eine möblierte Privatwohnung in Aussicht gestellt.[711] Doch Ernst Reclam war nicht willens, gänzlich nach Passau umzuziehen. In diesem Zusammenhang setzte Müller Grözinger im Februar über einen kleinen Fortschritt in Kenntnis:

> Herr Dr. Reclam hat sich mit dem Gedanken, wenigstens zeitweise nach Passau überzusiedeln, besser abgefunden, als wir angenommen haben. Es kamen noch einige ganz günstige psychologische Momente hinzu, zum Beispiel die […] Weisung des Ministeriums, alles auszulagern. Nur vor einem sträubt

705 Nußbächer an Major Oehler am 29.02.1944. In: GSA, 72/1981.
706 Nußbächer an Major Oehler am 17.03.1944. In: GSA, 72/1981.
707 Nußbächer an Major Oehler am 14.04.1944. In: GSA, 72/1981.
708 Vgl. Müller an Grözinger am 03.04.1944. In: RAS, Mappe Zweigstelle Passau.
709 Vgl. Grözinger an Ernst Reclam am 23.03.1944. In: RAS, Mappe Zweigstelle Passau.
710 Grözinger an Müller am 28.03.1944. In: RAS, Mappe Zweigstelle Passau.
711 Vgl. Sittler an Grözinger am 26.01.1944. In: RAS, Mappe Zweigstelle Passau.

> sich Herr Dr. Reclam hartnäckig, sich in Passau polizeilich anzumelden. Das könnte niemand von ihm verlangen. Ich bin nun gespannt, ob es Ihrer Überredungskunst gelingen wird, ihn dazu zu bewegen.[712]

Grözinger scheint es gelungen zu sein. Anfang März meldete er sowohl Ernst Reclam als auch die Firma in der Bräugasse 11 unter der Firmierung Verlag Philipp Reclam jun., Komm. Ges. Leipzig-Passau polizeilich an. Im gleichen Atemzug errichtete er bei der Bayerischen Hypotheken- und Wechselbank ein Firmenkonto, auf das er 3.000 RM einzahlte.[713] Wenig später erteilte Grözinger Müller bezüglich der Firmenadresse auf den neuen Firmenstempeln (Verlag Philipp Reclam jun. Ausweichstelle Passau 13 b Passau [Donau] Bräugasse 11) eine Rüge:

> Ganz abgesehen davon, dass Passau nicht nur an der Donau, sondern auch an Inn und Ilz gelegen und infolge dessen diese Bezeichnung postalisch unerwünscht ist, so möchte ich dringend widerraten, in der Öffentlichkeit und insbesondere bei den Passauer Behörden den Eindruck zu erwecken, als ob wir hierher nur „ausweichen"![714]

Er brauche wohl bezüglich der Mentalität der hiesigen Stellen nicht ausführlicher werden und bitte um Änderung der Anschrift gemäß der polizeilich vollzogenen Anmeldung.

Im Frühjahr 1944 war folglich die Niederlassung des Reclam Verlags in Passau errichtet, die Verlagsredaktion und Verlagskontore neu aufgebaut. Im April 1944 war aufgrund des erlittenen Bombenschadens ein Teil der Verlagswerke nach Passau ausgelagert worden. Es handelte sich dabei um Bücher im buchmäßigen Wert von 72.504 RM.[715] Aktennotizen belegen, dass im September und Oktober – vermutlich auch schon vorher – auch die Neuproduktion des Verlags nach Passau zur Auslieferung gebracht wurde, etwa von der Ausweichdruckerei in Groitzsch je 3.000 Exemplare von Rudolf Bindings *Unvergängliche Erinnerung*, Goethes *Faust*, Schillers *Jungfrau von Orleans* und Gunnarssons *Advent im Hochgebirge*. Auswärtige Druckereien lieferten ebenfalls nach Passau, so die Druckereien Karl Ihl in Asch, Wimmerer in Linz und Heidrich in Meißen. Es handelte sich dabei unter anderem um Titel, stets in 3.000er Auflagen, von Werner Bergengruen (*Die Feuerprobe*), Eugen Roth (*Der Fischkasten*), Peter Dörfler (*Das Gesicht im Nebel*), Sven Anders Hedin (*Wildes heiliges Tibet*), Gorch Fock (*Das schnellste Schiff der Flotte*), Friedrich Bischoff (*Rübezahls Grab*), Adalbert Stifter (*Brigitta*) und Frank Thieß (*Der Tenor von Trapani*).[716]

712 Müller an Grözinger am 19.02.1944. In: RAS, Mappe Zweigstelle Passau.
713 Vgl. Grözinger an Müller am 05.03.1944. In: RAS, Mappe Zweigstelle Passau. Einen Tag zuvor war dem Büro ein Fernsprech-Hauptanschluss genehmigt worden.
714 Grözinger an Müller am 04.04.1944. In: RAS, Mappe Zweigstelle Passau.
715 Vgl. Zeittafel zur Verlagsgeschichte, S. 51. In: RAL, Ordner 3.
716 Vgl. Maaß an Ahner am 03.10.1944 und 13.10.1944. In: RAL, Akte 209.

Wie deutlich geworden sein dürfte, spiegeln die Briefe und Berichte dieser Zeit einprägsam die damaligen Verhältnisse wider. Nicht nur die Kommunikation war sehr erschwert, obwohl der Verlag sogar über einen Telefonanschluss in Passau und Leipzig verfügte. Letzterer wurde erst Januar 1944 neu bewilligt und man erhoffte sich durch ihn eine deutliche Verbesserung der Verständigungsverhältnisse.[717] Vor allem aber das Reisen wurde fast unmöglich. Im April 1945 gab Grözinger zu Protokoll, dass der Wehrmachtsbericht keinen Zweifel mehr daran lasse, dass nunmehr die Verbindungslinien zwischen Leipzig und Passau durch amerikanische Panzer so gut wie abgeschnitten seien und wohl kaum damit gerechnet werden könne, dass sie noch irgendeine Post oder Nachricht aus Leipzig erreichen könne. Passau sei auch von Südosten ernstlich bedroht und der Notstand eingetreten.[718] Am Morgen des 02.05.1945 wurde Passau von amerikanischen Truppen besetzt.[719]

Ob oder inwieweit der Reclam Verlag zu Beginn des Jahres 1944 mit der Etablierung der Zweigstelle Passau über das Einrichten einer Ausweichstelle in weniger luftkriegsgefährdetem Gebiet – diese Voraussetzung hätte auch der ländliche Raum in Sachsen geboten[720] – hinaus weitere Pläne verfolgte, ist unklar. Möglicherweise waren die Pläne der Alliierten zur Teilung Deutschlands und der daraus folgenden Verortung Leipzigs in der Sowjetischen Besatzungszone weiteren Kreisen bereits frühzeitig bekannt,[721] was auf eine strategische Ausrichtung nach Westen jenseits des Machtbereichs der Russen deuten würde.

717 Vgl. Ernst Reclam an Grözinger am 17.01.1944. In: RAS, Mappe Zweigstelle Passau.

718 Vgl. Protokoll Grözinger vom 16.04.1945. In: RAS, Mappe Zweigstelle Passau.

719 Vgl. Grözinger: Geschäftsbericht vom 21.11.1945, S. 1. In: RAS, Mappe Zweigstelle Passau.

720 Zu den bevorzugten Ausweichregionen für die Evakuierung kriegswichtiger Betriebe, die vom Generalbevollmächtigten für die Wirtschaft und von Albert Speer, dem Reichsminister für Bewaffnung und Munition, angeordnet werden konnte, zählten die Mark-Brandenburg, Mecklenburg, Sachsen, Württemberg sowie Nordostbayern, Oberbayern und Schwaben. Für die Evakuierung der Zivilbevölkerung spielte Sachsen sogar eine ganz besondere Rolle: Hier waren nach dem Verteilungsplan für Umquartierungen aus luftgefährdeten Gebieten vom 30.06.1943 bereits 50.000 Evakuierungsplätze belegt – lediglich Thüringen und Baden übertrafen dies geringfügig. Zusätzlich standen in Sachsen noch 210.000 Plätze bereit – nur die Mark-Brandenburg stellte geringfügig mehr Plätze zur Verfügung. Vgl. Klee 1999, S. 13, 168.

721 Dass die „Familie Reclam […] [e]ingeweihten Kreisen angehört haben dürfte", denen „schon damals die von Seiten der Alliierten geplante Zonenaufteilung bekannt gewesen" ist, vermutet 1950 zumindest der Rat der Stadt Leipzig, Ermittlungs- und Vollzugsamt, in einem Bericht an die Abteilung Industrie vom 23.12.1950. In: SächsStA-D, 13471, Nr. ZA VI 2628/01. Auf der Konferenz von Teheran 1943 wurden noch keine konkreten Beschlüsse in der Aufteilungsfrage gefasst. Weder Churchills favorisierte Nord-Süd-Teilung Deutschlands, bei der die südlichen Regionen (Bayern, Pfalz, Baden und Württemberg) zusammen mit Österreich und Ungarn eine „Donauföderation" bilden und Ostpreußen gänzlich abgetrennt werden sollte, noch Roosevelts Vorschlag zur Bildung fünf autonomer Einzelstaaten setzten sich durch. Man verständigte sich aber auf eine „eindeutige" Tendenz, welche erhebliche Umwälzungen in Deutschland und im gesamten Europa im Sinne der sowjetischen Dynamik versprach. Die Westmächte billigten die bereits 1941 von sowjetischer Seite gewünschte Teilung Deutschlands und somit die Schaffung

Andererseits kann von einem einheitlich abgestimmten Vorgehen aller Beteiligten nicht die Rede sein; trotz eindringlicher Bitten Müllers und Grözingers folgte Ernst Reclam dem mehrfachen Ruf zur Übersiedlung nach Passau nicht – obwohl dies nach Aussage Grözingers für eine erfolgreiche Etablierung in Passau von höchstem Interesse gewesen wäre:

> Die Meldebehörde mißt Ihrer Bemerkung, daß Ihr ständiger Wohnort Leipzig „bleibe“ insofern nur „historische“ Bedeutung bei, als diese Ihre Absicht von Voraussetzungen abhängen würde, auf welche der gewöhnlich Sterbliche im Augenblick keinen Einfluß habe; zum Anderen würde diese Ihre Bemerkung nicht im Einklang zu Ihrer Feststellung stehen, daß Sie in Leipzig „total ausgebombt“ wären, es sei denn, Sie hätten inzwischen in Leipzig eine neue Wohnmöglichkeit bezogen! Ich hatte Mühe diese Dinge zu begradigen und will hoffen, daß sich keine anderen unangenehmen Nachwirkungen ergeben.[722]

Ernst Reclam hatte aber offenbar zu keinem Zeitpunkt ernsthaft erwogen, gänzlich nach Passau überzusiedeln:

> Ich denke Sie werden mir darin beipflichten, dass ich nun nicht sofort hier meine Zelte abbrechen will und kann, um mich in der dortigen Gegend fest zu verankern, weil ich eben hier nicht so ohne weiteres fort kann und will. Aber abwechselnd in Passau und Leipzig zu sein, ist ja sehr gut möglich. Vielleicht kann man auch einen Teil des Verlages – vielleicht die Redaktion – überhaupt dort lassen und nur von Zeit zu Zeit dort auftauchen.[723]

Selbst nach dem dritten verheerenden Luftangriff auf das Leipziger Verlagsgebäude am 07.07.1944 folgert er in einem Brief an seinen Sohn Heinrich lediglich: „Nun müssen wir mehr Gewicht auf Passau legen […] wo ich Vorbereitungen treffen will,

eines schwachen Mitteleuropas und stellten die Teilungsfrage in den Mittelpunkt ihrer eigenen Deutschlandpolitik. Bereits während der Moskauer Außenministerkonferenz vom 19.10. bis 01.11.1943 hatten sich die Alliierten prinzipiell auf eine vollständige Besatzung, lange Kontrolle und harte Behandlung Deutschlands geeinigt. Vgl. Graml 1985, S. 27 ff. Der Vorschlag der European Advisory Commission vom 15. Januar 1944, das Deutsche Reich innerhalb der ehemaligen Grenzen mit Stand von 1937 in Besatzungszonen aufzuteilen, wurde umgesetzt: Das erste Zonenprotokoll vom 12. September 1944 beschloss eine Aufteilung Nachkriegsdeutschlands in eine nordwestliche, eine südwestliche sowie eine östliche Besatzungszone inklusive Berlins, deren Besatzung der Sowjetunion vorbehalten sein sollte. Ein zweites Zonenprotokoll vom 14. November 1944 ergänzte die Zuordnungen für die verbliebenen Zonen zu: Großbritannien im Nordwesten, die USA im Südwesten. Die Einrichtung einer französischen Zone wurde mit der letzten Ergänzung des Zonenprotokolls am 26.07.1946 beschlossen. Caspar 1979, S. 178.

722 Grözinger an Reclam am 09.03.1944. In: RAS, Mappe Zweigstelle Passau.

723 Ernst Reclam an Grözinger am 14.01.1944. In: RAS, Mappe Zweigstelle Passau.

daß wir in dem Hause Bräugasse 13 Angestellte unterbringen können", er selbst will am 14. Juli zur Jagd „nach Tirol, weil ich bei den Aufräumungsarbeiten hier nicht helfen kann. Nach Passau kann ich, wenn es nötig sein sollte, in einem Tage von Tirol zurückkommen."[724] Obgleich dem am 04.12.1943 ausgebombten Ernst Reclam in Passau eine möblierte Privatwohnung in Aussicht gestellt worden war,[725] folgte Reclam dem mehrfachen Ruf nach Passau nicht – weder 1944, als eine Umsiedlung noch möglich gewesen wäre, noch im Zuge der im Juni 1945 durch die amerikanischen Besatzer ermöglichten Übersiedlung namhafter Leipziger Verlage nach Wiesbaden.[726] Unter sowjetischer Besatzung waren Reisen ohne Genehmigung der russischen Militärbehörde nahezu unmöglich und hätten unter Umständen zur Enteignung des Verlags geführt;[727] eine Übersiedlung in die amerikanische Zone schien im Herbst 1945 folglich ausgeschlossen. Aus Sicht Ernst Reclams war Passau für den Verlag vor Kriegsende letztendlich wohl eher eine Ausweichstelle als eine angestrebte Zukunftsperspektive. Politische Überzeugungen, verbunden mit dem Glauben an den sieghaften Ausgang des Kriegs, dürften dabei jedoch weniger ausschlaggebend gewesen sein als die Ablehnung eines konsequenten Neuanfangs in fortgeschrittenem Alter.

Dass die Passauer Zweigstelle einmal den entscheidenden Grundstock für den späteren westdeutschen Verlag bilden würde, war in dieser Konsequenz 1944 vielleicht nicht absehbar. Inwieweit in diesem Zusammenhang primär behördlichen Anordnungen entsprochen wurde, oder ob – wenigstens von einzelnen Mitarbeitern – eine gezielte Verlagerung des Verlags nach Westen angestrebt wurde, lässt sich nicht abschließend klären. In jedem Fall lässt sich die Etablierung Reclams in Passau als noch unkonkreter Versuch einer möglichst vorteilhaften Positionierung des Verlags an verschiedenen Standorten werten, wofür auch die im Folgenden zu betrachtenden Bemühungen des Reclam Verlags in Zürich sprechen.

2.3.9.2 Die Wiederbelebung von Reclam & Cie. in Zürich

Anders als bei der Gründung der Passauer Zweigstelle sollte durch die Wiederbelebung der Tochterfirma Reclam & Cie.[728] in Zürich im gleichen Jahr explizit die Grundlage geschaffen werden,[729] um nach Beendigung des Kriegs die Interessen der Autoren

724 Ernst Reclam an Heinrich Reclam am 08.07.1944. In: RAS, Mappe Quellen zur Geschichte des Verlags.

725 Vgl. Carl Sittler an Grözinger am 26.01.1944. In: RAS, Mappe Zweigstelle Passau.

726 Siehe Kapitel 2.4.1.

727 Vgl. Reclam an Grözinger am 28.10.1945. In: RAS, Mappe Lizenzierung Verlagstätigkeit.

728 Laut *Börsenblatt* beging Reclam & Cie. am 1. Januar 1945 das 25-jährige Firmenjubiläum. Vgl. Firmen-Jubiläen. In: *BBl.* vom 23.12.1944, Nr. 85, S. 218, http://digital.slub-dresden.de/id39946221X-19441223/2 [25.05.2024].

729 Bis wenige Jahre vor Müllers Eintritt in den Verlag hatte in Olten eine Zweigniederlassung des Verlags existiert. Nach ihrer Liquidation habe das Vereinssortiment Olten die Auslieferung der Reclam-Produktion übernommen, so die Erinnerung Müllers. Im Gegensatz dazu findet sich in

der derzeitigen ‚Feindmächte' auf neutralem Boden zu vertreten. Die Annahme, die Schweiz werde künftig als Umschlagplatz für literarische Rechte von Bedeutung sein, stammte allerdings nicht aus eigenen Reihen: Dr. Max Frey, Mitarbeiter der wirtschaftspolitischen Abteilung der schweizerischen Gesandtschaft, war kurz nach der Zerstörung des Buchhändlerviertels mit diesem Vorschlag an den Reclam Verlag herangetreten.[730] Müller verfasste 1978 einen anschaulichen Bericht über die ‚Neugründung' des Schweizer Zweigs mit dem bedeutungsschwangeren Untertitel *Ein verborgenes Kapitel der Verlags- und Zeitgeschichte*. Auf diesem Text beruht der Großteil der folgenden Rekonstruktion, sodass sich erneut die Frage stellt, inwieweit diese Darstellungen in Ermangelung einer einschlägigen Gegenüberlieferung der historischen Wahrheit entsprechen. Dr. Frey, der ebenso wie seine Frau, eine Mitarbeiterin des Psychologen C. G. Jung, literarisch sehr interessiert war, bot an, den Vorschlag – obgleich es ihm an praktischer Erfahrung mangele – selbst zu verwirklichen. Er fühlte sich durchaus befähigt, ein solches Unternehmen erfolgreich zu leiten, zudem stand seine Rückkehr nach Zürich unmittelbar bevor, da die Mitarbeiter der Schweizer Gesandtschaft im Hinblick auf die steigenden Gefahren des Luftkriegs bis auf ein Minimum zurückgeführt werden sollten. Dr. Reclam, der dem Vorschlag sehr aufgeschlossen gegenüberstand, schlug vor, zwei langjährige Reclam-Freunde in der Schweiz, den Rechtsanwalt und Notar Dr. Stuber in Olten und Dr. Ferdinand Gubler, zur Verwirklichung des Plans hinzuzuziehen.[731] „Daß die Durchführung des Projektes äußerst schwierig, ja nahezu aussichtslos sein würde, dessen waren sich beide Seiten voll bewußt."[732]

Dennoch beantragte Müller bei der RSK und dem Auswärtigen Amt eine Ausreise. Sowohl der Auslandsreferent Dr. Hövel als auch Prof. Metzner vom Auswärtigen Amt seien dem Verlag wohlgesonnen gewesen, sodass Müller schon nach kurzer Zeit die Bewilligung erhalten habe. In Zürich besprach er das Projekt mit Stuber und Gubler und „fand für unsere Pläne nicht nur volles Verständnis, sondern jegliche Bereitschaft, sich uns uneigennützig zur Verfügung zu stellen. [...] Beide Herren waren bereit, für die wieder aufzurichtende Firma treuhänderisch und völlig selbstlos tätig zu sein."[733] Dr. Stuber widmete sich der schwierigen Mission, die vermeintlich erloschene Firma Reclam & Cie. wieder zu aktivieren, was, wenn überhaupt, nur mit Hilfe der Schweizer Gesellschafter für möglich befunden wurde. Müller oblag die nicht minder

der im Sächsischen Staatsarchiv befindlichen Akte zu Reclam & Cie. der Eintrag des *Adreßbuchs des Deutschen Buchhandels* für 1937, nach dem die Firma, 1920 gegründet, Inhaber Ernst und Hans Emil Reclam, nach wie vor besteht. Vgl. SächsStA-L, 21765, Nr. F 7476. Darüber hinaus beglückwünscht das *Börsenblatt* Ende Dezember 1944 unter der Rubrik Firmen-Jubiläen Reclam & Cie. zum 25-jährigen Bestehen am 01.01.1945. Vgl. Firmenjubiläen, 25-jähriges Bestehen. In: *BBl.* vom 23.12.1944, Nr. 85, S. 218, http://digital.slub-dresden.de/id39946221X-19441223/2 [25.05.2024].

730 Vgl. Müller 1978, S. 1. In: RAS, Mappe Gotthold Müller.

731 Nach dem Eintrag im *Adreßbuch des Deutschen Buchhandels* von 1937 war Dr. F. Gubler der Prokurist der in Zürich firmierenden Firma Reclam & Cie. Vgl. SächsStA-L, 21765, Nr. F 7476.

732 Müller 1978, S. 2. In: RAS, Mappe Gotthold Müller.

733 Müller 1978, S. 3. In: RAS, Mappe Gotthold Müller.

komplizierte Beschaffung des Grundkapitals, das mit 50.000 bis 100.000 Schweizer Franken veranschlagt wurde. Das Problem hierbei war weniger das Aufbringen des Geldes als die Genehmigung der Auslandsabteilung der Reichsbank zum Transfer der benötigten Summe. Hierfür habe er Dr. Goerdeler um Rat gebeten, da dieser über enge Beziehungen zur Reichsbank verfügte.

> Er stellte sich in liebenswürdiger Weise zur Verfügung und machte mir Mut [...] wobei er mir versicherte, ich hätte es bei den Herren Dr. von Wedel, dem Chef der Abteilung, und seinen Mitarbeitern, keineswegs mit Nazis zu tun, sondern durchweg mit Gegnern des Regimes, die dem Vorhaben ohne Zweifel Verständnis entgegenbringen würden, zumal sie daran interessiert seien, Werte in das Ausland zu retten. Am negativen Ausgang des Krieges zweifelte schon zu jener Zeit bei der Reichsbank niemand, vielleicht mit Ausnahme des Präsidenten.[734]

Die Verhandlungen Müllers mit der Reichsbank seien dann auch in einer „außerordentlich angenehme[n] und vertrauensvolle[n] Atmosphäre" verlaufen und endeten mit einem Erfolg:

> Schließlich hielten wir (oh Wunder!) nach ca. 3 Monaten die Genehmigung der Reichsbank zum Erwerb von 80.000 SFr. zum Kurs von RM 2.50 und Transfer in die Schweiz in der Hand. Wenn ich es nicht schwarz auf weiß mit der Unterschrift des Präsidenten Puhl vor mir liegen gesehen hätte, hätte ich es nicht glauben können! Die Schweizer Franken wurden damals auf dem Schwarzmarkt schon mit RM 10.- und mehr bewertet. Da wir zu jener Zeit außerordentlich flüssig waren, wirkte sich der Abzug von 200.000 RM für unsere Finanzlage kaum aus.[735]

Nach einem erneuten Besuch in der Schweiz, bei dem Müller einen Anstellungsvertrag mit Frey ausgehandelt sowie ein Büro nahe dem Zürcher Hauptbahnhof und dem Postamt gemietet hatte, konnte er mit der frohen Botschaft zurückkehren, dass Stuber, der als Präsident des Aufsichtsrats der im Krieg ins Leben gerufenen Schweizer Handelsflotte, bestehend aus drei Schiffen, großen Einfluss auf die Behörden besaß, „das nahezu Unmögliche möglich gemacht und die Genehmigung zum Wiederaufleben der erloschenen Firma erreicht"[736] hatte. Ernst Reclam sei über diese Entwicklung überaus erfreut gewesen und wünschte – im Gegensatz zu dem ursprünglichen Plan –, persönlich an der Errichtung beteiligt zu sein.

734 Müller 1978, S. 3. In: RAS, Mappe Gotthold Müller.
735 Müller 1978, S. 4. In: RAS, Mappe Gotthold Müller.
736 Müller 1978, S. 4. In: RAS, Mappe Gotthold Müller.

> [U]nglücklicherweise gaben die beiden Schweizer Herren, trotz ihrer starken Bedenken hinsichtlich der Beschlagnahme deutscher Vermögenswerte im Falle unserer Niederlage, seinem Drängen nach, auch persönlich in der Firma verankert zu werden, was dann zu ihrer Liquidation im Jahre 1945 und der Beschlagnahme ihres Vermögens führte.[737]

Am 02.05.1944 bestellte ein Gesellschaftsvertrag Ernst Reclam und Philipp Hans Rolf Reclam (Sohn Hans Emil Reclams) zu unbeschränkt haftenden Gesellschaftern sowie Ferdinand Gubler zum Kommanditisten der Kommanditgesellschaft Reclam & Cie., als welche die bisher im Handelsregister Zürich eingetragene Kollektivgesellschaft unter gleichem Namen fortan geführt wurde. Die Aktiva und Passiva der aufzulösenden Kollektivgesellschaft übernahm die KG. Zum Zweck der neu eingetragenen KG wurden der Betrieb einer Verlagsbuchhandlung und die Verlagsauslieferung im In- und Ausland bestimmt. Für die Geschäftsführung war allein Ernst Reclam zuständig, Rolf Reclam wurde bis auf weiteres ausdrücklich von der Geschäftsführung ausgeschlossen. Verlust oder Gewinn im Verhältnis der Anteile der Gesellschafter sollten der Firma Philipp Reclam jun. gutgeschrieben oder angelastet werden.[738] Zu diesem Vorgang vermeldete das *Schweizerische Handelsamtsblatt*, dass mit Wirkung vom 27.04.1944 an die Stelle des verstorbenen Gesellschafters der Kollektivgesellschaft Hans Emil Reclam sein Sohn Philipp Hans Rolf Reclam getreten war und dass das Geschäftslokal in die Nordstraße 5 verlegt wurde. Max Frey erhielt Einzelprokura im Unternehmen, sowohl in der Kollektivgesellschaft als auch in der kurz darauf umgewandelten KG.[739] Aus dieser Meldung wird ersichtlich, dass die Firma bis zu diesem Zeitpunkt zumindest im Züricher Handelsregister weiter existiert hatte.

Müller fand einen produktiven Weg, um der jungen Firma Anschubhilfe zu leisten. Aufgrund der Mehrsprachigkeit der Schweiz waren Reclams Englisch- und Französisch-Wörterbücher dort gut eingeführt. Aus diesem Grund, und weil der Verlag von Leipzig aus kaum noch Lieferungsmöglichkeiten hatte, vergab er Druckaufträge für die beiden Wörterbücher an Schweizer Druckereien,[740] insbesondere nach Glarus, unter Verwendung aus Leipzig mitgebrachter Matern. Der Titel *Reclams Wörterbuch Französisch-Deutsch und Deutsch-Französisch* von Friedrich Köhler und Claude Grander erschien bereits 1944 im Verlag Reclam & Cie., Zürich mit dem Vermerk, dass es sich um eine

737 Müller 1978, S. 5. In: RAS, Mappe Gotthold Müller.

738 Vgl. Gesellschaftsvertrag vom 02.05.1944. In: SächsStA-L, 21088, Nr. 001.

739 Vgl. Auszug aus dem Schweizerischen Buchhandel Nr. 12 vom 30.06.1944. In: SächsStA-L, 21765, Nr. F 7476. Erst vier Monate später fand sich die Nachricht, dass Rolf Reclam als Mitinhaber in die Firma Reclam & Cie. eingetreten war, und dass Max Frey Einzelprokurist wurde. Vgl. Wöchentliche Übersicht über geschäftliche Einrichtungen und Veränderungen. In: *BBl.* vom 21.10.1944, Nr. 76, S. 650, http://digital.slub-dresden.de/id39946221X-19441021/12 [25.05.2024].

740 Das Englisch-Deutsch-Wörterbuch wurde vermutlich erst 1946 gedruckt.

berechtigte Lizenzausgabe des Leipziger Reclam Verlags handle. Gedruckt wurde der Titel von Tschudi & Co. in Glarus, der Einband stammte von G. Wolfensberger aus Zürich.[741]

Dadurch habe die Firma nicht nur den Bedarf des Schweizer Buchhandels decken können, sondern auch einen erheblichen Mehrbedarf in Deutschland, der durch Kriegsgefangenenlager entstanden war. Ferner wurde die schweizerische Niederlassung zum Auslagern der Bestände genutzt. Hierbei habe es sich um ein überaus schwieriges Unternehmen gehandelt, welches der Genehmigung der RSK bedurfte:

> Dafür war nicht nur der sehr zugängliche und pragmatisch handelnde Dr. Hövel zuständig, sondern der Ideologe Dr. Erckmann, zu dem ich nur einen sehr losen Kontakt hatte. Er vertrat bis dahin eisern die Parteilinie und war auch zuständig für die Preisverleihung an die Nazi-Autoren Anacker, Schumann u. a. Mit sehr gemischten Gefühlen habe ich bei Erckmann in dieser Angelegenheit vorgesprochen und mir keinen Erfolg versprochen. Umso erstaunter war ich, Mitte des Jahres 1944 auf einen ebenso höflichen wie zugänglichen Ministerialrat zu stoßen, der sich meinen Argumenten nicht verschloß und mir in Aussicht stellte, unser Anliegen bei einer höheren Instanz zu befürworten.[742]

Tatsächlich erhielt der Reclam Verlag eine Ausfuhrgenehmigung für einen umfangreichen Transport von zwei bis drei Waggons mit Klassikern und Tausenden Exemplaren von UB-Nummern. „Was das im Zeichen der zunehmenden Transportnöte und des Luftkrieges bedeutete, vermag heute kaum einer zu ermessen."[743] Dadurch wurde es Frey ermöglicht, den Schweizer Markt mit den noch vorhandenen Titeln nahezu unbeschränkt zu beliefern. Allerdings blieb die Auslieferung von Werken zur großen Enttäuschung der Schweizer Mitarbeiter die einzige Aufgabe der Firma. In dem Arbeitszeugnis von Hedwig Oberholzer, die sich vorwiegend um die Auslieferung der Werke gekümmert hatte, wurde diesem Bedauern Ausdruck verliehen: „Leider hat sich die Verlagstätigkeit in der Folge nicht in dem von uns beabsichtigten Sinne entfaltet. Im Laufe der Zeit reduzierte sich die Arbeit in der Auslieferung auf den Versand."[744]

Für die Arbeit des Dr. Frey gab es trotz allem in der Führungsetage Reclams einstimmiges Lob:

741 Vgl. Zeittafel zur Verlagsgeschichte, S. 51. In: RAL, Ordner 3.

742 Müller 1978, S. 5. In: RAS, Mappe Gotthold Müller.

743 Müller 1978, S. 6. In: RAS, Mappe Gotthold Müller.

744 Oberholzer war vom 15.03.1944 bis 31.12.1944 in der Firma angestellt. Man bedauerte ihr freiwilliges Ausscheiden, räumte jedoch ein, dass „ihre Erfahrungen tatsächlich für ein viel umfangreicheres und verantwortungsvolleres Tätigkeitsgebiet geeignet sind." Zeugnis Oberholzer vom 31.12.1944. In: RAS, Mappe Mitarbeiter II.

> In der Tat muß man unserem Schweizer Geschäftsführer bestätigen, daß er bemüht gewesen ist, die kleine Firma unter Einsatz seiner ganzen Person zu führen; er schämte sich auch nicht, im Interesse der Kosteneinsparung Pakete selbst zu packen und zur Post zu bringen und nahm unsere Interessen in jeder Hinsicht auf das sorgfältigste wahr.[745]

Umso größer sei dann seine Enttäuschung über die jähe Beendigung der unter so günstigen Aspekten begonnenen Tätigkeit gewesen. Nach dem Krieg habe Müller mit Dr. Büchner (sein Haus- und Hofanwalt) und Gubler zweimal Unterredungen bezüglich des Schicksals der Züricher Firma geführt, die jedoch nur wenig Hoffnung gelassen hätten, noch etwas zu retten. Im Mai 1948 hätten ihm Stuber, Gubler und Frey übereinstimmend nicht mehr berichten können, als dass die Firma unter dem Zwang des „amerikanischen Diktats", dem sich die Schweiz gebeugt hatte, liquidiert werden musste. Die Buchbestände hätten in kürzester Frist zu Ramschpreisen abgestoßen werden müssen und seien ihm stapelweise in den Züricher Buchhandlungen und Antiquariaten begegnet. Auf Vorschlag Büchners habe er einen Vorstoß bei der Treuhandstelle des beschlagnahmten deutschen Kapitals gemacht, die sich in einer der Züricher Großbanken befand, um wenigstens einen kleinen Betrag für seine Reisekosten zu erhalten. Ohne Erfolg. Als einziges Erfolgserlebnis und große Überraschung habe sich im Zuge der Nachforschungen und der Abwicklung des Washingtoner Abkommens Mitte der fünfziger Jahre ein Guthaben von etwa 60.000 bis 70.000 Schweizer Franken herausgestellt,[746] welches an die Stuttgarter Firma transferiert worden sei und sich als sehr erwünschter Kapitalzuwachs ausgewirkt habe. Auf dem Umweg über die Gründung der Züricher Firma sei so immerhin noch dieser bescheidene Rest eines großen Bankguthabens, in Höhe von mehr als einer Million RM, erhalten geblieben, das in Leipzig von der russischen Militärregierung im August 1945 beschlagnahmt wurde.[747]

Obgleich der Versuch scheiterte, auf dem neutralen Boden der Schweiz Standort und Grundlage für künftige, einträgliche Verlagsarbeit aufzubauen, zeugt er doch von vorausschauendem Agieren der Verlagsleitung basierend auf der dadurch unterstellten verlagsseitigen Annahme, dass Deutschland den Krieg nicht als Sieger für sich entscheiden würde. Umso erstaunlicher bleibt vor diesem Hintergrund die Tatsache, dass die Verlagerung der Verlagsaktivitäten nach Westdeutschland über die Passauer Zweigstelle von Ernst Reclam nicht schon 1944 konsequenter forciert worden war.

745 Müller 1978, S. 6. In: RAS, Mappe Gotthold Müller.

746 Im Oktober 1945 teilte der Reclam Verlag Leipzig der IHK mit, dass er mit 50.000 Schweizer Franken an der Firma Reclam & Cie. beteiligt sei. Das Warenlager in Zürich hatte zu diesem Zeitpunkt einen Wert von 105.645,60 RM. Vgl. Reclam Verlag an Wirtschaftskammer Leipzig am 23.10.1945. In: RAL, Akte 51.

747 Vgl. Müller 1978, S. 7 f. In: RAS, Mappe Gotthold Müller.

2.4 Standortfragen[748]

2.4.1 Zwischen Leipzig und Passau

Am 18. April 1945 wurde Westsachsen, und somit auch Leipzig, von den schnell vorrückenden amerikanischen Truppen befreit. Nach der bedingungslosen Kapitulation der deutschen Wehrmacht am 08. Mai 1945 galten die auf der Jalta-Konferenz im Februar 1945 festgelegten Besatzungszonen für die alliierten Mächte, sodass nach dem 1. Juli die amerikanischen den in Leipzig eintreffenden sowjetischen Truppen weichen mussten. Sprichwörtlich ‚auf den letzten Drücker', am 29.06.1945, transportierte Arno Wilsdorf, der Leiter des technischen Betriebs, die geistige Substanz des Verlags – das Verlagsarchiv – in einem großen Lastzug von Leipzig nach Passau. Die amerikanische Militärregierung hatte die Überführung des Archivs dorthin genehmigt.[749] Diesem deutlichen Indiz für eine anstehende Übersiedlung des gesamten Verlags in amerikanisch besetzte Gebiete widerspricht die vehemente Weigerung Ernst Reclams, Leipzig zu verlassen. Gotthold Müller, der von amerikanischen Truppen in Leipzig gefangen genommen und in das Gefangenenlager Kreuznach[750] gebracht worden war, berichtet über die ersten Tage nach seiner Rückkehr:

> Da ich im Lager Kreuznach 30 Pfund abgenommen hatte, bestand ich nur noch aus Haut und Knochen. Außerdem hatte ich mir eine Nierenentzündung heimgebracht, die mir kaum erlaubte, mich von meiner Wohnung zu entfernen. So lag ich meistens auf meinem Balkon und empfing diesen und jenen Besucher. Einer der ersten war Dr. Reclam, der mir eine Flasche Wein aus meinem Geburtsjahr und eine Flasche Fruchtsaft brachte und sich nach meinem Befinden erkundigte. Irgendwie mochte ihn doch sein Gewissen quälen, daß er im März den Rat von Dr. Paulsen, mich über den Schwiegersohn seines Bruders noch für kurze Zeit freistellen zu lassen, nicht befolgt hatte.[751]

748 Teile dieses Kapitels basieren auf einem bereits veröffentlichten Beitrag der Verfasserin. Siehe dazu: Schmahl 2016.

749 Vgl. Grözinger an General Robert McClure, Militär-Regierung für Deutschland Frankfurt am Main am 03.07.1945. In: RAS, Mappe Lizenzierung Verlagstätigkeit.

750 In Bad Kreuznach befand sich eines von über 20 provisorischen Kriegsgefangenenlagern am Rhein, den sogenannten Rheinwiesenlagern, die in den letzten Monaten des Zweiten Weltkriegs, im März, April und Mai von den alliierten Streitkräften zur Internierung von Millionen deutscher Kriegsgefangener errichtet worden waren. Die Lager waren der großen Menge an Lagerinsassen nicht gewachsen, die Folge waren Hunger, Krankheiten und desolate hygienische Verhältnisse. Bereits im Sommer bzw. Herbst 1945 wurden die Lager wieder aufgelöst. Vgl. Weber o. J. Müller wurde vermutlich nach der Kapitulation am 08.05.1945 in Kreuznach interniert; Ende Juni kehrte er nach Leipzig zurück. Vgl. Müller an Jürgen Eggebrecht am 14.05.1968. In: Münchner Stadtbibliothek/Monacensia, JE B 325.

751 Müller 1974/1979b, S. 1. In: RAS, Mappe Gotthold Müller. Bereits im April 1940 teilte Müller dem Autor Robert Henseling mit, dass er zum 20.04.1940 eingezogen werden sollte. Vgl. Müller an Henseling am 30.04.1940. In: RAS, Mappe Verlagsverträge Leipzig (gebundene Ausgaben) H–L. Tatsächlich wurde er bis zum 28.02.1945 immer wieder unabkömmlich gestellt – ein

In seinem Bericht über das Geschehen unter amerikanischer Besatzung habe Dr. Reclam auch „merkwürdiger Weise die Hoffnung aus[gesprochen], daß unter den Russen nun alles besser werden würde."[752] Müller vermutete dahinter den „Einfluß des Druckereileiters [Arno] Wilsdorf, dessen schillernder Charakter sich bereits auf die kommunistische Besatzung umgestellt hatte"[753]. Seinem Einfluss sei es zuzuschreiben, dass Dr. Reclam, „ein völlig unpolitischer Mensch"[754], Hoffnung auf Besserung unter den Russen hegte. Müller dagegen fürchtete eine „verdreifachte Zwangsherrschaft gegenüber der Tyrannei der Nazis unter dem Kommunismus"[755]. Es kann davon ausgegangen werden, dass Müller bei diesem Besuch erfuhr, dass Reclam das Angebot von US-Offizieren an unbelastete Leipziger Verlage ausgeschlagen hatte, mit in die amerikanische Zone überzusiedeln, um dort neue Niederlassungen zu errichten. Zu

deutliches Zeichen für seine Bedeutung im Verlag. Nach seiner Einberufung zur Wehrmacht am 12.03.1945 verbrachte er nur eine kurze Militärzeit in Leipzig, befand sich zum Zeitpunkt der Kapitulation noch in der Ausbildung und war daher nie an einer Kampfhandlung beteiligt. Vgl. Lebenslauf Müllers vom 20.02.1946. In: RAL, Ordner 15.

752 Müller 1974/1979b, S. 1. In: RAS, Mappe Gotthold Müller.

753 Müller 1974/1979b, S. 1. In: RAS, Mappe Gotthold Müller. Das Verhältnis zwischen Müller und Wilsdorf war schon im letzten Kriegsjahr spannungsvoll. Im Januar 1945 hatte Müller Ernst Reclam mitgeteilt, dass ihm eine weitere Zusammenarbeit mit Wilsdorf nicht möglich sei. Wilsdorf weigere sich anzuerkennen, die Situation durch sein überhebliches Verhalten selbst geschaffen zu haben, und unterstelle ihm (Müller), dass er ihn aus der Firma herausdrängen wolle. Um Wilsdorf von diesen „Verfolgungsideen" zu befreien, bat Müller Ernst Reclam, sich mit seinem Ausscheiden aus der Firma einverstanden zu erklären, da zweifelsfrei die unter der Leitung Wilsdorf stehende Druckerei nun der aktive Teil der Firma sei, den es um jeden Preis aufrechtzuerhalten gelte. Müller bot zudem an, seinen Nachfolger einzuarbeiten. Vgl. Müller an Ernst Reclam am 28.01.1945. In: RAS, Mappe Gotthold Müller. Müller war sich seiner Bedeutung für die weitere Entwicklung des Verlags durchaus bewusst und konnte so erheblichen Druck auf Ernst Reclam ausüben, seinen Wünschen zu entsprechen. Den Verlag verließ er zu dieser Zeit nicht. Dass die zum 28.02.1945 doch noch erfolgte Einberufung Müllers aufgrund des fehlenden UK-Antrags durch Ernst Reclam in Zusammenhang mit diesen Ereignissen stehen könnte, wäre reine Spekulation, ist aber nicht auszuschließen. Wilsdorf jedoch blieb ebenfalls weiter für den Verlag tätig, obgleich sich die Unstimmigkeiten zwischen Müller und Wilsdorf nicht beheben ließen. Im Dezember 1945 postuliert Müller, dass er erst wieder mit Wilsdorf zusammenarbeiten könne, wenn dieser sich für die Behauptung, Müller habe ihm politische Schwierigkeiten bereitet, offiziell entschuldige. Vgl. Müller an Ernst Reclam am 19.12.1945. In: RAS, Mappe Gotthold Müller. Tatsächlich hatte Müller im August 1945 im Gegenteil ausdrücklich bestätigt, dass Wilsdorfs seit September 1941 bestehende Mitgliedschaft in der NSDAP „nur rein formeller Natur gewesen ist" und dass Wilsdorf „zahlreichen seiner Mitarbeiter, die durch die Partei in Schwierigkeiten gerieten, geholfen" habe. Bestätigung Müllers vom 31.08.1945. In: StadtAL, StVuR Nr. 9066, Bl. 5, Lebenslauf Max Arno Wilsdorfs vom August 1945. In: StadtAL, StVuR Nr. 9066, Bl. 3. Wilsdorf wurde 1950 aufgrund einer vertretungsberechtigten Teilhaberschaft bei einer anderen Firma fristlos aus dem Leipziger Verlagshaus entlassen; zudem liege noch einiges andere „schwerwiegende" Material gegen ihn vor, welches noch untersucht werden müsse. Vgl. Hildegard Böttcher an Wilsdorf am 01.08.1950. In: RAL, Akte 67.

754 Müller 1974/1979b, S. 1. In: RAS, Mappe Gotthold Müller.

755 Müller 1974/1979b, S. 1. In: RAS, Mappe Gotthold Müller.

den von Major Douglas Waples, Professor an der Library School der Universität in Chicago, der im Auftrag der Information Control Division des Amts für psychologische Kriegsführung ausgewählten, politisch unbelasteten Verlagen Unterstützung beim Umzug nach Wiesbaden in der amerikanischen Besatzungszone, inklusive Transfer der Firmenkonten anbot, gehörte Reclam zwar nicht,[756] einer Aufforderung der Amerikaner, „mit den anderen dorthin verpflanzten Verlegern nach dem Westen überzusiedeln" folgte er jedoch nicht und blieb in Leipzig.[757] Müller bedauerte diese Entscheidung Reclams, da er in der russischen Zone keinerlei Arbeitsmöglichkeit gegeben sah. Vor allem bedauerte er, dass Reclam während Müllers Gefangenschaft außerdem das Angebot der amerikanischen Besatzungsmächte ausgeschlagen hätte, das Konto des Verlags mit einem – wie Müller angibt – Guthaben von ein bis eineinhalb Millionen RM in den Westen zu transferieren.[758] Aus anderen Quellen geht jedoch hervor, dass der Verlag im Juni 1945 über ein Guthaben von 870.000 RM verfügte; davon waren 510.000 RM als Betriebskapital bei verschiedenen Banken (Commerzbank Leipzig (250.000 RM), Allgemeine Deutsche Credit-Anstalt Leipzig (120.000 RM), Bankhaus Knauth, Nachod & Kühne Leipzig (130.000 RM) sowie Bayerische Hypotheken- und Wechselbank Passau (10.000 RM)) angelegt, offene Forderungen bestanden in Höhe von 360.000 RM.[759]

2.4.2 (K)ein Neuanfang in Bayern

Nach Eintreffen des Verlagsarchivs meldete Grözinger freudig, dass der Betrieb Passau zur Wiederaufnahme bereit sei.[760] In einem Verlagsschreiben an alle Buchhandelsfirmen in Bayern – in dem von einer Passauer Niederlassung und nicht nur von einer Auslieferungsstelle die Rede ist – verkündete er, dass die Geschäftsstelle durch die Überlieferung des Archivs selbstständig und in vollem Umfang aktionsfähig geworden sei, und gab der Hoffnung Ausdruck, dass – die Genehmigung der Besatzungsmacht

756 Die Inhaber der Verlage F. A. Brockhaus, Insel, Dieterich'sche Verlagsbuchhandlung und Georg Thieme sowie des Kommissionsgeschäfts C. F. Fleischer nutzen die Chance und verließen in einem Fahrzeug-Konvoi am 12.06.1945 Leipzig in Richtung Westen. Eine Woche später folgte der Verlag Breitkopf & Härtel. Vgl. Links 2009, S. 164; Staehr 1986, S. 85 f.; Buchstadt-Chronik 2011.

757 Stellungnahme Ernst Reclams [um 1948], S. 9. In: RAS, Mappe Dr. Ernst Reclam; vgl. Ernst Reclam an Ministerialrat Becker, Kulturamt der Stadt Leipzig a, 09.08.1945. In: StadtAL, StVuR Nr. 9066, Bl. 4.

758 Vgl. Müller 1974/1979b, S. 2. In: RAS, Mappe Gotthold Müller.

759 Vgl. Geschäftsfragebogen der amerikanischen Militärregierung bezüglich des Zulassungsgesuchs der Passauer Zweigstelle. In: RAS, Mappe Lizenzierung Verlagstätigkeit; Zeittafel zur Verlagsgeschichte, S. 52. In: RAL, Ordner 3.

760 Vgl. Grözinger an Lehmann-Haupt am 02.07.1945. In: RAS, Mappe Lizenzierung Verlagstätigkeit.

vorausgesetzt – nun bald von Passau die Auslieferung des Verlags beginnen könne,[761] und in der Tat gestattete die Publication Section München am 06.09.1945 die Auslieferung der Passauer Warenbestände.[762] Der im Juli 1945 an General Robert McClure von der amerikanischen Militär-Regierung herangetragene Vorschlag, „uns aus Ihrer Feder eine kurze Biographie des verstorbenen Präsidenten F. D. Roosevelt zur Verfügung zu stellen, welche wir gern in einer größeren Auflage allen Schichten der deutschen Bevölkerung in der amerikanischen Besatzungszone zunächst zugänglich machen möchten", war hingegen nicht erfolgreich.[763] Auch der Bitte um die „Zulassungs-Lizenz für die Wiederaufnahme der Verlagsarbeit [...], damit der nun seit über zwei Monaten ruhende Verlag seinen Aufgaben gerecht werden kann, nämlich in erster Linie englische Wörterbücher zu drucken und Übersetzungen amerikanischer Autoren herauszubringen"[764], wurde nicht entsprochen. Der Versuch Grözingers, persönlich – als Treuhänder, ohne Einbeziehung Ernst Reclams – die gewünschte Verlagslizenz zu erhalten, muss als gescheitert gelten.[765]

Die Lage des Reclam Verlags in Leipzig war trotz schwerer Kriegsschäden nach dem Ende des Zweiten Weltkriegs im Vergleich zu anderen Leipziger Verlagen recht günstig: Von der ‚Friedensbelegschaft' aus dem Jahr 1938 (440 Mitarbeiter, davon 320 in der Druckerei)[766] waren im Juni noch 151 Mitarbeiter in der Firma verblieben;[767]

761 Vgl. Rundschreiben Juli 1945. In: RAS, Mappe Gotthold Müller.

762 Vgl. Karl Burger, Verleger Abteilung München. Munich Detachment 6870. Informations-Dienst-Kontroll Befehl an den Arbeitsausschuß für den Bayerischen Buchhandel am 06.09.1945. In: RAS, Mappe Lizenzierung Verlagstätigkeiten. Im Auszug aus der Akte Vorgeschichte zur Gründung der Zweigstelle Passau ist fälschlicherweise der 06.08.1945 als Datum angegeben. In: RAS, Mappe Zweigstelle Passau.

763 Grözinger an General Robert McClure Militär-Regierung für Deutschland, Frankfurt am Main am 03.07.1945. In RAS: Mappe Lizenzierung Verlagstätigkeit. Bereits im Juni 1945 hatte Grözinger die Dienste des Reclam Verlags, dessen UB in den USA verbreitet sei und zahlreiche amerikanische Schriftsteller im Programm habe, für „Herstellung und Vertreibung von Druckerzeugnissen" angeboten. Grözinger an Militär-Regierung in Passau am 16.06.1945. In: RAS, Mappe Lizenzierung Verlagstätigkeit.

764 Grözinger an General Robert McClure Militär-Regierung für Deutschland, Frankfurt am Main am 03.07.1945. In RAS: Mappe Lizenzierung Verlagstätigkeit.

765 Vgl. Grözinger an Captain Roser Publication Section 6870 DISCC Headquarter am 28.09.1945. In: RAS, Mappe Lizenzierung Verlagstätigkeit.

766 Zum Vergleich: Bei der HAVA arbeiteten im August 1939 820 Mitarbeiter, davon 193 im Verlag, 435 in der Druckerei und 192 für Bücherborn (Buchgemeinschaft, Reisebuchhandel und Ladengeschäft). Fatalerweise entließ die HAVA mit mangelndem Weitblick auf den kommenden Bücherboom zu Beginn der Hochkonjunktur im Oktober 1939 151 Mitarbeiter, darunter viele Druckereimitarbeiter, ein Fehler, der nicht vollständig korrigiert werden konnte. Vgl. Lokatis 1992, S. 127.

767 Die Angaben zu den verbliebenen Arbeitskräften differieren, es wurde der größtmögliche Konsens ermittelt: Kurz vor dem Krieg arbeiteten im Unternehmen Reclam 440 Personen, davon 320 in der Druckerei, im März 1941 zählte die Gefolgschaft 370 Personen, im Juni 1942 349, Kriegsgefangene wurden zu diesem Zeitpunkt nicht beschäftigt. Im Januar 1943 zählte man 333 Belegschaftsangehörige, ein Jahr darauf 257. Im Januar 1945 waren noch 236 Personen verblieben,

ebenso verfügte die Druckerei über 38 Druckmaschinen, 30 Maschinen für Buchbinderei und zwölf Setzmaschinen.[768] Auch die Falzerei war mit weit über 20 Maschinen gut ausgerüstet. Lediglich die Handsetzerei war vernichtet worden.

Seit der Kapitulation am 8. Mai 1945 war auf Beschluss der Alliierten der Druck, Vertrieb und Verkauf von Zeitungen, Zeitschriften und Büchern verboten. Die sowjetische Kommandantur erneuerte das Produktionsverbot mit Anordnung vom 12. Juli 1945.[769] Im August verfügte die Firma für die durchschnittliche Herstellungskapazität von 800.000 UB-Heften monatlich – die UB-Herstellung betrug 85–90 Prozent der Gesamtkapazität – noch über circa 400.000 Kilo Papier, Farben, Karton und sonstige Materialien im Wert von 236.260 RM,[770] in Anbetracht der Zeitumstände keine geringe Menge. Ab 28. August konnte die Auslieferungstätigkeit des Verlags in beschränktem Umfang wieder aufgenommen werden; im Lager standen dafür gerettete Vorräte von 1.400.000 Nummern der UB sowie 120.000 Verlagswerke größeren Formats zur Verfügung.[771] Bis zum Ende des Jahres erzielte der Verlag damit einen Gewinn von 140.000 RM – bei einem bilanzierten Umsatz von 121.000 RM.[772]

Ende August nahm auch die Druckerei ihre Arbeit wieder auf: Wurden im August Bücher und Broschüren im Wert von 266,11 RM produziert, war es im September

davon 184 im technischen Betrieb und 52 im Verlag. Aufgrund des Mehrbedarfs an Frontsoldaten sank die Mitarbeiterzahl merklich, im April 1945 waren noch über 220 Arbeitskräfte verfügbar, im Juni wurde der Tiefststand mit 151 Angestellten und Arbeitern erreicht. Bereits ab August 1945 jedoch arbeiteten wieder über 200 Personen (150 davon in der Druckerei) für den Verlag. Auf eigene Kosten beurlaubt waren zu diesem Zeitpunkt 144 Arbeiter und 56 Angestellte. Im November 1945 war die Zahl der Beschäftigten nochmals leicht auf 227 gestiegen, jedoch waren nun kriegsbedingt nur noch 22 (= zehn Prozent) jünger als 40 Jahre. Vgl. Produktionsbericht für Wirtschaftskammer Leipzig Reclam, Abteilung Druckerei vom 15.06.1945. In: RAL, Order 15; Reclam Verlag an IHK am 26.07.1945. In: SächsStA-L, 20242, Nr. 2969; Reclam Verlag an IHK am 17.08.1945. In: RAL, Akte 51; Zeittafel zur Verlagsgeschichte, S. 50 ff. In: RAL, Ordner 3; Personalmeldung des Verlags vom 05.07.1942, ausgefüllt von Hildegard Böttcher. In: SächsStA-D, 13471, Nr. ZA VI 2628/01.
Diese Zahlen belegen in jedem Fall, dass der Reclam Verlag zu keiner Zeit zu den Verlagen gehörte, die durch den Abzug von Arbeitskräften stillgelegt werden sollten. Ganz im Gegenteil: Die Tatsache, dass selbst im Januar 1945 noch über die Hälfte der ‚Friedensbelegschaft' im Verlag verblieben war, unterstreicht die Bedeutung des Verlags für das Regime.

768 Vgl. Reclam Verlag an IHK am 17.08.1945. In: RAL, Akte 51. Eine Buchdruckrotationsmaschine, vier Zweitourenmaschinen und vier Tiegeldruckpressen hatten die Bombenangriffe ebenfalls unbeschadet überstanden. Vgl. RAL, Ordner 3: Chronik, S. 52. 1936 hatte die Druckerei über 80 Setz- und Druckmaschinen sowie 60 Buchbindereimaschinen verfügt. Vgl. *Zeitschrift für Deutschlands Buchhändler* 25.11.1936.

769 Vgl. Reclam Verlag an IHK, 26.07.1945. In: SächsStA-L, 20242, Nr. 2969.

770 Vgl. Reclam Verlag an IHK am 09.08.1945. In: RAL, Akte 51.

771 Vgl. Reclam Verlag an IHK, 26.07.1945. In: SächsStA-L, 20242, Nr. 2969.

772 Vgl. Finanzgestaltung laut Bilanzbuch. In: SächsStA-D, 13471, Nr. ZA VI 2628/01, Bl. 43–45; Bilanz per 31.12.1945. In: SächsStA-D, 13471, Nr. ZA VI 2628/01. Andere Quellen weisen einen Umsatz von ca. 180.000 RM aus. Vgl. Zeittafel zur Verlagsgeschichte, S. 53. In: RAL, Ordner 3.

bereits ein Wert von 23.011,50 RM, im Oktober sogar von 73.735,55 RM.[773] Die offizielle Lizenz zur Wiedereröffnung der Druckerei erhielt Reclam jedoch erst am 10. September 1945:

> Aber wenige Tage nach Ingangsetzung der Arbeit erschien ein russischer Major. Er legte einen Befehl vor, mit dem er, mit zwei weiteren Wehrmachtsangehörigen, zum Kommandanten des Technischen Betriebes ernannt war. [...] Man spürte den Druck des russischen Kommandos, wenn es auch nur für die Druckerei zuständig war. Wilsdorf war diesem Kommando in jeder Hinsicht willfährig und ließ sich von den Russen mit Schnaps und anderen Gaben korrumpieren. Die gesamte Kapazität des Leipziger graphischen Gewerbes, die bei Kriegsende noch vorhanden war, wurde von den Russen für die Herstellung der Geschichte der Kommunistischen Partei und der russischen Revolution eingesetzt und in einer Auflage von 10 Millionen Exemplaren gedruckt. Die Betriebe mußten in 3 Schichten arbeiten, bei Terminverletzungen wurden harte Strafen verhängt.[774]

Ende September 1945 berichtet Ernst Reclam seinem Freund Hans Ludwig Held über die auf die Bedarfe der russischen Militärregierung eingeschränkte Produktion: Die Erlaubnis zur Neuproduktion sei noch nicht gegeben,

> [d]er Verlag ist zwar zugelassen, aber nur zum Verkauf vom Lager, nicht zur Neuproduktion. Die Druckerei arbeitet voll und in Schichten, aber fast nur für die russische Militärverwaltung. Die Hoffnung, daß der Verlag auch zur Produktion zugelassen würde, ist bis jetzt immer noch trügerisch gewesen.[775]

Dem Auflagenbuch der UB nach Jahren ist zu entnehmen, dass am 19.03.1945 der vorerst letzte Druckauftrag des Reclam Verlags vor der Kapitulation verzeichnet worden war und dann die Produktion der UB am 08.10.1945 mit Lessings *Nathan der Weise* wieder einsetzte, gefolgt am 19.12.1945 von Schillers *Die Verschwörung des Fiesco*

773 Vgl. Auflistung Wirtschaftsstatistik. In: SächsStA-L, 20242, Nr. 2969.

774 Müller 1976b, S. 7, 9. In: RAS, Mappe Gotthold Müller. Siehe auch RAL, Ordner 3, Chronik, S. 53.

775 Ernst Reclam an Held am 27.11.1945. In: Münchner Stadtbibliothek/Monacensia, HLH B 335. Aufmerksam beobachtet er die Bedingungen in der amerikanischen Besatzungszone: „Dagegen hat in der ‚Täglichen Rundschau', die in Berlin erscheint, die Nachricht von der Neuproduktion der Insel-Bücherei gestanden. Also muß doch wohl im amerikanischen Sektor die Verlagstätigkeit wieder begonnen haben." Ernst Reclam an Held am 27.11.1945. In: Münchner Stadtbibliothek/Monacensia, HLH B 335. Die Fortführung der *Deutschen Literatur in Entwicklungsreihen*, deren ersten Vorsitz der von den Nationalsozialisten diffamierte und abgesetzte Bibliotheksdirektor Held kurz darauf übernommen hatte, sei „keine leichte Angelegenheit". Vgl. Ernst Reclam an Held am 27.11.1945; Held an Ernst Reclam am 09.12.1945. In: Münchner Stadtbibliothek/Monacensia, HLH B 335.

zu Genua und Goethes *Iphigenie auf Tauris* in je 20.000 Exemplaren. Dies ist jedoch auch im Januar 1946 noch immer eine Ausnahme:

> [D]er Verlag [ist] immer noch nur zum Verkauf vom Lager zugelassen, nicht zur Neuproduktion. [...] Nach den Erkundigungen des Herrn Müller ist vorläufig auch nicht daran zu denken, daß der Verlag im amerikanischen Sektor zur Produktion zugelassen wird. Hier dürfen wir immer noch nur vom Lager verkaufen, auch nicht neu herstellen, nur einzelne Nummern der Universalbibliothek dürfen wir hier wiederdrucken. Ich gebe aber die Hoffnung nicht auf, wenn sie auch recht klein geworden ist.[776]

Trotz des im Grunde nicht nachvollziehbaren Entschlusses, Leipzig und die SBZ nicht zu verlassen, und entgegen seiner wiederholten Weigerung, nach Passau zu übersiedeln, hofft Ernst Reclam Anfang 1946 in diesem Schreiben auf Lizenzen und somit auf Perspektiven für den Verlag im Osten und im Westen, fährt insofern zweigleisig. Allerdings war es innerhalb der Verlagsleitung inzwischen zu ernsthaften Differenzen zu Status und Stellenwert der Passauer Dependance gekommen. Nach der ersten Leipziger Messe im Oktober 1945 entschloss sich Müller, nach Passau zu reisen, denn inzwischen seien von dort Gerüchte nach Leipzig gedrungen, dass Grözinger „dem Wahn" verfallen sei, in Passau die „Leitung" des Reclam Verlags zu etablieren:

> Groezinger hatte sich mit seinem unbezähmbaren Tätigkeitsdrang als Reclam-Chef aufgeführt, an einer ersten Zusammenkunft der Münchner-Stuttgarter Verleger teilgenommen und die Interessen des Hauses Reclam auf seine Weise vertreten, mit anderen Worten, durch seine völlige Unerfahrenheit die Kollegen vor den Kopf gestoßen.[777]

Darüber hinaus galt es zu verhindern, „dass G. nach Kriegsende das Passauer Lager zu Reichsmarkpreisen ausverkauft, wie es zweifellos in seinen Absichten lag, um grosse Umsätze zu erzielen und ein ‚Grossunternehmen' zu demonstrieren."[778]

776 Ernst Reclam an Held am 29.01.1946. In: Münchner Stadtbibliothek/Monacensia, HLH B 335.
777 Müller 1974/1979b, S. 13. In: RAS, Mappe Gotthold Müller. Zu diesem Vorgang gibt es auch eine ausführliche Aktennotiz Müllers, in der er Grözingers Debüt auf der Verlegertagung in Stuttgart diffamierend bewertet. Grözinger habe sich in der Aussprache als Erster zu Wort gemeldet und eine pathetische Rede gehalten, „die auf die Teilnehmer einen höchst peinlichen Eindruck gemacht hat, da sie seine Unkenntnis in verlegerischen Dingen offenbarte. [...] und der Sache des Hauses Reclam schweren Schaden zugefügt hätte." Müller: Aktennotiz vom 23.11.1945. In: RAS, Mappe Zweigstelle Passau II. Es ist davon auszugehen, dass diese Aktennotiz der zwei Tage zuvor erfolgten fristlosen Kündigung Grözingers durch Müller Gewicht verleihen sollte.
778 Müller: Kommentar zur Karte Grözinger an Annemarie Meiner vom 11.02.1944 am 07.01.1965. In: RAS, Mappe Zweigstelle Passau.

Während Gotthold Müller offenkundig bestrebt war, von Leipzig aus die Kontrolle über die Passauer Niederlassung aufrechtzuerhalten, bemühte sich Zweigstellenleiter Grözinger darum, das Verlagshaus im Westen zu etablieren und Perspektiven für den Standort Passau zu entwickeln, wobei er auch vor schroffer Kritik an Ernst Reclam nicht zurückschreckte:

> Sie haben durch Ihr Nichteintreffen in Passau [...] Ihrem Unternehmen einen kaum wieder gut zu machenden Schaden zugefügt. Ich habe mir wirklich und wahrhaftig die Seele aus dem Leib gerannt, um den durch Sie geschaffenen Zustand noch einigermaßen zu retten. Nach mir aber inzwischen gewordenen [sic!] Informationen muß ich einsehen, daß keine irgendwie geartete Möglichkeit besteht, diese Dinge richtig zu stellen, wenn Sie nicht zu uns kommen. [...] Schließlich möchte ich zum Schluß noch sagen, daß es sinnlos wäre, etwa den Versuch zu unternehmen, das Unternehmen auf Ihren Sohn zu übertragen. Mir wurde gesagt, daß er Pg sei und infolgedessen auf keinen Fall das Geschäft innerhalb der amer. BZ etwa weiterbetreiben könne.[779]

Der Brief markiert den Höhepunkt von sich seit 1944 steigernden ernsthaften Verwerfungen zwischen Grözinger und dem Reclam Verlag, genauer gesagt, von Kompetenzstreitigkeiten zwischen Grözinger und Müller, die im November 1945 schließlich zur fristlosen Entlassung Grözingers durch Müller führten.[780] Dadurch wurde Grötzingers

779 Grözinger an Ernst Reclam am 13.10.1945. In: RAS, Mappe Lizenzierung Verlagstätigkeit.

780 Zuvor hatte sich das stets freundschaftliche Verhältnis zwischen Müller und Grözinger merklich abgekühlt, Müller sprach von einem – nicht näher bezeichneten – „argen Vertrauensbruch", den Grözinger ihm gegenüber im März 1944 begangen und der das frühere Vertrauensverhältnis erschüttert habe. Vgl. Aktennotiz Müller am 21.11.1945. In: RAS, Mappe Zweigstelle Passau II. Aus den Briefen und Aktennotizen geht jedoch auch hervor, dass zwischen den beiden Kompetenzstreitigkeiten bestanden. Grözinger, der mit allen ihm zur Verfügung stehenden Mitteln die Zweigstelle in Passau errichtet hatte, sperrte sich gegen Weisungen von Müller, der gleichsam die Alleinherrschaft über den Verlag in Leipzig innehatte und den Wunsch äußerte, alle Anordnungen für Passau von Leipzig aus zu treffen. Vgl. Grözinger an Müller, 05.04.1944. In: RAS, Mappe Zweigstelle Passau. – Ernst Reclam, der im Gegensatz zu Müller „erst nach Kriegsende die wahren Beweggründe G.'s erkannt" habe, hätte Müller, mit der „schwierigen Mission" betraut, Grözinger „abzuhalftern", was unter „reichlich dramatischen Umständen" geschah. Müller: Kommentar zur Karte Grözinger an Annemarie Meiner 11.02.1944 am 07.01.1965. In: RAS, Mappe Zweigstelle Passau. – In der Aktennotiz vom 21.11.1945 schildert Müller die Entlassung Grözingers als Folge einer Streiteskalation in den Passauer Verlagsräumen: Die Unstimmigkeiten hätten in Geschrei und Beleidigungen Grözingers sowie der versuchten Entwendung von Verlagsakten gegipfelt, woraufhin Müller den Schlüssel zurückgefordert habe. Vgl. Aktennotiz Müller vom 21.11.1945. In: RAS, Mappe Zweigstelle Passau II. In der deutlich später verfassten Erinnerung Müllers *Nach der Kapitulation* schilderte Müller die Vorkommnisse nochmals drastischer, weshalb davon auszugehen ist, dass die Aktennotiz den tatsächlichen Begebenheiten näherkommt. Nach einer heftigen Auseinandersetzung in der amerikanischen Besatzungsbehörde, die der zuständige Mitarbeiter mit den Worten „wascht eure schmutzige Wäsche alleine" beendet habe,

Ambitionen zur Gründung einer westdeutschen Niederlassung ein vorläufiges Ende gesetzt. Verhandlungen um eine Verlagslizenz in der amerikanischen Zone wurden von Müller erst im Sommer 1946 wiederaufgenommen.

Im weiteren Verlauf diente Passau vorrangig als Geldquelle für die Gesellschafter in Westdeutschland: Im April 1944 waren Bücher im buchmäßigen Wert von 72.504 RM nach Passau ausgelagert worden, im Dezember 1949 wurde der Wert der verbliebenen Bestände auf 15.000 DM beziffert. Die Passauer Firma diente nur dem Abverkauf der Bücherbestände, sie stellte keine Bücher her, verkaufte also mit der Zeit aus. Die Erlöse der verkauften Bücher, die 1950 auf 288.000 DM geschätzt wurden, entnahmen die in Westdeutschland ansässigen persönlich haftenden Geschäftsinhaber (Ernst, Heinrich und Rolf Reclam) und Kommanditisten (Margarethe Reclam, Ruth Conrad, geb. Reclam, Annemarie Klinkhardt, geb. Reclam) der Firma Philipp Reclam jun., die diese Funktion bis zu Beginn der Treuhandschaft im Dezember 1950 nach wie vor auch in der Leipziger Firma innehatten. Diese Entnahmen wurden von Leipzig erfasst und jeweils den Kapitalkonten belastet – wobei es nicht möglich war, von Leipzig aus festzustellen, in welcher Höhe die Bücherbestände tatsächlich umgesetzt wurden, da die Passauer Firma im August 1948 auf Geheiß der amerikanischen Militärregierung handelsgerichtlich eingetragen werden musste und fortan als Firma Philipp Reclam jun., Passau selbstständig bilanzierte und versteuerte.[781] Am 1. Januar 1949 wurde die Zweigstelle Passau zur selbstständigen Zweigniederlassung des Leipziger Verlags erklärt.[782] Da die in Passau vorhandenen Buchbestände vor dem 08.05.1945 dorthin ausgelagert wurden, waren sie „laut Gesetz der amerikanischen Militärregierung für Leipzig unantastbar. Leipzig hat[te] also <u>praktisch kein Guthaben in Passau</u>, über das es verfügen könnte."[783]

Im Juni 1954 wurde die Zweigniederlassung Passau zur Hauptniederlassung des Reclam Verlags erklärt, bevor sie aufgegeben[784] und der Stammsitz des Verlags im Oktober endgültig nach Stuttgart verlegt wurde.[785]

seien Müller und Grözinger getrennt zur Bräugasse zurückgegangen, „[a]uf der obersten Stufe der Treppe […] erklärte ich G. mit bebender Stimme seine fristlose Entlassung. Er zuckte zusammen, übergab mir mit zitternder Hand seinen Schlüsselbund und verließ das Haus, auf der Treppe Verwünschungen gegen mich ausstoßend." Müller 1974/1979b, S. 15. In: RAS, Mappe Gotthold Müller.

781 Vgl. Aktennotiz Böttcher am 18.11.1950. In: RAL, Ordner 15.

782 Vgl. Bode 2003, S. 121.

783 Aktennotiz Böttcher am 18.11.1950. In: RAL, Ordner 15; Bericht Rat der Stadt Leipzig Ermittlungs- und Vollzugsamt Abt. 1c, Außenstelle Mitte/Süd am 23.12.1950 an Abteilung Industrie, Bl. 2. In: SächsStA-D, 13471, Nr. ZA VI 2628/01. Ein Teil der Geldeingänge wurde auch für Honorarzahlungen und sonstige Unkosten aufgewendet.

784 Offen bleibt, ob das am 31.10.1950 beendete Mietverhältnis in Passau verlängert worden war. Vgl. Reclam Verlag Stuttgart an Dr. Heinrich Reclam am 13.09.1950. In: RAS, Mappe Zweigstelle Passau.

785 Vgl. Bode, S. 120 f.

2.4.3 Von Leipzig nach Stuttgart

Infolge eines aus Dresden ergangenen Befehls der russischen Militärverwaltung arbeiteten Ernst Reclam und Müller Ende 1945 erstmals gemeinsam an einer Publikation, die vorsah,

> 20.000 Exemplare des in der Universal-Bibliothek unter Nr. [2389/90, Lothar Kretschmar] erschienenen, jedoch vergriffenen Titels Madách Tragödie des Menschen neu aufzulegen, natürlich unter Strafandrohung, falls der Termin nicht eingehalten werden sollte. Dr. Reclam sah ein Archivexemplar durch und stellte eine sprachlich völlig überholte Übersetzung fest. Wir beschlossen, die Übersetzung so gut wie möglich dem modernen Sprachgebrauch anzupassen und machten uns beiderseits in enger Zusammenarbeit ans Werk. […] Das Dresdener Staatstheater hatte das Stück des ungarischen Dramatikers auf seinem Spielplan und die Auflage war in Folge dessen rasch abgesetzt, denn in jenen Notzeiten griff jeder gierig nach allem, was ihm geboten wurde.[786]

Zur selben Zeit besprachen sich die Leipziger Verlagskollegen über Möglichkeiten der Lizenzierung durch die SMAD. Nach zahlreichen Anläufen zur Lizenzübergabe in Berlin-Karlshorst[787] erhielt Reclam am 25. März 1946 in Leipzig die Verlagslizenz Nr. 39, welche am 14.03.1946 ausgestellt worden war.[788]

Die Besonderheit der zeitigen Lizenzvergabe in der sowjetischen Besatzungszone an Reclam wird vor allem vor dem Hintergrund deutlich, dass von den ehemals 300 Leipziger Verlagen zum Jahresende 1948 erst 37 Firmen wieder über eine Lizenz verfügten.[789] Nach der Lizenzerteilung brach Gotthold Müller seine Zelte in Leipzig ab:

786 Müller 1977, S. 1.

787 Vgl. Müller 1977, S. 1 f.

788 Vgl. Lizenz der Sowjetischen Militär-Verwaltung in Deutschland vom 14.03.1946. In: RAL, Ordner 15, Bl. 39; Laux 2016a, S. 47. In der Erinnerung Müllers erhielt der Reclam Verlag „die Lizenz Nr. 1" – ein weiterer Beleg für Müllers Tendenz zu Übertreibungen. Müller 1977, S. 5. Des Weiteren fand die Übergabe der Verlagslizenz in Müllers Rückblick am 14.03.1946 statt. Vgl. Müller 1977, S. 5. Zum 03.01.1948 erneuerte die SMAD die Lizenz unter der Nummer 343. Vgl. Deutsche Verwaltung für Volksbildung an Rat der Stadt Leipzig, Amt für Allgemeine Volksbildung Abt. Buch- und Bibliothekswesen am 27.07.1949. In: StadtAL, StVuR Nr. 9066, Bl. 62. Zur Entwicklung des Leipziger Reclam Verlags nach der Kapitulation bis 1953 siehe Laux 2010b.

789 Vgl. auch Herzog 1995, S. 302. Im August 1946 hatten 32 Verlage von der SMAD Berlin-Karlshorst eine Lizenz erhalten. Vgl. Liste Verlag. In: *BBl.* [Leipzig] vom 25.08.1946, Nr. 1/2, S. 3 f. 1989 waren in der Deutschen Demokratischen Republik 78 Verlage tätig. Vgl. Links 2009, S. 9, S. 49–310.

> Am nächsten Tag überreichte ich Dr. Reclam die Lizenz und erklärte ihm, daß ich damit meine Aufgabe in Leipzig als erfüllt ansähe, denn die 40 Millionen Leser in den Westzonen bedürften auch des Reclam-Bändchens. Dr. Reclam [...] hatte nichts gegen meinen Übertritt in den Westen einzuwenden und fertigte mir eine Vollmacht aus, die mich zu allem berechtigte.[790]

Tatsächlich wurde am 17.06.1946 zwischen Reclam Leipzig und Gotthold Müller eine Vereinbarung geschlossen, mit der Müller beauftragt wurde, die inzwischen verwaiste Filiale in Passau wieder arbeitsfähig zu machen und zugleich erneut zu versuchen, eine Verlagslizenz in der amerikanischen Besatzungszone zu erhalten. Sofern es notwendig würde, zu diesem Zweck eine neue Firma zu gründen, wurde Müller dazu ausdrücklich ermächtigt, wofür ein Kapitalbetrag von bis zu 100.000 RM aus dem Passauer Guthaben zur Verfügung gestellt würde. Für den Fall, dass nur ein von Reclam völlig unabhängiges neues Unternehmen Lizenzaussichten besitzen sollte, wurde zudem festgelegt, dass Müller dann als Prokurist des Verlags Reclam ausscheiden, aber für die Dauer von sechs Monaten weiterhin ein unverkürztes Gehalt beziehen sollte. Ein solches Unternehmen erhielte über fünf Jahre eine Lizenz für mindestens 14 Titel auf Basis der Teilung des Reingewinns.[791]

Obwohl bei der Münchner Militärregierung in monatelangen Verhandlungen letztendlich keine Verlagslizenz für den Standort Passau erwirkt werden konnte, war die Gründung des Passauer Ausweichlagers 1944 und insbesondere die Überführung des Verlagsarchivs an diesen Standort doch eine wesentliche Voraussetzung für die spätere erfolgreiche Etablierung des Reclam Verlags in Westdeutschland. Diese erfolgte schließlich am 1. April 1947 durch Neugründung der Reclam Verlag GmbH in Stuttgart mit amerikanischer Lizenz[792] und unter der Geschäftsführung von Gotthold Müller.[793] Gesellschafter waren zunächst vermutlich Müller und Ernst Reclams

790 Müller 1977, S. 5.

791 Vgl. Niederschrift Gotthold Müller vom 17.06.1946. In: RAS, Mappe Gotthold Müller. Die hier festgehaltenen Vereinbarungen sind nur von Gotthold Müller gegengezeichnet.

792 Vgl. Bode 2003, S. 117. Im Zuge von Fragen zum Lizenzierungsprozess durch Edward Carlton Breitenkamp von der U.S. Information Control Division schilderte Müller, dass er vor der Übersiedlung nach Stuttgart „monatelang in München mit der dortigen Nachrichtenkontrolle der Militärregierung verhandelt [hatte]. Die Verhältnisse bei der Münchner Dienststelle waren so ungünstig gelagert, dass er [Müller] die Verhandlungen dort abbrach, um dann in Stuttgart innerhalb von 2 Monaten reibungslos zum Ziele zu kommen. Wir betrachten es nicht als unsere Aufgabe, Ihnen die unhaltbaren Zustände näher zu detaillieren, in der Annahme, dass es in München genügend Verleger geben wird, die das Rückgrat besitzen, Ihnen die Dinge ungeschminkt darzustellen." Müller an Breitenkamp am 27.10.1950. In: DLA, A:Breitenkamp, Edward Carlton, 75.2057. 1948 erhielt Reclam Stuttgart von der französischen Militärregierung zudem eine Verlagslizenz für eine Zweigstelle in Baden-Baden. Vgl. Bode 2003, S. 117.

793 Der *Telegraf* aus Berlin vermeldete am 06. Juli 1947, dass der Reclam Verlag eine Arbeitslizenz in Stuttgart erhalten habe, wo ihm „alle Rechte sowie das gesamte Archiv seines Leipziger Unternehmens [...] zur Verfügung" stünden. Aktennotiz lt. telef. Mitteilung des Herrn Weber

Schwester Margarete.[794] Die Firma existierte zunächst juristisch unabhängig vom Leipziger Verlag und der Passauer Zweigstelle.[795] Das Stuttgarter Unternehmen war jedoch über einen Lizenzvertrag[796] zwischen Ernst Reclam und Gotthold Müller vom 08.09.1947 zur Herstellung – in gleichem Format und in gleicher Ausstattung – und zum Vertrieb der UB in den westlichen Besatzungszonen berechtigt. Ernst Reclam beteiligte Stuttgart an allen „gegenwärtigen Verlagsrechten meiner Firma, sowie denjenigen Verlagsrechten, die ich während der Laufzeit dieses Vertrags erwerbe", mit der Auflage, für Reclam Stuttgart keine eigenen Verlagsrechte zu erwerben, und gegen einen Anteil von 50 Prozent des erzielten Gewinns.[797]

Bis 1953 wurde Reclam Stuttgart von Gotthold Müller geführt, seit Ende 1949 gemeinsam mit Ernst Reclams Sohn Heinrich Reclam als weiterem Geschäftsführer.[798] Dass dieser angesichts seiner Mitgliedschaft 1934/1935 in der SA und ab 1. Mai 1937 in der NSDAP[799] überhaupt für die Stuttgarter Firma tätig sein konnte, ist seiner erfolg-

vom Kulturamt vom 19.07.1947. Notiz aus dem *Telegraf*, Berlin, vom 06.07.1947: Reclam Verlag lizenziert. In: StadtAL, StVuR Nr. 9066, Bl. 20. Am 15.02.1947 war Gotthold Müller als Zulassungsinhaber für den Reclam Verlag Stuttgart von der amerikanischen Militärregierung unter der Nr. US-W-1099 zugelassen worden. Vgl. Zulassung durch J. H. Hills, Colonel GSC. Chief, Information Control Division, Württemberg-Baden vom 15.02.1947. In: RAS, Mappe Gotthold Müller.

794 Vgl. Gesellschaftsvertrag o. D. In: RAS, Mappe Gotthold Müller. Das Stammkapital von 40.000 RM wurde jeweils hälftig eingebracht. Das vorgefundene Schriftstück ist undatiert und nicht unterzeichnet, sodass andere Vereinbarungen nicht ausgeschlossen werden können.

795 Siehe dazu: Sonntag; Laux 2016, S. 52–72.

796 Der Vertrag zwischen Ernst Reclam und Gotthold Müller vom 08.09.1947 war befristet bis 31.12.1953 und hätte sich jeweils um ein Jahr verlängert, „falls er nicht 6 Monate vor Ablauf schriftlich von einer der Vertragsparteien gekündigt wird" (Absatz 11). Vertrag zwischen Reclam Leipzig und Reclam Stuttgart vom 08.09.1947 (Abschrift). In: SächsStA-D, 13471, Nr. ZA VI 2628/01.

797 Vertrag zwischen Reclam Leipzig und Reclam Stuttgart vom 08.09.1947 (Abschrift). In: SächsStA-D, 13471, Nr. ZA VI 2628/01.

798 Ernst Heinrich Reclam war von Mitte Mai bis Ende 1945 in amerikanischer Kriegsgefangenschaft in einem Lager zwischen Compiègne und Soissons gewesen, wo er leichten Arbeitsdienst zu verrichten hatte. Aus dieser Gefangenschaft entlassen, kam er zwar unterernährt, aber mit einem „recht großzügigen Entlassungsgeld" ausgestattet Ende Februar bei seiner Tante Margarete in Stuttgart an. Vgl. Margarete Reclam an Maaß am 03.01.1946. In: RAS, Mappe Gotthold Müller. Von Anfang 1946 bis September 1947 war er zunächst als Hilfsarbeiter im Bau- und später im grafischen Gewerbe in München tätig gewesen. Nach erfolgreichem Entnazifizierungsverfahren am 17.07.1947 konnte er ab November 1947 seine buchhändlerische Ausbildung als Herstellungsgehilfe im Georg Thieme Verlag in Stuttgart fortsetzen. Vgl. Lebenslauf Heinrich Reclams vom 30.10.1948. In: StadtAL, StVuR Nr. 9066, Bl. 51.

799 In der NSDAP wurde Heinrich Reclam unter der Nr. 5172032 geführt. Vgl. Zentralkartei der NSDAP. In: BArch, R 9361-IX, Kartei/33941492. In seinem Lebenslauf vom 30.10.1948 gibt Heinrich Reclam an, 1934/1935 Mitglied in der Marine SA des NSDAP nach „geschlossener Überführung der Sportriga des Rudervereins ‚Sturmvogel' in Leipzig" sowie seit Ende 1937 Mitglied der NSDAP gewesen zu sein. Lebenslauf Heinrich Reclams vom 30.10.1948. In: StadtAL, StVuR Nr. 9066, Bl. 51.

reichen Entnazifizierung 1947 zu verdanken. Bereits im Januar 1946 konnte er, zuvor als Kommanditist geführt, als persönlich haftender Gesellschafter in den Leipziger Stammverlag eintreten,[800] allerdings mit ruhender Vertretungsbefugnis. Am 17.07.1947 wurde das Verfahren einer Münchner Spruchkammer gegen Heinrich Reclam über die Wiederherstellung seines politischen Ansehens eingestellt, weil die Kammer zu dem Schluss kam, dass Heinrich Reclam vom Gesetz Nr. 104 zur Befreiung vom Nationalsozialismus und Militarismus[801] nicht betroffen war.[802] Der Sperrvermerk über das Ruhen der Vertretungsbefugnis des Dr. Ernst Heinrich Philipp Max Reclam im Leipziger Handelsregister wurde am 04.09.1947 gelöscht, womit der einem „Nichtbetroffenen" gleichgestellte Heinrich Reclam handelsregisterlich in der SBZ wieder voll vertretungsberechtigt war.[803] Damit wurde ihm zwar von offizieller Seite bescheinigt, keine Kriegsverbrechen begangen zu haben, aber eine Rückkehr nach Leipzig zu Familie und Verlag war angesichts seiner Vergangenheit ausgeschlossen.

Ernst Reclam war infolge der Enteignungspolitik in der SBZ zweimal verhaftet worden, obwohl er vom 5. August 1946[804] bis Anfang 1948 Vorsteher des Börsenvereins der deutschen Buchhändler zu Leipzig war. Er kehrte im August 1950 von einem Kuraufenthalt in Schierke im ostdeutschen Harz nicht mehr in die DDR zurück, sondern verlegte seinen Wohnsitz nach Bad Heilbrunn. Der Versuch, das Leipziger Stammhaus

800 Zum 31.01.1946 waren sowohl Ernst Heinrich Philipp Max Reclam (zuvor Kommanditist) als auch Philipp Hans Rolf Reclam als persönlich haftende Gesellschafter in die Firma eingetreten. Im Gegensatz zu seinem Cousin Heinrich Reclam war Rolf Reclam jedoch nicht zur Vertretung der Gesellschaft berechtigt. Vgl. Handelsregistereinträge Amtsgericht. SächsStA-L, 20124, Nr. 31531, Registerkarte HRA 392.

801 Vgl. RegBl. 05.03.1946.

802 In seinem Lebenslauf vom 30.10.1948 gibt Heinrich Reclam des Weiteren an: „17.07.1947 Entnazifizierung durch Spruchkammerbescheid: ‚Vom Gesetz nicht betroffen' (Weihnachtsamnestie)." Heinrich Reclam zählt also zu den Personen, die per Gesetz Nr. 104 zur Befreiung von Nationalsozialismus und Militarismus (verabschiedet am 05.03.1946 in München) wegen ihrer früheren Mitgliedschaft in der NSDAP und deren Nebengliederungen mit Hilfe von Meldebögen registriert wurden. Nach der Kategorisierung betroffener Personen in fünf Gruppen (I. Hauptschuldige, II: Belastete, III: Minderbelastete, IV. Mitläufer und V. Entlastete) wurden Sühnemaßnahmen festgelegt. Hauptbeschuldigte und Belastete wurden öffentlich angehört, die Urteile für Betroffene der Gruppen III bis V wurden hingegen in schriftlichen Verhandlungen gefällt. Vgl. Hoser 2013. Letzteres traf offenbar für Heinrich Reclam zu.

803 Vgl. Bericht Rat der Stadt Leipzig Ermittlungs- und Vollzugsamt Abt. 1c, Außenstelle Mitte/Süd am 17.11.1950. In: SächsStA-D, 13471, Nr. ZA VI 2628/01. Diese Löschung erschien „nicht ganz unbedenklich, weil sie lediglich aufgrund der politischen Entscheidung einer Stelle in München erfolgt ist, ohne dass hierzu massgebliche Stellen in der DDR gehört worden sind. Es hat den Anschein, als ob Dr. phil. Heinrich Reclam sich im Jahre 1947 vorübergehend lediglich deshalb nach München begeben hat, um sich hier unter den dortigen erleichterten Bedingungen ‚entnazifizieren' zu lassen." Bericht Rat der Stadt Leipzig Ermittlungs- und Vollzugsamt Abt. 1c, Außenstelle Mitte/Süd am 17.11.1950. In: SächsStA-D, 13471, Nr. ZA VI 2628/01.

804 Zu diesem Zeitpunkt wollte der 71-jährige Ernst Reclam schon aus Altersgründen „die Wahl nicht gern annehmen". Stellungnahme Ernst Reclams [um 1948], S. 8f. In: RAS, Mappe Dr. Ernst Reclam.

von Bayern aus weiterhin zu lenken, wurde von den Behörden jedoch untersagt, seine Ausreise als illegal erklärt und der Verlag zum 21.12.1950 unter Treuhandschaft gestellt,[805] wodurch die bisherige, wenn auch eingeschränkte Zusammenarbeit von Leipzig und Stuttgart faktisch endete. Dies allein erklärt jedoch nicht, warum sich der Verleger bis zu seinem Tod im März 1953, „abgesehen vielleicht von einem zwei-, dreitägigen Besuch einmal", von dem neu gegründeten Firmensitz in Stuttgart fernhielt.[806] Allerdings zeichnet sich deutlich ab, dass spätestens nach dem Tod Ernst Reclams am 6. März 1953 drastische Meinungsverschiedenheiten zwischen Heinrich Reclam und Gotthold Müller zutage getreten sein müssen, denn Müller schied schon drei Wochen später, zum 31. März 1953, aus dem Reclam Verlag aus.[807] Jahrzehnte später noch, kurz nach dem Tod Heinrichs, wird sich seine Witwe, Brigitte Reclam, dagegen sperren, Gotthold Müller in einer Publikation über den Reclam Verlag zu Ehren kommen zu lassen.[808] Aber auch das Verhältnis zwischen Ernst Reclam und seinem einstigen Prokuristen und Vertrauten scheint in den frühen fünfziger Jahren nur

805 Bode, S. 121.

806 Bode an Helgard Rost, 11.05.1992, In: RAL, Akte 475, Bl. 2 f.

807 Nach seinem Ausscheiden wechselte Müller als Geschäftsführer zur Deutschen Verlags-Anstalt, wo er bis 1960 tätig war. Auch diesen Posten verließ er „nach unerfreulichen Auseinandersetzungen". Vgl. Erwin Ackerknecht an Müller am 20.03.1960. In: DLA, A:Ackerknecht, Erwin, 60.2185/1–29. Und auch diese Vorgänge verklärt Gotthold Müller Jahrzehnte später: „Mir hat die Trennung [vom Reclam Verlag] ja nur die schöne Aufgabe, die völlig daniederliegende DVA wiederaufzurichten, eingebracht, 7 Jahre, an die ich sehr gerne zurückdenke und die mir auch heute noch von meinen Nachfolgern hoch angerechnet werden." Müller an Kretschmar am 15.06.1992. In: SächsStA-L, 22399 Vorlass Lothar Kretschmar. 1959 etablierte er in München den Gotthold Müller Verlag, der sich vorrangig zeitgeschichtlichen Publikationen und Judaica widmete. Von 1963 bis 1974 fungierte er zusätzlich als geschäftsführender Gesellschafter des Siebenstern Taschenbuch Verlags. Vgl. Ruppelt 1991, A 101.

808 Kristof Wachinger, Verleger von Langewiesche-Brandt und Gründer der C.H. Beck-Reihe textura, wandte sich an den damaligen Leiter des Reclam Verlags, Dietrich Bode, der seine Anfrage an Brigitte Reclam weiterleitete. Sie antwortete wie folgt: „Sie, Herr Dr. Bode, haben die damaligen Vorgänge, die zu Gotthold Müllers Ausscheiden führten, nicht miterlebt und sollen deshalb Herrn Wachinger gegenüber keine Stellung beziehen. [...] hätte er [Wachinger] vielleicht den über ihm thronenden Gotthold Müller nicht nur gut zureden, sondern ihn darauf hinweisen sollen, daß Höflichkeit und Anstand eigentlich ein Kondolieren an die Firma oder gar an mich erfordert hätten. – Das wär's." Wachinger an Bode am 26.09.1984; Brigitte Reclam an Bode am 29.09.1984. In: RAS, Mappe Gotthold Müller. Die 1984 von Wachinger geforderte Anerkennung der Verdienste Müllers „um die Firma Philipp Reclam jun. Leipzig in den Jahren 1936–1945", in denen er als Prokurist Wesentliches zur wirtschaftlichen Stabilisierung des Unternehmens geleistet habe, erfolgte erst 1990 durch Reclam Leipzig. „[U]nter Würdigung Ihres Einsatzes zur Beseitigung der nationalsozialistischen Herrschaft an der Seite von Carl-Friedrich Goerdeler" verlieh der Leipziger Verlag Gotthold Müller die 1988 gestiftete Erinnerungsmedaille an Anton Philipp Reclam. Mit der Medaille wurden Persönlichkeiten geehrt, die sich um die Entwicklung des Verlags Philipp Reclam jun. in Vergangenheit und Gegenwart verdient gemacht haben. Stefan Richter und Lothar Kretschmar an Müller am 06.06.1990. In: RAL, Ordner 15.; vgl. auch. Anzeige Rubrik „Menschen" im *BBl.* vom 29.06.1990, Nr. 51, 2064.

noch ein unterkühltes gewesen zu sein: „Denken Sie [Lothar Kretschmar] nicht, daß ich Dr. E. R. ‚reinwaschen' wollte. Dazu habe ich keinen Grund, denn nach meinem Aufbau in Stuttgart hat er sich sehr undankbar gegen mich erwiesen"[809]. So bleibt es weiterer Forschung vorbehalten, zu untersuchen, unter welchen Voraussetzungen Gotthold Müller den Stuttgarter Reclam Verlag verließ.[810]

Um das Überleben des Verlags nach der bedingungslosen Kapitulation zu sichern und Reclam für die kommende Zeit bestmöglich zu positionieren, verfolgte der Verlag – ähnlich wie andere, zum Beispiel Kiepenheuer[811] – eine mehrstufige Strategie: Auf die Wiederbelebung der Geschäftsgänge – zunächst die Auslieferung vorhandener Bestände,

Einschränkend ist anzumerken, dass sich eine aktive Widerstandstätigkeit Müllers im Goerdeler-Kreis außerhalb seiner eigenen Erinnerungen, Briefe und sonstigen Äußerungen bislang nicht belegen lässt.

809 Müller an Kretschmar am 21.06.1989. In: SächsStA-L, 22399 Vorlass Lothar Kretschmar.

810 Der Verlegerfamilie Reclam grollte Gotthold Müller noch Jahrzehnte später. Insbesondere die Nichtachtung seines Engagements während der NS-Diktatur löste tiefe Verbitterung aus: So kommentierte er im zu Beginn der 1990er Jahre geführten Briefwechsel mit Lothar Kretschmar, dem ökonomischen Direktor des Reclam Verlags Ost, immer wieder Presseberichte zum Reclam Verlag: „Ich lege Ihnen [...] einen Aufsatz aus der Frankfurter Zeitung, der voller Lügen steckt und einen G. M. [Anmerkung K. B.: Gotthold Müller], der das Haus 17 Jahre mehr oder weniger allein auf seinen Schultern getragen hat, nicht kennt, [...] bei." Müller an Kretschmar am 05.03.1990. In: SächsStA-L, 22399 Vorlass Lothar Kretschmar. Im November 1991: „Das Haus Reclam hat mir wieder einen Schlag versetzt! [...] In einem der letzten B.-Blätter [Anmerkung K. B.: *Börsenblätter*] kann man Brigitte Reclam (sehr alt) bewundern, die ihren verstorb. Heinrich wieder als ‚Gründer' des Stg. [Anmerkung K. B.: Stuttgarter] Hauses so kühn + guten Gewissens deklariert!!! Sie sehen dieser Dank des Hauses wird mich bis zu meinem letzten Atemzug treulich [...] begleiten! Schwamm drüber!" Am Rand des Briefes notierte Müller ergänzend: „17 der schwersten Jahre habe ich das schon schwankende Haus auf meinen Schultern getragen + ‚genieße' diesen einzigartigen Dank! Schwamm drüber!" Müller an Kretschmar am 11.11.1991. In: SächsStA-L, 22399 Vorlass Lothar Kretschmar. Im Juni 1992: „Es genügt mir zu wissen, daß ich das Haus ganz persönlich vor dem Untergang gerettet habe. [...] also das persönliche Opfer, das ich dem Haus gebracht habe, ist nicht gering. [...] das Verhalten auch Heinrich Reclams und seiner Frau kann man nur als schamlos bezeichnen." Müller an Kretschmar am 15.06.1992. In: SächsStA-L, 22399 Vorlass Lothar Kretschmar. Auch ein halbes Jahr vor seinem Tod belastet ihn der Wunsch nach Anerkennung sehr: „Wenn ich nicht so alt und leider auch elend (schwache Augen) wäre, schriebe ich meine R-Memoiren!! Dann wäre es mit dem Namen R geschehen!! Die Linie H. E. R. war charakterlich viel anständiger, hatte aber nichts zu melden! Wohl gerade deshalb ..." Müller an Kretschmar am 23.12.1992. In: SächsStA-L, 22399 Vorlass Lothar Kretschmar.

811 Vgl. Triebel 2004, S. 293f. Eigentlich wollte der EDV in Jena bleiben; als sich aber im Laufe der Lizenzverhandlungen zeigte, dass eine Lizenzerteilung signifikante Einschränkungen für die unternehmerische Handlungsfreiheit der Familie Diederichs bedeutet hätte, wurden die Verhandlungen Ende 1947 nur noch halbherzig weitergeführt, wenn auch nicht ganz abgebrochen. Mit der Übertragung der Verlagsrechte an Peter Diederichs, der nicht in der SBZ lebte, wurde 1947 der Zugriff der sozialistischen Behörden auf den „ideellen Kapitalgrundstock" verhindert und zugleich der wichtigste Grundstein für die spätere Verlagslizenz in der britischen Besatzungszone gelegt. Hier lebte der EDV – da die Neuproduktion den Verlag noch nicht trug – zunächst vom Vertrieb alter, aus Jena transferierter Titel, von denen aufgrund der Nachfrage sogar bis

dann die Produktion (zumindest in der SBZ im Auftrag der russischen Militärregierung) – folgten lange Verhandlungen zur Lizenzierung des Verlags als grundlegende Voraussetzung für jegliches weitere Agieren. Hierbei fuhr Reclam mehrfach zweigleisig: Neben den Bemühungen für eine Lizenzierung des Leipziger Verlags fanden Verhandlungen für Passau und später für Stuttgart im amerikanischen Sektor statt.

Hierfür bediente man sich zahlreicher Leumundszeugnisse, sogenannter Persilscheine, die helfen sollten, dem Verlag und insbesondere Ernst Reclam eine den Nationalsozialismus ablehnende Haltung zu bescheinigen.[812] Den vielfältigen Bemühungen blieb der Erfolg am Ende nicht verwehrt: In der amerikanischen Besatzungszone wurde im April 1947 die Lizenz zum Verlagsbetrieb in Stuttgart erteilt, die die Voraussetzung für den weiteren Werdegang und den heutigen Erfolg des Verlags Reclam begründete; in der sowjetischen Besatzungszone erhielt der Reclam Verlag gar die 39. Verlagslizenz. Dass der Verlag, wie von Müller 1977 rückblickend behauptet, „in Anerkennung seiner möglichst neutralen [ursprünglich oppositionellen][813] Haltung im Dritten Reich, die zu jener Zeit noch etwas galt, mit zu den ersten Verlagen gehören sollte, denen die russische Militärregierung auf Vorschlag der Leipziger und Berliner Stellen eine Lizenz erteil[te]“[814], darf allerdings bezweifelt werden. Allein die Erkenntnis, dass von den 116 für die Feldpost verwendeten UB-Titeln aus den Erscheinungsjahren 1933 bis 1940 ganze 79 Titel – also 68 % – als NS-affin zu klassifizieren sind (siehe Kapitel 2.3.1), sowie die hohe Zahl der auf der *Liste der auszusondernden Literatur*[815] in der SBZ indizierten Titel sprechen dagegen. Wahrscheinlicher scheint, dass die etablierte Marke Reclam, gekoppelt an das aufwendig beworbene Image als ‚Volksbildungsunternehmen‘, den Behörden zur neuerlichen, breitenwirksamen Umerziehung der deutschen Bevölkerung nach sozialistischen Idealen geeignet schien, nicht zuletzt auch aufgrund der guten noch vorhandenen Infrastruktur an Produktionsstätten und -mitteln.

nach 1950 neue Auflage gedruckt wurden, darunter auch völkisch-nationalistische und ‚Blut-und-Boden‘-Literatur.

812 Vgl. Eidesstattliche Erklärung Gotthold Müllers vom 01.10.1947, Eidesstattliche Erklärung Eugen Diesels vom 09.02.1948, Eidesstattliche Erklärung Hans Ludwig Helds vom 27.01.1948, Abschrift einer notariell beglaubigten Abschrift Berthold Rassows vom 15.03.1948, Eidesstattliche Erklärung Annemarie Meiners vom 10.03.1948. In: SächsStA-D, 13471, Nr. ZA VI 2628/01. Zur Entnazifizierung siehe Kapitel 2.3.4 und 4.3.3.

813 Die ursprüngliche Formulierung „oppositionelle“ wurde von Müller gestrichen und durch „neutrale“ ersetzt. Vgl. Müller 1977, S. 2.

814 Müller 1977, S. 2.

815 Zu den Indizierungslisten der SBZ siehe ausführlich Kapitel 3.3.8.

3 „Ein ungemeiner Kulturfaktor“[816] – zur Programmentwicklung des Hauses Reclam

3.1 Republik ohne Republikaner[817] – zum Verlagsprogramm in der Weimarer Republik

Bereits 1919 beklagte der deutsche Lyriker und Dramatiker Klabund in einem offenen Brief in der *Vossischen Zeitung* das sinkende Niveau von Reclams Universal-Bibliothek. Dabei zielte er insbesondere auf die Herausgabe der von dem völkisch-antisemitischen Schriftsteller Adolf Bartels[818] verfassten Literaturgeschichte,[819] hob aber gleichzeitig ausgesprochen lobend den früheren Einfluss der UB auf seine eigene literarische Bildung hervor:

> Auch Homer, sagt man, war manchmal blind. Und Du, lieber guter Vater Reclam, warst es in diesem und vielen anderen Fällen leider mehr als einmal.

816 Münchhausen, abgedruckt in Werbeprospekt *Reclam. Die wichtigsten Werke der Universal-Bibliothek in systematischer Anordnung.* In: RAS, Mappe Prospekte UB.

817 Schlagwort geprägt durch: Schulze 1989, S. 421. Schulze führt aus, dass die „Radikalisierung des Mittelstandes und die Distanz der Arbeiterschaft zum Weimarer Staat“, die zusammen 85 % der Gesamtbevölkerung ausmachten und die „der Republik, wenn auch aus unterschiedlichen Gründen, ohne Wohlwollen gegenüberstanden“, maßgeblich zum Scheitern der weimarischen Demokratie beitrugen.

818 Zum Wirken im Reclam Verlag von Adolf Bartels, dessen heimatverbundene Erzählungen und Romane von Antisemitismus und völkisch-rassistischer Überzeugung gekennzeichnet waren, siehe Kapitel 3.1 und 3.2.1.

819 Neben einer sehr unausgewogenen Präsentation kanonischer und unbedeutender Dichter dient das dreibändige Werk *Weltliteratur. Eine Übersicht, zugleich ein Führer durch Reclams Universal-Bibliothek* von Bartels zur Stigmatisierung und Diffamierung jüdischer Autoren. Günther Cwojdrak resümiert vernichtend, man müsse „wirklich zu dieser ‚Weltliteratur‘ greifen, um sich einen Begriff davon zu machen, welche Literaturdarstellung das Haus Reclam im Jahre 1918 für möglich hielt.“ Cwojdrak 1967, S. 173. Es entstehe der Eindruck, man läse nicht nur eine Literaturgeschichte, sondern eine Art genealogischen Kalender. Vgl. Cwojdrak 1967, S. 174. Die Herausgabe von Literaturgeschichten durch bekannte Literaturkritiker und Schriftsteller im Sinne kanonischer Empfehlungen ist eine beliebte Distributionsstrategie – 1929 erschienen gleich zwei solcher Werbemittel für die Backlist der UB: *Eine Bibliothek der Weltliteratur* von Hermann Hesse (Erstauflage 20.000 Exemplare, bis 1945 in 40.000 Exemplaren gedruckt) sowie *Deutsche Dichtung der Gegenwart* aus der Feder des ebenfalls völkischen Positionen verpflichteten Paul Fechter (Erstauflage 10.000 Exemplare, bis 1945 in 38.000 Exemplaren gedruckt). Als

> Es findet sich viel zu viel Schund, Kitsch, verzeih die harten Ausdrücke, aber sie kommen von Herzen, in Deiner Universalbibliothek […].[820]

Auf Klabunds Kritik reagierte der hochbetagte Hans Heinrich Reclam am 29.10.1919 in einer ebenfalls als offener Brief verfassten Antwort, in der er in fast ironischer Weise sein Mehr an Lebenserfahrung betont. Als Verleger müsse man eben auch programmpolitische Visionen innerhalb wirtschaftlicher Grenzen realisieren, und die Publikation der Werke von Qualitätsgaranten wie Matthisson, Hölty, Jean Paul oder Goethe für „ein paar Pfennig" sei nur deshalb möglich, weil er eben „auch harmlose Reiselektüre – keine Schundliteratur, Klabund!"[821] verlege.

Ein halbes Jahr später, am 30.03.1920, starb Heinrich Reclam 79-jährig. Unter der Leitung seiner beiden Söhne Ernst und Hans Emil Reclam verlagerte sich der Programmschwerpunkt zunehmend von dramatischer zu erzählender Literatur.[822] Nach Auslaufen der urheberrechtlichen Schutzfristen fanden in den Jahren der Weimarer Republik vor allem die Werke realistischer Erzähler Eingang in die UB oder wurden als großformatige Werkausgaben verlegt. Allein Theodor Storm war mit 40 Titeln vertreten, Gottfried Keller mit 33, Conrad Ferdinand Meyer mit 16, Gustav Freytag mit 14 und Theodor Fontane mit acht Titeln. Ferner prägten die gemeinfreien Autoren Heinrich Heine und Friedrich Schiller (jeweils zehn Titel), Ludwig Anzengruber (neun Titel) und Gotthold Ephraim Lessing sowie Fritz Reuter (je acht Titel) und insbesondere Johann Wolfgang von Goethe (29 Titel) das Verlagsprogramm zwischen 1918–1932.[823]

Gleichzeitig wurden in der zeitgenössischen Belletristik bereits Werke zahlreicher völkisch-national orientierter Schriftsteller im Verlag publiziert, deren Positionen nach 1933 die deutsche Literaturlandschaft maßgeblich prägen sollten. Von Ludwig Finckh, dem „Vater der Auslandsdeutschen", der sich im Laufe seines Schaffens vom Heimat- zum völkischen ‚Blut-und-Boden'-Dichter entwickelt hatte,[824] erschien 1920 in der UB *Hinterm*

stilbildend für den deutschen Roman der Gegenwart behandelt er zwar auch Alfred Döblin, Ricarda Huch und Albrecht Schaeffer, vor allem aber die im und durch den Nationalsozialismus besonders erfolgreichen Autoren Hans Grimm, Hans Friedrich Blunck, Herrmann Stehr, Jakob Schaffner, Wilhelm von Scholz, Erwin Kolbenheyer, Paul Ernst, Josef Ponten, Rudolf G. Binding und Hermann Burte. Fechter 1929, S. 28–42.

820 Klabund an Heinrich Reclam am 23.10.1919, offener Brief in der *Vossischen Zeitung*. Zitiert nach Koch 1992, S. 283.

821 Heinrich Reclam an Klabund am 29.10.1929, offener Brief in der *Vossischen Zeitung*. Zitiert nach Koch 1992, S. 284. Den Vorschlag Klabunds, eine prüfende Fünfer-Kommission (bestehend aus Gerhart Hauptmann, Hugo von Hofmannsthal, Heinrich und Thomas Mann sowie Rainer Maria Rilke) zu etablieren, lehnt Heinrich Reclam mit dem Hinweis rundheraus ab, dass dann auch kein Klabund verlegt werden würde. Vgl. Koch 1992, S. 283, 285.

822 Vgl. Koch 1992, S. 285.

823 Auswertung der erstellten Verlagsbibliografie.

824 Vgl. Rogge 2015, S. 84.

Gartenbusch mit einer Startauflage von 20.000 Exemplaren[825] und von Friedrich Griese, der ebenfalls die „Einheit zwischen dem Blut und dem Boden"[826] propagierte, 1927 *Wittvogel* (10.000 Exemplare in der Erstauflage). Wie Wilhelm Schäfer, Wilhelm von Scholz und Hans Friedrich Blunck, die sich ebenfalls frühzeitig mit der nationalsozialistischen Ideologie identifizierten, maßgeblich zu deren Propagierung beitrugen und bereits vor 1933 im Reclam-Programm vertreten waren,[827] gehörte Griese zu den Autoren, deren Schaffen von Hitler so geschätzt wurde, dass sie 1944 durch Aufnahme in die *Gottbegnadeten-Liste* vom Kriegsdienst befreit wurden.[828] Zu den Wegbereitern der nationalsozialistischen Erneuerung, denen bereits in der Weimarer Republik ein Platz im Verlagsprogramm eingeräumt worden war, zählten auch vom NS ohne Gegenwehr instrumentalisierte und durchaus völkisch-nationale Ideologeme vertretende Autoren wie Rudolf Huch mit sechs Titeln[829] sowie Josef Ponten, dessen Heimatkunst und konservative Landschaftsbeschreibungen verbindendes Werk leicht im Sinne der ‚Blut-und-Boden'-Ideologie ausgelegt werden konnte, mit drei Titeln.[830] Von Will Vesper, einem bekennenden Antisemiten, der gegen unliebsame Schriftsteller und Buchhändler polemisierte oder diese denunzierte, findet sich in der Reihe *Kurzweil-Büchel* schon 1919 der Titel *Der Balte.* Hans Watzlik (*Ungebeugtes Volk*[831] – „Erzählungen aus dem weltgeschichtlichen Kampfe der Deutschen

825 Diese und alle folgenden Angaben zu Auflagenhöhen der Titel der UB sind dem PDF Reclam_Auflagenbuecher_SPR, erstellt am 10.03.2004 nach den Originalauflagenbüchern der UB (numerische Erfassung der Titel nach Erscheinungsverlauf, Erfassung der Auflagenhöhen nach Druckdatum) entnommen, ebenso einem weiteren Auflagenbuch zur UB, welches die Druckproduktion 1933–1945 nach Druckdatum erfasst. Sie werden im Folgenden nicht durch Fußnoten nachgewiesen.

826 Griese 1934, S. 64.

827 Von Schäfer erschien 1921 *Rheinische Novellen* mit einer Erstauflage von 20.000 Exemplaren, von Wilhelm von Scholz 1922 *Kopf im Fenster*, von Blunck 1928 *Bruder und Schwester* (Erstauflage je 10.000 Exemplare).

828 Die von Goebbels und Hitler 1944 zusammengestellte *Gottbegnadeten-Liste* – so der offiziell verwendete Listenname – umfasste 1.041 Künstler, darunter nur 16 Schriftsteller. Sechs weitere Autoren wurden auf der *Sonderliste A* der wichtigsten Schriftsteller geführt. Auch die ‚Gottbegnadeten' waren dienstverpflichtet, sie wurden im sogenannten Künstler-Kriegseinsatz zu kulturellen Veranstaltungen herangezogen. Vgl. Rathkolb 1991, S. 173 f., 176.

829 1925: *Hans der Träumer* (VW, Erstauflage: 5.000 Exemplare), *Der tolle Halberstädter* (UB, Erstauflage: 10.000 Exemplare), *Der Kirchenbau* (UB, Erstauflage: 8.000 Exemplare); 1926: *Wilhelm Brinkmeyers Abenteuer* (VW, Erstauflage: 3.000 Exemplare), *Die beiden Ritterhelm* (VW, Erstauflage: 3.000 Exemplare), *Der Herr Neveu und seine Mondgöttin* (UB, Erstauflage: 10.000 Exemplare).

830 1921 *Die Insel* (UB, Erstauflage: 15.000 Exemplare); 1926: *Die Bockreiter* (UB, Erstauflage: 10.000 Exemplare); 1931 *Zwischen Rhone und Wolga* (UB, Erstauflage: 10.000 Exemplare).

831 Literatur spielte im deutsch-tschechischen Nationalitätenstreit eine wichtige Rolle. Watzliks Unterstützung der in der Zwischenkriegszeit angestrebten „sudetendeutschen nationalen Wiedergeburt" befeuerte die Verbreitung völkisch-nationaler Konzepte in der Tschechoslowakei. Im Mittelpunkt der Erzählung *Die Chronik des Herrn Wolf Silber* aus der Sammlung *Ungebeugtes Volk* steht die Flucht deutscher Akademiker vom Hofe des deutschfeindlichen Prager Fürsten Spytihněv II. Vgl. Putna 2006, S. 233. Der Titel wurde während der NS-Zeit in 158.000 Exem-

Böhmens um ihre väterliche Scholle“[832], 1925, Erstauflage: 10.000 Exemplare) trug als sogenannter böhmischer ‚Grenzlanddichter' mit seinen „rassistisch deutschtümelnden Erweckungsbemühungen ganz wesentlich zur Verschärfung der Gegensätze zwischen Deutschen und Tschechen in Böhmen und Mähren bei.“[833]

Alle genannten Schriftsteller – und viele weitere Autoren des Reclam'schen Verlagsprogramms – sind in der 1933 erstmals publizierten Sammlung *Volkhafte Dichtung der Zeit* von Hellmuth Langenbucher[834] vertreten, einem der führenden NS-Literaturwissenschaftler und einflussreichsten Journalisten und Publizisten der NSDAP.[835] Während es in der ersten Auflage noch

> galt, eindeutig die undeutschen Erscheinungen einer vergangenen Zeit zu kennzeichnen, die sich eine ungebührliche Vormachtstellung im geistigen Leben des deutschen Volkes angemaßt hatten; und es in erster Linie darauf an[kam], einem allgemeinen Verständnis für jene Dichter den Weg zu bereiten, in deren Werk das Leben des deutschen Volkes in allen seinen Ausstrahlungen Bild und Sinnbild geworden ist[,][836]

plaren nachgedruckt, letztmalig 1944 mit 50.000 Exemplaren. Außerdem wurde er zusätzlich als Feldpostbändchen ediert. Vier Tage vor dem Münchner Abkommen am 29.09.1938, in dessen Folge die Tschechoslowakei das Sudetenland an das Deutsche Reich abtreten musste, erschien im *Völkischen Beobachter* ein Interview mit Hans Watzlik. Darin äußerte er sich über seinen „Kampf gegen das Tschechentum“ und über seine Flucht „vor dem Tschechenterror“ – „es war der letzte Zug, der den Dichter über die Grenze bringen konnte“ – aus seiner „mit brutalsten Mitteln tschechisierten“ Heimat Neuern. Seit 1917 sei er zudem infolge der Veröffentlichung seines Buches *Böhmen* (dessen „Titelbild einen Ritter, der als Wappenschild das Hakenkreuz trägt“, zeigt), andauernden „gehässigen und schmutzigen Angriffe[n]“ ausgesetzt gewesen. Der Text, der in weiteren österreichischen Tageszeitungen, z. B. in den *Innsbrucker Nachrichten* vom 29.09.1938, nachgedruckt wurde, schließt optimistisch: „Wir wissen, daß Hans Watzlik nicht allzulange seiner Heimat fernbleiben wird. Das Recht des sudetendeutschen Volkes wird siegen. Die Sonne, die über Großdeutschland aufgegangen ist, wird bald auch über das Sudetenland scheinen“ – und sollte recht behalten. *Völkischer Beobachter* 25.09.1938.

832 Werbeprospekt *Was die Jugend von heute am meisten interessiert!* In: RAS, Mappe UB Reihen.

833 Raab 2007.

834 Der am 29. Juli 1905 geborene Langenbucher († 18. Mai 1989) trat bereits 1929 in die NSDAP ein, zu Beginn der 1930er Jahre in den Kampfbund für deutsche Kultur, und bekleidete fortan zahlreiche hochdotierte Ämter: Als Mitbegründer der Reichsstelle zur Förderung des deutschen Schrifttums leitete er von 1933 bis 1934 deren Gesamtlektorat – 1934 stellvertretend die gesamte Reichsstelle – und fungierte als stellvertretender Vorsitzender der Abteilung Schrifttumspflege. Von 1935 bis 1936 war er als Beauftragter für das gesamte Pressewesen des Bundes reichsdeutscher Buchhändler zuständig, von 1935 bis 1938 als Beisitzer der Filmprüfstelle in Berlin. Von 1933 bis 1945 war er Hauptschriftleiter des *Börsenblatts für den Deutschen Buchhandel*. Vgl. Hellmuth Langenbucher, Academic o. J.

835 Vgl. Bähre 1997, S. 251.

836 Langenbucher 1939, S. 11, Vorwort zur 4. unveränderten Auflage. Alle Auflagen erschienen bei Junker und Dünnhaupt.

konnte in der Neufassung von 1937 „auf alle die Ausführungen verzichtet werden, die dem Buch in seiner ersten und auch noch in seiner zweiten Auflage 1935 den damals notwendigen Charakter einer Kampfschrift gaben." Langenbucher betrachtete die „seit 1933 […] unaufhaltsam fortschreitende und heute [1937] endgültig gewordene Säuberung des deutschen Kulturlebens von allen artfremden Verfälschungen […] auch auf dem Gebiet des literarischen Lebens […]"[837] als nun abgeschlossen. Insofern sind die 156 in zehn thematischen Abschnitten von ihm behandelten Autoren als Hauptakteure nationalsozialistischer Gegenwartsliteratur zu verstehen. Von diesen finden sich 28 (18 %) bereits vor 1933 mit 38 Titeln im Reclam'schen Verlagsprogramm,[838] darunter neben den bereits genannten auch Enrica von Handel-Mazzetti, Robert Hohlbaum, Erwin Guido Kolbenheyer, Börries Freiherr von Münchhausen, Josef Friedrich Perkonig, Hermann Stehr und Karl Schönherr.[839] Außerdem wirkten vor 1933 drei der nach Langenbucher empfehlenswerten Autoren an fünf Reclam-Titeln als weitere Beteiligte mit. Auch von den 88 Schriftstellern, die am 26. Oktober 1933 das ‚Gelöbnis treuester Gefolgschaft' gegenüber Hitler unterzeichneten,[840] sind bereits 20 (23 % der Unterzeichner) mit insgesamt 38 Titeln im Verlagsprogramm vor 1933 zu finden. Hinzu kommen zehn Publikationen von acht Unterzeichnern des ‚Gelöbnisses', die in der Weimarer Zeit als Herausgeber oder Verfasser von Vor- und Nachworten bei Reclam tätig waren.[841]

Damit unterschied sich das Programm des Reclam Verlags jedoch nicht wesentlich vom restlichen Literaturmarkt; vielmehr zeigt die Forschung zur NS-Literatur, dass sich die Termini NS-Ideologie und NS-Literatur nicht voneinander abgrenzen lassen, sondern sich wechselseitig bedingen: Die Literatur formte und beeinflusste die Ideologie und umgekehrt. Die disparaten Elemente der NS-Ideologie – völkisch-antisemitische, national-konservative, sozialrevolutionäre, anti-liberale, anti-demokratische und anti-kapitalistische[842] Einstellungen – finden sich gleichermaßen in als völkisch-national wie als nationalsozialistisch zu klassifizierender Literatur, und zwar keinesfalls begrenzt auf die Zeit der nationalsozialistischen Diktatur.

Insofern stellte das Jahr 1933 – anders als von den Nationalsozialisten gewünscht und propagiert – keinen literaturgeschichtlichen Wendepunkt dar. Im Grunde wurde die Literatur des ‚Dritten Reiches' mit wenigen Ausnahmen bereits in der Weimarer Republik geschrieben; völkische Schriften gehörten schon zwischen 1918 und 1933

837 Langenbucher 1939, S. 11, Vorwort zur 4. unveränderten Auflage.

838 Die in der *Volkhaften Dichtung der Zeit* genannten Autoren wurden mit dem erstellten Verlagsprogramm sowie der in der Deutschen Nationalbibliothek hinterlegten Datenbasis abgeglichen. Ein Anspruch auf Vollständigkeit besteht nicht.

839 Vgl. hierzu auch Kapitel 3.5.2 (Anteil dieser Autoren am NS-Programm). Zu den einzelnen Autoren siehe Anhang 4.

840 Vgl. *Vossische Zeitung* 26.10.1933. Siehe dazu Kapitel 3.5.2.

841 Zur Übersicht der im Reclam'schen Verlagsprogramm vertretenen Autoren siehe Anhang 5. Zur Methode, insbesondere der Schwierigkeit der disjunkten Autorenklassifizierung hinsichtlich ihrer NS-Affinität, siehe Kapitel 3.5.2.

842 Vgl. Schoeps 2000, S. 25.

zu den meistverkauften Büchern in Deutschland. Die Bestsellerliste des Jahres 1932 wurde nicht von Stefan Zweig, Franz Werfel, Jakob Wassermann oder Alfred Döblin angeführt, sondern von Hans Carossa, Edwin Erich Dwinger, Hans Grimm, Werner Beumelburg, Heinz Steguweit und Hermann Stehr.[843] Die zehn zwischen 1933 und 1944 meistverkauften völkisch-nationalsozialistischen Titel wurden mit zwei Ausnahmen vor oder unmittelbar nach der ‚Machtergreifung' geschrieben, ihr Erfolg setzte allerdings (mit Ausnahme von Hans Grimms *Volk ohne Raum*) erst nach der ‚Machtergreifung' ein.[844] In dieser Hinsicht kam im ‚Dritten Reich' nicht viel Neues hinzu; viele dieser Autoren hatten ihre wichtigsten Texte bereits geschrieben. Aber was bislang eine Spielart der Literatur unter vielen gewesen war, wurde ab 1933 „zur einzigen deutschen Dichtung erklärt und in den Rang einer Staatsliteratur erhoben."[845] Den Geschmack des Publikums konnte diese jedoch nur eingeschränkt bedienen: Von den 40 Bestsellern des ‚Dritten Reiches' lassen sich nur zehn der genuinen NS-Literatur (Propaganda-Romane, historische NS-Romane, ‚Blut-und-Boden'-Romane) zuordnen; den überwiegenden Anteil von drei Vierteln der Erfolgsbücher machten „mehr oder weniger" unpolitische Unterhaltungsromane aus.[846]

Günther Cwojdrak, der sich anlässlich des 100-jährigen Bestehens der Universal-Bibliothek 1967 in der Festschrift des Leipziger Reclam Verlags mit der zeitgenössischen Literatur in der UB beschäftigt hatte, eröffnet seine kritische Bewertung des UB-Programms der 1920er Jahre mit der Prämisse, dass sehr unterschiedliche, in ihrer Grundhaltung gegensätzliche Werke veröffentlicht worden seien, denn „ein Unternehmen, das sich an die breitesten Volksschichten wendete, das mit hohen Auflagen kalkulierte, mußte vielseitig und aufgeschlossen sein, nicht festgelegt auf eine besondere literarische Richtung, nicht begrenzt auf künstlerisch anspruchsvolle Werke."[847] Gleichzeitig prangert er jedoch an, dass in der UB zunehmend nationalistische Tendenzen hervorgetreten seien, dass „das große volksbildnerische Werk des Verlages [...] in der Öffentlichkeit im Sinne alldeutscher Parolen präsentiert [wurde]."[848] Schon in den 1920er Jahren hätten sich im Programm die bürgerlich-demokratischen und die völkisch-nationalen Autoren nicht die Waage gehalten, sondern diese habe sich deutlich zu Blunck, Paul Ernst oder Wilhelm Schäfer, den Wegbereitern der ‚völkischen Erhebung', geneigt.[849]

843 Vgl. Ketelsen 1976, S. 79 f.; Schoeps 2000, S. 43; Strothmann 1985, S. 92.
844 Vgl. Schneider 2004, S. 86. Schneider hat insgesamt 40 Bestseller ermittelt. Zu Bestsellern des Nationalsozialismus sowie der Schwierigkeit, Auflagenzahlen als Geschmacksindiz des Publikums zu werten, siehe auch Kapitel 4.3.1.
845 Ketelsen 1976, S. 80.
846 Vgl. Schneider 2004, S. 86 ff.
847 Cwojdrak 1967, S. 167–180, hier: S. 169.
848 Cwojdrak 1967, S. 170.
849 Vgl. Cwojdrak 1967, S. 170. Hans-Albrecht Koch, der sich 1992 anlässlich des 125-jährigen Jubiläums der UB – und diesmal im Auftrag des westdeutschen Verlagshauses – ebenfalls mit der Thematik der Gegenwartsliteratur der 1920er Jahre im Programm der UB auseinandersetz-

Diese Zuspitzung Cwojdraks hält einer genaueren Betrachtung des Verlagsprogramms jedoch nicht stand. Im Folgenden soll der Versuch unternommen werden, die tatsächlichen Programmanteile völkisch-nationaler Autoren in der Weimarer Republik quantitativ fassbar zu machen. Aufgrund der Vielzahl der Publikationen (in der Weimarer Republik wurden 708 belletristische, davon 355 zeitgenössische Titel im Rahmen der UB veröffentlicht) konnten zur Analyse allerdings nur äußere Determinatoren herangezogen werden, eine hermeneutische Einordnung aller Werke auf Grundlage individueller Rezeption war nicht leistbar. Wenn somit zwar auf Einzeltitelebene keine verbindlichen Aussagen möglich sind, so können die folgenden Zahlen dennoch eindeutige Tendenzen vermitteln. Erfasst wurden einerseits die Programmanteile von zeitgenössischen Autoren, die sich eindeutig zum Nationalsozialismus positioniert hatten bzw. durch diesen vereinnahmt worden waren,[850] und andererseits von Schriftstellern, die vom NS-Regime von Grund auf abgelehnt wurden.[851] Zugunsten einer möglichst trennscharfen Grundgesamtheit wurde die statistische Analyse auf die Werke von zeitgenössischen deutschsprachigen Autoren eingeschränkt: auf insgesamt 292 belletristische Titel von 199 Autoren. Von diesen lassen sich 20 % (59 Titel) durch den NS verfemten Autoren zuordnen, die damit einen Anteil von 25 % (50 Autoren) am Verlagsprogramm hatten. Auf der anderen Seite stammen jedoch 23 % der Titel (66 Titel) von NS-nahen Schriftstellern, die folglich einen Anteil von 22 % (44 Autoren) der untersuchten Verfasser ausmachten. Quantitativ betrachtet halten sich NS-affine und durch den NS-verfemte Literaturproduktion, anders als von Cwojdrak behauptet, durchaus die Waage: In Bezug auf den Anteil der Titel überwiegt tendenziell die NS-affine Perspektive, in Bezug auf den Anteil der Autoren die vom NS verfemte.

Vor allem unter dem Lektorat von Ernst Sander, der Ende 1923 in den Verlag eingetreten war und diesem bis 1929 angehörte,[852] erschien vielfältigste, als bürgerlich-liberal kategorisierbare Literatur. In der Reihe *Reclam-Romane* – häufig als *Moderne Romane* beworben und mit Ganzleineneinbänden von Walter Tiemann versehen – wurden seit 1925 Werke deutscher und fremdsprachiger Gegenwartsautoren wie Edmond Jaloux,[853]

te, bescheinigt dem Verlag – weniger nachdrücklich – zumindest „die urteilslose Vermischung von bedeutenden und problematischen Literaten. Wertvolles und zu Verwerfendes stehen im Programm der Universal-Bibliothek nebeneinander.“ Koch 1992, S. 282–298, hier: S. 290.

850 Gemeint sind Schriftsteller, die in Langenbuchs *Sammlung volkhafter Dichtung* Erwähnung fanden, die Adolf Hitler ‚treueste Gefolgschaft‘ gelobt hatten, die auf der *Gottbegnadeten-Liste* und *Sonderliste A* standen oder nach Ende des ‚Dritten Reichs‘ in der *Liste der auszusondernden Literatur* bzw. im *Verzeichnis der auszusondernden Literatur* indiziert wurden. Siehe dazu ausführlich 3.3.8 und 3.5.2.

851 Schriftsteller, deren Titel aus dem Katalog der Reclam'schen Universal-Bibliothek eliminiert wurden. Siehe dazu Kapitel 3.2.1.

852 Ab 1929 arbeitete Sander als freier Schriftsteller. Vgl. Koch 1992, S. 291.

853 Der Autor Edmond Jaloux war Sander von Stefan Zweig, mit dem er einen freundschaftlichen Briefwechsel unterhielt, wärmstens empfohlen worden. Überhaupt war es Zweig, der Sander

Louis Couperus, Jakob Wassermann, Emil Lucka, Georg Hirschfeld,[854] Rudolf Huch und Hans von Hülsen publiziert. Mit dieser Reihe, deren Ausstattung Emil Rudolf Weiss besorgte, sollte „eine neue, junge und nationale Literaturbewegung"[855] etabliert werden. Zu den Autoren der 1927 begonnenen Reihe *Junge Deutsche,*[856] mit der zum Teil noch unbekannten Autoren ein Podium gegeben werden sollte, zählten neben heute mehr oder weniger in Vergessenheit geratenen Schriftstellern, etwa Adolf Arthur Kuhnert (vertreten mit immerhin fünf Titeln), Karl Ludwig Skutsch, Otto Heuschele oder Frank Matzke, auch namhafte Autoren wie Klaus Mann, Peter de Mendelssohn, Gottfried Kapp[857] und Heinrich Hauser,[858] dessen 1928 mit dem Gerhart-Hauptmann-Preis ausgezeichneter Roman *Brackwasser* als einziger Titel der in der Weimarer Republik edierten *Jungen Deutschen* eine Nachauflage in der NS-Zeit erlebte. Als Gemeinsamkeit der Autoren der *Junge Deutsche*-Reihe konstatiert Koch eine Abkehr vom Expressionismus,[859] obwohl sich die Titel *Haß* von Max Sidow sowie *Die Nacht von Mariensee* von Fred von Zollikofer durchaus noch diesem Genre zurechnen lassen.[860] Die Schwierigkeit generalisierender Zuordnung von Autoren und

zahlreiche Autorempfehlungen für die *Reclam-Romane* und die *Jungen Deutschen* gab und anregte, die Reihe der *Reclam-Romane* für fremdsprachige Autoren zu öffnen. Vgl. Koch 1990, S. 204.

854 Von den jüdischen Autoren Lucka, Hirschfeld und Wassermann erschienen auch Werke in der UB. Sie gehörten zu den Titeln, die während des Nationalsozialismus aus dem Programm eliminiert wurden – obgleich nur von Wassermann das gesamte Werk auf der *Liste des unerwünschten Schrifttums* stand, von Hirschfeld nur ein Titel, von Lucka kein Titel, siehe dazu Kapitel 3.2.1. Gleichzeitig erschienen in der Reihe *Moderne Romane* auch Werke von Rudolf Huch und Hans von Hülsen, die beide, obwohl nicht vollends nationalsozialistisch gesinnt, das ‚Gelöbnis treuester Gefolgschaft' für Adolf Hitler unterschrieben hatten. Vgl. *Vossische Zeitung* 26.10.1933. Siehe dazu Kapitel 3.5.2.

855 Stark 2000, S. A490. Zum Konstruktionscharakter von Generationszugehörigkeit siehe auch Winter 2012.

856 Siehe dazu ausführlich Stark 2000, S. A490–A500.

857 Kapps Werk war zwar in der Zeit des Nationalsozialismus nicht ‚unerwünscht', aber er war aufgrund seiner jüdischen Ehefrau andauernden Schikanen durch NS-Behörden ausgesetzt. 1938 kam er während eines Gestapo-Verhörs in Frankfurt durch einen nicht aufgeklärten Sturz aus dem Fenster ums Leben. Vgl. Menges 1977.

858 Der Lebemann, Weltenbummler, Schriftsteller und Fotograf Hauser war fünfmal verheiratet, darunter mit zwei jüdischen Frauen. Beide unterstützte er bei der Emigration aus Deutschland. Nach einer kurzen anfänglichen Sympathie für den Nationalsozialismus verlegte sich der auch als sozialkritischer Journalist tätige Hauser auf neutrale Reiseberichte und Industriereportagen. 1939 ging er in die USA ins Exil; seine politisch unverdächtigen Bücher erschienen weiterhin in Deutschland. Vgl. Schultz 1969; Graebner 2001, S. 19–37.

859 Vgl. Koch 1992, S. 291.

860 Vgl. Raabe 1992, S. 436, 546. Von Autoren der Reihe *Junge Deutsche* lassen sich ferner – an anderer Stelle publiziert – acht Gedichte, Hymnen und Sonette von Max Sidow, zwei Gedichte und eine Kurzgeschichte von Fred von Zollikofer, zwei Gedichte von Otto Heuschele und je ein Textwerk von David Luschnat, Manfred Hausmann und Wolfgang Hellmert als dem Expressionismus zugehörig ermitteln. Vgl. Paul Raabe (Hg.): Der literarische Expressionismus Online, https://db.saur.de/LEX/login.jsf;jsessionid=497dc9f872dad7abc0d232bae57f [25.05.2024].

Werken zu modernen und anti-modernen literarischen Bewegungen spiegelt schon die zeitgenössische Kritik: Über den 1932 publizierten Roman *Zwischen gestern und morgen* von Wilhelm Stolzenbach urteilt die *Arbeiter-Zeitung* im September 1933: „Der Autor [...] führt uns durch alle möglichen Phantastereien und Menschheitsideale von gestern." Seine Protagonisten, vier Studenten, suchen hingegen

> nach dem zukunftssuchenden „menschheitswollenden großen Menschen" mit Idealismus und Metaphysik, mit „Kooperativismus" und Nationalismus. Diesen Weg ist ja leider ein großer Teil des deutschen Volkes gegangen – er hat in die braune Barbarei geführt. Ob der Autor sich mit diesem Endziel identifiziert, ist aus dem Buch nicht herauszulesen, aber jedenfalls war der Weg zum Dritten Reich reichlich mit ähnlichen schwülstigen Phrasen, als das Buch sie enthält, gepflastert.[861]

Ebenfalls unter dem Lektorat Ernst Sanders erschienen in der UB erstmals Werke von Thomas Mann (*Tristan*, 1928), Arthur Schnitzler (*Die dreifache Warnung*, 1924), Ricarda Huch (*Der neue Heilige*, 1924), Arnold Zweig (*Gerufene Schatten*, 1926), Jakob Wassermann (*Das Gold von Caxamalca*, 1928) und Heinrich Mann (*Der Tyrann* und *Die Branzilla, 1929).* Dass die letztgenannten Novellen zusammen als Nummer 7001 der UB erschienen sind, bringt, wie Cwojdrak zu Recht bemerkt, deutlich zum Ausdruck, welche

> Art zeitgenössischer Autoren bei [...] Ernst Reclam die erste Geige spielte: Die Jubiläumsnummer 7000 wurde demonstrativ an den völkischen Schwarmgeist und glühenden Hitlerverehrer Kolbenheyer[862] [Anmerkung K. B.: *Wenzel*

861 *Arbeiter-Zeitung* 16.09.1933.

862 Erwin Guido Kolbenheyer schloss sich bereits 1928 dem Kampfbund für deutsche Kultur an, gemeinsam mit weiteren Kulturschaffenden rief er zur Personalunion der Ämter des Reichskanzlers und des Reichspräsidenten in der Person Hitlers auf, die Eingliederung des Sudetenlands begrüßte er euphorisch, seit 1940 war er NSDAP-Mitglied und unterstützte den Nationalsozialismus fortwährend in zahlreichen Reden und Schriften. Vgl. Klee 2009, S. 295 f. Seine Eignung als Redner für ‚Kraft durch Freude' wird bisweilen kritisch bewertet, so gehe sein Vortrag „Geistesleben, biologisch gesehen" „weit über das Begriffsvermögen des einfachen Mannes aus dem Volk hinaus. [...] Alles hätte viel einfacher gesagt werden können. [...] Kolbenheyer [soll] sich darauf beschränken, aus seinen Büchern vorzulesen; er soll sich nicht plötzlich nationalsozialistisch aufzäumen." Protokollauszug vom 03.03.1942. In: BArch, NS 18/37, Bl. 1. Kolbenheyer wurde in der Zeit des Nationalsozialismus vielfach ausgezeichnet, u. a. wurde ihm 1937 der Goethepreis der Stadt Frankfurt a. M. verliehen. Vgl. Lehmann (Oberbürgermeister Frankfurt am Main) an Hans Hinkel am 17.08.1937. In: BArch, R 9361-V/7174, Lesefilm-Nr. RK B 99, Bild-Nr. 1244. Zu Ehren seines 60. Geburtstags am 30.12.1938 erhielt Kolbenheyer in Anerkennung seiner Beteiligung „an der Durchsetzung des rassisch-biologisch orientierten Weltbildes [...] und der Überwindung des kulturellen Verfalls [...] durch seine schroffe und konsequente Ablehnung des jüdischen Literaturbetriebs" das Adlerschild des Deutschen Reiches. Leiter VIII an den

> *Tiegel*] gegeben, [...] die Nummer 7001, nach dem Festtag wieder der Alltag, an Heinrich Mann. [...] Deutlicher konnte man sich nicht entscheiden, als sich hier Reclam entschieden hat.[863]

Zusammenfassend kann dennoch festgehalten werden, dass die Anzahl nicht-NS-konformer Autoren die der deutlich NS-konformen im Verlagsprogramm der Weimarer Zeit eindeutig übersteigt. Der Anteil der Autoren, deren Werke ab 1933 verhöhnt, verbrannt und indiziert wurden, war deutlich geringer. Unter den 133 Autoren, die auf der unmittelbar nach der nationalsozialistischen Machtübernahme im Januar 1933 durch den Berliner Bibliothekar Wolfgang Herrmann begonnenen, aber nie offiziell verabschiedeten *Schwarze Liste* zur Entfernung von Büchern aus Buchhandel und Büchereien[864] stehen, sind 18 Autoren (13,5 %) bei Reclam mit 29 Titeln vertreten. Hinzuzurechnen sind weitere 14 Titel, an denen Robert Neumann, Stefan Zweig und Georg Fink in Nachworten, als Herausgaben oder durch Nachdichtungen beteiligt waren. Mit Ausnahme von *Sturm im Argonner Wald: Erzählung aus dem Weltkrieg* von Max Barthel stammen alle Veröffentlichungen aus der Zeit vor 1933.[865] Von den 1.021 Autoren, deren Gesamtwerk auf der *Liste des schädlichen und unerwünschten Schrifttums* mit Stand vom 31.12.1938 und den fortführenden Jahreslisten der Jahre 1939–1943 verboten wurde, waren lediglich 36 Schriftsteller (3,5 %) im Programm des Reclam Verlags mit eigenen Werken vertreten.[866] Von 405 Autoren, die summarisch als

Reichsminister RMVP am 09.11.1938. In: BArch, R 55/119, Bl. 175. Der 1943 neu zu schaffende Kolbenheyer-Preis für Leistungen auf dichterischem Gebiet und auf dem der Wissenschaft wird zwar vom RMVP unter der „Gefahr [...], dass ein anderes Ressort (etwa das Wissenschaftsministerium oder das Innenministerium) die Schaffung des Preises billigen würde" befürwortet, aber letztlich im Zuge der Kriegsumstände nicht umgesetzt. Schmidt-Leonhardt an Goebbels am 04.12.1943. In: BArch, R 55/119, Bl. 200; Naumann an Leiter Personal am 07.12.1943. In: In: BArch, R 55/119, Bl. 203. Kolbenheyer gehörte ferner zu den in der Wahrnehmung Hitlers sechs wichtigsten deutschen Schriftstellern, die aufgrund ihres Status auf der *Sonderliste A* der *Gottbegnadeten-Liste* Privilegien, wie etwa die Freistellung von Kriegsdienst und Dienst an der Heimatfront, genossen. Die Münchner Spruchkammer verurteilte ihn 1948 zunächst als Belasteten zu fünf Jahren Berufsverbot, einer Strafzahlung in Höhe seines halben Vermögens sowie zu 180 Tagen Sonderarbeit. Im Zuge eines Revisionsverfahrens 1950 wurde er als Minderbelasteter eingestuft, das Berufsverbot aufgehoben, das Strafgeld auf 1.000 DM gesenkt. Kolbenheyer zeigte sich zu keiner Zeit einsichtig, seine Verbindung zu rechtsgerichteten Kreisen hielt er aufrecht. Vgl. Weiß 2002, S. 274; Seidler 1980.

863 Cwojdrak 1967, S. 171.

864 Vgl. Reinsch o. J.

865 Als Datengrundlage wurden die von Reinsch o. J. und Opitz; Sohns 2006 online zur Verfügung gestellten Autoren der *Schwarzen Liste* zusammengeführt. Die Autoren wurden sowohl mit der erstellten Verlagsbibliografie als auch mit dem Online-Katalog der DNB abgeglichen, fehlende Zuordnungen sind folglich möglich. Zur Übersicht der im Reclam'schen Verlagsprogramm vertretenen Autoren der *Schwarzen Liste* siehe Anhang 6.

866 Von den 36 Schriftstellern betrifft dies 53 Titel, die zum Großteil nach 1933 nicht mehr verfügbar waren. Siehe dazu Kapitel 3.2.1. Drei dieser Schriftsteller (Robert Neumann, Felix

Widerstandsautoren bezeichnet werden können (insbesondere Mitglieder der Roten Kapelle oder des Bunds proletarisch-revolutionärer Schriftsteller, christlich motivierte Widerständler sowie einschlägig Exilaktive), kamen zwölf (3 %) mit 17 Titeln bei Reclam zu Wort.[867]

Während der Gustav Kiepenheuer Verlag in der Weimarer Republik zum kulturellen Leitverlag für Expressionismus und Neue Sachlichkeit avancierte,[868] blieb das Programm des Reclam Verlags den Autoren der Neuen Sachlichkeit – Alfred Döblin, Hans Fallada, Lion Feuchtwanger, Franz Kafka, Erich Kästner, Robert Musil, Erich Maria Remarque, Joseph Roth, Kurt Tucholsky, Robert Walser oder Carl Zuckmayer – ebenso verschlossen wie den expressionistischen Dramatikern – Ernst Toller, Georg Kaiser, Walter Hasenclever, Reinhard Goering, Frank Wedekind. Einzig von August

Salten und Stefan Zweig) waren darüber hinaus in Form von Nachworten, Herausgabe und Nachdichtung an elf weiteren Titeln beteiligt. Darüber hinaus waren sieben weitere Autoren, deren Gesamtwerk indiziert wurde, als Verfasser von Vor- und Nachworten, Bearbeitungen und Übersetzungen bei sieben Titeln indirekt am Reclam'schen Verlagsprogramm beteiligt. Von Walter Bauer, von dem lediglich alle Schriften bis 1933 auf den Index gesetzt worden waren, erschien bei Reclam 1942 und 1944 je ein Titel. Zur Übersicht der im Reclam'schen Verlagsprogramm vertretenen Autoren, deren Gesamtwerk auf der *Liste des schädlichen und unerwünschten Schrifttums* indiziert worden war, siehe Anhang 7. Für diese und folgende Analysen zur *Liste des schädlichen und unerwünschten Schrifttums* wurde ein frei verfügbarer, mittels OCR generierter Datensatz der *Liste des schädlichen und unerwünschten Schrifttums* verwendet. Vgl. Lewis 2014. Hierbei handelt es sich um eine bearbeitete, angereicherte und deduplizierte Version des ursprünglich vom offiziellen Hauptstadtportal der Stadt Berlin bereitgestellten Datensatzes, der den Band 2 von 1938 sowie die darauffolgenden *Jahreslisten des schädlichen und unerwünschten Schrifttums* 1939–1941 enthält. Vgl. Senatsverwaltung 2016. Auch wenn Band 1 von 1935 und die Nachträge 1–3 von 1936 hier nicht explizit als Teil des Datensatzes genannt werden, so ergab eine Sichtung der digital verfügbaren Originaldokumente zum ‚schädlichen und unerwünschten' Schrifttum, dass die ‚unerwünschten' Titel aus den Bänden von 1935 und 1936 ebenfalls im Datensatz enthalten sind. Vgl. Reichsschrifttumskammer 1935 ff. Aufgrund geringer Abweichungen wurden beide Datensätze zusammengeführt. Der Gesamtdatensatz enthält neben den Titel- und Autorenangaben der ‚unerwünschten' Literatur auch die Erscheinungsjahre und -orte sowie die publizierenden Verlagshäuser. Der Reclam Verlag ist lediglich mit vier Titeln aufgeführt (siehe Kapitel 3.2.1). Für Autoren, deren sämtliche Schriften indiziert waren und für die folglich keine Verlagsangaben auf Einzeltitelebene aus dem Datensatz entnommen werden konnten, wurde sowohl mit der erstellten Verlagsbibliografie als auch, da diese nur für den Publikationszeitraum 1918 bis 1945 lückenlos ist, mit dem Online-Katalog der DNB ermittelt, ob sie im Verlagsprogramm des Reclam Verlags vertreten waren. Allerdings enthält der Gesamtdatensatz nicht die knapp acht Seiten umfassende Ergänzungsliste aus dem Jahr 1942 (rund 165 Einträge), diese wurden manuell in der Analyse mitberücksichtigt.

867 Zwölf Titel vor 1933, fünf danach. Zusätzlich finden sich 14 Werke, an denen Robert Neumann bzw. Stefan Zweig in Form von Nachworten oder Herausgaben beteiligt waren, sowie ein Titel in freier Bearbeitung von Otto Zoff und eine Herausgabe von Ricarda Huch. Die Datengrundlage setzt sich zusammen aus: Aust; Aust 2008; Benz 2014; Brekle 1985; Hein 1991; Hilzinger o. J.; Roloff 2004. Auch hier wurden die ermittelten Autoren mit dem Verlagsprogramm und dem Online-Katalog der DNB abgeglichen. Siehe dazu Anhang 8.

868 Siehe dazu: Lokatis 2011, S. 12.

Strindberg wurden 1919 zwei Titel publiziert. Unberücksichtigt blieben auch die Romanciers und Lyriker des Expressionismus wie Ernst Barlach, Gottfried Benn, Kasimir Edschmid, Yvan Goll, Ferdinand Hardekopf, Georg Heym, Bohuslav Kokoschka, Else Lasker-Schüler, Oskar Loerke, Walter Mehring, Georg Trakl und viele mehr. Von 528 namhaften Autoren aus dem Umfeld der Neuen Sachlichkeit und des Expressionismus wurden bei Reclam nur 26 (= 4,9 %) mit 47 Titeln publiziert.[869] Dies entspricht lediglich 5,9 % aller 442 zwischen 1900 und 1932 bei Reclam publizierten belletristischen Autoren. Auch die proletarisch-revolutionäre Dichtung von Berthold Becher, Erich Weinert, Ludwig Renn und Hans Marchwitza oder das Frühwerk von Bertolt Brecht und Anna Seghers fand keinen Eingang in das stets als universal beworbene Programm.

Im Gegensatz zum Eugen Diederichs Verlag zeichnete sich das Sachbuchprogramm des Reclam Verlags nicht dadurch aus, in erster Linie „radikal-staatsablehnende Ideen [...] in weite Teile der deutschen Gesellschaft zu tragen und dort wirksam werden zu lassen."[870] Der EDV wurde von den Söhnen des kulturidealistischen Eugen Diederichs, Niels und Peter, nach dessen Tod deutlich kaufmännischer geführt – unter Verzicht auf defizitäre Großprojekte und mit Konzentration auf politische Schriften zur „Lösung drängender Gegenwartsfragen"[871] und zum tagespolitischen Geschehen, die „maßgeblich die staatsablehnenden und Revolution befürwortenden Tendenzen im politisch konservativen Spektrum Deutschland[s]"[872] unterstützten und förderten.

Das Sachbuchprogramm des Reclam Verlags umfasst vorrangig literaturwissenschaftliche Abhandlungen (67 Titel), zahlreiche tierkundliche Titel im Bereich der Naturwissenschaften (49 Titel), Gesetzesausgaben (30 Titel), Musik- und Theaterliteratur (29 Titel), aber auch philosophische Schriften (24 Titel) sowie Beiträge zur Staats- und Sozialwissenschaft und zur Volkswirtschaft (20 Titel). Unter den historischen und kulturgeschichtlichen Werken, die mit 68 Titeln den Schwerpunkt des Reclam'schen Sachbuchprogramms bilden, finden sich zahlreiche militärische bzw. militärgeschichtliche Titel, etwa die *Kriegskalender* zur „übersichtlichen Zusammenstellung der gleichzeitigen Ereignisse auf den verschiedenen Kriegsplätzen"[873] (je einmalig mit 5.000 bzw. 8.000 Exemplaren aufgelegt), *Der Krieg der Zukunft* des preußischen Generalleutnants Max Schwarte (Erstauflage 10.000 Exemplare), *Der große Krieg 1914–1918* des Oberstleutnants und zeitweiligen Leiters der Nachrichtenstelle des

869 Siehe dazu Anhang 9. Publikationen ab 1933 (17 Titel von 14 Autoren) werden nicht berücksichtigt, da diese kaum mehr als Vertreter der Neuen Sachlichkeit oder des literarischen Expressionismus gelten können. Als Datengrundlage dienten die Autorenübersichten von Pankau 2010, S. 141–143 und Raabe 1992, S. 563–567.

870 Triebel 2004, S. 76.

871 Zitiert nach Triebel 2004, S. 74: Werbeanzeige, in: *Die TAT*, 24. Jg. Nr. 4 (Juli 1932), U 4.

872 Triebel 2004, S. 76.

873 So der Untertitel der *Kriegskalender*. Vgl. Katalogeintrag Zeitschriftendatenbank, https://zdb-katalog.de/title.xhtml?idn=010293574 [25.05.2024].

Reichswehrministeriums Karl Ludwig von Oertzen (gestartet 1930 mit einer Erstauflage von 10.000 Exemplaren, bis 1945 in einer Gesamtauflage von 73.000 Exemplaren hergestellt) oder *Wie es zum Großen Kriege kam* (1930 mit einer Startauflage von 10.000 Exemplaren bis zum Ende des NS-Regines in 55.000 Exemplaren gedruckt). Alfred von Wegerer, Autor dieser erfolgreichen Vorgeschichte des Weltkriegs, war in der Zentralstelle für Erforschung der Kriegsursachen mit Leitungsfunktionen betraut. Die im April 1921 vom Auswärtigen Amt gegründete und finanzierte private Einrichtung hatte die Aufgabe, die deutsche Kriegsschuld, die im Versailler Vertrag festgeschrieben war, zu widerlegen. Im Gegensatz zum Arbeitsausschuss deutscher Verbände, der sich mit erheblichem propagandistischen Einsatz direkt an breite Bevölkerungsschichten wandte, legte die Zentralstelle erhöhten Wert auf den „‚wissenschaftlichen Charakter‘ ihrer Arbeit und die Exklusivität ihres Adressatenkreises“[874] – namhafte in- und ausländische Entscheidungsträger und Multiplikatoren, vorrangig Publizisten und Wissenschaftler.[875]

Derartige Titel stellen im Verlagsprogramm eine quantitative Minderheit dar, nehmen aber eine klare antidemokratische Haltung ein. Statt zu einer Verarbeitung des Kriegsgeschehens und -ausgangs beizutragen, bedienten sie mit revisionistischer Propaganda den deutschen Vertragsrevisionismus, dessen Früchte 1933 die NSDAP erntete.

Ähnliches gilt für die Schriften des Eugenikers und Anthropologen Walter Scheidt, der 1941 als politisch unzuverlässig eingestuft wurde und 1934 noch den Bedeutungsaufschwung der Rassenbiologie von der „Theorie Weniger […] zur Wirklichkeit Aller“ durch „die weltgeschichtliche Tat unseres Führers Adolf Hitler“[876] begrüßt hatte. Scheidt gilt als gemäßigter Vertreter der Rassenbiologie, und obgleich er Distanz zum Regime wahrte, leisteten seine Schriften der Ideologie der nationalsozialistischen ‚Rassenhygiene‘ gesellschaftlichen Vorschub. Zusammen mit Ernst Dobers gab er die Hefte für den rassenbiologischen Unterricht heraus.[877] Mit seiner Rassenbiologie wollte Scheidt auch Psychologie und Kultur in naturwissenschaftlichem Kontext verorten, er setzte dabei ‚Rassenhygiene‘ mit Kulturpolitik faktisch gleich und forderte mit dem Anspruch, die universitäre Lehrerbildung institutionell gemäß seiner Kulturbiologie zu formen, eine rassenbiologische Durchdringung des gesamten Unterrichts. Unter dem Pseudonym Berchtold Gierer verfasste Scheidt auch Trivialliteratur und erhielt unter diesem Namen für den völkisch-propagandistischen Titel *Geschlechter am See* 1941 den neu gestifteten Wilhelm-Raabe-Preis der Stadt Braunschweig.[878] Bei Reclam erschienen mit einer Startauflage von 10.000 Exemplaren 1930 seine *Rassenkunde* (bis

874 Heinemann 1983, S. 95.

875 1937 wurde die Zentralstelle aufgelöst, da ihre Arbeit angesichts der von Adolf Hitler verfolgten Politik zunehmend an Bedeutung verloren hatte. Vgl. Heinemann 1983, S. 95 ff.

876 Scheidt 1934, S. 5.

877 Vgl. Harten et al. 2006, S. 285 ff., 324; siehe dazu auch: Massin 1999, S. 12–64.

878 Leitgeb 1994, S. 227.

1945 in 60.000 Exemplaren hergestellt) sowie 1931 die beiden Titel *Kulturkunde* und *Kulturpolitik* (Erstauflage je 10.000 Exemplare, Gesamtauflage bis 1945 je 20.000 Exemplare).

Primäres Ziel dieser quantitativen Betrachtung des Verlagsprogramms ist jedoch nicht, die Wirkung einzelner Titel auf gesellschaftspolitische Diskurse nachzuvollziehen, sondern fundierte, nicht nur mit Einzelfällen argumentierende Aussagen über die Struktur des Gesamtprogramms zu treffen. Deutlich wird dabei, dass der Reclam Verlag nicht den Leipziger Verlagen zuzuordnen ist, die bereits zwischen 1918 und 1933 unmittelbar als Mittler und Förderer nationalsozialistischer Ideologie wirksam geworden waren. Zu letzteren zählen beispielsweise der Hammer Verlag, gegründet von Theodor Fritsch, der allein von 1918 bis 1926 zwanzig antisemitische Druckwerke herausgab, und der L. Staackmann Verlag (Tochter des Köhler & Volckmar-Konzerns), der von den Nationalsozialisten rückblickend als langjähriger völkischer „Kampfverlag" hofiert wurde. Auch der Armanen Verlag (Zweigstelle des Diesterweg Verlags in Frankfurt am Main) und der Avenarius Verlag sind den umtriebigsten NS-Propagandisten unter den Verlagshäusern vor 1933 zuzurechnen.[879]

Aber auch im Reclam Verlag hatte völkisches Gedankengut bereits in der Weimarer Republik einen festen Platz. So konnten zahlreiche, bereits vor 1933 veröffentlichte Titel der UB, wie später noch zu zeigen sein wird, in der NS-Zeit übergangslos in einschlägigen Prospekten für nationalsozialistisch geprägte Verlagswerbung und für Propagandazwecke verwendet werden. „Für das, was Reclam nach Beginn der Hitler-Herrschaft veröffentlichte", resümiert Günther Cwojdrak in Bezug auf das Verlagsprogramm 1918–1933 aus der Perspektive sozialistischer Kulturpolitik der DDR, „kann man den Verlag nicht im gleichen Maße verantwortlich machen wie für die Publikationen der vorangegangenen Jahrzehnte, eine derartige Diktatur erfordert ihren Tribut."[880]

3.2 „Für das deutsche Ansehen als schädigend zu erachten"[881] – zum Umgang mit ‚unerwünschter' Literatur

Der Beginn des nationalsozialistischen Regimes war, wie der Blick auf die Programmpolitik in der Weimarer Republik zeigen konnte, weder Voraussetzung noch Startpunkt für die Verbreitung antisemitischer, sozialdarwinistischer und völkisch-nationaler

879 Vgl. Seifert 2007, S. 80 f.
880 Cwojdrak 1967, S. 172.
881 *BBl.* 13.05.1933a. Teile des folgenden Kapitels basieren auf einem bereits publizierten Beitrag der Verfasserin (siehe Schmahl 2013a), dessen Forschungsstand mittlerweile überholt ist. Frühere Erkenntnisse konnten erheblich erweitert und konkretisiert, in Teilen auch revidiert werden.

Überzeugungen in den Heimat-, Historien- und Bauernromanen der ‚Blut-und-Boden'-Ideologen oder der Kampferlebnisse verherrlichenden Kriegsromane und Heldendarstellungen. Der Machtwechsel bedeutete vielmehr das Verstummen tausender liberal, demokratisch, sozialistisch, humanistisch oder pazifistisch gesinnter Schriftsteller sowie Autoren jüdischer Herkunft, den Entzug der Lebensgrundlage und Flucht ins Exil für die Davongekommenen, oft auch Einlieferung und Tod in den Konzentrationslagern.

In der Regierungserklärung vom 23.03.1933 definierte Hitler die Hauptaufgaben seiner Kulturpolitik mit den Schlagworten ‚Säuberung' und Förderung. Unter allen für die neuen Machthaber relevanten kulturpolitischen Institutionen, die systematisch ihrer Kompetenzen beraubt und ‚gleichgeschaltet' wurden,[882] erwies sich der Börsenverein der Deutschen Buchhändler als besonders kooperativ. Die Anbiederung des Vereins erreichte ihren vorläufigen Höhepunkt mit dem am 03.05.1933 im *Börsenblatt* veröffentlichten „Sofortprogramm für den Deutschen Buchhandel"[883]. Dieses enthielt Maßnahmen, aus denen deutlich wurde, dass „die bislang so erfolgreiche Kooperation mit jüdischen Verlegern, Buchhändlern und Autoren geopfert wurde."[884] In geistiger Verbrüderung mit der „Aktion wider den undeutschen Geist" – ausgerufen von der deutschen Studentenschaft, an deren Ende am 10.05.1933 die Bücherverbrennung stattfand[885] – veröffentlichte das *Börsenblatt* am 13.05.1933 eine Liste mit zwölf Schriftstellern, die „für das deutsche Ansehen als schädigend zu erachten"[886] und folglich vom Buchhandel auszuschließen seien. Unter ihnen waren nicht nur jüdische, sondern auch politisch ‚unerwünschte' Schriftsteller. Von November 1933 bis Februar 1934 teilte der BV den Verlagen in „strengvertraulichen" Einschreiben mit, welche „Werke aus nationalen und kulturellen Gründen nicht erwünscht" seien.[887] Die Anordnung der Reichsschrifttumskammer über schädliches und unerwünschtes Schrifttum vom 25.04.1935[888] schuf die Ausgangssituation für systematische ‚Säuberungs-' und Repressionsmaßnahmen. Sie

882 Vgl. dazu: Barbian 1993a, S. 29–66.

883 Vgl. *BBl.* 13.05.1933b.

884 Die Strategie des BV, sich den veränderten politischen Rahmenbedingungen freiwillig unterzuordnen, um den Verein als autonome Interessensvertretung ohne Eingriffe von außen zu erhalten und als Belohnung staatliches Entgegenkommen in wirtschaftlichen Fragen zu erwirken, scheiterte. Am 19.10.1934 wurde der BV aus der Reichsschrifttumskammer ausgegliedert und durch den neu gegründeten Bund reichsdeutscher Buchhändler ersetzt, dem die berufsständische Erfassung und Verwaltung für den Bereich der RSK oblag. Somit wurde der Autonomie ein Ende gesetzt und der BV auf ein Wirtschaftskartell ohne Machtkompetenzen beschränkt. Vgl. Barbian 1993b, S. B 42 ff.

885 Die Bücherverbrennungen, die keineswegs zentral von der Partei gesteuert wurden, sondern von örtlichen Initiativen völkischer Studenten organisiert worden waren, fanden von März bis Oktober 1933 statt. Vgl. Lorenz 2009, S. 47; Wittmann 1999, S. 360.

886 *BBl.* 13.05.1933a.

887 Zitiert nach Barbian 1993b, B 45.

888 *BBl.* 30.04.1935.

basierte auf den seit 1935 in der Reichsschrifttumskammer, ab 01.04.1938 in der Schrifttumsabteilung des Reichsministeriums für Volksaufklärung und Propaganda geführten[889] *Listen des schädlichen und unerwünschten Schrifttums,*[890] welche die Verbreitung der auf diesen Listen geführten „Bücher und Schriften durch öffentlich zugängliche Büchereien und durch den Buchhandel in jeder Form (Verlage, Ladenbuchhandel, Versandbuchhandel, Reisebuchhandel, Leihbüchereien)"[891] untersagte. Diese Listen enthielten zuletzt 6.050 Eintragungen, zumeist einzelne Titel, aber auch 1.021 Einträge zu Autoren, deren Gesamtwerk verboten war. Auszusondern waren die Literatur führender Persönlichkeiten der SPD, der Arbeiterbewegung, des Kommunismus, Schriften von Emigranten und ausländischen Autoren, die geeignet waren, „das neue Deutschland herabzusetzen", Bücher zum politischen System der Weimarer Republik, frühes ‚Konjunkturschrifttum' des Nationalsozialismus, Schrifttum der „Schwarzen Front" Otto Strassers, Schriften zu Ernst Röhm, die Literatur der „Asphalt- und Zivilisationsliteraten", pazifistische Literatur und solche liberal-demokratischer Natur, aber auch Schriften der Bekennenden Kirche sowie Sexualpädagogisches, Erotika und Trivialliteratur.[892] Neben der RSK und dem RMVP nahmen auch die Geheime Staatspolizei, der Sicherheitsdienst des Reichsführers SS (SD), das Schrifttumsamt Rosenberg sowie die Bouhler'sche Parteiamtliche Prüfungskommission zum Schutze des nationalsozialistischen Schrifttums eine systematische Sichtung des Buchmarkts vor. Außerdem konnte ein ‚Führerentscheid' zu Buchverboten führen.[893]

Der Reclam Verlag, äußerst bemüht, den gewandelten Forderungen alsbald gerecht zu werden, dünnte das Gesamtprogramm der UB, in dem etliche Titel der nun ‚unerwünschten' Autoren erschienen waren, umfangreich aus. Gerade weil der Verlag, bedingt durch den Umfang des Verlagsprogramms in der Backlist der UB, vermutlich wesentlich mehr Titel aus dem Programm nehmen musste als andere Verlage, scheint es fraglich, ob die mehr als gewissenhafte Durchforstung des Gesamtverzeichnisses der

889 Vgl. Barbian 1997, S. 125.

890 Aufbauend auf den *Schwarzen Listen* des Berliner Bibliothekars Dr. Wolfgang Herrmann wurde mit der sogenannten Liste 1 der *Liste des schädlichen und unerwünschten Schrifttums* eine Grundlage geschaffen, um der Anordnung vom 25.04.1935 Rechnung zu tragen. Die Liste wurde fortwährend erweitert, 1938 wird sie mit Stand vom 31.12.1938 erneut publiziert und bis 1942 mit den *Jahreslisten des schädlichen und unerwünschten Schrifttums* fortgeführt.

891 Reichsschrifttumskammer 1938, S. 3. Diese in der Deutschen Bücherei erarbeiteten Listen boten die Grundlage für eine effektive Nachzensur. Zu den Instrumenten und Methoden der Buchzensur siehe Barbian 2010, S. 250–281. Auch wenn eine generelle Präventivzensur nicht etabliert werden konnte, gelang es den verschiedenen Schrifttumsstellen doch im Laufe der Zeit, eine Prüfung der nahezu gesamten Buchproduktion vor der Drucklegung zu erreichen. Jedoch muss an dieser Stelle festgehalten werden, dass die intendierte nahtlose Überwachung und Kontrolle der Autoren, Verlage und des Buchmarkts nie gelang, zahlreiche Publikationen und Studien zeigen ‚Schlupflöcher' und Ausnahmeerscheinungen auf. Siehe dazu Kapitel 3.5.3. und 4.3.4.

892 Zu den 18 Indizierungskriterien im Einzelnen siehe Aigner 1971, Spalte 991–1002.

893 Vgl. Barbian 1997, S. 125.

UB in diesem Ausmaß notwendig war. Hinzu kamen in Eigeninitiative des Verlags erstellte „Vorschläge für die Ausmerzung jüdischer Autoren", die Reclam spätestens 1936 durch den Referenten Dr. Pogge von der RSK prüfen und genehmigen ließ.[894] Bereits im Juli 1933 positionierte der Prokurist Rudolf Kaemmerer den Reclam Verlag bei führenden Staatsstellen im ‚rechten' Licht. In einem Schreiben an den Reichsorganisationsleiter des Kampfbundes für deutsche Kultur, Hans Hinkel, pries er die Systemtreue und die Eignung des Verlags als Aufbauhelfer des neuen Staats an:

> Die in Reclams Universal-Bibliothek in grösstem Ausmasse vorhandene nationale Literatur ist in den letzten 14 Jahren in den Hintergrund gedrängt worden. Das Betätigungsfeld des Verlages wurde ferner dadurch eingeschränkt, dass der Verlag nicht nur den Wünschen nach Einführung von Antiqualettern Widerstand leistete, sondern auch alle pazifistische undeutsche Literatur ablehnte. Bei dem nationalen Wiederaufbau dürfte die Universal-Bibliothek durch ihre zuverlässigen, vollständigen Ausgaben und wohlfeilen Preise in der Lage sein, grosse Aufgaben erfüllen zu helfen. [...] Der Verlag wäre dankbar, wenn seine langjährigen Bemühungen um das deutsche Kulturgut jetzt behördliche Unterstützung fänden und würde jeder Anregung gern Folge leisten.[895]

Der Kultusminister Bernhard Rust sowie die einzelnen Abteilungen des Kultusministeriums erhielten vergleichbare Schreiben und außerdem je zehn Bände der neuen Reihe *Deutsches für Deutsche* als „die wichtigsten Nummern der Universal-Bibliothek".[896]

3.2.1 „Im allgemeinen kann man doch mit dem großen Aufräumen bei Reclam zufrieden sein"[897] – zur Revision des Verlagsprogramms

Aus einer „Nummernliste von 1943 gesperrten RUB-Nummern" sowie dem Verlagsverzeichnis der gehefteten UB-Bände von September 1943[898] wird ersichtlich, welches Ausmaß die Streichungen tatsächlich erreicht hatten: Insgesamt wurden 252 Autoren

894 Reclam Verlag an RSK am 21.01.1938. In: BArch, R 56-V/639. Das Generalverbot „voll- und halbjüdischer Verfasser auch dann, wenn sie nicht in der Liste des schädlichen und unerwünschten Schrifttums eingetragen sind", galt erst ab 15.04.1940. § 4 der Amtlichen Bekanntmachung der Reichsschrifttumskammer Nr. 70 (Neufassung). Anordnung betreffend Listen des schädlichen und unerwünschten Schrifttums vom 15.04.1940. In: *BBl.* 23.05.1940.

895 Kaemmerer an Hans Hinkel am 12.07.1933. In: BArch, RK B168, Bl. 696.

896 Kaemmerer an Hans Hinkel am 12.07.1933. In: BArch, RK B168, Bl. 696. Zur Reihe *Deutsches für Deutsche* siehe Kapitel 3.3.7.5.

897 *Völkischer Beobachter* 09.01.1938.

898 Vgl. Aufstellung der in der Nummernliste von 1943 gesperrten RUB-Nummern. In: RAL, Ordner 9; Numerischer Bestellkatalog der gehefteten UB-Bände vom September 1943. In: RAS, Mappe UB Bestellzettel. Für die Analyse wurden alle UB-Nummern herangezogen, die im

mit insgesamt 482 Titeln[899] aus dem UB-Programm getilgt, das bis zum Jahr 1933[900] 4.511 Titel in 7.195 Nummern umfasst hatte;[901] das „große Aufräumen" eliminierte also 10,7 % aller bislang erschienenen Titel durch Sperrung oder durch Ersatz mit konformer Literatur.[902] Nicht auszuschließen ist, dass einzelne in diesen Verzeichnissen als „nicht lieferbar" gekennzeichnete Titel möglicherweise nur vergriffen oder aus anderen Gründen nicht mehr verfügbar waren. Anderseits wurden lediglich vergriffene Titel inklusive bibliografischer Angabe in den Verzeichnissen dezidiert als solche gekennzeichnet.

Anhand der Listen ist nicht nachzuvollziehen, zu welchem Zeitpunkt die Streichungen jeweils vorgenommen wurden. Es ist jedoch anzunehmen, dass über die 1936 durch das Ministerium bestätigten Eliminierungsvorschläge hinaus in zwei großen Wellen weitere Titel aus dem Programm entfernt wurden. Zum einen waren 57 Autoren aufgrund ihrer Herkunft aus den im Laufe der Zeit immer zahlreicher werdenden Feindstaaten von (staatlich verordneten)[903] Streichungen betroffen. Am häufigsten fielen französische

Katalog durch einen schwarzen Balken als „nicht lieferbar" gekennzeichnet sind. Die fehlenden Autor- und Titelangaben wurden mittels Abgleich der genannten – jedoch nicht vollständigen – Nummernliste (im Katalog waren mehr Titel als „nicht lieferbar" gekennzeichnet) und bibliografischer Recherche vorrangig im Online-Katalog der DNB sowie dem PDF Auflagenbücher nach Jahren ermittelt. Anschließend wurde geprüft, ob die Autoren auf der *Liste des schädlichen und unerwünschten Schrifttums* indiziert waren.

899 Vgl. Anhang 10 – Übersicht der nach 1933 aus dem UB-Programm entfernten Titel, die in der Nummernliste von 1943 ohne Angabe von Titel- oder Autoreninformation als „nicht lieferbar" gekennzeichnet waren.

900 Zusätzlich sind vier Titel, die zwischen 1933–1943 erschienenen waren, als „nicht lieferbar" gekennzeichnet. Da bei der Analyse der Zeitraum bis 1933 im Vordergrund steht, werden diese Titel bei den Berechnungen nicht berücksichtigt.

901 Diese Annahme bezieht sich auf eine Angabe aus Zeittafel zur Verlagsgeschichte, S. 50, nach der bis Ende 1942 4.787 Titel in der UB erschienen sind. Unter Abzug der 276 von 1933 bis 1942 veröffentlichten Titel ergibt dies eine Titelproduktion von 4.511 Titeln von 1867 bis einschließlich 1932.

902 Ziel war, zu ermitteln, wie viele und welche Autoren und Titel des Reclam Verlags den geänderten kulturpolitischen Bedingungen zum Opfer fielen. Daher wurden zwei Gruppen nicht berücksichtigt. Zum einen betrifft dies die unter Angabe der Autor- und Titelinformation im Katalog als „nicht lieferbar" gekennzeichneten Titel (ca. 360). Hier ist davon auszugehen, dass diese Bücher tatsächlich nicht lieferbar waren bzw. nicht wieder aufgelegt wurden. Gleiches kann für die als „vergriffen" markierten Titel angenommen werden. 38 Nummern, die ohne Autor- und Titelinformation als „nicht lieferbar" gekennzeichnet waren, wurden jetzt im Katalog unter einer neuen Nummer geführt, unter der sie auch lieferbar waren, sodass sie im Weiteren keine Rolle spielen. Zum anderen wurden (abweichend von Schmahl 2013a, S. 20f.) 130 als „getauscht" gelistete Titel der Nummernliste nicht in die Analyse einbezogen, da diese bereits vor 1933 durch andere Titel ersetzt worden waren und folglich hier nicht unmittelbar relevant sind.

903 Nicht nur deutsche Schriftsteller, auch ausländische Literaten standen von Anfang an im Fokus der Verbreitungskontrolle. Zur Zensurpraxis und deren Ausweitung auf immer mehr Staaten im Zuge des fortschreitenden Kriegs siehe Barbian 2010, S. 270ff.

Autoren den Streichungen zum Opfer (17): Von dem französischen Dramatiker Victorien Sardou, der unter anderem die dramatische Vorlage für Giacomo Puccinis *Tosca* verfasst hatte, mussten 14 Titel aus dem Reclam'schen Verlagsprogramm weichen. Außerdem sollten dem deutschen Publikum aus vermeintlich patriotischen Gründen unter anderen auch die Schriften des Marineoffiziers Pierre Loti, eines Bestsellerautors der vorletzten Jahrhundertwende (letztmalig kurz vor Kriegseintritt Frankreichs 1939 nachgedruckt), des Schriftstellers, Philosophen und Aufklärers Denis Diderot, des Nobelpreisträgers für Literatur von 1915 und Pazifisten Romain Rolland oder des bis heute ein Millionenpublikum begeisternden Jules Verne nicht mehr zugemutet werden. Ab dem 22. Dezember 1941 standen die belletristischen Werke von Lewis Wallace, Julian Hawthorne, Henry George und John Habberton für den deutschen Buchmarkt ebenso wenig zur Verfügung wie die Publikationen des ehemaligen US-amerikanischen Präsidenten Theodore Roosevelt, des Forschungsreisenden George Kennan oder der taubblinden Schriftstellerin Helen Keller. Allein von Bret Harte, Charakterzeichner des amerikanischen Westens und Chronist der kalifornischen Goldsuche, wurden 14 Titel aus dem Programm genommen. Der Nachdruck des *Tagebuchs der bösen Buben* von Metta Victoria Fuller Victor noch 1939 sowie des utopischen Romans *Ein Rückblick aus dem Jahre 1000 auf das Jahr 1887* (der bekannteste Titel des Science-Fiction-Autors Edward Bellamy) 1937 stützt die These, dass diese Titel erst nach Kriegseintritt der Amerikaner als untragbar aus dem Programm entfernt wurden. Auch *Die Goldschlucht* Jack Londons wurde noch 1940 von Reclam mit 8.000 Exemplaren nachgedruckt, obwohl der Autor bereits 1935 mit drei Werken auf der *Liste des schädlichen und unerwünschten Schrifttums* geführt wurde. Dies widerspricht – wie noch zu zeigen sein wird – der sonst sehr restriktiven Streichungspraxis und lässt sich vermutlich durch den enormen Beliebtheitswert des Autors erklären. Ähnliches gilt wohl für die Titel *Der kleine Lord Fauntleroy* und *Das blaue Land der Blume* der bis heute beliebten britischen Kinderbuchautorin Frances Hodgson Burnett, die 1940 bzw. 1941 mit je 5.000 Exemplaren von Reclam gedruckt wurden. 1943 waren diese jedoch genauso dem Vertrieb entzogen wie die Werke von Arthur Conan Doyle, Rudyard Kipling, Thomas Hardy, Richmal Crompton, John Galsworthy, Henry Morton Stanley oder Samuel Smile. Als Vertreter der bereits seit November 1939 staatlich überwachten und ab Oktober 1940 verbotenen polnischen Literatur seien Walery Przyborowski, Henryk Sienkiewicz, Maria Rodziewiczówna, Józef Bohdan Zaleski, Józef Ignacy Kraszewski und Henryk Rzewuski genannt, aus dem vielfältigen russischen Literaturleben der Begründer des sozialistischen Realismus Maxim Gorki und der philosemitische NS-Gegner Ossip Dymow, deren sämtliche Schriften bereits 1935 auf dem deutschen Index standen. Ein spezieller Fall ist der norwegische Autor und überzeugte Antisemit Edvard Welle-Strand, dessen Schriften aufgrund der Beteiligung beider Söhne am norwegischen Widerstand verboten wurden, und der vom 16. Januar bis 23. März 1942 im Konzentrationslager in Grini interniert wurde.

Zum anderen galt ab dem 15.04.1940 ein Generalverbot „voll- und halbjüdischer Verfasser auch dann, wenn sie nicht in der *Liste des schädlichen und unerwünschten*

Schrifttums eingetragen sind."[904] Bis zu diesem Zeitpunkt war – nicht aus Toleranz, sondern aufgrund der schieren Unmöglichkeit, sämtliche jüdischen Verfasser und deren Schriften zuverlässig zu ermitteln[905] – kein Autor allein aufgrund seiner jüdischen Abstammung indiziert worden, wenngleich diese bei vorgenommenen Indizierungen durchaus ein verstärkender Faktor war. Auch im Nachgang der Anordnung existierten keine offiziellen Listen des betroffenen Schrifttums;[906] die Verantwortung zur Identifizierung dieser Werke, für die es untersagt war, sie „zu verlegen, zu verkaufen, zu verteilen, zu verleihen, zu vermieten, auszustellen, anzupreisen, anzubieten oder vorrätig zu halten"[907], lag vielmehr bei den Verlegern, Buchhändlern und Büchereibetreibern. Der Reclam Verlag stellte sich dieser Aufgabe dennoch gewissenhaft: Neben zehn Autoren jüdischer Herkunft, die jeweils mit einem bis drei Titeln auf der *Liste des schädlichen und unerwünschten Schrifttums* indiziert waren[908] – allerdings mit anderen Titeln als den bei Reclam publizierten – entfernte Reclam 102 Autoren jüdischer

904 § 4 der Amtlichen Bekanntmachung der Reichsschrifttumskammer Nr. 70 (Neufassung). Anordnung betreffend Listen des schädlichen und unerwünschten Schrifttums vom 15.04.1940. In: *BBl.* 23.05.1940.

905 Vgl. dazu Aigner 1971, Spalte 1002.

906 „Goebbels beabsichtigte […] nicht nur, die geistige Elite der Juden zu liquidieren, er wollte auch deren geistige Leistungen auslöschen. […] alle von 1901 bis 1940 neu erschienenen Titel von Juden [sollten] erfasst [werden], um sie vernichten zu können. Das betraf 77.000 im Buchhandel erschienene Titel, 13.000 Neuerscheinungen außerhalb des Buchmarkts und 15.000 angefertigte Dissertationen. Die Folgen für das geistige Leben und den Buchmarkt sind bis heute schwer zu überschauen." Seifert 2007, S. 91. Aigner führt aus, das 1940 vom Schrifttumsamt Rosenberg erstellte Verzeichnis jüdischer Schriften im Umfang von 13.000 Titeln sei weder ein Staats- oder Polizeiindex noch inhaltlich nützlich gewesen, da bis zu diesem Zeitpunkt der Ausschluss der jüdischen Bevölkerung vom geistigen und kulturellen Leben bereits erfolgt war. Vgl. Aigner 1971, Spalte 1004 f.

907 § 1 der Amtlichen Bekanntmachung der Reichsschrifttumskammer Nr. 70 (Neufassung). Anordnung betreffend Listen des schädlichen und unerwünschten Schrifttums vom 15.04.1940. In: *BBl.* 23.05.1940.

908 So z. B. der politisch engagierte Journalist, Essayist, Satiriker und Polemiker Heinrich Heine, der – aufgrund seiner jüdischen Herkunft und politischen Haltung von Antisemiten und Nationalisten zeitlebens angefeindet – heute zwar als einer der bedeutendsten deutschen Dichter des 19. Jahrhunderts gilt, im Deutschen Bund jedoch ab 1835 nicht mehr publizieren durfte und bis zu seinem Tod 1856 im Pariser Exil lebte. Von Heinrich Heine, der von den NS-Kulturpolitikern zwar unterdrückt, aber nicht gänzlich verboten war, dessen Werke sogar im Rundfunk gespielt wurden, druckte Reclam noch 1934 *Buch der Lieder* in 5.000 Exemplaren nach – bis 1943 waren dann jedoch alle elf in der UB von Heine publizierten Titel getilgt. Vgl. Dahm 1993, S. 163 ff. Auf der *Liste des schädlichen und unerwünschten Schrifttums* befanden sich lediglich zwei in den 1930er Jahren im Ausland (u. a. im widerständigen Bermann Fischer Verlag in Stockholm) produzierte Werke von Heine. Zu den zehn genannten Autoren gehörten weiterhin Georg Hirschfeld, der während der NS-Diktatur zurückgezogen und verbittert in München lebte und dort 1942 verstarb, die österreichische Lyrikerin und Erzählerin Alma Johanna Koenig, die am 01.06.1942 im Vernichtungslager Maly Trostinez ermordet wurde, und der bereits 1929 verstorbene schriftstellerisch tätige Gynäkologe Hugo Salus, außerdem Karl Federn, Hugo von Hofmannsthal, Jakob Elias Poritzky, Eduard Rosenbaum und Erwin Rosenberger.

Herkunft aus dem Verlagsprogramm, die mitnichten auf der *Liste des schädlichen und unerwünschten Schrifttums* indiziert waren – zeitgenössische und längst verstorbene gleichermaßen. Darunter befindet sich der erste deutsche Träger des Nobelpreises für Literatur, Paul Heyse, der Roman- und Theaterautor und zeitweilige Direktor des Berliner Theaters, Paul Lindau, die Brüder Oskar Justinus Cohn (Autor vorrangig unterhaltender Lustspiele) und Ferdinand Julius Cohn (Botaniker und Mikrobiologe), der liberal-sozialistische Schriftsteller Sigmar Mehring (Vater von Walter Mehring) und Elise Henle, die ihre Einkünfte neben Humoresken und Erzählungen in unterhaltenden Zeitschriften vorrangig als Autorin zahlreicher Lustspiele, Dramen und Libretti erzielte. Zu nennen sind weiterhin der Dramatiker und Librettist Salomon Hermann Mosenthal, dessen 1848 veröffentlichtes, international hochgelobtes Volksstück *Deborah* anhand der unglücklichen Liebe einer jungen, schönen Jüdin zu einem Christen die Frage thematisiert, ob und wie in einem aufgeklärten Staat christliche Mehrheit und jüdische Minderheit miteinander existieren können.

Werke österreichischer Dichter wie Jakob Julius David, Journalist und Verfasser von Romanen und Erzählungen, deren Handlungen in seiner mährischen Heimat oder im kleinbürgerlichen Milieu Wiens angesiedelt sind, oder des zeitgenössisch sehr populären, heute jedoch weitgehend vergessenen Manuel Schnitzler, dessen umfangreiches, mit „herzerquickendem Humor" ausgestattetes Werk in zahlreichen Neuauflagen publiziert worden war,[909] wurden ebenso aus dem Portfolio der UB gestrichen wie Titel von Felix Braun und Gustav Schwarzkopf. Zusammen mit Hermann Bahr, Richard Beer-Hofmann, Hugo von Hofmannsthal, Leo van Jung, Felix Salten und Arthur Schnitzler gehörten sie der literarischen Gruppe Jung-Wien an, deren Entwicklung vom Naturalismus zum Ästhetizismus – und damit zur literarischen Moderne – zahlreiche bedeutende Schriftsteller des frühen 20. Jahrhunderts beeinflusst hatte.[910]

Einige Beispiele mögen das Schicksal der betroffenen Autoren belegen. Felix Braun, der 1917 aus der jüdischen Gemeinde ausgetreten war und 1935 katholisch getauft wurde, emigrierte 1939 nach Großbritannien, wo er bis 1951 Literatur- und Kunstgeschichte lehrte. Sein Nachlass[911] in der Wiener Stadtbibliothek zeugt von der engen Bekanntschaft mit namhaften Autoren wie Stefan Zweig, Anton Wildgans oder Max Brod, die er als Sekretär Hugo von Hofmannsthals und im Zuge seiner eigenen, sämtliche Dichtungsgattungen umfassenden schriftstellerischen Tätigkeit gepflegt hatte.[912] Auch dem zum Protestantismus konvertierten böhmischen Schriftsteller Oskar Kraus, dessen Werk einen breiten Bogen über kriegsethische, völkerrechtliche und wirtschaftstheoretische Fragen spannt, gelang nach seiner Freilassung aus dem Konzentrationslager die Flucht nach Großbritannien, wo er 1941 an der Universität

909 Vgl. Grill 1994.
910 Vgl. Beier 2008, S. 182; Leskowa 2001; Weyrer 2008.
911 Vgl. *Arbeiter-Zeitung* 03.01.1971.
912 Vgl. Weyrer 2008; Felix Braun, Historisches Lexikon Wien 1992.

Edinburgh Gifford Lectures hielt, jedoch bereits im darauffolgenden Jahr an Krebs verstarb. Bekannt wurde Kraus mit *Die Meyeriade. Humoristisches Epos aus dem Gymnasialleben*. Die von dem erst Sechzehnjährigen für die Schulzeitung verfassten hexametrischen Gesänge wurden 1892 in der UB erstmalig publiziert und um die Jahrhundertwende sowie zu Beginn des 20. Jahrhunderts laut Egon Erwin Kisch nahezu genauso oft gekauft wie Goethes *Faust I* und Schillers *Wilhelm Tell*.[913] 1936 noch mit 5.000 Exemplaren nachgedruckt, verschwindet die *Meyeriade* im Katalog 1943 ohne Verfasserangabe hinter dem Vermerk „nicht lieferbar".

Die Chance eines Verbleibs im lebensrettenden Exil ließen sowohl der Theaterpublizist und Verfasser kultur- und literarhistorischer Darstellungen und Biografien Ernst Heilborn als auch der Bühnenautor und Übersetzer Ludwig Fulda ungenutzt. Heilborn, 1936 mit Schreibverbot belegt, kehrte 1937 von einer Reise nach Palästina zurück nach Deutschland und bekam spätere Ausreiseersuchen nicht bewilligt. Bei einem Fluchtversuch wurde er zusammen mit seiner Frau festgenommen. Er starb im Gefängnis, seine Frau beging kurz vor der Deportation nach Polen Selbstmord.[914] Ludwig Fulda war 1933 aus der Sektion für Dichtkunst der Preußischen Akademie der Künste ausgeschlossen worden und erhielt 1935 ein Publikationsverbot, kehrte aber dennoch ebenfalls 1937 von einer Reise in die USA zurück, wo er seinen dorthin ausgewanderten Sohn besucht hatte. Erneute Bemühungen um eine Aufenthaltserlaubnis in den USA schlugen fehl; er beging in Berlin im Alter von 76 Jahren Suizid.[915]

Die Folgen der Streichungen im Verlagsprogramm reichten über die drastische Einschränkung literarischer Diversität weit hinaus. Sie bedeuteten Unterdrückung und Tilgung weiter Teile europäischer Kultur- und Wissensgeschichte. Werke von Ludwig Börne, dem Wegbereiter der deutschen literarischen Kritik, insbesondere des Feuilletons, dem deutsch-jüdischen Philosophen der Aufklärung Moses Mendelssohn oder Maximilian Simon Nordau, dem Arzt, Schriftsteller und Mitbegründer der Zionistischen Weltorganisation, wurden ebenso der Rezeption vorenthalten wie Libretti der deutsch-jüdischen Komponisten Ignaz Brüll und Giacomo Meyerbeer. Gleiches gilt für die Veröffentlichungen des Ägyptologen und Schriftstellers Georg Ebers, einem Sohn zum Christentum konvertierter Eltern, die entscheidend zur Popularität der Ägyptologie Ende des 19. Jahrhunderts beigetragen hatten.

Inwiefern diese Autoren bereits von den Streichungsvorschlägen des Verlags „für die Ausmerzung jüdischer Autoren"[916] von 1936 betroffen waren und aus dem Programm entfernt wurden, ist unklar. Die Äußerungen von Adolf Bartels[917] zu den Aussonderun-

913 Vgl. Kisch 1992, S. 105.
914 Vgl. Reifenberg 1969.
915 Vgl. Hock 1994.
916 Reclam Verlag an RSK am 21.01.1938. In: BArch, R 56-V/639.
917 Adolf Bartels, der „Dichter des Führers", Protagonist der völkischen Bewegung und überzeugter Antisemit, scheute in seinen journalistischen und literaturhistorischen Arbeiten keine Mühe, Autoren aufgrund ihrer jüdischen Herkunft zu denunzieren und half somit, den Antisemitis-

gen im Reclam'schen Verlagsprogramm – „Im allgemeinen kann man doch mit dem großen Aufräumen bei Reclam zufrieden sein; es kommen jetzt Tausende deutsche Leser, vor allem das Volk und die Jugend, nicht mehr so leicht an die durchweg gefährlichen jüdischen Dichter und Schriftsteller heran"[918] – in seinem programmatisch mit *Verschwundene Juden* überschriebenen Artikel im *Völkischen Beobachter* vom 09.01.1938 legen zumindest die Vermutung nahe, dass eine beträchtliche Anzahl der insgesamt 102 jüdischen Autoren, die ab April 1940 auch ohne jegliche Indizierung auf der *Liste des schädlichen und unerwünschten Schrifttums* verboten waren,[919] bereits vorher, in Eigeninitiative des Verlags, aus dem Programm „ausgemistet" worden waren.[920]

Bereits im Mai 1933 hatte Konrad Nußbächer Adolf Bartels gebeten, gegen entsprechende Honorierung seine für die in der UB erschienene *Weltliteratur* verfasste „Einleitung über die Geschichte und Entwicklung meines Verlages und insbesondere der Universal-Bibliothek [...] unter Berücksichtigung der neuen Verhältnisse und der inzwischen eingetretenen Entwicklung neu zu fassen", um diese „als Sonderdruck kostenlos zu verbreiten, um die Aufmerksamkeit breiter Kreise unseres Volkes auch hierdurch erneut auf die Universal-Bibliothek und auf Ihr Werk zu lenken."[921] Bartels muss dies „aus innere[n] Gründe[n]", da sich „die Universal-Bibliothek während der

mus als festen Baustein einer „nationalen Gesinnung" zu etablieren. Er hatte bereits 1920 den antisemitischen Bartels-Bund in Leipzig gegründet; der Sitz des Verlags dieses Bundes befand sich in der Roßstraße. Durch eine „germanische Renaissance" wollte er den „jüdischen Geist aus dem deutschen Leben entfernen" und die Juden aus der Literatur verbannen. Seifert 2007, S. 76.

918 *Völkischer Beobachter* 09.01.1938. Bartels hatte für seinen Beitrag das vollständige Verzeichnis zu Reclams UB von 1937 gesichtet.

919 Insgesamt fielen 125 Autoren jüdischer Abstammung den Streichungen im Reclam'schen Verlagsprogramm zum Opfer. Von diesen waren lediglich 13 auf der *Liste des schädlichen und unerwünschten Schrifttums* mit ihrem Gesamtwerk indiziert, zehn finden sich auf der Liste mit indizierten Einzeltiteln (jeweils bei anderen Verlagshäusern publiziert und somit nicht zwangsweise durch Reclam zu eliminieren) und 102 werden von der Liste nicht erfasst.

920 Diese Annahme stützen ferner im *Börsenblatt* geschaltete Inserate, in denen sämtliche am Lager befindlichen Exemplare einzelner Titel sofort zurückverlangt werden, so z. B. 1936 der nicht auf der *Liste des schädlichen und unerwünschten Schrifttums* indizierte Titel *Lichtstrahlen aus dem Talmud* des jüdischen Autors Jakob Stern. Vgl. Zurückverlangte Neuigkeiten. In: *BBl.* vom 16.07.1936, Nr. 163, Umschlag, http://digital.slub-dresden.de/id39946221X-19360716/18 [25.05.2024]. – Kilian Klotz' Artikel *Das verräterische Reclam-Bändchen* über die Lücken des Katalogs vom November 1936 ist diesbezüglich gleichermaßen aufschlussreich: „Was fehlt also? Kurz gesagt: fast alles, was einst den Ruf und Wert des Reclam-Bändchens bestimmt hat. [...] Kataloge können Handspiegel der Kultur sein. Verwunderlicher freilich als das, was im Reclamschen fehlt, ist einiges, das noch zu haben ist, so: Börne und Heine. Und scheint es nicht von einer lächelnden Vorsehung gefügt, daß dem Letztgenannten noch eine Gnadenfrist blüht, während seinem Gegner, dem Deutschgriechen Platen, der alle Erfordernisse parteitauglicher Vollkommenheit erfüllt, das Schicksal des großen F ereilt hat? ... Dunkel sind die Wege eines Katalogs. Das versehentlich Überlebende zeigt den Wirrwarr des Geistes, für den er haftet, oft noch deutlicher als das derzeit Eingesargte." *Der Morgen. Wiener Montagblatt* 09.11.1936.

921 Nußbächer an Bartels am 06.05.1933. In: GSA, 147/1108,1.

letzten Jahre in einer ganz anderen Linie […] entwickelt habe als ehedem"[922] abgelehnt haben. In einem weiteren Schreiben an Bartels versucht Nußbächer, diesen von der nationalbewussten Auswahl in der UB zu überzeugen:

> Sie […] führen zum Beweis dafür eine Anzahl von Autoren an, die Sie nicht als typisch deutsche Dichter anerkennen. Ich erlaube mir dazu zu bemerken, dass ich bei einigen der genannten Namen Ihre ablehnende Stellung nicht begreifen kann, so etwa bei Alfred Bock, der zu den volkstümlichsten und echtesten Dichtern des hessischen Stammes gehört und gerade von nationalen Kreisen sehr anerkannt wird. Anderen der genannten Autoren stehe auch ich sehr fern. Es ist jedoch zu bedenken, dass in die Universal-Bibliothek nur solche Werke von ihnen aufgenommen sind, die sowohl in nationaler als in ethischer Beziehung nicht zu beanstanden sind. Dass einige dieser Autoren in anderen Werken einen undeutschen Geist zum Ausdruck gebracht haben, war zum Teil zur Zeit der Aufnahme dieser Schriftsteller noch nicht in dem Maße bekannt. Ausserdem ist die Zahl dieser Autoren im Vergleich zu den vielen volksbewussten und echt deutschen Schriftstellern, die gerade in den letzten Jahren in die Universal-Bibliothek aufgenommen worden sind, sehr gering. Ich möchte nur einige wenige andere Namen nennen: E. G. Kolbenheyer, Hans Fr. Blunck, Frdr. Griese, Jungnickel, Josef Ponten, Wilhelm Schäfer, Jakob Schaffner, Hans Watzlik, Robert Hohlbaum, Friedr. v. Gagern, Max Mell, Kurt Hernicke, Max Dreyer. […] Ich glaube also wirklich nicht, dass man meiner Sammlung eine Entwicklung in die falsche Richtung vorwerfen kann, und gerade von der nationalbewussten Presse ist auch in den letzten Jahren die sorgfältige Auswahl der Neuerscheinungen besonders hervorgehoben worden. Dass hier und da bei einer so großen Sammlung auch Fehlgriffe vorkommen, ist wohl nicht ganz zu vermeiden, insbesondere in einer Zeit wie den letzten 14 Jahren, in denen die Begriffe von Kunst und Dichtung sich fortwährend änderten und allerlei krankhafte und extreme Richtungen auftauchten und die Literatur beherrschten. […] Ihr Urteil und Ihre Kritik im positiven und im negativen Sinne sind für mich nach wie vor von dem größten Wert.[923]

Ob der lobende Artikel Bartels im *Völkischen Beobachter* fünf Jahre später auf diese Apologie zurückzuführen ist, sei dahingestellt, zumindest dürfte das spätere Urteil von

922 Nußbächer an Bartels am 11.05.1933. In: GSA, 147/1108,1.
923 Nußbächer an Bartels am 11.05.1933. In: GSA, 147/1108,1.

Bartels das Renommee des Reclam Verlags bei den kulturpolitischen Entscheidungsträgern gestärkt haben.[924]

Die über die *Liste des schädlichen und unerwünschten Schrifttums* staatlich geforderten Streichungen im Programm des Reclam Verlags betrafen auch Autoren, deren sämtliche Schriften aus Gründen der Konfessionszugehörigkeit oder ihrer Gesinnung als ‚undeutsch' verboten wurden, und die als Person überdies unsachlichen und unwürdigen verbalen Attacken ausgesetzt waren.[925] In der Konsequenz sahen sich die meisten genötigt, durch Flucht und Exil schlimmeren Angriffen zu entgehen. Dies bedeutete allerdings in den meisten Fällen auch den Verlust von Existenzgrundlagen[926] – als deutscher Schriftsteller im Ausland ein angemessenes Einkommen zu erwirtschaften, gelang nur den wenigsten. Die folgenden Beispiele, sämtlich Autoren des Reclam Verlags, mögen die weitreichenden Konsequenzen staatlicher Repressionen und die an diesen orientierte Programmpolitik nach 1933 verdeutlichen.

924 Ruppelt führt zur moralischen Entlastung an, dass der Artikel „auch viele Stellen [enthalte], die durchaus nicht ‚zufrieden' klingen, was angesichts des Ortes der Veröffentlichung bedrohlich wirkte." Ruppelt 1992, S. 334. Aber auch er räumt ein, dass die noch 1938 von Bartels beanstandeten Autoren, wie Moritz Hartmann, Berthold Auerbach, Salomon Hermann Mosenthal u. a., später herausgenommen wurden – nur noch zwei waren im Katalog von 1943 weiter enthalten. Des Weiteren führt Ruppelt lobend an, dass man im Katalog von 1943 noch Namen finde wie Dostojewski, Fallada, Puschkin und Tolstoi, die „größtenteils freilich in der Bestellliste als ‚nicht lieferbar' ausgewiesen wurden." Ruppelt 1992, S. 335. Dies stellte letztlich ebenso eine Anpassung des Verlags dar. Fallada, der seine Werke durchaus dem Zeitgeist anpasste und zu den Erfolgsautoren des NS-Regimes zählt (vgl. Adam 2010, S. 185–189) eignet sich darüber hinaus sicher nicht, opportunistisches Agieren seitens des Verlags zu untermauern.

925 Zu den Diffamierten zählten auch bereits verstorbene Schriftsteller, wie der bedeutendste Vertreter der literarischen Wiener Moderne Arthur Schnitzler, der Freimaurer und Rosenkreuzer Gustav Meyrink, der sich als überzeugter Theosoph zeitlebens mit Mystischem und Okkultem beschäftigte, der sozialistische Politiker und Wortführer der frühen deutschen Arbeiterbewegung Ferdinand Lassalle, die österreichische Pazifistin, Frauenrechtlerin, Schriftstellerin und erste weibliche Friedensnobelpreisträgerin Bertha Suttner, der zeitgenössische sehr populäre Schriftsteller und politische Kämpfer gegen den Antisemitismus Leopold Sacher-Masoch, auf dessen ästhetische Darstellungen triebhaften Schmerz- und Unterwerfungsverlangens in der literarischen Erotik der posthum geprägte Begriff ‚Masochismus' anspielt, sowie der Philosoph, Journalist, Ökonom und Protagonist der Arbeiterbewegung Karl Marx, der gemeinsam mit Friedrich Engels (Engels war vor 1933 nicht im Reclam Programm enthalten) zu den einflussreichsten Theoretikern des Sozialismus und Kommunismus zählt.

926 Eine dem Reclam Verlag bereits im August 1933 übermittelte Pfändungsverfügung vom Finanzamt München gegen Thomas Mann illustriert die Reichweite der staatlichen Bereicherungsoptionen: Der jetzt in Frankreich weilende Schriftsteller schulde dem Reich 100.779,65 RM – zu jährlich zwölf Prozent Steuerzinsen – wobei die Reichsfluchtsteuer mit 97.610 RM den größten Posten einnahm. Daher pfände man die Forderungen, die Mann gegen den Reclam Verlag aus Verträgen an Tantiemen, Honoraren und Entgelten zustünden. Reclam durfte nicht mehr an Mann zahlen und wurde aufgefordert, die vom Verlag geschuldete Geldsumme, „soweit sie die oben bezeichneten Beträge, die der Vollstreckungsschuldner dem Reiche schuldet, nicht übersteigt, bei Eintritt der Fälligkeit an die Finanzkasse des unterzeichneten Finanzamtes zu zahlen." Finanzamt München an Reclam Verlag am 23.08.1933. In: RAS, Karton Autographen.

Robert Neumann, der österreichisch-britische Schriftsteller und Publizist in deutscher und englischer Sprache, der in den 1920er Jahren maßgeblich zur Etablierung der Parodie als eigene literarische Gattung beigetragen hatte, ging im Februar 1934 ins provisorische Exil nach Großbritannien und konnte als einer der wenigen Exilautoren im Ausland weiter publizieren. Er arbeitete ab und an für die BBC und veröffentlichte ab 1942 sechs englischsprachige Romane. Er wurde Lektor und Teilhaber beim Verlag Hutchinson International Authors und stieß dort die Übersetzung von Exilautoren wie Heinrich Mann oder Arnold Zweig an. Die britische Staatsbürgerschaft, um die er 1939 ersucht hatte, wurde ihm jedoch erst 1947 verliehen; noch 1940 hatte man ihn für einige Monate als Enemy Alien interniert. Obwohl Hollywood Interesse an seinen Werken hatte und ihn eigens zu einer Reise in die USA einlud, wurde ihm ein Visum für die USA verwehrt.[927]

Finanzielle Unabhängigkeit bewahrte sich auch Thomas Mann. Im ‚Dritten Reich' aufgrund seiner liberalen und weltoffenen Gesinnung und ‚dekadenten Lebensweise' verpönt, öffnete ihm sein Renommee weltweit Türen. Seine Veröffentlichungen verkauften sich ungebrochen gut, er erhielt fünf Ehrendoktortitel, ging auf Lesereisen und bezog 1942 ein eigens errichtetes Wohnhaus in Pacific Palisades in den USA, wohin er 1938 endgültig übergesiedelt war. Gemeinsam mit seinen Kindern Klaus[928] und Erika Mann konnte er als einer von wenigen Exilanten einen öffentlich wirksamen und international beachteten literarischen Kampf gegen den Nationalsozialismus führen.

Heinrich Mann hingegen, der zusammen mit seiner Frau Nelly, seinem Neffen Golo Mann und dem Ehepaar Franz Werfel und Alma Mahler-Werfel (Witwe von Gustav Mahler und Exfrau von Walter Gropius)[929] zu Fuß die Pyrenäen nach Spanien überquerte, um von dort über Portugal in die USA zu emigrieren, blieben – obgleich er im Exil zahlreiche, darunter viele dezidiert antifaschistische Texte verfasste – das Land seines Exils und dessen Kultur fremd. Der einstige Präsident der Sektion für Dichtkunst der Preußischen Akademie der Künste war nun auf die Unterstützung seines Bruders angewiesen.

927 Vgl. Heid 2010.

928 Klaus Mann, zeitlebens auf die materielle Unterstützung seines berühmten Vaters angewiesen, ist einer der wichtigsten Repräsentanten der deutschsprachigen Exilliteratur nach 1933. Im Kampf gegen den Nationalsozialismus machte er sich nicht nur als Verfasser und Herausgeber antifaschistischer Schriften verdient, sondern auch durch aktiven Kriegseinsatz in der US Army – wobei die Vereinigten Staaten ihm durchaus mit Skepsis begegneten. Nach dem Zweiten Weltkrieg arbeitete er u. a. als Sonderberichterstatter der *Stars and Stripes* in Deutschland, wo er nicht mehr heimisch werden konnte. Nach einem erneuten Aufenthalt in Pacific Palisades und einem öffentlich gewordenen Suizidversuch zog er Anfang April 1949 nach Cannes, wo er einen Monat später an einer Überdosis Schlaftabletten verstarb.

929 Das Ehepaar Werfel hatte sich nach dem ‚Anschluss' Österreichs zunächst in der bei den deutschen Exilanten beliebten Gemeinde Sanary-sur-Mer niedergelassen und nach Besetzung großer Teile Frankreichs durch die Wehrmacht 1940 kurzzeitig Zuflucht in Lourdes gefunden.

Franz Werfel – Wortführer des Expressionismus und Publikumsmagnet der 1920er Jahre – erhielt 1941 die amerikanische Staatsbürgerschaft und publizierte weiterhin: Sein Roman *Das Lied von Bernadette* wurde mit großem Erfolg verfilmt. 1945 verschleppte er eine Angina pectoris und verstarb mit nur 54 Jahren an einem Herzinfarkt.[930]

Die vernichtende Wirkung nationalsozialistischer Menschenverachtung, die sich trotz gelungener Flucht ins Exil und finanzieller Sicherheit über Ozeane hinweg entfalten konnte, verdeutlicht das Beispiel von Stefan Zweig, dem österreichischen Schriftsteller jüdischen Glaubens und erklärten Pazifisten, dessen Werke bis heute ein begeistertes Publikum finden: Erschöpft „durch die langen Jahre heimatlosen Wanderns" und verzweifelt über die Zerstörung seiner „geistige[n] Heimat Europa"[931] nahm sich Zweig gemeinsam mit seiner Frau 1942 im brasilianischen Exil das Leben.[932]

Wie Raoul Auernheimer, der 1938 im sogenannten Prominententransport[933] von Wien ins Konzentrationslager nach Dachau deportiert wurde und nur durch Intervention des Generalkonsuls der USA Anfang 1939 mit seiner Familie über Venedig in die USA emigrieren konnte, gelang auch dem Pazifisten Leonhard Frank, einem der bedeutendsten sozialkritischen Erzähler des frühen 20. Jahrhunderts, die Flucht nur unter lebensbedrohlichen Umständen. Zu Beginn des NS-Regimes war er über Zürich und London nach Paris und Blois emigriert, wo er zweimal interniert wurde, eine weitere Internierung folgte im Mai 1940 nach dem deutschen Überfall auf Belgien und die Niederlande in einer nordfranzösischen Sardinenfabrik. Von dort floh er kurz vor der Ankunft der deutschen Soldaten unter ständiger Lebensgefahr quer durch deutsches Besatzungsgebiet nach Marseille. Ohne Einkommen oder gültige Papiere lebte er dort in allgegenwärtiger Furcht, bis es ihm 1940 mit einem gefälschten tschechoslowakischen Reisepass gelang, über die Pyrenäen nach Spanien, dann nach Portugal und schließlich nach Hollywood zu fliehen. Ernst Lubitsch und William Dieterle vom European Film Fund vermittelten ihm eine Anstellung als unbedeutender Drehbuchautor bei Warner Brothers.[934]

In der Regel war das Leben der Exilanten geprägt von Entbehrungen und materieller Unsicherheit. Der homosexuelle Österreicher Hans Müller-Einigen gehörte in den ersten zwei Jahrzehnten des 20. Jahrhunderts zu den am häufigsten gespielten Autoren des Wiener Burgtheaters. In den 1920er Jahren verfasste er Drehbücher für Hollywood, die beispielsweise von Ernst Lubitsch verfilmt wurden. Nach Berlin zurückgekehrt, wirkte er als Chefdramaturg der UFA, etwa für Filmklassiker wie *Der Kongress tanzt.* Obgleich von der zeitgenössischen Kritik als „Effekttheatraliker"

930 Vgl. Abels; Hilgers 2011.
931 Zweig 1942.
932 Vgl. Mielczarek 2011.
933 Als Prominententransport wird der erste Transport Gefangener im Rahmen des ‚Anschlusses' Österreichs von Wien in das KZ Dachau am 1.–2. April 1938 bezeichnet, da er sehr viele prominente Persönlichkeiten betraf.
934 Vgl. Weiss 2009, S. 34 ff.

abgelehnt, erzielte er insbesondere im Musiktheater bleibende Erfolge. 1930 siedelte er in die Schweiz über, wo er im April 1933 seinen ständigen Wohnsitz in Einigen (der Namenszusatz beruht auf dem Schweizer Örtchen am Thunersee) nahm und die Zeit des NS-Regimes unbeschadet und fortwährend publizierend verbringen konnte.[935]

Felix Salten, der nach dem ‚Anschluss' Österreichs zwar aufgrund seines internationalen Ansehens von Repressalien verschont blieb, aber im Februar 1939 gemeinsam mit seiner Frau ebenfalls in die Schweiz emigrierte, hatte weniger Glück: Der Aufenthalt wurde dem weltbekannten Schöpfer von *Bambi. Eine Lebensgeschichte aus dem Walde* (1923) nur unter der behördlichen Auflage, keiner journalistischen Arbeit nachzugehen, genehmigt. Saltens letzte Lebensjahre waren folglich trotz Tantiemen aus den USA geprägt von finanziellen Problemen – die Rechte für *Bambi* hatte er für 1.000 Dollar verkauft.[936]

Alexander Roda Roda ging es ähnlich. Der Schriftsteller und Kriegsberichterstatter des Ersten Weltkriegs, der aus dem Militärdienst nach mehreren Disziplinarstrafen 1907 wegen Verstoßes gegen die Offiziersehre entlassen worden war, übersiedelte 1933 nach Graz und reiste 1938, wenige Tage vor dem ‚Anschluss' Österreichs, in die Schweiz aus. Ihn forderten die Schweizer Behörden im November 1940 auf, das Land unter Verbot jeglicher Aktivitäten für schweizerische Medien bis zum Jahresende zu verlassen. Bereits hochbetagt emigrierte auch Roda Roda in die USA, wo seine Bemühungen um einen schriftstellerischen Broterwerb allerdings ohne größeren Erfolg blieben. Er starb 1945 in New York.[937]

Die Erlebnisse im Ersten Weltkrieg machten Arnold Zweig, der sich in Essays, Theaterstücken und Kurzprosa mit dem Judentum auseinandersetzte, zum überzeugten Pazifisten und humanistisch geprägten Sozialisten. Unmittelbar nach den ersten Bücherverbrennungen emigrierte Zweig 1933 über die Tschechoslowakei und die Schweiz nach Sanary-sur-Mer in Frankreich, von dort – seiner zionistischen Gesinnung folgend – 1934 weiter nach Haifa. Dort publizierte er in der deutschsprachigen Zeitschrift *Orient*, geriet aber bald mit radikalen jüdischen Gruppen in einen Konflikt, der seinen Höhepunkt in einem von anti-arabischen Nationalisten ausgeführten Bombenanschlag auf die Redaktion des *Orient* fand. In dessen Folge musste die Zeitschrift eingestellt werden und Zweigs wirtschaftliche Existenz wurde unhaltbar – sein Vermögen war 1936 im Zuge der Aberkennung der deutschen Staatsbürgerschaft beschlagnahmt worden. In der SBZ, in die er 1948 aus dem Exil zurückgekehrt war, und der späteren DDR wurde der bekennende Sozialist verehrt, in der Bundesrepublik Deutschland fanden seine Werke hingegen aus denselben Gründen lange Jahre kaum Anerkennung.[938]

935 Vgl. Steiner 1997.
936 Vgl. Mattl; Schwarz 2006, S. 69.
937 Vgl. Kaiser 2003.
938 Vgl. Arnold Zweig, Künste im Exil, o. J.

Albert Ehrenstein, eine der wichtigsten Stimmen des Expressionismus (gemeinsam mit Johannes R. Becher arbeitete er als Lektor im Kurt Wolff Verlag), überzeugter Kriegsgegner und Weltbürger (in den 1920er Jahren bereiste er unter anderem mit Oskar Kokoschka Europa, Afrika, den Nahen Osten und China) nahm zu Beginn des NS-Regimes zunächst die tschechoslowakische Staatsbürgerschaft an, emigrierte dann über Stationen in England, Frankreich und Spanien nach New York, wofür er durch Einsatz etwa von Thomas Mann und George Grosz eine Aufenthaltsgenehmigung erhalten hatte. Trotz Aneignung des Englischen fand er kein Auskommen und lebte von den Einkünften weniger Artikel in der Zeitung *Aufbau* und von Zuwendungen von George Grosz. Nach einem gescheiterten Rückkehrversuch – zunächst 1949 in die Schweiz, im Anschluss nach Deutschland – verstarb er 1950 in einem Armenhospiz in New York.[939]

Die ebenfalls dem jüdischen Glauben angehörige, diesen aber nicht praktizierende Alice Berend emigrierte 1935 nach Florenz, wo sie 1938 trotz Publikation ihrer letzten beiden Werke verarmt und nahezu vergessen einer schweren Krankheit erlag.[940]

Anderen gelang die Flucht nicht oder sie konnten sich nicht dazu entschließen. Für Jakob Wassermann, einen der produktivsten und meistgelesenen, international populären Erzähler und Biografen des ersten Drittels des 20. Jahrhunderts, dessen vom Stil Dostojewskis und der Psychoanalyse beeinflusste Werke bis heute in zahlreichen Ausgaben verbreitet sind, bedeutete die ‚Machtergreifung' der Nationalsozialisten den emotionalen Zusammenbruch und das Verbot seiner Bücher den materiellen Ruin. Wassermann, der sich zeit seines Lebens für ein friedvolles Miteinander ohne Rassenhass eingesetzt hatte, verstarb 60-jährig verarmt und psychisch gebrochen am 1. Januar 1934 in Altaussee im Salzkammergut.[941]

Das Amt als Vorsitzender des Schutzverbandes deutscher Schriftsteller in der Tschechoslowakei, das der Böhme Oskar Baum noch 1934 übernommen hatte, konnte er nach dem Münchner Abkommen von 1938 ebenso nicht mehr ausführen wie seine Arbeit als Schriftsteller und Journalist. Seine Werke wurden im März verboten und bürokratische Repressalien verhinderten seine Ausreise nach Palästina. Am 1. März 1941 erlag er den Folgen einer Darmoperation im Jüdischen Krankenhaus in Prag.[942]

Der österreichische Pazifist Rudolf Jeremias, der die Lehre des Christentums ablehnte und die Existenz des „Kirchengottes" leugnete, brachte 1933 im Namen von 25 Schriftstellern in der Generalversammlung des internationalen Autorenverbands PEN, dem er seit 1926 angehörte, eine Resolution ein, die gegen die Unmenschlichkeit des nationalsozialistischen Regimes in Deutschland protestierte. Daraufhin wurden seine

939 Vgl. Gauß 1986, S. 7 ff.
940 Vgl. Mikota 2011, S. 5.
941 Vgl. Sachslehner; Gess 2011.
942 Vgl. Weissweiler 1999, S. 101.

Bücher in Deutschland – nach dem ‚Anschluss' Österreichs auch dort – verboten. 1944 wurde er für fünf Monate inhaftiert.[943]

Daneben finden sich, wie oben erwähnt, auf der *Liste des schädlichen und unerwünschten Schrifttums* insgesamt lediglich vier als Einzeltitel aufgeführte Werke, die bei Reclam erschienen waren. Neben Erich Ebermayers *Nacht in Warschau* (1929) handelt es sich um August Horneffers *Die Freimaurerei* (1922), Carl M. Jacobys *Eine Ehe!* (1911) und Ilse Reickes *Die Frauenbewegung* (1929).[944] Zum Vergleich: Die meisten auf der *Liste* indizierten Einzeltitel wurden bei der Verlagsgenossenschaft Ausländischer Arbeiter publiziert (285 Einträge). Von den bürgerlichen Publikumsverlagen steht Rowohlt mit 48 indizierten Publikationen an der Spitze, gefolgt von dem auf Avantgardekunst sowie kommunistische Literatur ausgerichteten Malik Verlag (32 Titel). Vom Zsolnay Verlag finden sich 22 Titel, von Kiepenheuer 20 und von S. Fischer 19 einzeln indizierte Publikationen auf der Liste. Insofern war der Reclam Verlag mit nur vier Titeln deutlich weniger betroffen als seine bildungsbürgerliche Konkurrenz.[945]

3.2.1.1 Von Willkür und Spielräumen

Auf den ersten Blick erscheint das Vorgehen des Reclam Verlags sehr konsequent, allerdings zeigt die Auswertung des Programms, dass durchaus einige ‚unerwünschte' Autoren – trotz Indizierung auf der *Liste des schädlichen und unerwünschten Schrifttums* – wenigstens nominell im Verlagsprogramm verblieben. Besonders augenfällig ist, dass Jacobys *Eine Ehe!*, 1911 bei Reclam publiziert und als einziger Titel des Autors auf der *Liste des schädlichen und unerwünschten Schrifttums* indiziert, nicht gänzlich getilgt, sondern mit bibliografischer Angabe lediglich als vergriffen gekennzeichnet wurde. Aus dem umfangreichen Werk von Erich Ebermayer,[946] Schriftsteller und Drehbuchautor leichter Unterhaltungsstoffe, waren im August 1935 sechs Titel[947] „wegen

943 Vgl. Menges 1982.

944 Vgl. Reichsschrifttumskammer 1935, S. 30; Reichsschrifttumskammer 1938, S. 61, 63, 116. Bei Erich Ebermayers *Nacht in Warschau* handelt es sich um ein Verlagswerk, folglich kann dies bei der Analyse der aus dem UB-Programm eliminierten Titel nicht berücksichtigt werden. Carl M. Jacobys *Eine Ehe!* wurde interessanterweise nicht gänzlich aus dem Programm entfernt, sondern lediglich als vergriffen gekennzeichnet und daher in der Analyse der entfernten Titel nicht mitgezählt.

945 Der Anzahl hier berücksichtigter indizierter Titel der anderen Verlagshäuser jeweils hinzuzurechnen sind ggf. auf der Liste nicht einzeln geführte Titel von Verlagsautoren, deren Gesamtwerk verboten worden war. Diese Gegenprobe, inwiefern Autoren, deren Gesamtwerk indiziert war, sich in den Verlagsprogrammen wiederfinden, wurde im Rahmen dieser Arbeit für den Reclam Verlag durchgeführt, nicht jedoch für die Verlagskonkurrenz.

946 Zu Ebermayer siehe: Weidermann 2008, S. 159–163.

947 Vgl. Präsident der Reichsschrifttumskammer an Polizeibehörde Hamburg am 26.08.1935. In: BArch, R 58/839, Bl. 55.

ihres pornographischen und homosexuellen Inhalts"[948] auf die *Liste des schädlichen und unerwünschten Schrifttums* gesetzt worden, darunter *Nacht in Warschau*, erschienen bei Reclam im Jahr 1929 als Verlagswerk. Die Forderung zur Vernichtung der gesamten Bestände dieser Novelle erreichte den Verlag jedoch erst Ende November.[949] Auch sein historisches Drama *Kaspar Hauser* wurde aus dem Verlagsprogramm entfernt, seine Erzählung *Der Schritt ins Freie* hingegen blieb bis Ende 1943 lieferbar – ein beredtes Beispiel für die Spielräume der Verlage einerseits und die Willkürlichkeit staatlicher Verordnungen andererseits.

Obgleich das „für gewisse krankhaft dekadente Erscheinungen der Nachkriegszeit [...] bezeichnende" schriftstellerische Werk Ebermayers vernichtend beurteilt wurde,[950] war Ebermayer in der gesamten NS-Zeit sehr aktiv und verdiente verhältnismäßig gut. Allein 1941 erzielte er aus seiner schriftstellerischen Tätigkeit Brutto-Einnahmen in Höhe von 48.775 RM[951] – das jährliche Durchschnittsentgelt belief sich 1941 auf 2.297 RM.[952] Dass „heute dem Schaffen Ebermayers offiziell keine Schwierigkeiten bereitet werden und er ungehindert sich als Drehbuchautor betätigt," obwohl „doch nach wie vor Veranlassung [besteht], ihn von Seiten der Partei abzulehnen und zumindest nicht zu fördern",[953] mag den Beziehungen seines Vetters Philipp Bouhler, Reichsleiter der NSDAP und Chef der Kanzlei des Führers, zu verdanken gewesen sein. Auch die weitgehende Tolerierung der homosexuellen Orientierung Ebermayers, der bereits in „seinen Jugendschriften [...] von seinen anormalen Neigungen Kenntnis gegeben" hatte und dessen „Charakterbild und Persönlichkeit" amtlicherseits „aufgrund seiner politischen und weltanschaulichen Haltung in den Jahren vor der

948 Chef der Sicherheitspolizei und des SD an Personalbeauftragten des Reichsfilmintendanten am 06.11.1942. In BArch, R 9361-V/17085, Lesefilm-Nr. RK I 89, Bild-Nr. 2036.

949 Telefonisch verlangte Hauptwachtmeister Becher vom Kriminalamt die Übermittlung eines Nachweises, der Verlag solle sich von der betreffenden Makulierungsfirma einen Garantieschein in doppelter Ausfertigung ausstellen lassen und einen davon beim Kriminalamt einreichen Vgl. Aktennotiz an Kühsel und Twittmeyer am 28.11.1935. In: RAS, Mappe Generalverträge.

950 „Dichterisch sind seine Werke nicht von überragendem Wert. [...] Eb. [gehört] zu jenem Kreis von Autoren, die Erotismus, Perversion und Exotismus zu gestalten versuchen. Mit fast krankhafter Aufgeregtheit hängt er am sexuellen Problem." Schrifttumsgutachten des Sicherheitsdienstes, Anlage Chef der Sicherheitspolizei und des SD an Personalbeauftragten des Reichsfilmintendanten am 06.11.1942. In BArch, R 9361-V/17085, Lesefilm-Nr. RK I 89, Bild-Nr. 2040–2064, hier Bild-Nr. 2048, 2062, 2064.

951 In den Unterlagen zur Mitgliedschaft in der RSK gibt Ebermayer ferner folgende Brutto-Einnahmen an: 1939: 12.044 RM; 1940: 35.447 RM; 1942: 43.000 RM. Vgl. Erklärungen für die RSK am 12.07.1940, 30.07.1941, 28.05.1942, 15.05.1943. In: BArch, R 9361-V/17085, Lesefilm-Nr. RK I 89.

952 Vgl. Bundesamt für Justiz o. J.

953 Der Beauftragte des Führers für die Überwachung der gesamten geistigen u. weltanschaulichen Schulung und Erziehung der NSDAP, Reichhauptstellenleiter Gerigk, Kulturpolitisches Archiv an Reichsorganisationsleiter – Hauptschulungsamt d. NSDAP – Amt für Schulungsbriefe, Verbindungsstelle am 19.06.1939. In: BArch, R 9361-V/141168.

Machtergreifung" ein „wenig positiver Gesamteindruck"[954] bescheinigt wurde, ist wohl diesem Verwandtschaftsverhältnis geschuldet.[955]

Zum Schutz seiner jüdischen Sekretärin[956] ging Ebermayer erhebliche Risiken ein. Obwohl ihm sowohl seitens der NS-Behörden als auch der Besatzungsmächte eine unpolitische Haltung bestätigt wurde,[957] trug er mit seinen leichten Unterhaltungsstoffen zur medialen Stabilisierung der Bevölkerung bei und unterstützte so unweigerlich die NS-Ideologie. Über sein von der literarischen Vorlage Ibsens weit entferntes Drehbuch des Spielfilms *Ein Volksfeind* (1937), der „als Generalangriff auf die demokratische Tradition der ‚Systemzeit' bezeichnet werden […] darf",[958] notiert er in seinem Tagebuch:

> Nun ja – Hitler selbst und auch Dr. Goebbels werden überzeugt sein, daß die Diktatur des einzelnen und sein Sieg über die Mehrheit ein Glück für Deutschland ist, und ich fürchte beinahe, daß dieser Film Chancen hat, den Herren zu gefallen. […] Verbohrte Nazi-Idealisten können möglicherweise in dem Stück eine Rechtfertigung der Ausschaltung des Parlaments sehen.[959]

Solcherlei selbstkritische Reflexionen zum eigenen Wirken innerhalb des NS-Propaganda-Apparates finden sich sonst jedoch kaum in seinen 1959 bzw. 1966 publizierten, sein Leben während des NS-Regimes beleuchtenden Tagebüchern. Vielmehr stilisiert

954 Chef der Sicherheitspolizei und des SD an Personalbeauftragten des Reichsfilmintendanten am 06.11.1942. In BArch, R 9361-V/17085, Lesefilm-Nr. RK I 89, Bild-Nr. 2036.

955 1936 war Ebermayer in einen Strafprozess verwickelt. Der damalige Angeklagte Hentschel hatte angegeben, dass er mit dem jüdischen Kaufmann Nüssenow und mit Ebermayer in gleichgeschlechtlichen Beziehungen gestanden habe. Ebermayer bestritt dies, die Anklagepunkte konnten ihm nicht nachgewiesen werden, ein Verfahren wurde nicht eingeleitet. Vgl. Chef der Sicherheitspolizei und des SD an Personalbeauftragten des Reichsfilmintendanten am 06.11.1942. In BArch, R 9361-V/17085, Lesefilm-Nr. RK I 89, Bild-Nr. 2038. Die von Ebermayer gewünschte Aufnahme in den 1942 gegründeten Ehrenrat für den deutschen Film wurde ihm aufgrund dieser Verwicklungen jedoch verwehrt. Vgl. Hilleke, Chef der Sicherheitspolizei und des SD an Reichsfilmintendanten am 17.11.1942. In BArch, R 9361-V/17085, Lesefilm-Nr. RK I 89, Bild-Nr. 2076, 2078.

956 Vgl. Schreiben des Hammerich & Lesser Verlags an Captain Nichols, G. P. O. Liaison, No. 8 Information Control Unit am 03.08.1946. In: BArch, R 9361-V/154942.

957 „Parteipolitische Tendenzen im früheren Sinne lassen sich in Eb.'s Werken nicht feststellen. Ebensowenig finden sich Tendenzen, die direkt gegen den Nationalsozialismus gerichtet sind". Schrifttumsgutachten des Sicherheitsdienstes, Anlage Chef der Sicherheitspolizei und des SD an Personalbeauftragten des Reichsfilmintendanten am 06.11.1942. In BArch, R 9361-V/17085, Lesefilm-Nr. RK I 89, Bild-Nr. 2060. „Den Vorwurf nationalsozialistischer Tendenz, kann man ihm sicherlich nicht machen. Seine Bücher sind frei von Politik oder Propaganda." Captain Sely an Intelligent Section, ISC Branch, BUNDE am 28.05.1946. In: BArch, R 9361-V/154942.

958 Englert 2001, S. 231.

959 Ebermayer 1966, S. 165.

er sich dort als Opfer des Regimes, angesichts seiner oben geschilderten Entfaltungsmöglichkeiten und Verdienstverhältnisse in unangemessener Weise.

Auch die Erzählung *Der Marmorbruch* des österreichisch-deutschen Schriftstellers und Kunstkritikers Theodor Däubler, der nahezu sein gesamtes Leben auf Reisen durch Europa verbrachte, blieb trotz Indizierung eines anderen seiner Werke im Katalog des Reclam Verlags ebenso lieferbar wie *Friede mit Maschinen* von Heinrich Hauser, publiziert 1928. Darüber hinaus verlegte Reclam trotz Indizierung zweier Titel Hausers auf der *Liste des schädlichen und unerwünschten Schrifttums* 1937 dessen Novelle *Die Flucht des Ingenieurs* in einer Startauflage von 21.000 Exemplaren in der UB, und obwohl Hauser bereits 1939 ins Exil nach Amerika gegangen war, folgten 1940 und 1941 jeweils weitere 10.000 Exemplare.[960] Zudem stammt aus Hausers Feder der einzige Titel der Reihe *Junge Deutsche*, der während der NS-Zeit nachgedruckt wurde: 1935 wurden 5.000 Exemplare des Verlagswerks *Brackwasse*r hergestellt, für das Hauser 1929 den Gerhart-Hauptmann-Preis erhalten hatte.[961]

Anders bei Martin Beheim-Schwarzbach, dem Übersetzer des Welterfolgs *Vom Winde verweht* – erschienen bei Henry Goverts. Nach *Die Runen Gottes* in der Reihe *Junge Deutsche* sowie, in der UB, *Lorenz Schaarmanns unzulängliche Buße* (1928) und *Der kleine Moltke und die Rapierkunst* (1929) veröffentlichte Reclam von Beheim-Schwarzbach noch 1935 die Novelle *Die Todestrommel.* Alle drei UB-Titel wurden ebenfalls in der seit 1921 publizierten Reihe *Der schöne Reclam-Band* veröffentlicht, in der ausgewählte UB-Titel in hochwertigerem Gewand produziert wurden (Abb. 35).[962] Erst nach seiner Emigration nach London im Jahr 1939, wo er bis 1946 für die britische Propaganda tätig war, wurden zwei seiner Titel auf die *Liste des schädlichen und unerwünschten Schrifttums* gesetzt – beide 1940 im Exilverlag Bermann-Fischer herausgebracht. Im Katalog des Reclam Verlags findet sich 1943 keiner seiner Titel mehr. Dies zeigt, dass die Indizierungsliste durchaus Veränderungen abbildete.

Neben den neu indizierten Autoren wie Beheim-Schwarzbach gab es jedoch auch – sicherlich in geringerer Anzahl – Schriftsteller, denen das Publizieren wieder gestattet wurde. Von dem kritischen Humanisten Walter Bauer beispielsweise wurden sämtliche bis 1933 erschienenen Schriften indiziert, er konnte jedoch während der gesamten NS-Diktatur weiter publizieren, so auch bei Reclam 1942 *Die zweite Mutter* mit einer Startauflage von 80.000 Exemplaren oder *Das letzte Glück des Herrn Giorgione* als *Reclams Reihenbändchen* für den Feldpostversand. Auch Ewald Gerhard Seeliger gehörte zu den eher seltenen Fällen von Autoren, deren Gesamtwerk zunächst beschlagnahmt und später wieder freigegeben wurde. Obgleich noch im März 1936 der bei Wilhelm

960 Vgl. Aktennotiz Friedrich Maaß vom 28.09.1939. In: RAS, Mappe Verlagsverträge Leipzig (gebundene Ausgaben) M–Z.
961 Vgl. Graebner 2001, S. 48.
962 Vgl. Der schöne Reclam-Band o. J.

Abb. 35 Werbeplakat *200 verschiedene schöne Reclam-Bände*, 1927.
In: RAS, Mappe UB Werbung.

Goldmann geplante Titel *Flut. Buch der Wogen* von der Beratungsstelle der Vereinigung der Verleger von Volksliteratur positiv besprochen und als „abenteuerlich fesselnder Band von Seeschicksalen"[963] zur Veröffentlichung freigegeben worden war, wurde Seeliger unter Aufnahme sämtlicher Schriften in die *Liste des schädlichen und unerwünschten Schrifttums* am 09.05.1936 „mit sofortiger Wirkung aus der Reichsschrifttumskammer ausgeschlossen, da er nicht geeignet ist, durch schriftstellerische Veröffentlichungen [...] auf die geistige und kulturelle Entwicklung der Nation Einfluss zu nehmen."[964] Eigentlicher Grund war aber wohl vielmehr seine Ehe mit der ‚Volljüdin' Rosalie Kohn. Noch vor dem Ausschluss aus der RSK hatte Seeliger der Kammer mitgeteilt:

> Meine Frau [...] hat sich veranlasst gesehen, sich von mir zu trennen. [...] Ich bin jederzeit bereit, mich scheiden zu lassen, falls diese jetzt nur noch auf

963 Gutachten als Anlage zum Schreiben Verlag Goldmann an RSK am 28.04.1936. In: BArch, R 9361-V/33357, Lesefilm-Nr. RK I 494, Bild-Nr. 1656.

964 RSK an Seeliger am 09.05.1936. In: BArch, R 9361-V/33357, Lesefilm-Nr. RK I 494, Bild-Nr. 1644.

der amtlichen Zellstoffoberfläche vorhandene Querverbindung meine weitere Mitgliedschaft zur Reichsschrifttumskammer in Frage stellen sollte.[965]

Das Verbot blieb jedoch bestehen und Seeliger, der doch nicht gewillt war, seine „37 Jahre dauernde Ehe zu lösen“, war innerhalb von drei Jahren auf die Unterstützung durch die Wohlfahrt angewiesen.[966] Erst im März 1939 kam Bewegung in die Sache: Der Globus Verlag beantragte bei der RSK den Abverkauf von 7.000 Exemplaren *Peter Voss. Der Millionendieb*. Die RSK informiert daraufhin das RMVP, dass „[w]enn auch der Roman [...] kulturpolitisch bedeutungslos ist, so sehe ich doch keine triftigen Gründe für das Verbot selbst. [...] Möglichweise ging man damals von der Annahme aus, dass Seeliger selbst Jude sei.“[967] Infolge zahlreicher Fürsprachen für Seeliger, gehäufter Anfragen „bekannter Verlage und Filmfirmen, die offensichtlich dringend auf die Zulassung des S. warten“ sowie positiver Bescheide durch Gestapo und NSDAP wurde mittels eines Aktenvermerks im Mai 1939 die Frage, „ob es bei der grundsätzlichen Ablehnung des S. bleibt, weil er eine jüdische Ehefrau hat“ mit Verweis auf „Werner Bergengruen und Jochen Klepper, die eine Ausnahmegenehmigung haben“ innerhalb der RSK neu gestellt.[968] Am 21.09.1939 erteilte die RSK Seeliger eine „jederzeit widerrufliche Sondergenehmigung zur weiteren Berufsausübung im Rahmen der Reichsschrifttumskammer“, und mit Wirkung vom 25.01.1940 wurden die Schriften Seeligers aus der *Liste des schädlichen und unerwünschten Schrifttums* gestrichen. Im Februar 1940 bestanden gegen die Herausgabe alter und neuer Schriften keine Bedenken mehr.[969] Seeliger wandte sich 1939 mit dieser Mitteilung an den Reclam Verlag und forderte seine Rechte an dem Werk *Zwischen den Wäldern* zurück, da er mit einem anderen Verlag eine Gesamtausgabe veranstalten wolle. Dies wurde ihm gegen Zahlung von 200 RM gewährt.[970]

Angesichts der weiter oben beschriebenen rigorosen Zensurpraxis des Verlags erscheint es verblüffend, dass sich noch im Katalog von 1943 einige Titel von Autoren

965 Seeliger an Präsidenten der RSK am 07.03.1936. In: BArch, R 9361-V/33357, Lesefilm-Nr. RK I 494, Bild-Nr. 1754.

966 Landeskulturwalter Gau Hamburg an RSK am 12.01.1939. In: BArch, R 9361-V/33357, Lesefilm-Nr. RK I 494, Bild-Nr. 1812.

967 RSK an RMVP am 06.03.1939. In: BArch, R 9361-V/33357, Lesefilm-Nr. RK I 494, Bild-Nr. 1796.

968 Aktenvermerk RSK vom 12.05.1939. In: BArch, R 9361-V/33357, Lesefilm-Nr. RK I 494, Bild-Nr. 1772; Gestapo Hamburg an Präsidenten RSK am [24].04.1939. In: BArch, R 9361-V/33357, Lesefilm-Nr. RK I 494, Bild-Nr. 1686; NSDAP Gauleitung Hamburg an Präsidenten RSK am 28.04.1939. In: BArch, R 9361-V/33357, Lesefilm-Nr. RK I 494, Bild-Nr. 1684.

969 Hans Hinkel (RSK) an Seeliger am 21.09.1939. In: BArch, R 9361-V/33357, Lesefilm-Nr. RK I 494, Bild-Nr. 1670; Vgl. RMVP (gez. Dr. Koch) an RSK am 25.01.1940. In: BArch, R 9361-V/33357, Lesefilm-Nr. RK I 494, Bild-Nr. 2012; Vgl. RSK an Droste Verlag am 09.02.1940. In: BArch, R 9361-V/33357, Lesefilm-Nr. RK I 494, Bild-Nr. 2002.

970 Vgl. Aktennotiz Friedrich Maaß vom 28.09.1939. In: RAS, Mappe Verlagsverträge Leipzig (gebundene Ausgaben) M–Z.

finden, deren sämtliche Schriften verboten waren: Zwar ist Hans Müller-Einigens *Der Brand von Trukitzan* (1925) als „nicht lieferbar" und ohne bibliografische Angabe getilgt, die Erzählung *Das Hemdenknöpfchen* (1900) hingegen ist lediglich als vergriffen gekennzeichnet, die bibliografische Spur somit erhalten geblieben.[971] *Wie der Wald still ward*, eine 1925 bei Reclam erschienene Tiergeschichte von Lisa Wenger, ist im Katalog sogar weiterhin lieferbar – obwohl sämtliche Schriften der Schweizer Künstlerin und Kinderbuchautorin als ‚schädlich und unerwünscht' verboten waren. Und obwohl die Rezeption zahlreicher namhafter Autoren aus dem Ausland nicht länger ermöglicht werden durfte, finden die Werke Dostojewskis, Puschkins und Tolstois noch immer Erwähnung im Katalog, wenngleich neben der bibliografischen Angabe ein schwarzer Balken signalisiert, dass sie „nicht lieferbar" sind. Die Titel von Dickens und Wodehouse hingegen hätten auch 1943 noch bestellt werden können.[972]

3.2.1.2 Freiwillige Selbstzensur

Diese Einzelbeispiele zeigen, dass es durchaus möglich war, von der NS-Kulturpolitik nicht erwünschte Titel im Programm des Reclam Verlags zu belassen oder gar neu aufzunehmen. Ihre geringe Anzahl belegt aber auch, dass diese Möglichkeiten nicht in nennenswertem Maße genutzt wurden. Ganz im Gegenteil: Werke von Autoren, deren Gesamtwerk auf der *Liste des schädlichen und unerwünschten Schrifttums* verboten worden war, wurden auch vom Reclam Verlag aus dem Programm genommen. Allerdings betrifft diese absolute Verbotsform lediglich 29 (11,5 %) der insgesamt 252 aus dem Verlagsprogramm entfernten Autoren mit zusammen 41 Werken (8,5 % aller eliminierten Titel).[973] Hinzu kommen zwei Autoren, die mit jeweils einem bei Reclam publizierten Werk auf Einzeltitelebene indiziert waren.[974] Unter Berücksichtigung weiterer 57 Autoren, die Reclam nach Kriegsausbruch aufgrund ihrer Herkunft aus ‚Feindesländern' augenscheinlich zu streichen verpflichtet war, und noch einmal 112 vom allgemeinen Verbot jüdischer Literatur betroffener Autoren (252 Reclam-Titeln) mussten folglich insgesamt 200 (78,7 %) von den 252 tatsächlich aus dem Reclam'schen Verlagsprogramm gestrichenen Autoren auf staatlichen Befehl entfernt werden. Das

971 Auch Alfred Hermanns Frieds 1888 publiziertes *Lexicon deutscher Citate* ist lediglich als vergriffen markiert.

972 Sofern Bestellungen statt des 1942 eingeführten Zuteilungssystems noch möglich gewesen wären. Vgl. Kapitel 2.2.1.2.

973 Im Bereich der Verlagswerke können über die aufgrund des verbotenen Gesamtwerks der Autoren aus dem Programm genommenen Titel wegen der mangelhaften Quellenlage keine Aussagen getroffen werden. Es ist daher unklar, ob *Wie starb Bella Blackborn?* und *Die Kleinstadt Babylon* von Marie Madelaine Puttkamer sowie *Zwischen den Wäldern* von Gerhard Ewald Seeliger tatsächlich aus dem Verlagsprogramm gestrichen wurden. Hingegen sind die Streichungen im Programm der UB gut dokumentiert.

974 Vgl. Kapitel 3.2.1.

bedeutet umgekehrt, dass jeder fünfte Autor, der den Streichungsaktionen zum Opfer fiel, nicht auf offiziellen Befehl hätte aussortiert werden müssen.

Vor dem Hintergrund, dass die umfangreichsten Streichungen vermutlich bereits vor 1939 erfolgten,[975] und unter Abzug der zu diesem Zeitpunkt wohl noch nicht aus dem Katalog entfernten, da erst im Laufe des Kriegsgeschehens eliminierten ausländischen Autoren von der Grundgesamtheit der aus dem Programm eliminierten Autoren, zeigt sich, dass der Reclam Verlag rd. 73 % der Autorenstreichungen eigeninitiativ vornahm. Mit Beschränkung auf Titel, deren Autoren oder weitere Beteiligte mit ihrem Gesamtwerk auf der *Liste des schädlichen und unerwünschten Schrifttums* indiziert waren, liegt dieser Anteil sogar bei 81,5 %.

Zu diesen von Reclam wohl mehr oder weniger in vorsorglicher Eigeninitiative entfernten Schriftstellern gehörten Autoren, die zwar auf der *Liste des schädlichen und unerwünschten Schrifttums* indiziert waren, jedoch nicht mit ihrem Gesamtwerk, sondern lediglich mit einem oder wenigen Titeln. Ein Beispiel ist der Humanist Herbert Eulenberg,[976] der sich erfolgreich, wenngleich unter erheblichen finanziellen Einbußen, dem nationalsozialistischen Anpassungsdruck widersetzte. Das Verbot dreier früherer pazifistischer Werke von Arnold Ulitz[977] wirkt mit dem Wissen darum, dass dessen nationalistische ‚Blut-und-Boden'-Erzählungen fast gleichzeitig den deutschen Soldaten zu Propaganda- und Kriegsertüchtigungszwecken ins Feld geschickt wurden, ungleich ambivalenter. Erst nach Kriegsbeginn publizierte er zwei Romane und eine Novelle, in denen deutliche Zugeständnisse an den Nationalsozialismus offenbar werden; zuvor hatte er allzu deutliche Positionierungen durch die Bearbeitung historischer Stoffe vermieden.[978] Sein Sachbuch *Die Unmündigen. Grenzfälle aus dem Seelenleben Jugendlicher* war dennoch Teil der Streichungen im Reclam'schen Verlagsprogramm, ebenso wie ein Titel von Otto Flake, der zu den 88 Unterzeichnern des ‚Gelöbnisses treuester Gefolgschaft' im Oktober 1933 gehörte.[979] Otto Flake, dessen Erzählung *Die Scheidung* aufgrund eines anderen von ihm indizierten Titels[980] nicht im UB-Katalog verbleiben durfte, leistete die Unterschrift vermutlich auf Bitten seines Verlegers Samuel Fischer und zum Schutz seiner fünften Ehefrau, einer ‚Halbjüdin' im nationalsozialistischen Verständnis.[981]

Neben der vorsorglichen Eliminierung sämtlicher Titel mit Beteiligung von Personen, deren Gesamtwerk verboten war, wie etwa Joseph von Eichendorffs *Die Freier*, bearbeitet von Otto Zoff, *Die Schlange* von Gisela Berger mit einem Nachwort von Felix Salten oder die von Robert Neumann unter dem Titel *Aus den Papieren eines*

975 Vgl. Kapitel 3.2.1.
976 Vgl. Reichsschrifttumskammer 1938, S. 34.
977 Vgl. Reichsschrifttumskammer 1938, S. 150 f.
978 Vgl. Rduch 2009, S. 57 f.
979 Vgl. *Vossische Zeitung* 26.10.1933.
980 Vgl. Reichsschrifttumskammer 1938, S. 38
981 Vgl. Leuschner; Luckscheiter 2008.

Polizeikommissars ausgewählten Wiener Sittenbilder von Leopold Florian Meissner, basieren etliche Streichungen des Reclam Verlags auf teilweise offenbar sehr sorgfältigen Recherchen des Verlags nach NS-ideologisch nicht vertretbaren Aspekten in den Biografien und Verwandtschaftsverhältnissen der Autoren.

Die mehrteiligen *Humoresken* des bereits 1878 verstorbenen sozialkritischen Autors Wilhelm Schröder wurden ebenso eliminiert wie *X Y Z: Spiel zu dreien in drei Akten* und *Kleines Klabund-Buch* des pazifistisch gesinnten Klabund. Dieser hatte sich 1925 in einem offenen Brief in *Die Weltbühne* gegen den Vorwurf der Gotteslästerung gewehrt, den die Nationalsozialistische Freiheitspartei, eine nur kurzfristig in den Jahren 1924/1925 und als Fraktionsgemeinschaft existierende Partei aus Deutschvölkischen und Nationalsozialisten, erhoben hatte. Seine Geringschätzung nationalsozialistisch Gesinnter hatte er offen kundgetan: „[M]ein Großvater hat als Erzieher des ehemaligen Kaisers sein Bestes dazu beigetragen, daß wir den Krieg verloren, aber statt dessen die Nationalsozialistische Freiheitspartei gewonnen haben. Das nächste Mal wird es uns hoffentlich umgekehrt gehen."[982] ‚Gesäubert' wurde das Verlagsprogramm auch von programmatischen Schriften liberaler Demokraten wie August Silberstein, einem bürgerlich-demokratischen Revolutionär von 1848/1849 und Autor der linksliberalen, demokratischen Satirezeitschrift *Leuchtkugeln*, Heinrich Zschokke, dem liberalen Volksaufklärer und Vorkämpfer sowie Max Bernstein, der sich mittels ein breites Publikum erreichender Unterhaltungsdramatik für die Verbreitung linksliberaler und demokratischer Wertvorstellungen eingesetzt hatte.

Opfer der Selbstzensur wurden auch Schriften von Okkultisten, etwa dem Spiritisten und Mitglied der theosophischen Loge Germania, Carl du Prel – der „Kristallisationsfigur […] für die spiritistischen […] Strömungen im deutschen Sprachraum"[983] –, dessen zur Jahreswende 1886/1887 von ihm mit gegründete psychologische Gesellschaft 1935 von den Nationalsozialisten aufgelöst wurde.[984] Freimaurer wie Edgar Istel und Anton Wildgans entzog Reclam ebenfalls vorsorglich seiner Leserschaft und – vor allem – dem kritischen Blick nationalsozialistischer Kulturpolitiker. Beim Aussortieren nicht weniger Autoren scheinen jedoch auch verdächtige Verwandtschaftsverhältnisse ausschlaggebend für die Streichung aus dem Katalog gewesen zu sein. So fehlen Titel von Carl Karlweis, Direktor der Südbahn-Gesellschaft, nebenberuflich Autor zahlreicher Erzählungen und Romane, teilweise im Wiener Dialekt, sowie von Lustspielen und Volksstücken für die Wiener Theaterbühne. Von seiner Tochter Marta Karlweis, ebenfalls nicht bei Reclam vertreten, waren sämtliche Schriften über die *Liste des schädlichen und unerwünschten Schrifttums* verboten, er selbst stand jedoch ebenso wenig auf dieser Liste wie Hans Olden, der Vater von Rudolf und Balder Olden, die wiederum ebenfalls mit ihrem gesamten Werk indiziert waren. Die Adoptivtochter des

982 *Die Weltbühne* 24.03.1925.
983 Kaiser 2008, S. 120.
984 Vgl. Ostwinkel 2017, S. 76.

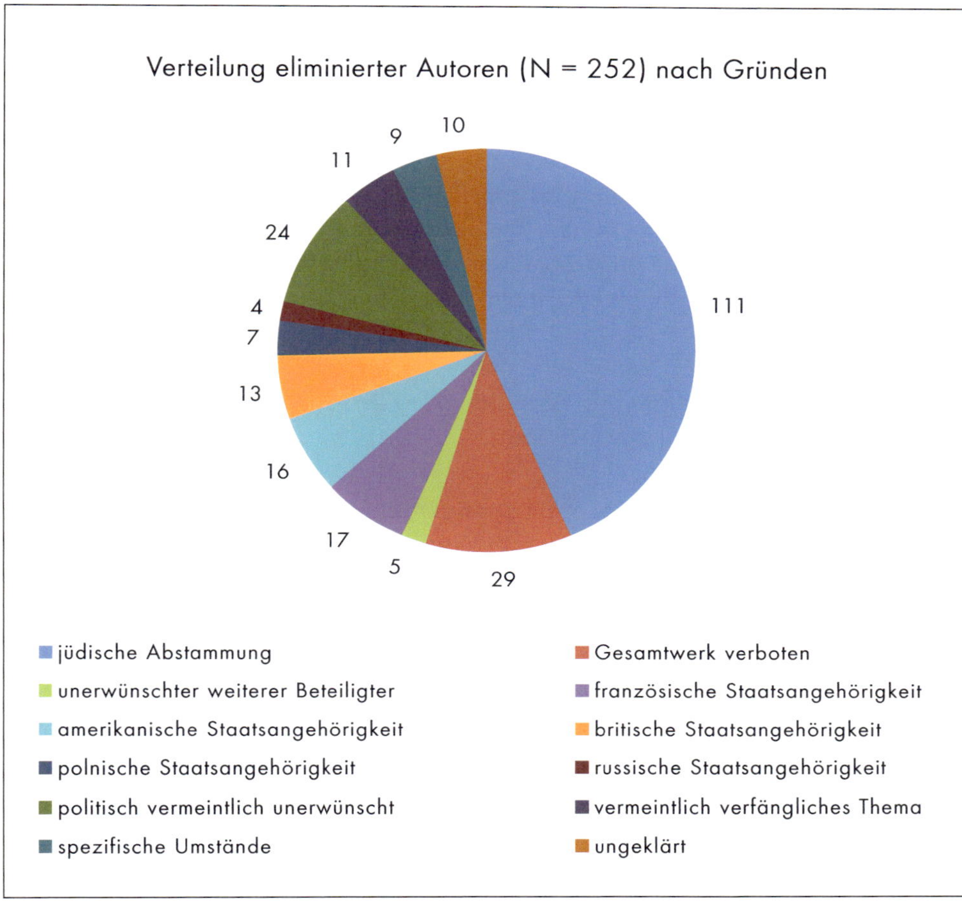

Abb. 36 Verteilung eliminierter Autoren (N = 252) nach Gründen

ebenfalls aus dem Reclam-Katalog getilgten Franz von Schönthan, Doris Schönthan, war eng befreundet mit Klaus Mann, verteilte antifaschistische Flugblätter und versteckte politische Verfolgte wie etwa Rudolf Olden, bevor sie nach Frankreich emigrierte, wo sie sich mit ihrem Mann, dem KPD-Aktivisten Bruno von Salomon, der Résistance anschloss.

Aus dem Verlagsprogramm bis einschließlich 1932 entfernte der Reclam Verlag somit während der NS-Zeit insgesamt 482 Titel aus verschiedenen, in Abbildung 36[985] in Relation zueinander dargestellten Gründen.

985 Eigene Erhebung. Datengrundlage: Verlagsbibliografie (vgl. Kapitel 2.1.1, Fußnote 218); Numerischer Bestellkatalog der gehefteten UB-Bände vom September 1943; biografische Einzelrecherche.

Unter Abzug von 403 Titeln,[986] die aufgrund staatlicher Verordnungen aus dem Programm genommen werden mussten, beläuft sich der Anteil von weiteren 79 Titeln, die nicht zwingend den Anpassungsbestrebungen des Verlags zum Opfer hätten fallen müssen, auf 16,4 %. Die konsequente Umsetzung der staatlichen Vorgaben und vor allem deren eigenverantwortliche Ausweitung auf potenziell missliebige Inhalte belegen einen hohen Grad von Anpassung an staatliche Doktrin – sei es aus Überzeugung oder aus Angst vor Strafmaßnahmen. Ein rückwirkend vielfach behauptetes Bestreben des Verlags nach Erhalt eines möglichst vielfältigen kulturellen und literarischen Programms[987] ist dagegen nicht erkennbar.

3.2.2 „Selbstverständlich den Wandlungen der Zeit unterworfen"[988] – Leitlinien der Neuproduktionen

Die massiven Veränderungen im Verlagsprogramm beschränkten sich nicht nur auf die oben beschriebenen Streichungen ‚unerwünschter' Autoren. Auch von der Verlagsleitung als potenziell missliebig erachtete Themen und Inhalte geplanter oder bereits publizierter Bücher zogen deren Sperrung nach sich.

Neben *Bolschewiki. Ernste und heitere Erzählungen aus Sowjetrußland* von Arnold Wasserbauer aus dem Jahr 1928, die als Sammlung russischer Autoren nicht länger im Katalog ausgewiesen wurden, waren auch Sachbücher insbesondere auf dem Gebiet der Musikwissenschaft betroffen. Informationen zum Leben und Wirken zahlreicher jüdischer oder ausländischer Komponisten – *Mendelssohn* von Bruno Schrader (1898), *Anton Rubinstein* von Nikolai Bernstein (1911), *Tschaikowsky* von Max Steinitzer (1925) aber auch *Jacques Offenbach. Hoffmanns Erzählungen* von Max Chop (1908) – standen nicht länger zur Verfügung. Gleiches galt für Else Redenbachers Buch *François Frédéric Chopin* (1911) über den auf deutschen Bühnen bis dato oft gespielten polnischen Komponisten, für dessen Stücke seit Kriegsbeginn Aufführungsverbot bestand.

Der 1929 mit Dr. Robert Wickenhauer geschlossene Vertrag über die Ablieferung zweier Manuskripte für die UB mit Erläuterungen zu den Sinfonien von Mendelssohn und Schumann wurde mit der Begründung wieder aufgehoben, dass es

986 Hierunter fallen 41 Titel von Autoren, deren Gesamtwerk verboten war, zwei als Erstausgabe beim Reclam Verlag erschienene und indizierte Titel, 108 Titel von Autoren aus dem feindlichen Ausland sowie 252 Titel von Autoren jüdischer Herkunft – 223 davon von Autoren, die nicht auf der *Liste des schädlichen und unerwünschten Schrifttums* standen.

987 „1936 […] geriet ich ganz gegen meine Absichten in die Geschäftsleitung + bemühte mich um ein ‚sauberes' Programm – soweit das damals möglich war!" Müller an Lothar Kretschmar am 15.06.1989. In: SächsStA-L, 22399 Vorlass Lothar Kretschmar.

988 Ernst Reclam an Hermann Hesse am 13.12.1934. In: DLA, D:Hesse, Hermann.

> nach den Erfahrungen der letzten Jahre in keiner Weise anzunehmen [sei], dass [die] Bändchen [...] auch nur entfernt den Absatz finden können, der für die billigen Bändchen der Universal-Bibliothek eine unbedingte Notwendigkeit darstellt. Bei [...] Mendelssohn wäre der Absatz gleich null und auch die Erläuterungen zu den Schumann'schen Symphonien würden kaum bessere Aussichten haben als etwa ihre „Erläuterungen zu Schubert", von denen ja auch nur eine betrübend geringe Anzahl abgesetzt worden ist.[989]

Wickenhauer solle sich überlegen, wie der Honorarvorschuss von 950 RM abzudecken wäre; eventuell könnte man diesen auf den Abdruck einiger Aufsätze zu aktuellen musikalischen Fragen in *Reclams Universum* anrechnen.[990] Dass in diesem Schreiben die Absatzmöglichkeiten für den Mendelssohn-Text als besonders ungünstig dargestellt werden, dürfte auf dessen Religionszugehörigkeit zurückzuführen sein.

Auch in anderen Themengebieten ist davon auszugehen, dass die Streichung von Sachbuchtiteln nicht rein wirtschaftlich, sondern zumindest auch inhaltlich begründet war, so bei Jess Hartewigs *Heinrich Heine* (1924), *Der Völkerbund. Entstehung und Satzung, Organe und Geschäftsordnungen, Entwicklung und Wirkung in der großen Politik* von Johann Strunz (1930) sowie bei Hans Gestrichs *Der Youngplan. Inhalt und Wirkung gemeinverständlich dargestellt* (1930).

Die gewissenhaften Bemühungen des Verlags, das Programm der UB gemäß den staatlichen Erwartungen zu reduzieren, resultierten außerdem im Aussondern von Titeln aufgrund der Beteiligung jüdischer Autoren in Form von Nachworten oder Herausgeberschaften. Von dem vierteiligen Schwank *Aus den Papieren eines Polizeikommissars I* von Florian Leopold Meissner wurden alle Bände – erschienen 1892 bis 1894, sämtlich ausgewählt und mit einem Nachwort versehen von Robert Neumann – aus dem Programm genommen. Auch *Die Schlange* von Gisela Berger, 1925 in der UB mit einem Nachwort von Felix Salten publiziert, ist im Katalog von 1943 nicht mehr enthalten. *Die schöne Frau* von Hermann Bahr und *Brigitte und Regine* von Franz Karl Ginzkey – beide 1924 mit einem Nachwort von Stefan Zweig veröffentlicht – durften hingegen verbleiben, wohl, weil es sich bei Bahr und Ginzkey um dezidiert völkische Autoren und somit um unverdächtige Publikationen handelte.

In anderen Fällen verblieben die Werke zwar in den Verzeichnissen, der Verlag entledigte sich jedoch der verpönten Herausgeber oder Bearbeiter – durch Nummerntausch. Dem ursprünglich 1921 unter der Nummer 6206 veröffentlichten Titel *Der Vertrag von Versailles* von dem jüdischen Wirtschaftswissenschaftler Eduard Rosenbaum – der noch im Juni 1933 als zweitwichtigste Literaturempfehlung zu den Folgen

989 Nußbächer an Dr. Robert Wickenhauer am 27.01.1936. In: RAS, Mappe Generalverträge.
990 Vgl. Nußbächer an Dr. Robert Wickenhauer am 27.01.1936. In: RAS, Mappe Generalverträge.

des „Versailler Diktats" beworben worden war[991] – wurde zunächst im März 1933 „in Anbetracht der völlig veränderten politischen Lage" eine für „angebracht" erachtete „besondere Empfehlung von Dr. Fritz Hartung von der Universität Berlin" beigefügt, um der „Darstellung des ‚Vertrags von Versailles' auch in Zukunft den Absatz wie bisher zu sichern"[992], was bereits im Juni 1933 jedoch schon nicht mehr als ausreichend betrachtet wurde:

> Sie sind ja aber so einsichtig, daß Sie selbst verstehen, daß das von Ihnen herausgegebene Werk, besonders nachdem Ihr „Lassalle" verbrannt worden ist, unter Ihrem Namen in den nationalen Kreisen Anstoß erregen muss, selbst, nachdem durch das Geleitwort von Prof. Hartung die Arbeit selbst als durchaus einwandfrei dasteht. Seien Sie doch so liebenswürdig, mir einmal Ihre Gedanken über diese Angelegenheit mitzuteilen. Das Weglassen Ihres Namens würde wahrscheinlich nicht die richtige Lösung sein, da sonst der Gedanke auftauchen könnte, man hätte durch Weglassen Ihres Namens das Werk des Verfassers des „Lassalle" eben doch unerkannt wieder in die nationale Literatur hineinschmuggeln wollen. Die Sache ist natürlich sowohl für Sie wie für mich ausserordentlich unerfreulich; es muss aber eben alles durchgefochten werden.[993]

Rosenbaum wird hier mit vordergründig freundlichen Worten dazu gebracht, sich gleichsam selbst vor die Tür zu setzen:

> Aus ihrem freundlichen Schreiben vom 28. Juni ersehe ich, dass Sie evtl. damit einverstanden sein würden, wenn Ihre Ausgabe des „Vertrag von Versailles" in der Universal-Bibliothek nicht wieder gedruckt würde, doch möchte ich heute darüber noch keine Entscheidung fällen. Sie schreiben von einer „wenig würdigen Tarnung" und müssen doch gerade aus meinem Brief vom 26. Juni meine Ansicht darüber entnommen haben, dass ich eben die Tarnung durch Weglassen ihres Namens nicht will. [...] Es ist aber doch klar, dass der Name eines Autors, dessen Buch, ob mit Recht oder Unrecht, ob mit Überlegung oder voreilig, ist ja ganz gleichgültig, bei den Aktionen der nationalsozialistischen Jugend verbrannt worden ist, wenn er obendrein noch jüdisch ist, in der heutigen vaterländischen Literatur nicht angenehm empfunden wird. Es hat damit gar nichts zu tun, dass Ihr Werk durchaus sachlich und absolut im

991 Vgl. Wichtigste Literatur zum Versailler Diktat. In: *BBl.* vom 17.06.1933, Nr. 138, S. 442, http://digital.slub-dresden.de/id39946221X-19330617/4 [25.05.2024].
992 Ernst Reclam an Rosenbaum am 14.03.1933. In: DLA, A:Paquet, Alfons, 68.501.
993 Ernst Reclam an Rosenbaum am 26.06.1933. In: DLA, A:Paquet, Alfons, 68.501.

> deutschen Sinne geschrieben ist, und ich bitte Sie, auch meinen Brief so aufzufassen, dass er kein abfälliges Urteil über Ihr Buch enthalten soll.[994]

Im Ergebnis erschien der Titel 1934 unter der neuen Nummer 7248 als *Das Diktat von Versailles und seine Auswirkungen*, bearbeitet von Hermann Gackenholz.

Nach dem gleichen Muster wurde 1939 Joseph von Eichendorffs *Die Freier*, 1923 als Nummer 6419 in freier Bearbeitung durch den ‚Halbjuden' Otto Zoff publiziert, unter der Nummer 7434 von Ernst Leopold Stahl herausgegeben.

Bemerkenswert ist auch die extrem taktierende Zusammenarbeit mit dem jüdischen Bearbeiter des legendären Titels *Lehrbuch des Schachspiels,* Jacques Mieses, die der Verlag in der Zeit des Nationalsozialismus ebenfalls im ‚Tauschverfahren' unterbrach. Schon 1891 hatte Jean Dufresne Reclam das Verlagsrecht an seinem Lehrbuch (UB-Nr. 1411–1415) übertragen, welches 1818 erstmalig erschienen war, und das zu diesem Zeitpunkt bereits in der vollständig umgearbeiteten sechsten Auflage vorlag.[995] Im Dezember 1900 wurde Jacques Mieses vom Verlag mit der siebten Neubearbeitung von Dufresnes Buch gegen eine einmalige Zahlung von 500 Mark beauftragt.[996] Unter seiner Federführung erlebte das Werk noch weitere Neubearbeitungen, die letzte im März 1935. Während der Titel bis zur Übernahme durch Mieses in 17 Auflagen mit zusammen 82.000 Exemplaren gedruckt worden war, erreichte er unter Mieses die 21. Auflage und insgesamt 343.000 produzierte Exemplare. Am 28.01.1935 wurde Mieses von der Reichsschrifttumskammer ausgeschlossen, man gestattete ihm jedoch, bis „auf Widerruf schachschriftstellerisch tätig zu sein."[997] 1938 emigrierte Mieses nach England,[998] wo er Ende der 1940er Jahre auch die britische Staatsbürgerschaft annahm.[999] Im April 1938 erklärte sich Mieses nach einer Unterredung mit Konrad Nußbächer damit einverstanden,[1000] dem Verlag für die nächste Auflage einen anderen Bearbeiter vorzuschlagen, der sachlich alle Voraussetzungen mitbringe und auch in der Schachwelt bekannt sei. Mieses erwählte für diese Aufgabe Max Blümich, denn „nächst mir dürfte er der beste Schachspieler Sachsens sein und auch als Schriftsteller hat er einen guten

994 Ernst Reclam an Rosenbaum am 05.07.1933. In: DLA, A:Paquet, Alfons, 68.501.

995 Vgl. Verlagsvertrag Dufresne – Reclam Verlag vom 07.07.1981. In: RAS, Schriftwechsel Schachlehrbuch 07.07.1891 bis 02.08.1955. Zurzeit erscheint dieser erfolgreiche Titel in der 31. Auflage.

996 Vgl. Verlagsvertrag Mieses – Reclam Verlag vom 12.11.1900. In: RAS, Schriftwechsel Schachlehrbuch 07.07.1891 bis 02.08.1955.

997 Dr. Suchenwirth an Mieses am 09.04.1935. In: RAS, Schriftwechsel Schachlehrbuch 07.07.1891 bis 02.08.1955. Der Katalog der Deutschen Nationalbibliothek verzeichnet mehr als 40 Titel von ihm zum Schachspiel.

998 Vgl. Geppert o. J.

999 Vgl. Reclam Verlag an Mieses 08.10.1947. In: RAS, Schriftwechsel Schachlehrbuch 07.07.1891 bis 02.08.1955.

1000 Die hierzu vorliegenden Briefe sind konziliant und rücksichtsvoll beiderseits verfasst.

Namen im In- und Ausland“.[1001] Außerdem sei der Leipziger Schachmeister „höherer Postbeamter, also Vollarier“ und redigiere nebenbei die *Deutsche Schachzeitung* und die Schachrubrik in der *Neuen Leipziger Zeitung*. Des Weiteren wurde vereinbart, dass Mieses’ Bearbeitung des Lehrbuchs von Blümich ganz nach Belieben verwendet werden könne. Als Entschädigung hierfür verlangte Mieses 500 RM, deren Zahlung ihm sofort nach Regelung der Angelegenheit zugesichert wurde.[1002] Blümich fertigte drei Neubearbeitungen an,[1003] wobei die letzte im August 1943 als 16. Neubearbeitung erschien.[1004] Für die vier Auflagen der letzten drei Neubearbeitungen wurden 43.000 Exemplare hergestellt. Auch ein weiterer erfolgreicher Titel von Mieses, *Schach*, erstmals 1933 in der UB als Nr. 7204 in insgesamt drei Auflagen (1933, 1934 und 1937 mit zusammen 28.000 Exemplaren) erschienen, wurde 1939 von Blümich neu bearbeitet und unter der Nr. 7449 herausgegeben. Der Titel erzielte in dieser Ausgabe bis 1943 vier Auflagen mit zusammen 40.000 Exemplaren, 1944 wurde nochmals eine verhältnismäßig große Menge von 30.000 Nachdrucken gefertigt. Nach dem Ende des Nazi-Regimes suchte Reclam erneut die Zusammenarbeit mit dem noch immer in London lebenden Mieses, der im Oktober 1947 die nun 17. Neubearbeitung des Schachlehrbuchs für 1.800 RM Honorar übernahm.[1005]

Stefan Zweig, der als Herausgeber der 1927 veröffentlichten Auswahl von Goethe-Gedichten fungierte, gab in einem verständnisvollen Brief vom 09.05.1936 Ernst Reclam sein Einverständnis, „die Auswahl der Goethe-Gedichte ohne Nennung [seines] Namens und des Vorworts weiterhin verwenden“ zu dürfen. Er wisse „ja, dass Sie nicht persönliche Intentionen zu diesem Entschluss geführt haben, wie ich ja auch meinerseits bedaure, dass die für mich immer so ehrenvolle Verbindung zu Ihrem Verlage durch äussere Umstände unterbrochen worden ist.“[1006] Allerdings wurde dieser

1001 Mieses an Reclam am 24.04.1938. In: RAS, Schriftwechsel Schachlehrbuch 07.07.1891 bis 02.08.1955.

1002 Vgl. Reclam Verlag an Mieses am 22.04.1938; Mieses an Reclam am 24.04.1938. In: RAS, Schriftwechsel Schachlehrbuch 07.07.1891 bis 02.08.1955.

1003 Für die 15. Neubearbeitung erhielt Blümich eine einmalige Zahlung von 1.400 RM. Vgl. Verlagsvertrag Blümich – Reclam Verlag vom 30.06.1941. Für die Neudrucke unveränderter Auflagen wurde kein Honorar gezahlt. In: RAS, Schriftwechsel Schachlehrbuch 07.07.1891 bis 02.08.1955.

1004 Es war vermutlich noch eine weitere Neubearbeitung geplant, die nun durch Alfred Brinckmann vorgenommen werden sollte, ihm bot man sogar 2.500 RM Honorar. Vgl. Reclam Verlag an Alfred Brinckmann im Herbst 1943. In: RAS, Schriftwechsel Schachlehrbuch 07.07.1891 bis 02.08.1955. Sie wurde jedoch nicht realisiert. Auch 1948 kam noch die 16. Neubearbeitung von Blümich zum Verkauf. Vgl. Reclam Verlag an Mieses am 15.03.1948. In: RAS, Schriftwechsel Schachlehrbuch 07.07.1891 bis 02.08.1955.

1005 Vgl. Reclam Verlag an Mieses am 08.10.1947. In: RAS, Schriftwechsel Schachlehrbuch 07.07.1891 bis 02.08.1955. Dazu ausführlich auch: Laux 2016b, S. 177–184.

1006 Zweig an Ernst Reclam am 09.05.1936. In: RAS, Karton Autographen.

Kompromiss nicht umgesetzt. Stattdessen erschien 1937 unter der Nummer 7379/81 eine von Prof. Heinz Kindermann besorgte neue Auswahl der Goethegedichte.[1007]

Weniger verständnisvoll reagierte Hermann Hesse auf folgende Anfrage Nußbächers bezüglich einer Neuauflage der 1929 erstmals erschienenen *Bibliothek der Weltliteratur*:

> Sie haben selbst in Ihrem Werk angedeutet, dass eine solche Auswahl aus der Weltliteratur selbstverständlich den Wandlungen der Zeit unterworfen ist. Dies wirkt sich heute schon bei einzelnen Stellen des Bändchens aus, und ich bitte, gerade diese Stellen bei der Korrektur zu berücksichtigen. Die kleineren Änderungen betreffen Ausgaben von Meisterwerken der Weltliteratur, die heute vergriffen sind, und ich darf daher bitten, auch diese durch inzwischen erschienene andere zu ersetzen. [...] Ohne dass die Eigenart Ihrer Arbeit dadurch minimiert würde, scheint es mir notwendig, dass an einigen Stellen den geänderten Zeitverhältnissen Rechnung getragen wird [...]. Ich erlaube mir, hier ein Exemplar des Bändchens beizufügen, in dem ich an verschiedenen Stellen Fragezeichen oder Korrekturen angebracht habe.[1008]

Hesse lehnte die gewünschten Änderungsvorschläge rundheraus ab:

> Sie wissen ja, dass mein Büchlein keineswegs ein objektiver und schulmässiger Führer durch die Literaturen ist und sein will, sondern ein ganz persönliches Bekenntnis zu dem, was mir in meinen 57 Jahren an Leseerlebnis und Lese-Erfahrung zugewachsen ist. An diesen Erfahrungen und an diesem Bekenntnis nun möchte ich nicht das geringste ändern. Ich halte nicht heute Bücher und Autoren für minderwertig, weil der Zeitgeschmack es tut, und streiche aus meinem Essay nicht Dinge weg, die mir lieb und wichtig sind – bloss weil die Konjunktur das nahe legt. [...] Ausdrücklich aber müsste ich mir [...] ausbedingen, dass [...] Aenderungen an der Bücherliste, z. B. Weglassung jüdischer Autoren etc. nicht vorgenommen werden dürfen. Sie deuten eine ganze Reihe solcher Weglassungen als wünschenswert an, und ich verstehe Ihren Standpunkt, er ist aber nicht der meinige. In diesem Punkte sind mir Konzessionen unmöglich.[1009]

Der Gegenvorschlag Hesses, auf eine Neuauflage zu verzichten und ihm das Recht an dem Titel zurückzugeben, um „dann [...] mit einem Literaturhistoriker, der objektiver und zugleich zeitgemässer ist als ich, einen Führer durch die Literatur auszuarbeiten,

1007 Vgl. Bode 2003, S. 105 (irrigerweise mit dem Jahr 1938 für die Ausgabe).
1008 Nußbächer (gez. Ernst Reclam) an Hesse am 13.12.1934. In: DLA, D:Hesse, Hermann.
1009 Hesse an Reclam Verlag am 17.12.1934. In: DLA, D:Hesse, Hermann.

der meinen subjektiven Versuch künftig ersetzt“[1010], wurde nicht umgesetzt. Eine Neuauflage der *Weltliteratur* – deren erste Ausgabe Hesse „offen gesagt […] dadurch, dass sie allzusehr auf einen Führer durch die Reclambibliothek hin gestaltet war, nie ganz sympathisch“[1011] gewesen ist, erschien erst 1949 bei Reclam Stuttgart.[1012]

3.2.3 „Nicht ganz gut genug"[1013] – zur Trennung von Wilhelm Schaefer & Co.

Die neuen politischen Rahmenbedingungen veranlassten Reclam nicht nur zu Trennungen von Autoren und Titeln, sondern auch von Organgesellschaften, wie im Fall Verlag Wilhelm Schaefer & Co.[1014] Unter diesem Label wurden für Reclam Kriminalgeschichten publiziert, ein – so Gotthold Müller abschätzig – von dem Reclam-Prokuristen Rudolf Kaemmerer Anfang der 1930er Jahre unternommener Versuch, „mit ‚Krimis' Geld zu machen“. Der Unterverlag habe „mit einem Verlust von mehr als 100.000 RM liquidiert werden müssen“[1015]. Der tatsächliche bilanzielle Verlust des Verlags belief sich zum 31.08.1933 allerdings nur auf 44.497,56 RM,[1016] und für die Trennung von diesem Unternehmen – tatsächlich wurde es nicht unmittelbar liquidiert – waren nicht nur wirtschaftliche Beweggründe ausschlaggebend.

Mit einem Vertrag vom 25.04.1932 hatte Rafael Schermann den Verlag Reclam zur Herausgabe einer Buchreihe unter dem Titel „Rafael Schermann: Romane des

1010 Hesse an Reclam Verlag am 17.12.1934. In: DLA, D:Hesse, Hermann.

1011 Hesse an Reclam Verlag am 24.12.1947. In: DLA, D:Hesse, Hermann.

1012 Eine erneute Anfrage zur Neuauflage Müllers lehnt Hesse zunächst wiederum ab: „Einer Neuausgabe der ‚Bibl. d. Weltliteratur' kann ich vorläufig nicht zustimmen. Erstens bedürfte der Text einer neuen Durchsicht, und dazu komme ich in diesem Leben nicht mehr, ich bin jeden Tag durch Aktuelles bis zur Erschöpfung überbürdet. Zweitens aber bin ich sehr dagegen, dass wir den Lesern ein Büchlein vorlegen, in dem ihm lauter Bücher empfohlen werden, die er doch nicht kaufen kann.“ Hesse an Reclam Verlag am 24.12.1947. In: DLA, D:Hesse, Hermann. Müller schmeichelt und führt moralische Argumente ins Feld: „[Der] heutige Leser, besonders der junge, [braucht] eine Unterweisung, sich durch das Labyrinth der Weltliteratur hindurchzufinden und dazu eignet sich Ihre Arbeit einzigartig. Ich glaube, dass das Büchlein gerade in der gegenwärtigen Situation eine besondere Mission zu erfüllen hätte, zumal auch alle Literaturgeschichten fehlen und die Weltliteratur den jungen Menschen, die in der Nazizeit herangereift sind, ein Buch mit sieben Siegeln ist.“ Müller an Hesse am 09.01.1948. In: DLA, D:Hesse, Hermann.

1013 Kirkness an Wilhelm Schaefer & Co. am 05.01.1933. In: RAS, Mappe Verträge Schaefer & Co.

1014 Die Firma wird in den Unterlagen verschiedentlich bezeichnet. Laut den Briefköpfen des Verlags firmierte der Verlag unter Wilhelm Schaefer & Co. GmbH Berlin und Leipzig.

1015 Müller 1975, S. 2. In: RAL, Ordner 15.

1016 Vgl. Bilanzen und Gewinn- und Verlustkonto vom 31.08.1933. In: SächsStA-D, 13471, Nr. ZA VI 2628/01.

Lebens oder ähnlich"[1017] autorisiert und der Firma das Verlagsrecht an den Bänden für alle Auflagen und Ausgaben übertragen. Hierfür stellte Schermann dem vom Verlag Reclam verpflichteten Herausgeber und Bearbeiter der Bände geeignetes Material zur Verfügung.[1018] Dabei wurde festgelegt, dass der Verlag Reclam berechtigt sei, „oben genannte Buchreihe unter dem Namen eines anderen Verlages erscheinen zu lassen, der dem Verlag Reclam angegliedert ist."[1019] Dieser Passus findet sich in allen gesichteten Verträgen zu den Titeln des Verlags Wilhelm Schaefer & Co., sodass deutlich wird, dass Reclam zwar als Handelnder die Verträge abschloss, die Bücher aber nicht unter dem Namen Reclam erscheinen sollten. Als Herausgeber der Bände gewann Reclam den Freiherrn Jesco von Puttkamer, der wie auch Rafael Schermann für Vorabdrucke in *Reclams Universum* 25 RM pro Druckseite erhielt. Als Honorar wurden Schermann 6,5 % und von Puttkamer sechs Prozent vom Ladenpreis jedes verkauften gehefteten Exemplars gezahlt.[1020]

Aus einer Vereinbarung zwischen von Puttkamer und Dr. Hans Horckheimer wird ersichtlich, wie die inhaltliche Realisierung der Bände dieser Reihe sowie die damit verbundene urheberrechtliche Frage geklärt wurde:

> Dr. Horckheimer behandelt den ihm mit dem Titel „Die Perlenkette" übergebenen Fall in Form eines Kurzromans von 150 Schreibmaschinenzeilen, der den Titel „Um eine halbe Minute" […] erhalten soll. Hierfür erhält [er] eine einmalige Zahlung von 400 Mark. Dr. Horckheimer verzichtet ausdrücklich auf alle Urheberrechte und erklärt sich einverstanden, dass der Roman ohne seinen Namen als Autor erscheint. Somit wird der Verlag Wilhelm Schaefer & Co. alleiniger Herr des Manuskriptes.[1021]

Das Konzept der Schermann-Reihe *Schicksale des Lebens* wurde von der Kritik begeistert aufgenommen, als eine „Reihe von spannenden Erzählungen mit kriminalistischem Einschlag. […] Die Novellen beruhen auf Fällen der Wirklichkeit, die von dem

1017 Nach Alternativideen wie *Rafael Schermann Archiv* oder *Beichten an Rafael Schermann* lautete der Titel der Reihe letztlich: *Rafael Schermann, Schicksale des Lebens.*

1018 Der Vertrag sah weiterhin vor, dass jedes Manuskript vor Drucklegung Schermann vorgelegt werden sollte, ebenso wie Propagandamaterial zur Einführung der Reihe Schermann, sobald es ihn betraf, da es so gestaltet sein sollte, dass es seinem Ruf als ernsthaften wissenschaftlichen Psychografologen nicht schadet. Vgl. Schermann an Reclam Verlag am 08.04.1932. In: RAS, Mappe Verträge Schaefer & Co.

1019 Vgl. Verlagsvertrag Schermann – Reclam Verlag vom 25.04.1932. In: RAS, Mappe Verträge Schaefer & Co.

1020 Vgl. Verlagsvertrag von Puttkamer – Reclam Verlag vom 17.03.1932. In: RAS, Mappe Verträge Schaefer & Co.

1021 Vereinbarung Dr. Horckheimer und Freiherr von Puttkamer vom 24.05.1932. In: RAS, Mappe Verträge Schaefer & Co.

bekannten Psychografologen Schermann behandelt und entdeckt worden sind."[1022] Das Erscheinen der ersten vier im Juni 1932 publizierten Bänden sei „ein Ereignis von ganz besonderer Art und Bedeutung", das die „Stille des sommerlichen Buchhandels, die sonst kaum Neuigkeiten zu bringen pflegt" unterbreche:

> Im Verlag Wilhelm Schaefer & Co, Berlin und Leipzig, erscheinen gleichzeitig vier packend geschriebene Bände, in denen erzählt wird, wie Rafael Schermann, der bekannte Psychographologe, aus ein paar geschriebenen Zeilen, manchmal sogar aus einigen Buchstaben, verwickelte Fälle aufklärte. Mit dieser Veröffentlichung wird ein ganz neuer Weg beschritten: [...] in ihrem Kernpunkt weisen sie nach, wie es Rafael Schermann gelang, eine ganz neue Wissenschaft, die Psychographologie, in den Dienst der Kriminalistik und jener Menschen zu stellen, die durch das Leben in schwere Konflikte verwickelt wurden.[1023]

Den beiden letzten Bänden der Reihe – *Hilfe! Mörder!* (Abb. 37), die Geschichte um einen Maharadscha, und *Du bist schuld!*, zum Diebstahl einer Perlenkette, publiziert im Spätherbst 1932

> gemeinsam ist das Tempo, das den Leser mitreißt und in Spannung festhält, beiden gemeinsam die unerwartete Aufklärung, die sie zu den modernsten Kriminalbüchern der Gegenwart rundet. Die Einblicke, die Rafael Schermann in die Werkstatt seiner staunenswerten psychographologischen Kunst gewährt, stempeln die Bücher zu einer neuen Gattung.[1024]

1022 Reclam Verlag an Kenneth Kirkness am 14.05.1932. In: RAS, Mappe Verträge Schaefer & Co. Kirkness hatte Interesse an der Übersetzung von Werken des Reclam Verlags ins Englische geäußert, daraufhin empfahl man ihm „eine neue Buchreihe [...], die von dem mit meinem Verlag in enger Verbindung stehenden Verlag Wilhelm Schäfer & Co. [...] herausgegeben wird." Reclam Verlag an Kenneth Kirkness am 14.05.1932. In: RAS, Mappe Verträge Schaefer & Co. Für Werke dieser Art bestehe zur Zeit das allergrößte Interesse, vor allem in den angelsächsischen Ländern dürfe die Nachfrage groß sein, da sie zum Teil in England und Amerika spielten. Kirkness lehnte jedoch mit der Begründung ab, dass die Romane der Reihe „nicht ganz gut genug zu sein scheinen." Kirkness an Wilhelm Schaefer & Co. am 05.01.1933. Daraufhin informierte der Verlag Wilhelm Schaefer & Co. Nußbächer, dass man ihm doch Bohlmanns *Silberne Jungfrau* anbieten könne; Titel der Baronin von Puttkamer anzubieten „habe keinen Zweck." Wilhelm Schaefer & Co. an Nußbächer am 11.01.1933. In: RAS, Mappe Verträge Schaefer & Co.: ein weiterer Beweis für die enge Verzahnung der Unternehmen.

1023 *Tagblatt* 19.07.1932, S. 9. Die Besprechung erschien im selben Wortlaut auch im *Illustriertes Familienblatt* 1932.

1024 *Wiener Zeitung* 04.12.1932.

Einer der Titel, *Die drei Testamente des Fürsten X*, wurde nicht von Freiherr Jesco von Puttkamer bearbeitet und herausgegeben, sondern von dessen Mutter, Baronin Marie Madeleine von Puttkamer. Baronin von Puttkamer hatte dem Reclam Verlag zusätzlich die Verlagsrechte dreier eigener Kriminaltitel übertragen, von denen zwei 1932 außerhalb der Schermann Reihe bei Wilhelm Schaefer & Co. erschienen[1025] und wiederum für begeisterte Kritiken sorgten:

Abb. 37 Buchcover *Hilfe! Mörder!* Archiv der Verfasserin. Alle Rechte vorbehalten.

> [N]ach längerer Pause tritt die beliebte Schriftstellerin mit neuen Schöpfungen von besonderer Eigenart hervor. Die aktenmäßigen Darstellungen berühmter Kriminalfälle liegen ihnen zugrunde, das Leben selbst schrieb diese Romane. Wie in spannenden Filmen voll Lebensechtheit und erregendem Pulsschlag jagt Bild auf Bild vorüber. Der erste Roman „Wie starb Stella Blackborn?" behandelt ein Ereignis, das vor zwei Jahren ganz New York in fieberhafte Aufregung versetzte. Am Ufer angeschwemmt findet man die Leiche einer schönen jungen Frau. Hatte sie sich getötet oder wurde sie ermordet? Um diese Frage geht es in dem Roman, der bis in die Kreise der höchsten Politik Amerikas hineinspielt. Verbrechen aus Liebe ist das Motiv des zweiten Buches „Die Kleinstadt Babylon", eine Offizierstragödie aus dem Vorkriegs-Deutschland. […] Aus bisher nicht bekannten Quellen schöpft die Schriftstellerin ihren Stoff zu diesem psychologisch hochinteressanten Beispiel von sexueller Hörigkeit. Zwei Bücher von mitreißender Wirkung und literarischem Niveau![1026]

Der Titel *Spione im Geldkrieg* von René Kraus, 1933 ebenfalls außerhalb der Schermann Reihe veröffentlicht, bildete zur gleichen Zeit den Abschluss des Verlagsprogramms von Wilhelm Schaefer & Co.[1027] Er wurde vom *Grazer Tageblatt* bejubelt: „Ein wahrhaft sensationelles Buch! […] Der bekannte Reporter René Kraus hat hier sein

1025 Vgl. Verlagsvertrag Baronin von Puttkamer – Reclam Verlag vom 29.07.9132. In: RAS, Mappe Verträge Schaefer & Co.

1026 *Wiener Magazin* März 1933; *Illustriertes Familienblatt* 1933 (wortgleiche Kritik).

1027 Zumindest lassen sich weder im Archivmaterial des Verlags noch im Katalog der Deutschen Nationalbibliothek weitere Titel entdecken.

Meisterwerk geschaffen: atemlos folgt der Leser der spannenden Entschleierung der teuflischen Spionage-Methoden und hört vor der letzten Seite nicht wieder auf."[1028] Die sozialistische Presse hingegen straft den Titel ab:

> Woher der Wind weht, ist klar: das Buch ist patriotische Greuelpropaganda gegen das Ausland, will mit plumpsten Schauermärchen die Minderwertigkeit der „Feinde" Deutschlands und ihre Heimtücke beweisen. […] hier wird der Konkurrenzkampf des Industriekapitals zur nationalistischen Hetze verwendet. Die „nationale Wirtschaftsform" Polens ist, so geistreich schreibt Herr Kraus, der Mädchenhandel; mit derartigen Entstellungen und Tendenzmanövern verschaffen sich faschistische jüdische Journalisten, deren einer Rene Kraus ist, den Eintrittsschein ins Dritte Reich.[1029]

Mit *Zwei bronzebraune Mädchen* war unter der erneuten Federführung der Baronin von Puttkamer ein siebter Titel für die Schermann-Reihe geplant, für den zwar im März 1933 noch der Verlagsvertrag abgeschlossen wurde, dessen Veröffentlichung aber im Mai nicht mehr möglich schien: Die Baronin „habe davon Kenntnis genommen, daß infolge der veränderten Zeitverhältnisse von einer Herausgabe des Buches abgesehen werden soll", deshalb entbinde sie den Reclam Verlag von den in dem Verlagsvertrag übernommenen Verpflichtungen unwiderruflich.[1030] Von Marie Madeleine von Puttkamer wurden sämtliche Schriften, von Rafael Schermann die Reihe *Schicksale des Lebens* und somit nahezu das gesamte Programm des Imprints Wilhelm Schaefer & Co. als ‚schädlich und unerwünscht' eingestuft. Mitte Mai 1933 trennte sich Reclam formal von Wilhelm Schaefer & Co., blieb jedoch weiter an dem Unternehmen beteiligt, wie aus den folgenden Vereinbarungen zwischen Wilhelm Schaefer in Firma Albin Stein und dem Verlag Reclam hervorgeht.[1031] Der Reclam Vertrag trat das Verlagsrecht an allen bisher unter der Firma Wilhelm Schaefer & Co. erschienenen Werke der genannten Autoren an Wilhelm Schaefer ab und übertrug die noch vorhandenen Bestände dieser Werke in sein Eigentum. Im Gegenzug verpflichtete sich die Firma Albin Stein, die Auslieferung der Werke ausschließlich durch die Firma Foerster, Kommissionsbuchhandlung in Leipzig, vorzunehmen und diese anzuweisen, von den eingehenden Beträgen jeweils 12,5 % des Ladenpreises sowie den im Falle der Vergabe von Abdruckrechten zu zahlenden Honoraranteil an Reclam zu überführen, und Reclam außerdem für jedes verkaufte und bezahlte Exemplar zehn Pfennig zu überweisen. Dafür übernahm Reclam die Verpflichtung, aus den von der Firma

1028 *Grazer Tageblatt* 12.09.1933.
1029 *Bildungsarbeit. Blätter für sozialistisches Bildungswesen September* 1933.
1030 Baronin von Puttkamer an Reclam am 16.05.1933. Vgl. Verlagsvertrag Baronin von Puttkamer – Reclam Verlag vom 12.03.1933. In: RAS, Mappe Verträge Schaefer & Co.
1031 Aufgrund der Namensgleichheit ist davon auszugehen, dass Wilhelm Schaefer in enger Verbindung zu dem Unternehmen stand. Welcher Art diese war, konnte nicht geklärt werden.

Foerster, Kommissionsbuchhandlung abzuführenden Beträgen die Honoraransprüche der Autoren zu befriedigen. Weiterhin verpflichtete sich Reclam dazu, für die Dauer von zwei Jahren den durch die Einnahmen nicht gedeckten Teil der Lagermiete von monatlich 12 RM zu zahlen.[1032] Reclam verdiente somit weiterhin am Abverkauf der Werke und bezahlte die Autoren und Lagerkosten.

Erst einige Tage später, am 18.05.1933, wurden die Autoren des Verlags – Rafael Schermann sogar erst am 29.05.1933 – von Reclam darüber informiert, dass das Verlagsrecht an sämtlichen Titeln, die man bisher im Verlag Wilhelm Schaefer & Co. habe erscheinen lassen, an Wilhelm Schaefer in Firma Albin Stein in Leipzig abgetreten worden sei. Alle erhielten ein Schreiben mit demselben einleitenden Wortlaut: „Die augenblicklichen wirtschaftlichen Verhältnisse lassen es mir ratsam erscheinen, auf das mir nach den mit Ihnen abgeschlossenen Verlagsverträgen zustehende Recht der Veranstaltung neuer Auflagen zu verzichten, so daß die Verlagsverträge mit Ablauf der vorliegenden Auflagen zu Ende gehen." Im Anschluss daran wurde den Autoren mitgeteilt, welche Bestände ihrer Titel noch vorhanden seien und dass sie „sobald diese Bestände ausverkauft sind, anderweitig über die Verlagsrechte verfügen können."[1033] Ein Vergleich der ursprünglichen Auflagenhöhe mit der Höhe der unverkauften Bestände zeigt dabei, dass die Titel nicht in dem Maße unrentabel waren, wie den Autoren gegenüber behauptet wurde: Ein Titel war zu drei Vierteln abverkauft, einer zur Hälfte, zwei zu zwei Dritteln und die vier übrigen hatten ein Drittel bei Weitem überschritten: in Anbetracht der Tatsache, dass die Titel zu diesem Zeitpunkt erst ein Dreivierteljahr auf dem Markt waren, kein allzu schlechtes Ergebnis.

Ausschlaggebend für Reclams verlegerische Entscheidung zur Trennung von der Reihe scheinen demnach, anders als den Autoren gegenüber und von Müller im Nachhinein behauptet, weniger wirtschaftliche Gründe gewesen zu sein, sondern vielmehr die Tatsache, dass Rafael Schermann Jude war, der nach Informationen der RSK bereits 1933 nach Paris emigrierte und sich dort bis mindestens 1938 aufhielt.[1034] Im Oktober 1937 fragte Schermann beim Reclam Verlag an, wie viel dieser für die Abtretung der Verlagsrechte der Firma Schaefer & Co. an den sechs Bänden seiner Reihe, deren Neuauflage in Deutschland „nun nicht mehr möglich sein dürfte",[1035] an das gesamte Ausland verlangen würde; er wolle die Titel dort veröffentlichen.

1032 Vgl. Reclam Verlag an Wilhelm Schaefer am 16.05.1933. In: RAS, Mappe Verträge Schaefer & Co.

1033 Reclam Verlag an Freiherr von Puttkamer, Baronin von Puttkamer, Kraus sowie Schermann am 18.05. bzw. 29.05.1933. In: RAS, Mappe Verträge Schaefer & Co.

1034 Vgl. RSK an Reichsminister für Volksaufklärung und Propaganda am 06.04.1938. In: BArch, R 56-V/486. Wahrscheinlicher ist jedoch, dass Schermann nach Polen geflohen war, wo er seine Bücher in polnischer Übersetzung herausbrachte. Nach der deutschen Besetzung Polens 1939 emigrierte er nach Lemberg, von wo er als „polnischer Kontingentflüchtling" ins Sonderlager Fediakowo, 500 Kilometer südöstlich von Archangelsk deportiert wurde. Schermann starb vermutlich 1943 im kasachischen Kriegsgefangenenlager Akmolinsk. Vgl. Kunisch 2018.

1035 Schermann an Dehmel am 27.10.1937. In: BArch, R 56-V/486.

Nachdem ihm Müller mitteilte, dass die Verlagsrechte beim Nachlasskonkursverwalter der Firma Wilhelm Schaefer & Co., Rechtsanwalt H. Dehmel, lägen,[1036] wandte sich Schermann mit derselben Frage an diesen. Daraufhin entspann sich ein reger Briefverkehr zwischen Dehmel und der RSK, nachdem das Propagandaministerium irrtümlich von Dehmel bei ihnen eingegangene Schreiben dorthin weitergeleitet hatte. Man bemühte sich um Klärung der Frage, ob der Übertragung der Verlagsrechte Bedenken entgegenstünden oder ob er die Rechte durch Übertragung an den Verfasser im Interesse der Konkursmasse verwerten könne.[1037] Dieser Schriftverkehr, der vor allem das herrschende Kompetenzchaos spiegelt und der – rückwirkend geradezu bizarr – vermittelt, dass ohne vorliegende Exemplare der Titel keine Entscheidung getroffen werden könne, gipfelt in der Aufforderung, Dehmel solle eins der Bücher senden. Das konnte dieser wiederum nicht, da „das Buch [...], wie Sie wissen verboten [ist], so daß ich auch keins beschaffen kann."[1038] Daraufhin wandte sich die RSK mit diesem Anliegen an die Gestapo, welche feststellte: „Von einem Verbot der Schrift ist nichts bekannt."[1039] Nach erneuter Aufforderung an Dehmel übersandte dieser im März 1938 nun doch drei Bände der Schriftenreihe an die RSK, die sich wiederum mit der zugrunde liegenden Frage an das Propagandaministerium wandte. Das Ende der Geschichte: Dehmel durfte die Verlagsrechte veräußern – „[e]in Rückverkauf nach Deutschland ist jedoch nicht gestattet."[1040] Die Titel der Schermann-Reihe wurden auf Veranlassung des Propagandaministeriums in die *Liste des schädlichen und unerwünschten Schrifttums* eingereiht: Das Propagandaministerium informierte die RSK, diese die Gestapo und diese antwortete prompt: „Die polizeiliche Beschlagnahme und Einziehung wurde veranlasst."[1041]

1036 Vgl. Müller an Schermann am 18.10.1937. In: RAS, Mappe Verträge Schaefer & Co. Wilhelm Schaefer war inzwischen verstorben. Vgl. Dehmel an Reichsschrifttumsstelle beim Reichsministerium für Volksaufklärung und Propaganda am 04.11.1937. In: BArch, R 56-V/486.

1037 Vgl. Reichsschrifttumsstelle an RSK am 15.11.1937; SW Dehmel – RSK vom 25.11.1937. bis 27.05.1938. In: BArch, R 56-V/486.

1038 Dehmel an RSK am 20.12.1937. In: BArch, R 56-V/486.

1039 Dr. Altenloh (Gestapo) an RSK am 13.01.1938. In: BArch, R 56-V/486.

1040 Reichsminister für Volksaufklärung und Propaganda an Dehmel am 17.06.1938. In: BArch, R 56-V/486.

1041 Altenloh (Gestapo) an Präsident RSK am 07.07.1938. In: BArch, R 56-V/486.

3.3 Sachbücher

3.3.1 Zum Stellenwert des Sachbuchs im Verlagsprogramm

Der Reclam Verlag publizierte, dem Konzept Universal-Bibliothek folgend, ein breites literarisches Spektrum vom kulturpolitischen und populärwissenschaftlichen Sachbuchthema über erzählende Prosa bis hin zur Lyrik. Eine Auswertung der insgesamt 354 Neuerscheinungen im UB-Programm in der Zeit von 1933 bis 1945 nach der vom Verlag vorgenommenen Einteilung der UB-Bände in literarische Gattungen[1042] ergab, dass die Kategorie E (*Erzählungen, Novellen, Märchen, Skizzen*) mit 149 Titeln (42 % aller Titel) den mit Abstand größten Teil der publizierten Werke einnahm. Nahezu sämtliche anderen Neuerscheinungen (167 Titel bzw. 47,2 % Programmanteil) lassen sich verschiedenen Sachbuch-Kategorien zuordnen, sofern man Sachbuch als Sammelbegriff definiert, der alle Publikationen außerhalb von Lyrik, Epik und Dramatik umfasst.[1043] Neben Titeln der Sachbuch-Kategorien *Praktische Handbücher, Spiel und Sport* (vgl. Kapitel 3.3.2.1); *Gesundheitslehre* (vgl. Kapitel 3.3.2.5); *Literaturwissenschaft, Musik- und Theaterliteratur* (vgl. Kapitel 3.3.5); *Naturwissenschaft*; *Pädagogik*; *Philosophie*; *Religionswissenschaft* sowie *Staats- und Sozialwissenschaft* (vgl. Kapitel 3.3.4) sind vor allem 59 Titel (16,7 %) in der Kategorie *Historische und kulturgeschichtliche Werke, Reiseschilderungen* (vgl. Kapitel 3.3.7) zu nennen, nach den *Erzählungen* mit einigem Abstand das zweithäufigste Genre in der UB.

Ein ähnliches Bild ergibt die Auswertung aller Neuerscheinungen inklusive der Verlagswerke. Abbildung 38[1044] zeigt die Gesamtverteilung der zwischen 1933 und 1945 publizierten Titel nach Rubriken.

Schon Rebenich und Oels haben in ihren Verlagsgeschichten zu CH. Beck und Rowohlt herausgearbeitet, dass „das Sachbuch […] keineswegs eine Erfindung der fünfziger Jahre", sondern vielmehr „die avantgardistische Literaturform der dreißiger und vierziger Jahre"[1045] war. Im Zuge der 1919 einsetzenden „Bücherkrise",[1046] spätestens aber mit der Wirtschaftskrise 1928–1932 sank der Anteil belletristischer Literatur überproportional, während der Anteil der Gruppe Rechts-, Wirtschafts- und Sozialwissenschaften relativ und absolut wuchs. 1932 machte die ‚Schöne Literatur' als Reaktion

1042 Vgl. Numerischer Bestellkatalog der gehefteten UB-Bände vom September 1943. In: RAS, Mappe UB Bestellzettel. Diese Einteilung der literarischen Gattungen folgend, wurden auch die Verlagswerke entsprechend eingeordnet.

1043 Die belletristischen Ausprägungen der Kategorie Rubrik umfassen – neben den Erzählungen – 38 Titel (10,8 % Programmanteil) der älteren deutschen und nordischen Literatur, Aphorismen, dramatische Werke, Gedichte, Humoresken sowie griechische und römische Klassiker.

1044 Eigene Erhebung. Datengrundlage: Verlagsbibliografie und Auflagenbücher des RAS. Vgl. Kapitel 2.1.1, Fußnote 218.

1045 Beck 2013, S. 408.

1046 Vgl. Fischer 2007b, S. 273 f.

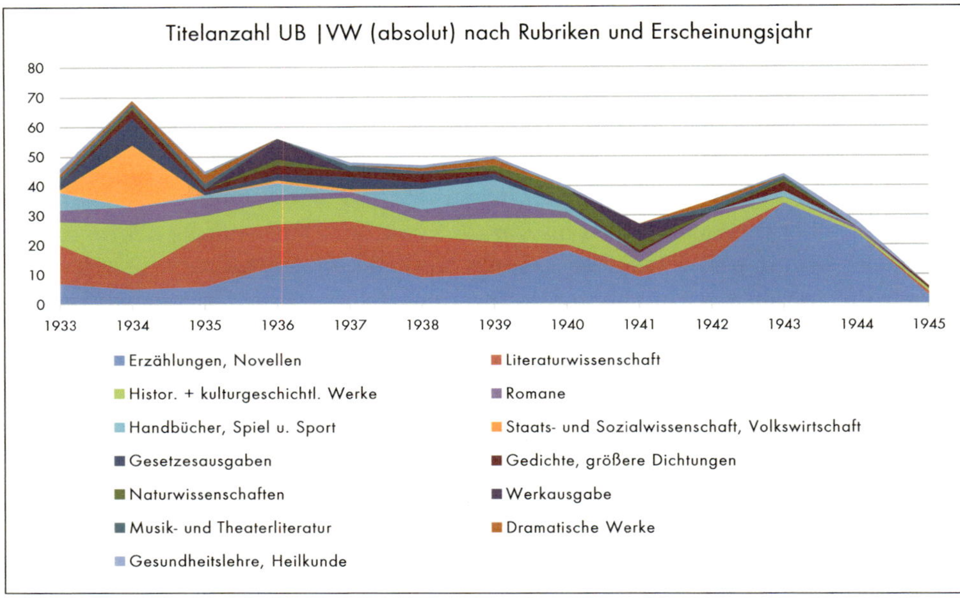

Abb. 38 Titelanzahl UB | VW (absolut) nach Rubriken und Erscheinungsjahr

auf das geänderte Verhalten des Käuferpublikums, welches infolge der schwierigen wirtschaftlichen Bedingungen weniger an Belletristik denn an aufbereiteten Fakten interessiert war, nur noch 14,2 %, die nicht-fiktionale Literatur hingegen bereits über die Hälfte der deutschen Titelproduktion aus.[1047] Vor allem zeitgeschichtlichen und politischen Büchern wurde „in den Verlagen und Medien fast durchweg" eine steigende Bedeutung beigemessen, bei gleichzeitiger Anpassung „an konservative bis rechtspopulistische Tendenzen".[1048] Inwieweit Adams Einschätzung, das Sachbuch habe in der Zeit von 1933 bis 1945 die „modernste Literaturform" gebildet, welche die „avancierteste und erfolgreichste Form der Propaganda"[1049] hervorbrachte, auch in Bezug auf den Reclam Verlag zuzustimmen ist, sollen die folgenden Kapitel zeigen.

1047 1924 lag der Marktanteil der Erst- und Neuauflagen „Schöner Literatur" noch bei 23,5 %. Vgl. Umlauff 1934, S. 78; Oels 2013, S. 42.
1048 Zitiert nach Oels 2013, S. 44.
1049 Adam 2010, S. 86.

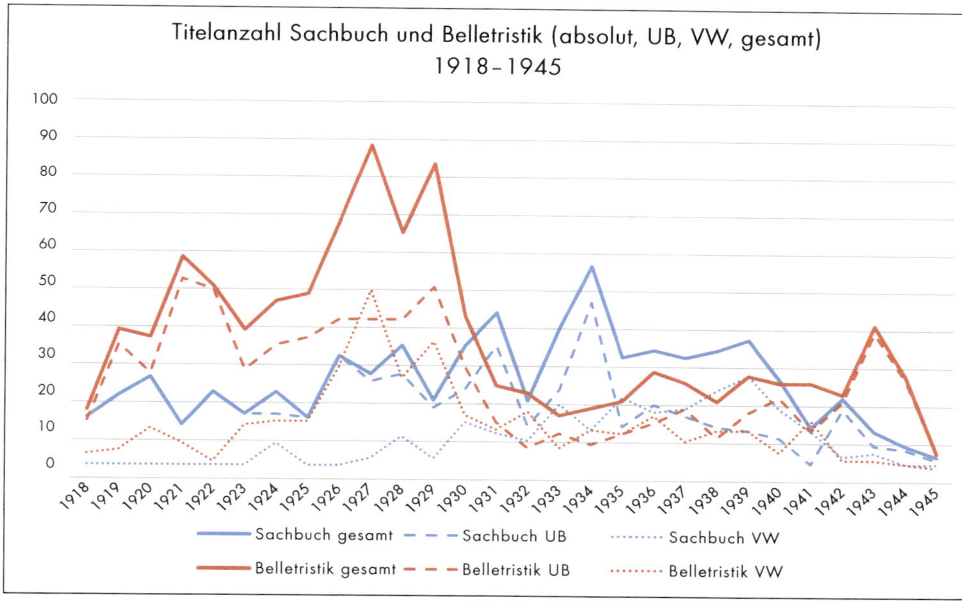

Abb. 39 Titelanzahl Sachbuch und Belletristik (absolut, UB, VW, gesamt). 1918–1945

Abbildung 39[1050] zeigt, dass im Reclam Verlag die Zahl der belletristischen Titel die der Sachbuch-Publikationen nahezu während der gesamten Weimarer Republik bei Weitem überstieg, nach 1929 aber in Bezug auf die absolute Titelzahl drastisch sank. Ab 1930 kehrte sich das Verhältnis um, sodass bis 1940 mehr Sachbuch als Belletristik verlegt wurde.

Die Tabellen 1 und 2 listen die nach Gesamtauflage der 1933 bis 1945 gedruckten Exemplare je 25 erfolgreichsten Titel der Kategorie Sachbuch unter den UB-Bänden und unter den Verlagswerken des Programms 1933 bis 1945 auf. Diese Ranglisten basieren auf den ermittelten Auflagenhöhen. Unterlagen zum tatsächlichen Absatz der Titel fehlen dagegen, allerdings darf eine grundsätzliche Korrelation unterstellt werden.

1050 Zur Belletristik zählen nach Ansicht der Autorin die in der UB vom Reclam Verlag vergebenen Kategorien: Erzählungen, Novellen, Märchen, Skizzen | Romane | Gedichte, größere Dichtungen | Dramatische Werke | griechische und römische Klassiker | Humoresken und Satiren | ältere deutsche und altnordische Literatur | Aphorismen, Sprüche | orientalische Literatur, außerdem wurden die Almanache der Belletristik zugeordnet. Das Sachbuch umfasst Biografien | Gesetzesausgaben | praktische Handbücher, Spiele, Sport | historische und kulturgeschichtliche Werke | Gesundheitslehre, Heilkunde | Literaturwissenschaft | Musik- und Theaterliteratur | Naturwissenschaften | Operntexte | Pädagogik | Philosophie | religiöse Literatur, Religionswissenschaft | Staats- und Sozialwissenschaft, Volkswirtschaft | Wörterbücher, Lexika, sowie die Schülerkalender. Für die Titel der UB wurden die Kategorien gemäß der Einordnung durch den Verlag übernommen, die Verlagswerke wurden gemäß diesen Kategorien eingeordnet. Eigene Erhebung. Datengrundlage: Verlagsbibliografie und Auflagenbücher des RAS. Vgl. Kapitel 2.1.1, Fußnote 218.

Bemerkenswert ist dabei, dass ein überproportional hoher Anteil der bei Reclam meistgedruckten Sachbuchtitel – 41 % (UB) bzw. 35 % (VW) – nach 1945 auf der *Liste der auszusondernden Literatur*[1051] indiziert wurden, was eine verlegerische Anpassung „an konservative bis rechtspopulistische Tendenzen"[1052] zu belegen scheint. Die Frage, inwiefern die verkaufte Literatur tatsächlich rezipiert wurde, ist dagegen weitaus komplexer und entzieht sich weitgehend unserer Kenntnis.[1053] Hitlers *Mein Kampf* beispielsweise entwickelte sich nach schleppendem Anlauf bei Erscheinen 1925 ab 1933 als „Pflichtgeschenk" und Hochzeitsgabe mit 12.450.000 Exemplaren zum erfolgreichsten Buch des NS-Buchmarktes – tatsächlich gelesen haben es wohl nur wenige.[1054] Aus den zuweilen sehr hohen Auflagen nationalsozialistischer Propagandawerke, resultierend aus Großauflagen für die NS-Formationen und unerbittlicher Werbung für die einschlägig pro-nationalsozialistischen Autoren, lassen sich folglich kaum Rückschlüsse auf den Publikumsgeschmack ziehen.[1055]

Insofern kann die Betrachtung der Sachbuch-Bestseller nur ein Indiz für die programmatische Ausrichtung des Verlags Reclam sein. Um zu analysieren, wie sich der Verlag mit seinem Programm insgesamt positioniert hat, ist im Folgenden ein umfassenderer Blick auf das Verlagsprogramm erforderlich, das erst in seiner Gesamtheit das Verlagshaus und die ihm zugrunde liegenden verlegerischen Grundsätze und Strategien in der Öffentlichkeit abbildet.

1051 Die *Liste der auszusondernden Literatur* wurde erstmals mit dem Stand vom 01.04.1946 von der Deutschen Verwaltung für Volksbildung in der sowjetischen Besatzungszone herausgegeben, mit dem Ziel, alle darin enthaltenen Bücher und Zeitschriften, „die faschistischen oder militaristischen Inhalt haben, politische Expansionsgedanken enthalten, die nationalsozialistische Rassenlehre vertreten oder sich gegen die Alliierten wenden", der Benutzung zu entziehen. Verwaltung für Volksbildung SBZ 1946, hier Vorbemerkung. Am 01.01.1947, 01.09.1948 und 01.04.1952 folgten drei Nachträge, die auch Bücher auflisteten, in denen einzelne zu beanstandende Gedankengänge nachzuweisen waren, ohne dass sie in ihrer Gesamthaltung nationalsozialistisch waren. Vgl. Verwaltung für Volksbildung SBZ 1946, hier Vorbemerkung. Zur Quellenkritik und für eine ausführliche Auswertung der Liste in Bezug auf das Reclam-Programm siehe Kapitel 3.3.8.

1052 Zitiert nach Oels 2013, S. 44.

1053 Siehe dazu ausführlicher Kapitel 4.3.1.

1054 Vgl. Adam 2010, S. 115 f.

1055 Vgl. Lokatis 1992, S. 100; Adam 2010, S. 286; Schneider 2004, S. 86.

Tab. 1 Die 25 auflagenstärksten UB-Veröffentlichungen der Kategorie Sachbuch 1933–1945[1056]

Gesamtauflage 1933–1945	Nr.	Autor	Titel	Auflagenzahl	erschienen
231.000	7440	Ziegler, Wilhelm	Wie kam es zum Kriege 1939	13	1939
215.000	7199	Verdi, Giuseppe	Aida, Oper in 4 Aufzügen	11	1933
161.000	7334	Hedin, Sven Anders	Wildes heiliges Tibet	7	1936
117.000	7241/a	Beyer, Rudolf (Hg.)	Hitler-Gesetz VI: Gesetz zur Ordnung der nationalen Arbeit vom 20. Jan. 1934	11	1934
111.000	7423	Binding, Rudolf	Unvergängliche Erinnerung, Auswahl aus der Autobiographie von Binding	6	1939
110.000	7321/21a	Beyer, Rudolf (Hg.)	Hitler-Gesetze XIII: Die Nürnberger Gesetze vom 15. September 1935	9	1936
105.000	7387/88	Beyer, Rudolf	Hitler-Gesetze XVIII: Straßenverkehrsrecht vom 13.11.1937	10	1937
104.000	7217	Czech-Jochberg, Erich	Wie Adolf Hitler der Führer wurde	6	1933
100.000	7453	Mozart, Wolfgang Amadeus	Hochzeit des Figaro	5	1940
100.000	7595/96	Redslob, Edwin	Charlotte von Stein	1	1944
91.000	7289	Gronau, Wolfgang von	Wie ich fliegen lernte: Erlebnisse und Erfahrungen als Schüler und Lehrer	5	1935
91.000	7443	Binding, Rudolf	Vier Jahre an der Front: Aus dem Kriegstagebuch	6	1939
88.000	7297	Verdi, Giuseppe	Die Macht des Schicksals, Oper in 4 Aufzügen	8	1935

1056 Die Operntexte gibt Reclam stets unter dem Namen der Komponisten heraus, wobei diese in den seltensten Fällen auch die Libretti geschrieben haben.

Tab. 1 *Fortsetzung*

Gesamtauflage 1933–1945	Nr.	Autor	Titel	Auflagenzahl	erschienen
83.000	7398	Jacob, Ernst Gerhard	Die deutschen Kolonien einst und jetzt	5	1938
81.000	7329	Italiaander, Rolf	Erlebnisse beim Segelflug	5	1936
81.000	7441	Beumelburg, Werner	Von 1914 bis 1939: Sinn und Erfüllung des Weltkrieges	5	1939
80.000	7481	Mozart, Wolfgang Amadeus	Don Giovanni	5	1940
80.000	7515	Furtwängler, Wilhelm	Johannes Brahms / beigefügtes Werk: Anton Bruckner	3	1942
71.000	7449	Blümich, Max	Schach	6	1939
70.000	7536	Schmitt, Carl	Land und Meer. Eine weltgeschichtliche Betrachtung	4	1942
68.000	7249	Leers, Johannes von	Geschichte auf rassischer Grundlage	6	1934
66.000	7237/38a	Beyer, Rudolf (Hg.)	Hitler-Gesetze III: Reicherbhofgesetz vom 29.09.1933	7	1934
64.000	7370/71	Hedin, Sven Anders	Im verbotenen Land	7	1937
je 60.000	7354/55 7482 7512 7519/7521 7545/7547	Mnilk, Walter Mozart, W. A. Benz, Richard Gubitz, Friedrich W. Siemens, Werner von	Reclams Operettenführer So machen's alle (Cosi fan tutte) Goethe und Beethoven Goethe in Briefen und Gesprächen Lebenserinnerungen	6 6 3 3 2	1937 1940 1942 1942 1943
51.000	7253/7254	Kiekebusch, Albert	Deutsche Vor- und Frühgeschichte in Einzelbildern: Vom ersten Auftreten des Menschen bis zu Wiedergewinnung des Ostens	6	1934

Tab. 2 Die 25 auflagenstärksten VW-Veröffentlichungen der Kategorie Sachbuch 1933–1945

Gesamtauflage 1933–1945	Autor	Titel	Auflagenzahl	erschienen
67.707	Czech-Jochberg, Erich	Deutsche Geschichte, nationalsozialistisch gesehen	3	1933
63.500	Ziegler, Wilhelm	Großdeutschlands Kampf: Ein Rückblick auf das Kriegsjahr 39/40	2	1941
50.285	Saalbach, Hans	Das olympische Dorf erbaut von der Wehrmacht [...]	6	1936
49.011	Stieve, Friedrich	Wendepunkte europäischer Geschichte	7	1940
41.178	Brauchle, Alfred	Handbuch der Naturheilkunde	6	1933
36.761	Redslob, Edwin	Des Reiches Straße	5	1940
35.300	Becher, Gottfried	Der neue Hausarzt	3	1938
32.927	Henseling, Robert	Strahlendes Weltall	4	1940
32.157	Henseling, Robert	Umstrittenes Weltbild	5	1939
27.690	Ritter, Paul	Der Kampf um den Erdraum: Kolonien vom Altertum bis zur Gegenwart.	6	1935
je 25.000		Reclams Schülerkalender 1941 Reclams Schülerkalender 1942	1 1	1940 1941
24.039	Pflug, Hans	Deutschland. Landschaft, Volkstum, Kultur. Ein Handbuch	1	1937
22.586	Linden, Walther	Geschichte der deutschen Literatur	4	1937
21.127	Welk, Ehm	Die wundersame Freundschaft	4	1940
21.040	Tiegel, Werner	Ich und mein Erstes	3	1939
18.005	Redslob, Edwin	Die Welt vor hundert Jahren	3	1940
17.150	Henseling, Robert	Sternbüchlein 1942	1	1941
17.094	Diem, Carl	Olympiade-Buch	2	1935
16.210	Hamilton, Louis	So lernt man Englisch bei Reclam	2	1938
15.940	Millenkovich, Max von	Cosima Wagner. Ein Lebensbild	3	1937
15.205	Henseling, Robert	Sternbüchlein	2	1940

Tab. 2 *Fortsetzung*

Gesamtauflage 1933–1945	Autor	Titel	Auflagen-zahl	erschie-nen
15.000	Millenkovich, Max von	Dreigestirn: Wagner, Liszt, Bülow	2	1940
13.308	Riehl, Wilhelm Heinrich	Naturgeschichte des deutschen Volkes	3	1934
13.251	Christiansen, Broder	Die kleine Prosaschule	2	1939
13.000	Ellwein, Theodor	Heimat: Das deutsche Land in Bildern und klassischen Zeugnissen	2	1939

3.3.2 Ratgeber und Handbücher

3.3.2.1 *Ich will! Ich kann!*[1057] – Ratgeber zur Selbstoptimierung

Einen Großteil der Rubrik *Praktische Handbücher, Spiele und Sport* machen mit sieben von 28 Titeln im Verlagsprogramm 1933–1945 Ratgeber zur Selbstoptimierung von Dr. Broder Christiansen[1058] aus. Diese Titel des Philosophen und Sprachwissenschaftlers, der Bücher zu Philosophie, Kunst, Sprachlehre, Lebenshilfe und Grafologie verfasste, waren zuvor in dem von ihm selbst geleiteten Felsen Verlag, Gauting (bei München) erschienen.[1059] Diesen hatte der Reclam Verlag am 01.06.1938 mit sämtlichen Rechten und Beständen unter Ausschluss der Verbindlichkeiten übernommen.[1060] Die Auslieferung der bisher im Felsen Verlag erschienenen Werke erfolgte durch die Auslieferungsstellen des Reclam Verlags, die von Christiansen festgesetzten Ladenpreise wurden zunächst übernommen.[1061] Ob Christiansen den von ihm gegründeten Verlag, den er zwanzig

1057 Ratgeber von Broder Christiansen, 1939 als Verlagswerk bei Reclam publiziert.
1058 *09.77.1869 in Klixbüll, †06.06.1958 in Gauting, verheiratet mit Elisabeth Carnap. Vgl. Todesanzeige. In: Münchner Stadtbibliothek / Monacensia, Christiansen, Broder A I/1.
1059 Zuvor war der Verlag in Buchenbach in Baden ansässig. Vgl. Eintrag im Online-Katalog der DNB http://d-nb.info/572604025 [25.05.2024].
1060 Vgl. *BBl.* 04.06.1938.
1061 Vgl. Reclam Verlag an Herbert Gerstner am 23.08.1938. In: RAS, Mappe Verlagsverträge Leipzig (gebundene Ausgaben) A–G.

Jahre geleitet hatte,[1062] tatsächlich abgab „um für meinen Fernunterricht und für philosophische Arbeiten frei zu sein“[1063], wie er in einem für die RSK verfassten Lebenslauf angibt – in dem er gleichsam seine aufrichtige nationalsozialistische Gesinnung beteuert, obgleich er kein NSDAP-Mitglied ist – , oder ob nicht vielmehr seine Löschung aus der Gruppe Buchhandel der RSK im August 1938 aufgrund nicht erbrachten Ariernachweises[1064] ihn zu diesem Schritt bewogen hat, lässt sich nicht abschließend klären. Mit den Einnahmen aus schriftstellerischer Tätigkeit 1940 (2.000 RM) und 1941 (1.800 RM) konnte er seinen Lebensunterhalt augenscheinlich nicht bestreiten.[1065] Christiansens Titel, zum Teil unter dem Pseudonym Uve Jens Kruse verfasst, wurden sämtlich erstmals zwischen 1918 und 1933 beim Felsen Verlag publiziert (der Großteil zwischen 1918 und 1920). Reclam gab sie entweder in schon existenten überarbeiteten und ergänzten Auflagen oder eigens für die Publikation unter der Flagge Reclam angefertigten Auflagen neu heraus. Dazu zählen 1938 die Titel *Ich will! Ich kann!*,[1066] *Die Technik des Erfolges* und *Lebenskunst,* die zu einem von Erfolg gekrönten Leben verhelfen sollten, und 1939 die Titel *Die Redeschule, Die Kunst des Schreibens* sowie *Die kleine Prosaschule,* welche auf beherrschte Sprache in Wort und Schrift abzielten. 1941 edierte Reclam *Wege zum Erfolg*, die zweite, umgearbeitete Auflage des ursprünglich 1931 bei Felsen und 1938 bei Reclam publizierten Buches *Die Technik des Erfolges.* Von den letzten beiden Titeln wurde 1944 bzw. 1943 in Bern vom Verlag Hugi eine Lizenzausgabe herausgegeben.[1067] Die 10.000er Auflagengrenze überschritt – soweit die Zahlen bekannt sind – nur *Die kleine Prosaschule,*[1068] bei der es sich im Übrigen um eine verdichtete und daher billigere Ausgabe von *Die Kunst des Schreibens*[1069] handelte.

1062 Vgl. Christiansen 1954, S. 2.

1063 Lebenslauf Broder Christiansens. In: BArch, R 9361-V/4604, Lesefilm-Nr. RK B 26, Bild-Nr. 248.

1064 Vgl. Mitteilung der RSK, Gruppe Buchhandel Leipzig an die RSK Berlin am 08.01.1942. In: BArch, R 9361-V/4604, Lesefilm-Nr. RK B 26, Bild-Nr. 288. Die NSDAP Gauleitung München, Oberbayern bescheinigte ihm im März 1942 bezüglich seiner politischen Zuverlässigkeit Unbedenklichkeit. Vgl. NSDAP Gauleitung München, Oberbayern an RSK Abt. II Gruppe Schriftsteller am 27.03.1942. In: BArch, R 9361-V/4604, Lesefilm-Nr. RK B 26.

1065 Vgl. Antrag auf Aufnahme als Mitglied der RSK Gruppe Schriftsteller am 14.10.1941. In: BArch, R 9361-V/4604, Lesefilm-Nr. RK B 26.

1066 „Eine Schule der Persönlichkeit. Die Klarheit, Ordnung, Stahlhärte und Stahlgeschmeidigkeit des Willens machen den Menschen zum Meister seines Schicksals. Damit ist das Ziel dieser Willensschule aufgestellt. Die Methode ist: Dieses Werk begnügt sich nicht mit Ratschlägen und Mahnungen, die jeder gern hört und keiner gern ausführt, sondern es gibt ein wohl abgewogenes System von Übungen derart, daß der Wille langsam trainiert wird wie ein Muskel.“ Werbeannonce. In: *BBl.* vom 23.10.1938, Sondernummer, S. 229, http://digital.slub-dresden.de/id39946221X-1938102301/234 [25.05.2024].

1067 Vgl. Eintrag im Online-Katalog der DNB http://d-nb.info/572604203; Eintrag im Online-Katalog der DNB http://d-nb.info/572604149 [25.05.2024].

1068 Vgl. RAS, Auflagenbuch Werke im größeren Format / Illustrierte Werke.

1069 Eine Bitte um Besprechung des Titels schlug Münchhausen 1926 aus, „da ich es für so ungeschickt halte, daß es gewiß keinem das geben kann, was etwa Engels Stilkunst gibt. […] Und

Über die Ratgeberliteratur hinaus findet sich unter den *Praktischen Handbüchern, Spiele und Sport* ein buntes Portfolio: Neben zwei Schachbüchern (vgl. auch Kapitel 3.2.2), zwei Gartenratgebern, einer Abhandlung zur *Wissenschaftlichen Graphologie,* einer Anleitung zur Kurzschrift sowie einer Neuausgabe von Büchmanns „Zitatenschatz des deutschen Volkes", *Geflügelte Worte,* die „alle in unsere Umgangssprache eingegangenen Zitate und Geflügelten Worte, einschließlich der neuesten, die durch den Nationalsozialismus geschaffen worden sind"[1070] bringt, lassen sich vor allem die im Folgenden thematisierten Schwerpunkte identifizieren, die unmittelbar zur Stützung und Verbreitung der NS-Ideologie beitragen.

3.3.2.2 Fliegerhelden und Bombenflieger

Bereits seit 1933 wurde die Bevölkerung für das Thema Luftkrieg und Luftschutz in hohem Maße sensibilisiert: Überdimensionale Bombenattrappen an Straßen und Plätzen, simulierte Angriffe, verbunden mit dem Abwurf von Flugblättern mit Bombenwarnungen, Luftschutzübungen als selbstverständlicher Teil des schulischen und betrieblichen Alltags sowie die Behandlung des Themas in fiktionaler Form und in speziellen Fachzeitschriften (*Gas- und Luftschutz*, *Die Gasmaske*, *Die Sirene*) erklären, warum große Teile der zivilen Öffentlichkeit den im Kriegsverlauf zunehmenden Bombenkrieg vorbehaltlos akzeptierten, statt sich dagegen aufzulehnen. Als größte nichtmilitärische Organisation des Deutschen Reiches fungierte 1936 der Reichsluftschutzbund mit über acht Millionen Mitgliedern. Die Omnipräsenz von Luftwaffenrüstung und Luftschutz im gesellschaftlichen, vor allem im medialen Alltag normalisierte diese zu selbstverständlichen und potenziell unvermeidlichen Bestandteilen gelebter Realität.[1071]

dann ist das Buch in einer mir kaum erträglichen Schulmeisterei geschrieben. Kein Erwachsener und noch weniger ein ungeduldig Werdender wird sich die Zeit zu diesen entsetzlich umständlichen und weitschweifigen Übungen nehmen, an deren tatsächlichen Erfolgswert ich zudem sehr zweifele. […] Ich glaube nicht, daß man in einem Jahre ausschließlicher Beschäftigung all diese Aufgaben ausarbeiten könnte. Diese Tatsache allein macht das Buch schon unwirksam." Münchhausen an Felsen Verlag am 27.11.1926. In: GSA, 69/5993.

1070 Werbeannonce. In: *BBl.* vom 06.11.1935, Nr. 258, S. 5383, http://digital.slub-dresden.de/id39946221X-19351106/27 [25.05.2024]. Der Bearbeiter der Neuausgabe, der Verlagsmitarbeiter Valerian Tornius, habe, so schreibt die österreichische Tageszeitung *Die Stunde* 1936, den *Geflügelten Worten* „die jetzt notwendige braune Färbung zuteil werden lassen. Er erklärt in seinem Vorwort, daß er in die Sammlung auch Worte, die geflügelt werden sollen, aufgenommen hat – darunter seien auch jene Aussprüche und Redensarten zu verstehen, die im Dritten Reich Volkstümlichkeit erworben haben. […] Herr Rosenberg geht mit dem Ausspruch ‚Blut ist mehr als Gold' in die Unsterblichkeit ein. Daß die geflügelten Worte nicht-arischer Menschen aus dem neuen Büchmann verschwunden sind, versteht sich von selbst." *Die Stunde* 07.07.1936.

1071 Vgl. Schütz 2019, S. 295f.

Mit *Luftschutz. Die Gefahren aus der Luft und ihre Abwehr* publizierte der Reclam Verlag in gleich zwei Ausgaben – in der UB und in der Reihe *Der schöne Reclam-Band*[1072] – 1933 einen mit insgesamt 30.000 hergestellten Exemplaren rentablen Titel, der neben den „neuesten Bestimmungen über Luftschutzanweisung für Hausbewohner, über Fliegeralarm" auch über die „Luftrüstung der europäischen Staaten"[1073] informierte. Der Verfasser, Albert Benary, der etliche – nach 1945 indizierte[1074] – Schriften zur Armee, der Geschichte Preußens und zu beiden Weltkriegen veröffentlichte, durfte aufgrund seiner freundschaftlichen Verbindung zu Walter Buch, oberster Parteirichter der NSDAP und Schwiegervater Martin Bormanns, weiterhin als Schriftsteller tätig sein,[1075] obgleich im November 1939 aktenkundig bekannt wurde, dass er „einen Großvater jüdischer Abstammung hat"[1076]. Zehn Jahre nach Erstpublikation, 1943, als theoretische Schriften dem realen, kräftezehrenden Bombenkrieg nichts mehr entgegenzusetzen hatten, ersetzte der Reclam Verlag den Titel durch *Schwäbische Schwätzle* des Komikers Willy Reichert mit einer Gesamtauflage von 246.000 Exemplaren. Der 1938 mit 18.000 Exemplaren in zwei Auflagen von Ernst Baum und Heinrich Paetsch, dem Schriftleiter der Zeitschrift *Gasschutz und Luftschutz*,[1077] publizierte Titel *Luftschutz* trug mit geringerer Reichweite, aber nicht minder eindeutig zur Instrumentalisierung des zivilen Luftschutzes bei.

Abb. 40 Buchcover *Wie ich fliegen lernte*, [1935]. Archiv der Verfasserin. Alle Rechte vorbehalten.

Neben Luftschutz und Luftkrieg wurden vor allem Luftschifffahrt, zivile Luftfahrt und Segelflug in allen denkbaren Textformen (von der Reklame über Berichte und Gedichte bis hin zu Fotodruck) medial befeuert, sei es als Luftbildbericht, historische Abhandlung, Fliegerheldenporträt oder als Information zu Marken, technischen

1072 Vgl. Der schöne Reclam-Band o. J.
1073 Vgl. Werbeannonce. In: *BBl.* vom 01.12.1933, Nr. 279, S. 5873, http://digital.slub-dresden.de/id39946221X-19331201/7 [25.05.2024].
1074 Vgl. Verwaltung für Volksbildung SBZ 1946, hier Buchstabe B.
1075 Vgl. Dahm 1993, S. 508 ff.
1076 Reichshauptstellenleiter Hauptstelle Kulturpolitisches Archiv an Deutsche Arbeitsfront Amt Deutsches Volksbildungswerk Abteilung II / Vortragswesen am 02.02.1939. In: BArch, NS 15/28.
1077 Vgl. Bundesamt für Bevölkerungsschutz und Katastrophenhilfe o. J.

Neuerungen, Flugpersonal oder über Kurioses.[1078] Die Faszination des Fliegens kannte in der Zeit des ‚Dritten Reichs' keine Grenzen. Auf dieser Welle schwamm auch Reclam, nicht nur im fiktionalen Bereich (vgl. Kapitel 3.4.4.1). Die allgemeine Flugbegeisterung bediente der Verlag auch im Sachbuchbereich mit höchst einträglichen Titeln, etwa mit Rolf Italiaanders *Segelflug in aller Welt* (50.000 Exemplare) und *Erlebnisse beim Segelflug* (81.000 Exemplare), vor allem aber mit Wolfgang von Gronaus *Wie ich fliegen lernte: Erlebnisse und Erfahrungen als Schüler und Lehrer* (Gesamtauflage 91.000 Exemplare, Abb. 40) aus der Rubrik historische und kulturgeschichtliche Werke (vgl. Kapitel 3.3.7).

3.3.2.3 *Siedeln – aber richtig*

Das von Hitler in *Mein Kampf* vermittelte, sozialdarwinistisch geprägte Lebensraum-Konzept betonte neben den außen- und machtpolitischen Zielen vor allem seine agrarisch orientierte Bevölkerungs- und Wirtschaftspolitik: „Die Erwerbung von neuem Grund und Boden zur Ansiedlung der überlaufenden Volkszahl besitzt unendlich viele Vorzüge […] Viele unserer heutigen Leiden sind nur die Folge des ungesunden Verhältnisses zwischen Land- und Stadtvolk."[1079] Die durch den entstehenden starken nationalen Staat geschützte künftige Wirtschaft idealisiert er als eine, in der sich die deutsche Bevölkerung „von eigener Scholle ernährt"[1080] und autark von Weltmarkt und Industrialisierung agieren kann.[1081] Reclam lieferte die Gebrauchsanweisung mit vier Titeln zu jeweils 10.000 Exemplaren 1933 nach: *Siedeln – aber richtig* behandelt alles, „was der Siedler wissen muß, um vor Fehlschlägen bewahrt zu werden. Die Kostenberechnung und die Geldbeschaffung, die Auswahl des Baugrundstückes, die Anlage der Siedlung, den Bau des Hauses und die Verwaltung des fertigen Hauses"[1082]. *Gemüse und Obst von eigener Scholle*

> zeigt, wie Gartenbesitzer, Siedler und Kleingärtner ihre Gemüse- und Obstnahrung durch eigene Arbeit finden können. Boden und Klima des Grundstückes, Wachstumsfaktoren, Düngemittel, Bodenbearbeitung, Gerätschaften werden klar und anschaulich behandelt und hierauf genaue Anweisungen für die Züchtung und Pflege der einzelnen Gemüse- und Obstsorten gegeben. Von der Anlage des Gartens bis zur Ernte enthält das Werk alles, was zur Erreichung eines guten Ertrags wichtig ist.[1083]

1078 Vgl. Schütz 2019, S. 300.
1079 Zitat aus Hitlers *Mein Kampf*, zitiert nach Barkai 1995, S. 28.
1080 Zitat aus Hitlers *Mein Kampf*, zitiert nach Barkai 1995, S. 28.
1081 Vgl. Barkai 1995, S. 27 f.
1082 Sammelwerbeannonce. In: *BBl.* vom 02.05.1933, Nr. 100, S. 2255, http://digital.slub-dresden.de/id39946221X-19330502/20 [25.05.2024].
1083 Sammelwerbeannonce. In: *BBl.* vom 02.05.1933, Nr. 100, S. 2255, http://digital.slub-dresden.de/id39946221X-19330502/20 [25.05.2024].

Der Kleintierhof des Siedlers thematisiert „die Kleintierzucht als Ernährungs- und Erwerbsquelle für den Siedler [...]. Geflügel, Kaninchen, Tauben, Milchziege, Milchschaf, Schwein werden nach Rasse, Aufzucht, Wartung, Krankheiten, Fütterung, Verwertung der Produkte ausführlich behandelt. Auch Bienenzucht, Seidenbau und Mehlwurmzucht sind berücksichtigt."[1084] In *Das Rätsel der Wünschelrute* tritt „neben den interessanten wissenschaftlichen Ergebnissen [...] auch die praktische Bedeutung der Wünschelrutengängerei im Dienst der Volkswirtschaft und der Siedlung besonders hervor."[1085] Trotz propagandistischer Begleitung blieb der politische Erfolg jedoch aus: Weder das mit dem Vierjahresplan angestrebte wehrwirtschaftliche Ziel einer unabhängigen Versorgung im Kriegsfall noch die handelspolitische Entlastung der Devisenbilanz konnten erreicht werden. Obgleich in Bezug auf Getreide, Hülsenfrüchte und Eier der Anteil der Selbstversorgung bis 1939 stieg, beruhte die Fleisch- und Milchproduktion aufgrund gestiegener Bedürfnisse zu 40 % auf importierten Futtermitteln; die Abhängigkeit von Importen konnte trotz aller Bemühungen nicht nennenswert gesenkt werden.[1086]

3.3.2.4 Höher, schneller, weiter – die Olympischen Spiele bei Reclam

Wesentlich erfolgreicher war die monumentale Inszenierung der Olympischen Spiele 1936 in Berlin, mit der es den Nationalsozialisten gelang, der Welt für eine Weile ein friedliches und offenes Deutschland vorzugaukeln. Mit der von dem Generalsekretär des Organisationskomitees Carl Diem herausgegebenen, offiziell wirkenden Publikation *Olympiade-Buch* bediente Reclam effektiv die Propagandamaschinerie. Von diesem Verlagswerk, das, so Lewald, Präsident des Organisationskomitees, unter „den zahlreichen Schriften, die über die Spiele der XI. Olympiade erschienen sind, [...] den ersten Platz ein[nimmt]"[1087], konnte bereits im Erscheinungsjahr 1935 die für die Anfangsjahre des NS-Regimes verhältnismäßig hohe Erstauflage von 10.000 Exemplaren abgesetzt und eine weitere Auflage in Höhe von 7.094 Exemplaren gedruckt werden.[1088] Der *Allgemeine Tiroler Anzeiger* urteilte:

1084 Sammelwerbeannonce. In: *BBl.* vom 02.05.1933, Nr. 100, S. 2255, http://digital.slub-dresden.de/id39946221X-19330502/20 [25.05.2024].

1085 Sammelwerbeannonce. In: *BBl.* vom 02.05.1933, Nr. 100, S. 2255, http://digital.slub-dresden.de/id39946221X-19330502/20 [25.05.2024].

1086 Vgl. Petzina 1968, S. 95.

1087 Werbeannonce. In: *BBl.* vom 04.05.1935, Nr. 102, S. 2131, http://digital.slub-dresden.de/id39946221X-19350504/25 [25.05.2024].

1088 Vgl. RAS, Auflagenbuch Werke im größeren Format / Illustrierte Werke. Ein weiterer dem Sport verbundener Titel Diems, *Der Läufer von Marathon*, erschien im UB-Programm 1941. Obwohl ihm mit 30.000 Exemplaren nur die Hälfte der für 1941 durchschnittlichen Erstauflagenhöhe zugestanden wurde, gab man ihn 1943 nochmals als Verlagswerk heraus, wenn auch mit der geringen Stückzahl von 8.000. Vgl. RAS, Auflagenbuch Werke im größeren Format / Illustrierte Werke. Auch die Gesamtauflage der UB-Ausgabe von 91.000 nimmt sich im Ver-

Abb. 41 Werbeflyer *Dorf des Friedens*, [1936]. In: RAS, Mappe Großbuch Einzelprospekte L–R. Alle Rechte vorbehalten.

> Der Sportausübende wird mit einem Blick in das Buch selbst sofort feststellen, daß hier alles – aber auch alles! – vorhanden ist, was er braucht: ein kurzer Ueberblick über die antiken Kämpfe, die Entwicklung der neuzeitlichen Spiele, die ausführliche Schilderung der Olympiade 1932 in Los Angeles, die olympischen Rekorde, die Bestimmungen für 1936 – alles verdeutlicht durch Pläne, Skizzen und durch eine ganz hervorragende Wiedergabe zahlreicher Bilder, bei einem durchaus erschwinglichen Preise![1089]

Als noch einträglicher und werbewirksamer erwies sich das mit einem Vorwort von Reichskriegsminister Werner von Blomberg ausgestattete Buch *Dorf des Friedens. Das olympische Dorf, erbaut von der Wehrmacht des Deutschen Reiches zur Feier der 11. Olympischen Spiele, Berlin 1936* (Abb. 41), welches gemeinsam von Hans Saalbach, Ruth Hasse und Hauptmann Wolfgang Fürstner verfasst wurde.[1090] Der Titel wurde in sechs Auflagen mit zusammen 50.285 Exemplaren gedruckt, womit es das siebterfolgreichste Reclam-Verlagswerk im Untersuchungszeitraum ist.[1091] Beworben wurde der Titel als „einziger unter Förderung des Reichskriegsministeriums und der Bauleitung des Olympischen

gleich zu den durchschnittlichen Gesamtauflagen anderer Titel von 1941 (131.000 Exemplare) gering aus.

1089 *Allgemeiner Tiroler Anzeiger* 13.05.1935.

1090 Fürstner, der wie Ruth Hasse als Autor im Online-Katalog der Deutschen Nationalbibliothek nicht mehr erwähnt wird, erhielt für die Verfassung des Titels das stolze Honorar von 1.500 RM. Vgl. Verlagsvertrag Fürstner – Reclam Verlag vom 30.03.1936. In: RAS, Mappe Verlagsverträge Leipzig (gebundene Ausgaben) A–G.

1091 Vgl. RAS, Auflagenbuch Werke im größeren Format / Illustrierte Werke.

Dorfes bearbeiteter Führer"[1092]. Offenkundig konnte der Verlag unmittelbar von den guten Kontakten – vermutlich des Autors Fürstner – zum Reichskriegsministerium profitieren, mit dem weiterhin ausgehandelt wurde, das Werk unter Ausschluss des Buchhandels vorrangig an Ort und Stelle, also im Olympischen Dorf, zu verkaufen. Dort boten Studenten Führungen an, in deren Rahmen sie das Buch gegen einen Anteil von 10 % verkauften, die Wehrmacht erhielt weitere 10–15 % des Erlöses.[1093]

3.3.2.5 Pflege der ,Volksgesundheit' – Gesundheitslehre und Heilkunde

In der Rubrik *Gesundheitslehre, Heilkunde* konzentrierte sich der Reclam Verlag massiv auf die in den 1930er Jahren zunehmend salonfähig gewordene naturheilkundliche Literatur.[1094] Das Konzept der ,Neuen Deutschen Heilkunde' sollte naturheilkundliche und schulmedizinische Ansätze verschmelzen und die ,Volksgesundheit' im Sinne der ,Rassenhygiene' gegenüber der Gesundheit des Individuums stärken. Auf die Gründung der Arbeitsgemeinschaft für eine Neue Deutsche Heilkunde folgte 1935 eine Publikationswelle zum Thema naturheilkundlicher Heilverfahren, an der auch der Reclam Verlag maßgeblich beteiligt war. Dieser hatte die Marktchancen des Themenfeldes allerdings bereits weit früher erkannt. Bereits vor 1933 wurden von Alfred Brauchle im Rahmen der UB etliche Titel zur Naturmedizin veröffentlicht, die mit einer Ausnahme hohen Absatz erzielten: *Gekocht oder roh* (1929), *Hypnose und Autosuggestion* (1929), *Naturgemäße Lebensweise* (1930), *Psychoanalyse und Individualpsychologie* (1930) und *Lexikon der Naturheilkunde* (1931). Allein im Untersuchungszeitraum wurden vier der fünf Titel mit zusammen 195.000 Exemplaren nachgedruckt. Die Expertise des Autors (Leiter der Klinik für Naturheilkunde am Rudolf-Heß-Krankenhaus in Dresden, NSDAP-Mitglied seit 01.05.1933)[1095] wurde vom Hauptamt Wissenschaft allerdings nicht sonderlich hoch eingeschätzt: „Gegen eine Heranziehung B. müssen Bedenken erhoben werden. Die Urteile, die dem H. W. [Anmerkung K. B.: Hauptamt Wissenschaft] vorliegen, bezeichnen ihn allgemein als Dilettanten"[1096].

Angesichts des hohen Publikumsinteresses an den UB-Titeln versuchte der Verlag, den Erfolg des Themas auf die Sparte der Verlagswerke zu übertragen, und edierte zwischen 1933–1945 sieben weitere Titel von Alfred Brauchle. Davon erwies sich jedoch

1092 Werbeannonce. In: *BBl.* vom 02.05.1936, Nr. 101, S. 2237, http://digital.slub-dresden.de/id39946221X-19360502/11 [25.05.2024].

1093 Vgl. Nußbächer an Fürstner am 28.03.1936. In: RAS, Mappe Verlagsverträge Leipzig (gebundene Ausgaben) A–G. Somit musste der Reclam Verlag einen Rabatt von 20–25 % einräumen, der nur knapp unter dem üblichen Buchhändlerrabatt von 30 % lag. Wie hoch der Wehrmachtsanteil tatsächlich ausfiel, ist dem Schriftverkehr nicht zu entnehmen.

1094 Vgl. Adam 2010, S. 176.

1095 Vgl. Antrag Brauchles zur Aufnahme in die RSK vom 16.04.1942. In: BArch, R 9361-V/15023, Lesefilm-Nr. RK I 52, Bild-Nr. 1640.

1096 Aktennotiz o. D. zu Professor, Dr. Brauchle, Alfred, Graupa i. S. (Medizin). In: BArch, NS 15/122, Bl. 129.

Abb. 42 Werbeblatt *Handbuch der Naturheilkunde*, [1933]. In: RAS, Mappe Großbuch Einzelprospekte. A–E. Alle Rechte vorbehalten.

nur einer als tatsächlich absatzstark, nämlich das 1933 veröffentlichte *Handbuch der Naturheilkunde* (Abb. 42), einen

> umfassende[n] Ratgeber in kranken und gesunden Tagen, der in keinem verantwortungsbewußten Haushalt fehlen sollte. Vor allem für die Hausfrau und Mutter ein unentbehrliches Nachschlage- und Hilfswerk. [...] Wie ein roter Faden zieht sich durch das ganze Werk die Tatsache, daß alle bedeutenden Ärzte ihre Erfolge der Verbindung ihrer Genialität mit einer naturgemäßen Behandlungsweise verdanken.[1097]

Um dieses Handbuch, das während des ‚Dritten Reiches' in sechs Auflagen 41.178 Mal gedruckt wurde,[1098] wirkungsvoll zu bewerben, konnte sich der Verlag auf den „Aufruf an alle Ärzte Deutschlands, die sich mit biologischen Heilverfahren befassen" von Dr. Wagner, Reichskommissar der ärztlichen Spitzenverbände, berufen, in dem es heißt:

> Es ist unumwunden zuzugeben, daß auch Heilmethoden, die nicht im Einklang mit der Schule stehen, Erfolge aufzuweisen haben, die z. T. die der Schule nicht nur erreichen, sondern da und dort ihnen überlegen sind. [...] Ich will daher alle biologischen Ärzte jeder Richtung in einem großen umfassenden Ring zusammengeschlossen wissen.[1099]

Diesen Kurs integrierte der Reclam Verlag wie folgt in seine Werbeaktivitäten:

> Der neue Staat erkennt den Wert der Naturheilkunde und will sie allmählich allen Ärzten nutzbar machen. Sie gewinnt unter der Ärzteschaft immer mehr an Boden, unterstützt von den maßgebenden Spitzenverbänden des neuen Deutschland. Deshalb sind heute alle Ärzte Interessenten für das soeben erschienene erste wissenschaftliche Standardwerk für Ärzte und Laien:

1097 Werbeprospekt *Bücher bereichern*. In: RAS, Mappe Großbuch Ankündigungen und Sammelprospekte.
1098 Vgl. RAS, Auflagenbuch Werke im größeren Format / Illustrierte Werke.
1099 *Berliner Ärzte-Korrespondenz* 07.10.1933.

> Handbuch der Naturheilkunde auf wissenschaftlicher Grundlage. Von Dr. med. Alfred Brauchle.[1100]

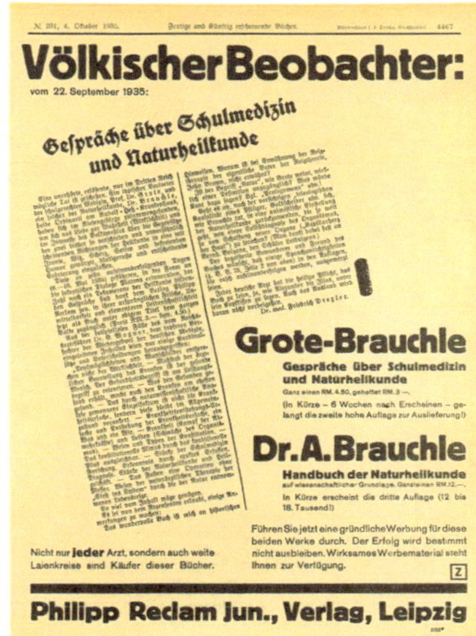

Abb. 43 Werbeannonce Gespräche über Schulmedizin.In: BBl. vom 04.10.1933, Nr. 231, S. 4467, http://digital.slub-dresden.de/id39946221X-19351004/5. Alle Rechte vorbehalten – Freier Zugang.

So beworben wurde das *Handbuch der Naturheilkunde*, der einzig erfolgreiche Titel Brauchles innerhalb der Verlagswerke. Es kostete 12 RM und wurde während des Kriegs noch einmal aufgelegt; die letzte Auflage von 10.000 Exemplaren konnte in Antwerpen von der Druckerei Dieren & Co. gedruckt und gebunden werden.[1101]

Mit 8.379 Exemplaren in drei Auflagen relativ erfolgreich waren außerdem die 1935 edierten *Gespräche über Schulmedizin und Naturheilkunde* (Abb. 43), in denen sich im Ergebnis als eine

> unerhörte, erlösende, nur im Dritten Reich mögliche Tat […] [e]in typischer Vertreter der schulgerechten Medizin, Prof. Dr. [Louis Ruyter Radcliffe] Grote, und ein solcher der Naturheilkunde, Dr. Brauchle […] zusammengefunden [haben], um sich aus Liebe zur Wahrheit (Wirklichkeit) und im Interesse des Volkswohles über die Gegensätze der zwei bisher so verschieden und unversöhnlich scheinenden Richtungen der Heilkunde in eine mit Ironie, Witz, Scherz, Satire und befreiendem Humor gewürzte, blutigernste und entscheidende Erörterung einzulassen. […] Jeder deutsche Arzt hat die heilige Pflicht, das Buch zu lesen […] Auch das Ausland wird daran nicht vorbeigehen.[1102]

1937 folgte mit Brauchles *Naturheilkunde in Lebensbildern* in einer Auflage von 5.822 Exemplaren die „erste […] großangelegte Geschichte der Naturheilkunde und ihrer

1100 Werbeannonce. In: *BBl.* vom 28.10.1933, Nr. 252, S. 5017, http://digital.slub-dresden.de/id39946221X-19331028/27 [25.05.2024].

1101 Vgl. Reclam Verlag an Brauchle am 30.01.1942. In: RAS, Mappe Verlagsverträge Leipzig (gebundene Ausgaben) A–G; Zeittafel zur Verlagsgeschichte, S, 49. In RAL, Ordner 3.

1102 Friedrich Drexler: Gespräche über Schulmedizin und Naturheilkunde. In: *Völkischer Beobachter* vom 22.09.1935, abgedruckt als Werbeannonce im *BBl.* vom 04.10.1935, Nr. 231, S. 4467, http://digital.slub-dresden.de/id39946221X-19351004/5 [25.05.2024].

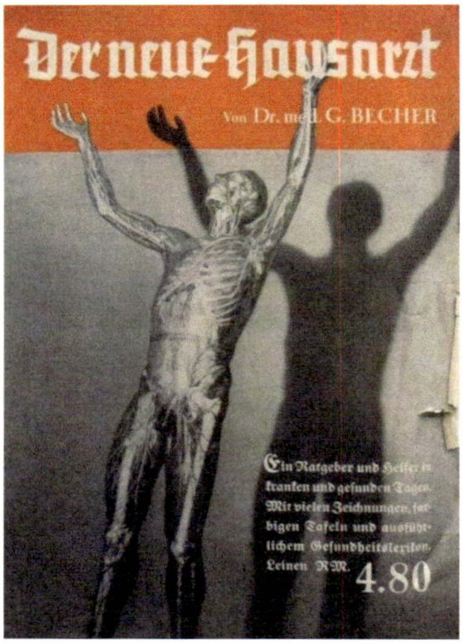

Abb. 44 Werbeblatt *Der neue Hausarzt*, [1938]. In: RAS, Mappe Großbuch Einzelprospekte A–E. Alle Rechte vorbehalten.

Schöpfer."[1103] Obgleich die Arbeitsgemeinschaft für eine Neue Deutsche Heilkunde bereits 1937 wieder aufgelöst wurde, hielt der Reclam Verlag an der Naturheilkunde als profilbildendes Thema seines Gesundheitsprogramms fest. Die drei Bände *Ergebnisse aus der Gemeinschaftsarbeit von Naturheilkunde und Schulmedizin*, ebenfalls in Kooperation zwischen Brauchle und Grote zwischen 1938 und 1940 bearbeitet, erwiesen sich mit einer Auflage von je 1.000 Exemplaren[1104] jedoch als – geplantes – Verlustgeschäft, mit dem sich der Verlag allerdings alle weiteren Veröffentlichungen des Rudolf-Heß-Krankenhauses sichern wollte.[1105] Fehlende weitere Publikationen aus dem Krankenhaus lassen vermuten, dass diese Bemühungen vergebens waren. Nachdem Brauchle Dresden verlassen hatte, erschien 1944 während seiner Tätigkeit als Chefarzt des Sanatoriums Glotterbad bei Freiburg/Br.[1106] noch sein Titel *Große Naturärzte.*

Stark auf Naturheilkunde fokussierte auch Gottfried Bechers mit 35.300 Exemplaren in drei Auflagen in der UB publizierte Kompendium *Der neue Hausarzt* (Abb. 44), von dem der *Völkische Beobachter* meinte, das „Handbuch ist um so wertvoller, als es die Dinge von der Warte aus behandelt, von der die nationalsozialistische Volksführung die Pflege der Volksgesundheit sieht."[1107] Gleiches gilt für *Ich und mein Erstes. Die werdende Mutter und ihr Kind in Pflege und*

1103 *Neues Wiener Taglatt* 17.02.1938.

1104 Vgl. RAS, Auflagenbuch Werke im größeren Format / Illustrierte Werke.

1105 Schöttler bat Brauchle, zu dem er ein freundschaftliches Verhältnis pflegte – zumindest verwendete er in seinen Briefen das vertrauliche ‚Du' –, um Streichungen, um Umfang und Druckkosten zu reduzieren, da man damit rechne, dass das Buch ein glattes Verlustgeschäft werden würde, „eine Sache, die für uns alle wirklich nur ehrenhalber durchgeführt werden kann. Der Verlag will es aber machen, da er voraussetzt, dass die weiteren Veröffentlichungen des Rudolf-Heß-Krankenhauses ihm anvertraut werden. Nur die Kirche muss im Dorf bleiben! Der Verlust darf nicht schon bei der ersten Auflage allzu groß sein." Schöttler an Brauchle am 23.06.1938. In: RAS, Mappe Verlagsverträge Leipzig (gebundene Ausgaben) A–G. Brauchle hielt am 16.11.1937 über die Grundlage einer gesunden Lebensweise einen Vortrag vor der Gefolgschaft Reclams, welcher in der Presse gelobt wurde. Vgl. *BBl.* 27.11.1937.

1106 Vgl. Neuburger 2012.

1107 *Völkischer Beobachter* 18.12.1938.

Behandlung der Naturheilkunde von Werner Tiegel,[1108] welches „dringend die Rückführung der Säuglingspflege auf naturheilkundliche Grundlage“ fordert, und „[b]esonders für überbesorgte Mütter [...] wie eine Befreiung wirken, auf zu oberflächliche hingegen als dringende Mahnung zu vernünftiger Lebensweise [wirken muß]“[1109].

Wenngleich die angestrebte ideologische Durchdringung der Ärzteschaft am Ende nicht im erwarteten Umfang gelang, das Konzept der ‚Neuen Deutschen Heilkunde‘ in den Ansätzen stecken blieb und die Verschmelzung schulmedizinischer und naturheilkundlicher Medizin nicht stattfand, trugen die Titel des Reclam Verlags doch dazu bei, die Volks- und Naturheilkunde unter Heranziehung der ‚Rassenhygiene‘ im Sinne der ‚Volksgesundheit‘ zu propagieren. Von den zahlreichen schulmedizinischen Gegenpublikationen erschien hingegen keine bei Reclam.

3.3.3 Naturwissenschaften und Astronomie

Mit insgesamt zehn Titeln des Astronomen und Schriftstellers Robert Henseling legte der Verlag innerhalb der Naturwissenschaften einen deutlichen Schwerpunkt auf die Astronomie. 1939 waren per Generalvertrag die Rechte an den Werken Henselings (Abb. 45) von der Franck’schen Buchhandlung übernommen worden. Dieser Vertrag bildete den Auftakt zu einer Reihe von Streitigkeiten, da der Verlag die Ansicht vertrat, der Normalvertrag der RSK sei nicht für Henselings Schrifttum mit naturwissenschaftlichem Charakter maßgeblich, sondern gelte nur für das schöngeistige Schrifttum. Um ihm „aber das Gefühl zu nehmen, dass ich Ihnen etwas zumute, was über den Rahmen des Üblichen hinausgeht, will ich mich mit einer Begrenzung des Optionsrechtes auf 3 Jahre einverstanden erklären.“[1110] Henseling stimmte dem zu, und das Optionsrecht endete somit am 05.04.1943.

Henseling musste zudem oft wegen säumiger Manuskripteinreichung gerügt werden.[1111] Zwei Bücher, für die ihm mehrere tausend RM Vorschuss gezahlt worden waren, hätten längst erscheinen müssen: „Ob und wann sie unter den derzeitigen

1108 Praktischer Arzt, NSDAP-Mitglied seit 01.01.1933. Vgl. Antrag Tiegels zur Aufnahme in die RSK vom 20.11.1937. In: BArch, R 9361-V/37916, Lesefilm-Nr. RK I 576, Bild-Nr. 80 ff.

1109 *Innsbrucker Nachrichten* 11.07.1940.

1110 Reclam Verlag an Henseling am 07.08.1942. In: RAS, Mappe Generalverträge.

1111 „Ihre Zeilen vom 27. August konnten bei mir nur eine große Enttäuschung auslösen. Sie erinnern sich Ihres großen Aufatmens bei Abschluss unseres Generalvertrages [...] Von dem Arbeitsprogramm, das Sie vor fast 1 ½ Jahren aufstellten, ist bis heute nichts verwirklicht. Sie erinnern sich wohl auch, dass ich Sie mehrfach vor der Übernahme monatelanger Vortragsreisen gewarnt habe. [...] Nun, da es an die Einlösung Ihrer Zusagen und die Ablieferung der Manuskripte geht, ist, wie in den früheren Jahren, die gesundheitliche Krise verantwortlich für das Ausbleiben Ihrer Arbeitsergebnisse. Dabei haben Sie sich in den letzten Monaten mehr Schonung gönnen können als in den ganzen Jahren vorher.“ Müller an Henseling am 12.09.1941. In: RAS, Mappe Verlagsverträge Leipzig (gebundene Ausgaben) H–L.

Abb. 45 Werbeblatt Henseling Bücher, [um 1940]. In: RAS, Mappe Großbuch Einzelprospekte F-K. Alle Rechte vorbehalten.

Verhältnissen überhaupt erscheinen können – vorausgesetzt, daß Sie mir je das Manuskript liefern – steht völlig dahin"[1112], klagt Müller 1941. Zu den beiden jährlich erscheinenden Kalendern *Himmelskalender* und *Sternbüchlein* heißt es weiter: „Sie haben mir [...] feierlich versprochen, daß die Misere des Vorjahres mit den beiden Kalendern sich keineswegs wiederholen darf und wird, und daß Sie mir in diesem Jahr die Manuskripte rechtzeitig bis Ende August abliefern werden." Das Konkurrenzprodukt des Verlags Franckh *Das Himmelsjahr* läge bereits vor „und Sie werden sich ja wohl die Schadenfreude in Stuttgart vergegenwärtigen können, daß Herr Henseling nach alter Gewohnheit auch in diesem Jahr wieder nachgehinkt kommt."[1113] Eine letzte von Müller eingeräumte Frist bis Mitte Oktober 1941 rettete das Projekt: Die beiden fraglichen Titel erschienen, wenn auch zum letzten Mal.

Des Weiteren informierte Müller Henseling, dass es ihm nach monatelangem Bemühen gelungen sei, die Neuauflage des 1939 erstmals erschienenen Titels *Umstrittenes Weltbild* in der Schweiz drucken zu lassen. Leider seien aber die Herstellungskosten dort wesentlich höher, was ihm große Opfer auferlege. Sie scheinen sich aber ausgezahlt zu haben, da nach den ersten drei Auflagen in Höhe von zweimal ca. 4.000 und einmal 3.000 Exemplaren 1941 in der Schweiz noch einmal 15.000 Exemplare hergestellt wurden, die sich so gut verkauften, dass 1943 noch eine weitere Auflage hergestellt werden konnte, womit der Titel mit insgesamt 32.157 Exemplaren zum zweiterfolgreichsten Titel Henselings im Reclam'schen Verlagsprogramm wurde[1114] und zu den wenigen gehörte, die 1942 noch nahezu unbeschränkt ausgeliefert werden konnten.[1115]

1112 Müller an Henseling am 12.09.1941. In: RAS, Mappe Verlagsverträge Leipzig (gebundene Ausgaben) H–L.

1113 Müller an Henseling am 12.09.1941. In: RAS, Mappe Verlagsverträge Leipzig (gebundene Ausgaben) H–L.

1114 Vgl. RAS, Auflagenbuch Werke im größeren Format / Illustrierte Werke. Die beiden 1939 erschienenen Titel *Umstrittenes Weltbild* und *Der neu entdeckte Himmel* gingen 1941 als Lizenz an die Deutsche Buchgemeinschaft. Vgl. Aktennotizen: In: RAS, Mappe Verlagsverträge Leipzig (gebundene Ausgaben) H–L.

1115 Vgl. Aktennotiz SW Henseling – Reclam Verlag. In: RAS, Mappe Verlagsverträge Leipzig (gebundene Ausgaben) H–L.

In *Umstrittenes Weltbild* trennt Henseling, entschiedener Gegner der Welteislehre, „Gebilde des Wahns von der Welt der Wirklichkeit. Das Buch ist geladen mit einer Spannung, die überall dort entsteht, wo Menschen um den Ursprung ihres Seins und um ihre letzte Bestimmung bangen und kämpfen."[1116] Die Glazialkosmogonie des österreichischen Ingenieurs Hanns Hörbiger, die bereits zum Zeitpunkt ihrer Veröffentlichung 1913 den grundlegenden Erkenntnissen der Astronomie und der Physik widersprach und derzufolge die Erde der einzige Himmelskörper sei, der nicht aus Eis oder Metall bestehe, wurde im ‚Dritten Reich' politisch erheblich aufgewertet und erlangte im Zweig Wetterkunde der SS-Forschungsgemeinschaft Deutsches Ahnenerbe Einfluss.[1117] Wenngleich die Welteislehre in der meteorologischen Forschung des Ahnenerbes nach Kriegsausbruch keine Rolle mehr spielte, lehnte das Ahnenerbe eine positive Stellungnahme zu Henselings „volkstümlichen" Titel strikt ab, da er Forscher, die die Welteislehre verträten, „mit Gift und Galle" bespritze.[1118]

Anlass zu wiederholten Konflikten zwischen Verlag und Autor boten jedoch weder inhaltliche Fragen noch der Absatz der Bücher Henselings, sondern der mangelnde Arbeitseifer des Astronomen:

> Sie werden verstehen, sehr geehrter Herr Henseling, daß diese Erfahrung, die ich gleich im ersten Jahr unserer Zusammenarbeit machen muß, sich nicht fördernd auf unsere Zusammenarbeit auswirken kann und ich mich bei künftigen Vertragsabschlüssen fragen muß, ob es denn überhaupt Zweck und Sinn hat.[1119]

Beide Seiten versuchten dennoch, die Situation zu retten:

> Ihrer Meinung, dass die Auseinandersetzungen beendet sein wollen, schliesse ich mich an und freue mich, mit Ihrem Schreiben […] zum erstenmal wieder positive Vorschläge zu erhalten. […] Ich habe ferner vorgemerkt, dass Sie bemüht sein werden, die weiteren vertraglich vereinbarten Arbeiten im wesentlichen im Laufe des Jahres 1943 abzuschliessen.[1120]

1116 Werbeannonce. In: *BBl.* vom 23.10.1938, Sondernummer, S. 228, http://digital.slub-dresden.de/id39946221X-1938102301/234 [25.05.2024].

1117 Vgl. Schramm 1963, S. 167; Kater 2006, S. 222 f.

1118 v. Hase & Koehler Verlag an Ahnenerbe Berlin, SS-Obersturmbannführer Galke, SS-Sturmbannführer Sievers, SS-Hauptsturmführer Scultetus u. a. am 19.04.1939. In: BArch, NS 21/1510, Bl. 232.

1119 Müller an Henseling am 12.09.1941. In: RAS, Mappe Verlagsverträge Leipzig (gebundene Ausgaben) H–L.

1120 Reclam Verlag an Henseling am 07.07.1942. In: RAS, Mappe Generalverträge.

Auch diesmal wurde darauf verwiesen, dass die Manuskripte für die Kalender 1943 bis August 1942 im Verlag sein müssen, da „die Kapazität meines technischen Betriebes im letzten Jahr wieder erhebliche Einbuße erlitten hat, sodass wesentlich längere Herstellungsfristen unvermeidlich sind."[1121] Da zudem die Papierbeschaffung ebenfalls täglich schwieriger und langwieriger würde, bat man Henseling, rechtzeitig Nachricht zu geben über voraussichtliche Fertigstellung und vorgesehenen Umfang der Kalender sowie zweier weiterer geplanter Titel, damit das Erscheinen nicht an der Papierfrage scheitere.

Nach den Kalendern für 1943 erschien im Jahr 1943 jedoch kein weiterer Titel Henselings im Reclam Verlag, was insbesondere im Fall des astronomischen Jahrbuchs *Sternbüchlein* ärgerlich für den Verlag war, da sich dieser Titel in den Jahren zuvor mit 15.205 (1940/*Sternbüchlein 1941*) und 17.050 (1941/*Sternbüchlein 1942*) Exemplaren gut verkauft hatte. Dafür verhärteten sich die Fronten auf beiden Seiten zusehends:

> Der Inhalt Ihres Schreibens überrascht mich insofern, als Sie sich über die „Tonart" beklagen, die doch leider durch Sie aufgekommen ist, so daß ich davon Abstand genommen habe, auf sie noch einzugehen und mich in unserem Schriftverkehr auf das Notwendigste beschränke. [...] Sie erwähnen immer die „Opfer", die Sie bei dem Übergang Ihrer Bücher von Franckh zu mir gemacht haben, ich muß aber immer wieder darauf hinweisen, daß es Ihr eigener Wunsch gewesen ist [...] und daß die günstigeren Honorarsätze, die ich Ihnen einräumte, wohl damit nicht gemeint sein können.[1122]

Während man am Manuskript zu dem geplanten Kopernikus-Buch zunächst noch festhielt, wurden die Verträge an den Kalendern im Sommer 1943 gelöst. Henselings *Sternbüchlein 1944* erschien im Herbst 1943 bereits im Dietrich Reimer Verlag.[1123]

1121 Reclam Verlag an Henseling am 08.07.1942. In: RAS, Mappe Generalverträge.

1122 Reclam Verlag an Henseling am 29.03.1943; Müller an Henseling am 30.08.9143. In: RAS, Mappe Verlagsverträge Leipzig (gebundene Ausgaben) H–L.

1123 Vgl. Nußbächer 23.06.1943 an Henseling: In: RAS, Mappe Verlagsverträge Leipzig (gebundene Ausgaben) H–L; RSK an Verlag Dietrich Reimer am 08.07.1943. In: BArch, R 9361-V/6075, Lesefilm-Nr. RK B 70, Bild-Nr. 2180. Der von dort im Sommer 1943 beantragte Papierbedarf für den *Himmelskalender* 1944 und das *Sternbüchlein* 1944 wurde jedoch mit Verweis auf mangelnde Kriegswichtigkeit abgelehnt. Vgl. Wirtschaftsstelle des deutschen Buchhandels Kalender-Papierbewirtschaftung an Verlag Dietrich Reimer am 15.06.1943. In: BArch, R 9361-V/6075, Lesefilm-Nr. RK B 70, Bild-Nr. 2182. Die RSK hingegen genehmigte im September 1943 für den *Himmelskalender* 1944 für eine Auflage in Höhe von 20.000 Exemplaren 1.628 kg Werkdruckpapier Stoffklasse B und 364 kg Umschlagkarton Stoffklasse B. Vgl. RSK an Dietrich Reimer am 14.09.1943. In: BArch, R 9361-V/6075, Lesefilm-Nr. RK B70, Bl. 2186.

3.3.4 Staats- und Sozialwissenschaft, Volkswirtschaft und Gesetzesausgaben

3.3.4.1 Wirtschaftslehre in Einzeldarstellungen

Den Schwerpunkt der Rubrik *Staats- und Sozialwissenschaft, Volkswirtschaft* bildete mit 20 von 24[1124] zwischen 1933 und 1945 publizierten Titeln die Reihe *Wirtschaftslehre in Einzeldarstellungen* (Abb. 46). Diese war in der UB mit der letzten Nummer des Jahres 1933 gestartet und wurde 1934 mit 19 weiteren „knappen Einzeldarstellungen, die das gesamte wirtschaftliche Gefüge vom Standpunkt des nationalsozialistischen Staates aus gesehen behandeln“,[1125] fortgesetzt.

Abb. 46 Werbeannonce *Wirtschaftslehre*. In: *BBl*. vom 26.10.1933, Nr. 2250, S. 4941, http://digital.slub-dresden.de/id39946221X-19331026/34. Alle Rechte vorbehalten – Freier Zugang.

> Der Verlag positioniert die Reihe klar im Zeichen des großen wirtschaftlichen Aufbaues. Es ist daher dringend geboten, daß unser Volk in all seinen Schichten zu klarem wirtschaftlichen Denken erzogen wird, um die große Arbeitsschlacht zum Siege zu führen. Diesem Zweck dient die neue Reihe der Wirtschaftslehre. […] Jedes Bändchen behandelt ein besonderes Gebiet und ist für sich vorbildlich, alle aber schließen sich zusammen zu einem einheitlichen Ganzen, wobei die Errungenschaften des Nationalsozialismus aufs stärkste zur Geltung gelangen.[1126]

1124 Die restlichen vier Titel der Kategorie *Staats- und Sozialwissenschaft* werden aufgrund ihrer inhaltlichen Nähe im Kapitel zu den *Historischen und kulturgeschichtlichen Werken* (vgl. Kapitel 3.3.7) mitbehandelt. Etliche Titel der dort publizierten Werke ließen sich auch als staatsrechtliche Schriften klassifizieren. Möglicherweise hat der Reclam Verlag dies bewusst nicht getan, um dem zunehmenden Anspruch, staatsrechtliche Titel nur von staatlich autorisierten Stellen publizieren zu lassen, zu entgehen. Spätestens mit Gründung der Parteiamtlichen Prüfungskommission, die darauf drängte, alle staatsrechtlichen Schriften, die nicht im direkten Auftrag von Ministerien oder Parteidienststellen erschienen (insbesondere, wenn sie nicht bei Eher publiziert wurden), deutlich als Privatmeinung zu kennzeichnen, verengte sich der Handlungsspielraum für juristische Verlage und entsprechende Programmsparten. Vgl. Lokatis 1992, S. 60.

1125 Pressestimme aus *Der Mittag*, abgedruckt in Werbeannonce. In: *BBl.* vom 22.03.1935, Nr. 69, S. 1361, http://digital.slub-dresden.de/id39946221X-19350322/7 [25.05.2024].

1126 Werbeannonce. In: *BBl.* vom 16.04.1934, Nr. 88, S. 1762 f., http://digital.slub-dresden.de/id39946221X-19340416/18 [25.05.2024].

Karl C. Thalheim lehnt in *Die natürlichen und gesellschaftlichen Grundlagen der Wirtschaft* den Wirtschaftsliberalismus des neunzehnten Jahrhunderts ab, bewirbt die „planvolle Wirtschaftspolitik in einer organisch aufgebauten Volkswirtschaft" und betont „die Wichtigkeit der seelischen Einstellung des Wirtschaftenden zur Volksgesamtheit", wobei „noch viel Aufklärungs- und Erziehungsarbeit zu leisten sein wird."[1127] *Werden und Wesen der modernen Wirtschaft,* ebenfalls von Thalheim, beschreibt die Wirtschaftsordnungen seit dem Mittelalter bis hin zum „Uebergang von der Freiwirtschaft zu maßvoller Planwirtschaft"[1128]. *Die Weltwirtschaft*, wiederum von Thalheim, behandelt Welthandel und Weltverkehr, insbesondere den „Aufstieg der internationalen Wirtschaft in der zweiten Hälfte des neunzehnten Jahrhunderts" sowie Deutschlands Stellung in der Weltwirtschaft und die „Versuche, nach der Störung durch den Weltkrieg wieder zu geordneten Verhältnissen zu gelangen. [...] Die Handelsbeziehungen zwischen den Völkern werden auf neue Grundlagen gestellt werden müssen, die sich aus der Besinnung jedes Einzelstaates auf seine Eigenwirtschaft zwangsläufig ergeben."[1129]

Friedrich Raab erörtert in *Die deutsche Volkswirtschaft der Gegenwart* auf allgemeinbildendem Niveau „die natürlichen Grundlagen der deutschen Volkswirtschaft", gibt eine Übersicht über die einzelnen Wirtschaftszweige und äußert sich zu Wirtschaftsrecht und zu internationalen Beziehungen der deutschen Volkswirtschaft. „Die Aussichten eines Wiederaufstieges" mittels der „berufsständische[n] Planwirtschaftsidee" als „neue Wirtschaftsepoche" beurteilt er „mit Zuversicht"[1130].

In *Geschichte der wirtschaftlichen Lehrmeinungen und der wirtschaftspolitischen Systeme* widmet Horst Wagenführ

> der jüngsten Vergangenheit und der Gegenwart [...] besonderes Interesse. Faschismus und Nationalsozialismus werden, ebenso wie der russische Bolschewismus, von der Wirtschaftsseite her betrachtet, und es ist hochinteressant, dem Verfasser auf seinen Streifzügen und bei seinen Schlüssen zu folgen. [...] Werke, wie das vorliegende, gehören in die Hand eines jeden, der sich nicht nur mit Phrasen an der Besprechung wirtschaftspolitischer Fragen beteiligen will.[1131]

Georg Halm stellt in seiner Studie *Der wirtschaftliche Kreislauf und seine Gesetze* heraus, wie „Kapital und Zins, Lohnpolitik und Preisschere, [...] Geldwirtschaft, Rentenbildung, arbeitsloses Einkommen" in der „reformbedürftige[n] kapitalistische[n] Wirtschaft [...] nach faschistisch-nationalsozialistischen Grundsätzen neu geordnet werden [sollen]"[1132].

1127 *Allgemeiner Tiroler Anzeiger* 06.08.1934.
1128 *Allgemeiner Tiroler Anzeiger* 06.08.1934.
1129 *Allgemeiner Tiroler Anzeiger* 06.08.1934.
1130 *Allgemeiner Tiroler Anzeiger* 06.08.1934.
1131 *Allgemeiner Tiroler Anzeiger* 06.08.1934.
1132 *Allgemeiner Tiroler Anzeiger* 06.08.1934.

Insgesamt zählen zu dieser Reihe 20 Titel, von denen jedoch nur sieben eine zweite Auflage erlebten (nur einer davon erreichte eine Auflagenzahl von 20.000 Exemplaren, sechs brachten es mit zwei Auflagen auf 15.000 Exemplare), die anderen 13 Titel der Reihe wurden jeweils nur einmal aufgelegt mit je 10.000 Exemplaren. Der „gewährleistet[e] [...] starke[] Absatz dieser aktuellen Reihe, insbesondere auch in Wirtschaftskreisen, bei Studierenden der Universitäten und Handelshochschulen, bei höheren und Berufsschulen, bei allen wirtschaftlich tätigen Volksgenossen“[1133] war folglich nicht gegeben. Die selbstgestellte Aufgabe, „eine der vornehmsten Aufgaben unseres Schrifttums [...], das große Aufbauwerk unserer Reichsregierung tatkräftig zu unterstützen, indem es die für das Wirtschaftsleben so neuartigen Methoden und Gedanken tief ins Volk hineinträgt“[1134], konnte nicht erfüllt werden. Die Reihe wurde nach 1934 nicht fortgesetzt. Sämtliche 20 Titel wurden nach 1945 in der *Liste der auszusondernden Literatur* indiziert.[1135]

3.3.4.2 Hitler-Gesetze

Als nur bedingt „zur ideologisch fixierten ‚Literatur'“[1136] hinzuzählbar betrachtet Ruppelt die Veröffentlichung von 20 der *Deutschen Reichsgesetze*, nahezu ausnahmslos herausgegeben von Rudolf Beyer.[1137] Dem ist insofern zuzustimmen, als in der UB auch die Gesetze des Kaiserreiches und der Weimarer Republik erschienen waren und die neuen Reichsgesetze in diesem Sinne als Fortführung der Tradition von Gesetzestexteditionen angesehen werden können. Andererseits werden die Gesetze der NS-Zeit von Beginn an nicht in schlichter Fortsetzung verlegerischer Praxis veröffentlicht, sondern unter dem Reihentitel *Hitler-Gesetze* als etwas dezidiert Neues vermarktet (Abb. 47), wobei sich der gewählte Reihentitel den Führerkult unverhohlen zunutze macht und diesen gleichzeitig stärkt.

Lohnend ist auch ein wirtschaftlicher Blick auf die *Hitler-Gesetze.* Sie erschienen von 1933 bis 1939 in der UB, davon neun Titel 1934 und vier Titel 1937. Die erfolgreichsten Gesetzeseditionen sind mit 117.000 Exemplaren in elf Auflagen das *Hitler-Gesetz VI: Gesetz zur Ordnung der nationalen Arbeit vom 20. Jan. 1934* (1934), das *Hitler-Gesetz XIII: Nürnberger Gesetze* (1936) mit einer Gesamtauflagenhöhe von

1133 Werbeannonce. In: *BBl.* vom 16.04.1934, Nr. 88, S. 1762 f., http://digital.slub-dresden.de/id39946221X-19340416/18 [25.05.2024].

1134 Werbeprospekt *Wirtschaftslehre in Einzeldarstellungen aus der RUB.* In: RAS, Mappe UB-Reihen.

1135 Vgl. Ministerium für Volksbildung DDR 1953, hier Buchstabe W.

1136 Ruppelt 1992, S. 338.

1137 Beyer war erst Landgerichtspräsident und vom 01.08.1939 bis 1945 Präsident des Oberlandesgerichts Dresden, seit 01.05.1932 NSDAP-Mitglied, seit 16.07.1932 Mitglied der SA, wo er am 09.11.1943 zum Standartenführer befördert wurde. Vgl. Fragebogen Reichsjustizministerium vom 18.01.1937. In: BArch, R 3001/51666; OLG-Präsident Beyer an Reichsminister der Justiz am 15.11.1943. In: BArch, R 3001/51666, Bl. 64.

Abb. 47 Werbeannonce *Hitler-Gesetze*. In: *BBl*. vom 19.08.1933, Nr. 192, S. 3535, http://digital.slub-dresden.de/id39946221X-19330819/16. Alle Rechte vorbehalten – Freier Zugang.

110.000 Exemplaren in neun Auflagen und mit 105.000 Exemplaren in zehn Auflagen das *Hitler-Gesetz XVIII: Straßenverkehrsrecht vom 13. November 1937* (1937).

Der Verlag warb mit praktischen Argumenten: „Diese billige Ausgabe der drei grundlegenden Nürnberger Gesetze gehört in die Hand jedes Volksgenossen. Sie umfaßt alle bisher vorliegenden Durchführungsverordnungen und bringt auch Text und amtliche Begründung des als Ergänzung wichtigen Ehegesundheitsgesetzes."[1138] Das *Hitler-Gesetz III: Reichserbhofgesetz* (1934) wurde mit 66.000 Exemplaren in sieben Auflagen publiziert. Die Gesamtauflagen der weiteren Gesetze bewegten sich zwischen 10.000 und 46.0000 Exemplaren. Zusammen erreichten sie eine nicht unbeachtliche Auflagenhöhe von 728.000 Exemplaren, obwohl die Gesetze auch in anderen Verlagen erschienen, insbesondere bei C. H. Beck, wo sämtliche Gesetze und die zugehörigen Kommentare des NS-Staats gedruckt wurden. Der Beck Verlag stärkte seine ohnehin starke Position in der Rechtswissenschaft im Nationalsozialismus durch nutznießerische Übernahme des juristischen Verlags des Juden Otto Liebmann und profilierte sich zum juristischen Großverleger „auch im Geiste des Unrechts der neuen Zeit"[1139].

Von dem Ermächtigungsgesetz, welches die Gewaltenteilung aufhob und die gesetzgebende Gewalt an Adolf Hitler übertrug, von den Nürnberger Rassengesetzen, welche die antisemitische und rassistische Ideologie institutionalisierten, sowie von weiteren gesetzlichen Regelungen profitierte jedoch auch der Reclam Verlag. „Das

1138 Werbeprospekt *Neuerscheinungen aus Reclams Universal-Bibliothek*. In: RAS, Mappe UB Ankündigungen und Sammelprospekte I.

1139 Rebenich 2013, S. 365. Der konservative Verleger Otto Liebmann war zunächst vom Nationalsozialismus begeistert, sah sich aber bereits im Dezember 1933 gezwungen, den Verlag an Heinrich Beck zu verkaufen. In dessen Besitz ging er aber erst über, nachdem Liebmann seine Forderungen um 1/6 gesenkt hatte. Beck profitierte folglich direkt von der antisemitischen Regierung, auch wenn Liebmann vergleichsweise gut bei diesem Handel abschnitt – man denke an das Schicksal der Ullstein-Verleger, die bei dem durch Enteignung erzwungenen Verkauf im Juni 1934 so wenig finanzielle Mittel erhielten, dass nicht einmal die Ausreise aller Familienmitglieder finanziert werden konnte. Zur Enteignung der Ullstein-Verleger siehe Wippermann 2011, S. 203 f. Zur Übernahme des Liebmann'schen Verlags siehe Rebenich 2013, S. 265 ff.

große Gesetzgebungswerk der Regierung"[1140], vermarktet als *Hitler-Gesetze,* stellte mit einem Anteil von 8,2 % an allen Neuerscheinungen des Verlags in der NS-Zeit einen erheblichen Wirtschaftsfaktor dar.

3.3.5 Literaturwissenschaft, Musik- und Theaterliteratur

3.3.5.1 Deutsche Literatur in Entwicklungsreihen

Das geisteswissenschaftliche Programm des Reclam Verlags ist neben einigen philosophischen Schriften[1141] Immanuel Kants, Georg Christoph Lichtenbergs, Carl Gustav Carus' und Friedrich Nietzsches vor allem durch literaturwissenschaftliche Abhandlungen sowie durch Musik- und Theaterliteratur geprägt, die nicht selten die nationalsozialistische Ideologie populärwissenschaftlich zu untermauern halfen. Eine besondere Rolle spielt das – von Beginn an defizitäre – 1928 begründete und 1929[1142] von Hermann Böhlaus Nachfolger, Weimar, und vom Österreichischen Bundesverlag für Unterricht, Wissenschaft und Kunst[1143] übernommene Großprojekt *Deutsche Literatur. Sammlung literarischer Kunst- und Kulturdenkmäler in Entwicklungsreihen.*[1144] Ende der 1920er habe, so ein Spezialbeitrag der *Bücherkunde*[1145] 1938 zur *Deutschen Literatur*, dieses „verlegerische Wagnis" seine Anfänge in Wien genommen, „unter

1140 Werbeannonce. In: *BBl.* Vom 19.08.1933, Nr. 192, S. 3535, http://digital.slub-dresden.de/id39946221X-19330819/16 [25.05.2024].

1141 Im Gegensatz zu den philosophischen Werken erwies sich die forcierte Publikation von Operntexten, vorrangig derer von Verdi (2 Titel) und Mozart (3 Titel) als sehr einträglich für den Verlag: Verdis *Aida* war mit 215.000 Exemplaren in elf Auflagen das am zweithäufigsten produzierte Sachbuch in der UB, Mozarts *Hochzeit des Figaro* brachte es immerhin auf 100.000 Exemplare in fünf Auflagen.

1142 So die Datierung nach den Verlagsunterlagen. Im März 1930 schreibt jedoch Heinz Kindermann, maßgeblicher Herausgeber der Sammlung, an Paul Kluckhohn, verantwortlich für die Reihe zur Romantik: „Die Übernahme der Sammlung durch Reclam ist so gut wie sicher. Sie wird formaliter wohl erst zum I. April ausgesprochen werden, weil dieser Termin so vereinbart ist, aber es ist gewiß nicht mehr daran zu zweifeln, sodaß Sie meinem Gefühl nach ruhig einen weiteren Mitarbeiter heranziehen können." Kindermann an Kluckhohn am 07.03.1930. In: DLA, A:Kluckhohn, Paul, 68.800/44-68.

1143 Dort war die Sammlung mit je den ersten beiden Bänden der Reihen *Aufklärung* (im Juli 1928) sowie *Volks- und Schwankbücher* (im März 1929) mit je 2.000 Exemplaren begonnen worden. Vgl. Notiz für Ernst Reclam am 14.02.1930. In: RAS, Auflagenbuch *Deutsche Literatur.*

1144 Vgl. Bode 2003, S. 98. Im Folgenden wird der Titel der Sammlung in der Kurzform *Deutsche Literatur* angegeben.

1145 Die *Bücherkunde* wurde als amtliches Rezensionsorgan seit 1934 von der Reichsstelle zur Förderung des deutschen Schrifttums, ab 1937 als Organ des Amtes für Schrifttumspflege bei dem Beauftragten des Führers für die gesamte geistige und weltanschauliche Erziehung der NSDAP und der RFDS herausgegeben. Zielgruppe der ausgewählten Prüfungsresultate in Form von Buchbesprechungen waren alle mittelbar und unmittelbar an der deutschen Schrift-

ständiger Gefahr, durch eine volksfremde Kulturpolitik ganz verboten zu werden, bis zur Übernahme durch den Reclam Verlag und unter Schutzherrschaft des Reichserziehungsministers [Bernhard Rust]".[1146]

Die zunächst auf 250, dann auf 300 Bände konzipierte Textsammlung wurde gemeinschaftlich herausgegeben von den Universitätsprofessoren Dr. Walther Brecht, Dr. Dietrich von Kralik und Dr. Heinz Kindermann,[1147] von dem die Idee zu diesem Sammelwerk „wohl auch im wesentlichen"[1148] stammte. Neben diesen fungierten unter anderen Prof. Emil Ermatinger, Reichsdramaturg Dr. Rainer Schlösser,[1149] Prof. Brüggemann, Prof. Herbert Cysarz,[1150] Prof. Dr. Willi Flemming, Dr. Gerhard Fricke[1151]

tumsproduktion Beteiligten sowie die literarisch interessierte Öffentlichkeit. Siehe dazu auch Kapitel 4.2.1.

1146 Sprengel, Hans Rolf: Deutsche Literatur in Entwicklungsreihen. Ein Standardquellenschatz deutscher Geistesgeschichte. In: *Bücherkunde* 1938, H. 12, S. 639.

1147 Der Theaterforscher, Literaturwissenschaftler und Kulturhistoriker Kindermann wirkte nach seinem Studium zunächst als Ordinarius in Danzig, übernahm den 1936 in Münster gegründeten Lehrstuhl für deutsche Literatur- und Theatergeschichte (Westfälische Wilhelms-Universität) und folgte 1943 dem Ruf als Professor am Institut für Theaterwissenschaft der Universität Wien. Das umfangreiche, thematisch vielfältige Werk des NSDAP- und SS-Mitglieds ist geprägt durch seine volkhafte Einstellung zu ‚undeutscher' Literaturproduktion. Aufgrund seiner zahlreichen antislawischen und antisemitischen Arbeiten zählte er zu den führenden politischen Literaturwissenschaftlern des NS-Regimes, die stets eine neue ‚nationalsozialistische Dichtung' einforderten. Vgl. Pfefferle; Pfefferle 2014, S. 293 Malle; Nowotny 2012; Barbian 2010, S. 390; Baur; Gradwohl-Schlacher 2014, S. 270.

1148 Nußbächer an (nicht lesbar) am 17.01.1963. In: RAL, Akte 211.

1149 Der einflussreiche Kulturpolitiker, der im neu geschaffenen Amt des Reichsdramaturgen im RMVP Karriere machte und dem umfangreiche Mittel zur Arisierung und entsprechenden Ausrichtung des Theater- und Opernlebens zur Verfügung standen, hatte seine publizistische Tätigkeit bereits 1925 als Mitarbeiter der Zeitschrift *Deutsches Schrifttum*, herausgegeben durch den antisemitischen Schriftsteller Adolf Bartels (vgl. zu Bartels bei Reclam Kapitel 3.1, 3.2.1), begonnen. Vgl. Hüpping 2009, S. 234.

1150 Der österreichisch-deutsche Germanist setzte sich in den 1920er und 1930er Jahren sehr für den minderheitlichen sudetendeutschen ‚Volkstumskampf' ein und wurde 1937 Vorsitzender der Sudetendeutschen Kultur- und Schrifttumskammer, bevor er noch vor dem Münchner Abkommen 1938 von Prag nach München wechselte. Cysarz, selbst durchaus angetan vom nationalsozialistischen System – er trat 1940 (mit Rückdatierung auf den 01.11.1938) der NSDAP bei – hatte jedoch mit einigen Schwierigkeiten zu kämpfen: Der ihm zugedachte Lehrstuhl für Philosophie in München wurde ihm 1941 vorenthalten, nachdem der NS-Dozentenbund bei maßgeblichen Stellen glaubhaft vorgebracht hatte, dass Cysarz bis zuletzt jüdische, linksgerichtete und durch den NS verpönte Autoren genannt und gewürdigt habe. Vgl. Becher 2001, S. 286 ff.; Jahn 1957, S. 17 ff.

1151 Fricke, Professor an den Universitäten Berlin und Kiel, NSDAP-Mitglied und „Brandredner" bei der Bücherverbrennung am 10.05.1933 in Göttingen, war unter anderem auch Spartenleiter für den Kriegseinsatz der Geisteswissenschaften in der Wissenschaftlichen Akademie des NS-Dozentenbundes. Vgl. Schnabel 1997, S. 61–84.

und Prof. Paul Kluckhohn[1152] als Reihenleiter oder waren als solche vorgesehen.[1153] Im Gegensatz zu Prof. Brecht, der keine Reihe selbst herausgegeben hatte, und dem dies auch nach 1933 „aus politischen Gründen unmöglich gemacht wurde“[1154], avancierte der NS-affine Kindermann recht schnell – zumindest in der Wahrnehmung zeitgenössischer Beiträge und in den Verlagsgeschichten – zum Hauptherausgeber dieses „Monumentalwerk[es]“, das es sich zur Aufgabe gemacht hatte,

> an Hand der Originaltexte einen Einblick in die einzelnen Entwicklungsreihen der deutschen Dichtung in wissenschaftlich exakter und zugleich lebendiger Weise zu öffnen. Von gesundem, ideologisch zuverlässigem Boden ausgehend, will es den wesentlichen Sonderbeitrag jeder dieser Entwicklungsreihen zur Gesamtentfaltung der deutschen Dichtung an charakteristischen Beispielen aufzeigen.[1155]

Die einzelnen Reihen der Sammlung fokussierten entweder zeitlich begrenzte literarische Entwicklungen, deren Entstehung und Wirkung aufgezeigt werden sollten, oder es handelte sich um epochenübergreifende Reihen, in denen die Entwicklung eines bestimmten Aspekts über mehrere Jahrhunderte verfolgt werden sollte.[1156] Sowohl in der Presse – in vielen Artikeln über den Verlag wird die *Deutsche Literatur* lobend als ein wichtiges Verlagswerk erwähnt, etliche Rezensionen widmen sich der Sammlung,[1157]

1152 Kluckhohn befasste sich vorrangig mit der Romantik und der Goethezeit. Als Beitragender des Sammelwerks *Von deutscher Art und Kunst* (nicht zu verwechseln mit dem gleichnamigen UB-Titel unter der Nr. 7497/98 im Reclam Verlag) im Rahmen des „Kriegseinsatzes der Geisteswissenschaften“ gehörte er zwar zu den Germanisten von „Rang und Namen“, wahrte aber eine gewisse Distanz zum NS-Regime. Vgl. Hempel-Küter 2015, S. 37 f.; Kuhn 1980.

1153 Im Werbeprospekt vom April 1934 sind 38 Reihenleiter angegeben, mehrheitlich Universitätsprofessoren. Vgl. Werbeprospekt *Deutsche Literatur. Sammlung literarischer Kunst- und Kulturdenkmäler in Entwicklungsreihen*, S. 1. In: RAS, Mappe Dt. Lit. in Entwicklungsreihen. Für die Vertragsabschlüsse war zuerst Kaemmerer, dann Müller zuständig, Nußbächer kümmerte sich ausschließlich um Redaktionelles. Vgl. Nußbächer an (nicht lesbar) am 17.01.1963. In: Mappe RAL, Akte 211.

1154 Nußbächer an (nicht lesbar) am 17.01.1963. In: Mappe RAL, Akte 211. Im Werbeprospekt für die *Deutsche Literatur* 1934 ist Brecht noch als Herausgeber aufgeführt, in einem Werbezettel von [Februar] 1938 hingegen werden nur noch Kralik und Kindermann genannt. Vgl. Werbezettel *Deutsche Literatur. Sammlung literarischer Kunst- und Kulturdenkmäler in Entwicklungsreihen*. In: RAS, Mappe Dt. Lit. in Entwicklungsreihen.

1155 Werbezettel *Deutsche Literatur. Sammlung literarischer Kunst- und Kulturdenkmäler in Entwicklungsreihen*. In: RAS, Mappe Großbuch Deutsche Literatur.

1156 Vgl. Werbeprospekt vom April 1934, S. 3. In: RAS, Mappe Dt. Lit. in Entwicklungsreihen.

1157 Siehe z. B.: „Es gehört nicht zu den geringsten Verdiensten unsrer an großen Leistungen wahrlich nicht armen Zeit, daß wir auf ein Werk hinweisen können, das unserm Volke sowohl wie der ganzen Menschheit den vollen Reichtum des deutschen Schrifttums lebendig erschließt. […] Hoffen wir, daß unser Volk von dieser einzigartigen Fundgrube seines geistigen Nationaleigentums reichsten Gebrauch machen wird.“ *Neues Wiener Tagblatt, Sonntagsbeilage* 27.08.1939.

darunter auch die von dem Antisemiten Will Vesper herausgegebene Zeitschrift *Die neue Literatur*[1158] – als auch bei den Schrifttumsstellen wurde die Sammlung wohlwollend aufgenommen: „Die Sammlung ist ein reicher und getreuer Spiegel unserer vergangenen und gegenwärtigen Volkskultur. [...] So darf man sie freudig empfehlen und ihre weite Verbreitung wünschen."[1159]

Unter dem Einfluss Kindermanns, „eine[m] der ehrgeizigsten Nazi-Germanisten und [...] germanistische[n] Schreibtischtäter"[1160] bis zum Ende des Regimes, war auch die Konzeption der *Deutschen Literatur* von den Zeichen der Zeit geprägt und neigte zunehmend zur Überbetonung des Volkhaft-Nationalen. Sichtbar wird dies beispielsweise in der Erweiterung – die Reihe *Dichtung der Deutschen im Ausland* sollte von drei auf sieben Bände ausgedehnt werden[1161] – und der Umbenennung von Reihen, etwa *Vom Naturalismus zur neuen Volksdichtung* statt *Naturalismus* oder *Irrationalismus* statt *Sturm und Drang:*

> Das nur vernünftige Zweckideal der Aufklärung konnte auf die Dauer keine national gültige Erfüllung bieten. Das Irrationale ließ sich gerade aus dem Denk- und Gefühlswesen der Deutschen nicht bannen. Die durch solchen Widerspruch bewirkte irrationale Gegenbewegung, die wir ihrem vollen Umfang, d. h. bis zur Romantik hinan, die „Deutsche Gegenbewegung" nennen – sie ist zugleich eine ausgesprochen nationale Erscheinung.[1162]

Des Weiteren sollte sich die Sammlung mit zusätzlichen, neu konzipierten Reihen – von denen jedoch kein einziger Band tatsächlich publiziert wurde – noch weiter in den kulturpolitischen Rahmen einpassen. Zu nennen ist hier an erster Stelle die Reihe *Nationalsozialistische Prosa von der Französischen Revolution zur Deutschen Erhebung* – angelegt auf sechs Bände, als Herausgeber war der Reichsdramaturg Rainer Schlösser vorgesehen –, welche zum Ziel hatte,

> die Reihe „Politische Dichtung" dadurch [zu] ergänzen, daß hier die politischen Strömungen von der Französischen Revolution an, und zwar besonders auch die oft vernachlässigten nationalkonservativen oder volkspflegenden [...,] im Spiegel wichtiger Proben aus der Prosakunst, der politischen Rede, des politischen Aufsatzes, Briefes u. dgl. gezeigt werden.[1163]

1158 Vgl. Kußbach 1939, S. 17–22. Zu Will Vesper siehe Kapitel 3.6.
1159 *Bücherkunde* 1938, H. 3, S. 137. In der *Bücherkunde* werden von 1934 bis 1944 immerhin 16 der in dieser Zeit 72 publizierten Bände besprochen, ausnahmslos empfehlend.
1160 Schoeps 2000, S. 55.
1161 Vgl. Sprengel, Hans Rolf: Deutsche Literatur in Entwicklungsreihen. Ein Standardquellenschatz deutscher Geistesgeschichte. In: *Bücherkunde* 1938, H. 12, S. 639.
1162 Werbeprospekt vom April 1934, S. 18. In: RAS, Mappe Dt. Lit. in Entwicklungsreihen.
1163 Werbeprospekt vom April 1934, S. 26. In: RAS, Mappe Dt. Lit. in Entwicklungsreihen.

Einschlägig ist auch die auf drei Bände angelegte Reihe *Der Kampf um die Erhaltung des deutschen Volkstums bei den Grenz- und Auslanddeutschen,* deren Intention wie folgt beschrieben wurde:

> Entsprechend der selbstverständlichen Überzeugung, daß das deutsche Volkstum nicht an den politischen Grenzen haltmacht, müssen wir die wesentlichen literarischen Zeugnisse des oft so schweren und wechselvollen Kampfes der Volksgenossen von den Grenzen des deutschen Sprachgebietes und den deutschen Sprachinseln inmitten fremder Nationen sammeln und bieten sie Binnen- und Auslandsdeutschen zu nationaler Bestärkung und Ermutigung dar.[1164]

Auch die geplante sechsbändige Reihe *Erneuerung des germanischen Mythos* (Herausgeber: Gerhard Fricke) folgt in ihrer Ankündigung ganz dem Überlegenheitsduktus völkisch-nationalen Kulturempfindens:

> Das Hauptmittel ist zwar zunächst, dem bisherigen Bildungsgang der Nation entsprechend, der antike, sodann aber – und darauf soll hier der Hauptton liegen – der germanische, nordisch-deutsche Mythos, wie er seit Herder und Klopstock ein in seinem dichterischen, nationalen und religiösen Werte immer mehr erkanntes und immer tiefer gewürdigtes Organ unseres künstlerischen Weltverständnisses darstellt. Den Höhepunkt bildet Richard Wagners gesamter dichterischer Schaffenskreis […].[1165]

Anhand der überlieferten Werbemittel lässt sich erkennen, dass die *Sammlung* mit nahezu allen damals verfügbaren Mitteln beworben wurde: Der Verlag produzierte sowohl Werbezettel für einzelne Titel oder Reihen (etwa für die Reihe *Romantik*) als auch umfangreiche Sammelprospekte (bis zu 32 Seiten), welche neben der Nennung von Vorstandsmitgliedern der Gesellschaft und der Reihenleiter zur Orientierung einen Erscheinungsplan sowie eine Auflistung und Erläuterung der bisher erschienenen Bände boten. In dieser Form finden sich im Verlagsarchiv drei im Aufbau vergleichbare Prospekte aus verschiedenen Jahren, deren überladener Satz optisch allerdings wenig attraktiv ist. Wie alle Werbemittel für diesen Verlagszweig sind sie von grauer Schlichtheit, die ebenso wie die fehlende Bebilderung offenbar als Ausdruck des wissenschaftlichen Anspruchs der *Sammlung* verstanden wurde. Neben diesen umfangreichen Prospekten gibt es sechsseitige Werbeheftchen, in denen die bereits erschienenen Titel in reiner Listenform zum Verkauf angeboten wurden. Des Weiteren findet die *Sammlung* in nahezu allen Sammelprospekten des Verlags Erwähnung, sei

1164 Werbeprospekt vom April 1934, S. 32. In: RAS, Mappe Dt. Lit. in Entwicklungsreihen.
1165 Werbeprospekt vom April 1934, S. 24. In: RAS, Mappe Dt. Lit. in Entwicklungsreihen.

Abb. 48 Werbefotografie *Deutsche Literatur in Entwicklungsreihen*, o. J. In: RAS, Mappe Deutsche Literatur in Entwicklungsreihen.

es zu Titeln aus der UB oder für Verlagswerke. Als weiteres Werbemittel hat sich eine Werbefotografie erhalten, auf der 14 Bände der Sammlung abgebildet sind (Abb. 48).

Um die Werbematerialien zielgruppeneffizient zu streuen, bat der Verlag unter anderem die Herausgeber der Reihen um

> Liste[n] mit Rezensenten, beziehungsweise Zeitungen und Zeitschriften [...], denen der Band zur Besprechung übersandt werden soll. Für die Propaganda wäre es mir wertvoll, wenn ich von Ihnen einen kurzen Text im Umfang von etwa 20–40 Druckzeilen über den Inhalt des Bandes erhalten könnte. [...] Die Werbearbeiten werden von meiner Vertriebsabteilung, namentlich auch im Ausland, mit besonderem Nachdruck fortgesetzt, so dass anzunehmen ist, dass in absehbarer Zeit alle überhaupt für das Unternehmen interessierten Kreise erreicht werden.[1166]

Auch staatliche Stellen werden um Unterstützung gebeten, so schreibt Konrad Nußbächer am 13.10.1933 an Hans Hinkel, zu diesem Zeitpunkt noch Staatskommissar am Preußischen Ministerium für Wissenschaft, Kunst und Volksbildung:

> Bei der Vorstandssitzung der „Gesellschaft Deutsche Literatur e. V." sagten Sie liebenswürdigerweise zu, sich für die Verbreitung des großen nationalen Sammelwerkes im Rahmen Ihres Ministeriums tatkräftig einzusetzen. Ich bitte mir freundlichst anzugeben, welche Anzahl von d[em] große[n] Gesamtprospekt des Sammelwerkes, der das wirksamste Werbemittel darstellt, [...] Sie benötigen können und würde anregen, ihn an allen öffentlichen Bibliotheken des

1166 Reclam Verlag an Kluckhohn am 07.02.1930. In: DLA, A:Kluckhohn, Paul, 68.872/2-18.

> In- und Auslandes, mit denen Sie in Verbindung treten, zu versenden, und auf das Werk nachdrücklichst hinzuweisen.[1167]

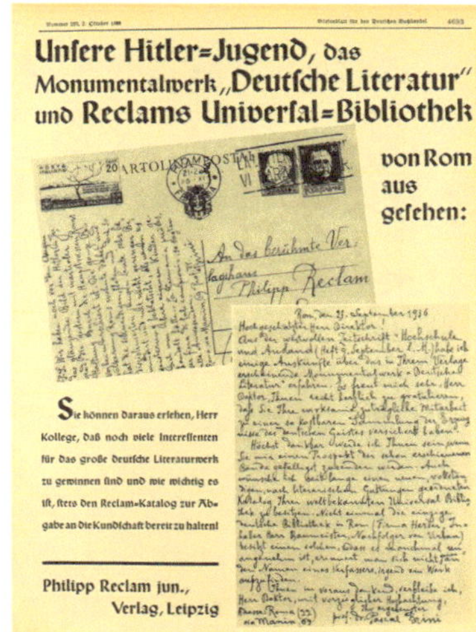

Abb. 49 Werbeannonce *Deutsche Literatur in Entwicklungsreihen*. In: *BBl.* vom 02.10.1936, Nr. 230, S. 4693, http://digital.slub-dresden.de/id39946221X-19361002/25.

Darüber hinaus schaltete der Verlag zahlreiche Annoncen zur gesamten *Sammlung*, zu einzelnen Reihen oder Titeln insbesondere im *Börsenblatt*,[1168] gelegentlich sogar unter Verwendung – im Vergleich zu den sonstigen Annoncen – fast avantgardistischer Werbemittel wie dem Abdruck von Leserbriefen (Abb. 49).

Trotz umfangreicher Werbemaßnahmen fand die als Prestigeobjekt des Verlags mit hohem Aufwand edierte *Sammlung* keinen reißenden Absatz und erbrachte somit auch „keinen besonderen materiellen Gewinn, […] nur als Dauerauftrag für unseren technischen Betrieb"[1169]. Ihrem Wesen nach konnte die *Sammlung* hauptsächlich akademische Kreise und somit ein begrenztes Zielpublikum ansprechen, wenngleich immer wieder versucht wurde, in größerem Umfang auch Schulen als relevante Zielgruppe zu erreichen:

> Nach übereinstimmender Ansicht führender Bibliothekare muß das Werk eines Tages von jeder Bibliothek angeschafft werden. Auch den höheren Lehranstalten ist die „Deutsche Literatur" als Quellenwerk für den deutschkundlichen Unterricht unentbehrlich. Daher hat auch das Reichserziehungsministerium den Schulen die Anschaffung der Sammlung besonders empfohlen.

1167 Nußbächer an Hinkel am 13.10.1933. In: BArch, R 9361-V/9796, Lesefilm-Nr. RK B 168, Bild-Nr. 694. Auch Buchhändler werden aufgefordert, „sofort eine Liste der für Ihre Werbung in Betracht kommenden Bibliotheken, Schulen, Institute und Literaturfreunde zusammen[zustellen]". Werbeannonce. In: *BBl.* Vom 02.10.1936, Nr. 230, S. 4680, http://digital.slub-dresden.de/id39946221X-19361002/14 [25.05.2024].

1168 Siehe z. B. Annonce zur *Deutschen Literatur.* In: *BBl.* Vom 01.02.1933, Nr. 27, S. 591, http://digital.slub-dresden.de/id39946221X-19330201/9; doppelseitige Anzeige zur Reihe *Barockdrama.* In: *BBl.* Vom 18.01.1934, Nr. 15, S. 204 f., http://digital.slub-dresden.de/id39946221X-19340118/18; Anzeige *Deutsche Sagen* und *Das Deutsche Volkslied.* In: *BBl.* Vom 31.05.1935, Nr. 124, S. 2570, http://digital.slub-dresden.de/id39946221X-19350531/12 [25.05.2024].

1169 Nußbächer an (nicht lesbar) am 17.01.1963. In: RAL, Akte 211.

> Literarhistoriker, Germanisten, Lehrer und Büchersammler sind außerdem als Interessenten zu betrachten.[1170]

Schon zwei Jahre zuvor hatte der Verlag versucht, mit einem werbenden Text von Walther Linden die Notwendigkeit der *Deutschen Literatur* für Schulen herauszustellen:

> Was hat die Schule, die völkische Schule, von diesem Unternehmen für Nutzen zu erwarten? Diese Schule ist nicht auf eine „Literatur" gerichtet, die einem individualistisch-ästhetizistischen Genießertum dient. Ihr ist Dichtung, echte und wahre Dichtung, vielmehr eine Ausdrucksgestaltung des Gemeinschaftsgeistes, der in einem Einzelnen Ausdruck und Sprache gewinnt. Die Geschichte der Dichtung ist ihr, im Sinne einer nationalen Literaturwissenschaft, die Geschichte des deutschen Volkes in seinem religiösen Ringen um Weltbedeutung und Gottgefühl und in seinem Kampfe um die entscheidenden Fragen des Gemeinschaftslebens. Dichtung ist uns heute das aus unberührten Herzenstiefen hervortretende und zur künstlerischen Gestaltung gelangte Walten und Wirken jenes ewigen Deutschtums, worin wir alle stehen und dessen unauslöschliche Kräfte in den Herzen der heranwachsenden Jugend geweckt werden müssen. Es muß zum Ruhme der Sammlung gesagt werden, daß sie zu wesentlichen Teilen und in ihrer entscheidenden Anlage auf diesen neuen und lebendigen Dichterbegriff abgestellt ist.[1171]

„Zur Förderung des großen Unternehmens und in dem Bestreben, dem Werke eine beschleunigte Ausgabe und weite Verbreitung zu sichern"[1172], und um gezielt Kunden zu binden, setzte der Verlag aber vor allem auf ein Subskriptionsmodell und gründete zu diesem Zweck die Gesellschaft Deutsche Literatur e. V. Nur den Mitgliedern der Gesellschaft, die keinen Mitgliedsbeitrag entrichten mussten, stand der verbilligte Subskriptionsbezug zu. Man unterschied zwischen Förderern (Subskribenten der Vorzugsausgabe im Halbledereinband) und ordentlichen Mitgliedern (Subskribenten der Ganzleinen- oder Studienausgabe), welche jeweils einen Rabatt von zehn Prozent erhielten, sowie außerordentlichen Mitgliedern (Subskribenten einzelner Reihen), denen ein fünfprozentiger Nachlass eingeräumt wurde.[1173] So konnte man zwar die Bücher nicht zum vollen Preis absetzen, aber es gelang, zahlreiche Abnehmer für die Bände der Sammlung zu gewinnen, die sich verpflichteten, die neu erscheinenden Titel je nach

1170 Werbeannonce. In: *BBl.* Vom 02.10.1936, Nr. 230, S. 4680, http://digital.slub-dresden.de/id39946221X-19361002/14 [25.05.2024].

1171 Einlegeblatt *Die völkische Schule und das Sammelwerk Deutsche Literatur* zu Werbeprospekt vom April 1934. In: RAS, Mappe Dt. Lit. in Entwicklungsreihen.

1172 Werbeprospekt vom April 1934, S. 4. In: RAS, Mappe Dt. Lit. in Entwicklungsreihen.

1173 Vgl. Beitrittserklärung und Subskriptionsschein. In: RAS, Mappe Dt. Lit. in Entwicklungsreihen. Hinzu kam für die Buchhändler ein Rabatt von 30 %.

Mitgliedsstand zu erwerben, womit ein ständiger Absatz der Reihe gesichert wurde. Darüber hinaus unterstützte die Gesellschaft die Edition der *Sammlung* entsprechend dem Zweck des Vereins – der Pflege deutscher Literatur –, indem sie Zuschüsse für einzelne besonders kostspielige Bände leistete; so geschehen etwa bei den kritischen Ausgaben von Werken des Mittelalters und der frühen Neuzeit.[1174]

Wenngleich davon auszugehen ist, dass ein Großteil der Bände an die Mitglieder der Gesellschaft abgesetzt wurde, blieb der wirtschaftliche Erfolg insgesamt begrenzt. Zwischen 1933 und 1945 wurden lediglich drei Bände der gesamten *Sammlung* nachgedruckt: jeweils die ersten, bereits 1929 bzw. 1930 erstaufgelegten Bände der Reihen *Volks- und Schwankbücher* (1941), *Politische Dichtung* (1937) sowie *Barockdrama* (1941), wobei diese Nachdrucke mit einer Gesamtauflagenzahl von zusammen 2.600 Exemplaren deutlich unter den üblichen Auflagenzahlen für Neuerscheinungen lagen. Eine Ausnahme bildete die von Herbert Cysarz herausgegebene, 1937 erstmals aufgelegte Sammlung *Barocklyrik*, deren drei Bände fast gänzlich abgesetzt waren, und für deren Neuauflage ein so starkes Interesse bestand, dass man sie noch 1942 plante. Das Papier sei glücklicherweise zur Verfügung gestellt worden, man könne aber nur die Druckfehler ausmerzen, da die Setzerei nicht mehr in der Lage sei, größere Änderungen vorzunehmen.[1175] Welche Faktoren dafür verantwortlich waren, dass die geplante Neuauflage letztlich nicht vorgenommen wurde, ist nicht bekannt.

Die geringe wirtschaftliche Tragkraft der *Deutschen Literatur* belegen auch die niedrigen Auflagenzahlen der gedruckten Titel: 42 der insgesamt in der NS-Zeit hergestellten Bände hatten eine Auflage von 1.600 Exemplaren, 32 verzeichneten eine Auflage von 2.200 Exemplaren. Nur sieben Titel haben abweichende Auflagenzahlen, die sich zwischen 1.050 und 2.600 Exemplaren bewegten. Eine Ausnahme ist die 1939 „anläßlich des 50. Geburtstages des Führers [edierte] umfangreiche Auswahl großdeutscher politischer Lyrik und Prosa aus der Ostmark und dem Sudetenland"[1176]. Dieser 100. Band der *Deutschen Literatur* – der zehnte Band der Reihe *Politische Dichtung – Heimkehr ins Reich. Großdeutsche Dichtung aus Ostmark und Sudetenland 1866–1938*,[1177]

1174 Vgl. Nußbächer an (nicht lesbar) am 17.01.1963. In: RAL, Akte 211.

1175 Vgl. Nußbächer an Cysarz am 10.02.1942. In: RAL, Akte 211. Die Genehmigung des Papiers war in Anbetracht der Umstände (vgl. zur Problematik der Papierbeschaffung für Verlagswerke Kapitel 2.2.1.1) wahrscheinlich ein Glücksfall.

1176 *Salzburger Volksblatt* 08.12.1939b.

1177 Diese Reihe ließ sich besonders gut in den Dienst der Zeit stellen, wie die Einleitung des von Kindermann herausgegebenen Bandes dokumentiert: „Mit der Heimkehr der Ostmark und des Sudetenlandes ins Großdeutsche Reich erfüllte sich ein Tausendjahr-Gesetz deutschen Blutes […] Die besten in diesen Gebieten waren nie anders als deutsch; […] Fragen wir die ostmärkischen und die sudetendeutschen Dichter in den trüben Zeiten der Abtrennung nach ihrer Stellung zum Reich, dann begegnen wir nur einem einzigen Sehnsuchtstraum, nur einer leidenschaftlichen Stimme des Blutes: heim ins Reich, heim in die große geschlossene Gemeinschaft, die einzig Volkstum und Arterhaltung verbürgt. […] Das Buch ‚Heimkehr ins Reich' gewährt einen ersten Einblick in die – aus einem unglaublichen Reichtum aus-

wurde in zwei Auflagen mit 6.600 Exemplaren[1178] produziert und insbesondere von der österreichischen Tagespresse euphorisch begrüßt:

> Die aus einer überraschenden Fülle geschöpfte, die Jahre 1866 bis 1938 umfassende Sammlung spiegelt die heiße Sehnsucht dieser Jahre nach Wiedererstehung der verlorengegangenen Reichsherrlichkeit wider, den großen Traum, der 1938 Erfüllung fand. Die auch in formaler Hinsicht bedeutenden und überdurchschnittlichen Dichtungen aus der Übergangs- und Kampfzeit legen lebendiges Zeugnis ab von dem leidenschaftlichen und unbeugsamen Willen der Ostmärker und Sudetendeutschen: „Heim ins Reich". Die gehaltvolle Einleitung des Herausgebers hellt die engen Zusammenhänge zwischen dem politischen Geschehen jener Jahrzehnte und der sie begleitenden, meist trutzig sich dagegen erhebenden Dichtung auf.[1179]

Parallel zu den Auflagenzahlen lässt sich der geringe Absatz der Sammlung auch anhand der verhältnismäßig geringen Zahl von Subskribenten festmachen: Eine Auflistung der Bestelllisten des Verlags mit Stand vom August 1943 verzeichnet als regelmäßige Bezieher der Sammlung 440 inländische und 75 ausländische Buchhändler, 100 inländische Private und Bibliotheken, 30 ausländische Private und Bibliotheken sowie 35 Stellen für Besprechungen und Besonderes im In- und Ausland;[1180] von den Schulen bestellten ca. 140 bei Reclam.

gewählten – wichtigsten und bezeichnendsten dichterischen Bekenntnisse leidenschaftlichen Zusammengehörigkeitswillens." Aus der Einleitung des Herausgebers Kindermann, abgedruckt auf Werbezettel *Heimkehr ins Reich*. In: RAS, Mappe Großbuch Deutsche Literatur.

1178 In der Summe ergibt sich somit eine Gesamtauflage der *Deutschen Literatur* für die Zeit des NS von 143.200 Exemplaren; rechnet man die Neudrucke mit ein, so wurden 145.800 Exemplare hergestellt. Vgl. RAS, Auflagenbuch *Deutsche Literatur.* In der Regel wurden bei den 1.600er Auflagen 100 Exemplare auf sogenanntes Japanpapier gedruckt, bei den 2.200ern je 200 Exemplare. Es ist davon auszugehen, dass es sich hierbei um die Bände der Vorzugsausgabe handelte.

1179 *Salzburger Volksblatt* 08.12.1939b. In ähnlicher Tonlage der *Völkische Beobachter*: „Die Ostmark kehrt heim, das Sudetenland wird erlöst. Aus Millionen Herzen dringt ein inbrünstiger Dankesschrei. Und auch der leidgewohnte Mund des Dichters bricht auf zu einem sieghaften Jubelruf. Erstaunlich, wieviel dichterische Zeugnisse das weltgeschichtliche Ereignis in dieser kurzen Zeit hervorgebracht hat. […] Sie alle runden sich zu einem deutschen Weltbild, das aus Ahnung und Sehnsucht endlich Erfüllung geworden ist. So trägt die Arbeit des Herausgebers ihren Dank in sich selbst." *Völkischer Beobachter* 18.06.1939. Siehe dazu auch: *Neues Wiener Tagblatt* 13.07.1939 oder Robert Hohlbaum (der selbst neben Mirko Jelusich, Hans Watzlik, Erwin Guido Kolbenheyer, Bruno Brehm, Richard Billinger, Max Mell, Karl Springenschmid und anderen in der Anthologie vertreten ist): *Neues Wiener Tagblatt* 09.07.1939.

1180 Vgl. Bestelllisten für die Deutsche Literatur. In: RAS, Mappe Dt. Lit. in Entwicklungsreihen. Auch wenn man berücksichtigt, dass der Krieg zu dieser Zeit schon zu enormen Einschränkungen geführt hatte, sind dies wenig Bezieher.

Letztendlich schränkte nicht nur die vergleichsweise kleine Zielgruppe die Absatzmöglichkeiten der Sammlung ein. Die einzelnen im Oktavformat erscheinenden Bände im Umfang von je 300 bis 350 Seiten auf holzfreiem Papier waren im Vergleich zu den anderen Verlagspublikationen zudem recht teuer. Geheftet konnten die Bände zu einem Preis zwischen 5 und 9 RM, mehrheitlich für 7,50 RM, erworben werden; gebunden von 8,50 RM bis 9,50 RM, mehrheitlich 9 RM, in Halbleder gebunden kosteten alle Bände 15 RM.[1181]

Unter diesen Rahmenbedingungen konnte von den 300 geplanten Bänden letztlich nur ein kleinerer Teil veröffentlicht werden. Ganze geplante Reihen wurden nie oder kaum begonnen (wie *Klassik*, *Irrationalismus* oder die *Mystik*-Reihen), vollendet wurden nur die Reihen *Aufklärung*, *Romantik*, *Barocklyrik* und *Barockdrama*. Mit 108 publizierten Bänden blieb die *Sammlung* weit hinter ihrer Konzeption zurück. Vor 1933 waren bei Reclam 22 Bände der *Deutschen Literatur* erschienen, danach weitere 83, davon 73 bis 1939. Für das Jahr 1934 waren deutlich mehr Titel geplant als wirklich publiziert wurden: „In diesem Jahr ist mein Verlag durch die Saumseligkeit der Bearbeiter leider in die für mich sehr unangenehme Lage geraten, daß statt der den Subskribenten im Subskriptionsvertrag versprochenen 10 bis 13 Bände im Jahre nur 5 Bände erscheinen konnten."[1182] Die meisten Titel erschienen 1935, es wurden 17 Neu-

1181 Vgl. Werbeprospekt vom April 1934, S. 2ff. In: RAS, Mappe Dt. Lit. in Entwicklungsreihen.

1182 Nußbächer an Paul Kluckhohn am 19.11.1934. In: RAL, Akte 211. Die Komplexität der Sammlung und der Umfang der Bände bedingten nicht selten aufwendige Korrekturschleifen, die sich auch durch wiederholt mahnende Briefe seitens des Verlags nicht verkürzen ließen: „ […] möchte ich Sie noch einmal bitten, auf die Zusendung des Revisionsabzuges der Anmerkungen zu Band 4 Verzicht leisten und sich darauf verlassen zu wollen, daß Ihre Korrekturen hier sorgfältig ausgeführt werden. […] Den Beginn des Druckes durfte ich nicht länger hinausschieben, da ich im Interesse des Gesamtunternehmens allergrößten Wert darauf legen muß, daß die Erscheinungstermine der Bände pünktlich eingehalten werden. […] Ist das programmwidrige Erscheinen der Bände erst einmal eingerissen, so gibt es später kein Halten mehr. Übrigens haben, so viel mir bekannt ist, auch sämtliche anderen Herren Herausgeber und Bearbeiter nur zweimal Korrektur bekommen, eine Fahnenkorrektur und eine Umbruchkorrektur. Daß auch ich auf sorgfältige, druckfehlerfreie Textgestaltung der Bände großen Nachdruck lege, versteht sich; ich habe deshalb die Herren Mitarbeiter an der ‚Deutschen Literatur' auch immer und immer wieder gebeten, das druckfertige Manuskript rechtzeitig einzusenden, d.h. allerspätestens sechs Monate vor dem Erscheinen des Bandes, damit die Drucklegung (zu der ja auch die Erledigung der Korrekturen gehört) mit der nötigen Ruhe erledigt werden kann." Ernst Reclam an Kluckhohn am 28.01.1931. In: DLA, A:Kluckhohn, Paul, 68.872/19-27. Dieses komplexe Zusammenspiel zwischen Verlag, Herausgebern und Autoren bedingte immer wieder gravierende Verzögerungen, die den Verlag zur Zahlung horrender Honorarkosten verpflichtete. Zumindest im Falle des Herausgebers Kluckhohn ist übermittelt, dass dieser ab November 1929 bis Ende 1933, da laut Vertrag bis dahin alle Druckvorlagen der Bände der Reihe abgeliefert sein sollen, ein monatliches Honorar von 150 RM erhielt, sowie ein Resthonorar von 2.600 RM nach Drucklegung des letzten Bandes. Vgl. Kluckhohn, Paul an Reclam Verlag am 02.11.1929. In: DLA, A:Kluckhohn, Paul, 68. 677. Durch das verzögerte Erscheinen der Bände erhöhte sich folgerichtig die Gesamtsumme der Honorarzahlungen,

erscheinungen ediert, gefolgt von zwölf (1938), elf (1936) sowie zehn in den Jahren 1933 und 1937.

Mit Kriegsbeginn kam die Produktion nahezu zum Erliegen. In der Zeit von 1940 bis 1942 erschienen nur noch sieben Titel; zwischen 1943 und 1945 konnte die *Sammlung* gar nicht mehr fortgeführt werden.[1183] Ganz offensichtlich musste die Reihe *Deutsche Literatur* als eine an die Peripherie der nationalsozialistischen Buchförderung verdrängte Gattung während des Kriegs trotz ideologischer Passfähigkeit zugunsten für den Wehrmachtsbedarf relevanter Titel zurückstehen.[1184]

was zwangsläufig zu Verwerfungen führen musste: „Ich bin nicht gewöhnt Briefe in solcher Tonart zu erhalten und muss die Unterstellung dass ich, im Fall, dass das gesamte Honorar vorschussweise ausgezahlt sein würde, die Arbeit nicht weiter fortsetzen würde, […] auf das entschiedenste zurückweisen […] Ich lehne es ab, diesen Brief des Verlages an Sie als eine Mitteilung an mich anzusehen, weil das zu einer Auseinandersetzung führen müsste oder gar zu einer Beleidigungsklage, die im Interesse der Sache besser vermieden werden sollte, und die auch für Sie als Herausgeber etwas peinlich sein würde. Denn ein Herausgeber hat seine Mitarbeiter vor solch beleidigenden Anwürfen zu schützen". Diese konnten aber schnell und gütlich beigelegt werden: „Auf Grund eines sehr anständigen Briefes des Verlages Reclam, dessen Ton ganz anders war als der jenes an Sie, der mich so befremdet hatte, habe ich mich leicht mit ihm geeinigt über einen neuen Modus der Honorarzahlung, die nach meinem Vorschlag im Jahre 1935 ganz aussetzen sollen und danach auf die Hälfte verringert werden und ein von mir ja immer gewünschtes beschleunigteres Erscheinen meiner Reihe." Kluckhohn an Kindermann am 23.10.1934; Kluckhohn an Kindermann am 06.12.1934. In: DLA, A:Kluckhohn, Paul, 68. 654.

1183 Vgl. RAS, Auflagenbuch *Deutsche Literatur*.

1184 Dennoch wird aus dem Schriftwechsel zwischen dem Verlag und Paul Kluckhohn, der die *Romantik*-Reihe mit 24 Bänden verantwortete, ersichtlich, dass selbst 1944 zumindest teilweise versucht wurde, Druckkapazitäten für die Sammlung zu gewinnen. Obgleich der Drucksatz zu Band 1 der Reihe *Romantik* beim Bombenangriff vom 04.12.1943 zerstört wurde, sollte das letzte Korrekturexemplar „sobald als möglich […,] einen Termin kann ich freilich noch nicht angeben, da mein Betrieb mit zahlreichen außerordentlich dringlichen Aufgaben vorläufig voll in Anspruch genommen ist" als Vorlage für den Neusatz verwendet werden. Ernst Reclam an Kluckhohn am 20.01.1944. In: DLA, A:Kluckhohn, Paul, 68.872/60-67. Kluckhohn freut sich, dass der Verlag nicht vollkommen zerstört wurde und äußert seine „Genugtuung darüber, daß Sie sich nicht unterkriegen lassen und die Produktion fortführen werden. Dafür verdient der Verlag Philipp Reclam jun., wie für so Vieles schon, den Dank des deutschen Volkes." Kluckhohn an Ernst Reclam am 25.01.1944. In: DLA, A:Kluckhohn, Paul, 68. 677. Im September ist „angesichts der sehr starken Beanspruchung der Setzerei […] noch" immer unklar „wann mit dem Erscheinen des Bandes zu rechnen ist. Jedenfalls aber wird an der Absicht, den Band so rasch als möglich herauszubringen, festgehalten. Wieweit augenblicklich neue Bände der ‚Deutschen Literatur' in Angriff genommen werden können, läßt sich auch noch nicht genau sagen. An sich sollen nur die bereits begonnenen Bände fertiggestellt werden. Ob Ausnahmen zulässig sind, muß noch genaueren Besprechungen mit dem Propagandaministerium vorbehalten bleiben." Nußbächer von Passau aus an Kluckhohn am 18.09.1944. In: DLA A:Kluckhohn 68.872/60-67. Tatsächlich war das „Herausbringen aller schönwissenschaftlichen Werke untersagt, wenn sie nicht schon in der Herstellung begonnen waren. Das ist ja mit dem Band 1 Ihrer Reihe Romantik zum Glück der Fall und ich kann Ihnen mitteilen, daß Sie die Korrektur, wenn nichts besonderes dazwischen kommt, in ungefähr einer Woche bekommen werden." Ernst Reclam an Kluckhohn am

Der letzte Titel beim Verlag Reclam – Band 1 der Reihe *Romantik* – erschien 1950 bei Reclam Stuttgart.[1185] 1964 wurde die *Deutsche Literatur* von der Wissenschaftlichen Buchgesellschaft Darmstadt nachgedruckt – der Reclam Verlag hatte die Lizenz für 94 Bände erteilt – und fortgeführt.[1186]

3.3.5.2 „So etwas wie ein Geistiges Grammophon"[1187] – nationalsozialistische Literaturwissenschaft

Die Universitätsgermanistik verschrieb sich dem NS mit größerem Eifer als andere Disziplinen und nahm die Aufwertung der „Wissenschaft vom deutschen Menschen"[1188] dankbar auf. Das Jahr 1933 bildete keine Zäsur, und da die Mehrzahl der Wissenschaftler von jeher für die neue Richtung eingenommen war, konnte im wissenschaftlichen Betrieb im Großen und Ganzen personelle Kontinuität gewahrt werden.[1189] Den

13.12.1944. In: DLA A: Kluckhohn 68.872/60-67. Im Januar 1945 war der Band fertiggestellt – auch wenn eine entsprechende Notiz in den Auflagenbüchern nicht zu finden ist. Vgl. Müller an Kluckhohn 26.01.1945. in: DLA, A:Kluckhohn, Paul, 68.872/67-69.

1185 Vgl. Bode 2003, S. 99 f. Der ausstehende 24. Band der Reihe *Romantik* wurde nicht mehr produziert. Zum einen lag das Manuskript in Leipzig und die Schwierigkeiten zwischen dem Reclam Verlag in Leipzig und dem neu gegründeten Verlagshaus in Stuttgart verschärften sich zusehends. So empfahl Heinrich Reclam Kluckhohn, er möge sein Manuskript aus Leipzig wegen augenscheinlichen Desinteresses zurückverlangen, dürfe aber keinesfalls den Stuttgarter Verlag erwähnen, erst recht nicht, dass dort weiter damit gearbeitet werden soll: „Hiervon hängt alles ab, denn der Stuttgarter Verlag ist den Leipziger Treuhändern in jeder Beziehung das röteste Tuch". Heinrich Reclam an Kluckhohn am 05.03.1952. In: DLA, A:Kluckhohn, Paul, 68.871/1-4. Zum anderen entstand „[f]ür den Stuttgarter Verlag [...] durch den Fortfall der Zusammenarbeit mit dem Leipziger Betrieb eine erhebliche kalkulatorische Schwierigkeit, denn Sie wissen ja, [...] dass die Sammlung Deutsche Literatur schon in Leipzig ein wirtschaftlich ausserordentlich schwieriges Objekt gewesen ist. Für einen so jungen Verlag wie den Stuttgarter Reclam-Verlag, der sich nicht auf die breite Basis der früheren Leipziger Universal-Bibliothek und der früheren Leipziger Verlagssubstanz stützen kann, ist die Aufnahme von Zuschussobjekten in seine Produktion heute noch nicht tragbar." Heinrich Reclam an Kluckhohn am 03.01.1952. In: DLA, A:Kluckhohn, Paul, 68.871/1-4. Dass die Sammlung, deren Vorsitz 1946 Hans Ludwig Held übernommen hatte („Herr Professor Kindermann ist, da nicht mehr tragbar, als ausgeschieden zu betrachten"), nicht mit aller Konsequenz fortgeführt wurde, mag auch daran gelegen haben, dass „vieles davon nicht mehr tragbar ist und gereinigt werden muß" – in Leipzig wurden sämtliche Restbestände eingestampft. Reclam Verlag an Kluckhohn am 08.03.1946; Ernst Reclam an Kluckhohn am 03.01.1946. In: DLA, A:Kluckhohn, Paul, 68.872/70-72; Vgl. Kluckhohn an Heinrich Reclam am 07.01.1952. In: DLA, A:Kluckhohn, Paul, 68.676.

1186 Vgl. Aktennotiz. In: RAS, Mappe Dt. Lit. in Entwicklungsreihen.

1187 *Die Stunde* 22.09.1933.

1188 Ketelsen 1976, S. 89.

1189 In der historischen Aufarbeitung des Faches wurde die fatale Harmonie zwischen literaturwissenschaftlichen Positionen und den herrschenden politischen Doktrinen erst 1966 öffentlich diskutiert. Vgl. Schoeps 2000, S. 65; Ketelsen 1976, S. 89 f.

Abb. 50 Werbezettel *Geschichte der deutschen Literatur*, [1937]. In: RAS, Mappe Großbuch Einzelprospekte L–R. Alle Rechte vorbehalten.

Germanisten Herbert Cysarz,[1190] Walter Linden und vor allem Heinz Kindermann[1191] bot Ernst Reclam, selbst Philologe, auch jenseits des Großprojekts *Deutsche Literatur* ein Forum für eine nationalsozialistisch gefärbte Literaturwissenschaft. Von Linden, den der Verlag mit Vorliebe auch als prominenten Verfasser von Werbetexten einsetzte, erschienen zwei Werke. Das erste war *Heinrich von Kleist. Der Dichter der völkischen Gemeinschaft*, Lindens 1935 publizierte Vereinnahmung des Klassikers für die ‚neue Zeit', die sich jedoch als für UB-Verhältnisse vergleichsweise zäh verkaufte und nur zweimal mit zusammen 16.000 Exemplaren aufgelegt wurde.

Als Verlagswerk wesentlich profitabler (vor allem im Vergleich zu den Auflagenzahlen anderer Verlagswerke) war hingegen die 1937 publizierte *Geschichte der deutschen Literatur von ihren Anfängen bis zur Gegenwart* (Abb. 50), die bis 1942 insgesamt vier Auflagen mit zusammen 22.586 Exemplaren erlebte.[1192] In dieser Literaturgeschichte wurde durch Linden, einem „der rührigsten Deuter und Mittler", „zum ersten Male vom Standpunkte des Nationalsozialisten ein umfassender Überblick über das deutsche Schrifttum gegeben".[1193] Die Werbung hebt die völkisch geprägte Neubewertung deutscher Literatur signifikant hervor:

> Sehr geehrter Herr Kollege! Mit dem Wiederfinden der deutschen Art hat sich auch für die Betrachtung und Darstellung unserer Dichtung ein neuer Standpunkt ergeben, der eine andere Wertung fordert. Wir sehen in der deutschen

1190 Zu Cysarz siehe auch Kapitel 3.3.5.1. Von ihm erschienen 1936 als Verlagswerk in einer Auflage von 1.500 Exemplaren *Deutscher Barock in der Lyrik* und 1942 *Das deutsche Schicksal im deutschen Schrifttum. Ein Jahrtausend Geisteskampf um Volk und Reich* in einer Auflage von 30.000 UB-Exemplaren.

1191 Die prominente Platzierung der Genannten im Verlagsprogramm wurde in der Aufarbeitung der Verlagsgeschichte bereits mehrfach kritisiert. Bode jedoch entzieht sich einer Beurteilung durch die lapidare Feststellung, dass bei Reclam von der nationalsozialistischen Germanistik nur Kindermann und Linden zum Zuge gekommen seien. Vgl. Bode 2003, S. 203. Tatsächlich beteiligte sich auch Herbert Cysarz rege am Verlagsprogramm. Vor allem aber muss die Intensität der Zusammenarbeit als gewichtiger bewertet werden, als Bodes Feststellung es suggeriert.

1192 Vgl. RAS, Auflagenbuch Werke im größeren Format / Illustrierte Werke.

1193 *Oberdonau-Zeitung* 26.01.1945.

> Dichtung nicht mehr zusammenhangslose Einzelerscheinungen, sondern das überindividuelle Gesamtschaffen unseres Volkes. Das Fehlen eines Werkes, das uns die geschichtlichen Linien so aufzeigt, wie wir sie heute sehen, wurde in besonderem Maße vom Sortimentsbuchhandel schmerzlich empfunden. Mit seiner neuen Literaturgeschichte hat Dr. Walther Linden, der für diese Aufgabe besonders berufen war, ein Werk geschaffen, von dem eine bahnbrechende Wirkung ausgehen wird.[1194]

Dieser Titel wurde nicht nur intensiv beworben – neben verschiedenen Einzelwerbezetteln wird in nahezu sämtlichen Sammelprospekten auf ihn hingewiesen –, man lockte auch mit einer verbilligten Sonderausgabe speziell für den Buchhandel: Statt zum normalen Ladenpreis von 7,50 RM konnten die Buchhändler das Werk in Leinen für 3,60 RM erwerben:[1195]

> [...] Um nun jedem Kollegen die Anschaffung dieser berufswichtigen Neuerscheinung zu ermöglichen, hat sich der Verlag zur Herausgabe einer wesentlich verbilligten, gut ausgestatteten Sonderausgabe für den Buchhandel entschlossen. [...] Nutzen Sie dieses günstige einmalige Angebot aus und bestellen Sie bald, die Sonderausgabe wird nur in beschränkter Auflage hergestellt.[1196]

Heinz Kindermann, prominenter Vertreter nationalsozialistischer Literaturwissenschaft, war noch stärker im Programm des Verlags vertreten. Neben seiner Funktion als Herausgeber der *Deutschen Literatur,* in deren Rahmen er auch den oben erwähnten Band *Heimkehr ins Reich* herausbrachte, und als Verfasser einiger Vorworte klassischer Werke (er leitete etwa die sechsbändige Grillparzer-Ausgabe 1941 ein) finden sich noch sechs weitere Titel, an denen er als Verfasser oder Herausgeber maßgeblich beteiligt war. 1933 erschien in einer Auflage von 4.100 Exemplaren das bereits 1932 von Kindermann zusammengestellte Verlagswerk *Des deutschen Dichters Sendung in der Gegenwart* (Abb. 51), ein ideologisch fast zukunftsweisendes Werk, das in der Summe der Aussagen der Beitragenden bereits jene Ästhetik formierte, die für die Zeit

1194 Werbeprospekt *Geschichte der deutschen Literatur.* In: RAS, Mappe Großbuch Einzelprospekte L–R.

1195 Vgl. Werbeprospekt *Geschichte der deutschen Literatur.* In: RAS, Mappe Großbuch Einzelprospekte L–R. Im Vorwort dieser Sonderausgabe heißt es: „Es ist der innerste Sinn dieses Buches, das unzerreißbare Band nachzuweisen, das von der ältesten germanischen Lieddichtung bis zum bäuerlich-soldatischen Fühlen und dem sagahaften Stile der Gegenwart über alle Abwandlungen hinüberreicht und den Sieg beglaubigt, den das deutsche Volk im Kampfe um seine Artung behalten hat." Zitiert nach: Zeller 1983, S. 255.

1196 Werbeprospekt *Geschichte der deutschen Literatur.* In: RAS, Mappe Großbuch Einzelprospekte L–R.

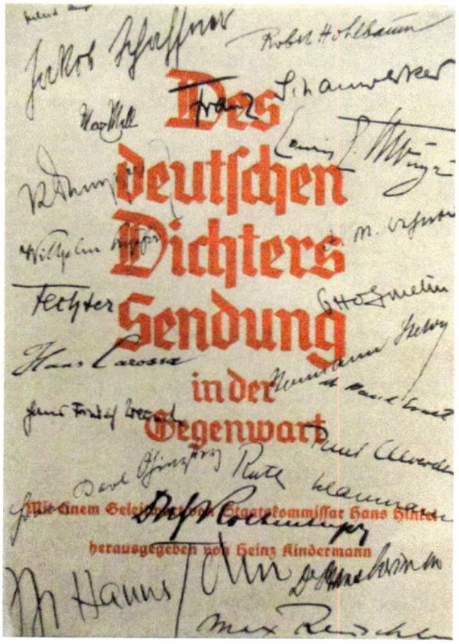

Abb. 51 Werbezettel *Des deutschen Dichters Sendung in der Gegenwart*, [1933]. In: RAS, Mappe Großbuch Einzelprospekte F–K.

des ‚Dritten Reiches' das Maß für die literarische Beurteilung bilden sollte.[1197] Herzog führt es zu Recht als Beispiel dafür an, dass einige namhafte, bislang unpolitische Verlage „dem ‚nationalen Schrifttum' bereitwillig Tür und Tor öffneten."[1198]

Mit gleichem Tenor, aber zugespitzter, besprach das anti-nationalistische Wiener Boulevardblatt *Die Stunde* das Werk – als eines von ganz wenigen – bereits 1933 in einem Totalverriss:

> Der Reclam-Verlag, der hinter eine verdienstvolle Vergangenheit einen Schlußstrich ziehen muß, hat sich der neuen Richtung durch Herausgabe eines Albums ‚Des deutschen Dichters Sendung in der Gegenwart' angeschlossen. Selbstverständlich kamen nur von der Erbbiologie geeichte Autoren zu Worte, mit echten Rassenkernen im Innern ihres poetischen Fruchtfleisches. Herr Hanns Jost, der jetzt Thalias Musenkleid braun anstreichen darf, schwärmt – wie denn anders – für das Mittelalter. [...] Der alte Hermann Stehr wurde auch zur geistigen Gratulationscour der neu-deutschen Dichtung zugelassen. War er witzig oder hat sich seine Verstiegenheit, da er an einen falschen Führer angeseilt war, verirrt, jedenfalls ist seine Äußerung vieldeutig, die da lautet: ‚Mit dem neuen Reclam-Buch ist der Menschheit so etwas wie ein geistiges Grammophon geschenkt worden.' [...] [D]ieses geistige Grammophon funktioniert nur mit einer einzigen Platte. Ihr Lieferant ist Herr Dr. Josef Göbbels, der das Weltgeschehen ununterbrochen mit offenem Mund betrachtet [...] Es wäre komisch, wenn es nicht allzu traurig wäre. Nietzsche, auf den sich Hitler immer wieder beruft, schrieb einmal: ‚öffentliche Meinungen sind private Faulheiten.' Für die privaten Faulheiten des Herrn Dr. Göbbels muß

1197 In diesem Sinne warb auch der Reclam Verlag mit einer im *Almanach des Jahres 1934* abgedruckten Pressestimme aus der *Essener Allgemeinen Zeitung*: „Die Sammlung [...] ist bereits vor dem schicksalsschweren Januar 1933 abgeschlossen. Um so stärker fühlt man sich ergriffen von dem sittlichen Ernst und dem prophetischen Seherblick, der samt und sonders diesen Bekenntnissen eigen ist." Deutscher Almanach für das Jahr 1934, S. 210. Aus *Des deutschen Dichters Sendung in der Gegenwart* zitiert Hellmuth Langenbucher in seinem Literaturführer *Volkhafte Dichtung der Zeit*. Vgl. Langenbucher 1939, S. 16. Siehe dazu Kapitel 3.1 und 3.5.2.

1198 Herzog 1995, S. 294.

sich nun ein ganzes Volk enthusiasmieren, weil er die Macht besitzt, die geistigen Grammophone dorthin zu transportieren, wo er sie haben will.[1199]

Kindermann versammelte alle Autoren, welche die offiziöse deutsche Literatur von 1993 bis 1945 wesentlich prägten. „Das erste geschlossene Manifest der neuen volksdeutschen Dichterfront enthält Beiträge von H. Stehr, Paul Ernst […], W. Schäfer, H. Grimm, Schaffner, Carossa, Kolbenheyer, Blunck, Johst, Gmelin, Ernst Wiechert, Schauwecker, Wehner, Billinger, Dwinger, Waggerl u. a."[1200] Das Geleitwort verfasste Hans Hinkel, der Geschäftsführer des NS-Kampfbundes, später SS-Gruppenführer und Goebbels' Sonderbeauftragter zur Ausschaltung aller im kulturell-geistigen Bereich tätigen Juden.[1201]

Kindermann, zu dem Ernst Reclam auch 1947 noch freundschaftlichen Briefverkehr unterhielt,[1202] verfasste 1936 außerdem das Geleitwort zu der Festschrift *Lebendiges Erbe,*[1203] die Mitarbeiter der *Deutschen Literatur* Ernst Reclam zum 60. Geburtstag gewidmet hatten. Darin bedankt er sich für das Engagement und die ideologische Unterstützung des Verlegers und betont die Bedeutung der *Deutschen Literatur* über die nationalen Grenzen hinaus: „Mit dem idealistischen Wagemut und mit der ganz persönlichen Anteilnahme des wahrhaft deutschen Verlegers haben Sie unser Gemeinschaftswerk so gefördert, daß es heute nicht nur innerhalb unserer Nation, sondern in aller Welt Zeugnis ablegen kann von deutscher Art und Größe."[1204]

Ferner finden sich in der UB unter dem Titel *Von deutscher Art und Kunst*[1205] Texte von Goethe und Herder, herausgegeben und mit einem Nachwort versehen von Heinz Kindermann (1942, 30.000 Exemplare), ein Goethe-Gedichtband (1937, 70.000 Exemplare in sechs Auflagen), ausgewählt und eingeleitet von Kindermann,[1206] die ebenfalls von Kindermann verantwortete lyrische Anthologie *Deutsche Wende. Das*

1199 *Die Stunde* 22.09.1933.

1200 Werbeannonce. In: *BBl.* Vom 23.06.1933, Nr. 143, S. 3008, http://digital.slub-dresden.de/id39946221X-19330623/16 [25.05.2024]. Bis auf wenige Ausnahmen sämtlich vertreten im Reclam'schen Verlagsprogramm.

1201 Vgl. Seifert 2007, S. 82.

1202 Vgl. Schriftwechsel Ernst Reclam und Heinz Kindermann 06.03.1947–24.10.1947. In: RAL, Akte 3.

1203 Der Titel erschien mit einer Auflage von 1.000 Exemplaren. Vgl. RAS, Auflagenbuch *Deutsche Literatur.* Ruppelt sieht in diesem Titel die seiner Ansicht nach für den Reclam Verlag typische ambivalente Haltung bzgl. Anpassung des Programms an die ideologischen Vorgaben. Nebeneinander ständen hier Kindermann mit dem Beitrag *Das Lied der Grenz- und Auslanddeutschen* und Prof. Hans Rupprich mit einem Beitrag über Giovanni Pico della Mirandolas *Rede über die Würde des Menschen*, welcher häufig das Judentum nahezu empathisch beschreibe. Vgl. Ruppelt 1992, S. 349.

1204 Kindermann Geleitwort. In: Lebendiges Erbe 1936, S. 3.

1205 Im Nachwort der Schrift, die Beiträge Herders, Goethes und Mösers vereint, „behandelt Kindermann die historisch gebundene, etwas Spezifisches besagende Begrifflichkeit der Geniezeit (deutsch, nordisch, Volk, das Antifranzösische) wie ein gefundenes Fressen." Träger 1967, S. 155.

1206 Siehe zur ‚Gleichschaltung' der Klassiker Kapitel 3.6.

Lied der Jungen[1207] (1936, 71.000 Exemplare in sechs Auflagen) sowie, in der Rubrik der Theater- und Musikliteratur, *Theater und Nation* (1943, 30.000 Exemplare in einer Auflage). Kindermann beschreibt darin eine „allabendlich sich wiederholende, ergreifende Ehrung von fünfzig schwerverwundeten deutschen Soldaten im Wiener Burgtheater" – ein „Augenblick von so ergreifender Symbolhaftigkeit, daß er jeden, der ihn miterlebt, für eine Sekunde der tiefen Bewegtheit den Atem anhalten heißt, weil man sich plötzlich nicht nur seelisch, sondern fast körperlich miteinbezogen fühlt in den weltgeschichtlichen Wachstumsprozeß der Nation" – als endgültigen Beweis,

> daß Theater und Nation nun endgültig zueinander gefunden haben [...;] das gesamte Publikum [...] begrüßt mit erhobenem Arm, bei ehrfürchtigem Schweigen, seine tapferen Verteidiger deutscher Ehre und Größe [...]. In diesem Augenblick hört man das Herz der ganzen Nation schlagen. [...] Selten noch seit den Barockzeiten gab es ein so theaterfreudiges Zeitalter wie das unsere. Da es zugleich aber eine Epoche straffer nationaler Willensgespanntheit ist, wird und muß das Theater in ihm, dank der hohen Entwicklung der Schauspiel- und Inszenierungskunst in unseren Tagen, seine volkformende Aufgabe als künstlerischer Sendbote der mächtigen, in sich geschlossenen Einheit und eines tiefen Glaubens an das glückhafte künftige Geschick der Deutschen in der Welt erfüllen.[1208]

In ähnlichem Umfeld bewegen sich die literaturgeschichtlichen Abhandlungen von Kurt Hildebrandt, der sich als Psychiater und Philosoph auch mit Werken zur ‚Rassenpsychologie' und ‚Rassenhygiene' befasste, denen er die Idee der Nation als geistige Gemeinschaft überordnete. Als Anhänger Stefan Georges fixierte er sich nicht ausschließlich auf die ‚nordische Rasse'. 1934 erhielt er ohne Habilitation die Professur für Philosophie des beurlaubten Julius Stenzel an der Christian-Albrechts-Universität Kiel.[1209] In dem Verlagswerk *Goethe. Seine Weltweisheit im Gesamtwerk* (1941, zwei Auflagen, 5.000 Exemplare) habe Hildebrandt „den bis heute verborgenen Schatz Goethescher Weltweisheit ... gehoben und damit erst eigentlich unserem Volke erschlossen".[1210] In *Vom deutschen Genius. Dokumente der deutschen Bewegung* (1942, einmalige Auflage von 30.000 Exemplaren) stellte Hildebrandt neben der „eingehenden" einführenden Darstellung „Schelling und die Deutsche Bewegung [...], Schellings Abhandlung ‚Ueber das Wesen deutscher Wissenschaft'," Gedichte von Goethe sowie Auszüge aus dem Briefwechsel zwischen Goethe und Schelling zusammen, die

1207 Siehe dazu ausführlicher Kapitel 3.4.2.

1208 *Banater Deutsche Zeitung* 17.09.1943.

1209 Vgl. Tilitzki 2002, S. 430 f.; Kolk 1998, S. 527–529 sowie S. 621–628 (Abdruck der wichtigsten Dokumente zur Berufung Hildebrandts).

1210 *Vorarlberger Tagblatt* 02.03.1943.

einen überraschenden Einblick in jene Hoch-Zeit des deutschen Geistes [bieten], welche uns durch die Namen Herder, Goethe, Hölderlin vergegenwärtigt wird und die man in besonderem Sinne „die deutsche Bewegung zu benennen pflegt." Goethe und Schelling trieben großdeutsche Politik, das Wesentliche an Schellings Wollen war nach dem Urteil Friedrich Wilhelm IV. Einung und Erneuerung des deutschen Volkes.[1211]

3.3.5.3 Wagner und Chamberlain als Taktgeber – Musik im ‚Neuen Deutschland'

Den Zeitgeist bediente Reclam zweifelsohne auch mit der Veröffentlichung zahlreicher Titel von und über die familiär verbundenen Persönlichkeiten Houston Stewart Chamberlain[1212], Cosima Wagner und Richard Wagner. Chamberlain, der als einer der wichtigsten intellektuellen und ideologischen Wegbereiter des nationalsozialistischen Antisemitismus gilt,[1213] verband eine lebenslange Freundschaft zu seiner späteren Schwiegermutter Cosima Wagner.[1214] Diese teilte die antisemitische, in zahlreichen Briefwechseln dokumentierte Haltung ihres Mannes Richard Wagner und spielte eine zentrale Rolle im Wahnfried-Kreis um Chamberlain, dem sich 1923 auch Adolf Hitler anschloss.[1215] Anlässlich der Bayreuther Festspiele, die „das Interesse auf den Wagner-Kreis […] lenken" und anlässlich derer „[d]ie Presse […] in den kommenden Wochen eingehend die Bedeutung Chamberlains würdigen [wird]"[1216], erschien 1934 als Verlagswerk (Abb. 52) die Edition *Cosima Wagner und Houston Stewart Chamberlain. Briefwechsel 1888–1908*:[1217] „Das […] Werk enthält wichtige Aufschlüsse über

1211 *Vorarlberger Tagblatt* 02.03.1943.

1212 Der mit Houston Stewart Chamberlain nicht verwandten britischen Politikerfamilie um Joseph, Austen und Neville Chamberlain widmete der Reclam Verlag 1938 in zwei Auflagen von 10.243 Exemplaren das Verlagswerk *Die Chamberlains* von Charles Petrie. Vgl. RAS, Auflagenbuch Werke im größeren Format / Illustrierte Werke.

1213 Nach Anja Lobenstein-Reichmann wurde die Kulturkritik des „nationalchauvinistisch[en] und rassistisch[en]" Kulturphilosophen Chamberlain „zur arischen Kulturutopie, dabei zum Vehikel und zur Argumentationsgrundlage für Differenz und Diskriminierung, zum rhetorischen Entfaltungsraum für Kulturchauvinismus und kulturelle Verfallsinszenierungen, letztlich zur Basis der Verbreitung und Durchsetzung einer rassistischen Utopie, deren Gebrauchsanweisung je nach Auslegung vom Ausgrenzungsrassismus bis zum Vernichtungsrassismus reichen kann. Seine Brückenfunktion hin zum Nationalsozialismus ist unbestritten." Lobenstein-Reichmann 2017, S. 114, 117 f.

1214 Chamberlain heiratete 1908 Eva Wagner, die zweite Tochter von Richard und Cosima Wagner.

1215 Vgl. Lemke-Matwey 2016.

1216 Doppelseitige Werbeannonce. In: *BBl.* Vom 29.06.1934, Nr. 149, S. 2776 f., http://digital.slub-dresden.de/id39946221X-19340629/14 [25.05.2024].

1217 Der Briefwechsel erreichte eine Gesamtauflage von 8.043 Exemplaren, womit er sich im unteren Bereich der durchschnittlichen Gesamtauflagen von Verlagswerken bewegte. Vgl. RAS, Auflagenbuch Werke im größeren Format / Illustrierte Werke.

Abb. 52 Werbezettel *Cosima Wagner und Houston Stewart Chamberlain im Briefwechsel 1888–1908*, [1934]. In: RAS, Mappe Großbuch Einzelprospekte L–R. Alle Rechte vorbehalten.

Abb. 53 Werbezettel *Cosima Wagner. Ein Lebensbild*, [1937]. In: RAS, Mappe Großbuch Einzelprospekte L–R. Alle Rechte vorbehalten.

Chamberlains und Cosima Wagners Stellungnahme zu entscheidenden Fragen des deutschen Kulturlebens. Es ist ein kulturgeschichtliches Werk ersten Ranges."[1218]

Das 1937 publizierte biografische Verlagswerk *Cosima Wagner. Ein Lebensbild* (Abb. 53) des österreichischen Musikschriftsteller Max von Millenkovich (Pseudonym Max Morold) verzeichnete 1943 eine Gesamtauflage von 15.940 Exemplaren.[1219] In dem

1218 Doppelseitige Werbeannonce. In: *BBl.* Vom 29.06.1934, Nr. 149, S. 2776 f., http://digital.slub-dresden.de/id39946221X-19340629/14 [25.05.2024]. Der *Völkische Beobachter* meint: „Beschreiben läßt sich ein solcher erlebter Briefwechsel nicht. Möge denn das Buch zu recht vielen gelangen! Es dient auf seine lebensvolle Weise dem großen Gedanken von Bayreuth." Abgedruckte Pressestimme des *Völkischen Beobachters* in Werbeannonce. In: *BBl.* Vom 08.09.1934, Nr. 210, S. 3550, http://digital.slub-dresden.de/id39946221X-19340908/34 [25.05.2024].

1219 Vgl. RAS, Auflagenbuch Werke im größeren Format / Illustrierte Werke. Die Erstauflage von 5.000 Exemplaren war bereits wenige Woche nach Erscheinen vergriffen, der Nachdruck 5.000 weiterer Exemplare war erst zum 20.12.1937 lieferbar, alle größeren Bestellungen wurden daher im Expressversand beliefert. Vgl. Verlagsmeldung. In: *BBl.* Vom 15.12.1937, Nr. 290, S. 6572, http://digital.slub-dresden.de/id39946221X-19371215/10 [25.05.2024].

von der Presse zahlreich und euphorisch besprochenen[1220] „Musikkulturspiegel […] ein[es] deutsche[n] Menschenbildnis[ses]"[1221]

> schildert […] der Wagner-Forscher Max Millenkovich-Morold […] [i]n einer von Liebe, Verehrung und innerstem Verständnis getragenen Darstellung […] alle die Entwicklungsstadien ihres wunderbaren Lebens, das fast wie ein Märchen anmutet. […] Er hat es in künstlerischer Darstellung zum packenden Menschenbild gestaltet, in dem sich auch die bedeutendsten Kräfte der Epoche widerspiegeln.[1222]

Im UB-Programm des Jahres 1933 kam neben Georg Kruses in 15.000 Exemplaren veröffentlichtem Titel *Wir hören Wagner*[1223] auch Chamberlain zu Wort, von dem als Lizenzausgabe des Verlags F. Bruckmann, München,[1224] mit einem Vorwort von Paul Pretzsch – ebenfalls in einer Auflage von 15.000 Exemplaren – das Werk *Richard Wagner der Deutsche als Künstler, Denker und Politiker* erschien: „Die hervorragendsten Wagner-Aufsätze des berühmten Verfassers der ‚Grundlagen des 19. Jahrhunderts', ein geschlossenes Bild der Persönlichkeit und Weltanschauung Richard Wagners. Chamberlains Werk ist bestimmt, in die weitesten Kreise zu dringen."[1225] Wagners Antisemitismus konnte das nationalsozialistische Regime nicht zuletzt durch Abhandlungen wie diese erfolgreich vereinnahmen: Nach Rosenberg steige echte Kunst „nur aus den mythischen Tiefen der völkisch-rassischen Seele, wie in Wagner offenbar werde".[1226] Der bereits genannte – bei Lesepublikum und Staat beliebte – ‚ausland-deutsche' Dichter Max von Millenkovich zeichnete verantwortlich für zwei weitere Richard Wagner thematisierende Titel: den 1938 in der UB mit einmaliger Auflage

1220 Sämtliche Bücher zu Richard und Cosima Wagner wurden sehr häufig besprochen, sowohl von Tageszeitungen wie dem *Wiener Tagblatt*, den *Innsbrucker Nachrichten* und dem *Salzburger Volksblatt* als auch von Zeitschriften wie *Neue Zeitschrift für Musik* oder *Musikalisch-literarischer Monatsbericht über neue Musikalien*. 1938 gab der Reclam Verlag anlässlich des 125. Geburtsjahres Richard Wagners einen Sonderprospekt zu Wagner-Literatur kostenlos an den Buchhandel, insbesondere in den Festspielorten, ab. Vgl. Verlagsmitteilung. In: *BBl.* Vom 09.05.1938, Nr. 106, S. 2689, http://digital.slub-dresden.de/id39946221X-19380509/13 [25.05.2024].

1221 Pressestimme aus dem *Völkischen Beobachter* vom 21.08.1937, abgedruckt in Werbeannonce. In: *BBl.* Vom 14.09.1937, Nr. 212, S. 3785, http://digital.slub-dresden.de/id39946221X-19370914/47 [25.05.2024].

1222 *Salzburger Volksblatt* 05.08.1937.

1223 „Für jeden Opernbesucher und Rundfunkhörer unentbehrlich. Ausführliche aktweise Darstellung der Handlung sämtlicher Tondramen Wagners". Werbeannonce. In: *BBl.* Vom 07.01.1933, Nr. 6, S. 239, http://digital.slub-dresden.de/id39946221X-19330107/13 [25.05.2024].

1224 Vgl. Nußbächer an Rechtsanwälte Meyer und Kelch am 24.03.1943. In: RAS, Mappe Verlagsverträge Leipzig (gebundene Ausgaben) A–G.

1225 Werbeannonce. In: *BBl.* Vom 07.01.1933, Nr. 6, S. 239, http://digital.slub-dresden.de/id39946221X-19330107/13 [25.05.2024].

1226 Schoeps 2000, S. 37.

von 10.000 Exemplaren publizierten Band *Richard Wagner in Wien* und die 1940 als Verlagswerk edierte Biografie *Dreigestirn. Wagner, Liszt, Bülow.* Letztere liegt mit einer Gesamtauflagenzahl von 15.000 Exemplaren im oberen starken Mittelfeld der Auflagenhöhen von Verlagswerken.[1227] 1941 erbrachte eine Lizenzvergabe des Titels an die Deutsche Buchgemeinschaft weitere Einnahmen.[1228] Max von Millenkovich, der mit insgesamt vier Titeln im Verlagsprogramm von Reclam 1933–1945 vertreten ist,[1229] kam in der Jubiläumsplanung 1942 auf Vorschlag Müllers eine besondere Rolle zu. Er sollte

> als federführende Stelle [...] durch ein Privatanschreiben an 800–1000 Persönlichkeiten in Großdeutschland [...] heran [treten] [..., mit der Bitte,] der UB eine Sympathie- bezw. Treuekundgebung zur Verfügung zu stellen, welche dem derzeitigen Seniorchef, Ernst Reclam, am Jubiläumstage als Jubiläumsausgabe überreicht werden soll. Es ist selbstverständlich, daß diese Anregung völlig abseiten der Verlagsleitung zu geschehen hat. Daß Millenkovich-Morold für diese Aufgabe geradezu prädestiniert ist, bedarf unter Bezugnahme auf die Tatsache, daß er vor kurzem vom Führer mit der Goethemedaille ausgezeichnet wurde, keiner besonderen Erörterung mehr.[1230]

1227 Vgl. RAS, Auflagenbuch Werke im größeren Format / Illustrierte Werke. 29 der insgesamt 123 Verlagswerke, für die Auflagenzahlen ermittelt werden konnten, wurden mit 10.000 bis 19.999 Exemplaren aufgelegt. 44 Titel verzeichneten Auflagenhöhen von 5.000 bis 9.999 Exemplaren, 21 Titel wurden in geringerer Stückzahl als 5.000 hergestellt.

1228 Vgl. Verlagsnotiz ohne Datum. In: RAS, Mappe Verlagsverträge Leipzig (gebundene Ausgaben) M–Z. Für die Erstauflage von 5.000 Exemplaren war ein Papierbedarf von 4.540 kg holzhaltigem Naturpapier sowie 287 kg holzhaltigem Kunstdruckpapier gemeldet und bewilligt worden. Vgl. Papierverbrauchsmeldung Reclam Verlag 08.03.1940. In: BArch, R 9361-V/29033, Lesefilm-Nr. RK I 419, Bild-Nr. 1122.

1229 Zu seinem autobiografischen Roman *Vom Abend zum Morgen* siehe Kapitel 3.5.1.

1230 Protokoll Besprechung der Geschäftsleitung am 07.03.1941. In: RAS, Mappe 75-jähriges Jubiläum. Die Goethe-Medaille für Kunst und Wissenschaft war Millenkovich anlässlich seines 75. Geburtstags am 02.03.1941 in Anerkennung seiner musikhistorischen und journalistischen Verdienste verliehen worden. Vgl. *Deutscher Reichsanzeiger* Nr. 53 vom 04.03.1941: Amtliches. Deutsches Reich. In: BArch, NS/5/VI 17672. Der offizielle Schriftverkehr zur Prüfung der Verleihung befindet sich in BArch, R 55/96. – Als besonders verdienstvoll wurden sowohl seine Tätigkeit als Richard Wagner-Forscher, durch welche er auch mit dem Hause Wahnfried in Beziehungen trat, als auch seine nationale Haltung in seiner Funktion als Direktor des Hofburgtheaters in Wien angeführt. Vgl. Wiener akademische Mozartgemeinde an Kanzlei des Führers am 07.02.1941. In: BArch, R 55/96, Bl. 446. Millenkovich, der auch als Kulturberichterstatter des *Völkischen Beobachters* tätig war, wurde 1931 Vorstandsmitglied der Landesleitung Österreich im völkisch und antisemitisch eingestellten Kampfbund für deutsche Kultur. Er trat 1932 in die NSDAP ein, nach Verbot der Partei trat er Ende 1933 in den Reichsverband Deutscher Schriftsteller ein. Vgl. Wiener akademische Mozartgemeinde an Kanzlei des Führers am 07.02.1941. In: BArch, R 55/96, Bl. 446; NSDAP-Mitgliedschaftsbestätigung vom 05.06.1939. In: BArch, RK 419, Bl. 1064; Aufnahmeerklärung RDS vom 23.11.1933. In: BArch, RK 419, Bl. 1084.

3.3.6 Deutsche Musik- und Kulturgeschichte in Bildern

3.3.6.1 Richard Benz – Epochen- und Heroen

Im Gegensatz zum Großteil der Titel in der UB, bei denen es sich mehrheitlich um den Nachdruck erfolgversprechender, bereits andernorts publizierter Titel handelte, sollten innerhalb der Verlagswerke vorrangig Erstdrucke in zum Teil aufwendig ausgestatteter und reich illustrierter Aufmachung erscheinen.[1231] Hier strebte der Reclam Verlag eine engere Bindung an und exklusive Verträge mit verschiedenen Autoren an – mit unterschiedlichem Erfolg. Der umtriebige Heidelberger Germanist und Kulturhistoriker Richard Benz beispielsweise gehörte zu den am stärksten durch den Verlag umworbenen Autoren der NS-Zeit. Bereits vor dem 1935 veröffentlichten Titel *Bachs Passion: die nordische Tragödie* (18.000 Exemplare in drei Auflagen), die erweiterte und verschriftlichte Fassung eines Vortrags anlässlich des 250. Geburtstags Bachs,[1232] wurde über ein größeres Verlagswerk – „etwa 400 Seiten und mit zahlreichen Bildbeigaben" – verhandelt. Vorgesehen war „eine Gesamtdarstellung der deutschen Romantik, die sich auf alle ihre Gebiete: Dichtung, Musik, Malerei, Philosophie zu erstrecken hätte, um die ganze kulturelle Bewegung – auch in lebendiger Beziehung zu uns – zur Anschauung zu bringen"[1233].

Der umfangreich überlieferte Briefwechsel[1234] zur Entstehung des Titels *Die deutsche Romantik: Geschichte einer geistigen Bewegung,*[1235] veröffentlicht 1937 (Abb. 54), fortgeführt 1949 und 1953 durch den Druck der Werke *Deutscher Barock* und *Die Zeit der deutschen Klassik*, ebenfalls bei Reclam,[1236] gewährt nicht nur Einblicke in die inhaltliche Genese des Werkes, sondern offenbart nicht zuletzt den Umgang mit und die Umsetzung von ideologischen Vorgaben, insbesondere in Bezug auf Nennung und Bewertung historischer jüdischer Personen. Auf die Anmerkung Nußbächers, dass Dorothea Veit, die Gattin Friedrich Schlegels, zwar „durchaus negative Würdigung"

1231 Auch bei den Verlagswerken gab es jedoch Neuauflagen bereits publizierter Titel, insbesondere was den Bereich der klassischen Autoren betrifft, deren Ausgaben in größerer, teurerer Ausstattung ebenfalls zu den Verlagswerken zählen.

1232 Ernst Reclam an Benz am 19.03.1935. In: DLA, A:Benz, Richard.

1233 Ernst Reclam an Benz am 14.02.1935; Benz an Reclam Verlag am 08.02.1935. In: DLA, A:Benz, Richard.

1234 Die im Deutschen Literaturarchiv Marbach gesichtete Korrespondenz des Reclam Verlags mit Richard Benz umfasst den Zeitraum 1935 bis 1956.

1235 In Anbetracht der Thematik des Werks ist die dreimalige Auflage des Titels mit zusammen 10.000 Exemplaren beachtlich. Vgl. RAS, Auflagenbuch Werke im größeren Format / Illustrierte Werke. Tatsächlich wurde sogar in den Niederlanden eine vierte Auflage mit 10.000 Exemplaren gedruckt, wenngleich ohne Bilder, da alle Klischees am 04.12.1943 verbrannt waren. Vgl. Nußbächer an Benz am 30.03.1944. In: DLA, A:Benz, Richard. Allerdings konnte diese nicht transportiert werden, „da nicht einmal für das Kriegsmaterial genügend Frachtraum vorhanden ist. So werden wir uns wohl oder übel mit dem Verlust dieser Auflage abfinden müssen." Müller an Benz am 23.02.1945. In: DLA, A:Benz, Richard.

1236 Vgl. Bode 2003, S. 108.

Abb. 54 Werbezettel *Die deutsche Romantik*, [1937]. In: RAS, Mappe Großbuch Einzelprospekte A–E. Alle Rechte vorbehalten.

erfahre, doch „nirgends klar hervor[trete], dass sie jüdischer Rasse ist"[1237], entgegnet Benz, der „in der Rassenfrage eine andere Einstellung ha[t] als die jetzt geltende"[1238],

> m. Erinnerns steht deutlich da, dass sie die Tochter Moses Mendelssohns ist, und im Zusammenhang damit werden die bekannten Berliner jüdischen Salons erwähnt. Ich habe mir hier bereits Zurückhaltung auferlegt hinsichtlich des Positiven, was hier gesagt werden könnte und lediglich das Unumgängliche referiert. Umsoweniger kann ich als negativ herausstreichen, was meiner Ueberzeugung nach mit der Herkunft nicht zusammenhängt – die negative Würdigung Dorotheas kommt aus anderen Gründen. So kann ich mich auch nicht näher auf die antisemitische Haltung der deutschen Tischgesellschaft einlassen, erstens, weil sie einige sehr demütigende Ereignisse für Arnim und Brentano mit sich bringt, dann weil die historische Gerechtigkeit eine Abwägung des Für und Wider erfordern würde, das für die Rahel z. B. so Positives wie die Organisation der Verwundetenpflege 1813 und die Begründung der Krankenvereine mit sich führt, was heute noch weniger gern gehört würde, für das Thema des Buches übrigens sowenig wie die

1237 Nußbächer an Benz am 27.07.1937. In: DLA, A:Benz, Richard.

1238 Benz an Nußbächer am 12.07.1936. In: DLA, A:Benz, Richard. Bei den Vertragsverhandlungen zum Romantikbuch störte sich Benz an der in § 9 geforderten Erklärung, er sei Mitglied der RSK und somit rein arischer Abstammung: „Meine Abneigung gegen § 9 hat ja ihren Grund nicht nur darin, dass ich Bedenken hätte, eine Zugehörigkeit zur Schrifttumskammer zu testieren, die später vielleicht einmal wegfällt, sondern dass ich in einem Vertrag, der doch auf Gegenseitigkeit beruht, nicht gern etwas zum Ausdruck bringe, was nach heutigem Gebrauch doch sonst nur Behörden gegenüber zu erklären ist, z. B. die Versicherung der rein arischen Abstammung. [...] wenn ich auch persönlich den gesetzlichen Anforderungen auch an die Kulturbetätigung, [...], wie ich Ihnen schon sagte, entspreche." Benz an Nußbächer am 12.07.1936. In: DLA, A:Benz, Richard. Erst nach mehrmaligen Hinweis darauf, dass andere Verlage in ihren Verträgen auf diese Einfügung verzichten und dass der von Nußbächer suggerierte Zwang zur Feststellung der arischen Abstammung nicht bestehe, erklärt sich Nußbächer zum Verzicht auf § 9 bereit. Vgl. Benz an Nußbächer am 11.06.1936; Nußbächer an Benz am 20.06.1936; Nußbächer an Benz am 16.07.1936. In: DLA, A:Benz, Richard.

> Gegenrechnung von Bedeutung ist. Ich denke, das Beste ist hier, mögliche Streitfragen gänzlich beiseite zu lassen.[1239]

Nußbächer ist mit diesen „Ausführungen vollkommen einverstanden. Es muss nur darauf geachtet werden, dass der Anteil dieser Kreise an der deutschen Romantik in keiner Weise eine positive Wertung erfährt, wie das ja auch historisch tatsächlich zutrifft. Wenn bei den einzelnen Persönlichkeiten jeweils die Tatsache der jüdischen Rasse in Erscheinung tritt – sei es direkt oder indirekt – wird es genügen."[1240]

Ob dieses strenge Lektorat für die durch und durch positive Besprechung des *Völkischen Beobachters* nötig war, bleibt offen:[1241]

1239 Benz an Nußbächer am 30.07.1937. In: DLA, A:Benz, Richard.

1240 Nußbächer an Benz am 03.08.1937. In: DLA, A:Benz, Richard. Auch beim Verlagsvertrag mit Dmitri Mereschkowski – der antikommunistische Russe lebte zu dieser Zeit bereits in Paris – über die Herausgabe des Werks *Rußland in der Verbannung* vom 02.06.1939 achtete man streng darauf, in keiner Weise mit den von den Nationalsozialisten verfemten ‚Menschen niederer Klasse' in Verbindung gebracht werden zu können. § 10 des Vertrages besagte, dass Mereschkowski dem Verlag versichert habe, „daß sämtliche Mitarbeiter nicht jüdischer Abstammung sind und im öffentlichen und privaten Leben eine eindeutige antibolschewistische Haltung beobachten." Zeittafel zur Verlagsgeschichte, S. 46. In: RAL, Ordner 3. Dieser Titel wurde jedoch nicht bei Reclam publiziert, möglicherweise, weil die zuständigen Stellen nicht zugestimmt hatten, was nach § 11 Voraussetzung für das Inkrafttreten des Vertrags war, oder weil der Tod Mereschkowskis am 09.12.1941 in Paris dies verhinderte. Wie nötig diese Vorsicht gewesen sein mag, zeigt die unterwürfige Haltung des Verlags selbst bei Anfragen zur erneuten Publikation von Titeln, die vermeintlich als lediglich inhaltlich überholt galten, wie im Fall von Adolf Damaschkes *Deutsche Bodenreform*. Der Verlag erkundigte sich bei der RSK, ob das 1929 erstmals erschienene Bändchen wieder ausgeliefert werden dürfe, die Witwe des Verfassers habe danach gefragt, da die anderen Werke Damaschkes weitervertrieben würden. Zunächst behauptete der Verlag, dass man das Werk seit 1934 nicht ausliefere, da es inhaltlich überholt sei, aber in einem späteren Schreiben wird angeführt, dass Dr. Pogge von der RSK in einer mündlichen Besprechung nahegelegt habe, das Werk nicht mehr auszuliefern, da der Vertrieb „unerwünscht" sei. Aus einer Randnotiz wird ersichtlich, dass die RSK prüfte, ob sich das Werk auf der *Liste des schädlichen und unerwünschten Schrifttums* befand – dem war nicht so. Daher fragte die RSK nach einem Schriftstück, welches belege, dass das Werk als „unerwünscht" eingestuft worden sei. Dies konnte der Verlag nicht beibringen, da Herr Pogge eine schriftliche Bestätigung abgelehnt hätte. Vgl. Reclam Verlag an RSK am 10.01.1938; RSK an Reclam Verlag am 17.01.1938; Reclam Verlag an RSK am 21.01.1938. In: BArch, R 56-V/639. Zur Lösung des Problems wandte sich die RSK an das RMVP, welches vier Monate, nachdem das Bändchen erstmals thematisiert wurde, den Bescheid gab, dass die Wiederauslieferung der Schrift „unerwünscht" sei. Vgl. RSK an RMVP am 26.01.1938; RMVP an RSK am 02.05.1938. In: BArch, R 56-V/639. Begründet wurde diese Entscheidung nicht; eine Prüfung der Liste ergab zudem, dass das Werk zu keiner Zeit darauf zu finden war.

1241 1939 nahm das Reichsministerium für Wissenschaft, Erziehung und Volksbildung den Titel in das *Verzeichnis der zur Beschaffung von Lehrer- und Schülerbüchereien geeigneten Schriften auf*, verbunden mit einigen Wünschen für eine Neuauflage, u. a. eine deutliche Kennzeichnung der „verhängnisvolle[n] Rolle der Juden und Jüdinnen in der Romantik". Allerdings sei dieses Ministerium, so Nußbächer „nach den geltenden Bestimmungen nicht etwa die maßgebende Instanz, um solche Forderungen verbindlich aufzuerlegen, vielmehr wäre hierfür das

> Die deutsche Romantik wird gerade in unserer Zeit in einem neuen Sinne entdeckt. Wir lernen mehr und mehr sie als eine Bewegung von totalem Ausmaß zu erkennen, die auf allen Gebieten eine grundlegende Wandlung des Lebensgefühls hervorrief, zugleich aber [...] zu grundlegend wichtigen Wiederentdeckungen führte, zur Wiederentdeckung nämlich bestimmender deutscher Wesenszüge. In der Romantik geschah, über alle künstlerischen Leistungen hinaus, ein Wiederaufbruch volkheitlichen Wesens, das sich gegenüber mancherlei Überfremdungen durchsetzte. So ist es kein Wunder, daß in unserer Zeit, die den Blick so dringlich auf völkische Eigentümlichkeiten gelenkt hat, auch die Romantik wieder so auffällig in den Gesichtskreis rückt. [...] „Die deutsche Romantik" des Heidelberger Kulturhistorikers Richard Benz, [...]de[m] ersten Versuch seit dem Mittelalter, „wieder eine deutsche Gesamtkultur zu verwirklichen" (Benz) [, ...] stellt [...] die Romantik als deutschen Kulturbegriff heraus [...] als das deutsche Phänomen, das eine „Welle germanischen Geistes" über Europa ergoß.[1242]

In der Folge entwickelte sich eine enge Verbundenheit[1243] zwischen Nußbächer und Benz, die sich oft gegenseitig in Leipzig und Heidelberg besuchten und weitreichende und vielfältigste Buchpläne ersannen und lebhaft diskutierten: ein Buch zur Gotik, eine „Darstellung Beethovens als geistesgeschichtliches Ereignis"[1244], „ein Werk, das die Ursprünge und die Vorläufer der Romantik zusammenfaßt, wobei die verschiedenen Gebiete der Kunst, Dichtung und Musik unter einheitlichem Blickpunkt gesehen werden", eine Gesamtdarstellung des 18. Jahrhunderts, „eine kurze gedrängte Zusammenfassung [...] zur deutschen Klassik".[1245] Trotz Nußbächers beharrlichen und schmeichelnden Werbens – „Es ist das eine Aufgabe, die gerade Sie braucht und ruft. Ich wüsste niemanden sonst, der die inneren Voraussetzungen und Kenntnisse mitbringt, die die Darstellung

Propagandaministerium zuständig, das vorläufig keinerlei derartige Forderungen gestellt hat." Nußbächer an Benz am 25.10.1939. In: DLA, A:Benz, Richard.

1242 *Völkischer Beobachter* 12.06.1938.

1243 Nach einem neuerlichen Besuch in Heidelberg schreibt Nußbächer an Benz: „Unser Gespräch, das sich von den größten Themen bis zu den innersten persönlichen Fragen erstreckte [...] hat mich tief beglückt und mir manche neue Hoffnung gegeben [...]. Ich möchte Ihnen aber auch noch für das warme und mich tief erfreuende Interesse danken, das Sie an meinen persönlichen Angelegenheiten und Bestrebungen gezeigt haben und das mich wahrlich befruchtet hat." Nußbächer an Benz am 18.03.1940. In: DLA, A:Benz, Richard. Benz antwortet nicht weniger zugetan: „Gerade das, was Sie mir von Ihren persönlichen Erfahrungen mitteilten und von den literarischen Plänen, zu denen diese sich niederschlagen, hat mich stark berührt, und hier war ich durchaus der Nehmende und danke Ihrem Vertrauen die so wesentliche Bereicherung, die das Gewahren eines anderen Lebensweges schenkt – etwas, was für mich ein seltenes Stück Erlebnis persönlichen Austauschs ist, und glaube ich in meinem Alter erst in seinem ganzen Wert gespürt wird." Benz an Nußbächer am 04.04.1940. In: DLA, A:Benz, Richard.

1244 Nußbächer (gez. Ernst Reclam) an Benz am 05.01.1938. In: DLA, A:Benz, Richard.

1245 Nußbächer an Benz am 18.03.1940. In: DLA, A:Benz, Richard.

dieses Jahrhunderts […] erfordert"[1246] – und wiederholter finanzieller Anreize – „Wir sind auch gern bereit, Ihnen eine gewisse materielle Sicherheit durch eine Vorauszahlung auf das Honorar zu geben, und wir bitten Sie, uns hierzu gegebenenfalls Ihre Wünsche zu äußern"[1247] – wurde kaum eines dieser Buchprojekte realisiert.[1248]

Einzig in der Jubiläumsreihe der UB 1942 kommt Benz nochmals mit dem Titel *Goethe und Beethoven* (30.000 Exemplare) zu Wort. Ein Projekt zur alleinigen Darstellung Beethovens als geistesgeschichtliches Ereignis hatte Benz zunächst 1938 noch abgelehnt:

> [T]atsächlich liegt mir dieses Thema, so sehr ich nach wie vor von seiner centralen Bedeutung überzeugt bin, schon seit längerer Zeit ziemlich fern. Auch äusserlich wäre ich schon dadurch einigermassen gebunden, dass ich andern Verlegern [Anmerkung K. B.: u. a. Bruckmann] die Bearbeitung mehrfach abgeschlagen habe. […] Es ist a[ber] keineswegs die Rücksicht auf den Verlag meiner bisherigen Hauptbücher allein [Anmerkung K. B.: EDV], die mein Eingehen auf Ihren schönen Vorschlag hindert, obgleich momentan durch den Erfolg unseres Buches bereits eine gewisse difficile Situation gegeben ist; sondern ich werde aller Voraussicht nach das Buch über Beethoven auch bei Diederichs nicht machen, aus den Ihnen angegebenen inneren Hemmungen.[1249]

Nußbächer schreibt später, dass Benz in der „bildhafte[n] und packenden" Bearbeitung „der polaren Gegensätzlichkeit der beiden gewaltigen Geister"[1250] „auch das Beste" des ursprünglich geplanten Beethoven-Buches erfüllt habe.[1251]

1246 Nußbächer an Benz am 01.07.1939. In DLA, A:Benz, Richard.

1247 Nußbächer an Benz am 10.09.1943. In: DLA, A:Benz, Richard. Bereits 1941 hatte Nußbächer für das Werk zum 18. Jahrhundert bis zu 2.000 RM Vorauszahlung geboten. Vgl. Nußbächer an Benz am 13.01.1941. In: DLA, A:Benz, Richard. Ein wiederholtes Angebot zur finanziellen Absicherung lehnt Benz im März 1944 ab: „ich bin durch andere Einnahmen noch genügend gedeckt und möchte in Rücksicht auf die jetzige Situation und vielleicht fast aus einem gewissen Aberglauben heraus an keine Honorare denken, bevor nicht die Sache wirklich auf eine bedeutende Weise weitergediehen ist und einen Ueberblick über die Chancen der Veröffentlichung gestattet." Benz an Nußbächer am 03.03.1944. In: DLA, A:Benz, Richard.

1248 Auf Anraten von Benz publizierte Reclam 1943 das Erzählbändchen *Das schöne Jahr* (50.000 Exemplare) des 1942 plötzlich verstorbenen Autors Wilhelm Michel. Benz verfasste für die „Prosadichtungen, wie sie seit Jean Paul und Stifter kaum existierten", das Nachwort, für das er mit 100 RM ein vergleichsweise üppiges Honorar erhielt. Benz an Nußbächer am 24.07.1942; vgl. Nußbächer an Benz am 12.05.1943. In: DLA, A:Benz, Richard.

1249 Benz an Nußbächer am 20.01.1938. In: DLA, A:Benz, Richard.

1250 Nußbächer an Benz am 19.09.1941. In: DLA, A:Benz, Richard.

1251 Nußbächer an Benz am 21.01.1942. In: DLA, A:Benz, Richard. Das Vorhaben des Verlags, „eine größere Ausgabe dieses Werkes zu etwa RM 3.- bis 4.- herauszubringen", damit „[d]as Werk [Anmerkung K. B.: *Beethoven und Goethe*] […] somit ein zweites Mal seine Wirkung entfalten" könne, wurde nicht umgesetzt. Nußbächer an Benz am 21.01.1942. In: DLA, A:Benz, Richard.

Nach anfänglicher Begeisterung für die Idee einer zusammenfassenden Arbeit über die deutsche Klassik[1252] – Nußbächer hatte sogleich den Verlagsentwurf geschickt[1253] – schwenkt Benz rasch auf die Gesamtdarstellung des 18. Jahrhunderts um – sehr zum Wohlgefallen des Lektors: „Ihre Absicht […] hat hier im Verlag allgemeine Freude ausgelöst. Dies war ja der ursprüngliche Plan […] und zweifelslos bietet er eine noch schönere und fruchtbarere Aufgabe als die zum Teil unerfreuliche Auseinandersetzung mit der klassischen Bildung."[1254] Bis Kriegsende werden sich die beiden immer wieder zur Entwicklung dieser Arbeit austauschen, publiziert wird *Kultur des 18. Jahrhunderts* in zwei Teilen jedoch erst 1949 und 1953 bei Reclam Stuttgart.[1255] Dem Reclam Verlag, der das „Werk als die wichtigste größere Neuerscheinung unserer künftigen Produktion" bewertet und „alles daran setzen [würde], um auch unter erschwerten Umständen das Erscheinen zu ermöglichen"[1256], ist die stetige Verzögerung sicher nicht anzulasten. Ganz im Gegenteil, auf Benz' besorgte Nachfrage, „wieweit die ja inzwischen sehr verschärften und komplizierten Verhältnisse […] die Inangriffnahme einer so umfangreichen und auf viele Monate mindestens sich erstreckende Arbeit überhaupt sinnvoll und zweckmäßig erscheinen lassen, wie Sie […] sich vor allem auch Erfolg von einem Antrag auf Papierbewilligung versprechen"[1257], reagierte Nußbächer überaus zuversichtlich:

> Wir sind nach wie vor bereit, dieses Werk sobald als möglich herauszubringen, und wir glauben auch, die Voraussetzungen dafür schaffen zu können. […]. Das Papier dürfte jedenfalls ohne besondere Schwierigkeiten zu erhalten sein, da es sich um ein kulturhistorisch so bedeutsames Thema handelt, und da Sie wohl von jedem Beurteiler als der berufene Autor hierfür angesehen werden.[1258]

Die ein halbes Jahr später vom RMVP durch Dr. Erckmann genehmigte weitere Auflage von 10.000 Exemplaren der *Romantik*, welche dieser „für eines der wichtigsten neueren Werke der Geistesgeschichte hält", bestärkte Nußbächer in seinem Optimismus, er habe in der persönlichen Rücksprache mit Erckmann „nicht versäumt, auch

1252 Vgl. Benz an Nußbächer am 04.04.1940. In: DLA, A:Benz, Richard.
1253 „Es wird zweifellos eine große Bewegung entfachen und, auch rein vom verlegerischen Gesichtspunkt gesehen, einen Erfolg darstellen. […] Mir [Anmerkung K. B.: Nußbächer] persönlich würde es sehr daran liegen, diese […] Pläne unter Dach und Fach zu wissen, bevor ich – was ja wahrscheinlich ist – zum Heeresdienst einrücke." Nußbächer an Benz am 18.03.1940. In: DLA, A:Benz, Richard; vgl. auch: Benz an Nußbächer am 19.04.1940.
1254 Nußbächer an Benz am 08.10.1940. In: DLA, A:Benz, Richard.
1255 Vgl. Eintrag im Online-Katalog der DNB http://d-nb.info/572232551; Eintrag im Online-Katalog der DNB http://d-nb.info/572232772 [25.05.2024].
1256 Nußbächer an Benz am 10.09.1943. In: DLA, A:Benz, Richard.
1257 Benz an Nußbächer am 06.09.1943. In: DLA, A:Benz, Richard.
1258 Nußbächer an Benz am 10.09.1943. In: DLA, A:Benz, Richard.

gleich für das XVIII. Jahrhundert Propaganda zu machen. Es ist mit Sicherheit zu rechnen, daß hierfür das Papier genehmigt wird, wenn das Buch fertig vorliegt."[1259]

Der stockende Arbeitsfortschritt war vielmehr einem Zusammenspiel verschiedener Faktoren auf Seiten des Autors geschuldet. Zum einen erschwerten die beständigen Fliegerangriffe „die produktive geistige Arbeit sehr"[1260], zum anderen machte die im Zuge der wachsenden Kriegseinwirkungen evakuierte Heidelberger Universitätsbibliothek die Weiterarbeit am Buch „nahezu unmöglich", sodass Benz um eine Pause bat:

> Dass wir in etwa wieder normaleren Zeiten beide an dem Plan festhalten, glaube ich bestimmt, [...] nur würde es mich jetzt vielleicht erleichtern, wenn ich auch von Ihrem Gesichtspunkte aus die eigentliche Arbeit eine Zeitlang ruhen lassen könnte, die ja durch das baldige Wegfallen aller wissenschaftlichen Mittel – nicht nur hier, sondern wie ich höre sogar in Wien und andern Bibliotheken – doch eines Tages zum Stillstand verurteilt wäre.[1261]

Entscheidender aber hinderte wohl Benz' rege Vortragstätigkeit eine kontinuierliche Arbeit am Manuskript:

> Nach Absolvierung der Münchner Vorträge hoffe ich endlich richtig ans Schreiben zu kommen, vielleicht einen stillen Landaufenthalt zur Fixierung der grossen Zusammenhänge zu nutzen. Es ist mir selber leid, dass diese Vortragsverpflichtungen mich immer wieder vom Schreibtisch abdrängen; aber dieser „Einsatz" muss mir aus vielen Gründen heute auch willkommen sein. Wer weiss, vielleicht gibt es dann eine ruhigere Zeit für Schriftsteller. Immerhin staune ich, wieviel noch an Vorträgen geplant wird, und wie stark auch immer noch Verlage mit grossen Unternehmungen an einen herantreten.[1262]

1259 Nußbächer an Benz am 09.03.1944. In: DLA, A:Benz, Richard. Die Papierplanung der größeren Verlage wurde persönlich mit Dr. Erckmann, Referent des RMVP, durchgesprochen. Dieser schien in der Tat ein Bewunderer Benz' zu sein. Auch Reinhard Piper, der ebenfalls ein Werk zur romantischen Kunst von Benz publiziert hatte, berichtet Benz im Anschluss an ein solches Treffen, für die Neuauflage sei Papier für 5.000 Exemplare in Aussicht gestellt worden, „[d]er Referent, Oberreg. Rat Dr. Erckmann, hatte sich offenbar selbst mit dem Werk befasst. Jedenfalls stellte ich, als ich für das Buch sprach, bei ihm ein erfreulich starkes Interesse fest." Reinhard Piper an Benz am 17.03.1942. In: DLA, A:Piper, Reinhard Verlag, HS. 1998.0005.

1260 Nußbächer an Benz am 16.09.1941. In: DLA, A:Benz, Richard.

1261 Benz an Nußbächer am 10.01.1944. In: DLA, A:Benz, Richard.

1262 Benz an Nußbächer am 08.05.1943. In: DLA, A:Benz, Richard. Nußbächer bemühte sich durchaus, wenn auch vergeblich, die Schaffenskraft des von ihm verehrten Autors auf das Reclam-Projekt zu lenken: „Wenn ich Sie herzlich bitte, sich doch ja nicht durch Nebenarbeiten und an Sie herantretende Aufforderungen von den Hauptaufgaben abhalten zu lassen, so geschieht das wirklich nicht nur aus Verlagsegoismus, sondern auch in dem Bestreben eines dankbaren Schülers und Lesers, den Meister vor Zersplitterung in allzu viele kleinere Leistungen

Ein Antrag Benz' zur Benutzung von Schnell- und D-Zügen, in dem er darauf hinweist, er sei „seit Kriegsbeginn von amtlichen Stellen dauernd als Redner eingesetzt worden, vor allem durch die literarische und kunstwissenschaftliche Abteilung des Reichspropagandaministeriums für Inland und Ausland, aber auch durch Gaudienststellen, Deutsche Arbeitsfront, Städtische Museen, wissenschaftliche Gesellschaften aller Art"[1263], bestätigt seine vielen Vortragsverpflichtungen. Zugleich belegt er den anhaltenden Erfolg des durchaus völkisch gesinnten, aber auf Abstand zum NS-Staat bedachten, von mehreren Verlagen umworbenen Autors. Die Gestapo Karlsruhe hatte ermittelt, vor der ‚Machtergreifung' sei Benz Demokrat gewesen und habe in „sogenannten ‚schöngeistigen Kreisen', deren Mitglieder meistens Juden waren", verkehrt. Sein Ruf „als Kapazität auf dem Gebiet der kulturhistorischen Forschung wie auch als grosser Literaturhistoriker" mag zur abschließenden Bewertung Benz' „im allgemeinen als tragbar" beigetragen haben, „obwohl er Veranstaltungen der Partei nicht besucht, eine NS-Presse nicht hält und auch an gesetzlichen Feiertagen die Hakenkreuzfahne nicht hisst"[1264]. Ähnlich verhalten beurteilt die Heidelberger Ortsgruppe der NSDAP den „Einzelgänger", den „nur in wissenschaftlichen Kreisen" verkehrenden Benz im Zuge seines Antrags auf Wiederaufnahme in die RSK 1943 als „im gesamten positiv."[1265] Benz, der 1937 aufgrund seiner ausschließlich wissenschaftlichen Tätigkeit aus der RSK gelöscht worden war,[1266] hatte im Zuge einer 1943 verfügten Änderung, nach der für ihn als Privatgelehrten eine RSK-Mitgliedschaft wieder verpflichtend wurde,[1267] große Bedenken, dass dies einzig der Begrenzung des Kreises der papierberechtigten Autoren dienen solle und ihm der Wiedereintritt in die Kammer wohl erschwert werden würde: „So gut ich mit einzelnen Stellen und Persönlichkeiten des Ministeriums stehe, so ist doch die Kammer eine Sache für sich und kann über meine Eignung ganz anderer Meinung sein. Ich wäre Ihnen dankbar, wenn Sie sich die Sache im gemeinsamen Sinne überlegen wollten."[1268] Nußbächer, der ihm wieder einmal Mut zusprach:

> Es wäre doch gar zu grotesk, wenn man Ihnen Schwierigkeiten bei der Aufnahme machen wollte, in dem gleichen Augenblick, wo Sie fortwährend zu Vorträgen und Aufsätzen von amtlichen Stellen eingeladen werden und wo Ihr

zu bewahren und das Entstehen wesentlicher Hauptwerke zu ermöglichen." Nußbächer an Benz am 10.09.1943.

1263 Benz an RSK am 09.08.1944. In: BArch, R 9361-V/4033, Lesefilm-Nr. RK B 8, Bild-Nr. 2362.

1264 Beurteilung Richard Benz o. D. In: BArch, R 9361-V/4033, Lesefilm-Nr. RK B 8, Bild-Nr. 2364.

1265 Der Chef der Sicherheitspolizei und des SD an RSK, Eingangsstempel RSK am 19.07.1943. In: BArch, R 9361-V/4033, Lesefilm-Nr. RK B 8, Bild-Nr. 2308.

1266 Vgl. Metzner, RSK an Benz am 25.03.1938. In: BArch, R 9361-V/4033, Lesefilm-Nr. RK B 8, Bild-Nr. 2322.

1267 Vgl. Benz an RSK am 22.01.1943. In: BArch, R 9361-V/4033, Lesefilm-Nr. RK B 8, Bild-Nr. 2334.

1268 Benz an Nußbächer am 05.01.1943. In: DLA, A:Benz, Richard. Neben dem Reclam Verlag hatte Benz in dieser Angelegenheit auch Kontakt mit Diederichs und Wegner aufgenommen.

> Eichendorff-Vortrag gemeinsam mit Beiträgen von Baldur von Schirach und Dr. Schlösser herausgebracht wird. [...] Das Gesuch dürfte wohl bald positiv erledigt werden, im Notfall könnte man durch einen geeigneten Mittelsmann die Sache beschleunigen[1269]

sollte recht behalten: Benz wurde mit Wirkung vom 01.04.1942 als Mitglied in die Reichsschrifttumskammer, Gruppe Schriftsteller, unter der Nummer A 6379 aufgenommen.[1270]

Die bereits erwähnten „andere[n] verlegerische[n] Verpflichtungen, vor allem zu Diederichs und Piper“[1271], dürften ebenfalls nicht ganz unerheblich zum Stocken der Arbeit am Reclam'schen Manuskript beigetragen haben.[1272] Sicherlich profitierend von dem bei Reclam publizierten Buch zur deutschen Romantik erschien bei Piper 1939 *Die Kunst der deutschen Romantik*[1273] – „eine Art ‚Bilderbibel der Romantik‘“ mit Bildern, „die ausgesprochen zeitbedeutend, ja epochemachend waren, wenn sie auch heute einem zeitlosen Massstab nicht mehr standhalten“.[1274] Peter Diederichs schreibt als Soldat aus dem Kriegseinsatz an Benz:

1269 Nußbächer an Benz am 13.01.1943. In: DLA, A:Benz, Richard.

1270 Vgl. Loth, RSK an Benz am 21.07.1943. In: BArch, R 9361-V/4033, Lesefilm-Nr. RK B 8, Bild-Nr. 2326.

1271 Benz an Nußbächer am 31.12.1937. In: DLA, A:Benz, Richard.

1272 Wiederholt versucht Nußbächer, die Konzentration Benz' auf die Arbeit am Werk zum 18. Jahrhundert zu lenken. Den Plan des Staufen Verlags, Klassiker unter der Edition Benz' neu herauszugeben, hält er für unrealistisch, „da wir für unsere bereits bestehenden Klassikerreihen Neuauflagen nicht bewilligt bekamen und die Papierlage sich ständig verschärft. Aber auch abgesehen hiervon würden Sie mit der Übernahme neuer Editionen doch Ihrer eigentlichen Berufung als Historiker und Künstler nur schwer oder gar nicht folgen können und die wesentlichen Aufgaben, die gerade Ihnen gestellt sind, blieben unerfüllt.“ Nußbächer an Benz am 10.09.1943. In: DLA, A:Benz, Richard.

1273 Benz wollte das Buch ursprünglich *Die romantische Kunst* betiteln, der Verlag aber war „überzeugt, dass wir von dem Buche mit dem Titel ‚Die Kunst der deutschen Romantik‘ leicht gegen 1000 Exemplare mehr verkaufen können als von einem Buche ‚Die romantische Kunst‘. Und das verbürgt auch die größere ideelle Wirkung. Ein Buch mit diesem letzteren Titel erscheint lediglich als ‚Kunstbuch‘ und wendet sich an ästhetisch eingestellte Kreise. Mit dem von uns gewählten Titel ist das Buch aber zugleich auch ein deutsches Buch. Der Interessentenkreis wird dadurch viel größer, besonders jetzt, wo alles Deutsche besonders intensiv diskutiert wird. [...] Das Thema Ihres Buches ist tatsächlich ein ausgesprochen deutsches Thema, darum muss auch das Wort deutsch im Titel erscheinen. Nur der Deutsche hat sich in der Kunst so aussprechen können, wie diese Romantiker es getan haben. [...] Wir hoffen alle, dass es nicht zum Krieg kommt, wenn aber doch, so wird das Buch dann sicherlich einen viel besseren Stand haben, wenn es das Beiwort ‚deutsch‘ im Titel hat.“ Piper Verlag an Benz am 28.08.1939. In: DLA, A:Piper, Reinhard Verlag, HS. 1998.0005.

1274 Benz an Reinhard Piper am 23.04.1939. In: DLA, A:Piper, Reinhard Verlag, HS. 1998.0005.

> Wie schön wäre es, wenn Sie selber noch einmal den Faden zu einem großen Buche fänden, indem Sie sich an einen großen Gegenstand ganz ausgeben können. Der Vorschlag noch einmal von neu an das Phänomen Goethe heranzugehen, scheint mir wirklich eine sehr würdige Aufgabe für Sie. Sie haben in den letzten Jahren so viele kleine Arbeiten leisten müssen, daß die Konzentrierung auf eine große Aufgabe für Sie persönlich doch sicher sehr befriedigend sein müßte.[1275]

Auch Diederichs lockt mit großzügigen, die Reclam'schen Offerten zweifellos überbietenden Vorabhonoraren: „Der Verlag ist durchaus bereit, Ihnen materiell in jeder Weise das freie Arbeiten an einem solche Buche zu ermöglichen. Man könnte Ihnen ohne weiteres die Auszahlung eines Betrages von RM 7.000 [Anmerkung K. B.: schwer lesbar] garantieren. Jedenfalls soll die Honorierung so sein, daß Sie ganz frei dieser Aufgabe leben können."[1276] Doch Benz sieht sich nicht in der Lage, die umfangreichen Recherchen vorzunehmen, er schlägt Diederichs stattdessen die (zeitsparende) Zusammenführung der wichtigsten Aussagen des in zwei Teilen 1923 und 1927 publizierten Titels *Die Stunde der deutschen Musik* in einer neuen Publikation vor.[1277] Um Benz auf die Arbeit am Manuskript zu verpflichten, greift Diederichs zu einer kleinen List, die ihn gleichzeitig als Helfer in der Not erscheinen lässt:

> Falls Sie für die nächste Zeit damit zu rechnen haben, dass sich das Arbeitsamt für Sie interessiert, wäre es vielleicht von Nutzen, wenn Ihnen der Verlag die Arbeit an einem derartigen Buch bescheinigen kann. […] Es hätte ja keinen Sinn, dass Sie irgendwo Listen führen müssen, während Sie so Entscheidendes

1275 Peter Diederichs an Benz am 20.04.1943 (schreibt vom Feld aus). In: DLA, A:Diederichs° Eugen-Diederichs-Verlag, HS. 1995.0002.

1276 Peter Diederichs an Benz am 20.04.1943 (schreibt vom Feld aus). In: DLA, A:Diederichs° Eugen-Diederichs-Verlag, HS. 1995.0002.

1277 Vgl. Peter Diederichs an Benz am 12.02.1944. In: DLA, A:Diederichs° Eugen-Diederichs-Verlag, HS. 1995.0002. Notgedrungen stimmt Diederichs zu: „Ich verstehe, dass es Sie unter den gegebenen Umständen drängt, mehr das ältere Material zu sichten als eine grössere Arbeit neu in Angriff zu nehmen, namentlich da Sie ja, wie Sie mir sagten, nach verschiedenen anderen Seiten hin Verpflichtungen eingegangen sind. […] Nehmen Sie jedoch die Zusage entgegen, dass der Verlag das Buch als solches herausbringen wird." Peter Diederichs an Benz am 12.02.1944. In: DLA, A:Diederichs° Eugen-Diederichs-Verlag, HS. 1995.0002. Ein halbes Jahr später forciert Diederichs die Arbeit am Manuskript, die Papiergenehmigung liege vor, dies sei die letzte Möglichkeit, den Band zu veröffentlichen, da nur noch bereits in Arbeit befindliche Bücher hergestellt werden dürften, dafür benötige er aber dringend das Manuskript bis zum Herbst: […] „Ich nehme an, dass die gegenwärtige Lage Sie doch von manchen anderen Verpflichtungen entbindet. Wie ich in Berlin feststellte, werden in allernächster Zeit nicht nur eine ganze Reihe von Verlagen geschlossen, sondern die Produktion selbst wird soweit eingeschränkt, dass nur noch ein ganz minimaler Spielraum übrigbleibt." Peter Diederichs an Benz am 25.08.1944. In: DLA, A:Diederichs° Eugen-Diederichs-Verlag, HS. 1995.0002.

> auf anderem Gebiete beizutragen haben. Wenn der Verlag Ihnen hier helfen kann, so lassen Sie es mich doch bitte wissen.[1278]

Nußbächer, an den sich Benz postwendend gewandt hatte,[1279] war „[n]atürlich [...] gern bereit, ähnlich wie Dr. Diederichs, Ihnen ein Schreiben auszustellen, daß Sie mit dieser wichtigen wissenschaftlichen Arbeit, die bereits weit fortgeschritten ist, beschäftigt sind. Für alle Fälle füge ich ein solches Schreiben gleich bei."[1280]

Um ein ähnliches Schreiben hatte Benz bereits kurz nach Inkrafttreten der Verordnung über die Meldung von Männern und Frauen für Aufgaben der Reichsverteidigung[1281] am 27.01.1943 beim Reclam Verlag ersucht:

> Ich möchte Sie da fragen, ob Sie bisher irgend eine Ahnung haben, wie vollbeschäftigte Verlagsautoren behandelt werden, und ob der Verlag wegen eines Buches, das er in Auftrag gegeben hat, eine entsprechende Beschäftigtheit des Autors in irgend einer Form bestätigen kann. Denn wenn ich auch nur zusätzlich zu etwas herangezogen werde, muss ich die Arbeit am 18. Jahrhundert natürlich aufgeben.[1282]

Nußbächer beruhigt ihn umgehend:

> Ich bin überzeugt, daß Sie für die neue Dienstpflicht nicht herangezogen werden. Ihre Tätigkeit als Verfasser und Herausgeber europäisch wichtiger Werke sowie als Vortragender im Reich und im Ausland ist bestimmt, auch für das ganze gesehen, weit wichtiger als die Dienste, die Sie in irgendeiner mechanischen oder einer Bürotätigkeit leisten könnten. [...] Ich füge eine Bescheinigung des Verlages bei, aus der hervorgeht, daß Sie in unserem Auftrag schon seit längerer Zeit mit der Vorbereitung dieses Werkes [Kultur des 18. Jahrhunderts] beschäftigt sind.[1283]

Er empfiehlt ihm aber darüber hinaus, sich „von den amtlichen Stellen, auf deren Wunsch Sie doch verschiedene Vortragsreisen im In- und Ausland unternommen haben, [...] eine Bestätigung dieser kriegswichtigen Tätigkeit [zu] beschaffen."[1284]

1278 Peter Diederichs an Benz am 01.08.1944. In: DLA, A:Diederichs° Eugen-Diederichs-Verlag, HS. 1995.0002.
1279 Benz an Nußbächer am 13.08.1944. In: DLA, A:Benz, Richard.
1280 Nußbächer an Benz am 17.08.1944. In: DLA, A:Benz, Richard.
1281 Vgl. *RGBl.*, Teil I 29.01.1943.
1282 Benz an Nußbächer am 02.02.1943. In: DLA, A:Benz, Richard.
1283 Nußbächer an Benz am 04.02.1943. In: DLA, A:Benz, Richard.
1284 Nußbächer an Benz am 04.02.1943. In: DLA, A:Benz, Richard. Benz vermeldet kurze Zeit später: „Ich selbst habe inzwischen vom Propagandaministerium eine Bestätigung meiner kulturellen Arbeit bekommen, die sehr nachdrücklich ist, und so sehe ich dem Kommenden etwas ruhiger entgegen." Benz an Nußbächer am 03.03.1943. In: DLA, A:Benz, Richard.

In diesen und in zahlreichen weiteren Fällen verstand es Richard Benz, enge persönliche Beziehungen zu seinen Verlegern aufzubauen und diese vielfältig für seine Interessen zu instrumentalisieren. Etwa im Zuge der im September 1943 begonnenen militärischen Erfassung der Jahrgänge 1884 bis 1893 bemühte sich der 1884 geborene Benz vorsorglich, die Erteilung eines Marschbefehls zu verhindern, und bat Nußbächer um Hilfe und Auskunft bezüglich eines uk-Antrags, den der Verlag eigentlich nur für eigene Gefolgschaftsmitglieder stellen konnte.[1285] Dennoch ließ Nußbächer nichts unversucht, um Benz – dem „General des Geistes"[1286] – zu Diensten zu sein, und erwirkte bei Dr. Erckmann im RMVP, dass dieser sich „sogar den völlig ungewöhnlichen Weg offenhalten [wollte], daß wir – der Verlag – für Sie beim Propagandaministerium einen UK-Antrag einreichen. Diesen würde er dann nachträglich unterstützen."[1287] Nußbächers Bemühen erwies sich allerdings als überflüssig, denn Benz wurde aufgrund seines Mitwirkens am ‚Führerauftrag' zur Dokumentation der Wand- und Deckenmalerei[1288] vom RMVP uk-gestellt.[1289] Während sich Nußbächer redlich um eine uk-Stellung von Richard Benz bemühte, versicherte dieser nahezu zeitgleich Reinhard Piper seine tiefe Verbundenheit:

1285 Vgl. Benz an Nußbächer am 06.09.1943; Nußbächer an Benz am 18.10.1943. In: DLA, A:Benz, Richard.

1286 Nußbächer an Benz am 10.09.1943. In: DLA, A:Benz, Richard.

1287 Nußbächer an Benz am 18.11.1943. In: DLA, A:Benz, Richard.

1288 In einer beispiellosen Fotokampagne, die in den Jahren 1943 bis 1945 im Auftrag Adolf Hitlers vom RMVP durchgeführt wurde, wurden wertvolle Malereien und Raumausstattungen in Bauwerken dokumentiert, die Gefahr liefen, durch die Luftangriffe der Alliierten zerstört zu werden. Siehe dazu: Fuhrmeister et al. 2006. Geleitet wurde die Kampagne von Dr. Rolf Hetsch, der als Sachbearbeiter bereits ab August 1937 die beschlagnahmten Werke der ‚Entarteten Kunst' verzeichnet und deren Verkauf bis mindestens Sommer 1942 koordiniert hatte. In beiden Funktionen „handelte er [...] in völliger Übereinstimmung mit der nationalsozialistischen Kunst- und Kulturpolitik." Fuhrmeister et al. 2006, S. 108. Mit Hetsch war Benz eng verbunden; Hetsch war es auch, der Benz nach Rücksprache mit Abteilungsleiter Dr. Kurt Biebrach darauf hinwies, „dass eine fürsorgliche UK-Stellung nicht opportun sei, da ja noch keine Erfassung für die Wehrmacht vorliege. Es müsse erst eine Musterung abgewartet werden, und dann sei Musterungsbefund und Anschrift des Wehrmeldeamts ans Ministerium weiterzugeben, dann könnte nach den Gepflogenheiten des Ministeriums die Eintragung in die ‚Führerliste' erfolgen, die alle Kulturschaffenden von Rang freistelle; dies wäre durch die Vortragstätigkeit im Rahmen kriegswichtiger Kulturpropaganda, durch meine literarischen Pläne und Werke, und vor allem angesichts der Mitwirkung an dem Führer-Auftrag gegeben. [...;] wenn Sie wieder mit Dr. Erckmann konferieren, wären Sie wohl so freundlich, ihm das oben Dargelegte mitzuteilen." Benz an Nußbächer am 28.11.1943. In: DLA, A:Benz, Richard.

1289 Benz an Nußbächer am 10.01.1944. In: DLA, A:Benz, Richard. „Meine Uk-Stellung wird, nach neuerem Ersuchen des Wehrbezirksamts um ein neues Gesuch (ich bin, wie ich erfuhr, durch die Aufnahme in die ‚Führerliste' zwar ‚sichergestellt', aber ohne formellen Uk-Antrag) eventuell auch fraglich [...]". Benz an Nußbächer am 13.08.1944. In: DLA, A:Benz, Richard.

> Ich habe Ihre Aphorismen mit grossem Interesse gelesen und gestaunt, wie nahe wir uns oft berühren, wie vertauschbar manches wäre und ebenso in Ihrer wie in meiner Sammlung Platz fände. Solche Uebereinstimmungen bestätigen auf eine schöne Weise, was ich schon immer gefühlt habe: dass wir uns mit unsern Liebhabereien, Gesinnungen und Lebenserfahrungen in der gleichen Richtung bewegen – ich glaube, auch für Sie ist es nicht häufig, mit einem Autor so weitgehend auch menschlich und geistig zu harmonieren, wie Sie ja mir nach Lebensalter und Wesensart der innerlich nächste Verleger sind und wirklich eigentlich deshalb auch der einzige sein sollten, wenn auch rein praktische Vorgänge wie die heutigen andrerseits in der „Decentralisation" einen gewissen Vorteil erblicken lassen.[1290]

An der Tatsache, dass Benz auch zu anderen Verlegern und Lektoren wie beispielsweise Nußbächer enge Verbindungen pflegte, weil diese ihm nützlicher waren, ändert auch die erneute Bekräftigung nichts: „Sie wissen ja, dass auch ich geistig und menschlich keinem anderen meiner Verlage so nahestehe u. mich so verbunden fühle, wie Ihnen"[1291].

Aber auch in der Rechtfertigungsdebatte nach dem Zweiten Weltkrieg, bei der verlagsseitigen Beteuerung von Abstandswahrung zum ideologischen Regime, spielt Benz für den Reclam Verlag eine wichtige legitimierende Rolle: „Daß sich der Verlag dem offiziellen Kurs des Propagandaministeriums nicht sklavisch unterwarf, beweist die Herausgabe von Werken von Hans Pflug, Edwin Redslob, Eugen Diesel, Richard Benz, die sämtlich im dritten Reich ‚unerwünscht' waren und zum Teil ihre Ämter während der Naziherrschaft verloren hatten."[1292] Tatsächlich findet sich von diesen Autoren auf der *Liste des schädlichen und unerwünschten Schrifttums* nur Richard Benz mit dem Titel *Geist und Reich*,[1293] erschienen 1933 beim Eugen Diederichs Verlag. Nach der Mitteilung der RSK an den EDV, das Buch *Geist und Reich* von Benz entspreche nicht dem Zeitgeist, solle unverzüglich aus dem Verkehr gezogen werden, mit Rücksicht auf den Verlagsruf verzichte man allerdings auf eine Beschlagnahmung,[1294] gab Benz auch hier seinem Verleger detaillierte Anweisungen, als dieser sich bereit erklärte, in der Sache in Berlin nochmals (allerdings erfolglos) vorstellig zu werden:

> Natürlich muss vor allem die Vorstellung widerlegt werden, als handle es sich um einen bewussten Angriff auf die n. s. Weltanschauung im heutigen Sinne […] Wenn auch in den Neuauflagen die „gegnerischen Stellen beibehalten" wurden,

1290 Benz an Reinhard Piper am 09.01.1944. In: DLA, A:Piper, Reinhard Verlag, HS. 1998.0005.
1291 Benz an Reinhard Piper am 19.06.1944. In: DLA, A:Piper, Reinhard Verlag, HS. 1998.0005.
1292 Verlagsdokument vom 27.01.1946. In: RAL, Ordner 15.
1293 Vgl. Reichsschrifttumskammer 1935, S. 14.
1294 RSK an Eugen Diederichs Verlag am 28.09.1935. In: BArch, R 9361-V/139335.

> so hat das folgende Gründe: Einmal musste angenommen werden, dass man dieses Buch, gerade um seiner schöpferischen Kritik willen, bewusst duldete; sonst hätte man mir nicht zweimal den Rundfunk im Frühjahr und Sommer 33 zur Verfügung gestellt [...] und viele Nationalsozialisten [haben] das Buch bejaht, ohne an ihrer Weltanschauung irre zu werden; [...] Ausserdem [...] [wollte] ich nicht in den Verdacht des konjunkturbeflissenen Literaten kommen, den die heutige Regierung mit Recht als die schlimmste Erscheinung ablehnt. [...] Ich [...] kann einer reaktionären Front deshalb nicht eingereiht werden, da ich niemals auch in meinen früheren Schriften den Deutschnationalen angehört habe (wie übrigens politisch nie einer Partei), sondern immer den Volkstumsbegriff genau im heute herrschenden nationalsozialistischen Sinne vertreten habe. So oder ähnlich würde ich mich rechtfertigen, sehe aber zunächst keinen Einlass, persönlich vorstellig zu werden, möchte Sie aber bitten, in diesem Sinne zu sprechen, und zu sondieren, ob man überhaupt gegen meine übrige schriftstellerische Tätigkeit vorzugehen gesonnen ist.[1295]

Wie sich zeigte, war dem nicht so. Zusammen mit weiteren Reclam-Autoren findet Benz ausgesprochen positive Erwähnung in einem Artikel Ernst Saegenschnitters, der – bezöge man sich ausschließlich darauf – durchaus den Eindruck erweckt, Reclam sei der „Hausverlag der Nazis gewesen"[1296]:

> 1933 [...] stand der Verlag Philipp Reclam jun. bereit, zu seinem Teile am großen Aufbauwerke Adolf Hitlers tätig mitzuwirken. Die Zeugen dafür finden sich in den Neuerscheinungen, von denen ein großer Teil vornehmlich den völkischen Gedanken stärkt und die wehrhafte Gesinnung unterstützt wie auch dem kulturellen Aufbau unseres Volkes dient. Richard Benz und Eugen Diesel, Robert Henseling und Millenkovich-Morold, Broder Christiansen und Karl Foerster stehen an der Spitze; sie alle haben dem Verlag grundlegende Werke aus der geistigen Mitte ihres jeweiligen Schaffensgebietes anvertraut.[1297]

Anfragen führender NS-Kulturfunktionäre wie Alfred Baeumler (bis 1941 Leiter der Abteilung Wissenschaft im Amt des Beauftragten des Führers für die Überwachung der gesamten geistigen und weltanschaulichen Erziehung der NSDAP), Benz solle einen etwa zehn Bogen umfassenden Abriss der deutschen Geschichte von den Hohenstaufen bis zum Weltkrieg schreiben, der als „weltanschauliche[r] Leitfaden

1295 Benz an Peter Diederichs am 01.10.1935. In: ThULB, Nachl. Diederichs, Di 113. Zu diesem Vorgang, der u. a. Eugen Diederichs veranlasste, sein (tages-)politisches Programm einzustellen, siehe auch: Triebel 2001, S. 110–117.

1296 Vgl. Ruppelt 1992, S. 344.

1297 Saegenschnitter 1940, S. 169.

für den deutschen Offizier" vom Oberkommando der Wehrmacht zusammen mit dem Amt Rosenberg herausgegeben werden solle,[1298] untermauern ebenso wie die bereits geschilderte umfangreiche Vortragstätigkeit, dass Benz während der NS-Zeit kaum zu den verfemten Autoren gezählt werden kann. Sogar Benz selbst schildert in einem Lebenslauf aus dem Jahr 1946, er habe „‚gelegentlich' keine Papierbewilligung [erhalten], und ‚ab und zu' traf ihn ein ‚Vortragsverbot, aber im Großen und Ganzen konnte [er] relativ unbehindert weiter arbeiten."[1299]

Nach Ende des NS-Regimes musste Benz einige Zeit um die Wiederherstellung seines Rufes bangen. Im amerikanischen und britischen Sektor stand er zunächst auf der *Schwarzen Liste*,[1300] was einem völligen Berufs- und Vertriebsverbot[1301] gleichkam, ab Spätsommer 1946 auf der *Grauen Liste*.[1302] Wie kompliziert sich die Kategorisierung der Literaturschaffenden für die entnazifizierenden Behörden gestaltete, wird unter anderem aus der Bewertung von Richard Benz ersichtlich. Da die Verantwortlichen des US-Militärs weder über eine Liste seiner Bücher verfügten noch sich in der Lage sahen, ihn zu beurteilen, baten sie Dr. Sternberger (vermutlich Dolf Sternberger) um seine Meinung zu Benz. Diese war vernichtend: „Dr. Sternberger replied to the effect that he would never accept for publication any article or book written by Dr. Benz, either for his magazine or for his publishing house. He added that his motives for such refusal should not be construed as being a reflection on the subject's talent but rather on his political past."[1303] Außerdem sei der Hausverlag Benz' – EDV – bekannt für nationalistische und chauvinistische Tendenzen. Benz, der trotz seiner Einstufung in die *Schwarze Liste* vereinzelt Vorträge hielt, war hingegen zugetragen worden, seine „Beziehungen zum Propagandaministerium", die Vorträge, die er während des Kriegs im Ausland („Schweden, Belgien,

1298 Reinhard Piper an Benz am 12.09.1939. In: DLA, A:Piper, Reinhard Verlag, HS. 1998.0005.

1299 Lebenslauf Richard Benz' vom 07.08.1946. In: DLA, A:Piper, Reinhard Verlag, HS. 1998.0005.

1300 In Befolgung des bereits 1944 von den Alliierten erstellten *Handbooks for Military Government* erfolgte auch in der Entnazifizierung des Literaturbetriebs eine Bewertung der Akteure und ihre Zuordnung in *Schwarze*, *Graue* und *Weiße Listen*. Auf der *Schwarzen Liste* wurden Kriegsverbrecher und Personen geführt, die ein hohes Amt innerhalb einer nationalsozialistischen Organisation bekleidet hatten. Diese wurden sofort von ihren Funktionen entbunden und durften sich auch nicht schriftstellerisch betätigen. Die *Graue Liste* verzeichnete Personen, gegen die ein begründeter Verdacht bestand, die *Weiße Liste* hingegen Personen, die besonders vertrauenswürdig waren. Vgl. Braun 2004, S. 58f; Gerhardt; Gantner 2004, S. 6.

1301 Vgl. Director General. Information Services Control Branch, Control Commission for Germany (BE) an No. 8 Info Control Unit, Hamburg am 20.05.1946. In: BArch, R 9361-V/139335, Bl. 440.

1302 Information Service Control Branch, Hamburg an Book Censorship Bureau, c/o Information Service Control Branch, Bünde am 27.09.1946. In: BArch, R 9361-V/139335, Bl. 166. Das Book Censorship Bureau hatte sich stark für Richard Benz eingesetzt und in einem Memorandum um die Streichung aus der *Schwarzen Liste* gebeten. Vgl. Book Censorship Bureau, c/o Information Service Control Branch an Intelligence Section am 12.08.1946.

1303 Alfred Toombs Office of Military Government for Germany an Commanding Officer Information Service Control Section am 31.05.1946. In: BArch, R 9361-V/139335.

Rom") gehalten habe, seien ausschlaggebend für die Aufnahme in die *Schwarze Liste* gewesen.[1304] Seine Darstellung dieser Vortragsreisen gegenüber Reinhard Piper – „Ich konnte nachweisen, dass ich lediglich historisch-wissenschaftlich bei zwei Romantikerausstellungen gesprochen hatte, die aus Beständen der Berliner Nationalgalerie von Paul Rave veranstaltet worden waren" – sowie die nachträgliche Selbstversicherung, er hätte Auslandsvorträge „aber erst nach Überzeugung, dass es sich [um] rein künstlerische und wissenschaftlich einwandfreie Veranstaltungen handle", übernommen, wirkt wie eine rückblickende Beschönigung.[1305] Jedoch bedeutete auch die Herabstufung von Benz in die *Graue Liste* eine fortwährende Einschränkung seiner rednerischen und publizistischen Tätigkeit,[1306] da zwar seine älteren Bücher zur Veröffentlichung freigegeben wurden, ihm das Verfassen neuer Werke aber zunächst weiterhin untersagt blieb.[1307] Abermals schickt Benz in dieser Angelegenheit seine Verleger vor:

> Es wäre meines Erachtens nach nun zweckmässig, wenn auch Sie sich auf eine besondere Weise einschalteten, und Mr. Isenstead veranlassten, eine Darlegung Ihrer Verlagsbeziehung zu mir mit einem Votum über meine Ihnen seit 1933 bekannte Einstellung nach Berlin weiterzuleiten. [...] Es kommt, meine ich, darauf an, dass alle meine Verleger, die bisher von dem amerikanischen Vorgehen betroffen sind, ihr Interesse an mir und meiner künftigen Wirkungsmöglichkeit bekunden, aber möglichst auf verschiedene Weise, dass bei der Berliner Stelle eine gegenseitige Ergänzung des von mir in der Öffentlichkeit bestehenden Bildes stattfindet.[1308]

Klaus Piper kam dem beflissentlich nach und versicherte Besatzungsoffizier Erich Isenstead, „daß wir nur für wenige Autoren unseres Verlages mit so sicherer Überzeugung einstehen würden"[1309]. Dennoch musste er zurückmelden, dass die Mitarbeit

1304 Benz an Reinhard Piper am 17.09.1946. In: DLA, A:Piper, Reinhard Verlag, HS. 1998.0005. An Nußbächer schrieb Benz, „dass wesentlich auch die Romantik hineinspielt[e], die zuviel gekauft und empfohlen worden sei. [...] Ich weiss nicht, ob ich Ihnen schon sagte, wie stark gegenwärtig in den Zeitungen gegen die Romantik Stimmung gemacht wird: aus ihr wird alles Unheil abgeleitet. Da ist es denn doppelt gut, dass wir damals jeder Forderung, das Buch auf die Zeit abzustimmen, uns versagten." Benz an Nußbächer am 04.10.1946. In: DLA, A:Benz, Richard.

1305 Benz an Nußbächer am 04.10.1946. In: DLA, A:Benz, Richard; Lebenslauf Richard Benz' vom 07.08.1946. In: DLA, A:Piper, Reinhard Verlag, HS. 1998.0005.

1306 Vgl. Benz an Nußbächer am 04.10.1946. In: DLA, A:Benz, Richard.

1307 Vgl. Information Service Control Branch, Hamburg an Book Censorship Bureau, c/o Information Service Control Branch, Bünde am 27.09.1946. In: BArch, R 9361-V/139335, Bl. 166.

1308 Benz an Reinhard Piper am 19.09.1946. In: DLA, A:Piper, Reinhard Verlag, HS. 1998.0005.

1309 Klaus Piper an Benz am 13.12.1946. In: DLA, A:Piper, Reinhard Verlag, HS. 1998.0005.

von Benz am *Westdeutschen Beobachter* einer Publikationserlaubnis entgegenstehe.[1310] In der vom Schutzverband Hamburger Autoren im Mai 1947 organisierten „Dichterwoche der Poesie" gehörte Benz neben Carl Jacob Burckhardt, Hans Carossa, Carl Zuckmayer, Herbert Ihering, Alfred Döblin, Werner Bergengruen, Rudolf Bach, Marie Luise Kaschnitz, Friedrich Georg Jünger, Bert Brecht, Stefan Andres, Reinhold Schneider und Matthias Wiemann zu den nach gewissenhafter Überprüfung geladenen innerdeutschen Autoren.[1311] Außer Bergengruen und Anders hatte keiner der genannten Autoren zwischen 1933 und 1945 bei Reclam publiziert.

Insgesamt gelang es Richard Benz im Nachkriegsdeutschland nur allmählich, seine wissenschaftliche und wirtschaftliche Position zu festigen. Nach einigen Nachdrucken von *Beethovens Denkmal im Wort* 1946 bei Piper erschien als erste neue Publikation 1948, ebenfalls bei Piper, *Der Wandel des Bildes der Antike in Deutschland.*

> Es ist meinem Sohn und mir eine grosse Genugtuung, dass wir dieses wiederholt zurückgestellte Buch nun endlich der Verwirklichung näherbringen. […] es warten seit den letzten Kriegsjahren noch eine ganze Reihe anderer Kunstbücher […] auf endliche Verwirklichung. […] Nun kommt aber Ihr Buch zuerst dran.[1312]

Bei Reclam Stuttgart wurde 1948 *Goethe und Beethoven* verlegt. Dennoch klagte Benz auch 1950 noch über wirtschaftliche Not:

> Seit Jahresbeginn erlebe ich nichts als Enttäuschungen: die Abrechnungen meiner verschiedenen Verleger zeigen mich überall im Minus, und ich muss, in so späten Jahren, den Versuch, meine Existenz auf die freie Schriftstellerei zu gründen, als gescheitert empfinden. […] So kann man nicht wirtschaften, und ich muss sehen, an kleineren Arbeiten allmählich wieder genügend einzubringen, um dann weiter arbeiten zu können.[1313]

Trotz seiner durchaus völkisch geprägten Publikationen aus der NS-Zeit erhielt er 1952 das Bundesverdienstkreuz, 1959 folgte das Große Bundesverdienstkreuz. 1954 trat

1310 Benz entgegnet darauf, er habe lediglich einmal bei den *Rheinischen Blättern* veröffentlicht, die zum Verlag Westdeutscher Beobachter gehörten, das habe er aber damals nicht gewusst. Benz an Reinhard Piper am 17.12.1946. In: DLA, A:Piper, Reinhard Verlag, HS. 1998.0005.

1311 Vgl. Book Section, PRISC Regional Staff, Information Control, Hamburg an Intelligence Section, Attention Major Sely, PRISC Regional Staff, Hamburg Information Control am 06.03.1947; Intelligence Section, Information Service Control Branch, PRISC Regional Staff (ISC) Hamburg an Book Section, PRISC Regional Staff, Information Control, Hamburg am 12.05.1947; Intelligence Section, ISC Branch, PR/OSC Group, Berlin an Book Section, PR/ISC, Regional Staff Hamburg am 13.05.1947. In: BArch, R 9361-V/135607.

1312 Reinhard Piper an Benz am 09.01.1948. In: DLA, A:Piper, Reinhard Verlag, HS. 1998.0005.

1313 Benz an Reinhard Piper am 02.03.1950. In: DLA, A:Piper, Reinhard Verlag, HS. 1998.0005.

er der Heidelberger Akademie der Wissenschaften bei und wurde zum Ehrenbürger der Stadt Heidelberg ernannt. 1959 schließlich erhielt er eine Honorarprofessur für deutsche Kulturgeschichte an der Universität Heidelberg.[1314]

3.3.6.2 Edwin Redslob – Blicke auf das ‚Dritte Reich'

Die Karriere des Kunsthistorikers Edwin Redslob[1315] hingegen gestaltete sich etwas anders. Im Januar 1920 wurde Redslob, zu diesem Zeitpunkt Direktor der Württembergischen Staatssammlungen in Stuttgart, zum Reichskunstwart ernannt.[1316] In dieser Funktion kümmerte er sich fortan um alle staatlichen Kunst- und Kulturfragen des Reiches, bis er zum 30. September 1933 von Reichsinnenminister Frick, einem entschiedenen Gegner moderner Kunst,[1317] in den bezahlten Ruhestand versetzt wurde.[1318] Zwar bestanden gegen Redslob „ernstliche Bedenken. Der Genannte hat sich in der Systemzeit als Konjunkturpolitiker derartig blossgestellt, dass sein Name allein schon als ein dem Nationalsozialismus entgegengesetztes Programm wirken würde.

1314 Vgl. Richard Benz, Munzinger 1973.

1315 Zum Werdegang Redslobs siehe Welzbacher 2009.

1316 Vgl. Reichsminister des Inneren an Unterstaatssekretär in der Reichskanzlei am 23.01.1920. In: BArch, R 43-I/831. In dieser Funktion erfuhr Redslob bereits 1926 in einem „Zyklus von Aufsätzen über bedeutende Persönlichkeiten der Gegenwart" in *Reclams Universum* eine Würdigung. Meyer, Schriftleitung *Reclams Universum* an Redslob am 27.08.1926. In: BArch, R 32/526, Bl. 367. Im Zuge dieses Porträts wird gleichsam die Mitarbeit Redslobs am Universum durch verschiedene Beiträge zu künstlerischen Fragen initiiert. Vgl. Redslob an *Reclams Universum* am 18.09.1926. BArch, R 32/526, Bl. 366.

1317 Frick ließ bereits als thüringischer Innenminister systematisch expressionistische Malerei aus den Museen entfernen. Vgl. Welzbacher 2009, S. 226.

1318 Vgl. Aktenvermerk Reichsminister des Inneren, angefertigt durch Ministerialrat Dr. Nießen im Juli 1933. In: BArch, R 1501/209886, Bl. 346. Redslob versicherte, „nationale Gesichtspunkte" in seiner Tätigkeit als Reichskunstwart stets bewusst betont zu haben: „Die Durchdringung des gesamten Lebens der Nation mit deutschem Willen und die Wiederbelebung der Kräfte [...] des Volkstums [...] ermöglichen es mir in vielem, der Durchsetzung solcher Ziele heute besser zu dienen, als es bisher oft möglich war". Redslob an Frick, Reichsminister des Inneren am 20.06.1933. In: BArch, R 1501/209886, Bl. 301; Redslob an Frick, Reichsminister des Inneren am 09.10.1933. In: BArch, R 1501/209886, Bl. 362. Er bestand darauf, dass seine Kündigung im Rahmen des Gesetzes zur Wiederherstellung des Berufsbeamtentums vom 04.05.1933 aufgrund der Streichung der Stelle des Reichskunstwarts – die Aufgabe war an das RMVP übergegangen, wo aber gleichfalls kein Etattitel dafür zur Verfügung stand – erfolgen solle, nicht als Degradierung seiner Person und der Bewertung seiner Arbeit als national und politisch nicht zuverlässig. Vgl. Aktennotiz Reichsministerium des Inneren vom 20.06.1933. In: BArch, R 1501/209886, Bl. 343. Die Entlassung aufgrund Aufhebung des Amtes hatte allerdings zur Folge, dass er in seinen Pensionsansprüchen deutlich schlechter gestellt war, als wenn er als politisch unzuverlässig ausgeschieden wäre. Im Ergebnis zahlreicher Eingaben gewährte man ihm die Pensionszahlung zunächst für zehn statt der ursprünglich angedachten fünf Jahre, bis 1943 die Gewährung auf Lebenszeit erfolgt. Vgl. Frick an Redslob am 03.06.1943. Dies auch zur Ergänzung und Richtigstellung der Datenangabe zu Redslobs Entlassung in Welzbacher 2009, S. 227.

Vortragsreisen des R. im Ausland sind daher unerwünscht.“[1319] Gegen ihn lagen aber „nachteilige Notizen aus polit. Hinsichten […] nicht vor.“[1320]

Redslob widmete sich verstärkt der Forschung und betätigte sich bis 1945 als Übersetzer und als durchaus emsiger Schriftsteller.[1321] Beim Reclam Verlag erschienen 1940 gleich zwei Verlagswerke von ihm: *Die Welt vor hundert Jahren* und *Des Reiches Straße. Der Weg der deutschen Kultur vom Rhein nach Osten.* Von dem zweiten Titel behauptet Bode rückblickend, dass diese Darstellung deutscher Kulturgeschichte entlang der Via Regia von Frankfurt über Leipzig nach Berlin bewusst im Gegensatz zur nationalsozialistischen Denkweise entstanden sei und unerwarteten Erfolg gehabt habe.[1322] Mit 36.761 produzierten Exemplaren gehört der Titel, der gemeinsam mit *Die Welt vor hundert Jahren* (18.005 Exemplare in drei Auflagen) geradezu als neuer Buchtyp gerühmt wurde, wirtschaftlich zum tragfähigen Mittelfeld der Verlagswerke. Die Wiedergabe alter Stiche und weiterer Bildvorlagen wie Fotos seien illustrativ, typografisch und drucktechnisch zu einer harmonischen Einheit verschmolzen.[1323] In Müllers Erinnerung erscheint die Veröffentlichung von *Des Reiches Straße* gleichsam als waghalsiger Akt,[1324] auch sei das Buch als eines „der 50 besten deutschen

1319 Karteikartenvermerk betr. Redslob, Edwin vom Juli 1943. In: BArch, R 9361-V/31767, Lesefilm-Nr. RK I 467, Bild-Nr. 488.

1320 Karteikartenvermerk betr. Redslob, Edwin vom Juli 1943. In: BArch, R 9361-V/31767, Lesefilm-Nr. RK I 467, Bild-Nr. 488.

1321 Unter anderem erschienen in der Zeit des Nationalsozialismus von Redslob folgende Romane *Ein Jahrhundert verklingt* (1935), *Der Märchenschrein* (1935) und *Dianes Heimkehr* (1937) sowie die Werke: *Die steinernen Wunder von Naumburg* (1933), *Deutsche Mythologie* (1934), *Dome in Gold, Architektur und Plastik der Schreine des Mittelalters* (1937), *Des Reiches Straße* (1940), *Die Welt vor hundert Jahren* (1940), *Hildegard Büren* (1941), *Des Jahres Lauf* (1943), *Charlotte von Stein* (1943), *Gedicht und Zeichnung* (1943), *An meinen Geist* (1943), *Goethes Begegnungen mit Napoleon* (1944). Vgl. Edwin Redslob, Munzinger 1973.

1322 Vgl. Bode 2003, S. 108.

1323 Vgl. *Deutscher Drucker* April 1942.

1324 Müller, vorgewarnt durch seinen langjährigen Bekannten Budian, er könne unmöglich ein Buch „des ‚verfemten‘ Redslob“ herausbringen, wandte sich an einen von Budian in der Erinnerung nicht näher benannten „SS-Obersturmführer im SS-Hauptamt“ in Berlin: „Als ich das Zimmer des hohen SS-Funktionärs betrat, saß er etwa 5 m von mir entfernt an seinem Schreibtisch und schrie mich an: ‚Sie wollen also ein Buch des Kulturschweins Redslob verlegen!‘ Ich blieb ganz ruhig und antwortete: ‚Hauptsturmbandführer, ich komme soeben aus dem sehr bescheidenen Hause Redslob und kann Ihnen versichern, daß jeder Gegenstand in dieser Wohnung museumsreif ist. Sicherlich wird Ihnen nicht bekannt sein, daß das von Ihnen sogenannte Kulturschwein (und nun benutzte ich einen Ausdruck, den ich nur um der guten Sache willen verwendete) in der „verruchten“ Weimarer Republik eine 20-bändige Reihe ‚Deutsche Volkskunst‘ herausgegeben hat, die für die völkischen Bemühungen der Partei einfach unersetzlich ist, da es kein Gegenstück gibt.‘ Der Mann schwieg verblüfft und erklärte in ärgerlichem Tone, er wolle die Sache noch einmal prüfen. Das Buch wurde ausgeliefert […]. Im Völkischen Beobachter wurde es weder verrissen noch besprochen. Aber die damals noch bestehende bürgerliche Presse lobte es einhellig.“ Müller 1974/1979c, S. 2 f. In: DNB, DBSM, HA/BV 1: Müller, Gotthold.

Abb. 55 Werbeflyer *Des Reiches Straße*, [1940]. In: RAS, Mappe Großbuch Einzelprospekte L–R. Alle Rechte vorbehalten.

Bücher seit 1933" vom Amt Rosenberg lediglich in einer „vorwiegend für das Ausland bestimmt[en] [...] Auswahl, in der sich nur Titel jenseits der NS-Weltanschauung befanden"[1325], gerühmt worden.

Dieser Deutung widerspricht die besondere Förderung seitens des RMPVP durch die Aufnahme des Titels 1942 in die Jahresschau des deutschen Schrifttums,[1326] die die gesteigerte Verlagsproduktion während des Kriegs ideologisch im Sinne des nationalen Kampfes instrumentalisierte.[1327] Zudem erinnert sich Müller, Himmler hätte um 100 Exemplare von *Des Reiches Straße* (Abb. 55) gebeten, die er zum Julfest verschenken wollte.[1328] Auch die Indizierung des Buches auf der *Liste der auszusondernden Literatur* spricht gegen die Annahme, das Buch widersetze sich der nationalsozialistischen Denkweise. Ferner stellt Welzbacher eindrücklich heraus, dass Redslob das Werk bereits 1937 konzipierte, in seinem bis zum Ende des deutschen Überfalls auf Polen andauernden Schreibprozess aber durchaus einen „besonderen Bezug zur Gegenwart" herstellte. So behandelte er etwa besonders die Herrschaft der sächsischen Kurfürsten über Polen und zog somit die „Parallele zwischen den sächsisch-preußischen Feldzügen und dem Blitzkrieg der Wehrmacht" als „historische Legitimation der aktuellen Ereignisse"[1329] heran. Auf ähnliche Weise stilisierte er die Achse Berlin-Weimar-München als „das wichtigste innenpolitische Geschehen der jüngsten Geschichte, den Sieg der nationalsozialistischen Bewegung, die von München aus Hauptstadt und Reich gewann"[1330]. Auch der gekonnte Einsatz der Lingua Tertii Imperii[1331] sowie seine latent judenfeindliche Einstellung – in *Die Welt vor hundert Jahren* (Abb. 56) marginalisierte Redslob

1325 Müller 1974/1979c, S. 3. In: DNB, DBSM, HA/BV 1: Müller, Gotthold.
1326 Vgl. Welzbacher 2009, S. 266.
1327 Vgl. Stenzel 1997, S. 106. In der Ausstellung für 1941 wurden z. B. gezeigt: *Soldatisches Volk, Deutscher Schicksalskampf, Bolschewismus, Judentum und Freimaurerei als Zerstörer der Kultur.*
1328 Vgl. Müller 1974/1979c, S. 3. In: DNB, DBSM, HA/BV 1: Müller, Gotthold.
1329 Welzbacher 2009, S. 266 f.
1330 Redslob 1940: *Des Reiches Straße*, S. 473.
1331 Der Begriff geht auf Klemperer zurück. Vgl. Klemperer 1947, 1966 auch bei Reclam als Band 278 der Leipziger UB erschienen.

Abb. 56 Werbezettel *Die Welt vor hundert Jahren*, [1940]. In: RAS, Mappe Großbuch Einzelprospekte L–R. Alle Rechte vorbehalten.

Abb. 57 Edwin Redslob, Februar 1942, Aufnahme Fritz Eschen. In: Deutsche Fotothek, http://www.deutschefotothek.de/documents/obj/70235293. Alle Rechte vorbehalten – Freier Zugang.

zentrale Leistungen jüdischer Persönlichkeiten wie Heine oder Mendelssohn Bartholdy oder verschwieg sie ganz[1332] – machten die Bücher des letztendlich staatstragenden Autors Redslob, der seine „Texte selbst auf Linie brachte“, gerade weil sie keine „dezidiert nationalsozialistischen Produktionen“ waren, zu nützlichen Propagandainstrumenten. „Redslobs leichtgängige Mischung aus Sachbuch und Erzählung wirkte [...] angenehm unideologisch“ und erreichte „im Programm [des] renommierten, politikfernen[1333] Verlagshauses [...] Reclam [...] eine breite Leserschaft.“[1334] Angesichts der Anlage und Rezeption des Buches kann trotz „angenehm unideologischer“ Anmutung von einem „im bewussten Gegensatz zur nationalsozialistischen Denkweise“[1335] konzipierten Titel nicht die Rede sein.

Auch dass es sich bei Edwin Redslob (Abb. 57) um einen – wie nach 1945 verlagsseitig immer wieder betont – ‚verfemten‘ Schriftsteller handelte, der wegen politischer

1332 Vgl. Welzbacher 2009, S. 270–272.

1333 Zur Frage der Distanz zu politischen Themen im Reclam'schen Verlagsprogramm siehe Kapitel 3.3.8.

1334 Welzbacher 2009, S. 269. Zur ausführlichen Editionsgeschichte von *Die Welt vor hundert Jahren* sowie *Des Reiches Straße,* die Redslob unter höchster Konzentration parallel verfasste, siehe den Absatz *Kulturgeographie* im Kapitel 6 *Flucht ins 19. Jahrhundert*, Welzbacher 2009, S. 255–272.

1335 Bode 2003, S. 108.

Gefährdung und unter wiederholtem Ortswechsel sein Leben gefristet habe, ist so nicht haltbar. Weder wurden seine älteren Schriften indiziert, noch wurde er als reguläres Mitglied der RSK am Verfassen kunst- und kulturgeschichtlicher Werke gehindert. Ein Generalvertrag, der 1941 für die Dauer von zehn Jahren zwischen Edwin Redslob und dem Reclam Verlag geschlossen wurde und Redslob eine monatliche Rente von 500 RM einbrachte,[1336] um ihm „ein ungestörtes Arbeiten zu ermöglichen"[1337], mag sicher zur finanziellen Entlastung des Schriftstellers beigetragen haben. Ob Müller damit jedoch, wie rückblickend behauptet, „eine wirtschaftliche Grundlage geschaffen [... und] zugleich alle Schwierigkeiten beseitigt" habe, die Redslobs „geistige[r] Produktion bis dahin im Weg gestanden" hätten,[1338] bleibt zu bezweifeln, da Redslob darüber hinaus weiterhin Tantiemen[1339] und außerdem nach wie vor Ruhebezüge in Höhe von 649 RM erhielt, deren lebenslange Fortzahlung das Reichsinnenministerium 1943 genehmigte.[1340] Auch Müllers Datierung des Vertragsabschlusses auf 1937[1341] ist nachweislich nicht korrekt. Tatsächlich wurde der Generalvertrag erst am 18.04.1941 abgeschlossen und ab 01.06.1941 mit der Zielsetzung wirksam,

> daß es wünschenswert ist, dieses Arbeitsverhältnis, das sich zu einer engeren geistigen und freundschaftlichen Beziehung vertieft hat, zu einem dauernden zu gestalten. Die beiden im Verlag Reclam erschienenen Werke [...] und die hiermit verbundene Propaganda haben eine sichere Grundlage für den inneren und äußeren Erfolg weiterer Werke geschaffen; es liegt im beiderseitigen Interesse, für diese späteren Werke eine Planung auf längere Sicht zu entwerfen und gleichzeitig Herrn Dr. Redslob ein ungestörtes ruhiges Arbeiten zu ermöglichen.[1342]

1336 1941 hatte Redslob, vermutlich vor Abschluss des Generalvertrages, als Honorar für eine Auflage von *Des Reiches Straße* 2.400 RM erhalten – eine enorme Summe im Vergleich zu den Honorarzahlungen, die für UB-Titel gezahlt wurden. Des Weiteren zahlte ihm der Verlag ein Vorschusshonorar in Höhe von 4.176 RM. Vgl. Redslob an RSK am 26.03.1942. In: BArch, R 9361-V/31767, Lesefilm-Nr. RK I 467, Bild-Nr. 497. Auch dies war ein ungewohnt üppiger Betrag, der allerdings mit der Verpflichtung Redslobs, daraus selbst die Kosten der Bildbeschaffung zu bestreiten, erheblich minimiert worden sein dürfte.

1337 Generalvertrag Redslob – Reclam Verlag vom 18.04.1941. In: RAL, Mappe Generalverträge.

1338 Lebenslauf Gotthold Müllers vom 20.01.1946. In: RAL, Ordner 15.

1339 1940 betrugen Redslobs Bruttoeinnahmen aus schriftstellerischer Tätigkeit 4.970 RM, 1941 12.576 RM und 1942 9.500 RM. Vgl. Erklärungen für die RSK vom 01.03.1941, 25.03.1942 sowie 22.02.1943. In: BArch, R 9361-V/31767, Lesefilm-Nr. RK I 467, Bild-Nr. 498, 492, 490. Zum Vergleich: Hans Fallada verdiente aus Buchveröffentlichungen 1942 74.891 RM, Mirko Jelusich gar 157.059 RM. Vgl. BArch, R 9361-V/16615, Lesefilm-Nr. RK I 81, Bild-Nr. 2252; BArch, R 9361-V/23401, Lesefilm-Nr. RK I 257, Bild-Nr. 2664.

1340 Vgl. Vermerk Reichsministerium des Inneren vom 03.06.1943; Reichsministerium des Inneren an Redslob am 03.06.1943. In: BArch, R 1501/209886 Bl. 406 f.

1341 Vgl. Lebenslauf Gotthold Müllers vom 20.01.1946. In: RAL, Ordner 15.

1342 Generalvertrag Redslob – Reclam Verlag vom 18.04.1941. In: RAL, Mappe Generalverträge.

Hier wird deutlich, dass der Verlag die monatliche Rente nicht aus reiner Barmherzigkeit an Redslob auszahlte, sondern sich ein Anknüpfen an den Erfolg der beiden Publikationen aus dem Jahre 1941 erhoffte. Als Gegenleistung verpflichtete der Generalvertrag Edwin Redslob, für die Dauer des Vertrags – zehn Jahre – alle künftig entstehenden Buchpläne an erster Stelle und exklusiv dem Reclam Verlag zur Publikation anzubieten,[1343] ein nicht unübliches Arrangement. Von Redslob erschien bei Reclam während der NS-Zeit allerdings kein weiteres Verlagswerk. Dennoch war er alles andere als untätig: Neben dem Generalvertrag hatte Redslob mit dem Verlag noch einen Beratervertrag mit unbefristeter Laufzeit abgeschlossen, in dessen Rahmen er die durch die Anpassungen des Programms an die neuen kulturpolitischen Direktiven entstandenen Lücken der UB mit „vergessenen Texten aus der Zeit zwischen Aufklärung und Vormärz […] sinnvoll"[1344] schließen sollte. Dabei kam Redslob auch selbst nicht zu kurz:[1345] 1942 gab er unter dem Titel *Deutsche Mythologie* die Grimm'schen Bemühen um die vorchristliche Sagenwelt heraus (zwei Auflagen, 40.000 Exemplare); 1944 erschien als eine Auskopplung des bei Reclam geplanten Goethebuches eine Abhandlung über *Charlotte von Stein* in einer Auflage von 100.000 Exemplaren in der UB.

Redslob, der aufgrund eines Rückenleidens nicht am Zweiten Weltkrieg teilnehmen musste, meldete sich freiwillig zum ‚Heimatdienst für die Front'; seine Mitarbeit an der bebilderten Wochenzeitung der Luftwaffe *Bilder der Woche,* die „den kasernierten Soldaten die wichtigsten Nachrichten aus aller Welt übermitteln [sollte], ohne dass langes Lesen notwendig wäre", wurde als kriegswichtig anerkannt.[1346] Nach dem Ende des nationalsozialistischen Regimes beteiligte sich Redslob entscheidend am kulturellen und wissenschaftlichen Wiederaufbau, er gehörte zu den Gründern des *Tagesspiegels* und der Freien Universität Berlin, wo er von 1948 bis 1954 als Professor für Kunst- und Kulturgeschichte und 1949/1950 als Rektor wirkte. 1959 bekam er das Große Bundesverdienstkreuz und die Ernst-Reuter-Medaille verliehen.[1347]

1343 Vgl. Generalvertrag Redslob – Reclam Verlag vom 18.04.1941. In: RAL, Mappe Generalverträge.

1344 Welzbacher 2009, S. 276. Diese enge Zusammenarbeit zahlte sich aus: 1942 erhielt Redslob 10.263 RM aus Tantiemen. Vgl. Welzbacher 2009. S. 277. Überhaupt sei der Verlag, zu dem sich mittlerweile eine „Arbeitsfreundschaft" entwickelt hatte, großzügig mit seinem Autor Redslob gewesen. Dazu und zur weiteren Entwicklung der Autor-Verleger-Beziehung siehe im Einzelnen die Kapitel „Prädikat ‚Kriegswichtig'" und „Magnum opus" in Welzbacher 2009, S. 272–298.

1345 Vgl. Welzbacher 2009, S. 275 f.

1346 Vgl. Mühle; Scriba 2019; Welzbacher 2009, S. 275, Zitat auf S. 274.

1347 Vgl. Mühle; Scriba 2019.

3.3.6.3 Hans Pflug – Streifzüge durch Stadt und Land

Von dem Philologen und Schriftsteller Dr. Hans Pflug[1348] erschien 1937 das wiederum illustrierte und aufwendig ausgestattete Verlagswerk *Deutschland. Landschaft, Volkstum, Kultur. Ein Handbuch.* Das Werk – „[k]ein Bildbuch wie tausend andere, sondern der völlig neuartige Typ eines handlichen Gebrauchsbuches zum Lesen und Nachschlagen"[1349] – bestand aus zwei Teilen: einer Landschaftskunde, in der jeder „unter Pflugs kundiger Führung [...] durch die deutschen Gaue wandern [konnte], um sich ihrer landschaftlichen Reize, ihrer alten Kulturen und ihrer volklichen Wesensart bewußt zu werden", und einem Deutschland-Lexikon, in dem „über Länder, Städte, Flüsse, Burgen und Schlösser [...] in knappen, lebendigen Aufsätzen"[1350] Auskunft gegeben wird. Dem „große[n] und kühne[n] Unterfangen Hans Pflugs, der „[j]ahrelang [...] als Forscher und Wanderer alle Gebiete Deutschlands durchstreift [hat] [und der] in gründlichen Studien [...] eine aus starkem Erleben quellende, flüssig geschriebene Gesamtdarstellung [...] herausarbeitet"[1351] – so der sichtlich angetane *Völkische Beobachter* – sei „bald eine neue Auflage zu wünschen und dem Verfasser bis dahin eine ebenso liebevolle Erwanderung und Erarbeitung des inzwischen zum Reich

1348 Nach seinem Studium der Philosophie und Geschichte, welches er mit Promotion im Fach Geschichte 1924 in Marburg abschloss, war Pflug zunächst als Lehrer und Leiter verschiedener Volkshochschulen tätig, bevor er 1931 als Dozent an die Pädagogische Akademie in Dortmund berufen wurde. Im März 1933 wurde er in den einstweiligen Ruhestand versetzt, zum 01.11.1933 endgültig aus dem Staatsdienst entlassen. Ob dies, wie Alexander Hesse angibt, aus politischen Gründen erfolgte (vgl. Hesse 1995, S. 578), oder ob vielmehr – wie Pflug selbst in seinem Lebenslauf angibt – der Mangel eines pädagogischen Examens, welches allerdings bei Hochschullehrern nicht erforderlich gewesen sein soll, zur Kündigung führte, bleibt unklar. Dagegen spricht, dass ihm eine Stelle im Volksschuldienst angeboten wurde, für die er zwar 1934 die Mittelschullehrerprüfung erfolgreich absolvierte, die er aber nicht antrat, weil er sich „seit 1933 der mich lange fesselnden schriftstellerischen Tätigkeit widmete. [...] Mehrere Angebote auf eine feste Tätigkeit – u. a. in der wissenschaftlichen Abteilung des Berliner Messeamtes – habe ich abgelehnt, weil ich dann nicht mehr in der Lage wäre, meine landschaftskundlichen Arbeiten, die an Reisen gebunden sind, durchzuführen." Maschinenschriftlicher Lebenslauf Hans Pflugs. In: BArch, R 9361-V/9199, Lesefilm-Nr. RK B 153, Bild-Nr. 2210–2214, Zitat auf Bild-Nr. 2212 f. Die Geheime Staatspolizei urteilt ferner, Pflug sei nicht nachteilig in Erscheinung getreten. Er sei zwar Mitglied der Sozialdemokratischen Partei gewesen, aber nicht in führender Funktion, „Tatsachen, die darauf hindeuten, dass seine Betätigung innerhalb des deutschen Schrifttums als unerwünscht anzusehen ist, sind nicht ermittelt worden." Gestapo Potsdam an Präsidenten RSK am 10.02.1939. In: BArch, R 9361-V/9199, Lesefilm-Nr. RK B 153, Bild-Nr. 2218. – Nicht zu verwechseln ist Pflug mit dem namensgleichen Fürther Zeitungsredakteur und Autor Hans Pflug, der sich zur namentlichen Differenzierung und vermutlich in Anlehnung an seine Heimatregion 1935 den Beinamen Hans Pflug-Franken gab, und der 1935 mit einem Beitrag an einem anderen, von Hans Friedrich Blunck herausgegebenen *Deutschlandbuch* mitwirkte.

1349 Werbeprospekt *Das Deutschlandbuch*. In: RAS, Mappe Großbuch Einzelprospekte L–R.

1350 Werbeprospekt *Das Deutschlandbuch*. In: RAS, Mappe Großbuch Einzelprospekte L–R.

1351 *Völkischer Beobachter* 31.07.1938.

Abb. 58 Werbebroschüren *Deutschland. Ein Handbuch*, [1937]. In: RAS, Mappe Großbuch Einzelprospekte L–R. Alle Rechte vorbehalten.

gekommenen deutschen Österreich. Das Buch verdient weiteste Verbreitung."[1352] Der erste Wunsch des Verfassers dieser Kritik ging nicht in Erfüllung: Der ersten – für ein Verlagswerk recht hohen – Auflage von 24.000 Exemplaren zu 8,50 RM in Halbleder, 6,50 RM in Ganzleinen, folgte trotz ungewöhnlich farbenfroher Werbemittel (Abb. 58) keine zweite.

Der zweite Wunsch jedoch wurde in dem von Adolf Helbok und Emil Lehmann 1939 verfassten Werk *Heimgekehrte Grenzlande im Südosten*[1353] realisiert, welches in Aufbau und Intention dem Deutschland-Handbuch folgte, dieses um die annektierten bzw. angeschlossenen Regionen ‚Ostmark', Sudetenland und Reichsprotektorat Böhmen und Mähren erweiterte und als Ergänzungsband der ersten Auflage des Deutschland-Handbuches geführt wurde. Pflug hatte sich bereit erklärt, im ersten darstellenden Teil die Gebiete Österreich und Sudetenland zu übernehmen, da er inzwischen mehrfach nach Österreich gekommen sei und sich mit Land und Leuten vertraut gemacht habe. Um eventuelle Missstimmungen bei der Prüfung durch die PPK zu vermeiden, wurde unter anderem – so sollte „versucht werden, ein Vorwort von irgend einer prominenten Persönlichkeit zu bekommen" – Folgendes vereinbart: „Mit

1352 *Bücherkunde* 1938, H. 8, S. 428.
1353 Der Titel erlebte nur eine Auflage mit 6.000 Exemplaren. Vgl. RAS, Auflagenbuch Werke im größeren Format / Illustrierte Werke.

Abb. 59 Werbezettel *Lob der deutschen Landschaft*, [1938]. In: RAS, Mappe Großbuch Einzelprospekte L–R. Alle Rechte vorbehalten.

Rücksicht auf die sich ständig ändernden Verhältnisse und auf die Geheimhaltungsvorschriften des Vierteljahresplans soll bei der Neuauflage auf die wirtschaftlichen Artikel verzichtet werden. Damit würde das Handbuch noch stärker auf das rein Geographische ausgerichtet."[1354]

Des Weiteren publizierte Pflug 1938 in *Lob der deutschen Landschaft* (zwei Auflagen mit knapp 11.000 Exemplaren zu 8 RM, Abb. 59) „ältere Landschaftsschilderungen von Deutschen über Deutschland" – aus Reisebeschreibungen, Lebenserinnerungen, Tagebüchern und Briefen unter anderem von Fontane, Droste-Hülshoff, Rosegger und Stifter, die abermals ausführlich im *Völkischen Beobachter* gewürdigt wurden:

> Pflug [...] hat aus überall verstreutem, zum Teil schwer zugänglichen Material eine so umfassende (daß die sudetendeutschen Gebiete bereits in ihm verzeichnet sind, sei besonders angemerkt) und so glückliche Auswahl getroffen, daß in diesem Band, in schöner Ergänzung des Bilderwerkes, ein wunderbar weiträumiges Bild der deutschen Landschaft erwächst.[1355]

1944 war der Titel sowohl für eine Frontbuchhandelsausgabe vorgesehen als auch für eine Ausgabe der Wehrmacht für Norwegen.[1356] Ob diese produziert wurden, konnte nicht ermittelt werden. Ein letzter Titel Pflugs findet sich 1942 im Verlagsprogramm der UB, *Deutsche Städtebilder* wurde in zwei Auflagen mit 50.000 Exemplaren gedruckt.

1354 Aktennotiz Müller vom 07.11.1938 und 25.04.1938. In: RAS, Mappe Verlagsverträge Leipzig (gebundene Ausgaben) M–Z. Es konnte keine prominente Persönlichkeit für das Vorwort gewonnen werden, stattdessen formulierte der Verlag selbst im Vorwort das Ziel des Werkes: „[...] die innige Verflochtenheit aufzuzeigen, die landschaftlich, geschichtlich, wirtschaftlich und kulturell zwischen diesen Grenzlanden und dem Altreich besteht, und die der Führer durch die entscheidende politische Tat besiegelt hat." Helbok; Lehmann 1939, S. 7 f.

1355 *Völkischer Beobachter* 11.12.1938.

1356 Vgl. Aktennotiz vom 13.05.1944. In: RAS, Mappe Verlagsverträge Leipzig (gebundene Ausgaben) M–Z.

3.3.6.4 Eugen Diesel – technische Innovationen

Eugen Diesel, der Sohn des Erfinders des Dieselmotors, Rudolf Diesel, der sich auf Wunsch des Vaters einem technischen Studium zugewandt und erst in München Maschinenbau, später in Berlin Naturwissenschaften, insbesondere Geologie, studiert hatte,[1357] erweiterte die breite Palette kulturgeschichtlicher Themen des Reclam Verlags um kulturphilosophische Werke zur Wirkung von Technik und Maschine auf Natur und Mensch. Er hatte bereits für Duisbergs *Lebenserinnerungen*[1358] das Geleitwort verfasst und wird im weiteren Verlauf dieser Arbeit noch eine Rolle spielen. Bei Reclam erschien 1939 der Titel *Das Phänomen der Technik*[1359] (zwei Auflagen mit

1357 Vgl. Eugen Diesel, Munzinger 1971.

1358 Basierend auf privaten biografischen Aufzeichnungen Carl Duisbergs, Leiter des zweitgrößten Unternehmens in Deutschland, der I. G. Farbenindustrie (an dessen Gründung er maßgeblich beteiligt gewesen war), der als Chemiker u. a. mehrere Farbstoffe erfunden und moderne Laborgebäude entworfen hatte, erschien 1933 bei Reclam ein Buch, das „den Weg dieses deutschen Mannes und gleichzeitig eine große Periode deutscher Wirtschaftsgeschichte schildert." Werbeannonce. In: *BBl.* vom 29.08.1933, Nr. 200, S. 3625, http://digital.slub-dresden.de/id39946221X-19330829/11 [25.05.2024]; Vgl. Eikenberg 2014. Verfasst wurde *Meine Lebenserinnerungen* von Dr. Heinrich Gattineau, dem Pressesprecher der I. G. Farben, deren Verstrickung in den Völkermord in den Nürnberger Prozessen aufgedeckt wurde, und Jesco von Puttkamer. Warum Gattineau, der mit der Einarbeitung der „verschiedenen offiziellen und inoffiziellen Wünsche des Reichswehrministeriums und anderer Instanzen" (Gattineau an Kaemmerer am 13.09.1933. In: RAS, Mappe Duisberg-Akten) viel Mühe hatte, im September 1933 die Nennung seines Namens als Herausgeber in der Buchhändler-Werbung vermeiden wollte, bleibt ebenso ungeklärt wie die Frage, warum er eine Verschiebung der Bucherscheinung um ein Jahr forderte. Vgl. Dr. Brettner an Kaemmerer am 07.09.1933; Kaemmerer an Gattineau am 18.09.1933. In: RAS, Mappe Duisberg-Akten. Mit dem anlässlich des 50. Berufsjubiläums des Geheimrates Carl Duisberg vorrangig als Gabe für die Mitglieder des I. G. Farben-Konzerns publizierten Titel sprach Reclam ein Themengebiet an, welches vier Jahre später einen wesentlich breiteren Lesekreis als dieser in nur 3.957 Exemplaren aufgelegte Titel erreichte. Vgl. Reclam Verlag an Geheimrat Dr. Haber am 25.08.1933. In: RAS, Mappe Duisberg-Akten; Vgl. RAS, Auflagenbuch Werke im größeren Format / Illustrierte Werke. Karl Aloys Schenzingers Roman *Anilin* (1937) behandelt eine ganz ähnliche Thematik und war mit knapp einer Million verkaufter Exemplare bis Kriegsende der erfolgreichste erzählende Text im ‚Dritten Reich'. Es handelt sich dabei um einen – zu dieser Zeit immer beliebteren – Rohstoffroman, der Sachbuchthemen in fiktionalisiertem Gewand behandelt. Schenzinger skizziert die Geschichte der Entdeckung der Teerfarbstoffe, als deren Folge die Geburt der modernen chemischen Industrie festzumachen ist. Die Romanhandlung, welche in der Gründung der I. G. Farben gipfelt, folgt seinen Helden auf dem Weg in ein neues Deutschland, das „klar und sparsam als Land der Nazis charakterisiert wird". Adam 2010, S. 91; vgl. auch Adam S. 87.

1359 Für diesen Titel hatte Diesel zunächst mit dem VDI Verlag in Berlin den Verlagsvertrag abgeschlossen. Letztlich vertrieben Reclam und der VDI Verlag den Titel gemeinsam. Die Zusammenarbeit gestaltete sich folgendermaßen: Verkehr und Abrechnung mit Diesel übernahm der VDI Verlag, ihm standen bei Auflösung des Vertrags auch die Rechte zu. Reclam war zuständig für den Druck und als Hauptauslieferungsstelle für den Buchhandel. Beide Verlage führten für diesen Titel ein separates Konto, Gewinn und Verlust sollten hälftig geteilt werden.

zusammen 12.616 Exemplaren, Abb. 60), in dem er die Forschungs- und Arbeitsweise von Technikern und Ingenieuren thematisiert.[1360] In einem Auszug aus diesem Titel, abgedruckt im *Völkischen Beobachter*, heißt es:

Abb. 60 Werbezettel *Das Phänomen der Technik*, [1939]. In: RAS, Mappe Großbuch Einzelprospekte A–E. Alle Rechte vorbehalten.

> Der Prozeß, in den die Menschheit hineingeraten ist, kann durch [die] Begriffe „Kapitalismus“, „Technisierung“, „Vergewaltigung der Natur“, „Entseelung“ […] nur noch tastend und kümmerlich angedeutet und kritisiert werden. […] Es geziemt sich vor allem, diese Wandlung anzuerkennen und bereit zu sein, das Große und Tüchtige zu wollen.[1361]

1941 folgt mit *Autoreise 1905* (drei Auflagen, 29.000 Exemplare) eine autobiografische Erinnerung Diesels an eine gemeinsame Reise mit seinem Vater durch die Schweiz und nach Oberitalien.[1362] Der erfolgreichste Titel Diesels war jedoch mit 160.000 verkauften Exemplaren die Biografie seines Vaters,[1363] 1937 bei der HAVA erschienen.[1364] Auf eine eilige Anfrage des Sicherheitsdienstes 1944 an die NSDAP, wie sich „der Schriftsteller Eugen Diesel […] in letzter Zeit in politischer und charakterlicher Hinsicht verhalten hat“[1365], berichtet diese, der Kosmopolit Diesel lebe sehr zurückgezogen und kümmere sich offiziell wenig um das Zeitgeschehen. „Über ihn ist nichts Nachteiliges bekannt. […] Seine Frau dagegen hat sich schon wiederholt

Vgl. Vertrag Reclam Verlag – VDI Verlag vom 25.05.1939. In: RAS, Mappe Verlagsverträge Leipzig (gebundene Ausgaben) A–G.

1360 Vgl. Kronenberg 2020.

1361 *Völkischer Beobachter* 03.11.1940.

1362 Vgl. Eugen Diesel, Munzinger 1971.

1363 Vgl. Adam 2010, S. 98.

1364 Mit einem Jahreseinkommen allein aus schriftstellerischer Tätigkeit und aus Tätigkeiten als Lektor, Schriftwalter oder Verlagsredakteur zwischen 17.234 RM (1941) und 24.170 RM (1942) zählte er nicht zu den Spitzenverdienern, konnte aber gleichwohl einen gehobenen Lebensstil finanzieren. Vgl. Erklärungen für die RSK vom 22.02.1942 und 26.03.1943. In: BArch, R 9361-V/4788, Lesefilm-Nr. RK B 31. Siehe dazu auch Adam 2010, S. 100, der die finanzielle Lage Diesels noch positiver einschätzt.

1365 Sicherheitsdienst an NSDAP, Kreisleitung Rosenheim am 10.07.1944. In: BArch, R 9361-II/165419, Lesefilm- Nr. PK B 306, Bild-Nr. 126.

nachteilig über unser gegenwärtiges Staatssystem geäußert."[1366] Adam vermutet in seiner Studie über das *Lesen unter Hitler*, der Grund für diesen Zweifel an Diesels Linientreue bestehe in Diesels offener Kritik an dem Umstand, dass ungeachtet der längst etablierten Befürwortung moderner Technik „Deutschland trotz der Herrschaft der Nationalsozialisten eben noch nicht am Ziel angekommen sei."[1367]

3.3.6.5 Karl Foerster – Gartenleidenschaften

Abb. 61 Werbezettel *Garten als Zauberschlüssel*, [1939]. In: RAS, Mappe Großbuch Einzelprospekte F–K. Alle Rechte vorbehalten.

Der Garten-Philosoph Karl Foerster, Leiter einer Staudengärtnerei und sehr aktiv in der Gartenarchitektur, bereicherte das Reclam'sche Verlagsprogramm um einen mit 24 Aquarellen und 55 Lichtbildern ebenfalls umfangreich illustrierten Titel. *Blauer Schatz der Gärten* erschien 1940 in einer Auflage von 6.000 Exemplaren und wurde 1941 mit 4.080 Exemplaren nachgedruckt. 1939 hatte Reclam vom Verlag der Gartenschönheit in Berlin, wo Foerster zwischen 1922 und 1942 über 20 Gartenbücher publizierte, 3.000 Exemplare des 1925 veröffentlichten Titels *Unendliche Heimat* zum Makulaturpreis übernommen. Die Restauflage verkaufte sich jedoch bis 1944, sodass Foerster vom Verlag nachträglich 25 Pfennig pro verkauftem Exemplar gezahlt wurden. Dabei handle es sich nicht „um das übliche Absatzhonorar, sondern um eine zusätzliche nachträgliche Beteiligung an einem außerordentlichen Gewinn"[1368]. Foerster hatte mit dem Verlag der Gartenschönheit einen Generalvertrag geschlossen, der ihn dazu verpflichtete, jedes neue Manuskript zunächst dort anzubieten. Im Zuge der bevorstehenden Schließung des Verlags der Gartenschönheit bemühte er sich um Begrenzung seines persönlichen Schadens. So bat er den Verlag um Genehmigung, sein neues Buch in einem Schweizer Verlag erscheinen zu lassen, da es über das Gärtnerische weit hinausgehe.[1369] Nach Intervention Lydia Spechts, der Ehefrau des Verlagsleiters Karl Specht, bei der RSK kam

1366 NSDAP, Kreisleitung Rosenheim, Wilhelm Belling: Politische Beurteilung vom 12.07.1944. In: BArch, R 9361-II/165419, Lesefilm-Nr. PK B 306, Bild-Nr. 122.
1367 Adam 2010, S. 99f.
1368 Aktennotiz Müller; Böttcher vom 15.11.1944. In: RAS, Mappe Verträge vor 45 A-G geb. Ausg.
1369 Lydia Specht, Verlag der Gartenschönheit an RSK am 30.10.1944. In: BArch, R 9361-V/5295, Lesefilm-Nr. RK B 46, Bild-Nr. 172.

diese intern zu dem Schluss, dass man dem „stets sehr geschäftstüchtige[n] […] Karl Foerster […] erheblich eins auf die Finger geben soll. Herr Foerster ist seit Jahren ein Großverdiener gewesen und kann gewiß – wie alle anderen deutschen Autoren – in der Zwischenzeit der Schließungsaktion auf seine bisherigen beträchtlichen Einnahmen verzichten."[1370]

Die RSK ließ Foerster demnach wissen, dass ihn die Stilllegung des Verlags nicht von seinen eingegangenen Vertragspflichten entbinde. Außerdem könnten Verlagsrechte nicht ohne Genehmigung, mit der unter den gegebenen Umständen nicht zu rechnen sei, ins Ausland verkauft werden.[1371] Dennoch übertrug Foerster am 12.03.1945 dem Reclam Verlag die Rechte sowohl an *Unendliche Heimat* als auch an *Garten als Zauberschlüssel* (Abb. 61), welches 1934 bei Rowohlt erschienen war.[1372] Beide Titel wurden jedoch nicht neu aufgelegt.

3.3.6.6 Ehm Welk – von Menschen und Tieren

Der Heimatautor Ehm Welk war 1934 nach öffentlichem Protest gegen die Beschneidung der Pressefreiheit durch das RMVP als Redakteur der *Grünen Post* entlassen und für ein paar Tage in das KZ Oranienburg eingewiesen worden. Erst 1937 wurde sein Schreibverbot unter der Auflage aufgehoben, sich auf unpolitische Schriften zu konzentrieren.[1373] Im Jahr 1940 veröffentlichte der Reclam Verlag seine tierpsychologische Studie *Die wundersame Freundschaft*:

> Den uralten und innigen Beziehungen zwischen Tier und Mensch hat Ehm Welk ein Denkmal gesetzt […] Alle großen Menschen haben Tiere geliebt und haben sich auch zu ihren Lieblingen bekannt: Lessing und Schiller, Keller und Stifter, Storm und Lenau, Martin Luther und Friedrich der Große, Wilhelm Busch und Richard Wagner, Schopenhauer und Bismarck und hundert andre – von ihnen allen, und von Pferd und Hund, Katze, Affe und Taube erzählt dieses schöne Buch, das auch mit wertvollen Illustrationen ausgestattet ist.[1374]

1370 Aktenvermerk Meyer an Gentz am 12.12.1944. In: BArch, R 9361-V/5295, Lesefilm-Nr. RK B 46, Bild-Nr. 180.

1371 Vgl. RSK an Foerster am 19.12.1944. In: BArch, R 9361-V/5295, Lesefilm-Nr. RK B 46, Bild-Nr. 178.

1372 Vgl. Verlagsverträge vom 12.03.1945. In: RAS, Mappe Verträge vor 45 A–G geb. Ausg.

1373 Vgl. Ehm Welk, Munzinger 1967. Ab 1939 wurde seine Buchproduktion nicht mehr als ‚schädlich' eingestuft, 1942 durfte er sich sogar wieder offiziell als Schriftleiter betätigen. Vgl. Adam 2010, S. 172; Strothmann 1985, S. 379.

1374 *Neues Wiener Tagblatt* 07.12.1940.

Obwohl seine leichten, heiteren Lausbubengeschichten wie *Die Heiden von Kummerow* (1937 bei Ullstein erschienen) und *Die Gerechten von Kummerow* (1943, Deutscher Verlag), in denen sich zwischen den Zeilen durchaus Widerständiges entdecken lässt, zu den absoluten Bestsellern des ‚Dritten Reiches' zählten – die *Heiden* verkauften sich über 730.000-mal –,[1375] zögerte der Reclam Verlag das ursprünglich für 1939 geplante Erscheinen des Verlagswerks *Die wundersame Freundschaft* (Abb. 62) hinaus. Zum einen wurde für die ursprünglich recht große Neuproduktion im Herbst 1939 nicht das notwendige Material für alle Werke geliefert, zum anderen sei für eine entsprechende Bewerbung des Titels der Mangel an Arbeitskräften momentan zu groß. Zwei Wochen nach Kriegsausbruch schrieb man Ehm Welk, die Aussichten für sein Buch seien im Moment nicht sehr gut, vor allem da „[i]n den nächsten Monaten […] mit einem Überangebot an Büchern zu rechnen [sei] […], da viele Verlage ihre Produktion bereits fertiggestellt hatten und auf der anderen Seite die Nachfrage natürlich ganz entscheidend gesunken ist und noch weiter zurückgehen wird."[1376] Wie der Großteil der Bevölkerung von einem raschen und überragenden Sieg der deutschen Streitkräfte überzeugt, versicherte Nußbächer Welk, im Frühjahr sehe die Lage ganz anders aus. Das Werk habe viel bessere Chancen, „wenn die Aufmerksamkeit nicht mehr so ausschließlich von den politisch-militärischen Ereignissen in Anspruch genommen wird, wie augenblicklich. […] Wir hoffen und glauben alle fest an einen baldigen Erfolg unserer guten Sache"[1377]. *Die wundersame Freundschaft* erschien 1940 im Programm, wurde allein in diesem Jahr viermal nachgedruckt und erreichte eine beachtliche Gesamtauflagenhöhe von 21.127 Exemplaren.[1378] 1941 vergab der Reclam Verlag eine Lizenz an den Volksverband der

Abb. 62 Werbezettel *Das Buch von Tier und Mensch*, [1940]. In: RAS, Mappe Großbuch Einzelprospekte S-Z. Alle Rechte vorbehalten.

1375 Vgl. Adam 2010, S. 168 ff.
1376 Nußbächer an Welk am 14.09.1939. In: RAS, Mappe Verlagsverträge Leipzig (gebundene Ausgaben) M–Z.
1377 Nußbächer an Welk am 14.09.1939. In: RAS, Mappe Verlagsverträge Leipzig (gebundene Ausgaben) M–Z.
1378 Vgl. RAS, Auflagenbuch Werke im größeren Format / Illustrierte Werke.

Bücherfreunde in Berlin-Charlottenburg;[1379] 1944 erschien der Titel als Wehrmachtsausgabe, die im Sortiment nicht erhältlich war.[1380]

Die in diesem Unterkapitel betrachteten Titel von Ehm Welk, Hans Pflug, Edwin Redslob, Eugen Diesel und Richard Benz, relativ aufwendig ausgestattete Verlagswerke, denen die kulturgeschichtliche Würdigung deutscher Persönlichkeiten, Landstriche oder Leistungen gemeinsam ist, und die verlagsseitig oft als Beispiele für die aktive Unterstützung vermeintlich verfemter Autoren durch Reclam herangezogen wurden, können, wie gezeigt wurde, nicht als schlüssiger Beweis dafür gelten, dass „sich der Verlag dem offiziellen Kurs des Propagandaministeriums nicht sklavisch unterwarf"[1381]. Zur offensiven Verbreitung nationalsozialistischen Gedankenguts boten sie sich inhaltlich deutlich weniger an als die im Folgenden thematisierten historischen und kulturgeschichtlichen Buchproduktion Reclams.

3.3.7 Historische und kulturgeschichtliche Werke, Reiseschilderungen[1382]

3.3.7.1 „Das ist der Sinn des deutschen Wunders Adolf Hitler"[1383] – politische Schriften

Obwohl der Begriff ‚Politik' in der vom Verlag gewählten Gattungsbezeichnung *Historische und kulturgeschichtliche Werke, Reiseschilderungen* nicht vorkommt – man verstand sich als unpolitisch – erschienen unter dieser Rubrik vor allem zu Beginn des nationalsozialistischen Regimes hauptsächlich Abhandlungen mit politischem Deutungshorizont. Zu „historisch" und „kulturgeschichtlich" im eigentlichen Sinne zählen am ehesten *Die Religion der Germanen,* 1937 in der UB publiziert (zwei Auflagen, 16.000 Exemplare) des nationalsozialistischen Schriftstellers und Lyrikers Hermann

1379 Vgl. Aktennotiz betr. Ehm Welk, ohne Datum. In: RAS, Mappe Verlagsverträge Leipzig (gebundene Ausgaben) M–Z.

1380 Vgl. Eintrag im Online-Katalog der DNB http://d-nb.info/57829270X [25.05.2024].

1381 Verlagsdokument vom 27.01.1946. In: RAL, Ordner 15.

1382 Während sich das vorangegangene Kapitel auf illustrierte kulturgeschichtliche Verlagswerke ausgewählter Autoren konzentrierte, beleuchtet dieses Kapitel das Reclam'sche Programm in der vom Verlag für die UB gebildeten Rubrik *Histor. und kulturgeschichtl. Werke, Reiseschilderungen.* Numerischer Bestellkatalog der gehefteten UB-Bände vom September 1943. In: RAS, Mappe UB Bestellzettel. Hierbei werden sowohl Titel der UB betrachtet, die vom Verlag dieser Überschrift zugeordnet wurden, als auch Verlagswerke, die von der Verfasserin dieser Rubrik zugeordnet wurden. Die im Kapitel 3.3.6 behandelten Titel zählen folglich ebenso dazu.

1383 Aus dem Schlusswort Erich Czech-Jochbergs *Vom 30. Januar zum 21. März. Die Tage der nationalen Erhebung.* Zitiert in: Begründung Berufungskammer München vom 19.04.1949. In: BArch, R 9361-V/4655, Lesefilm-Nr. RK C 43, Bild-Nr. 32.

Harder[1384] – diese Arbeit zeuge „von echter Liebe zur germanischen Wesensart und ist in ihrer gesamten Haltung zu bejahen"[1385] – sowie das 1934 in zwei Auflagen mit 11.000 Exemplaren veröffentlichte Verlagswerk *Herrscher und Helden germanischer Frühzeit* von Felix Dahn. Dieser habe „alle diese Heldengestalten des germanischen Jahrtausends [...] so beschrieben, wie wir sie heute wahrheitsgemäß erleben dürfen, nachdem wir wach geworden sind: nachdem wir wissen, wer wir sind und wer wir waren."[1386] Reclams Werbetext aktualisiert die Auszüge aus Dahns vierbändiger, 1881–1889 publizierter *Urgeschichte der germanischen und romanischen Völker*, indem er ihren germanenmythisch konnotierten, nationalliberalen Gründerzeitnationalismus in das völkische Gedankengut der Gegenwart überführt.

Abb. 63 Werbezettel *Deutsche Geschichte nationalsozialistisch gesehen*, [1933]. In: RAS, Mappe Großbuch Einzelprospekte A–E. Alle Rechte vorbehalten.

Letzterem widmete der Verlag unter dem Deckmantel des Historischen in dieser Rubrik zahlreiche Titel, die die ‚nationale Erhebung' als logische Konsequenz der jüngsten Vergangenheit herleiten, die Überlegenheit des deutschen Volkes propagandistisch zementieren und den neuen Staat und dessen ‚Führer' glorifizieren.[1387] Erich Czech-Jochberg (eigentlich Erich Cech), „der Biograph Hitlers", lässt in *Deutsche Geschichte nationalsozialistisch gesehen* (Abb. 63)

> die Vergangenheit zur unmittelbaren Gegenwart werden und stellt sie hinein in das große Geschehen unserer Tage. [...] Ein Buch für unsere Gegenwart, das jeder Deutsche lesen muß. Das zweitausendjährige deutsche Volksschicksal wird hier zum erschütternden Erlebnis. Die gestaltende Kraft der Rasse, [...] der heldische Grundzug im Wesen unseres Volkes treten hell in Erscheinung, neben den Mächten des Niedergangs und des Zerfalls. So ist das

1384 Von Hermann Harder erschienen des Weiteren die Titel *Walter von der Vogelweide, der Sänger des Reiches* (1943) und die Erzählung *Irische Heimkehr* (1941).

1385 *Bücherkunde* 1939, H. 5, S. 262.

1386 Sammelprospekt N N. In: RAS, Mappe Großbuch Einzelprospekte A–E.

1387 Vorwegnehmend kann gesagt werden, dass die meisten in der *Liste der auszusondernden Literatur* indizierten Reclam-Titel aus dieser Rubrik stammen (45 Titel), gefolgt von *Staats- und Sozialwissenschaft* mit 24 Titeln.

> Werk eine Anwendung der politischen Grundsätze Adolf Hitlers auf unsere Volksgeschichte.[1388]

Diese Vorankündigung am 15.09.1933 verfehlte ihre Wirkung nicht: Kaum drei Wochen später gab der Verlag am 04.10.1933 in einer ganzseitigen Annonce im *Börsenblatt* zur Kenntnis, dass aufgrund der bisher fest bestellten 20.000 Exemplare eine Erhöhung der Auflage nötig geworden sei, deren Drucklegung die Auslieferung ein klein wenig verzögere.[1389] Im Dezember folgte eine euphorische zweiseitige Besprechung von Wilhelm Kube, Preußischer Staatsrat und Gauleiter der Kurmark:

> Czech-Jochbergs geniales Werk … Ein deutscher Historiker muß ein fanatischer Deutscher sein! Das ist Czech-Jochberg! Ein deutscher Historiker muß sein Volk über alles lieben! Das tut Czech-Jochberg! Bei Czech-Jochberg wacht ein Volk auf. Darum gehört dieses Buch auf den Tisch des Arbeiters wie des Großindustriellen, des SA-Mannes wie des alten Generals, der deutschen Mutter und Frau wie des Jungmädels. Dem schaffenden Menschen sei sie deutsche Bibel, uns allen Erhebung … Das Buch ist eine deutsche Tat.[1390]

Insgesamt wurden 67.707 Exemplare in sechs Auflagen gefertigt,[1391] was die *nationalsozialistisch gesehene Geschichte* nach Auflagenzahlen zum erfolgreichsten Verlagswerk des Reclam Verlags in der NS-Zeit macht. Noch mehr Verbreitung fand Czech-Jochberg in der UB. Hier erschien 1933 der erfolgreiche Titel *Wie Adolf Hitler der Führer wurde*[1392] (sechs Auflagen, 104.000 Exemplare, davon 100.000 1933 und 1934, Abb. 64).[1393] Unter

1388 Werbeannonce. In: *BBl.* vom 15.09.1933, Nr. 215, S. 3891, http://digital.slub-dresden.de/id39946221X-19330915/18 [25.05.2024].

1389 Vgl. Verlagsmitteilung. In: *BBl.* vom 04.10.1933, Nr. 231, S. 4322, http://digital.slub-dresden.de/id39946221X-19331004/4 [25.05.2024].

1390 Zweiseitiger Abdruck der Besprechung Wilhelm Kubes in der Wochenschrift *Der märkische Adler*. Wilhelm Kube: Erich Czech-Jochberg. Blick auf die Deutsche Geschichte von einem Nationalsozialisten. In: *BBl.* vom 13.12.1933, Nr. 289, S: 6206 f., http://digital.slub-dresden.de/id39946221X-19331213/12 [25.05.2024]. Im März 1934 schaltete der Reclam Verlag eine ganzseitige Werbeannonce mit einer Besprechung aus der Nationalsozialistischen Frauenwarte. In: *BBl.* vom 09.03.1934, Nr. 58, S. 1075, http://digital.slub-dresden.de/id39946221X-19340309/15 [25.05.2024].

1391 Vgl. RAS, Auflagenbuch Werke im größeren Format / Illustrierte Werke.

1392 Im Juli 1933 informierte das *Börsenblatt* darüber, dass dieser Titel in der Tschechoslowakei verboten ist: Vgl. In der Tschechoslowakei verbotene Bücher und Zeitschriften. In: *BBl.* vom 22.07.1933, S. 541, http://digital.slub-dresden.de/id39946221X-19330722/17 [25.05.2024]. Im Katalog der UB von 1943 ist das Werk aufgrund der folgenden Ereignisse als „nicht lieferbar" gekennzeichnet.

1393 1934 erschienen außerdem das mit 9.804 Exemplaren eher unbedeutende Verlagswerk *Cäsaren. Bildnisse römischer Kaiser nach dem Geschichtswerk des Suetonius*: „Czech-Jochberg gibt der Stoffsammlung Suetons Bewegung, kulturelle Farbigkeit und erweckt sie zum Leben. […]

Abb. 64 Werbezettel *Wie Adolf Hitler der Führer wurde*, [1933]. In: RAS, Mappe UB Ankündigungen und Sammelprospekte I. Alle Rechte vorbehalten.

Abb. 65 Buchcover *Vom 30. Januar zum 21. März*, [1933]. Archiv der Verfasserin. Alle Rechte vorbehalten.

der Flagge des Verlags Das neue Deutschland, ein Reclam angeschlossener Verlag zur Verbreitung genuin nationalsozialistischer Schriften (siehe Kapitel 3.8.2), wurde außerdem – von Müller rückblickend heruntergespielt – „ein großes, teures Bildwerk (in wenigen Tagen zusammengeschmiert und mit einer Schallplatte versehen)“[1394] mit dem Titel *Vom 30. Januar bis zum 21. März. Die Tage der nationalen Erhebung* verlegt (Abb. 65), in dessen Schlusswort es heißt: „Ein einziges, herrliches Herz, das für Deutschland schlägt, erobert ein ganzes Volk. Reißt es hoch. Rettet es. Das ist der Sinn des deutschen Wunders Adolf Hitler.“[1395]

Aus der Anekdoten- und Zitatensammlung Suetons ist ein zugleich fesselndes und nachdenksames Buch geworden, schmuck ausgestattet und mit 16 trefflichen Bildtafeln für das Auge vervollständigt“. Pressestimme aus *Hamburger Nachrichten*, abgedruckt in Sammelprospekt N. N. In: RAS, Mappe Großbuch Einzelprospekte A–E. Geplant, jedoch nicht realisiert, war noch ein weiteres Werk, für das der Verlagsvertrag am 06.10.1933 abgeschlossen wurde. Der Arbeitstitel lautete: *Karl der Große – Bismarck – Hitler*. In: RAS, Mappe Verlagsverträge vor 1945, A–G.

1394 Müller 1975, S. 3. In: RAL, Ordner 15. Die Schallplatte enthielt Aufnahmen aus *Aufruf an das deutsche Volk*, der Rede, die Hitler einen Tag nach der ‚Machtergreifung‘ gehalten hatte. Vgl. *Books Abroad* Juli 1934.

1395 Zitat des Schlusswortes in der Begründung der Berufungskammer München, welche die Berufung Erich Cechs gegen den Spruch der Spruchkammer München IV vom 21.09.1948 als unbegründet verwarf. Begründung Berufungskammer München vom 19.04.1949. In: BArch, R 9361-V/4655, Lesefilm-Nr. RK C 43, Bild-Nr. 32. Die Spruchkammer München hatte Erich Cech als Hauptschuldigen eingestuft, ihn für fünf Jahre in ein Arbeitslager eingewiesen sowie zum Entzug von 80 % seines Vermögens und zur Zahlung eines laufenden Sonderbeitrags zum Wiedergutmachungsfonds in Höhe von zwei Prozent seines jeweiligen Bruttoeinkommens

Die Zusammenarbeit mit Czech-Jochberg sollte sich trotz sehr guter Verkaufszahlen für Reclam jedoch als Debakel erweisen – bereits in der Zeit des NS und vor allem nach 1945. Der schriftstellerische Erfolg des anfänglich von den Nationalsozialisten hofierten tschechischen Staatsangehörigen[1396] hielt nicht lange an. Nach einem Bruch mit der Partei wurden seine Bücher grundsätzlich abgelehnt und zum Teil in die *Liste des schädlichen und unerwünschten Schrifttums*[1397] aufgenommen:

> Nach einer Zuschrift des Reichsleiters Bouhler an den Völkischen Beobachter vom 7.6.1935 werden die Schriften von Czech-Jochberg von der parteiamtlichen Prüfungskommission zum Schutze des NS-Schrifttums seit langem abgelehnt; keine der Schriften Czech-Jochbergs trägt ein Vermerk der Partei. [...] In der Nummer 158 des Völkischen Beobachters vom 7.6.1935 wendet sich der Geschichtsforscher Walter Frank im Auftrage der Schrifttumsabteilung beim Beauftragten des Führers für die gesamte weltanschauliche und geistige Erziehung der NSDAP gegen den Verlagsdirektor und Schriftsteller Erich Czech-Jochberg. Frank stellt den konjunkturbedingten historischen Dilettantismus, der in Czech-Jochberg seinen bekanntesten Namen gefunden habe, heraus.[1398]

Czech-Jochberg wurde zum Paradebeispiel des sogenannten Konjunkturschrifttums, von Publikationen, die in ihrer Überbemühtheit, den ideologischen Wünschen der Partei zu entsprechen, dieser eher schadeten als nutzten. Diese Schriften erschienen insbesondere in der Frühphase des NS in hoher Zahl, wobei es sich in der Regel um einmalige hohe Erstauflagen handelte, die zur „Schlammflut des Dilettantismus" gerechnet wurden und deren Eindämmung durch die im April 1934 gegründete PPK erreicht werden sollte. Sie beschlagnahmte alle Bücher, die „falsche" Angaben über Hitler oder die Partei enthielten, des Weiteren entzog die von Bouhler geleitete

verurteilt. Die Berufungskammer begründete diese Entscheidung u. a. unter Heranziehung des Titels *Vom 30. Januar zum 21. März. Die Tage der nationalen Erhebung* als Beispiel einer der Schriften Czech-Jochbergs, mit denen er „der nat.soz. Gewaltherrschaft außerordentliche politische und propagandistische Unterstützung gewährt und aus dieser Tätigkeit sehr erheblichen Nutzen gezogen hat." Begründung Berufungskammer München vom 19.04.1949. In: BArch, R 9361-V/4655, Lesefilm-Nr. RK C 43, Bild-Nr. 31.

1396 Der geborene Wiener war seit dem 31.05.1933 in Leipzig gemeldet; eine 1934 beantragte Einbürgerung wurde abgelehnt, da keine besonders dringlichen Gründe vorlagen. Vgl. 05.01.1936 Bericht Zetsche (Schutzpolizei) an Polizeipräsidium Leipzig, Abteilung IV. In: SächsStA-L, 20031, PP-P Nr. 33.

1397 Indiziert wurden der bei Reclam publizierte Titel *Vom 30. Januar zum 21. März* sowie *So lebt Rußland*, 1937 bei Hallwag veröffentlicht. Vgl. Reichsschrifttumskammer 1938, S. 23. In der *Liste der auszusondernden Literatur* der sowjetischen Besatzungszone wurde Cech mit 17 seiner Titel indiziert. Vgl. Verwaltung für Volksbildung SBZ 1946, hier Buchstabe C; Verwaltung für Volksbildung *SBZ* 1947, hier Buchstabe C.

1398 N.N. an Staatsminister des Inneren in Dresden am 24.06.1935. In: SächsStA-L, 20031, PP-P Nr. 33.

Kommission allen Büchern, die ein bereits behandeltes politisches Problem darstellten, die parteiamtliche Empfehlung.[1399] Dieser Sinneswandel gegenüber Czech-Jochberg blieb für Reclam nicht ohne Folgen. Müller erinnert sich, dass Czech-Jochberg „schon sehr bald von der Parteiamtlichen Prüfungskommission als Scharlatan entlarvt wurde und seine, rein um des Profits Willen, flüchtig und verantwortungslos geschriebenen Bücher […] in hohen Beständen bei Reclam und auch im Sortiment beschlagnahmt wurden, wodurch Verluste von einigen hunderttausend RM entstanden waren."[1400] Bezüglich des Spruchverfahrens gegen Cech 1947 teilte der Reclam Verlag mit, dass *Vom 30. Januar zum 21. März. Die Tage der nationalen Erhebung*[1401] schon mit allen Vorräten nach dem Röhm-Putsch auf Befehl der Gestapo vernichtet worden sei, die beiden anderen bei Reclam erschienenen Werke, *Deutsche Geschichte* und *Wie Adolf Hitler der Führer wurde,* seien schon in den 1930er Jahren des Hitler-Regimes nicht wieder aufgelegt worden.[1402] Die einst gelobten Titel Czech-Jochbergs wurden nach seinem Fall sämtlich in der Presse verrissen. Zu den *Cäsaren* beispielsweise schreibt die *Bücherkunde* nun:

> Das Buch Czech-Jochbergs vertritt keine politische Überzeugung und ist ohne geschichtliche Treue, überhaupt ohne Gesinnung geschrieben. Es ist die leichtfertige und oberflächliche Ausschlachtung eines Zettelkastens; alles läuft auf Sensation hinaus! Von Stil kann man nicht reden, sondern nur von der reißerischen Darstellung des Hintertreppenromans.[1403]

Der Verriss des Hitlerbiografen fand seinen Höhepunkt in folgendem Ausspruch: „Das Zeitalter Czech-Jochbergs ist damit vorüber. Es stirbt fast von selbst. Aber auch hier gilt das Nietzsche-Wort: Daß man das, was fallen will, auch noch stoßen sollte."[1404]

1399 Vgl. Strothmann, S. 385f.

1400 Müller 1975, S. 3. In: RAL, Ordner 15.

1401 In einem Bericht der Geheimen Staatspolizei Sachsens zur politischen Vergangenheit Cechs wurde dem Gerücht widersprochen, Cech habe an diesem Buch 100.000 RM verdient. Man vermutete vielmehr einen Gewinnanteil von 3.000 RM. Vgl. 05.01.1936 Bericht Zetsche (Schutzpolizei) an Polizeipräsidium Leipzig, Abteilung IV. In: SächsStA-L, 20031, PP-P Nr. 33. Auf Kaemmerer sei es zurückzuführen, dass das Buch überhaupt erschienen sei, aber es stehe fest, dass dieser sich ursprünglich etwas ganz anderes darunter vorgestellt habe, als es durch den Journalisten Czech-Jochberg geworden sei. Vgl. Erklärung Nußbächers vom 10.08.1948, S. 2. In: RAS, Mappe Dr. Ernst Reclam.

1402 Vgl. Reclam Verlag an Spruchkammer IV München am 05.03.1947. In: RAL, Akte 5.

1403 *Bücherkunde* 1935, H. 3, S. 85f.

1404 *Bücherkunde* 1935, H. 5, S. 161. Nichtsdestoweniger veröffentlichte Erich Cech 1940 unter dem Pseudonym Ernst Clam *Lord Cohn. Die Verjudung d. englischen Oberschicht v. D'Israeli bis Hore-Belisha* – ein „durch und durch antisemitisch[es]" Werk, das versucht, „die jüdische versippte Oberschicht des englischen Volkes als Plurokratie für den Zweiten Weltkrieg verantwortlich zu machen." – so die Berufungskammer München im Jahre 1949. Begründung Berufungskammer vom 19.04.1949. In: BArch, R 9361-V/4655, Lesefilm-Nr. RK C 43, Bild-Nr. 32f.

Czech-Jochberg war jedoch nicht nur mit Publikationen im Reclam Verlag vertreten, er war ferner seit Juni 1933 verantwortlicher Schriftleiter der monatlichen Zeitschrift *Das neue Deutschland. Monatsschrift für die deutsche Freiheitsbewegung und nationalsozialistische Weltanschauung*, die von dem angegliederten Verlag DnD herausgegeben wurde (siehe Kapitel 3.8.2). Verlag und Zeitschrift sollten den Reclam Verlag in der Entnazifizierungsdebatte nach 1945 schwer belasten. Darüber hinaus fungierte Czech-Jochberg seit dem 24.01.1935 zusätzlich als verantwortlicher Schriftleiter von *Reclams Universum*,[1405] bis Otto Paust, der bis dato als Schriftleiter beim *Völkischen Beobachter* fungiert hatte,[1406] angesichts der aktuellen Entwicklungen zum 01.07.1935 als Hauptschriftleiter für beide Periodika eingesetzt wurde. Mit den Publikationen Czech-Jochbergs, aber auch mit der 1934 von Reichsminister Wilhelm Frick herausgegebenen Schrift *Die Rede des Führers Adolf Hitler am 30.01.1934 im Deutschen Reichstag* (35.000 Exemplare in drei Auflagen, die erste Auflage von 10.000 Exemplaren war bereits nach zwei Wochen vergriffen)[1407] gehörte der Reclam Verlag, bekannt für bildungspolitischen Anspruch, geschätzt für klassische Literatur zum kleinen Preis, von der ersten Stunde an zu denen, die den neuen Staat lautstark begrüßten und der half, das neue System nachhaltig in der breiten Mitte der Bevölkerung zu verankern.[1408]

3.3.7.2 *Juden sehen Dich an*[1409] – antisemitische und rassistische Publikationen

Auch Abhandlungen zu ‚Rassentheorien' und ‚Rassenhygiene' finden sich nicht nur marginal im Programm des Reclam Verlags.[1410] Basierend auf dem rassistisch motivierten Antisemitismus des ausgehenden 19. Jahrhunderts und den gleichzeitig einsetzenden ‚rassehygienischen' Überlegungen zur genetischen ‚Verbesserung der

1405 Vgl. N.N. an Staatsminister des Inneren in Dresden am 24.06.1935. In: SächsStA-L, 20031, PP-P Nr. 33.

1406 Vgl. Otto Paust an Polizeipräsidium Leipzig, Presseabteilung am 20.08.1935. In: SächsStA-L, 20031, PP-P Nr. 33. Zu Otto Paust siehe auch Kapitel 3.8.1.

1407 Vgl. Werbeannonce. In: *BBl.* vom 23.02.1934, Nr. 46, S. 805, http://digital.slub-dresden.de/id39946221X-19340223/12 [25.05.2024].

1408 1936 warb der Reclam Verlag auf der Titelseite des *Börsenblatts* für *Sinnhaft. Der Aufriß einer Weltanschauung von einer neuen Ordnung der Menschen her.* Das von E. Bürmen (Pseudonym für Kurt Guratzsch) verfasste Buch bringt „nur Ergebnisse [...]. Es wendet sich an Philosophen, Künstler, Studenten, an alle Menschen, die empfänglich für eine neue Weltansicht sind." Werbeannonce. In: *BBl.* vom 11.05.1936, Nr. 108, Titelseite, http://digital.slub-dresden.de/id39946221X-19360511/1 [25.05.2024].

1409 Titel einer 1933 im Nationalsozialistischen Druck- und Verlagshaus, Berlin-Schöneberg publizierten antisemitischen Propagandaschrift von Johann von Leers, der mit zwei Titeln vergleichbarer Couleur in der UB vertreten war.

1410 Nach Strothmann traten mit geringen Schwankungen vor allem das Schrifttum über die Weltkriege, antisemitische und antibolschewistische Literatur in den Vordergrund der nationalsozialistischen Buchproduktion. Vgl. Strothmann 1985, S. 361. Während sich explizit antibolschewistische Titel nicht im Programm entdecken lassen, veröffentlichte Reclam die

eigenen Rasse' erfuhren ‚Rassenhygiene' und ‚Rassenkunde' bereits in der Weimarer Republik eine hohe Akzeptanz und Verbreitung in der Wissenschaft, wobei dies kein explizit deutsches Phänomen war – viele Länder Europas und Amerikas sahen ‚Rassenhygiene' als Instrument der Sozialpolitik. Im Nationalsozialismus jedoch bildeten ‚Rassentheorien' und ‚Rassenhygiene' grundlegende Elemente der ‚Weltanschauung', wobei ‚Rasse' mit ‚Volk' gleichgesetzt wurde, dessen genetischer Verfall durch ‚Verunreinigung' des Erbguts verhindert werden sollte.

Der bereits 1930 mit einer Startauflage von 20.000 Exemplaren in der UB (Kategorie Naturwissenschaften) publizierte Titel *Rassenkunde* von Walther Scheidt (siehe Kapitel 3.1) – ein Werk, das „in gedrängter Form alles" enthielt, „was jeder wissen sollte, ehe er sich auf Auseinandersetzungen über die Rassenprobleme einläßt"[1411] – wurde bis 1940 in geänderter Fassung (in der *Liste der auszusondernden Literatur* indiziert wurde die Auflage von 1933) in fünf weiteren Neudrucken mit weiteren 40.000 Exemplaren verbreitet. Auch die 1928 erstpublizierte *Familienkunde* von Wilhelm Hussong berücksichtigte in der „völlig neu bearbeitete[n] Auflage" von 1934 „die neuen Errungenschaften des Nationalsozialismus auf familienkundlichem Gebiet und die Fortschritte der genealogischen Forschung. Ein Buch für die nationale Erziehung, das weitester Verbreitung gewiß ist."[1412] Ebenfalls 1934 erschien von dem Juristen Johann von Leers, einem der „produktivsten antisemitischen Publizisten"[1413], *Geschichte auf rassischer Grundlage*:

> Von der Steinzeit bis zum Staate Adolf Hitler zeigt Leers den „Weg unseres Blutes" und weiß die Fülle der wissenschaftlichen Erkenntnisse auf die einfachsten Grundzüge der Rassenkunde zurückzuführen und jedem klarzumachen. Damit leistet das Werk, das auch als Lektüre hohen Genuß bereitet, ein Stück wichtiger nationalsozialistischer Erziehungsarbeit.[1414]

Von Leers war einer der Hauptautoren und mitunter auch zuständiger politischer Redakteur der millionenfach vertriebenen Schülerzeitschrift *Hilf mit!* und zeitweiliger Hauptschriftleiter der kostenlos an alle Lehrer verteilten Zeitschrift *Volksaufklärung*

zahlreichen hier aufgeführten antisemitischen Schriften sowie in hoher Anzahl Literatur zu den Weltkriegen, siehe dazu Kapitel 3.3.7.5.

1411 *Pilsner Tagblatt* 24.11.1931.

1412 Werbeannonce. In: *BBl.* vom 08.11.1934, Nr. 261, S. 4997, http://digital.slub-dresden.de/id39946221X-19341108/30 [25.05.2024].

1413 Goldhagen 1976, S. 400. Von Leers blieb zeitlebens ein fanatischer Antisemit. 1955 siedelte er nach Ägypten über, konvertierte zum Islam und betrieb weiterhin und mit Unterstützung der ägyptischen Regierung antisemitische Propaganda. Zur Rolle von von Leers in der „faschistischen Internationale" der 1950er und 1960er Jahre in Argentinien und Ägypten siehe Finkenberger 2011, S. 522–543.

1414 Sammelprospekt des Verlags *Rassenkunde und deutsche Vorgeschichte*. In: RAS, Mappe UB Einzelprospekte I.

und Schule. Somit gestaltete er auch die nationalsozialistische Indoktrination von Lehrern und Schülern maßgeblich mit,[1415] was den Absatz des Reclam-Bändchens beförderte. „Diese kurze umfassende Rassengeschichte eines der führenden nationalsozialistischen Schriftsteller findet rasch Zugang in weiteste Kreise. Ich bitte um Angebote an Schulen, Führerkurse, Kampf- und Kulturbünde, Studenten u. alle nationalsozialistischen Organisationen."[1416] Dies schuf einen vergleichsweise breiten Absatzmarkt für 68.000 Exemplare in sechs Auflagen. Von Leers trug als „einer der ersten Kenner des Judenproblems"[1417] mit zahlreichen ‚rassegeschichtlichen' Schriften, darunter *Juden sehen Dich an*, in dem er die jüdische Bevölkerung, eingeteilt in Blut-, Lügen-, Betrugs-, Zersetzungs-, Kunst- und Geldjuden diffamiert,[1418] erheblich zur Stigmatisierung des Judentums bei.

Die 1937 in der UB erschienene *Deutsche Rassenpolitik* von Rudolf Frercks, dem Zuständigen für ‚rassen- und erbbiologische' Angelegenheiten im Rassenpolitischen Amt der NSDAP, fand eine deutlich kleinere Leserschaft, wurde aber immerhin in zwei Auflagen mit zusammen 18.000 Exemplaren gedruckt. Das 1936 in der UB (Kategorie Naturwissenschaften) publizierte Buch *Menschenrassen in Vergangenheit und Gegenwart* (1936) des österreichischen Anthropologen und nationalsozialistischen Rassenbiologen Friedrich Keiter bewarb der Verlag so: „Auf dem festen Boden der Wissenschaft fußend, vermittelt der bekannte Hamburger Rassenforscher in klarer, anschaulicher Form jenes Maß von Kenntnissen über die Menschenrassen der Vergangenheit und Gegenwart, das für das weltanschauliche und politische Rassendenken erforderlich ist."[1419] (Abb. 66). Keiter, der nach seiner Habilitation in Graz 1934 an das Rassenbiologische Institut von Walter Scheidt in Hamburg gewechselt war, trat dort noch im selben Jahr in den NS-Lehrerbund ein. Es besteht somit durchaus die Möglichkeit, dass Scheidt oder Frercks die Publikation bei Reclam vermittelt hatten. Dieser Titel war mit 15.000 gedruckten Exemplaren in zwei Auflagen jedoch nur wenig erfolgreicher als Keiters 1941 publiziertes Buch *Rassenpsychologie: Einführung in eine werdende Wissenschaft*, das in einer Auflage mit 10.000 Exemplaren hergestellt wurde.

Der 1939 in der UB veröffentlichte Titel *Viertausend Jahre jüdischer Geschichte* von Walther Brewitz war bereits im Herbst 1935 unter dem Titel *Von Abraham bis Rathenau* als Nr. 9 der Schriftenreihe des Rassenpolitischen Amtes der NSDAP veröffentlicht worden und erreichte dort in drei Auflagen 45.000 Exemplare. Da er in der ursprünglichen Form fast ausschließlich unter Parteigenossen verbreitet worden war, sollte der Text in neuem Gewand den breiten Volkskreisen zur Verfügung

1415 Vgl. Omland 2014, S. 115 ff.

1416 Werbeannonce. In: *BBl.* vom 24.02.1934, Nr. 47, S. 826, http://digital.slub-dresden.de/id39946221X-19340224/14 [25.05.2024].

1417 *Innsbrucker Nachrichten* 22.04.1940.

1418 Vgl. *Gerechtigkeit* 12.10.1933.

1419 Werbeannonce. In: *BBl.* vom 06.11.1936, Nr. 259, S. 5665, http://digital.slub-dresden.de/id39946221X-19361106/18 [25.05.2024].

gestellt werden. Kuczynski und Puchert betonen die finanziellen Vorteile, die sich daraus für den Reclam Verlag ergeben hätten.[1420] Betrachtet man jedoch die Auflagenhöhe von 16.000 Exemplaren in zwei Auflagen, wird deutlich, dass der Titel weder beim breiten Volk ankam noch wirtschaftlich erfolgreich war. Die von Kuczynski und Puchert angeführten politischen Vorteile – gesteigertes Ansehen des Verlags durch die Publikation eines parteiamtlich erschienenen Buches[1421] – sind hingegen nicht von der Hand zu weisen.

Mit den genannten Publikationen hat der Reclam Verlag in jedem Fall dazu beigetragen, die Institutionalisierung des antisemitischen Rassenwahns, die politisch-gesellschaftliche Diffamierung der jüdischen Bevölkerung in Form der Nürnberger Gesetze von 1935 gesellschaftlich zu legitimieren. Im weiteren Sinn betrifft das auch die Ausgrenzung der Sinti und Roma, der Menschen mit Behinderungen und unheilbar Kranker sowie die ab 1939 unter dem Begriff ‚Euthanasie' einsetzende systematische Ermordung ‚unwerten Lebens'.

Nach den angegebenen Gesichtspunkten kommt man zu folgender Übersicht über die Rassenzwerge:

Gruppe	Wuchsverhältnisse	Umliegende Bevölkerungen	Ähnliche Großwüchsige
Melanesische Inlandzwerge	kindhaft	sehr ähnlich	Melanesier
Negrito d. Philippinen (Hinterindien)	erwachsen	sehr unähnlich	Neger Afrikas
Semang, Malakka (Hinterindien)	"	" "	"
Andamaneninsulaner (Hinterindien)	"	" "	"
Wedda, Südindien	kindhaft?	unähnlich	Australide Europäide
Senoi (Malakka)	„?	sehr unähnlich	"
Urwaldpygmäen Afrikas	"	ähnlich	Neger
Buschleute (Südafrika)	erwachsen	z. T. ähnlich	Hottentotten

Abb. 6. Lockenhaariger südind. Zwerg (Weddaform). (Nach v. Eickstedt.)

Wir haben also vor uns: 1. Melanesische Zwerge, die den größerwüchsigen Melanesiern ähneln, ja mit ihnen rassengleich sind. 2. Südasiatische Zwerggruppen, die in der heutigen europäiden und mongoliden Bevölkerung dieser

24

Abb. 66 Seitenabdruck aus *Menschenrassen in Vergangenheit und Gegenwart*, 1936, S. 24. In: Archiv der Verfasserin.

3.3.7.3 ‚Heim ins Reich' – Schrifttum zur territorialen Expansion

Die außenpolitischen Erfolge Adolf Hitlers, die nach der Saarabstimmung 1935 vor allem mit dem ‚Anschluss' Österreichs und der durch das Münchner Abkommen erzwungenen Abtretung des Sudetengebietes zentrale Bestimmungen des Versailler Vertrags revidierten, wurden nicht nur vom Großteil der dort lebenden Bevölkerung, sondern auch im ‚Dritten Reich' insgesamt geradezu frenetisch begrüßt. Dem Zeitgeist entsprechend publizierte der Reclam Verlag mit *Wie der Führer Österreich heimbrachte* bereits 1938

> die erste zusammenfassende Schilderung der weltgeschichtlichen Ereignisse vom 12. März, dem Tag des Beginnes der Triumphfahrt des Führers nach Wien, bis zum 10. April, dem Tag der einmütigen Zustimmung des deutschen Volkes zur Schaffung des Großdeutschen Reiches. […] Noch einmal ziehen vor dem Auge des Lesers jene historischen Stunden vorüber, denen wir alle mit

1420 Vgl. Kuczynski; Puchert 1967, S. 76.
1421 Vgl. Kuczynski; Puchert 1967, S. 76.

klopfendem Herzen folgten, als das Großdeutsche Reich durch den persönlichen Einsatz des Führers für alle Zukunft gegründet wurde.[1422]

Abb. 67 Werbeflyer *Heimgekehrte Grenzlande*, [1939]. In: RAS, Mappe Großbuch Einzelprospekte F–K. Alle Rechte vorbehalten.

Verfasst wurde die Schrift, die in drei Auflagen mit insgesamt 38.000 Exemplaren produziert wurde, von Dr. Alfred Detig, der als „Korrespondent großer reichsdeutscher Tageszeitungen die Entwicklung in Oesterreich während der letzten Jahre im Lande selbst miterlebt und den wichtigsten Ereignissen bei der Machtergreifung als Sonderberichterstatter beigewohnt"[1423] hat.

Zur kulturgeschichtlichen, wirtschaftlichen und landschaftlichen Verortung publizierte der Reclam Verlag 1939 in Fortsetzung des *Deutschland-Handbuchs* (siehe Kapitel 3.3.6.3) Informationen über das im März 1939 errichtete Reichsprotektorat Böhmen und Mähren im „Volksbuch" *Heimgekehrte Grenzlande im Südosten* (Abb. 67), welches „[d]ie erweiterte Heimat der Deutschen [...] jedem zum Erlebnis und inneren Besitz"[1424] werden lasse. Das mit einer nur niedrigen Auflage von 6.000 Exemplaren von Adolf Helbok und Emil Lehmann „mit Sorgfalt und Geschick" bearbeitete Verlagswerk enthielt als

> [e]ine Art Lexikon der Ostmark, des Sudetengaues und des Protektorats Böhmen und Mähren [...] [n]eben einer allgemeinen politischen, geschichtlichen, wirtschaftlichen und kulturellen Einführung in die Einzelländer [...] auch ein lexikales Verzeichnis nach Stichworten [...], das in knappen Zügen über alles Wesentliche der genannten Länder Auskunft gibt. Wenn auch die Kürze manches nur oberflächlich darstellt, so vermag das Buch doch als Nachschlagewerk und als umfassende Einführung in die heimgekehrten Grenzlande Großdeutschlands gute Dienste zu erfüllen.[1425]

Bereits 1933 stellte Dr. Franz Thierfelder, Generalsekretär der Akademie zur Wissenschaftlichen Erforschung und Pflege des Deutschtums, der UB „[e]ine Bestandsaufnahme

1422 *Kärntner Volkszeitung* 06.07.1938.
1423 *Kärntner Volkszeitung* 06.07.1938.
1424 Werbeprospekt *Heimgekehrte Grenzlande*. In: RAS, Mappe Großbuch Einzelprospekte F–K.
1425 *Neues Wiener Tagblatt* 22.10.1939.

des gesamten Deutschtums in der Welt" zur Verfügung. Der in 20.000 Exemplaren gedruckte Titel *Das Deutschtum im Ausland* „läßt die Bedeutung des volksdeutschen Gedankens für Gegenwart und Zukunft hervortreten und schildert in genauen Einzeldarstellungen die Lage der Grenz- und Auslanddeutschen in der ganzen Welt."[1426] Der 1936 „aus gründlicher Kenntnis und mit [...] Liebe" geschriebene Titel *Österreich, Deutsches Schicksalsland* (zwei Auflagen, 21.000 Exemplare), in dem der Verfasser Friedrich Lange „bildhaft aus dem Erlebnis des Landes und seiner Menschen heraus [...] Österreich [...] schildert, wie es wurde und wie es ist"[1427], zählte noch 1937 – wie zahlreiche weitere Titel des Reclam Verlags – zu den in Österreich zur Verbreitung verbotenen Titeln.[1428] So bewertet auch der *Allgemeine Tiroler Anzeiger* die „Absicht, unseren Volksgenossen im Reich ein wahres Bild von der Entwicklung und der gegenwärtigen Lage bei uns in Oesterreich zu geben", als „völlig gescheitert":

> Unrichtiges und Verzerrtes überwuchert das bißchen Gute und Wahre. Zu seiner Widerlegung reicht eine Besprechung nicht aus. Lächerlich finden wir die mehrmalige Abwandlung: Wir wollen Deutsche bleiben. Unser Deutschtum war nie bedroht und ist auch jetzt nicht in Gefahr. Es ist uns eine Selbstverständlichkeit, über die man kein Wort verlieren braucht. Das so oft wiederholte „Denk zu Oesterreich" halten wir für ein Danaer-Geschenk. Wenn man nicht ehrlich und in Achtung der österreichischen Selbständigkeit an uns denkt, lasse man es lieber bleiben.[1429]

Auch Heinrich von Srbik,[1430] einer der bekanntesten österreichischen Historiker, steuerte für die UB 1942 eine Abhandlung über *Gestalten und Ereignisse aus Österreichs*

1426 Werbeannonce. In: *BBl.* vom 12.10.1933, Nr. 238, S. 4575, http://digital.slub-dresden.de/id39946221X-19331012/21 [25.05.2024].

1427 Werbeannonce. In: *BBl.* vom 06.11.1936, Nr. 259, S. 5664, http://digital.slub-dresden.de/id39946221X-19361106/18 [25.05.2024].

1428 Vgl. *Anzeiger für den Buch-, Kunst und Musikalienhandel* 24.05.1937.

1429 *Allgemeiner Tiroler Anzeiger* 07.06.1937.

1430 Srbik trat schon bald nach seiner Berufung zum Professor für Geschichte an der Universität Wien 1922 der „Bärenhöhle" bei, einem gut organisierten, geheimen Netzwerk antisemitischer Professoren, welches zahlreiche Habilitationen und Berufungen jüdischer und linksgerichteter Wissenschaftler an die Universität Wien erfolgreich hintertrieb. Vgl. Taschwer 2016, S. 222. Den ‚Anschluss' Österreichs begrüßte Srbik mit einer Vielzahl euphorischer Zeitungsartikel, der NSDAP trat er bereits zum 01.05.1938 bei. Mit Unterstützung seines Freundes Arthur Seyß-Inquart, Schlüsselfigur bei den Geschehnissen im März 1938, wurde er Präsident der Akademie der Wissenschaften in Wien und Mitglied des großdeutschen Reichstags. Er unterstützte den Nationalsozialismus uneingeschränkt und äußerte sich nun auch in seinen wissenschaftlichen Publikationen offen antisemitisch. Als Konsequenz seiner pro-nationalsozialistischen Haltung wurde er zunächst 1945 vom Dienst befreit und 1948 in den dauernden Ruhestand versetzt, wofür er bis zuletzt keinerlei Verständnis zeigte. Vgl. Pesditschek 2017, S. 779–781.

deutscher Vergangenheit bei, die in einer Auflage mit 30.000 Exemplaren publiziert wurde.[1431]

Der sudetendeutsche Schriftsteller Gottfried Rothacker, dessen antisemitische und rassistische Haltung in seinem umfangreichen Werk klar zum Ausdruck kommt, veröffentlichte 1939 in der UB das Sachbuch *Sudetenland und das deutsche Prag* (vier Auflagen, 50.000 Exemplare). Rothacker, 1925 in Literaturwissenschaft promoviert, war 1926 in die Deutsche Nationalsozialistische Arbeiterpartei eingetreten und nach der ‚Machtergreifung' von Troppau nach Berlin umgesiedelt, wo er als freier Schriftsteller und Journalist vor allem für die *Berliner Börsen-Zeitung* tätig war. Mit *Das Dorf an der Grenze*, 1936 bei Langen Müller erschienen, hatte er einen der erfolgreichsten Romane des ‚Dritten Reichs' geschrieben, in dem er den sogenannten Grenzlandkampf der Sudetendeutschen rechtfertigt.[1432]

Insgesamt vermittelt die hier skizzierte Sachbuchproduktion des Verlags sehr deutlich die publizistische Unterstützung nationalsozialistischer Expansion. Sie nimmt sich neben der weit umfangreicheren Veröffentlichung und Bewerbung belletristischer Texte ‚grenzlanddeutscher' Autoren im Reclam'schen Verlagsprogramm jedoch nahezu bescheiden aus (siehe dazu Kapitel 3.5.1).

3.3.7.4 „Ja, Deutschland ist ein Bauernland"[1433] – ‚Blut-und-Boden'-Literatur

In dem 1940 publizierten *Bauernspiegel Großdeutschlands* stellen Dichter und Schriftsteller, „die aus eigener Erfahrung das Leben des Bauern kennen,[1434] […] den deutschen Bauern von der Hallig bis zu den Alpen, von der Weser bis zur Warthe und den Karpaten in seiner Umwelt farbenprächtig"[1435] vor. Das Buch stellt die unterschiedlichsten Arten des Bauerntums aus dem „herrlich groß geworden[en] Deutschland" vor, die, so verschieden sie „in ihrem Äußern, in Tracht und Mundart, in der Art ihres Schaffens […] auch sein mögen", doch geeint sind in dem „so einmalig[en] und allgültig[en] […] Gesetz, das ihr Leben formt: […] das Gesetz des Bodens."[1436] Herausgeber sind

1431 Zur literaturwissenschaftlichen Begleitung der Erweiterung des ‚Dritten Reichs' durch den nationalsozialistischen Germanisten Kindermann, der mit *Heimkehr ins Reich. Großdeutsche Dichtung aus Ostmark und Sudetenland 1866–1938* – einer Auswahl großdeutscher politischer Lyrik und Prosa aus der Ostmark und dem Sudetenland – anlässlich des 50. Geburtstags Adolf Hitlers den in höchster Zahl gedruckten Band der Reihe *Deutsche Literatur in Entwicklungsreihen* herausbrachte, siehe Kapitel 3.3.5.1.

1432 Vgl. Krumme 2011.

1433 *Salzburger Volksblatt* 19.12.1940.

1434 Karl Springenschmid, Curt Strohmeyer, Hans Dreißiger, Johannes Linke, Agathe Lindner, Luise Westkirch, Ehm Welk und andere.

1435 Werbeannonce. In: *BBl.* vom 19.10.1940, Nr. 245, S. 4901, http://digital.slub-dresden.de/id39946221X-19401019/24 [25.05.2024].

1436 *Salzburger Volksblatt* 19.12.1940.

der österreichische Lehrer und überzeugte Nationalsozialist Karl Springenschmid[1437] und Curt Strohmeyer, der „vom Kampf der deutschen Bauern in Polen [berichtet]. Ein düsteres Kapitel, das tief in die Seele hinein schmerzt. Kampf, Opfer und Tod in Polen. Aber nun sind auch diese Bauern befreit und stehen wieder fest auf altem deutschen Kulturboden."[1438] In dieser Schrift werden die böhmischen und sudetendeutschen Bauern zu treibenden Kräften im „Kampf der Völker" stilisiert: „Der Pflug des deutschen Bauern in Böhmen war die beste Waffe im tschechisch-deutschen Volkstumskampfe, und die Furchen, die der sudetendeutsche Bauer durch sein Ackerland zog, waren die mächtigsten Schützengräben der sudetendeutschen Heimat."[1439]

Diese Propagierung agrarpolitischer Ideologie durch den Reclam Verlag wurde äußerst wohlwollend bewertet:

> Das Buch [...] belegt die Gedanken von Blut und Boden durch volkstümliche Zeugnisse bauerntümlicher Dichtung und stellt den so oft mißbrauchten Wert Blut und Boden in einer echten Prägung wieder her.[1440]

> Die gepflegte, fremdwortreine Sprache der Darstellung legt uns den Gedanken nahe, daß wir im Bauern nicht nur den Spender unserer wichtigsten Leibesnahrung haben, sondern auch den Hüter von Brauch und Sitte, den Bewahrer uralten deutschen Kulturgutes, den „Lebensquell unserer Rasse". Für die schöne Ausstattung bürgt der Name Reclam.[1441]

Das Vorwort[1442] schrieb der Minister für Ernährung und Landwirtschaft Richard Walther Darré, im Volksmund auch Reichsbauernführer genannt, der schon mit seinem Buch

1437 Der Lehrer und Autor von ‚Blut-und-Boden'-Erzählungen Springenschmid war 1932 in die NSDAP und den illegalen NS-Lehrerbund eingetreten, wofür er vom 01.08.1934 bis 31.05.1935 vom Dienst enthoben und mit Wirkung vom 01.06.1936 in den Ruhestand versetzt wurde. Nach dem ‚Anschluss' Österreichs wurde er wieder als Hauptschullehrer eingestellt, wirkte aber de facto als Landesrat für Schulwesen im Gau Salzburg. Als Gauschulungswalter des NSLB lenkte „er in zielbewusster und vorbildlicher Weise die gesamte Erzieherschaft [...] im Sinne der nationalsozialistischen Weltanschauung". Reichsstatthalter Salzburg an Reichsminister des Inneren am 19.08.1940. In: BArch, R 1501/ZW 437 A. 01. 1941 wurde er zum Regierungsdirektor als Leiter der Abteilung Erziehung und Volksbildung ernannt. Vgl. Zeitungsnotiz: Karl Springenschmid zum Regierungsdirektor ernannt. In: BArch, NS 21/2419, Bild-Nr. 764.

1438 *Salzburger Volksblatt* 19.12.1940.

1439 *Landheimat* 08.02.1941.

1440 *Bücherkunde* 1942, H. 5/6, S. 187.

1441 *Landheimat* 08.02.1941.

1442 Gerade durch dieses Vorwort versprach man sich günstigere Aussichten für einen Absatz in den Gliederungen der Partei, die nicht durch einen zu hohen Preis beeinträchtigt werden durften. Daher bat man die Autoren, sich kurz zu fassen, damit der Preis nicht aufgrund des Umfangs zu hoch angesetzt werden müsse, und das Buch noch als Volksbuch angezeigt und verkauft werden könne. Vgl. Nußbächer an Strohmeyer am 30.10.1939. In: RAS, Mappe Verlagsverträge

Das Bauerntum als Lebensquell der Nordischen Rasse die Bedeutung des Bauerntums herausstellte und für die nötige „Achtung und Beachtung […] im Volke" für den „wichtigsten Stand"[1443] warb. Genau diesen Zweck verfolgte auch der *Bauernspiegel* (Abb. 68) des Reclam Verlags:

> Ja, Deutschland ist ein Bauernland, wir haben das nur über dem Land der Dichter und Denker, über der Zeit der Maschinenbauer und Chemiker vergessen. […] Dieser Bauernspiegel [ist] ein Buch, […] das Brücken baut, Brücken zum Bauern von all denen, die nicht unmittelbar der Scholle dienen: Arbeiter, Handwerker, Techniker, Wissenschaftler, und von denen, die in die Städte gewandert sind. Die haben vielleicht schon lange vergessen, daß am Anfang ihrer Vorfahrenreihe Bauern stehen. Man muß dem Buche nur einen offenen Sinn entgegenbringen, ins Herz redet es sich selber hinein. Seine Sprache ist aus dem Leben gewachsen, das der Bauer führt.[1444]

Abb. 68 Werbezettel *Der Bauernspiegel Großdeutschlands*, Holzstich von Alfred Finsterer, [1940]. In: RAS, Mappe Großbuch Einzelprospekte A–E. Alle Rechte vorbehalten.

Bereits 1933 war bei Reclam in *Deutsche Volkskunde* (drei Auflagen, 20.000 Exemplare) von Walter Diener, welche „alle Gebiete der Volkskunde: Dorf- und Stadtanlage, Hausbau, Feldbestellung, Sitte und Brauch bei festlichen Gelegenheiten, Tracht und Kleidung, Sprüche, Sagen und Märchen in der ganzen bunten Mannigfaltigkeit der verschiedenen deutschen Landschaften und Stämme" schilderte, die Bedeutung des Bauerntums explizit betont worden: „Im Bauerntum als dem Urquell unserer Rasse liegen auch die reichsten Schätze unseres Volkstums bewahrt, die das Buch in lebendiger Schilderung vor Augen führt. Die deutsche Volkskunde ist heute ein Hauptfach in der Schule und ein Interessengebiet für jeden Deutschen."[1445] Auch der oben bereits erwähnte Verfasser der *Geschichte auf rassischer Grundlage*, Johann von Leers, der 1940 ohne Habilitation oder Studium den Lehrstuhl für Deutsche Geschichte

Leipzig (gebundene Ausgaben) M–Z. Der Aufwand zur Konzipierung des Buches, der über eineinhalb Jahre in Anspruch nahm, stand in einem unausgewogenen Verhältnis zum Absatz des Titels: Insgesamt wurden in drei Drucklegungen 10.000 Exemplare gefertigt. Vgl. RAS, Auflagenbuch Werke im größeren Format / Illustrierte Werke.

1443 *Landheimat* 08.02.1941.

1444 *Salzburger Volksblatt* 19.12.1940.

1445 Werbeannonce. In: *BBl.* vom 12.10.1933, Nr. 238, S. 4574, http://digital.slub-dresden.de/id39946221X-19331012/21 [25.05.2024].

unter besonderer Berücksichtigung der Bauerngeschichte in Jena erhalten hatte,[1446] steuerte einen Titel bei: In der UB erschien 1935 der geschichtliche Abriss *Der Weg des deutschen Bauern von der Frühzeit bis zur Gegenwart* (drei Auflagen, 24.000 Exemplare), in dem „[d]er bekannte nationalsozialistische Schriftsteller [...] [den] Kampf um Blut und Boden von der frühgermanischen Ausbreitung bis zum Ringen gegen die vernichtende Macht des Leihkapitals unter der Weimarer Republik [...] in farbenprächtigen Bildern dargestellt [hat].“[1447]

In dem Reclam angeschlossenen Verlag Das neue Deutschland wurde 1934 ein weiterer Stand geehrt: Mit *Gott grüße das ehrsame Handwerk. Ein Ehrenbuch des deutschen Handwerks* erschien „das erste, umfassende Werk [...], das von nationalsozialistischen Gesichtspunkten aus einen Überblick über die gesamte Entwicklung des deutschen Handwerks“ bot.[1448] Der Reichshandwerksführer Prof. Wilhelm Georg Schmidt lobte im Vorwort:

> Ich begrüße es mit Freude, daß der Verlag Das neue Deutschland dies Buch geschaffen hat und in so vorzüglicher Ausstattung herausbringt. [...] Ich erblicke die wichtige Aufgabe dieses Buches darin, daß es – in seiner volkstümlichen Sprache und mit seinen vielen guten Bildern – den fernstehenden Kreisen die Bedeutung des Handwerks vor Augen führt. Aber auch innerhalb jeder einzelnen Handwerkerfamilie möchte ich dem Werk einen Ehrenplatz eingeräumt wissen.[1449]

Dreiteilig aufgebaut – Entstehung und Entwicklung des deutschen Handwerks, das deutsche Handwerk im Weltkrieg und in der Nachkriegszeit, Handwerk und ‚nationale Erhebung‘ – gliederte sich das Buch „nicht in die einzelnen Handwerkszweige, es bevorzugt nicht die älteren oder zahlenmäßig stärkeren Handwerke, sondern es faßt durchaus richtig die gesamten Handwerke als einen einzigen großen Stand auf [...] ‚Gemeinnutz geht vor Eigennutz‘.“[1450] Wie das ebenfalls beim Verlag DnD erschienene Buch *Vom 30. Januar zum 21. März* enthielt auch das *Handwerkerbuch* eine Schallplatte, in diesem Fall mit einer Ansprache des Reichshandwerksführers Prof. W. Schmidt. Mit einem Preis von 16 RM ohne und 19 RM mit Schallplatte war es allerdings recht kostspielig.

1446 *Innsbrucker Nachrichten* 22.04.1940.
1447 Werbeannonce. In: *BBl.* vom 03.05.1935, Nr. 101, S. 2103, http://digital.slub-dresden.de/id39946221X-19350503/9 [25.05.2024].
1448 Empfehlung des Reichsstandes des deutschen Handwerks, abgedruckt auf Werbeprospekt des Verlags. In: RAS, Mappe Großbuch Einzelprospekte F–K.
1449 Einzelprospekt zum Buch. In: RAS, Mappe Großbuch Einzelprospekte F–K.
1450 Einzelprospekt zum Buch. In: RAS, Mappe Großbuch Einzelprospekte F–K.

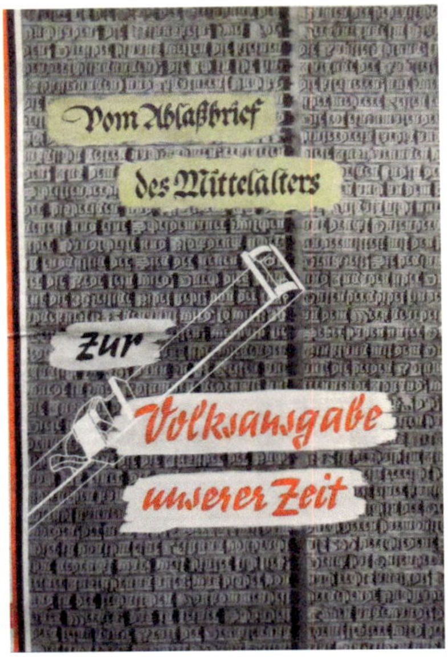

Abb. 69 Werbeprospekte *Geschichte der Buchdruckerkunst*, [1940].
In: RAS, Mappe Großbuch Einzelprospekte A–E. Alle Rechte vorbehalten.

Das Handwerk der Buchdrucker ehrte der Reclam Verlag anlässlich der Gutenberg-Feier 1940 mit dem Titel *Geschichte der Buchdruckerkunst. Von den Anfängen bis zur Gegenwart* von Hermann Barge (Abb. 69). Für diesen Titel hatte man mit dem Verlag Josefa Demeter (alleinige Inhaberin des Verlags, sie hatte den Vertrag mit Barge im September 1937 abgeschlossen) einen Lizenzvertrag geschlossen, nach welchem dem Reclam Verlag die Rechte an dem Titel für eine gekürzte Bearbeitung überlassen wurden.[1451] Das immer noch knapp 500 Seiten umfassende Werk enthielt in der von Walter Tiemann besorgten Ausstattung 134 teils ganzseitige Abbildungen sowie ein Reprint zweier Seiten aus der 42-zeiligen Gutenberg-Bibel.[1452] Diese ungewöhnlich hohe – und zunächst nicht geplante – Anzahl der Abbildungen führte zu einer Erhöhung des Verkaufspreises des als preiswerte Gabe zum Gutenberg-Jahr[1453] konzipierten Titels von 10 RM auf 12 RM, die sich aber lohnte: Das „voluminös und ausgezeichnet ausgestattete" Werk wurde von der Presse und der Fachwelt in zahlreichen Besprechungen begeistert aufgenommen:

1451 Vgl. Lizenzvertrag Reclam Verlag – Josefa Demeter vom 10.01.1940. In: RAS, Mappe Verlagsverträge Leipzig (gebundene Ausgaben) A–G.

1452 Vgl. Werbeplakat *Geschichte der Buchdruckerkunst*. In: RAS, Mappe Großbuch Einzelprospekte A–E.

1453 Vgl. Müller an Barge am 08.06.1940. In: RAS, Mappe Verlagsverträge Leipzig (gebundene Ausgaben) A–G.

> Wenn es noch eines Verweises bedarf, daß die Entwicklung der Buchdruckerkunst mitten im flutenden Leben der Zeit steht […] so würde dieser erbracht werden durch dieses Werk. Ein außerordentlich reiches und vorbildlich wiedergegebenes Anschauungsmaterial spiegelt die gestalterischen Tendenzen der Männer, die sich im Gefolge des großen Meisters um die lebendige Fortführung seines Erbes bemüht haben. Die Ausstattung des Buches ist in jeder Weise vorzüglich zu nennen und ein Zeugnis vom Hochstand deutschen technischen Buchschaffens.[1454]

Mit einer Auflage von 9.565 Exemplaren gehört der Titel allerdings nicht zu den zugkräftigsten des Programms.[1455]

Mit Wilhelm Rumpfs *Deutsche Leistungen in aller Welt* stellte der Verlag bereits 1934 (drei Auflagen, 24.000 Exemplare) die führende Rolle deutschen Schaffens heraus:

> Eine überwältigende Fülle deutscher Leistungen ist in diesem Bändchen zusammengefaßt. Aus allen Gebieten, überall sind deutsche Genialität und Tüchtigkeit führend gewesen. Diese zum Teil wenig bekannten Tatsachen eindringlich, vollständig und lebendig vor Augen zu führen, ist das besondere Verdienst dieses Buches, das die packendste und erhebendste Lektüre aller Deutschen, auch für die Jugend, darstellt.[1456]

3.3.7.5 „Ein hinreißender Akkord des Opferwillens und des Aktivismus"[1457] – Kriegsliteratur

Zu den mit Abstand beliebtesten Büchern in der Zeit des NS-Regimes zählt die Flut an Sachbüchern, Erlebnisberichten, Erinnerungen und Romanen, die sich mit dem Ersten Weltkrieg und den unmittelbaren Kriegsfolgen auseinandersetzen.[1458] Das seit 1929 stark angestiegene Interesse am ‚Weltkrieg' bediente der Reclam Verlag gleichsam von Beginn an:[1459] 1930 enthält Karl Ludwig von Oertzens *Der Große Krieg. Eine Übersicht der militärischen Ereignisse*

1454 Werbeprospekt *Geschichte der Buchdruckerkunst*. In: RAS, Mappe Großbuch Einzelprospekte A–E.

1455 Vgl. RAS, Auflagenbuch Werke im größeren Format / Illustrierte Werke.

1456 *Salzburger Volksblatt* 11.10.1934.

1457 Werbeannonce. In: *BBl.* vom 11.10.1934, Nr. 238, S. 4262, http://digital.slub-dresden.de/id39946221X-19341011/14 [25.05.2024].

1458 Vgl. Adam 2010, S. 135 ff.

1459 Reclam hatte allerdings kein eigenes wehrwissenschaftliches Lektorat, anders als die HAVA, die in der Wehrmacht seit deren Gründung 1935 einen zukunftsträchtigen Massenbuchmarkt gewittert hatte. Ihr wehrwissenschaftliches Lektorat arbeitete dank guter Beziehungen zu Reichskriegsminister Blomberg eng mit den militärischen Stellen zusammen. Bereits seit 1933 hatte die HAVA verstärkt militärische Titel als Anpassungsreaktion ins Programm ge-

> in wohltuender Sachlichkeit alles, was Deutschland und seine Verbündeten in den vier schweren Jahren zu Wasser und zu Lande und in den Kolonien geleistet haben. Gerade die Zusammenballung des Stoffes zeigt die Kraft des deutschen Volkes, das, trotz unerhörter Leiden, durch vier Jahre einer Welt von Feinden standzuhalten vermochte. Großzügig, klar führt von Oertzen dem Leser die Hauptereignisse, deren Ursache und Wirkung vor Augen. Das Werk [...] kann als die Quintessenz aller Forschungen und einander widerstreitenden Meinungen über den Weltkrieg angesehen werden.[1460]

Ebenfalls 1930 schildert Alfred von Wegerer, der Leiter der Zentralstelle für Erforschung der Kriegsursachen, in *Wie es zum Großen Kriege kam*

> das Wesentlichste aus der Geschichte von 1871–1914, soweit die Ereignisse auf die Entstehung des Weltkrieges von Einfluß waren. Die Frage, wie sich die Verantwortlichkeit für den Krieg auf die einzelnen Nationen verteilt, ist absichtlich nicht erörtert worden, doch will der Verfasser durch einfache Mitteilung der historischen Tatsachen dazu beitragen, einer ruhigen und sachlichen Betrachtungsweise über die Entstehung des Weltkrieges die Wege zu ebnen.[1461]

Der neutrale Tenor der Besprechung kaschiert die revisionistische Ausrichtung des Titels, dessen Autor die deutsche Kriegsschuld prominent und entschieden ablehnt.

Beide Bände wurden in der 1933 ins Leben gerufenen Reihe *Deutsches für Deutsche* (Abb. 70) erneut publiziert. Diese insgesamt zehn Bände[1462] umfassende Reihe ließ sich gänzlich aus dem Fundus der UB konzipieren und bediente ein breites, aber deutlich fokussiertes Spektrum deutscher Kultur-, Militär- und Politikgeschichte. Neben den genannten Titeln zum Ersten Weltkrieg kamen in Curt Woytes *Von den alten Germanen* Heinrich von Kleists *Hermannsschlacht* und Tacitus' *Germania* zu Wort. Ferner erschienen ein Band mit Lebensbeschreibungen von Karl dem Großen und Ludwig dem Frommen, Walther von der Vogelweides *Sämtliche Gedichte* sowie der Band *Deutschland nach dem 30-jährigen Krieg* (in der UB 1927 publiziert) von Heinrich von Treitschke.[1463]

nommen, da die Produktion politisch-propagandistischer Titel angesichts der wechselhaften Anforderungen in der Frühzeit des NS-Regimes zu riskant erschienen war. Außerdem diente das wehrwissenschaftliche Lektorat, dessen Blütezeit gleichzeitig mit dem Sturz Blombergs 1938 zu Ende ging, als Maßnahme zur Kompensation der ‚Gleichschaltung' des Deutschnationalen Handlungsgehilfen-Verbands. Vgl. Lokatis 1992, S. 85, 115, 116, 117, 124.

1460 *Linzer Tagespost* 08.11.1930.

1461 *Salzburger Volksblatt* 02.01.1931.

1462 Die Bändchen konnten zu je 40 Pfennig erworben werden und waren damit nur fünf Pfennig teurer als die Bände der UB.

1463 Von Heinrich von Treitschke wurden bis 1934 noch drei weitere – alle der historisch-kulturgeschichtlichen Kategorie zugeordnete – Titel publiziert: *Der Befreiungskrieg* (1928); *Das deutsche Ordensland Preußen* (1933), *Preußens Erhebung* (1934). Von Treitschke war Autor der

Außerdem neu aufgelegt wurde Ernst Moritz Arndts 1813 erstmals publizierter, 1921 in der UB veröffentlichter Titel *Der Rhein, Deutschlands Strom, aber nicht Deutschlands Grenze*, in dem der Autor die Ablösung des deutschsprachigen Rheinlands von Frankreich fordert und damit die nationale Einheitsbewegung nachhaltig unterstützt. Mit Titeln wie diesem von Arndt, der zu „den wichtigsten Impulsgebern des frühen deutschen Nationalismus" gehörte, dem „Völkerhass […] das wirksamste Mittel zur Nationsbildung im Sinne der Selbstfindung der Völker"[1464] war, und der, von Xenophobie getrieben, nicht nur antifranzösische, sondern auch antisemitische frühnationalistische Hasspredigten veröffentlichte, lieferte die Reihe bereits zu Beginn der nationalsozialistischen Herrschaft – und ihrem Titel mehr als gerecht werdend – gleichsam die historische Legitimation der Überhöhung des Deutschen, des auf die Spitze getriebenen Nationalismus.

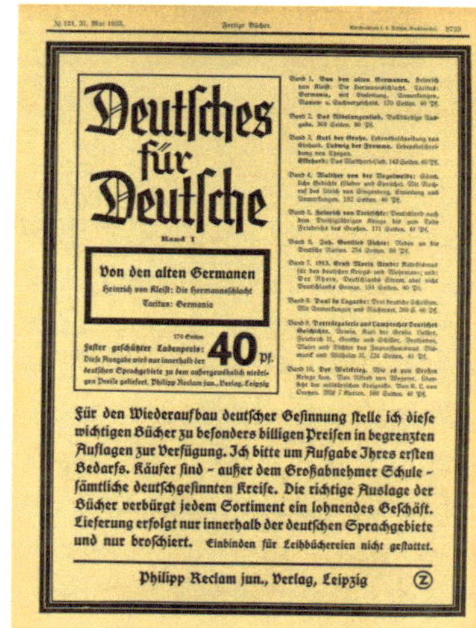

Abb. 70 Werbeannonce zur Reihe *Deutsches für Deutsche*. In: *BBl.* vom 31.05.1933, Nr. 124, S. 2725, http://digital.slub-dresden.de/id39946221X-19330531/15. Alle Rechte vorbehalten – Freier Zugang.

Mit den *Reden an die deutsche Nation,* erstmals publiziert 1808, trug letztendlich auch einer der maßgeblichen Philosophen des deutschen Idealismus, Johann Gottlieb Fichte, „der zeitlebens sozialistische Ideale vertrat […,] zur Radikalisierung des deutschen Nationalismus und zur Entstehung völkischen und antisemitischen Denkens [… insbesondere durch seine] pathetische Aufladung des Volksbegriffs"[1465] bei.

In diesem Sinne richteten sich die Werbemittel für die Reihe explizit auf eine deutsch-nationale Zielgruppe aus:

> Für den Wiederaufbau deutscher Gesinnung stelle ich diese wichtigen Bücher zu besonders billigen Preisen in begrenzten Auflagen zur Verfügung. […]

Denkschrift *Unsere Aussichten* von 1879, die den später vom NS-Hetzblatt *Der Stürmer* als Parole aufgegriffenen Satz „Die Juden sind unser Unglück" enthielt, und in der Treitschke die Zurückdrängung des gesellschaftlichen Einflusses der Juden forderte und somit den Berliner Antisemitismusstreit auslöste. Zum Berliner Antisemitismusstreit sowie zur Einordnung und Bewertung von Heinrich von Treitschkes – aus heutiger Sicht – antisemitischer Haltung und deren Nachwirkung auf den antisemitischen Diskurs zwischen 1890 und 1933 siehe Gerhards 2013, S. 60–69, 118–134.

1464 Jansen 2017a, S. 39 f.

1465 Jansen 2017b, S. 156 ff. Fichte und Arndt gehörten zu den Begründern des deutschen Nationalismus unter napoleonischer Herrschaft „und zu den Paten der ersten nationalistischen Organisation in ‚Deutschland', der Burschenschaft." Jansen 2017b, S. 157.

> Käufer sind – außer dem Großabnehmer Schule – sämtliche deutschgesinnten Kreise. Die richtige Auslage der Bücher verbürgt jedem Sortiment ein lohnendes Geschäft. Lieferung erfolgt nur innerhalb der deutschen Sprachgebiete.[1466]

Bis September 1939 veröffentlichte der Reclam Verlag eine Vielzahl von Titeln, die in ihrer Darstellung des Zweiten Weltkriegs, insbesondere seiner territorialen Konsequenzen, eine tragende Rolle bei der ideologischen Vorbereitung des Zweiten Weltkriegs spielten. Dazu gehörte etwa der 1939 in der UB publizierte, ursprünglich als Erinnerungsschrift anlässlich des Ausbruchs des Ersten Weltkriegs konzipierte Titel *Von 1914 bis 1939: Sinn und Erfüllung des Weltkrieges* von Werner Beumelburg, einem der repräsentativsten Autoren des NS-Staates. „In heißestem Bekenntnis" deutet Beumelburg in diesem gerade rechtzeitig aktualisierten Titel „den Sinn des großen Geschehens, das von dem Weltkrieg bis zur neuen Bewährung Deutschlands im Kampf gegen England führt."[1467] Den Titel habe der Verlag der PPK vorlegen müssen,[1468] „die dann sehr wesentliche Änderungen und Zusätze veranlasste."[1469] Mit 81.000 gedruckten Exemplaren in fünf Auflagen zählt der Titel zu den 15 meistgedruckten Sachbüchern der UB. 1941 wurde der Text unter dem leicht veränderten Titel *Von 1914 bis 1940* als Tornisterschrift Nr. 24 des Oberkommandos der Wehrmacht (Abteilung Inland) veröffentlicht und war in dieser Form nur für den Gebrauch innerhalb der Wehrmacht bestimmt.[1470]

Den Versailler Vertrag thematisierte Hermann Gackenholz in dem 1934 erschienenen Buch *Das Diktat von Versailles und seine Auswirkungen*[1471] (25.000 Exemplare in drei Auflagen); mit der Saarfrage befasste sich Adolf Müllers *Der Kampf um die Saar* (1934 publiziert, zwei Auflagen in 30.000 Exemplaren). Diese Abhandlung

1466 Werbeprospekt *Deutsches für Deutsche*. In: RAS, Mappe UB Ankündigungen und Sammelprospekte I.

1467 Werbeannonce. In: *BBl.* vom 18.10.1939, Nr. 243, S. 5442, http://digital.slub-dresden.de/id39946221X-19391018/11 [25.05.2024].

1468 Die PPK, die ursprünglich die Publikationsflut zur NS-Bewegung eindämmen und sämtliche Neuerscheinungen zu diesem Thema im Parteiverlag lancieren sollte, hatte ebenso wie Rosenberg (der eigentlich nur für die Prüfung der Literatur zur Schulung der NSDAP zuständig war), ihren Zuständigkeitsbereich auf sämtliche Schriften ausgeweitet und verfügte zudem über eine Zensurvollmacht von Hitler. Vgl. Barbian 1997, S. 110f. Daher war die wohlwollende Prüfung der PPK für die Verlage von besonderer Bedeutung. Es ist davon auszugehen, dass der Reclam Verlag den Großteil der in diesem Kapitel genannten Titel der PPK zur Prüfung vorlegen musste.

1469 Erklärung Nußbächers vom 10.08.1948, S. 3. In: RAS, Mappe Dr. Ernst Reclam. Diesen Titel führt Nußbächer 1948 als Beispiel dafür an, dass „in vielen Fällen ein erheblicher Druck auf den Verlag ausgeübt worden ist, um gewisse Werke zu bringen, andere umzuarbeiten." Erklärung Nußbächers vom 10.08.1948, S. 3. In: RAS, Mappe Dr. Ernst Reclam.

1470 Vgl. Eintrag im Online-Katalog der DNB http://d-nb.info/365036269 [25.05.2024].

1471 Unter dem neutraleren Titel *Der Versailler Vertrag* war der Friedensvertrag ursprünglich von Eduard Rosenbaum bearbeitet worden. Siehe dazu Kapitel 3.2.2.

> dürfte […] [a]us der Anzahl von Literatur, die über die Saar erschienen ist, […] an der Spitze rangieren. Ja, ich bin versucht, das Buch als den Katechismus für die z. Zt. vielleicht wichtigste und bedeutungsvollste geschichtliche Frage der Gegenwart zu bezeichnen. Ein Büchlein, das jeder Deutsche während der nächsten 12 Monate täglich in seiner Tasche führen müßte[1472], meinte der Preußische Staatsrat Alois Spaniol, zu dieser Zeit Landesführer der NSDAP im Saargebiet und Referent im Ministerium für Wirtschaft und Arbeit, in einer Werbeannonce des Verlags im *Börsenblatt.*[1473]

Mit *Um Rhein, Ruhr und Saar: Ein Abwehrkampf 1918–1935* (zwei Auflagen, 16.000 Exemplare) des antisemitischen Juristen und Publizisten Friedrich Grimm folgte 1937 ein „nachdrücklich zu empfehlen[der]“ Titel:

> Das Büchlein, das wegen seines billigen Anschaffungspreises jedem Volksgenossen zugänglich ist, eignet sich hervorragend für jede Art politischer Schulung und Erziehung, besonders auch zur Unterrichtung über Gegenwartsfragen nationalsozialistischer Außenpolitik. Ein weiterer Vorzug der Schrift liegt darin, daß sie breitesten Kreisen das sehr verzweigte und schwer zugängliche fremdsprachige Schrifttum über die einschlägigen Fragen erstmalig erschließt. Das Büchlein ist nachdrücklich zu empfehlen.[1474]

In *Tausend Jahre deutscher Kampf im Osten* (1933 in der UB publiziert, fünf Auflagen, zusammen 46.000 Exemplare) schildert Hans Schoeneich, Zuständiger für Jugend und Schulgruppenarbeit im Verein für das Deutschtum im Ausland, „in großem historischen Rahmen den gewaltigen Volkstumskampf im Osten und beweist das

1472 Werbeannonce. In: *BBl.* vom 21.03.1934, Nr. 68, S. 1343, http://digital.slub-dresden.de/id39946221X-19340321/9 [25.05.2024].

1473 Das Bändchen, das den Beweis erbringe, dass das Saargebiet „in jeder Beziehung deutsch ist und zu Deutschland gehört“ (Annonce. In: *BBl.* vom 16.02.1934, Nr. 40, S. 676, http://digital.slub-dresden.de/id39946221X-19340216/4 [25.05.2024]) wurde hingegen von der *Bücherkunde* bemängelt: Der Verlag hätte sich bei berufenen Stellen um eine sorgfältigere Prüfung der von fachlichen und stilistischen Unrichtigkeiten durchsetzten schlechten Zusammenschrift anderer Publikationen, die „weder dem Verfasser noch dem Verlage – und das ist das Wesentliche – auch der deutschen Saarliteratur nicht zur Ehre“ gereiche, kümmern müssen. Einen vergleichbaren Verriss – „[d]aß aber ausgerechnet der Reclam-Verlag eine derartig unzuverlässige Arbeit als Aufklärungsbroschüre herausbringen mußte, sollte zu denken geben! […] wohin kämen wir, wenn jeder deutsche Verlag sich berufen fühlte, um jeden Preis in Saarliteratur zu machen?“ – erlebte kein anderes der in der *Bücherkunde* besprochenen Reclam'schen Bücher. *Bücherkunde* 1934, H. 4, S. 43.

1474 *Bücherkunde* 1938, H. 6, S. 326.

Recht des deutschen Volkes auf den Boden, den es schon in Urzeiten besessen und in jahrhundertelanger kolonisatorischer Aufbauarbeit der Kultur erschlossen hat."[1475]

Gegen „[d]as Versailler Diktat und de[n] Raub der deutschen Kolonien"[1476] – infolge des Versailler Vertrags waren die deutschen Kolonien dem Völkerbund unterstellt und somit de facto aus dem Gebiet des Deutschen Reiches herausgelösten worden – empörten sich im Reclam Verlag Hermann Böhme mit *Carl Peters, der Begründer von Deutsch-Ostafrika* (1939 publiziert, drei Auflagen, 29.000 Exemplare) und Ernst Gerhard Jacob mit dem sehr erfolgreichen Titel *Die deutschen Kolonien einst und jetzt* (1938 publiziert, fünf Auflagen, 83.000 Exemplare). Jacob erhebt „auf unsere uns geraubten Kolonien einen wohlbegründeten, unverjährbaren Rechtsanspruch", denn „[d]ie Weltgeschichte kennt keine größere Schmach und Schande als den unter Vertragsbruch vollzogenen Raub der deutschen Kolonien [...] und die Ehrlosmachung des ganzen deutschen Volkes durch die Behauptung seiner kolonialen Unfähigkeit."[1477]

Befeuert wurde die kolonialpolitische Diskussion zweifellos auch durch *Der Kampf um den Erdraum. Kolonien vom Altertum bis zur Gegenwart* (Abb. 71). Paul Ritter,[1478] Hauptzensor für koloniales Schrifttum im Kolonialpolitischen Amt der NSDAP,

> rollt hier den großen machtpolitischen Kampf um den Erdraum, der gerade im Augenblick Völker und Armeen in Bewegung setzt, in farbenprächtigem Gemälde auf. [...] Der Angelpunkt des Werkes liegt in der Frage: Wo stand und steht Deutschland inmitten dieser Geschehnisse? Die eingehende Schilderung der deutschen Kolonisation wird hineingestellt in den großartigen, jahrhundertelangen Kampf um Raum [...] – ein Kampf, in dem das letzte Wort noch lange nicht gesprochen ist.[1479]

1475 Werbeannonce. In: *BBl.* vom 12.10.1933, Nr. 238, S. 4574, http://digital.slub-dresden.de/id39946221X-19331012/21 [25.05.2024]. 1934 erschien von Schoeneich ein weiterer Titel in der UB: *Die ihr Heimatland verließen: Wege und Schicksale deutscher Auswanderer* (vier Auflagen, 31.000 Exemplare).

1476 Jacob 1938, S. 13.

1477 Jacob 1938, S. 72 f.

1478 Paul Ritter, 1930 aus Deutsch-Südwestafrika zurückgekehrt, erlebte als Parteigenosse der ersten Stunde und Journalist und Berichterstatter für den Berliner *Völkischen Beobachter* die Zeit der ‚Machtergreifung' in vorderster Linie. 1934 wurde er mit der Schriftleitung der *Deutschen Kolonialzeitung* und dem Hauptlektorat für das gesamte koloniale Schrifttum im kolonialpolitischen Amt der NSDAP betraut. Nach dessen Schließung im Zuge des ‚totalen Krieges' leitete er eine Kriegsberichterstatter-Staffel in Norwegen, das Kriegsende erlebte er in Russland, wo er seit Ende 1944 lebte. Obgleich dreimal als Hauptschuldiger angeklagt (Parteimitglied, Mitglied der Reichsregierung und Hauptschriftleiter), wurde er nicht verurteilt. Seine schriftstellerische Karriere hingegen war vorbei, sodass er 1951 nach Johannesburg auswanderte, wo er als Agent für eine niederländische Versicherungsgesellschaft tätig war. Vgl. Ritter an Hans Grimm am 12.07.1955. In: DLA, A:Grimm, Hans, HS.NZ83.0002.

1479 Werbeannonce. In: *BBl.* Nr. vom 29.10.1935, Nr. 252, S. 5164 f., http://digital.slub-dresden.de/id39946221X-19351029/27 [25.05.2024].

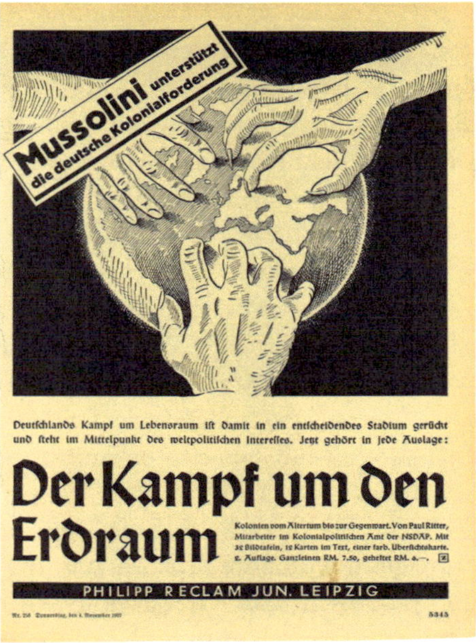

Abb. 71 links: Werbezettel *Kampf um den Erdraum*, [1935]. In: RAS, Mappe Großbuch Einzelprospekte L–R. Alle Rechte vorbehalten; rechts: Werbeannonce *Der Kampf um den Erdraum*. In: *BBl.* vom 04.11.1937, Nr. 256, S. 5345, http://digital.slub-dresden.de/id39946221X-19371104/37. Alle Rechte vorbehalten – Freier Zugang.

Dieses 1935 publizierte, von eingängigen Werbemaßnahmen (Abb. 71) begleitete, äußerst profitable Buch war mit 27.690 Exemplaren in sechs Auflagen[1480] das nach der gedruckten Stückzahl zehnterfolgreichste Sachbuch unter den Verlagswerken. Von der Presse wurde es dankbar angenommen und in den kolonialpolitischen Dienst gestellt:

> Gerade jetzt, wo die Frage der Neuverteilung der kolonialen Rohstoffe wie auch des kolonialen Raumes mit Wucht angegriffen worden ist – jene große Frage, die nicht eher zur Ruhe kommen wird, bis sie nach den natürlichen Gesetzen der Lebensbedürfnisse der Völker gelöst ist –, erscheint diese wertvolle Veröffentlichung, in deren Mittelpunkt der deutsche Kampf um den Erdraum steht.[1481]

1480 Vgl. RAS, Auflagenbuch Werke im größeren Format / Illustrierte Werke. Ab der vierten Auflage wurde der Preis mit Genehmigung des Reichskommissars für Preisbildung erhöht auf 10 RM für die broschierte Ausgabe, 12 RM für Halbleinen. Vgl. Preisänderungen. In: *BBl.* vom 15.04.1943, Nr. 81, S. 492, http://digital.slub-dresden.de/id39946221X-19430415/14 [25.05.2024].

1481 Pressestimme aus *Afrika-Nachrichten*, Leipzig, abgedruckt in Werbeprospekt *Bücher bereichern*. In: RAS, Mappe Großbuch Ankündigungen und Sammelprospekte.

In *England in der Entscheidung*[1482] beschreibt Arnold Hillen Ziegfeld, ein „hervorragender Kenner Englands […,] zwei Kräftegruppen […], von denen die eine mit ihrem Festhalten an der Isolierung England der Gefahr des Verfalls aussetzt, während die andere eine Um- und Weiterbildung des ‚Engländertums' in einem gesunden Ausgleich mit dem europäischen Kontinent anstrebt".[1483] Ziegfeld, so der Verlag, habe

> den politischen Weitblick, um die nationalsozialistische Entwicklung Deutschlands in ihrer europäischen Bedeutung als Symptom der Wandlung eines Kontinents zu erkennen. So gibt dieses Buch nichts Geringeres als eine Deutung der englischen Welt- und Lebenssituation von heute vom Standpunkt des Dritten Reiches aus und zeigt alle Möglichkeiten und Ansatzpunkte für jene Verständigung der beiden großen Völker, zu der Hitler und Chamberlain in München sich bekannt haben.[1484]

Während Ziegfelds Schrift, der Tagespolitik folgend, vordergründig noch Ausgleich propagiert, wurden Kriegsbegeisterung und Kampfeslust von Reclam wenig später – und pünktlich zum Kriegsbeginn – mit persönlichen Kriegserlebnissen offensiv geschürt. Mit 91.000 in sechs Auflagen gedruckten Exemplaren sehr beliebt war Rudolf Bindings *Vier Jahre an der Front: Aus dem Kriegstagebuch*, publiziert 1939: „Mit seinem dichterischen Atem, seinem soldatischen Geist und seiner unbeugsamen heldischen Haltung spricht dieses Bekenntnisbuch Bindings gerade die Menschen unserer Zeit an – die draußen an der Front und die in der Heimat!"[1485]

Demselben Zweck diente die publizistische Ausschlachtung heroisierter militärischer Manöver: Hermann Albert Karl Jung schilderte in *Skagerrak: Mit Schlachtkreuzer „Lützow" an der Spitze* (1937 publiziert, drei Auflagen, 39.000 Exemplare) die größte und äußerst verlustreiche Seeschlacht des Ersten Weltkriegs zwischen der deutschen und der britischen Flotte.[1486] Diese endete am 1. Juni 1916 mit einem strategisch

1482 Belegt ist, dass der Titel von der PPK wohlwollend begutachtet wurde. Vgl. Reclam Verlag an Ziegfeld am 13.07.1938. In: RAS, Mappe Verlagsverträge Leipzig (gebundene Ausgaben) M–Z.

1483 *Salzburger Volksblatt* 01.12.1938.

1484 Werbeannonce. In: *BBl.* vom 05.10.1938, Nr. 2323, S. 5292 f., http://digital.slub-dresden.de/id39946221X-19381005/21 [25.05.2024].

1485 Werbeannonce. In: *BBl.* vom 18.10.1939, Nr. 243, S. 5442, http://digital.slub-dresden.de/id39946221X-19391018/11 [25.05.2024].

1486 Die SMS Lützow, die erst im März 1916 ihren Dienst als Flaggschiff aufgenommen hatte, nahm am 31.05.1916 an der Skagerrakschlacht teil und trug zur Versenkung des britischen Schlachtkreuzers Invincible bei. Dabei wurde sie allerdings von mindestens zehn schweren Geschossen getroffen; 115 Mann der Besatzung starben. Das Schiff, das infolge zweier Treffer unterhalb der Wasserlinie nicht mehr manövrierfähig war, wurde am 01.06.1916 mit zwei Torpedos versenkt. Zur Skagerrakschlacht siehe Epkenhans et al. 2009.

folgenlosen deutschen Sieg, zu dem, so Jung, der „Mut, sich durchzusetzen, der Wille zum Sieg und das Bewußtsein überlegener Kräfte“[1487] geführt habe.[1488]

In *Die Erstürmung des Douaumont* (1938, vier Auflagen, 36.000 Exemplare) schildert Leutnant Eugen Radtke den angeblich wahren Hergang der Eroberung des in der Schlacht um Verdun schwer umkämpften Forts Douaumont am 25.02.1916 durch deutsche Truppen. Aufgrund fehlerhafter Kommunikation zeichnete Kaiser Wilhelm II. Oberstleutnant Cordt von Brandis, dessen 8. Kompanie die Eroberung fälschlicherweise zugeschrieben wurde, mit dem Orden Pour le Mérite für dieses „Fanal deutschen Heldentums“[1489] aus. Erst 1926, nach massiven Beschwerden ehemaliger Angehöriger der 6. Kompanie unter Leitung des Leutnants Eugen Radtke, wurde eingeräumt, dass nicht Brandis‘ Kompanie als erste das Fort erobert hatte, sondern die Radtkes. Allerdings hatte auch Radtke in seinem Buch vor allem propagandataugliche Mythenbildung betrieben. Der Militärhistoriker German Werth sorgte 1979 mit seinem Buch *Verdun. Die Schlacht und der Mythos* für Aufsehen, in dem er klarstellte, dass das Fort von den deutschen Truppen nahezu kampflos – da mit nur 70 französischen Soldaten fast unbesetzt – erobert werden konnte.[1490]

1934 erschien mit *Kampf. Lebensdokumente deutscher Jugend von 1914–1934* „ein Buch der Tatberichte vom unbekannten Soldaten des Weltkriegs hin zum unbekannten Soldaten im Kampf um die Erneuerung Deutschlands […,] das schönste Gemeinschaftsdokument vom Kämpfen und Streben deutscher Jugend […, welche] die nationale Erhebung des Jahres 1933 vorbereitete und vollzog […].“[1491] Das mit einer Gesamtauflage von 7.680 Exemplaren[1492] eher mäßig einträgliche Buch, herausgegeben und zusammengestellt von Bert Roth und mit einem Geleitwort von Wilhelm Frick versehen,[1493] enthielt neben den Tatberichten der unbekannten Soldaten auch Texte von Joseph Goebbels, Albert Schlageter, Horst Wessel, Hans Maikowski und weiteren heldisch mystifizierten nationalsozialistischen Vorkämpfern. Sie alle aber, so

1487 Jung 1940, S. 69.

1488 Die zweite Auflage erschien 1940 mit einem Nachtrag „Wieder Krieg“, in dem Jung erklärt, Großbritannien habe „wie 1914 die erste ihm passende Gelegenheit [genutzt] und Deutschland am 3. September 1939 den Krieg [erklärt]. Einige Stunden später trat auch Frankreich, aber anscheinend nicht voll überzeugt, an die Seite Englands. Nach genau zwanzig Jahren konnte das Ringen der alten Kriegsgegner wieder beginnen.“ Jung 1940, S. 70.

1489 *Der Spiegel* 26.11.1979.

1490 Nach Werth war „die Schlacht um Verdun 1916 nicht die verlustreichste Schlacht der Historie […], als die sie in die Geschichtsbücher eingegangen ist.“ *Der Spiegel* 26.11.1979.

1491 Sammelprospekt des Verlags. In: RAS, Mappe Großbuch Einzelprospekte A–E.

1492 Vgl. RAS, Auflagenbuch Werke im größeren Format / Illustrierte Werke.

1493 Nußbächer betont 1948, dass das Werk auf Druck von Partei- und Staatsstellen herausgebracht worden sei, und zwar konkret auf Veranlassung von Minister Dr. Frick durch Vermittlung des Präsidenten des Gesundheitsamtes Dr. Reiter. Vgl. Erklärung Nußbächers vom 10.08.1948, S. 3. In: RAS, Mappe Dr. Ernst Reclam. Von Wilhelm Frick erschien im selben Jahr in Reclams UB auch *Die Rede des Führers Adolf Hitler am 30.01.1934 im Deutschen Reichstag.*

der Reclam Verlag, vereine „das Grundgefühl ihrer Generation: Volk steht über dem Ich, Gemeinschaft über dem Einzelnen. So erklingt ein hinreißender Akkord des Opferwillens und des Aktivismus, eine Geschichte heroischer Jugend, von ihr selbst geschrieben, packender, ergreifender als jeder Roman."[1494]

Mit Richard Blaschkes *Carl von Clausewitz. Der Soldat und Kriegsphilosoph* (1936 erschienen, drei Auflagen, 24.000 Exemplare) wurde auf kriegstheoretische Schriften des bereits 1831 verstorbenen preußischen Generalmajors und Militärwissenschaftlers Clausewitz rekurriert, die als „Grundlagen eines neuen militärischen Denkens"[1495] Kriegsstrategie und -taktik nachhaltig revolutionierten, wobei allerdings das vielzitierte – auch im NS-Staat postulierte – Primat der Politik über militärische Ziele nach Clausewitz zwingend der Legitimation durch Verfassung, Parlament und Wertegemeinschaft bedürfe.

Eindeutiger der ideologischen Mobilmachung zum Zweiten Weltkrieg gedient haben dürften Sachbücher über die 1935 aus der Reichswehr hervorgegangene Wehrmacht, etwa Ludwig von Rüdt-Collenbergs 1936 in einer Auflage mit 50.000 Exemplaren publiziertes Buch *Vom Entwaffnungsdiktat zur allgemeinen Wehrpflicht*[1496] oder *Die deutsche Wehrmacht* von Heinz Schmidtke (1938 in einer Auflage mit 10.000 Exemplaren gedruckt).

Während der militärischen Mobilmachung vorbereitet, erschien – bereits im Oktober 1939, fast unmittelbar nach Kriegsbeginn – in der UB der die Kriegshandlungen legitimierende Titel *Wie kam es zum Kriege 1939* mit einer Startauflage von 20.000 Exemplaren. Darin stellt Wilhelm Ziegler,[1497] Experte für ‚Judenfragen' des

1494 Werbeannonce. In: *BBl.* vom 11.10.1934, Nr. 238, S. 4262, http://digital.slub-dresden.de/id39946221X-19341011/14 [25.05.2024].

1495 Werbeannonce. In: *BBl.* vom 06.11.1936, Nr. 259, S. 5664, http://digital.slub-dresden.de/id39946221X-19361106/18 [25.05.2024].

1496 Hier ist überliefert, dass das Bändchen im Sommer 1937 nicht mehr ausgeliefert werden durfte, bis im August 1937 ein vierseitiger Nachtrag eingeklebt wurde. Vgl. Reclam Verlag an Rüdt-Collenberg am 15.03.1947. In: RAL, Akte 5. Ungeklärt bleibt, von welcher der zahlreichen Literaturkontrollinstanzen diese Anordnung erfolgte, wahrscheinlich ebenfalls durch die PPK.

1497 Ziegler (NSDAP-Mitglied seit 01.05.1933, Mitgliedsnummer 02.011.036), nach der Auflösung der Heimatdienst-Zentrale zum 15.04.1933 als Referent in der Propaganda-Abteilung des RMVP eingestellt, machte dort schnell Karriere: Von 1935 bis 1939 leitete er das dem RMVP angegliederte Institut zum Studium der Judenfrage, auch war er als Vertreter des RMVP im Sachverständigenbeirat des zur NSDAP gehörigen Reichsinstituts für Geschichte des neuen Deutschlands, deren Hauptaufgabe ebenfalls in der „Klärung der Judenfrage" bestand. Zum 01.04.1938 wurde er zum Ministerialrat ernannt, zum 20.07.1942 wechselte er als stellvertretender Leiter in die Abteilung Schrifttum. Parallel erhielt der ehrgeizige Ziegler seit 1933 wiederholt Lehraufträge zur Geschichte der ‚Judenfrage' an der Universität Berlin, die er allerdings häufig aufgrund von Arbeitsüberlastung unterbrechen oder verschieben musste. Dennoch forderte der mit einem starken Geltungsbedürfnis ausgestattete Ziegler ab 1938 wiederholt eine Honorarprofessur ein, die ihm schließlich trotz vielfältiger negativer Eingaben – „Ich halte es für sehr bedenklich, MR. Ziegler überhaupt zum Ordinarius zu ernennen, da dann wahrscheinlich sein Grössenwahn und seine Anmassung keinerlei Grenzen mehr kennen werden" – im November

RMVP, „der bekannte politische Historiker und Verfasser bedeutender Werte“ und einer der ersten öffentlich wirksamen Kriegsbefürworter,

> auf Grund der amtlichen Dokumente aller beteiligten Staaten eine genaue Untersuchung über die Vorgeschichte des gegenwärtigen Krieges an. Seine kleine Schrift genießt den doppelten Vorzug eines wissenschaftlichen Dokuments, das weit über die Tagesbedeutung hinausragt, wie auch eines mitreißenden Propagandainstruments, das in geschlossener Darstellung die Blutschuld Polens und seiner Helfershelfer, der demokratischen Westmächte, zu einem der wohl erschütterndsten Kapitel europäischer Geschichte zusammenfaßt. Das Werkchen, das auch die Förderung der maßgebenden staatlichen Stellen genießt, sollte in der Hand keines Deutschen fehlen.[1498]

Bis November 1941 wurde das Buch, dem der Verlag prophezeite, dass es „unzweifelhaft das Volksbuch dieses Krieges werden“[1499] würde, zwölf Mal mit insgesamt 231.000 Exemplaren nachgedruckt – womit es zum meistgedruckten Sachbuch innerhalb der UB während der NS-Zeit avancierte. Auffällig ist, dass der Reclam Verlag gerade hier zum ersten Mal zum Druck die heute übliche Antiqua verwendet,[1500] von der er seinen Autoren noch 1933 abgeraten hatte:

> Die Verwendung einer Antiqua-Schrift […] möchte ich nicht so sehr empfehlen, da gerade heute mit Recht von allen maßgebenden Stellen für die Bevorzugung der deutschen Schrift eingetreten wird, die ja tatsächlich hinsichtlich der Lesbarkeit jeder Antiqua-Schrift vorzuziehen ist. Aus diesem Grund sind auch so gut wie alle in meinem Verlag erschienenen Werke, u. a. die ganze Universal-Bibliothek, von jeher in Fraktur gesetzt worden.[1501]

1941 an der Auslandswissenschaftlichen Fakultät zuerkannt wurde, verbunden mit dem Hinweis, dass damit weder ein Dienstverhältnis zum Staat noch ein Anspruch auf Übertragung eines planmäßigen Lehrstuhls verbunden sei. Vermerk zu Wilhelm Ziegler vom 15.02.1940. In: BArch, R 4901/25681, Bl. 625. Vgl. auch Personalaufstellung Wilhelm Ziegler vom 25.02.1938. In: BArch, R 55/23023, Bl. 125; Vgl. Lebenslauf Wilhelm Zieglers. In: BArch, R 4901/25681, Bl. 588–590; Vgl. Personalabteilung RMVP an Bürodirektor RMVP am 22.07.1942. In: BArch, R 55/23023, Bl. 196; Vgl. Aktenvermerk vom 24.06.1937. In: BArch, R 4901/25681, Bl. 606; Vermerk zu Wilhelm Ziegler vom 15.02.1940. In: BArch, R 4901/25681, Bl. 623–625; Vgl. Interner Arbeitsvermerk RMVP vom 29.11.1941 sowie Rust an Ziegler im November 1941. In: BArch, R 55/23023 Bl. 191.

1498 *Neues Wiener Tagblatt* 15.10.1939.

1499 Werbeannonce des Verlags. In *Bücherkunde* 1940, H. 11, o. S.

1500 Vgl. Ruppelt 1992, S. 354.

1501 Reclam Verlag an Duisberg am 27.05.1933. In: RAS, Mappe Duisberg-Akten.

Vor allem im Hinblick auf das besetzte Ausland[1502] wurde die Antiqua mit dem ‚Führerbefehl' vom 03.01.1941 zur Normalschrift erklärt, welche die Fraktur – angeblich bestehend aus ‚Schwabacher Judenlettern' – ablösen sollte.[1503] „[D]ie Fraktur mit allen ihren schönen Familienangehörigen endgültig zu Grabe [zu] tragen", bereitete Ernst Reclam dagegen großen Kummer, „Ich hoffe immer noch, daß sich ein Retter finden wird, der den Irrtum, die Fraktur sei eine Judenschrift, an der maßgebenden Stelle aufklärt."[1504]

1941 erschien von Ziegler mit *Großdeutschlands Kampf: Ein Rückblick auf das Kriegsjahr 39/40* eine weitere Kriegsschrift: „Kraft seiner sachlichen Darstellung wird dieses Buch zum Hohelied des deutschen Soldaten. Beherrschend steht der Führer u. Feldherr als Lenker des historischen Geschehens, der von Anfang an das Gesetz des Handelns bestimmt und diesem Krieg das höchste Ziel setzt: die Neuordnung und endgültige Befreiung des europäischen Raumes."[1505] Der zweite Titel Zieglers, nun aufwendiger als Verlagswerk ediert, ist mit einer Gesamtauflage von 63.500 Exemplaren in zwei Auflagen das am zweithäufigsten produzierte Verlagswerk bei Reclam in der NS-Zeit.[1506]

Kaum weniger Erfolg hatte Friedrich Stieves *Wendepunkte europäischer Geschichte*[1507] (Abb. 72), erstmals veröffentlicht 1940, mit 49.011 Exemplaren in sieben Auflagen – Platz 4 in der Sachbuch-Rubrik der Verlagswerke:[1508] „Die Kenntnis dieses Buches genügt, um die Dynamik unseres Zeitalters verstehen und für die Zukunft die rechte Linie finden zu können."[1509] Stieve, der von 1932 bis 1939 Leiter der Kulturpolitischen Abteilung des Auswärtigen Amts war, hatte bereits zahlreiche Schriften zur deutschen Geschichte, zum deutschen Volk und auch zum Ersten Weltkrieg veröffentlicht.[1510] In seinen Abhandlungen aus den 1940er Jahren transformiert er die führende Position, die das Heilige Römische Reich deutscher Nation innerhalb Europas gehabt habe, auf

1502 Joseph Goebbels gab bereits am 15. März 1940 mit *Das Reich* eine neue, für die Intelligenz auch des Auslands bestimmte Wochenzeitung heraus, die in Antiqua gesetzt war.

1503 Vgl. Bormann, NSDAP 1941.

1504 Ernst Reclam an Münchhausen am 18.03.1941. In: GSA, 69/2838.

1505 Werbeannonce. In: *BBl.* vom 23.11.1941, Weihnachts-Sondernummer, S. 69, http://digital.slub-dresden.de/id39946221X-19411123O1/72 [25.05.2024].

1506 Vgl. RAS, Auflagenbuch Werke im größeren Format / Illustrierte Werke.

1507 Der Titel wurde 1944 als im Sortiment nicht erhältliche Wehrmachtsausgabe herausgegeben, 1943 hatte man bereits eine Lizenz an den Aufbau Verlag in Riga vergeben. Vgl. Eintrag im Online-Katalog der DNB http://d-nb.info/577475983 [25.05.2024]; Lizenzvertrag vom 13.07.1943. In: RAS, Mappe Verlagsverträge Leipzig (gebundene Ausgaben) M–Z.

1508 Vgl. RAS, Auflagenbuch Werke im größeren Format / Illustrierte Werke.

1509 Aus einem Urteil des *Westdeutschen Beobachters*, abgedruckt in Werbeannonce. In: *BBl.* vom 20.02.1941, Nr. 43, S. 774, http://digital.slub-dresden.de/id39946221X-19410220/12 [25.05.2024].

1510 Vgl. Lebenslauf Friedrich Stieves. In: BArch, R 9361-V/11250, Lesefilm-Nr. RK B 211, Bild-Nr. 2546.

das ‚Dritte Reich'; Hitlers Außenpolitik charakterisiert er als „konstruktiv" und „friedliebend".[1511]

Nach dem ersten Kriegsjahr war der Markt für Auseinandersetzungen mit dem Kriegsgeschehen in Sachbüchern insgesamt merklich gesättigt. Bereits die 1940 erschienene Publikation *An Warthe und Weichsel. Deutsches Schicksal in Vergangenheit und Gegenwart* von Gerhard Sappok erreichte in zwei Auflagen lediglich 16.000 Exemplare:

> Einer der besten Kenner der östlichen Grenzlande zeichnet hier das lebendige Bild der deutschen Aufbauarbeit im Osten […]. Eindrucksvoll wird offenbar, daß die durch den siegreichen Polenfeldzug wiedergewonnenen Gebiete uralter deutscher Kulturboden sind und daß auch der polnische Staat des Mittelalters germanischer und deutscher Kraft Entstehung und Blüte verdankte, bis er an der Eigensucht der polnischen Stände zerbrach.[1512]

Abb. 72 Werbeflyer *Wendepunkte europäischer Geschichte*, [1940]. In: RAS, Mappe Großbuch Einzelprospekte S–Z. Alle Rechte vorbehalten.

Ebenfalls 1940 kam in einer Auflage mit 8.032 Exemplaren das Verlagswerk *Wie unsere Waffen wurden. Aus der Geschichte der Waffentechnik* von Rolf Gustav Haebler auf den Markt (Abb. 73), das den Ursprüngen vieler moderner Waffen bis ins Altertum folgte und unter anderem in der *Banater Zeitung* ausführlich besprochen wurde:

Abb. 73 Werbeflyer *Wie unsere Waffen wurden*, [1940]. In: RAS, Mappe Großbuch Einzelprospekte F–K. Alle Rechte vorbehalten.

> Im gegenwärtigen Ringen werden gewaltige Kampfmittel eingesetzt: Stuka und Unterseeboot, Torpedo und Bombe, Flammenwerfer und Langrohrgeschütz, […] die die gewaltigste Sprache aller Zeiten sprechen. Und sie sprechen für Deutschland. Alles

1511 Vgl. Kletzin 2000, S. 74f.
1512 Werbeannonce. In: *BBl.* vom 13.03.1940, Nr. 62, S. 1313, http://digital.slub-dresden.de/id39946221X-19400313/22 [25.05.2024].

> aber, was notwendig war, bis man die Waffentechnik so weit bringen konnte, erfährt man aus dem Buch von [...] Haebler.[1513]

Das Interesse an derartiger Macht- und Expansionspropaganda nahm parallel zum ungünstiger werdenden Kriegsverlauf weiter rapide ab, sodass bei Reclam ab 1942 auf diesem Gebiet keine Neuerscheinungen mehr zu verzeichnen sind.

3.3.8 „Ein Stück wichtiger nationalsozialistischer Erziehungsarbeit"[1514] – quantitative Auswertung des Sachbuchprogramms mittels Indizierungslisten

Zur abschließenden Bewertung der oben dargestellten Sachbuchproduktion des Verlags Reclam in der NS-Zeit und daraus abgeleitet der Programmpolitik insgesamt ist die Frage der ideologischen Durchdringung zwangsläufig von zentraler Bedeutung. In der zeitgenössischen wie der späteren Selbstdarstellung Reclams wurde stets die Linie verfolgt, der Verlag habe nationalsozialistisch konnotierte Werke nur in geringer Anzahl herausgegeben, der größte Teil solcher Titel sei nur aufgrund enormen Drucks durch die staatlichen Stellen publiziert worden. In diesem Zusammenhang habe man das größte Unheil verhindert und sich sogar gegen die Staatsmacht durch Sabotage etlicher nationalsozialistischer Schriften aufgelehnt.

In diesem Sinne fertigte Ernst Reclam im Zuge der 1948 gegen ihn erhobenen Anklage als Hauptverbrecher und Nutznießer des NS-Staats (siehe Kapitel 2.3.4) eine ausführliche Stellungnahme zur Widerlegung der gegen ihn gerichtlich erhobenen Vorwürfe an, die in Aufbau und Argumentation geradezu minutiös mit einer Erklärung Konrad Nußbächers abgestimmt war, die dieser zur Entlastung und Bestätigung der Aussagen des Verlagsleiters schriftlich fixiert hatte. Beide Dokumente gewähren vor allem einen Blick in die verlagsseitige Selbstbewertung und die Rechtfertigung des Verlagsprogrammes. Ziel der Selbstdarstellung, der Benennung von Zeugen und der Vorlage sogenannter Persilscheine, von denen Reclam noch weitere anführte, war naturgemäß nicht die Aufarbeitung der Geschehnisse: Sinn und Zweck waren einzig Handlungslegitimation, die Erreichung eines Freispruchs und nicht zuletzt die Wahrung des „guten Rufes".

So verständlich und nachvollziehbar die Argumentationslinien aus damaliger Sicht sind, so notwendig ist eine genauere Überprüfung der Rechtfertigungsargumente, nicht zuletzt, weil diese Deutungen des Verlagsprogramms noch in späteren

1513 *Banater Deutsche Zeitung* 06.04.1941.

1514 Sammelprospekt des Verlags *Rassenkunde und deutsche Vorgeschichte*. In: RAS, Mappe UB Einzelprospekte I.

Jubiläumsschriften des Verlags verfestigend fortgeschrieben wurden und bis heute selbst im wissenschaftlichen Diskurs vertreten werden (siehe Kapitel 1.2).

Ernst Reclam beharrte stets darauf, dass in der UB „neben der großen Menge von klassischer, wissenschaftlicher und unpolitischer, unterhaltender Literatur, einige wenige Werke erschienen, die nazistischen Charakter"[1515] trugen. Dem stimmt beispielsweise Ruppelt im Wesentlichen zu[1516] und folgt damit ebenso Nußbächers Ausführungen, dass die Verlagswerke, die man als nazistisch bezeichnen könne, im Verhältnis zu der Gesamtzahl der Neuerscheinungen nur wenige gewesen seien.[1517]

> Daß Reclam […] sich ohne direkte Abhängigkeit von der Partei halten konnte, ist fast als ein Wunder zu bezeichnen. Jeder, der die damaligen Verhältnisse kennt, weiß aber, daß dieses im Endeffekt überaus wichtige Ergebnis nicht ohne *gewisse Konzessionen*[1518] zu erreichen war. […] Daß der Verlag laviert hat, ist großenteils eine Folge seiner […] sehr gefährdeten Situation gewesen.[1519]

Ruppelt ist der Ansicht, dass durch die Ereignisse des Jahres 1933 eine ausgewogene Publikationspolitik nicht mehr möglich gewesen sei, was aber nicht zur Folge gehabt habe, dass die durch Streichung ‚unerwünschter' Autoren entstandenen Leerstellen ausschließlich mit ‚Konjunkturliteratur' besetzt worden seien. Er hält – neben der Aufzählung fünf deutlich als NS-affin zu klassifizierender Titel – fest, dass „die nationalsozialistische Weltanschauungs- und Indoktrinationsliteratur nach 1933 keinen hohen Anteil an der Gesamtproduktion"[1520] gehabt habe, lässt jedoch offen, „ob diese Zurückhaltung ausschließlich politische Beweggründe hatte". Sie liege vielmehr darin begründet, dass die „richtigen Geschäfte" lieber von den NS-Größen selbst getätigt worden seien.[1521]

Um das Hauptargument des Verlags, dass „Weltanschauungs- und Indoktrinationsliteratur" bei Reclam nur in geringem Umfang und unter Druck veröffentlicht worden sei, gesamtheitlich zu hinterfragen, ist nach der oben geleisteten Einzelbetrachtung der Publikationen (187 von 244 Titeln im Bereich Sachbuch) eine quantitative Analyse der gesamten Sachbuch-Neuproduktion vor dem Hintergrund des Gesamtprogramms erforderlich. Zu beachten ist dabei, dass sich natürlich nicht alle Titel mit letzter Konsequenz in nationalsozialistisch gefärbt oder neutral einteilen lassen.

1515 Stellungnahme Ernst Reclams [um 1948], S. 7. In: RAS, Mappe Dr. Ernst Reclam.
1516 Vgl. Ruppelt 1992, S. 338.
1517 Vgl. Erklärung Nußbächers vom 10.08.1948, S. 3. In: RAS, Mappe Dr. Ernst Reclam.
1518 Hervorhebung K. B. Die Formulierung „gewisse Konzessionen" dient auch in einigen weiteren Schreiben des Verlags zur Umschreibung des Verhaltens während des NS-Regimes.
1519 Erklärung Nußbächers vom 10.08.1948, S. 2. In: RAS, Mappe Dr. Ernst Reclam.
1520 Ruppelt 1992, S. 338.
1521 Ruppelt 1992, S. 337 f. Es ist bei diesem Aufsatz zu beachten, dass sich Ruppelt nur mit der UB auseinandersetzte, nicht mit den Verlagswerken.

Auf Grundlage der zeitgenössischen Indizierungs- und Empfehlungslisten lassen sich dennoch deutliche Tendenzen in der prozentualen Verteilung ermitteln. Als Hauptindikatoren dienen hierbei die *Liste der auszusondernden Literatur*, herausgegeben von der Deutschen Verwaltung für Volksbildung in der sowjetischen Besatzungszone, und das *Verzeichnis der auszusondernden Literatur*, herausgegeben von der Abteilung für Volksbildung im Magistrat der Stadt Berlin.

Die *Liste der auszusondernden Literatur* wurde erstmals mit dem Stand vom 01.04.1946 herausgegeben, mit dem Ziel, alle darin enthaltenen Bücher und Zeitschriften, „die faschistischen oder militaristischen Inhalt haben, politische Expansionsgedanken enthalten, die nationalsozialistische Rassenlehre vertreten oder sich gegen die Alliierten wenden"[1522], der Benutzung zu entziehen. Am 01.01.1947, am 01.09.1948 und am 01.04.1952 folgten drei Nachträge, die auch Bücher und Zeitschriften auflisteten, in denen einzelne zu beanstandende Gedankengänge nachzuweisen waren, ohne dass sie in ihrer Gesamthaltung als nationalsozialistisch galten.[1523] Mehrheitlich wurden sämtliche Auflagen der Titel verboten; teilweise erfolgte nur eine Indizierung spezieller Auflagen. Für die folgende Auswertung wurden diese Listen auf Titel untersucht, die vom Reclam Verlag oder einer seiner Tochtergesellschaften verlegt wurden, außerdem wurden Vergleichszahlen anderer Verlage erhoben.[1524]

Insgesamt erscheint in der *Liste* und ihren Nachträgen der Name Reclam 143 Mal, wobei zehn Titel bereits vor 1933[1525] veröffentlicht wurden. Diese wurden in die folgenden Berechnungen nicht einbezogen. Die Analyse fokussiert Buchtitel, daher

1522 Verwaltung für Volksbildung SBZ 1946, hier Vorbemerkung.

1523 Vgl. Verwaltung für Volksbildung SBZ 1946, hier Vorbemerkung. Auch wenn die SBZ mit diesen Listen „Transparenz innerhalb öffentlicher Einrichtungen" zum Umgang mit NS-affiner Literatur herzustellen suchte, muss doch kritisch angemerkt werden, dass die Listen „von keiner anderen Institution als der auf diesem Gebiet bestens beschlagenen Deutschen Bücherei in Leipzig zusammengestellt [wurden] – von eben der Institution, die bereits im Dritten Reich die nationalsozialistische Liste des nationalsozialistischen Schrifttums betreute". Simons 2005.

1524 Hierfür konnten die von Olaf Simons online zur Verfügung gestellte *Liste der auszusondernden Literatur* 1946 und ihre Nachträge von 1947, 1948 und 1953 genutzt werden. Vgl. Verwaltung für Volksbildung SBZ 1946, 1947, 1948, 1953. Für die Analyse wurde das in den Listen angegebene Publikationsjahr der Titel erfasst, bei einigen Titeln handelt es sich um das Datum des Nachdrucks.

1525 Es handelt sich dabei um Veröffentlichungen aus den Jahren 1879, 1897, 1914 (hier wurde der sieben Bände umfassende Gesamttitel *Kriegsnovellen* indiziert), 1917, 1922, 1926, 1928, 1931 und 1932. Aus dem Jahr 1932 wurde der vom Verlag DnD herausgegebene Titel *Der deutsche Sozialismus nach Adolf Hitler* von Paul Krumm auf die Liste gesetzt. Zur Übersicht der vor 1933 von Reclam publizierten, auf der *Liste* und im *Verzeichnis der auszusondernden Literatur* indizierten Titel siehe Anhang 11. Ebenfalls vor 1933 erstaufgelegt, aber während des ‚Dritten Reiches' in spezieller Form neu herausgebracht wurden vier Titel, die aus diesem Grund in den weiteren Berechnungen eine Rolle spielen. Dies betrifft drei Titel der UB, die in den 1933 publizierten Reihen *Deutsches für Deutsche* bzw. *Reclams Meisterbände* erneute Verwendung fanden, sowie Walter Scheidts *Rassenkunde*, die in der 2. Auflage von 1933 verboten wurde.

wurden der Vergleichbarkeit halber die Zeitschriften *Das neue Deutschland* und *Reclams Universum,*[1526] die ebenfalls indiziert worden waren, auch nicht mitgezählt.

Im Ergebnis der Auswertung belegt Reclam mit 133 indizierten Titeln[1527] Platz sechs unter den betrachteten Verlagen (Abb. 74[1528]), ein für einen ‚Klassiker-Verlag' bemerkenswertes Resultat, bei dem mitnichten von „einige[n] wenige[n] Werke[n]"[1529] gesprochen werden kann.

Im Detail mag die Indizierung einzelner Titel inhaltlich zu hinterfragen sein,[1530] dennoch zeigt sich in Summe bei gleichen Bewertungsmustern für alle Verlage eine klare Tendenz. Augenfällig wird dabei vor allem, dass Reclam – die Zeitschriften gar nicht eingerechnet – offenkundig weit mehr zur nationalsozialistischen Indoktrination beigetragen hat als alle anderen ausgewerteten bürgerlichen Traditionsverlage wie Rowohlt (27 Indizierungen), Fischer (23 Indizierungen), Cotta (22 Indizierungen), Zsolnay (zwölf Indizierungen), Piper (zehn Indizierungen), Insel (drei Indizierungen) oder Hanser (eine Indizierung) zusammen. Selbst der EDV, dem Triebel insgesamt eine deutliche Affinität zum NS-Regime bescheinigt, oder der arisierte Verlag Ullstein liegen mit 94 bzw. 51 Titeln deutlich hinter Reclam. Andererseits kommt der linksliberale Verlag Kiepenheuer auf immerhin 14 Nennungen.

Über die 133 von der Deutschen Verwaltung für Volksbildung in der sowjetischen Besatzungszone indizierten Titel aus dem Reclam'schen Verlagsprogramms von 1933–1945 hinaus sind weitere belastete Werke in die Analyse einzubeziehen. Unter zusätzlicher Berücksichtigung der Titel von „Autoren, deren gesamte Produktion endgültig zu entfernen ist", entnommen dem *Verzeichnis der auszusondernden Literatur,*[1531] wurden nach Kriegsende insgesamt 169 Reclam-Titel als nationalsozialistisch

1526 Indiziert waren die Jahrgänge 30. 1913/1914 bis 35. 1918/1919 und ab Jahrgang 49. 1932/1933. Vgl. Verwaltung für Volksbildung SBZ 1946, hier Zeitschriften, Buchstabe D; Ministerium für Volksbildung DDR 1953, hier Zeitschriften, Buchstabe R.

1527 Zur Übersicht der auf der *Liste* und im *Verzeichnis der auszusondernden Literatur* indizierten Titel aus dem Verlagsprogramm ab 1933 siehe Anhang 12.

1528 Eigene Erhebung. Datengrundlage: http://www.polunbi.de/bibliothek/ [25.05.2024].

1529 Stellungnahme Ernst Reclams [um 1948], S. 7. In: RAS, Mappe Dr. Ernst Reclam.

1530 Angesichts beispielsweise auch enthaltener mathematischer Abhandlungen ist fraglich, ob tatsächlich immer der Inhalt der Werke oder auch die verfassenden Personen maßgeblich für eine Indizierung waren. Die Nachträge der Liste enthielten zudem nicht nur einschlägige nationalsozialistische oder militaristische Literatur, sondern auch „Volksfeinde" und „Gegner des Sozialismus". Trotz berechtigter Quellenkritik (siehe dazu ausführlich Hammer 2013, S. 334 f.) eignen sich *Liste* und *Verzeichnis der auszusondernden Literatur* zur tendenziellen Ermittlung der quantitativen Durchdringung des Reclam'schen Verlagsprogramms mit NS-affiner Literatur.

1531 Magistrat der Stadt Berlin 1946, S. 3. Dieses unter Mitarbeit der „Kunstschaffenden und des Kulturbundes zur demokratischen Erneuerung Deutschlands" erstellte Verzeichnis trug den Vermerk „Nur für den Dienstgebrauch!" und richtete sich an die „Leiter von öffentlichen Büchereien, Schul- und Betriebsbüchereien sowie die Inhaber von Buchhandlungen und Leihbüchereien". Für Schriftsteller und Wissenschaftler war das Verzeichnis explizit nicht gedacht. Magistrat der Stadt Berlin 1946, S. 1, 3. Das Verzeichnis enthielt neben den Namen

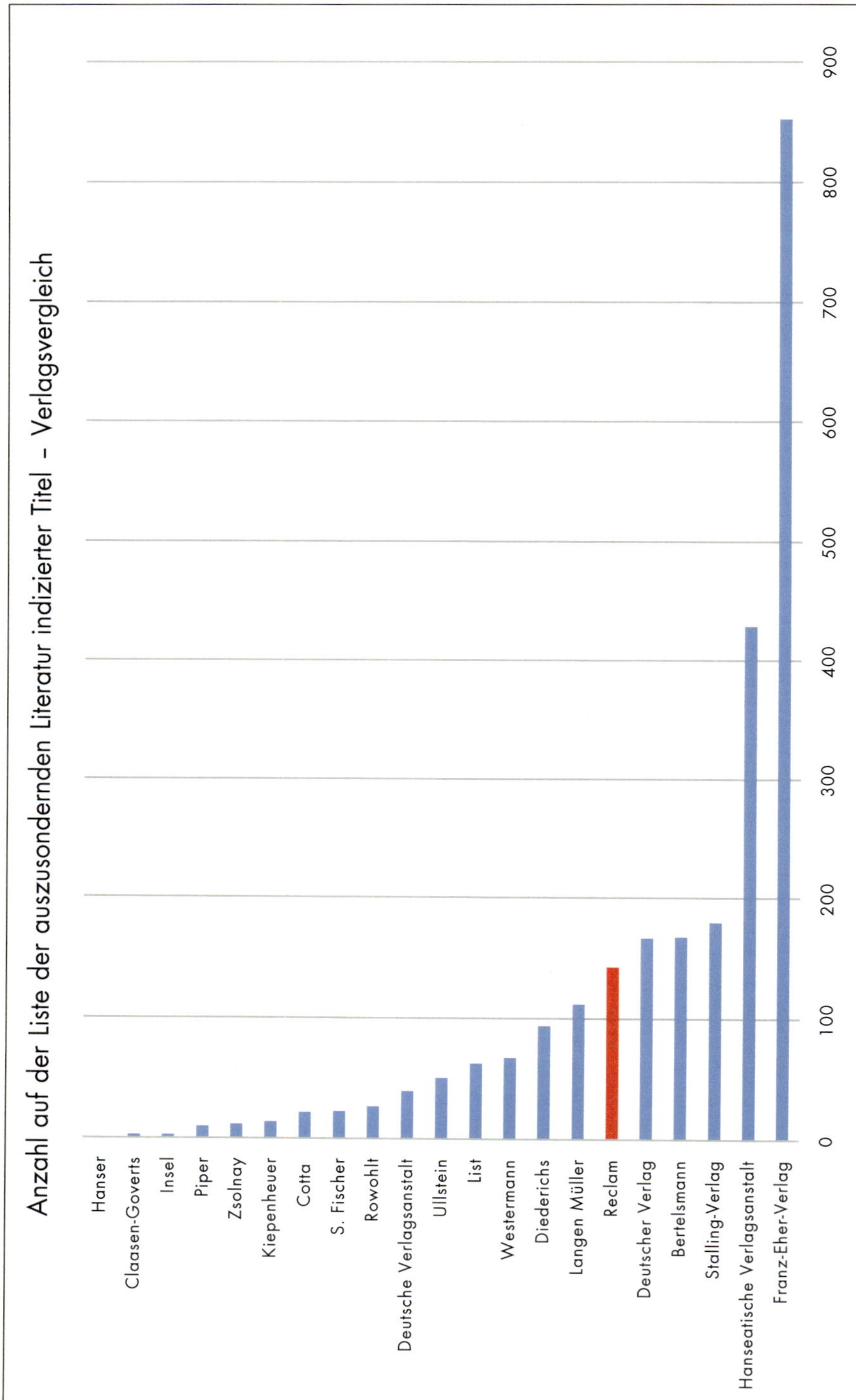

Abb. 74 Anzahl auf der *Liste der auszusondernden Literatur* indizierter Titel – Verlagsvergleich

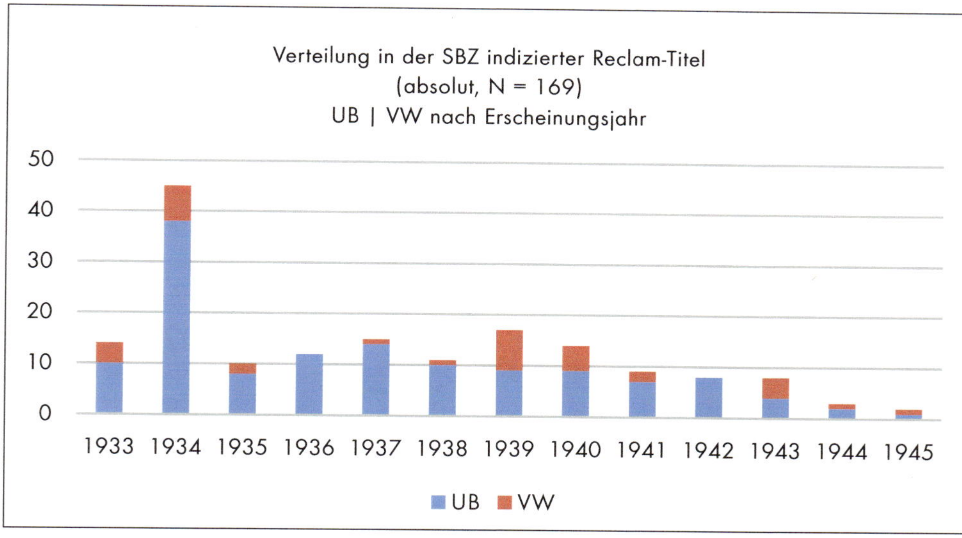

Abb. 75 Verteilung in der SBZ indizierter Reclam-Titel (absolut, N = 169). UB | VW nach Erscheinungsjahr

belastet kategorisiert. Abbildung 75[1532] zeigt die Verteilung der indizierten Titel nach Publikationsjahr sowie nach UB (133 Titel) bzw. VW (36 Titel).

Ins Verhältnis gesetzt zur Gesamtproduktion an Neuerscheinungen im Untersuchungszeitraum (598 Titel)[1533] bedeutet dies, dass mit 28,3 % der Verlagsproduktion weit mehr als ein Viertel als nationalsozialistisch belastet bewertet wurde.[1534] Betrachtet

der Autoren, deren gesamte Produktion untragbar geworden war, Listen von einzelnen zu entfernenden Titeln, sowie von Verlagen, deren gesamte Produktion entfernt werden sollte, sowie von Büchern und Buchgruppen, „die nur bedingt zu verwenden sind." Magistrat der Stadt Berlin 1946, S. 3. Die systematische Analyse des Verzeichnisses ergab, dass 111 Titel von 81 Autoren aus dem Reclam'schen Verlagsprogramm dort als belastet gelten. Hierbei gibt es weite Überschneidungen mit den indizierten Titeln der *Liste der auszusondernden Literatur*. Unter Berücksichtigung dieser Überschneidungen konnten über das *Verzeichnis* 64 weitere belastete Titel von 47 Autoren ermittelt werden, wovon 28 Titel bereits vor 1933 erschienen waren. Siehe Anhang 11. 36 Titel waren zwischen 1933 und 1945 publiziert worden. Siehe Anhang 12. Diese 36 Titel werden in der Analyse berücksichtigt.

1532 Eigene Erhebung. Datengrundlage: http://www.polunbi.de/bibliothek/; Verlagsbibliografie, Auflagenbücher des RAS. Vgl. Kapitel 2.1.1, Fußnote 218.

1533 Insgesamt wurden im Untersuchungszeitraum – inkl. der zahlreichen Nachdrucke – Exemplare von 1.297 Titeln produziert.

1534 Auch der Reclam Verlag in Leipzig selbst stellte – nach umfangreichem Schriftverkehr mit verschiedenen staatlichen Stellen, wie beispielsweise dem Ministerium für Volksbildung – eine umfangreiche Aussonderungsliste der bislang erschienenen UB-Titel zusammen, die nicht nur die verfemten nationalsozialistischen Titel, sondern darüber hinaus auch etliche der sozialistischen Kulturpolitik widersprechende Werke enthielt. Für den gesamten Zeitraum seit Erscheinen der UB wurde für die Matern von 325 Titeln die Vernichtung angeordnet. Von diesen 325

man die Anteile an der Gesamtproduktion für die einzelnen Erscheinungsformen, so zeigt sich, dass der Anteil indizierter Schriften innerhalb der weit auflagenstärkeren UB-Titel mehr als doppelt so hoch ist wie bei den Verlagswerken: 133 von 354 (37,6 %) Titeln der UB stehen 36 von 244 Verlagswerken (14,8 %) gegenüber. Hervorzuheben sind zudem Veränderungen der Indizierungsquote im zeitlichen Verlauf: Während von den bis 1939 insgesamt 391 neu veröffentlichten Titeln 31,7 % indiziert wurden (124 Titel sind auf der *Liste* und im *Verzeichnis* vermerkt, davon 101 in der UB und 23 Verlagswerke), liegt der Anteil der in den Kriegsjahren publizierten 207 Schriften nur bei 21,7 % (45 Titel, davon 32 in der UB und 13 Verlagswerke). Aufschlussreich ist ferner die in Abbildung 76[1535] dargestellte Verteilung der indizierten Titel auf die vom Verlag vorgenommene inhaltliche Kategorisierung:

Den mit 30,2 % mit Abstand am stärksten betroffenen Bereich bildet die Kategorie der *historischen und kulturgeschichtlichen Werke*, in welcher Autoren und Verlag offenkundig ein besonders hoher Grad ideologischer Deutungsmöglichkeiten gegeben war (Abb. 77[1536]). Den zweitgrößten Raum nehmen die *Erzählungen, Novellen, Märchen*

Titeln waren 120 während der NS-Zeit erstmalig publiziert worden. Das heißt, während von der UB-Produktion 1867 bis Ende 1932 nur 4,5 % der Titel zu beanstanden waren, sollten von den unter nationalsozialistischer Herrschaft edierten Titeln 37,9 % nie mehr hergestellt werden. Diese Zahlen belegen, dass das verlagsinterne „Aufräumen" im Vergleich zur *Liste der auszusondernden Literatur* noch um einiges radikaler war. Bei den Verlagswerken hingegen ordnet diese Liste „nur" die Vernichtung der Matern von 20 Titeln an, neben 15 auch auf der *Liste der auszusondernden Literatur* vermerkten Titeln, u. a. Seidels *Briefe der Deutschen aus einem Jahrtausend*, Konrad Krauses *Anno 1791 fing es an* oder *Vom Morgen zum Abend* von Millenkovich. Vgl. Verlagsanweisung o. D. In: RAL, Ordner 17. Kuczynski und Puchert verweisen ebenfalls auf eine vom Verlag nach 1945 durchgeführte Untersuchung der bis dahin erschienenen Titel hinsichtlich „ihrer politischen und ideologischen Absicht", in deren Ergebnis „alle Erstausgaben mit imperialistischer, nationalistischer und faschistischer Tendenz" aus allen Bereichen der UB, „darunter auch alle Ausgaben, die durch ihre Kommentierung eindeutig reaktionäre Tendenzen erhalten hatten, sowie alle Werke prominenter Naziautoren, gleich zu welchem Zeitpunkt sie entstanden waren", ausgesondert wurden. „Aus politischen und ideologischen Gründen abzulehnen" waren aus den Erscheinungsjahren 1867–1885 ca. 1,8 %, 1892–1899 ca. 13 %, 1908–1918 ca. 22 %, 1919–1929 ca. 10 %, 1930–1932 ca. 22 %, 1933–1941 ca. 48 %, 1942 bis 08.05.1945 ca. 32 %. Kuczynski; Puchert 1967, S. 78. Von der amerikanischen Militär-Regierung in München wurde das UB-Programm im August 1948 ebenfalls einer Analyse unterzogen. Beginnend im Jahr 1895 wurden 110 Titel beanstandet; nur etwas weniger als die Hälfte davon (52 Titel) stammten jedoch aus der Zeit von 1933 bis 1945. Auch dies spricht für die in Kapitel 3.1 dargelegte, ausgeprägte völkische Tendenz des Reclam'schen Verlagsprogramms bereits vor 1933. Vgl. Aktennotiz vom 09.08.1945. In: RAS, Mappe Lizenzierung Verlagstätigkeit.

1535 Eigene Erhebung. Datengrundlage: http://www.polunbi.de/bibliothek/; Verlagsbibliografie, Auflagenbücher des RAS. Vgl. Kapitel 2.1.1, Fußnote 218.

1536 Eigene Erhebung. Datengrundlage: http://www.polunbi.de/bibliothek/; Verlagsbibliografie, Auflagenbücher des RAS. Vgl. Kapitel 2.1.1, Fußnote 218.

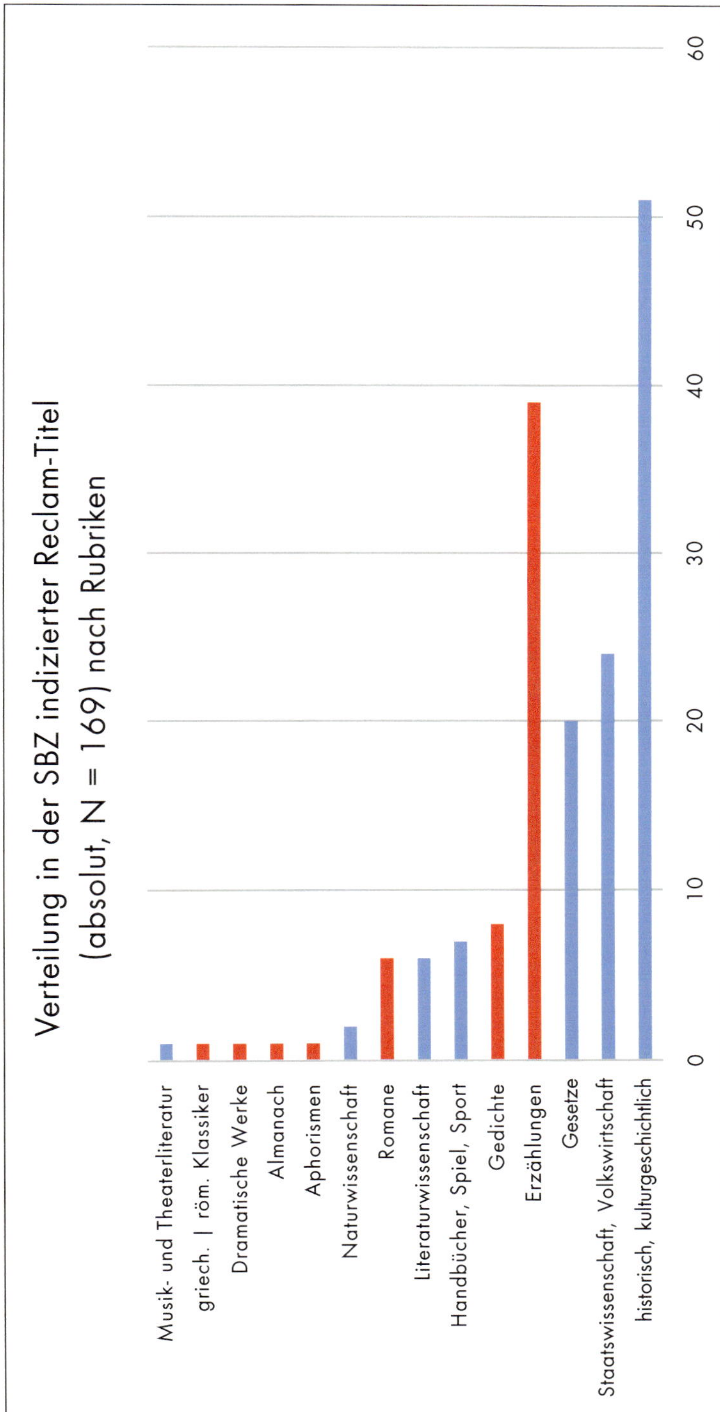

Abb. 76 Verteilung in der SBZ indizierter Reclam-Titel (absolut, N = 169) nach Rubriken

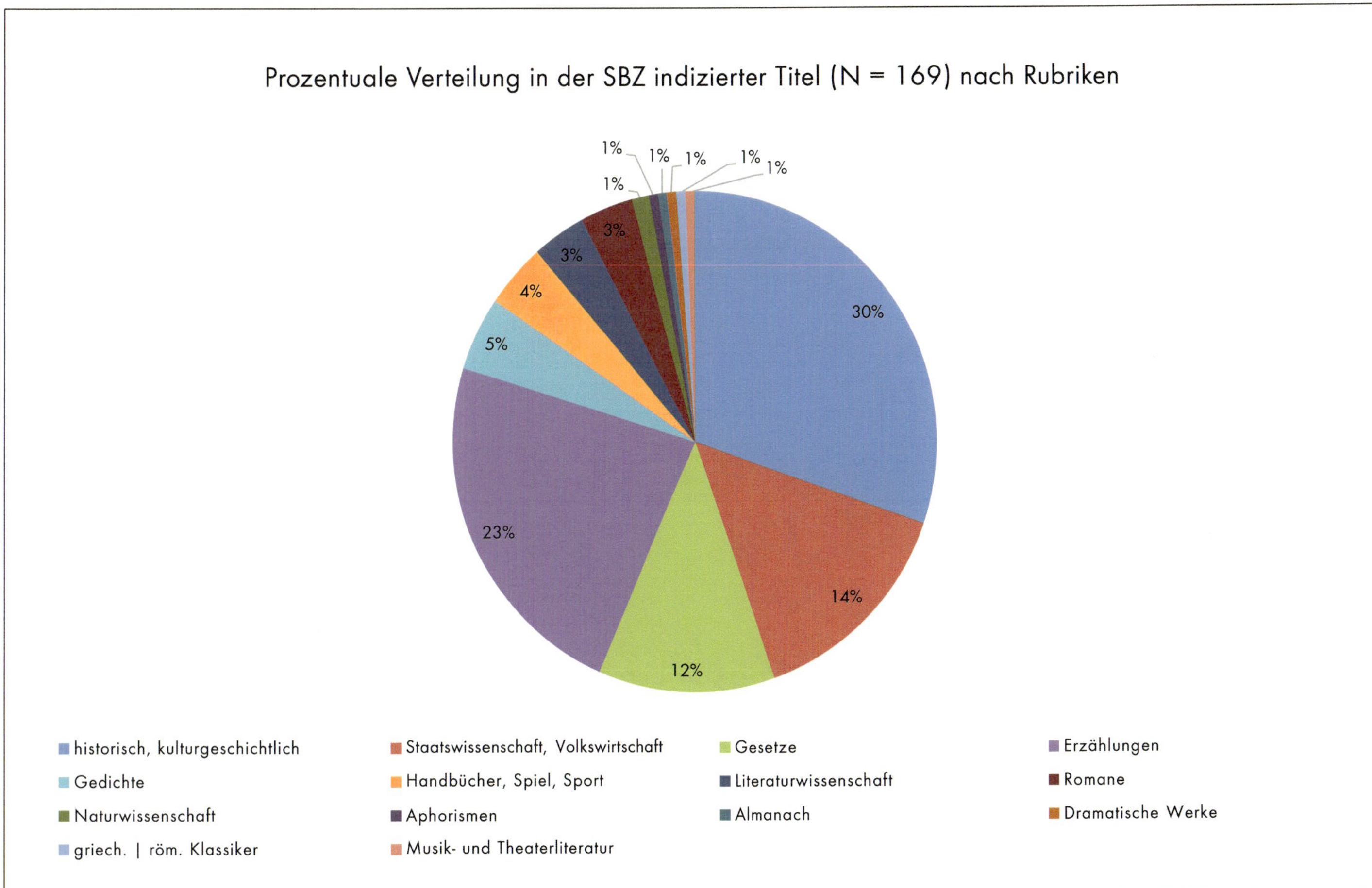

Abb. 77 Prozentuale Verteilung in der SBZ indizierter Titel (N = 169) nach Rubriken

und Skizzen mit 23,1 % ein, gefolgt von *Staats- und Sozialwissenschaft; Volkswirtschaft* mit 14,6 % und *Gesetzesausgaben* mit 12,2 %.[1537]

Durchaus überraschend ist, dass damit innerhalb der indizierten Werke insgesamt der Anteil der belletristischen Produktion – gemessen an der Anzahl der Titel – mit 33,7 % einen deutlich geringeren Teil der als nationalsozialistisch eingestuften Verlagsproduktion ausmacht als die Sachbuchproduktion mit 66,3 % der indizierten Titel. Dass insbesondere die Sachbücher bei Reclam systemkonforme Inhalte transportierten, zeigt auch das Verhältnis indizierter und nicht indizierter Titel in Bezug zur Gesamtanzahl produzierter Titel zwischen 1933 und 1945: Von 274 belletristischen Titeln wurden 20,8 % (57 Titel) auf der *Liste der auszusondernden Literatur* indiziert, von 324 Sachbüchern hingegen 34,6 % (112 Titel).

Abbildung 78[1538] zeigt, dass in der NS-Zeit der Neuproduktionsanteil an Sachbüchern im Vergleich zur Anzahl belletristischer Titel deutlich höher war als in der Weimarer Republik, wo mit einigen Ausnahmen Sachbücher kaum je mehr als 30 % der Titelproduktion ausmachten. Die verstärkte Produktion von Sachbüchern hatte bereits 1930 eingesetzt, erreichte ihren Höhepunkt in der Aufbauphase des NS-Regimes (1933: 73 %, 1934: 77 %) und fiel bis 1939 kaum je unter 60 % Anteil an der Gesamttitelzahl. Im Kriegsverlauf jedoch gewinnt die Belletristik – aufgrund veränderter Nachfrage und vor allem bedingt durch gänzlich andere Vertriebsstrukturen[1539] – mit bis zu 80 % Anteil (1943) wieder deutlich die Oberhand.

Insgesamt wurden von den 1933 bis 1945 erstpublizierten 598 Titeln 23.041.954 Exemplare (Erst- und Nachdrucke der Neuerscheinungen 1933 bis 1945) gedruckt.[1540]

1537 Zur Übersicht der auf der *Liste* und im *Verzeichnis der auszusondernden Literatur* indizierten Titel aus dem Verlagsprogramm ab 1933 siehe Anhang 12.

1538 Eigene Erhebung. Datengrundlage: Verlagsbibliografie, Auflagenbücher des RAS. Vgl. Kapitel 2.1.1, Fußnote 218.

1539 Vgl. Kapitel 2.2.1.2, 2.2.1.3 und 2.3.1.

1540 Ruppelt bietet in seinem Aufsatz ebenfalls eine Übersicht über die Auflagenzahlen der Neuerscheinungen 1933 bis 1945 – zumindest für die UB. Vgl. Ruppelt 1992, S. 350 f. Allerdings kommt er zu abweichenden Ergebnissen. Wie es scheint, hat er bei einigen Titeln die Auflagenzahlen fehlerhaft addiert. Diesen Fehler bemängelte auch schon Bühler. Vgl. Bühler; Bühler 2002, S. 166. Bereits bei der Angabe der Nummernzahlen der UB-Nummern sind Ruppelt kleine Flüchtigkeitsfehler unterlaufen. Des Weiteren beruft sich Ruppelt in seiner Analyse nur auf das numerische Auflagenbuch, welches im November 1943 endet. Für die hier gemachten Angaben wurde ergänzend ein weiteres Auflagenbuch der UB, geordnet nach Jahren, verwendet, in welchem die Druckaufträge von 1933 bis 1945 durchgehend verzeichnet sind. Dadurch ergeben sich z. T. erhebliche Differenzen zu den von Ruppelt ermittelten Auflagenhöhen. In diesem Auflagenbuch sind zu jeder Auflage zwei verschiedene Angaben verzeichnet: in einer Spalte die gesamte Druckauflagenhöhe, in einer zweiten die Höhe der sofort nach dem Druck aufgebundenen Exemplare. Telefonische Auskunft Lothar Kretschmar am 14.12.2010. Ab dem 20.09.1943 sind die Werte der beiden Spalten immer gleich hoch, das heißt, es wurden ab diesem Zeitpunkt immer alle Druckauflagen gleich aufgebunden.

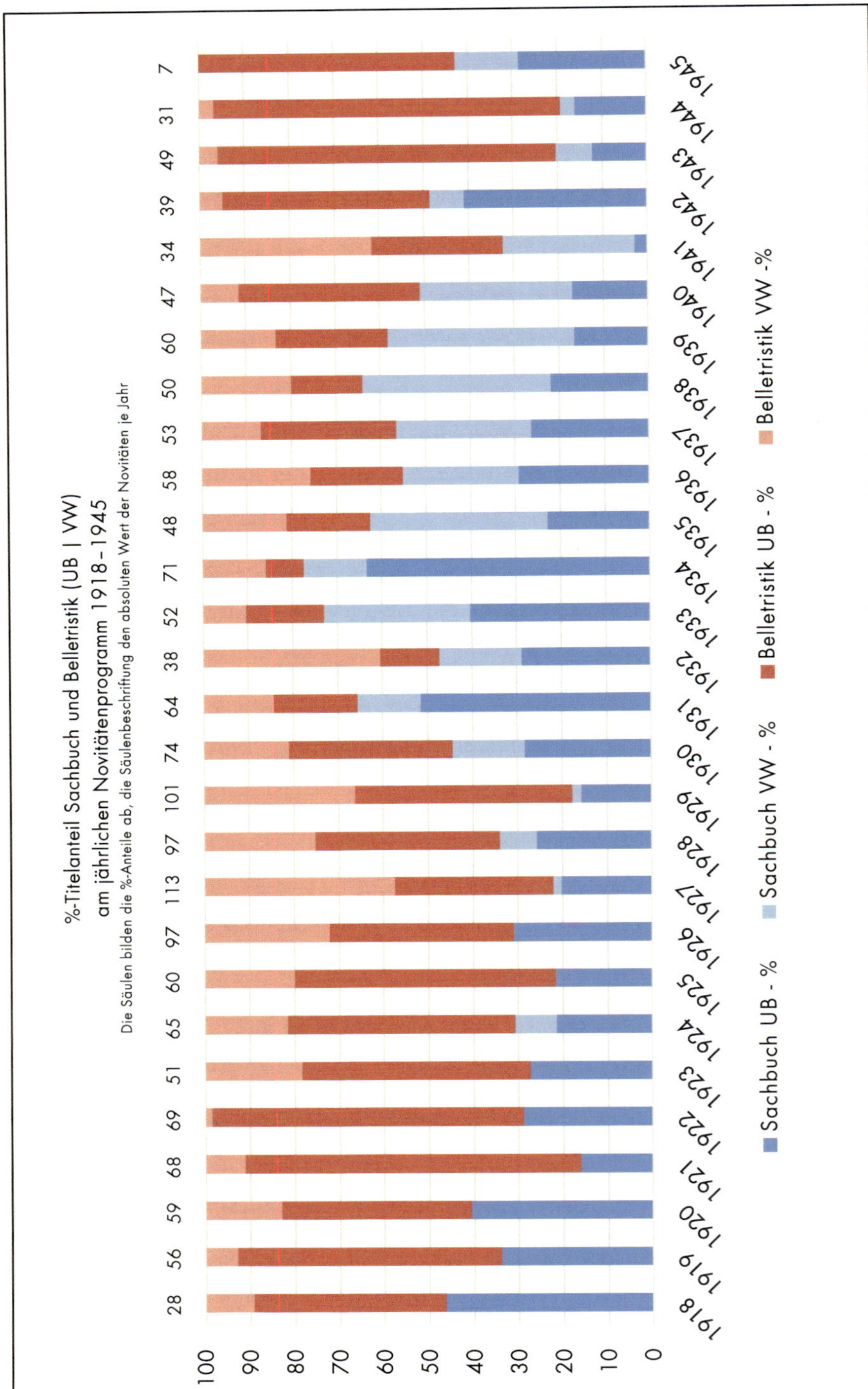

Abb. 78 Prozentualer Titelanteil Sachbuch und Belletristik (UB, VW) am jährlichen Novitätenprogramm 1918–1945

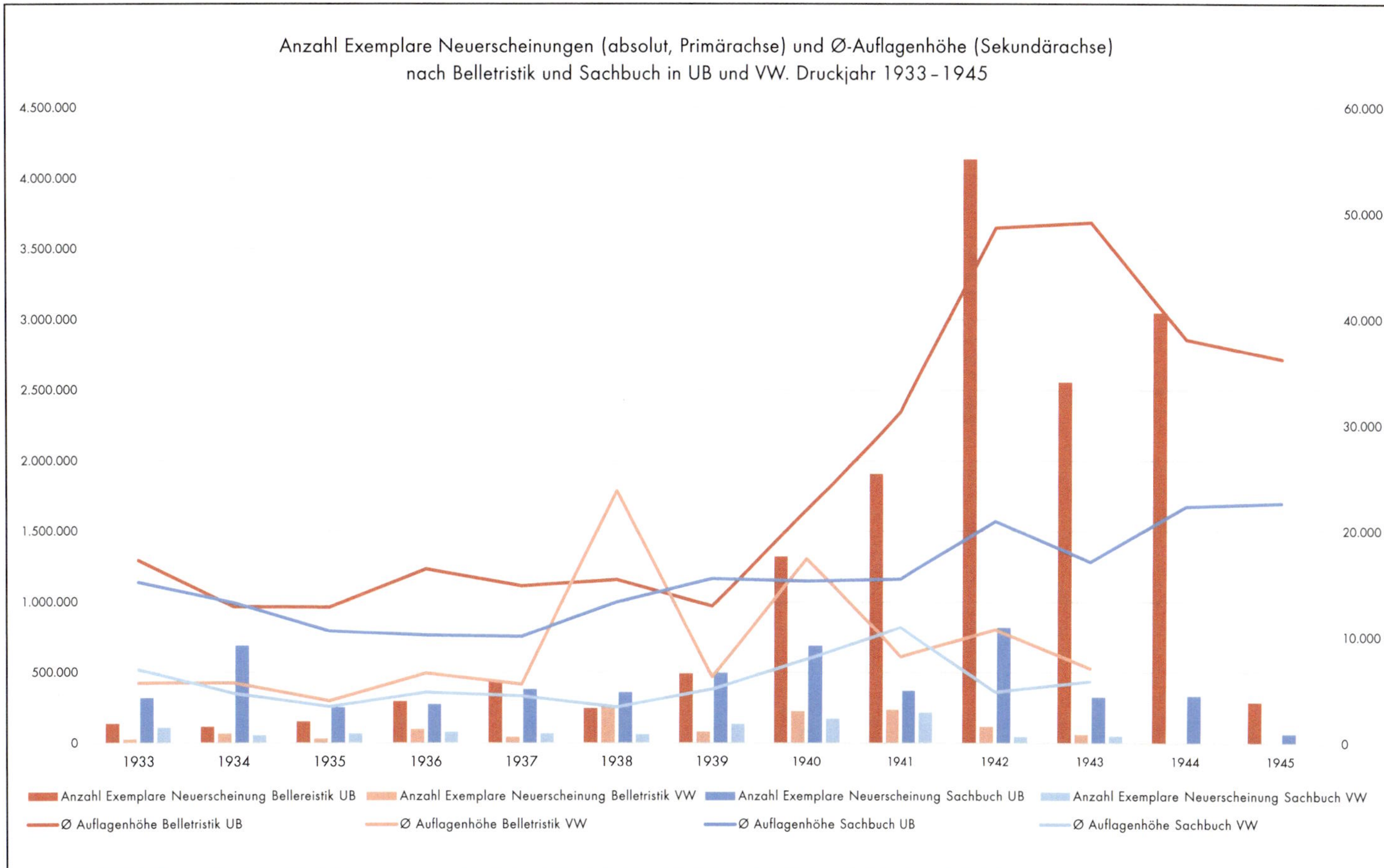

Abb. 79 Anzahl Exemplare Neuerscheinungen (absolut, Primärachse) und durchschnittliche Auflagenhöhe (Sekundärachse) nach Belletristik und Sachbuch in UB und VW. Druckjahr 1933–1945

Aus Abbildung 79[1541] wird deutlich, dass die belletristischen Titel von 1939 bis 1942 in sprunghaft höheren Gesamtexemplar- und Auflagenzahlen produziert wurden als die Sachbücher. In der Gesamtschau wird aber ebenso sichtbar, dass Reclam insbesondere in der Phase der Etablierung des NS-Staats (1933–1935), mit Peak im Jahr 1934 (Röhm-Putsch), überproportional auf die Sachbuchproduktion gesetzt hat. Unter den rund 750.000 im Jahr 1934 insgesamt gedruckten Exemplaren der Sachbuch-Neuerscheinungen finden sich vor allem propagandistisch wirksame Titel in hohen Auflagen wie *Rede des Führers Adolf Hitler am 30. Januar 1934 im Deutschen Reichstag, Geschichte auf rassischer Grundlage* oder *Kampf um die Saar* (je 30.000 Exemplare 1934) sowie die als sogenannte *Hitler-Gesetze* erfolgreich vermarkteten Juridika (darunter *Hitler-Gesetz VI*, 40.000 Exemplare; *Hitler-Gesetz III*, 30.000 Exemplare). Auch in der Phase verstärkter ideologischer Kriegsvorbereitung 1938/1939 steigt die Zahl von in hoher Auflage produzierten Sachbüchern gegenüber der Belletristik wieder signifikant an. Insbesondere zu Beginn des Kriegs erscheint mit *Von 1914 bis 1939. Sinn und Erfüllung des Weltkrieges* (21.000 Exemplare) und vor allem mit dem in Schulen zur Pflichtlektüre erklärten Titel *Wie kam es zum Krieg 1939* (131.000 Exemplare) systemstützende, die militärische Aggression rechtfertigende Propaganda.

Dass dieses besondere Engagement des Verlags im Sachbuchmarkt wesentlich auf inhaltliche, eng am Zeitgeschehen orientierte Gründe zurückzuführen ist, und sich nicht aus rein ökonomischen Erwägungen erklären lässt, zeigt auch die Betrachtung der Sachbuchproduktion im Verhältnis zur insgesamt weitaus größeren und umsatzstärkeren belletristischen Gesamtproduktion des Verlags, inklusive der Nachdrucke (827 Titel, davon 556 Nachdrucke von Publikationen vor 1933). Entsprechend findet sich unter den zwanzig in höchster Anzahl gedruckten Titeln – auf Platz 20 – nur ein einziges Sachbuch: Wilhelm Zieglers *Wie kam es zum Kriege 1939*.

Betrachtet man Art und Umfang der Sachbuchproduktion, so erweist sich die rückwirkend immer wieder vorgetragene Behauptung, einschlägige Titel seien „zum größeren Teil […] auf ausdrücklichen Druck von Partei- und Staatsstellen herausgebracht worden"[1542], als nicht haltbar. Anhand der gesichteten Archivalien und nicht zuletzt der Werbemittel und vor allem angesichts der Vielzahl betroffener Titel kann diese Programmbegründung – trotz unbestreitbarer staatlicher Einflussnahmen – nicht ausschlaggebend gewesen sein. Tatsächlich konnte Nußbächer auch nur wenige Titel als Beleg seiner Aussage nennen, „daß in vielen Fällen ein erheblicher Druck auf den Verlag ausgeübt worden ist, um gewisse Werke zu bringen, andere umzuarbeiten."[1543] Von ihm angeführt wurden *Kampf. Lebensdokumente deutscher Jugend von 1914–1934*, die ‚rassenkundlichen' Werke von Keiter und Brewitz und *Das Lied*

1541 Eigene Erhebung. Datengrundlage: Verlagsbibliografie, Auflagenbücher des RAS. Vgl. Kapitel 2.1.1, Fußnote 218.

1542 Erklärung Nußbächers vom 10.08.1948, S. 3. In: RAS, Mappe Dr. Ernst Reclam

1543 Erklärung Nußbächers vom 10.08.1948, S. 3. In: RAS, Mappe Dr. Ernst Reclam.

der Getreuen und *Von 1914 bis 1939*. Konterkariert wird diese Argumentation durch die gleichzeitige Beteuerung, „daß der Verlag eine sehr große Anzahl solcher fast ununterbrochener offizieller und inoffizieller Einflußnahmen und Vorschläge mit allen Risiken ablehnte. Statt vieler anderer stehe [folgender] Fall:“[1544] Der Verlag habe eine als Standardwerk gedachte Hitlerbiografie Karl Heinz Hederichs abgelehnt, welche dann beim Bibliographischen Institut publiziert wurde. Auch das Erscheinen einer weiteren Schrift, die Hederich in der UB wünschte, habe der Verlag mit Verweis auf die Bombenschäden so lange hinausgezögert, bis der Zusammenbruch da gewesen sei.[1545] Angesichts der Gesamtdisposition des Programms, der Vertriebsstrukturen über Massenorganisationen und Wehrmacht, der Werbestrategien und der Marktstellung des Verlags geradezu hilflos wirkt es, wenn Ernst Reclam verteidigend ausführt, dass er von den Werken, die „auf den Wunsch der RSK“ publiziert worden seien, nie mehr als unbedingt nötig habe drucken lassen, und dass somit die Möglichkeit eines hohen Absatzes dieser Schriften über Buchhandel und Partei nicht genutzt worden sei.[1546] Durch die quantitative Analyse der Auflagenbücher ließ sich dies nicht nur für Bestseller wie *Von 1914 bis 1939: Sinn und Erfüllung des Weltkrieges* oder das *Lied der Getreuen* eindeutig widerlegen.

Trotz wirtschaftlich insgesamt für den Verlag vergleichsweise untergeordneter Bedeutung wurde das Sachbuchsegment im Bereich der Neuerscheinungen zwischen 1933 und 1939 sogar überproportional bespielt. Durch den vorstehenden ausführlichen Blick auf die Titel des Verlagsprogramms wurde deutlich, dass in dieser Sparte viel Raum für Propaganda in direktester Form vorhanden war. Dieser wurde mit einem Anteil von 65 % aller Neuerscheinungen in vielen Fällen äußerst willfährig genutzt, um „ein Stück wichtiger nationalsozialistischer Erziehungsarbeit“[1547] zu leisten, wie nicht nur die Verlagswerbung suggeriert.

1544 Erklärung Nußbächers vom 10.08.1948, S. 3. In: RAS, Mappe Dr. Ernst Reclam.

1545 Vgl. Erklärung Nußbächers vom 10.08.1948, S. 3. In: RAS, Mappe Dr. Ernst Reclam. Interessant ist, dass Ernst Reclam ebenfalls genau diesen „Fall Hederich“ anführt, um ein Auflehnen gegen die staatlichen Lenkungsversuche zu demonstrieren, obwohl dieser nach Nußbächer nur einer von vielen abgelehnten „Vorschlägen“ gewesen sei. Diese ausführliche Darstellung des Falls Hederich widerspricht wiederum der zusätzlich angeführten Argumentation, dass aufgrund existenzieller Ängste staatlich „vorgeschlagene“ Werke herausgebracht worden seien.

1546 Vgl. Stellungnahme Ernst Reclams [um 1948], S. 8. In: RAS, Mappe Dr. Ernst Reclam.

1547 Sammelprospekt des Verlags *Rassenkunde und deutsche Vorgeschichte*. In: RAS, Mappe UB Einzelprospekte I.

3.4 Belletristik

3.4.1 Drama

Unter dem Namen „Dietrich-Eckart-Preis"[1548] veranstaltete der Reclam Verlag Ende 1933 zusammen mit der Zeitschrift *Das neue Deutschland* „mit Billigung des Herrn Reichsministers für Volksaufklärung und Propaganda"[1549] ein breit beworbenes Preisausschreiben[1550] „zur Gewinnung wertvoller deutscher Bühnenwerke [...] Gekrönt werden Stücke, die – ohne jede billige Tendenzmache – den Geist des erwachten Deutschlands atmen und der großen Tradition des deutschen Dramas würdig sind."[1551]

Die Stücke sollten ohne viel Aufwand aufführbar und möglichst für Freilichtbühnen geeignet sein; zugelassen wurden noch nicht aufgeführte oder im Druck erschienene Tragödien, Komödien, Schauspiele und Festspiele, Einakter und abendfüllende Stücke „arischer Autoren". Ziel war es, „allen dichterischen Kräften unseres Volkes, vor allem unserer Jugend, einen Anreiz zu gesteigerter Leistung zu bieten."[1552] Der Dichter Otto Erler, der Reichsdramaturg Dr. Rainer Schlösser sowie Friedrich Kayßler, Mitglied des Berliner Staatstheaters, waren von Goebbels zu Preisrichtern ernannt worden.

Nicht nur die Namenswahl für den Preis – nach dem Dichter, Publizisten und Verleger Dietrich Eckart (1868–1923), der als früher Anhänger des Nationalsozialismus und Ideengeber Adolf Hitlers hervorgetreten war –, sondern vor allem die Übernahme der Forderungen nach der ‚Befreiung' des Theaters vom ‚kulturellen Verfall' und der Erneuerung des Dramas verdeutlichen, dass sich der Verlag damit in den Dienst staatlicher Kulturpolitik stellte. Als deren Lenkungsmittel verfolgten Preisausschreiben und Wettbewerbe stets aktuelle Interessen der betreffenden Einsatzstellen und zielten häufig auf die Förderung fehlender oder unzureichend bedienter Buchgattungen, wie hier des Dramas.[1553] Hitler, der im Theater eine erzieherische Anstalt sah, die in erster Linie für die Bildung der Jugend da sein müsse, versprach sich durch den Rückgriff auf die Vergangenheit eine glorreiche Zukunft: Der ‚Verfall' der tradierten Dramenformen in der Moderne sollte durch Rückgriffe auf Goethe und Schiller, auf Kleist, Hebbel, Wagner und vor allem Paul Ernst bekämpft werden.[1554] Die Hoffnung, dass das „Theater [...] wieder deutsch-völkisch [...] im Sinne der nationalen Überlieferung und des

1548 Nicht zu verwechseln mit dem gleichnamigen, 1933 bis 1943 von der Stadt Hamburg verliehenen Dietrich-Eckart-Preis, der ursprünglich den Lessing-Preis ablösen sollte.

1549 *BBl.* 21.11.1933. Zu den Preisrichtern zählte unter anderen der Reichsdramaturg Rainer Schlösser.

1550 Das Preisausschreiben wurde sogar in österreichischen Tageszeitungen angekündigt, z. B. *Alpenländische Morgenzeitung* 25.01.1934; *Salzburger Volksblatt* 25.01.1934.

1551 *BBl.* 21.11.1933.

1552 *BBl.* 21.11.1933.

1553 Vgl. Strothmann 1985., S. 104.

1554 Vgl. Schoeps 2000, S. 121 f.; Ketelsen 1976, S. 97.

deutschen Schicksals, nordisch-germanisch im Sinne der Rasse sein wird“[1555], erfüllte sich trotz zahlreicher Maßnahmen – „nie wurde mehr für die Förderung des Theaters getan, das ganze Land wurde mit Theater überzogen“[1556] – allerdings nicht. Die Entstehung und Etablierung eines neuen Dramas, auf das man ebenso viele Hoffnungen setzte wie auf die NS-Lyrik, erfolgte letztlich nicht, die meist mythischen Stoffe hatten keinen Erfolg,[1557] die Theater blieben Domänen des bürgerlichen Kunsttheaters.[1558]

In dieses nationale Scheitern[1559] reihte sich das Ergebnis des Reclam'schen Preisausschreibens ein:

> Im Ganzen sind rund 800 Dramen eingegangen. Unter den […] Arbeiten war eine nicht kleine Zahl, die für die engere Auswahl ausschied. Was übrig blieb, konnte wohl jedes in seiner Art in Szenen und einzelnen Akten stärker fesseln, blieb bis auf ganz wenige Ausnahmen aber stets hinter den eingangs erwähnten Kriterien zurück. Für die Verteilung des ersten Preises konnten sich die Preisrichter nicht entschließen. Sie schlugen dem Verlag vor, den zweiten und dritten zusammenzulegen und zu gleichen Teilen drei Stücken zuzuerkennen.[1560]

Statt der ursprünglich ausgesetzten 2.500 RM für den ersten und je 1.000 RM für den zweiten und dritten Preis erhielt jeder der drei ‚Gewinner' 670 RM.[1561] Natürlich war es für die Autoren, denen es zumindest nicht an Systemtreue mangelte,[1562] darüber hinaus eine Auszeichnung, mit einer eigenen Nummer in die UB aufgenommen zu werden. Wiederum eher ernüchternd: Alle drei dramatischen Werke – *Petra und Alla* von Max Geisenheyner, *Deutsch-Südwest* von Paul Keding und *Das brotlose Mahl* der Heimatdichterin Irma von Drygalski – erlebten je nur eine Auflage von 8.000 Exemplaren

1555 Wolfgang Nufer. In: Deutsche Bühne 1933, zitiert nach: Schoeps 2000, S. 162.

1556 Schoeps 2000, S. 123.

1557 Selbst die erfolgreichsten Nazi-Dramen blieben weit hinter den Unterhaltungsstücken zurück. Vgl. Schoeps 2000, S. 162.

1558 Vgl. Ketelsen 1976, S. 88, 97.

1559 Das Drama des ‚Dritten Reiches' konnte es ohnehin aus zwei Gründen nicht geben: Zum einen stellte das Jahr 1933, wie in vielen anderen Bereichen, keine Zäsur dar; viele schon vor 1933 entstandene Stücke passten nahtlos in die neue Zeit, nur dass man sie nun bevorzugt behandelte und dass der NS-Ideologie zuwiderlaufende Stücke verboten wurden, wodurch die Konkurrenz minimiert wurde. Zum anderen führten die Rivalität der zuständigen Stellen sowie die unterschiedlichsten Vorbilder der Autoren dazu, dass kein einheitliches national-konservativ-völkisches Drama entstehen konnte. Vgl. Schoeps 2000, S. 122.

1560 *BBl.* 23.02.1935.

1561 Vgl. *Bücherfreund* Nr. 2 Februar 1935.

1562 Alle drei Preisträger – Geisenheyner, Keding und Drygalski – sind im *Verzeichnis der auszusondernden Literatur gelistet*, Geisenheyner und Drygalski mit anderen Titeln, Keding mit dem bei Reclam publizierten Stück *Deutsch-Südwest*. Vgl. Magistrat der Stadt Berlin 1946, S. 101, 108, 122.

(1935) – eine geringere Auflage in der UB gab es in der NS-Zeit lediglich bei einem einzigen Titel.[1563] Nichtsdestoweniger wurde Paul Kedings Stück am Staatstheater in Weimar gespielt, Max Geisenheyners Werk wurde – entgegen der *Bücherkunde*, die den beiden anderen Stücken eine bessere Eignung „zur Lektüre der oberen Klassen der höheren Schulen"[1564] bescheinigte – unter dem Titel *Obrist Michael* 1935 in Mannheim und Altona uraufgeführt und an weiteren Orten gespielt. Über *Obrist Michael* urteilt der *Völkische Beobachter* zu Beginn der Spielzeit 1940 am Schiller-Theater in Berlin:

> Hineingestellt in die Gegend um Torgau, Mitte des 16. Jahrhunderts [... lässt] die buntbewegte, um starken Stimmungswechsel nicht verlegene Rahmenhandlung eines durch Krieg, Not, politische und religiöse Zerrissenheit und sozialen Fanatismus aufgepeitschten deutschen Reiches [...] eine Fülle der Gestalten, Gesichte und Schicksale vorüberziehen. [...] Aber im Urteile der Kunstrichter überwog mit Recht die Fülle eines bühnenwirksamen Geschehens, mag auch an der eigentlichen dramatischen Linie so viel aufgehängt sein, daß sie auf die große Länge hin an Straffheit verliert.[1565]

Zur Schullektüre haben sich diese Stücke jedoch wie die meisten anderen zeitgenössischen dramatischen Werke trotz Aufführungserfolgen nicht entwickelt. Daher lehnte Ernst Reclam die Nachdichtung des *Richters von Zalamea* von Wilhelm Scholz 1937 ab,

> weil es neuerdings für mich ganz unmöglich ist, dramatische Werke in die Universal-Bibliothek aufzunehmen, auch wenn Sie noch so wertvoll sind und noch so guten Bühnenerfolg haben. Der Absatz der Dramen, die, wenn sie nicht in den Schulen gelesen werden – und das ist ja bei den meisten modernen Stücken nicht der Fall – haben nämlich einen so geringen Absatz, daß es sich, im Hinblick auf die niedrigen Preise der Universal-Bibliothek überhaupt nicht mehr verantworten läßt, Bühnenstücke in die Universal-Bibliothek aufzunehmen. Der letzte Versuch damit waren die drei Dietrich-Eckart-Preis-Dramen, die ja ganz besonders von Seiten der maßgebenden Stellen gefördert wurden. Der Absatz läßt aber soviel zu wünschen übrig, daß, wenn man selbst von den Geldpreisen absieht, diese Inverlagnahme ein voller Misserfolg gewesen ist. Ich hoffe also, Sie nehmen es mir nicht übel, verehrter Herr Doktor, wenn ich Ihnen eine negative Antwort gebe, und werden einsehen, daß ich, so leid es mir tut, eben aus wirtschaftlichen Gründen nicht anders kann.[1566]

1563 Der 1938 publizierte zweibändige literaturwissenschaftliche *Abriß der römischen Literaturgeschichte* von A. Albrecht.

1564 *Bücherfreund* Nr. 2 Februar 1935.

1565 *Völkischer Beobachter* 21.09.1940.

1566 Ernst Reclam an Scholz am 15.01.1937. In: DLA, A:Scholz, Wilhelm von, HS. 1989.0002.

Neben je einem neu ins Programm aufgenommenen dramatischen Stück von Heinrich von Kleist, Joseph von Eichendorff, Johann Wolfgang von Goethe, Christian Dietrich Grabbe sowie Friedrich Hölderlin erschienen in der Zeit des NS-Regimes über die Dietrich-Eckart-Preis-Dramen hinaus lediglich zwei weitere zeitgenössische Stücke (1933 *Susanne oder der Menschenschutzverein* und 1934 *Blindermann*) des heute weitgehend vergessenen Robert Walter – womit das Drama im Bereich der Neuerscheinungen im Vergleich zu Lyrik und insbesondere Epik zweifelsohne nicht zu den fokussierten Programmsparten zählte.

Dennoch versuchte der Reclam Verlag, dem kulturpolitischen Bedarf nach nationalsozialistische Wertvorstellungen vermittelnden Dramen und Bühnenstücken zu entsprechen. Aus dem Fundus der UB ließen sich nahezu 30 Ein- und Mehrakter, zusammengestellt im Werbeprospekt *Nationale Stücke für die Laienbühnen aus Reclams Universal-Bibliothek*[1567] (Abb. 80) einschlägig anpreisen. Einen ersten Schwerpunkt bilden dabei Stücke über Ehre, Pflicht und kameradschaftliche Verbundenheit des Soldatenlebens, beispielsweise Ernst Wicherts *Das eiserne Kreuz* (1879 in der UB publiziert), in dem „die alte Soldatenkameradschaft“ über Standesdünkel siegt.[1568] Als „Beispiel der Volksverbundenheit, der Führerautorität und der Soldatenehre“[1569] wurde *Die Torgauer Heide* von Otto Ludwig (1914 in der UB publiziert) 1934 mit 5.000 Exemplaren nachgedruckt. Wesentlicher Bezugspunkt ist immer wieder Preußens Geschichte, Glanz und Gloria. So knüpft Heinrich von Kleists *Prinz Friedrich von Homburg,* 1869 in der UB publiziert und zwischen 1933 und 1945 in 450.000 Exemplaren nachgedruckt, „an die Person des Großen Kurfürsten und seinen Sieg bei Fehrbellin an, durch den der Grundstein zu Preußens Größe gelegt wurde.“[1570] In diesem Sinne wird auch Paul Ernsts *Preußengeist,* 1915 in der UB veröffentlicht und in 128.000 Exemplaren während der NS-Zeit nachgedruckt, beworben: In diesem Stück werde

> das tragische Schicksal Kattes, der für seine Beteiligung an der Flucht des Kronprinzen den Tod erleiden mußte, aus dem Geiste des Preußentums, dem Unterordnen unter das Gebot der Pflicht, erklärt. […] dieser Geist ist es, der auch jetzt wieder das neue Deutschland belebt. Und so ist „Preußengeist“ ein Zeitstück im besten Sinne.[1571]

1567 Vgl. Nationale Stücke für die Laienbühne aus Reclams Universal-Bibliothek. In: RAS, Mappe UB Reihen.

1568 Vgl. Nationale Stücke für die Laienbühne aus Reclams Universal-Bibliothek, S. 2. In: RAS, Mappe UB Reihen.

1569 Nationale Stücke für die Laienbühne aus Reclams Universal-Bibliothek, S. 5. In: RAS, Mappe UB Reihen.

1570 Nationale Stücke für die Laienbühne aus Reclams Universal-Bibliothek, S. 10. In: RAS, Mappe UB Reihen.

1571 Nationale Stücke für die Laienbühne aus Reclams Universal-Bibliothek, S. 9. In: RAS, Mappe UB Reihen.

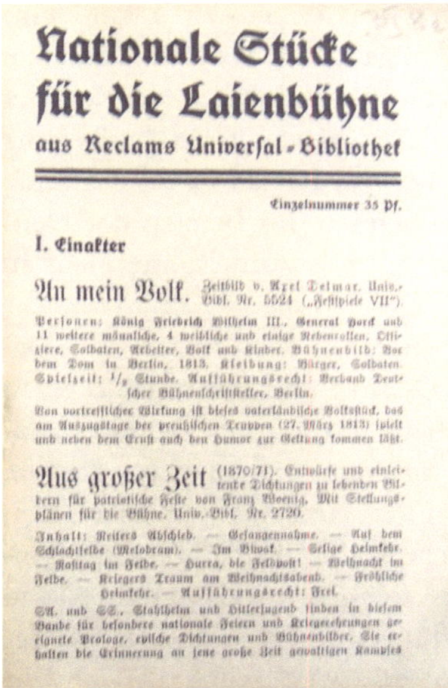

Nationale Stücke für die Laienbühne

aus Reclams Universal-Bibliothek

Einzelnummer 35 Pf.

I. Einakter

An mein Volk. Zeitbild v. Axel Delmar. Univ.-Bibl. Nr. 5524 („Festspiele VII").

Personen: König Friedrich Wilhelm III., General York und 11 weitere männliche, 4 weibliche und einige Nebenrollen. Offiziere, Soldaten, Arbeiter, Volk und Kinder. Bühnenbild: Vor dem Dom in Berlin, 1813. Kleidung: Bürger, Soldaten. Spielzeit: 1/2 Stunde. Aufführungsrecht: Verband Deutscher Bühnenschriftsteller, Berlin.

Von vortrefflicher Wirkung ist dieses vaterländische Volksstück, das am Auszugstage der preußischen Truppen (27. März 1813) spielt und neben dem Ernst auch den Humor zur Geltung kommen läßt.

Aus großer Zeit (1870/71). Entwürfe und einleitende Dichtungen zu lebenden Bildern für patriotische Feste von Franz Woenig. Mit Stellungsplänen für die Bühne. Univ.-Bibl. Nr. 2720.

Inhalt: Reiters Abschied. — Gefangennahme. — Auf dem Schlachtfelde (Melodram). — Im Biwak. — Selige Heimkehr. — Rasttag im Felde. — Hurra, die Feldpost! — Weihnacht im Felde. — Kriegers Traum am Weihnachtsabend. — Fröhliche Heimkehr. — Aufführungsrecht: Frei.

SA. und SS., Stahlhelm und Hitlerjugend finden in diesem Bande für besondere nationale Feiern und Kriegerehrungen geeignete Prologe, epische Dichtungen und Bühnenbilder. Sie erhalten die Erinnerung an jene große Zeit gewaltigen Kampfes

Abb. 80 Werbekatalog *Nationale Stücke für die Laienbühne aus Reclams Universal-Bibliothek*, [um 1935]. In: RAS, Mappe UB Reihen. Alle Rechte vorbehalten.

Eine Verbindung preußischer Tugenden und soldatischer Pflicht wird auch in Herbert Eulenbergs 1903 in der UB publiziertem Titel *Ein halber Held* hervorgehoben: „Das Preußentum, das Pflicht, besonders aber Soldatenpflicht über alles stellt, bleibt Sieger nach innen und außen. So war es unter dem großen Friedrich, so ist es auch heute noch"[1572]. Gleiches wird im Werbeprospekt – mit einigen Mühen – auch für Gotthold Ephraim Lessings *Philotas* geltend gemacht, das 1915 publiziert und in 15.000 Exemplaren nachgedruckt wurde:

> Lessings kleines Heldendrama, die Verkörperung reinsten, höchsten Soldatentums, ist schon oft mit Erfolg auf die Bühne gebracht worden. Die ganze Bedeutung dieser ältesten auf dem Theater lebenden deutschen Kriegsdichtung ist aber erst seit dem Weltkrieg voll erkannt und empfunden worden; gleich dem kaum dem Knabenalter entwachsenen Königssohn Philotas opferte auch die eben erblühte deutsche Jugend in heldenmütigen Ringen das Leben für das Vaterland. Trotz antikem Gewand atmet dieses Heldendrama durchaus preußischen Geist.[1573]

Einen weiteren Schwerpunkt bildet die – expansive Außenpolitik legitimierende – Anknüpfung an die Geschehnisse und Umbrüche zur Zeit der Befreiungskriege, etwa in *Des Vaterlands Not und Erhebung* von Leo Bahlsen (publiziert 1893), *Weimar* von Ernst Wichert und *Vorwärts!* von Josef Lauff – gemeinsam 1899 publiziert in *Das deutsche Jahrhundert* – oder *Studenten und Lützower* von Wilhelm Schröder (1874 publiziert). Weit erfolgreicher gestaltete sich die Vereinnahmung von Heinrich von Kleists 1871 in der UB veröffentlichtem Stück *Die Hermannsschlacht*, die in 370.000 Exemplaren zwischen 1933 und 1945 nachgedruckt wurde: „Aus dem Zorn über die Napoleonische Fremdherrschaft, dem Grimm über die hoffnungslose Lage Deutschlands erwuchs die Dichtung der Hermannsschlacht; und wiederum heute gibt sie dem Zorne Ausdruck,

1572 Nationale Stücke für die Laienbühne aus Reclams Universal-Bibliothek, S. 7 f. In: RAS, Mappe UB Reihen.

1573 Nationale Stücke für die Laienbühne aus Reclams Universal-Bibliothek, S. 4. In: RAS, Mappe UB Reihen.

der alle Deutschen gegen die Feinde des Vaterlandes ergriffen hat."[1574] Verbindende Elemente sind die auf eine Revision des Versailler Vertrags und auf eine deutsche Vormachtstellung in Europa projizierte Sehnsucht nach nationaler Einheit und ein zum Nationalismus gesteigertes nationales Ehrgefühl. Selbst Gotthold Ephraim Lessings *Minna von Barnhelm* wird in den zeitgenössischen Kontext gestellt: „Dieses heitere Meisterwerk ist unser bestes deutsches Lustspiel geblieben, und erst heute kann man ganz durchschauen, welche Tat vorahnender nationaler Einigung Lessing in seiner ‚Minna' geplant hatte."[1575] Das als Nummer 10 der Universal-Bibliothek noch in deren Gründungsjahr 1867 publizierte Drama wurde allein zwischen 1933 und 1945 690.000 Mal nachgedruckt. Übertroffen wird dies nur von Friedrich Schillers *Wilhelm Tell*, ebenfalls im Gründungsjahr als Nummer 12 in der UB veröffentlicht, der in 1.060.000 Exemplaren als auflagenstärkster Reclam-Titel der NS-Zeit nachgedruckt wurde.[1576]

Durch direkte Ansprache von NS-Formationen leistete der Reclam Verlag zudem Transferhilfe bei der Einbettung der Bühnenstücke in die nationalsozialistische Freizeitgestaltung. Zu Franz Woenigs *Aus großer Zeit*, publiziert 1890, vermerkt der Verlag:

> SA und SS, Stahlhelm und Hitlerjugend finden in diesem Bande für besondere nationale Feiern und Kriegerehrungen geeignete Prologe, epische Dichtungen und Bühnenbilder. Sie erhalten die Erinnerung an jene große Zeit gewaltigen Kampfes und herrlichen Sieges in den Herzen der Deutschen wach, begeistern und stärken die Liebe zu Deutschland und seinem Führer. Die für 1870/71 gedichteten Deklamationsstücke lassen sich ebenso wie die lebenden Bilder ohne weiteres in die Zeit des Weltkrieges übertragen und den jetzigen Ereignissen anpassen.[1577]

Die Nummer 3127, *Schulfestspiele aus der Geschichte des Vaterlandes* von Leopold Bahlsen aus dem Jahr 1893, enthalte „[v]ier ausgezeichnete historische Szenenbilder, die nicht nur in den Schulen, sondern vorwiegend auch von der Hitlerjugend gespielt werden können. Ehrfurcht vor der Geschichte, Begeisterung und Verbundenheit mit jedem Wehrmann werden durch Aufführung solcher Stücke geweckt und gefördert."[1578] Die Inszenierung von Arnold Koeppens *Preußische Mädchen* aus dem Jahr 1912 wurde der weiblichen Bevölkerung zur ideologischen Ertüchtigung empfohlen:

1574 Nationale Stücke für die Laienbühne aus Reclams Universal-Bibliothek, S. 8. In: RAS, Mappe UB Reihen.

1575 Nationale Stücke für die Laienbühne aus Reclams Universal-Bibliothek, S. 9. In: RAS, Mappe UB Reihen.

1576 Zur Instrumentalisierung Schillers siehe Kapitel 3.6.

1577 Nationale Stücke für die Laienbühne aus Reclams Universal-Bibliothek, S. 1. In: RAS, Mappe UB Reihen.

1578 Nationale Stücke für die Laienbühne aus Reclams Universal-Bibliothek, S. 4 f. In: RAS, Mappe UB Reihen.

> Mädchenschulen, NS-Frauenschaft und Hitlermädels können ohne weiteres dieses historische Festspiel, dessen letztes Bild leicht in die Gegenwart übertragen werden kann, zur Aufführung bringen. Zwei Schulmädchen, denen die Geschichtsstunde besonders lieb ist, erscheint Frau Historia in eigener Person und führt ihnen drei Bilder aus Preußens Vergangenheit vor. Im ersten: die Aufnahme der aus Salzburg vertriebenen Protestanten in Ostpreußen; im zweiten: die heldenhafte Kämpferin der Freiheitskriege, Eleonore Prohaska; und im dritten: „Um hohen Preis" erleben wir den Jubel nach dem Siege von Sedan und Trauer und Schmerz um gefallene Tapfere.[1579]

3.4.2 Lyrik

Mit nur achtzehn Neuerscheinungen in der Zeit des Nationalsozialismus, vorwiegend Anthologien, spielte die Lyrik-Produktion nur eine untergeordnete Rolle im Programm von Reclam und den angeschlossenen Verlagen, bot aber, wie acht allein in diesem Programmsegment nach 1945 indizierte Titel (44 %) unterstreichen, erstaunlichen Spielraum für die Verbreitung vielfältiger nationalsozialistischer Ideologeme.

1934 beauftragte der zu Reclam gehörende Verlag DnD den Wiener Schriftsteller Mirko Jelusich, der bereits frühzeitig nationalsozialistische Kulturpolitik betrieben hatte (seit 1923 als Redakteur der *Deutschösterreichischen Tages-Zeitung*, dem Hauptblatt der österreichischen Nationalsozialisten bis zu deren Verbot 1933, seit 1931 in leitender Funktion im illegalen Kampfbund für deutsche Kultur, Ortsgruppe Wien)[1580], „mit der Herausgabe einer Anthologie, […] die von den Uranfängen bis in die neueste Zeit reichen soll." Neben einer Vielzahl historischer Dichtungen – die Sammlung enthielt unter anderem „[d]as Hildebrandslied, […] Nibelungenlied, alte Landsknechtlieder, Dichtungen von Logau, Zingref, Weckherlin, Klopstock, einzelnes aus ‚Des Knaben Wunderhorn', Körner, Arndt, Schenkendorf, Hölderlin, Zedtwitz, Geibel, Fontane, Liliencron, Dehmel (die Kriegslieder), Lersch usw. bis zu Horst Wessel"[1581] – hatte Jelusich wohl einige Mühe, genügend zeitgenössische Beiträge zu akquirieren: So bat er Hans Friedrich Blunck, „mir zu dieser Anthologie gleichfalls Dichtungen zur Verfügung zu stellen und […] mir Anschriften junger Dichter mitzuteilen, die für diese Anthologie gleichfalls in Betracht kämen."[1582] Börries Freiherr von Münchhausen jedenfalls kam der gleichlautenden Bitte nicht nach, obschon ihm Ernst Reclam versicherte, dass es sich bei den Dichtern, deren Namen er noch nie gehört habe, „um

1579 Nationale Stücke für die Laienbühne aus Reclams Universal-Bibliothek, S. 10. In: RAS, Mappe UB Reihen.

1580 Zu Jelusich siehe auch Kapitel 3.4.4.1.

1581 Jelusich an Blunck am 16.01.1934. In: SHLB, Cb 92.42.

1582 Jelusich an Blunck am 16.01.1934. In: SHLB, Cb 92.42.

junge noch weniger bekannte z.T. als nationale Dramatiker, z.T. in nationalen Zeitschriften zu Wort gekommene Dichter [handele], die aber gewisse Qualität haben und deshalb mit aufgenommen wurden"[1583]. Die Reichsstelle zur Förderung des deutschen Schrifttums (RFDS) lobt die Anthologie in ihrem Gutachten:

> Mirko Jelusichs Sammlung „Deutsche Heldendichtung" gehört zu den Büchern, die immer dann erscheinen, wenn die Zeit reif für ihre Wirkung ist. In einem großartigen Bogen umspannt sie die deutsche Heldendichtung, welche durch die Jahrtausende deutscher Geschichte ein trotziges Bekenntnis zur Tapferkeit und Treue, zu männlicher Haltung im Leben und Sterben ablegt. Die Auswahl ist mit außerordentlich glücklicher und instinktsicherer Hand getroffen. Die Zusammenstellung ist überzeugend und überraschend vielseitig. […] Mirko Jelusichs „Deutsche Heldendichtung" wird als derzeit beste Sammlung allen Volksgenossen auf das Wärmste empfohlen.[1584]

Die *Bücherkunde* beurteilt die Herausgabe des in einer Auflage mit nur 9.922 Exemplaren gedruckten „notwenige[n] und neuartige[n]" Verlagswerks *Deutsche Heldendichtung* wie folgt:

> Es scheint, die Sammler der heldischen Dichtung in den vergangenen 14 Jahren standen oft gegen die Zeit […] Also ist Vorsicht geboten bei allen noch im Handel befindlichen Anthologien heldischer Dichtung. […] In dem Augenblick, als die Zeit es forderte und möglich machte, erschien aus berufener Hand eine Sammlung „Deutsche Heldendichtung. Ein Jahrtausend deutscher Geschichte in Liedern". Mirko Jelusich, bekannt durch seine historischen Romane, die ebenfalls den heldischen Charakter herauszustellen suchen, hat die Auswahl getroffen und die Einleitung geschrieben.[1585]

In diesen Kontext reiht sich auch das 1935 publizierte Verlagswerk *Aus reinem Quell. Deutsche Dichtung von Hölderlin bis zur Gegenwart* ein:

> Es entsteht ein überwältigender Vielklang aller Stimmen, Stämme und Landschaften als Ausdruck der überschwänglich reichen deutschen Seele. Das bleibende lyrische Gut der letzten 130 Jahre ist in dieser mit feinstem Gefühl

1583 Ernst Reclam an Münchhausen am 23.02.1934. In: GSA, 69/6248.

1584 Abdruck des „Gutachtens für Verleger" der Reichsstelle zur Förderung des deutschen Schrifttums vom 09.11.1934 als Werbeannonce. In: *BBl.* vom 17.11.1934, Nr. 269, S. 5214, http://digital.slub-dresden.de/id39946221X-19341117/13 [25.05.2024]. Das Gutachten ist für den Verlag DnD ausgestellt, aber unter dem Gutachten wird mit der Aufschrift „Deutsche Heldendichtung ist erschienen in der neuen Reihe des Reclam-Verlages" das tatsächliche Verlagshaus preisgegeben.

1585 *Bücherkunde* 1934, H. 6, S. 95–97.

> getroffenen Auswahl festgehalten, die jeden Deutschen auf seinem Lebensweg begleiten wird.[1586]

Unter den zeitgenössischen Dichtern ist mit Beiträgen von Binding, Münchhausen, Carossa, Kolbenheyer, Miegel, Euringer, Seidel, Blunck, Johst, Barthel, Anacker, Schirach, Böhme, Nierentz, Schumann und Wilhelm von Scholz[1587] die erste Garde nationalsozialistischer Vorzeigedichter vertreten. Als Zielgruppe des Werks wird definiert: „Für alle Angehörigen der HJ und des BDM, unentbehrlich für alle Schulen".[1588] Münchhausen war in diesem Fall bereit, an dem Buchprojekt mitzuwirken, wenn

> nicht allzu viele Dilettanten in ihm berücksichtigt sind. Sie wissen so gut wie ich, daß fast die Hälfte aller Gedichtsammlungen ihrem Wesen nach nichts anderes sind, als die Versuche von drei Dutzend Dilettanten, auf den Flügeln von einem halben Dutzend Dichtern in die Unsterblichkeit hinauf zu fliegen.[1589]

Er forderte, „entsprechend meiner Stellung im zeitgenössischen Schrifttum vertreten" zu sein, und wies ferner darauf hin, dass die Sammlung,

> die das bleibende Gut deutscher Lyrik seit Goethe vereinigen soll, [...] keinesfalls als Schulbuch im Sinne der gesetzlichen Honorarbestimmungen gelten

1586 Werbeannonce. In: *BBl.* vom 15.11.1935, Nr. 266, S. 5635, http://digital.slub-dresden.de/id39946221X-19351115/15 [25.05.2024].

1587 Wilhelm von Scholz bat den Verlag, der Quellenangabe zu seinem Gedicht „Willen und Glauben", welches erstmalig in dem von Scholz 1922 in der UB veröffentlichten Lyrikbändchen *Der Kopf im Fenster* publiziert worden war, in Klammern die Anmerkung „Bald nach Bekanntwerden des Versailler Vertrages geschrieben" beizufügen. Scholz an Verlag am 27.09.1935. In: DLA, A:Scholz, Wilhelm von, HS. 1989.0002. *Der Kopf im Fenster* wurde zwischen 1933 und 1945 in 23.000 Exemplaren nachgedruckt, wobei das ursprüngliche, nur bis 1924 reichende Nachwort von G. Goldschmitt aufgrund Unsicherheiten des Autors und des Verlags über Goldschmitts arische Abstammung durch ein aktualisiertes Nachwort von Herbert Günther ersetzt wurde. Vgl. Reclam Verlag an Scholz am 26.08.1935; Scholz an Reclam Verlag am 29.08.1935; Nußbächer an Scholz am 26.02.1937; Scholz an Ernst Reclam am 01.03.1937. In: DLA, A:Scholz, Wilhelm von, HS. 1989.0002. Außerdem bat Scholz darum, in der Neuauflage den drei Sonetten *Willen und Glauben* den Zusatz „gedichtet 1919" beizufügen, da dadurch ihr „geradezu prophetische[r] Charakter" „ins rechte Licht gesetzt" werde: „Sie sind eigentlich eine Verkündung der aus dem Volk hervorgehenden nationalsozialistischen Bewegung, von der ich damals noch nichts ahnen konnte, die etwa gleichzeitig mit dem Entstehen dieser Sonette ins Leben trat. Der Führer, der damals allen noch unbekannt sein Werk begann, wird in den Sonetten ersehnt!" Scholz an Ernst Reclam am 19.09.1935; Scholz an Ernst Reclam am 01.07.1937. In: DLA, A:Scholz, Wilhelm von, HS. 1989.0002.

1588 Werbeannonce. In: *BBl.* vom 15.11.1935, Nr. 266, S. 5635, http://digital.slub-dresden.de/id39946221X-19351115/15 [25.05.2024].

1589 Münchhausen an Ernst Reclam am 25.09.1935. In: GSA, 69/6248.

> [kann], schon die Wahl der Gedichte aus meinem Werk zeigt ganz eindeutig, daß die Sammlung nicht für die Schule in erster Linie, sondern für den gebildeten Leser hergestellt ist. Ich kann mich deshalb, da ich von der Feder zu leben gezwungen bin, nicht darauf einlassen, meine Arbeit unentgeltlich abzugeben.[1590]

Ernst Reclam beteuerte daraufhin,

> [d]ie Anthologie ist zwar nicht ein Schulbuch, doch steht es zweifellos fest, dass sie ganz überwiegend in der Schule und in den Kreisen der HJ gelesen werden wird. […] Was die Honorarfrage anlangt, so haben fast alle Dichter […] ihre Genehmigung zum honorarfreien Nachdruck […] erteilt.[1591]

Nach dem Verweis auf den mit Rücksicht auf die Zielgruppe notwendigerweise „sehr niedrigen Preis" (2.80 RM für das broschierte, 4 RM für das Ganzleinen-Exemplar – für einen Band von etwa 350 Seiten) in dessen Folge „unmöglich Honorare für die Gedichtbeiträge gezahlt werden"[1592] könnten – stimmt Münchhausen dem entgeltfreien Abdruck zu.[1593] Das Bändchen wurde lediglich in zwei Auflagen in 7.546 Exemplaren gedruckt,[1594] allerdings ist dabei zu berücksichtigen, dass die Zielgruppe solcher Art Freizeitliteratur (Laienspiele, Musikalien, Liederbücher, Volkstanzhefte, Leitfäden, Ratgeber und theoretische Schriften zu den zentralen Feiertagen) weniger Privatpersonen waren, sondern NS-Funktionäre wie Ober- und Unterführer, die als Multiplikatoren mittelbar eine hohe Reichweite und damit propagandistische Durchschlagskraft garantierten.[1595] Als Herausgeber für Anthologien fungierten, wie auch in anderen Programmsegmenten, entsprechend oft Vertreter staatlicher Stellen oder von NS-Organisationen. *Aus reinem Quell* wurde von Walther Hofstaetter und Georg Usadel, dem Leiter der Reichsführerinnenschule des Bundes Deutscher Mädel in Potsdam, der dort als Funktionär maßgeblich zur Verbreitung des Buchinhalts und zur entsprechenden ideologischen Formung des ‚Führernachwuchses' der NS-Bewegung beitragen konnte, zusammengestellt. Ähnlich wie die im vorigen Kapitel betrachteten Dramen war diese Anthologie nicht primär auf persönliche Erbauung oder individuellen Genuss ausgerichtet, sondern dezidiert auf kollektive Rezeption in der Schule und vor allem im Rahmen von nationales, respektive nationalsozialistisches Empfinden vermittelnden Veranstaltungen der NS-Organisationen.

1590 Münchhausen an Ernst Reclam am 25.09.1935. In: GSA, 69/6248.
1591 Ernst Reclam an Münchhausen am 19.10.1935. In: GSA, 69/6248.
1592 Ernst Reclam an Münchhausen am 19.10.1935. In: GSA, 69/6248.
1593 Münchhausen an Ernst Reclam o. D. In: GSA, 69/6248.
1594 Vgl. RAS, Auflagenbuch *Heliosbücher und Brehms Tierleben*.
1595 Vgl. Lokatis 1992, S. 75, 79, 86.

Zur Gestaltung von Gemeinschaftserlebnissen durch gemeinsames Lesen und Vortragen eigneten sich die beiden folgenden lyrischen Anthologien mindestens ebenso. Die Anschaffung des von Kindermann herausgegebenen, 1936 erstmals erschienenen Titels *Deutsche Wende. Das Lied der Jungen* konnte laut *Bücherkunde* „wärmstens empfohlen werden; [die Gedichte] eignen sich zum Vorlesen auf Heim- und Kameradschaftsabenden und Fahrten, in Lagern, Weihestunden und Rundfunk." Der Titel sei „ein bedeutsamer Versuch zur Förderung junger deutscher Lyriker", in dem das lyrische Schaffen der jungen Generation dem „ganzen Volk" und auch „auslandsdeutschen Brüder[n]" vorgestellt werde. Über Auswahl und Notwendigkeit mancher Gedichte könne man streiten, „doch im ganzen gesehen müssen wir für diese Sammlung sehr dankbar sein"[1596], da sie einen Überblick über die Dichtung der jungen Generation vermittele. Die positive Empfehlung scheint ihre Wirkung nicht verfehlt zu haben; der preisgünstige UB-Titel wurde insgesamt sechsmal mit zusammen 71.000 Exemplaren aufgelegt.

Mit dem Verlagswerk *Die festliche Stunde. Vortragsbuch ernster und heiterer Dichtungen*[1597] – hier ist der Verwendungszweck bereits Bestandteil des Titels – des Dozenten für Literatur und Rhetorik an der Fichte-Hochschule Rudolf Friedrich, 1938 in einer Auflage von 9.720 Exemplaren publiziert, verlegte der Reclam Verlag „das Vortragsbuch von heute [...,] auf Schönheit und Sprechmöglichkeit der Dichtungen zugleich abgestimmt"[1598]. Zu dieser Sammlung deutscher Gedichte von der Goethe-Zeit bis zur Gegenwart, die „den ganzen deutschen Volksraum [umfaßt und] [...] nicht nach einzelnen Dichtern oder Epochen gegliedert [ist], sondern nach verschiedenen Erlebnisbezirken wie Volk, Arbeit, Landschaft, Gott und Mensch, Minne und Krieg"[1599], schreibt der *Völkische Beobachter*:

> Echte Dichtung vermag uns aus den Schranken des Jochs zu erlösen und um sich jenen magischen Kreis zu schließen, der eine Gemeinschaft von Hörern im seelischen Erleben eint. Ob sie durch tragische Gewalt erschüttert oder durch befreienden Humor beglückt – immer schenkt sie uns jene Erhöhung und Steigerung, die der Seele zum festlichen Ereignis wird."[1600]

1596 *Bücherkunde* 1936, H. 2, S. 39f.

1597 Es handelt sich dabei um eine völlige Neubearbeitung des 1887 erstmals im Verlag erschienenen *Deklamatorium – Eine Mustersammlung ernster und heiterer Vortragsdichtungen aus der Weltliteratur*. Vgl. Ernst Reclam an Münchhausen am 25.01.1938 In: GSA, 69/6248. Münchhausen, der den Abdruck von neun seiner Gedichte darin erlaubt, hatte vorgeschlagen, „bei der Gelegenheit das furchtbare Wort Deklamatorium ausmerzen? [...] Sagen Sie doch einfach ‚Das Vortragsbuch' oder ‚Reclams Vortragsbuch'." Münchhausen an Ernst Reclam am 16.01.1938. In: GSA, 69/6248.

1598 Werbeannonce. In: *BBl.* vom 23.10.1938, Sondernummer, S. 229, http://digital.slub-dresden.de/id39946221X-1938102301/234 [25.05.2024].

1599 *Völkischer Beobachter* 29.01.1939.

1600 *Völkischer Beobachter* 29.01.1939.

Im Gegensatz zur HAVA, die aufgrund der zunehmend unsicher werdenden politischen Buchproduktion und in Spekulation auf den kommenden NS-Massenbuchmarkt zur Freizeitgestaltung bereits ab 1934 ein umfangreiches Lektorat für Freizeitliteratur (Literatur für Werkscharen, Betriebskapellen, Gewerkschaften, Geselligkeits- und Bildungswesen) aufbaute und somit dem entstehenden NS-Massenbuchmarkt „entscheidende Entwicklungshilfe" leistete,[1601] beschränkten sich die Aktivitäten im Freizeitbuchsektor bei Reclam vornehmlich auf die Edition lyrischer Anthologien zum Vortragen und gemeinsamen Lesen.

Die Herausgabe zeitgenössischer, auf die Stiftung nationaler Identität ausgerichteter Lyrik folgte dabei den politischen Ereignissen; vor allem der ‚Anschluss' Österreichs und des Sudetenlands bildete einen Schwerpunkt der lyrischen Verlagsproduktion. Gedichte der österreichischen und sudetendeutschen Autoren Jelusich, Weinheber, Zillich, Kolbenheyer und Watzlik wurden bereits in die Anthologie *Die festliche Stunde* aufgenommen. Der oben bereits erwähnte Band *Heimkehr ins Reich. Großdeutsche Dichtung aus Ostmark und Sudetenland 1866–1938,* herausgegeben von Kindermann (siehe dazu Kapitel 3.3.5.1), stellt die Ausdehnung des Reiches titelgebend in den Mittelpunkt, ebenso *Gesänge der Ostmark: Ein Dichtergruß,* herausgegeben 1938 vom Bund der deutschen Schriftsteller Österreichs, dessen Mitglieder energische Befürworter des ‚Anschlusses' waren. Beide Titel hatten mit 6.600 bzw. 10.000 Exemplaren nur eine mäßige Reichweite.

Ungemein erfolgreich war dagegen das von dem Reichsjugendführer Baldur von Schirach[1602] 1938 bei Reclam herausgegebene *Lied der Getreuen. Verse ungenannter österreichischer Hitler Jugend aus den Jahren der Verfolgung 1933 bis 1937* (Abb. 81). Die Zusammenstellung vermittele eine

> unbeirrbare Zuversicht, ein fanatischer Glaube an die Idee spricht aus allen den Versen, die dieses schöne Buch enthält. […] Ehrfurchtsvolle Bewunderung für das Werk des Führers, hingebungsvolle Liebe zu dem Führer klingen

1601 Von dieser Ausrichtung profitierte die HAVA letztlich nicht wie erhofft, da die NS-Organisationen zunehmend eigene Verlage und vom klassischen Sortimentsbuchhandel losgelöste Vertriebssysteme aufbauten, die sukzessive alle anderen vom NS-Massenbuchmarkt vor dem Krieg ausschlossen. Vgl. Lokatis 1992, S. 43, 75, 79, 85.

1602 Im September 1935 begann die Reichsjugendführung, sich mit der Gründung eines Kulturamtes kulturpolitisch zu engagieren. Die Leitung dieses Amtes, welches sechs Hauptreferate, eines davon für Schrifttum, umfasste, hatte Baldur von Schirach inne. Im März 1936 entstand durch die Vereinigung der Referate Schrifttumsüberwachung und Büchereiwesen ein zweites Hauptreferat Schrifttum. 1941 wurde die bis dahin in verschiedenen Abteilungen betriebene Schrifttumsarbeit in einer Reichsschrifttumsstelle zusammengefasst, deren Leiter Fritz Helke war. Diese Stelle sollte die gesamte Jugendliteratur überprüfen und politisch bewerten. Obwohl die machtpolitischen Ambitionen in keiner Relation zur Leistungsfähigkeit der Dienststelle standen, konnte sich die Reichsjugendführung vor allem durch ein umfangreiches Dichterlesungsprogramm schrifttumspolitisch profilieren. Vgl. Barbian 1993a, S. 154f.

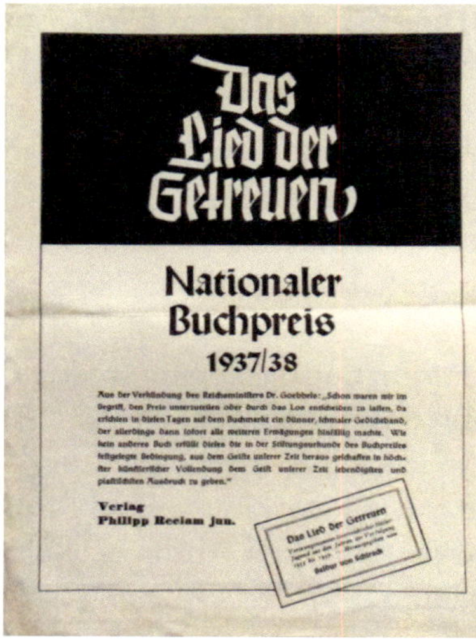

Abb. 81 Werbezettel *Das Lied der Getreuen, [1938]*. In: RAS, Mappe Großbuch Einzelprospekte L–R. Alle Rechte vorbehalten.

immer wieder auf, aber auch […] die Bereitschaft, sich voll und ganz einzusetzen, wenn es gilt, bis zum Tode. […] „Wir lieben Deutschland so wie Ihr. […] und ruft die Stunde, werden wir auch für dies Deutschland sterben." Wunderschön und gedanklich tief ist auch das Gedicht „Die deutschen Mädchen dem Führer!" Sie wissen um ihre Berufung, einmal die Trägerinnen der Zukunft, der kommenden Generation zu sein, der heilig sein wird, was ihnen heilig ist, ihr Glaube an die deutsche Art und an das Vermächtnis des Führers. […] Hier reden nicht Fanatiker, sondern Gläubige einer großen Idee. und diese Idee heißt „Deutsch sein und bleiben!", ihr Verkünder und Vorkämpfer aber ist Adolf Hitler.[1603]

1948 gibt Nußbächer an, der Verlag sei zur Herausgabe des Titels *Lied der Getreuen* förmlich genötigt worden: „Der ‚Reichsjugendführer' bestellte einen Herrn des Verlages zum Befehlsempfang und legte ihm die Veröffentlichung dieser Gedichte so nahe, daß eine Ablehnung nicht möglich erschien, ohne Repressalien heraufzubeschwören. Alle Einwände, daß das Buch in den Parteiverlag gehöre, blieben erfolglos."[1604] Tatsächlich aber – und von Reclam oft genutzt – wirkte sich die Gewinnung von NS-Funktionären als Autoren, Herausgeber, Verfasser von Vorworten oder Fürsprecher bei den diversen Empfehlungslisten entscheidend auf den Begutachtungsprozess und den Absatz der Titel in den NS-Großformationen wie BDM, DAF, KdF, HJ, NS-Frauenschaft, Reichsnährstand, SA oder SS aus.[1605] Vor allem in den Vor- und Geleitworten des Sachbuchbereichs finden sich etliche Ausführungen politisch führender Nationalsozialisten, die vom Reclam Verlag mit Vorliebe – neben der Platzierung von Zitaten weiterer, nicht an der Produktion beteiligter prominenter NS-Persönlichkeiten – auch für Werbezwecke eingesetzt wurden. Zu nennen sind unter anderen Kriegsminister Werner von Blomberg (Vorwort zu *Das olympische Dorf*), Wilhelm Frick, Reichsminister des Inneren (Vorwort zu *Kampf. Lebensdokumente deutscher Jugend*, Herausgeber von *Die Rede des Führers Adolf Hitler am 30.01.1934 im Deutschen Reichstag*), Richard Walther

1603 *Neues Wiener Tagblatt* 23.04.1938.

1604 Erklärung Nußbächers vom 10.08.1948, S. 3. In: RAS, Mappe Dr. Ernst Reclam.

1605 Vgl. Lokatis 1992, S. 79. Insbesondere bei politischen Büchern war die Gewinnung angesehener NS-Funktionäre dringend erforderlich, da die Schriften sonst den Richtlinien entsprechend als reine Privatmeinung zu deklarieren wären, was sich negativ auf den Verkauf ausgewirkt hätte. Vgl. Lokatis 1992, S. 85.

Darré, Minister für Ernährung und Landwirtschaft (Vorwort zu *Der Bauernspiegel Großdeutschlands),* Reichshandwerksführer Georg Wilhelm Schmidt (Vorwort zu *Gott grüße das ehrsame Handwerk*), Georg Usadel, Leiter der Reichsführerinnenschule (Herausgeber von *Aus reinem Quell*) sowie Bernhard Rust, Reichsminister für Wissenschaft, Erziehung und Volksbildung (Schirmherrschaft für das Projekt *Deutsche Literatur*).

Die Herausgeberschaft Baldur von Schirachs wirkte sich auch im Segment Lyrik zweifellos absatzfördernd aus, zudem war das *Lied der Getreuen*, wie die im Impressum gelisteten Staffelpreise (ab 50 Exemplaren 1,70 RM, ab 300 Exemplaren 1,50 RM) verraten, von vornherein für den Massenabsatz über die NS-Organisationen konzipiert.[1606] Und tatsächlich war der Titel mit 288.973 Exemplaren in 16 Auflagen das erfolgreichste Verlagswerk in der NS-Zeit.[1607] Selbst unter den Top 50 der in höchster Exemplarzahl gedruckten Titel der Neuproduktion – in UB und als Verlagswerk – zwischen 1933 und 1945 findet sich zwischen den sonst viel höher aufgelegten UB-Titeln auf Platz 8 *Das Lied der Getreuen* als einziges Verlagswerk – auch verlagsübergreifend ein beachtlicher Erfolg für eine lyrische Anthologie. Das *Kleine Volksblatt* informiert im November 1939, dass das 200.000. Exemplar verkauft worden sei und der Gedichtband mit dieser Auflage „wohl [...] den größten Erfolg, der jemals zeitgenössischer Lyrik beschieden war [, ...] erreicht".[1608] Im Rahmen der von Adam 2010 publizierten Studie *Lesen unter Hitler. Autoren, Bestseller und Leser im Dritten Reich* liegt der Titel auf Platz 109 der von ihm erstellten Bestsellerliste des ‚Dritten Reiches', welche 368 Titel mit Auflagenhöhen von 12.450.000 (*Mein Kampf*) bis 35.000 Exemplaren umfasst.[1609] Von diesem Titel und von *Dorf des Friedens. Das olympische Dorf* abgesehen kann anhand der Auflagenzahlen nicht davon ausgegangen werden, dass der Reclam Verlag vor dem Krieg nennenswert am NS-Massenbuchhandel teilgenommen hat. In der Kriegszeit hingegen gehörte Reclam, wie in Kapitel 2.3.7 gezeigt, durchaus zu den als kriegswichtig eingestuften Verlagen, die zur literarischen Versorgung der Wehrmacht im großen Stil vom Buchmarkt der NS-Organisationen profitierten.

Das kurz nach dem ‚Anschluss' Österreichs veröffentlichte *Lied der Getreuen* – „Es sind vor allem gesunde Strophen deutsch in Form und Wesen [...]. Das Gefüge dieses Büchleins ist harmonisch, kein Lied stört sich am andern, sie sind gestimmt auf den Mollklang der Sehnsucht und auf den starken Durklang unverbrüchlicher

1606 Vgl. Adam 2010, S. 267. Vermutlich bezog sich diese Staffelung auf die leinengebundene Ausgabe. Kartoniert kostete das Buch 1,20 RM, in Leinen 1,80 RM und in Ganzleder gebunden 5 RM. Vgl. Werbeprospekt *Für den aufmerksamen Buchhändler ein paar Worte mehr ...* In: RAS, Mappe Weihnachtsprospekte und Neuankündigungen. Neben der für den Massenabsatz über Großorganisationen vorgesehenen Ausgabe gab es noch eine Vorzugsausgabe in begrenzter Auflage von 500 Exemplaren zum 50. Geburtstag Hitlers am 20.04.1939.

1607 Vgl. RAS, Auflagenbuch Werke im größeren Format / Illustrierte Werke.

1608 *Das kleine Volksblatt* 13.11.1939.

1609 Vgl. Adam 2017. Adam gibt hier eine Auflagenzahl von 285.000 Exemplaren an, die er aus einem Antiquariatskatalog entnommen hatte. Auskunft Adam per E-Mail an die Verfasserin am 13.12.2010.

Treue"[1610] – war nicht nur wirtschaftlich außerordentlich erfolgreich, der Band wurde zudem mit dem Nationalen Buchpreis 1938[1611] ausgezeichnet:

> Schon waren wir im Begriff, den Preis unterzuteilen oder durch das Los entscheiden zu lassen, da erschien in diesen Tagen auf dem Buchmarkt ein dünner, schmaler Gedichtband, der allerdings dann sofort alle weiteren Erwägungen hinfällig machte. Wie kein anderes Buch erfüllt dieses die in der Stiftungsurkunde des Buchpreises festgelegte Bedingung, aus dem Geiste unserer Zeit heraus geschaffen in höchster künstlerischer Vollendung dem Geist unserer Zeit lebendigsten und plastischsten Ausdruck zu geben.[1612]

Die prämierten Verse seien, so von Schirach im Geleitwort zum *Lied der Getreuen*, dem Herausgeber „von der Hitler-Jugend Deutschösterreichs"[1613] zugeschickt worden:

> Seit dem Sommer 1933 war die Jugendbewegung Adolf Hitlers in Österreich verboten, aber es soll dieser Jugend nie vergessen werden, daß sie in einer Zeit unsäglichen Leides unbeirrbar an das kommende größere Reich und seinen Führer geglaubt hat. […] Die Verfasser der Verse sind mir unbekannt, selbst ihre Namen sind verschwiegen worden. So bleiben sie namenlos Bekenner, Rufer und Streiter, die Träger wurden einer weltgeschichtlichen Tat. Da sie sich in der Gefolgschaft der Hitler-Jugend verborgen halten, bleibt mir nichts anderes zu tun übrig, als die Getreuen auf diese Art mit ihren eigenen Gedichten zu grüßen und ihnen zu sagen: Ihr seid des Führers wert![1614]

1610 *Vorarlberger Tagblatt* 17.06.1938.

1611 Ab 1937 behielt sich Goebbels die Genehmigung aller öffentlichen Kunst- und Kulturpreise vor, da die Arbeitsweise der 1933 in der RSK eingerichteten Arbeitsgemeinschaft der Stiftungen und Verteiler literarischer Preise nicht den kulturpolitischen Vorstellungen entsprach. 1933–1945 gab es – neben 13 weiteren Auszeichnungen – 107 periodische Literaturpreise, die sich in Staats-, Partei- und Gaupreise, Preise der Provinzen, Städte und Vereinigungen und Stiftungen der Presse aufgliederten. Diese inflationäre Verleihung von Literaturpreisen sollte zum einen das Sozialprestige der Autoren heben und ihre Einkommen verbessern. Zum anderen hatten sie eine enorme Werbewirkung für die vom NS forcierte ‚volkhafte Dichtung'. So zeigte sich unter den Preisträgern ein signifikantes Übergewicht ideologischen Heimatschrifttums, v. a. der ‚Anschluss'-Literatur, des politischen NS-Romans und der Parteilyrik. Vgl. Barbian 1993a, S. 71; Strothmann 1985, S. 101ff; Wittmann 1999, S. 369.

1612 Ausschnitt aus der Preisverkündung von Goebbels am 01.05.1938, abgedruckt im Prospekt *Für den aufmerksamen Buchhändler ein paar Worte mehr …* In: RAS, Mappe Weihnachtsprospekte und Neuankündigungen.

1613 Der Honorarerlös des Titels wurde direkt der Hitler-Jugend in Wien überwiesen, von Schirach verzichtete auf sein Honorar. Vgl. Schirach 1938a, S. 2. Im Allgemeinen aber waren die literarischen Nebenbeschäftigungen der NS-Funktionäre sicher eine gute zusätzliche Geldquelle. Vgl. Lokatis 1992, S. 85.

1614 Schirach 1938b, S. 2.

Helga Strallhofer-Mitterbauer weist hingegen in ihrer Dokumentation *NS-Literaturpreise für österreichische Autoren* darauf hin, dass 21 der 29 Beiträge des Gedichtbandes tatsächlich von Ingeborg Teuffenbach, Kulturreferentin des Bundes Deutscher Mädel im Gau Kärnten, verfasst wurden,[1615] die als Chronistin des Lebensgefühls der jungen illegalen Nationalsozialisten gilt.[1616] Wohl auch aus diesem Grund mussten die Gedichte anonym erscheinen, denn die „Tatsache, dass diese martialischen Gedichte von einer jungen Frau stammten, ließ sich wohl kaum mit dem Nimbus einer paramilitärischen Organisation assoziieren."[1617] Sicher auch um ihre Urheberschaft an den *Getreuen* ins Licht zu rücken, publizierte Teuffenbach im Herbst 1938 den Adolf Hitler gewidmeten Lyrikband *Saat und Reife*, der auch die Gedichte aus *Lied der Getreuen* enthielt, sich im Gegensatz zu diesem allerdings als Ladenhüter erwies.[1618]

Der Großteil der von Schirach herausgegebenen 29 Gedichte handelt von der Unterdrückung des österreichischen Volkes (*Ihr deutschen Brüder, Worte deutschen Volkes, Österreichs Mutter, Volk der fernen Grenzen, Deutschland!*) oder versteht sich als Huldigung der Person Adolf Hitlers. Gedichte wie *Adolf Hitler!, Unserem Führer, Gedanken über den Führer, Vor dir, mein Führer* oder das vorangestellte *Bekenntnis zum Führer* entsprechen sämtlich – und in ähnlich lyrischer Schlichtheit – folgender Couleur:

Wir hörten oftmals deiner Stimme Klang
Und lauschten stumm und falteten die Hände,
Da jedes Wort in unsre Seelen drang.
Wir wissen alle: Einmal kommt das Ende,
Das uns befreien wird aus Not und Zwang.

Was ist ein Jahr der Zeitenwende!
Was ist da ein Gesetz, das hemmen will –
Der reine Glaube, den du uns gegeben,
Durchpulst bestimmend unser junges Leben.
Mein Führer, du allein bist Weg und Ziel![1619]

Angesichts der fanatischen Führerbegeisterung der Texte drängte sich förmlich auf, die Anthologie auch als Vorzugsausgabe zum 50. Geburtstag Adolf Hitlers in 500

1615 Vgl. Strallhofer-Mitterbauer 1994, S. 29.
1616 Vgl. Baur; Gradwohl-Schlacher 2011, S. 82.
1617 Baur; Gradwohl-Schlacher 2011, S. 82.
1618 Ingeborg Teuffenbach: *Saat und Reife. Bekenntnisse des Glaubens und der Liebe*. Vgl. Baur; Gradwohl-Schlacher 2011, S. 82.
1619 Anonym [Ingeborg Teuffenbach]: „Bekenntnis zum Führer". In: Schirach 1938b, S. 9.

Exemplaren zu publizieren.[1620] Im Kontext mit Gedichten wie *Gemeinschaft*, *Es ist noch nicht genug getan*, *Saat und Reife*, *Greif die Fahne!* oder *Sturmlied* bediente der Sammelband nahezu alle Themen der NS-Lyrik: „Fahne und Führer, Trommel und Treue, Glauben und Gehorsam, Pflicht und Feuer, Ehre und Opfer, Blut und Boden. […] die deutsche Landschaft, die deutsche Heimat, die deutsche Geschichte und deutsche Menschen[…]."[1621]

Während die NS-Lyrik trotz des Erfolgs der *Getreuen* insgesamt weit hinter den Erwartungen der Kulturoffiziellen zurückblieb, fand das NS-Liedgut (Gedichte, die den Marschtritt vom Jungvolk bis zur Wehrmacht begleiteten) massenhafte Verbreitung.[1622] Ein solches Liederbuch veröffentlichte auch der Reclam Verlag 1936 in der UB mit dem von Hauptmann Fritz Schmidt herausgegebenen *Soldaten-Liederbuch*, welches allerdings – obgleich praktisch mit „biegsamen, abwaschbaren Leinendeckel"[1623] ausgestattet und ebenfalls für den massenhaften Vertrieb vorgesehen – in zwei Auflagen mit zusammen 20.000 Exemplaren nicht an den Erfolg beispielsweise des weit über 100.000 Mal verkauften Titels *Soldaten, Kameraden* der HAVA heranreichte.[1624] Sein *Soldaten-Liederbuch*, das „die meistgesungenen alten und neuen Soldatenlieder aller Truppenteile"[1625] enthielt, konnte Reclam zumindest günstig produzieren. Lediglich der Herausgeber erhielt ein Pauschalhonorar in Höhe von 400 RM;[1626] den Autoren der Lieder – auch der noch geschützten[1627] – musste nach § 19 Absatz 3 des Urheberrechtsgesetzes, wonach Gedichte in Anthologien für Gesangsvorträge kostenfrei aufgenommen werden dürfen, solange die Quellen der Originalgedichte gemäß § 25 gewissenhaft ausgewiesen sind, kein Honorar gezahlt werden. Drei Jahre später jedoch wandte sich das Amtsgericht Leipzig, wo eine Klage Reinhold Fischers (Verfassers des *Heckenrosenliedes*) gegen den Reclam Verlag wegen unbefugten Abdrucks des Liedes verhandelt wurde, mit der Bitte an die RSK, festzustellen, welche der enthaltenen Gedichte urheberrechtlich geschützt seien und welche nicht. Der zuständige Bearbeiter in der RSK, Meyer, war der Ansicht, dass dies „gänzlich unmöglich" sei und „u. U.

1620 Diese ließ Reclam von der Albert Eggebrecht-Presse in Mainz in der von Rudolf Koch geschaffenen Peter-Jessen-Schrift drucken. Das Papier wurde als Sonderanfertigung in der Hahnemühle von Hand geschöpft. Vgl. Schirach 1938b, S. 43.

1621 Schoeps 2000, S. 169.

1622 Vgl. Adam 2010, S. 267.

1623 Verlagsmitteilung. In: *BBl.* vom 06.11.1936, Nr. 259. S. 5674, http://digital.slub-dresden.de/id39946221X-19361106/27 [30.10.2019]. Es galten folgende Staffelpreise: 1 Exemplar 1 RM, ab 25 Exemplaren 0,90 RM, ab 50 Exemplaren 0,80 RM, ab 100 Exemplaren 0,75 RM.

1624 Vgl. Lokatis 1992, S. 119.

1625 *Völkischer Beobachter* 18.12.1940.

1626 Vgl. Ernst Reclam an RSK am 07.11.1939. In: BArch, R 9361-V/9796, Lesefilm-Nr. RK B 168, Bild-Nr. 648.

1627 Das Buch enthielt u. a. Lieder von Horst Wessel, Hans-Jürgen Nierentz, Hanns Maria Lux, Josef von Lauff.

Wochen in Anspruch nehmen" dürfte. Meyer bemängelte dabei, dass die Quellenangabe, für die Schmidt und der Reclam Verlag verantwortlich seien,

> nicht immer stichhaltig [sei], weil sie eben auf zweite und dritte Quellen zurückgeht. Der gute Hauptmann hat eben sein Liederbuch in zwei drei Abenden zusammengehauen, damit es nur schleunigst vorhanden ist. [...] Es widerspricht meinem sozialen Empfinden, dass der Hauptmann nicht u. U. den noch geschützten Autoren einen angemessenen Anteil abgeben soll. Vermutlich ist aber das juristisch nicht zu machen.[1628]

Am Ende des folgenden achtmonatigen Rechtsstreits gab zumindest die RSK dem Reclam Verlag recht: Es könne nicht erschöpfend nachgeprüft werden, welche der Lieder noch urheberrechtlich geschützt sind, dieser Feststellung bedürfe es jedoch auch nicht.[1629]

Auf die im Kriegsjahr 1943 von Günther Kaufmann, Amtschef der Reichsjugendführung, Gebietsführer der HJ und stellvertretender Reichsjugendführer, in der UB herausgegebene Anthologie *Deine Jugend, mein Volk. Gedichte aus dem großdeutschen Freiheitskampf* ließ sich diese kostengünstige Regelung dagegen nicht anwenden. Der Titel war zwar vorrangig für Soldaten bestimmt,[1630] allerdings handelte es sich nicht um Liedgut, sondern um die Zusammenstellung der „besten Gedichte dieses

1628 Meyer an Leiter der Abteilung II am 20.10.1939. In: BArch, R 9361-V/9796, Lesefilm-Nr. RK B 168, Bild-Nr. 656.

1629 „Gemäß § 19 Ziff. 3 des Urheberrechtsgesetzes dürfen bekanntlich Gedichte nach ihrem Erscheinen in Sammlungen aufgenommen werden, die Werke einer grossen Anzahl von Schriftstellern vereinigen und nach ihrer Beschaffenheit zur Benutzung bei Gesangsvorträgen bestimmt sind. Es ist dabei keinesfalls von Bedeutung, ob die Mehrzahl der in der Sammlung aufgenommenen Gedichte gemeinfrei ist. Es muss sich die Sammlung nur auf mehrere Autoren erstrecken; die Werke zweier oder dreier Autoren dürften in der genannten Weise nicht veröffentlicht werden. – In welcher Form die Gesangsvorträge stattfinden sollen, ob z. B. in geselligem Kreise oder auf gemeinschaftlichen Wanderungen, ist unbeachtlich. Es ist auch eine Zuhörerschaft nicht erforderlich. [...] [Ein] letztes Erfordernis [...], dass die Quellen, denen die einzelnen Lieder entnommen sind, für jedermann eindeutig erkennbar sein müssen [...] hat der Verlag Philipp Reclam jun. offensichtlich erfüllt. [...] Bei allen [...] Liedern sind die bekannten Autoren und Verlage angeführt, soweit der Reclam Verlag sie festzustellen in der Lage war. Sofern eines der aufgeführten Lieder aus einer anderen Sammlung übernommen worden ist, ohne den Verfasser zu nennen, so muss es genügen, wenn der Reclam Verlag die benutzte Sammlung bekannt gibt. Es kann ihm nicht zugemutet werden, noch weiter nach dem Autor zu suchen; er kann sich vielmehr darauf verlassen, dass der Verlag, der die zugrunde gelegte Sammlung herausgebracht hat, trotz eifriger Ermittlungen den Autor auch schon nicht hat feststellen können." RSK an Amtsgericht Leipzig am 14.05.1940. In: BArch, R 9361-V/9796, Lesefilm-Nr. RK B 168, Bild-Nr. 614 f. Zum gesamten Vorgang des *Soldaten-Liederbuches* siehe BArch, R 9361-V/9796, Lesefilm-Nr. RK B 168, Bild-Nr. 612–656.

1630 Vgl. Ernst Reclam an RSK am 15.10.1942. In: BArch, R 9361-V/9796, Lesefilm-Nr. RK B 168, Bild-Nr. 534.

Krieges, die aus dem Erlebnis entstanden und von bleibender Geltung sind, in einem Bändchen[...], das als Feldpostpäckchen zu 100 g versandt werden kann"[1631]. Daher genehmigte die RSK den Titel, der bereits durch das RMVP geprüft worden war,[1632] nur unter der Voraussetzung (und nach Abfrage eines Inhaltsverzeichnisses), dass Reclam für die einzelnen Beiträge die Zustimmung von deren Verlagsrechteinhabern eingeholt habe und dass die Beiträge honoriert werden.[1633]

Deine Jugend. Mein Volk wurde mit einer Auflage von 30.000 Exemplaren gedruckt und umfasste Gedichte von 55 Autoren, vornehmlich „der jungen, aktiv an der Front kämpfenden Dichter". Baron von Münchhausen wurde als einer der „wenige[n] [...] der älteren Generation, die zum Kriegsgeschehen eine unmittelbare Beziehung haben"[1634], um eine Beteiligung gebeten. Münchhausen antwortete umgehend, dass das „angefragte Gedicht [...] in unserem Weltkriege entstanden" und deshalb für diese „Sammlung unmöglich" sei. Er habe auch – offenbar noch immer an einen baldigen deutschen Sieg glaubend – sehr grundsätzliche Bedenken:

> Ihre Sammlung ist verfrüht, Sie sollten erst das Ende des Krieges abwarten, da erfahrungsgemäß die besten Gedichte erst hinterher geschrieben werden. An Ihrer Stelle würde ich überhaupt mich nicht auf diesen Krieg beschränken, denn so weit meiner Freunde und mein Urteil reicht, ist die Qualität diesmal noch schlechter als 1914–1918, obgleich man das kaum für möglich gehalten hätte. Das Beste wäre eine Sammlung von kriegsbezüglichen Gedichten (d. h. also auch Nachkriegsgedichten) von 1914 bis, sagen wir 1944. Dann brauchten Sie in Ihre Sammlung nur etwa 20 Dichter mit etwa 120 Gedichten aufzunehmen und könnten ein wirklich wertvolles Buch herausgeben, während Sie so gezwungen sind, einen Wust von Dilettanterei zusammenzustellen, der schließlich weder für das Schrifttum noch für die Betreffenden von Wert ist.[1635]

1631 Ernst Reclam an RSK am 02.10.1942. In: BArch, R 9361-V/9796, Lesefilm-Nr. RK B 168, Bild-Nr. 548.

1632 Vgl. Ernst Reclam an RSK am 02.10.1942. In: BArch, R 9361-V/9796, Lesefilm-Nr. RK B 168, Bild-Nr. 548.

1633 Vgl. RSK an Reclam Verlag am 03.11.1942. In: BArch, R 9361-V/9796, Lesefilm-Nr. RK B 168, Bild-Nr. 532. Das Anschreiben des Verlags an die Autoren Wilhelm von Scholz und Manfred Hausmann, in denen der Verlag über den geplanten Abdruck der Gedichte informiert und 10 RM Honorar anbietet, deutet darauf hin, dass dies geschehen ist. Vgl. Nußbächer an Hausmann am 07.08.1942. In: DLA, A:Hausmann, Manfred; Reclam Verlag an Wilhelm von Scholz am 17.09.1942. In: DLA, A:Scholz, Wilhelm von, HS. 1989.0002.

1634 Nußbächer an Münchhausen am 27.03.1943. In: GSA, 69/6248. Im Gegensatz zu von Scholz und Hausmann wurde ihm ein Honorar von 15 RM angeboten.

1635 Münchhausen an Nußbächer am 29.03.1943. In: GSA, 69/6248.

Nußbächer hält – etwas schwach – dagegen, es sei

> eine ganze Anzahl guter, ja teilweise bedeutender Gedichte in diesem Kriege entstanden, und ich hoffe, dies durch die neue Anthologie beweisen zu können. Natürlich sind die Gedichte dieser Anthologie nicht gleichwertig, es ist auch manches Gedicht darunter, das keine hohen künstlerischen Ansprüche erfüllt, doch ist in allen etwas Echtes zu spüren, und dies war für die Auswahl der entscheidende Gesichtspunkt.[1636]

Münchhausen stellt nach Erscheinen der Anthologie dagegen fest, *Deine Jugend, mein Volk*

> ist merkwürdig schlecht, nicht nur weil die meisten der guten Gedichte von alten Dichtern stammen, sondern auch, weil [der Band] kein Wort vom Inhalte: Kriegsgedichte [Unterstreichung im Original] gibt. [...] Wendungen der Zeitungs- und Redensprache [finden sich] quälend oft. Die Form ist fast nirgends richtig gekonnt, geschweige denn gemeistert: holperiger Tonfall, ohrzerreißende Reime finden sich alle paar Zeilen. Dagegen hat der geschmackvolle Herausgeber offenbar ein gutes Auge und eine harte Hand für die furchtbaren schiefen Bilder gehabt.[1637]

Am Ende seines Verrisses der Anthologie, die den Krieg nicht überleben werde, „aber das schadet auch nichts“[1638], lenkt er unvermittelt versöhnlich ein – vielleicht weil Nußbächer ihn gebeten hatte, „als berufener Dichter und Sachverständiger“, möge er den Band nicht „völlig in Grund und Boden“[1639] kritisieren. „So kann ich also nur Ihnen und dem Herausgeber Glück wünschen, lieber Herr Doktor. So ein Buch mußte herauskommen, und sie haben beide das beste gemacht, was sich aus dem vorliegenden Stoff machen ließ.“[1640]

Gegenstand lyrischer Sammlungen war jedoch nicht nur die Front, auch die Heimatfront kam zu Wort: In der 1937 in der UB publizierten Anthologie *Wege der Liebe: Frauenlyrik der Gegenwart* (zwei Auflagen, 21.000 Exemplare) stellt die Herausgeberin Hanna Holzwart neben Gedichte weitbekannter Autorinnen wie Isolde Kurz, die als anerkannte dichterische Repräsentantin des ‚Dritten Reichs‘ zugleich – auch öffentlich – Distanz zum Regime wahrte,[1641] Verse von Agnes Miegel, Ina Seidel, Josefa

1636 Nußbächer an Münchhausen am 30.03.1943. In: GSA, 69/6248.
1637 Münchhausen an Nußbächer am 12.05.1943. In: GSA, 69/6248.
1638 Münchhausen an Nußbächer am 12.05.1943. In: GSA, 69/6248.
1639 Nußbächer an Münchhausen am 10.05.1943. In: GSA, 69/6248.
1640 Münchhausen an Nußbächer am 12.05.1943. In: GSA, 69/6248.
1641 So unterschrieb Isolde Kurz das französische Manifest gegen „Auswüchse des Nationalismus, für Europa und für die Verständigung zwischen Frankreich und Deutschland“ ebenso wie die Aufrufe „Gegen den Antisemitismus“ und „Für die Ächtung der Kriegsmittel“. Vgl. Bendt 2003, S. 63.

Berens-Totenohl, allesamt glühenden Anhängerinnen des nationalsozialistischen Staates. Der Band enthalte, so das *Blatt der Hausfrau*, „auch die dichterischen Gaben der jüngeren und jüngsten Generation und erst das gibt den richtigen Gesamtüberblick."[1642]

Neben diesen mehrheitlich sehr eindeutig im Sinne der nationalsozialistischen Kulturpolitik edierten Anthologien veröffentlichte der Reclam Verlag im Bereich der Lyrik 1939 in der UB eine von dem Österreicher Franz Karl Ginzkey getroffene Auswahl *Deutsche Balladen* (drei Auflagen, 26.000 Exemplare), welche sich „gleichermaßen an die Schule wie an das deutsche Haus wenden soll".[1643] Sie präsentierte neben klassischen Texten auch Balladen zeitgenössischer NS-Dichter wie Wilhelm von Scholz und Will Vesper.[1644]

Zumindest geplant war als Nr. 7610 der UB[1645] im Jahr 1945 die Herausgabe *Deutscher Heldenlieder nach alten Quellen* durch Hans Voß. Dieser verdiente seinen Lebensunterhalt mit Nachdichtungen alter Götter- und Heldensagen. Für seine eigenen lyrischen Werke gelang es ihm nur schwer, Verleger zu finden,[1646] sodass er immer wieder als Wohlfahrtsempfänger bei der Schillerstiftung finanzielle Unterstützung beantragte.[1647] Trotz relativ verhaltener Bewertung seiner Fähigkeiten – „Eine an sich nicht unbegabte dichterische Natur ergiesst sich in die Breite von Versepen. Abgesehen davon, dass diese Gattung stets nur einen bedingten Leserkreis finden wird, fehlt es bei Voss an der letzten meisterlichen Reife, die hierbei gefordert werden muss"[1648], gewährte ihm die Kasse wiederholt die erbetenen Mittel,[1649] dies wohl vor allem deshalb, weil sich der Geschäftsführer der RSK wiederholt „sehr warm"[1650] für ihn einsetzte. Trotz Unterstützung der RSK hatte Voß offenbar aber keine Genehmigung, als Redner aufzutreten. 1942 trat er eine Halbtagsstelle an, spätestens 1944 beschäftigte der Reclam Verlag ihn als Berater.[1651]

1642 *Blatt der Hausfrau* Juli 1938.

1643 Reclam Verlag an Scholz am 14.01.1939. In: DLA, A:Scholz, Wilhelm von, HS. 1989.0002.

1644 Für den Abdruck zweier Beiträge hatte Vesper ein Honorar von je 5 RM gefordert. Mit Hinweis darauf, dass alle anderen Autoren ihre Beiträge honorarfrei zur Verfügung stellten, erklärte sich der Verlag dennoch bereit, das gewünschte Honorar – sollte Vesper darauf bestehen – zu überweisen. Vgl. Ernst Reclam an Vesper am 20.02.1939. In: DLA, A:Vesper, Will, 76. 2495/1-22.

1645 In den Auflagenbüchern finden sich keine Auflagenzahlen, was vermuten lässt, dass der Titel nicht gedruckt wurde.

1646 Das Heldenepos *Ilja von Murom* „hat keinen Verleger gefunden, vermutlich wegen einer gewissen katholischen Tendenz." Alfred Richard Meyer (RSK) an Schillerstiftung am 02.07.1937. In: GSA, 134/87,19, Bl. 22.

1647 Siehe dazu die Akte Hans Voß in der Schillerstiftung. In: GSA, 134/87,19.

1648 Aktennotiz Schillerstiftung vom 12.04.1938. In: GSA, 134/87,19, Bl. 19.

1649 Unter wiederholter Ankündigung, dies sei eine letztmalige Zahlung, erhielt Hans Voß aus der Notstandskasse 1933 150 RM, 1934 200 RM, 1935 150 RM, 1937 60 RM, 1938 75 RM, 1940 100 RM, 1941 400 RM. In: GSA, 134/87,19, Bl. 14, 19, 22.

1650 Gutachten Lilienfein am 02.01.1935. In: GSA, 134/87,19, Bl. 14.

1651 Vgl. Hans Backe (Dresdner Physiker und Hochschullehrer) an Hans Voß am 14.06.1944. In: SLUB, Mscr. Dresd. App. 1956,28: „Soeben war unser höchster politischer Mann in Ihrer

Mit lediglich 18 Neuerscheinungen und nur 21 nachgedruckten älteren Lyrik-Publikationen macht die Rubrik Lyrik nur einen Bruchteil der Verlagsproduktion im Nationalsozialismus aus (rund 3 %).[1652] An Gedichtbänden gemeinfreier Autoren publizierte Reclam lediglich vier Neuausgaben: 1934 *Der heldische Schiller. Eine Gedichtauswahl*, herausgegeben von Gerhard Fricke, und 1937 eine von Kindermann besorgte Auswahl von *Gedichten* Goethes (siehe dazu Kapitel 3.6); ferner, im fortgeschrittenen Verlauf des Kriegs, Friedrich Hölderlins *An die Deutschen. Gedichte* sowie Gedichte von Eduard Mörike, beide 1943 im Rahmen von *Reclams Reihenbändchen*. Darüber hinaus verlegte Reclam neben NS-Anthologien ersten Ranges und politisch instrumentalisierten Nachdrucken in diesem Programmsegment auch äußerst erfolgreiche heitere Gedichte, sodass insbesondere die Lyrik-Neuproduktion mit 1.284.161[1653] gedruckten Exemplaren (rund 5,5 %)[1654] im Vergleich zur Titelanzahl eine überdurchschnittliche Reichweite erzielte.

Zu diesen erfolgreichen Titeln gehört der 1941 in der UB veröffentlichte Gedichtband *Menschliches in Scherz und Leid* von Eugen Roth, dessen ernste Lyrik und Prosa zu seinem Leidwesen in der Rezeption stets hinter seinen humoristischen Werken zurückstand. Das Werk zählt mit 251.000 Exemplaren in sieben Auflagen zu den erfolgreichsten UB-Produktionen im Untersuchungszeitraum (Platz 16 der in höchster Exemplarzahl gedruckten Titel).[1655] Roth, der bereits zu Kriegsbeginn schwer verwundet wurde und seitdem offen eine antimilitaristische Haltung vertrat, wurde 1933 als Journalist der *Münchner Neuesten Nachrichten* fristlos entlassen. Noch 1940 wurde, obgleich in politischer Hinsicht gegen ihn keine Bedenken bestanden, sein Einsatz im Deutschen Volksbildungswerk aufgrund seines „problematischen" Schaffens abgelehnt.[1656] Er verfüge nicht über die nötige innere Haltung eines Dichters, „die den Hörer überzeugt und die gerade bei einem heiteren Philosophen, was Roth wohl in erster Linie sein will, einen Ausdruck von echter Güte findet, die über alle Ironie und allen Sarkasmus hinweg den Leser innerlich versöhnt und echten Optimismus

Angelegenheit hier! Er hat entsetzliche Sorge um den Fortbestand des Dritten Reiches und hat infolgedessen nicht nur Schleiz und Weimar, sondern auch Berlin in Ihrer Angelegenheit erheblich in Bewegung gesetzt. Ihr Vortrag ist auch in dem internen Rahmen eine Schulung, und Sie haben keinen Ausweis für eine solche Betätigung; es besteht also nach Ansicht des Herrn Hirschberg die Gefahr, daß Sie den ‚Neffen und Nichten erzählten, was sie denn doch noch nicht wüßten' (frei nach Zarah Leander)."

1652 Zwischen 1933 und 1945 wurden insgesamt 1.297 Titel gedruckt, davon 598 Neuerscheinungen.

1653 Insgesamt liegen in den Auflagenbüchern Belege für 1.946.161 gedruckte Lyrik-Exemplare vor. Hinzuzurechnen sind Exemplare einiger weiterer Titel, für die keine Auflagenzahlen ermittelt werden konnten.

1654 Insgesamt gedruckt wurden (mindestens) 57.870.933 Exemplare.

1655 Von Eugen Roth erschienen bei Reclam außerdem 1942 *Der Fischkasten und andere Erzählungen* (120.000 Exemplare in drei Auflagen) sowie 1943 in *Reclams Reihenbändchen* als Nr. 21 der *Abenteuer in Banz*.

1656 Vgl. Reichsstelle Kulturpolitisches Archiv an Amt deutsches Volksbildungswerk Abteilung III Vortragswesen, Dichterlesungen am 04.09.1940. In: BArch, NS 15/31, Bl. 170.

zeigt".[1657] Ironischerweise wurde er aber im Krieg zur Truppenbetreuung auf Lesereise geschickt, nachdem sich die RSK im Einvernehmen mit dem RMVP (unter Hinweis darauf, dass Roth zu denjenigen Autoren gehöre, „die für die Fortführung des kulturellen Lebens unentbehrlich sind"[1658]) dafür eingesetzt hatte, dass er nicht zum Arbeitsdienst – die Order zum Einsatz war Roth bereits zugegangen – herangezogen wurde. Tatsächlich feierte Roth mit seiner politisch unverfänglichen Gebrauchslyrik große Erfolge. Der bei Duncker erschienene Gedichtband *Ein Mensch. Heitere Verse* aus dem Jahr 1935, in dem Roth heiter Lüge und Selbstlüge thematisiert, verkaufte sich bis Kriegsende beispielsweise mehr als 500.000 Mal.[1659]

Fast genauso erfolgreich und zwischen 1933 und 1945 die am häufigsten gedruckte Neuerscheinung bei Reclam – im Gesamtprogramm Platz 12 der meistgedruckten Titel – war Wilhelm Buschs *Die Kirmes- und Bildergeschichten*. Das 1936 herausgegebene Werk wurde in elf Auflagen mit 411.000 Exemplaren publiziert, 330.000 Exemplare davon während des Kriegs. Auch wenn, wie andernorts erläutert (vgl. Kapitel 4.3.1), die Höhe der Auflagen keinen direkten Schluss auf den Geschmack des Lesepublikums zulässt, so steht doch außer Frage, dass die heiteren Dichtungen Buschs an der Front besonderen Anklang fanden.

Während sich das Reclam'sche Lyrikprogramm in den ersten Jahren des Regimes wesentlich auf den Gebrauch im Rahmen von Veranstaltungen der NS-Organisationen richtete, rückte mit Kriegsbeginn der Unterhaltungsbedarf der Soldaten in den Vordergrund, Propaganda wich zunehmend Humor.

1657 Reichsstelle Kulturpolitisches Archiv an Amt deutsches Volksbildungswerk Abteilung III Vortragswesen, Dichterlesungen am 04.09.1940. In: BArch, NS 15/31, Bl. 170.

1658 RSK an den Leiter des Arbeitsamtes München am 05.04.1943. In: BArch, R 9361-V/10176, Lesefilm-Nr. RK B 179, Bild-Nr. 2712.

1659 In seinem 1948 bei Hanser veröffentlichten Gedichtband *Mensch und Unmensch* reflektiert er seine Rolle in der Zeit des NS äußerst selbstkritisch. Vgl. Eugen Roth, Munzinger 1976; Schmitt o. J.

3.4.3 Romane

3.4.3.1 Den Anforderungen der ‚neuen Zeit' nicht genügend – die Roman-Reihen des Reclam Verlags

Ende der 1920er Jahre hatte der Reclam Verlag in dem Bemühen um den Aufbau eines rentablen Absatzmarkts außerhalb der UB[1660] durch den Vertrieb besser ausgestatteter und höherpreisiger Verlagswerke[1661] zwei Reihen für zeitgenössische Autoren[1662] gegründet, mit denen er fokussiert in den aktuellen Literaturbetrieb einstieg. Die Reihe *Junge Deutsche* (siehe Kapitel 3.1) lief nach Weggang des maßgeblich für sie verantwortlichen Lektors Ernst Sander bereits Ende 1929 allmählich aus, wohl weil der mutige Versuch, eine junge Literatur gegen die gesellschaftlichen Konflikte der Weimarer Republik zu etablieren, durchaus mit heftiger feuilletonistischer Kritik von meist, aber nicht ausschließlich konservativen (und selbst noch jungen) Kräften quittiert wurde, auf die der Verlag sehr empfindlich reagierte. Nicht zuletzt entsprachen die Absatzaussichten nicht den Erfolgsansprüchen; was angesichts der Maxime „junge deutsche Literaten erobern sich ein erstes Lesepublikum" auch nicht anders zu erwarten war.[1663] Peter de Mendelssohns *Paris über mir* und Adolf Arthur Kuhnerts *Die Männer von St. Kilda*, beide 1931 publiziert, gelten als die letzten beiden Bände der Reihe *Junge Deutsche*. Von Adolf Arthur Kuhnert, der mit fünf Titeln wie kein anderer in der Reihe präsent war, erschien 1933 noch *Karjane, Geliebte unseres Sommers,* beworben unter anderem als Vorankündigung auf der Titelseite des *Börsenblatt*s (Abb. 82).[1664]

Abb. 82 Werbeannonce *Karjane. Geliebte unseres Sommers.* In: *BBl.* vom 21.07.1933, Nr. 167, Titelseite, http://digital.slub-dresden.de/id39946221X-19330721/1. Alle Rechte vorbehalten – Freier Zugang.

1660 Zwischen 1933 und 1945 erschien kein einziger Roman in der UB, alle Titel wurden als größere Verlagswerke realisiert, was insbesondere im Umfang begründet ist, da mehrteilige Titel sich dem Verlagsempfinden nach deutlich schlechter absetzten als Einzelbändchen.

1661 Vgl. Stark 2000, S. A490.

1662 Die Werke gemeinfreier Autoren erschienen bereits seit 1910 als Helios-Klassiker in besser ausgestatteter Form, mit den Helios-Büchern wurden ab 1924 besonders beliebte klassische und populäre Werke in Ausgaben größeren Formats vertrieben. Siehe dazu Kapitel 3.6.

1663 Vgl. Stark 2000, S. A498 f.

1664 Vgl. Werbeannonce. In: *BBl.* vom 21.07.1933, Nr. 167, Titelseite, http://digital.slub-dresden.de/id39946221X-19330721/1 [25.05.2024].

Berauscht von der Faszination des Nordischen, schildert Kuhnert die in Estland angesiedelte „erste wilde und keusche Jugendliebe zweier junger Burschen" zu dem Hirtenmädchen Karjane, die ein jähes Ende nimmt, als Karjane, durch einen Sturz ins Feuer bei der Sommersonnenwende „gräßlich verstümmelt", erkennt, „daß sie zu körperlicher Liebe nicht mehr tauge, und so sucht und findet sie den Tod."[1665] Kuhnert, der mit diesem Roman „in die Epoche seiner Reife getreten ist", und dessen „Erzählerkunst in einer Schönheit auf[leuchtet] wie nie zuvor"[1666], wurde begeistert rezensiert: „[...] das schönste Buch dieses Jahres" (*Der Führer*), „Von einer dichterischen Schönheit, die im neuen deutschen Schrifttum nur selten anzutreffen ist" (*Niedersächsische Tageszeitung*), „Ein wundervolles Buch – eines, wie es nur ein junger Mensch fertigbringt, ein Liebender, ein bedingungslos Hingerissener. Die ganze Herrlichkeit des Lebens schwingt darin" (*Magdeburgische Zeitung*).[1667] Dennoch blieb, mit zwei Auflagen und insgesamt 5.042 Exemplaren die Reichweite des Titels deutlich hinter den Erwartungen zurück.

Seit 1925[1668] edierte der Reclam Verlag in der Reihe *Reclam-Romane* die Romane zeitgenössischer Dichter als Verlagswerke; die kurzen epischen Formen wie Novellen und Erzählungen erschienen dagegen in der UB. Als *Reclam-Romane*, deren Ausstattung als Ganzleinenbände im Format 19 × 13 cm Walter Tiemann besorgte, erschienen zahlreiche „moderne deutsche und fremdsprachige Autoren"[1669] wie Rudolf Huch, Hans von Hülsen, Georg Hirschfeld, Emil Lucka, Jakob Wassermann, Louis Couperus und Edmond Jaloux. Aber auch diese Reihe wurde während des ‚Dritten Reiches' kaum fortgesetzt;[1670] zugstarke Autoren der Reihe wie Jakob Wassermann und Georg Hirschfeld galten nun als offiziell ‚unerwünscht'. Nicht auf der *Liste des schädlichen*

1665 *Salzburger Volksblatt* 29.09.1933.

1666 *Westböhmische Tageszeitung* 18.08.1933.

1667 Werbeannonce. In: *BBl.* vom 17.11.1933, Nr. 268, S. 5504, http://digital.slub-dresden.de/id39946221X-19331117/6 [25.05.2024].

1668 Bode 2003, S. 92. Bode datiert den Beginn der Reihe auf 1926. Auflagenbuch (UB nach Nummern) und Katalog der Deutschen Nationalbibliothek sprechen jedoch für 1925.

1669 Bode 2003, S. 92.

1670 Außer den drei neuen Titeln der Roman-Reihe wurden auch einige wenige Neuauflagen älterer Titel gedruckt. Es handelte sich dabei um zwei Titel von Rudolf Huch, ebenfalls ein häufig in dieser Reihe vertretener Autor: 1942 wurden sowohl *Haus der Träumer* mit 7.000 Stück als auch *Wilhelm Brinkmeyers Abenteuer*, ebenfalls mit 7.000 Exemplaren, neu aufgelegt. Letzterer traf den Publikumsgeschmack in besonderem Maße; er war bereits 1938 und 1940 mit je 3.000 Exemplaren neu aufgelegt worden und ging 1944 als Lizenz an die Deutsche Buchgemeinschaft, unter der Bedingung, dass diese sich verpflichtete, das Buch nur an Mitglieder auszugeben. Im Gegenzug sicherte Reclam zu, den Ladenpreis des in Leinen oder Kriegseinband gebundenen Buches nicht unter 4,20 RM zu senken, soweit dem nicht Verordnungen im Wege stünden, und keine Lizenz an eine andere Stelle zu geben, solange die Deutsche Buchgemeinschaft die Lizenz hatte; davon ausgenommen waren Wehrmachtsausgaben. Vgl. Deutsche Buchgemeinschaft an Reclam am 09.05.1944. In: RAS, Mappe Verlagsverträge Leipzig (gebundene Ausgaben) H–L.

und unerwünschten Schrifttums gelistet, aber als Jude ebenfalls nicht mehr haltbar war Emil Lucka; der bereits 1932 verstorbene Louis Couperus konnte schwerlich noch als aktuell angepriesen werden, und Edmond Jaloux' surrealistische Tendenzen dürften ebenso wenig erfolgversprechend gewesen sein.

Stattdessen edierte man ab 1933, den geänderten politischen Vorzeichen Rechnung tragend, aus dem Fundus der UB Novellen und Erzählungen zeitgenössischer ‚volksdeutscher' Dichter in *Reclams Meisterbänden*, die in hellgrauem Leineneinband und mit Golddruck des Titels zum günstigen Preis von einer RM „ein Bild der aufbauenden dichterischen Kräfte unserer Zeit"[1671] geben sollten (siehe Kapitel 3.5.2).

Lediglich zu Beginn des NS-Regimes publizierte der Verlag in den *Reclam-Romanen* noch drei inhaltlich den Anforderungen der ‚neuen Zeit' genügende Titel: In *Fünf Männer bauen einen Weg. Ein Alpenroman* (1935, zwei Auflagen mit 5.346 Exemplaren)[1672] erzählt Gustav Renker, einer der meistgelesenen Heimatautoren im deutschsprachigen Raum, vom „Schicksal der fünf Bergführer, die damit betraut sind, einen neuen Weg über die Nordwand zu bauen, wie ein schlafendes Ungetüm läßt der Montasio die Menschen gewähren, – aber unversehens erwacht er zu geheimnisvollem Leben und spielt dämonisch mit seinen Geschöpfen [...]"[1673].

Ähnlich abenteuerlich ist auch Oskar Sonnlechers *Nur ein Soldat* (1934, eine Auflage mit 3.000 Exemplaren),

> spielt es doch in den Nachkriegsjahren, unter den Nachwirkungen dieses die ganze Menschheit aufwühlenden Ereignisses [...]. Wohl ist das mörderische Ringen vorüber, aber die seelische Verhetzung wirkt noch lange nach. Im arktischen Kanada [...] leben neben Engländern, Franzosen, Skandinaviern, Russen, Indianern, Chinesen und einigen Negern auch Deutsche in hartem Kampfe mit einer harten Natur. [...] Und inmitten dieser eigenartigen rauhen Welt ein deutscher Mann, eine wahrhaftige Schicksalsgestalt. Ein namenloser Pelzjäger, der erst am Ende des Buches andeutungsweise gesteht, aus edlem deutschem Blut zu stammen und durch den Zusammenbruch des Vaterlandes hinausgetrieben worden zu sein in die nordische Wildnis. [...] [Er] zimmert sich [...] ein neues Leben, das [...] aufwärts führt.[1674]

Oskar Sonnlechner, der „Pfadfinder in Waldgestrüpp und Tundrawildnis Kanadas, ein vortrefflicher Kenner und Schilderer von Land und Leuten dort oben"[1675], hieß gebürtig Sonnenschein und war hauptberuflich ein jüdischer Fabrikant und Ingenieur,

1671 Plakat *Reclams Meisterbände*. In: RAS, Mappe Leipziger Plakate.
1672 Sämtliche Auflagenangaben sind entnommen: RAS, Auflagenbuch *Roman-Reihe*.
1673 Werbeannonce. In: *BBl.* vom 21.09.1935, Nr. 220, S. 4079, http://digital.slub-dresden.de/id39946221X-19350921/19 [25.05.2024]..
1674 *Freie Stimmen* 21.12.1934.
1675 *Freie Stimmen* 21.12.1934.

der unter anderem als Geschäftsführer der Österreichischen Benz-Gaggenau Gesellschaft m.b.H. arbeitete. Nebenbei verfasste Sonnenschein, der sich 1903 evangelisch taufen ließ und in Sonnlechner umbenannte, Kurzgeschichten und Romane. Diese hatte er – ebenso wie Hans von Hülsen, der Autor der dritten (und letzten) Veröffentlichung in der Reihe *Reclam-Romane* – vorrangig bei Reclam publiziert.[1676] Der Tod Sonnlechners 1936 mag eventuellen Auseinandersetzungen zwischen Autor und Verlag bezüglich seiner jüdischen Wurzeln zuvorgekommen sein.

Zeitgleich mit Gustav Renkers *Fünf Männer bauen einen Weg* wurde am 30.09.1935 Hans von Hülsens Roman *Peter Drosts drittes Leben* (1935, ebenfalls eine Auflage mit 3.000 Exemplaren) ausgeliefert, in dem er eine starke Parallele zwischen dem Leben seines Protagonisten und der ‚nationalen Erhebung' entfaltet:

> Peter Drost, ein junger Hamburger Kaufmann, zieht als Kriegsfreiwilliger ins Feld und gerät in russische Gefangenschaft. Es gelingt ihm, auf einer abenteuerlichen Flucht quer durch Sibirien nach China zu entkommen und sich hier ein zweites Leben aufzubauen. Nach 14 Jahren kehrt er in die Heimat zurück, die von gewaltigen Schicksalsschlägen erneuert worden ist, und nun hebt sein „drittes Leben" an, in dem er noch einmal von vorn beginnt und über alle Enttäuschungen und Konflikte hinweg des Lebens Tiefstes und Köstlichstes erfährt.[1677]

Hans von Hülsen, der seine journalistische Tätigkeit als Auslandskorrespondent diverser Tageszeitungen seit Beginn des NS-Regimes nicht mehr ausüben durfte und dadurch in arge Finanznot geraten war, erhielt für dieses Buch „sage und schreibe 150 RM Vorschuss"[1678]. In einem Schreiben an die Schillerstiftung im Juni 1935 beklagt er zahlungsscheue Zeitungs- und Zeitschriftenverleger; seinen Roman *Türmer* habe er an den Beenken Verlag verkauft, „für das unanständig niedrige Honorar von 500 RM, was für die Schreibmaschinenseite nicht einmal 2,50 RM ausmacht."[1679] Hülsen, dem die fristlose Kündigung der Wohnung sowie die Versteigerung seiner Möbel wegen Steuerschulden drohen, „weiss nicht mehr ein und aus. [...] Ich werde Ihnen für jede Hilfe unendlich dankbar sein und sie vom ersten Honorar, das ich erübrigen kann, sofort zurückzahlen, da es mir unendlich peinlich ist, Unterstützung in Anspruch nehmen zu müssen."[1680] Diesen Hilferuf, ebenso wie einen weiteren im

1676 Vgl. Oskar Sonnlechner, Wien Geschichte Wiki, o. J. Bei Reclam erschienen 1936 die beiden Bände *Grüne Tage, grüne Nächte*, 1929 *Die vorletzte Liebe der schönen Frau Erzsébet* sowie 1931 *Die ewige Wahrheit*.

1677 Werbeannonce. In: *BBl.* vom 27.09.1935, Nr. 225, S. 4251, http://digital.slub-dresden.de/id39946221X-19350927/21 [25.05.2024].

1678 Hülsen an Lilienfein am 07.06.1935. In: GSA, 134/137,23, Bl. 1.

1679 Hülsen an Lilienfein am 07.06.1935. In: GSA, 134/137,23, Bl. 1.

1680 Hülsen an Lilienfein am 07.06.1935. In: GSA, 134/137,23, Bl. 1.

Jahr darauf – „Für mein letztes Buch bei Reclam hat der Verlag das Honorar einfach einbehalten, um Vorschüsse auf ältere Bücher abzudecken, sodass ich keinen Pfennig gesehen habe"[1681] – erhört die Schillerstiftung und gewährt ihm – „ein[em] Mann von Begabung, dem wir unsere Hilfe nicht vorenthalten dürfen"[1682] – 1935 250 RM und 1936 300 RM Unterstützung. Eine erneute Bitte um Zuwendung 1937[1683] kann die Schillerstiftung hingegen auf offizielle Order der RSK – „Der Antrag wird nicht befürwortet, und zwar auf Grund der früheren politisch-journalistischen Tätigkeit von Hülsen"[1684] – nicht mehr erfüllen.[1685] Die Unterschrift Hans von Hülsens (und die seiner Frau Ilse Reicke) unter das ‚Gelöbnis treuester Gefolgschaft' für Hitler[1686] hatte ihm nicht geholfen. Ab 1937 untersagte die RSK nicht nur finanzielle Unterstützung für von Hülsen, sie verbot auch Neuausgaben seiner alten Bücher, wie etwa des bei S. Fischer erschienenen Romans über August Goethe *Ein Haus der Dämonen*, „da ‚die Tragik der nicht zu bändigenden Dämonen eines Hochgenialen kein Vorwurf' sei! Was soll man gegen solchen Unverstand sagen oder tun?"[1687] Auch gegen eine Neuausgabe des 1932 bei Reclam erschienenen Romans *Die Bucht von Sant'Agata*[1688] intervenierte die RSK 1937: Der Roman sei an sich flüssig und unterhaltend geschrieben, doch der Verfasser, dessen schriftstellerische Leistung im vorliegenden Fall nicht bestritten werden solle, setze in seiner Arbeit den Faschismus herab:

> Wenn auch die Handlung zeitlich zurückliegt, ist es für die Gegenwart nicht erwünscht, Äusserungen gegen Mussolini und sein Regime erscheinen zu lassen. […] Wenn auch einige Figuren in dem Roman gegen die Verschwörung, die den Faschismus zerstören will, eingestellt sind, so ist es zum Schluss doch zweifelhaft gelassen, ob die faschistische Regierung die preisgegebenen Verschwörer verhaftet, womit angedeutet sein dürfte, dass das Regime nicht stark

1681 Hülsen an Lilienfein am 14.11.1936. In: GSA, 134/137,23, Bl. 8.
1682 Nachrichtlich Lilienfein vom 12.06.1935. In: GSA, 134/137,23, Bl. 5.
1683 Hülsen an Lilienfein am 12.06.1937. In: GSA, 134/137,23, Bl. 13.
1684 Abschrift aus einem Brief A. R. Meyer (RSK) an Schillerstiftung vom 17.06.1937. In: GSA, 134/137,23, Bl. 14.
1685 Vgl. Lilienfein an Hülsen am 05.07.1937. In: GSA, 134/137,23, Bl. 15.
1686 Vgl. *Vossische Zeitung* 26.10.1933.
1687 Hülsen an Lilienfein am 12.06.1937. In: GSA, 134/137,23, Bl. 13.
1688 Über den Liebes- und Degenroman urteilt die begeisterte zeitgenössische Presse: „Der Allgewaltige von Sant'Agata, einem kleinen Ort bei Genua, ist der reiche Marchese Scarini. Er ist der Geliebte der Gattin des Grafen Fracassi geworden, der – infolge einer Kriegsverletzung – seiner Frau nicht mehr genügen kann. Gerade zu einer Zeit aber, in der sich Scarini in eine Verschwörung gegen das faschistische Regime einläßt, sticht ihn der Konsul Labouchere […] bei der Gräfin Zoe aus. Scarini wendet sich nun der schönen Frau des eifersüchtigen Fischers Serafino zu. Der aber ist kein Fracassi, und so kommt es zur Katastrophe. Die interessante und bewegte Handlung wird in einem leichten Erzählerton, oft mit köstlichem Humor gewürzt, entwickelt. Erfreulich für den Leser, daß er nicht, wie bei so vielen anderen Romanen, schon nach den ersten paar Seiten ahnt, wie der Roman enden wird." *Salzburger Volksblatt* 24.03.1933.

> genug ist, um sich zu behaupten. Aus politischen Gründen ist daher die erneute Herausgabe des Romanes abzulehnen.[1689]

Obgleich Hans von Hülsen als freier Schriftsteller nahezu während des gesamten NS-Regimes zahlreiche Titel veröffentlichte – ein Schreibverbot hatte die RSK nicht gegen ihn verhängt –, ging der Reclam Verlag deutlich auf Distanz, obwohl er seinen Erfolgsautor 1935 noch euphorisch angepriesen hatte:

> Ein neuer Roman von Hans von Hülsen kann von vornherein auf einen großen Leserkreis rechnen, ganz besonders aber, wenn er, wie dieser, einen höchst eigenartigen, spannenden, aus dem Leben geschöpften Stoff mit den feinsten Mitteln einer meisterhaften Psychologie und einer kultivierten Erzählkunst gestaltet.[1690]

Aus der Feder von Hülsens, der die Reihe *Reclam-Romane* mit fünf Titeln bereichert hatte,[1691] erschien keine weitere Publikation im Reclam Verlag, seine älteren Bücher wurden, abgesehen von billigen Volksausgaben von *Peter Drosts drittes Leben, Der Kelch und die Brüder* und *Die Bucht von Sant'Agata*, nicht nachgedruckt.[1692] 1941 teilte der Reclam Verlag von Hülsen mit, dass keine Bestände von *Peter Drosts drittes Leben* und *Der Schatz im Acker* mehr verfügbar seien. Unter den augenblicklichen Verhältnissen sehe man sich nicht in der Lage, eine Neuauflage zu drucken. „Hinsichtlich des Romans ‚Der Schatz im Acker' waren wir ja übereingekommen, daß nach Absatz der Auflage die Rechte an Sie zurückfallen. Das Gleiche würde nun auch für den Roman ‚Peter Drosts drittes Leben' gelten, falls Sie darauf Wert legen."[1693]

1689 RSK Beratungsstelle Verlag; Sachgebiet Unterhaltungsschrifttum Tietge an Verlag Otto Janke, Leipzig am 06.07.1937. In: RAS, Mappe Verlagsverträge Leipzig (gebundene Ausgaben) H–L. Dieser Bescheid ging zwar an den Verlag Otto Janke, da er sich aber im Archiv des Reclam Verlags befindet, ist davon auszugehen, dass man ihn an Reclam weiterleitete.

1690 Werbeannonce. In: *BBl.* vom 27.09.1935, Nr. 225, S. 4251, http://digital.slub-dresden.de/id39946221X-19350927/21 [25.05.2024].

1691 *Der Kelch und die Brüder* (1925, der nach Auflagenangaben mit zusammen 15.000 Exemplaren lukrativste Titel Hülsens) *Nickel List. Die Chronik eines Räubers* (1925), *Camerlinak oder Der Weg durch die Macht* (1926), *Güldeboden oder Erbwirb es, um es zu besitzen* (1928) sowie *1932 Die Bucht von Sant'Agata.*

1692 Lediglich seine 1927 in der UB publizierte Biografie über *Gerhart Hauptmann*, mit dem von Hülsen freundschaftlich verbunden war und der ihn „stets über Gebühr gelobt [hat], was letzteren vielleicht früh etwas eitel machte", wurde – und auch erst 1945 – mit 5.000 Exemplaren nachgedruckt. Notgemeinschaft des Deutschen Schrifttums an Lilienfein am 11.06.1935. In: GSA, 134/137,23, Bl. 3.

1693 Reclam Verlag an von Hülsen am 08.01.1941. In: RAS, Mappe Verlagsverträge Leipzig (gebundene Ausgaben) H–L.

3.4.3.2 Genie oder Scharlatan[1694] – Erfolgreiche Vielschreiber

Mit Toni Rothmund hingegen arbeitete der Verlag über zwanzig Jahre zusammen. Die meisten ihrer biografischen, meist historischen Romane erschienen bei Reclam. Relativ spät, mit 40 Jahren, hatte Rothmund 1917 mit dem Schreiben begonnen; der „erste durchschlagende Erfolg"[1695], ein Roman über *Caroline Schlegel*, erschien 1926 bei Reclam[1696] (bis 1945 wurde der Titel in 42 Auflagen mit 45.678 Exemplaren produziert). Zuvor war 1922 bei Ernst Oldenbourg *Heilige Grausamkeit* erschienen, ein Roman, „in dem ich für jene eugenischen Massnahmen und Ideen kämpfte, die 13 Jahre später Gesetz werden sollten. Obgleich es einen Sturm im Blätterwald gab, und obgleich ich das Buch heute noch für sehr gut halte, war ihm kein Erfolg beschieden, es war viel zu kühn und seiner Zeit weit voraus."[1697] Es folgten, wiederum bei Reclam, 1930 *Glas. Ein Buch von deutscher Sehnsucht*, in dem Rothmund „das Werden und Vergehen der Glasindustrie zu Ausgang des 30jährigen Krieges"[1698] thematisiert (13.000 Exemplare in 13 Auflagen), sowie 1932 *Gold?*[1699] über „die Erfindung des Porzellans und das tragische Schicksal Böttgers als Gefangener August des Starken"[1700] (11.079 Exemplare in acht Auflagen, davon 4.079 1940 gedruckt): „Hingerissen und atemlos folgt der Leser dem packenden Kampf zwischen dem Goldmacher und seinem Fürsten, einem Kampf, der immer auf Leben und Tod geht."[1701]

Womöglich beflügelt durch den Erfolg der ‚nationalen Erhebung' – Rothmund war seit dem 01.01.1931 unter der Nr. 411394 Mitglied der NSDAP[1702] – verließ die

1694 In Anlehnung an Toni Rothmunds Roman *Mesmer: Genie oder Scharlatan?*, 1939 bei Reclam publiziert.

1695 Lebenslauf Toni Rothmunds. In: BArch, R 9361-V/10196, Lesefilm-Nr. RK B 180, Bild-Nr. 1198.

1696 Zuvor waren bei Reclam 1919 *Das stumme Klavier* (VW) und *Märchen* (UB) erschienen.

1697 Lebenslauf Toni Rothmunds. In: BArch, R 9361-V/10196, Lesefilm-Nr. RK B 180, Bild-Nr. 1198.

1698 Lebenslauf Toni Rothmunds. In: BArch, R 9361-V/10196, Lesefilm-Nr. RK B 180, Bild-Nr. 1198.

1699 Die *Arbeiter-Zeitung* urteilt: „Daß der historische Roman so ganz in den Hintergrund getreten ist und sich Freund und Feind nur mit dem Zeitroman herumschlagen, ist wohl eines der deutlichsten Zeichen für die Ruhelosigkeit und Ungeklärtheit dieses Jahrzehnts. Allgemach scheint sich nun – wenigstens in der Literatur – ein Umschwung vorzubereiten: […] Und so wird in diesem spannend geschriebenen Roman nicht nur ein tragisches Schicksal meisterhaft gezeichnet, es wird auch eine Fürstenlegende, die Legende um August den Starken, gründlich zerstört. Das Buch wiegt ein Dutzend der landläufigen Zeitromane auf und kann nur gelobt und empfohlen werden." *Arbeiter-Zeitung* 22.03.1933.

1700 Lebenslauf Toni Rothmunds. In: BArch, R 9361-V/10196, Lesefilm-Nr. RK B 180, Bild-Nr. 1198.

1701 Werbeannonce. In: *Österreichische Illustrierte Zeitung* vom 29.01.1933, S. 20, https://anno.onb.ac.at/cgi-content/anno?aid=oiz&datum=19330129&seite=20 [25.05.2024]. Dort vom 29.01. bis 05.03.1933 sechs Mal geschaltet.

1702 Vgl. Gauschatzmeister Sievers (NSDAP Gauleitung Baden) an Reichsleitung NSDAP, Aufnahmeamt am 19.09.1941. In: BArch, R 9361-II/856482, Lesefilm-Nr. PK K 77, Bild-Nr. 332. Rothmund war aufgrund fehlender Mitgliedsbeiträge 1941 von der NSDAP-Mitgliedschaft ausgeschlossen worden. Gauschatzmeister Siebert beantragt unter Verweis auf eine lange, schwere Krankheit Rothmunds, die Löschung aufzuheben. Die Ortsgruppe Baden befürworte die Aufnahme „wärmstens, da sie sich als alte treue Anhängerin des Führers und Mitarbeiterin

Autorin dann das historische Genre und wendete sich dem aktuellen Geschehen zu: Mit *Streit im Hause Iring* (1934) legte sie

> ihren ersten Gegenwartsroman vor, der mitten in die brennendsten Probleme der Zeit […] hineinführt. Es ist nicht nur der alte und immer lebendige Gegensatz zweier Generationen, sondern es geht hier um das Heraufkommen einer neuen Weltanschauung, neuer Lebensformen und Ideale. Dem Adel des Blutes tritt der Adel der Arbeit und der Leistung entgegen und kämpft um seine Anerkennung. Dies geschieht in dramatisch zugespitzter Handlung, die voller Spannung ist und von echt weiblichem Empfinden und goldenem Humor getragen wird.[1703]

Für den Roman *Die Herrin auf Birka* (1935) – „dieser tief deutschen Frau"[1704] – mag sich Rothmund Kuni Treml-Eggerts Erfolgsroman *Barb* zum Vorbild genommen haben, den Entwicklungsroman einer Frau in Kriegs- und Nachkriegszeit, da sich einzig ihre Liebe zur Scholle als beständig erweist, bis der Sieg der Nationalsozialisten ihr endlich wieder Hoffnung gibt.[1705] Rothmund, bewandert in der Kunst, „die Geheimnisse der Frauenseele aufzuspüren und hinreißend zu gestalten", lässt ihre Protagonistin „[e]ine große erste und letzte Liebe" zu einem südländischen Arzt erleben, die

> ihre Seele unermeßlich [weitet], so daß Deutschland und sein Kampf, der Geliebte und sein Werk, und die Äcker und Wälder der Heimat darin Platz haben. […] Er hat die nordische Frau erobert und gewonnen. Aber sie ganz in sein stürmisches Leben hineinzuziehen, sie von ihrem Volk und ihrer Heimat zu trennen, hat er nicht die Macht. Sie löst sich von ihm in letzter Stunde, und in bewußtem Verzicht kehrt sie heim auf ihr Grenzgut im ringenden Deutschland.[1706]

„Toni Rothmund ist in der heutigen Frauenliteratur eine der Meistgelesenen, und es ist stets eine innige Freude, sich in ihre feinpsychologischen Studien zu versenken"[1707], urteilt

in der Partei große Verdienste als Schriftstellerin erworben hat." Gauschatzmeister Sievers (NSDAP Gauleitung Baden) an Reichsleitung NSDAP, Aufnahmeamt am 19.09.1941. In: BArch, R 9361-II/856482, Lesefilm-Nr. PK K 77, Bild-Nr. 332.

1703 Werbeannonce. In: *BBl.* vom 08.09.1934, Nr. 210, S. 3551, http://digital.slub-dresden.de/id39946221X-19340908/35 [25.05.2024].

1704 Werbeannonce. In: *BBl.* vom 24.09.1935, Nr. 222, S. 4132, http://digital.slub-dresden.de/id39946221X-19350924/6 [25.05.2024].

1705 Vgl. Adam 2010, S. 273. Mit über 750.000 Exemplaren ist *Barb* der am zweithäufigsten gedruckte Roman der NS-Zeit.

1706 Werbeannonce. In: *BBl.* vom 24.09.1935, Nr. 222, S. 4132, http://digital.slub-dresden.de/id39946221X-19350924/6 [25.05.2024].

1707 Pressestimme in Werbeprospekt *Bücher bereichern*. In: RAS, Mappe Großbuch Ankündigungen und Sammelprospekte.

der *Völkische Beobachter*. Und auch der Reclam Verlag ist überzeugt, dass das Werk alle „Voraussetzungen zu einem starken Erfolg in sich trägt: packende Handlung, menschlich tiefe, zeitnahe Probleme, stimmungsvolle Atmosphäre und die gereifte Kunst einer beliebten Erzählerin“[1708]. Erfolg allerdings ist weder der *Herrin auf Birka* (7.500 Exemplare in zwei Auflagen) noch dem *Streit im Hause Iring* (7.000 Exemplare, eine Auflage) vergönnt. Und obwohl für einige Titel Lizenzen an die Deutsche Buchgemeinschaft vergeben wurden,[1709] war der Verlag mit den Absatzzahlen der meisten ihrer Romane nicht zufrieden[1710] und gedachte diese zu optimieren:[1711] In mehreren Sammelprospekten zu Volksausgaben beliebter Romane – auf einem ist das gesparte Geld in Form von Münzen abgebildet[1712] – werden von 1938 an die Romane Rothmunds *Caroline Schlegel*, *Gold?*, *Herrin auf Birka* und *Streit im Hause Iring* neben Kuhnerts *Fische im Fjord*, *Die Männer von St. Kilda* und *Paganini* sowie von Hülsens *Peter Drosts drittes Leben*, *Der Kelch und die Brüder* und *Die Bucht von Sant'Agata* zum volkstümlichen Preis von 2,85 RM in Leinen und 2 RM geheftet beworben und verkauft.[1713]

Rothmund, die ihre Begabung selbst vorrangig auf dem „Gebiet der Kulturhistorie und Historie“[1714] sah, kehrte nach diesen beiden anbiedernden Versuchen in

1708 Werbeannonce. In: *BBl.* vom 24.09.1935, Nr. 222, S. 4132 http://digital.slub-dresden.de/id39946221X-19350924/6 [25.05.2024].

1709 So der 1930 erstmals erschienene Roman *Glas*, sowie der Titel *Gold?* aus dem Jahr 1932. Vgl. Reclam Verlag an Rothmund am 31.12.1937; Reclam Verlag an Deutsche Buchgemeinschaft am 03.04.1944. In: RAS, Mappe Verlagsverträge Leipzig (gebundene Ausgaben) M–Z.

1710 *Gold?* wurde 1932 mit 7.000 und 1940 nochmals mit 4.079 Exemplaren aufgelegt, *Menschen am Kreuzweg* (1935) erreichte 2.500 Exemplare.

1711 „Ihr Roman ‚Glas' ist ja für eine Lizenzausgabe der Deutschen Buchgemeinschaft zur Verfügung gestellt worden, so daß dieses Werk, dessen normaler Absatz in den letzten Jahren relativ gering war, sich doch noch künstlerisch und geschäftlich auswirken kann. [...] Bei den übrigen Werken jedoch sehe ich mich genötigt, etwas Durchgreifenderes zu tun, um den Absatz wesentlich zu beleben, und dies kann nach meiner festen Überzeugung nur durch die Veranstaltung von Volksausgaben geschehen, die zu einem billigen Preis angeboten werden. Es würde sich dabei wohlgemerkt nicht um einen Ramsch handeln, sondern um Ausgaben zu festem Ladenpreis. [...] Selbstverständlich würde diese Aktion mit der notwendigen Propaganda eingeleitet und begleitet werden.“ Nußbächer an Rothmund am 31.12.1937. In: RAS, Mappe Verlagsverträge Leipzig (gebundene Ausgaben) M–Z. – Rothmunds Befürchtungen, die Preisherabsetzung der Romane könne einen ungünstigen Eindruck hervorrufen, zerstreute Nußbächer: „Es ist ja auch sonst bei sehr wertvollen und anerkannten Werken üblich, daß sie nach einer gewissen Zeit in Volksausgaben zu wesentlich herabgesetztem Preis erscheinen. Ich erinnere etwa an die Volksausgabe von Hans Grimms ‚Volk ohne Raum'.“ Nußbächer an Rothmund am 06.01.1938. In: RAS, Mappe Verlagsverträge Leipzig (gebundene Ausgaben) M–Z.

1712 Vgl. Sammelprospekt *10 fesselnde Romane bekannter Autoren*. In: RAS, Mappe Großbuch Ankündigungen und Sammelprospekte.

1713 Vgl. Sammelprospekt *Volksausgaben beliebter Romane*. In: RAS, Mappe Großbuch Ankündigungen und Sammelprospekte.

1714 Ausführlicher Lebenslauf Toni Rothmunds. In: BArch, R 9361-V/10196, Lesefilm-Nr. RK B 180, Bild-Nr. 1198.

der Gegenwartsliteratur rasch – und mit größerem Erfolg – zu historischen Themen zurück. *Der unsichtbare Dom*, in dem sie „das Leben und Schaffen Gutenbergs zu einem bewegenden Schicksalsroman"[1715] gestaltet, kommt in zwei Auflagen auf 8.900 Exemplare; *Mesmer. Genie oder Scharlatan*[1716] wird gar in drei Auflagen mit 19.869 Exemplaren gedruckt und als Lizenzausgabe (30.000 Exemplare) an die Büchergilde Gutenberg gegeben.[1717]

Als deutlich lukrativer sollte sich für den Verlag Reclam die Zusammenarbeit mit Hans Künkel erweisen. Seinen schriftstellerischen Erfolg hatte der Autor, im Hauptberuf Gymnasiallehrer, maßgeblich der möglicherweise auf kulturpolitischen Kompetenzstreitigkeiten beruhenden[1718] Verleihung des Volkspreises für Deutsche Dichtung 1936[1719] zu verdanken, den er für den im selben Jahr bei Reclam erschienenen Titel *Schicksal und Liebe des Niklas von Cues* (Abb. 83) erhalten hatte, „jenes Humanisten, der vom einfachen Schiffersohn zur mächtigen Stütze des Papsttums und zum gefährlichen Feind seiner Gegner wurde, bis am Widerstand einer tapferen Frau seine Macht zerbrach".[1720]

1715 *Neues Wiener Journal* 20.04.1937.

1716 „Mesmer gehört zu den umstrittensten Persönlichkeiten seiner Zeit. Sein Weg hat die Öffentlichkeit von den untersten Schichten bis zu den höchsten Kreisen der medizinischen Wissenschaft und der europäischen Politik erregt. Im literarischen Schaffen Toni Rothmunds ist dieser Roman eine Überraschung." Werbeannonce. In: *BBl.* vom 13.11.1939, Nr. 264, S. 274, http://digital.slub-dresden.de/id39946221X-19391113/274 [25.05.2024].

1717 Vgl. Zeittafel zur Verlagsgeschichte, S. 47. In: RAL, Ordner 3. Über die Lizenzvergabe zu *Der unsichtbare Dom. Ein Gutenberg-Roman* stand man mit der Deutschen Kulturbuchreihe in Verhandlungen, über deren Ausgang nichts bekannt ist. Vgl. Reclam Verlag an Rothmund am 31.12.1937. In: RAS, Mappe Verlagsverträge Leipzig (gebundene Ausgaben) M–Z.

1718 Müller erinnert sich in einer undatierten Glosse *Verleger im Dritten Reich*: „Den Hintergrund dieser offenbar im letzten Augenblick getroffenen Entscheidung erfuhren wir erst später. Das Kuratorium des ‚Wilhelm Raabe-Preises' hatte sich für einen Roman von Veit Bürkle entschieden. Als aber Rosenberg, dem die Reichsstelle unterstand, erfuhr, daß der Autor dieses Buches in der Reichsschrifttumskammer tätig war, fuhr er dazwischen, denn seine Institution stand in heftiger Fehde mit allen dem Goebbels-Ministerium untergeordneten Instanzen. Mit anderen Worten, Goebbels und Rosenberg waren Todfeinde. So kam Rosenberg, der ein Anhänger Meister Ekkeharts war, der ‚Cues' von Künkel gerade recht, seinen Gegner auszutricksen." Müller 1974/1979c, S. 1. In: DNB, DBSM, HA/BV 1: Müller, Gotthold.

1719 Der ab 1932 jährlich als Volkspreis für deutsche Dichtung vergebene Wilhelm-Raabe-Preis, verliehen vom Verein Raabe-Stiftung, war ursprünglich nicht als Geldpreis gedacht, sondern sollte allein der Absatzförderung dienen. Rein deutsches, zeitgenössisches Schrifttum sollte durch die Verteilung zweier Jahresgaben gefördert werden, eine davon der jeweils gekrönte Roman eines lebenden deutschen Dichters, die andere das Jahrbuch der Deutschen Dichtung. Die Mitglieder der Stiftung bekamen diese Jahresgaben, die über den Buchhandel vertrieben wurden, für 6 RM, alle anderen für 7 RM. Ab 1936 wurde die Verleihung um den mit 3.000 RM dotierten Dichterpreis der Stadt Braunschweig ergänzt. Der Preis hat eine wechselvolle Geschichte aufzuweisen und erlebte mehrere Umbenennungen. Vgl. Strallhofer-Mitterbauer 1994, S. 99 ff. 2000 wurde der Wilhelm Raabe-Literaturpreis letztmalig neukonzipiert und wird so bis heute vergeben.

1720 *Neues Wiener Tagblatt* 03.04.1938.

An positiven Rezensionen mangelte es im Zuge der Preisverleihung[1721] nicht. Genuine NS-Organe wie der *Völkischen Beobachter* und der *Westdeutsche Beobachter,* aber auch österreichische Tageszeitungen urteilten begeistert:

> Künkel [...] schuf einen starken Roman; [...] Der Roman ist keine seichte Unterhaltungslektüre, sondern ringt um die schwersten Probleme und setzt philosophische Bildung voraus. Durch die plastische Gestaltung des Cusaners und seiner Zeit erweckt der Verfasser wiederholt hohe Anteilnahme an die schwerwiegenden Geisteskämpfe des 15. Jahrhunderts und ihre Bedeutung für die Gegenwart.[1722]

Abb. 83 Buchcover *Schicksal und Liebe des Niklas von Cues*, [1936]. Archiv der Verfasserin. Alle Rechte vorbehalten.

In der dogmatischen *Bücherkunde* findet sich eine selten geäußerte Wertschätzung. Gelobt wird vor allem die

1721 In einem Antrag des Reclam Verlags zur Fortsetzung angefangener Herstellungsarbeiten im September 1945 wies der Antragsteller in einem Rehabilitierungsschreiben für Künkel darauf hin, dass der Roman, der zu den bedeutendsten geschichtlichen und biografischen Romanen der letzten Zeit gehöre, zu einer Zeit mit dem Raabe-Preis ausgezeichnet worden sei, „als die Wilhelm-Raabe-Gesellschaft noch nicht gleichgeschaltet war, so daß diese literarische Auszeichnung keineswegs unter die Inflation der während der Naziherrschaft blühenden literarischen Preise zu rechnen ist." Anlage zum Schreiben Reclam Verlag an Zentralstelle für Buch- und Bibliothekswesen im Erziehungs- und Kulturamt Leipzig am 20.09.1945 zu Hans Künkel (19.09.1945). In: RAL, Akte 57. Allerdings irrt sich der Verfasser, denn der Preis wurde durch die Übernahme in die Nationalsozialistische Kulturgemeinde bereits am 20.05.1935 ‚gleichgeschaltet'. Vgl. Denkler 2003, S. 40. Weiterhin wird in dem Reclam-Antrag unzutreffend betont, dass ein Teil der philosophischen Schriften (Verlag Diederich) verboten war und dass auch das Werk *Laszlo. Die Geschichte eines Königsknaben*, über welches am 20.12.1941 der Verlagsvertrag unterzeichnet wurde, vom RMVP unterdrückt wurde – tatsächlich war der Titel 1941 bei Reclam in einer Auflage von 10.300 Exemplaren erschienen. Zudem galt der Schriftsteller Hans Künkel „als politisch zuverlässig. Aktiv konnte er sich nicht betätigen, da er schwer kriegsbeschädigt ist. [...] Gegen seine Heranziehungen zu Dichterlesungen im Rahmen des Deutschen Volksbildungswerkes bestehen von dieser Seite her keine Bedenken." Hauptstelle Kulturpolitisches Archiv an Amt Deutsches Volksbildungswerk Abteilung III Vortragswesen; Dichterlesungen am 31.05.1939. In: BArch, NS 15/28, Bl. 222.

1722 *Allgemeiner Tiroler Anzeiger* 23.11.1936.

> erlesene Sprache und spannende Schilderung […] Was Künkel uns hier auf Grund genauester Kenntnis der Quellen bietet, ist Geschichtsbetrachtung, so wie wir sie uns wünschen. […] So können wir dieses Buch als schriftstellerische und historische Leistung eines hohen Ranges empfehlen und ihm weiteste Verbreitung wünschen.[1723]

Mit einer Gesamtauflage von 31.518 Exemplaren in sieben Auflagen zählt der Titel tatsächlich zu den bestverkäuflichen Verlagswerken in dieser Zeit (Platz 8).[1724] Von dem durch die Preisverleihung enorm gestiegenen Bekanntheitsgrad Künkels profitierten Verlag und Autor gleichermaßen: Mit Ausnahme des Titels *Kaiphas: Eine Johannispassion,* der 1938 in nur einer Auflage von 1.200 Exemplaren erschien, erreichten die Folgetitel Künkels hohe Auflagenzahlen. So wurde die 1940 in der UB erschienene, abermals im Mittelalter spielende Erzählung *Die arge Ursula* in vier Auflagen mit 81.000 Exemplaren verlegt. Das 1939 veröffentlichte Verlagswerk *Ein Arzt sucht seinen Weg*[1725] war mit neun Auflagen und 83.852 Exemplaren Künkels erfolgreichstes Werk, und auch im verlagsinternen Vergleich das dritterfolgreichste Verlagswerk in der Zeit von 1933 bis 1945.[1726] Der 1941 publizierte Titel *Laszlo. Die Geschichte eines Königsknaben* – „Eine recht plastisch geratene geschichtliche Erzählung schenkte uns Hans Künkel in seinem neuen Werk"[1727] – erreichte immerhin eine Auflage von 10.300 Exemplaren.

Zu besonderem Auftrieb verhalf der Preis dem bereits 1932 von Reclam herausgegebenen Roman *Anna Leun. Die Geschichte einer langen Liebe.*[1728] Künkel hatte in den

1723 *Bücherkunde* 1936, H. 12, S. 369.

1724 Es ist davon auszugehen, dass noch mehr Exemplare produziert wurden; leider sind die Mengenangaben bei zwei Auflagen von 1941 und 1942 nicht lesbar. Vgl. RAS, *Auflagenbuch Junge Deutsche und andere Romane und Novellen.* Müller erinnert sich ferner, Künkels Manuskript sei in einer Zeit, in der die Verlagsproduktion stark zusammengeschrumpft und kaum ein Buch herausgekommen war, „das irgendwie von sich Reden gemacht hätte," ein ungeahnter „Goldgriff" gewesen: „Der Absatz der UB ging laufend zurück. Dr. Reclam durchlief die vielen Stockwerke seines Hauses und richtete an uns die Forderung, wir brauchen Bücher, ‚denn mit der UB geht es zu Ende.'" Müller 1974/1979c, S. 1. In: DNB, DBSM, HA/BV 1: Müller, Gotthold.

1725 Der „Lebensroman eines Arztes der Nachkriegszeit, der aus innerster Berufung und Verantwortung neue Wege der Heilkunst sucht. Eine packende, menschlich bedeutsame Dichtung auf niedersächsischem Raum. Ein tiefer Glaube an die schaffende Kraft des Lebens, an Wachsen, Vergehen und Wiedererstehen durchleuchtet das gläubige Buch." Werbeannonce. In: *BBl.* vom 13.11.1939, Nr. 264, S. 274, http://digital.slub-dresden.de/id39946221X-19391113/274 [25.05.2024].

1726 Vgl. RAS, Auflagenbuch *Werke in größerem Format und Illustrierte Werke.*

1727 *Bücherkunde* 1942, H. 7, S. 209.

1728 Nach dem Abverkauf der ersten Auflage von 1932 (4.030 Exemplare) wurde der Titel 1936 mit 3.000 Stück neu aufgelegt, 1940, 1941 und 1943 folgten weitere Auflagen. Vgl. RAS, Auflagenbuch *Junge Deutsche und andere Romane und Novellen.*

1920er Jahren vorwiegend philosophische und astrologische[1729] Publikationen, meist bei Diederichs, veröffentlicht[1730] und trat mit dem Roman *Anna Leun* erstmals „als

1729 Der 1922 bei Diederichs publizierte Titel *Das große Jahr* war 1939 von der Gestapo beschlagnahmt worden, nachdem ursprünglich positive Urteile vollkommen revidiert worden waren: „Die eingehend gekennzeichnete restlos astrologische Einstellung Künkels, seine Ablehnung einer biologischen Entwicklung, seine Liebe zum Katholizismus und die behauptete Sinnlosigkeit unseres Kämpfens um den gesicherten Fortbestand des Dritten Reiches – all das kann diesem Buch nur das Urteil vollkommen negativ eintragen." Gutachten des Amtes Schrifttumspflege bei dem Beauftragten des Führers für die gesamte geistige und weltanschauliche Erziehung der NSDAP vom 16.01.1940. In: BArch, NS 15/217, Bl. 110–112, Zitat Bl. 112. Das beantragte Verbot des Titels wurde jedoch mit einem zweiten Gutachten verhindert: Der Titel sei zwar nicht originell und banal und weise keineswegs, wie von Diederichs behauptet, Beziehungen zum Nationalsozialismus auf, ein besonderer Grund zum Verbot liege aber nicht vor. Gutachten des Amtes Wissenschaft, beigefügt Baeumler (Amt Wissenschaft) an Koch, RMVP am 09.08.1940. In: BArch, NS 15/217, Bl. 107 f.

1730 Über die Preisverleihung berichtet Künkel dem EDV, den er an seiner Freude teilnehmen lassen wolle, da er so viel für seine Bücher getan hatte: „In der sehr schönen und eindrucksvollen Rede, in der Herr Holzapfel von der N. S. Kulturgemeinde mir die Raabe-Plakette überreichte, verweilte er mit besonderem Nachdruck und einer mich überwältigenden Wärme und Liebe bei meinen von Ihnen herausgegebenen Büchern. Er erwähnte alle einzeln mit Namen und gab ganz kurz den Inhalt an [...]. Fast war es, als wenn diese Bücher durch den Preis mit ausgezeichnet werden sollten, und ich muss Ihnen sagen, dass ich erschüttert war, weil ich auf diese rückhaltlose Anerkennung seitens der Amtsleitung der Kulturgemeinde nicht gefasst war. Vor allem hob der Redner immer wieder hervor: ‚das ist deutsches Denken!' Und ich konnte ihm nur mit großer Rührung danken." Künkel an Diederichs Verlag am 01.12.1936. In: ThULB, Nachl. Diederichs, Di 976. – Künkel versäumte auch nicht, per Vertragsklausel in seinen bei Reclam publizierten erzählerischen Werken Anzeigen für seine übrigen Bücher aufnehmen zu lassen. Vgl. Künkel an Verlag Eugen Diederichs am 15.06.1936. In: ThULB, Nachl. Diederichs, Di 972. Es „scheint mir die Herausgabe dieses Romans eine nie wiederkehrende Gelegenheit, für meine bei Ihnen erschienenen Bücher Reclame zu machen, um die Verkaufsziffern etwas zu erhöhen [...]. Reclam wird, wie ich denke, bereit sein, diese Zettel in seiner Druckerei zu Selbstkostenpreisen herzustellen. Die Kosten können sich nach meiner Schätzung kaum auf mehr als ca. 30 Mark belaufen. Würden Sie bereit sein, im Interesse eines höheren Absatzes diese Kosten zu übernehmen? So viel ich weiss, ist vom Diederichs-Verlage seit langem nichts mehr für Anzeigen meiner Werke aufgewendet worden." Künkel an Linke (Diederichs) am 02.10.1936. In: ThULB, Nachl. Diederichs, Di 974. Einige seiner älteren Titel wurden bei Diederichs fleißig nachgedruckt, so z. B. die um 40 Seiten gekürzte *Sonnenbahn* 1938 oder die Neuausgabe des 1925 publizierten *Schicksal und Willensfreiheit*: „Ich bin bei meiner Lektüre ordentlich erschrocken, wieviel älter, d. h. unter anderem auch: vorsichtiger und mutloser ich geworden bin. Es bleibt das Buch eines Siebenundzwanzigjährigen und nicht eines Vierzigers. Die Leser verstehen nie, dass auch der Schriftsteller sich ändert: um sie aufzuklären hat Nietzsche seine langen Vorworte geschrieben. Aber es soll mir gleich sein, denn Wenige sind ohnehin, die erfassen, was ich meine. Nur eines könnte man noch tun: auf die Rückseite des Titelblattes setzen ‚An der Ausgabe von 1925 sind keine Änderungen vorgenommen worden'." Künkel an Diederichs Verlag am 14.04.1937. In: ThULB, Nachl. Diederichs, Di 981; Vgl. Künkel an Diederichs am 14.06.1938. In: ThULB, Nachl. Diederichs, Di 984.

ausgereifter künstlerischer Gestalter vor die Oeffentlichkeit."[1731] Seine Protagonistin, „[e]ine ganz groß angelegte Frauengestalt, blutvoll, leidenschaftlich, von düsterer, herber Größe", verdingt sich als Taglöhnermädchen, muss sich „mühsam und hart bei tyrannischen Brotherren, mißgünstigen, neidischen Frauen durchschlagen, ständig umloht und angefallen von der Gier der Männer – und sie selbst hat heißes Blut."[1732]

Die vermeintliche Rettung an der Seite des

> alternden Schloßherrn [...] ist teuer erkauft: [...] kostet sie den einzigen Jugendgeliebten, [...] bringt Tod und Zerstörung. [...] als sie endlich [...] doch noch die Frau des Geliebten wird, steht das Gewesene zwischen ihnen, [...] Erst der Tod bringt die beiden Menschen zueinander, die nie aufgehört haben sich zu lieben.[1733]

Die *Bücherkunde* wies darauf hin, dass es, seit der Raabe-Preis 1936 den Dichter weiteren Kreisen bekanntgemacht habe, zu wünschen sei, dass auch sein Romanerstling nicht hinter den jüngeren Werken zurückbleibe. Die Geschichte verdiene es, Beachtung zu finden; schon hier habe der Autor in der Wahl des Stoffes eine glückliche Hand bewiesen. „Die Protagonisten sind beide echte Vertreter nordischer Wertbegriffe, Herrenmenschen. Sie bleibt ganz Weib, wie wir es von einer echten Frau verlangen."[1734] *Anna Leun*, 1932 lediglich mit einer Auflage von 4.030 Exemplaren produziert, wurde in der Zeit des NS-Regimes viermal mit 9.110 Exemplaren nachgedruckt.

1937 versuchte der Verlag, den *Niklas von Cues* auch im Ausland zu publizieren, und wandte sich an das Office littéraire et d'Orientation, welches für die erfolgte Vermittlung der ausländischen Verlagsrechte 25 % der Erlöse erhalten sollte.[1735] An dem Projekt, dessen Ausgang unklar ist,[1736] wurde trotz herrschender Zweifel auf beiden Seiten zunächst festgehalten: „Daß der Roman im Ausland nicht leicht unterzubringen ist, war zu erwarten, da er seiner ganzen Anlage nach sehr deutsch ist. Ich hoffe aber doch, daß in einem der von Ihnen genannten Länder eine Übersetzung

1731 Künkel hatte bereits 1928 das Drama *Die Goldminen* geschrieben, welches er gern, um „mit seinen Büchern gemeinsam aufzutreten", ebenfalls bei Diederichs verlegen wollte, obgleich ihm bewusst sei, „dass es im Publikum möglicherweise ungünstig wirkt, nach einer Reihe religiös-philosophischer Bücher im selben Verlag ein Drama herauszubringen." „Ob es richtig sei, ein Drama zu schreiben? Sein Leben laufe auf vielen Schienen. Wir treten wohl in eine Zeit ein, in der es wieder möglich wird, gleichzeitig Staatsbeamter, Dramatiker und Philosoph zu sein." Künkel an Diederichs am 31.03.1928. In: ThULB, Nachl. Diederichs, Di 968a.

1732 *Pilsner Tagblatt* 01.04.1933.

1733 *Pilsner Tagblatt* 01.04.1933.

1734 *Bücherkunde* 1937, H. 4, S. 221.

1735 Vgl. Office littéraire e' d'Orientation an Reclam Verlag am 01.07.1937. In: RAS, Mappe Verlagsverträge Leipzig (gebundene Ausgaben) H–L.

1736 Im Katalog der Bibliothèque nationale de France ist kein entsprechender Titel nachgewiesen.

zustande kommt."[1737] Eine ungewöhnliche Art der Publikation des Romans im Ausland schwebte Künkel wohl vor, als er Nußbächer um die Teile der Verlagsrechte an *Niklas von Cues* und *Anna Leun* für eine indische Übersetzung bat. Dagegen hatte Nußbächer prinzipiell nichts einzuwenden, seine Probleme waren ganz anderer Natur:

> Falls ein indischer Verleger diese Ausgabe auf eigene Kosten herstellen will, habe ich selbstverständlich nichts dagegen einzuwenden, und ich würde ihm die Kapitel aus den beiden Romanen sogar kostenlos für diesen Zweck überlassen können. Wie ich aus dem beigefügten Brief von Herrn G. H. Jadhav ersehe, denkt er aber wohl daran, daß die Ausgabe von meinem Verlag hergestellt werden soll. Das ist nun freilich nicht möglich, denn wie sollte ich von hier aus die Verbreitung in Indien vornehmen? An und für sich hat ja ein solcher Sonderdruck propagandistische Bedeutung. Doch ist es eine sehr teure Propaganda [...].[1738]

Es ist davon auszugehen, dass diese internationale Zusammenarbeit nicht zustande kam. Während die Kooperation mit dem Ausland sich, wie gezeigt, schwierig gestaltete oder scheiterte, fanden die Werke Künkels über verschiedene Buchgemeinschaften eine hervorragende Verbreitung im Inneren des Deutschen Reiches. Lizenzen wurden beispielsweise 1937 für *Niklas von Cues*[1739] und 1940 für *Ein Arzt sucht seinen Weg* an die Deutsche Buchgemeinschaft gegeben.[1740] Für die erste Auflage von 20.000 Exemplaren erhielt Reclam ein Honorar von 19 Pfennig pro Exemplar, für alle weiteren Auflagen sollten 20 Pfennig pro Stück bezahlt werden. Reclam verpflichtete sich im Gegenzug, für die Dauer der Lizenzgebung den Ladenpreis nicht unter 4,80 RM sinken zu lassen.[1741]

Besonders der Titel *Anna Leun*, der bei Reclam mit insgesamt 13.140 Exemplaren nicht so hoch aufgelegt wurde wie andere Titel Künkels,[1742] gelangte durch die

1737 Reclam Verlag an Office littéraire e' d'Orientation am 15.07.1937. In: RAS, Mappe Verlagsverträge Leipzig (gebundene Ausgaben) H–L.

1738 Nußbächer an Künkel am 11.31938. In: RAS, Mappe Verlagsverträge Leipzig (gebundene Ausgaben) H–L.

1739 Im selben Atemzug erhielt die Deutsche Buchgemeinschaft die Lizenz zur Herausgabe folgender Titel: Bohlmanns *Silberne Jungfrau*, Adolf Arthur Kuhnerts *Karjane. Geliebte unseres Sommers*, Heinrich Hausers *Brackwasser* sowie *Glas* von Toni Rothmund. Diese Bücher sollten zusammen in 50.000 Exemplaren aufgelegt werden, wofür der Reclam Verlag ein Pauschalhonorar von 9.000 RM, gezahlt in monatlichen Raten von 1.000 RM, bekommen sollte. Vgl. Deutsche Buchgemeinschaft an Reclam Verlag am 26.11.1937. In: RAS, Mappe Verlagsverträge Leipzig (gebundene Ausgaben) H–L.

1740 Vgl. Aktennotiz o. D. In: RAS, Mappe Verlagsverträge Leipzig (gebundene Ausgaben) H–L.

1741 Vgl. Deutsche Buchgemeinschaft an Reclam Verlag am 26.01.1940. In: RAS, Mappe Verlagsverträge Leipzig (gebundene Ausgaben) H–L.

1742 Vgl. RAS, Auflagenbuch *Junge Deutsche und andere Romane und Novellen*.

Herausgabe in Buchgemeinschaften zu weiter Verbreitung. Neben einem 1941 mit dem Verlag Bernhard Tauchnitz Nachf. Brandstetter & Co. abgeschlossenen Lizenzvertrag, der eine Lizenzgebühr von acht Pfennig pro Exemplar veranschlagte, da der Preis der deutschen Tauchnitz-Reihe auf 1.60 RM festgesetzt worden war,[1743] belegen die Auflagenzahlen des Titels als Lizenz bei der Büchergilde Gutenberg, die bereits 1937 vereinbart worden war, eine enorme Reichweite: Bis 1941 wurden 129.000 Exemplare des Buches in der Büchergilde aufgelegt.[1744] Leider ist nicht bekannt, in welcher Höhe der Reclam Verlag an diesem Erfolg finanziell teilhaben konnte.

3.4.3.3 Geschichten aus der Geschichte[1745] – Historische Romane

Nicht nur mit den Romanen Künkels und Rothmunds, die beide mehrheitlich historische Stoffe gestalteten, legte der Reclam Verlag, wie viele andere Verlag auch, in seiner Romanproduktion den Schwerpunkt auf historische Themenwelten. Diese Fokussierung, die in einem Überangebot des historischen Romans gipfelte, bot zur Zeit der ideologischen Gängelung für Verlage und Autoren gleichermaßen eine Möglichkeit, den aktuellen Themen zu entgehen und somit eine negative Bewertung durch die zahlreichen Literaturüberwachungsinstanzen zu erschweren.

Doch nicht alle historischen Titel waren so unverfänglich zu verlegen wie etwa der Lebensweg von *Ernst Schweninger. Bismarcks Leibarzt* von Georg Schwarz, 1941 publiziert in einer Auflage mit 7.000 Exemplaren, oder die von Konrad Krause herausgegebenen Aufzeichnungen Franz Berslings zu dessen abenteuerreichem Leben – „als Kanonier, Deserteur, Söldner und Seepirat auf allen Weltmeeren. Im Hintergrund die große weltgeschichtliche Kulisse des napoleonischen Zeitalters"[1746] – in *Anno 1791 fing es an*, 1938 in einer Auflage mit 4.000 Exemplaren veröffentlicht.

So hatte Nußbächer, der 1935 mit der Schriftleitung der UB betraut worden war,[1747] das Manuskript zu *Abraham Jakob Penzels Lebensirrfahrten. Eine Menschen- und Kulturtragödie aus dem 18. Jahrhundert* von Hans Köppe akribisch auf eventuell judenfreundliche Passagen durchgesehen, woraufhin er Köppe respektvoll, aber bestimmt um eine Reihe von Änderungen bat:

> Sie müssen bedenken, sehr geehrter Herr Professor, dass sonst der Erfolg des Werkes ernstlich in Frage gestellt werden kann, was ja sowohl für Sie wie auch

1743 Vgl. Müller an Firma Bernhard Tauchnitz Nachf. Brandstetter & Co., Leipzig am 10.06.1941. In: RAS, Mappe Verlagsverträge Leipzig (gebundene Ausgaben) H–L.

1744 Vgl. Zeittafel zur Verlagsgeschichte, S. 45. In: RAL, Ordner 3.

1745 Titel eines 1934 als Verlagswerk bei Reclam edierten Romans von Börries Freiherr von Münchhausen.

1746 Werbeannonce. In: *BBl.* vom 23.10.1938, Sondernummer, S. 228, http://digital.slub-dresden.de/id39946221X-1938102301/234 [25.05.2024].

1747 Vgl. Zeittafel zur Verlagsgeschichte, S. 42. In: RAL, Ordner 3.

> für mich als Verleger äusserst nachteilig wäre. [...] Ich bin überzeugt, sehr geehrter Herr Professor, dass Sie die Berechtigung meines Standpunktes, der aus der Praxis heraus erfolgt, einsehen und meinen Wünschen entsprechen werden. Der rein wissenschaftliche Gesichtspunkt muss sich den Richtlinien unterordnen, die von unserer kulturellen Führung für das gesamte Schrifttum festgesetzt worden sind.[1748]

„Unbedingt geändert werden" musste beispielsweise eine von Köppe als „fein und edel" charakterisierte Antwort Mendelssohns in einem Disput, da dies „heute unerwünscht ist und zu Missdeutungen Anlass gibt."[1749] Ferner gaben ihm zwei Schreiben Penzels, die im Wortlaut wiedergegeben wurden, Grund zu Bedenken, denn selbst wenn man geltend machen könne, dass diese Briefe aus wissenschaftlichen Gründen nur als Dokumente ohne Stellungnahme des Verfassers zu werten seien, „so kann einem doch vorgeworfen werden, dass hier indirekt eine Stellungnahme zu Gunsten des Judentums erfolgt."[1750] Dies müsse unter allen Umständen vermieden werden, selbst wenn dies bedeute, die Briefe gar nicht abzudrucken. Er trage die Verantwortung dafür, „dass nirgends auch nur der Anschein entstehen kann, dass hier projüdische Anschauungen direkt oder indirekt vertreten oder propagiert werden."[1751] Bis jetzt habe er nur diese beiden Stellen gefunden, er bitte Köppe aber, den Text in seinem eigenen Interesse nochmals daraufhin durchzugehen, ob noch andere Äußerungen enthalten sind, die ihm und dem Verlag als „irgendwie judenfreundlich zur Last gelegt werden könnten".[1752] Vorher könne die Drucklegung, die dann auch nur in einer sehr kleinen Auflage von 1.000 Exemplaren erfolgte, nicht in Angriff genommen werden.[1753]

Ein Mitarbeiter des Verlags rechtfertigt Jahrzehnte später diesen Vorgang in einem Brief an den Enkel Köppes, Ulf Köppe:

> Auf den heutigen, der jüngeren Generation zugehörigen Betrachter muß dieser Vorgang freilich beschämend wirken, historisch gesehen dagegen hat er wahrscheinlich sogar seine Berechtigung. Wie die Dinge damals lagen, war tatsächlich allergrößte Vorsicht geboten, [...] Dr. Nußbächer [...] war ein

1748 Nußbächer an Köppe am 05.03.1937. In: RAS, Mappe Großbuch Einzelprospekte F–K.
1749 Nußbächer an Köppe am 05.03.1937. In: RAS, Mappe Großbuch Einzelprospekte F–K.
1750 Nußbächer an Köppe am 05.03.1937. In: RAS, Mappe Großbuch Einzelprospekte F–K.
1751 Nußbächer an Köppe am 05.03.1937. In: RAS, Mappe Großbuch Einzelprospekte F–K.
1752 Nußbächer an Köppe am 05.03.1937. In: RAS, Mappe Großbuch Einzelprospekte F–K.
1753 Die Drucklegung dieses Titels wurde mit einer Beihilfe von 1.500 RM durch die Moses Mendelssohn Stiftung subventioniert. Vgl. Vorstand Stiftung an Köppe am 06.04.1936. In: RAS, Mappe Großbuch Einzelprospekte F–K. Der Titel wurde mit einer Auflage von 1.000 Exemplaren produziert und zählt damit zu den Verlagswerken mit der geringsten Auflagenhöhe der NS-Zeit. Vgl. RAS, Auflagenbuch Werke im größeren Format / Illustrierte Werke.

> gewissenhafter, politisch aber vielleicht etwas ängstlicher und sehr verantwortungsbewußter wissenschaftlicher Lektor.[1754]

In anderen Fällen hingegen trat Nußbächer durchaus selbstbewusst gegenüber den kulturpolitischen Entscheidungsträgern auf: Für die Veröffentlichung des Titels *Bekehrung des Heiligen* von Josef Vogler, ein „gewaltige[s] Seelengemälde" vor dem „düstere[n], aber vom aufgehenden Licht der Vernunft und Freiheit erhellte[n] Hintergrund" Wiens im 15. Jahrhundert, der „Epoche der Vorreformation mit den vielfältigen Spannungen und Konflikten einer Zeitenwende"[1755] benötigte der Autor einen Befreiungsschein.[1756] Vogler hatte bereits für sein 1939 beim Zsolnay Verlag erschienenes Buch *Der verwunschene Turm. Eine Geschichte aus dem alten Wien*[1757] einen erhalten. Nußbächer informierte Vogler, dass er für das bei Reclam geplante Werk einen zweiten benötige: „Er wird wohl ohne Weiteres gewährt werden, und ich bitte Sie, einen entsprechenden Antrag bei der RSK einzureichen unter Hinweis darauf, daß mein Verlag die Herausgabe des Werkes übernimmt."[1758]

Schwierigkeiten ergaben sich für den Verlag auch, wenn die historische Romanhandlung in unmittelbarer Nähe zur Gegenwart angesiedelt war: Bereits kurz nach

1754 Reclam Verlag an Ulf Köppe am 02.12.1983. In: RAS, Mappe Großbuch Einzelprospekte F–K.

1755 *Oberdonau-Zeitung* 23.05.1943.

1756 Mit einem Befreiungsschein konnten Autoren, die nicht Mitglied der RSK waren – im Normalfall zwingende Voraussetzung für die Berufsausübung –, dennoch Titel publizieren. Das Beispiel des NS-Lyrikers Harder zeigt aber, dass das Überwachungssystem keinesfalls so lückenlos funktionierte, wie es sollte: Von Hermann Harder, NSDAP-Mitglied seit 01.05.1937 (Nr. 4364635), Blockwart, Gutachter im Prüfungsausschuss für das Vaterländische Schrifttum und tätig im Deutschen Volksbildungswerk, erschien 1941 bei Reclam die inhaltlich stark erweiterte Fassung der erstmals 1937 bei Alfred Protte verlegten Erzählung *Irische Heimkehr*, für die der hauptberufliche Studienrat keinen Befreiungsschein beantragt hatte. Auf Anmahnung der RSK begründete Harder dieses mit seinen Wehrmachtsdienstpflichten; Konsequenzen entstanden ihm daraus keine. Vgl. Harder an RSK am 12.12.1941. In: BArch, R 9361-V/21150, Lesefilm-Nr. RK I 220, Bild-Nr. 774; Fragebogen RSK vom 29.12.1937. In: BArch, R 9361-V/21150, Lesefilm-Nr. RK I 220, Bild-Nr. 800f.; Harder an RSK am 26.10.1941. In: BArch, R 9361-V/21150, Lesefilm-Nr. RK I 220, Bild-Nr. 814; Lebenslauf Harders vom 21.05.1938. In: BArch, R 9361-V/21150, Lesefilm-Nr. RK I 220, Bild-Nr. 826; Hauptstelle Kulturpolitisches Archiv an Reichsdienststelle Deutsches Volksbildungswerk Abteilung III Vortragswesen, 1/Vortragsdienst am 05.03.1942. In: BArch, NS 15/253, Bl. 93.

1757 Vgl. Eintrag im Online-Katalog der DNB http://d-nb.info/576803278 [25.05.2024].

1758 Nußbächer an Vogler am 21.07.1941. In: RAS, Mappe Verlagsverträge Leipzig (gebundene Ausgaben) M–Z. Der vorige Verlag Voglers, Zsolnay, gehörte zu den Häusern, deren Bücher in der Mehrzahl abgelehnt wurden. Vgl. Strothmann 1985, S. 252. Vogler scheint die benötigte Genehmigung erhalten zu haben, denn der Titel wurde 1942 ediert. Interessanterweise ist es das einzige Verlagswerk im Jahr 1942, es wurde nur einmal mit 5.000 Exemplaren aufgelegt. Vgl. RAS, Auflagenbuch *Junge Deutsche und andere Romane und Novellen*. Im Gegensatz dazu lässt sich für 1942 die höchste durchschnittliche Erstauflagenhöhe der UB in der NS-Zeit nachweisen: 80.941 Stück.

Beginn der nationalsozialistischen Diktatur hatte Reclam mit Alfred Heins *Sturmtrupp Brooks* ein Paradebeispiel der kurze Zeit später so scharf verrissenen ‚Konjunkturliteratur' verlegt: Helmut Brooks, Hauptmann des Ersten Weltkriegs, lebt in der Nachkriegszeit als Landrat in seiner ostpreußischen Heimat, „bis ihm marxistische Bonzen die Weiterführung seines Amtes unmöglich machen." Brooks versammelt daraufhin seine alte Kompanie,

> um mit ihr als kleine geistige Zelle die neue Front der Kameradschaft und der nationalen Erhebung vorzubereiten. [...] [E]in Arbeitslager entsteht unter Brooks, und nach dem historischen 30. Januar gliedert sich der „Sturmtrupp Brooks" freudig in die große nationale Revolution ein. [...] Dies Buch ist ein Dokument von hohem Wert und ein national-sozialer Aufruf! Dichtung und politische Haltung sind in eins verschmolzen.[1759]

Beworben als „[d]er Roman der neuen Volksfront"[1760], war das Verlagswerk mit einer vergleichsweise hohen Auflage von 8.400 Exemplaren, für die der Verlag vermutlich für Parteikreise spezielle Werbeschienen entwickelt hatte, bereits 1936 nicht mehr tragbar:

> Dass der Roman heute kaum noch Absatz findet, liegt in seiner Eigenart begründet, denn Erzählungen über die Vorzeit der nationalsozialistischen Revolution und Schilderungen der Erhebung selbst finden heute ganz und gar kein Käuferpublikum. Es kommt noch hinzu, dass die Partei Ihr Werk abgelehnt hat, so dass keine besondere Propaganda in Parteikreisen dafür gemacht werden kann. Immerhin sind auch in diesem Jahr eine ganze Anzahl Exemplare verkauft worden, so dass die Auflage bis auf wenige Exemplare zu Ende gegangen ist.[1761]

Von Börries Freiherr von Münchhausen, der zusammen mit Hans von der Gabelentz 1932 die Deutsche Dichterakademie als Gegengewicht zu der nach seinem Ermessen zu liberalen und international orientierten Preußischen Akademie der Künste gegründet hatte – in welche er nach deren ‚Säuberung' berufen wurde –, publizierte der Reclam Verlag 1934 das Verlagswerk *Geschichten aus der Geschichte* – „eine kleine Gruppe kulturgeschichtlich bemerkenswerter Anekdoten"[1762] aus der Familiengeschichte des

1759 Werbeannonce. In: *BBl.* vom 13.05.1933, Nr. 110, S. 47, http://digital.slub-dresden.de/id39946221X-19330513/53 [25.05.2024].
1760 Werbeannonce. In: *BBl.* vom 13.05.1933, Nr. 110, S. 47, http://digital.slub-dresden.de/id39946221X-19330513/53 [25.05.2024].
1761 Nußbächer an Hein am 10.11.1936. In: RAS, Mappe Verlagsverträge Leipzig (gebundene Ausgaben) H–L.
1762 Münchhausen an Ernst Reclam am 25.09.1933 In: GSA, 69/6248.

niedersächsischen Adelsgeschlechts der Münchhausen von 1740 bis 1872.[1763] Obwohl bis November 1943 mit 4.068 abgesetzten Exemplaren ein Großteil der gesamten ersten Auflage (4.630 Exemplare) verkauft war, kam die bereits 1942 von Münchhausen gewünschte Neuausgabe mit umfangreichen Änderungen, für die er eine weitgehende Beteiligung an den Kosten anbot (was Ernst Reclam trotz erforderlichen Neusatzes ablehnte) aufgrund des Papiergenehmigungsverfahrens nicht zustande.[1764] Diese Publikation war ohnehin nicht die erste Wahl, sie geschah vielmehr in Ermangelung der Genehmigung zum Wiederabdruck einer „Auswahl [der] nationalen Gedichte" Münchhausens seitens des Stammverlags des Autors, der Deutschen Verlags-Anstalt (DVA), und stellte – so betont Ernst Reclam – auch keinen Ersatz für eine in die UB gehörende Auswahl seiner Werke dar – „schon mancher guten Sache [ist] durch ‚Kaufmanns-Geist' schwer geschadet worden."[1765]

Mit Münchhausen verband den Reclam Verlag ein enges Verhältnis und ein Jahrzehnte währender brieflicher Austausch. Münchhausen nahm regen Anteil am Verlagsgeschehen und am Verlagsprogramm, war mit zahlreichen Beiträgen zur deutschen Literatur und Dichtung im *Almanach* und *Reclams Universum* vertreten und sparte nicht mit Lob, noch weniger mit Kritik. Gern stellte er als berufener Literat seine wohlwollenden Urteile werbewirksam zur Verfügung; von ihm stammt auch das häufig – nicht nur vom Reclam Verlag – kolportierte Zitat: „Unsere kulturelle Überlegenheit über andere Völker beruht auf der Volksbildung. Die Volksbildung beruht auf dem deutschen billigen Buch. Und das billige Buch ist in Deutschland immer ein ‚Reclam'. Deshalb halte ich den Reclamschen Verlag für einen ungemeinen Kulturfaktor."[1766] Zu den Feierlichkeiten zum 75-jährigen Verlagsjubiläum am 14.11.1942 mit Theaterbesuch und gemeinsamen Essen war Münchhausen als Ehrengast

1763 Nach einem regen Austausch darüber, ob eine üppige Bebilderung durch kulturhistorische Illustrationen den dichterischen Wert des Buches beeinträchtigen würde (Münchhausen), oder vielmehr helfen würde, das Buch einem breiteren Publikum als nur den Familienforschern und Bewunderern Münchhausens schmackhaft zu machen (Ernst Reclam), wurde der Titel mit zahlreichen historischen Stichen, Wappen und Tabellen produziert und zu 5,50 RM geheftet, 7,50 RM im Ganzleinenband sowie 12 RM im Ganzpergamentband angeboten. Münchhausen, der darauf hinwies, normalerweise 20 % vom broschierten Ladenpreis zu bekommen, wurde mit 12,5 % vom broschierten Ladenpreis honoriert – und dies, für Reclam sehr ungewöhnlich, bei Druck der Auflage im Voraus. Vgl. Ernst Reclam an Münchhausen am 23.09.1933 In: GSA, 69/6248; Ernst Reclam an Münchhausen am 06.10.1933 In: GSA, 69/6248; Münchhausen an Ernst Reclam am 07.10.1933 In: GSA, 69/6248; Werbeannonce. In: *BBl.* vom 10.03.1934, Nr. 59, S. 1121, http://digital.slub-dresden.de/id39946221X-19340310/38 [25.05.2024].

1764 Vgl. Ernst Reclam an Münchhausen am 16.10.1942; Münchhausen an Ernst Reclam am 24.10.1942, Ernst Reclam an Münchhausen am 02.11.1942; Müller an Münchhausen am 09.11.1943 In: GSA, 69/6248.

1765 Ernst Reclam an Münchhausen am 12.09.1933 In: GSA, 69/6248.

1766 Münchhausen, abgedruckt in Werbeprospekt Reclam. Die wichtigsten Werke der Universal-Bibliothek in systematischer Anordnung. In: RAS, Mappe Prospekte UB.

geladen,[1767] auch wenn die Deutsche Verlags-Anstalt die begehrte Besetzung der Jubiläumsnummer 7500 mit einer Balladenauswahl Münchhausens abermals vereitelte.[1768] Alle Bemühungen – Ernst Reclam hatte in einem weiteren Schreiben der Hoffnung Ausdruck gegeben, dass es schön wäre, „wenn die Deutsche Verlagsanstalt Verständnis dafür aufbrächte, daß es eine Ehre ist, die Ihnen mit der Nr. 7500 der U. B. angeboten wird"[1769] – blieben erfolglos. Der Verleger hatte Münchhausen zudem inständig um Mitarbeit gebeten und auch finanzielle Anreize geboten: „Ich wäre Ihnen, hochverehrter Herr Baron, außerordentlich dankbar, wenn Sie meine Bitte bei der Deutschen Verlagsanstalt unterstützen würden [...] Auch das Honorar würde eine Ausnahme bilden."[1770] Ähnlich war es Reclam bei seinen unermüdlichen Versuchen ergangen, „noch ein anderes Werk von Ihnen, sei es in der Universal-Bibliothek oder in einer größeren Ausgabe in meinem Verlag herausbringen zu können."[1771] Weder die Verheißung, er könne die Gedichte viel besser ausstatten und setzen, als das bei der Verlags-Anstalt geschehen sei, noch die Beteuerung, dass die Gedichtauswahl einen „außerordentlich hohen Absatz" finden würde, und auch nicht die Vorschläge, statt der Gedichte einen Prosaband oder die für einen UB-Band erweiterte Geschichte des Hieronymus von Münchhausen aus *Geschichten aus der Geschichte* herauszubringen,[1772] fanden Gehör. Ernst Reclams wiederholte Bitte – „Ich hoffe aber doch noch auf ein Bändchen von Ihnen, und ich wünschte, daß der Traum bald in Erfüllung ginge"[1773] – blieb unerfüllt.

Mit dem Königsberger Schriftsteller Gerhard Bohlmann, der zunächst als Feuilleton-Redakteur bei der *Königsberger Allgemeinen Zeitung*, später bei der Telegraphen-Union und nach der Fusion als Kulturschriftleiter des Deutschen Nachrichtenbüros tätig war und erst mit 50 Jahren seine schriftstellerische Laufbahn begann, förderte der Reclam Verlag erfolgreich einen zunächst unbekannten Autor ebenfalls historischer Werke:

> Erst im letzten Jahrzehnt seines Wirkens ist Bohlmann, ein Mann von hohem Verantwortungsgefühl gegen sich wie gegen das gesamte Schrifttum, dessen Wirken er als Kunstbetrachter betreute und schließlich als Dichter mehren

1767 „[W]enn Sie mir den Theaterplatz in der vordersten Reihe des Schauspielhauses geben, werde ich auch trotz meiner schlechten Ohren an der Aufführung Freude haben." Münchhausen an Ernst Reclam am 03.11.1942 In: GSA, 69/6248; Vgl. Ernst Reclam an Münchhausen am 06.11.1942 In: GSA, 69/6248; Ernst Reclam an Münchhausen am 02.11.1942 In: GSA, 69/6248.

1768 Vgl. Ernst Reclam an Münchhausen am 28.01.1941; Ernst Reclam an Münchhausen am 28.02.1941 In: GSA, 69/6248. Siehe dazu Kapitel 2.3.4.

1769 Ernst Reclam an Münchhausen am 28.01.1941. In: GSA, 69/6248.

1770 Ernst Reclam an Münchhausen am 28.01.1941. In: GSA, 69/6248.

1771 Ernst Reclam an Münchhausen am 24.10.1940. In: GSA, 69/6248.

1772 Vgl. Ernst Reclam an Münchhausen am 12.09.1933. In: GSA, 69/6248; Ernst Reclam an Münchhausen am 11.11.1940. In: GSA, 69/6248; Ernst Reclam an Münchhausen am 18.03.1941. In: GSA, 69/2838; Ernst Reclam an Münchhausen am 15.11.1942. In: GSA, 69/2838.

1773 Ernst Reclam an Münchhausen am 15.11.1942. In: GSA, 69/2838.

> half, zum eigenen Schaffen vorgedrungen. Stark beachtet wurde seine fesselnde Erzählkunst in seinen drei Romanen Die „silberne Jungfrau", „Der vergessene Kaiser" und „Wallenstein ringt um das Reich".[1774]

Die silberne Jungfrau[1775] (erschienen 1932 in einer Auflage von 6.000 Exemplaren, Abb. 84) und *Der vergessene Kaiser* (erschienen 1934 in einer Auflage von 5.526 Exemplaren)[1776] verkauften sich nicht so gut, dass Neuauflagen nötig geworden wären, obwohl der Verlag mit recht ungewöhnlichen Annoncen den Absatz der *Silbernen Jungfrau* anzukurbeln versuchte:

> Trotz glänzender Besprechungen in national gesinnten Zeitungen konnte sich dieses Werk gegenüber den Büchern der Undeutschen nicht richtig durchsetzen. Jetzt wird es unter den für Schul-, Volks- und öffentliche Bibliotheken empfohlenen Büchern mit an erster Stelle genannt! Ich bitte deshalb das Sortiment, sich erneut für dieses Erstlingswerk eines reifen deutschen Dichters einzusetzen: der Erfolg muß eintreten.[1777]

Dennoch fanden die Romane bei den staatlichen Begutachtungsstellen und in der Presse einen für den Ruf des Verlags Reclam erfreulich großen Anklang;[1778] darüber hinaus wurde 1937 eine Lizenz für die Publikation durch die Deutsche Buchgemeinschaft vergeben.[1779] Es ist daher verständlich, dass Nußbächer dem 1942 geäußerten Wunsch Bohlmanns, ihm die Verlagsrechte an den beiden Romanen zurückzugeben, nicht entsprechen wollte: „Ich habe mich für diese beiden Bücher eines damals noch unbekannten Autors eingesetzt und werde dies auch in Zukunft tun. Es besteht kein

1774 Todesanzeige in *Leipziger Neueste Nachrichten* vom 23.02.1944. In: RAS, Mappe Verlagsverträge Leipzig (gebundene Ausgaben) A–G. Einschränkend muss gesagt werden, dass bekanntermaßen nicht literarische Fähigkeiten, sondern die Erfüllung kulturpolitischer Wünsche zur Förderung und somit zu Ruhm von Autoren der NS-Zeit führten.

1775 „Trotz Schiller, Shaw und Anatole France ist Bohlmann hier eine fesselnde Gestaltung des Sieges- und Leidensweges der Jungfrau von Orleans gelungen. […] Dabei gelingt es ihm, trotz manchen sprachlichen Ungleichheiten, die den Anfänger verraten, die unheimliche, eisige Stimmung, die sich um die einsame Heldin lagert, in uns hineinzusenken, […]. Dadurch wird das Werk ein geschichtlicher Roman, der viele andere an Bedeutung und Wert überragt." *Bildungsarbeit. Blätter für sozialistisches Bildungswesen* Januar 1933.

1776 Die Auflagenzahlen sind dem RAS, Auflagenbuch *Junge Deutsche und andere Romane und Novellen* entnommen.

1777 Werbeannonce. In: *BBl.* vom 13.05.1933, Nr. 110, S. 46, http://digital.slub-dresden.de/id39946221X-19330513/52 [25.05.2024].

1778 Eine Sammlung neun begeisterter Pressestimmen zu *Der vergessene Kaiser* finden sich abgedruckt in einer Werbeannonce. In: *BBl.* vom 14.12.1934, Nr. 291, S. 5977, http://digital.slub-dresden.de/id39946221X-19341214/11 [25.05.2024].

1779 Vgl. Aktennotiz o. D. In: RAS, Mappe Verlagsverträge Leipzig (gebundene Ausgaben) A–G.

Grund das Vertragsverhältnis zu lösen."[1780] Man freue sich im Gegenteil auf weitere Werke, deren Vorlage bei der Schriftleitung des Reclam Verlags vor der Weiterversendung an andere Verlagsanstalten Bohlmann zu Beginn seiner Schriftstellerkarriere versprochen hatte: „Dass ich bei der tiefen Verpflichtung, die ich gegen Sie, sehr geehrter Herr Doktor, und gegen Ihr Haus empfinde, meine weiteren Arbeiten zunächst der Schriftleitung von Reclams Universum oder Ihrem Verlag vorlege, ist ganz selbstverständlich."[1781] Infolge des seit 1942 getrübten Verhältnisses auf beiden Seiten erschien sein letzter Roman. *Wallenstein ringt um das Reich*, 1944 bei Neff in Berlin.

Abb. 84 Werbeflyer *Die silberne Jungfrau*, [1932]. In: RAS, Mappe Großbuch Einzelprospekte A–E. Alle Rechte vorbehalten.

Im Jahr des Kriegsausbruchs unterbrach der Verlag in seiner Romanproduktion die Aufarbeitung weit zurückliegender historischer Stoffe und veröffentlichte mit *Das Weh um die Ferne* und *Yoko und die Philosophen* zwei Romane, die – wiewohl beide in ihrem Schauplatz weit vom Deutschen Reich entfernt: Afrika und Japan – nicht unterschiedlicher sein könnten. Hugo Heffter-Basil beschreibt in *Das Weh um die Ferne* (1939, zwei Auflagen, 7.059 Exemplare) den „Kampf um den deutschen Lebenswillen und den ihm gehörenden Raum" am Beispiel eines deutschen Kolonisten in Deutsch-Ostafrika, als „ewiges Sinnbild des unbeugsamen Volkes, das stark ist in der Verpflichtung, die ihm und seinem Geschlecht gilt, Zukunft zu schaffen im Raum."[1782] Heffter-Basil pflanze mit diesem Bericht, so der *Völkische Beobachter*,

> die Überzeugung in uns [...], wie der Kampf um unser Recht tief in uns hineingelegt wurde als Forderung der Natur [...] An der Seite eines tapferen Weibes, der Tochter eines burischen Farmers, die von der Mutter her deutsches Blut in sich trägt, errichtet [er] in den Gefahren der Wildnis, [...] Blockhaus und Pflanzung [...,] bis in den hoffnungsvollen Beginn der Weltkrieg vernichtend bricht. Groß ist das heldische Ringen, das in der Truppe Lettow-Vorbecks zur Kraft eines jahrelangen Widerstandes gegen feindliche

1780 Nußbächer an Bohlmann am 30.05.1942. In: RAS, Mappe Verlagsverträge Leipzig (gebundene Ausgaben) A–G.

1781 Bohlmann an vermutlich Nußbächer am 03.09.1932. In: RAS, Mappe Verlagsverträge Leipzig (gebundene Ausgaben) A–G.

1782 *Völkischer Beobachter* 02.06.1940.

> Übermacht wird. Die Truppe bleibt unbesiegt, aber der schicksalsvolle Ausgang des Weltkrieges raubt den Deutschen ihr Land [...] So ist dieses Buch Ruf und Forderung, wo aus dem gerechten Ringen um den deutschen Raum die Stimme erwächst, die nicht verhallt.[1783]

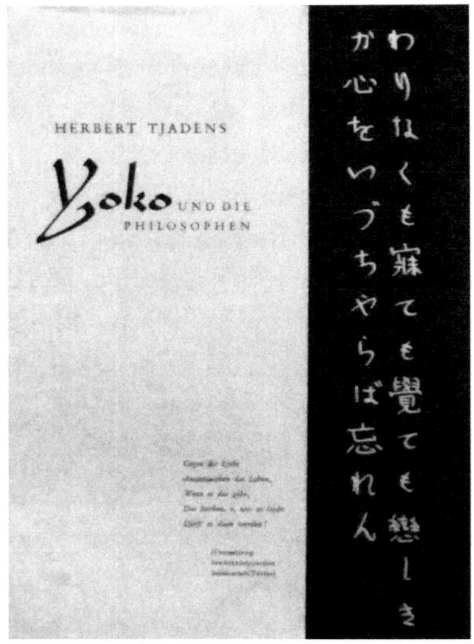

Abb. 85 Werbezettel *Yoko und die Philosophen*, [1939]. In: RAS, Mappe Großbuch Einzelprospekte S–Z. Alle Rechte vorbehalten.

Herbert Tjadens, „einer der besten Kenner des japanischen Volks- und Kulturlebens", publiziert in *Yoko und die Philosophen* (Abb. 85) „vier formvollendete Novellen einer ganz zart angedeuteten Erotik [...], die vielleicht das Japanischste sind, was es in der deutschen Literatur gibt"[1784]. 1942 forderte Tjadens die Rechte an dem Titel zurück, da die Illustrierung nicht wie geplant umgesetzt worden war. Daraufhin erinnerte ihn Nußbächer, dass die geplante Reproduktion der japanischen Bildtafeln so teuer gewesen wäre, dass man einen Preis hätte ansetzen müssen, der keinen Absatz zur Folge gehabt hätte, und dass Tjadens mit der erheblichen Reduzierung der Vorlagen einverstanden gewesen sei.[1785] Letztlich zählte der Titel mit 23.800 Exemplaren bis 1943[1786] zu den rentablen Verlagswerken. Aber „[es] hätte [...] noch viel stärker verkauft werden können, wenn das Papier in unbeschränktem Maße zur Verfügung gestanden hätte. Immerhin wird wohl auch für eine weitere Auflage das Papier zu erhalten sein."[1787] 1940 wurde zudem auf Tjadens Wunsch ein Antrag auf Papier für eine illustrierte bibliophile Ausgabe der Novelle gestellt, der

> von der allein dafür zuständigen Papierbewirtschaftungsstelle ausdrücklich abgelehnt [wurde] [...]. Dies wurde sowohl schriftlich wie auch mündlich vom Oberregierungsrat Dr. Hövel mitgeteilt. Es ist somit nicht meine Schuld, dass

1783 *Völkischer Beobachter* 02.06.1940.
1784 Werbeannonce. In: *BBl.* vom 13.11.1939, Nr. 264, S. 274, http://digital.slub-dresden.de/id39946221X-19391113/274 [25.05.2024].
1785 Ursprünglich wollte man das Buch in der *Kleinen Illustrierten Reihe bringen*; da die Novelle jedoch viel vorteilhafter mit farbigen Bildern japanischer Maler illustriert werden konnte, entschloss man sich, den Titel einzeln erscheinen zu lassen. Dass die Reproduktion der Bilder dann zu teuer war, sah man erst, als die Bilder vorlagen. Vgl. Nußbächer an Tjadens am 04.02.1942. In: RAS, Mappe Verlagsverträge Leipzig (gebundene Ausgaben) M–Z.
1786 Vgl. RAS, Auflagenbuch *Junge Deutsche und andere Romane und Novellen.*
1787 Nußbächer an Tjadens am 04.02.1942. In: RAS, Mappe Verlagsverträge Leipzig (gebundene Ausgaben) M–Z.

> nunmehr eine solche grössere Ausgabe nicht zustande gekommen ist. Sollte mit Rücksicht darauf, dass Japan an unserer Seite in den Krieg eingetreten ist, das Propagandaministerium seine Stellungnahme ändern, so wäre ich nach wie vor bereit, diese grössere illustrierte Ausgabe herauszubringen.[1788]

Da Nußbächer vermutete, dass Tjadens in dieser Richtung eigenständig Verhandlungen mit dem Ministerium aufgenommen hatte, bat er ihn, das benötigte holzfreie Papier sowie Papier für Kunstdrucktafeln selbst zu beantragen. Tjadens sehe also, dass es keinen Grund gebe, von dem Vertrag zurückzutreten: „Ich habe mich für Ihr Werk gern eingesetzt, obwohl zur Zeit seines ersten Erscheinens die Voraussetzungen dafür weit weniger günstig lagen als heute, und ich will auch jetzt gern alles tun, um das Werk zu fördern […] soweit mir das von den amtlichen Stellen möglich gemacht wird."[1789]

Auch Zeitpunkt und Auflagenhöhe der Erstauflage waren Tjadens rückblickend nicht genehm, sodass sich Nußbächer zu einer umfangreichen Rechtfertigung genötigt sah:

> [E]s war nicht böser Wille oder Lustlosigkeit an Ihrem Werk, die eine sofortige Herausgabe im Frühjahr 1939 unmöglich machte. […] Was die Neuauflagen anlangt, so habe ich stets so viele Exemplare gedruckt, als mir von der Wirtschaftsstelle bewilligt worden sind. Ich habe stets nachdrücklich auf den Wert und auch auf die aktuelle Bedeutung des Buches hingewiesen. Von den amtlichen Stellen wurde mir aber gerade in den letzten Wochen immer wieder versichert, daß die augenblickliche Papierlage die allergrößten Einschränkungen notwendig macht, und daß demzufolge auch bei an sich sehr wichtigen und wertvollen Werken nur relativ kleine Auflagen genehmigt werden, so daß unbedingt mit Verkauf der vorhandenen Bestände haushälterisch umgegangen werden muß. Ich darf darauf hinweisen, daß dies für alle deutschen Verleger unterschiedslos gilt, und daß viele andere Verleger – darunter auch sehr bedeutende – wie ich ganz positiv weiß, noch viel weniger ausliefern können als mein Verlag.[1790]

Besonders das letzte Argument sollte sicher dazu dienen, den Autor von seinem dringenden Wunsch abzubringen, eine bibliophile Ausgabe in einem anderen Verlag zu versuchen. Sollte Tjadens dennoch an diesem Begehren festhalten, sicherte Nußbächer den Absatz des Reclam-Titels mit folgender Bedingung:

1788 Nußbächer an Tjadens am 04.02.1942. In: RAS, Mappe Verlagsverträge Leipzig (gebundene Ausgaben) M–Z.
1789 Nußbächer an Tjadens am 04.02.1942. In: RAS, Mappe Verlagsverträge Leipzig (gebundene Ausgaben) M–Z.
1790 Nußbächer an Tjadens am 16.02.1942. In: RAS, Mappe Verlagsverträge Leipzig (gebundene Ausgaben) M–Z.

> Eine weitere selbstverständliche Voraussetzung für meine Genehmigung einer bibliophilen Ausgabe in einem anderen Verlag besteht darin, daß für meine kleinere Auflage das notwendige Papier genehmigt wird. Es darf nicht etwa durch die Zuteilung von Papier für die bibliophile Ausgabe die Papiergenehmigung für meine Ausgabe gefährdet werden.[1791]

3.4.3.4 „Flammendes Fanal der Not des deutschen Bauerntums"[1792] – Bauernromane

Neben *Das Weh um die Ferne* und den Versuchen der heimatverbundenen Dichterin Toni Rothmund, den nationalsozialistischen kulturpolitischen Idealen für zeitgenössische Literatur zu entsprechen, publizierte der Reclam Verlag drei Romane, die der grenzenlosen Überhöhung des Bauerntums als Gegenentwurf zu der „lebensfeindlichen, unnatürlichen" Lebensweise in den Großstädten mehr als gerecht wurden. 1934 erschien *Der Berg stürzt*, „[e]in Bauernroman von aufwühlender Wirkung" von Wilhelm Stolzenbach in einer Auflage mit 3.265 Exemplaren:

> Aus unmittelbarer Kenntnis der bäuerlichen Menschen und Verhältnisse gestaltet der Dichter die dunklen Ereignisse der Jüngstvergangenheit, die sich in einem thüringischen Bergdorf abspielen. In dramatisch gesteigerter Handlung entwickeln sich die Zustände zur unaufhaltsamen Katastrophe, in der die Natur selbst ihr Urteil spricht. Ergreifend ist das Liebesdrama zweier junger Menschen, erregend die Kämpfe zwischen Rotfront und Nationalsozialismus, die organisch in die Handlung verwoben sind.[1793]

1941 kommt die schwedische Dichterin Berit Spong[1794] „mit ihrem ersten großen Werk nach Deutschland" und publiziert mit *Wolken über Härnevi* in zwei Auflagen mit 9.900 Exemplaren ein

> Buch, durch dessen ereignisreiche, die ganze Breite des bäuerlichen Lebens umspannende Kapitel die Kühle und reine Lust des Nordens weht, […] Was sich hier zuträgt, auf einem der alten Bauernhöfe Schwedens, wo fernab aller städtischen Überfremdung das Schicksal den Menschen noch aus ihrem

1791 Nußbächer an Tjadens am 16.02.1942. In: RAS, Mappe Verlagsverträge Leipzig (gebundene Ausgaben) M–Z.

1792 Werbeannonce. In: *BBl.* vom 02.01.1934, Nr. 1, S. 10 f., http://digital.slub-dresden.de/id39946221X-19340102/17 [25.05.2024].

1793 Werbeannonce *Drei wertvolle Romane für den Weihnachtstisch*. In: RAS, Mappe Anzeigen in Westermanns Monatsheften.

1794 1942 erschien von Spong außerdem in einer Auflage von 30.000 Exemplaren *Die Fuchsgrube*, eine um 1860 spielende Weihnachtsgeschichte.

Innern, dem dunklen Heiligtum ihrer Herkunft und aus der Landschaft erwächst, ist mehr als nur eine Begebenheit. Die Geschichte [...] bebender Leidenschaft zweier Menschen echt nordischer Wesensart ist wie die Natur selbst von jener zugleich düsteren und heiteren Bedingungslosigkeit, die wir allein in den großen Dichtungen des skandinavischen Raumes antreffen.[1795]

Abb. 86 Werbezettel *Der Büttnerbauer*, [1933]. In: RAS, Mappe Großbuch Einzelprospekte L–R. Alle Rechte vorbehalten.

1933 hatte der Reclam Verlag bereits Wilhelm von Polenz' Roman *Der Büttnerbauer* (Abb. 86) veröffentlicht –

> ein flammendes Fanal der Not des deutschen Bauerntums und seiner Ausbeutung durch das jüdische Kapital. Erst die Rettungstaten Hitlers und Darrés haben die hier geschilderten erschütternden Zustände beendet. Dies packende Lebensbild deutschen bodenständigen Bauerntums ist gleichzeitig ein sozialpolitisches Dokument von größter Bedeutung und muß heute – gerade für die Städter – zum Volksbuch werden.[1796]

Der *Völkische Beobachter* urteilt über den Roman, in dem Polenz die Schuld für den Niedergang eines Bauernhofes in der Lausitz an den jüdischen Gläubiger adressiert:

> Ein Wegbereiter des neuen Deutschland [...]. Der Roman „Der Büttnerbauer" bedeutet einen Mahnruf an den deutschen Bauernstand und darüberhinaus ans ganze Volk. Aus der Erfahrung heraus hat Polenz so überzeugend, wie es vorher nie geschehen, dargestellt, wie ein undeutsches Recht, ein beutegieriger Kapitalismus, eine falsche Freizügigkeit in dämonischer Weise unsere nationale Existenz untergruben. Wie muß dieses Buch in unseren Tagen, da der deutsche Landmann jahrelang unter denselben Feinden gelitten hat, das ganze Volk packen![1797]

1795 Werbeannonce. In: *BBl.* vom 08.03.1941, Nr. 57, S. 1065, http://digital.slub-dresden.de/id39946221X-19410308/9 [25.05.2024].

1796 Werbeannonce. In: *BBl.* vom 02.01.1934, Nr. 1, S. 10 f., http://digital.slub-dresden.de/id39946221X-19340102/17 [25.05.2024].

1797 Pressestimme des *Völkischen Beobachters*, abgedruckt in Werbeannonce. In: *BBl.* vom 02.01.1934, Nr. 1, S. 10 f., http://digital.slub-dresden.de/id39946221X-19340102/17 [25.05.2024].

Auch wenn der Reclam Verlag mit der „geschmackvollen Neuausgabe […] zum ungewöhnlich niedrigen Preise von RM. 2.75 […] für weiteste Kreise die Gelegenheit [bot], dieses meisterliche Werk, das so tief wie kein anderes in die Not des Bauernstandes hineinleuchtete, kennenzulernen"[1798], handelt es sich bei diesem Titel – den Werbeanzeigen des Verlags und der Besprechung des *Völkischen Beobachters* zum Trotz – mitnichten um einen aktuellen Titel, dessen Genese aus der ‚nationalen Erhebung' herzuleiten wäre, sondern vielmehr um eine Neuausgabe des bereits 1895 bei F. Fontane & Co. Berlin erstveröffentlichten Romans des bereits 1903 verstorbenen Autors.

Generell gelang es der nationalsozialistischen Kulturpolitik trotz großer Bemühungen und umfangreicher Fördermaßnahmen bis zum Ende nicht, ‚das zeitgenössische Buch' zu etablieren. Mit viel Aufwand beworbene NS-Titel zogen nicht die angestrebten Massen an; die größten Erfolge verzeichneten vielmehr Unterhaltungsromane wie *Anilin* von Karl Aloys Schenzinger (920.000 Exemplare) als auflagenstärkster Roman der Zeit, *Barb* von Kuni Tremel-Eggert (740.000 Exemplare), *Die Heiden von Kumerow* von Ehm Welk (739.000 Exemplare) oder auch Übersetzungen fremdsprachiger Titel wie *Vom Winde verweht* von Margaret Mitchell (366.000 Exemplare).[1799] Im Reclam Verlag spielte das Romansegment dagegen eine vergleichsweise untergeordnete Rolle: Insgesamt wurden in der NS-Zeit lediglich 64 Romane aufgelegt, davon 38 Neuerscheinungen, die zusammen 4,9 % aller in dieser Zeit im Verlag veröffentlichten Titel bzw. 6,4 % der Neuerscheinungen bei Reclam ausmachen. Da es sich bei diesen mehrheitlich um höherpreisige, in kleineren Auflagen hergestellte Verlagswerke handelt, wurden bei Reclam zwischen 1933 und 1944 insgesamt nur 838.580 Roman-Exemplare gedruckt, davon 392.053 Novitäten – *Anilin* erreichte demnach ein größeres Publikum als alle oben beleuchteten Reclam-Titel zusammen. Romane nahmen im Programm also einen untergeordneten Platz ein – sie hatten lediglich einen Anteil von 1,4 % der Gesamtproduktion und 1,7 % bei neu ins Programm genommenen Titeln.

Während Romane allein aufgrund ihres Umfangs eher ungern in das auflagenstärkere UB-Programm aufgenommen wurden, boten Erzählungen das ideale Heftchen-Format, das nicht zuletzt für die Versorgung der Wehrmacht verwendbar war (vgl. Kapitel 2.3.1). Insofern verwundert es nicht, dass Erzählungen und Novellen das Reclam'sche Gesamtprogramm mit 41 % aller gedruckten Exemplare bzw. sogar 54,5 % aller Neuerscheinungen bei Weitem dominierten und allein aufgrund ihrer Reichweite (24.028.985 Exemplare) für Verlag, Autoren und Kulturapparat propagandistisch von ungleich höherem Interesse waren.

1798 *Alpenländische Rundschau* 27.10.1934.
1799 Vgl. Schneider 2004, S. 86.

3.4.4 Erzählungen

Reclam steht für Erzählungen. Der Stellenwert von Unterhaltungsliteratur war im Nationalsozialismus jedoch sehr umstritten. Das Propagandaministerium, insbesondere Joseph Goebbels, plädierte bereits 1936 für das reine Unterhaltungsbuch – „[d]er entspannte Mensch arbeitet leichter und freudiger als der gespannte und verkrampfte Mensch“ – selbstverständlich in Abgrenzung zum „geistlose[n] Kitsch“[1800]. Rosenberg fürchtete hingegen seichte Unterhaltung und Kitsch und argumentierte, dass Unterhaltung und Entspannung die Arbeits- und Kampfeskraft schwächten. Insbesondere nach Kriegsbeginn entschied jedoch das Publikumsbedürfnis über den unausgefochtenen Richtungsstreit, und so wurde der rasant angestiegenen Nachfrage nach unterhaltenden Stoffen aus pragmatischen Gründen entsprochen.[1801] Obschon der Reclam Verlag stets ausgesprochenen Wert darauf legte, „gehobene“ Literatur zu edieren – Publikumslieblinge wie Karl May, Hedwig Courths-Mahler, Ludwig Ganghofer oder den Schmökerheften vergleichbare Stoffe finden sich zu keiner Zeit im Verlagsprogramm –, lassen sich innerhalb der erzählerischen Produktion auch verschiedene Schwerpunkte leichter Unterhaltungsliteratur mit vergleichsweise geringer, wenngleich nicht gänzlich abwesender ideologischer Durchdringung ausmachen.

3.4.4.1 Abenteuer aus der Geschichte, zur See und in der Luft

Mit etwas über zwanzig historischen Novellen und Erzählbänden liegt einer dieser Schwerpunkte – ähnlich wie bei den Romanen – zweifellos in der literarischen Erinnerung an längst vergangene Ereignisse, Kriege und Herrscher. Dabei reicht die Bandbreite von den Pharaonen bis in die zweite Hälfte des 19. Jahrhunderts. Der Kriegs- und Heimatdichter Josef Magnus Wehner, dem 1930 mit *Sieben vor Verdun*, einer gezielten Gegendarstellung zu Remarques *Im Westen nichts Neues*,[1802] der literarische Durchbruch gelungen war, publizierte 1940 in der UB *Echnaton und Nofretete*:

> Geheimnisvoll spricht das Antlitz des Pharaos Echnaton, der die alten Götter stürzte und das Reich des Sonnengottes aufrichten wollte, und seiner schönen Gemahlin Nofretete zu uns. Die Sprache dieser herrlichen Köpfe hat Wehner zu einem Werk voll magischem Zauber verdichtet, das uns die Erschütterung jener Weltwende und die Tragik dieser hohen Gestalten unmittelbar erleben läßt.[1803]

1800 *BBl.* 12.05.1936.
1801 Vgl. Adam 2010, S. 165 ff.
1802 Vgl. Josef Magnus Wehner, Munzinger 1974.
1803 Werbeannonce. In: *BBl.* vom 13.03.1940, Nr. 62, S. 1312, http://digital.slub-dresden.de/id39946221X-19400313/22 [25.05.2024].

Der Titel Wehners, der als im Mai 1933 nachgerücktes Mitglied der Preußischen Akademie der Künste und als von Goebbels finanziell unterstützter Autor in der ersten Liga der NS-Literaten spielte,[1804] wurde in fünf Auflagen mit 80.000 Exemplaren gedruckt.

Der nationalsozialistische Schriftsteller und Lyriker Herbert Böhme gestaltet in *Nacht der Verschwörung* „das Geheimnis des Führertums in einer seiner leuchtendsten Erscheinungen: in Alexander dem Großen. Zu dramatisch bewegter Handlung verdichtet sind die historischen Ereignisse, wie mehrere Unterfeldherren eine Verschwörung gegen den Übermächtigen anzetteln wollen, die am Genie des Herrschers zuschanden wird."[1805] Dieser Titel des NS-Kulturfunktionärs – Böhme war nicht nur NSDAP-Mitglied und Obersturmführer der SA, sondern auch Hauptschriftleiter in der Reichsleitung der NSDAP sowie Leiter der Fachschaft Lyrik in der RSK[1806] – bleibt jedoch mit 38.000 Exemplaren in vier Auflagen hinter vielen anderen Erzählung zurück.

Über die Zeit des Tiberius, des zweiten Kaisers des Römischen Reiches, schreibt Heinrich Alexander Stoll in *Der Tod des Hypathos*, publiziert 1942 in vier Auflagen mit 100.000 Exemplaren. Stoll, der aufgrund seines entschiedenen Eintretens für die Bekennende Kirche Repressalien durch die Nationalsozialisten erlitt, unternahm seit 1937 ausgedehnte Reisen nach Dänemark, Italien, in die Niederlande und in die Schweiz. 1943 wurde er zum Dienst in einer der Strafeinheiten der Wehrmacht zwangsverpflichtet.[1807] Inwiefern etwa Stoll oder andere Autoren historischer Romane diese nutzten, um „aktuelle Zeitfragen aus einer scheinbar ‚objektiveren' Distanz heraus zu spiegeln und […] Defekte und Deformationen der eigenen Umwelt zur Anklage zu bringen"[1808], kann ohne eingehende Analyse der Titel nicht beantwortet werden, nicht zuletzt, weil der Widerspruch der im Reich verbliebenen Autoren gegen den Zeitgeist stets in den Grenzen des Systems erfolgen musste und somit häufig einen doppelbödigen, nicht eindeutig zu dechiffrierenden Charakter aufweist.[1809]

Die Stauferzeit bildet den geschichtlichen Rahmen für zwei Erzählungen von Mirko Jelusich. 1935 publizierte dieser *Streit um Agnes. Erzählung aus der Stauferzeit* – „eine beschwingte, überaus reizvolle Liebesgeschichte mitten im Spiel der Weltpolitik"[1810]. Die RSK, die gegen die Inverlagnahme des Titels keinerlei Bedenken hatte, fragte jedoch nach, warum die Anordnung über den Normalverlagsvertrag[1811]

1804 Klee 2009, S. 585 f.

1805 Werbeprospekt *Bücher für unsere Zeit*, S. 19. In: RAS, Mappe UB Ankündigungen und Sammelprospekte I.

1806 Vgl. Schaper 2018, S. 88 ff.

1807 Vgl. Müller-Waldeck 2011.

1808 Kroll 2012, S. 21.

1809 Vgl. Kroll 2012, S. 21, 43.

1810 Werbeannonce. In: *BBl.* vom 05.03.1937, Nr. 53, S. 1003, http://digital.slub-dresden.de/id39946221X-19370305/27 [25.05.2024].

1811 Vgl. *BBl.* 22.06.1935.

zwischen Schriftsteller und Verleger vom 03.06.1935 nicht beachtet worden sei.[1812] Dieser Normalverlagsvertrag stellte einen deutlichen Eingriff in die Autonomie des Verlegers zugunsten der Autoren dar und sollte die rechtliche Position der Autoren verbessern. Die Anwendung galt zwar als freiwillig, tatsächlich erwartete die RSK aber, dass alle neuen Verträge unter Verwendung dieses Vertragsmusters geschlossen würden.[1813] In diesem Fall bemängelte die RSK das Autorenanteilhonorar von fünf Prozent des Ladenpreises, denn der Normalvertrag sah vor, dass die Vergütung nicht unter 12,5 % des Umsatzes liegen dürfe. Jedoch folgt in der Anordnung auf dem Fuße eine Ausnahmeregelung, die eine geringere Vergütung unter anderem für zulässig erklärte, „wenn triftige Gründe vorliegen, die dem Geist dieser Anordnung nicht widersprechen, z. B. bei Volksausgaben, Massenauflagen usw."[1814] Auf diesen Sachverhalt verwies der Reclam Verlag gegenüber der RSK, mit der Betonung, dass diese vorgesehene Ausnahme

> selbstverständlich […] in allen Punkten auf meine UB zu[trifft]. Es ist von allen Reichsstellen stets gewürdigt worden, dass bei einer Ausgabe im Ladenpreis von 35 Pfennig (dem Preis der einfachen Nummer meiner UB) kein höheres Anteilhonorar als 5 % kalkuliert werden kann. Soviel mir bekannt ist, wird ein gleicher oder ähnlicher Anteil auch von den Verlegern anderer billiger Reihen, die in der Preislage mit meiner UB verglichen werden können, gezahlt. […] Hierzu möchte ich noch bemerken, dass bereits zahlreiche Verträge meines Verlages der RSK zur Prüfung vorgelegt worden sind, und dass bisher in keinem einzigen Falle irgendeine Beanstandung dagegen erhoben wurde.[1815]

Daraufhin bestätigte die RSK dem Verlag lediglich, dass die Verlagsverträge nicht im Widerspruch zu der Anordnung stünden.[1816] Jelusich, Lyriker, Dramatiker und Verfasser biografischer Geschichtsromane, die den Führerkult untermauerten, gehörte zu den sogenannten grenzlanddeutschen Dichtern,[1817] deren Werke zusammen mit denen der Autoren des Ersten Weltkriegs und den Titeln der Heimatkunstbewegung durch die Empfehlungspropaganda gefördert wurden, was zu einem generellen Überangebot an Geschichts- und Bauernromanen führte. Des Weiteren konnten sich die österreichischen und sudetendeutschen Autoren auf ein breites Interesse verlassen; so fanden die Geschichtsromane Jelusichs eine weitreichendere Verbreitung als die der ‚reichsdeutschen' Stammautoren dieser epischen Gattung wie Beumelburg und

1812 Vgl. RSK an Reclam Verlag am 11.01.1937. In: RAS, Mappe Korrespondenz 30er Jahre Leipzig.
1813 Vgl. Barbian 1993a, S. 247.
1814 *BBl.* 22.06.1935.
1815 Reclam Verlag an RSK am 18.01.1937. In: RAS, Mappe Korrespondenz 30er Jahre Leipzig.
1816 Vgl. RSK an Reclam Verlag am 03.02.1937. In: RAS, Mappe Korrespondenz 30er Jahre Leipzig.
1817 Siehe dazu Kapitel 3.5.1.

Abb. 87 Buchcover *Streit um Agnes*, [1937]. Archiv der Verfasserin. Alle Rechte vorbehalten.

Blunck.[1818] Die 1937 publizierte Erzählung *Streit um Agnes* (Abb. 87) erreichte zwar nur 74.000 Exemplare in fünf Auflagen, die 1942 ins Programm genommene zweite Erzählung *Margreth und der Fremde* erzielte hingegen 250.000 Exemplare in drei Auflagen. Die Protagonistin Margreth vereitelt im dramatischen Schluss dieser Erzählung die Befreiung des englischen Königs Richard Löwenherz, der, vom dritten Kreuzzug heimgekehrt, von Dezember 1192 bis März 1193 auf der Burg Dürnstein oder einer der Nebenburgen gefangen gehalten worden war und schließlich an den deutschen Kaiser Heinrich VI. ausgeliefert wurde. Margreth stellt das Pflichtbewusstsein gegenüber ihrem Heimatland über eine sich anbahnende Liebesbeziehung mit einem Fremden, der allerdings seine Liebe nur vortäuschte, um Löwenherz zu befreien. Beide Titel wurden unter Berücksichtigung der Erscheinungsjahre mit vergleichsweise sehr hohen Erstauflagen produziert – *Streit um Agnes* 1937 mit 15.000 Exemplaren, *Margreth und der Fremde* 1942 mit einer Startauflage von 230.000 Exemplaren. Dies bezeugt die Popularität Jelusichs, entspricht aber auch der allgemeinen Entwicklung der Auflagenhöhen.[1819] Während 1937 die durchschnittliche Erstauflagenhöhe der UB noch 10.200 betrug, lag sie 1942 bei 62.400 Exemplaren. Beumelburgs Novelle *Der Frontsoldat* aus dem Jahr 1936 erreichte bis 1945 121.000 Exemplare, die Erzählsammlung Bluncks *Dammbruch* (ebenfalls 1936) 76.000.

Jelusich, überzeugt von einer ‚rassischen Überlegenheit' des deutschen Volkes, fungierte ab 1923 als Theaterkritiker bei der rechtsextremen *Deutsch-österreichischen Tageszeitung* und wandte sich Ende der 1920er Jahre dem Nationalsozialismus zu. Er war Vorsitzender des Kampfbundes für deutsche Kultur und unterstützte nach dessen Verbot 1933 die NSDAP weiter illegal, etwa durch seine Beteiligung am Aufbau der NS-Tarnorganisation Bund der deutschen Schriftsteller Österreichs. Nach Differenzen mit Goebbels trat er als kommissarischer Leiter des Wiener Burgtheaters im Juli 1938 zurück, beendete aber keineswegs seine publizistische Unterstützung des NS-Staats.[1820] Mit Bruttoeinnahmen aus schriftstellerischer Tätigkeit von 152.095 RM im Jahr 1940, 181.669 RM 1941 und 157.059.57 RM im Jahr 1942 zählte Jelusich zu

1818 Vgl. Strothmann 1985, S. 377 f.
1819 Vgl. Kapitel 2.3.2.
1820 Vgl. Sachslehner 2009b.

den absoluten Spitzenverdienern im schriftstellerischen Feld.[1821] 1945 verhafteten ihn die sowjetischen Besatzer und klagten ihn als Hochverräter an, im November 1946 erfolgte ein Freispruch.[1822] Fünf Wochen später wurde jedoch ein erneuter Haftbefehl erlassen, auf den hin Jelusich über ein Jahr in der Haft des Wiener Landgerichts verbrachte – „Seelisch ist er vollkommen ungebrochen, aber gesundheitlich geht es ihm nicht gut".[1823] Weder die wiederholten Verhaftungen noch die Aufnahme seines Gesamtwerks in die *Liste der gesperrten Autoren und Bücher* durch das österreichische Unterrichtsministerium brachen seine Popularität. Seine Bücher, die zu Beginn der 1950er Jahre „allmählich alle wieder erschienen"[1824], erlebten in den 1950er und 1960er Jahren eine Renaissance.

Konradin, der letzte Staufer, war der glorifizierte Protagonist in zwei Erzählungen Otto Gmelins. 1933 erschien in der UB *Konradin reitet*:

> Das „Antlitz des Kaisers" zeigte eine ungewöhnliche Kraft in der Gestaltung versunkener deutscher Kaiserherrlichkeit zu bluthaftem Leben. Aus demselben Umkreis stammt dieses bezaubernde Bild des letzten Hohenstaufen – Konradins, des Knaben, des Sängers, des Ritters, dieser edelsten Blüte des Mittelalters, die so früh geknickt wurde. Sein Geist und sein Schicksal leben in diesem von zärtlichster Liebe erfüllten Buch fort.[1825]

Konradin reitet erreichte 13 Auflagen mit insgesamt 220.000 Exemplaren und war damit so gewinnbringend, dass der Titel 1941 posthum noch einmal als Verlagswerk

1821 Vgl. Erklärung für die RSK am 30.06.1941; Erklärung für die RSK am 17.06.1942; Erklärung für die RSK am 17.05.1943. In: BArch, R 9361-V/23401, Lesefilm-Nr. RK I 257, Bild-Nr. 2660, 2662, 2664.

1822 Der *Tagesspiegel* schrieb dazu am 06.12.1946: „Mirko Jelusich ist kürzlich in Wien von der Anklage des Hochverrats freigesprochen worden, obwohl er nicht restlos nachweisen konnte, dass er der nationalsozialistischen Partei während ihrer Illegalität nicht angehört hat. Die Wiener Presse hat dagegen rebelliert, und eine Berliner Zeitung meint, mit der Entnazifizierung sei es in Oesterreich nicht anders bestellt als in Bayern, nämlich schlecht. Die Proteste zielen daneben, denn der Freispruch war richtig. Falsch war die Anklage. Herr Jelusich ist bestimmt kein kleiner Parteikonspirator, der in illegaler Arbeit unter Decknamen getarnt und geheim am Untergang der österreichischen Demokratie gearbeitet hat. Im Gegenteil: Jelusich betrieb sein Handwerk ganz offen. In Romanen, Dramen, Gedichte und Sammelbänden, in Vorlesungen und Vorträgen hat er die Nebelschwaden seiner mystischen Heldenglorifizierungen verbreitet und damit die Gehirne jener verwirrt und verdunkelt, die sich ohne ihn und seinesgleichen vielleicht gegen Hitler zur Wehr gesetzt hätten. Mit Hochverrat im staatsrechtlichen Sinne hat das gar nichts zu tun. Es war Hochverrat am Geiste." In: SHLB, Cb 92.42.

1823 Maria Jelusich an Blunck am 21.02.1948. In: SHLB, Cb 92.42.

1824 Jelusich an Blunck am 13.02.1952. In: SHLB, Cb 92.42.

1825 Werbeannonce. In: *BBl.* vom 19.05.1933, Nr. 115, S. 2549, http://digital.slub-dresden.de/id39946221X-19330519/13 [25.05.2024].

herausgebracht wurde. In dieser Form verzeichnete die Erzählung weitere 11.404 Exemplare in drei Auflagen, wobei der letzte Neudruck 1943 erfolgte.[1826]

Otto Gmelin schrieb vorwiegend historische Romane und Erzählungen über die Zeit der Völkerwanderung und des Mittelalters. 1933 drückte Gmelin „tiefsten Abscheu vor den Methoden u. der Form der NSDAP" aus – so schrieb er im Juni 1933 an Hans Grimm:

> Ich war bis vor kurzem ein ausgesprochener Gegner der Nationalsozialistischen Partei, obwohl ich der Gesinnung nach eigentlich immer national und sozialistisch, letzteres wenigstens in einem gemäßigten Sinne war. Aber was mich von der Partei abschreckte, war die Form ihrer Propaganda, der Ton ihrer Presse u. ihre Wahlmache, aber auch manche kleine Einzelerlebnisse, wo gerade schlechte, niedrige Instinkte und nachweisliche menschliche Schwächen, Lügen u. Ungerechtigkeiten stärker u. sogar unverschämter hervortraten als anderswo. Die Idee der Bewegung hätte ich gerne und glühend bejaht, wenn nicht die Praxis gewesen wäre. Denn ich konnte mir nicht denken, daß Deutschland auf diese Weise geholfen u. auf diese Weise die Idee verwirklicht werden könne. […] Nun freilich ist vieles anders gekommen.[1827]

Dennoch erfuhr Gmelin aufgrund seiner Kritik an der Moderne, seiner oppositionellen Haltung zur Weimarer Republik und seiner grundlegend völkischen Einstellung hohe Anerkennung und Förderung seitens der Nationalsozialisten.[1828] In der zweiten Hälfte der 1930er Jahre distanzierte er sich allerdings von literarischer Zeitkritik und zog sich auf Erinnerungs- und Reisedarstellungen zurück. 1940 druckte Reclam eine weitere, 1934 bei Bertelsmann erschienene Erzählung über den „größte[n] Hohenstaufen" nach, die durch die Herausstellung der charismatischen ‚Führerpersönlichkeit' wie viele andere Titel auch als historische Legitimation des ‚Führerstaates' gelesen werden konnte.

> Der größte Hohenstaufe als König von Jerusalem im ersten Lichte seines Glanzes, auf dem päpstlichen Thron der greise Fanatiker Gregor IX., und zwischen diesen weltbewegenden Erzfeinden die rührende Gestalt der Kaiserin Iolanthe, die aus irdischer und himmlischer Liebe sich für die Versöhnung opfert: Weltgeschehen, Romantik und Herzensschicksale vereinigen sich in dieser Meisternovelle zu unauslöschlichem Eindruck.[1829]

1826 Vgl. RAS, Auflagenbuch Werke im größeren Format / Illustrierte Werke.
1827 Gmelin an Grimm am 10.06.1933. In: DLA, A:Grimm, Hans, HS.NZ83.0002.
1828 Vgl. Göttsche 2009a.
1829 Werbeannonce. In: *BBl.* vom 13.03.1940, Nr. 62, S. 1312, http://digital.slub-dresden.de/id39946221X-19400313/22 [25.05.2024].

Gmelins *Botschaft der Kaiserin* wurde in fünf Auflagen mit zusammen 116.000 Exemplaren gedruckt.

Ein wenig später im Mittelalter, im 15. Jahrhundert, ist die ebenfalls 1940 publizierte Erzählung *Die arge Ursula* von Hans Künkel angesiedelt:

> Mit dieser neuen Novelle schenkt uns der Dichter ein blutvolles Menschen- und Schicksalsbild aus der Epoche und der Umwelt seines preisgekrönten Romans ‚Schicksal und Liebe des Niklas von Cues'. Inmitten der tragischen Verwirrung des ausgehenden Mittelalters führt eine leidenschaftliche, stolze Frau von ihrer Raubritterburg den dramatischen Kampf um Selbstbehauptung und Bestand ihres Geschlechts.[1830]

Der Erfolg dieser sich der Lingua Tertii Imperii bedienenden werbenden Inszenierung ist mit 81.000 Exemplaren in fünf Auflagen eher als durchschnittlich zu bewerten. Allerdings wurde die Erzählung immerhin nahezu doppelt so häufig abgesetzt wie die bereits 1934 publizierte Erzählung *Sickingens letzte Fehde* (47.000 Exemplare in fünf Auflagen), die ebenso in der Zeit des Übergangs vom Mittelalter zur Neuzeit spielt und in der abermals mit Franz von Sickingen, einem Anhänger der Reformation und Befürworter der Säkularisierung kirchlicher Güter, ein historischer Deutscher herausgestellt wird:

> Sickingens letzte Fehde ist zugleich die letzte Fehde des mittelalterlichen Rittertums überhaupt, das sich noch einmal in kühnem Angriff gegen die Macht der Territorialfürsten erhebt, um in ritterlichem Sinn das Reich politisch zu gestalten. Gewaltig ist dieses letzte Aufgebot des Rittertums, gewaltig die Gestalt Franz v. Sickingens, des reichen Günstlings Karls V., beschwörend dahinter die Figur Ulrich von Huttens als des Verkünders der politischen Sehnsucht im Zeitalter der Reformation.[1831]

Der Autor, Harald von Koenigswald, war befreundet mit Werner Bergengruen, Reinhold Schneider und Jochen Klepper.[1832] Armin Mohler, Vordenker der Neuen Rechten, zählt ihn zu den Vertretern der antiliberalen und antidemokratischen ‚Konservativen Revolution'.[1833]

Der 1942 in der UB veröffentlichte Erzählband *Stolzer Adel* von Paul Ernst, dessen frühe Werke dem Naturalismus, die in den 1920er Jahren entstandenen Schriften der

1830 Werbeannonce. In: *BBl.* vom 17.10.1940, Nr. 243, S. 4842, http://digital.slub-dresden.de/id39946221X-19401017/20 [25.05.2024].
1831 *Salzburger Volksblatt* 19.10.1934.
1832 Vgl. Harald von Koenigswald, Literaturport o. J.
1833 Vgl. Mohler 1972, S. 464 f.

Neuklassik zugeordnet werden können, versammelt vier Novellen über den spanischen und italienischen Adel aus dem 15., 16. und 17. Jahrhundert und ist mit 340.000 Exemplaren in fünf Auflagen der vierterfolgreichste Titel des Verlagsprogramms der NS-Zeit. Bereits im April 1933 war Herbert Georg Göpfert, Lektor des Langen Müller Verlags, an den Reclam Verlag mit dem Vorschlag herangetreten, von Paul Ernst auch ein erzählerisches Bändchen in der UB zu veröffentlichen (1915 war bereits das Drama *Preußengeist* in der UB erschienen). Der Vorschlag sowie die von Göpfert angebotene Vermittlung stieß auf ausdrückliche Zustimmung:

> Ihr Vorschlag, ein Bändchen von Paul Ernst in meiner Universal-Bibliothek herauszubringen, findet mein größtes Interesse. Ich habe selbst schon den gleichen Plan erwogen, und würde mich sehr freuen, wenn er sich verwirklichen ließe. Ich wäre Ihnen sehr dankbar, wenn Sie mit dem Dichter bezgl. dieses Planes Fühlung aufnehmen wollten. […] Bei einem Dichter wie Paul Ernst ist auch ohne weiteres vorauszusetzen, daß sich das Werk in dieser Beziehung vollkommen für den großen Leserkreis der Universal-Bibliothek eignet.[1834]

Allein der baldige Tod des Schriftstellers am 13. Mai 1933 vereitelte das Vorhaben für einige Jahre.[1835]

Fremdenhass und Verhetzung, basierend auf Unkenntnis und Aberglauben, zu Zeiten des Dreißigjährigen Kriegs thematisiert Wilhelm Raabe in seiner Erzählung *Else von der Tanne*, die erstmals 1865 in der Zeitschrift *Freya. Illustrierte Blätter für die gebildete Welt* erschien.[1836] Das Schicksal einer jungen Braut, die aus Trauer über den Verlust ihres Verlobten in den Befreiungskriegen selbst stirbt, schildert Raabe in *Im Siegeskranze*, erstmals publiziert 1869. Beide Novellen veröffentlichte der Reclam Verlag 1944 in der UB, *Else von der Tanne* mit einer Startauflage von 150.000 Exemplaren und weiteren 50.000 im Nachdruck; zu *Im Siegeskranze* ließen sich keine Angaben ermitteln.

Zur Zeit der Märzrevolution spielt die Erzählung *Der Kurfürst* (1940, vier Auflagen, 76.000 Exemplare) von Robert Hohlbaum: „Den Beinamen ‚Der große Kurfürst' trug wegen seiner Herrschaft über die Menschen Vincenz Prießnitz. Mit volkstümlichem Humor und einfühlender Zartheit schildert Hohlbaum das Wirken des großen Naturarztes in den Wirren des ‚tollen Jahres' 1848 und in der Behandlung schwieriger menschlicher Konflikte"[1837]. Von seinen Zeitgenossen als Kurpfuscher angeklagt – seine

1834 Nußbächer an Göpfert am 15.04.1933. In: DLA, A:Ernst, Paul, 61.2387/9.

1835 Nur knapp eine Woche vor seinem Tod war Paul Ernst am 5. Mai 1933 auf einen der durch die nationalsozialistische ‚Gleichschaltung' frei gewordenen Plätze in der Preußischen Akademie der Künste berufen worden.

1836 Vgl. Goldammer; Richter 1966, S. 871.

1837 Werbeannonce. In: *BBl.* vom 17.10.1940, Nr. 243, S. 4842 f., http://digital.slub-dresden.de/id39946221X-19401017/20 [25.05.2024].

Wunderkuren basierten auf Kaltwasseranwendungen –,[1838] verstarb Vincenz Prießnitz bereits 52-jährig an den Folgen eines Schlaganfalls, trotz regelmäßiger Anwendung seiner Wasserkuren. Der ‚Grenzdeutsche' Robert Hohlbaum zählt zu den meistgelesenen österreichischen Autoren der Zwischenkriegszeit, der seine deutschnationale Prägung in akademischen Burschenschaften erfahren hatte. Enttäuscht von der deutschen Niederlage 1918 nutzte der hauptberuflich als Bibliothekar tätige Hohlbaum – „inspiriert durch zeitgenössische faschistische Ideologeme"[1839] – vorrangig den kulturgeschichtlichen Roman für „unverhüllte politische Agitation", unter anderem für die „Wiedererstarkung Deutschlands unter einem geschichtsmächtigen Führer."[1840] Daneben widmete er sich innerhalb der Großdeutschen Volkspartei kulturpolitischen Aufgaben. Dabei hatte er als zentrale Person der rechten Literaturszene der österreichischen Republik entscheidenden Einfluss auf den literarischen Erfolg jüngerer Autoren und nutzte nach 1933 „seine Kontakte zu hohen NS-Kulturfunktionären, um missliebiger Konkurrenz den deutschen Markt zu versperren."[1841] So gilt er auch im ‚Dritten Reich' als „Vorkämpfer des völkischen Gedankens in der Ostmark seit 25 Jahren," der aufgrund seiner Haltung aus Österreich flüchten musste.[1842] 1937 wurde er deutscher Staatsbürger und leitete zunächst die Stadtbibliothek Duisburg, ab 1952 die Thüringische Landesbibliothek in Weimar.

Dem Alltag entfliehen, spannende Abenteuer auf See erleben konnte man auch mit dem 1937 publizierten Band *Das schnellste Schiff der Flotte* von Gorch Fock – „einige[] seiner schönsten Erzählungen[…] Alles ist echt und erlebt: die Lust an Fahrt und Abenteuer, der köstliche trockene Humor des Hanseaten, die stets gegenwärtige Tragik des Seemannstodes verweben sich zu bunten und erschütternden Schicksalen."[1843] Der Erzählband, in dem „[d]er Geist ewiger deutscher Jugend lebt" und mit dem Gorch Fock, „de[m] unvergeßliche[n] Dichter und Seemann, der in der Skagerrak-Schlacht den Heldentod fand […], ein bleibendes Denkmal des Frühvollendeten"[1844] gesetzt wurde, fand offensichtlich großen Anklang beim Publikum: Der Titel wurde in neuen Auflagen mit 181.000 Exemplaren produziert. Im selben Jahr – und gemeinsam mit dem Titel von Gorch Fock als Sommerlektüre beworben – erschien von Martin Luserke ein weiterer Erzählband „mit drei prachtvollen Geschichten", in denen der Autor „die See, das große geheimnisvolle Urelement beschw[ört]. Der Dichter und

1838 Skopec 2001.
1839 Sachslehner 2009a.
1840 Sachslehner 2009a.
1841 Sachslehner 2009a.
1842 (nicht lesbar) an Ihde am 27.07.1938. In: BArch, R 9361-V/8256, Lesefilm-Nr. RK B 129, Bild-Nr. 50. Hohlbaum wurde als möglicher Kandidat zur Berufung in den Reichskultur-Senat gehandelt.
1843 Werbetext in Sammelprospekt *Bücher für unsere Zei*t, S. 19. In: RAS, Mappe UB Ankündigungen und Sammelprospekte I.
1844 Werbeprospekt *Reclam – eine ideale Sommerlektüre*. In: RAS, Mappe UB Ankündigungen und Sammelprospekte I.

Segelschiffkapitän bewährt sich in diesen Erzählungen als starker Gestalter echt nordischen Wesens."[1845] Diese Betonung des Nordischen und Germanischen basiert ebenso wie die von ihm vielfach inszenierten Motive Kameradschaft, Wagnis und Bewährungsprobe auf mythischem, völkischem Denken und begründet den Erfolg des Schriftstellers, Reformpädagogen und Amateurtheaterenthusiasten im Nationalsozialismus:[1846] *Das Wrack des Raubschiffs* wurde in sieben Auflagen 61.000 Mal gedruckt.

Neben einigen Sachbuchtiteln (siehe Kapitel 3.3.2.2) entsprach der Reclam Verlag der Faszination Luftfahrt auch mit erzählenden Texten, wie etwa Gustav Renkers *Flug ins Schicksal* im Jahr 1940. Die „spannungsvolle Novelle", die „die gefahrvolle Herrlichkeit der alpinen Welt bes[ingt] und [...] [in der die] Katastrophe eines Verkehrsflugzeuges in den Gletscherregionen der Alpen [...] das Schicksal jedes einzelnen Fluggastes, im besonderen aber das zweier liebender Herzen [erfüllt]"[1847], wurde in sechs Auflagen 115.000 Mal gedruckt. Von Friedrich Schreyvogl, einem österreichischen, katholisch-nationalen Schriftsteller, der als „Vorzeigeautor des Austrofaschismus"[1848] gilt und vor dem ‚Anschluss' Österreichs entscheidend zur nationalsozialistischen Unterwanderung der österreichischen Literatur beitrug,[1849] publizierte Reclam 1944 *Der Mann in den Wolken.* Die literarische Aufarbeitung der Versuche von Wilhelm Kress, einem österreichischen Flugpionier und Konstrukteur, ein Drachenflugzeug zu erbauen, wurde zu Kriegsende mit einer Auflage von 180.000 Exemplaren aufgelegt. 1934 hatte sich Schreyvogl der illegalen NSDAP in Österreich angeschlossen, im März 1938 trat er ihr unter der Mitgliedsnummer 6.187.644 offiziell bei.[1850] Er denunzierte andere Schriftsteller bei der Reichsschrifttumskammer und war Mitbegründer und Kassenwart des nationalsozialistischen Bundes deutscher Schriftsteller Österreichs, dessen Mitglieder sämtlich literarisch im angeschlossenen Österreich Karriere machten.[1851] Nach 1945 inszenierte sich Schreyvogl als katholischer Dichter und blieb eine feste Größe im österreichischen Literaturleben.

3.4.4.2 Humor und Satire

Humor und Komik spielten im nationalsozialistischen Regime eine besondere, von Jahr zu Jahr an Bedeutung gewinnende „schillernde Rolle [...] als unverzichtbarer Flucht- und Rückzugsort der von Arbeitseinsatz und Kriegsdienst erschöpften Massen," die selbst die kritischsten Stimmen aufgrund des schwer einzufangenden

1845 Werbeprospekt *Reclam – eine ideale Sommerlektüre*. In: RAS, Mappe UB Ankündigungen und Sammelprospekte I.
1846 Vgl. Mogge 1987; Luserke 2010.
1847 Werbeannonce. In: *BBl.* vom 13.03.1940, Nr. 62, S. 1313, http://digital.slub-dresden.de/id39946221X-19400313/22 [25.05.2024].
1848 Gradwohl-Schlacher 1998, S. 128.
1849 Vgl. Amann 1984, S. 53.
1850 Vgl. Hall 1994, S. 460.
1851 Vgl. Hangler 1989, S. 53, 48f.

Subversiven mit der Zeit erstummen ließ.[1852] Auch der Reclam Verlag unternahm mehrere Versuche, in größeren Reihen mit humoristischen Titeln diesem hohe Absätze verheißenden Bedürfnis gerecht zu werden. Seit Kriegsbeginn erschienen mehrere explizit als *Humoresken und Satiren* kategorisierte Titel in der UB; mehrere Gedichtbände und Erzählungen intendierten ebenfalls heitere Erbauung. 1940 hatte Reclam mit zwei Verlagswerken des Verlagsmitarbeiters Horst Schöttler, *Nur keine Langeweile* und *Karussell des Lebens,* eine neue Reihe *Reclams lustige Bücher* eröffnet, welche allerdings nach dem Tod Horst Schöttlers[1853] nicht in dieser Form fortgeführt wurde. Während der erste Titel mit 86 Seiten und einem Preis von 80 Pfennig für die gebundene und 30 Pfennig für die Feldpostausgabe insgesamt 104.776 in vier Auflagen hergestellte Exemplare erreichte und sich somit sehr gut verkaufte, wurde nach der Erstauflage des zweiten Titels mit 15.000 Exemplaren keine Nachauflage nötig.

1941 konzipierte der Reclam Verlag auf Anregung Emil Grözingers anlässlich des bevorstehenden 75-jährigen Verlagsjubiläums 1942 eine Jubiläums-Humorserie, die als geschlossene Folge von fünf bis zehn Bändchen unter dem Motto *Humor aus allen deutschen Gauen* im UB-Programm realisiert werden sollte. Das drängendste Problem der Honorarfrage – für Titel der UB erhielten die Autoren in der Regel lediglich 5 % vom broschierten Ladenpreis, also 1,75 Pfennig pro abgesetztem Exemplar[1854] – gedachte man durch die zusätzliche Zahlung einer einmaligen Jubiläumsprämie zu beheben. Grözinger besuchte den – aus Sicht des Verlags populärsten – Humoristen Weiß Ferdl (eigentlich: Ferdinand Weisheitinger) in München und erwirkte dessen Bereitschaft, sich an der Serie zu beteiligen. Von dieser positiven Zusage erhoffte sich der Verlag, auch andere Humoristen wie Willy Reichert oder Werner Kroll gewinnen

1852 Adam 2010, S. 173.

1853 Über Schöttler ist nur wenig bekannt. Der gelernte Kaufmann leitete nach Abschluss seiner Ausbildung 15 Jahre das väterliche Unternehmen, gab die Tätigkeit als Fabrikant aber 1910 auf, um als freier Schriftsteller am Gardasee zu leben. Dies reichte wohl nicht zur Deckung seines Lebensunterhaltes, denn gewiss ist, dass er mindestens seit Mitte der 1920er Jahre bis zu seinem Tod am 15.05.1942 bei Reclam in verantwortungsvoller kaufmännischer und auch programmpolitischer Funktion wirkte. Vgl. Twittmeyer: Rückblick, S. 11. In: RAS, Mappe Mitarbeiter II; Ernst Reclam an Hans Ludwig Held am 15.05.1942. In: Münchner Stadtbibliothek / Monacensia, HLH B 335. Schöttlers Tod hat Ernst Reclam schwer erschüttert: „Der Tod Herrn Schöttlers ist für uns persönlich und geschäftlich ein schwerer Verlust; ob ihm selbst nicht jetzt wohler ist, als wenn er noch länger gehabt hätte, wer will das wissen? – Wir ahnen nicht, ob wir uns wünschen sollen, daß wir die Zukunft erleben." Ernst Reclam an Hans Ludwig Held am 15.05.1942. In: Münchner Stadtbibliothek / Monacensia, HLH B 335.

1854 Broschiert bzw. kartoniert kosteten die UB-Bändchen 35 Pfennig, in Pappband gebunden 75 Pfennig. Weiß Ferdl hingegen, dessen Bücher regelmäßig die 100.000er-Auflage überschritten, erhielt normalerweise 15 % des Ladenpreises – und zwar bei Titeln, die in der Regel zu 2,80 RM verkauft wurden. Vgl. Berichte Emil Grözinger vom 12.06.1941: Vorschläge zur Schaffung einer Jubiläums-Humorserie der UB: In: RAS, Mappe 75-jähriges Jubiläum.

zu können.[1855] Dem war zunächst nicht so: Zwar erschien von Weiß Ferdl in der UB der mit 280.000 Exemplaren in fünf Auflagen äußerst einträgliche Titel *Gibt's denn dös aa?*, allerdings bereits im Jahr 1941; die geplante Humorserie zum Jubiläum wurde nicht verwirklicht. Ob dafür die fehlende Bereitschaft weiterer humoristischer Autoren oder womöglich die innere Distanz Ernst Reclams – „Das Bändchen von Weiß Ferdl ist eigentlich nicht für Leser, wie Sie es sind gedacht, sondern, wie auch andere schon erschienene und noch erscheinende Bändchen lediglich für die Bedürfnisse der Front, die lustige Sachen haben will, aber nicht immer auf literarischen Wert bedacht ist"[1856] – ausschlaggebend waren, bleibt offen.

Ebenfalls 1941 erschien jedoch mit Wilhelm Buschs *Die ängstliche Nacht* ein rekordverdächtiger Titel – mit 367.000 Exemplaren in sechs Auflagen ist dies der am dritthöchsten aufgelegte UB-Titel zur Zeit des NS-Regimes. Bereits 1936 war mit Buschs launigen *Kirmes- und Bildergeschichten* der bestverkäufliche Titel (411.000 Exemplare in elf Auflagen) in der Rubrik Lyrik erschienen (siehe Kapitel 3.4.2), der im humoristischen Kontext ebenso erneut genannt werden muss wie die humoristische Lyrik Eugen Roths (*Menschliches in Scherz und Leid*, publiziert 1941, 251.000 Exemplare in sieben Auflagen).

Von Hans Bruno Bürgel veröffentlichte der Reclam Verlag 1941 *Vom täglichen Ärger*. Bürgel, der eigentlich populärwissenschaftliche, eingängige Abhandlungen über Naturwissenschaften, insbesondere Astronomie, in über 40-jähriger wissenschaftspublizistischer Tätigkeit schrieb,[1857] hatte hier – so der Untertitel – ein *Lesebuch für Zornige, Eilige, Huschelpeter und lachende Philosophen* verfasst, welches in fünf Auflagen und 280.000 Exemplaren eine beachtliche Verbreitung erfuhr. Kurz nach Erscheinen des Büchleins beschwerte sich Bürgel, sonst seien alle Titel von ihm vergriffen; für *Der ewige Acker*, ein Buch über den Tod, habe man ihm fünfmal das nötige Papier abgelehnt – „Sieht nach Zensur aus!"[1858] Der aus dem Arbeitermilieu stammende Bürgel musste sich den literarischen Erfolg hart erkämpfen. Er stand den Sozialdemokraten nahe, aber dennoch wurde ihm von den einschlägigen Stellen ein einwandfreies Leumundszeugnis ausgestellt: „ein wertvoller Mensch [...], der heute als überzeugter Nationalsozialist gelten darf und in jeder Beziehung hinter dem Führer steht. Bedenken gegen seinen Einsatz als Vortragsredner bestehen demnach nicht mehr."[1859] Über *Vom täglichen Ärger* und die übertrieben vorsichtige Haltung des Verlags schrieb er:

1855 Vgl. Berichte Emil Grözinger vom 12.06.1941: Vorschläge zur Schaffung einer Jubiläums-Humorserie der UB: In: RAS, Mappe 75-jähriges Jubiläum.

1856 Ernst Reclam an Hans Ludwig Held am 26.01.1942. In: Münchner Stadtbibliothek / Monacensia, HLH B 335.

1857 Oels 2011, S. 250.

1858 Bürgel an unbekannte Frau am 22.02.1942. In: SBB, Slg. Autogr. Bürgel, Bruno, Bl. 16.

1859 Hauptstelle Kulturpolitisches Archiv an Deutsche Arbeitsfront, NS-Gemeinschaft Kraft durch Freude, Amt Deutsches Volksbildungswerk, Abtlg. II Vortragswesen am 02.08.1938. In: BArch, NS 15/27, Bl. 170. Nach dem Zweiten Weltkrieg war er Mitbegründer des in der SBZ be-

> Die Feigheit auf Redaktionen und bei Verlegern ist mitunter unbeschreiblich … Seltsam, dass im Lande der besten Soldaten so wenig „Zivil-Kurage“ anzutreffen ist. Ich persönlich falle schon immer unangenehm auf damit. Kürzlich schrieb ich für Reclams Universalbibliothek, er bat mich lange darum, ein humorvolles kleines Bändchen, das vor allem ins Feld gehen soll, wo man Humor über alles schätzt. (Ich war selber vier Jahre im Feld!) Ich gebrauchte an einer Stelle die Wendung: „Bei den Wilden – übrigens, viel wilder als die Europäer sind sie auch nicht - …“ Wollen Sie glauben, dass der Verlag nicht wagte das zu drucken, dass er mich zweimal dringend bat, das zu ändern!!! Daher denn auch die Jämmerlichkeit unserer heutigen Literatur, Zeitungen, Kinos, Theater etc![1860]

Der Komiker Willy Reichert konnte letztlich doch noch für die UB gewonnen werden: 1943 erschien *Schwäbische Schwätzle*. Der Titel wurde in drei Auflagen 246.000 Mal gedruckt und ersetzte die Nummer 7205, unter der 1933 noch *Luftschutz* von Albert Benary publiziert worden war (siehe Kapitel 3.3.2.2). Darüber hinaus erschienen noch einige weitere Erzählungen humorigen Charakters, die sich ebenfalls großer Beliebtheit erfreuten, wie im Jahr 1939 *Die Dorfmusik* von Ernst Claes, in neuen Auflagen mit 221.000 Exemplaren verbreitet,

> [e]in saftiges Stück flämischen Volkslebens, in all dem Humor und derben Ursprünglichkeit, die uns aus den Bildern Brueghels bekannt ist. Die verwickelten Geschehnisse um die Musikkapelle sind mit all der Kraft und satten Farbigkeit des flämischen Dichters erzählt, der bereits durch seine Romane den deutschen Leser gewonnen hat.[1861]

Zu nennen ist auch die heitere Chronik „um das Schicksal zweier adliger Originale“ – Die *Freiherren von Gemperlein* von Marie von Ebner-Eschenbach, „eine[] Art von Zeitsatire, wie sie in dieser feinen, reifen und gefühlswarmen Form nur in den großen satirisch-humoristischen Werken der Weltliteratur zu finden ist und trotz ihrer zeitlichen Bezogenheit überzeitlich ist.“ Das Büchlein, in dem sich „der ganze fröhliche Lebensoptimismus der Dichterin“[1862] offenbare, verkaufte sich mit 91.000 Exemplaren in sechs Auflagen recht gut.

gründeten Kulturbundes; eine Berufung als Professor an die Humboldt-Universität zu Berlin lehnte er ab.

1860 Bürgel an unbekannte Frau am 22.02.1942. In: SBB, Slg. Autogr. Bürgel, Bruno, Bl. 16.

1861 Werbeannonce. In: *BBl.* vom 21.03.1939, Nr. 69, S. 1800, http://digital.slub-dresden.de/id39946221X-19390321/34 [25.05.2024].

1862 Werbeannonce. In: *BBl.* vom 17.10.1940, Nr. 243, S. 4843, http://digital.slub-dresden.de/id39946221X-19401017/20 [25.05.2024].

Schließlich veröffentlichte der Reclam Verlag in der zweiten Jubiläumsserie des Jahres 1942 noch die Erzählung *Die Göttin lächelt* von Siegfried Berger.[1863] Diese sei, so Nußbächer,

> ganz hervorragend auch für die Verfilmung geeignet, wenn man nämlich sich den Glauben an einen wirklich künstlerischen Spielfilm von heiterem Gepräge und doch hohem Niveau bewahrt hat. Ich würde unbedingt empfehlen, diese Chance auszuprobieren, wofür ich Ihnen vielleicht einige zweckdienliche Ratschläge geben könnte. Gerade heute ist ja der Bedarf an guten und vergnüglichen Filmen besonders groß, und ich kann mir vorstellen, daß verantwortliche Stellen an solch einem Stoff Interesse hätten, zumal darin auch die Länder unserer italienischen und kroatischen Bundesgenossen Schauplätze sind und der Amerikaner alle Untugenden seines Erdteils so deutlich spiegelt.[1864]

Auch diese Erzählung erwies sich mit 250.000 Exemplaren in vier Auflagen als äußerst erfolgreich. Unter den 20 in höchster Anzahl produzierten UB-Titeln finden sich allein sieben humoristische Titel.

3.4.4.3 Märchen, Fabeln und Legenden

Einen Ausflug in die Welt der Fantasie ermöglichte der Reclam Verlag seinem Publikum, insbesondere den ablenkungsbedürftigen Frontsoldaten, mit der Publikation verschiedener Märchen, Fabeln, Legenden und Sagen. Von Kurt Kluge, der eigentlich

1863 Der studierte Philosoph Berger stand vor 1933 der Deutschen Demokratischen Partei nahe; seine berufliche Tätigkeit (zunächst war er Schriftleiter der *Merseburger Zeitung*, ab 1927 kümmerte er sich im preußischen Staatsdienst um schulische und kulturelle Angelegenheiten) hatte ihn so erfüllt, dass er „erst 1931 die politische Stellung revidiert[e], die ich unter dem persönlichen Einfluss Friedrich Naumanns eingenommen hatte, dann allerdings offen und gründlich". Lebenslauf Siegfried Bergers, undatiert, Eingangsstempel RSK vom 14.01.1937, S. 3. In: BArch, R 9361-V/4048, Lesefilm-Nr. RK B 9, Bild-Nr. 1288. Auch seine Zugehörigkeit zur altpreußischen Freimaurerloge, in der er nie aktiv tätig gewesen sei, und die er offen als Fehler bekenne, sowie die Aufnahme eines seiner Bücher in die *Liste des schädlichen und unerwünschten Schrifttums* behinderte seine schriftstellerische Tätigkeit keineswegs: Seine Mitgliedschaft in der RSK wurde zwar aufgrund der lediglich nebenberuflichen Schriftstellerei zum 14.07.1937 gelöscht, allerdings erhielt er zahlreiche Befreiungsscheine; im Rahmen der Wehrbetreuung hielt er etliche Vorträge. Vgl. BArch, R 9361-V/4048, Lesefilm-Nr. RK B 9, Bild-Nr. 1110–1302, insbesondere: Antrag Heimatverbund Provinz Sachsen und Land Anhalt vom 28.03.1941. BArch, R 9361-V/4048, Lesefilm-Nr. RK B 9, Bild-Nr. 1164. 1944 publizierte der Reclam Verlag von Berger noch den Roman *Regine und die Ahnherren* als Verlagswerk, das nach 1945 auf der *Liste der auszusondernden Literatur* indiziert wurde. Vgl. Ministerium für Volksbildung DDR 1953, hier Buchstabe B.

1864 Beglaubigte Briefabschrift Nußbächer an Berger am 21.02.1941. In: BArch, R 9361-V/4048, Lesefilm-Nr. RK B 9, Bild-Nr. 1126.

Bildhauer und Erzgießer war, sich aber ab 1934 auch als Verfasser humoristischer, teils preisgekrönter Romane und Novellen großer Beliebtheit erfreuen durfte, veröffentlichte der Reclam Verlag 1939[1865] den Band *Nocturno* über das im Volksmund „Dunkelgraf und Dunkelgräfin" genannte Paar, das zwischen 1810 und 1845 auf Schloss Eishausen bei Hildburghausen in völliger Zurückgezogenheit lebte. Einen passenden Titel zu finden, der „die Ereignisse, [die] selbst ja etwas Märchenhaftes, Unwirkliches haben"[1866], und die „unwirkliche[] Schneelandschaft, […], die alle Geschehnisse so weich und traumhaft einhüllt"[1867], treffend umschreibt, war nicht einfach. Letztlich sollte mit *Nocturno* „das Geheimnisvolle und Nächtige"[1868] der Novelle zum Ausdruck gebracht werden. Im Vorfeld der Publikation hatte Nußbächer Kluge gebeten, die Handlungslinien deutlicher zu erhellen, da Freunde, denen er die Novelle zum Probelesen überlassen hatte, zwar „außerordentlich gepackt waren, aber gleichfalls über verschiedene Elemente der Handlung im Unklaren blieben. […] Diese Probe aufs Exempel scheint mir doch sehr beachtlich, zumal wir ja bei den meisten Lesern der Universal-Bibliothek uns ganz naive und historisch völlig unbewanderte Menschen vorstellen müssen."[1869] Neben dem autobiografischen Nachwort, für welches Kluge keine „fremdländisch klingenden Titel verwenden [solle] also nicht ‚Vita', sondern etwa ‚Aus dem Leben des Dichters'"[1870], wurde dem Band folglich auch noch eine historische Skizze beigefügt. Ursprünglich hatte Nußbächer Kluge zur Honorierung die üblichen 5 % des Ladenpreises der broschierten Ausgabe angeboten (1,75 Pfennig pro Exemplar), wobei die ersten 10.000 Exemplare im Voraus honoriert würden, alle weiteren nach Absatz, oder als Alternative ein einmaliges Pauschalhonorar in Höhe von 400 RM,[1871] was einem Absatz von knapp 23.000 Exemplaren entspräche. Kluge war gut beraten, das einmalige Honorar auszuschlagen,[1872] denn der Titel erreichte 90.000 Exemplare in fünf Auflagen, ein Absatz, an dem die Autoren – hier schriftlich belegt im überlieferten Briefwechsel – in der Regel durchaus einen Anteil hatten. Auf Bitten des Verlags nannte Kluge die Anschriften von Zeitungen und Persönlichkeiten, „mit denen Sie in enger Fühlung stehen und an die mit Aussicht auf besonderen Erfolg Besprechungsstücke zu versenden wären"[1873]. Pläne zum werbewirksamen Vorabdruck

1865 Kluge hatte erstmals 1936 seine Bereitschaft signalisiert, eine Novelle für die UB zur Verfügung zu stellen. Vgl. Nußbächer an Kluge am 24.08.1936. In: SBB, Nachl. Kurt Kluge, Mappe 512.
1866 Nußbächer an Kluge am 02.06.1939. In: SBB, Nachl. Kurt Kluge, Mappe 512.
1867 Nußbächer an Kluge am 05.05.1939. In: SBB, Nachl. Kurt Kluge, Mappe 512.
1868 Nußbächer an Kluge am 14.07.1939. In: SBB, Nachl. Kurt Kluge, Mappe 512.
1869 Nußbächer an Kluge am 02.06.1939. In: SBB, Nachl. Kurt Kluge, Mappe 512.
1870 Reclam Verlag an Kluge am 31.07.1939. In: SBB, Nachl. Kurt Kluge, Mappe 512.
1871 Vgl. Nußbächer an Kluge am 24.08.1936. In: SBB, Nachl. Kurt Kluge, Mappe 512.
1872 Kluge hatte sogar die Voraushonorierung von 20.000 statt wie üblich 10.000 Exemplaren erwirkt. Vgl. Nußbächer an Kluge am 14.10.1939. In: SBB, Nachl. Kurt Kluge, Mappe 512.
1873 Nußbächer an Kluge am 18.10.1939. In: SBB, Nachl. Kurt Kluge, Mappe 512. Hans Franck, der die zweite Auflage seiner 1933 erschienenen Erzählung *Fort damit!* ebenfalls im Voraus honoriert haben wollte, hatte Ernst Reclam die Bitte 1936 noch abgeschlagen: „Die wirtschaft-

hatte Nußbächer zunächst geschickt von der *Deutschen Allgemeinen Zeitung* (DAZ) auf die vom Reclam Verlag seit 1937 herausgegebene Zeitschrift *Deutsche Rundschau* (siehe Kapitel 3.8.3) umgeleitet: „Sie würde dort zweifellos viel stärker wirken als in den kurzen Fortsetzungen der *DAZ*."[1874] Nachdem Nußbächer die Novelle jedoch kurze Zeit später bevorzugt als Hauptstück für den vom Verlag herausgegebenen *Deutschen Almanach für das Jahr 1940*[1875] andachte,[1876] der letztlich aber aufgrund Papiermangels nicht erscheinen konnte,[1877] war guter Rat teuer. Zwischenzeitlich war die Novelle erschienen, ein Vorabdruck somit nicht mehr möglich.[1878] Wiederum wurde Kluge gebeten, Zeitungen und Zeitschriften zu nennen, die voraussichtlich an einem Nachdruck Interesse hätten.[1879] Letztlich gelang es, den Nachdruck in der *Thüringer Allgemeinen Zeitung* zu platzieren, allerdings nur zu 60 RM statt wie gewünscht 100 RM Honorar, welches ohne Abzug Kluge zur Verfügung gestellt wurde.[1880]

Die von Hans Franck zum Vorabdruck in *Reclams Universum* eingesandte Novelle *Fiedelfite* wurde, „weil sie zu fein gearbeitet ist, um als Zeitschriftenabdruck in Fortsetzungen ihre volle Wirkung erzielen zu können [...,] sich [aber] dem Umfang nach [und] auch inhaltlich und in ihrer Qualität sehr gut für eine Nummer" der UB eigne, 1936 in der UB veröffentlicht (vier Auflagen, 39.000 Exemplare).[1881] Ursprünglich

lichen Verhältnisse sind leider nicht darnach angetan, als dass ich es verlegerisch verantworten könnte, Zahlungen zu leisten, die vielleicht erst nach einem Jahr oder noch längerer Zeit fällig werden." Ernst Reclam an Franck am 26.06.1936. In: LBMV, NL 08 Br Recl : Kasten 105.

1874 Nußbächer an Kluge am 05.05.1939. In: SBB, Nachl. Kurt Kluge, Mappe 512.

1875 Zu den Almanachen siehe Kapitel 4.1.4.1.

1876 „Wir haben regelmäßig in diesem Jahrbuch eine bedeutende Novelle der Universal-Bibliothek in den Mittelpunkt gestellt, und es hat sich gezeigt, daß dieser Vorabdruck auch für den Absatz des Bändchens von sehr guter Wirkung ist. [...] ich möchte glauben, daß sie im Almanach vielleicht noch mehr Beachtung und jedenfalls mindestens die gleiche Verbreitung findet. [...] Selbstverständlich wird für den Abdruck im Almanach ein besonderes Honorar eingeräumt, und zwar haben wir in früheren Jahrgängen als Höchstsätze einen Betrag von RM 150.- gezahlt. Ich darf annehmen, daß dieser Satz nicht unter denen einer Zeitschrift liegt, und daß Sie damit einverstanden sind." Nußbächer an Kluge am 14.06.1939. In: SBB, Nachl. Kurt Kluge, Mappe 512.

1877 Vgl. Nußbächer an Kluge am 12.09.1939. In: SBB, Nachl. Kurt Kluge, Mappe 512.

1878 Vgl. Nußbächer an Kluge am 14.10.1939. In: SBB, Nachl. Kurt Kluge, Mappe 512.

1879 Vgl. Nußbächer an Kluge am 18.10.1939. In: SBB, Nachl. Kurt Kluge, Mappe 512.

1880 Vgl. Nußbächer an Kluge am 04.11.1939; Nußbächer an Kluge am 10.11.1939. In: SBB, Nachl. Kurt Kluge, Mappe 512; Nußbächer an Schriftleitung der *Thüringer Allgemeinen Zeitung* am 02.11.1939; Nußbächer an Schriftleitung der *Thüringer Allgemeinen Zeitung* am 07.11.1939. In: SBB, Nachl. Kurt Kluge, Mappe 663.

1881 Nußbächer an Franck am 15.01.1936. In: LBMV, NL 08 Br Recl : Kasten 105. Hans Franck hatte bereits 1921 die Märchenerzählung *Machtnix!* in der UB veröffentlicht. Die zuvor beim Delphinverlag publizierte Erzählung war ebenfalls zunächst für *Reclams Universum* vorgesehen gewesen, aber auch für die UB musste eine erotische Stelle abgemildert werden. Ernst Reclam an Franck am 01.12.1920. In: LBMV, NL 08 Br Recl : Kasten 105. Insgesamt erreichte der Titel bis 1945 eine Auflage von 53.000 Exemplaren, wovon 33.000 während der NS-Zeit nachgedruckt wurden.

wünschte Nußbächer einen anderen Titel: „Fiedelfite" sei kein „so lockender und die Phantasie anregender Titel", zudem denke man unwillkürlich „an eine heitere, leichte Erzählung", womit nicht der „richtige[] Eindruck von der Art und dem Charakter" der Novelle geweckt werde, „in der doch das ernste, dämonische Element stark hervortritt"[1882]. „Die Geschichte von Fiedelfite, dem armen buckligen Geiger, der sich in das schönste Mädel im Dorf verliebt hat und vom glücklicheren Nebenbuhler erschlagen wird, ragt durch ihren spannungsvollen Aufbau und ihre feine seelische Entwicklung aus der zeitgenössischen Novellistik hervor."[1883] Nur sehr geringe Zugeständnisse konnte Franck dem Verlag bei der sehr grundsätzlichen Frage der Honorierung abringen: Er – wie etliche andere Autoren auch – forderte „5 % vom Ladenpreis jedes verkauften Exemplars, gleichviel ob geheftet oder gebunden."[1884] Von dem Grundsatz, der Honorierung stets das broschierte Exemplar zugrunde zu legen, rückte der Verlag jedoch keinen Zentimeter ab:

> Die innere Begründung hierfür liegt darin, dass der Preis für den Einband gerade im Wesentlichen die Herstellungskosten deckt, so dass es schlechterdings unmöglich ist, hiervon auch noch einen Honoraranteil in Abzug zu bringen. Bei der Kalkulation der Universal-Bibliothek muss mit Bruchteilen von Pfennigen gerechnet werden. Es ist daher auch von allen Autoren der Universal-Bibliothek ausnahmslos diese Berechnung vom broschierten Ladenpreis angenommen worden, und es ist zu meinem Bedauern völlig unmöglich, hier eine Ausnahme zu machen.[1885]

Nach längerem Schriftwechsel erklärt sich Ernst Reclam aber bereit, die ersten 10.000 Exemplare bereits bei Vertragsabschluss und nicht wie üblich bei Druckausfertigung zu honorieren.[1886] Tatsächlich erfolgte die Honorierung sogar noch vor Übersendung des druckfertigen Manuskripts.[1887] Auch für die nicht nur von Franck vehement

1882 Nußbächer an Franck am 15.01.1936. In: LBMV, NL 08 Br Recl : Kasten 105. Für den Vorabdruck schlägt Nußbächer vor, die Novelle einer Zeitschrift zu überlassen, welche die Möglichkeit besäße, sie auf einmal zu veröffentlichen, wie z. B. *Das Innere Reich*.

1883 Werbeannonce. In: *BBl.* vom 06.11.1936, Nr. 259, S. 5664, http://digital.slub-dresden.de/id39946221X-19361106/18 [25.05.2024].

1884 Franck an Reclam Verlag am 27.03.1936. In: LBMV, NL 08 Br Recl : Kasten 105.

1885 Nußbächer (gez. Ernst Reclam) an Franck am 29.04.1936. In: LBMV, NL 08 Br Recl : Kasten 105.

1886 Vgl. Ernst Reclam an Franck am 05.04.1936. In: LBMV, NL 08 Br Recl : Kasten 105.

1887 Vgl. Franck an Ernst Reclam am 04.06.1936. In: LBMV, NL 08 Br Recl : Kasten 105.

monierte Honorierung aller Folgeauflagen nach Absatz[1888] räumt der Verlag Franck eine Ausnahme ein und honoriert zwei Folgeauflagen im Voraus.[1889]

Ein echtes „dichterische[s] Geheimnis", in dem sich „Mythisches und Wirkliches, Sage und Gegenwart verweben"[1890], publizierte der Verlag 1937 mit *Rübezahls Grab* von Friedrich Bischoff. Als Intendant der Schlesischen Funkstunde wirkte Bischoff als Pionier des Rundfunks, bis er 1933 seines Amtes enthoben wurde und mehrere Monate in Gestapo-Haft verbringen musste. Bischoff, der dem Regime fernstand, wirkte danach und mit nicht bescheidenem Erfolg als freier Schriftsteller in mystisch-romantischer Tradition.[1891] Die „letzte Beschwörung"[1892] des mythischen Bergschrats Rübezahl fand mit 81.000 Exemplaren in sechs Auflagen eine relativ weite Verbreitung.

Die Zeichnerin, Grafikerin, Bildhauerin, Lyrikerin und Schriftstellerin Ruth Schaumann – deren künstlerisches Werk ab 1935 als ‚entartet' galt, während sie weiter publizieren durfte – veröffentlichte 1933 die Märchennovelle *Ave von Rebehagen* (sechs Auflagen, 65.000 Exemplare): „Dieses Werk ist durchstrahlt von dem unbedingten Glauben an die Wirklichkeit der Phantasiewelt, von kindlich-reiner Frömmigkeit und tiefer Innerlichkeit, erzählt in einer reinen und schlichten Sprache."[1893] Von Schaumann, deren produktives Schaffen vorrangig christlich-religiös geprägt war, veröffentlichte der Reclam Verlag 1943 eine zweite, diesmal historische Novelle: *Die Zwiebel* (drei Auflagen, 80.000 Exemplare). Andere Werke von Schaumann wurden hingegen eingestampft, so beispielsweise *Die Silberdistel* (1941 bei Grote publiziert) wegen verborgenen Einsatzes „für die Dogmen der katholischen Kirche"[1894]. Außerdem illustrierte Ruth Schaumann das 1936 als Verlagswerk in größerem Format erschienene *Helenes Kinderchen und anderer Leute Kinder*.[1895] Der Titel war bereits 1885 in der UB

1888 „Die sachliche Begründung hierfür liegt in der Tatsache, dass der Verlag wohl ein Risiko für den Absatz von 10000 Exemplaren übernehmen kann – obwohl dies sich in manchen Fällen – als nicht gerechtfertigt erweist –, dass aber für die zweite Auflage die im allgemeinen übliche Honorierung nach Absatz eintreten muss." Ernst Reclam an Franck am 08.06.1936. In: LBMV, NL 08 Br Recl : Kasten 105.

1889 Ernst Reclam an Franck am 12.01.1937; Ernst Reclam an Franck am 24.11.1939. In: LBMV, NL 08 Br Recl : Kasten 105. Ende Dezember 1936 sendet der Verlag Franck, der aufgrund eines Herzleidens eine Kur machen muss, 100 RM „obwohl noch keine Abrechnung wieder ansteht und auch erst in einiger Zeit damit zu rechnen ist." Nußbächer an Franck am 14.12.1936. In: LBMV, NL 08 Br Recl : Kasten 105.

1890 Werbeprospekt *Bücher für unsere Zeit*, S. 18. In: RAS, Mappe UB Ankündigungen und Sammelprospekte I.

1891 Vgl. Friedrich Bischoff, Munzinger 1976; Lokatis 1992, S. 26. In *Reclams Reihenbändchen* erschien ein weiterer Titel von Bischoff: *Im Morgenrot*.

1892 Werbeprospekt *Bücher für unsere Zeit*, S. 18. In: RAS, Mappe UB Ankündigungen und Sammelprospekte I.

1893 Werbeannonce. In: *BBl.* vom 19.05.1933, Nr. 115, S. 2548, http://digital.slub-dresden.de/id39946221X-19330519/13 [25.05.2024].

1894 Zitiert nach Stolarczyk 2001, S. 151. Vgl. auch Betz; Fuchs 2005.

1895 Vgl. Ernst Reclam an Münchhausen am 15.10.1936. In: GSA, 69/6248.

Abb. 88 Werbeannonce *Illustrierte Reihen*. In: *BBl.* vom 30.09.1938, Nr. 228, S. 5138 f., http://digital.slub-dresden.de/id39946221X-19380930/26. Alle Rechte vorbehalten – Freier Zugang.

publiziert worden, erschien nun aber in verbesserter Übersetzung und illustriert in zwei Auflagen mit 8.000 Exemplaren.

Im Zuge der Absatzschwierigkeiten zu Beginn des NS-Regimes verstärkte der Verlag seine Bemühungen, Werke in größerem Format, die sich zu einträglichen Preisen verkaufen ließen, zu edieren, und legte dabei einen besonderen Schwerpunkt auf illustrativ anspruchsvoll ausgestattete Titel. Die 1926 begonnene Produktion illustrierter Werke wurde deutlich verstärkt. Während bis zum Ende der Weimarer Republik nur vier illustrierte Werke erschienen, waren es zwischen 1933 und 1939 40 Titel und selbst zu Kriegszeiten noch einmal 26. Zusätzlich zu diesen kreierte Reclam die *Große Illustrierte Reihe* (elf Bände)[1896] und die *Kleine Illustrierte Reihe*, deren sechs Bände – erschienen 1938 und 1939 – zwischen 2 RM und 2,50 RM kosteten[1897] (Abb. 88).

Im Rahmen der *Kleinen Illustrierten Reihe* wurden, mit besonderer Berücksichtigung fantasie- und legendenhafter Stoffe, sowohl Klassiker (Keller: *Sieben Legenden* – mit einer Auflage von 5.000 Exemplaren das in geringster Stückzahl gedruckte

1896 Siehe dazu Kapitel 3.6.

1897 Vgl. Prospekt *Illustrierte Reihen*. In: RAS, Mappe Großbuch Weihnachtsprospekte und Neuankündigungen.

Werk; Mörike: *Mozart auf der Reise nach Prag;*[1898] Volkmann-Leander: *Träumereien an französischen Kaminen*[1899]) als auch Texte zweier moderner Autoren veröffentlicht. Von Martin Luserke, dessen reformpädagogische ‚Schule am Meer' auf Juist nach Verwerfungen mit der Hitler-Jugend 1934 geschlossen wurde, woraufhin er mit einem Wohnboot als freier Schriftsteller die Ost- und Nordsee befuhr, erschien 1938 in zwei Auflagen mit 10.083 Exemplaren *Krake kreuzt Nordmeer*:

> [D]er gesunde Wirklichkeitssinn kennt auch die Mächte des Meeres, er weiß um den Klabautermann, den „Obadjah", und in Wind und Wetter wie auch in Stille und Sonnenschein ist alles lebendig, was die Verbindung zwischen Mensch und Element schafft. Die Ostseefahrt im Sommer 1937, die auf den Spuren der Wikinger nach den dänischen Inseln führt, ist mit der lebendigen und humorvollen Fröhlichkeit erzählt, die wir an Luserke lieben. Wie hier der Seefahrer und Dichter mit den drei jungen Menschen hinausfährt, die aus dem neuen Deutschland die gesunde Voraussetzung und den echten Kameradschaftsgeist mitbringen, das wird hier zu einer kleinen Welt, die aneinanderwächst durch den Geist einer neuen Zeit und durch die Begegnung mit den Stätten großer Geschichte. Diese kleine Welt trägt auch ein Stück Deutschtum hinaus und hier liegt die andere Seite von Luserkes Bekenntnis, die so stark ist und stärker noch als die Liebe zum Meer: das Bewußtsein seiner deutschen Art.[1900]

Von dem Isländer Gunnar Gunnarsson, der in Dänemark lebte und sich „unvergleichliche[] Verdienste um die deutsche Sprache erworben hatte, die er für die ‚einzige germanische Sprache' erklärt und für die er in kämpferischer Weise in ganz Europa eintritt"[1901], erschien 1938 in der *Kleinen Illustrierten Reihe*, ausgestattet von Wolfgang Felten, die nach Island übertragene Legende[1902] *Advent im Hochgebirge*:

1898 „Mörikes ‚Mozart auf der Reise nach Prag' gehört zu den unvergänglichsten Schöpfungen deutscher Dichtung. Der Mangel einer zeitgemäßen Künstlerausgabe wurde in den letzten Jahren oft verspürt und nunmehr durch eine gültige Arbeit des bekannten Illustrators Gunter Böhmer auf lange Zeit beseitigt." Werbeannonce. In: *BBl.* vom 13.11.1939, Nr. 264, S. 275, http://digital.slub-dresden.de/id39946221X-19391113/274 [25.05.2024]. Der Titel erschien in zwei Auflagen mit insgesamt 10.162 Exemplaren.

1899 „Um die illustrierten Ausgaben des Verlages Philipp Reclam jun. schart sich heute eine junge Künstlergeneration, die mit großen Anforderungen an sich selbst die deutsche Buchkultur pflegt und weitertreibt. Fritz Fischer ist einer ihrer Begabtesten." Werbeannonce. In: *BBl.* vom 13.11.1939, Nr. 264, S. 275, http://digital.slub-dresden.de/id39946221X-19391113/274 [25.05.2024]. Der Titel erschien in zwei Auflagen mit insgesamt 10.712 Exemplaren.

1900 *Völkischer Beobachter* 05.03.1939.

1901 „[…] Er spricht nur dänisch oder deutsch und setzt die deutsche Sprache als Däne auf sämtlichen Kongressen als ‚die germanische Weltsprache' durch. […] Sie wissen ferner von seiner leidenschaftlichen Arbeit für Deutschland in Skandinavien." Blunck an Wilhelm Burmeister (Hg. *Geister der Zeit*) am 26.09.1938. In: SHLB, Cb 92.30.

1902 *Salzburger Volksblatt* 08.12.1939a.

> Die Gestalt des Schafhirten Benedikt, der in der ersten Adventsnacht sich aufmacht, die versprengten Schafe der Dorfgemeinde hoch droben im Gebirge zu sammeln, damit sie nicht umkommen, hat, über die Schilderung des einmalig Menschlichen hinaus, ewige Gültigkeit. Das Gleichnis vom guten Hirten ist in neuer Form erstanden. Das Weihnachtsfest der drei, des Hirten, des Hundes und des Leithammels, in der tiefverwehten Hütte wird zum wirklich christlichen Fest der Nächstenliebe.[1903]

Gunnarsson fühlte sich Deutschland sehr verbunden:

> In keinem Lande bin ich in für mich schwierigen Zeiten so herzlich und tief verständnisvoll empfangen geblieben. Zu Deutschland fühle ich mich in grosser persönlicher Schuld, rein abgesehen davon, dass mein Herz seit Friedensschluss ganz bei Deutschland gewesen ist. Den Versailles-Vertrag habe ich immer als das grösste Verbrechen seit dem Krieg angesehen. Und mein einziger – vielleicht auf mangelnder Kenntnis beruhend – Vorbehalt gegen Deutschland war dieser, dass sie überhaupt diesen unerfüllbaren Vertrag unterzeichneten.[1904]

Obwohl er nicht glaubte, „in Allem beistimme[n] [Unterstreichung im Original]“ zu können, „was nun in Deutschland geschieht,“[1905] war er ein glühender Bewunderer Adolf Hitlers; so schreibt er an seinen Freund Hans Friedrich Blunck:

> ...Merkwürdigerweise (vielleicht wirst Du es verstehen!): ich habe niemals den Führer im wachen Zustande gesprochen, aber manchmal (ich glaube viermal) im Traume! Ich weiss von seiner Schicksalsbedeutung für unsere Länder – und Völker. Und dadurch: die ganze Welt. Ich habe gebeten, dass Gott ihn segnen wollte und ihm nahe stehen – denn davon hängt nun mehr ab, als wir messen können. Nicht nur für Deutschland: für uns Alle. Ich wünsche ihm und Deutschland Glück – und uns Allen Frieden.[1906]

Gunnarsson gehörte in der Sparte der Übersetzungen skandinavischer Literatur zu den Autoren mit Spitzenauflagen.[1907] *Advent im Hochgebirge* ist mit 38.618 Exemplaren in

1903 Werbeannonce. In: *BBl.* vom 24.11.1936, Nr. 273, S. 6200, http://digital.slub-dresden.de/id39946221X-19361124/20 [25.05.2024].
1904 Gunnarsson an Albert-Langen-Georg-Müller-Verlag am 24.01.1933. In: DLA, A:Langen-Müller, 85.834/1-4.
1905 Gunnarsson an Albert-Langen-Georg-Müller-Verlag am 24.01.1933. In: DLA, A:Langen-Müller, 85.834/1-4.
1906 Gunnarsson an Blunck am 26.10.1938. In: SHLB, Cb 92.30.
1907 Vgl. Strothmann 1985, S. 380.

sechs Auflagen auch in der *Kleinen Illustrierten Reihe* der mit Abstand erfolgreichste Titel.[1908] 1936 war das Werk bereits in der UB veröffentlicht worden und dort bis zum Erscheinen in der *Kleinen Illustrierten Reihe* 51.000 Mal verkauft worden. Seinen großen Aufschwung erlebte das Buch mit Ausbruch des Kriegs, in dem erneut 210.000 Exemplare des UB-Bandes nachgedruckt wurden.

Von Moritz Jahn,[1909] Autor vorrangig niederdeutscher Literatur, veröffentlichte der Reclam Verlag 1933 *Frangula oder die himmlischen Weiber im Wald*. Jahn lässt hier einen treuherzigen und schelmischen Volkserzähler aus dem 17. Jahrhundert[1910] die Geschichte der Frangula erzählen. Die Novelle „zeigt [...] die wilde und aus den Angeln gehobene Welt nach dem Dreißigjährigen Krieg, aber alles ist durchwoben von Herzensgüte, seelischer Feinheit, von echtem Mitleid und von bäuerlichem Humor."[1911] Börries Freiherr von Münchhausen war als einer der ersten auf Jahn aufmerksam geworden, der hauptberuflich erst Lehrer, dann Rektor und erst nach seiner Pensionierung 1944 freier Schriftsteller war. Ernst Reclam gegenüber lobte er ihn in den höchsten Tönen:

> Moritz Jahn, mit dem ich seit vielen Jahren auf der Grundlage außerordentlicher literarischer Wertschätzung befreundet bin, hat mir schon ganz beglückt geschrieben, daß er mit Ihnen ins Geschäft gekommen ist. Ich halte

1908 Die 1939 in der *Kleinen Illustrierten Reihe* publizierte Tiergeschichte *Von Trylle, Valde und dem kleinen Hasen Lampe*, abermals von Gunnarsson, wurde in drei Auflagen mit insgesamt 12.901 Exemplaren gedruckt. Sie fand 1943 Eingang in *Reclams Reihenbändchen*.

1909 Jahn war zum 01.05.1933 unter der Mitgliedsnummer 3113195 in die NSDAP eingetreten, seine Aufnahme wurde jedoch aufgrund seiner Mitgliedschaft in der Loge Schlaraffia mit Wirkung vom 12.12.1935 für nichtig erklärt: „Jahn ist [...] in seiner weltanschaulichen Ausrichtung keineswegs als ein zuverlässiger Nationalsozialist zu bezeichnen. [...] J. neigt bei aller Vorspiegelung seiner Volksgebundenheit vom Blute her gefährlich zum Intellektuellen hin. Er ist deshalb als Volkmann und Kämpfer [...] im Sinne des Nationalsozialismus nicht positiv zu bewerten." Kreispersonalamt an Gauleitung der NSDAP Schulungsamt Hannover am 12.03.1936. In: BArch, R 9361-II/466304, Lesefilm-Nr. PK F 145, Bild-Nr. 2270; Vgl. Parteiamtliche Erhebung vom 01.07.1939. In: BArch, R 9361-II/466304, Lesefilm-Nr. PK F 145, Bild-Nr. 2296. Im Februar 1937 wird der Parteiausschluss jedoch aufgehoben und Jahn ist wieder Mitglied. Beschluss NSDAP Oberstes Parteigericht vom 18.02.1937. In: BArch, R 9361-II/466304, Lesefilm-Nr. PK F 145, Bild-Nr. 2260. Es folgen zahlreiche Literaturpreise, 1941 die Teilnahme an dem Weimarer Dichtertreffen, wo Jahn die emigrierten Schriftsteller scharf verurteilte, sowie 1944 die Ernennung zum Dr. phil. h. c. der Universität Göttingen. Vgl. Moritz Jahn, Munzinger 1979; Kreisamtsleiter NSDAP Kreis Göttingen an Rektor der Georg August Universität Göttingen am 26.01.1944. In: BArch, R 9361-II/466304, Lesefilm-Nr. PK F 145, Bild-Nr. 2316: „Gegen den Schriftsteller Moritz Jahn, der seit 1933 der NSDAP als Mitglied angehört, werden weder in politischer noch allgemeiner Hinsicht irgendwelche Bedenken erhoben. Seine politische Einstellung wird als durchaus einwandfrei beurteilt."

1910 Vgl. Peters 1947, S. 12.

1911 Zitat Börries Freiherr von Münchhausen, abgedruckt in Werbeannonce. In: *BBl.* vom 19.05.1933, Nr. 115, S. 2548, http://digital.slub-dresden.de/id39946221X-19330519/13 [25.05.2024].

diesen Mann für den zweifellos größten lebenden Dichter in plattdeutscher Sprache.[1912]

Daraufhin schloss der Reclam Verlag im Mai 1933 mit Jahn einen zehn Jahre bindenden Generalvertrag, der den Autor dazu verpflichtete, seine weiteren hochdeutschen Werke ausnahmslos zuerst dem Verlag Reclam anzubieten.[1913] Die damit verbundene Hoffnung, bald einen größeren Roman von Jahn verlegen zu können,[1914] erfüllte sich nicht. Als Jahn bis 1941 dem Reclam Verlag kein einziges Manuskript angeboten, gleichwohl aber bei anderen Verlagen zwei Titel veröffentlicht hatte, appellierte Ernst Reclam, der Jahn gegenüber „nicht gerade freundlich gesinnt" war, „trotzdem aber [...] von dem bedeutenden Autor gern für die Jubiläumsserie der Universal-Bibliothek eine gute Novelle" hätte, an die Hilfsbereitschaft Münchhausens: „Würden Sie bei Ihrem freundschaftlichen Verhältnis zu Herrn Rektor Jahn nicht vielleicht einmal an ihn schreiben. Vielleicht kommt ihm dann doch zum Bewußtsein, daß er dem Verlag Reclam gegenüber, ganz abgesehen von der juristischen, eine moralische Verpflichtung hat."[1915] Münchhausen kommt dieser Bitte umgehend nach. In der vertraulich an Erst Reclam übermittelten Antwort[1916] legt Jahn dar, dass er das Dokument, dessen verpflichtender Charakter sich leicht durch überzogene Honorarforderungen seinerseits aushebeln ließe, nie als juristisch bindend betrachtet habe. Vor allem aber sei er verbittert über den rein kaufmännischen statt verlegerischen Umgang. So müsse es

> insbesondere als durchaus ungebräuchlich angesehen werden [...], das Honorar für weitere Auflagen (von je 10 000 Stück) erst nach Verkauf der gesamten Neuauflage zu zahlen. Die Folge dieser von mir im Vertrauen auf den Verlag unterschriebenen Bedingung ist gewesen, daß ich für die „Frangula" erst gegen Ende 1940 eine zweite Honorar-Zahlung erhielt – und damit zwischen 1933 und Ende 1940 für eine der besten Novellen des letzten Jahrzehnts, die zudem nur in der Universalbibliothek veröffentlicht worden ist, eine Gesamthonorar-Einnahme, die noch nicht einmal ein einziges Monatsgehalt eines mittleren Beamten erreicht. Ich bin – übrigens von nichtbuchhändlerischer Seite – darauf aufmerksam gemacht worden, daß der Verlag sich mit

1912 Münchhausen an Ernst Reclam am 02.03.1933 In: GSA, 69/6248.

1913 Vgl. Ernst Reclam an Münchhausen am 16.05.1941 In: GSA, 69/6248; Vertragsabschrift Reclam Verlag | Moritz Jahn vom 30.05.1933 In: GSA, 69/6248. Solcherart Generalverträge waren durchaus üblich, wenn auch an anderer Stelle die Rahmenbedingungen attraktiver gestaltet wurden. Der Autor Bruno Nelissen-Haken beispielsweise schloss mit dem EDV einen Verlagsvertrag, der ihn verpflichtete, dem Verlag für die nächsten fünf Jahre vorrangig alle Manuskripte anzubieten; dafür erhielt er als bis dato unbekannter Autor großzügige Honorarbedingungen, etwa eine für Erstlinge unübliche Vorauszahlung von 1.500 RM. Vgl. Triebel 2001, S. 47.

1914 Vgl. Reclam Verlag an Münchhausen am 16.03.1933 In: GSA, 69/6248.

1915 Ernst Reclam an Münchhausen am 16.05.1941. In: GSA, 69/6248.

1916 Vgl. Münchhausen an Ernst Reclam am 06.06.1941. In: GSA, 69/6248.

> Vertragsbestimmungen langjährig zinslose Kapitalien zu sichern vermöchte, aus Honoraren, die üblicherweise den Autoren nach jährlicher Abrechnung ausgezahlt werden.[1917]

Außerdem sei er überzeugt, dass die *Frangula* kein Zuschussunternehmen gewesen sein könne und dass man verlegerisch mehr daraus machen könne, wenn es in einem stattlicheren Format und als Geschenkausgabe zusätzlich erscheinen würde. Reclam, einigermaßen entsetzt über Jahns Interpretation des Verpflichtungsgrades, lässt wiederum durch Münchhausen übermitteln, „[a]uch von Frangula bin ich bereit, eine solche illustrierte Ausgabe zu machen, sobald es die Verhältnisse erlauben. Von mir aus soll also geschehen, was ich zum guten Einvernehmen tun kann."[1918] Tatsächlich erschien 1943 von *Frangula*, die in der UB mit 66.000 Exemplaren in vier Auflagen produziert worden war, eine illustrierte Ausgabe mit Holzschnitten von Hans Pape[1919] in einer Auflage von 10.000 Exemplaren. Das eigentliche Ansinnen, ein weiteres Werk von Jahn zu bekommen, „damit das Jubiläum der Universal-Bibliothek [...] noch festlicher wird"[1920], erfüllte sich nicht.

1936 veröffentlichte Ina Seidel in der UB *Spuk in des Wassermanns Haus*. Die erfolgreiche[1921] protestantische Autorin thematisch vielfältiger Erzählungen hatte insbesondere mit ihrem bei der Deutschen Verlags-Anstalt publizierten Werk *Das Wunschkind*, einem der erfolgreichsten und am heftigsten umworbenen Romane der NS-Zeit,[1922] beim Publikum enorme Erfolge feiern können. Ihre Einstellung zum Nationalsozialismus wird ambivalent bewertet: Fest steht, dass sie sich vom NS-Regime korrumpieren ließ; sie begrüßte die ‚nationale Erhebung', unterschrieb 1933 das ‚Gelöbnis treuester Gefolgschaft' für Hitler[1923] – dafür bekam sie von Bergengruen den Spitznamen „Glückwunschkind" –, beteiligte sich 1939 mit einem Huldigungsgedicht und einem Telegramm an den Glückwünschen zu Hitlers 50. Geburtstag, veröffentlichte 1942 in *Der deutsche Schriftsteller* einen weiteren innigen Geburtstagsgruß und glorifizierte 1942 den Kriegseinsatz deutscher Frauen in dem mit Hans Grosser herausgegebenen Band *Dienende Herzen, Kriegsbriefe von Nachrichtenhelferinnen des Heeres*.[1924] Gleichzeitig bekannte sich die Pfarrersgattin offen zum protestantischen Glauben. Ihr 1938 publiziertes Buch *Lennacker*, in dem sie „die Frage, ob der Protestantismus und

1917 Abschrift aus einem Brief Jahns an Münchhausen am 21.05.1941. In: GSA, 69/6248.
1918 Ernst Reclam an Münchhausen am 27.05.1941. In: GSA, 69/6248.
1919 Vgl. Müller an Münchhausen am 06.07.1943. In: GSA, 69/6248.
1920 Ernst Reclam an Münchhausen am 09.06.1941. In: GSA, 69/6248.
1921 Seidels Einkommen aus schriftstellerischer Tätigkeit betrug im Jahr 1936 31.278 RM. Vgl. Seidel an RSK am 06.06.1937. In: DLA, A:Seidel, Ina, 74.1909/12.
1922 Vgl. Adam 2010, S. 262.
1923 Vgl. *Vossische Zeitung* 26.10.1933.
1924 Vgl. Krusche 2010; Adam 2010, S. 64; Aktennotiz Das Glückwunschkind. In: BArch, R 9361-V/10410, Lesefilm-Nr. RK B 185, Bild-Nr. 1756.

ob das Christentum noch eine Zukunft habe […,] wobei sie die Fehler der Kirche gelegentlich offen kritisiert, mit einem uneingeschränkten Ja" beantwortet, wurde von Helmuth Langenbucher 1942 höchstpersönlich aus weltanschaulichen Gründen abgelehnt: „Im grossen Ganzen habe ich den Eindruck, dass sich Ina Seidel […] die ja zu unseren besten dichterischen Kräften gehört, […] als Sprecherin einer bestimmten bürgerlichen Schicht betätigt hat, von der der Nationalsozialismus für die neue weltanschauliche Ausrichtung des deutschen Volkes ohnedies kaum noch einen positiven Beitrag zu erwarten haben wird."[1925] Trotzdem wurde Seidel von Hitler als ‚Gottbegnadete' in die *Sonderliste A* der sechs wichtigsten Schriftsteller aufgenommen (siehe dazu Kapitel 3.5.2).[1926] In *Spuk in des Wassermanns Haus* skizziert Seidel die enge Beziehung des zurückgezogen lebenden Inselmüllers zu seiner Tochter Melitta (beide Geschöpfe des Wassers mit magischen Fähigkeiten), an der letztlich Melittas Verlobung zerbricht – der Verlobte stirbt im Hochwasser und der Wassermann muss seine Tochter nicht an einen gewöhnlichen Sterblichen geben.[1927] Die Novelle wurde in neun Auflagen mit 123.000 Exemplaren gedruckt.[1928]

Ebenfalls auf der *Gottbegnadeten-Liste* stand Hermann Burte, der spätestens seit 1912 eine völkische Ideologie und nach anfänglicher Skepsis auch nationalsozialistische Ideale vertrat.[1929] Von ihm erschien 1933 eine NS-Fabel par excellence:

> Der berühmte Verfasser des „Wiltfeber" schenkt uns hier ein neues Werk voll kühner Phantasie. Ein Märchen für Erwachsene, in dem es neben Prinzessinnen, Rittern und Drachen auch Hochspannungsleitungen, Maschinenmenschen und Parlamente gibt. In der seltsamen Fabel von dem Kampfe eines Landes gegen den urwelthaften Riesenlurch ist der Kampf gegen die Übel symbolisiert, die am Mark unseres Volkes zehren.[1930]

Der besiegte Lurch. Ein Gleichnis des Kampfes gegen das Leiden wurde in fünf Auflagen mit 36.000 Exemplaren hergestellt. Ein Bändchen des *besiegten Lurches* – „eine, wie ich glaube, besonders wertvolle Arbeit des Dichters von grosser Eigenart" – sendete Nußbächer an Adolf Knoblauch (Pseudonym Gregor Heinrich), Mitglied der Reichsschrifttumskammer, regelmäßiger literarischer Mitarbeiter des *Völkischen Beobachters*, der *Nationalsozialistischen Monatshefte* und der *Nationalsozialistischen Landpost,* mit

1925 Abschrift des vertraulich zu behandelnden Gutachtens von Helmuth Langenbucher im Juli 1942. In: BArch, R 9361-V/10410, Lesefilm-Nr. RK B 185, Bild-Nr. 1750.
1926 Vgl. Rathkolb 1991, S. 176.
1927 Vgl. Nowara-Matusik 2016, S. 161 f.
1928 1943 erschien der von Seidel herausgegebene Sammelband *Briefe der Deutschen aus einem Jahrtausend*. Dieser war mit einer Auflage von nur 5.000 Exemplaren weit weniger rentabel.
1929 Vgl. Hermann Burte, Munzinger 1960.
1930 Werbeannonce. In: *BBl.* vom 19.05.1933, Nr. 115, S. 2548, http://digital.slub-dresden.de/id39946221X-19330519/13 [25.05.2024].

der Bitte, „gerade diese Meisternovelle, die für den Dichter sehr charakteristisch ist, in Ihrem Aufsatz im ‚Völkischen Beobachter' gebührend hervorzuheben."[1931] Kurz zuvor hatte Nußbächer Knoblauch gebeten, zu Marin Luserkes *Das Wrack des Raubschiffs* ein Nachwort für 50 RM Honorar zu schreiben,[1932] woraufhin Knoblauch auf seinen „Presse-Einsatz" zu Moritz Jahns *Frangula* verwies und die Besprechung weiterer UB-Titel in Aussicht stellte.[1933] Ein für beide Seiten gleichermaßen vorteilhaftes Arrangement brachte ein Zubrot für Adolf Knoblauch und Titelbesprechungen in einschlägigen NS-Blättern für den Reclam Verlag.

3.4.4.4 Liebe, Freundschaft und Familie

Schließlich veröffentlichte der Reclam Verlag etwas mehr als 20 Erzählungen und Novellen über soziale Themen wie Liebe, Freundschaft und Familie. Darunter war 1935 Die *Todestrommel* von Martin Beheim-Schwarzbach, dem Übersetzer des Welterfolgs *Vom Winde verweht*, der 1939 nach London emigrierte und dort für die britische Propaganda arbeitete, woraufhin seine 1940 im Exilverlag Bermann-Fischer publizierten Titel auf die *Liste des schädlichen und unerwünschten Schrifttums* gesetzt wurden. Die Geschichte über „die bunte, glitzernde Welt des Hamburger ‚Doms'"[1934] wurde von Reclam lediglich in zwei Auflagen mit 19.000 Exemplaren gedruckt. Weder die *Todestrommel* noch die 1928 und 1929 in der UB publizierten Titel *Lorenz Schaarmanns unzulängliche Buße* und *Der kleine Moltke und die Rapierkunst*, die alle drei auch in der Reihe *Der schöne Reclam-Band* veröffentlicht worden waren, finden im UB-Katalog von 1943 noch Erwähnung.

An NS-politisch weitestgehend unbelasteten Stoffen bietet das Verlagsprogramm noch die „duftige, kleine Sommergeschichte" *Geschenk eines Sommers* (1938, sechs Auflagen mit 69.000 Exemplaren) der Schweizer Autorin Cécile Lauber, „in deren Mittelpunkt das erste große Erlebnis eines jungen Mädchens steht,"[1935] und die sozialkritische Erzählung *Maartje Maartens und der verruchte Totengräber* (1937, fünf Auflagen, 51.000 Exemplare) des zwar von den Nationalsozialisten hoch geschätzten, aber wenig kooperativen flämischen Schriftstellers Stijn Streuvels, der 1941 eine Vortragsreise im Deutschen Reich ebenso ablehnte wie die ihm von der Universität Münster zugedachte Ehrendoktorurkunde – die zur Übergabe eigens angereiste deutsche Delegation ignorierte er.[1936]

1931 Nußbächer an Knoblauch am 12.04.1937. In: SBB, Nachl. 331, 828.
1932 Vgl. Nußbächer an Knoblauch am 05.04.1937. In: SBB, Nachl. 331, 828.
1933 Knoblauch an Reclam Verlag am 08.04.1937. In: SBB, Nachl. 331, 1006.
1934 Werbeannonce. In: *BBl.* vom 03.05.1935, Nr. 101, S. 2103, http://digital.slub-dresden.de/id39946221X-19350503/9 [25.05.2024].
1935 Werbeannonce *Neuerscheinungen in Reclams Universal-Bibliothek*. In: RAS, Mappe Anzeigen in Westermanns Monatsheften.
1936 Vgl. Thomas 2002, S. 98.

> Mit Martje Maartens, dem armen, struppigen Flickschuster und Laternenmann, und seinem Freund Sander, dem langen, spindeldürren Uhrmacher und Totengräber, hat Streuvels zwei unvergeßliche Typen geschaffen. Wie Maartens aus Freundesliebe zu Sander zum Grabschänder wird, und wie beide zusammen in nächtlicher Arbeit Siska, Martjes Weib, eine letzte Ruhestätte auf dem Acker der „Reichen" bereiten, unmittelbar unter der Friedhofslaterne, die Martje allabendlich entzündet, das ist – bei aller Tragik und Irrung – mit einem köstlich-barocken Humor erzählt.[1937]

Daneben druckte der Reclam Verlag 1940 eine der bereits 1917 publizierten *Litauischen Geschichten – Miks Bumullis, der Wilderer* (sechs Auflagen, 141.000 Exemplare) – des bereits 1928 verstorbenen Schriftstellers und Bühnenautors Hermann Sudermann nach.

1944 erschienen in verhältnismäßig hoher Erstauflage von je 30.000 Exemplaren zudem der zwischen Groteske und Lustspiel changierende Titel *Wunnigel* (erstmals publiziert 1878) und der Roman *Die Akten des Vogelgesangs* (1896 bei Otto Janke aufgelegt) des 1910 verstorbenen Wilhelm Raabe, Autor gesellschaftskritischer Prosa und Vertreter des poetischen Realismus.

Von Peter Dörfler, einem katholischen Priester, Pädagogen und erfolgreichen Schriftsteller, dessen Romane einem späten poetischen Realismus zuzuordnen sind,[1938] publizierte Reclam 1936 *Das Gesicht im Nebel* (sieben Auflagen, 91.000 Exemplare):

> Diese neue Novelle des süddeutschen Dichters setzt die große Linie seiner letzten Romane fort, die ihn in die unmittelbare Nachbarschaft der großen Epiker – eines Jeremias Gotthelf und Gottfried Keller – geführt hat. Mit dichterisch reiner Kraft schildert Dörfler ein schlichtes, aber in seiner Zartheit und Tiefe erschütterndes Geschehen: die Suche eines ledigen Kindes nach dem unbekannten Vater und das beglückende Finden am Weihnachtsabend.[1939]

Obwohl er aus christlicher Motivation den Nationalsozialismus ablehnte, trat Dörfler am 5. Mai 1933 in die von missliebigen Mitgliedern ‚gesäuberte' und ‚gleichgeschaltete' Preußische Akademie der Künste ein; im Oktober 1933 unterzeichnete er das ‚Gelöbnis treuester Gefolgschaft' für Adolf Hitler.[1940] Als ‚unerwünschter' Autor des ‚Dritten Reichs' war seine schriftstellerische Tätigkeit zwar erschwert, er konnte aber „weiterhin ohne Einschränkungen […] publizieren".[1941] Neben einigen wenigen Titeln bei Grote publizierte Dörfler 1942 bei Reclam noch die Erzählung *Zusann und der Trompeter*,

1937 *Allgemeiner Tiroler Anzeiger* 05.07.1937.
1938 Vgl. Baumann 2008.
1939 Werbeprospekt *Bücher für unsere Zeit*, S. 19. In: RAS, Mappe UB Ankündigungen und Sammelprospekte I.
1940 Vgl. *Vossische Zeitung* 26.10.1933.
1941 Baumann 2008.

die mit 290.000 Exemplaren in vier Auflagen die am sechsthäufigsten gedruckte UB-Publikation ist. Ferner erschienen von Dörfler in *Reclams Reihenbändchen* 1943 *Das feldgraue Buch* und 1944 *Die tüchtige Person.*

Aus dem umfangreichen, volkstümlichen und kämpferisch-nationalen Werk Kurt Arnold Findeisens erschien 1939 in der UB die mit 200.000 Exemplaren in acht Auflagen sehr erfolgreiche Komödie *Der Siebenpunkt oder die Reise ins Sandsteingebirge*:

> Die Fe-Be-Ko-Bra [Anmerkung K. B.: Fellbearbeitungskompanie Brandt], vertreten durch Herrn Leopold Ackermann und die Dresdner Filiale von Steiners Paradiesbetten in der Person des Fräulein Specht, entschlossen sich zu einer gemeinsamen Unternehmung in der Sächsischen Schweiz. Wie diese Geschichte an-, ver- und ausgelaufen ist, erzählt uns K. A. Findeisen in gewürztem Bericht.[1942]

Findeisen, der als Leiter der Schulfunkabteilung des Mitteldeutschen Rundfunks nach dem ‚Röhm-Putsch' 1934 entlassen worden war, weil „er mit der Herausgabe von Volksliedern u. Erzählungen *Braune Kameraden* (Dresden 1934) auf die falsche Seite gesetzt hatte,"[1943] lebte fortan als freier Schriftsteller.[1944] Seiner volkskundlichen Texte, die durchaus tagespolitische Propaganda aufwiesen, bedienten sich die Nationalsozialisten gern.[1945] Obwohl Findeisen „früher Freimaurer war", durfte er NSDAP-Mitglied bleiben, genoss als „sächsischer Heimatdichter einen guten Ruf" und wurde zu Dichterlesungen zugelassen. Es wurde allerdings einschränkend empfohlen, „F. nur aus seinen neueren Werken lesen zu lassen, da frühere Arbeiten starke christliche Tendenzen haben."[1946]

Walter Bauer, von dem 1942 die Geschichte *Die zweite Mutter* (vier Auflagen, 110.000 Exemplare) und 1944 *Das letzte Glück des Herrn Giorgione* als *Reclams Reihenbändchen* für den Feldpostversand veröffentlicht wurden, zählte zu den Autoren, denen das Publizieren trotz offensichtlicher Differenzen zum herrschenden System (bis 1932 gehörte er der Liga der Menschenrechte an und pflegte auch nach 1933 eine enge

1942 Werbeannonce. In: *BBl.* vom 21.03.1939, Nr. 68, S. 1800, http://digital.slub-dresden.de/id39946221X-19390321/34 [25.05.2024].

1943 Holland 2008.

1944 Findeisen fungierte ferner als Hauptschriftleiter der Wochenschrift *Das braune Blatt*, einer Gründung des Verlagsinhabers Herbert Fischer vom Verlag H. G. Münchmeyer, und als Herausgeber der *Volkstümliche 25-Pfg-Bücherei.* Findeisen an Blunck am 22.08.1935. In: SHLB, Cb 92-61.9:2:110,01. Von der deutschen Schillerstiftung erhielt Findeisen 1936 150 RM, 1939 300 RM Unterstützung. In: GSA, 134/134,24.

1945 Im *Verzeichnis der auszusondernden Literatur* wurden von Findeisen indiziert: *Braune Kameraden, Deutschland, Deutschland über alles, Es ist ein blonder Schein* und *Wir zogen in das Feld.* Vgl. Magistrat der Stadt Berlin 1946, S. 104.

1946 Amt Kulturpolitisches Archiv an Reichsdienststelle Deutsches Volksbildungswerk, Vortrags- und Schrifttumswesen, Dichterlesungen am 21.07.1942. In: BArch, NS 15/254, Bl. 230.

Freundschaft zu Stefan Zweig)[1947] wieder gestattet wurde. Zunächst erhielt der kritische Humanist und Schriftsteller, der im Hauptberuf Lehrer war, Schreibverbot; sämtliche Schriften wurden aufgrund „ihres marxistischen Inhalts“[1948] indiziert. Auf Eingabe zahlreicher Verlage wurde im Frühjahr 1937 „die Einreihung sämtlicher Schriften […] in die Liste des schädlichen und unerwünschten Schrifttums in eine zeitlich begrenzte Einreihung der bis zur Machtübernahme erschienenen Werke umgewandelt“[1949]; die nach 1933 erschienenen Titel wurden wieder freigegeben. Man hielt es für möglich, den „außerordentlich begabte[n] Mensch“ Bauer, „[d]a er noch sehr jung ist, […] für den neuen Staat zu gewinnen.“[1950] Daher wurde ihm auch das weitere Publizieren ermöglicht, wenn auch unter scharfer Beobachtung seines politischen Verhaltens und unter erschwerten Bedingungen während der gesamten NS-Diktatur. Seine RSK-Mitgliedschaft wurde zum 01.07.1937 aufgehoben und alle geplanten Veröffentlichungen galten als vorlagepflichtig und bedurften der ausdrücklichen Genehmigung von Fall zu Fall.[1951] Bauer, der diese Genehmigung häufig einholte, bat wiederholt darum, die Vorlagepflicht aufzuheben, da sie den Veröffentlichungsprozess deutlich verzögerte.

Von Willi Krause, einem Journalisten, Drehbuchautor und Filmkritiker, der bis Januar 1934 Schriftleiter beim NS-Kampfblatt *Der Angriff* gewesen war, erschien in diesem Jahr unter dem Pseudonym Peter Hagen die Novelle *Greta und Ulle* (sechs Auflagen, 57.000 Exemplare). Darin verliebt sich der Berliner Ulle auf sommerlicher Wanderfahrt in Finnland in das finnische Mädchen Greta.[1952] Krause wirkte ab Februar 1934 bis 1936 als Reichsfilmdramaturg unter Goebbels; ebenfalls 1934 wurde sein Roman *Nur nicht weich werden, Susanne!* als früher antisemitischer Film verfilmt. Ab 1937 leitete er die Deutsche Filmherstellungs- und Verwertungsgesellschaft. Da wegen mangelnden Talents der Erfolg ausblieb, wurde er 1940 entlassen und wirkte danach als Luftwaffen-Kriegsberichterstatter.[1953] Der NS-Schriftsteller und Fernsehintendant Hans-Jürgen Nierentz, der Willi Krause als Reichsdramaturg 1936 ablöste, verfasste für den Reclam-Band das Nachwort.

Margarethe Schiestl-Bentlage, bis in die 1950er Jahre eine vielgelesene Schriftstellerin, die sich zuvor rege an der „kulturellen Mobilmachung“ beteiligt hatte und

1947 Vgl. RSK an Reichsminister für Volksaufklärung und Propaganda im Herbst 1936. In: BArch, R 9361-V/3962, Lesefilm-Nr. RK B 6, Bild-Nr. 1610–1616.

1948 Reichssendeleitung (i.A.: Wißmann) an RSK am 03.03.1937. In: BArch, R 9361-V/3962, Lesefilm-Nr. RK B 6, Bild-Nr. 1578.

1949 RSK an Geheimes Staatspolizeiamt Berlin am 13.03.1937. In: BArch, R 9361-V/3962, Lesefilm-Nr. RK B 6, Bild-Nr. 1568.

1950 RSK an Reichsminister für Volksaufklärung und Propaganda im Herbst 1936. In: BArch, R 9361-V/3962, Lesefilm-Nr. RK B 6, Bild-Nr. 1610–1616.

1951 Vgl. RSK an Frentz am 23.04.1937. In: BArch, R 9361-V/3962, Lesefilm-Nr. RK B 6, Bild-Nr. 1424.

1952 Vgl. Werbeprospekt *Neue Novellen volksdeutscher Erzähler*. In: RAS, Mappe UB Einlageprospekte.

1953 Vgl. Klee 2009, S. 303; Krings 2010, S. 120; Lemmons 1994, S. 29.

als Förderin und Nutznießerin des Nationalsozialismus gilt,[1954] steuerte 1938 *Bernats Heimkehr und Ehe* zum Verlagsprogramm bei. Die „[v]on beglückendem Humor [...] und doch von tiefem, zartem Gefühl [erfüllte] kleine Liebes- und Ehegeschichte"[1955] erreichte in sechs Auflagen 101.000 Exemplare.

Auch der national-konservative Schriftsteller Wilhelm von Scholz, der in Politik und Ideologie des Nationalsozialismus seine eigenen Werte bestätigt fand und engagiert für das NS-Regime zu beiderseitigem Nutzen eintrat,[1956] fehlte nicht im Programm des Reclam Verlags. Scholz, dessen Sammelbändchen *Kopf im Fenster* bereits 1922 in der UB publiziert worden war (vgl. Kapitel 3.4.2), wurde wiederholt um eine bändchenfüllende, geschlossene charakteristische Novelle gebeten:[1957] „So bedeutend und reizvoll die kleinen Stücke des Bändchens ‚Der Kopf im Fenster' sind, haben sie doch nicht die ausgedehnten breiten Leserkreise erreicht, die erfahrungsgemäß mit einem aus einer Erzählung bestehenden Bändchen viel leichter zu gewinnen sind."[1958] Bereits kurz nach Kriegsausbruch lockt Ernst Reclam nun mit gesteigerten Absatzmöglichkeiten:

> Die Aussichten dafür sind jetzt umso günstiger, als zu dem normalen großen Leserkreis der Universal-Bibliothek nun auch die Soldaten an der Front und in der Heimat in stärkstem Maße hinzugetreten sind. Die letzte Reihe der Universal-Bibliothek hat ganz außerordentlichen Erfolg gehabt, und ähnlich wird es wohl auch mit der nächsten Serie sein, die Anfang 1940 erscheinen soll. Wenn irgend möglich, möchte ich Sie bitten, mir für diese Reihe ein Werk zur Verfügung zu stellen.[1959]

Aufgrund der zeitlichen Knappheit kann Scholz die „tollkühne[] Hoffnung" auf „eine Originalnovelle" nicht erfüllen, bietet aber die bereits in den *Erzählungen* beim List Verlag erschienene *Charlotte Donc* an, die er für den Neudruck gänzlich neu durchsehen würde.[1960] „[Z]utiefst gepackt von dieser überaus feinen und tiefen Liebesgeschichte, ihrer meisterhaften Charakteristik und eindringlichen Psychologie"

1954 Vgl. Düsterberg 2018, S, 57–80.

1955 Werbeannonce *Neuerscheinungen in Reclams Universal-Bibliothek*. In: RAS, Mappe Anzeigen in Westermanns Monatsheften.

1956 Vgl. Sarkowicz 2011.

1957 Ernst Reclam an Scholz am 03.09.1935, Reclam Verlag an Scholz am 10.09.1935. In: DLA, A:Scholz, Wilhelm von, HS. 1989.0002.

1958 Ernst Reclam an Scholz am 08.11.1939. In: DLA, A:Scholz, Wilhelm von, HS. 1989.0002.

1959 Ernst Reclam an Scholz am 08.11.1939. In: DLA, A:Scholz, Wilhelm von, HS. 1989.0002.

1960 „Gern will ich, sobald ich mich wieder ins epische Gebiet begebe, sehen, ob einer meiner geplanten Stoffe im Umfang ungefähr passen würde. Nur ist da der Zeitraum doch sehr kurz angesetzt: denn ich hätte doch den begreiflichen Wunsch, eine solche Erzählung vorher noch in einer der großen Zeitschriften auszunutzen, ehe er dauernd nur im Buch bleibt." Scholz an Ernst Reclam am 15.11.1939. In: DLA, A:Scholz, Wilhelm von, HS. 1989.0002.

verspricht sich Nußbächer „einen starken äußeren Erfolg“, wobei es „für einen wirklich durchschlagenden Erfolg“ „[g]anz wesentlich“ sei,

> daß ein anderer Titel gewählt wird. „Charlotte Donc“ sagt dem ~~gewöhnlichen~~ [Streichung im Original] Leser nicht viel und lockt auch nicht zum Kauf an. Ich habe mir wegen eines anderen Titels schon sehr den Kopf zerbrochen, denn bei der ganz auf innerseelische Vorgänge bezogenen Handlung läßt sich kaum ein farbiger und doch dem Werk entsprechender Titel finden. Endlich aber bin ich zu einem Titel gekommen, der mir sehr wirkungsvoll erscheint, und ich bitte Sie, nicht zu erschrecken, wenn er vielleicht im ersten Augenblick etwas ungewöhnlich anmutet. Ich möchte nämlich vorschlagen, die Worte aus dem letzten Brief Charlottes an ihren Mann „Ich liebe nur Dich!“ [Unterstreichung im Original] als Titel zu verwenden. Man könnte vielleicht einwenden, daß dieser Titel das Werk zu sehr in die Nachbarschaft gewisser Filme rücken könnte, die das große Thema der Liebe verkitscht haben. Aber gegen diesen Verdacht ist ja ein Werk von Ihnen von vornherein gefeit und erst recht dann, wenn man es gelesen hat. Gerade die so tiefe und zarte Gestaltung des heiklen Themas, die jeder billigen Wirkung aus dem Wege geht, läßt mich wünschen, daß wenigstens durch den Titel eine Beziehung auch zu breiteren Leserkreisen geschaffen wird. Im übrigen entspricht ja dieser Titel durchaus dem inneren Gehalt der Novelle und jeder, der sie gelesen hat, wird die tiefere Bedeutung dahinter erkennen.[1961]

Bereits in der Februarserie 1940 erschien dann unter dem Titel *Die Liebe der Charlotte Donc* – ein Kompromiss zwischen dem „gewagten Vorschlag“ Nußbächers und den „lange nicht so wirkungsvollen“[1962] Gegenvorschlägen von Scholz – die „feinnervige[], mit meisterlicher und ausdauernder Spannung geladene[] Novelle“, in der Wilhelm von Scholz „in die geheimnisvollen Gründe einer Frauenseele [leuchtet], die in ihrer leidenschaftlichen und verhaltenen Liebe einer Lebenslüge zu verfallen droht. Weisheit und psychologische Gestaltungskraft des Dichters klären die Irrungen eines im Unbewußten gefangenen Lebens und helfen einen Schritt weiter in den Enträtselungen des Weiblichen.“[1963] Die Novelle wurde in fünf Auflagen mit 81.000 Exemplaren gedruckt.

1943 schließlich publizierte der Philosoph und Schriftsteller Theodor Lorenz Haering, führendes Mitglied des NS-Dozentenbundes und am Kriegseinsatz der Geisteswissenschaften beteiligt – er deutete Philosophie als geistige ‚Rassenkunde‘[1964] – mit

1961 Nußbächer an von Scholz am 23.12.1939. In: DLA, A:Scholz, Wilhelm von, HS. 1989.0002.
1962 Nußbächer an von Scholz am 02.01.1940. In: DLA, A:Scholz, Wilhelm von, HS. 1989.0002.
1963 Werbeannonce. In: *BBl.* vom 13.03.1940, Nr. 62, S. 1312, http://digital.slub-dresden.de/id39946221X-19400313/22 [25.05.2024].
1964 Vgl. Klee 2005, S. 217.

Der Tod und das Mädchen (zwei Auflagen, 80.000 Exemplare) eine Geschichte über Liebe und Freundschaft, angesiedelt in den

> recht anderen Verhältnissen der damaligen sogenannten Friedenszeit nach dem ersten Weltkrieg – jener seltsamen Zwischenzeit, in der auch große und edle Kräfte sich, ehe eine heraufkommende neue Welt ihnen wieder würdigere Ziele gab, an kleinen und oft seltsamen Dingen [...] ersatzweise versuchen mußten oder, wie es uns heute wohl erscheinen mag, sich vertaten. Aber trotz allem: es war derselbe Geist gewesen, der sich darinnen geoffenbart hatte, wie der, der sich nun in jenem höheren Heldentum und an jenen würdigeren Aufgaben draußen im Felde bewährte.[1965]

3.4.4.5 Bauern- und Heimaterzählungen

In der NS-Literatur waren neben den historischen Romanen vor allem Heimat- und Bauernromane beliebt,[1966] in denen das bäuerliche Leben verherrlicht, das bäuerliche Gemüt idealisiert und das Bewirtschaften der eigenen Scholle im Sinne der agrarpolitischen ‚Blut-und-Boden'-Ideologie propagiert wurden. Neben den bereits thematisierten, als Verlagswerke veröffentlichten Bauernromanen bildeten Heimat und Bauerntum als Gegenentwürfe zu einer urbanen Gesellschaft auch in den Erzählungen der UB einen markanten Schwerpunkt.

Vergleichsweise wenig ideologisch überformte Texte wie Hans Dreißingers *Alpennovelle* (1939 publiziert, 81.000 Exemplare in fünf Auflagen) – „eine erschütternde Gestaltung des Mutter-Sohn-Motivs in einer bedachtsam gesteigerten Handlung, die durch das naturecht geschilderte Leben der Alpenbauern und die große Szene der Gebirgslandschaft führt"[1967] – oder *Niemands Land* (1942) von dem schlesischen Schriftsteller Josef Wiessalla, der sich gegen deutschen und polnischen Nationalismus aussprach und für eine „Selbstbefreiung" der schlesischen Bevölkerung aus „nationalistischer Umklammerung" zugunsten von „Selbstbehauptung auf selbstbestelltem Land"[1968] plädierte, waren dabei eine Seltenheit. Die letztgenannte Erzählung berichtet von dem mittellosen Bauernsohn Jule Kleh, der ohne Beachtung von Besitzrechten und ohne Entlohnung verwahrlostes Sumpfland trockenlegt, und war mit 260.000 Exemplaren in vier Auflagen sehr erfolgreich (Platz 12 der in höchster Auflage hergestellten

1965 Haering 1943, S. 5.

1966 Anzeigen wie „Angesehener Verlag erwirbt sofort gegen bar Verlagsrechte von historischen Romanen u. Bauernromanen. Angebote unter Nr. 473 durch den Verlag des Börsenblattes erbeten." finden sich nicht selten im *Börsenblatt*. Annonce. In: *BBl.* vom 04.03.1941, Nr. 53, S. 1007, http://digital.slub-dresden.de/id39946221X-19410304/22 [25.05.2024].

1967 Werbeannonce. In: *BBl.* vom 21.03.1939, Nr. 68, S. 1801, http://digital.slub-dresden.de/id39946221X-19390321/34 [25.05.2024].

1968 Denkler 2006, S. 163.

belletristischen Titel in der UB). Euphorisiert vom „Arbeitserlebnis" erhofft er sich, dass der

> „Boden [...] am Ende" dem gehört, „der ihn nutzt". [...] Sein Vorbild [...] ermuntert andere Arbeits- und Landlose zu freiwilliger Gemeinschaftsarbeit und veranlaßt die Staatsorgane zur Gründung einer Siedlungsgesellschaft, die das in Eigeninitiative gewonnene Land erwirbt und verteilt. So entsteht die oberschlesische „Olsagemeinde" mit „über dreißig Höfen" und „mehr als hundertundsechzig Bewohnern", denen zuzutrauen ist, daß sie sich – nur ihrer Arbeit zugetan – nicht mehr an Staatsgrenzen reiben und weder nationalistisch aufhetzen noch politisch spalten lassen.[1969]

Wiessalla lebte in prekären wirtschaftlichen Verhältnissen.[1970] Obwohl er „vor der Machtübernahme marxistisch eingestellt" war, erhielt er von der Deutschen Schillerstiftung unter Anregung und Billigung der RSK und des RMVP in den Jahren 1934 bis 1940 vergleichsweise umfangreiche Unterstützungen in Höhe von 4.250 RM.[1971]

> Für die Anständigkeit seines Charakters spricht, dass er daraus, wenn er gefragt wird, auch keinen Hehl macht. Ob seine Zugehörigkeit zur marxistischen Organisation Ausdruck seiner innersten Überzeugung war, kann heute nicht mehr beurteilt werden. Fest steht jedenfalls das eine, dass er damals in bitterster Not lebte, die ihm vielleicht ein klares politisches Denken in gewisser Hinsicht raubte. Nach der Machtübernahme ist über Wiessalla nicht[s] Nachteilige[s] bekanntgeworden. Kreisleiter Drobek schreibt mir, dass er nicht glaube, dass Wiessallas Werke, in denen eine nationalsozialistische Haltung unverkennbar sei, diese nur deshalb trügen, damit er sich billig im nationalsozialistischen Deutschland beliebt mache, sondern meint, dass Wiessalla sich heute tatsächlich zu einem für uns brauchbaren Volksgenossen entwickelt habe. Die künstlerischen Urteile über Wiessalla lauteten durchweg günstig.[1972]

1940 publizierte der Reclam Verlag von der bereits 1916 verstorbenen, bis heute bedeutenden Autorin Marie von Ebner-Eschenbach die Erzählung *Der Erstgeborene*. Mit

1969 Denkler 2006, S. 160.

1970 „Mein Kamerad, der Dichter Josef Wiessalla [...] befindet sich in einer verzweifelten Lage. Seine Frau bedarf seit Jahren der Pflege, sein kleiner Junge wird bei den Großeltern durchgefüttert, er selbst befindet sich seit Monaten an der Arbeit für einen großen Roman (Option Paul List Verlag Leipzig), in der er jetzt, anscheinend infolge Unterernährung, zusammengebrochen ist." Dr. Günther Birkenfeld an RSK am 29.09.1938. In: GSA, 134/150,2, Bl. 12.

1971 Bewilligungsschreiben. In: GSA, 134/150,2.

1972 Reichspropagandaamt Schlesien an Ministerialrat Dr. Naumann (persönlicher Referent des Reichsministers für Volksaufklärung und Propaganda) am 09.11.1938. In: GSA, 134/150,2, Bl. 16.

dieser in Ungarn im Jahrzehnt vor der Revolution von 1848 angesiedelten Geschichte entwarf Ebner-Eschenbach eigentlich ein sozialkritisches Bild der Machtlosigkeit, insbesondere von Frauen, gegenüber der Willkür der Gutsbesitzer.[1973] Die von der Autorin intendierte Bewusstmachung von Schuld und Schuldbewusstsein wird vom Reclam Verlag bei der Bewerbung des Titels jedoch nahezu gänzlich verwischt, indem er die Thematik des infolge einer Vergewaltigung unehelich geborenen Sohnes grundlegend in den Kontext des vom Nationalsozialismus propagierten Frauenbildes stellt, nach dem die treue, pflichterfüllende, opferbereite, selbstlose und leidensfähige Frau ihre Bestimmung in der Mutterrolle zum Wohle der ‚Volksgemeinschaft' findet: „Die Vergewaltigung, das lange Leiden und die jubelnde Erlösung eines Mutterherzens, dessen Liebe zu dem in Schande empfangenen Erstgeborenen durch Schwur und Schmach sieghaft hindurchbricht, ist das erschütternde Motiv dieser Erzählung, die zu den besten der Ebner-Eschenbach zählt."[1974]

Von Hans Friedrich Blunck, der in seinen Heimatschriften die auf „unvergänglichen", tradierten Werten und vorindustriellem Kleinbauerntum basierende ‚Blut-und-Boden'-Ideologie mystifizierte,[1975] erschien 1936 die Novellensammlung *Dammbruch* (76.000 Exemplare in acht Auflagen): „Niederdeutsches Menschentum ersteht in kraftvollen Gestalten, in dramatisch zugespitzten Szenen voll innerer Spannung."[1976] Ein Jahr zuvor war Blunck aufgrund seiner „ambivalenten Haltung in der ‚Judenfrage'" – er wollte jüdische Schriftsteller nicht gänzlich aus der RSK ausgrenzen und schlug ein Konkordat vor[1977] – als erster Präsident der RSK von dem nationalsozialistischen Autor Hanns Johst verdrängt worden. Bereits 1928 war in der UB von Blunck *Bruder und Schwester* erschienen: „Ein echt deutsches Buch. All die norddeutschen See- und Landgeister, die ganze Mystik bäuerlichen Aberglaubens finden wir in dieser entzückenden Liebesgeschichte."[1978] Blunck verdankte seinen literarischen Erfolg den Rezeptionsmustern der NS-Zeit – *Bruder und Schwester* wurde bis 1945 mit insgesamt 133.000 Exemplaren gedruckt, 113.000 Exemplare davon allein in der NS-Zeit – wobei der kommerzielle Erfolg seiner großen Romane „unmöglich mit dem Spannungsreiz der angebotenen Ware zu tun haben konnte"[1979] und lediglich dem Marketing der HAVA zu verdanken sei.

1973 Vgl. Dyková 2006, S. 35 f.
1974 Werbeannonce. In: *BBl.* vom 13.03.1940, Nr. 62, S. 1312, http://digital.slub-dresden.de/id39946221X-19400313/22 [25.05.2024].
1975 Vgl. Scriba 2015.
1976 Werbeprospekt *Bücher für unsere Zeit*, S. 18. In: RAS, Mappe UB Ankündigungen und Sammelprospekte I.
1977 Dahm 2004, S. 90 f.
1978 Werbeprospekt *Bücher für unsere Zeit*, S. 18. In: RAS, Mappe UB Ankündigungen und Sammelprospekte I.
1979 Lokatis 1992, S. 100.

Der 1943 publizierte Titel *Silvesternacht* von Johannes Linke wurde deutlich höher aufgelegt, wenngleich dies wohl auch der Druckpraxis zu verdanken war, mit fortschreitendem Kriegsverlauf zunehmend weniger Titel in höherer Auflagenzahl zu drucken. Linke war nebenberuflicher Autor und im Hauptberuf Volksschullehrer, der unter dem maßgeblichen Einfluss von ‚Blut-und-Boden'-Vorstellungen alle belletristischen Genres bediente. Seine bäuerliche Erzählung wurde in drei Auflagen mit 230.000 Exemplaren hergestellt und kommt somit auf Platz 19 der in höchster Auflage produzierten belletristischen Titel in der UB.

Auch die äußerst populäre, mit unpolitischen Balladen bekannt gewordene ostpreußische Heimatdichterin Agnes Miegel, deren Werke ab 1933 ‚Blut-und-Boden'-Romantik verströmten, fehlte nicht in der UB. Ab Mitte der 1920er Jahre schrieb sie vermehrt auch Erzählungen, Märchen und größere Prosawerke, darunter die 1937 bei Reclam publizierten Erzählungen über „das Wunder des Bernsteins, des ‚deutschen Goldes'"[1980]: *Das Bernsteinherz*[1981] (139.000 Exemplare in neun Auflagen). Miegel bekannte sich, möglicherweise aus Ignoranz oder Unkenntnis,[1982] offen als glühende Verehrerin Hitlers:

> Der Nationalsozialismus trat erst in mein Leben, als er andere schon lange erfüllte. [...] Denn ich bin Nationalsozialist. Zuerst ging ich diesen Weg – (schwer, sehr schwer, denn jeder Tag zerbrach ein Stück meines alten Lebens [...] Dann aber immer tiefer ergriffen und jetzt so sehr in mir verwandelt, dass es wie ein Umschmelzen war. Nicht dass ich mit irgend welchem Ueberschwang bin, das liegt meiner Art nicht, dazu sind meine Gefühle zu tief. Ich bin zu preussisch, um nicht das Irdisch zu sehen – aber auch zu preussisch, um nicht voll aufrichtiger Bewunderung das zu erkennen, was schon erreicht ist und oft zu billigen, was andern zu hart erscheint. Wenn ich über meine Heimat und ihr Geschick etwas glaube, so ist es das: Wir werden ein nationalsozialistischer Staat sein – oder wir werden nicht sein. Und das wäre

1980 Werbeprospekt *Reclams Universal-Bibliothek. Frühjahrs-Neuerscheinungen 1937*. In: RAS, Mappe UB Werbung I.

1981 Die *Bücherkunde* empfiehlt den Titel, da er sich eigne, „für Wert und Ehre der deutschen Dichtung in dieser Zeit zu zeugen." *Bücherkunde* 1937, H. 9, S. 574.

1982 Vgl. Agnes Miegel, Munzinger 2012. Von verschiedenen NS-Kulturfunktionären angeregte Unterstützungen durch die Schillerstiftung lehnte Miegel mehrfach ab. Vgl. GSA, 134/51,16. Nach dem Ende des NS-Regimes schreibt Miegel: „Auf Ihre Anfrage über meine Stellung zum Nationalsozialismus kann ich nur sagen, daß ich, die Grenzdeutsche, mich aus Idealismus dazu bekannte, wie die vielen wertvollen Menschen, die ich darin fand, – denen nun wie mir, alles wofür sie einstanden, zusammengebrochen ist. Für diese hoffe ich, daß sie den Weg finden werden, der es ermöglicht, daß ihre Kräfte in dem neuen Deutschland an dessen Wiederaufbau Verwendung finden. Wenn es auch mir noch möglich wäre durch meine Dichtung darin mitzuwirken, so würde das für mich als Mensch und Dichter sehr viel bedeuten." Notiz zu Agnes Miegel, o. D. In: DLA, A:Grimm, Hans, HS.NZ83.0002.

> der Untergang nicht nur Deutschlands – es wäre der Untergang des weißen Mannes.[1983]

Mit dieser Einstellung diente sie den Nationalsozialisten in zweierlei Hinsicht als literarisches Aushängeschild:

> Ich halte es gerade für wesentlich, daß in Kriegszeiten einmal eine große Dichterin vor allem Volke geehrt wird, daß gerade die männlichste Zeit der mütterlichen Liebeskraft einer deutschen Frau huldigt. Zu dem literarischen Grund kommt also der volksethische; darüber hinaus erlaube ich mir, auch auf den politischen Charakter dieser Wahl hinzuweisen, denn Frau Agnes Miegel ist Königsbergerin und steht somit in dem ganzen Erlebnis unmittelbar den Entscheidungen der letzten Zeit mit Leib und Seele gegenüber.[1984]

Aus der Feder des nationalsozialistischen ‚Volkstumsdichters' Heinrich Sohnrey erschien 1935 *Die Jungfernauktion*; „ungeachtet ihres scheinbar verfänglichen Titels [] eine echte deutsche Volkserzählung, die die bäuerlichen Menschen aus dem Bergland Hannovers in voller Ursprünglichkeit hinstellt".[1985] Das Buch erreichte in neun Auflagen 139.000 Exemplare. Sohnrey hatte sich

> als Vorkämpfer für das deutsche Bauerntum ausserordentliche Verdienste erworben. In jahrzehntelanger, opfervoller Arbeit hat er auf den Gebieten der bäuerlichen Kulturpflege und Volkswohlfahrt gewirkt und wesentliche Voraussetzungen für das nationalsozialistische Aufbauwehr geschaffen. Seine Erzählungen und Schriften haben weite Kreise unseres Volkes mit dem Wesen und Leben des Bauern vertraut gemacht und damit der werdenden Volksgemeinschaft wichtige Dienste geleistet[1986],

1983 Miegel an Blunck am 23.09.1934. In: SHLB, Cb 92.56:59. Mit Blunck, vor allem aber mit Münchhausen verband Miegel eine enge Freundschaft. Gemeinsam unterschrieben sie im Oktober 1933 zusammen mit 85 weiteren Schriftstellern das ‚Gelöbnis treuester Gefolgschaft' für Adolf Hitler. Vgl. *Vossische Zeitung* 26.10.1933.

1984 Johst an Goebbels am 01.04.1940. In: BArch, R 9361-V/8353, Lesefilm-Nr. RK B 131, Bild-Nr. 1746. Goebbels hatte Johst gebeten, für den Goethe-Preis 1940 Vorschläge für dasjenige Buch, „in dem das aufrüttelnde Erlebnis unserer Tage den packendsten und künstlerisch reifsten Ausdruck gefunden hat", zu unterbreiten. Goebbels an Johst am 23.03.1940. In: BArch, R 9361-V/8353, Lesefilm-Nr. RK B 131, Bild-Nr. 1740. Miegel erhielt den Preis für den beim EDV publizierten Gedichtband *Ostland*.

1985 *Allgemeiner Tiroler Anzeiger* 16.03.1935.

1986 Führerinformation Nr. A I 444 des RMVP am 16.06.1944. In: BArch, R 43-II/1092a, Bl. 85.

so das Begründungsschreiben von Goebbels für ein steuerfreies Ehrengeschenk in Höhe von 30.000 RM zum 85. Geburtstag Sohnreys.[1987] Zuvor war Sohnrey bereits durch die Verleihung des Adlerschildes des Deutschen Reiches, eines Professorentitels und eines Doktors rer. pol. e. h. sowie durch einen Ehrensold ausgezeichnet worden. Sonderlich einträglich war seine Erzählkunst, die „in ihrer eindringlichen Schlichtheit von echter Volkhaftigkeit [...] zeugt“[1988], wohl nicht. Seit 1938 stand er auf der Liste der Pensionäre, die eine jährliche Pension von der Deutschen Schillerstiftung empfingen; neben diesen jährlichen Pensionen in Höhe von 2.400 RM erhielt er 1938 und 1939 jeweils eine Zuwendung von 2.600 RM.[1989]

1940 erschien von Lulu von Strauß und Torney die Erzählung *Schuld* (drei Auflagen, 51.000 Exemplare): „Hart und traurig und schließlich erlösend ist diese Geschichte von der armen Tagelöhnersmeike, die von dem reichen Bauernsohne mit einem ledigen Kinde im Stich gelassen wurde. Das Bild der Mutter mit dem Kinde prägt sich unvergeßlich mit der herben Lieblichkeit niederdeutscher Madonnen ein.“[1990] Bei dem Titel handelt es sich wohl um einen Ausschnitt aus einem ihrer frühen Werke – Bauernromane aus dem Schaumburger Land, dem Marschland und an der Ostsee –, in denen die Nationalsozialisten durchaus Aspekte der ‚Blut-und-Boden‘-Ideologie erkannten und die Autorin deshalb als eine der ihren vereinnahmten. Obgleich ihre Haltung zum NS ambivalent bewertet wird, bediente von Strauß und Torney, die als zweite Ehefrau von Eugen Diederichs sowie als etablierte und gut vernetzte völkisch-nationale Autorin in den 1920er Jahren maßgeblich das literarische Programm des EDV prägte,[1991] mit dieser Novelle unzweifelhaft das vom NS propagierte aufopferungsvolle Frauen- und Mutterbild.

Weiterhin veröffentlichte der Reclam Verlag Erzählungen von Erwin Guido Kolbenheyer, Josef Ponten und Gustav Frenssen, deren ‚Volkstumsdichtungen‘ und historische Heimatromane vorrangig aus ideologischen Strömungen des Kaiserreichs resultierten und oft antisemitische, sozialdarwinistische und völkisch-nationale Züge aufwiesen.[1992] Von Kolbenheyer,[1993] seit 1928 Förderer des Kampfbundes für deutsche Kultur, seit

1987 Vgl. Führerinformation Nr. A I 444 des RMVP am 16.06.1944. In: BArch, R 43-II/1092a, Bl. 86; Sekretär des Führers Reichsleiter Martin Bormann an Reichsminister Dr. Lammers, Reichskanzlei Berchtesgaden am 19.06.1944. In: BArch, R 43-II/1092a, Bl. 34.

1988 Leiter der Reichsstelle für Raumordnung an Reichsminister für Volksaufklärung und Propaganda am 28.12.1937. In: GSA, 134/145,8.

1989 Vgl. GSA, 134/145,8.

1990 Werbeannonce. In: *BBl.* vom 13.03.1940, Nr. 62, S. 1312, http://digital.slub-dresden.de/id39946221X-19400313/22 [25.05.2024].

1991 Vgl. Lulu von Strauß und Torney, Munzinger 2012.

1992 Vgl. Scriba 2015.

1993 Über Kolbenheyers *Paracelsus*-Romantrilogie verfasst Heinrich Reclam seine Doktorarbeit: „Nach einem einleitenden Abschnitt, der erstmalig auch alle übrigen Paracelsus-Dichtungen überschaut, vergleicht der Autor das Leben und die Lehre des Paracelsus, wie sie in Kolbenheyers Roman gestaltet wurden, mit dem wissenschaftlichen Paracelsus-Bild. Bauhüttengedanken

1940 NSDAP-Mitglied, inflationärer Empfänger nationalsozialistischer Literaturpreise und literarischer Fürsprecher des Nationalsozialismus,[1994] erschien 1942 die historische Erzählung *Die Wiedergeburt des alten Daringer* (vier Auflagen mit 140.000 Exemplaren).

Von Josef Ponten, der – obgleich er sich selbst als Kosmopolit und Pazifist verstand[1995] – aufgrund seines kulturkonservativen Landschaftsbegriffs leicht mit den ‚Blut-und-Boden'-Idealen assoziiert werden konnte, erschien 1944 in *Reclams Reihenbändchen Die deutsche Landschaft und der deutsche Mensch.*[1996] Von Gustav Frenssen (ebenfalls vielfacher NS-Literaturpreisträger), dessen Werke antisemitische, rassistische und kolonialistische Wertvorstellungen befeuerten und um dessen Beteiligung an der UB man sich bereits 1931 bemüht hatte,[1997] wurde 1938 *Land an der Nordsee* publiziert (sieben Auflagen, 97.000 Exemplare). Dieser Titel wurde von der *Bücherkunde* zweimal

werden als Grundlage der Trilogie erwiesen, und die Wesenstiefe des Paracelsischen Menschen wird gedeutet." Werbeannonce. In: *BBl.* vom 12.04.1938, Nr. 86, S. 2151, http://digital.slub-dresden.de/id39946221X-19380412/23 [25.05.2024]. Die Arbeit wird 1938 als Verlagswerk unter dem Titel *Die Gestalt des Paracelsus* bei Reclam publiziert und erreicht in zwei Auflagen 1.524 Exemplare. Mit Hans Ludwig Held tauscht sich Heinrich Reclam umfassend zur Thematik und zum Fortschreiten seines Dissertationsprojektes aus. Die zahlreichen Versprechen, in Bälde mit einer Bitte um Lektorat einzelne Kapitel zu übersenden, hält er in der Regel nicht ein. Vgl. Schriftwechsel Heinrich Reclam und Hans Ludwig Held. In: Münchner Stadtbibliothek / Monacensia, HLH B 336.

1994 Vgl. Erwin Guido Kolbenheyer, Munzinger 1962. Mit Kolbenheyers *Wenzel Tiegel* war bereits 1928 die 7.000. Jubiläumsnummer der UB besetzt worden. Vgl. Kapitel 3.1. Von der Gesamtauflage von 168.000 Exemplaren wurden 135.000 während der NS-Zeit gefertigt.

1995 Vgl. Müller 2004: Josef Ponten, S. 154.

1996 Von Ponten waren bereits 1921 die Erzählung *Die Insel* und 1926 *Die Bockreiter* erschienen. Siehe Kapitel 3.1. Des Weiteren bereicherte er die Rubrik *Historische und Kulturgeschichtliche Werke* mit drei landschaftskundlichen Beiträgen.

1997 Nachdem sich die Schriftleitung von *Reclams Universum* 1930 mit der Bitte um Vorabdruck seines neuen Romans *Hörner von Gallehus* an Frenssen gewandt hatte, damit „nur die wertvollsten Romane unserer Zeit den Lesern gebracht werden," gewährte Frenssen diesen Vorabdruck 1931 gegen die üppige Honorarforderung von 8.000 RM, die ihm „ausnahmsweise" eingeräumt wurde – allerdings erst, nachdem Ernst Reclam, der „stutzig geworden ist durch Ihre Bemerkung, die Zeitungen lehnten es wegen seines sexuellen Gehalts ab", das Manuskript eingehend geprüft hatte. Günther (*Reclams Universum*) an Frenssen am 24.06.1930; Günther (*Reclams Universum*) an Frenssen am 24.02.1931; Vgl. Günther (*Reclams Universum*) an Frenssen am 19.03.1931. In: SHLB, Cb 21.57:1.01-15.98. Dies nutzt Nußbächer noch 1931 und bittet Frenssen um ein repräsentatives Werk für die UB: „Es wäre mir sehr lieb, wenn gerade der Zeitpunkt des Erscheinens Ihres Romans im ‚Universum' auch für die Herausgabe eines Ihrer Werke in der Universal-Bibliothek ausgenützt werden könnte." Nußbächer an Frenssen am 18.09.1931. In: SHLB, Cb 21.57:1.01-15.98. Das Angebot, einen Abschnitt des Romans in der UB nachzudrucken, lehnt Nußbächer ab: „Ich gedulde mich gern in der Hoffnung, daß Sie schon einen Stoff finden werden, der sich auf dem schmalen Raum von 75 Druckseiten behandeln läßt." Reclam Verlag an Frenssen am 23.09.1931. In: SHLB, Cb 21.57:1.01-15.98. 1938 erschien dann *Land an der Nordsee*, auch wenn Nußbächer bei der Titelfrage für „Nordseeheimat" plädiert hatte: „Es kommt darin zum Ausdruck, daß eigene Kindheitserlebnisse geschildert sind und zudem wird jedes Mißverständnis darüber ausgeschlossen, daß es sich

mit leicht differierenden Wertungen besprochen: 1938 merkt die insgesamt sehr positive Rezension kritisch an, dass ein Teil der Erzählungen noch Züge aus der Pastorenzeit des Dichters trage und noch nicht die entschiedene weltanschauliche Haltung zeige, die der Autor in späteren Werken präsentiere. Dennoch wurde das Bändchen als Hinleitung zu Frenssen empfohlen.[1998] In der Bewertung im Jahr darauf wurden keine qualitätshemmenden theologischen Grundmuster mehr bemängelt; die Textauswahl rege bestens dazu an, „sich schärfer mit dem Gesamtwerk des Autors zu befassen."[1999]

Die barocke Kerze, 1938 von Josef Martin Bauer in der UB publiziert, kam in sechs Auflagen auf 97.000 Exemplare. Bauer, Verfasser völkisch geprägter Bauern- und Siedlerromane, stand der NSDAP vor der ‚Machtergreifung' wohl kritisch gegenüber, wirkte aber während der NS-Zeit als linientreuer ‚Blut-und-Boden'-Ideologe. Unter anderem wurde ihm 1944 der erstmalig vergebene Ehrenpreis des bäuerlich gebundenen Schrifttums der Gegenwart verliehen:

> Bauernland und Bauernarbeit, das gefährliche Gegenspiel ländlicher und städtischer Lebenskräfte, werktägliche Bewährung und läuternde Liebe im Bereich der einfachen Dinge, an denen sich die Herzkraft und Handkraft wahrhaften Menschentums erst echt und ernst erweisen kann – das sind die großen Grundthemen seines dichterischen Schaffens. […] Das Werk Josef Martin Bauers, in stetem Wachstum begriffen, wird weiterhin in den Jahren des Friedens eine redlich gereifte Ernte bringen und sich Bahn schaffen.[2000]

Gleichzeitig erhielt Friedrich Griese den Kulturpreis für bäuerliches Schrifttum für sein Lebenswerk:

> Mit elementarer Sprachkraft schildert Griese uns das Wesen der bäuerlichen Landschaft, den Sinn des ländlichen Daseins, die zweckmäßige Ordnung im Kreislauf des Landlebens, die Kraft der Erde, die den Bauern nährt. Der Glaube an die Unzerstörbarkeit des bäuerlichen Lebens ist die sittliche Grundidee der Werke Friedrich Grieses.[2001]

Von Griese war 1927 die Erzählung *Wittvogel* publiziert worden, von deren Gesamtauflage bis 1945 (96.000 Exemplare) 76.000 Exemplare in der NS-Zeit nachgedruckt wurden. Ein Werbeprospekt, in dem der Verlag unter den Schlagworten *Scholle und*

hier nicht etwa um eine landschaftliche Schilderung handeln kann." Nußbächer an Frenssen am 24.02.1938. In: SHLB, Cb 21.57:1.01-15.98.

1998 Vgl. *Bücherkunde* 1938, H. 12, S. 681 f.

1999 *Bücherkunde* 1939, H. 5, S. 265.

2000 *Völkischer Beobachter* 26.03.1944. Bekannt ist Bauer vor allem durch seinen berühmten, 1955 erschienenen und mehrfach verfilmten Roman *Soweit die Füße tragen*.

2001 *Völkischer Beobachter* 26.03.1944.

Landschaft[2002] ältere Publikationen der UB thematisch einschlägig anpreist, zeigt eindrucksvoll, wie kreativ der Reclam Verlag bei der völkisch-nationalsozialistischen Umwertung des Heimat- und Bauernromans werden konnte: So finden sich in dem Prospekt neben Griese und anderen in den 1920er Jahren populären, völkisch-nationalen bis nationalistischen Autoren wie Hermann Stehr (*Der Schindelmacher*, 1925), Alfred Huggenberger (*Der Glücksfinder,* 1922), Gustav Schröer (*Kinderland*, 1925) und Wilhelm von Polenz (*Wald*, 1927) auch Gottfried Keller (*Romeo und Julia auf dem Dorfe*, 1921), Jeremias Gotthelf (*Uli der Knecht*, 1887), Ludwig Anzengruber (*Der Sternsteinhof* und *Der Schandfleck*, beide 1920), Annette von Droste-Hülshoff (*Die Judenbuche*, 1884) oder gar die mittelhochdeutsche Versnovelle *Meier Helmbrecht*.

Die Ablehnung des gehetzten, technikgetriebenen Lebens in der Großstadt und dessen Kontrastierung mit idyllischem Landleben kommt insbesondere in den folgenden drei Publikationen zum Tragen. In *Fort damit!* soll zu Zwecken des Straßenbaus ein Findling beseitigt werden. Hans Franck[2003] schildert „mit scharfer Charakteristik der handelnden Personen" den Disput zwischen dem zuständigen Ingenieur und dem Dorfschullehrer, der den Findling unbedingt erhalten möchte: „Diese Novelle zeigt in konzentrierter Handlung den Kampf zwischen den mythischen Kräften des Bodens und der hemmungslos fortschreitenden, gewalttätigen Technik – ein Kampf, der in stärkster Spannung dramatisch zugespitzt, eine überraschende Lösung findet."[2004] Das Buch war jedoch nicht erste Wahl, und auch die Novelle Francks *Kreuz und Krone* hatte Ernst Reclam bereits abgelehnt, denn es „dürften die meisten Leser von der lang ausgesponnenen Darstellung des Liebeskonfliktes zwischen den beiden Ehegatten, de[n] vielfach sich wiederholenden Szenen und Gespräche[n], wohl kaum angezogen werden, […] Die erotischen Partien der Novelle würden aber die Lektüre im Unterricht verbieten". Ursprünglich strebte Reclam einen Nachdruck der beim Georg Müller Verlag publizierten

2002 Werbeprospekt *Scholle und Landschaft*. In: RAS, Mappe UB Einlageprospekte.

2003 Die Zusammenarbeit mit Hans Franck beginnt bereits im Februar 1919, zunächst mit einer regen Betätigung Francks in *Reclams Universum*: Er gibt zahlreiche Novellen in den Vorabdruck, beteiligt sich an Buchbesprechungen und als eifriger Zehnzeilenkritiker, obschon er sich bitterlich über die Honorare beschwert: Für zwei Buchkritiken je 105 Silben erhielt er vier Mark: „Ich brauche für die Lektüre eines Buches allermindestens 4 Stunden. Hinzukommt die Zeit […] der Formulierung […] und Durchsicht der Kritik, wofür mindestens auch noch eine Stunde anzusetzen ist. Wenn sie die Honorarsumme, die Sie mir nannten und die auch noch nicht einmal bei Fertigstellung der Arbeit gezahlt wird, durch 5 dividieren, ergibt sich ein Stundenlohn, für den zu arbeiten, jeder Maurerlehrling mit Hohngelächter sich bedanken würde." Franck an *Reclams Universum* am 15.12.1927; *Reclams Universum* an Franck am 11.11.1927. In: LBMV, NL 08 Br Recl : Kasten 105. Franck bietet sowohl dem Universum als auch für die UB sehr viele Novellen und auch Lyrik an; tatsächlich verlegt wurden von ihm aber nur drei Novellen, sodass sich ein Großteil des umfangreichen Schriftwechsels auf höfliche Absagen seitens des Verlags und längliche Erörterungen von Absatz- und Honorarfragen bezieht. Der letzte briefliche Kontakt erfolgt zwei Jahre vor dem Tod des Autors 1964.

2004 Werbeannonce. In: *BBl.* vom 19.05.1933, Nr. 115, S. 2549, http://digital.slub-dresden.de/id39946221X-19330519/13 [25.05.2024].

Südseeinsel – „als das vollkommenste novellistische Produkt, das wir Ihnen zu verdanken haben"[2005] – an. Dieser verlangte allerdings eine Ablösesumme von 500 RM, welche Ernst Reclam sich nicht zu zahlen imstande sah. Darum schlug er ihre Verrechnung mit Francks Autorenhonorar vor, sehr zu dessen deutlichem Missfallen:[2006]

> Aber auf dieser Basis kommen wir nicht zusammen. Denn worauf läuft Ihr Vorschlag bei Licht besehen hinaus? Darauf: ich zahle an Herrn K. eine Ablösungssumme von 500 M, die Sie mir vorstrecken. Ich weiss nicht, wodurch Sie ideell und materiell dieses Opfer von 500 M für mich begründen wollen. Oder vielmehr ein noch höheres Opfer. Denn bei Herrn K. bekomme ich statt 5 % 10 %, und zwar von einem Buchpreise, der um mehr als das Doppelte höher liegt als der Ihre. So geht es bestimmt nicht.[2007]

Es ging auch nicht. Letztlich bot Franck die Novelle *Todstein* (ursprünglicher Titel *Fort damit!*) an, die in 600 Exemplaren ausschließlich für die Mitglieder der Mecklenburgischen Gesellschaft gedruckt worden war. Bei Übernahme müsse die Restauflage zu ca. 100 RM übernommen werden, „die ja im Gegensatz zu der Forderung des Herrn Kilpper für die Südseeinsel wohl zu tragen wäre."[2008] Die Novelle, die für den nötigen Heftumfang noch mit einem üppigen Nachwort von Franck und Zeichnungen aufgefüllt wurde,[2009] erschien 1933 in der UB und blieb mit 59.000 Exemplaren in sieben Auflagen bis 1945 mäßig erfolgreich. Nach 1945 wird die Novelle zwar nicht auf der *Liste der auszusondernden Literatur* indiziert, ihr Vertrieb aber von der Prüfstelle der Abteilung Buch- und Bibliothekswesen des Volksbildungsamtes Leipzig bis nach erfolgter Änderung dreier Textstellen zunächst verboten.[2010] Auch für einen Nachdruck seiner Werke, nach dem Franck wiederholt fragt, bekommt er bis mindestens 1949 – zumindest in der SBZ – keine Druckgenehmigung:[2011]

2005 Ernst Reclam an Franck am 07.12.1932. In: LBMV, NL 08 Br Recl : Kasten 105.

2006 Vgl. Ernst Reclam an Franck am 03.01.1933. In: LBMV, NL 08 Br Recl : Kasten 105.

2007 Franck an Reclam Verlag am 06.01.1933. In: LBMV, NL 08 Br Recl : Kasten 105.

2008 Franck an Reclam Verlag am 24.03.1933. In: LBMV, NL 08 Br Recl : Kasten 105.

2009 Vgl. Reclam Verlag an Franck am 11.04.1933; Franck an Reclam am 13.04.1933. In: LBMV, NL 08 Br Recl : Kasten 105.

2010 Vgl. Ernst Reclam an Franck am 07.12.1946. In: LBMV, NL 08 Br Recl : Kasten 105. Reclam lässt diese Korrekturen in den verbliebenen 3.730 Exemplaren durchführen, allerdings nur, weil die Makulatur noch höhere Kosten verursacht hätte.

2011 Heinrich Reclam hat 1949 die Absicht, alle drei Werke neu aufzulegen, verweist allerdings darauf, dass im Wiederaufbau Titel für Schule und Bildungsarbeit Priorität haben. Vgl. Heinrich Reclam an Franck am 10.08.1949. In: LBMV, NL 08 Br Recl : Kasten 105. Daran ändert sich auch bis 1961 nicht viel: „man muss Rücksicht auf die jugendlichen Leser nehmen, daher kommen weder ‚Die Südseeinsel' noch die ‚Fiedelfite' infrage, wohl aber ‚Die Pilgerfahrt nach Lübeck', da die Lehrer diese Geschichte bestimmt gern benutzen, um ihre Schüler an das Werk Bachs heranzuführen". Diese erscheint bei Reclam Stuttgart 1963 mit Lizenz von Siegbert Mohn. Heinrich Reclam an Franck am 17.02.1962; Heinrich Reclam an Dr. Ingrid

> Ich glaube, daß dies am Charakter Ihrer Erzählungen liegt, die alle sehr stark mit Ihrer Pointierung auf einen schicksalhaften Zufall einen mystischen Glauben zum Thema haben. Das trifft beispielsweise für die Erzählung „Fort damit!" […] zu, in der man beinahe von abergläubischen Vorstellungen sprechen könnte, und genau so gilt das für die Erzählung „Fiedelfite", in der zu Beginn zwar die soziale Wirklichkeit angesprochen wird, deren Schluß jedoch sich ganz in einem mystischen Glauben vollendet.[2012]

Auch weniger ideologiekonforme Autoren thematisierten die Vorzüge des Landlebens, so etwa Heinrich Hauser[2013] in *Die Flucht des Ingenieurs:* „Mit Humor und Grazie erzählt Hauser, wie die Flucht eines Ingenieurs in die große Einsamkeit der Natur einer weltfernen Hallig zu seiner seelischen Wiedergeburt führt."[2014] Trotz Indizierung zweier Titels Hausers auf der *Liste des schädlichen und unerwünschten Schrifttums* publizierte Reclam 1937 die Novelle in einer Startauflage von 21.000 Exemplaren in der UB, und obwohl Hauser 1939 ins Exil nach Amerika ging, folgten 1940 und 1941 jeweils weitere 10.000 Exemplare. Ein weiteres Beispiel ist *Die alte Schuld* (1933) von Felix Riemkasten, einem Vertreter der ‚Konservativen Revolution', der sich während der NS-Zeit vorrangig auf das humoristische Feuilleton und auf Ratgeberliteratur verlegte:[2015]

> In diesem neuen Werk zeigt sich Felix Riemkasten […] als meisterhafter Gestalter eines Menschenschicksals unserer Zeit. Der berühmte Berliner Rechtsanwalt steht für viele ähnliche Existenzen, die in der Jagd nach dem Erfolg seelisch leiden und menschlich verarmen. Die Heilung durch den Jugendfreund, der fest im natürlichen Leben verwurzelt blieb, ist in dichterisch groß gesehenen Szenen dargestellt. Ein Werk, das Großstadt und Land, Zivilisation und Natur in lebensvollen Gestalten gegenüberstellt […].[2016]

Grothe [Tochter Hans Francks] am 18.09.1962. In: LBMV, NL 08 Br Recl : Kasten 105. Im Reclam Verlag Leipzig wurde *Fiedelfite* 1957 wieder herausgegeben. Die Verlagsrechte für die beiden anderen Erzählungen gab man Franck zurück. Vgl. Marquardt an Franck am 03.05.1955; Kretschmar an Franck am 20.04.1961. In: LBMV, NL 08 Br Recl : Kasten 105.

2012 Ernst Reclam an Franck am 08.04.1949. In: LBMV, NL 08 Br Recl : Kasten 105.

2013 Hausers 1928 veröffentlichter und mit dem Gerhart-Hauptmann-Preis ausgezeichneter Titel *Brackwasser* wurde als einziger Titel der Reihe *Junge Deutsche* während der NS-Zeit nachgedruckt.

2014 Werbeannonce. In: *BBl.* vom 05.03.1937, Nr. 53, S. 1003, http://digital.slub-dresden.de/id39946221X-19370305/27 [25.05.2024].

2015 Vgl. Mohler; Weissmann 2005, S. 517; Felix Riemkasten, Munzinger 1973.

2016 Werbeannonce. In: *BBl.* vom 12.10.1933, Nr. 238, S. 4574f, http://digital.slub-dresden.de/id39946221X-19331012/21 [25.05.2024].

Beworben als Buch für „zur nationalsozialistischen Erziehung“ und „zum völkischen Wiederaufbau“[2017], erreichte der Titel 69.000 Exemplare in sieben Auflagen.

Von dem badischen Heimatautor völkischer Schriften Hermann Eris Busse, dessen „sagahaften“ Bauernromane vorzugsweise im Schwarzwald spielten und eine „stark bodenständige und technikfeindliche Tendenz“[2018] aufwiesen, publizierte der Reclam Verlag 1940 *Zum silbernen Stern.* Die historische Erzählung über Grimmelshausens Zeit als „Bauer und Gastwirt“ der Gastwirtschaft „Zum Silbernen Stern“ in Gaisbach, eine Zeit, in der ihm „die überstandenen furchtbaren Jahre gleich einem Alpdruck auf [der] Seele liegen, ihn unstet und seiner Frau unheimlich machen, er sich aber die Last von der Seele arbeitet und zum großen deutschen Dichter und Patrioten heranreift“[2019], wurde in sechs Auflagen mit 116.000 Exemplaren gedruckt.

Von Karl Götz, NS-Schriftsteller, Lehrer und Gaureferent für Grenz- und Auslandsdeutschtum im Nationalsozialistischen Lehrerbund, der mit Lichtbildvorträgen im Auftrag des Deutschen Auslandsinstituts unter anderem in Kanada Propaganda für den NS-Staat betrieb, erschien 1940 *Die Heimstätter. Ein Schicksal in Kanada*:

> Der Dichter des „Kinderschiffes“, der aus der Bestimmung seines Herzens zum Sendboten zwischen der Heimat und unseren volksdeutschen Brüdern wurde, gibt einen ergreifenden Bericht über die Geschicke eines schwäbischen

2017 Werbeannonce. In: *BBl.* vom 12.10.1933, Nr. 238, S. 4574f, http://digital.slub-dresden.de/id39946221X-19331012/21 [25.05.2024].

2018 Janssen 2003, S. 140. Der bis heute in seiner Heimat geschätzte Hermann Eris Busse ist in Bezug auf seine Einstellung zum NS durchaus kritisch zu sehen. Vgl. Adam 2016, S, 128. 1935 klagt Busse, über den „belastende Mitteilungen“ in Umlauf gebracht worden waren, seinem Freund Blunck sein Leid: „Es wurde natürlich auch wieder, um mich zu schädigen, ausgestreut, einesteils ich sei Zentrumsmann gewesen, andererseits ich sei Sozialdemokrat gewesen, und es wurde dabei sogar behauptet, ich sei Mitglied der einen oder anderen Partei gewesen. Ich war – das weisst Du ja – nie in einer Partei und nie in einer Loge [...] Im übrigen kann ich den kleinen Neidern und Taglöhnern nur immer wieder raten, das, was von mir bis heute veröffentlicht ist, zu lesen, etwa einmal die Nase in die Schwarzwaldroman-Trilogie ‚Bauernadel‘ zu stecken, in der ich doch vor Jahren schon zum Beispiel darstellte, wie sehr der Viehjude im Laufe des letzten Jahrhunderts unser Schwarzwälder Bauern- und Volkstum durchlöchert hat.“ Busse an Blunck am 09.11.1935. In: SHLB, Cb 92-13.63. Schon 1931 hatte Busse die Übernahme seiner Schwarzwald-Trilogie aus dem vermeintlich insolventen Paul List Verlag durch den Wiener Zsolnay Verlag vehement abgelehnt: „Ich kann mir kaum denken, dass der Wiener Jude Zsolnay irgend ein Interesse an unsereinem haben sollte, so wenig wie ich mich für den Verlag an sich begeistern kann.“ Busse an Blunck am 13.11.1931. In: SHLB, Cb 92-:13,25. Dennoch war die „Herausstellung“ Busses nicht gewünscht, da „er es in geschickter Weise verstanden hat, sich als Nationalsozialist auszugeben, obwohl er bis unmittelbar vor der Machtübernahme zu den weltanschaulichen Gegnern gehörte.“ Hauptstelle Kulturpolitisches Archiv an DAF, NS-Gemeinschaft KDF, Amt Deutsches Volksbildungswerk, Abt. Vortrag/Dichterlesung am 11.06.1938. In: NS 15/27.

2019 Werbeannonce. In: *BBl.* vom 17.10.1940, Nr. 243, S. 4842f., http://digital.slub-dresden.de/id39946221X-19401017/20 [25.05.2024].

> Bauern, der sich mit seiner jungen Frau hoch oben in Saskatchewan angesiedelt hatte und schließlich den Weg in die Heimat wiederfindet.[2020]

Der Titel wurde in fünf Auflagen mit 101.000 Exemplaren hergestellt.

Besonders deutlich kommt die Verknüpfung der ‚Blut-und-Boden'-Ideologie mit rassistischen Stereotypen in der 1939 publizierten Erzählung *Eines Menschen Sohn* der österreichischen Autorin Gertrud Fussenegger zum Ausdruck: „In dramatischer Handlung ersteht das Schicksal eines Bauernburschen mit unglücklicher Blutsmischung: der Vater aus altverwurzeltem Bauernstand, die Mutter aber aus dem zigeunerhaften Volk der ‚Karrnersleute'."[2021] Diese „unglückliche Blutmischung ist Ursache schwerster seelischer Kämpfe"[2022], so der *Bludenzer Anzeiger*; der *Völkische Beobachter* bewertet die Erzählung als Symbol für die mythische Kraft des Schicksals:

> Mag auch die Landschaft ihren bestimmten räumlichen Charakter haben, so ist doch das Bild ihrer Berge und sind ihre Täler und Fluren ebenso Landschaften der Seele wie Landschaften der Welt. Alles weitet sich in die unergründlichen Räume, aus denen die geheime Macht ins Blut des Menschen langt, schicksalbestimmend und ewige Ordnung begründend. [...] Beste deutsche Erzählkunst ist heute auf dem Wege nach einer neuen Durchdringung der Schicksalswelt im dichterischen Bild, wo sich der Mensch erfährt in den Zusammenhängen der übersinnlichen Ordnung. Bei Gertrud Fussenegger finden wir eine Erzählkraft, die im ausdrucksstarken Wort Schicksal und Welt umschließt.[2023]

Fussenegger war aufgrund ihrer frühzeitigen Begeisterung für das NS-Regime (sie war bereits 1933 in die österreichische NSDAP eingetreten), ihres regimetreuen Wirkens im ‚Dritten Reich' und ihrer Verehrung Hitlers bis zu ihrem Tode hoch umstritten.[2024]

2020 Werbeannonce. In: *BBl.* vom 13.03.1940, Nr. 62, S. 1312, http://digital.slub-dresden.de/id39946221X-19400313/22 [25.05.2024].

2021 Werbeannonce. In: *BBl.* vom 21.03.1939, Nr. 68, S. 1801, http://digital.slub-dresden.de/id39946221X-19390321/34 [25.05.2024].

2022 *Anzeiger für die Bezirke Bludenz und Montafon* 05.08.1939.

2023 *Völkischer Beobachter* 04.06.1939.

2024 Steeger 2018, S. 185 ff. In ihrer Autobiografie bekannte Gertrud Fussenegger als eine der wenigen österreichischen Autoren, zu Beginn der NS-Diktatur „ideologischer Süchtigkeit erlegen zu sein". Zitiert nach: Gertrud Fussenegger, Munzinger 2009. Als Fussenegger, die nach 1945 zu den meistgelesenen Autoren Österreichs zählte, 1993 der Staatliche Bayerische Jean-Paul-Preis verliehen wurde, entzündete dies heftige Diskussionen. Tatsächlich bezeugen viele ihrer Werke die Nähe Fusseneggers zur NS-Ideologie; andererseits bezog sie in dem Buch *Mohrenlegende* von 1937 eindeutig Stellung gegen Fremdenhass und Rassismus, was von den NS-Kulturideologen auch erkannt und scharf kritisiert wurde. Vgl. Kroll 2012, S. 40 f.

Eines Menschen Sohn kann mit 44.000 Exemplaren in vier Auflagen nicht zu den erfolgreichen Neuerscheinungen des Reclam Verlags gezählt werden.[2025]

Mit dem Titel seines 1926 publizierten Romans *Volk ohne Raum* sprach Hans Grimm, Verfasser kolonialpolitisch bedeutsamer, zumeist in Südafrika angesiedelter Prosa und literarischer Anheizer des Ideologems vom benachteiligten deutschen Volk, eines der entscheidenden Stichwörter der nationalsozialistischen Agrarpolitik an: die Notwendigkeit neuer Siedlungsgebiete vorrangig im nördlichen Mittel- und Osteuropa, die ‚Germanisierung' von ‚Lebensraum im Osten' zur intendierten bäuerlichen Überformung der Gesellschaft. Die Besiedelung von Gebieten außerhalb der Reichsgrenzen zur Linderung der aus Überbevölkerung resultierenden Not und Armut war bereits 1897 mit der Forderung Bernhard von Bülows nach einem ‚Platz an der Sonne' in einem kolonialpolitischen Kontext propagiert worden, in den sich auch Grimm, der als junger Mann in kaufmännischer Funktion in Südafrika tätig gewesen war, einordnen lässt. Grimm, seit 1923 Sympathisant der Nationalsozialisten, verfolgte jedoch vorrangig kolonial-expansive und nationalistische Ideale. Sowohl vor der ‚Machtergreifung' als auch während des NS-Regimes äußerte er wiederholt scharfe, aus dem persönlichen Bestreben nach Unabhängigkeit motivierte Kritik an einzelnen Aspekten des Nationalsozialismus wie etwa der ‚Gleichschaltung' der Künste. Nichtsdestoweniger ist seine Rolle als entscheidender Wegbereiter und medienpolitischer[2026] Multiplikator und Förderer des Nationalsozialismus unstrittig. Bis zu seinem Tod 1959 verteidigte er den Nationalsozialismus beredt, rechtfertigte das ‚reformatorische' Wirken Adolf Hitlers und verfasste diverse Anklageschriften gegen die alliierten Siegermächte.[2027] Aus dem von Antisemitismus[2028] und Vorstellungen von

2025 1941 publizierte der Verlag das von Fussenegger gemeinsam mit der Schauspielerin Franziska Kinz verfasste Filmbuch *Gericht auf Hochlapon* als Verlagswerk mit einer Auflage von 5.138 Exemplaren. Der nach diesem Buch zu gestaltende Film sollte den Titel *Herz auf der Waage* haben; das Projekt wurde jedoch nicht verwirklicht. Mit dieser Publikation begab sich der Reclam Verlag wohl auf gänzlich neues Terrain, denn das Genre Drehbücher war im bisherigen Verlagsprogramm noch nicht berücksichtigt worden.

2026 1942 verdiente Grimm allein aus schriftstellerischer Tätigkeit 72.414 RM brutto. Vgl. Erklärung gegenüber der RSK vom 31.03.1943 In: BArch, R 9361-V/5708, Lesefilm-Nr. RK B 59, Bild-Nr. 2306.

2027 Vgl. Monath 1966; Adam 2010, S. 280 f.

2028 Über seine Haltung zur ‚Judenfrage' schreibt Grimm u. a. an Blunck: „Ich bin nie ein Judenfreund gewesen. Ich bin von den Juden schlechter behandelt worden als irgendeiner von Ihnen Andern. Ich war immer Antisemit, freilich nie Antisemit im gemeinen Sinn. […] Ich bin der Meinung, dass auch in den freien Berufen der Jude in Zukunft und jedenfalls eine Weile ganz ausgeschaltet sein soll, der *neu* [Hervorhebung im Original] herandrängt. Ich bin aber nicht der Meinung, dass wir die Juden, die geschrieben haben und ordentlich waren, samt und sonders ausschalten und in ihrer Lebensnot etwa nach Osten treiben sollten, wohin sie allein noch können, um dort hinzubringen, was sie bei uns gelernt haben. […] Scheidet alles aus, was unsauber ist, verhindert jeden neuen Zutritt […]!" Grimm an Blunck am 18.11.1933. In: SHLB, Cb 92:64.1:2:15,92-115.

völkisch-rassischer Überlegenheit gekennzeichneten Werk Grimms eine Novelle für die UB zu gewinnen, war bereits vor der ‚Machtergreifung' der Nationalsozialisten „schon lange []ein dringender Wunsch" des Reclam Verlags: „Da die Universal-Bibliothek sich an die breitesten Kreise unseres Volkes wendet und von ihnen auch wirklich gelesen wird, gehört ein Dichter wie Sie, der zur Seele seines Volkes spricht, ganz besonders in diese Sammlung hinein."[2029] Nach Ausbleiben einer Antwort bittet Ernst Reclam im Oktober 1932 seinen Freund Hans Ludwig Held: „Wäre es jetzt vielleicht nicht an der Zeit, bei Grimm nochmals wegen eines Bändchens für die Universal-Bibliothek anzufragen? Sie waren ja so liebenswürdig mir zuzusagen, daß Sie sich in dieser Sache noch besonders bemühen würden."[2030] Im Jahr darauf nimmt Ernst Reclam Grimms Beitrag in dem von Kindermann herausgegebenen Sammelwerk *Des deutschen Dichters Sendung in der Gegenwart*, welches „nun wirklich die besten Kräfte des nationalen deutschen Schrifttums umfasse[] und eine in ihrer Mannigfaltigkeit überraschende und beglückende Überschau über die Stellung des deutschen Dichters zu seinem Volk biete[]", zum Anlass, unter Hinweis darauf, dass „[d]ie meisten der in dieser Anthologie vertretenen Autoren [...] schon mehrere Werke für meinen Verlag zur Verfügung gestellt [haben]", erneut um eine Erzählung für die UB zu bitten: „Ich brauche nicht zu betonen, welche große Freude und Genugtuung es für mich wäre, wenn auch Sie, sehr verehrter Doktor, eines Ihrer Werke meiner Universal-Bibliothek zur Veröffentlichung überlassen wollten."[2031] Doch auch die folgenden Versuche, Grimm für einen Vorabdruck einer unveröffentlichten Erzählung in *Reclams Universum* oder im *Almanach* zu gewinnen, scheitern.[2032] 1936 konkretisiert Ernst Reclam sein Anliegen:

> Es würde mir jede Novelle von Ihnen ausserordentlich erwünscht sein, ganz besonders aber eine, die irgendwie mit dem Kolonialdeutschtum zu tun hat. Der koloniale Gedanke steht ja erfreulicherweise wieder im Vordergrund unseres politischen Lebens, und eine Novelle, die ihn zum Ausdruck brächte, hätte heute ganz besonders gute Aussichten. Auch die Schulen würden als Abnehmer stark in Betracht kommen. Ich habe die Hoffnung, [...] dass nun in diesem Jahre die so lange angestrebte Zusammenarbeit sich verwirklichen lässt...[2033]

Ab 1937 lässt der Verlag Grimm ungefragt die neuen Nummern der nun bei Reclam verlegten Zeitschrift *Das neue Deutschland* zukommen.[2034]

2029 Ernst Reclam an Grimm am 14.06.1932. In: DLA, A:Grimm, Hans, HS.NZ83.0002.
2030 Ernst Reclam an Held am 18.10.1932. In: Münchner Stadtbibliothek / Monacensia, HLH B 335.
2031 Ernst Reclam an Grimm am 17.03.1933. In: DLA, A:Grimm, Hans, HS.NZ83.0002.
2032 Ernst Reclam an Grimm am 17.03.1933; Nußbächer an Grimm am 07.04.1933; Grimm an Reclam Verlag am 20.03.1933; Nußbächer an Grimm am 22.02.1934. In: DLA, A:Grimm, Hans, HS.NZ83.0002.
2033 Ernst Reclam an Grimm am 24.03.1936. In: DLA, A:Grimm, Hans, HS.NZ83.0002.
2034 Vgl. Reclam Verlag an Grimm am 13.10.1937. In: DLA, A:Grimm, Hans, HS.NZ83.0002.

1938 gelangt der briefliche Austausch zum finanziellen Kern der Sache: „Ich bin fest davon überzeugt, daß einem Bändchen von Ihnen ein ganz besonders großer Erfolg beschieden wäre, und ich wäre auch grundsätzlich bereit, dieser Erwartung durch eine entsprechende hohe Voraushonorierung der Anteilhonorare Ausdruck zu geben."[2035] Auf Grimms Bitte um die konkreten Konditionen, verbunden mit dem wenig freundlichen Hinweis, es könne sich ohnehin nur um den Nachdruck einer früheren Novelle handeln – „In absehbarer Zeit werde ich auf diesem Gebiet keine neue Arbeit leisten und geschähe das, so brächte ich Sie in grösserer Aufmachung heraus"[2036] – bietet Ernst Reclam die Voraushonorierung der ersten 40.000 Exemplare zu 5 % des broschierten Ladenpreises an: „Ich darf vertraulich mitteilen, daß eine ähnlich hohe Voraushonorierung in den letzten Jahren von mir in keinem anderen Falle eingeräumt worden ist."[2037] Die Honorierung auf Basis gehefteter Stücke lehnt Grimm allerdings ebenso kategorisch ab wie die angedachte spätere Honorierung nach Absatz oder die von Reclam alternativ angebotene Pauschalhonorierung in Höhe von 1.000 RM:[2038]

> Ich weiss genau, was mein Name bedeutet für irgendeine Reihe. Um den Namen zu bekommen, habe ich mehr als fünfzig Jahre Geld ausgegeben und dafür gearbeitet. Andern ist es anders und bequemer gegangen. Der längere Weg muss irgendwie besser bezahlt werden. Ich weiss ebensogut, dass Reclam auch ohne mich wohl auskommen [wird]. Es muss also ein gemeinsamer Weg entdeckt werden, und wenn wir ihn nicht entdecken können, müssen wir uns nicht böse sein, dass wir ihn nicht finden.[2039]

Es folgen zähe Verhandlungen, in deren Ergebnis Ernst Reclam schrittweise „alle meiner bisherigen Grundsätze über Bord"[2040] warf. Hans Grimm erhält für seine Novelle jeweils in Voraushonorierung,[2041] und obwohl der Verkauf gebundener Exemplare „bloß einen kleinen Prozentsatz" des Gesamtabsatzes ausmachte,[2042] 2,5 % des Preises für gebundene Exemplare (75 Pfennig):

2035 Ernst Reclam an Grimm am 27.10.1938. In: DLA, A:Grimm, Hans, HS.NZ83.0002.
2036 Grimm an Reclam Verlag am 28.10.1938. In: DLA, A:Grimm, Hans, HS.NZ83.0002.
2037 Ernst Reclam an Grimm am 01.11.1938. In: DLA, A:Grimm, Hans, HS.NZ83.0002.
2038 Grimm an Reclam Verlag am 28.01.1939; Ernst Reclam an Grimm am 07.02.1939; Grimm an Reclam Verlag am 09.02.1939. In: DLA, A:Grimm, Hans, HS.NZ83.0002.
2039 Grimm an Reclam Verlag am 09.02.1939. In: DLA, A:Grimm, Hans, HS.NZ83.0002.
2040 Ernst Reclam an Grimm am 16.02.1939. In: DLA, A:Grimm, Hans, HS.NZ83.0002.
2041 Ernst Reclam an Grimm am 01.02.1939. In: DLA, A:Grimm, Hans, HS.NZ83.0002.
2042 „Die gebundenen Ausgaben sind überhaupt nur eingeführt worden, um zu dem Grundstock des normalen Absatzes noch zusätzlich einen Absatz hinzuzufügen und um die Bändchen auch für Geschenkzwecke geeignet zu machen. Das ist aber nur ein kleiner Teil des Gesamtabsatzes." Ernst Reclam an Grimm am 07.02.1939. In: DLA, A:Grimm, Hans, HS.NZ83.0002.

> Ich darf Sie bitten, nun, nachdem ich Ihnen in jeder Hinsicht entgegengekommen bin und damit bewiesen habe, wie sehr viel mir an einem Bändchen von Ihnen liegt, auch Ihrerseits den letzten entscheidenden Schritt entgegenzukommen. Sie haben ein Recht auf besondere Forderungen, und ich erkenne gern an, daß auch der Glanz Ihres Namens bei der Kalkulation in Rechnung gestellt werden muß. Das ist aber durch meine letzten Vorschläge bereits geschehen, die sowohl hinsichtlich der Vorauszahlung wie der tatsächlichen Höhe des Anteilshonorars über alle normalen Sätze meiner weit hinausgehen.[2043]

Über die zum Abdruck vorgesehene Novelle hatte man sich nebenbei verständigt. Auch wenn die südafrikanische Erzählung *Wie Grete aufhörte ein Kind zu sein* „von den Schulen nur ganz ausnahmsweise gelesen werden [kann] – von reiferen Schülern in höheren Klassen"[2044], so sei sie „doch […] dichterisch so vollendet, in ihrer Handlung so packend und in ihrem inneren Gehalt so wertvoll, daß ich diesen Nachteil gern in Kauf nehmen will. Ich bin überzeugt, daß die Novelle auch unabhängig von dem Absatz in den Schulen in meiner Sammlung guten Erfolg haben wird."[2045] Ernst Reclam wurde nicht enttäuscht: Die 1939 publizierte Erzählung wurde in sieben Auflagen mit 201.000 Exemplaren gedruckt. Sprache und Duktus der sie bewerbenden Verlagsanzeige verdeutlichen, wie sehr sich der Reclam Verlag auch im belletristischen Bereich in den Dienst nationalsozialistischer Ideale stellte:

> Die Erzählung aus Südafrika gehört zu den bedeutendsten und dramatisch bewegtesten des Dichters. Das Leben einer deutschen Farmerfamilie ist hineingestellt in den weiten Raum der südafrikanischen Steppe, in die erregende Spannung des Rassenkampfes zwischen Weiß und Schwarz, die sich in dem Herero-Aufstand entlädt. Verirrung des Blutes treibt den verwitweten Farmer Carl von Troyna in schwerste Schuld und tiefste Unwürdigkeit – aber seine prachtvolle Tochter Grete bannt durch die Kraft ihrer reinen Jugend und ihres gesunden Rassegefühls den Fluch, der auf dem Hause lastet, und löst ihn in befreiender heldischer Tat. Dieses vierzehnjährige Mädchen, das in einer

2043 Ernst Reclam an Grimm am 16.02.1939. In: DLA, A:Grimm, Hans, HS.NZ83.0002.

2044 Dass die Erzählung „trotz der teilweise erotischen Szenen auch von den höheren Schulen gelesen werden kann", war Ernst Reclam ein großes Anliegen: „Ein wirkliches Hindernis erblicke ich nur in einer Stelle auf Seite 61, doch würde diese Schwierigkeit durch Änderung bloß eines Wortes zu beheben sein. Anstelle des Ausdrucks ‚bis zum Irrsinn geilen und betrunkenen Weibe' würde ich die Fassung vorschlagen ‚bis zum Irrsinn erhitzten und betrunkenen Weibe'." Ernst Reclam an Grimm am 11.03.1939. In: DLA, A:Grimm, Hans, HS.NZ83.0002. Bereits 1909 hatte Marie Grimm *Reclams Universum* zwei Erzählungen ihres Sohnes angeboten, welche höflich abgelehnt worden waren: „Die Arbeiten, die wir veröffentlichen, dürfen scharf pointiert sein, nur möchten wir allzu gewagte Sujets nicht in unseren Spalten behandeln." *Reclams Universum* an Marie Grimm am 25.06.1909. In: DLA, A:Grimm, Hans, HS.NZ83.0002.

2045 Ernst Reclam an Grimm am 19.01.1939. In: DLA, A:Grimm, Hans, HS.NZ83.0002.

> Nacht der furchtbaren Entscheidungen aus kindlichem Spiel plötzlich zu tragischer Größe heranwächst, ist eine der bluthaftesten germanischen Weibsgestalten neuer Dichtung.[2046]

Die Bitte um eine weitere, diesmal noch ungedruckte Erzählung für die Jubiläumsserie, für die der Verlag sogar die Voraushonorierung von 1.000.000 Exemplaren anbot,[2047] schlug Grimm aus: „Sie müssen nicht vergessen, das ich an einer ungedruckten Erzählung sehr viel mehr verdiene als ich an der Buchform in Ihrem Verlage verdiene."[2048] Grimms Anfrage von 1954, ob die *Grete* wieder aufgelegt werden könne, lehnt Heinrich Reclam trotz anhaltender Erfolge Grimms auf dem deutschen Buchmarkt mit Hinweis auf vorrangigere Texte ab und bot ihm die Rückgabe der Verlagsrechte an.[2049]

3.4.4.6 Kriegsbücher

Seit 1929 war das Interesse an Kriegsbüchern und dem Weltkrieg nochmals stark angestiegen; literarisch umgesetzt wurde das Thema entweder in historischen Darstellungen zum Weltkrieg (siehe Kapitel 3.3.7.5) oder in Kriegserlebnisbüchern/Kriegsromanen, welche zum Großteil einer entweder aggressiv nationalistischen oder pazifistischen Stimmung folgten.[2050] Ab 1933 wurden Kriegsromane und Heldendarstellungen im Zuge der deutschen Kriegsvorbereitungen dezidiert gefördert und erreichten besonders hohe Auflagen.[2051] Schon in den 1920er Jahren war der Kriegsroman ein ideales Medium zur Verarbeitung der Kriegsniederlage von 1918. Die der Romanform zu verdankende intersubjektive Vermittlung von Kriegserlebnissen erreichte ein disperses Publikum – gelesen wurden Kriegsromane nicht nur von Nationalsozialisten und Konservativen, sondern ebenso von Demokraten, Kommunisten, jungen Sozialdemokraten und Millionen von Schülerinnen und Schülern, die die Texte verpflichtend im Deutschunterricht kennenlernten – und bewirkte die Transformation des Kriegs zum politisch relevanten Diskursgegenstand über alle politischen Lager und sozialen Schichten hinweg. In dieser hohen soziopolitischen und milieuübergreifenden Reichweite lag das enorme Potenzial des Kriegsromans, unterschiedlichste politische Strömungen auf einen nationalistischen Tenor einzuschwören.[2052]

2046 Werbeannonce. In: *BBl.* vom 21.03.1939, Nr. 68, S: 1800, http://digital.slub-dresden.de/id39946221X-19390321/34 [25.05.2024].
2047 Vgl. Ernst Reclam an Grimm am 08.03.1941. In: DLA, A:Grimm, Hans, HS.NZ83.0002.
2048 Grimm an Reclam Verlag am 11.03.1941. In: DLA, A:Grimm, Hans, HS.NZ83.0002.
2049 Vgl. Klosterhaus Verlag an Reclam Verlag am 26.02.1954. In: DLA, A:Grimm, Hans, HS.NZ83.0002.
2050 Vgl. Adam 2010, S. 136, 150.
2051 Vgl. Scriba 2015.
2052 Vgl. Brückner 2017, S. 10.

Einige Titel im Verlagsprogramm glorifizierten weiter zurückliegende Kriege und deren Akteure, etwa Walter von Molos *Der Große Fritz im Krieg* (1917 erstmals veröffentlicht, 1934 mit 88.000 Exemplaren in acht Auflagen in der UB gedruckt) oder Detlev von Liliencrons *Mit Hurra drauf! 3 Kriegsnovellen* über den Deutsch-Französischen Krieg 1870/71 (1940 publiziert, 80.000 Exemplare in fünf Auflagen). Sonst publizierte der Reclam Verlag ausschließlich rechtskonservative Autoren. Deren Schriften, so Brückner, untermauerten die kulturelle Leitidee des den einzelnen Soldaten stärkenden ‚Stahlbads' im Krieg, welches die Nation eine und verbinde wie kaum je zuvor. Ihnen zufolge nivellierten die Schützengräben alle sozialen Unterschiede, woraus die auf Kameradschaft beruhende ‚Frontgemeinschaft' erwachsen sei. Diese wiederum wurde zum Prototypen der zu schaffenden ‚Volksgemeinschaft' stilisiert, in der die politischen ‚Führerpositionen' von Frontsoldaten eingenommen werden sollten. Dieses Konzept der klassenlosen ‚Volksgemeinschaft' wurde gleichermaßen von Rechten und Linken als idealtypisch bewertet. Autoren wie die von Reclam verlegten schufen eine protofaschistische Basis, auf deren Grundlage sich die ‚Ergreifung' der politischen Macht durch die Nationalsozialisten 1933 als legitimer politischer Bedeutungszuwachs der Frontsoldaten verstehen ließ.[2053]

Pazifistischen Stimmen bot der Reclam Verlag, wie bereits während der Weimarer Republik, keine Plattform, stattdessen weisen mit zwei Ausnahmen alle im Genre der Kriegsbücher publizierten Autoren einen ausgesprochen pro-nationalsozialistischen Hintergrund auf. Sieben der zwölf belletristischen Kriegstitel wurden nach 1945 auf der *Liste der auszusondernden Literatur* indiziert. Den größten Schwerpunkt des belletristischen Kriegsprogramms bildeten literarische Aufarbeitungen von Erlebnissen aus dem Ersten Weltkrieg, etwa Fred Heinsens *Germanine und die beiden Kameraden. Ein Schicksal in Flandern*[2054] (1940 publiziert, 36.000 Exemplare in drei Auflagen), Johannes Vogels *Patrouille in Serbien* (1941 publiziert, 28.000 Exemplare in zwei Auflagen) oder die in diesem Bereich mit 161.000 Exemplaren in acht Auflagen erfolgreichste Erzählung, *Der dümmste Sibiriak*, publiziert 1939, in der Bruno Brehm – der selbst während des Ersten Weltkriegs in russische Gefangenschaft geraten war – „ein tiefgreifendes Erlebnis aus einem sibirischen Gefangenenlager" schildert.

> Der unerbittliche Realismus, der das Bild der Schrecken und des Todes zeichnet, wird wunderbar durchleuchtet durch das Licht der Kameradschaft, durch einen herrlichen Humor, der gerade im Grausigen seine erlösende Kraft

2053 Vgl. Brückner 2017, S. 10, 17, 20.

2054 „Aus spürbar eigenem Erleben heraus erzählt der Verfasser, der auch heute wieder an der Front steht, schlicht und ergreifend die Geschichte zweier junger deutscher Offiziere und eines flämischen Mädchens im Weltkrieg. Unverbrüchliche Kameradschaft, kriegerischer Heldenmut und die Macht reiner Liebe verbinden sich zu einem Schicksal, das mit unerbittlicher Notwendigkeit zum erschütternden Ende geführt wird." Werbeannonce. In: *BBl.* vom 17.10.1940, Nr. 243, S. 4843, http://digital.slub-dresden.de/id39946221X-19401017/20 [25.05.2024].

> entfaltet und durch die unerwartete Begegnung mit einem tief ergreifenden Menschenschicksal.[2055]

Der antisemitische Österreicher Brehm, seit den frühen 1930er Jahren überzeugter Nationalsozialist, avancierte nach dem von ihm sehr begrüßten ‚Anschluss' schnell zu einem der literarischen Lieblinge der Nationalsozialisten:[2056] 1939 erhielt er den Nationalen Buchpreis, 1941 nahm er am Weimarer Dichtertreffen teil, 1944 setzte Hitler ihn auf die *Gottbegnadeten-Liste*.[2057]

Ulrich Sander verknüpfte in *Das Gefecht von Kalkehmen* (1937, 39.000 Exemplare in vier Auflagen) „ein Kindheitserlebnis [...] in einmaliger Weise mit einer Kampfhandlung aus der Russenzeit Ostpreußens"[2058]. „Im Grauen des Kampfes zeigt sich die herrliche Kameradschaft"[2059]. Dies, so der Reclam Verlag, zeige besonders eindrucksvoll auch Max Barthel in *Sturm im Argonner Wald: Erzählung aus dem Weltkrieg* (1936, fünf Auflagen mit 47.000 Exemplaren):

> Barthel, der Arbeiterdichter, schenkt uns hier eine ergreifende Schilderung des Stellungskrieges in den Argonnen. Die Besonderheit dieses eigenartigen Kriegsschauplatzes ist aus tiefstem Erlebnis beschworen. Im Mittelpunkt der Erzählung steht eine Gruppe junger Kämpfer, die ihre höchste männliche Bewährung zu bestehen hat und zu einer Gemeinschaft auf Leben und Tod zusammenwächst.[2060]

Ernst Jünger – einer der umstrittensten Autoren dieser Zeit – findet sich ebenfalls im Reclam'schen Verlagsprogramm. Obwohl er die rassische Ideologie der Nationalsozialisten offen ablehnte und sich nicht für die NSDAP gewinnen ließ,[2061] gilt er als einer der entscheidenden „Totengräber"[2062] der Weimarer Republik und als intellektueller

2055 Werbeannonce. In: *BBl.* vom 18.10.1939, Nr. 243, S. 5442, http://digital.slub-dresden.de/id39946221X-19391018/11 [25.05.2024].

2056 Ein weiterer äußerst erfolgreicher ‚auslandsdeutscher' Schriftsteller war der Sudetendeutsche Wilhelm Pleyer. Der mehrfache NS-Literaturpreisträger erhielt sogar einen eigenen Eintrag im Volks-Brockhaus für das Jahr 1941. Vgl. F.A. Brockhaus 1941. S. 532. In diesem Jahr veröffentlichte der Reclam Verlag von Pleyer *Kämpfen und Lachen* (drei Auflagen mit insgesamt 61.000 Exemplaren).

2057 Vgl. Klee 2009, S. 69; Fischer 2008.

2058 Werbeannonce. In: *BBl.* vom 05.03.1937, Nr. 53, S. 1003, http://digital.slub-dresden.de/id39946221X-19370305/27 [25.05.2024].

2059 Werbeprospekt *Der Große Krieg*. In: RAS, Mappe UB Einlageprospekte.

2060 Werbeannonce. In: *BBl.* vom 06.11.1936, Nr. 259, S. 5664, http://digital.slub-dresden.de/id39946221X-19361106/18 [25.05.2024].

2061 Vgl. Kock; Imwolde 2014.

2062 Vgl. Kiesel 2007. S. 308.

Wegbereiter des Nationalsozialismus.[2063] In *Feuer und Blut: ein kleiner Ausschnitt aus einer großen Schlacht* (1937) verarbeitet er persönliche Erlebnisse des Ersten Weltkriegs:

> Wie ein gewaltiges Drama entwickelt sich vor unseren Augen die größte Offensive des Weltkrieges, ein Drama, an dem wir nicht als Zuschauer, sondern als aktiv Handelnde und Erlebende im gespannten Rhythmus der genialen Darstellung unmittelbar teilnehmen. Es ist ein kleiner Ausschnitt aus einer breiten Front, aber in ihm ist die ganze Wucht und Härte, die gigantische Herrlichkeit und Grausamkeit des unerhörten Vorganges zusammengeballt.[2064]

Auch der die Weimarer Republik konsequent ablehnende Autor Werner Beumelburg, neben Ernst Jünger einer der erfolgreichsten Kriegsliteraten,[2065] bereicherte die UB mit *Der Frontsoldat* (1936): „Wir begleiten einen jungen Deutschen von der Schulbank zur Front, wir erleben mit ihm die ersten Schlachten und sehen den Knaben zu einem stahlharten Frontkämpfer werden"[2066].

Obgleich heute lediglich Jünger dem (vornehmlich bürgerlichen) Publikum noch ein Begriff ist, stand Beumelburg, dessen schriftstellerische Karriere mit der ‚Machtergreifung' erheblichen Aufwind erfuhr – er fungierte unter anderem als Geschäftsführer der Preußischen Akademie der Künste nach deren ‚Säuberung' –, mit seinem Werk von über 20 vorrangig den Krieg thematisierenden Romanen, die sich über zwei Millionen Mal verkauften, in der zeitgenössischen Rezeption keineswegs hinter Jünger zurück.[2067] Auch bei Reclam überragte Beumelburgs Buch mit 121.000 Exemplaren in acht Auflagen den mit 35.000 Exemplaren in vier Auflagen produzierten Titel Jüngers um Längen.

Daneben versuchte der Reclam Verlag, mit verschiedenen aphoristischen Sammlungen die Kampfmoral der Soldaten (und von deren Angehörigen) zu stärken. Bereits 1939 hatte der Sprachwissenschaftler Henrik Becker mit dem *Trutzbüchlein der Deutschen* „[e]ine Spruchsammlung besonderer Art" geschaffen: „Ein Strom von Kraft, Größe und Trost geht aus diesem kleinen Buch in den Leser über und wird vor allem den

2063 Vgl. Schloßberger 2002.

2064 Werbeprospekt *Der Große Krieg*. In: RAS, Mappe UB Einlageprospekte.

2065 Andere sehr erfolgreiche Vertreter dieses Genres wie Edwin Erich Dwinger, Paul Ettinghoffer, Fritz Steuben und Hans Zöberlein waren nicht bei Reclam vertreten. Von dem ehemaligen SPD-Mitglied Karl Bröger, der sich nach dreimonatiger Haft im Konzentrationslager Dachau mit dem NS-Regime arrangierte, erschien bereits 1917 *Der unbekannte Soldat*. Vgl. Scriba 2015.

2066 Werbeprospekt *Bücher für's ganze Leben. Von deutscher Art und Tapferkeit*. In: RAS, Mappe UB Reihen.

2067 Vgl. Brückner 2017, S. 10. Zur Frage, inwiefern die von Beumelburg publizierten Kriegsromane „vergemeinschaftende Ordnungsvorstellungen, einer nach dem Vorbild der ‚Frontgemeinschaft' des Ersten Weltkriegs aufzubauenden ‚Volksgemeinschaft'" evozierten, siehe Brückner 2017, Zitat S. 11.

Kameraden an der Front das Herz stärken."[2068] Das Bändchen, das in sechs Auflagen mit 50.000 Exemplaren gedruckt wurde, enthält Zitate „aus dem reichen Schatz von Aussprüchen von Männern, die wir als die höchsten Verkörperungen deutschen Wesens anerkennen" – Goethe, Hegel, Nietzsche, Bismarck, Hindenburg, Moltke und vor allem die „schlagenden Sprüche [...]" Adolf Hitlers –, die den „Geist echten Trutzes", „das Bekenntnis zu unserem Land" und die Einreihung „in den großen deutschen Aufbruch"[2069] befördern sollten. Obwohl Becker aufgrund seiner SPD-Mitgliedschaft von 1926 bis 1933 aus dem Staatsdienst entlassen worden war – „[s]eine politische Einstellung und Haltung [...] ist als ausgesprochen marxistisch zu bezeichnen. [...] Becker beteiligt sich an nichts und zeigt auch sonst für die nat. soz. Hilfswerke kein Verständnis. Den ‚Deutschen Gruß' wendet er nicht an"[2070] – publizierte er während des ‚Dritten Reichs' zahlreiche sprachwissenschaftliche Abhandlungen, in denen er dem ‚neuen Geist' inhaltlich und sprachlich Tribut zollte.[2071]

Auch die Zusammenstellung interpretativ einschlägiger Texte, Äußerungen oder Gedichte historischer Persönlichkeiten wie Heraklit, Tacitus, Luther, Grimmelshausen, Friedrich der Große oder Goethe durch den bayrischen Historiker Ernst Deuerlein in dessen Band *Ewiges Kriegertum. Vom Kampf und Tod für's Vaterland* sollte die soldatische Kampfmoral bis hin zur Todesopferbereitschaft steigern: „Möge das Buch seinen Zweck erfüllen, den Heldentod für's Vaterland in seiner ganzen Größe und Erhabenheit leuchten zu lassen. Möchten alle, die es lesen, mit heißem Dank erfüllt werden denen gegenüber, die ihr Leben für die große Sache der deutschen Freiheit dahin gaben."[2072]

2068 Werbeannonce. In: *BBl.* vom 18.10.1939, Nr. 243, S. 5442, http://digital.slub-dresden.de/id39946221X-19391018/11 [25.05.2024].

2069 Becker 1939, aus dem Vorwort. Zitiert nach Ehlers 2011, S. 285.

2070 Geheime Staatspolizei Leipzig an Präsidenten RSK am 16.09.1939. In: BArch, R 9361-V/3993, Lesefilm-Nr. RK B 7, Bild-Nr. 1070.

2071 So z. B. im zweiten Band *Sprachgeschichte* seines bei Reclam publizierten, auf fünf Bände angelegten Großwerks *Sprachkunde*: Becker beurteilt darin das ‚Dritte Reich' in Bezug auf die Spracheinheit als „die große Erfüllung des deutschen Einheitswillens durch Adolf Hitler". Vgl. Ehlers 2011, S. 284 ff. Zitat aus Becker (1944): Sprachgeschichte, zitiert nach Ehlers 2011, S. 284 f. Der erste Band *Sprachlehre* war 1940 in zwei Auflagen mit 6.500 Exemplaren produziert worden. Die weiteren Bände sollten eigentlich in rascher Folge erscheinen; die *Sprachgeschichte* war für 1942 geplant, erschien dann aber erst Ende 1944. Vgl. Ernst Reclam an Scholz am 28.01.1942. In: DLA, A:Scholz, Wilhelm von, HS. 1989.0002; Ernst Reclam an Münchhausen am 14.12.1944. In: GSA, 69/2838. Die sichtlichen Bemühungen Beckers und des Reclam Verlags nach 1945 um Tilgung oder Umformulierung aller Absätze und Sätze, die Annäherungen zum Nationalsozialismus enthielten, kamen für das Großprojekt der Sprachkunde zu spät. Die weiteren geplanten Bände zu *Sprachvergleich, Sprecherkunde* und *Sprachdeutung* wurden nicht veröffentlicht. Becker wurde 1956 zum Direktor des neu gegründeten Instituts für Sprachpflege und Sprachforschung in Jena ernannt. Vgl. Ehlers 2011, S. 284 ff.

2072 Aus dem Geleitwort von Friedrich von Cochenhausen, General der Artillerie, Deuerlein 1940, S. 7.

In *Ein Leutnant von der Infanterie* wird der Krieg nahezu mythisch verklärt und die Kameradschaft beschworen. Der eigentliche Autor des unter dem Pseudonym Detlef Friedrichsen 1942 publizierten Titels war der führend am misslungenen Attentat auf Adolf Hitler vom 20.07.1944 beteiligte Fritz-Dietlof Graf von der Schulenburg, der das Buch in Gedenken an einen Kriegskameraden verfasst hatte.[2073] Der Titel wurde in drei Auflagen mit 120.000 Exemplaren gedruckt. Bereits 1935 hatte Peter Supf in *Der Tod des Fliegers* (acht Auflagen, 54.000 Exemplare) „den gefallenen Kameraden von der Westfront ein erschütterndes Denkmal gesetzt."[2074]

Von Richard Euringer, einem überzeugten Nationalsozialisten, dessen literarischer Erfolg erst nach der ‚Machtergreifung' einsetzte, publizierte der Reclam Verlag 1941 *Als Flieger in zwei Kriegen* (zwei Auflagen, 61.000 Exemplare). Euringer, der in beiden Weltkriegen in den Luftstreitkräften gekämpft hatte, verarbeitet darin seine persönlichen Erlebnisse. Sein 1929 publizierter Roman *Fliegerschule 4, ein Buch der Mannschaft* dient der Verherrlichung von Kampferlebnissen des Ersten Weltkriegs und wurde in Parteikreisen als erstes NS-Kriegsbuch begrüßt, insbesondere aufgrund seiner Gegensätzlichkeit zum Antikriegsroman *Im Westen nichts Neues* von Erich Maria Remarque.[2075]

3.5 Verlagsautoren zwischen Fanatismus und Distanz

Das Programm des Reclam Verlags bestimmten seit der Verlagsgründung vorrangig deutsche Erzähler, Lyriker und Dramatiker. Während jedoch in der Weimarer Republik zeitgenössische, aus dem deutschen Staatsgebiet stammende Erzähler 59,9 % des belletristischen Programms ausmachten, steigerte sich der Anteil in der NS-Zeit um fast ein Drittel auf 74,4 %.[2076] Die Zahl nicht deutschsprachiger, noch nicht gemeinfreier Autoren, deren Texte in Übersetzung Eingang in die UB fanden, sank hingegen nicht erst im Zuge der fortschreitenden Kriegshandlungen, sondern war aufgrund der kulturpolitischen Restriktionen bereits zuvor von 12,7 % in der Weimarer Republik auf lediglich 4,8 % zwischen 1933 und 1945 zurückgegangen. Die meisten der nach 1933 publizierten ausländischen Schriftsteller waren Belgier – Felix Timmermans, Stijn Streuvels und Ernest Claes – hinzu kamen der Isländer Gunnar Gunnarsson, der Norweger Olaf Gulbransson und die Schwedin Berit Spong.

2073 Janßen 1990.
2074 Werbeannonce. In: *BBl.* vom 16.02.1935, Nr. 40, S. 675, http://digital.slub-dresden.de/id39946221X-19350216/28 [25.05.2024].
2075 Vgl. Scriba 2015.
2076 Gezählt wurden Autoren, die sich als Bürger des Deutschen Reichs verorten lassen.

3.5.1 ‚Grenzlanddeutsche' Autoren

Einen nicht unbedeutenden Anteil an der zeitgenössischen Belletristik hatten die österreichischen und die sogenannten grenzlanddeutschen Schriftsteller: Dichter aus Siedlungsgebieten, die infolge der Grenzziehungen des Versailler Vertrags nicht mehr innerhalb der Staatsgrenzen des Deutschen Reichs lagen. Schon in der Weimarer Republik machten diese Dichter 22,5% der modernen Literatur im Verlagsprogramm aus. Auch für die Literatur aus Österreich gilt, dass viele der erfolgreichen und repräsentativen völkisch-nationalen und nationalsozialistischen Titel bereits vor 1933 geschrieben worden waren. Diese in den 1920er und 1930er Jahren stark verbreitete katholische, völkisch-nationale und zunehmend auch nationalsozialistische Literatur, deren Traditionslinie bis 1866 zurückverfolgt werden kann,[2077] ist zwar heute weitgehend aus dem literarischen Gedächtnis verschwunden, übertraf aber nach Auflagenzahlen damals bei Weitem die der nach 1945 kanonisierten Werke eines Arthur Schnitzler, Franz Werfel oder Robert Musil, die von einer Mehrheit des zeitgenössischen österreichischen Publikums weder akzeptiert noch wertgeschätzt wurden. Des Weiteren war die österreichische Literaturproduktion bestimmt durch den deutschen Markt: Knapp neunzig Prozent der österreichischen Autoren publizierten in Deutschland, die wenigen belletristischen Verlage Österreichs verkauften dort bis zu zwei Drittel ihrer Produktion.[2078]

Die Universal-Bibliothek des Reclam Verlags gibt pars pro toto einen guten Einblick in die tatsächliche Verbreitung österreichischer Literatur, die vorrangig 1924 und 1925 zum Abdruck in der UB gelangte, und stützt den Befund, dass sich aus der Wiener Moderne kaum Autoren im Verlagsprogramm der Weimarer Republik finden. Lediglich Arthur Schnitzler (*Die dreifache Warnung*, 1924), Franz Werfel (*Das Geheimnis des Saverio*, 1932), Hugo von Hofmannsthal (*Wege und Begegnungen*, 1931), Hermann Bahr (*Die schöne Frau*, 1924) und Stefan Zweig (*Der verwandelte Komödiant*, 1923; *Angst*, 1925) sind vertreten. Bahr und Schnitzler mit je 38.000 Exemplaren bis 1933, vor allem aber *Angst* von Zweig mit 118.000 Exemplaren verkauften sich gut, dagegen kamen von Hofmannsthal (10.000 Exemplare) und Werfel (15.000 Exemplare) über die Erstauflage nicht hinaus, und auch Zweigs erste Novelle *Der verwandelte Komödiant* war mit 18.000 Exemplaren bis 1933 geringfügig nachgefragt. An weitere Nachdrucke war in der NS-Zeit nicht zu denken. Robert Musil, Georg Trakl, Joseph Roth, Karl Kraus, Alfred Polgar, Sigmund Freud, Hugo Bettauer, Peter Altenberg, Hermann Broch, Anton Kuh, Friedrich Torberg oder Egon Friedell sind im Kanon der

2077 Dieses Jahr setzt Heinz Kindermann in der von ihm als 100. Band der *Deutschen Literatur* und als zehnter Band der Reihe *Politische Dichtung* herausgegebenen Anthologie *Heimkehr ins Reich. Großdeutsche Dichtung aus Ostmark und Sudetenland 1866–1938* als Ausgangspunkt fest. Vgl. Amann 1997, S. 211.

2078 Vgl. Amann 1997, S. 210 ff.

UB nicht existent. Hingegen finden sich zahlreiche Vertreter des völkisch-nationalen populären Lagers: Rudolf Greinz (*Lustige Tiroler Geschichten*, 1909), Hans Rudolf Bartsch (*Pfingstküsse*, 1924), Franz Karl Ginzkey (*Brigitte und Regine*, 1924), Enrica von Handel-Mazzetti (*Der Richter von Steyr*, 1924), Robert Hohlbaum (*Von ewiger Kunst*, 1924), Max Mell (*Morgenwege*, 1924), Karl Schönherr (*Die erste Beicht'*, 1924), Karl Hans Strobl (*Der betrogene Tod*, 1924), Friedrich von Gagern (*Der Marterpfahl*, 1925), Josef Friedrich Perkonig (*Siebenruh*, 1925), Hans Watzlik (*Ungebeugtes Volk*, 1925), Adam Müller-Guttenbrunn (*Das idyllische Jahr*, 1927), Erwin Guido Kolbenheyer (*Wenzel Tiegel*, 1929) oder Alfons von Czibulka (*Die Handschuhe der Kaiserin*, 1931). Während sich deren Auflagen in der Weimarer Republik mehrheitlich zwischen 23.000 und 40.000 Exemplaren bewegten – einzig Friedrich von Gagern überstieg die 50.000er-Grenze – wurden alle Autoren bis auf Max Mell und Guttenbrunn in Auflagen mit bis zu 158.000 Exemplaren in der NS-Zeit nachgedruckt. Korrespondierend mit der Abhängigkeit vom deutschen Markt kam es auch in Österreich nach 1933 zu einer bewussten nationalsozialistischen Unterwanderung des kulturellen Lebens. Die kulturpolitischen Restriktiven des Deutschen Reichs sowie die

> in bezug auf politische Feindbilder über weite Strecken dem Nationalsozialismus verwandte österreichische Kulturpolitik und Zensurpraxis begünstigten eine Vereinheitlichung der Literatur im Sinne der deutschen Machthaber. […] Das, was aufgrund der politischen Ungleichzeitigkeit zwischen Deutschland und Österreich vorerst noch nicht systematisch und nach außen hin sichtbar durchzuführen war – nämlich die völlige „Gleichschaltung" der österreichischen Literatur – das wurde durch Gründung illegaler Schriftstellerverbände auf organisatorischem Gebiet und durch Neuformulierung der österreichischen Literaturtradition auf ideologischem Gebiet vorbereitet.[2079]

Österreichische Autoren, die maßgeblich an dieser Umformung der literarischen Öffentlichkeit beteiligt waren, finden sich auch zahlreich im Reclam'schen Verlagsprogramm nach 1933. So war beispielsweise Josef Friedrich Perkonig als Beiratsmitglied in Klagenfurt, Gemeinderat und Landtagsabgeordneter in Kärnten für Wissenschaft und Kunst institutionell im Dienst des Austrofaschismus tätig. Ab 1933 gehörte er als Vertrauensmann für Kärnten Alfred Rosenbergs Kampfbund für deutsche Kultur und ab 1936 dem nationalsozialistischen Bund deutscher Schriftsteller Österreichs an, engagierte sich somit „literarisch im völkischen und nationalsozialistischen Milieu"[2080] und half, den ‚Anschluss' Österreichs propagandistisch vorzubereiten.[2081]

2079 Amann 1997, S. 217 f.
2080 Penning 2018, S. 318.
2081 Vgl. Penning 2018, S. 304 f.

Obgleich Perkonig nach eigenen Angaben 1934 in die österreichische NSDAP eingetreten war[2082] und literarisch nationalsozialistischen Vorstellungen entsprach, war er nicht unumstritten: So wurde sein Beitrittsersuchen zur NSDAP im Mai 1939 abgelehnt mit Hinweis auf seine Mitgliedschaft in der Klagenfurter Freimaurerloge Paracelsus von 1931 bis 1934; zudem habe seine illegale NS-Tätigkeit als Volkspolitischer Referent des Landes Kärnten „nicht ganz den Anforderungen der NSDAP"[2083] entsprochen. Die Ablehnung eines zweiten Beitrittsersuchens 1941 sowie eines weiteren Ersuchens 1942 um gnadenweise Aufnahme[2084] verhinderte auch die Fürsprache der Gauleitung Kärnten nicht: „[Perkonig] hat sich seit der Machtübernahme eifrigst bemüht unserer nationalsozialistischen Weltanschauung gerecht zu werden. Er stellte sich für die verschiedensten Arbeiten auf dem Gebiete des Schrifttums vollkommen ehrenamtlich zur Verfügung"[2085]. Perkonig war vorgeworfen worden, er habe als volkspolitischer Referent an Kundgebungen der Vaterländischen Front, die sich gegen die Kulturpolitik des ‚Dritten Reiches' richteten, teilgenommen; zudem seien seine von den österreichischen Parteistellen „einmütig" als „freiheitlich-liberal" bewerteten Schriften während der ‚Kampfzeit' im Verlag Langen Müller erschienen, „während die Schriftsteller von einwandfreier weltanschaulicher Haltung im gleichen Verlage nicht zum Druck gelangen konnten." So wurde Perkonig noch 1938 als für Dichterlesungen ungeeignet bewertet: Es solle eine „weltanschaulich und politisch so schwankende Erscheinung wie P. in den Hintergrund treten."[2086] Seiner Ernennung zum Landesobmann der RSK für Schriftsteller im Gau Kärnten im Juli 1939 stand – zumal er von NSDAP und Gestapo als politisch zuverlässig bewertet wurde – allerdings nichts entgegen.[2087] 1941 wurde Perkonig auch für den Einsatz beim Deutschen Volksbildungswerk zugelassen, mittlerweile als stellvertretender RSK-Landesleiter.[2088]

In seinem literarischen Schaffen finden sich neben der Verarbeitung zentraler völkisch-nationalsozialistischer Motive immer wieder auch ausgesprochen slawophile Tendenzen, die ebenso wie sein ständestaatliches Engagement vermehrter Kritik

2082 Vgl. Aktennotiz des Beauftragten des Obersten Richters der Partei für Österreich vom 15.02.1939. In: BArch, R 9361-I/29465 Film-Nr. OPG H 21, Bild-Nr. 2920.

2083 Beschluss des Gaugerichts Kärnten der NSDAP vom 23.05.1939. In: BArch, R 9361-I/29465, Lesefilm-Nr. OPG H 21, Bild-Nr. 2922 f., Zitat Bild-Nr. 2922.

2084 Vgl. Schneider an Kanzlei des Führers der NSDAP, Hauptamt für Gnadensachen am 30.06.1942. In: BArch, R 9361-II/795912, Lesefilm-Nr. PK J 28, Bild-Nr. 728 f.

2085 K. Pachneck, Vertreter des Stellvertretenden Gauleiters NSDAP Gauleitung Kärnten an Parteikanzlei der NSDAP München am 12.07.1941. In: BArch, R 9361-I/29465, Lesefilm-Nr. OPG H 21, Bild-Nr. 2928.

2086 Hauptstelle Kulturpolitisches Archiv an Deutsche Arbeitsfront. Amt Deutsches Volksbildungswerk, Abteilung Dichterlesungen am 26.10.1938. In: NS 15/27, Bl. 243.

2087 Vgl. Aktenvermerk Abteilungsleiter I RSK vom 20.07.1939. In: BArch, R 9361-V/9016, Lesefilm-Nr. RK B 149, Bild-Nr. 2458.

2088 Vgl. Hauptstelle Kulturpolitisches Archiv an Amt Deutsches Volksbildungswerk, Abteilung Dichterlesungen am 26.10.1928. In: NS 15/253, Bl. 272; Penning 2018, S. 316.

ausgesetzt waren.[2089] In der zweiten, 1935 bei Reclam publizierten Erzählung *Der Guslaspieler* hat Perkonig

> Erlebnisse aus seiner Jugend zu einer packenden Erzählung gestaltet. In Ragusa, der zauberhaften dalmatinischen Stadt, erfüllt sich das seltsame, an das Herz rührende Schicksal des herzegowinischen Bauernsohnes, der ein Guslaspieler war. Er sang die uralten Heldenlieder seines stolzen Volkes, bis ihn eine große Liebe in Schwermut stürzte und ihm die Gusla, das eigenartige slawische Volksinstrument, aus den Händen rang.[2090]

Die Geschichte, die wie „kein Werk in der deutschen Dichtung, […] die Seele Dalmatiens so lebensvoll gestaltet"[2091], wurde in acht Auflagen mit 101.000 Exemplaren gedruckt.

Neben Perkonig und Friedrich Schreyvogl (siehe Kapitel 3.4.4.1) gilt auch Max Mell als Vorzeigeautor des Austrofaschismus;[2092] zusammen mit Schreyvogl und anderen national orientierten österreichischen Schriftstellern war er 1933 demonstrativ aus dem P.E.N.-Club ausgetreten, nachdem dieser die Bücherverbrennung in Deutschland verurteilt hatte. Im November 1936 konstituierte sich unter Mells Präsidentschaft der NS-affine Bund deutscher Schriftsteller Österreichs, dem etliche im Programm des Reclam Verlags vertretene Autoren angehörten: neben Mell und Josef Papesch auch Bruno Brehm, Gertrud Fussenegger, Mirko Jelusich, Josef Friedrich Perkonig, Friedrich Schreyvogl und Karl Hans Strobl, deren Werke 1946 auf die *Liste der gesperrten Autoren und Bücher*, herausgegeben vom österreichischen Bundesministerium für Unterricht, gesetzt wurden. Nach dem von Mell begrüßten ‚Anschluss' Österreichs publizierte dieser in diversen NS-Anthologien; im Juli 1938 wird er als möglicher Kandidat für die Berufung in den Reichskultursenat gehandelt: „Ich habe zu bemerken, dass Herr Mell zu den repräsentativsten Dichtern der Ostmark gehört, dass er Präsident des Bundes der deutschen Schriftsteller Österreichs seit dessen Gründung war und sich somit in der illegalen Zeit auch auf berufsständischem Gebiet Verdienste erworben hat."[2093] Seit 1940 distanzierte sich Mell vom Nationalsozialismus; er lehnte beispielsweise die ihm angetragene Leitung der Reichsschrifttumskammer Wien ab, unterhielt aber dennoch gute Beziehungen zu Baldur von Schirach und publizierte weiterhin in NS-Organen. Goebbels hingegen belegte einige seiner Stücke mit Aufführungsverbot; auch die Verleihung des Grillparzer-Preises 1941 an Mell versuchte Goebbels (erfolglos)

2089 Vgl. Penning 2018, S. 322.

2090 *Allgemeiner Tiroler Anzeiger* 21.05.1935.

2091 Werbeannonce. In: *BBl.* vom 03.05.1935, Nr. 101, S. 2103, http://digital.slub-dresden.de/id39946221X-19350503/9 [25.05.2024].

2092 Vgl. Gradwohl-Schlacher 1998, S. 128.

2093 (nicht lesbar) an Ihde am 27.07.1938. In: BArch, R 9361-V/8256, Lesefilm-Nr. RK B 129, Bild-Nr. 50.

zu unterbinden.[2094] Mells am 20. Februar 1940 beantragte NSDAP-Mitgliedschaft, die ihm unter der Nummer 7680130 bewilligt worden war, zog er im Februar 1942 freiwillig zurück, womit die Mitgliedschaft für ungültig erklärt wurde.[2095] Seine Unterstützung des aufgrund seiner jüdischen Ehefrau geringgeschätzten Schriftstellers Wladimir von Hartlieb sowie der Baronin Gabriele Oppenheimer, die dank einer durch Mell beschafften Reiseerlaubnis nach Ungarn der Deportation nach Theresienstadt entging, konnte Mell nach Kriegsende brieflich bezeugen.[2096] Von Mell, der 1943 „an der Weiterführung seiner literarischen Arbeiten durch wirtschaftliche Notstände gehindert" war und auf Anregung des RMVP 1.000 RM als Ehrengabe der Schillerstiftung erhielt,[2097] erschien 1944 bei Reclam die Novellensammlung *Verheißungen*.

Mit 110.000 Exemplaren in vier Auflagen erreichte die heute weitgehend vergessene NS-Autorin Ida Maria Deschmann mit der 1941 bei Reclam publizierten Erzählung *Der Büßer* eine ganz beachtliche Reichweite. Deschmann, seit 08.08.1932 unter der Nummer 1210866 Mitglied der NSDAP,[2098] gehörte

> zweifellos zu den produktivsten Schriftstellerinnen der Ostmark. Seit vielen Jahren erschien von ihr ein Roman nach dem anderen. […]. Sie hat sich immer als eine aufrechte, unerschrockene Vorkämpferin für das dritte Reich erwiesen, hat niemals Zugeständnisse an die österreichische Systemregierung gemacht, erhielt keinerlei Auszeichnungen von ihr und wurde wegen ihrer positiven Einstellung zum Nationalsozialismus von allen Vorteilen der damaligen Zeit ausgeschlossen.[2099]

Auch hatte sie „in der illegalen Zeit als Kulturreferentin Schulungsvorträge vor der N. S. Frauenschaft im 3. Bezirke Wien gehalten."[2100]

Mit der für 1944 nicht ungewöhnlich hohen Startauflage von 150.000 Exemplaren edierte der Reclam Verlag erstmals auch eine Erzählung des österreichischen Schriftstellers und NS-Kulturpolitikers Josef Papesch: *Weißhaupt. Vater und Sohn*. Der völkische Dichter aus der Steiermark trat unter der Nummer 6355948 zum 01.01.1934

2094 Vgl. Baur; Gradwohl-Schlacher 2008, S. 245.

2095 Vgl. Schulze, Gauamtsleitung NSDAP Wien an NSDAP, Reichsleitung, Reichsschatzmeister, Hauptamt V am 19.02.1942. In: BArch, R 9361-II/702026, Lesefilm-Nr. RK I 29, Bild-Nr. 2932.

2096 Vgl. Autengruber et al. 2013, S. 202.

2097 Vortragsamt des RMVP an Lilienfein Schillerstiftung am 25.01.1943; vgl. Schillerstiftung an Mell am 27.01.1943. In: GSA, 134/141,3.

2098 Vgl. Fragebogen zur Aufnahme in die RSK vom 21.07.1938. In: BArch, R 9361-V/4732, Lesefilm-Nr. RK B 29, Bild-Nr. 2714.

2099 RSK Landesleitung Oesterreich Gruppe Schriftsteller, Persönliche Stellungnahme des Landesleiters zum Aufnahmeantrag für die RSK vom 12.01.1939. In: BArch, R 9361-V/4732, Lesefilm-Nr. RK B 29, Bild-Nr. 2738.

2100 Deschmann: Kurze Lebensbeschreibung vom 24.08.1938. In: BArch, R 9361-V/4732, Lesefilm-Nr. RK B 29, Bild-Nr. 2726–2730, Zitat auf Bild-Nr. 2726.

der damals illegalen NSDAP bei,[2101] gehörte zum Bund deutscher Schriftsteller Österreichs und half eifrig, den NS-Geist ins Volk zu tragen:

> Durch Vorträge, Aufsätze, Buchbesprechungen, deren Zahl in die Hunderte geht, wirkte er nicht nur für die Reinigung des Geschmacks, sondern vor allem auch für die echte und weltanschaulich reine Dichtung, für das Schrifttum, das den nationalsozialistischen Geist in sich trug und verbreiten half.[2102]

Seine schon vor dem ‚Anschluss' Österreichs begonnene kulturpolitische Karriere setzte Papesch im Großdeutschen Reich rasant fort: Seit 1936 gehörte er zum „engeren Stab der Gauleitung Steiermark der NSDAP, da er von dem damaligen Gauleiter, Ing. Sepp Helfrich, zur Beratung, vor allem in kulturellen Fragen, herangezogen wurde."[2103] Nach dem politischen Umbruch wirkte er in der Hauptstelle Kultur im Hauptpropagandaamt der NSDAP Steiermark, welche er seit 1940 im Rang eines Regierungsdirektors leitete.[2104] Die vom Rektor der Universität Graz und der dortigen Philosophischen Fakultät 1940 angestrebte Ernennung Papeschs zum Honorarprofessor für junge deutsche Literatur[2105] wurde jedoch zunächst mit Hinweis darauf abgelehnt, dass eine solche Ernennung, wenn der Titel nicht entwertet werden solle, „spezifische wissenschaftliche Leistungen" voraussetze, die im Falle Papeschs nicht vorlägen.[2106] Zwei Jahre später wird die Sachlage anders bewertet, seine Tätigkeit als Herausgeber der *Steiermärkischen Forschungen* habe ihm einen guten Namen eingebracht, außerdem habe er sich als Schriftleiter zunächst der *Südmark*, später der *Alpenländischen Monatshefte*

> um die Heimatliteratur der Südmark sehr verdient gemacht. […] Er hat eine größere Anzahl von Aufsätzen und Buchbesprechungen aufzuweisen, die die

2101 Vgl. Personalakte, Fragebogen Reichsministerium für Wissenschaft, Erziehung und Volksbildung. In: BArch, R 4901/23502.

2102 Bericht der Kommission 323 zur Bestellung Josef Papeschs als Honorarprofessor für junge deutsche Literatur an der philosophischen Fakultät der Universität Graz vom 17.05.1940. In: BArch, R 4901/23502, Bl. 3.

2103 Leiter des Gaupersonalamts, NSDAP Gau Steiermark, Beurteilung Josef Papesch vom 13.12.1938. In: BArch, R 9361-V/30834, Lesefilm-Nr. RK I 451, Bild-Nr. 2372.

2104 Vgl. Reichsminister für Erziehung, Wissenschaft und Volksbildung gez. Holfelder an Reichsminister des Inneren am 08.06.1940. In: BArch, R 1501/212775, Bl. 2152; NSDAP Stellvertreter des Führers Stab an Reichsminister des Inneren am 10.08.1940. In: BArch, R 1501/212775, Bl. 2162.

2105 Vgl. Dekanat der philosophischen Fakultät Graz an Reichsminister f. Wissenschaft, Erziehung und Volksbildung am 18.05.1940. In: BArch, 4901 23502, Bl. 1.

2106 Vgl. Germanisches Seminar der Universität Berlin an Ministerium am 06.10.1940. In: BArch, R 4901/23502, Bl. 10; Ministerium an Kurator der wissenschaftlichen Hochschulen in Graz am 21.02.1941. In: BArch, R 4901/23502, Bl. 12.

> Dichter der Ostmark behandeln. Papesch ist in der Steiermark und weit darüber hinaus bekannt als der literarisch geistige Führer, der ständig schon in der österreichischen Systemzeit für die großdeutschen Interessen eingetreten ist. Papesch ist weniger Forscher als ein literarischer Verkünder, der in seinen Vorträgen an der Universität Graz außerordentliche Wirkung hat.[2107]

Am 20.01.1943 wurde Papesch „für die Dauer seiner Zugehörigkeit zum Lehrkörper einer deutschen wissenschaftlichen Hochschule zum Honorarprofessor" ernannt.[2108] Papesch war auch Obersturmführer der SS,[2109] suchte dort aber nach der Ermordung seiner behinderten Tochter im Zuge des Euthanasiegesetzes 1941 um Entlassung an.[2110]

Mit 151.000 in neun Auflagen gedruckten Exemplaren der 1937 bei Reclam publizierten Erzählung *Die Botin* – die Lebensgeschichte der Leni Zirngiebel aus den steirischen Alpen „im Glück und Leid ihrer Ehe mit dem Kaspar, der sie so herzlich liebte und doch das Wirtshaus nicht lassen konnte"[2111] –, vor allem aber mit der 1942 veröffentlichten Erzählung *Walzer im Mondschein* ist Erwin Herbert Rainalter der erfolgreichste ‚grenzlanddeutsche' Autor im Reclam'schen Verlagsprogramm. Die Erzählung, die eine Episode aus dem Leben der berühmten Tänzerin Fanny Elßler (1810–1884) zum Gegenstand hat, wurde in fünf Auflagen 270.000 Mal gedruckt, womit Rainalter Platz elf der meistgedruckten UB-Bändchen zwischen 1933 und 1945 belegt. Rainalter, als Sohn eines österreichischen Postbeamten in Konstantinopel geboren und in Thessaloniki aufgewachsen, begann ein Studium in Wien und positionierte sich bereits in den 1920er Jahren offen als Anhänger der „großdeutschen Lösung".[2112] 1933 trat auch er aus dem Österreichischen P.E.N.-Club aus und beteiligte sich an der Gründung des Rings Nationaler Schriftsteller durch die Fachgruppe Schrifttum des Kampfbundes für deutsche Kultur. Dieser völkisch und antisemitisch ausgerichtete Verein ging später im Bund deutscher Schriftsteller Österreichs auf.[2113] Er wirkte als Feuilletonschriftleiter unter anderem beim *Wiener Mittag* und *Salzburger Volksblatt* sowie zwölf Jahre beim *Neuen Wiener Tageblatt*, bis ihm aufgrund seiner nationalsozialistischen Betätigung gekündigt wurde. Daraufhin floh Rainalter, seit 01.04.1934 Mitglied der österreichischen NSDAP (Parteinummer: 1529323) sowie förderndes Mitglied der SS und Sturmführer der SA, nach Deutschland, wo er zwei

2107 Eignungsbericht vom 14.01.1943. In: BArch, R 4901/23502, Bl. 15; siehe auch: Aktenvermerk vom 21.09.1942. In: BArch, R 4901/23502, Bl. 6.

2108 Reichsminister für Wissenschaft, Erziehung und Volksbildung am 20.01.1943. In: BArch, R 4901/23502, Bl. 16.

2109 Vgl. Personalakte, Fragebogen Reichsministerium für Wissenschaft, Erziehung und Volksbildung. In: BArch, R 4901/23502.

2110 Vgl. Baur; Gradwohl-Schlacher 2008, S. 31.

2111 *Alpenländische Rundschau* 10.07.1937.

2112 Vgl. Personenkartei des RMVP zu Rainalter, Erwin Herbert. In: BArch, R 55/21654.

2113 Zum Ring nationaler Schriftsteller und Bund deutscher Schriftsteller Österreichs siehe Renner 1986.

Jahre als Schauspielreferent beim *Völkischen Beobachter* und als Schriftleiter beim *Berliner Lokalanzeiger* tätig war. 1936 kehrte er nach Österreich zurück und setzte seine journalistische Karriere als Hauptschriftleiter des *Neuen Wiener Tageblatts* fort.[2114]

Max von Millenkovich, Direktor des Wiener Burgtheaters und Musikschriftsteller sowie ebenfalls ein umtriebiger Multiplikator nationalsozialistischer Kulturvorstellungen, veröffentlichte neben drei musiktheoretischen Schriften (siehe Kapitel 3.3.5.3) 1940 bei Reclam mit *Vom Abend zum Morgen. Aus dem alten Österreich ins neue Deutschland* seine Lebenserinnerungen. Das mit 310 Seiten sehr umfangreiche Verlagswerk, hergestellt in einer Auflage von 5.015 Exemplaren,

> stellt einen überaus wertvollen Beitrag zum tieferen Verständnis des schicksalhaften Weges dar, der, wie der Untertitel des Werkes lautet, „Aus dem alten Oesterreich ins neue Deutschland" führte. Es wird wenige Deutsche geben, denen es vergönnt war, einen gleich großen Abschnitt des geistigen und politischen Lebens der Nation kennenzulernen und tätig an ihm mitzuwirken. [...Millenkovich] hat [...] in reiferen Jahren [...] in Oesterreichs bitterster Notzeit als unbeugsamer Kämpfer und illegaler Nationalsozialist für den Anschluß gewirkt. [...] Alles, was in dem Buche enthalten ist, spiegelt eine universelle Natur, deren Wirken und Werden nicht vom Zufall, sondern einer höheren Idee bestimmt war [...] Sie hatte einen doppelten Boden; sie galt der Kunst und Deutschland. Und sie strahlte immer in gleichem Glanze, in hellen und trüben Tagen, und führte den Dichter selbst wie die große Schar seiner Freunde und Zeitgenossen über die Brücke der verflossenen Notzeit in die stolze deutsche Gegenwart, zu der sich Millenkovich in seinem Schlußwort mit gläubiger Inbrunst bekennt.[2115]

Ebenfalls 1940 publizierte der sudetendeutsche Schriftsteller Friedrich Jaksch unter dem Pseudonym Friedrich Bodenreuth *Das Ende der eisernen Schar*. In dem in acht Auflagen mit zusammen 146.000 Exemplaren hergestellten Titel formt der Dichter „[e]ine Episode aus den Freikorpskämpfen im wildzerrissenen Nachkriegsdeutschland [...] zur erschütternden Szene von dramatischer Wucht. ‚Es schien das Ende' überschreibt er diesen harten Tatsachenbericht aus Deutschlands tiefster Erniedrigung – ‚es war die Saat' klingt es hell mit dem zweiten Teil des Bändchens auf, das die siegreiche Erfüllung des Jahres 1939 Gestalt werden läßt."[2116] Für den 1937 im Hans von Hugo & Schlotheim Verlag publizierten Roman *Alle Wasser Böhmens fließen nach Deutschland*,

2114 Vgl. Personenkartei des RMVP zu Rainalter, Erwin Herbert; Personenkartei der RSK zu Rainalter, Erwin Herbert; Rainalter an Horst Baumann (RMVP) am 09.05.1938. In: BArch, R 55/21654.

2115 *Neues Wiener Tagblatt* 18.11.1940.

2116 Werbeannonce. In: *BBl.* vom 13.03.1940, Nr. 62, S. 1313, http://digital.slub-dresden.de/id39946221X-19400313/22 [25.05.2024].

in dem Jaksch aus deutschnationaler Perspektive die politisch-gesellschaftlichen Differenzen zwischen der deutschen Minderheit und den Tschechen in Böhmen bis 1919 schildert, bekam er 1938 den Volksdeutschen Dichterpreis verliehen. Der auch über die Büchergilde Gutenberg vertriebene Roman erreichte bis 1943 vermutlich eine halbe Million Exemplare, und Bodenreuth galt als „einer der wenigen, die die Fähigkeit besitzen, aktuelle politische Tagesfragen in eine wirksame Romanform zu bringen."[2117] Aus diesem Grund wurde er 1943 vom RMVP beauftragt, einen antibolschewistischen Roman zu verfassen. „Da auf die Durchführung des Planes grosser propagandistischer und kulturpolitischer Wert gelegt"[2118] wurde, sollte Jaksch eigens für dieses Projekt ein halbes Jahr uk gestellt werden.

So wie Millenkovich und Bodenreuth haben viele Kulturschaffende, insbesondere die im Reclam'schen Verlagsprogramm zahlreich vertretenen Mitglieder des Bundes deutscher Schriftsteller Österreichs – von denen viele, darunter Mell, Ginzkey, Fussenegger undHohlbaum, noch in den 1950er Jahren teils mehrfach mit staatlichen Literaturpreisen ausgezeichnet wurden[2119] – den ‚Anschluss' Österreichs beziehungsweise die erzwungene Abtretung des Sudetenlands an das Deutsche Reich begrüßt. Für den Reclam Verlag bedeuteten die außenpolitischen Umbrüche nicht zuletzt eine Vergrößerung des potenziellen Lesekreises. Um die ‚grenzlanddeutsche Leserschaft' als Kunden zu gewinnen, begrüßte Reclam diese ganz ausdrücklich und warb beispielsweise im *Almanach* für das Jahr 1939 und in der *Deutschen Rundschau* mit Autoren des Verlags, deren Bücher man ihnen besonders empfehle: „Dichter der Ostmark und des Sudetenlandes – Der grenzlanddeutschen Dichtung ist Reclams UB von jeher eine verständnisvolle Pflegestätte gewesen. Viele bedeutende Dichter sind in der Sammlung mit Meistererzählungen vertreten."[2120]

Abseits der Autoren aus ‚Ostmark' und Sudetenland kamen bei Reclam auch drei Schriftsteller siebenbürgischer Herkunft zu Wort, die ihren ‚grenzlanddeutschen' Kollegen in Bezug auf ihre völkischen bis nationalsozialistischen Einstellungen nicht nachstanden. Im *Verzeichnis der auszusondernden Literatur* gehörten alle drei zu den Autoren, deren Gesamtwerk „endgültig" aus Büchereien und Buchhandlungen entfernt werden sollte.[2121]

1935 erschien von Erwin Wittstock, einem studierten Juristen, der zwischen 1936 und 1944 als freier Schriftsteller in Berlin, im siebenbürgischen Hermannstadt und im böhmischen Hammer am See lebte, *Das Begräbnis der Maio*. Die in fünf Auflagen mit 71.000 Exemplaren gedruckte Novelle über das Landleben in Siebenbürgen hatte Wittstock wohl bereits vor 1930 verfasst; sie weist ihn als wichtigen Vertreter des

2117 Stableiter Reichspropagandaleitung an Reichspropagandaleiter am 14.04.1943. In: BArch, R 55/33465, Bild-Nr. 282.
2118 Erckmann an Abteilung Personal, RSK am 13.07.1943. In BArch, R 55/33465, Bild-Nr. 270.
2119 Vgl. Amann 1984, S. 47.
2120 *Deutsche Rundschau,* Dezember 1938, S. 3. In: RAL, Ordner 3.
2121 Vgl. Magistrat der Stadt Berlin 1946, S. 3, 54, 83, 85, Zitat S. 3.

Dorfrealismus aus:[2122] „Wittstock, neben Zillich und Meschendörfer der bedeutendste siebenbürgische Dichter, hat in dieser Novelle eine seiner stärksten Leistungen abgelegt. In packendem Geschehen entrollt sich Siebenbürger Bauerntum, ganz echt in Wesen und Eigenart, aber unerhört gesteigert in dem tragisch tiefen Einzelfall."[2123] Mit einem „gewisse[n] sächsisch-nationale[n] Sendungsbewusstsein" näherte sich Wittstock in den 1930er und 1940er Jahren der ‚volksdeutschen' Ideologie an und wurde „zwecks Propagandazwecken großzügig im Deutschen Reich publiziert."[2124] Werner Bergengruen bewertet Wittstock 1946 rückblickend als „unaufdringliche[n], ruhige[n] und zurückhaltende[n], mehr nach innen als nach außen gewandte[n] Mensch[en], politisch indifferent und jedenfalls, was damals bei Auslandsdeutschen selten war, nicht zum Fanatismus neigend." Leider habe Wittstock, „was seine öffentliche Wirkung angeht", stets „im Schatten seines Landsmannes Heinrich Zillich" gestanden, „den er an Talent weit hinter sich ließ".[2125]

In der Tat erreichte die ebenfalls 1935 publizierte Erzählung *Die Reinerbachmühle. Eine Erzählung aus Siebenbürgen* von Heinrich Zillich – nach Bergengruen ein „kaltschnäuziger Streber von geringer Eigenart, ein Konjunkturist, der sich schließlich mit Haut und Haaren dem Nationalsozialismus verschrieben hat"[2126] – mit 161.000 Exemplaren in zehn Auflagen eine deutlich höhere Reichweite als Wittstocks Publikation: „Der Siebenbürger Dichter führt uns in einem kräftigen Volks- und Landschaftsbild mitten hinein in die Kämpfe des Siebenbürger Sachsentums um Erhaltung seiner Art und seines Bodens."[2127]

Der studierte Staatswissenschaftler Zillich gründete 1924 die „einzige[] deutsche[] Kultur- und Literaturzeitschrift" Rumäniens – *Klingsor*[2128] – und gab diese als Instrument zunächst nationalistischer, ab Ende der 1920er unverhohlen nationalsozialistischer ‚Volkstumsarbeit' mit ausgeprägt antisemitischem Tenor bis 1939 heraus. Zillich, der seit Beginn der 1930er Jahre als freier Schriftsteller arbeitete, lebte seit 1936 am Starnberger See.[2129] In den 1930er und 1940er Jahren war er „der einzige gänzlich unbeschwerte und von keinen erkennbaren Zweifeln geplagte Nationalsozialist unter den neun Spitzenautoren"[2130] der NS-Kulturzeitschrift *Das Innere Reich.* 1941 wurde er als Offizier im

2122 Vgl. Knopp 1999, S. 234, 236.
2123 Werbeprospekt *Bücher für unsere Zeit*, S. 27. In: RAS, Mappe UB Ankündigungen und Sammelprospekte I.
2124 Knopp 1999, S. 237f.
2125 Bergengruen, zitiert nach Kroll et al. 2005, S. 151.
2126 Bergengruen, zitiert nach Kroll et al. 2005, S. 151.
2127 Werbeprospekt *Bücher für unsere Zeit*, S. 28. In: RAS, Mappe UB Ankündigungen und Sammelprospekte I.
2128 Zillich an Grimm am 14.02.1933. In: DLA, A:Grimm, Hans, HS.NZ83.0002.
2129 Vgl. Klee 2009, S. 617f.
2130 Denkler 1976, S. 401.

Oberkommando der Wehrmacht, Abteilung Inland, als Referent für Tornisterschriften für die Herausgabe der Feldpostausgaben deutscher Dichtung zuständig.[2131]

Der Siebenbürger Adolf Meschendörfer war als „zielbewußter, unerschrockener Vorkämpfer des Deutschtums in Heimatromanen"[2132] für kulturpropagandistische Zwecke nutzbar, obwohl er offenbar selbst kein überzeugter Anhänger des NS-Regimes war. Er prägte mit seinem literarischen und publizistischen Werk die siebenbürgisch-deutsche Literatur des 20. Jahrhunderts entscheidend, insbesondere als Schriftleiter der Zeitschrift *Die Karpaten* (Kronstadt 1907–1914), in der siebenbürgische und zahlreiche deutsche Schriftsteller der Moderne zum Teil in Erstveröffentlichungen zu Wort kamen, und setzte sich für verstärkte kulturelle Beziehungen zu Ungarn und Rumänen in Siebenbürgen ein.[2133] Der 1937 publizierte „Querschnitt durch das Schaffen" des siebenbürgischen Dichters, *Siebenbürgen. Land des Segens*, blieb jedoch trotz positiver Rezensionen mit 24.000 Exemplaren in drei Auflagen weit hinter den Werken anderer ‚auslandsdeutscher' Autoren zurück:

> Besonders reizvoll und fesselnd ist die große Selbstdarstellung Meschendörfers, die gleichzeitig ein lebensechtes Bild vom „Land des Segens", seinen deutschen Bewohnern, ihren Kämpfen und Leistungen und ihrem kraftvoll bewegten Kolonistenleben entwirft. Fest wurzelt der Dichter in diesem Boden, und auch die Erzählungen und Gedichte strahlen die farbenbunte, reiche, gebirgsfrische Natur Siebenbürgens wider. Neben den Deutschen treten die anderen Völkerschaften Siebenbürgens – Rumänen, Ungarn und in einer köstlichen Studie auch die Zigeuner – in voller plastischer Eigenart hervor. Bodenständige Dichtung und Volkskunde, völkischer Ernst und ein saftiger Humor verbinden sich zu einem herzerquickenden Ganzen, aus dem echte Siebenbürgerlust weht.[2134]

Unter Einbeziehung der bereits im Kontext der historischen Romane, Kriegsbücher sowie der Bauern- und Heimatromane thematisierten Schriftsteller lässt sich für 18 der 27 zeitgenössischen ‚grenzlanddeutschen Autoren' im Reclam'schen Verlagsprogramm von 1933 bis 1945 eine dezidierte Nähe zum Nationalsozialismus konstatieren.[2135]

2131 Vgl. Zillich an Grimm am 20.01.1941. In: DLA, A:Grimm, Hans, HS.NZ83.0002.
2132 Eintrag Meschendörfer in Meyers Lexikon 1939, zitiert nach Klee 2009, S. 367.
2133 Vgl. Sienerth 1994.
2134 *Alpenländische Rundschau* 10.07.1937.
2135 Für drei der neun Schriftsteller, die sich weder auf der *Liste* noch im *Verzeichnis der auszusondernden Literatur* fanden noch das ‚Gelöbnis treuester Gefolgschaft' unterzeichnet hatten oder von Hellmuth Langenbucher zum empfehlenswerten Kanon deutscher Gegenwartsliteraten gezählt wurden, ließ sich jedoch biografisch eine dezidierte NS-Nähe herausarbeiten: Friedrich Schreyvogl (siehe Kapitel 3.4.4.1), Ida Maria Deschmann (siehe Kapitel 3.5.1) und Gertrud Fussenegger (siehe Kapitel 3.4.4.5). Somit verbleiben als relativ unbelastete zeitgenössische ‚grenzlanddeutsche' Autoren im Reclam'schen Verlagsprogramm: Gustav Renker, Rudolf Greinz, Franz Karl Ginzkey, Hans Dreißinger und der bereits 1918 verstorbene Peter Rosegger.

3.5.2 Nationalsozialistische Autoren

Unter den genuin nationalsozialistischen Autoren nehmen Robert Hohlbaum und Mirko Jelusich eine exponierte Stellung ein. Die beiden Österreicher, die sich im Kreis um die satirische Wochenschrift *Die Muskete* angefreundet hatten,[2136] definierten mit den vom Reclam Verlag in Auftrag gegebenen Anthologien *Deutsche Heldendichtung* (herausgegeben von Mirko Jelusich, siehe Kapitel 3.4.2) und *Heldische Prosa*[2137] (herausgegeben von Robert Hohlbaum) bereits 1934 unmissverständlich, welche Tugenden der ‚Volksgemeinschaft' von nun an Gewicht haben würden:

> Das deutsche Schrifttum bietet eine Fülle von Werken, aus denen Heldentum und heldisches Wesen in ihrer vollen Reinheit und Größe hervorleuchten. Robert Hohlbaum hat mit feinstem Verständnis aus mehreren Jahrhunderten die schönsten Zeugnisse dieser Art zu einem Ganzen vereinigt, das die großen Epochen unserer Geschichte – vom Arminismus bis zu Adolf Hitler – im dichterischen Wort lebendig macht.[2138]

Mehr noch, diese Zusammenführung historischer Belege deutscher Tapferkeit mit zeitgenössischen, das Wirken mannhafter Deutscher überhöhender Beiträge unter dem Schlagwort „Heldentum" legitimierte das Konzept der Überlegenheit des deutschen Volkes auf literarischer Ebene:

> Der tiefste Grundzug im deutschen Wesen ist das Heldische. Ein gewaltiger Blutstrom verbindet die Heldengestalten deutscher Frühzeit mit den Führerpersönlichkeiten unserer Tage. Robert Hohlbaum hat diese durch Jahrhunderte gehende große Kette deutschen Heldentums aufleuchten lassen in einer Sammlung von Erzählungen und Prosastücken, die von heidnischer Vorzeit durch alle Phasen deutscher Geschichte bis zur Gegenwart führt. So entsteht ein geschlossenes Werk von elementarer Wucht und bleibender Bedeutung. Neben den großen Erzählern der Vergangenheit, die mit z. T. wenig bekannten Stücken vertreten sind, stehen Novellen und Tatberichte der bedeutendsten volksdeutschen Dichter unserer Zeit.[2139]

2136 Vgl. Sachslehner 2009a.

2137 Ursprünglich sollte der Titel *Vom deutschen Heldentum* lauten. Vgl. Ernst Reclam an Vesper am 24.05.1934. In: DLA, A:Vesper, Will, 76. 2495/1-22.

2138 Sammelprospekt N. N. In: RAS, Mappe Großbuch Einzelprospekte A–E. Von den zeitgenössischen Autoren kommen zu Wort: Hans Friedrich Blunck, Erwin Guido Kolbenheyer, Otto Gmelin, Hans Watzlik, Karl Hans Strobl, Josef Ponten, Werner Beumelburg, Josef Magnus Wehner.

2139 Werbeannonce. In: *BBl.* vom 18.10.1934, Nr. 244, S. 4475, http://digital.slub-dresden.de/id39946221X-19341018/27 [25.05.2024].

Neben bedeutenden Erzählern des 18. und 19. Jahrhunderts wie Friedrich Schiller, Joseph Victor von Scheffel, Jeremias Gotthelf und dem wissenschaftlichen Begründer der Volkskunde, Wilhelm Heinrich Riehl, die aufgrund einzelner Aspekte ihres Wirkens von den Nationalsozialisten vereinnahmt wurden (siehe Kapitel 3.6), lag der Schwerpunkt – insbesondere in den Werbemitteln – eindeutig auf Autoren, die als historische Wegbereiter des Nationalsozialismus galten, wie Paul Ernst und Ernst Moritz Arndt, sowie auf zeitgenössischen völkisch-nationalen und nationalsozialistischen Autoren: Zu Wort kamen Werner Beumelburg, Hans Friedrich Blunck, Bruno Brehm, Edwin Erich Dwinger, Hans Heyck, Hans Franck, Otto Gmelin, Hans Grimm, Werner Jansen, Ernst Kratzmann, Karl Benno von Mechow, Josef Ponten, Wilhelm Schäfer, Franz Schauwecker, Karl Hans Strobl, Hans Watzlik, Josef Magnus Wehner und Will Vesper.[2140]

Ein Großteil davon wurde gemeinsam mit zahlreichen weiteren „volksdeutschen Erzählern aus Reclams Universal-Bibliothek"[2141] in der 1933 konzipierten Reihe *Reclams Meisterbände* erneut ediert. Die *Meisterbände* wurden in hellgrauem Naturganzleinenband mit schmalen braunroten Lederstreifen sowie einem Golddruck des Titels am Kopf und auf dem Rücken für 1 RM pro Band angeboten:[2142]

> Die wertvollsten Novellen zeitgenössischer deutscher Dichter erscheinen in dieser Reihe in schöner, auch verwöhntesten Ansprüchen genügender Ausstattung. Sie suchen bei betonter Schlichtheit äußere und innere Qualität mit möglichst niedrigem Preise zu vereinigen. Ihre Aufgabe ist eine doppelte: vom Schaffen volksgebundener deutscher Dichtung in ihren wertvollsten Erscheinungen Kunde zu geben; und jedem Deutschen, der beste geschmackvolle Bücher für sich selbst oder zu Geschenkzwecken sucht, eine erlesene Auswahl zum Preis von je RM 1,- zu bieten. In ihrer Gesamtheit ergeben sie ein Bild der aufbauenden dichterischen Kräfte unserer Zeit.[2143]

2140 Auch bei dieser Anthologie hatte der Reclam Verlag einige Mühe, alle Autoren für einen honorarfreien Abdruck zu gewinnen. Zumindest für Will Vesper und Hans Franck ist belegt, dass diese dem nicht ohne Weiteres zustimmten. Vesper wurde letztlich ein einmaliges Honorar von 3 RM pro Druckseite zugestanden. Vgl. Reclam Verlag an Vesper am 13.07.1934. In: DLA, A:Vesper, Will, 76. 2495/1-22. Hans Franck stellte seine nachträglichen Honorarforderungen zum Abdruck seiner Kurzgeschichte *Hier liegen lauter Wedells* erst ein, nachdem Ernst Reclam den wiederum honorarfreien Teilabdruck der Novelle *Fort damit!* zum Schulgebrauch durch den dänischen Verleger H. Moe mit Unwillen erlaubte. Vgl. Ernst Reclam an Franck am 23.03.1935, Franck an Ernst Reclam am 26.03.1935. In: LBMV, NL 08 Br Recl : Kasten 105.

2141 Werbeannonce. In: *BBl.* vom 03.06.1933, Nr. 127, S. 2754, http://digital.slub-dresden.de/id39946221X-19330603/6 [25.05.2024].

2142 Vgl. Zeittafel zur Verlagsgeschichte, S. 41. In: RAL, Ordner 3; Plakat *Reclams Meisterbände*. In: RAS, Mappe Leipziger Plakate.

2143 Plakat *Reclams Meisterbände*. In: RAS, Mappe Leipziger Plakate.

Neben den oben genannten Dichtern erschienen in der Reihe als weitere Vertreter ‚volksdeutscher' Dichtung unter anderen Max Barthel, Josef Martin Bauer, Rudolf Binding, Friedrich Bischoff, Herbert Böhme, Hermann Burte, Kurt Arnold Findeisen, Gustav Frenssen, Gertrud Fussenegger, Franz Karl Ginzkey, Robert Hohlbaum, Moritz Jahn, Erwin Guido Kolbenheyer, Harald von Koenigswald, Erwin Herbert Rainalter, Hermann Stehr, Wilhelm von Scholz, Heinrich Sohnrey und Heinrich Zillich. Zusammen mit den zahlreichen literaturwissenschaftlichen Abhandlungen zur neuen deutschen Literatur etwa von Walter Linden und den österreichischen NS-Germanisten Heinz Kindermann und Herbert Cysarz, die einen wichtigen Einfluss auf die Gestaltung und Bewertung von Literatur ausübten, positionierte der Reclam Verlag den Fokus seiner Universal-Bibliothek klar inmitten des völkisch-nationalen Spektrums. Unter den *Meisterbänden* finden sich aber auch je ein Titel von Annette von Droste-Hülshoff, Wilhelm Busch, Hans Fallada, Werner Bergengruen und Gerhart Hauptmann – keinesfalls Sympathisanten, wenngleich auch keine Opfer des NS-Systems (siehe Kapitel 3.5.3) – sowie von den ausländischen Schriftstellern Ernst Claes, Stijn Streuvels und Gunnar Gunnarsson.[2144]

Obwohl es zahlreiche eindeutige Schriftstellerkarrieren gibt, ist die trennscharfe Bewertung schöngeistiger Autoren nach ihrer Nähe zum NS-System nicht nur für die heutige Literaturwissenschaft in vielen Fällen schwer bis kaum möglich. Die Grenzen zwischen völkischer Haltung, NS-Sympathie und fanatischen Anhängern des Systems sind zum Teil fließend und auch innerhalb der Autorenbiografien variabel – Brüche im Lebenslauf, Einstellungsänderungen, im Dunkeln verbleibende persönliche Motivationen lassen eine eindeutige Zuordnung häufig nicht zu. Nicht nur heute, auch in der NS-Zeit bestanden bereits erhebliche Probleme, einen Kanon der lesens- und empfehlenswerten Autoren zusammenzustellen. So kam Ketelsen bei der Untersuchung von neun zeitgenössischen Literaturgeschichten zu dem Ergebnis, dass nur 46 Autorennamen von insgesamt über 2.000 angeführten von jedem dieser Literaturführer als nennenswert eingestuft wurden, wobei dies lediglich eine Anerkennung des literarischen Ranges und nicht unbedingt eine positive Wertschätzung bedeutete.[2145] Von diesen 46 Autoren finden sich immerhin 26 mit zusammen 54 Titeln

2144 Vgl. Gesamtverzeichnis, zugleich Verlangzettel (Dez. 1939), Seite *Ausgaben im Meisterband.* In: RAS, Mappe Bestellzettel UB.

2145 Vgl. Ketelsen 1992, S. 86. Aufschlussreich ist auch folgende Anekdote: Im Oktober 1934 wandte sich ein Redakteur der *Münchner Illustrierten Presse*, dem die Vorstellung der Mitglieder der ‚gesäuberten' Dichter-Akademie erhebliche Schwierigkeiten bereitete, an seinen Vertrauensmann im RMVP. Dieser antwortete, dass es sicher gegen den einen oder anderen vom NS-Standpunkt etwas zu sagen gebe und dass eine Ordnung nach Bedeutung und Ruhm grundsätzlich zu Missverstimmungen führe. Seiner persönlichen Meinung nach seien jedoch Rudolf Georg Binding, Hans Friedrich Blunck, Friedrich Griese und Hans Grimm im Großformat, Werner Beumelburg, Gerhart Hauptmann, Erwin Guido Kolbenheyer, Max Mell, Agnes Miegel, Jakob Schaffner und Hermann Stehr im Mittelformat sowie Peter Dörfler, Gustav Frenssen, Ina Seidel und Josef Magnus Wehner im Kleinformat zu bringen. Vgl. Adam 2010, S. 276 f.

im Programm des Reclam Verlags. Bei den Autoren, die Mitglieder der Preußischen Akademie der Künste waren, ist zumindest von einer pro-nationalsozialistischen Einstellung sowie starker Förderung ihrer Werke auszugehen. Im Mai 1933 war die Akademie ‚gesäubert' worden – 43 Mitglieder waren zum Austritt genötigt oder ausgeschlossen worden; Heinrich Mann, Ernst Barlach, Ricarda Huch, Thomas Mann, Franz Werfel und Leonhard Frank waren freiwillig ausgetreten. Ihre Plätze nahmen am 5. Mai 1933 kulturschaffende Sympathisanten des NS-Systems ein, darunter Hermann Bahr, Werner Beumelburg, Hans Friedrich Blunck, Theodor Däubler, Peter Dörfler, Paul Ernst, Friedrich Griese, Hans Grimm, Max Halbe, Enrica von Handel-Mazetti, Rudolf Huch (für Ricarda Huch), Erwin Guido Kolbenheyer, Isolde Kurz, Max Mell, Agnes Miegel, Börries Freiherr von Münchhausen, Josef Ponten, Wilhelm Schäfer, Jakob Schaffner, Wilhelm von Scholz, Karl Schönherr und Will Vesper – allesamt im Programm des Reclam Verlags vertreten.[2146]

Von den 88 Schriftstellern und Dichtern, die das in der *Vossischen Zeitung* am 26.10.1933 abgedruckte ‚Gelöbnis treuester Gefolgschaft' für Adolf Hitler unterzeichnet hatten,[2147] finden sich wiederum 37 mit 70 eigenen Titeln im Verlagsprogramm von Reclam wieder, darunter 21 Autoren mit 32 Titeln bei den Neuerscheinungen 1933 bis 1945 (siehe dazu auch Kapitel 3.1). Hinzu kommen 13 Titel, an denen elf Unterzeichner als weitere Beteiligte mitwirkten. Das ‚Gelöbnis treuester Gefolgschaft' war von der Preußischen Akademie der Künste in Berlin propagiert worden und wurde zeitgleich auch in anderen Zeitungen (etwa der *Frankfurter Zeitung*) veröffentlicht, um das Bekenntnis des uneingeschränkten Vertrauens der unterzeichnenden Dichter und Schriftsteller zu Adolf Hitler möglichst weit zu verbreiten.[2148]

Allerdings zeigt sich auch hier die Schwierigkeit einer disjunkten Klassifizierung von Autoren hinsichtlich ihrer NS-Affinität: Wulf führt aus, dass das Schriftstück kaum glaubwürdig sei, da einige – wie Oskar Loerke und Otto Flake – es nur unterzeichnet hätten, um ihre Verleger zu schützen, und andere zur Aussage gaben, dass ihre Unterschrift von Parteifunktionären ohne ihr Wissen veranlasst worden sei.[2149] Im Falle des zu Beginn des NS-Regimes bereits hochbetagten Rudolf Huch erfolgte die Unterschrift möglicherweise aus mangelnder Reflexion: Anfang der 1930er Jahre hatte er sich dem Nationalsozialismus angenähert, war in die NSDAP eingetreten und in die Preußische Akademie der Künste berufen worden und veröffentlichte, obwohl er bis 1933 auch vom jüdischen Publikum gern gelesen wurde, 1934 die antisemitische Propagandaschrift *Israel und wir. Ein Zwiegespräch zwischen einem Alten*

Insgesamt hatte der Ministeriumsmitarbeiter 33 Namen auf diese drei Kategorien verteilt, die hier erwähnten sind die 15, von denen bei Reclam zwischen 1933 und 1945 Titel erschienen sind.

2146 Vgl. Werbeprospekt *Dichter der Akademie in Reclams Universal-Bibliothek*. In: RAS, Mappe UB Einlageprospekte; Braun o. J.

2147 Vgl. *Vossische Zeitung* 26.10.1933.

2148 Vgl. Sprecher; Wimmer 2004, S. 157.

2149 Vgl. Wulf 1989, S. 112 f.

und einem in mittleren Jahren. Eine Volksaufklärungschrift.[2150] 1937 jedoch bewertet er seine durch Bismarck und eine nationale Gesinnung geprägten politischen Gedanken als durchschnittlich und kaum erwähnenswert und bezeichnet die Jahre seit seinem 70. Geburtstag im Jahr 1932 als die dunkelsten seines Lebens.[2151]

Auch im Selbstschutz könnte eine mögliche Motivation zur Unterzeichnung gelegen haben, wie etwa bei Hans von Hülsen, dessen journalistische Tätigkeit unter den Nationalsozialisten ein jähes Ende fand,[2152] bei Hans Ludwig Held, der im Oktober 1933 als Direktor der Münchner Stadtbibliothek entlassen wurde und dem auch jede schriftstellerische Tätigkeit seitens der RSK unmöglich gemacht wurde,[2153] oder bei Walter von Molo, dessen Werke nicht den Vorstellungen der NS-Funktionäre entsprachen und der im Nationalsozialismus anhaltenden Restriktionen ausgesetzt war.[2154] Bei Letzterem bleibt unklar, ob von Molos Distanz zum Nationalsozialismus Ursache oder Folge der ablehnenden Haltung durch die Nationalsozialisten war. Dennoch ist bei den meisten der Unterzeichner eine deutlich befürwortende Stellungnahme zum NS-System anzunehmen. Umgekehrt drückte der NS-Staat seine ganz besondere Wertschätzung für 22 Schriftsteller aus, die durch Aufnahme in die von Goebbels und Hitler 1944 zusammengestellte *Gottbegnadeten-Liste* – so der offiziell verwendete Begriff – vom Wehrdienst befreit wurden. Dennoch wurden auch die insgesamt 1.041 in dieser Liste erfassten Künstler „dienstverpflichtet": Sie wurden im sogenannten Künstler-Kriegseinsatz zu kulturellen Veranstaltungen herangezogen.[2155] Von den 22 wichtigsten Schriftstellern hatten 17 im Reclam Verlag publiziert.[2156]

Weiterhin hohe Wertschätzung erfuhren zweifelsohne die von Hellmuth Langenbucher, dem führenden NS-Literaturwissenschaftler und einflussreichsten Journalisten und Publizisten der NSDAP, in *Volkhafte Dichtung der Zeit* in zehn thematischen Abschnitten herausgestellten Autoren, „in deren Werk das Leben des deutschen Volkes in allen seinen Ausstrahlungen Bild und Sinnbild geworden ist."[2157] Auch wenn diese in ihren Werken nicht zwangsweise nationalsozialistisches Gedankengut verbreiteten,

2150 Vgl. Göttsche 2009b.
2151 Vgl. Schulz 1972.
2152 Vgl. Hans von Hülsen, Munzinger 1968.
2153 Vgl. Hanko 2005, S. 23.
2154 Vgl. Gnauk 1997.
2155 Vgl. Rathkolb 1991, S. 173 f., 176.
2156 Es handelt sich dabei um: Gerhart Hauptmann, Erwin Guido Kolbenheyer, Agnes Miegel, Ina Seidel (*Sonderliste A* der sechs wichtigsten Schriftsteller; Hans Carossa und Hanns Johst, die ebenfalls auf der *Sonderliste A* standen, sind nicht im Verlagsprogramm vertreten, wobei sich Nußbächer um eine Publikation Carossas in der UB bemüht hatte. Vgl. Benz an Nußbächer am 25.05.1944. In: DLA, A:Benz, Richard), Hans Friedrich Blunck, Bruno Brehm, Hermann Burte, Gustav Frenssen, Friedrich Griese, Hans Grimm, Max Halbe, Moritz Jahn, Börries Freiherr von Münchhausen, Wilhelm Schäfer, Wilhelm von Scholz, Lulu von Strauß und Torney und Heinrich Zillich. Zur Titelübersicht siehe Anhang 13.
2157 Langenbucher 1939, S. 11.

so können sie doch als NS-Autoren im engeren Sinne bezeichnet werden, da sich ihre Bücher aufgrund hoher Wertschätzung seitens des NS-Kulturapparates zweifelsfrei gut vermarkten und verkaufen ließen.[2158] Insgesamt behandelt Langenbucher 156 Autoren, von denen manche, wie Hans Friedrich Blunck oder Paul Ernst, mehrfach Erwähnung finden. 23 Autoren ist ein Einzelkapitel gewidmet, darunter Johannes Linke, Hermann Stehr, Friedrich Griese, Hans Grimm, Richard Euringer, Baldur von Schirach und Herbert Böhme, die alle im Programm des Reclam Verlags präsent sind.

Von den 156 von Langenbucher behandelten Autoren haben 67 (43 %) insgesamt 112 Titel bei Reclam publiziert, 28 davon waren schon im Programm vor 1933 vertreten, mit zusammen 38 Titeln (siehe Kapitel 3.1). In den Neuerscheinungen 1933 bis 1945 publizierten 51 der von Langenbucher versammelten völkisch-nationalen bis nationalsozialistischen Hauptakteure; mit zusammen 69 Titeln bestritten sie 34,9 % der zeitgenössischen Belletristikproduktion bei Reclam.[2159]

Zusammen mit den in der *Liste* und im *Verzeichnis der auszusondernden Literatur* indizierten Titeln können insgesamt 99 Titel von 82 Autoren und somit 53 % der zeitgenössischen Belletristiktitel von 1933 bis 1945 (186 Titel) des Reclam Verlags als – in unterschiedlichem Maße – nationalsozialistisch belastet gewertet werden. Der Anteil NS-affiner Autoren in der zeitgenössischen Belletristikproduktion lag sogar bei 58 % (82 von 141 Autoren). Dass etliche dieser Autoren nach 1945 aufgrund andauernder Beliebtheit beim Publikum und mangelnder kulturpolitisch forcierter Aufarbeitung nahtlos und erfolgreich weiter publizierten,[2160] kann jedoch nicht als Argument zur moralischen Entlastung der Autoren oder des Verlags herangezogen werden. Selbst unter Einbeziehung der klassischen, zwischen 1933 und 1945 neu verlegten belletristischen Autoren (dann insgesamt 271 Titel) liegt der Anteil NS-belasteter Titel immer noch bei 37 %. Bezieht man nun noch die indizierten Sachbuchtitel mit ein (vgl. Kapitel 3.3.8), so ergibt sich ein Gesamtanteil von 36 % als NS-affin bis nationalsozialistisch zu klassifizierender Neuerscheinungen zwischen 1933 und 1945 (215 von 598 Titeln). Die Behauptung des Verlags, „eigentliche Nazi-Autoren" seien „nur in verschwindender Anzahl berücksichtigt worden"[2161], ist damit eindeutig widerlegt: Der Anteil NS-affiner Literaten und Autoren im Novitätenprogramm ist mit 43 % sogar noch höher als der Anteil NS-affiner Titel.

2158 In Anlehnung an Lokatis 1992, S. 97. Lokatis bezeichnet als „im engeren Sinn ‚nationalsozialistisch' […] solche HAVA-Autoren […], die in den nationalsozialistischen Formationen SS, SA, HJ, KdF usw. verbreitungsfähig waren."

2159 Zur Übersicht der im Programm des Reclam Verlags vertretenen Autoren aus Hellmuth Langenbuchers Literaturkanon *Volkhafte Dichtung der Zeit* siehe Anhang 4.

2160 Den über 1945 hinausreichenden literarischen Erfolg systemnaher Autoren im geteilten Deutschland der Nachkriegszeit analysiert Christian Adam eindrücklich in seiner Studie *Der Traum vom Jahre Null. Autoren, Bestseller, Leser: Die Neuordnung der Bücherwelt in Ost und West nach 1945*. S. Adam 2016.

2161 Erklärung Nußbächers vom 10.08.1948, S. 4. In: RAS, Mappe Dr. Ernst Reclam.

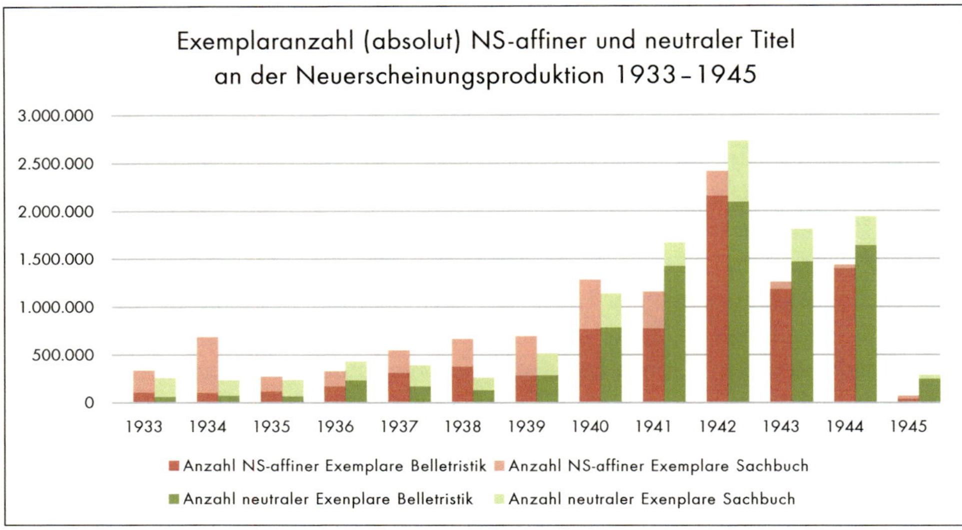

Abb. 89 Exemplaranzahl (absolut) NS-affiner und neutraler Titel an der Neuerscheinungsproduktion 1933-1945

Auch in Bezug auf die Fragen des wirtschaftlichen Erfolgs und, damit verbunden, der Breite der Rezeption der Titel spielen die NS-affinen Autoren keine untergeordnete Rolle. Unter den 50 meistgedruckten UB-Titeln lassen sich 26 anhand der beschriebenen Kriterien als NS-affin klassifizieren, unter den 20 meistgedruckten Verlagswerken neun. Abbildung 89[2162] visualisiert die Verteilung der gedruckten Exemplare der Neuerscheinungen während der NS-Zeit differenziert nach NS-affinen und neutralen Titeln. Die Übersicht zeigt eindrücklich, dass bis 1940 die Anzahl der gedruckten Exemplare als NS-affin zu klassifizierender Titel die Anzahl der gedruckten Exemplare von neutralen Titeln übersteigt; erst ab 1941 überwiegt die Menge neutraler Exemplare, wobei aufgrund der nun einsetzenden Großauflagen die absolute Zahl NS-affiner Exemplare weiterhin sehr hoch ist, mit einem Spitzenwert von 2.147.300 im Jahr 1942.[2163]

Vergleicht man zudem die Anteile NS-affiner und neutraler Produktion von Belletristik und Sachbüchern aus dem Novitätenprogramm der NS-Zeit in Bezug auf die Anzahl der insgesamt gedruckten Exemplare mit den jeweiligen Anteilen in Bezug auf die Titelzahl, so wird deutlich, dass bis auf 1941, 1942, 1944 und 1945 NS-Titel in Relation zu neutralen Titeln in signifikant höherer Zahl produziert wurden

2162 Eigene Erhebung. Datengrundlage: Verlagsbibliografie, Auflagenbücher des RAS. Vgl. Kapitel 2.1.1, Fußnote 218.

2163 Datengrundlage für die Berechnung sind die vorgefundenen Angaben zu Auflagenhöhen nach Produktionsjahr – nicht das Jahr der Ersterscheinung.

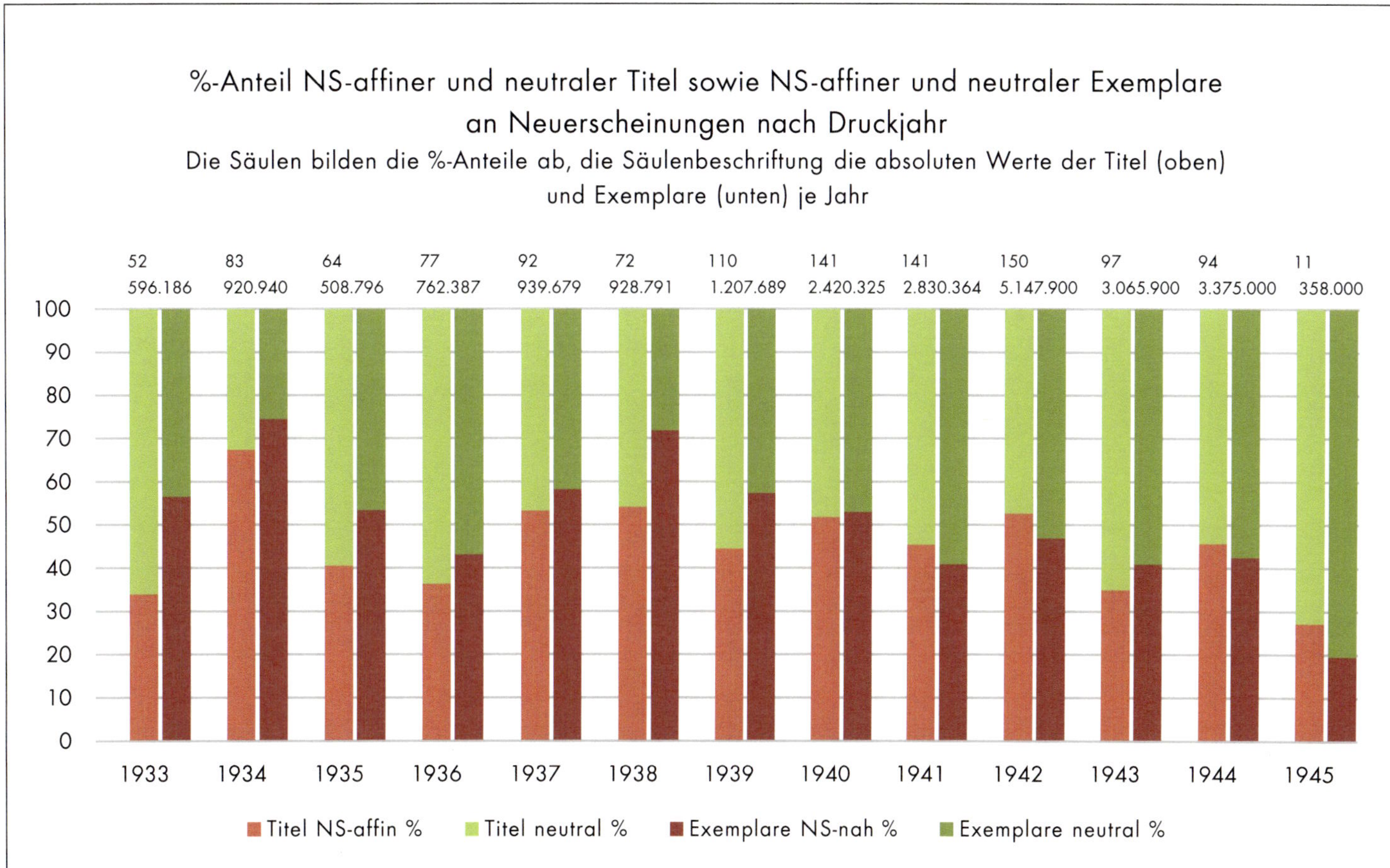

Abb. 90 Prozentualer Anteil NS-affiner Titel und neutraler Titel sowie NS-affiner Exemplare und neutraler Exemplare an Neuerscheinungen nach Druckjahr

(Abb. 90[2164]). So lag der Anteil NS-affiner Titel etwa im Jahr 1933 bei 35 %, der Anteil der davon gedruckten Exemplare machte aber 57 % der Verlagsproduktion aus.

Besonders auffällig ist dies in den Jahren 1938 und 1939. In dieser Zeit – nach der Umschuldung des Verlags –, so Müller, habe man sich wieder ganz auf die eigentliche Verlagsarbeit konzentrieren können. Nußbächer und Müller bemühten sich, „durch zugkräftige Titel einerseits und erhöhte Werbung andererseits, die UB wieder aus ihrem Dornröschenschlaf zu wecken".[2165] Weder die erneut gesunkene Zahl der Neuerscheinungen (von 30 Titeln 1937 auf 19 Titel 1938), noch die stagnierende bzw. leicht verminderte durchschnittliche Erstauflagenhöhe (von durchschnittlich 10.200 Exemplaren 1937 auf 9.895 1938) sprechen dafür, dass dieses Bemühen 1938 Früchte trug. Zumindest aber die Gesamtproduktion der UB steigerte sich von 2.654.000 Exemplaren 1937 auf 2.864.174 Exemplare 1938. Die Wiederbelebung der UB sei durch die Zeitumstände gefördert worden, „denn inzwischen waren die Menschen zur Vernunft gekommen, distanzierten sich mehr und mehr von NS-Tendenzen und fanden langsam wieder zur klassischen Literatur, die die UB präsentierte, zurück."[2166] Die tatsächliche Verlagsproduktion sprach jedoch eine andere Sprache: Mit einem Anteil von 53 % als NS-affin zu klassifizierender Titel wurden 1937 auf Exemplarebene 58 % der Verlagsproduktion bestritten, 1938 betrug das Verhältnis 54 % (Titel) zu 72 % (Exemplare), 1939 45 % (Titel) zu 57 % (Exemplare). Über den gesamten Untersuchungszeitraum wurden in der Novitätenproduktion im Durchschnitt mit 45 % NS-affinen Titeln 51 % der Exemplare hergestellt. Signifikant ist der Unterschied zwischen den Friedens- und Kriegsjahren: Zwischen 1933 und 1939 wurden mit 47 % NS-affinen Titeln 59 % der Produktion bestritten, während des Kriegs mit 43 % NS-affinen Titeln immerhin noch 41 %.

3.5.3 Autoren im Widerspruch

Im Gegensatz zu dem alles andere als marginalen Anteil NS-affiner Autoren findet sich kaum ‚unerwünschtes Schrifttum' in der Reclam'schen Verlagsproduktion. Offene Kritik von Exil- und Widerstandsautoren konnte weder von Reclam noch von anderen Verlagshäusern verlegt werden. Trotz einiger Lücken im literarischen Überwachungsapparat war dieser doch effizient genug, um offenen Widerstand unter Intellektuellen zu unterbinden. Doch auch schon vor 1933 war Reclam weder der Publikationsort für die Mitglieder des im August 1934 reaktivierten Bundes Proletarisch-Revolutionärer Schriftsteller, die im Oktober 1935 von der Gestapo enttarnt und inhaftiert worden

2164 Eigene Erhebung. Datengrundlage: Verlagsbibliografie, Auflagenbücher des RAS. Vgl. Kapitel 2.1.1, Fußnote 218.

2165 Müller 1975, S. 8. In: RAL, Ordner 15.

2166 Müller 1975, S. 8. In: RAL, Ordner 15.

waren,[2167] noch für Schriftsteller, die der Roten Kapelle nahestanden.[2168] Als solche wurde von der Gestapo eine Vielzahl einzelner, keineswegs einheitlich oder kommunistisch ausgerichteter Gruppen zusammenfassend bezeichnet, die offen Widerstand gegen den Nationalsozialismus ausübten, Flugblätter verteilten, Juden und Oppositionelle unterstützen und die Verbrechen des NS-Regimes dokumentierten. Verschiedentlich wurde nach 1945 vom Verlag angegeben, nur durch notgedrungene Konzessionen sei es möglich gewesen,

> die „andere Seite" der vielen Antifaschisten weiterhin pflegen zu können, die immer wieder den Verlag den Anfeindungen aussetzte. [...] Das Propagandaministerium hatte es ja in der Hand, durch Drosselung der Papierzuteilung den Verlag mehr oder weniger lahmzulegen. Trotzdem sind auch während des Krieges überaus viele unerwünschte Autoren wie Dörfler, Schaumann, Hesse, Bergengruen, Hauser, Beheim-Schwarzbach (dieser in den vorhergehenden Jahren) u. v. a. mit neuen Werken erschienen, wogegen eigentliche Nazi-Autoren nur in verschwindender Anzahl berücksichtigt wurden.[2169]

In der Tat verlegte der Reclam Verlag einige Autoren, deren Schaffen im ‚Dritten Reich' kritisch bewertet bis ‚unerwünscht' war. So etwa 1937 die Novelle *Die Flucht des Ingenieurs* von Heinrich Hauser,[2170] der nach anfänglicher Sympathie für den Nationalsozialismus 1939 ebenso ins Exil ging wie Martin Beheim-Schwarzbach, 1935 bei Reclam veröffentlicht (*Die Todestrommel*)[2171]; beide Titel wurden trotz des Exilstatus der Autoren während des Kriegs nachgedruckt. Dazu zählen ferner Ruth Schaumann, die als Schriftstellerin weiter tätig sein konnte, wohingegen ihr künstlerisches Schaffen als ‚entartet' galt,[2172] oder Walter Bauer, dessen vor 1933 publiziertes Werk als ‚unerwünscht' galt, wobei er während des NS-Regimes nur unter stetiger, den Publikationsprozess hemmender Vorlagepflicht publizieren konnte.[2173] Hinzuzurechnen sind auch Peter Dörfler,[2174] der nach anfänglicher Begeisterung für das neue

2167 Vgl. Barbian 2012, S. 84.
2168 Siehe Kapitel 3.4.4.5.
2169 Erklärung Nußbächers vom 10.08.1948, S. 4. In: RAS, Mappe Dr. Ernst Reclam.
2170 Von Hauser waren bereits 1928 *Brackwasser* (*Junge Deutsche*) und *Friede mit Maschinen* erschienen.
2171 1927 hatte Beheim-Schwarzbach in den *Jungen Deutschen* den Roman *Die Runen Gottes* publiziert, 1928 *Lorenz Schaarmanns unzulängliche Buße* und 1929 *Der kleine Moltke und die Rapierkunst* in der UB.
2172 Vgl. Kapitel 3.4.4.3.
2173 Bei Reclam erschien 1942 in der UB *Die zweite Mutter* und 1944 *Das letzte Glück des Herrn Giorgione* in *Reclams Reihenbändchen*.
2174 1936 erschien in der UB *Das Gesicht im Nebel*, 1942 *Zusann und der Trompeter*, 1943 und 1944 je als *Reclams Reihenbändchen Das feldgraue Buch* und *Die tüchtige Person*.

System zusehends mit diesem in Konflikt geriet,[2175] und selbstverständlich 1943 der Nachdruck der Erzählung *In der alten Sonne* von Hermann Hesse, der pazifistische und antinationalistische Positionen vertrat, und dessen Werk als ‚unerwünscht' galt. Es konnte nur mit Einschränkungen nachgedruckt werden, obschon es nicht offiziell verboten war. Angesichts des zunehmenden politischen Erfolgs der NSDAP verließ Hesse bereits 1930 die Preußische Akademie der Künste, in die er 1926 gewählt worden war.[2176] Die 1912 erstmals bei S. Fischer publizierte Erzählung schildert das tragikomische Zusammenleben der Insassen des zu einem Armenasyl umfunktionierten Gasthauses „Zur alten Sonne" und gehört mit 260.000 Exemplaren in vier Auflagen zu den weitverbreitetsten UB-Bänden zwischen 1933 und 1945. Insgesamt kann diese Handvoll Beispiele von in verschiedenen Graden ‚unerwünschten' Autoren dennoch kein maßgebliches Gegengewicht zu den weit zahlreicheren NS-affinen Autoren im Verlagsprogramm bilden.

Des Weiteren wurde nach 1945 die Herausgabe der Werke von Hans Pflug, Edwin Redslob, Eugen Diesel, Richard Benz, Robert Henseling – die „sämtlich im Dritten Reich ‚unerwünscht'" gewesen seien – mehrfach als Beweis dafür angeführt, dass sich der Verlag „dem offiziellen Kurs des Propagandaministeriums nicht sklavisch unterwarf".[2177] Diese Aussage exemplifiziert erneut die Schwierigkeit, politische Positionen und das Wirken einzelner Schriftsteller maßvoll und angemessen zu beurteilen. Dass sich diese Autoren innerlich zum Teil tatsächlich „im Gegensatz zum Hitler-Regime befanden"[2178] – Eugen Diesel z. B. gehörte zum oppositionellen Kreis der *Deutschen Rundschau*[2179] –, ist nicht oder nicht gänzlich auszuschließen; allerdings konnte gezeigt werden,[2180] dass ihre bei Reclam publizierten Werke ausschließlich positiv besprochen wurden. Sie alle publizierten während des gesamten NS-Regimes in nicht allzu kleinen Auflagen und können folglich kaum als ‚unerwünscht' in dem Sinne gelten, dass ihnen das Publizieren unmöglich gemacht oder ihr Schaffen marginalisiert worden wäre. Strothmann hat in einer Analyse ‚unerwünschter' Buchproduktion zwischen 1933 und 1945 aufgezeigt, wie viele tatsächlich ‚unerwünschte' Titel zwischen 1933 und 1945 bei welchen Verlagen erschienen. Als Grundlage dienten ihm dabei – wohl in Abgleich mit der *Liste des schädlichen und unerwünschten Schrifttums* – Verlagsanzeigen im *Börsenblatt*.[2181] Insgesamt ermittelte er 58 Verlage, die ‚unerwünschte' Titel publizierten; unter diesen nahmen der S. Fischer Verlag mit 123 Titeln, der

2175 Siehe Kapitel 3.4.4.4.
2176 Vgl. Hermann Hesse, Munzinger 2006.
2177 Verlagsdokument vom 27.02.1946. In: RAL, Ordner 15.
2178 Stellungnahme Hildegard Böttchers vom 27.01.1948. In: SächsStA-D, 13471, Nr. ZA VI 2628/01, Bl. 46.
2179 Siehe dazu Kapitel 3.8.3.
2180 Siehe Kapitel 3.3.6 und 3.3.3.
2181 Strothmann erläutert sein Vorgehen nicht näher und benennt auch nicht die von ihm identifizierten Titel.

Zsolnay-Bischoff Verlag mit 50 Titeln und Rowohlt mit 47 Titeln die Spitzenpositionen ein. Von Reclam hat Strothmann lediglich einen Titel ermittelt; der Reclam Verlag gehörte damit zur größten Gruppe von 32 Verlagen, die ein bis fünf ‚unerwünschte' Titel auf den Buchmarkt brachten.[2182] Diese Analyse zeigt, dass Verlagswesen und Buchmarkt zumindest in kleinem Ausmaß Einschüchterungsversuchen widerstanden und sich Überwachungsmaßnahmen entziehen konnten, also über gewisse Freiräume verfügten, die – so scheint es – von Reclam entgegen eigener Aussage nicht entsprechend genutzt wurden.[2183]

Diese Freiräume ergaben sich, weil – wie Barbian in seinem Standardwerk zur Literaturpolitik im ‚Dritten Reich' herausarbeitete – weder ein systematisch geschlossener kulturpolitischer Verwaltungsapparat noch eine einheitliche Kulturideologie existierten. Die Zensur war aus arbeitstechnischen und arbeitspolitischen Gründen keineswegs eine totale, sondern wirkte stets nur lückenhaft, sodass immer wieder Bücher auf den Markt gelangten, die unerkannt verschlüsselte Kritik am NS-System äußerten und somit nicht auf den Index gesetzt wurden.[2184]

Gerade in Hinsicht auf die Ausnutzung oder Nichtausnutzung von Freiräumen ist immer wieder die Rolle von Autoren diskutiert worden, die in realer oder behaupteter Opposition zum NS-Regime standen, Deutschland jedoch nicht verließen. Diesen Vertretern der ‚Inneren Emigration'[2185] wurden im Laufe der Widerstandsforschung differierende Wertungen zuteil. Ausgehend von der hitzigen Debatte zwischen Thomas Mann, Walter von Molo und Frank Thieß über die Legitimität schriftstellerischer Existenz unter dem Nationalsozialismus und im Exil nach 1945[2186] galten sie in den 1950er und 1960er Jahren weitgehend als unkritische „Repräsentanten eines ‚besseren Deutschlands'"[2187], während seit den 1970er Jahren pauschalisierende, nicht selten polemische Beurteilungen dominierten, die das systemkonforme und herrschaftsstabilisierende Wirken in den Vordergrund stellten. Unter Berücksichtigung der spezifischen Kommunikationsbedingungen

2182 Vgl. Strothmann 1985, S. 374.

2183 Sicherlich sollte an dieser Stelle bedacht werden, dass es sich bei den angeführten Vergleichsunternehmen um Verlage handelte, die schon aufgrund der Verlegerpersönlichkeiten wesentlich schärferen Anfeindungen durch das Regime ausgesetzt waren, die letztlich aber auch auf der vergleichsweise hohen Produktion ‚unerwünschter' Literatur beruhten. Zwischen der Publikation von 134 nicht genehmen Titeln (bzw. 50 oder 47) und lediglich einem besteht ein großer Spielraum.

2184 Vgl. Barbian 1993a, S. 372.

2185 Frank Thieß reklamiert, den Begriff ‚Innere Emigration' erstmals gebraucht zu haben; tatsächlich war er aber von Thomas Mann bereits zu Beginn seiner Emigration verwendet worden. Vgl. Guntermann 2012, S. 149.

2186 Während des NS-Regimes sei die Literatur der im Reich verbliebenen Schriftsteller von den Exilanten durchaus geschätzt worden; allerdings hätten die Verwerfungen um den Begriff nach 1945 zur pauschalen Abwertung der betroffenen Autoren geführt. Vgl. Zimmermann 2012, S. 45.

2187 Kroll 2012, S. 14f.

innerhalb des NS-Regimes betont die Forschung seit Beginn der 1990er Jahre die Unmöglichkeit einer eindeutigen kollaborativen oder oppositionellen Zuordnung; vielmehr habe die Haltung der nach 1933 in Deutschland verbliebenen Schriftsteller zwischen Gegnerschaft und Anpassung, zuweilen mit unerwarteten Akzentsetzungen, geschwankt.[2188] Politisch links gerichteten Schriftstellern war das Publizieren nur unter erschwerten Bedingungen möglich; politisch rechts orientierte Autoren entwickelten partiell eine erstaunliche, wenn auch eng begrenzte Renitenz. Bürgerliche Autoren neigten zur Systemanpassung; andere zogen sich zurück in eine „stille Dissidenz" und bedienten unpolitische Genres aus der privaten oder beruflichen Lebenswelt.[2189] Der chiffrierte, häufig doppeldeutige oder unterschiedlich interpretierbare Charakter oppositioneller Texte macht, ebenso wie die Ambivalenz zwischen nicht als systemkritisch erkannter und als Ventil bewusst durch das Regime zugelassener Literatur, aus der nach 1945 eine Vielzahl ungerechtfertigter Widerstandsstilisierungen resultierte, eine „angemessene Einschätzung der innerdeutschen ‚Schriftsteller im Widerstand' […] zu einem ausgesprochen hermeneutischen Wagnis."[2190]

Die Einschätzung, Texte regimeferner bis tendenziell oppositioneller Autoren seien nur marginal im Verlagsprogramm des Reclam Verlags von 1933 bis 1945 vertreten, ist also insofern problembehaftet, als die einzelnen Texte im Kontext des jeweiligen Gesamtwerks und der individuellen Lebens- und Arbeitsbedingungen betrachtet werden müssten. Für jeden einzelnen Schriftsteller genau zu prüfen, inwieweit seine Haltung als ‚Innere Emigration' bezeichnet werden kann, sein Werk Spuren von Widerstand beinhaltet, ist an dieser Stelle schlicht nicht möglich. Dennoch finden sich aus dem Feld der namhaften Autoren, die sich gemeinhin mehr oder minder zu den ‚Inneren Emigranten' zählen lassen, bei Reclam nur acht Schriftsteller mit zehn Titeln, darunter an erster Stelle der unbestrittene Repräsentant der ‚Inneren Emigration', Werner Bergengruen, der sich bereits in der Weimarer Republik deutlich vom Nationalsozialismus distanzierte und 1937 aus der RSK ausgeschlossen wurde. Dank seines Verlags, der HAVA (die, obwohl sie den NS-Markt vielfältig bediente, auch als führender Verlag der ‚Inneren Emigration' gilt und bewusst oppositionell gestimmte Lesekreise ansprach),[2191] erhielt er jedoch immer wieder Sondergenehmigungen und konnte weiter umfangreich publizieren.[2192] Mag das widerständische Potenzial

2188 Vgl. Kroll 2012, S 14 ff.

2189 Vgl. Barbian 2012, S. 71–93.

2190 Kroll 2012, S. 16.

2191 Darunter verstand die HAVA wohl in erster Linie das christlich-konservative Publikum des traditionellen Bürgertums, welches u. a. durch Eugen Diesel, Gertrud von Le Fort, Jochen Klepper und Otto von Taube bedient wurde. Vgl. Lokatis 1992, S. 95. Bis auf Eugen Diesel kam keiner dieser Autoren im Reclam'schen Verlagsprogramm zu Wort.

2192 Siehe z. B. RSK Aktennotiz 518/1789 zu Bestätigung der Sondergenehmigung für Bergengruen, nachdem Ministerialrat Wismann „sich aufgrund des literarischen Wertes der Veröffentlichungen des B. für ihn eingesetzt" hatte. In: BArch, R 9361-V/4042, Lesefilm-Nr. RK B 9, Bild-Nr. 688.

seines *Der Großtyrann und das Gericht*[2193], welches neben *Las Casas vor Karl V.* als das wichtigste Buch der ‚Inneren Emigration' gilt, aus heutiger Sicht dünn erscheinen, so gehörte Bergengruen doch zu den ganz wenigen, die offen Widerstand leisteten – insbesondere mit den von ihm selbst mehrfach hektografierten Gedichten, die er im Laufe des Zweiten Weltkriegs illegal in Umlauf brachte. Darin wird eine deutlich radikalere Haltung Bergengruens gegen das Regime offenbar als in seinem erzählerischen Werk, das von der nationalsozialistischen Literaturkritik teilweise als systemkonform verkannt wurde.[2194] Von Bergengruen publizierte Reclam 1933 *Die Feuerprobe*, deren Handlung ähnlich wie die von *Der Großtyrann*, *Die drei Falken* und *Am Himmel wie auf Erden* in der Renaissance angesiedelt ist, diesmal aber nicht in Italien oder der Mark Brandenburg, sondern im „altersdunklen Riga des 16. Jahrhunderts. Handelnde Personen: ein Ratsherr, seine Frau und ein junger Kriegsmann. Die Feuerprobe geht um die Ehre der Frau."[2195] Die Gesamtauflage der Novelle zwischen 1933 und 1945 in Höhe von 103.000 Exemplaren mit sieben Nachdrucken wurde deutlich übertroffen vom Erfolg der 1942 publizierten zweiten Erzählung Bergengruens, *Das Hornunger Heimweh,* über das Schicksal des Protagonisten Georg, der aufgrund eines vermeintlichen Verbrechens in der Zeit vor dem Ersten Weltkrieg nach Südamerika flieht, dort zu Reichtum und Ruhm gelangt, jedoch aus Sehnsucht nach der Heimat zurückkehrt. *Das Hornunger Heimweh* wurde in vier Auflagen 316.000 Mal gedruckt und ist damit das am fünftmeisten hergestellte UB-Bändchen der NS-Zeit.

Von Stefan Andres, einem der meistgelesenen deutschen Autoren, publizierte der Reclam Verlag 1944 *Der olympische Frieden*. Andres hatte sich aufgrund von Differenzen mit den Nationalsozialisten bereits nach der ‚Machtergreifung' nach Italien zurückzogen, kehrte dann nach Deutschland zurück, verlor jedoch seine Stellung beim Kölner Rundfunk und ließ sich 1937 in Positano nieder, wo er trotz der 1938 gebildeten Achse Deutschland-Italien in ‚Innerer Emigration' verblieb. Seine Werke, die nahezu

2193 Mit diesem Titel trat die HAVA verstärkt in die schöngeistige Produktion ein und warb in der Folge zahlreiche Autoren insbesondere von Langen Müller ab. Dass dieser Titel erscheinen konnte, erklärt sich nach Lokatis durch das gute Verhältnis des Lektors für Schöngeistiges, SS-Mitglied Niels Hansen, zu Erckmann vom RMVP. Vgl. Lokatis 1992, S. 91.

2194 Vgl. Kroll 2012, S. 26 ff.; Lokatis 1992, S. 91, 94; Adam 2010, S. 257. Da allzu eindeutige Texte nicht produziert werden konnten, trug der Verlag mit entsprechend konnotierten Werbetexten dafür Sorge, dass oppositionelle Werke auch als solche vom Publikum erkannt wurden, etwa in der Form, dass das Buch „zweifellos in allen Lagen eine lebhafte Auseinandersetzung hervorrufen" werde oder der Autor einen „unbeirrbaren Gemeinschaftswillen" habe. Nicht selten wurden diese Titel dennoch positiv besprochen; schließlich ließen selbst Bergengruens *Der Großtyrann und das Gericht* und Ernst Jüngers *Auf den Marmorklippen* unterschiedliche Interpretationen zu, „zumal die Autoren selbst allzu eindeutige politische Bezüge zurückgewiesen haben." Vgl. Lokatis 1992, S. 94 f., Zitate nach Lokatis 1992, S. 95.

2195 Werbeannonce. In: *BBl.* vom 19.05.1933, Nr. 115, S. 2549 http://digital.slub-dresden.de/id399462221X-19330519/13 [25.05.2024].

sämtlich im Süden, in Italien, Spanien oder Griechenland spielen, erschienen weiterhin in großen Verlagshäusern wie Eugen Diederichs und Paul List.[2196]

Den bürgerlichen, überaus erfolgreichen Schriftstellern Frank Thieß, Gerhart Hauptmann, Walter von Molo[2197] und Ina Seidel bescheinigt Barbian dagegen eine so weitgehende Anpassung an das nationalsozialistische Regime, dass eine Zuordnung zur ‚Inneren Emigration' nicht mehr gerechtfertigt erscheint.[2198]

Nachdem von Thieß im Juli 1933 zwei Werke auf die *Liste des schädlichen und unerwünschten Schrifttums* gesetzt worden waren sowie ein generelles Verbot seines Gesamtwerks im Raum stand, setzten sich Hinkel, Staatskommissar im Preußischen Kulturministerium, und Minister Bernhard Rust nach einem Hilferuf von Thieß[2199]

2196 Vgl. Stefan Andres, Munzinger 1970.

2197 Walter von Molo war andauernden Anfeindungen seitens der Presse ausgesetzt, die ihn als „Judenfreund" und „Pazifist" ablehnten. Er versuchte aber durchaus, sich bei den NS-Kulturfunktionären ins doppeldeutig „rechte", ‚volksdeutsche' Licht zu rücken. Obwohl Goebbels „das Material gegen Molo" dann „doch ziemlich haarig" fand und Molo auch von Rosenbergs Schrifttumsamt abgelehnt wurde, wurde er am weiteren Publizieren nicht gehindert. Barbian 2012, S. 86. Allerdings gelang es ihm nur unter Schwierigkeiten, Verleger zu finden. Vgl. Gnauk 1997.

2198 Insbesondere Ina Seidel (siehe Kapitel 3.4.4.3) steht aus Sicht der Verfasserin in offensichtlichem Gegensatz zum Untertitel des Aufsatzes von Barbian *Zwischen Anpassung und Widerstand. Regimekritische Autoren in der Literaturpolitik des Dritten Reiches*. Obwohl ihre Haltung zum Nationalsozialismus aufgrund ihres entschiedenen Eintretens für den protestantischen Glauben als ambivalent bewertet wird, wirkte sie nicht nur entschieden an der Umformierung des NS-Literaturbetriebs mit, unterstützte dezidiert die außenpolitischen Entscheidungen Hitlers – dem sie mehrfach öffentlich huldigte – und begleitete den Krieg propagandistisch, vor allem aber hatte sie im Gegensatz zu Thieß, von Molo und auch Gerhart Hauptmann unter keinerlei Restriktionen zu leiden. Sie gehörte unzweifelhaft zum staatlich geförderten literarischen Kanon. Ihre spätere selbstkritische Auseinandersetzung mit dem „eigenen Versagen […] unter der NS-Diktatur" – Barbian 2012, S. 88 – bildet wohl eine Ausnahme unter den auch späterhin erfolgreichen bürgerlichen Autoren, rechtfertigt aber nicht ihre Einreihung unter die ‚Inneren Emigranten'.

2199 Unter Verweis auf seine freundschaftliche Beziehung zu Blunck beteuerte Thieß seine seit jeher pro-nationalsozialistische Haltung: „möchte ich auf jene Werke hinweisen, durch die ich mir seit mehr als zehn Jahren den unauslöschlichen Hass der jüdischen Literatenschaft und der jüdischen Presse zugezogen hatte, während sie zugleich in ihrer Art als geistige Wegbereiter des neuen Deutschlands ihre Aufgabe erfüllen durften. Ich habe als einer der Ersten schon im Jahre 1921 im ‚Gesicht des Jahrhunderts' den Kampf gegen den Geist des Nachkriegsliberalismus und der Parteiwirtschaft aufgenommen. Ich habe vor vierzehn Jahren im ‚Tod von Falern' den einzig leben gebliebenen Roman gegen den Kommunismus geschrieben. Ich habe 1924 im ‚Leibhaftigen' im ersten Zeitroman der Nachkriegsliteratur so rücksichtslos die Mechanisierung und Verjudung des deutschen Denkens dargestellt […] Diese Bücher hatten zur Folge, dass man mich als typischen Vertreter des neuen Deutschlands zu Vorträgen ins Ausland rief, wo ich mehr als irgend ein anderer für das Verstehen des nationalsozialistischen Gedankenguts wirken konnte." Thieß an Hinkel am 26.10.1934. In: BArch, R 9361-V/11407, Lesefilm-Nr. RK B 217, Bild-Nr. 404, 406.

erfolgreich für ihn ein[2200] und erwirkten, dass das RMVP künftig einer Prüfung der geplanten Veröffentlichungen von „Fall zu Fall" zustimmte.[2201] Im gleichen Schreiben wies Erckmann darauf hin, dass zwar kein Anlass zur Förderung bestehe, „da seine Probleme, seine Darstellungen und seine Diktion so stark den Charakter des individualistischen liberalen Zeitalters tragen, daß er nicht als einer der vorwärtsweisenden Autoren angesehen werden kann", aber dennoch seine beiden letzten Romane „völlig ungehindert auf den Markt gebracht worden [sind]; da sie zu Bedenken keinen Anlaß gaben." Auch „ist ihre [...] Verbreitung nicht verhindert worden, so daß sie verhältnismäßig hohe Auflageziffern in kurzer Zeit erreicht haben."[2202] Weitere Buchverbote gab es für Thieß, der sich in der Presse ausgesprochen pro-nationalsozialistisch zitieren ließ,[2203] jedoch nicht.[2204] Sein Roman *Tsushima* über die japanisch-russische Seeschlacht im Mai 1905 aus der Sicht des NS-Bündnispartners Japan trug „wie kein anderes Werk dazu bei, Thiess' Selbsteinschätzung vom Inneren Emigranten in ein fragwürdiges Licht zu rücken"[2205]. Der Roman *Reich der Dämonen*, „in den immer wieder politische Kritik am NS-Staat hineininterpretiert worden ist"[2206], „dokumentiert, daß die Integration despotischer Regierungen in ein kulturmorphologisches Geschichtskonzept diese zugleich in einem gewissen Sinne [...] legitimiert"[2207]. Der Reclam Verlag veröffentlichte von Thieß 1942 *Der Tenor von Trapani*, eine zur Thematik seines auf zwei Bände angelegten Romanzyklus *Caruso. Roman einer Stimme* über den neapolitanischen Tenor

2200 Vgl. Hinkel an Ministerialrat Hanke im RMVP am 11.12.1934. In: BArch, R 9361-V/11407, Lesefilm-Nr. RK B 217, Bild-Nr. 386.

2201 Vgl. Erckmann an Hinkel am 05.09.1935. In: BArch, R 9361-V/11407, Lesefilm-Nr. RK B 217, Bild-Nr. 398.

2202 Erckmann an Hinkel am 05.09.1935. In: BArch, R 9361-V/11407, Lesefilm-Nr. RK B 217, Bild-Nr. 398.

2203 Abschrift aus *Zeit-Archiv*, Nr. 2 vom 1. Juli 1946. N.N. Hitlers Werk – Erlösende Tat. Ein Gespräch mit Frank Thiess aus dem Jahre 1933. Das *Hannoversche Tageblatt* veröffentlichte am 29.06.1933 ein Gespräch seines Mitarbeiters mit dem Schriftsteller Dr. Frank Thiess. Aus dieser Veröffentlichung bringt der *Neue Hannoverische Kurier* Nr. 49 vom 21.06.1946 einen Auszug, in dem es u.a. heißt: „Das parlamentarisch-demokratische System hatte sich totgelaufen, die ganze Jugend stand dagegen in einer Front, der Widerwille gegen den herrschenden Zustand hatte sein Höchstmass erreicht. Rein geschichtlich betrachtet, muss Hitlers Werk von hier aus als eine erlösende Tat beurteilt werden. Ich habe die Empfindung, dass wir wirklich ein neues Buch deutscher Geschichte begonnen haben, die an Bedeutung und Fülle der ihr enthaltenen Möglichkeiten der Zeit der Reformation und des Humanismus nicht nachsteht. Es ist wieder ein Glaube da, es gibt wieder Ideen, nach denen ein Volk geführt wird, es sind wieder Männer aufgestanden, die in jedem Falle das Wort ‚Männer' verdienen. Allein das Werk der Einigung Deutschlands sichert Hitler einen bedeutenden geschichtlichen Platz, die Liebe von Millionen jungen Deutschen [sichert] ihm eine Machtfülle zu, die er vor anderen verdient, weil er sie sich nicht erschlichen und erhandelt hat ..." In: SHLB, Cb 92.92.

2204 Vgl. dazu auch Barbian 2012, S. 84.

2205 Wolf 2003, S. 125.

2206 Barbian 2012, S. 85.

2207 Wolf 2003, S. 312.

Enrico Caruso[2208] gehörende Novelle, die mit 388.000 Exemplaren in fünf Auflagen der am zweithäufigsten hergestellte UB-Titel des NS-Zeit war.

Geradezu schlecht verkaufte sich im direkten Vergleich mit 81.000 Exemplaren in fünf Auflagen Gerhart Hauptmanns 1940 bei Reclam publizierte, rückschauende autobiografische Erzählung *Die Hochzeit auf Buchenhorst*, in welcher

> der Altmeister Gefährten und Schicksale seiner Studentenzeit herauf[beschwört]. Ein Hauch unvergänglicher Jugend liegt leuchtend über diesen Bildern. Jena, Meißen und die liebliche Elblandschaft um Dresden sind die Schauplätze der Handlung, in deren Mittelpunkt die seltsam erregende, dämonische Künstlerpersönlichkeit eines Jugendfreundes steht.[2209]

Das 1942 folgende Sachbuch *Griechischer Frühling* wurde mit einer Auflage von 30.000 Exemplaren hergestellt. Hauptmann, der bis Kriegsende seinen luxuriösen Lebensstandard halten konnte, ließ sich „aus Mangel an politischem Gespür, einer unkritischen Autoritätsgläubigkeit und einem bedingungslosen Nationalismus“[2210] vom NS-Staat korrumpieren und als international renommierte Persönlichkeit zur propagandistischen Aufwertung der NS-Kultur im Ausland instrumentalisieren. Aufführungsverbote bestimmter Dramen und lieblose Inszenierungen seiner Stücke, die angesichts des dürftigen Konkurrenzangebots an NS-Dramen für die Kulturideologen alternativlos gewesen sein dürften, übersah der hochbetagte Hauptmann ebenso wie alles, „was seiner positiven Sicht auf die Entwicklung des Deutschen Reiches ab 1936 im Wege stand.“[2211]

Hans Fallada, der meistübersetzte nicht emigrierte Autor leichter Romane,[2212] passte sein Werk ebenfalls den kulturideologischen Maßgaben an, wenngleich aus größerer Not. 1933 für zehn Tage durch die SA inhaftiert, war der Erfolgsautor der ‚Systemzeit‘ durchaus hochumstritten: Falladas Bücher wurden weithin positiv aufgenommen, Goebbels las mit Begeisterung *Wolf unter Wölfen*, Rosenberg aber initiierte scharfe Kritik,[2213] die den Erfolg beim Publikum jedoch nicht schmälerten. 1939 verfügte Fallada (eigentlich Rudolf Ditzen) über ein Bruttoeinkommen aus schriftstellerischer Tätigkeit von 48.466 RM,

2208 Vgl. Wolf 2003, S. 52.
2209 Werbeannonce. In: *BBl.* vom 17.10.1940, Nr. 243, S. 4842, http://digital.slub-dresden.de/id39946221X-19401017/20 [25.05.2024].
2210 Barbian 2012, S. 87.
2211 Barbian 2012, S. 87.
2212 Vgl. Oels 2013, S. 91.
2213 Unter anderem wurde Fallada 1943 eine Vortragsreise nach Frankreich im Rahmen der Truppenbetreuung „auf Grund seiner Vergangenheit und seiner zweifelhaften Einstellung zum Nationalsozialismus“ verweigert: „Wenn dem D. auch durchaus Gelegenheit geboten werden könnte, seinen Einsatzwillen für den Nationalsozialismus unter Beweis zu stellen, so erscheint zu diesem Zweck seine Verwendung, wie vorgesehen, nicht tunlich.“ Aktennotiz Auskunft des SD vom 21.07.1943. In: R 9361-V/16615, Lesefilm-Nr. RK I 81, Bild-Nr. 2250.

welches sich bis auf 74.891 RM 1942 stetig steigerte.[2214] Die 1936 bei Reclam verlegte Geschichte *Hoppelpoppel – Wo bist Du?* erreichte immerhin 91.000 Exemplare in sieben Auflagen. Die fortgesetzten Anfeindungen, die auch nach 1945 unter umgekehrten Vorzeichen gegen Fallada gerichtet wurden,[2215] müssen die innere Zerrissenheit des Autors verstärkt haben, die er immer wieder mit Alkohol und Morphium zu betäuben suchte. An den Folgen seines Morphiumkonsums starb er 1947.

Manfred Hausmann, der sich 1916 der Wandervogelbewegung anschloss, selbst ein Jahr als Landstreicher lebte und mit seinen darauf basierenden Romanen große Erfolge vor allem beim jugendlichen Publikum feiern konnte, stand, so die nicht unumstrittene Wertung Arn Strohmeyers, „dem Regime und seiner Ideologie zeitweise viel näher [...], als der breiten Öffentlichkeit bekannt [war]."[2216] Strohmeyer belegt dies an zahlreichen Textbeispielen. Dennoch zählte ein Autor, der sich in den frühen 1930er Jahren dem Christentum zuwandte und bis zu seinem Tod als Laienprediger wirkte, der zudem seit 1927 als freier Schriftsteller in der Künstlerkolonie Worpswede lebte und dort von 1929 bis 1933 (und nach 1945 wieder) als Gemeinderatsmitglied der SPD wirkte,[2217] in der Summe sicher nicht zum förderungswürdigen Kanon der NS-Literaten. Hausmann war einer der *Jungen Deutschen* des Reclam Verlags und veröffentlichte dort 1927 den Novellenband *Die Verirrten*. Die darin enthaltene Erzählung *Die Begegnung* erschien in erweiterter Bearbeitung 1936 in der UB als ein Kompromiss zwischen Verlag und Hausmann. Dieser erhielt für die zweite Novelle *Antje Orps* aus *Die Verirrten* die Rechte zurück,[2218] bot sich aber an, *Die Begegnung* auf den doppelten Umfang auszubauen, was der Verlag begrüßte: „Ob sich dabei der sehr pessimistische Charakter ändern ließe, vermag ich natürlich nicht zu sagen. Es ist nicht zu verkennen, dass das Werk aus einer heute etwas vergangenen Zeitstimmung erwachsen ist."[2219] Obgleich das Ergebnis sehr zufriedenstellend ausfiel –

> Die Ansätze der kleinen Skizze aus dem Bändchen „Die Verirrten" sind nun wirklich zu einer richtigen und packenden Novelle entwickelt worden und es freut mich besonders, dass diese Entstehungsgeschichte dem nun fertig

2214 Vgl. Adam 2010, S. 185–188; BArch, R 9361-V/16615, Lesefilm-Nr. RK I 81, Bild-Nr. 2252.

2215 Vgl. Zusammenstellung von Pressewertungen zu Fallada nach 1945. In: BArch, 9361-V/154945.

2216 Strohmeyer 1999, S. 7.

2217 Vgl. Rother 2009.

2218 Vgl. Hausmann an Ernst Reclam am 29.06.1934; Ernst Reclam an Hausmann am 30.06.1934. In: DLA, A:Hausmann, Manfred. Man vereinbarte nach dem Erscheinen der *Antje Orps* an anderer Stelle, die Restauflage der *Verirrten*, von denen sich Hausmann noch 20 Exemplare erbittet, zu makulieren und mit dem Honorar für *Die Begegnung* zu verrechnen. Reclam Verlag an Hausmann am 30.07.1934; Hausmann an Reclam am 23.08.1934. In: DLA, A:Hausmann, Manfred.

2219 Ernst Reclam an Hausmann am 01.06.1934; vgl. Hausmann an Reclam Verlag am 29.06.1934. In: DLA, A:Hausmann, Manfred.

vorliegenden Produkt garnicht anzumerken ist, sie wirkt völlig aus einem Guss[2220]

– sollte zum Ausfüllen des üblichen UB-Umfangs ein von Hausmann verfasstes ausführliches Nachwort hinzugefügt werden, wogegen sich der Autor konsequent sperrte.[2221] Stattdessen wurde der Band um eine zweite Erzählung, *Von der Weser,* ergänzt; ein „Notbehelf"[2222], der zwar „dem Umfang nach sehr gut möglich" war,[2223] aber, „da die beiden Erzählungen heterogener Natur sind und etwas gewaltsam in das Bändchen zusammengefasst wurden", recht bald zu einer erneuten, jedoch unerfüllten Bitte um eine bändchenfüllende Novelle führte.[2224] Den Absatz bewertet der Verlag dennoch als erfreulich; der Band wurde in acht Auflagen mit 81.000 Exemplaren gedruckt, der Gegensatz der beiden Erzählungen bestmöglich beworben: „Die große Novelle ‚Die Begegnung' verkörpert die zärtliche, romantische und liebende Seite des Dichters, die Skizze ‚An der Weser' die realistische, nüchterne, ja brutale. Beide sind mit überlegener Kunst und mit dem unvergleichlichen Scharm erzählt, der die Bücher Hausmanns so hinreißend liebenswürdig macht."[2225]

Ehm Welk hingegen, Erfolgsautor von Ullstein und später vom Deutschen Verlag – mit über 1,2 Millionen verkaufter Bücher bis 1945 meistgelesener Autor des Verlags während der NS-Diktatur[2226] –, unterlief mit seinen Unterhaltungsromanen, in denen sich zwischen den Zeilen durchaus Widerständisches entdecken lässt, alle zensorischen Maßnahmen des Regimes.[2227] Von ihm erschien 1940 die tierpsychologische Studie *Die wundersame Freundschaft* bei Reclam (siehe dazu Kapitel 3.3.6.6).

Des Weiteren finden sich von dem „nationalen Sozialisten"[2228] August Winnig[2229] – so die Zeitgenossen 1936 – zwei sehr erfolgreiche Erzählungen im Verlagsprogramm: *Im Kreis verbunden*[2230] (veröffentlicht 1938, 255.000 Exemplare in elf Auflagen) sowie *Stiegel, der Holzhauer* (veröffentlicht 1943, 230.000 Exemplare in drei

2220 Nußbächer an Hausmann am 17.07.1935. In: DLA, A:Hausmann, Manfred.
2221 Vgl. Ernst Reclam an Hausmann am 03.09.1935. In: DLA, A:Hausmann, Manfred.
2222 Ernst Reclam an Hausmann am 02.05.1937. In: DLA, A:Hausmann, Manfred.
2223 Ernst Reclam an Hausmann am 27.08.1935. In: DLA, A:Hausmann, Manfred.
2224 Ernst Reclam an Hausmann am 02.05.1937. In: DLA, A:Hausmann, Manfred.
2225 Werbeprospekt *Neuerscheinungen aus Reclams Universal-Bibliothek*. In: RAS, Mappe UB Ankündigungen und Sammelprospekte I.
2226 Vgl. Wippermann 2011, S. 216.
2227 Vgl. Adam 2010, S. 170; Gruber 2011, S. 220.
2228 *Theologische Literaturzeitung* 20.06.1936.
2229 Wenngleich Winnig das Begriffspaar ‚Blut und Boden' nicht erfand (vgl. Lokatis 1992, S. 92), so trug er doch maßgeblich zu dessen Verbreitung bei. Einleitend führt er sowohl in seiner Schrift *Befreiung* (1926) als auch in seinem Buch *Das Reich als Republik* (1928) aus: „Blut und Boden sind das Schicksal der Völker." Vgl. Schmitz-Berning 2007, S. 110 f., Zitat S. 111.
2230 „Dieses Buch offenbart die volkhafte Art von Winnigs Dichtertum in beglückender Weise aufs neue. Die Seele des Volkes, der einfachen Leute aus dem Harz, in dramatischem Geschehen und besinnlicher Legende zeigen sie die herzenswarme Tiefe und die reine ethische Kraft des

Auflagen).[2231] Der Gewerkschaftler, Politiker und Schriftsteller Winnig wandte sich nach dem Ersten Weltkrieg von seiner bis dato gepflegten sozialdemokratischen Einstellung ab und schloss sich der konservativ-revolutionären Bewegung an.[2232] Als völkischer Nationalist und Antisemit begrüßte er zunächst den Nationalsozialismus – obschon er die rüden Methoden der Nationalsozialisten verurteilte und 1932 gemeinsam mit Hans Grimm, zu dessen Lippoldsberger Dichterkreis er gehörte, in einem offenen Brief dezent kritisierte.[2233] Nach der ‚Machtergreifung' wurde Winnig schnell politisch ruhiggestellt: Robert Ley erteilte ihm im Oktober 1934 ein Redeverbot vor der Deutschen Arbeitsfront und allen ihr zugehörigen Einrichtungen.[2234] Den vermeintlich gewonnenen zeitlichen Freiraum in die Produktion politischer Schriften zu investieren,[2235] erwies sich wiederum als schwierig, da konservativen Autoren die Publikation politischer Schriften sehr bald nicht mehr möglich war. Deshalb wichen viele von ihnen auf den erzählerischen Bereich aus,[2236] so auch Winnig, der möglicherweise stilbildend die Verlagerung der konservativ-revolutionären Verlagstradition auf den schöngeistigen Sektor in der HAVA initiierte.[2237] In der Folge, spätestens

Dichters." Werbeannonce. In: *BBl.* vom 25.03.1938, Nr. 71, S. 1686, http://digital.slub-dresden.de/id39946221X-19380325/34 [25.05.2024].

2231 1945 war ein weiterer Titel Winnigs – *Wiederkehr des Gleichen* – zumindest konzipiert. In den Auflagebüchern ließen sich keine Angaben finden, ob er auch gedruckt wurde.

2232 Vgl. Lokatis 1992, S. 26.

2233 Straßenschlachten und Schießereien zwischen Nationalsozialisten und Kommunisten hatten Grimm zu einer „Art offene[m] Brief" inspiriert, „der gezeichnet sein müsste von Leuten, die dem Nationalsozialismus unbedingt freundlich sind und von ihm nicht beargwöhnt werden können. Ich weiss von solchen Leuten im Augenblick nur Sie und mich. [...] In diesem Briefe müsste unsere ungeheure Hochachtung vor Hitler und dem Nationalsozialismus und unsere grösste Dankbarkeit für die Leistung der Bewegung zum Ausdruck kommen. In dem Briefe müssten wir beide als leidenschaftliche Deutsche bitten, dass vom Nationalsozialismus aus alles geschähe, dass er sich nicht selbst zerstört und zerstört wird." Grimm an Winnig am 14.09.1932; vgl. auch Grimm an Winnig am 10.10.1947. In: DLA, A:Grimm, Hans, HS.NZ83.0002. Die am 22.09.1932 in der *Berliner Börsenzeitung* abgedruckte *Bitte an den Nationalsozialismus* verfehlte die gewünschte Wirkung; sowohl Vertreter des NS als auch deutsch-national Gesinnte kritisierten sie scharf.

2234 Vgl. Winnig an Grimm am 01.11.1934. In: DLA, A:Grimm, Hans, HS.NZ83.0002. Möglicherweise steht dieses Redeverbot in unmittelbaren Zusammenhang mit dem Hinweis Grimms, dass Winnig kurz vor der Wahl 1933 davon ausgegangen sei, dass man ihn zum Leiter der Arbeitsfront ernennen werde und dass er dies annehmen wolle. Vgl. Grimm an Winnig am 29.01.1948. In: DLA, A:Grimm, Hans, HS.NZ83.0002.

2235 Vgl. Winnig an Grimm am 02.01.1935. In: DLA, A:Grimm, Hans, HS.NZ83.0002.

2236 Dies gilt u. a. auch für Ernst Jünger (siehe zu Jünger Kapitel 3.4.4.6). Lokatis hält fest, dass sich bei konservativen Autoren, insbesondere bei Ernst Jünger, die problematische Frage stellt, „ob der Betreffende überhaupt zur ‚Inneren Emigration' zu rechnen ist, wenn mit diesem Terminus eine vom Text her unzweifelhaft nachweisbare oppositionelle Haltung dem nationalsozialistischen Regime gegenüber gemeint sein soll." Lokatis 1992, S. 94.

2237 Vgl. Lokatis 1992, S. 92.

1937,[2238] wandelte er seine Einstellung erneut hin zu einer konservativ christlichen, dem europäischen Gedanken verpflichteten Grundhaltung und kam in Kontakt mit den Widerständlern des 20. Juli 1944, wohl jedoch nicht so nah, dass er selbst zu den Verfolgten nach Misslingen des Attentats gehört hätte. Nach 1945 gehörte Winnig zu den Gründern der CDU. Auf Grimms Vorwurf, Winnig habe viel mehr von den Gräueltaten gewusst als er und trotzdem nicht gehandelt[2239] – die einstige Verbundenheit der beiden Autoren war längst Vergangenheit –, antwortete Winnig 1948:

> Darum will ich mich nur zu dem einen Vorwurf äußern, den ich bedingt als berechtigt anerkennen muß. Ich habe, obzwar ich von der Verworfenheit des Regimes überzeugt war, nichts unternommen, wenigstens nicht mehr, als in meinem Buche zu lesen ist. Das hat mich all die Jahre gequält: es war nun einmal so, daß man mit dem Tod im Dunkel der Gestapo-Keller keine Volkserhebung entfachen konnte. Wie wenig das Regime von uns aus zu erschüttern war, offenbarte sich im Sommer 1938 an Wiecherts.[2240] Ich regte damals in Lippoldsberg einen gemeinsamen Schritt zu Wiecherts Gunsten an. Sie waren dagegen, die anderen Autoren stimmten Ihnen zu, und ich blieb mit meiner Anregung allein. Sicherlich hatten Sie recht; wir hätten Wiechert nicht helfen können. Ich will Ihren Vorwurf nicht zurückweisen, sondern nur dartun, daß er nur ein bedingtes Recht hat.[2241]

2238 Bereits kurz nach dem gegen ihn verhängten Redeverbot schreibt Winnig an Grimm: „Unberührt davon bleibt die Tatsache, daß wir, die wir Geist und Ethos vertreten, mehr und mehr als lästige Ausländer empfunden und behandelt werden. Wir müssen diesen Tatbestand, von allem Selbsteigenen losgelöst, als ein völkisches Verhängnis ansehen lernen und auf Mittel und Wege bedacht sein, wie wir es wenden können. Ich sehe es und sehe darum unsere Zukunft immer dunkler." Winnig an Grimm am 04.11.1934. In: DLA, A:Grimm, Hans, HS.NZ83.0002.

2239 Vgl. Grimm an Winnig am 29.01.1948. In: DLA, A:Grimm, Hans, HS.NZ83.0002.

2240 Wiechert, neben Bergengruen ein unbestrittener Repräsentant der ‚Inneren Emigration', wurde im Mai 1938 verhaftet und Anfang Juli im Konzentrationslager Buchenwald interniert. Statt nach den von Goebbels gewünschten drei Monaten wurde er aufgrund breiter Proteste im In- und Ausland bereits Ende August wieder entlassen: „Ich lasse mir den Schriftsteller Wiechert aus dem K.Z. vorführen und halte ihm eine Philippica, die sich gewaschen hat. Ich dulde auf dem von mir betreuten Gebiet keine Bekenntnisfront. Ich bin in bester Form und steche ihn geistig ab. Eine letzte Warnung! Darüber lasse ich auch keinen Zweifel. Der Delinquent ist am Schluß ganz klein und erklärt, seine Haft habe ihn zum Nachdenken und zur Erkenntnis gebracht. Das ist sehr gut so. Hinter einem neuen Vergehen steht nur die physische Vernichtung. Das wissen wir nun beide." Tagebucheintrag Joseph Goebbels vom 30.08.1938. In: Fröhlich 1998, S. 64.

2241 Winnig an Grimm am 11.03.1948. In: DLA, A:Grimm, Hans, HS.NZ83.0002.

3.6 ‚Gleichgeschaltete' Klassiker

Der Vorwurf der Nicht-Ausnutzung von Freiräumen, der den im vorigen Kapitel betrachteten in Deutschland verbliebenen Autoren von Fall zu Fall anzulasten war, lässt sich grosso modo auch auf die gesamte Programmpolitik des Reclam Verlags übertragen, insofern als der Verlag die naheliegende Möglichkeit eines weitgehenden Rückzugs auf die Herausgabe klassischer Texte trotz eindeutiger Erwartungshaltung nicht genutzt hat. In der Wahrnehmung Reclams durch Presse und Kulturapparat (vgl. Kapitel 4.2.1, 4.2.2) wird offenbar, dass die der UB zugrunde liegende Intention, „alle Werke der Weltliteratur" für „nur zwei Silbergroschen" anzubieten,[2242] den eigentlichen Kern der Verlagsarbeit und vor allem – wie noch gezeigt werden wird – den Großteil des Umsatzes ausmachte. Die literatur- und kulturgeschichtlich bedeutenden Publikationen bildeten naturgemäß den Großteil der Backlist, sie spielten aber auch stets im aktuellen Verlagsprogramm eine gewichtige Rolle. Im Laufe der Jahrzehnte erweiterte sich das Spektrum von namhaften deutschen Dichtern und Philosophen um einschlägige Werke aus Technik, Naturwissenschaft, Sozialwissenschaft und Recht sowie um ausländische Klassiker. Drei Reclam-Generationen bauten so die UB allmählich „zur volkstümlichsten und weltbekanntesten Buchreihe"[2243] aus.

Die Reihe wurde in der NS-Zeit jedoch nicht in diesem Sinne weiterentwickelt. Abbildung 91[2244] zeigt vielmehr eindrücklich, dass, bezogen auf die Belletristik, gemeinfreie oder klassische Titel[2245] entgegen allen Erwartungen im Neuerscheinungsprogramm der UB zwischen 1933 und 1945 nur eine kleine Rolle spielten. In der

2242 *Neueste Zeitung. Das Innsbrucker Abendblatt* 14.08.1944.

2243 *Neueste Zeitung. Das Innsbrucker Abendblatt* 14.08.1944.

2244 Eigene Erhebung. Datengrundlage: Verlagsbibliografie, Auflagenbücher des RAS. Vgl. Kapitel 2.1.1, Fußnote 218.

2245 Zur Ermittlung der gemeinfreien und geschützten Titel in der Kategorie *Status Urheberrecht* wurden für alle belletristischen Autoren die Lebensdaten recherchiert. Bis 1934 gelten alle Autoren als gemeinfrei, deren Tod 30 Jahre und länger zurückliegt, ab 1935 erhöht sich der urheberrechtliche Schutz auf 50 Jahre. Die Einteilung wurde entsprechend angepasst. Auch wenn nicht garantiert werden kann, dass sich unter den gemeinfreien Autoren keine Schriftsteller finden, die als Vordenker des Nationalsozialismus gelten können (zumal zahlreichen Autoren diese Funktion auch zu Unrecht zur Last gelegt wurde), so ist doch davon auszugehen, dass der überwiegende Anteil der gemeinfreien Autoren als NS-neutral zu werten ist. Des Weiteren wurden anhand des Todesdatums drei Kategorien zur Bestimmung des zeitlichen Wirkens der Autoren (Kategorie *Aktualität*) gebildet: Vor 1918 verstorben | in bzw. frühestens in der Weimarer Republik verstorben | ab 1933 verstorben. Für die Auswertung der Neuerscheinungen der Weimarer Republik zählen folglich die Autoren zu den ‚zeitgenössischen', die während der Weimarer Republik oder später verstorben sind. Für die Auswertung der Neuerscheinungen der NS-Zeit zählen zu den ‚zeitgenössischen' nur Autoren, die ab 1933 verstorben sind. Alle anderen Autoren, deren Schaffen vor 1933 endete, werden hier vereinfachend als ‚klassische' Autoren kategorisiert, unabhängig von ihrem literaturgeschichtlichen Wert und ihrer Epochenzugehörigkeit. Für elf von insgesamt 981 Neupublikationen zwischen 1918 und 1945 konnten die Sterbedaten der Autoren nicht ermittelt werden. Diese Titel werden hier vernachlässigt.

Weimarer Republik betrug der Anteil der zum Zeitpunkt der Publikation gemeinfreien Literatur in den belletristischen Neuerscheinungen durchschnittlich 50 % mit prozentualen Spitzenwerten 1920 und 1921 (je 77 %) sowie absoluten Spitzenwerten 1921 (44 Titel, davon allein 24 Bände Gottfried Keller), 1927 (55 Titel, darunter elf Bände Goethe) und 1929 (48 Titel, darunter 16 Bände Conrad Ferdinand Meyer, acht Theodor Fontane und acht Keller). Dagegen umfasst der Anteil klassischer belletristischer Autoren in den Friedensjahren des NS-Regimes mit nur 23 % deutlich weniger als die Hälfte der Vorjahre, um in den Kriegsjahren auf 37 % zu steigen – wobei der Rückgang der klassischen Neuproduktion bereits 1930 einsetzte: 1929 waren noch 48 Titel klassische Titel (UB und VW) veröffentlicht worden, 1930 noch 17, 1931 nur noch 13. In den Jahren 1932, 1933 und 1935 wurden in der UB keine klassischen Titel neu herausgegeben, 1934, 1936, 1938 und 1941 je nur ein einziger.

Unter Berücksichtigung der Sachbuchtitel wird abermals die jeweilige Bedeutung dieses Programmsegments deutlich: Während sich in der Weimarer Republik die klassische Belletristik (34 %), die zeitgenössische Belletristik (32 %) und das Sachbuch (34 %) annähernd die Waage hielten, sinkt der Anteil der Publikationen der klassischen Belletristik 1933 bis 1939 auf 9 %, der Anteil des Sachbuchs verdoppelt sich hingegen nahezu auf 64 %. In den Kriegsjahren gewinnt der Anteil klassischer Literatur (25 %), die zeitgenössische Belletristik steigt sogar auf 40 %, das Sachbuch hingegen verliert wieder an Bedeutung (35 %).

Unter den in zwölf NS-Jahren in übersichtlicher Zahl edierten 22 Neuerscheinungen gemeinfreier Literatur in der UB (unter Einrechnung von *Reclams Reihenbändchen*[2246] sind es immerhin 37) finden sich neben Wolfram von Eschenbach, Hans Jakob Christoffel von Grimmelshausen und Hrotsvit von Gandersheim mit Goethe, Schiller (je zwei Titel), Joseph von Eichendorff, Friedrich Hölderlin und Heinrich von Kleist vor allem Vertreter der Romantik und Klassik, die im ‚Dritten Reich', obwohl keinesfalls unumstritten, gern zu Vorläufern der deutsch-völkisch-nationalsozialistischen ‚Weltanschauung' umfunktioniert wurden.[2247] Auch in der Verlagswerbung konnten klassische Autoren durch geschicktes Verwenden von Zitaten für die Propagierung der Ideologie des ‚Dritten Reiches' dienstbar gemacht werden. Neben der Textauswahl war vor allem die Beigabe entsprechender Kommentare geeignet, klassische Texte unter neue politische Vorzeichen zu setzen. Insbesondere Goethe und Schiller wurden vom Verlag entsprechend aus- und nachgerüstet: Das Vorwort des 1937 in der UB erschienenen, von Kindermann zusammengestellten und eingeleiteten Goethe-Gedichtbandes[2248] steht nahezu idealtypisch für das Verfahren, deutsche Dichter durch

2246 *Reclams Reihenbändchen* wurden speziell für den Feldpostversand konzipiert (siehe dazu Kapitel 2.3.1), sie wurden in der Grafik unter UB mitgerechnet. Hier beträgt der Anteil der gemeinfreien Titel immerhin 41 %.

2247 Vgl. Schoeps 2000, S. 68.

2248 Hierzu äußerten sich schon Ruppelt 1992, S. 339 sowie ausführlich Träger 1967, S. 153 ff. Der Titel entwickelte sich zunächst schleppend. 1937, 1939, 1940 und 1943 wurden je 10.000

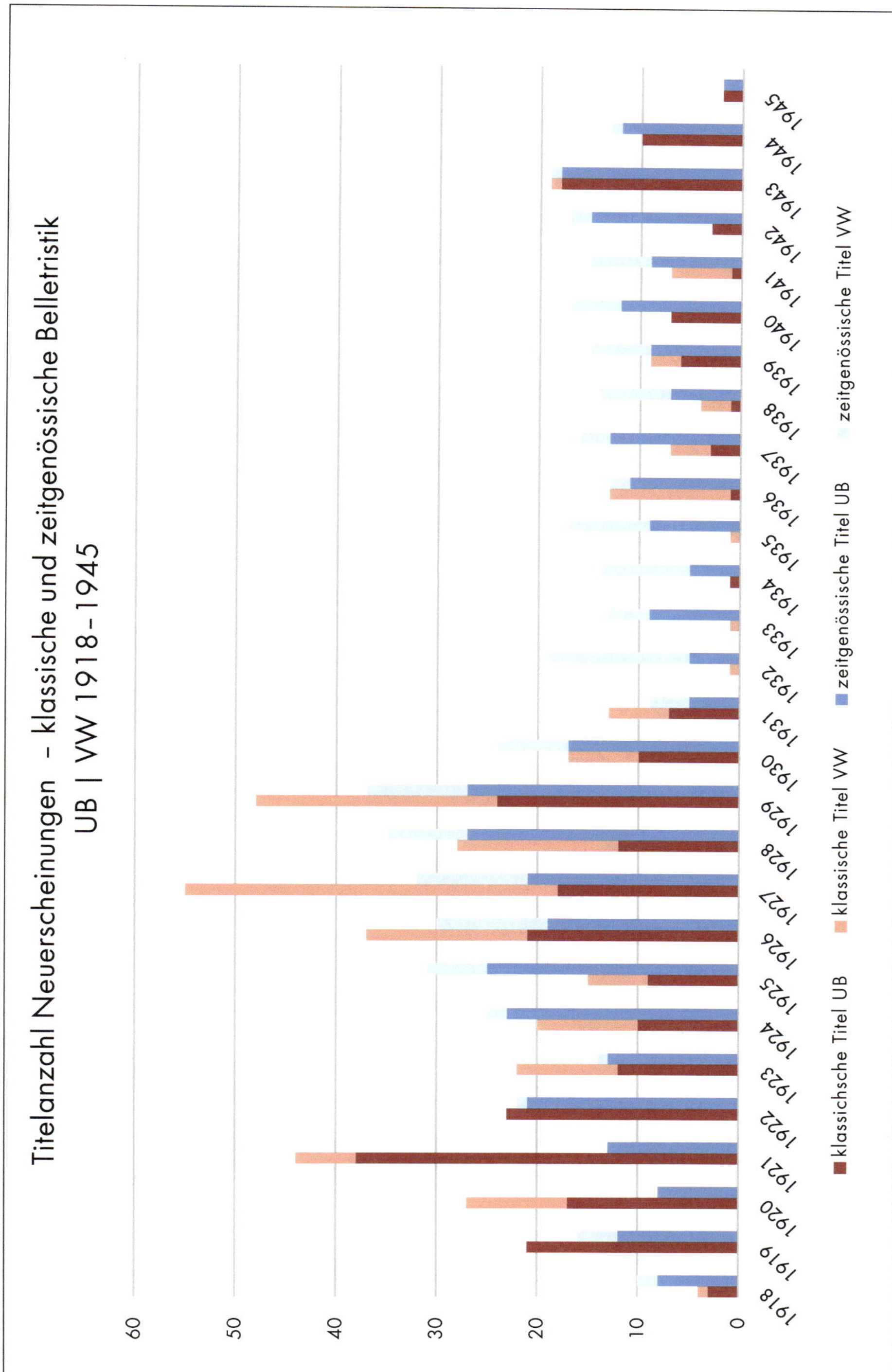

Abb. 91 Titelanzahl Neuerscheinungen UB | VW 1918–1945. Klassische und zeitgenössische Belletristik

geschickte Nebeneinanderstellung von NS-Terminologie und klassischen Sentenzen ‚gleichzuschalten':[2249]

> Er spannte die dichterischen Gestalten in das vorgegebene Begriffsnetz der geistesgeschichtlichen Schule und warf bloß in die Darstellung [...] da und dort die rohen Brocken aus dem (Blut- und) Bodensatz der nazistischen Alltagssprache. Bei Kindermann ist der Grundvorgang der Faschisierung der Geistesgeschichte deshalb mit Händen zu greifen.[2250]

In diesem Sinne begrüßt Kindermann in seiner Einleitung, „das von liberalen Mißdeutungen und Fehlauslegungen" befreite, „wahre Goethe-Bild [...] als das der ewig-deutschen Beharrung und des ewig-deutschen Kampfes gegen alle Mächte der Selbstentfremdung", zu dem die deutsche Jugend aus „immer neue[m] Antrieb[] zum Kampf um die Artbewahrung" endlich zurückgefunden habe.

> Als immerwährend sich Wandelnder steht Goethe vor uns – und doch dem Charakter nach als der ewig Gleiche. Als Schritt für Schritt Verwandelter erscheint er uns – und dennoch stößt die eine sittliche Leitlinie, die eine rassenseelisch bedingte, schöpferische Zielkraft durch den ganzen Bogen dieser Lebens- und Schaffensvielfalt hindurch. [...] Die typisch germanische Führer-Gefolgschaft-Vorstellung, die etwa in „Mahomets Gesang" so großartig einsetzt, mündet am Ende ganz organisch ein in das Führer-Lied aus „Wilhelm Meisters Wanderjahren" und in das sorgegebannte Führertum des hundertjährigen Faust.[2251]

Mehr noch als Goethe war Schiller den ‚Gleichschaltungsversuchen' der Nationalsozialisten ausgesetzt. Auch die bei Reclam 1934 erschienene Gedichtauswahl mit dem vielsagenden Titel *Der heldische Schiller*, zusammengestellt von dem Germanisten Gerhard Fricke, wird einschlägig beworben:

> Wir sehen heute Schiller anders als unsere Väter und Großväter. Er ist weniger der „Klassiker" als der große lebendige Mensch, der leidenschaftliche Kämpfer für Freiheit und Ehre, der heldische Dichter. Die neue Sammlung von Prof. Dr. Gerhard Fricke stellt diesen Kämpfer und Helden heraus. [...] Ein Grundzug geht durch diese Sammlung, ein gewaltiges Pathos. Überwältigend

Exemplare hergestellt, 1944 jedoch wurden nochmals 30.000 Stück gedruckt. Klassische Literatur zählte u. a. zur Lieblingslektüre der Soldaten.

2249 Vgl. Ruppelt 1992, S. 339.

2250 Träger 1967, S. 153.

2251 Kindermann 1937, S. 3, 5, 6, 9.

> beweist sie, daß Schiller lebt – gerade unserer Zeit, unserer Generation. So ist das Werk die schönste Gabe zum Schiller-Jubiläum, vor allen auch für junge Menschen.[2252]

Die Auswahl wurde fünfmal nachgedruckt und erreichte insgesamt 50.000 Exemplare.

In gänzlich anderen Dimensionen bewegt sich der Absatz des *Wilhelm Tell*. Schillers Dramen gehörten zu den meistgespielten des ,Dritten Reiches', denn in seinen Werken sei das „deutsche Ideal von Volk und Staat am mächtigsten verkörpert."[2253] Vor allem *Wilhelm Tell* „galt nicht nur als Führerdrama, sondern auch [...] als Erziehungsdrama einer ,gesunden Volksgemeinschaft'"[2254], zumindest bis 1941. Danach wurde das Schauspiel auf persönlichen Wunsch Hitlers von den Bühnen und aus dem Unterricht verbannt, „Tyrannenmord und Separatismus [...] ,machten Schiller über Nacht zum Staatsfeind.'"[2255] Seit seiner ersten Veröffentlichung bei Reclam, als Nr. 12 im Gründungsjahr der UB, hatte das Drama bis 1942 trotzdem die höchste Auflage aller UB-Bände mit 5.367.000 Exemplaren erreicht;[2256] allein während des NS-Regimes wurde es in 1.060.000 Exemplaren nachgedruckt und ist somit der in höchster Anzahl produzierte Titel des Reclam Verlags zwischen 1933 und 1945. Wohl aufgrund dieses enormen Erfolgs veranstaltete der Verlag 1943 trotz ,Führerwunsch' nach Verbannung des Titels aus Schule und Theater einen letzten Nachdruck in Höhe von 100.000 Exemplaren.

Zu der Publikation des Dramas *Empedokles* von Friedrich Hölderlin in der UB (1942, zwei Auflagen mit zusammen 70.000 Exemplaren) hatte Will Vesper geraten. Der Verlag, der dafür keinen Absatz prognostizierte, hatte ihn gefragt, ob er eine Aufnahme in das Programm für nötig oder sinnvoll halte. Mit der beim Avenarius Verlag herausgegebenen Zeitschrift *Die neue Literatur* – mit welcher der bekennende Antisemit einen wesentlich größeren Wirkungskreis erreichte als mit eigenen Romanen, Erzählungen und Gedichten – hatte Will Vesper schon Ende der 1920er Jahre „den Boden für eine ,völkisch begründete ,Literaturbetrachtung"[2257] geebnet. Nach 1933 griff Vesper dort ein, wo die staatlichen Stellen seiner Meinung nach nicht radikal genug agierten: Er denunzierte Autoren und Verlage. Ausgehend von diesem ideologischen Fundament pries Vesper in der Zeitschrift im Rahmen der von ihm beschriebenen

2252 Werbeprospekt *Der heldische Schiller*. In: RAS, Mappe UB Einzelprospekte I.

2253 Zitiert nach Schoeps 2000, S. 68.

2254 Schoeps 2000, S. 68.

2255 Schoeps 2000, S. 68. Zur Genese des Einsatzes von Schiller in der kulturpolitischen Propaganda siehe ausführlich: Zeller 1983, S. 403–436.

2256 Meiner 1942, S. 211 und Ruppelt 1992, S. 336 geben für den Titel bis 1942 eine Gesamtauflagenzahl von 5,34 Millionen bis 1942 an. Tatsächlich sind es aber 5.367.000 Exemplare.

2257 Adam 2010, S. 286.

‚Führerlyrik' Bücher von Autoren an, die im Geiste der RSK schrieben.[2258] Vesper, der mit zahlreichen Beiträgen auch in den einschlägig nationalsozialistisch gefärbten Anthologien des Reclam Verlags vertreten ist, hatte bereits die 1921 in der UB publizierten Hölderlin-Gedichte herausgegeben und eingeleitet[2259] sowie die 1928 als *Helios-Klassiker* veranstaltete Werkausgabe zu Hölderlin gegen ein Honorar von 750 RM besorgt und einleitend kommentiert.[2260] Der schon 1919 geäußerte Wunsch, auch eine oder mehrere Novellen von Vesper in der UB zu veröffentlichen, blieb dagegen unerhört.[2261]

Zur nationalsozialistisch gefärbten Bewerbung etlicher Dramen aus dem klassischen UB-Programm, insbesondere zur Vereinnahmung Heinrich von Kleists, dessen „zeitbedingte Bejahung des großen Einzeltäters in der ‚Hermannsschlacht'" wie der „absolute[] Gehorsamsanspruch des Kurfürsten in ‚Prinz Friedrich von Homburg'" von der NS-Kulturpolitik als „Vorwegnahme des faschistischen Führerkults"[2262] gedeutet wurde, siehe Kapitel 3.4.1.

Von den griechischen und römischen Klassikern publizierte der Verlag 1939 Sallusts *Briefe an Cäsar über den Staat* und Ciceros *Der Staat* (in Auswahl). Dem vorausgegangen war 1937 Platons *Erziehung zum politischen Menschen*, übersetzt und eingeleitet von Curt Woyte. Woyte stilisiert Platon zum Vorkämpfer der Rassenideologie; so habe dieser nach längeren Reisen, unter anderem nach Ägypten, bei seiner Rückkehr nach Athen

> den Kampf gegen den Zeitgeist [eröffnet], in dem er die größte Gefahr für seine Vaterstadt und für sein ganzes Volk erblickte. [...] Nordische Art und Sitte und Reinheit des Blutes gingen immer mehr verloren; ein artfremder Krämergeist zersetzte unaufhörlich und ungehemmt nordischen Heldengeist; rassisches Selbstgefühl sowie Sinn für Volksgemeinschaft schwanden unter dem Einfluß eines Gemisches der verschiedensten Rassen. Mischehen, Geburtenrückgang und Emanzipation der Frauen waren die traurigen Folgen dieser Entartung.[2263]

2258 Darunter u. a. das Großprojekt *Deutsche Literatur in Entwicklungsreihen* sowie der ebenfalls bei Reclam erschienene Titel *Das deutsche Schicksal im deutschen Schrifttum* von Herbert Cysarz. Vgl. Adam 2010, S. 286; Herzog 1995, S. 284.

2259 Vgl. Reclam Verlag an Vesper am 12.08.1919. In: DLA, A:Vesper, Will, 76.2495/1-22. In der 1939 veranstalteten Neuausgabe ändert und ergänzt Vesper zahlreiche Gedichte gegen ein Honorar von 75 RM. Vgl. Ernst Reclam an Vesper am 04.02.1938; Reclam Verlag an Vesper am 05.05.1938; Ernst Reclam an Vesper am 10.05.1939. In: DLA, A:Vesper, Will, 76.2495/1-22.

2260 Vgl. Reclam Verlag an Vesper am 21.05.1928. In: DLA, A:Vesper, Will, 76.2495/1-22.

2261 Vgl. Reclam Verlag an Vesper am 12.08.1919. In: DLA, A:Vesper, Will, 76.2495/1-22.

2262 Streller 1986, S. 7. Vgl. dazu ausführlicher: Busch 1974, S. 228–275. Diese Wertung folgt einer gewissen Tradition; bereits im späten 19. Jahrhundert war das Werk Kleists nationalistisch und chauvinistisch vereinnahmt worden.

2263 Platon 1937; Einleitung Curt Woyte, S. 3f.

Die Ideen aus Platons Hauptwerken *Staat* und *Gesetze*, die in diesem Band in Auszügen abgedruckt sind, hätten

> infolge der Ungunst der Verhältnisse nicht verwirklicht werden [können]. Trotzdem verlieren sie nicht das Geringste von ihrer Bedeutung, nicht bloß für die damalige Zeit, sondern in ganz besonderem Maße auch für die Gegenwart; denn der Kampf Platons galt demselben erhabenen Ziele wie der, den der Nationalsozialismus heute gegen die Entartung und Zersetzung unseres Volkes und für die Gesundung und Stärkung unserer Volkskraft führt. Für diesen Kampf sind Platons Gedanken ein wertvolles geistiges Rüstzeug, mit dem sich vor allem unsere Jugend vertraut machen muß.[2264]

Dazu zitiert Woyte aus Albert Klinz' Abhandlung *Nationalsozialistisches Gedankengut im Lektüreplan des griechischen Unterrichts*[2265]:

> bei Platon findet der Schüler leidenschaftliche Hingabe an die Idee, die ebenso echt und stark ist wie die Gläubigkeit an den Nationalsozialismus, hier sieht er zum letzten Male in der griechischen Kultur ganz stark die nordischen Werte als einziges Mittel zur Rettung aus Rassenchaos und Verweichlichung herausgestellt. Mit seinen Staats- und Zuchtgedanken, seinen Forderungen der Auslese, der Erbgesundheitspflege, der Gattenwahl im Hinblick auf Volk und Rasse, der Ehrung des Leibes – die bei allen nordrassisch-indogermanischen Völkern und auch in der griechischen Kultur bis zur zersetzenden Sophistenzeit gegolten hat –, mit all dem ist Platon ein wichtiger nicht wegzudenkender Vorläufer nationalsozialistischer Weltanschauung geworden.[2266]

Etwas weniger plakativ, aber dennoch eindeutig konstruiert Ferdinand Willenbücher in der von ihm übersetzten und eingeleiteten Gedenkrede des Perikles auf die Gefallenen bei Thukydides eine Parallele zwischen Perikles und Adolf Hitler und dem Staatsgefüge des ,Dritten Reiches':

> Wenn es wahr ist, daß die Geschichte die beste Lehrmeisterin der einzelnen und der Staaten sei, dann wird sich dem, der das Geschichtswerk des Thukydides und insbesondere die Gefallenenrede mit Aufmerksamkeit liest, aus der Rückschau über mehr als zweitausend Jahre ihre unmittelbare Bedeutung für uns erschließen. Gerade in diesem Sinne ist die Rede mehr noch als das ganze Werk nach dem Wunsche seines Urhebers ein Besitz für alle Zeiten.

2264 Platon 1937; Einleitung Curt Woyte, S. 7 f.
2265 Erschienen in: *Die Deutsche höhere Schule* 1936, Nr. 10, Quelle nach Woyte, S. 7.
2266 Platon 1937; Einleitung Curt Woyte, S. 8.

> Der in seiner strengen Sachlichkeit unbeirrbare Geschichtsschreiber läßt den Staatsmann nicht ohne Grund sagen, daß die athenische Verfassung nur dem Namen nach eine Demokratie war, und in einer späteren Würdigung der Person des Perikles erläutert er diesen schwerwiegenden Gedanken noch dahin, daß, obwohl die Verfassung Athens dem Namen nach eine Volksherrschaft gewesen ist, der Staat doch in Wahrheit geleitet wurde von dem ersten Manne. Man darf dabei nicht übersehen, daß Volksherrschaft in dem damaligen Athen nichts zu tun hatte mit dem flachen Begriff der Demokratie unserer Tage. Der erste Mann des Staates hätte eben nicht der Erste werden und sein können, wenn er nicht gestützt und getragen worden wäre von dem ganzen Volke.[2267]

Die von Perikles ausgehende „Kühle und Fremdheit" jedoch habe es „auf die Dauer seinen politischen Widersachern leicht [ge]macht[], bei den ernsten Mißerfolgen das wankelmütige und unschwer beeinflußbare Volk von Athen gegen ihn aufzuhetzen."[2268] Aus dem daraus resultierenden Untergang des Reiches des Perikles, den dieser nicht mehr erlebte, zieht Willenbücher erneut einen direkten Auftrag für die Gegenwart und mahnt – das Buch wurde 1943 mit 50.000 Exemplaren veröffentlicht – zur Erfüllung der Staatspflicht:

> So gesehen, erscheint jener ferne Daseinskampf der griechischen Welt nicht als ein uns Heutigen fast mythisch anmutender geschichtlicher Vorgang, sondern als glühende Gegenwart. Die Rede ist nicht nur ein edles Lob der persönlichen Tapferkeit und Hingabe der Gefallenen, sondern zugleich eine Warnung und – eine Mahnung an die Lebenden aller Zeiten und Völker: daß Staatsgesinnung und Seelenstärke allein imstande seien, Großes zu wirken und Dauerndes zu schaffen.[2269]

Als einziger fremdländischer Klassiker kommt Alexander Puschkin 1940 mit *Der Postmeister und andere Novellen* in 50.000 Exemplaren zu Wort. Reclam versuchte hier, an den Erfolg des im selben Jahr durch Karl Hartl für Wien-Film GmbH produzierten Kinofilms *Der Postmeister* anzuknüpfen:

> Für die Millionen, die den Film „Der Postmeister" mit innerer Erschütterung erlebt haben, ist es von besonderem Reiz, das dichterische Urbild dieser ergreifenden Gestalt in der Erzählung kennenzulernen. Die beiden weiteren Novellen dieses Bändchens „Pique-Dame" und „Der Schuß" gehören zu den

2267 Thukydides 1943; Einleitung Ferdinand Willenbücher, S. 9 ff.
2268 Thukydides 1943; Einleitung Ferdinand Willenbücher, S. 11.
2269 Thukydides 1943; Einleitung Ferdinand Willenbücher, S. 12.

> packendsten, aufwühlendsten und psychologisch meisterhaftesten Schöpfungen des großen russischen Dichters.[2270]

Die weitere Verbreitung dieser Lobrede war im Jahr darauf, nach Beginn des Kriegs gegen die Sowjetunion am 22.06.1941, ebenso undenkbar wie die Vorführung des Kinofilms.

Noch gravierender als in der UB war der Rückgang gemeinfreier Titel im aktuellen Verlagsprogramm bei den Verlagswerken. Erschienen während der Weimarer Republik noch 145 Klassiker im teureren Gewand, so waren es in der NS-Zeit nur 29, unter anderem sieben Bände zu Werken und Tagebüchern von Friedrich Hebbel (1936, 60.000 Exemplare) und sechs Bände von Franz Grillparzer (1941, 48.000 Exemplare) in den *Helios-Klassikern*.

Mehrbändige Klassiker-Gesamtausgaben – von Werken Goethes, Lessings, Shakespeares, Heines, Eichendorffs, Schillers und anderer – legte der Verlag seit 1867, dem Geburtsjahr der UB, regelmäßig auf. Diese auch einzeln beziehbaren Klassiker-Ausgaben, die den Verlag auch für ein gehobenes Publikum attraktiv machen sollten, erschienen ab 1910 unter dem Label *Helios-Klassiker* in großer Anzahl, in wechselnder Ausstattung – 1920 hatten sie zum letzten Mal ein neues Aussehen nach einem Entwurf von Emil Rudolf Weiss erhalten – und bis 1945 zu stets niedrigem Preis.[2271] Im Zuge der Brüning'schen Notverordnungen wurde der Preis pro Band in der Leinenausgabe[2272] von 2,75 RM auf 2,45 RM gesenkt.[2273] Dies galt bis zum 21.05.1941, danach kosteten die Leinenbände „mit Genehmigung des Reichskommissars für Preisbildung"[2274] wieder 2,75 RM. Angepriesen wurden zwar auch einzelne Bände der *Helios-Klassiker*, überwiegend wurde jedoch die gesamte Reihe beworben. Meist geschah dies schlicht durch Aufzählung aller Autoren mit Angabe der zugehörigen Bände, für gewöhnlich auf einer halben bis ganzen Seite am Ende von Sammelwerbeprospekten, während für andere Verlagswerke, wie in Kapitel 4.1 noch zu sehen sein wird, wesentlich mehr Werbefläche zur Verfügung gestellt wurde.[2275] In den wenigen Werbeprospekten, die allein den *Helios-Klassikern* gewidmet sind, findet sich wiederholt ein lobender Text des systemnahen Germanisten Walther Linden:

> Neben ihren äußeren Vorzügen in Bezug auf Druck, Ausstattung, Einband zeichnen sich diese Klassiker-Ausgaben vor allem durch eine sehr wichtige

2270 Werbeannonce. In: *BBl.* vom 17.10.1940, Nr. 243, S. 4842, http://digital.slub-dresden.de/id39946221X-19401017/20 [25.05.2024].

2271 Vgl. Bode 2003, S. 29, 86 f.

2272 In Halbleder gebunden kosteten die Bände 4 RM und in Ganzleder 5,40 RM.

2273 Vgl. Zeittafel, Vge, S. 39. In: RAL, Ordner 3.

2274 Bestellformular. In: RAS, Mappe UB Bestellzettel.

2275 Vgl. Werbeannonce. In: *BBl.* vom 04.06.1941, Nr. 127, S. 2127, http://digital.slub-dresden.de/id39946221X-19410604/5 [25.05.2024].

> Eigenschaft aus: durch die Beschränkung auf das Wesentliche und Bleibende. […] Nicht zum wenigsten kraft dieser Eigenschaft stellen diese ohne Anmerkungen arbeitenden, aber mit fachkundigen Einleitungen über Leben und Schaffen der Dichter versehenen Textausgaben eine vorbildliche Leistung dar.[2276]

Nachgedruckt wurden aus den *Helios-Klassikern* während des ‚Dritten Reiches' Goethe und Schiller jeweils in zehn Bänden, Reuter mit acht Bänden, Meyer, Shakespeare und Storm mit jeweils vier Bänden, Fontane und Kleist mit je drei Bänden, Eichendorff und Mörike mit zwei Bänden sowie Uhland, Hölderlin, von Droste-Hülshoff, Claudius und Körner mit je einem Band in einer Auflagenhöhe von zusammen 983.459 Exemplaren.[2277] Die meisten dieser Auflagen wurden bis 1940 hergestellt; vereinzelt fanden sich jedoch auch Nachauflagen noch 1942 und 1943 (Bände von Kleist und Eichendorff).[2278] Die 1936 erfolgte Aufnahme Friedrich Hebbels, der bereits 1893 gemeinfrei geworden war, in die *Helios-Klassiker* verwundert kaum: Die nationalsozialistischen Kulturlenker begeisterte sowohl der nationale Stoff der *Nibelungen*-Trilogie (1862) als auch die Abkehr vom liberalen Zeitgeist in dem 1851 publizierten Drama *Agnes Bernauer* mit seiner zentralen Botschaft, das Individuum müsse sich entgegen dem vorherrschenden „hohlen Demokratismus"[2279] unter allen Umständen der Gesellschaft unterordnen. Probleme bereiteten ihnen aber das christliche Schlusswort Dietrichs in der *Nibelungen*-Trilogie und die beiden Dramen *Judith* und *Herodes und Mariamne*, die man sich aufgrund ihres jüdischen Stoffes zu verbieten genötigt sah.[2280]

Schwieriger dürfte sich die ideologische Einhegung des zweiten Neuzugangs der *Helios-Klassiker* gestaltet haben: des durch und durch liberalen österreichischen Dramatikers Franz Grillparzer. Dennoch leistete der NS-Germanist Heinz Kindermann abermals ganze Arbeit:

> Heinz Kindermann hat die Ausgabe nach dem neuesten Stand der Grillparzer-Forschung besorgt und in einer tiefschürfenden Einführung alles weggeräumt,

2276 Prospekt *Helios-Klassiker*. In: RAS, Mappe Großbuch Helios-Klassiker.

2277 Diese Angaben sind dem Auflagenbuch *Neue Klassiker-Ausgaben* aus dem RAS entnommen. Auch wenn hier der Titel *Helios-Klassiker* nicht explizit verwendet wird, ist im Abgleich mit Werbematerial zu den *Helios-Klassikern* ersichtlich, dass es sich bei diesen *Neuen Klassiker-Ausgaben* exakt um die Autoren der *Helios-Klassiker* handelt; auch die Anzahl der Bände stimmt überein. Die Tatsache, dass dieses Auflagenbuch erst 1926 beginnt und dass es noch ein weiteres Auflagenbuch mit dem Titel *Klassiker-Ausgaben* gibt, in dem ebenfalls die Autoren der *Helios-Klassiker* verzeichnet sind, welches jedoch ab Ende der 1920er keine weiteren Einträge enthält, legt die Vermutung nahe, dass die *Helios-Klassiker* in ihrer alten Form überarbeitet wurden und neu erschienen. Nicht nachgedruckt wurden Adolf Pichler, Wilhelm Hauff, Gottfried Keller, Adelbert von Chamisso und Gotthold Ephraim Lessing.

2278 Vgl. RAS, Auflagenbuch *Neue Klassiker-Ausgaben*.

2279 Zitiert nach Pfister 2013.

2280 Vgl. Pfister 2013.

> was die heutige Zeit vermeintlich von dem Dichter trennen könnte und darüber hinaus all das ins rechte Licht gerückt, was an seinem Werk erst die Gegenwart verstehen und schätzen kann.[2281]

Ebenfalls im Format der *Helios-Klassiker* sollte eine fünf- bis sechsbändige Klopstock-Ausgabe erscheinen. Die Idee zur Edition der Klopstock-Werke stammte ursprünglich nicht vom Reclam Verlag, sondern von der Klopstock-Gesellschaft, welche sich „die Förderung und Pflege des in Klopstocks Gestalt erstmalig mit überragender Wucht zutage tretenden Dichter-Typs überhaupt auf ihre Fahne [schrieb], des sittlich und national tief innerlich gebundenen, göttlichen Sehers, des Führers zum deutschen Vaterlande."[2282] Ein Mitglied der Gesellschaft hatte über Kindermann erfahren, dass bei Reclam durchaus Interesse an der Wieder-Drucklegung der Werke Klopstocks bestünde, allerdings unter der Voraussetzung, dass Möglichkeiten gefunden würden, dem Verlag zur Verbilligung der Ausgabe aus Mitteln der öffentlichen Hand zu helfen. Daraufhin hatte die Gesellschaft Verhandlungen mit Ernst Reclam persönlich aufgenommen, in deren Ergebnis Klopstock die geplante Barock-Reihe der *Deutschen Literatur* ergänzen sollte. Die veranschlagten fünf bis sechs Bände sollten im Format der *Helios-Klassiker* erscheinen. Da die Ergänzungsbände jedoch nicht von den Subskribenten des ganzen Werks getragen würden, sondern sozusagen auf sich selbst gestellt wären, müsste der Preis der Bände und damit ihr Absatz und ihre Popularität durch die öffentlichen Zuschüsse zweckentsprechend günstig gestaltet werden. Mit der Bitte um staatliche Bezuschussung wandte sich die Klopstock-Gesellschaft direkt an Heinrich Himmler, wobei auf Hanns Johst verwiesen wurde, der die Edition unterstützen wolle: Sobald ein Verleger gefunden sei, „würde er einen Fonds finden, aus dem der Verleger unterstützt werden könne."[2283] Der Verleger war gefunden, in schmeichlerischen Worten wurde Himmler bedeutet, dass es nun an ihm läge, den Vorgang weiter voranzutreiben:

> Nachdem er [Himmler] aber inzwischen an allen offiziellen Stellen bis hinauf in die Kanzlei des Führers seine werbende Kraft bewährt und den Bestrebungen der Klopstock-Gesellschaft weitgehende Zustimmung und Förderung eingebracht hat, gehe ich an den Ausgangspunkt zurück, dem Herrn Reichsführer den entscheidenden ersten Schritt zu seiner Verwirklichung nahe zu legen. [...] [D]ie Neuherausgabe des Dichters, in dessen gigantischem Werk zum ersten Mal in der Geschichte der deutschen Literatur mit der vollen Reife

2281 *Völkischer Beobachter* 21.12.1941.

2282 Prospekt *Von der Notwendigkeit eines Klopstock-Archives* vom 02.07.1937. In: BArch, NS 19/3933. In diesem Aufruf richtet die Gesellschaft an alle, „denen der Gedanke eines nationalen Dichtertums am Herzen liegt", die Bitte, der Gesellschaft beizutreten und an der Schaffung eines „Klopstock-Archivs zur Förderung einer gottsucherischen deutschen Kunst" mitzuwirken.

2283 Klopstock-Gesellschaft an Himmler am 12.07.1938, Bl. 2. In: BArch, NS 19/3933.

deutscher Sprachschönheit auch die hemmungslose Wucht germanisch-nordischer Gefühlstiefe und Leidenschaft zum Ausdruck kommt![2284]

Inwieweit Himmler sich weiter für das Projekt einsetzte, ist nicht bekannt; finanzielle Unterstützung erhielt das Projekt trotzdem: 1941 wurde mit der Deutschen Akademie ein Vertrag über die Herausgabe einer historisch-kritischen Gesamtausgabe des Dichters Friedrich Gottlieb Klopstock in zwölf Bänden (je 500 Seiten) geschlossen, womit die ursprünglichen Vorstellungen sogar verdoppelt wurden.[2285] Die Deutsche Akademie verpflichtete sich zur Zahlung einer Subvention an den Reclam Verlag von 2.000 RM pro Band. Als Herausgeber waren Kindermann und Paul Kluckhohn vorgesehen.[2286] Kriegsbedingt lag das Vorhaben dann jedoch vier Jahre auf Eis, bis im Januar 1945 nach einer Besprechung mit Dr. Rudolf Erckmann (Ministerialrat im RMVP) der vorläufige Abbruch beschlossen wurde: „Dr. Erckmann erklärt, daß die hohe Qualität, in der das Werk unbedingt herausgebracht werden müsse, im Augenblick nicht zu erreichen sei, und daß die Durchführung bis nach Kriegsende verschoben werden muß."[2287]

Neben den *Helios-Klassikern* vertrieb Reclam seit 1924 in der Reihe der *Helios-Bücher*[2288] populäre, besonders gängige klassische Einzelwerke in Ausgaben größeren Formats,[2289] z. B. Goethes *Dichtung und Wahrheit* und *Die Wahlverwandtschaften,* Lessings *Hamburgische Dramaturgie,* Dostojewskis *Die Brüder Karamasow* sowie Freytag mit *Soll und Haben* und *Die Ahnen.* Die *Helios-Bücher* gab es für 80 Pfennig bis 2 RM geheftet, für 1,60 RM bis 3,90 RM in Leinen und für 5 RM bis 11 RM in Halbleder gebunden.[2290]

Die Reihe der *Helios-Bücher* wurde während des ‚Dritten Reiches' nicht erweitert; nachgedruckt wurden lediglich sechs der neun Bände (30.411 Exemplare) des während

2284 Klopstock-Gesellschaft an Himmler am 12.07.1938, Bl. 4. In: BArch, NS 19/3933. Für die Schaffung einer solchen Ausgabe, in der geschickte Kommentierung mit übersichtlich gedrucktem Text vereint werden sollte, sei die Organisation eines Klopstock-Archivs unbedingt nötig. Aus diesem Grund sandte man Himmler den bereits zitierten Werbeaufruf, damit er ihn unterzeichne und somit im Interesse der Drucklegung des Werks seine Zustimmung zur Schaffung eines solchen Archives signalisiere, welches das „Bestreben, in der Zeit des Zusammenbruchs und Verfalls unter dem Banner deutscher Art und Kunst einen lebendigen Kreis deutschfühlender Menschen zu erhalten, als fruchtbare Zelle für eine neue bessere Zeit" zum Ausdruck bringen sollte. Klopstock-Gesellschaft an Himmler am 12.07.1938, Bl. 6. In: BArch, NS 19/3933.

2285 Angekündigt wurde die Ausgabe sogar mit 15 Bänden. Vgl. *Banater Deutsche Zeitung* 12.03.1943.

2286 Vgl. Vertrag vom 10.06.1941. In: RAS, Mappe Verlagsverträge Leipzig (gebundene Ausgaben) A–G.

2287 Aktennotiz Müller vom 10.01.1945. In: RAS, Mappe Verlagsverträge Leipzig (gebundene Ausgaben) A–G.

2288 Auch bekannt unter dem Namen: *Klassische Literatur in Einzelausgaben.*

2289 Vgl. Bode 2003, S. 89.

2290 Vgl. Werbematerial. In: RAS, Mappe Großbuch Ankündigungen und Sammelprospekte.

der Weimarer Republik äußerst populären Gustav Freytag, dessen Werk aufgrund antisemitischer und antipolnischer Tendenzen – insbesondere in dem 1854 erschienenen Bildungsroman *Soll und Haben* – von den Nationalsozialisten für ihre Zwecke vereinnahmt wurde. In diesem Sinne entschloss sich der Reclam Verlag bereits 1933, „mit Rücksicht auf die besondere Bedeutung Gustav Freytags für die deutsche Gegenwart [...] meine bekannten Ausgaben der Hauptwerke in den großen schönen Großoktav-Bänden der Helios-Bücher im Preise wesentlich zu senken."[2291]

Abb. 92 Werbezettel *Volks-Anzengruber*, [1940]. In: RAS, Mappe Großbuch Einzelprospekte A–E. Alle Rechte vorbehalten.

Daneben publizierte der Reclam Verlag 1940 eine zweibändige Volksausgabe zu Ludwig Anzengruber (Abb. 92) anlässlich des 100. Geburtstages des Autors:

> Es ist nur allzu verständlich, daß wir heute nicht mehr so zu Anzengrubers Werk stehen wie unsre Väter: wir finden allzu Sentimentales und oft auch recht unechte Töne. Trotzdem ist es ein unbestreitbares Verdienst des Verlages Reclam, diese geschmackvolle Ausgabe gerade jetzt veranstaltet zu haben. Denn in einer Beziehung wird Anzengrubers Werk jedenfalls lebendig bleiben: wer die Problemstellungen der zweiten Hälfte des 19. Jahrhunderts, diese Zeit in ihrem Suchen nach einem Ausweg aus der bürgerlichen Sattheit und vielfach auch Verlogenheit, kennen und begreifen lernen will, wird unter anderem auch zu Anzengruber greifen müssen.[2292]

Anstatt die *Helios-Reihen* zu erweitern, setzte der Reclam Verlag während des NS-Regimes verstärkt auf die Herausgabe klassischer und moderner Titel in *Illustrierten Reihen*, um sich auf dem Gebiet des schönen Buches, auf dem bislang nicht der Schwerpunkt gelegen hatte, zu profilieren:

> Daß der Verlag Reclam seit einer Reihe von Jahren verantwortungsbewußt an der buchtechnischen Vervollkommnung seiner Ausgaben arbeitet, muß dankbar anerkannt werden. In dieser Tätigkeit erweisen sich Lebenskraft und Lebenswille eines alten, geachteten Unternehmens. Die Behauptung, hier sei

2291 Werbeannonce. In: *BBl.* vom 18.11.1933, Nr. 269, S. 5555, http://digital.slub-dresden.de/id39946221X-19331118/31 [25.05.2024].

2292 *Neues Wiener Tagblatt* 14.01.1940.

die häufig erörterte Frage des „illustrierten Buches" in ihrer Art vollkommen gelöst worden, kann kaum als kühn erscheinen.[2293]

In der *Großen Illustrierten Reihe* wurden zwischen 1936 und 1939 ausgewählte Werke klassischer Autoren, mit Schwerpunkt auf den Erzählern des 19. Jahrhunderts, veröffentlicht. Es erschienen *Novellen* von Keller, Kleist, Meyer und Storm, *Erzählungen* von Gotthelf, Hoffmann und Stifter, die Grimm'schen *Märchen* sowie *Lichtenstein* von Hauff, *Helens Kinderchen und anderer Leute Kinder* von Habberton und von Scheffels *Ekkehard*. Jeder der Bände umfasste ca. 400 Seiten, kostete in Ganzleinen 3,75 RM und in Halbleder 4,80 RM. Illustriert wurden die Werke von „namhaften Künstlern";[2294] die Auflagenhöhen bewegten sich zwischen 6.000 und 25.000 Exemplaren.[2295]

3.7 ‚Zeitgenössische' versus ‚klassische' Autoren[2296]

Der bereits konstatierte geringe Anteil klassischer Literatur im Verlagsprogramm der Jahre 1933 bis 1945 mag auch durch die 1935 eingeführte verlängerte Urheberrechtsschutzfrist von 30 auf 50 Jahre erklärbar sein; allerdings wurde bereits 1932 und 1933 kein und 1934 lediglich ein gemeinfreier Titel neu in der UB veröffentlicht. Der geringe Anteil klassischer Verlagswerke zwischen 1940 und 1945 (sieben Titel) ist vor allem auf den Papiermangel der Kriegsjahre zurückzuführen. Die Zurückhaltung in den Friedensjahren (23 Titel) ist hingegen rein wirtschaftlich nicht erklärbar, da sich die höherpreisigen *Illustrierten Reihen*, deren Titel mitunter bis zu sechs Mal nachgedruckt wurden und Spitzenwerte von 38.618 Exemplaren (Gunnar Gunnarsson, *Advent im Hochgebirge*, *Kleine Illustrierte Reihe*) und 25.000 Exemplaren (Adalbert Stifter, *Erzählungen*, *Große Illustrierte Reihe*) erreichten, durchaus auf ein kauffreudiges Publikum trafen.

2293 Das für Werbezwecke im Prospekt *Die schönsten Geschenke in diesem Jahr* abgedruckte Zitat stammt wahrscheinlich aus: *Imprimatur. Jahrbuch der Bücherfreunde*. In: RAS, Mappe Großbuch Weihnachtsprospekte und Neuankündigungen.

2294 Vgl. Prospekt *Mehr Freude am Buch durch illustrierte Ausgaben*. In: RAS, Mappe Großbuch Weihnachtsprospekte und Neuankündigungen.

2295 Vgl. RAS, Auflagenbuch Werke im größeren Format / Illustrierte Werke.

2296 Da die Bestimmung der Kategorie *Urheberrechtsstatus* an den Zeitpunkt der Publikation im Reclam Verlag geknüpft ist, kann diese Kategorie für die folgenden Analysen nur begrenzt genutzt werden. Ein Beispiel: *Hunnenblut* wurde 1892 publiziert; der Autor Wilhelm Jensen verstarb 1911. Somit war der Titel zum Zeitpunkt der Verlagspublikation urheberrechtlich geschützt, aus Perspektive der Druckproduktion im NS zählt der Autor jedoch nicht zu den zeitgenössischen Autoren. Daher werden hier die Ausprägungen der Kategorie *Aktualität* verwendet: vor 1918 verstorben | frühestens bzw. in Weimarer Republik verstorben | ab 1933 verstorben. Alle bis 1932 verstorbenen Autoren zählen zur ‚klassischen' Literatur, alle ab 1933 verstorbenen Autoren zur ‚zeitgenössischen'.

Auch die achtbändige Neumann'sche Jubiläumsausgabe von *Brehms Tierleben*, die 1928/1929 im Format der *Helios-Bücher* erschienen war, zeigt, dass mit illustrierten Bänden ein lohnendes Geschäft verbunden war. Die ursprünglich von Alfred Edmund Brehm verfasste und von Carl W. Neumann in Auswahl anlässlich des 100-jährigen Verlagsjubiläums herausgegebene

Abb. 93 Werbeplakat *Brehms Tierleben*, [1942]. In: RAS, Mappe Leipziger Plakate. Alle Rechte vorbehalten.

> Jubiläums-Ausgabe umfaßt das gesamte Tierreich, vom Menschenaffen bis zur Amöbe herab. Bevorzugt wurden dabei die Tiere der Heimat, d.h. Mitteleuropas, die uns besonders naheliegen, doch wurden auch alle jene geschildert, die für den Nichtzoologen anziehend und beachtenswert sind. [...] Die Ausgabe berücksichtigt auch die neuen Forschungsergebnisse, Erfahrungen und Beobachtungen. Damit aber [...] die Ichform der Brehmschen Schilderungen erhalten bleiben konnte, hat der Herausgeber alle Ergänzungen [...] unauffällig kenntlich gemacht, so daß jeder Leser feststellen kann, was Ur-Brehm ist und was neuere Forschung.[2297]

Die aufwendig illustrierten Bände (64 Farbtafeln und 160 Doppel-Bildtafeln) gehörten zu den am intensivsten beworbenen Verlagswerken (Abb. 93), was die erhoffte Wirkung nicht verfehlte: Im Untersuchungszeitraum wurden alle acht Bände mehrmals nachgedruckt, mit einer Gesamtexemplarzahl von 219.950.[2298] Da die Bände als Gesamtausgabe für 30 RM in Leinen und für 50 RM in Halbleder gebunden (einzeln kosteten sie im Verhältnis etwas mehr: 5,40 RM bzw. 7 RM) erhältlich waren, lässt die hohe Stückzahl ein ausgezeichnetes Geschäft vermuten.

Das Marktsegment der *Illustrierten Reihen* und Bücher wurde jedoch nicht weiter ausgebaut. Stattdessen konzentrierte sich der Reclam Verlag 1933 bis 1939 vorrangig auf Sachbücher (64 % des gesamten Neuerscheinungsprogramms); in den Kriegsjahren dominierte mit 40 % Anteil die zeitgenössische Belletristik (Abb. 94[2299]). Beide Genres boten – wie oben ausführlich gezeigt werden konnte – NS-konformen Autoren

2297 Werbeplakat *Brehms Tierleben*. In: RAS, Mappe Großbuch Brehm.
2298 Vgl. RAS, Auflagenbuch *Heliosbücher und Brehms Tierleben*.
2299 Eigene Erhebung. Datengrundlage: Verlagsbibliografie, Auflagenbücher des RAS. Vgl. Kapitel 2.1.1, Fußnote 218.

ausreichend Platz. Ob dieser Platz etwa aufgrund externer Anforderungen auf diese Weise zwingend genutzt werden musste, ist allerdings fraglich. Die Möglichkeit, sich auf den schöngeistigen Bereich zu konzentrieren, sich auch im Bereich der Neuerscheinungen insbesondere auf die Edition klassischer Literatur zurückzuziehen, blieb weitestgehend ungenutzt.

Wie in Kapitel 2.2.2.1 gezeigt wurde, machte das gesamte Neuerscheinungsprogramm mit durchschnittlich 19 % nur einen kleinen Teil der Gesamtproduktion aus. Betrachtet man nun also den Anteil klassischer Produktion an der Gesamtproduktion (Neu- und Nachdrucke), wird ersichtlich, dass klassische Titel durchaus eine exponierte Stellung einnehmen (Abb. 95[2300]).

Im Durchschnitt über alle gedruckten Bücher liegt der Anteil der Klassiker auf Exemplarebene bei 49 %, auf Titelebene bei 47 %, wobei die Klassiker in den Friedensjahren mit einem durchschnittlichen Titelanteil von 43 % auf Exemplarebene 47 % der Produktion zwischen 1933 und 1945 ausmachten, in den Kriegsjahren mit 52 % der Titel 51 % der Exemplare (Abb. 96[2301]). In der Produktion des belletristischen Ersterscheinungsprogramms betrug der Anteil der klassischen Titel dagegen lediglich 9 % im Zeitraum 1933 bis 1939 und 25 % zwischen 1940 und 1945.

Spitzenreiter unter den nachgedruckten Titeln sind Theodor Storm mit 33 Titeln (mit zusammen 2.672.000 Exemplaren), William Shakespeare mit 30 Titeln (mit zusammen 1.064.000 Exemplaren) sowie Johann Wolfgang von Goethe mit 28 Titeln in 3.013.019 Exemplaren und Friedrich Schiller, ebenfalls mit 28 Titeln in 3.902.000 Exemplaren. Auch die 20 meistgedruckten Einzeltitel der gesamten Verlagsproduktion 1933 bis 1945 stehen ganz im Zeichen der Klassik: Friedrich Schillers *Wilhelm Tell* mit 1.060.000 Exemplaren, Lessings *Minna von Barnhelm* mit 690.000 Exemplaren, Goethes *Faust* (595.000 Exemplare) und *Götz von Berlichingen* (590.000 Exemplare) sowie Schillers *Jungfrau von Orleans* (570.000 Exemplare) führen die Liste an. Hingegen finden sich unter den erfolgreichsten Titeln kaum Werke aus dem Neuerscheinungsprogramm der NS-Zeit. Lediglich die *Kirmes- und Bildergeschichten* (411.000 Exemplare) auf Platz 12 und *Die ängstliche Nacht* (367.000 Exemplare) auf Platz 20 von Wilhelm Busch sowie *Der Tenor von Trapani* von Frank Thieß (380.000 Exemplare) auf Platz 18 – als einzigem zeitgenössischen Vertreter in dieser Auflistung – gehören zur Spitzenproduktion der NS-Zeit.

Bei dem Wiederanstieg der klassischen belletristischen Produktion während des Kriegs dürfte der Reclam Verlag weniger eine programmpolitische Entscheidung getroffen als vielmehr auf veränderte Vertriebswege und staatlich geförderte Nachfrage reagiert haben.

2300 Eigene Erhebung. Datengrundlage: Verlagsbibliografie, Auflagenbücher des RAS. Vgl. Kapitel 2.1.1, Fußnote 218.

2301 Eigene Erhebung. Datengrundlage: Verlagsbibliografie, Auflagenbücher des RAS. Vgl. Kapitel 2.1.1, Fußnote 218.

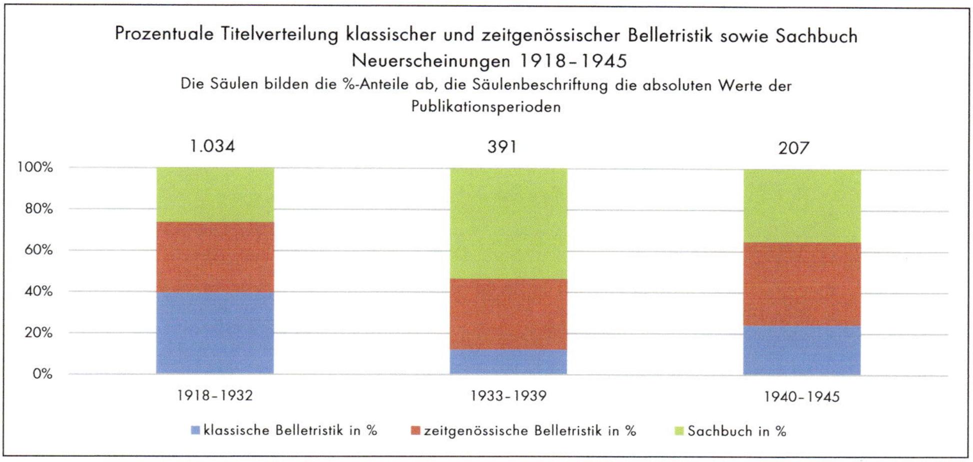

Abb. 94 Prozentuale Titelverteilung klassischer und zeitgenössischer Belletristik sowie Sachbuch. Neuerscheinungen 1918–1945

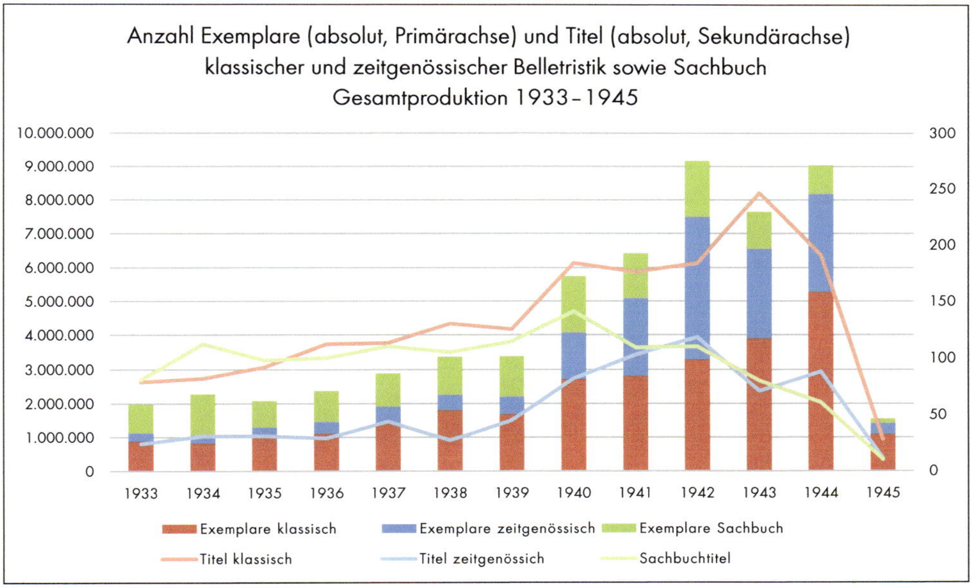

Abb. 95 Anzahl Exemplare (absolut, Primärachse) und Titel (absolut, Sekundärachse) klassischer und zeitgenössischer Belletristik sowie Sachbuch. Gesamtproduktion 1933–1945

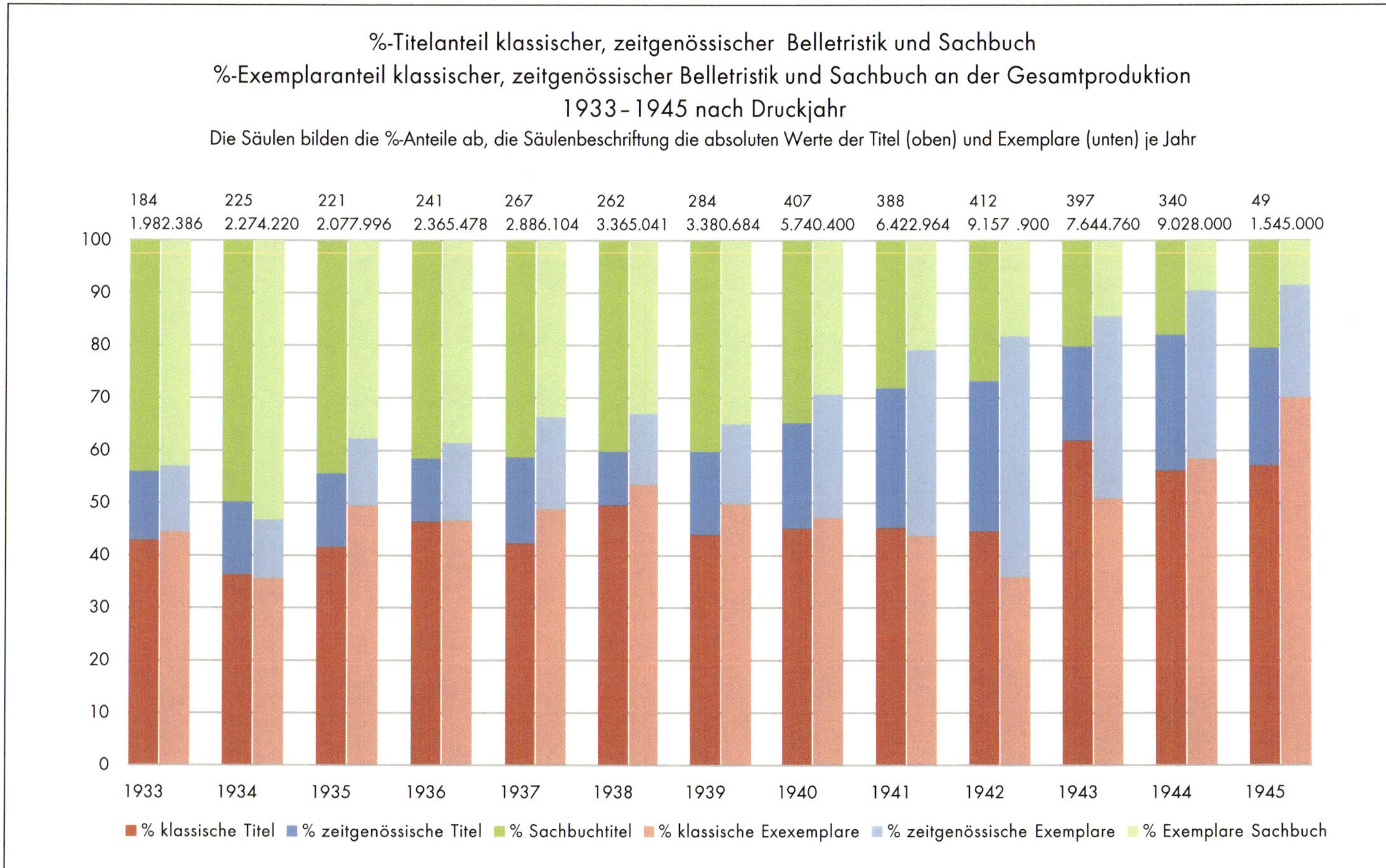

Abb. 96 Prozentualer Titelanteil klassischer, zeitgenössischer Belletristik und Sachbuch. Prozentualer Exemplaranteil klassischer, zeitgenössischer Belletristik und Sachbuch an der Gesamtproduktion. 1933-1945 nach Druckjahr

> Die gehobene Literatur sollte in der Volksgemeinschaft nicht länger das Vorrecht einzelner Kreise sein, sondern im Gegenteil das Volk in seiner Breite erfassen. Dieses Anliegen war mehr als nur Propaganda. Besonders während des Kriegs wurde durch die staatliche Schrifttumspolitik versucht, die Lektüre von Klassikern anzuregen. Symptomatisch sind in dieser Hinsicht die Sonderzuteilungen von Papier für Klassikerausgaben und die Förderung von Feldpostausgaben, die das klassische Gut mit kleineren und größeren Auswahlbänden zum Leser bringen sollten.[2302]

Folgerichtig verringert sich der Anteil NS-affiner Literatur, der in der Analyse des Novitätenprogramms 1933–1945 (Belletristik und Sachbuch) bei 45 % NS-affiner Titel und sogar 51 % NS-affiner Exemplare lag,[2303] bezogen auf die Gesamtproduktion des Verlags auf durchschnittlich 19 % NS-affine Titel und 22 % NS-affine Exemplare (Abb. 97[2304]).

Anders als bei der zeitgenössischen Produktion des Neuerscheinungsprogramms gibt es für die Gesamtproduktion keine signifikanten Unterschiede zwischen den Friedens- und den Kriegsjahren. Höchstwerte erreichen jedoch das Jahr 1934, in dem 30 % aller neu- und nachgedruckten Titel als NS-affin zu bewerten sind (34 % aller gedruckten Exemplare) und das Jahr 1942, in dem mit 24 % NS-affinen Titeln immerhin noch ein Anteil von 29 % NS-affinen Exemplaren gedruckt wurde. Wobei hier zu bedenken ist, dass die absolute Menge der 1942 gedruckten NS-affinen Produktion (2.701.300 Exemplare) aufgrund der im Krieg stark angestiegenen Produktionszahlen die des Jahres 1934 (777.876 Exemplare) weit übersteigt, und somit trotz geringeren prozentualen Anteils zu einer deutlich höheren Reichweite der NS-affinen Stoffe führt (Abb. 98[2305]). Interessant ist auch, dass im Jahr 1933, dem Jahr mit dem geringsten Anteil an NS-affinen Titeln (15 %), immerhin NS-affine Exemplare in Höhe von 22 % der Jahresgesamtproduktion hergestellt wurden. Im Zuge des noch ‚gleichzuschaltenden' Verlagsprogramms wurden ‚geeignete' Titel also bereits in höherer Auflage produziert.

Immerhin ein Fünftel der gesamten Verlagsproduktion in Exemplaren muss als NS-affin gelten. Dies liegt zum kleineren Teil an der NS-Sachbuchproduktion – nahezu alle der hier als nationalsozialistisch zu klassifizierenden Sachbücher stammen aus dem Neuerscheinungsprogramm 1933 bis 1945. Aus Abbildung 99[2306] wird ersichtlich, dass der Anteil von rund 20 % NS-lastiger Werke in absoluten Auflagenzahlen vorrangig aus der Belletristikproduktion resultiert.

2302 Oels 2013, S. 215.

2303 Vgl. Kapitel 3.5.2.

2304 Eigene Erhebung. Datengrundlage: Verlagsbibliografie, Auflagenbücher des RAS. Vgl. Kapitel 2.1.1, Fußnote 218.

2305 Eigene Erhebung. Datengrundlage: Verlagsbibliografie, Auflagenbücher des RAS. Vgl. Kapitel 2.1.1, Fußnote 218.

2306 Eigene Erhebung. Datengrundlage: Verlagsbibliografie, Auflagenbücher des RAS. Vgl. Kapitel 2.1.1, Fußnote 218.

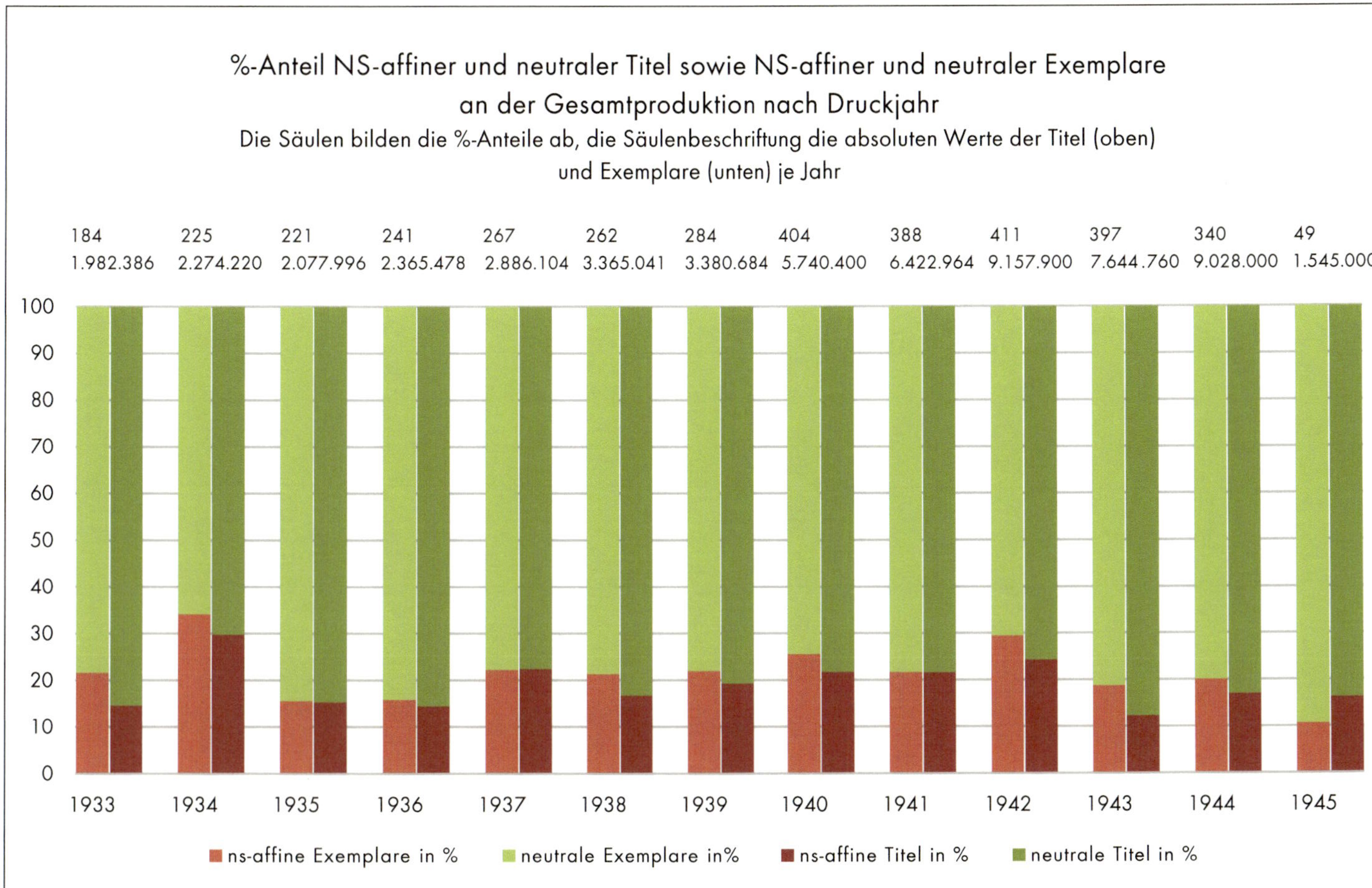

Abb. 97 Prozentualer Anteil NS-affiner und neutraler Titel sowie NS-affiner und neutraler Exemplare an der Gesamtproduktion nach Druckjahr

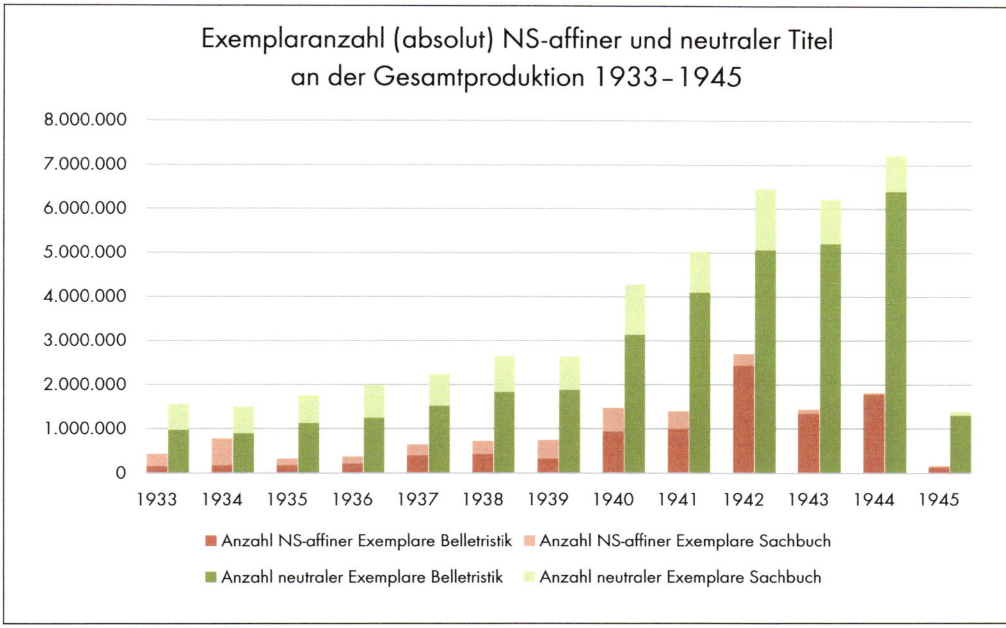

Abb. 98 Exemplaranzahl (absolut) NS-affiner und neutraler Titel an der Gesamtproduktion 1933–1945

Nicht nur der relative Anteil aller Sachbücher (Exemplare) ist mit 39 % in den Jahren 1933 bis 1939 und mit 17 % während des Kriegs deutlich geringer, der Anteil der belletristischen Produktion an den NS-affinen Exemplaren beträgt im Schnitt 64 %; unter 50 % liegt er nur in den Jahren 1933 (37 %), 1934 (22 %) und 1939 (44 %), in denen vor allem NS-affine Sachbücher produziert wurden.

Analog zur massiven Steigerung der belletristischen Gesamtproduktion während des Kriegs erreicht hier auch der Anteil der Belletristik an nationalsozialistisch gefärbter Literatur Spitzenwerte von 98 % (1944), 94 % (1943) und 90 % (1942). Ursächlich dafür ist der gestiegene Anteil zeitgenössischer Belletristikproduktion ab 1940: Lag der Anteil zeitgenössischer Belletristik auf Exemplarebene zwischen 1933 und 1939 durchschnittlich bei 14 %, so stieg er während des Kriegs auf durchschnittlich 32 % (Abb. 96).

Damit stellt sich erneut die Frage, ob oder inwieweit diese Propagierung systemnaher Schriftsteller notwendig war. Aus Abbildung 96 wird zumindest ersichtlich, dass die Produktion klassischer Autoren mit einem durchschnittlichen Anteil von 47 % (Titelebene) bzw. 49 % (Exemplarebene) an der Gesamtproduktion über den gesamten Untersuchungszeitraum hinweg das wirtschaftliche Standbein des Verlags darstellte. Warum dieses Programmsegment gegenüber Schriften, „die faschistischen oder militaristischen Inhalt haben, politische Expansionsgedanken enthalten, die nationalsozialistische Rassenlehre vertreten oder sich gegen

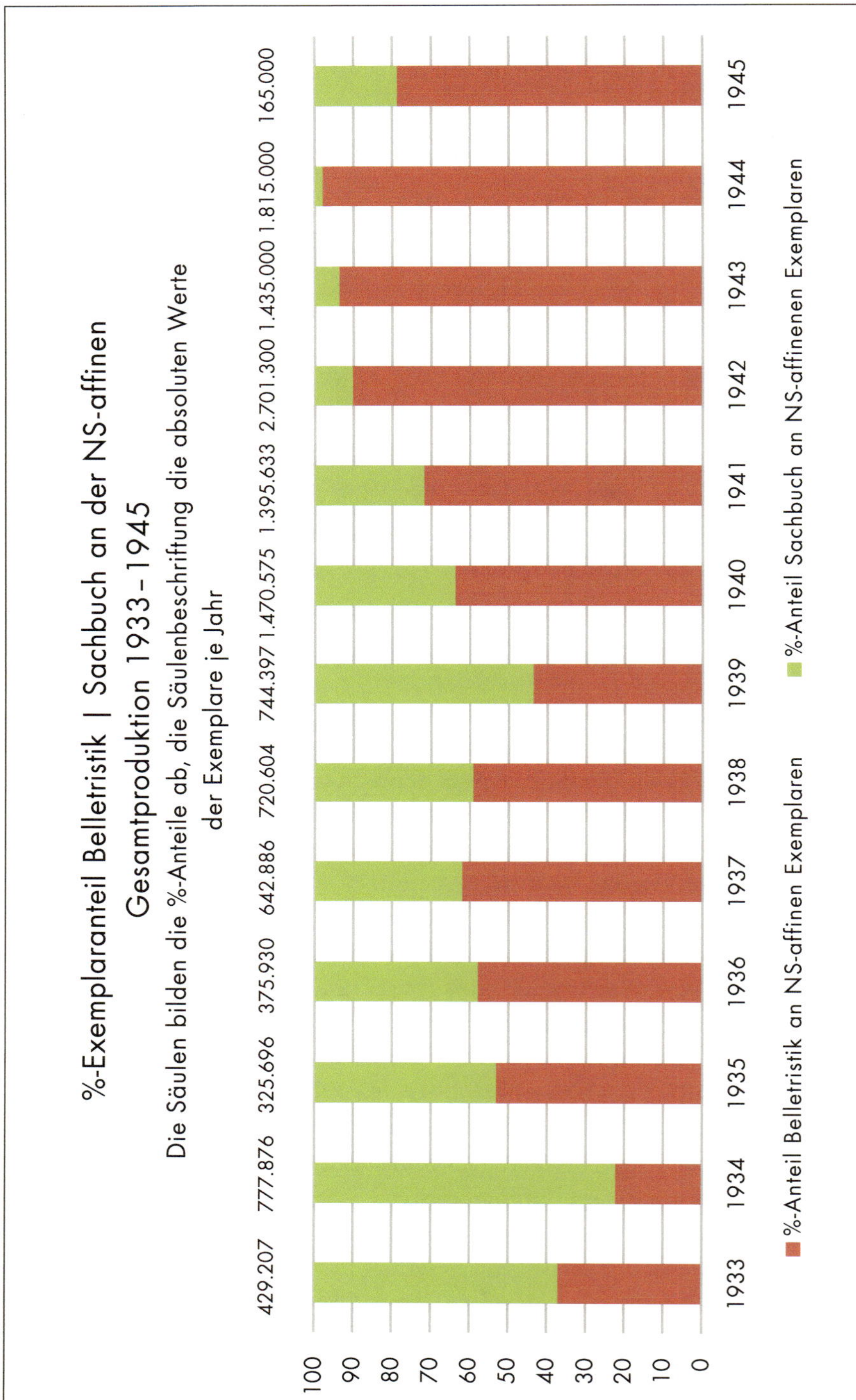

Abb. 99 Prozentualer Exemplaranteil Belletristik | Sachbuch an der NS-affinen Gesamtproduktion 1933–1945

die Alliierten wenden“[2307], nicht weiter verstärkt wurde, zumal klassische Texte durch Einleitungen und Nachworte leicht systemkompatibel zu vermitteln waren,[2308] und obwohl, wie in Kapitel 2.2 gezeigt, nahezu alles ohne Rücksicht auf die Lesebedürfnisse abgesetzt werden konnte, ist nicht monokausal zu beantworten. Die Programmgestaltung spricht insgesamt betrachtet dafür, dass sich die konservativ-reaktionäre Leitung des Verlags durchaus in einer – zumal prestigeträchtigen und lukrativen – „führenden Stellung im Geisteskampfe“[2309] sah.

3.8 Zeitschriften

3.8.1 „Tausendfach gewandelte Gegenwart“[2310] – *Reclams Universum*

Die 1897 vom Verlag Alfred Hausschild erworbene Familienzeitschrift *Universum* (fortan *Reclams Universum*) erfuhr im Herbst 1931 eine umfangreiche konzeptionelle Modernisierung. Die Familienzeitschrift in der bisherigen Gestalt habe den Bedürfnissen der „tausendfach gewandelten Gegenwart“ nicht mehr entsprochen und man laufe Gefahr, dass sie gänzlich von illustrierten Zeitungen verdrängt würde. Die Schriftleitung bemühte sich daher, „das Blatt auf eine neue Grundlage zu stellen und damit den Typ einer modernen deutschen Wochenschrift zu schaffen, wie er in dieser Form noch nicht existierte.“ Als zielführend bewertete man eine „lebendige Anpassung großer Aufmachung, nach solider aber sachlicher Ausstattung.“ Die kulturellen und erzieherischen Ziele jedoch, so wurde betont, „bleiben bestehen, da sie den billigeren Zeitschriften gleichgültig

2307 Verwaltung für Volksbildung SBZ 1946, hier Vorbemerkung.

2308 Den quantitativen Nachweis, inwiefern der Reclam Verlag auch die Nachdrucke der Klassiker analog zu den gezeigten Beispielen einiger Klassiker im Neuerscheinungsprogramm über Einfügen entsprechender Vor- und Nachworte in den nationalsozialistischen Kulturkampf stellte, bleibt diese Analyse aus kapazitären Gründen schuldig. – In seinem aus sozialistischer Perspektive verfassten Aufsatz zur Geschichte der Kommentierung der UB *Bevorwortetes Erbe – bevormundete Nachwelt?* beschäftigt sich Claus Träger mit eben diesem Vorgehen und kommt zu dem Ergebnis, dass es neben einer Kategorie von Vor- und Nachwortautoren, die eine offene Faschisierung der Literaturanschauung betrieben (gemeint sind Kindermann und Linden), eine weitere Gruppe von Kommentatoren gegeben habe, die „nur leise äußerliche Spuren des Ungeists der Zeit“ zeigten. Grundsätzlich resümiert er, dass der Verlag sowie ein Großteil seiner wissenschaftlichen Mitarbeiter „die traditionsgebundene Verpflichtung gegenüber der deutschen Nationalliteratur wenigstens auf versteckte Weise zu wahren suchten, indem sie entweder im rein werkgeschichtlichen Kommentar verharrten oder in ihn flüchteten.“ Träger 1967, S. 144f.

2309 Pohlmann, Hauptmann und Batl.-Kommandeur. In: Katalog *Reclams Universal-Bibliothek Katalog von A–Z. Nr. 1–7566*/Ausgabe 1943. In: RAS, Mappe UB Reihen.

2310 *Reclams Universum* an Münchhausen am 05.10.1931. In: GSA, 69/6248.

sind: Kunst und Wissenschaft als verantwortungsbewusste Aufklärung durch Aufsätze, Romane und Bilder in breite Kreise des Volkes zu tragen."[2311]

Die Autoren für die Beiträge gewann *Reclams Universum*, wie folgende Bitte um Mitarbeit an Gustav Frenssen beispielhaft belegt, oft durch aktive Anfrage bei Schriftstellern, die bereits mit der Zeitschrift oder der UB in Verbindung standen:

> Wir stellen Ihnen eine neue Rubrik zur Verfügung, in der führende Geister aus der ganzen Welt sich äussern zu der Situation der Gegenwart, den Ereignissen und Erscheinungen der Zeit. Den deutschen Leser wird eine solche Reihe von kritischen und bekenntnishaften Aeusserungen einen wichtigen und wertvollen Ausblick über die bedrängenden wirtschaftlichen und kulturellen Nöte und Sorgen der Zeit schaffen. [...] Wählen Sie sich das Thema, das Ihnen in dieser Stunde am nächsten liegt! [...] Eine grosse Reihe führender Persönlichkeiten des In- und Auslands hat uns bereits Beiträge zugesagt und zur Verfügung gestellt.[2312]

Der formalen und konzeptionellen Neugestaltung folgte 1933 zügig eine inhaltliche Anpassung; die Zeitschrift wurde den propagandistischen Zielen der Zeit angepasst. Der redaktionelle Begleittext zum Jubiläum der Zeitschrift, die am 01.10.1933 ihren 50. Jahrgang begann, betonte die bisherige Bedeutung von *Reclams Universum* für das „leidgeprüfte" deutsche Volk:

> Ein halbes Jahrhundert von 1884 bis 1933, in dem das Schicksal Deutschlands aus kraftvoller Höhe in die Tiefe stürzte, um zu einem neuen Werden aufzusteigen, ist diese Zeitschrift ihren Weg gegangen. [...] Reclams Universum war immer ein Führer zur echten deutschen Kultur, ein sorgfältiger Beobachter aller wichtigen Ereignisse in Wissenschaft, Kunst und Literatur, Technik und Industrie. Als Verkünder unverlierbarer deutscher Werte hat es sich von Anfang an seinen Platz in der deutschen Familie erobert und bis heute erhalten.[2313]

2311 *Reclams Universum* an Münchhausen am 05.10.1931. In: GSA, 69/6248. Auf die in diesem Schreiben formulierte Bitte, Münchhausen möge sich zur Umgestaltung äußern, bedankt sich dieser für das Vertrauen und ist gern bereit, ein Urteil abzugeben, „obgleich es nicht allzu günstig ist." Die nötige Umgestaltung sei im Wesentlichen – vor allem textlich – geglückt, manche Bilder und Inhalte hingegen seien auf zu niedrigem Niveau. Gleichzeitig räumt er ein, das Blatt sei nicht für Leute wie ihn gemacht, sondern für „die kleinen Leute, die allein die Zeitschrift tragen. Jede Steigerung des Niveaus über eine gewisse Linie hinaus nach oben bedeutet einen Rückgang der Bezieher-Zahl, das weiß ich so gut wie Sie." Münchhausen an Reclam Verlag am 10.10.1931 In: GSA, 69/6248.

2312 Herbert Günther (*Reclams Universum*) an Gustav Frenssen am 07.10.1931. In: SHLB Cb 21.57:1.01-15.98.

2313 Werbezettel *50 Jahre Reclams Universum*, S. 1. In: RAS, Mappe Leipziger Plakate.

Das „neue" Deutschland wird ausdrücklich und „freudig" begrüßt, verbunden mit dem Anspruch, am nationalen Aufbau mitzuwirken:

> Nun gliedert sich Reclams Universum seiner Tradition getreu freudig in das große Aufbauwerk der nationalen Regierung. Es wird dieses Werk in seiner praktischen und geistigen Bedeutung eingehend schildern und dem Leserkreis in seinem letzten Sinn darlegen. Es wird dieses Werk selbst mit zu fördern trachten, indem es an der Schaffung einer neuen deutschen Volksgemeinschaft mitarbeitet. Allen Fragen und Problemen des Tages offen, wird aus seinen Blättern das Leben selber zu den Lesern sprechen.[2314]

Die ursprüngliche Konzeption der Wochenschrift, eine Mischung aus bürgerlicher Kulturzeitschrift und volkstümlicher Familienzeitschrift, blieb zwar ihrem universellen Anspruch nach erhalten. Auch weiterhin enthielten die Hefte einen literarischen Teil, der wie bisher den Schwerpunkt auf Unterhaltendes legte. Fortan ging dies allerdings auch in der Literatur mit einer Überbetonung des Deutschen einher:

> Außer den großen Romanen finden die Leser deutsche Erzählungen bekannter und junger Autoren, sie finden zahlreiche Beispiele neuer deutscher Lyrik, die in Gehalt und Form bezeichnend sind für die Gegenwart und die für diese lange Zeit nicht genug gewürdigten Urbezirk der deutschen Dichtung wieder mehr Verständnis werben wollen. Das neue deutsche Theater wird an wichtigen Beispielen miterlebt. Die geistigen Führer der Nation sprechen unmittelbar zu den Lesern von Reclams Universum.[2315]

Einen zentralen Bestandteil des *Universums* bildeten die beliebten Zehn-Zeilen-Kritiken, „in de[nen] die hervorragendsten Vertreter der Literatur, der Kunst und Wissenschaft und des öffentlichen Lebens ihr Urteil über Neuerscheinungen des Büchermarktes niederlegen"[2316], deren geringe Honorierung allerdings häufig von den Verfassern bemängelt wurde.[2317] Aufgrund ihrer knappen Form wurden die Zehn-Zeilen-Kritiken gern von den Verlagen für Werbezwecke etwa im *Börsenblatt* verwendet.

2314 Werbezettel *50 Jahre Reclams Universum*, S. 1. In: RAS, Mappe Leipziger Plakate.
2315 Werbezettel *50 Jahre Reclams Universum*, S. 3. In: RAS, Mappe Leipziger Plakate.
2316 Herbert Günther an Hans Grimm am 28.05.1931. In: DLA, A:Grimm, Hans, HS.NZ83.0002.
2317 Ähnlich wie Hans Franck, der sich 1927 (vgl. Kapitel 3.4.4.3) bitterlich über die Honorare beschwert hatte, argumentierte auch Börries Freiherr von Münchhausen, dass in einer Zehn-Zeilen-Kritik zu viel Arbeit stecke, als dass er sie unter wirtschaftlichen und arbeitstechnischen Gründen nur für zehn Zeilen Honorar verfassen könnte, ein wahrhaft gerechtes Urteil sei so nicht möglich. Münchhausen an *Reclams Universum* am 20.11.1931. In: GSA, 69/6249. Die Höhe der Honorare schien jedoch individuell variabel: Hans Franck, der sich wiederholt über diesen Punkt beschwert hatte, wurde im Herbst 1932 mitgeteilt, man sei gezwungen, sämtliche Universumshonorare einer Kürzung zu unterziehen; das Honorar betrage jetzt

Folgendes Beispiel, die Kritik zu Wilfried Bades Biografie *Goebbels,* zeigt, dass sich *Reclams Universum* nun durchaus politisch positionierte:

> Auf 78 Seiten nicht nur ein Menschenschicksal, sondern auch die Geschichte der Eroberung Berlins für Hitler durch den genialen Propagandisten der Freiheitsbewegung Joseph Goebbels. An diesem atemraubenden Buche wird es klar, was geleistet werden mußte, bis der Sieg gelang! Durch das Werk weht der heiße Atem des Kampfabschnittes Berlin im großen Freiheitskrieg gegen Rot.[2318]

Dass diese positive Besprechung eindeutig nationalsozialistischer Titel kein Einzelfall war, belegt die Antwort Ernst Reclams auf die Frage des von den Nationalsozialisten seines Amtes als Bibliotheksdirektors enthobenen Hans Ludwig Held:

> Mit der Redaktion des „Universums“ habe ich gesprochen. Die Sache verhält sich durchaus nicht so, daß das „Universum“ auf Ihre Mitarbeit in Bücherbesprechungen verzichten möchte. Es waren aber jetzt soviel Bücher, besonders nationalsozialistischer Art, die sich nicht für Sie eigneten.[2319]

Weiterhin gab es Beiträge zu Kunst, Wissenschaft, Technik, Wirtschaft und Forschung – allerdings wurden diese nun von „einer Auslese führender deutscher Wissenschaftler und Techniker, Künstler und Denker [...] im Zusammenhang mit der Erneuerung des gesamten inneren und äußeren Lebens“ dargestellt – als universal galt nur, was der völkische Geist durchdrang:

> Der 50. Jahrgang steht im Zeichen der Erneuerung unseres Vaterlandes. Dieser Erneuerung wollen wir mit allen Kräften dienen und ihr die Wege ebnen helfen, wo nur immer wir können. Wir wollen dabei das große Ganze im Auge behalten, die Durchdringung aller Lebensgebiete durch den völkischen Geist beobachten und unseren Lesern in Wort und Bild nahebringen. Deutsche Art und deutsches Wesen waren uns von Anfang an die Leitsterne. Strom der Vergangenheit,

2,50 RM, er werde aber künftig 3 RM erhalten. Er erklärte sich damit einverstanden, „in der Annahme, dass die Stufung der Honorare nicht garzu weit bei den berühmten Autoren nach oben geht.“ Franck an *Reclams Universum* am 21.10.1032; vgl. *Reclams Universum* an Franck am 18.10.1932. In: LBMV, NL 08 Br Recl : Kasten 105. Richard Benz willigte 1935 in die Veröffentlichung seiner Besprechung zu dem von Heinz Kindermann herausgegebenen Titel *Von deutscher Art und Kunst,* für die er immerhin 5 RM Honorar erhielt, erst ein, nachdem die angestrebte Veröffentlichung in der Zeitschrift *Völkische Kultur* nicht zustande gekommen war. Vgl. Nußbächer an Benz am 23.04.1935; Benz an Reclam Verlag am 27.05.1934. In: DLA, A:Benz, Richard.

2318 Werbeannonce des Verlags Charles Coleman. In: *BBl.* vom 02.02.1935, Nr. 28, S. 424, http://digital.slub-dresden.de/id39946221X-19350202/21 [25.05.2024].

2319 Ernst Reclam an Held am 02.06.1934. In: Münchner Stadtbibliothek / Monacensia, HLH B 335.

verhaftet unserer Gegenwart und der Zukunft leidenschaftlich hingegeben, suchen wir die Einheit deutschen Lebens in besten Kräften zu fördern.[2320]

Mit dieser Zielstellung wurde das gewollt Unpolitische bewusst aufgegeben (Abb. 100). Von der dem Heft ursprünglich innewohnenden liberalen Geisteshaltung konnte zu dieser Zeit keine Rede mehr sein. Die Vermittlung politisch-gesellschaftlicher Doktrin an ein dezidiert bürgerliches Publikum gelang unter dem Deckmantel journalistisch-sachlicher Berichterstattung wesentlich effizienter als durch aggressive Agitationsformate.[2321] Neben ideologisch relativ unbelastet klingenden Beiträgen[2322] wie *Das verborgene Deutschland / Stätten und Zeugnisse alter Kultur*, *Lebendige Wissenschaft* oder *Die geistigen Bausteine der Zukunft* spiegeln andere wie

Abb. 100 Titelseite *Reclams Universum*, 06.04.1933, Nr. 27. Archiv der Verfasserin. Alle Rechte vorbehalten.

2320 Werbezettel *50 Jahre Reclams Universum*, S. 2. In: RAS, Mappe Leipziger Plakate.

2321 Für die illustrierte Massenpresse ab 1933 beleuchtet Rössler mit Fokus auf den Umgang mit Politik die staatlichen Rahmenbedingungen zur Presselenkung und illustriert dazu empirisch an acht Fallbeispielen unterschiedliche Strategien, die sich größtenteils in dem zwischen dem *Illustrierten Beobachter* als zweifellos regimetreuen politischen Propagandainstrument und der *Arbeiter-Illustrierten-Zeitung* als dem im Exil publizierten, dezidiert regimefeindlichen, antifaschistischen Gegenpol aufgemachten breiten Spannungsfeld verorten lassen (*Das deutsche Mädel*, *Freude und Arbeit*, *die neue Linie*, *Der Stern*). Eine Sonderrolle nehmen die ausschließlich für das Ausland, konkret zur Vertrauensbildung gegenüber deutschen Besatzern bestimmte Illustrierte *Signal* und das mit lediglich sechs Nummern wesentlich weniger verbreitete Auslandssprachrohr *Tele* ein. Trotz aller Vielfalt der Medialisierung des Politischen, und obwohl die gezielt ausgewählten Illustrierten nur einen Ausschnitt der illustrierten Presse im Nationalsozialismus repräsentieren, kann, so Rössler, als einer von zwei Kernbefunden festgehalten werden, dass sich „der propagandistisch korrekte Umgang […] insbesondere in staats- bzw. in parteinahen Organen [findet], während unabhängigere Blätter und Redaktionen sich in diverse Ausweichstrategien flüchteten, die zumeist auf dem Rückzug in das Unterhaltende und damit vermeintlich Unpolitische beruhten." Rössler 2010, S. 183–239, Zitat S. 234. Auch wenn eine quantitativ belastbare inhaltsanalytische Untersuchung der Beiträge in *Reclams Universum* zwischen 1933 und 1945 noch aussteht, zeigen die folgenden Momentaufnahmen und die bewusste Besetzung der Hauptschriftleiterposten mit dezidiert NS-Kulturschaffenden, dass sich *Reclams Universum* stärker der Medialisierung des Politischen verschrieben hatte als andere partei- und staatsunabhängige Unterhaltungsblätter.

2322 Im Rahmen dieser Arbeit wurde *Reclams Universum* nicht systematisch einer Analyse zur ideologischen Durchdringung unterzogen, da der Fokus auf der Buchproduktion des Verlags liegt. Gerade auch im Vergleich mit den weiteren bei Reclam und seinen Tochtergesellschaften verlegten Zeitschriften bietet sich dies jedoch als Gegenstand künftiger Forschung an.

Kirchliche Erneuerung – Deutsches Christentum oder *Deutsche Rechtserneuerung* und *Neuer Geist an den Universitäten* bereits die Veränderungen in einer ‚gleichgeschalteten‘ Gesellschaft. Daneben stehen politische Artikelreihen und Beiträge, die explizit nationalsozialistische Propaganda verbreiteten. Sie behandeln Themen wie *Vierteljahresplan des nationalen Aufbaus, Das Siedlungsproblem, Generalangriff gegen die Arbeitslosigkeit, Jugend im Vormarsch/Arbeitsdienst und Arbeitspflicht, Die Frau im nationalsozialistischen Staat, Rassenpflege und Familienkunde/Bevölkerungstheorie und Erbbiologie, Was geht im Ausland vor?, Abrüstung – Gleichberechtigung.*[2323]

Bemerkenswert ist ein Wortspiel mit der Semantik des Begriffs „Führer“, das Reclam gewinnbringend als Werbung für die Zeitschrift einsetzte. Unter der plakativen Überschrift „Wie würden Sie die Welt regieren, wenn Sie Diktator wären?“, die fast die Hälfte dieses Werbeblatts für sich beansprucht und somit besonders ins Auge fiel, folgte die Erläuterung:

> Glauben Sie nicht, daß es zwecklos ist, sich solche Fragen vorzulegen! Heute muß jeder Mensch über seinen Beruf hinaus Bescheid wissen um die Zusammenhänge des Weltgeschehens, von denen das Leben des einzelnen abhängig ist. Hierzu brauchen Sie einen Führer: „Reclams Universum“, die große deutsche Wochenschrift, bringt Ihnen alle diese Probleme in eindringlicher verständnisvoller Form nahe.[2324]

So gestaltete sich die inhaltliche Ausrichtung von *Reclams Universum* im Jahr 1933, die ab 1935 kurzfristig von Czech-Jochberg und noch im gleichen Jahr, bis 1939, von dem nationalsozialistischen Journalisten und Schriftsteller Otto Paust als Schriftleiter geprägt wurde. Paust, „Frontsoldat, Freikorpskämpfer, SA-Führer am Wedding“[2325], dessen dichterisches Werk „als ein hohes Lied auf jene Frontkameradschaft bezeichnet worden [ist], die die Keimzelle der nationalsozialistischen Bewegung war“, hatte die Hauptschriftleitung sowohl für *Das neue Deutschland* (siehe unten) als auch für *Reclams Universum* inne. Otto Paust, dessen „Glauben an Deutschlands Auferstehung [...] ihn schon 1923 am Deutschen Tag in Nürnberg teilnehmen [ließ] und ihn schließlich in die Hitler-Bewegung [führte]“[2326], brachte sowohl einschlägige journalistische Erfahrung als auch einschlägige politische Zielsetzungen und Kontakte mit. „Im Jahre 1927 kam P. als Schriftleiter in den Scherl-Verlag in Berlin. Tagsüber tat er Dienst als Feuilleton-Redakteur der ‚Berliner Nachtausgabe‘ und nachts schrieb er seine kämpferischen Artikel

2323 Werbezettel *50 Jahre Reclams Universum*, S. 2. In: RAS, Mappe Leipziger Plakate.

2324 Werbezettel *Wie würden Sie die Welt regieren, wenn Sie Diktator wären?* In: RAS, Mappe Großbuch Universum + Deutsche Rundschau.

2325 Werbeannonce des Wilhelm Limpert Verlags. In: *BBl.* vom 05.03.1937, Nr. 53, S. 986 f., http://digital.slub-dresden.de/id39946221X-19370305/12 [25.05.2024].

2326 N. N.: Otto Paust (SA-Standartenführer, Hauptschriftleiter). In: Archiv für publizistische Arbeit (Intern. Biogr. Archiv) vom 30.06.1938. In: BArch, NS 5/VI 17693, Bild-Nr. 8037.

für den damals jungen ‚Angriff'"[2327], für den er seit 1930 als Redakteur arbeitete; 1934 war er als Schriftleiter des *Völkischen Beobachters* tätig. *Land im Licht,* der Abschluss seiner *Deutschen Trilogie,* „in der er die Schicksalsgeschichte des deutschen Volkes in den letzten entscheidenden zwei Jahrzehnten (1914–1934) zur Gestaltung bringt"[2328], wurde beispielsweise von gigantischem Presseaufkommen begleitet:

> Beim Erscheinen dieses neuen Werkes wird die deutsche Presse zum Teil in Hauptaufsätzen Pausts Gesamtschaffen würdigen, der Rundfunk bringt Vorlesungen, in vielen wichtigen Zeitschriften erscheinen größere Anzeigen, 100.000 Prospekte werden verteilt. Setzen Sie sich auch weiterhin für Paust ein, und seien Sie gerüstet! Diese Schrift wird den Gliederungen der NSDAP, dem Werke „Kraft durch Freude" und allen [...] Verbänden zur Anschaffung und Förderung empfohlen.[2329]

Auch nach der 1939 endenden Ära Paust[2330] versuchte die Wochenschrift *Reclams Universum,* deren Ausgaben zunächst für 50, später für 40 Pfennig erworben werden konnte, durch eine Fülle von Werbemaßnahmen einen möglichst großen Abnehmerkreis zu erreichen, beispielsweise durch den Vertrieb kleiner Taschenkalender. Auch für die Soldaten bot *Reclams Universum* durch die Herausgabe einer Kriegsausgabe

> die notwendige und beste Ablenkung und Anregung in der Eintönigkeit des Schützengraben- und Etappenlebens. [...] Dem Geist und Empfinden der Zeit entsprechend legt die Schriftleitung das Hauptgewicht auf eine würdige und reichhaltige Ausgestaltung der Weltrundschau, die jetzt den gewaltigen geschichtlichen Ereignissen des Völkerringens fast ausschließlich gewidmet ist, sie bildet so eine für Gegenwart und Zukunft gleich wertvolle Kriegschronik großen Stils. [...] Interessante Aufsätze mit reichem Bildmaterial wechseln mit fesselnd geschriebenen Stimmungsbildern von den deutschen, österreichisch-ungarischen und türkisch-bulgarischen Kriegsschauplätzen ab.[2331]

1944 befand sich auch *Reclams Universum* mitten im Krieg. Zahlreiche Beiträge thematisierten die Folgen des Kriegs („Kriegsversehrte in der Landwirtschaft", „Gesundheitliche Schädigungen bei Luftangriffen", „Berater und Helfer der Versehrten")

2327 N. N.: Otto Paust (SA-Standartenführer, Hauptschriftleiter). In: Archiv für publizistische Arbeit (Intern. Biogr. Archiv) vom 30.06.1938. In: BArch, NS 5/VI 17693, Bild-Nr. 8037.

2328 N. N.: Otto Paust (SA-Standartenführer, Hauptschriftleiter). In: Archiv für publizistische Arbeit (Intern. Biogr. Archiv) vom 30.06.1938. In: BArch, NS 5/VI 17693, Bild-Nr. 8037 f.

2329 Werbeannonce des Wilhelm Limpert Verlags. In: *BBl.* vom 05.03.1937, Nr. 53, S. 986 f., http://digital.slub-dresden.de/id39946221X-19370305/12 [25.05.2024].

2330 Wer Paust als Schriftleiter nachfolgte, konnte bislang nicht ermittelt werden.

2331 Werbeblatt: Kriegsausgabe. In: RAS, Mappe Großbuch Universum + Deutsche Rundschau.

oder technische Details zum Krieg („Deutsche Seemänner der Zukunft", „Wie eine Kriegskarte entsteht", „Probleme des Höhenfluges", „Die deutsche Kriegs-Einheitslokomotive"). Die Zeitschrift sendete Durchhalteparolen („Deutschlands Jüngste im KLV-Lager", „Gerüstet und bereit", „Sinnbild eines jungen Volkes", „Volk im Schützengraben") und betonte die Bedeutung des individuellen Kriegsbeitrags („Die Universität kommt zur Front", „Germanische Mädelführerinnen", „Wie vollzieht sich die Kriegsheimarbeit", „Es kommt auf jeden an"), wobei nicht nur die Bevölkerung ihren Beitrag zu leisten hatte, sondern auch die Tiere im Kriegseinsatz („Hunde als Rekruten", „Brieftauben im Kriegsdienst", „Tiere im Kampfflug", „Tiere helfen siegen"). Der feste Glaube an die deutsche Überlegenheit und den Sieg blieb dabei publizistisch unerschüttert („Mit dem Führer zum Endsieg!", Abb. 101; „Das werdende Reich", „Die Stunde Europas", „Deutschland ernährt sein Volk", „Rückführung der Rußland-Deutschen", „Germanischer Mythos im dramatischen Schaffen der Gegenwart").[2332]

Abb. 101 Titelseite *Reclams Universum*, August 1944, H. 8. In: RAS, Mappe Reclam Universum 1935 bis 1944. Alle Rechte vorbehalten.

Nachdem die Zeitschrift bereits seit dem 01.06.1941, bedingt durch die Kriegsverhältnisse, nicht mehr wöchentlich, sondern nur noch 14-tägig, ab Mitte 1943 nur noch einmal pro Monat erscheinen konnte, wobei aktuelle kriegswichtige Themen den Hauptteil der Hefte beanspruchten,[2333] wurde *Reclams Universum* im September 1944, im 60. Jahrgang, mit Heft 9 im Zuge des ‚totalen Kriegs' eingestellt.

Die Auflage der Jahre zuvor hatte durchschnittlich 25.000 bis 26.000 Exemplare betragen.[2334] Damit reichte sie zwar bei Weitem nicht an die Reichweite der Unterhaltungsblätter *Grüne Post* und *Berliner Illustrirte Zeitung* des vollständig arisierten Ullstein Verlags heran, die zeitweilig in einer Auflage von bis zu drei Millionen Exemplaren erschienen,[2335] erreichte aber über Lesezirkel einen nennenswerten

2332 Vgl. RAS, Mappe Reclam Universum Einzelhefte 1935–1944. Die genannten Beiträge stammen alle aus dem Jahr 1944.

2333 Vgl. *Reclams Universum* an Hans Franck am 16.12.1941; Nußbächer an Hans Franck am 02.06.1943; Nußbächer an Hans Franck am 09.10.1943. In: LBMV, NL 08 Br Recl : Kasten 105.

2334 Vgl. Zeittafel zur Verlagsgeschichte, S. 49, 51. In: RAL, Ordner 3.

2335 Vgl. Wippermann 2011, S. 209.

Teil des für unverhohlen nationalsozialistische Propaganda wenig empfänglichen Bildungsbürgertums.[2336]

Von Otto Paust, der die auf ein bürgerliches Publikum sowie auf das Ausland gerichtete, gemäßigte NS-propagandistische Ausrichtung von *Reclams Universum* zwischen 1935 und 1939 als Schriftleiter redaktionell verantwortete, distanzierte sich Müller in der Rückschau knapp. Paust habe einen „ernste[n] Gefahrenherd" dargestellt, der ihn „oftmals mit Anzeigen bedrohte. Gott sei Dank erwies er sich als Löwe, der brüllt, aber nicht beißt."[2337] Aus dieser Aussage, die primär sicher eine gewisse Opposition zu Schriftleiter und Inhalt des Blatts vermitteln sollte, könnte abgeleitet werden, dass es zwar Differenzen, aber keine ernsthaften Verwerfungen gab. Über das tatsächliche Verhältnis von Schriftleitung und Verlagsleitung schweigen die Quellen, sodass über Art und Umfang persönlicher inhaltlicher Einflussnahme von Verleger, Prokurist oder Lektor auf das Portfolio der Zeitschrift, anders als bei der Buchproduktion, jenseits einer Gesamtbewertung der inhaltlichen Ausrichtung von *Reclams Universum* keine Aussagen getroffen werden können.

3.8.2 *Das neue Deutschland. Monatsschrift für nationalsozialistische Weltanschauung*

Als weit größere Hypothek sollte sich für den Reclam Verlag die Erwerbung des Verlags Nationale Front von Albert Müller im Juli 1932 erweisen. Unter dem Dach seiner fortan als Verlag DnD firmierenden Tochtergesellschaft führte der Reclam Verlag die dort seit Februar 1931[2338] herausgegebene Zeitschrift *Das neue Deutschland. Monatsschrift für die deutsche Freiheitsbewegung und nationalsozialistische Weltanschauung* ab Heft 7 1932 bis Heft 9 1939 fort.[2339] Ab Mai 1933 erschien das Heft schlicht unter dem Titel *Das neue Deutschland. Monatsschrift* und ab September 1935 als *Das neue Deutschland. Monatsschrift für die nationalsozialistische Weltanschauung.*[2340]

Bemerkenswert ist nicht nur die schlichte Tatsache, sondern auch der Zeitpunkt der Übernahme dieses dezidiert nationalsozialistischen Kampfblatts – kurz nachdem Brüning als Chef eines bürgerlichen Minderheitskabinetts von Reichspräsident Hindenburg im Mai 1932 entlassen und Franz von Papen im Juni 1932 zum neuen Reichskanzler ernannt worden war. Dieser bemühte sich offen um Kooperation mit der NSDAP, um deren breite Anhängerschaft für sich selbst zu nutzen, und um die

2336 Zumindest ist das für 1919 belegt. Vgl. Reclam Verlag an Centralstelle für Auslandsdienst am 15.02.1919. In: BArch, R 901/72134, Bl. 49.

2337 Müller 1975, S. 3. In: RAL, Ordner 15.

2338 Vgl. Dietzel; Hügel 1988, S. 865.

2339 Heft 4 bis 6 1932 sind nicht erschienen. Vgl. Dietzel; Hügel 1988, S. 865.

2340 In der DNB wurden die Hefte Februar 1931 Dezember 1939 eingesehen. Es fehlten: Juli bis September 1931, April bis Juni 1932, April und Mai 1938, Mai 1939.

Sperrmehrheit von KPD und Nationalsozialisten im Reichstag durch Annäherung an die NSDAP zu überwinden. Er verzichtete deshalb darauf, die Partei zu verbieten und ihre staatsgefährdenden Ziele zu brandmarken. Die Reichsregierung und weite Kreise nationalkonservativer Kräfte bemühten sich im Gegenteil, durch gemeinsame Aktionen von DNVP und dem Stahlhelm – sowie bereits 1931 in der sogenannten Harzburger Front – die NSDAP salonfähig zu machen und für anti-republikanische, völkische Kreise des Bürgertums akzeptabel erscheinen zu lassen. Durch eine Einbindung in Regierungsverantwortung, so die konservative Strategie, sollte eine ‚Einrahmung' oder ‚Zähmung' der Nationalsozialisten herbeigeführt werden.[2341] Die oppositionelle Presse geißelte diese – das Ende der Weimarer Republik besiegelnde – Strategie und den zunehmenden Einfluss der NSDAP:

> Mit der Regierung der Nazibarone ist dem Deutschen Volke [...] ein Weg aufgedrängt worden, von dem wir wissen, wie er begonnen hat, von dem wir aber noch nicht wissen, wie er enden wird. [...] Notverordnungen [...] weniger Brot [...] vermehrte Arbeitslosigkeit, vermindertes Recht und verminderte Freiheit; Ausnahmezustand, Ende des verfassungsmäßigen Volksstaates [...]: Judas Hitler hat es verlangt, von Papen hat es gewährt, und unter dem frenetischen Jubel der Naziführer und der SA-Banden wird jede einzelne dieser Taten vollzogen! Hakenkreuz = Papenkreuz = Hungerkreuz![2342]

Mit fast gleicher Formulierung titelte die sozialdemokratische *Leipziger Volkszeitung* „Hakenkreuz ist Papenkreuz" (Abb. 102) und warnte: „Der Weg der Nationalsozialisten: Senkung des Volkseinkommens[,] Einschränkung der Lebenshaltung[.] Wie in den Notverordnungen der Papenheimer".[2343]

Zur Illustration wurde eine große, fast wie eine Verlagsannonce gestaltete Grafik eingefügt, in der es heißt: „Bedarf es noch eines Beweises? Das nebenstehende Zitat erscheint am 1. August in der Zeitschrift: ‚Das neue Deutschland'". Darunter eine Reproduktion des Titelblatts der Zeitschrift *Das neue Deutschland*, auf das das Symbol der Eisernen Front gegen Hitlerbarone[2344] – drei große blockhafte Pfeile – verwies, gekop-

2341 Vgl. Bracher 1984.

2342 *Sozialdemokratischer Pressedienst*, 22.07.1932.

2343 *Leipziger Volkszeitung* 26.07.1932. Eine Kopie des Artikels befindet sich auch im Verlagsarchiv. In: RAL, Ordner 21.

2344 Als Reaktion auf die zunehmend republikfeindliche Stimmung im Herbst 1931 gründete sich auf Initiative des Reichsbanners am 16.12.1931 das prorepublikanische Abwehrbündnis Eiserne Front als Gegengewicht zu den Republikfeinden der Harzburger Front. Neben dem Reichsbanner schließen sich die SPD, zwei Dachverbände der SPD-nahen Gewerkschaften und der SPD-nahe Arbeiter-Turn- und Sportbund dem Bündnis an. Der SPD-Vorsitzende Otto Wels leitet den Zusammenschluss politisch, der Reichsbanner-Vorsitzende Karl Höltermann organisatorisch. Dem propagandawirksamen Symbol der Eisernen Front, den drei Pfeilen, werden drei Interpretationen zugeschrieben: Etwa als „Aktivität, Disziplin und Einigkeit im

pelt mit dem in den Mittelpunkt gerückten Textzusatz: „Sie wird im Reclam Betrieb hergestellt“. Dieser Verweis auf den Reclam Verlag zu einem politisch außerordentlich brisanten Zeitpunkt exemplifiziert hier geradezu die „heilige Allianz von Hakenkreuz und Papenkreuz“[2345], die Annäherung und zunehmende Verschmelzung nationalkonservativ-bürgerlicher und nationalsozialistischer Positionen. Dem Verlag wird explizit angelastet, durch die Herausgabe und den Vertrieb von *Das neue Deutschland* diesen Tendenzen Vorschub zu leisten.

Bezeichnend ist dabei auch, dass es sich bei dieser Zeitschrift keineswegs um ein parteiamtliches Organ handelte, sondern dass es aus der Initiative Einzelner entstanden war, wie der 1931 erhobene Vorwurf der NSDAP zeigt, die Schriftleitung habe sich vor Herausgabe der Zeitschrift nicht mit den zuständigen Stellen der Bewegung in Verbindung gesetzt, um sie im Einvernehmen herauszubringen.[2346] Aus der zeitgenössischen Antwort Rudolf Friedemanns, der gemeinsam mit Standartenführer Rudolf Stoffregen für die Schriftleitung verantwortlich zeichnete,[2347] geht

Leipziger Volkszeitung
Organ für die Interessen des gesamten werktätigen
Eiserne Front gegen Hitlerbarone
Hakenkreuz ist Papenkreuz
Bedarf es noch eines Beweises?
Das nebenstehende Zitat erscheint am 1. August in der Zeitschrift: „Das neue Deutschland“
Sie wird im Reclam-Betrieb hergestellt
Opfern, knickern, sparen, großhungern
Selbstverständlich nur für die schaffenden Schichten
Das Großkapital schweigt in Millionen
Der Weg der Nationalsozialisten:
Senkung des Volkseinkommens
Einschränkung der Lebenshaltung
Wie in den Notverordnungen der Papenheimer
Hakenkreuz ist Hungerkreuz

Abb. 102 Titelseite der *LVZ*. In: *Leipziger Volkszeitung* vom 26.07.1932, Nr. 173, http://digital.slub-dresden.de/id394414608-19320726/1. Alle Rechte vorbehalten – Freier Zugang.

Kampf gegen den Feind“ oder als „Kampf für Wahrheit und Freiheit, Ordnung und Frieden, Brot und Recht“. Am häufigsten werden sie als Symbol gegen „Kapitalismus, Faschismus und Reaktion“ gedeutet. Zitiert nach Gerstenberg 2006.

2345 *Sozialdemokratischer Pressedienst* 23.07.1932.

2346 Vgl. Rudolf Friedemann an Hitler am 14.10.1932. In: BArch, NS 26/1070. Durch die Nennung von Zuschriften und Kooperationen mit zahlreichen fördernden NS-Persönlichkeiten und einen Brief des Regierungsrates Zangenmeister sollte nachgewiesen werden, dass man es keineswegs versäumt habe, sich mit den zuständigen Stellen in Verbindung zu setzen. Außerdem führt Friedemann an, im August 1932 persönlich mit Max Amann über die finanzielle Lage des Verlags gesprochen zu haben. In diesem Gespräch hatte er Amann mitgeteilt, dass die Zeitschrift in der Lage sei, sich selbst zu erhalten, da die kürzlich begonnene Bezieherwerbung schon gute Erfolge gehabt habe.

2347 Vgl. Bericht Moser: Der Verlag „Das neue Deutschland“. In: SächsStA-D, 13471, Nr. ZA VI 2628/01, Bl. 89 f. Unterlagen aus dem Staatsarchiv Leipzig besagen, dass es seit dem 01.02.1931 in Leipzig die Zeitschrift *Das neue Deutschland* gab, als deren Schriftleiter Hugo Walter Curt Ritter verantwortlich zeichnete. Gedruckt wurde die Zeitschrift von Rohland und Paul in Altenburg. Vgl. Mitteilung Polizeipräsidium am 14.04.1931. In: SächsStA-L, 20031, PP-P Nr. 33. Noch im September 1931 hatte diese Zeitschrift nicht die Zustimmung und Unterstützung der ortsansässigen NSDAP-Organe. Als amtliche Organe seien für Leipzig nur der *Völkische*

die inhaltliche Ausrichtung des Blatts deutlich hervor. Sie unterstreicht eindrücklich die Aufgeschlossenheit des Reclam Verlags gegenüber der publizistischen Verbreitung nationalsozialistischen Gedankenguts bereits im Jahre 1932:

> Der unterzeichnete Verlag hat erst im Juli ds. J. die Fortführung der Zeitschrift „Das neue Deutschland" übernommen in der Überzeugung, daß […] gerade in der Form einer Illustrierten Familienzeitschrift die wichtigste Aufgabe dieser Zeit erfüllt werden könnte, unsere Weltanschauungen und unsere politischen Überzeugungen in der deutschen Familie zu verbreiten und fest zu verankern. […] [Z]ahlreiche Zuschriften von führenden Persönlichkeiten unserer Bewegung und die Mitarbeit vieler weiterer namhafter oder führender Parteigenossen beweist, daß wir dauernd in enger Fühlung mit Führern der Bewegung stehen und deren Anerkennung und Beifall gefunden haben. Erst in diesen Tagen schrieb u. a. Pg. Dr. Frick: „Ich hoffe und wünsche, daß Ihre Zeitschrift auch weiterhin erfolgreiche Arbeit an der Erneuerung deutschen Volkstums leistet."
>
> Aus dem letzten Heft unserer Zeitschrift, das wir hier beilegen, ergibt sich, daß auch Pg. Gregor Strasser uns in Anerkennung unserer Arbeit seinen Aufsatz ausdrücklich zur Verfügung gestellt hat und andere Amtsstellen unser Vorhandensein gern dazu benutzen, ihre Sonderaufgabe nachdrücklich zu fördern. […] In der nächsten Nummer werden weitere Beiträge von Führern oder Amtsstellen folgen, so „Freiwilliger Arbeitsdienst" auf Veranlassung von Oberst Hierl, geschrieben von Major a. D. Volkmann-Leander und Beiträge, die uns auf Veranlassung des Pg. Fiehler zugesandt wurden; Bilder vom Thüringischen Kabinett mit Einverständnis des Pg. Sauckel usw.
>
> Es dürfte darum keinem Zweifel unterliegen, daß wir dauernd in enger Verbindung mit Führern und Amtsstellen der Bewegung tätig gewesen sind. Auch Herr Amann hat von sich aus veranlaßt, daß die Zeitschrift „Das neue Deutschland" im nächsten Jahrbuch als Organ der Bewegung aufgeführt wird. So weit unsere eigenen Erfahrungen seit dem Juli. […] Jedenfalls liegt uns in erster Linie daran, in vertrauensvollsten Beziehungen zur Reichsleitung und allen Führern im Sinne unserer Bewegung wirken zu dürfen.[2348]

Die Monatsschrift erschien mit buntem Titelblatt, trug als Symbol ein Hakenkreuz und enthielt zahlreiche Bildberichte. Sie ähnelte in der Form der Bilderwiedergabe

Beobachter, der *Freiheitskampf* und der *Illustrierte Beobachter* zugelassen. Vgl. Artikelausschnitt vom 28.09.1931. In: SächsStA-L, 20031, PP-P Nr. 33.

2348 Rudolf Friedemann an Hitler am 14.10.1932. In: BArch, NS 26/1070.

Abb. 103 links Titelseite *Das neue Deutschland* vom November 1931, Nr. 7; rechts Titelseite *Das neue Deutschland* vom Juli 1935, Nr. 7. Archiv der Verfasserin.

der *Berliner Illustrirten Zeitung* – allerdings mit klar positionierter nationalsozialistischer Ausrichtung (Abb. 103). Der Preis pro Heft betrug zunächst 0,60 RM, später 0,70 RM bzw. 1 RM und der durchschnittliche Blattumfang betrug 20 Blatt (40 Seiten) in Größe DIN A4.[2349]

Entgegen seinem wirtschaftlichen Engagement war der Reclam Verlag offenbar bestrebt, seine Beteiligung an der Zeitschrift im Hintergrund zu halten. *Das neue Deutschland* wurde von der Firma Reclam hergestellt, die sie dann der Tochtergesellschaft berechnete, die wiederum die Zeitschrift an Reclam unter Berücksichtigung eines Aufschlags verkaufte.[2350] Auch die Kosten für Satz, Druck, Papier, Klischee und Buchbindearbeiten wurden Reclam im Nachgang in Rechnung gestellt; des Weiteren übernahm Reclam die Honorarzahlungen. Für die ersten acht Ausgaben des Jahres

2349 Vgl. Impressum Juli-Ausgabe von 1932; Wappler: Aktennotiz: Ermittlungen über Monatsschrift „Das neue Deutschland" im Vorgang Dr. Reclam. Kriminalamt Leipzig Untersuchungsorgan am 16.01.1948. In: SächsStA-D, 13471, Nr. ZA VI 2628/01, Bl. 24.

2350 Vgl. Aktennotiz Betreff Das neue Deutschland von Marquardt am 31.12.1955. In: RAL, Ordner 15. 1935. Das Heft wurde für 15 Pfennig hergestellt und für 17 Pfennig von Reclam erworben. Vgl. N.N. an Kaemmerer am 27.03.1936. In: RAL, Ordner 14. Für die weiteren Jahre sind keine Abrechnungen diesbezüglich vorhanden. Abonnierte man das Heft für ein Vierteljahr, so kostete es 0,65 RM, worin die Zustellungsgebühr enthalten war, erwarb man ein Einzelheft, so kostete dies 70 Pfennig zuzüglich Zustellungsgebühr. Vgl. Rechnung Verlag Das neue Deutschland an Philipp Reclam jun. August 1936. In: RAS, Mappe: Rechnungen der Fima Verlag Das neue Deutschland an Philipp Reclam jun.

1936 beispielsweise zahlte Reclam für die Herstellung des Heftes 48.518 RM und für Honorare in diesem Zeitraum 6.565 RM.[2351] Reclam kam folglich für die gesamten Unkosten auf – ertragreich war das Produkt jedoch nur in den ersten Jahren: Die Startauflage von 50.000 Exemplaren 1931 hatte sich bis 1933 verdoppelt und bis 1935 sogar vervierfacht auf nun 200.000 Exemplare – der Vertrieb erfolgte offenbar durch SA-Angehörige an Haustüren.[2352] Bereits im Januar 1936 betrug die Auflage jedoch nur noch 43.500, im August 1936 lediglich 32.600 Exemplare. Geringfügig gesteigert hielt sie sich noch 1937 mit 36.700 Exemplaren, sank jedoch kontinuierlich weiter auf 20.800 Exemplare im Jahr 1939.[2353]

Müller bewertete die Übernahme dieses Verlags rückwirkend als die größte Fehlentscheidung seines Vorgängers, des aus seiner Sicht unfähigen Prokuristen Kaemmerer:

> Am allerschlimmsten aber wirkte sich ein von K. gleich nach der Machtergreifung 1933 gegründetes Tochterunternehmen „Verlag das Neue Deutschland" aus, mit einer von Erich Czech-Jochberg [Mai 1933 bis Feb. 1935] herausgegebenen Zeitschrift „Das Neue Deutschland", die von SA-Leuten an den Haustüren vertrieben wurde, und da sie nicht rein parteiamtlich ausgerichtet war, zunächst eine sehr hohe Auflage von einigen Hunderttausend Exemplaren erreicht hatte, die sich dann als Strohfeuer erwies und bei meinem Amtsantritt nur noch reines Verlustgeschäft war. K. hatte wohl gehofft, sich durch diese nationalsozialistischen Aktivitäten eine Sonderstellung zu schaffen und sich damit dem Zugriff der Partei zu entziehen.[2354]

In der Zeittafel zur Verlagsgeschichte ist ebenfalls von der Gründung eines Tochterverlags die Rede; hier wird allerdings zeitlich zutreffend das Jahr 1932 angenommen.[2355] Aus den Stellungnahmen von Nußbächer, Konrad Reclam, Ernst Reclam und den

2351 Vgl. RAS, Mappe Rechnungen der Firma Philipp Reclam jun. an Verlag Das neue Deutschland. Darin Preistarifabrechnungen für DnD-Heft 1 bis 8, 1936. Für den restlichen Zeitraum liegen keine entsprechenden Angaben vor.

2352 Vgl. Müller 1975, S. 2f. In: RAL, Ordner 15.

2353 Vgl. Wappler: Aktennotiz: Ermittlungen über Monatsschrift „Das neue Deutschland" im Vorgang Dr. Reclam. Kriminalamt Leipzig Untersuchungsorgan am 16.01.1948. In: SächsStA-D, 13471, Nr. ZA VI 2628/01, Bl. 24; Bericht Moser: Der Verlag „Das neue Deutschland". In: SächsStA-D, 13471, Nr. ZA VI 2628/01, Bl. 91. Dabei übertraf sie jedoch noch immer die Auflagenzahlen der politischen Zeitschrift des Eugen Diederichs Verlags *Die Tat. Unabhängige Monatszeitschrift*: Diese startete 1929 mit ca. 1.000 Exemplaren, im September 1930 waren es 2.000, im Herbst 1931 und Frühjahr 1932 zwischen 10.000 und 12.000 frei verkauften Exemplaren, wobei die Anzahl der über Abonnenten abgesetzten Exemplare nicht berücksichtigt ist. Damit, so Triebel, sei die *Tat* im Vergleich zu anderen politischen Zeitschriften sehr erfolgreich gewesen. Vgl. Triebel 2001, S. 41.

2354 Müller 1975, S. 2f. In: RAL, Ordner 15.

2355 Vgl. Zeittafel zur Verlagsgeschichte, S. 40. In: RAL, Ordner 3.

Nachforschungen Marquardts wird jedoch ersichtlich,[2356] dass es sich nicht um eine Verlagsneugründung handelte, sondern vielmehr um die Übernahme eines bestehenden Verlags, der die gleichnamige Zeitschrift bereits vertrieb. Den Stellungnahmen der Beteiligten ist sehr offensichtlich das Bestreben gemeinsam, die Übernahme des Verlags herunterzuspielen und zu verschleiern: Der Besitzer der Verlagsrechte war

> soweit ich mich erinnere, ein Oberregierungsrat des Finanzamtes in Leipzig, an dessen Namen ich mich allerdings nicht mehr erinnern kann. Wie bei anderen Druckaufträgen, ist die Druckerei Reclam damals, soweit ich mich erinnere, auch finanziell eingesprungen, ein Vorgang, wie er ähnlich bei fast allen Druckereien zu jener Zeit üblich war.[2357]

In der Erinnerung von Konrad Nußbächer wurde der Erwerb des Verlags dem Prokuristen Kaemmerer von dem Papierlieferanten Hans Gebhard, in dessen wirtschaftlicher Abhängigkeit sich sowohl der Verlag Reclam als auch der frühere Verlag DnD befunden hätten, angetragen. Ernst Reclam hingegen erinnert sich, dass Gebhard mit diesem Vorschlag bei ihm persönlich vorgesprochen habe.

> Herr Gebhard war wiederholt bei mir, um mir zur Übernahme dieses Verlages zuzureden, mit der Begründung, daß dadurch die für die Druckerei so notwendige Beschäftigung geschaffen würde. Die Firma Reclam war nämlich besonders dadurch in einer bedeutenden Notlage, daß die Druckerei nicht genügend ausgelastet war, so daß schon umfangreiche Arbeitseinschränkungen und Entlassungen von Mitarbeitern notwendig geworden waren.[2358]

Wann genau die Übernahme stattgefunden hat, ist nicht sicher zu bestimmen. Aus dem Erscheinungsverlauf der Zeitschrift ist zu ersehen, dass diese ab Heft 7 1932 im Verlag DnD erschien;[2359] aus einer Verlagsmeldung des Verlags DnD an das Polizeipräsidium wird zudem ersichtlich, dass Verlag und Zeitschrift am 01.09.1932 bei Reclam angesiedelt waren.[2360] Auch zum Kaufpreis gibt es unterschiedliche Aussagen: Nach

2356 Vgl. im Einzelnen zu *Das neue Deutschland*: Aktennotiz Betreff Das neue Deutschland von Marquardt am 31.12.1955. In: RAL, Ordner 15; Erklärung Nußbächers vom 10.08.1948; Kaemmerer an Ernst Reclam am 29.07.1948; Stellungnahme Ernst Reclams [um 1948], S. 2. In: RAS, Mappe Dr. Ernst Reclam.

2357 Kaemmerer an Reclam am 29.07.1948. In RAS, Mappe Dr. Ernst Reclam.

2358 Stellungnahme Ernst Reclams [um 1948], S. 3. In: RAS, Mappe Dr. Ernst Reclam.

2359 Vgl. Dietzel; Hügel 1988, S. 865 sowie Autopsie des Erscheinungsverlaufs in der DNB.

2360 Vgl. Verlag Das neue Deutschland an Polizeipräsidium Pressestelle am 01.09.1932. In: SächsStA-L, 20031, PP-P Nr. 33. In den Unterlagen des Börsenvereins der deutschen Buchhändler zu Leipzig im Sächsischen Staatsarchiv, Staatsarchiv Leipzig werden zwei Gründungsdaten für den Verlag Das neue Deutschland angegeben: der 06.07.1932 und der 13.07.1932. Vgl. SächsStA-L, 21765, Nr. F 9692.

Marquardt habe ein Geheimkonto für Unkosten „U 13" bestanden, wonach im Juli 1932 an Justizrat Dr. Hillig (Leipzig) 4.944,25 RM für den Erwerb des Verlags gezahlt wurden.[2361] Arno Winkler hingegen führte gegenüber der Reichsbankhauptstelle die Summe von 69.353,55 RM als tatsächlichen Kaufpreis an.[2362] Des Weiteren existierte ein Geheimkonto „Regierungs-Rat Zangenmeister", über das größere Beträge geflossen sind. Wer sich hinter „Zangenmeister" verbirgt, konnte nicht festgestellt werden.[2363]

Am 09.10.1933 wurde das bisher als GmbH firmierende Unternehmen, das über ein Stammkapital von 20.000 RM verfügte, aufgelöst und in die neu gegründete Kommanditgesellschaft gleichen Namens überführt, die das Verlagsgeschäft mit allen Aktiva und Passiva mit Stand vom 01.09.1933 übernahm. Gesellschafter waren: Ernst Reclam, Hans Emil Reclam und die Kommanditgesellschaft in Firma Philipp Reclam jun. Die ersten beiden waren persönlich haftende Gesellschafter, die dritte leistete eine Einlage von 3.000 RM. Auf diesen Betrag war ihre Haftung beschränkt. Die Geschäftsführung übernahmen Ernst und Hans Emil Reclam; die bisherigen Geschäftsführer Erich Czech-Jochberg, der im April 1933 auf Rudolf Friedemann gefolgt war,[2364] und Rudolf Stoffregen wurden zu Prokuristen mit dem Titel von Verlagsdirektoren und dem Recht der gemeinschaftlichen Vertretung der Gesellschaft berufen. Der Jahresgewinn, der an die Firma Reclam zu überweisen war, sollte zu gleichen Teilen unter den drei Gesellschaftern aufgeteilt werden, ebenso ein Verlust.[2365] Neben den Kapitaleinlagen unterstützte der Reclam Verlag den Verlag DnD durch Darlehen, deren Wert zum 31.12.1932 14.080 RM betrug; außerdem wurden Forderungen der Firma Reclam an den Verlag DnD gestundet. Diese beliefen sich am 31.12.1932 auf 20.438,50 RM, am 31.08.1933 auf 234.747 RM. Die geldwerte Unterstützung des Verlags DnD durch Reclam zu Beginn des NS-Regimes, ohne die eine Fortführung der

2361 Vgl. Aktennotiz Betreff Das neue Deutschland von Marquardt vom 31.12.1955. In: RAL, Ordner 15. Bei dem Verkäufer handelt es sich vermutlich um Curt Hillig (1865–1939), seit 1910 als Rechtsanwalt am Reichsgericht in Leipzig, seit 1915 Vorsitzender des Aufsichtsrats des Verlags Bibliographisches Institut AG; seit 1919 Rechtsberater des Deutschen Verlegervereins und zeitweise Direktors der Leipziger Hypothekenbank. Hillig hatte sich auf Gewerblichen Rechtsschutz, Urheberrecht und Verlagsrecht spezialisiert. Vgl. Hillig 2004.

2362 Vgl. Arno Winkler an Reichsbankhauptstelle Leipzig am 21.05.1937. In: SächsStA-L, 21033, Nr. 0958. Dieser Betrag wurde in der Bilanz als Beteiligungskonto II geführt und konnte durch Abschreibungen bis 1936 auf 46.655,60 RM ermäßigt werden.

2363 Vgl. Aktennotiz Betreff Das neue Deutschland von Marquardt am 31.12.1955. In: RAL, Ordner 15. In den noch vorhandenen Bilanzen wird der Name Zangenmeister unter „Bürgschaft Zangenmeister" geführt. Vgl. RAS, Mappe Abschlussunterlagen Verlag Das neue Deutschland per 31.08.1934.

2364 Vgl. Bericht Moser: Der Verlag „Das neue Deutschland". In: SächsStA-D, 13471, Nr. ZA VI 2628/01, Bl. 90.

2365 Vgl. Dr. Hillig an Reclam Verlag am 01.09.1933. In: RAL, Ordner 14; Bericht Moser: Der Verlag „Das neue Deutschland". In: SächsStA-D, 13471, Nr. ZA VI 2628/01, Bl. 89.

Geschäfte des NS-Verlags nicht möglich gewesen wäre, wird auf rund eine Viertelmillion RM geschätzt.[2366]

Der Verlag DnD war organisatorisch und räumlich zunächst von Reclam getrennt und hatte eine eigene Redaktion, ein eigenes Lektorat und eine separate Vertriebsabteilung.[2367] Die wirtschaftliche Überwachung des Verlags oblag der kaufmännischen Abteilung der Firma Reclam in Person eines Herrn Schumann.[2368]

Neben der Zeitschrift *Das neue Deutschland* publizierte der Verlag DnD, teilweise in Kooperation mit Reclam, auch fünf Buchtitel, die ebenfalls unmissverständlich nationalsozialistische Propaganda verbreiteten: Bereits 1932 erschien von Dr. Paul Krumm *Der deutsche Sozialismus nach Adolf Hitler. Oswald Spengler und der Aufstieg des Nationalsozialismus.* Der Titel greift zurück auf *Der Untergang des Abendlandes*, das kulturphilosophische Hauptwerk Spenglers und ein Klassiker der Anti-Moderne, sowie auf dessen 1931 bei Beck erschienene Schrift *Der Mensch und die Technik. Beitrag zu einer Philosophie des Lebens.* In dem Buch wird – letztendlich entgegen der Intention Spenglers und Hitlers – versucht, eine Affinität zwischen Spengler und Hitler zu konstruieren, um die konservativen bürgerlichen Eliten in der Endphase der Weimarer Republik für den Nationalsozialismus zu gewinnen.[2369] Ein noch wirkungsvollerer Publikationsort für einen solchen Titel wäre als bildungsbürgerlicher Leuchtturm der Reclam Verlag selbst gewesen; allerdings hielt sich dieser bis zur ‚Machtergreifung' mit offen pro-nationalsozialistischen Inhalten eher zurück und nutzte für diese Zwecke den Tochterverlag. Dort wurden 1933 noch die beiden Titel *Vom 30. Januar zum 21. März* und *Deutsche Geschichte nationalsozialistisch gesehen*[2370] von Czech-Jochberg (67.707 Exemplare) und 1934 *Deutsche Heldendichtung* von Mirko Jelusich (9.922 Exemplare)[2371] sowie *Gott grüße das ehrsame Handwerk. Ein Ehrenbuch des deutschen Handwerks,* herausgegeben vom Reichsstand des deutschen Handwerks, erschienen.[2372] Nach 1934 wurden keine Bücher mehr publiziert, daher wurde das Unternehmen – mit Verspätung – ab 1939 nicht mehr

2366 Diese Zahlenangaben gründen sich auf den Bericht über die von dem Finanzamt Leipzig-Mitte am 27.02.1934 durchgeführte Buch- und Betriebsprüfung. Vgl. Bericht Moser: Der Verlag „Das neue Deutschland". In: SächsStA-D, 13471, Nr. ZA VI 2628/01, Bl. 90f.

2367 Vgl. Erklärung Nußbächers vom 10.08.1948, S. 2. In RAS, Mappe Dr. Ernst Reclam.

2368 Vgl. Erklärung Kaemmerers vom 13.12.1946. In RAS, Mappe Dr. Ernst Reclam.

2369 Vgl. Campbell 1989, S. 302.

2370 Aus einer Berichtigung im *Börsenblatt*, in welcher der Reclam Verlag diesen Titel, der fälschlicherweise der Deutschen Verlags-Anstalt zugeschrieben worden war, für sich reklamiert, wird die enge Verschränkung des Verlags DnD mit Reclam auch in der Außenwirkung ersichtlich. Vgl. Berichtigung der Werbestelle. In: *BBl.* vom 12.12.1933, Nr. 288, S. 6196, http://digital.slub-dresden.de/id39946221X-19331212/29 [25.05.2024].

2371 Für die anderen Titel sind keine Auflagenzahlen überliefert.

2372 Für die abgesetzte Produktion des Verlags DnD wurde vom 11.07.–31.12.1932 ein Wert von 17.000 RM, vom 01.01.–31.08.1933 ein Wert von 451.000 RM ermittelt. Vgl. Bericht Moser: Der Verlag „Das neue Deutschland". In: SächsStA-D, 13471, Nr. ZA VI 2628/01, Bl. 90. Unklar bleibt, ob sich diese Angabe ausschließlich auf die Buchproduktion oder auch auf den Absatz der Zeitschrift bezieht.

bei der RSK erfasst, sondern als Zeitschriftenunternehmen, welches keine Buchumsätze hatte, in die RPK eingegliedert.[2373] Bereits im November 1935 ging der Verlag DnD organisatorisch im Verlag Reclam auf und hatte seitdem keinen eigenen Geschäftsbetrieb mehr; sämtliche Geschäfte wurden von den Angestellten des Reclam Verlags getätigt.

Die Zeitschrift *Das neue Deutschland* wurde wohl aufgrund der drastisch sinkenden Auflage von Reclam abgestoßen und erschien ab Oktober 1939 kurzfristig im Deutschen Volksverlag, München, wurde dort aber bereits nach drei Ausgaben mit Heft 12 1939 eingestellt.[2374] Ungeklärt ist die Frage, ob beziehungsweise wann mit der Abgabe der Zeitschrift die Liquidation des Verlags DnD einherging. Am 06.11.1939 war laut telefonischer Mitteilung Müllers die Liquidation infolge der herrschenden Verhältnisse noch nicht eingeleitet; die Firma sollte weiter bestehen bleiben.[2375] Erst am 28.08.1941 findet sich im wöchentlichen Verzeichnis der geschäftlichen Einrichtungen und Veränderungen des BV der Hinweis: „Verlag Das neue Deutschland erloschen."[2376] Aber auch dies kann nicht der tatsächliche Termin der Löschung sein. Aus einem Briefwechsel zwischen dem Reclam Verlag und der Wirtschaftskammer Leipzig Ende 1945/Anfang 1946 bezüglich der Frage, ob für die Firma DnD der Mindestbeitrag von 12 RM für das Jahr 1944 gezahlt werden müsse, geht hervor, dass der Verlag DnD laut Handelsregisterauszug erst am 12.10.1945 gelöscht wurde. Reclam bat, zu berücksichtigen, „daß die Firma in den vergangenen Jahren weder Angestellte beschäftigt hat, noch Umsätze erzielt, [sondern] vollkommen still gelegen hat. Vermögenswerte sind keine vorhanden, so daß wir Sie bitten müssen, irgendwelche Forderungen Ihrerseits, die vergangenen Jahre betreffend, zu streichen."[2377] Demnach wurde zwar die Zeitschrift 1939 abgegeben, die Firma in diesem Zuge aber nicht wie behauptet[2378] liquidiert.

2373 Vgl. RKK an Reclam Verlag am 07.06.1939. In: RAS, Mappe Rechnungen der Firma Verlag Das neue Deutschland an Philipp Reclam jun.

2374 Vgl. Dietzel, Hügel 1988, S. 865. Vgl. auch Presseabteilung Polizeipräsidium Leipzig an Polizeipräsidium München am 01.10.1939. In: SächsStA-L, 20031, PP-P Nr. 33; außerdem: Bericht Moser: Der Verlag „Das neue Deutschland". In: SächsStA-D, 13471, Nr. ZA VI 2628/01, Bl.90. Die Katalogdaten in der Zeitschriftendatenbank belegen ebenfalls, dass das Erscheinen zum Dezember 1939 eingestellt wurde. Vgl. Katalogeintrag Zeitschriftendatenbank, https://zdb-katalog.de/title.xhtml?idn=012943126 [25.05.2024].

2375 Vgl. Berichtigungsbogen für das Adreßbuch des Deutschen Buchhandels 1940 vom 14.08.1939. In: SächsStA-L, 21765, Nr. F 9692.

2376 Ausschnitt aus dem wöchentlichen Verzeichnis der geschäftlichen Einrichtungen und Veränderungen: vom 28.08.1941. In: SächsStA-L, 21765, Nr. F 9692.

2377 Mettler (Reclam) an IHK am 28.01.1946. In: SächsStA-L, 20242, Nr. 2969. Da die Firma im Rechnungsjahr 1944 (01.04.1944–31.03.1945) noch bestand, wurde nach Rücksprache mit dem Finanzamt Leipzig Mitte, das seinerseits die Firma zur Zahlung der Gewerbesteuer von 46 RM aufforderte, die Forderung der IHK aufrechterhalten. Vgl. IHK an Reclam Verlag am 25.03.1946. In: SächsStA-L, 20242, Nr. 2969.

2378 Stellungnahme Ernst Reclams [um 1948], S. 3. In: RAS, Mappe Dr. Ernst Reclam; Erklärung Nußbächers 10.08.1948, S. 3. In: RAS, Mappe Dr. Ernst Reclam.

Umsatzzahlen des Verlags DnD sind lediglich für die Jahre 1934 mit 834.320 RM und – schon deutlich weniger – für 1935 mit 251.135 RM unmittelbar überliefert,[2379] da die Bilanzen im Krieg vernichtet wurden. Es bestand jedoch mit Reclam ein Gewinnausschlussvertrag, sodass aus den Gewinn- und Verlustkontenaufstellungen der Handelsbilanz des Reclam Verlags die Gewinne bzw. Verluste des Verlags DnD (Beteiligungskonto II Gewinn der Organgesellschaft Verlag DnD) ermittelt werden konnten. Danach hatte DnD zum 31.08.1933 einen Verlust von 35.677,16 RM, bereits im Jahr darauf jedoch einen Gewinn von 74.311,46 RM.[2380] In den folgenden Jahren sank der Gewinn jedoch – korrespondierend mit der sinkenden Auflage – stetig, von 57.469,83 RM (31.08.1935), auf 46.655,60 RM (31.08.1936),[2381] 4.125,35 RM (31.08.1937) und schließlich 2.986 RM in der Aufstellung vom 31.08.1938.[2382]

Diese geringen Gewinnmargen (in Summe 146.071.21 RM vom 01.09.1933 bis 31.08.1939) können nicht dazu beigetragen haben, die mageren Bilanzen des Reclam Verlags zu Beginn/Mitte der 1930er Jahre anzuheben, insbesondere nicht unter Gegenrechnung der anfangs investierten Mittel in Höhe von schätzungsweise einer Viertelmillion RM. Unter diesen Umständen erscheint es unwahrscheinlich, dass die Übernahme des Verlags DnD in erster Linie der besseren Auslastung der Druckerei dienen sollte. Die Investition von fast einer Viertelmillion RM für diesen „Druckauftrag“ bestreitet Ernst Reclam nicht, er versucht jedoch richtigzustellen, dass sie nicht zur Sanierung des Verlags im eigentlichen Sinne verwendet worden sei, sondern, dass DnD

> mit den Verpflichtungen an Herrn Gebhard übernommen und neu herausgebracht [wurde]. Die hohe Kapitalinvestierung war aber keine beabsichtigte Handlung, sondern entwickelte sich durch die Vertriebsart der Zeitschrift und der Bücher zwangsläufig, weil bei dem Vertrieb durch Reise und durch den Reisebuchhandel, außer hohen Rabatten, sehr lange Ziele für Wechsel und

2379 Vgl. Auskunftsbogen für die Aufnahme von Buchhandelsbetrieben in die RSK, Gruppe Buchhandel, Fachschaft Verlag – Handel – Zwischenhandel am 12.05.1937. In: SächsStA-L, 21765, Nr. F 9692.

2380 Vgl. Aufstellung Gewinn- und Verlustkonto des Reclam Verlags, Position Beteiligungskonto II, Gewinn der Organgesellschaft Verlag Das neue Deutschland vom 31.08.1933 und 31.08.1934. In: SächsStA-D, 13471, Nr. ZA VI 2628/01. An anderer Stelle wird für die Bilanz 1934 ein Verlust von 37.963,26 RM ausgewiesen. Vgl. Gewinn- und Verlustkonto Das neue Deutschland vom 31.08.1934. In: RAS, Mappe Abschlussunterlagen Verlag Das neue Deutschland per 31.8.1934.

2381 Vgl. Aufstellung Gewinn- und Verlustkonto des Reclam Verlags, Position Beteiligungskonto II, Gewinn der Organgesellschaft Verlag Das neue Deutschland vom 31.08.1935 und 31.08.1936. In: SächsStA-D, 13471, Nr. ZA VI 2628/01. An anderer Stelle wird bereits für das Jahr 1936 lediglich ein Gewinn von 7.178.57 RM ausgewiesen. Vgl. Bericht Moser: Der Verlag „Das neue Deutschland“. In: SächsStA-D, 13471, Nr. ZA VI 2628/01, Bl. 93.

2382 Aufstellung Gewinn- und Verlustkonto des Reclam Verlags, Position Beteiligungskonto II, Gewinn der Organgesellschaft Verlag Das neue Deutschland vom 31.08.1937 und 31.08.1938. In: SächsStA-D, 13471, Nr. ZA VI 2628/01.

> Abzahlungen gegeben werden mußten, die die Verbindlichkeiten des Verlages „D.n.D." gegenüber der Reclamschen Druckerei in kurzer Zeit ungeheuer anschwellen ließen.[2383]

Im Zuge der Ermittlungen gegen Ernst Reclam kommt Moser nach Kriegsende in dem Bericht über den Verlag DnD zu dem abschließenden Ergebnis,

> daß die Firma Philipp Reclam jun. und ihre geschäftsführenden Gesellschafter die nationalsozialistische Bewegung dadurch unterstützt haben, daß sie die Verbreitung nationalsozialistischen Gedankenguts in Wort und Schrift mit der Übernahme des Verlages „Das neue Deutschland" usw. durch den Verlag der [...] Werke von Czech-Jochberg gefördert haben.[2384]

Übernahme und Betrieb des Verlags DnD wogen im Prozess gegen Ernst Reclam als Hauptverbrecher und Nutznießer des Nationalsozialismus[2385] neben den enormen Verlagsgewinnen aus Kriegsgeschäften besonders schwer. Ernst Reclam nahm daher in einer umfangreichen Erklärung rechtfertigend Stellung zu diesem Vorgang; Kaemmerer und Nußbächer bestätigten ihm, dass es sich bei der Übernahme des Verlags nur um einen reinen „Druckauftrag" gehandelt habe, da die Druckerei „sich schon seit dem Jahre 1930 darum bemühte, Druckaufträge zu erhalten, um bei dem Rückgang des Verlagsgeschäftes den Personalstand in der Druckerei halten zu können".[2386] Dieser Argumentation widersprechen das aktive Aufkaufen eines Verlags über Geheimkonten, die Höhe der anfangs investierten Beträge und die mehrjährige Laufzeit der Zeitschrift trotz sinkender Umsätze.

Neben den Versuchen, die Produktion und die Verbreitung des nationalsozialistischen Kampfblatts *Das neue Deutschland* als reinen „Druckauftrag" zu marginalisieren, wird ein fehlendes Interesse des Verlags an der Zeitschrift betont und jegliche inhaltliche Beteiligung der Akteure negiert.

Verlag und Prokuristen sollten durch die rückblickende Behauptung entlastet werden, „[d]a Verlag und Zeitschrift [...] unter dem neuen Prokuristen [Müller] keinerlei Förderung erfuhren, wurden sie im übrigen bedeutungslos und nach einiger Zeit ganz aufgelassen".[2387] Ex negativo räumt diese Formulierung eine aktive Förderung vor 1935 ein und lässt außer acht, dass bereits deutlich vor dem Amtsantritt Müllers die Verbreitung der Monatsschrift gesunken war. Dennoch wurde die Herausgabe der Zeitschrift weitere zwei Jahre bis Herbst 1939 fortgesetzt, obwohl die Auflage bereits

2383 Stellungnahme Ernst Reclams [um 1948], S. 5. In: RAS, Mappe Dr. Ernst Reclam.
2384 Bericht Moser: Der Verlag „Das neue Deutschland". In: SächsStA-D, 13471, Nr. ZA VI 2628/01, Bl. 94.
2385 Siehe dazu Kapitel 2.3.4.
2386 Kaemmerer an Ernst Reclam am 29.07.1948. In: RAS, Mappe Dr. Ernst Reclam.
2387 Erklärung Nußbächers 10.08.1948, S. 3. In: RAS, Mappe Dr. Ernst Reclam.

zwischen 1935 und 1936 auf ein Viertel eingebrochen war, nach wie vor aber – geringfügige – schwarze Zahlen schrieb.

Einfluss auf die Angelegenheiten des Verlags DnD, so Nußbächer, habe Ernst Reclam in keiner Weise gehabt, insbesondere nicht auf die kaufmännischen Verlagsbelange, da der Verlag „sowohl organisatorisch wie räumlich von Reclam getrennt [war],[2388] so daß Herr Dr. Reclam damit gar nicht näher in Berührung kam."[2389] Zudem sei Ernst Reclam lediglich Gesellschafter der Kommanditgesellschaft gewesen. Reclam selbst bezeichnete die „Leitung des Verlages als für mich vollkommen uninteressant". Er habe die Leitung „den Herren der kaufmännischen Geschäftsleitung der Firma Philipp Reclam jun. überlassen und mich selbst fast ausschließlich der Leitung des Verlages von ‚RUB' gewidmet."[2390] Dies bestätigten Nußbächer und Kaemmerer übereinstimmend, und führten zur Entlastung Ernst Reclams darüber hinaus an, als Angelegenheit der Druckerei seien sämtliche Entscheidungen in das Aufgabengebiet des mittlerweile verstorbenen Bruders gefallen:[2391]

> Herr. Dr. Reclam, der ja nicht mehr der Jüngste war, beschränkte seine persönliche Tätigkeit auf den Ausbau der U-B. Die eigentlichen Direktiven für die geschäftliche Leitung gingen vom Prokuristen aus. [...] Ich halte es für sicher, daß Herr Doktor Reclam es als relativ unwichtige Angelegenheit betrachtet hat, auf die er keinen weiteren Einfluß nahm, zumal die Druckerei seinem jüngeren Bruder [...] unterstand.[2392]

Auch inhaltlich sei im Verlag DnD von Ernst Reclam keinerlei Einfluss ausgeübt wurden: Den umstrittenen Schriftleiter Czech-Jochberg habe er nicht eingesetzt, da er – wie angeführt – die Leitung des Verlags nicht ausgeführt habe. Kaemmerer erinnert sich vielsagend, dass die Anstellung des Personals für die Schriftleitung Sache des Herrn war, der die Verlagsrechte besaß.[2393] Dies gilt sicher für den Zeitraum vor der Übernahme durch Reclam im Juli 1932, Czech-Jochberg fungierte jedoch erst seit dem Frühjahr 1933 als Schriftleiter. Wer ihn konkret eingesetzt hatte, mag unklar bleiben, die Verlagsrechte jedoch hatte Reclam erworben:

2388 Im Oktober 1932 firmierte der Verlag in Leipzig, C1, Europahaus. Vgl. Rudolf Friedemann an Hitler am 14.10.1932. In: BArch, NS 26/1070.

2389 Erklärung Nußbächers am 10.08.1948, S. 2. In: RAS, Mappe Dr. Ernst Reclam.

2390 Stellungnahme Ernst Reclams [um 1948], S. 4. In: RAS, Mappe Dr. Ernst Reclam.

2391 Die Brüder hatten die Aufgaben des Großunternehmens geteilt. Während Hans Emil die Druckerei leitete, war Ernst Reclam der Chef des Verlags.

2392 Erklärung Nußbächers am 10.08.1948, S. 2. In: RAS, Mappe Dr. Ernst Reclam. In dem Brief von Kaemmerer findet sich eine ähnliche Argumentation.

2393 Vgl. Kaemmerer an Ernst Reclam am 29.07.1948. In: RAS, Mappe Dr. Ernst Reclam.

> Welche Einzelheiten zur Berufung Czech-Jochbergs in die Leitung der Zeitschrift geführt haben, ist mir nicht klar. Bezeugen aber kann ich, daß Herr Dr. Reclam sowohl dieser Berufung wie den sonstigen Büchern Czech-Jochbergs völlig fernstand, daß er sie persönlich ablehnte. [...] Als Czech-Jochberg 1935 ausschied, wurde auf Veranlassung des inzwischen verstorbenen Mitglieds der Geschäftsleitung Horst Schöttler an seine Stelle Otto Paust berufen. Auch hier hat Herr Dr. Reclam keinerlei persönlichen Einfluß genommen.[2394]

Gegen eine grundsätzliche Ablehnung Czech-Jochbergs durch Ernst Reclam spricht, dass dieser 1935 zumindest für kurze Zeit auch den Posten des Schriftleiters für *Reclams Universum* innehatte. Im *Bücherfreund* vom September 1933 stellte Czech-Jochberg wiederum die Reclam'sche Verlegerfamilie sehr positiv dar:

> Und wie der Name Reclam einst Freude und Begeisterung trug in die Nacht Metternichscher Versklavung, so sind auch die Eigentümer und Leiter des heutigen Verlages [...] erfüllt von der nationalen Pflicht, auch das Licht dieser neuen Zeit, das Licht der deutschen Erhebung in die Hütte der Ärmsten zu tragen, in das kleine Leben des Gymnasiasten und in die letzte Dorfschule, in die Schifferhütte der Ostsee und in die enzianblaue Ewigkeit der bayerischen Berge.[2395]

Durch das 1934 in Kraft getretene Schriftleitergesetz,[2396] welches die Presse in den Dienst des NS-Staats zwang, wurde der Einfluss der Verleger auf die inhaltliche Ausrichtung von Zeitschriften deutlich verringert. Dieses Gesetz war zum Zeitpunkt der Übernahme von *Das neue Deutschland* jedoch noch nicht in Kraft. Neben etlichen anderen Bestimmungen sah es eine strikte Abgrenzung von Verleger (zuständig für den kaufmännischen und technischen Teil) und Redakteur (verantwortlich für den Inhalt) vor.[2397] Nicht nur an der Zeitschrift, auch an den Büchern des Verlags stritt Ernst Reclam jede Beteiligung ab:

> Was für Bücher im Verlage „D.n.D." erschienen, habe ich als ganz uninteressiert an diesen Publikationen, vollständig den Herren der kaufmännischen Geschäftsleitung überlassen. Wenn ich nun dafür verantwortlich gemacht werde, so kann dies nicht für das einzelne Werk und seinen Inhalt geschehen.[2398]

2394 Erklärung Nußbächers vom 10.08.1948, S. 2f. In: RAS, Mappe Dr. Ernst Reclam.
2395 *Bücherfreund* Nr. 4, September 1933a.
2396 Vgl. *RGBl.*, Teil I 07.10.1933
2397 Vgl. Wilke 2004, S. 483.
2398 Stellungnahme Ernst Reclams [um 1948], S. 4. In: RAS, Mappe Dr. Ernst Reclam.

Dem widerspricht allerdings eine Aussage Nußbächers, wonach Ernst Reclam, der den Büchern Czech-Jochbergs ablehnend und desinteressiert gegenübergestanden habe, „die zwei weiteren Werke Czech-Jochbergs, deren Entstehen auf verlagsfremde Anregungen zurückgeht, nur höchst widerwillig aufgenommen und – u. a. – durch mich versucht hat, den Autor zur Änderung und Umarbeitung zu bewegen, was aber an dessen intransigenter Haltung scheiterte“[2399]: Eine inhaltliche Auseinandersetzung hat demnach stattgefunden.

Dies gilt schließlich auch für die Übernahme von *Das neue Deutschland*, bei der es sich, wie rückwirkend vielfach behauptet, um einen reinen Druckauftrag gehandelt habe, der „mit dem Verlag Reclam als solchem […] nichts zu tun [hatte]“[2400] und auf den, wie noch einmal betont wurde, keinerlei Einfluss von Ernst Reclam ausgeübt worden sei. Ein solcher Ankauf bedurfte zumindest der Zustimmung des Verlegers, die diesem jedoch sehr widerstrebt habe:

> Trotzdem aber bedurfte es des oft wiederholten dringenden Zuredens, ehe ich meine Zustimmung gerade zu dieser Erwerbung gab, weil ich als unpolitischer Mensch, der ich immer war, keine Lust zur Übernahme eines politischen Verlages hatte, wenn ich auch nicht wußte, um was für Schädlinge es sich bei den Nationalsozialisten, von denen ich 1932 noch nicht einmal ihr so viele bestechendes Programm kannte, eigentlich handelte. Mir wird diese Unkenntnis nicht geglaubt, und ich werde auf die Kämpfe der Parteien hingewiesen, von denen ich doch gehört haben müßte und die auch in den Betrieben stattgefunden hätten, so auch sicher in dem Reclamschen.[2401]

Ernst Reclam versucht hier, die persönliche und verlegerische Rechtfertigungsstrategie auf eigene Politikferne und Unwissenheit um die Gefahr durch die Nationalsozialisten auszurichten. Ferner sei in seiner Wahrnehmung die nationalsozialistische Bewegung auf die junge Generation sowie auf Berlin beschränkt gewesen:

> Darauf hatte ich zu erwidern, daß ich natürlich von den blutigen Schlägereien junger Leute gehört und gelesen habe, die hauptsächlich in Berlin, meines Wissens nicht in Leipzig, stattfanden, und daß im Reclam'schen Betriebe alles ruhig blieb, wohl weil dort nur alte Leute beschäftigt waren und Nationalsozialisten sich unter diesen kaum fanden. Daß es da sehr glaubhaft sein muß, daß ich den eigentlichen Geist des Nationalsozialismus damals noch nicht

2399 Erklärung Nußbächers vom 10.08.1948, S. 2. In: RAS, Mappe Dr. Ernst Reclam.
2400 Erklärung Nußbächers vom 10.08.1948, S. 2. In: RAS, Mappe Dr. Ernst Reclam.
2401 Stellungnahme Ernst Reclams [um 1948], S. 3. In: RAS, Mappe Dr. Ernst Reclam.

> kannte, darf wohl behauptet werden. Es ist auch nicht zu verlangen, daß man über die Parteiprogramme der jungen Kämpfer Bescheid wußte.[2402]

Er begründet, warum der Verlag DnD nach 1933 nicht wieder aufgegeben wurde:

> Als nach der „Machtergreifung“ immer mehr klar wurde, wes Geisteskind Hitler war, wurde aus meiner Uninteressiertheit am „D.n.D.“, das ich niemals las, eine große Abneigung. Doch war natürlich nun nicht mehr daran zu denken, diesen Verlag plötzlich wieder aufzugeben, was erst 1939 geschah, weil dies die Vernichtung der Firma Philipp Reclam jun. durch den Hitlerstaat und auch wirtschaftlich bedeutet hätte.[2403]

Wenige Zeilen später versucht er jedoch, *Das neue Deutschland* und seine propagandistische Wirkung zu marginalisieren, und versichert, dass der Verlag DnD für die NSDAP gänzlich unwichtig gewesen sei:

> „Das neue Deutschland“ ist von ganz untergeordneter Bedeutung, sowohl was das Ansehen in der Partei als auch, was die Propagandawirkung anlangte. Das geht auch daraus hervor, daß die Stellen, die nach 1945 dazu beauftragt waren, nazistische Personen und Publikationen zu verfolgen, überhaupt nichts vom Neuen Deutschland gewußt haben.
>
> Ohne [die Untersuchung gegen ihn] [...] wäre niemand auf den Gedanken gekommen, den Verlag „D.n.D.“ wegen nazistischer Propaganda zu verfolgen, weil er für die NSDAP so unbedeutend war, daß ihn später niemand mehr kannte. Sicher war auch die Propagandawirkung für die Partei gleich Null, sonst hätte man den Verlag doch auch später noch kennen müssen.[2404]

Dass der Verleger mit der schon am Untertitel *Monatsschrift für die nationalsozialistische Weltanschauung* und an der Cover-Gestaltung unmissverständlich als nationalsozialistische Publikation erkennbaren Zeitschrift wissentlich und absichtsvoll NS-Propaganda betrieben haben könnte, weist Ernst Reclam für sich und seinen Verlag von sich:

> Daß ich durch die Übernahme und Fortführung des Verlages „D.n.D.“ eine Propaganda für die nationalsozialistische Weltanschauung und Partei beabsichtigt hätte, ist schlechterdings nicht anzunehmen oder zu behaupten, ja jeder, der mich kennt, weiß, welche feindliche Einstellung ich gegen Hitler,

2402 Stellungnahme Ernst Reclams [um 1948], S. 3. In: RAS, Mappe Dr. Ernst Reclam.
2403 Stellungnahme Ernst Reclams [um 1948], S. 3. In: RAS, Mappe Dr. Ernst Reclam.
2404 Stellungnahme Ernst Reclams [um 1948], S. 4f. In: RAS, Mappe Dr. Ernst Reclam.

> seine Regierung und seine Partei, besaß. Zeugnisse liegen vor und Zeugen wurden benannt. Daß ich am Anfang, als ich 1932 den Nationalsozialismus noch nicht kannte, dafür hätte werben wollen, kann natürlich nicht einleuchten.[2405]

Da die nationalsozialistische Ausrichtung der Publikation des Verlags DnD nicht abzustreiten war, versuchte Ernst Reclam, sich seiner persönlichen und verlegerischen Verantwortung durch vorgebliche politische Unkenntnis und das Desinteresse ‚eines alten Mannes' an den Vorgängen im Verlag DnD zu entziehen. Im Kontext der Anklage gegen ihn scheinen die so argumentierte Stellungnahme Ernst Reclams sowie die beigebrachten Persilscheine durch Kaemmerer und Nußbächer Wirkung gezeitigt zu haben; allerdings wurde nicht der Verleger entlastet, sondern das Verfahren „auf Anordnung einer höheren Dienststelle"[2406] eingestellt (vgl. Kapitel 2.3.4).

3.8.3 Sprachrohr des Widerstands – das Interim der *Deutschen Rundschau* bei Reclam

Als dritte Zeitschrift im Verlagsportfolio übernahm der Reclam Verlag im Oktober 1937 die 1874 von Julius Rodenberg gegründete *Deutsche Rundschau*: „Gesinnungsmässig wird man zusammenarbeiten können und verlegerisch werden wir sicherlich dort sehr gut bereut."[2407] Ein offener Brief informiert die Leserschaft der *Deutschen Rundschau* über den Übergang zu Reclam:

> Damit findet sich unsere Zeitschrift, die auf eine jahrzehntealte, ehrenvolle Tradition zurückblickt und mit dem geistigen Schaffen so vieler unvergänglicher Namen des deutschen Kulturlebens eng verknüpft ist, zu gemeinsamer Arbeit mit einem Verlage, dessen Verdienste um die Verbreitung des deutschen Geistesgutes in der Welt unbestritten sind.[2408]

2405 Stellungnahme Ernst Reclams [um 1948], S. 5f. In: RAS, Mappe Dr. Ernst Reclam.

2406 KKPA Leipzig Spezialabteilung an Staatsanwaltschaft Leipzig z. Hd. Staatsanwältin Kroschel am 08.02.1948.

2407 Pechel an Hans Grimm am 01.10.1937. In: DLA, A:Grimm, Hans, HS.NZ83.0002.

2408 Offener Brief an die Leser der *Deutschen Rundschau* 1937. In: RAS, Mappe Großbuch Universum + Deutsche Rundschau. Um eine möglichst weite Verbreitung zu gewährleisten, hatte Reclam den Heftpreis auf 1 RM herabgesetzt; darüber hinaus bat man um Namen eventueller Interessenten, denen man Probehefte zusenden könne. Als Belohnung für Werber eines Jahresabonnenten winkte ein Exemplar des preisgekrönten Titels *Schicksal und Liebe des Niklas von Cues*. Werbeblatt *Über die Aufgabe der Deutschen Rundschau*. In: RAS, Mappe Großbuch Universum, Deutsche Rundschau.

Abb. 104 Werbeflyer *Deutsche Rundschau*, o.J. In: RAS, Mappe Großbuch Universum und Deutsche Rundschau. Alle Rechte vorbehalten.

Die Zeitschrift, bis zum 01.04.1924 im Gebrüder Paetel Verlag erschienen, erlebte nach einem Intermezzo als selbstständiger Verlag eine wechselvolle Verlagsgeschichte;[2409] zuletzt war sie seit 1933 vom Bibliographischen Institut in Leipzig herausgegeben worden, zu dem die Bindung jedoch „aus vielerlei Gründen"[2410] gelöst worden war. Die Hoffnung, dass dort der „Aerger weniger"[2411] würde, hatte sich nicht erfüllt, und auf eine erneute knapp einjährige selbstständige Herausgabe in der Deutschen Rundschau GmbH folgte der zunächst auf zwei Jahre angelegte Pachtvertrag mit Reclam, durch den Rudolf Pechel „ein gutes und stetiges Arbeiten erreicht zu haben"[2412] hoffte.

Seit 1919 gab Rudolf Pechel die *Deutsche Rundschau* heraus;[2413] ab Mai 1933 wirkten ferner Paul Fechter, ab Januar 1934 Eugen Diesel an der Herausgabe mit.[2414] Gemeinsam hatten sie einen hohen Einfluss als Verfasser zahlreicher Beiträge auf den Inhalt der Zeitschrift (Abb. 104). Des

2409 Vgl. Mauersberger 1971, S. 204.

2410 Pechel an Grimm am 01.10.1937. In: DLA, A:Grimm, Hans, HS.NZ83.0002. Müller erinnert sich, dass das zunächst politisch neutrale Bibliographische Institut, in dem auch Paul Fechters Zeitschrift *Deutsche Zukunft* erschien, 1937/1938 auf den NS-Kurs umgeschwenkt sei: „Die Redaktion von Meyers Lexikon übernahm die Parteiamtliche Prüfungskommission unter Leitung des Reichsamtsleiters Hederich [...] Damit waren die Autoren des bisherigen liberalen Kurses auf die Straße gesetzt. Dazu gehörte der mir befreundete Dr. Eugen Diesel, bis dahin Verlagsberater des BI und Mitarbeiter der *Deutschen Rundschau*; natürlich auch Pechels Zeitschrift. Diesel wandte sich in dieser Krise 1938 an mich, und es kam zur Übernahme der DR durch Reclam, die er – neben Pechel und Fechter – nun als Dritter mit herausgab. Gleichzeitig wurde ihm eine freie Mitarbeit als Verlagsberater bei Reclam gegen ein monatliches Fixum eingeräumt." Belegt ist jedoch zweifellos, dass die Übernahme tatsächlich bereits im Oktober 1937 erfolgte. Die Zeitschrift, so Müller, habe zu diesem Zeitpunkt einen Verlust von jährlich etwa 25.000 RM erwirtschaftet; ein Abkommen mit der Firma Bosch, die an dem Weiterbestehen der Zeitschrift interessiert war, in Form einer Abonnementszusage von 1.000 Exemplaren habe jedoch den Verlust „auf ein für Reclam erträgliches Maß reduziert." Über Eugen Diesel und Carl Goerdeler seien „für Reclam nähere Beziehungen zum Hause Bosch und zu Theodor Bäuerle, dem späteren Kultusminister in Baden-Württemberg[, entstanden], die sich nach dem Zusammenbruch für die Stuttgarter Gründung besonders positiv auswirken sollten." Müller 1976a, S. 2. In: DNB, DBSM, HA/BV 1: Müller, Gotthold.

2411 Grimm an Fechter am 19.12.1933. In: DLA, A:Grimm, Hans, HS.NZ83.0002.

2412 Deutsche Rundschau an Grimm am 27.09.1937. In: DLA, A:Grimm, Hans, HS.NZ83.0002.

2413 Vgl. Bode 2003, S. 106.

2414 Vgl. Mauersberger 1971, S. 221.

Weiteren gehörten zum Mitarbeiterkreis Carl Goerdeler und Adolf Reichwein, Erik Reger, Ernst Barlach, Ludwig Bergsträsser, Gerhard Ritter, Reinhold Schneider, Margret Boveri, Hans Paeschke, Werner Bergengruen, Richard Benz und Hans Pflug.[2415] Die *Deutsche Rundschau* wollte eine vielseitige Zeitschrift sein; sie bediente Rubriken wie „Deutsche Geschichte“, „Gegenwart und Zukunft“, „Das große Geschehen der Welt“, „Aus dem Leben großer Persönlichkeiten“, „Landschaft, Wirtschaft und Technik“, „Kunst“ und „Vom Glauben und Unglauben“. Sie passte somit gut zum Universal-Konzept des auf den „geistig anspruchsvollen Leser“ ausgerichteten Verlags: „So ist die Aufgabe, nach der die Arbeit der Zeitschrift sich ausrichtet, eindeutig gestellt. Sei lebens- und gegenwartsnah ohne Trockenheit und toten Bildungsballast auf allen Gebieten […].“ Als Ziel wird formuliert:

> Die „Deutsche Rundschau“ darf nie das Gesetz verlassen, nach dem sie angetreten ist: das repräsentative deutsche Gegenstück zu den großen ausländischen Revuen zu sein. Deshalb muß sie mit schärfster Sonde das wahrhaft wesentlich Deutsche, die deutsche geistige, kulturelle und sittliche Substanz vom Unwesentlichen und Zufälligen trennen und ins Licht rücken. Sie hat aber auch die Pflicht, die entscheidenden Vorgänge und Tatsachen anderer Völker vorurteilsfrei zu beobachten, um ihren Lesern ein freies, klares Urteil über das Weltgeschehen und das sich formende Welt- und Lebensbild zu ermöglichen.[2416]

Der Reclam Verlag verlegte die Zeitschrift, die gemeinhin als Sprachrohr des konservativen Widerstandes gilt, bis September 1939. Danach sei das Risiko schließlich so groß geworden, dass die *Deutsche Rundschau* wieder in den Besitz von Pechel zurückging, der sie unter dem Verlag Deutsche Rundschau weiterführte. Reclam jedoch druckte und vertrieb sie weiter bis zu ihrem Verbot im April 1942.[2417] Pechels Kampfgeist dagegen war ungebrochen, er habe „trotz der immer stärker zugreifenden Kriegszensur den publizistischen Kampf der ‚Deutschen Rundschau‘ verschärft fort[gesetzt.] Ich täuschte mich keinen Augenblick, daß der Tag kommen müßte, an dem meiner Arbeit ein gewaltsames Ende bereitet würde. Und er kam.“[2418] Zunächst gelang es Pechel recht gut, die *Deutsche Rundschau* oberflächlich im Propagandadienst aufgehen zu lassen, auch wenn das RMVP im Juli 1941 kritisierte, bei den in der *Deutschen Rundschau* wiedergegebenen Zitaten aus Winston Churchills Buch *Weltabenteuer im Dienst* werde

2415 Vgl. Bode 2003, S. 106.
2416 Werbeblatt *Über die Aufgabe der Deutschen Rundschau.* In: RAS, Mappe Großbuch Universum, Deutsche Rundschau.
2417 Vgl. Müller 1976a, S. 2. In: DNB, DBSM, HA/BV 1: Müller, Gotthold.
2418 Pechel 1947, S. 293.

> den propagandistischen Gesichtspunkten nicht genügend Rechnung getragen. Einige der angeführten Stellen können sich evtl. als eine Propaganda für Churchill auswirken [...] Es liegt auf der Hand, dass durch Wiedergabe derartiger Ausführungen der Eindruck entstehen kann, dass Churchill in Wirklichkeit ein sehr massvoller und versöhnlicher Politiker sei, [...] ein reiner Gemütsmensch; [...] Es ist unbedingt erforderlich, dass sich in Zukunft die Schriftleitung die propagandistischen Auswirkungen jeder Veröffentlichung klarmacht. Der Krieg erfordert, dass hier unerbittliche Maßstäbe angelegt werden.[2419]

Dieser vergleichsweise sanften Rüge entgegnete Pechel:

> es ist für mich von entscheidender Wichtigkeit, für die Grundsätze, nach denen die Arbeit der „Deutschen Rundschau" sich ausrichtet, wie in früheren Fällen so auch jetzt beim Reichsministerium für Volksaufklärung und Propaganda volles Verständnis zu finden. [...] Was nun die Glosse über Churchill angeht, so darf ich bemerken, dass eine Zeitschrift wie die „Deutsche Rundschau" nicht mit den Mitteln der Zeitungspropaganda die gewünschte Wirkung erzielen, aber auf dem Wege indirekter Propaganda sehr viel erreichen kann. Wenn wir z. B. in der „Deutschen Rundschau" von dem „Schurken Churchill" oder ähnlich sprechen würden, bliebe das völlig wirkungslos. Wenn wir aber ihn sich selber charakterisieren lassen in der Mischung von Heuchelei, Brutalität, Verschlagenheit und falscher Biedermännerei, so ziehen unsere Leser daraus unbedingt die richtige Folgerung, und wir haben unser Ziel mit <u>den</u> Mitteln erreicht, die unserer Zeitschrift organisch sind. Ich glaube, es heißt die Wirkung der offiziellen Propaganda unterschätzen, wenn eine Ehrenrettung Churchills noch für möglich angesehen wird. Bei unseren Lesern ist jedenfalls der gewünschte Eindruck von Churchills Charakter erreicht worden. [...] Ich hoffe, dass diese notwendige Erklärung, warum wir [...] die gerügte Form wählten, das Missverständnis beseitigen wird, das vielleicht durch eine Auslegung entstanden ist, die mit der Art der „Deutschen Rundschau" und den besonderen Aufgaben, die sie in Zusammenarbeit mit dem Propaganda-Ministerium übernommen hat, nicht ganz vertraut ist.[2420]

Das RMVP jedoch blieb misstrauisch – „weder Dr. Pechel noch Herr Fechter, die beide praktisch heute die ‚Deutsche Rundschau' machen, können als wirklich zuverlässig im

2419 Hans Peter Paffrath, RMVP an Schriftleitung Deutsche Rundschau am 08.07.1941. In: BArch, R 55/20913, Bl. 6.

2420 Pechel an Hans Peter Paffrath am 11.07.1941. In: BArch, R 55/20913, Bl. 7.

Ernstfalle angesehen werden“[2421] – und beorderte die Einstellung der *Deutschen Rundschau* zum 01.01.1942. Die Pressekammer jedoch versäumte aus unbekannten Gründen, die Zeitschrift auf die Einstellungsliste zu setzen, und so erschien im Januarheft von 1942 in der *Deutschen Rundschau* eine Glosse unter dem Titel „Nachrichtenpolitik“. In dieser griff Pechel einige Sätze aus der „ellenlangen Rede“ von Goebbels auf, die dieser am 01.12.1941 vor der Deutschen Akademie zum Thema Nachrichtenpolitik gehalten hatte, und füllte den Artikel mit einer Rede des Abgeordneten von Kardoff vom November 1918, in der dieser Kritik am deutschen Nachrichtendienst im Ersten Weltkrieg geübt hatte. Die fiktive Rede endete mit den Worten: „Reichsminister Dr. Goebbels stellte fest, daß die gegenwärtige deutsche Nachrichten-Politik im In- und Ausland einen so großen Kredit hat, daß sie sich ein zeitweiliges Verstummen leisten kann.“[2422] Jedem Leser, so Pechel 1947, sei klar gewesen, dass die Kritik der nationalsozialistischen Nachrichtenpolitik mit ihrer Verfälschung der Tatsachen und ihrem „ganzen Lügenwulst“ gegolten habe.[2423] Um die aufgebrachten Behörden im März 1942 zu besänftigen, stellte Pechel die Reaktionen auf die Glosse wiederum als Missverständnis dar: Er habe „die Nachrichtenpolitik der Reichsregierung in ihrer […] überlegenen Führung“ durch Konfrontation mit der Nachrichtenpolitik aus dem Ersten Weltkrieg zu unterstreichen versucht. Er selbst habe damals unter der Politik gelitten.

> Deshalb wählte ich die Kritik, die ein eindeutig national eingestellter Mann wie der frühere Landrat Kardorff an ihr geübt hat. Meiner Ansicht nach konnte in dieser Kritik keine Einzelheit irgendwie in Verbindung mit gegenwärtigen Verhältnissen gebracht werden […]. Vor Missverständnissen glaubte ich völlig sicher sein zu können, da die Leser der „Deutschen Rundschau“ so viele Voraussetzungen mitbringen, dass eine falsche Beziehung als absolut ausgeschlossen gelten kann. Viele […] Mitteilungen von Lesern haben mir diesen Eindruck durchaus bestätigt. […] Hätte ich nur im Leisesten die Vermutung hegen können, dass ein Missverständnis eintreten könnte, so würde ich mich unbedingt wie ja in schon manchen früheren Fällen vorher an Sie gewandt und Ihren Rat erbeten haben. Es ist mir ausserordentlich peinlich, dass anscheinend ein Missverständnis entstanden ist, das auch für Sie unangenehm ist.[2424]

Dieses Mal half es jedoch nicht: das RMVP wandte sich umgehend an das Reichssicherheitshauptamt und bat, gegen Pechel und Fechter „mit grösster Beschleunigung

2421 Abteilung Zeitschriftenpresse an Reichminister am 03.03.1942. In: R 55/20913, Bl. 1.

2422 Pechel 1947, S. 297. Das entsprechende Heft der *Deutschen Rundschau* konnte in der DNB nicht eingesehen werden.

2423 Vgl. Pechel 1947, S. 293.

2424 Pechel an Wendel, Presseabteilung Zeitschriftenreferat am 04.03.1942. In: BArch, R 55/20913, Bl. 2.

ein Verfahren einzuleiten. […] Es besteht wohl Übereinstimmung darüber, daß es sich hier um einen äußerst ernst zu nehmenden Versuch verräterischer Elemente handelt, den Sieg zu gefährden."[2425] Pechel wurde am 08.04.1942 durch das Reichssicherheitshauptamt verhaftet;[2426] zwischenzeitlich war der Artikel bereits durch den Britischen Rundfunk verlesen und in einer Schweizer Zeitung ohne Kommentar abgedruckt worden. Der Vorwurf des Landesverrats sei aber nur die äußere Ursache zu seiner Verhaftung gewesen, der wahre Grund habe in seiner ganzen Haltung und der Tatsache gelegen, dass er seit 1933 auf der *Schwarzen Liste* gestanden habe.[2427] Die *Deutsche Rundschau* wurde am 11.04.1942 stillgelegt und wenige Wochen später, als die Werbemaßnahmen für das Verlagsjubiläum gerade anliefen (vgl. Kapitel 4.1.8), verboten. Pechel blieb bis 11.04.1945 in Haft, unter anderem in den KZ Sachsenhausen und Ravensbrück; nach der Kapitulation gehörte er zu den Mitbegründern der CDU.[2428] Im März 1946 konnte die *Deutsche Rundschau* wieder erscheinen; Rudolf Pechel hatte dafür in der britischen Besatzungszone die Lizenz Nr. 17 erhalten.[2429]

2425 RMVP an Reichssicherheitshauptamt Berlin am 06.03.1942. In: BArch, R 55/20913, Bl. 3. Ferner heißt es in diesem Schreiben: „Der Inhalt des Artikels ist landesverräterischer Natur. In kaum mehr verhüllter Weise wird die Nachrichtenpolitik der Staatsführung im gegenwärtigen Kriege der Methode der Reichsregierung im ersten Weltkriege an die Seite gestellt, die durch Verschweigen der Wirklichkeit und falsche Unterrichtung des Volkes zu einem zu späten Erwachen und damit zum stimmungsmässigen, politischen und militärischen Zusammenbruch geführt hat. Der Artikel stellt damit einen Versuch dar, das Vertrauen des Volkes in seine Staatsführung und nicht minder das Vertrauen des Auslandes in die Wahrhaftigkeit der deutschen Nachrichtenpolitik zu untergraben; darüber hinaus ist er ein Versuch, im Volke schwere Besorgnis um den Ausgang des Krieges zu erzeugen." RMVP an Reichssicherheitshauptamt Berlin am 06.03.1942. In: BArch, R 55/20913, Bl. 3.

2426 Vgl. Madleen Pechel an Grimm am 27.05.1942. In: DLA, A:Grimm, Hans, HS.NZ83.0002.

2427 Vgl. Pechel 1947, S. 297. Pechel stand unter anderem mit Goerdeler und anderen konservativen Gegnern des NS-Regimes in Verbindung, mit denen er 1941 an den Grundzügen einer neuen Staatsform arbeitete. Ende 1938 hatte er deren Friedensvorstellungen nach London überbracht. Vgl. Steinbach; Adam 1998, S. 154. Nach seiner Verhaftung war Pechel in den Konzentrationslagern Sachsenhausen und Ravensbrück sowie den Berliner Gefängnissen in Tegel und der Lehrter Straße inhaftiert. 1945/1946 fungierte er als Chefredakteur der *Neuen Zeit*, ab 1946 gab er bis zu seinem Tod erneut die *Deutsche Rundschau* heraus. Vgl. Steinbach; Adam 1998, S. 154. Mauersberger zufolge wurde Pechel zum Symbol des Journalisten, der „auch unter dem Zwang totalitärer Verhältnisse den öffentlichen Widerspruch gewagt und durchgefochten hat." Mauersberger 1971, S. 308. Zu Rudolf Pechels Aktivitäten im Widerstand siehe auch: Pechel 1947.

2428 Vom Vorwurf des Landesverrats in einer weiteren Strafsache wurde Rudolf Pechel am 01.02.1945 freigesprochen: „Daß Rudolf Pechel bewußt an staatsfeindlichen Gesprächen mit Goerdeler, insbesondere an einer Besprechung im Hause des Generalobersten von Hammerstein teilgenommen und sein Wissen pflichtwidrig nicht gemeldet hätte, können wir nicht feststellen. Deshalb sprechen wir ihn von diesem Vorwurf frei." Abschrift, Schlemann: Urteilsbegründung o. D. In: BArch, NS 6/22, Bl. 72–77, Zitat: S. 72.

2429 Vgl. Zeitungsnotiz, beigelegt zu Schreiben Pechel an Adolf Knoblauch am 26.03.1946. In: SBB, Nachl. 331, Mappe 758. Die Auslieferung besorgte ab Sommer 1946 der Verlag Albert

Mit der Übernahme der Zeitschrift *Deutsche Rundschau* sollte, so Müller, nach außen „eine klare neutrale Linie in der Verlagsproduktion, so weit als möglich frei von NS-Tendenzen“[2430] dokumentiert werden. Volker Mauersberger unterstreicht die Bedeutung der Zeitschrift in seiner Studie von 1971 wie folgt: „Die Deutsche Rundschau galt bis zur Verhaftung Pechels im April 1942 als ein publizistisches Forum, von dem aus in zuweilen imponierender Weise das nationalsozialistische System attackiert worden ist.“[2431] Nach 1945 galt die Übernahme im Oktober 1937 folglich als eines der wagemutigsten Engagements des Reclam Verlags gegen den Nationalsozialismus.

Vergegenwärtigt man sich jedoch, dass der Reclam Verlag im gleichen Zeitraum nicht nur *Reclams Universum* publizierte, sondern über seine Tochterfirma auch *Das neue Deutschland. Monatsschrift für die nationalsozialistische Weltanschauung*, wobei beide vordergründig so unterschiedlichen Organe mit Otto Paust demselben Hauptschriftleiter unterstanden, verschwimmen die Konturen. Nach Ausrichtung, Verbreitung und Rezeption der Zeitschriften erscheint deren Vertrieb als dreigleisige Verlagsstrategie, die vom Bürgerlich-Konservativen über das Nationalkonservativ-Völkische bis hin zum Nationalsozialistischen das gesamte rechte Spektrum zu bedienen sucht.

Bei genauerer Betrachtung sind die Trennlinien weniger eindeutig; als verbindend erweisen sich vielmehr anti-demokratische, völkische und nationalistische Ideologeme, die in allen drei Zeitschriften mit mehr oder weniger offensiv kommunizierten deutschnationalen, rassenideologisch grundierten, antisemitischen, antislawischen und antiziganistischen Ober- und Untertönen vertreten sind. Propagiert wird eine antiegalitäre, militaristische, ständisch organisierte Gesellschaft. Die politisch-ideologischen Grenzen zwischen einzelnen Strömungen begannen sich während der Weimarer Republik aufzulösen; die weniger straff organisierte völkische Bewegung wurde seit Mitte der 1920er Jahre von dem ideologisch verwandten Nationalsozialismus, der sich zunehmend zu einem Sammelbecken der radikalen Rechten entwickelte, allmählich ins Abseits gedrängt. Nach dem Verbot 1923 und der Wiedergründung der NSDAP 1925 wurden zwar von beiden Seiten Unterschiede hervorgehoben, die sich jedoch oft auf einen Generationenkonflikt zwischen alten Völkischen und jungen Nationalsozialisten reduzieren ließen, wobei durchaus personelle Überschneidungen zwischen Völkischen und Nationalsozialisten bestanden. Wesentlich sind enge ideologische

Nauck & Co. Am 01.07.1947 erhielt Pechel eine Zusatzlizenz zum Druck von weiteren 10.000 Exemplaren in der amerikanischen Besatzungszone. Im Zuge der Berliner Blockade wurde die Herausgabe durch fehlende Papierzuteilungen massiv erschwert, sodass Pechel zum 01.01.1949 Herstellung und Vertrieb an den Verlag Union Deutsche Verlagsgesellschaft Stuttgart übergab und die Berliner Redaktion zwangsweise auflöste. Vgl. Pechel an Wilhelm Sternfeld am 11.09.1946; am 05.06.1947; am 12.04.1949. In: DNB, EB 75/177 A. I. 3.

2430 Müller 1975, S. 11. In: RAL, Ordner 15.

2431 Vgl. Mauersberger 1971, S. 308. Zur Technik versteckter Kritik am NS-System unter historischem oder geografischem Deckmantel in der *Deutschen Rundschau* schrieb 1948 Rudolf Pechel selbst, mit einem Vorwort von Werner Bergengruen, siehe dazu Pechel 1948.

Gemeinsamkeiten, insbesondere die von den Völkischen unterstützten nationalistischen und revisionistischen Aspekte des Nationalsozialismus. Letztlich zeigt dies auch die Entwicklung der DNVP, der neben von Papen oder Pressemogul Alfred Hugenberg unter anderen auch Goerdeler angehörte. Nach der ‚Machtergreifung' engagierten sich einige wie Goerdeler im Widerstand, weil sie die Unterschiede zwischen der deutschnationalen Programmatik und der nationalsozialistischen ‚Weltanschauung' für unvereinbar hielten. Andere Parteigänger rieten zu rascher Selbstauflösung, weil sie Widerstand für zwecklos hielten. Dritte hingegen drängten auf eine Fusionierung mit der NSDAP – so schlossen sich alle Reichstagsabgeordneten der DNVP der NSDAP-Fraktion an –, weil die Unterschiede zwischen den Parteien als zunehmend marginal betrachtet wurden. Nur wenige engagierten sich bereits Anfang der 1930er Jahre im Widerstand. Selbst prominente Vertreter wie Claus Schenk Graf von Stauffenberg erkannten den verbrecherischen Charakter der nationalsozialistischen Diktatur erst, als nach Stalingrad auch die militärische Gesamtlage des Deutschen Reiches aussichtslos war – und der Nationalsozialismus als Umsetzer völkisch-nationalistischer Ideale keine Perspektive mehr bot.[2432]

Auf genau diese vertrauten bereits auch die zahlreichen politischen – und publizistischen – Versuche der nationalkonservativen Vereinnahmung der Nationalsozialisten gegen Ende der Weimarer Republik, zu denen letztendlich wohl auch die Programmpolitik des Reclam Verlags zu rechnen ist. So betrachtete der Rechtsanwalt, Publizist und Politiker Edgar Jung, der zu den engsten Freunden Pechels und zu den Autoren der *Deutschen Rundschau* gehörte und der als Rat- und Ideengeber Franz von Papens Einfluss auf dessen Politik gewann, die NSDAP im Sinne einer Aufgabenteilung als „Referat Volksbewegung" des nationalen Lagers:[2433] eine folgenreiche Fehleinschätzung des Machtwillens Hitlers.

Die *Deutsche Rundschau* ist trotzdem als Sprachrohr des konservativen Widerstands zu bewerten, wenngleich auch der Werdegang ihres Herausgebers die Schwierigkeiten der Abgrenzung nationalistischer und nationalsozialistischer ‚Weltanschauung' veranschaulicht. Rudolf Pechel, entschiedener Gegner des Versailler Vertrags und einer der einflussreichsten konservativ-nationalistischen, keineswegs demokratischen Publizisten der Weimarer Republik, engagierte sich Anfang der 1920er Jahre aktiv in Arthur Moeller van den Brucks rechtsintellektuellem Juniklub, trat dem nachfolgenden Herrenklub[2434] bei und unterstützte radikalnationalistische Ideen für eine ‚Konservative Revolution', die als Wegbereiter für den Nationalsozialismus gelten.[2435] Für die Interessen des ‚Grenz- und Auslandsdeutschtums' setzte er sich im völkischen, aber

2432 Vgl. Bracher 1984.
2433 Vgl. Morat 2007, S. 49.
2434 Die in den politischen Zusammenschlüssen der ‚Ring-Bewegung' versammelten, national orientierten Jungkonservativen einte in erster Linie ihre Opposition zur Weimarer Republik. Vgl. Weiß 2012, S. 225–246.
2435 Vgl. Bamberger-Stemmann 2017, S. 559.

nicht rassistischen Sinne nicht nur als Vorstand des Deutschen Schutzbundes und durch seine Mitwirkung in der Deutschen Akademie sowie vor allem in der Arbeitsgemeinschaft deutscher Zeitschriften ein.[2436] Und nicht zuletzt formte er die *Deutsche Rundschau* in ein nationalistisches Publikationsorgan ultrakonservativer Ideologeme um.[2437] Mit diesem politischen Handlungsspielraum erreichte er auch ein Publikum weit über das Völkisch-Nationale hinaus. Nicht unerheblich ist dabei seine aktive Beteiligung an der lange vor 1933 einsetzenden ‚Gleichschaltung' der Minderheitenzeitschriften, die sich zur Erhaltung der nationalen Einheit in den Minderheiten derselben Argumentations- und Sprachmuster bedienten wie später der NS, der diese gleichgerichteten Strukturen lediglich noch auf seine Linie einschwören musste.[2438] Rudolf Pechel gehörte dabei nicht zu denen, die sich widersetzen: „er passte sich, wie auch der weitgehende Rest der völkischen Nationalisten, gleich an. Damit verband er die Idee, endlich seine radikalnationalistischen Ziele zur Durchsetzung zu bringen, nachdem die ihm verhasste […] Republik gescheitert war."[2439]

Als ähnlich ambivalent ist der Mitherausgeber der *Deutschen Rundschau*, Paul Fechter, zu betrachten. Der Theater- und Kunstkritiker, Redakteur und Schriftsteller verfasste neben seiner umfangreichen journalistischen Tätigkeit vor allem drei Literaturgeschichten. In der 1941 publizierten, systemkonformen *Geschichte der deutschen Literatur. Von den Anfängen bis zur Gegenwart* hebt er insbesondere die stilbildende Wirkung von Hitlers *Mein Kampf* hervor: „Das Buch, das alle die verschiedenartigen Strebungen und Tendenzen der großen nationalsozialistischen Bewegungen in sich zusammenfaßt, das den Übergang zu der neuen Form des Sprechens zum Leser am schärfsten vollzieht und damit die Grundlagen der Literatur schafft, […] ist Adolf Hitlers Bekenntnisbuch ‚Mein Kampf'."[2440]

Aber auch die 1932 verfasste *Dichtung der Deutschen* stieß aufgrund der „durchgängige[n] (noch nicht ausdrücklich nationalsozialistische[n]) Tendenz, Bildung herabzusetzen und ‚Bildungsdichtung' […] zu denunzieren als Literatur ‚ohne Beziehung auf die große Gemeinsamkeit des Volksganzen'"[2441] bereits auf vehementen Widerstand der noch nicht ‚gleichgeschalteten' Preußischen Akademie der Künste. Blunck, der auch mit Pechel in engem Austausch stand, schreibt dazu im Mai 1933 an seinen Freund Fechter:

> Vertraulich folgend kleine Geschichte, über die Vesper Ihnen noch Näheres schreiben wird. Die Kreise um Heinrich Mann haben sich im Januar dieses Jahres ihrer Sache noch so sicher gefühlt, dass, wie Binding dieser Tage

2436 Vgl. Bamberger-Stemmann 2017, S. 560.
2437 Vgl. Bamberger-Stemmann 2017, S. 559.
2438 Vgl. Bamberger-Stemmann 2017, S. 564.
2439 Vgl. Bamberger-Stemmann 2017, S. 559 ff., Zitat: S. 564.
2440 Fechter 1941, S. 758.
2441 Zeller 1983, S. 252.

> erzählte, die Mitglieder der Akademie damals ein Rundschreiben empfingen, das zu einer Stellungnahme gegen die Fechtersche Literaturgeschichte und zu einer öffentlichen Erklärung aufforderte. Den Text der Erklärung sollte Heinrich Mann entwerfen. Ist das nicht köstlich? Binding hat sich verpflichtet, jenes Rundschreiben herauszusuchen (er wird es sehr gern tun!) – Vesper wird die Sache vermutlich publizistisch verwerten. Ich kann mir aber die Freude nicht verkneifen, Ihnen persönlich vorab davon Mitteilung zu machen.[2442]

Hans Grimm hingegen möchte eben diese Literaturgeschichte 1939 preisgekrönt sehen und unterbreitet Pechel, mit dem er ebenso befreundet ist wie mit Fechter, folgenden Vorschlag:

> Mir geht soeben die Mitteilung zu von den Preisen der Deutschen Akademie. [...] Zu vergeben ist der Preis für deutsch-kundliche Forschung, der verliehen werden kann für ein hervorragendes Werk auf dem Gebiet der deutschen Literaturgeschichte. Das beste Werk, auf dem nicht weltfremder Gelehrtenstaub liegt, hat in den letzten Jahren unser Freund Fechter geleistet. Ich möchte vorschlagen, dass Sie und ich, wenn Ihnen das recht ist, und vielleicht noch ein oder der andere Senator, den Sie kennen, Paul Fechter in Vorschlag bringen als Preisträger.[2443]

Hans Grimms Roman *Volk ohne Raum,*[2444] der die außenpolitischen Ziele des NS vorwegnahm und später zu legitimieren half, wurde 1926 in der *Deutschen Rundschau* ausführlich besprochen; mit seinem Roman *Kaffernland* wurde gegen ein Honorar von 2.500 RM 1936 die Wiederaufnahme von Romanabdrucken in der *Deutschen Rundschau* begonnen. Wenngleich Grimm der wiederholten Bitte, als steter Mitarbeiter für die *Deutsche Rundschau* zu wirken, nicht entsprach, so beteiligte er sich doch mit zahlreichen Aufsätzen und Erzählungen.[2445] Während sich Pechel nach 1945 von Blunck, Grimm und auch Fechter zu distanzieren schien,[2446] blieb Fechter weiter in engem

2442 Blunck an Fechter am 25.05.1933. In: SHLB, Cb 92-22.19.

2443 Grimm an Pechel am 02.06.1939. In: DLA, A:Grimm, Hans, HS.NZ83.0002.

2444 Noch 1938 erhält Grimm an Tantiemen zu *Volk ohne Raum* jährlich rund 30.000 RM. Vgl. Grimm an Fechter am 23.06.1938. In: DLA, A:Grimm, Hans, HS.NZ83.0002.

2445 Vgl. Pechel an Grimm am 26.08.1932; am 27.09.1937; am 01.10.1937; Deutsche Rundschau an Grimm am 28.07.1926; Bibliographisches Institut an Grimm am 21.02.1936. In: DLA, A:Grimm, Hans, HS.NZ83.0002.

2446 Über Blunck schreibt Rudolf Pechel 1946 an Wilhelm Sternfeld: „Das Verhalten von Dr. Hans-Friedrich Blunck ist freilich erstaunlich. Auch mir hat er einen Brief geschrieben, der über die vergangene Zeit mit Stillschweigen hinweggeht, unter völliger Unterschätzung unseres Gedächtnisses. Eine Antwort hat er von mir nicht bekommen. Wenn nichts anderes, so war er zu mindesten ein schamloser Nutznießer der Nazizeit." Pechel an Sternfeld am 21.10.1946. In: DNB, EB 75/177 A. I. 3. Grimm, der „nie etwas gegen P. hatte, bis er die neue Rundschau

Kontakt sowohl mit Hans Friedrich Blunck als auch mit Hans Grimm. Dieser sah in ihm noch 1947 zumindest einen geeigneten Zuhörer für antisemitisches – „Einmal muß doch in diese Giftblase gestochen werden. [...] Nach dem übrigen Text ist das Ganze von einem Juden geschrieben, die Juden sind nun einmal maßlos und vergreifen sich in ihrer Rache an den falschen Leuten. Dem muß doch auch ein Ende gesetzt werden“[2447] – und flüchtlingsfeindliches Gedankengut: „Das Berliner Bild paßt allerdings gar nicht in das Bild, das in einem Dorfe zu sehen ist. Verdorben werden jetzt die Dörfer, durch die Ostflüchtlinge, deren größter Teil der Herkunft nach nach Österreich gehört hätte. Das ganze Familienleben der Dörfer wird langsam vernichtet. Eine Verschmelzung wird es kaum je geben.“[2448]

Trotz seiner ablehnenden Haltung zum Nationalsozialismus und seines dezidierten Engagements als Sprachrohr des konservativen Widerstands über die *Deutsche Rundschau* zählte Rudolf Pechel, einer der maßgeblichen nationalistischen Aktivisten der Weimarer Republik, ebenso wie auch Fechter, mit dem er die tiefgreifenden Verwurzelungen in der völkischen-nationalen Kultur- und Schrifttumslandschaft teilte, sicher zu denjenigen, die den Nationalsozialismus in dieser Konsequenz zwar ablehnten, ihm aber mehr oder minder mittelbar den Weg ebneten und ihn zumindest zu Beginn für eigene Zwecke als dienlich empfanden. Beider Biografien zwischen Weimarer Republik und Bundesrepublik Deutschland lassen sich auch opportunistisch lesen, wobei die Ausprägung von Widerstand, Opposition oder lediglich Abstand zum Nationalsozialismus nicht eindeutig bestimmbar bleibt.[2449]

Ganz ähnlich sind die Zeitschriften insgesamt, der Verlag und der Verleger zu bewerten, die durch die Verbreitung nicht nur der Wochenschrift *Das neue Deutschland. Monatsschrift für nationalsozialistische Weltanschauung* am Ende zu den Steigbügelhaltern des Nationalsozialismus zu zählen sind. In welchem Maße die einzelnen Akteure persönlich Einfluss genommen haben oder welche Ziele sie verfolgten, muss

wieder herausgab und nun auch meinte seine Rache austoben zu müssen“, beschwert sich bei Fechter über die Dezembernummer der Zeitschrift *Kontakte*, aus der das getrübte Verhältnis Pechel – Fechter – Grimm offenbar wird: „[...] da wird von der edlen Imitationsakademie des Herrn Pechel in Darmstadt eine Schrift angekündigt ‚Hans Grimm und der Lippoldsberger Kreis‘, und dann läßt da in dieser selben Zeitschrift der jüdische Herr Kesten, der irgendeinen polnisch-jüdischen Namen in Wirklichkeit hat und aus völlig unbekannten Gründen (wie Pechel) eine Mordswut auf mich hat, mich erfahren: Hans Grimm und Guido Kolbenheyer füllen immer noch ihre Bücher mit Sprachschnitzern und Hitlerhymnen an und werden immer noch von Paul Fechter in den Himmel gehoben. Und darauf heißt es weiter: ‚Paul Fechter wird einmal auch in der Hölle Grimm und G .K. [Anmerkung K. B.: Guido Kolbenheyer] und H. F. Blunck lesen und rühmen müssen, was wirklich eine höllische Strafe bedeutet. [...] Aber Pechel war Ihnen ja schon von Haus aus böse.“ Grimm an Fechter am 15.12.1947, Grimm an Fechter am 26.01.1953. In: DLA, A:Grimm, Hans, HS.NZ83.0002.

2447 Grimm an Fechter am 04.06.1947. In: DLA, A:Grimm, Hans, HS.NZ83.0002. Eine kommunistische Zeitschrift hatte ihn als „Null“ und „Kriecher“ vor dem Faschismus bezeichnet.

2448 Grimm an Fechter am 23.08.1946. In: DLA, A:Grimm, Hans, HS.NZ83.0002.

2449 Vgl. Bamberger-Stemmann 2017, S. 567.

im Detail, wie oben beschrieben, nicht nur für die *nationalsozialistische Monatsschrift* ein Stück weit offenbleiben. Auch das Engagement für die *Deutsche Rundschau*, das sich vor allem Müller auf die Fahnen schrieb, bleibt unscharf. Einerseits bot die Zeitschrift rückblickend ein dankbares Feigenblatt für die tiefe Verstrickung des Verlags in den NS-Propaganda-Apparat, andererseits warf Müller Peschel „allzu große Unvorsicht und Freimütigkeit"[2450] vor: Er sei „in seinem Antinazikurs oftmals weit über das Ziel"[2451] hinausgeschossen und habe das Haus Reclam damit gefährdet. Pechel hingegen betont noch 1960 in Bezug auf Müller, dass „[ich] niemals ein rechtes Vertrauen zu ihm gehabt habe und ihn nicht für einen guten Verleger hielt."[2452]

3.9 Opportunismus versus Opposition

Die in den letzten Jahrzehnten in Jubiläumsschriften des Reclam Verlags und ähnlichen Publikationen bislang weitgehend ausgeklammerte Frage, in welchem Ausmaß der Verlag in den Nationalsozialismus und seine Propagandamaschinerie verstrickt war und in welchem Ausmaß er davon profitierte, war im Zuge der Entnazifizierungsprozesse (vgl. Kapitel 2.3.4) zwangsläufig ein beherrschendes Thema. Neben den oben angeführten Verteidigungsstrategien – Unkenntnis von Bedeutung und Umständen, Desinteresse der Verlagsleitung an einschlägigen Publikationen und Formaten, mangelnde Möglichkeiten der Einflussnahme und geringe wirtschaftliche und inhaltliche Relevanz – konzentrierte sich die Rechtfertigung verlegerischen Handelns in der NS-Zeit wesentlich auf Verweise auf persönliche Opposition zum System und ein zumindest behauptetes Engagement im Widerstand, insbesondere im Fall von Gotthold Müller.

Die Übernahme der *Deutschen Rundschau* als Sprachrohr nationalkonservativer Opposition, in dieser Hinsicht vielzitierter Ausweis widerständigen Engagements, lässt sich, wie oben gezeigt, jedoch nicht per se aus dem von nationalsozialistischen Ideologemen durchdrungenen Gesamtgefüge der Verlagspublikationen herauslösen.

Anzuführen ist in diesem Kontext jedoch, dass der Reclam Verlag vereinzelt in wirtschaftliche Not geratene Autoren unterstützte, indem er sie als Mitarbeiter des Verlags anstellte, so nachweislich Hans Voß, der nicht zu den geförderten Schriftstellern

2450 Müller 1975, S. 10 f. In: RAL, Ordner 15. In Müllers Erinnerung wird Pechel bereits zwei Jahre nach Übernahme der Zeitschrift verhaftet und diese beschlagnahmt. Vgl. Müller 1975, S. 11. In: RAL, Ordner 15. Das Verhältnis zwischen Gotthold Müller und Rudolf Pechel blieb fortan ein getrübtes.

2451 Müller 1976a, S. 2. In: DNB, DBSM, HA/BV 1: Müller, Gotthold.

2452 Pechel an Carla Kluge am 18.05.1960. In: SBB, Nachl. Kurt Kluge, Mappe 978. Müllers Ausscheiden aus der Deutschen Verlags-Anstalt, so Pechel an Carla Kluge, die Witwe des Schriftstellers Kurt Kluge, könne er deshalb „keineswegs bedauern."

des ‚Dritten Reiches' zählte[2453] sowie den Historiker Mario Krammer.[2454] Dieser hatte aufgrund seiner jüdischen Ehefrau nicht nur seine Stellung als Mitarbeiter bei der Kaiserlichen Zentraldirektion der *Monumenta Germaniae Historica* zu Berlin verloren,[2455] wo er seit 1913 für die Herausgabe von Quellen zur älteren deutschen Geschichte tätig gewesen war, seit 1920 im Rang eines Regierungsrats.[2456] Er wurde auch im Mai 1936 aus der RSK ausgeschlossen, „da er nicht geeignet ist, durch schriftstellerische Veröffentlichungen im Reichsgebiet auf die geistige und kulturelle Gestaltung der Nation Einfluss zu nehmen"[2457]. Sowohl der Einspruch seines Verlegers Gerhard Märtin[2458] als auch die Verweise der Rechtsanwälte Haensel und Pelckmann auf die Bedeutung seines Werkes, in dessen Fokus die Vorgeschichte und Entfaltung des großdeutschen Gedankens stehe,[2459] blieben erfolglos. Im Gegenteil: Der RSK waren die regelmäßigen Dichterlesungen und Vortragsabende unter anderem von Erich Kästner, die der „jüdisch-versippte" Krammer in seiner Privatwohnung veranstaltete, ein Dorn im Auge, und auf ihre Anweisung hin wurde Krammer durch die Gestapo überwacht.[2460]

Auch den Vorgänger Gotthold Müllers, den seit 1926 im Verlag tätigen Prokuristen Rudolf Kaemmerer,[2461] der als ‚Halbjude' seit dem 30.01.1933 „ständigen Ver-

2453 Siehe Kapitel 2.2.2.1.

2454 Vgl. Stellungnahme Hildegard Böttchers vom 27.01.1948. In: SächsStA-D, 13471, Nr. ZA VI 2628/01, Bl. 46. Böttcher schreibt hier, Krammer sei jüdischer Abstammung gewesen. Dies trifft auf seine Frau zu, er selbst war jedoch evangelisch. Bei Reclam hatte Krammer keine Titel publiziert, er war aber als Autor in *Reclams Universum* tätig. Vgl. Fragebogen zur Durchführung des Gesetzes zur Wiederherstellung des Berufsbeamtentums vom 7. April 1933 vom 11.07.1933. In: BArch, R 4901/13313, Bl. 13.

2455 Zum 30.08.1933 wurde Krammer auf Basis von § 6 des Gesetzes zur Wiederherstellung des Berufsbeamtentums vom 7. April 1933 in den Ruhestand versetzt. Vgl. Reichsminister des Inneren Zustellungsurkunde an Regierungsrat i. e. R. Herrn Dr. Krammer am 29.08.1933. In: BArch, R 4901/13313, Bl. 11.

2456 Vgl. Fragebogen zur Durchführung des Gesetzes zur Wiederherstellung des Berufsbeamtentums vom 7. April 1933 vom 11.07.1933. In: BArch, R 4901/13313, Bl. 13.

2457 RSK an Mario Krammer am 13.05.1936. In: BArch, R 9361-V/25709, Lesefilm-Nr. RK I 299, Bild-Nr. 1272.

2458 Vgl. Gerhard Märtin an Herrn Rechtsberater in der RSK am 19.11.1937. In: BArch, R 56-V/499. Gerhard Märtin hatte den „nichtarischen Verlag" M. & H. Marcus, Breslau, in dem Krammer publizierte, erst 1937 übernommen.

2459 Vgl. Rechtsanwälte Haensel und Pelckmann am 05.05.1939. In: BArch, R 9361-V/25709, Lesefilm-Nr. RK I 299, Bild-Nr. 1280.

2460 Vgl. RSK an Geheime Staatspolizei Berlin am 12.09.1938. In: BArch, R 56-V/77, Bl. 52; Krammer an Kästner am 07.12.1930. In: DLA, A:Kästner, Erich, HS. 2002.0154. Die Gestapo meldet zurück, dass sich Krammer aus den Künstlerkreisen zurückgezogen habe und keine Anhaltspunkte für andauernde Dichterlesungen bestünden. Geheime Staatspolizei Berlin an Präsidenten der RSK am 31.10.1938. In: BArch, R 9361-V/25709, Lesefilm-Nr. RK I 299, Bild-Nr. 1256.

2461 Vor Kaemmerer hatte der Mitarbeiter Binder lange Zeit, bis zu seinem Tod 1924, die Geschäfte geführt. Nach diesem hätten sich einige erfolglos als Prokuristen versucht, bis Kaemmerer 1926 gewonnen werden konnte, der „in Gemeinschaft mit Horst Schöttler recht erspriesslich gewirkt

folgungen in beruflicher und persönlicher Beziehung ausgesetzt war“[2462], unterstützte der Reclam Verlag im Bereich des Möglichen. Kaemmerer bestätigte Ernst Reclam 1948, dass er,

> obwohl zum mindesten seit Anfang 1933 bekannt war, daß ich jüdischer Abstammung bin, alles versucht habe[], um mich in meiner Stellung in [seinem] Hause zu halten. Ich weiß, daß Sie persönlich und die Firma dadurch vom ersten Tage des Bekanntwerdens an Vorwürfe und Nachteile hinnehmen mußten. Sie haben ungeachtet dieser Vorwürfe und Nachteile alles daran gesetzt, um mir in der schwierigsten Zeit die Aufrechterhaltung meiner wirtschaftlichen Existenz zu ermöglichen.[2463]

Nachdem Kaemmerer auf ausdrückliches Verlangen der RSK[2464] zum 01.04.1937 aus dem Verlag ausscheiden musste,[2465] wurde er als Druckereivertreter der Abteilung Reclam-Druck in Berlin zur Durchführung der Fremdaufträge weiterbeschäftigt,[2466]

hat.“ Twittmeyer: Rückblick, S. 11. In: RAS, Mappe Mitarbeiter II. Zuvor sei Kaemmerer Leiter eines linksgerichteten Verlags gewesen. Vgl. Erklärung Nußbächers vom 10.08.1948, S. 2. In: RAS, Mappe Dr. Ernst Reclam; zu Kaemmerer siehe Kapitel 2.1.2.

2462 Erklärung Kaemmerers vom 23.12.1946. In: RAS, Mappe Dr. Ernst Reclam.

2463 Kaemmerer an Ernst Reclam am 29.07.1948. In: RAS, Mappe Dr. Ernst Reclam.

2464 Die Berufszulassung fungierte als wichtiges Instrument der staatlichen Lenkungspolitik. Zunächst wurden nicht die Autoren, sondern die Verleger und Sortimenter für die Verbreitung ‚unerwünschten‘ Schrifttums zur Verantwortung gezogen. 1935 fanden die in der RPK praktizierten antisemitischen Vorschriften auch in der RSK Anwendung. Mit der verpflichtenden Erbringung eines „Abstammungsnachweises“ bis 1800 wurde eine deutliche Verschärfung der Berufszulassung eingeleitet, deren Ziel die Ausschaltung sämtlicher im Buchhandel tätigen Juden war. Bei Inhabern, Geschäftsführern und leitenden Angestellten hielt sich die RSK, anders als bei der größeren Zahl der kleineren Angestellten, zurück. Ende 1936 wurde der Druck erneut verstärkt. In dieser Phase wurde auch Kaemmerer Opfer der Schrifttumsbürokratie. Dennoch konnte auch 1937 noch nicht von einer ‚judenfreien‘ Kammer die Rede sein. Vgl. Barbian 1993a, S. 217 ff.

2465 Vgl. Fragebogen Ernst Reclam vom 09.10.1945. In: RAL, Ordner 15.

2466 Vgl. Erklärung Kaemmerers vom 23.12.1946. In: RAS, Mappe Dr. Ernst Reclam. Inwieweit der Verlag tatsächlich Kaemmerer durch zeitweilige Fortbezahlung seines bisherigen Gehalts in der neuen Position entgegenkam, bleibt ungewiss. Müller erinnert sich, er habe – um die kritische Finanzlage der Firma nicht noch zu verschärfen – seine neuen Aufgaben für sein bisheriges Gehalt erfüllt, später aber zu seiner „peinlichen Überraschung“ erfahren, dass sich Kaemmerer statt des vereinbarten Zeitraums von einem Jahr, „bei den Herren Reclam eine zweijährige Weiterzahlung seines Gehaltes ausgehandelt hatte (!), worüber mich weder K. noch die Herren Reclam in Kenntnis gesetzt hatten; eine Illoyalität, die ich angesichts meiner Großzügigkeit nicht verdient hatte.“ Müller 1975, S. 2. In: RAL, Ordner 15. Erst nach der erfolgreichen Umschuldung des Verlags Ende 1937 sei Müllers Gehalt seiner Position angepasst worden. Vgl. Müller 1975, S. 10. In: RAL, Ordner 15. Im April 1942 band man Müller mit einem Zehnjahresvertrag an das Unternehmen. Der Vertrag war beiderseits bis zum 31.08.1951 unkündbar. Müller wurden die Zahlung seines bereits seit 1940 bezogenen monatlichen Ge-

bis er sich selbstständig machte.[2467] Nach seinem Ausscheiden hielt sich Kaemmerer in Berlin und Prag auf; ab Juni 1946 bekleidete er 18 Jahre lang das Amt des Landrats des Kreises Coburg.[2468]

Das Engagement des Verlegers kann in diesen Fällen als oppositionelle Handlung oder primär als Ausdruck freundschaftlicher Verbundenheit und sozialer Verantwortung begriffen werden, weniger als subversiver oder widerständiger Akt. Auch die illegale Einlagerung von „zwei Waggons Heine [...,] um sie bei Gelegenheit wieder auf den Markt zu bringen"[2469] spricht eher für pekuniäres Interesse als für aktiven Widerstand, der etwa durch die Verbreitung dieser Bücher an der Staatsmacht vorbei gegeben gewesen wäre.

Aktiver habe sich der Verlag durch die – nicht belegbare – finanzielle Unterstützung der von den Nationalsozialisten hingerichteten Widerstandskämpfer Adolf Reichwein und Hermann Maaß engagiert, denen für den Aufbau der illegalen Gewerkschaften wiederholt „größere Summen" aus den Mitteln des Verlags mit Zustimmung Ernst Reclams übergeben worden seien.[2470] 1947 versichert Gotthold Müller eidesstattlich jedoch lediglich, dass Ernst Reclam 1943 Maaß 3.000 RM für diese illegale Tätigkeit zur Verfügung gestellt habe.[2471] Der Schlussbericht des Kriminalamts Leipzig in der Causa Ernst Reclam führt gleichzeitig an, dass diesem Betrag „NS-Spenden lt. Geschäftsunterlagen für 9 Jahre mit insgesamt 43.930.– RM" entgegenstünden.[2472]

halts von 1.500 RM sowie eine Provisionsausschüttung zugesichert. Darüber hinaus übernahm der Verlag die Verpflichtung, im Todesfall Müllers dessen Sohn Wolfgang einen gestaffelten Erziehungsbeitrag bis zu seinem 21. Lebensjahr zu zahlen. Vgl. Ernst Reclam an Müller am 21.04.1942. In: RAS, Mappe Gotthold Müller.

2467 Vgl. Fragebogen Ernst Reclam vom 09.10.1945. In: RAL, Ordner 15.

2468 Vgl. Kaemmerer an Carl Zuckmayer am 04.07.1967. In: DLA, A:Zuckmayer, Carl, HS. 1995.0001; Landratsamt Coburg 2008, S. 18.

2469 Ruppelt 1992, S. 333; vgl. Stellungnahme Hildegard Böttchers vom 27.01.1948. In: SächsStA-D, 13471, Nr. ZA VI 2628/01, Bl. 46. Auch Kuczynski und Puchert verweisen auf diesen Sachverhalt. Vgl. Kuczynski; Puchert 1967, S. 78.

2470 Diese Beträge seien als Honorar für die Neubearbeitung von Wörterbüchern verbucht worden. Vgl. Müller an Kretschmar und Richter am 23.06.1990. In: RAS, Mappe Gotthold Müller.

2471 Vgl. Eidesstattliche Erklärung Gotthold Müllers vom 01.10.1947. In: SächsStA-D, 13471, Nr. ZA VI 2628/01. Auch habe Ernst Reclam „durch Übernahme der ‚Deutschen Rundschau' [...] seinen Willen, die oppositionellen geistigen Kreise zu stützen, bekundet. Die Zeitschrift erforderte alljährlich einen Zuschuss von 12–15 000 RM, die der Verlag der guten Sache opferte." Eidesstattliche Erklärung Gotthold Müllers vom 01.10.1947. In: SächsStA-D, 13471, Nr. ZA VI 2628/01.

2472 Schlußbericht Kriminalamt Leipzig Untersuchungsorgan am 07.04.1948. In: SächsStA-D, 13471, Nr. ZA VI 2628/01, Bl. 71. Hier differieren die Angaben leicht. In der Anklageschrift gegen die Familie Reclam vom 01.11.1948 ist von 46.730 RM die Rede, wobei in den Friedensjahren lediglich 6.338 RM gespendet wurden, in den Kriegsjahren 40.392 RM. Vgl. Landesregierung Sachsen Ministerium des Inneren Polizeiabteilung an Kriminalamt Leipzig Untersuchungsorgan am 01.11.1948. In: SächsStA-D, 13471, Nr. ZA VI 2628/01. Ernst Philipp Reclam, Elisabeth Charlotte Reclam (Witwe Hans Emil Reclams), Ilse Irene Reclam (Tochter

Nach eigener Aussage hat sich Gotthold Müller auch anderweitig aktiv im Widerstand engagiert. Er gibt an, dass er zwar zwangsläufig in den „politischen Stoßtrupp des Betriebes“ aufgenommen wurde, sich jedoch nicht darin betätigte. Er habe sich im In- und Ausland antifaschistisch engagiert und bemüht, die Maßnahmen des RMVP und der RSK zu sabotieren – was angesichts der Gesamtausrichtung des Verlagsprogramms schwer haltbar ist. Des Weiteren hätten er und Ernst Reclam Beziehungen zu dem Widerstandskreis um Karl Friedrich Goerdeler unterhalten, dem Müller „heikle Dienste“ geleistet habe, und der ebenfalls durch den Verlag finanziell unterstützt worden sei. Beides ist wiederum durch keinerlei Gegenüberlieferung verifizierbar und auch nicht Gegenstand der eidesstattlichen Erklärung Müllers.[2473] Kuczynski und Puchert greifen dieses Narrativ Müllers dennoch auf und sprechen von einer „politisch zwiespältigen Linie“, die „mit ihrer oppositionellen, wenn auch durchaus bürgerlich-reaktionären Haltung gegen das Hitlerregime [...] offenbar im Grunde auch der Haltung Ernst Reclams“[2474] entsprochen habe.

Eine Beteiligung an der nationalkonservativen bürgerlichen Widerstandsbewegung schreibt sich Müller in erster Linie jedoch selbst zu, aber „[d]er Zustimmung Dr. Ernst Reclams zu meiner politischen Einstellung war ich mir gewiß. Als Betriebsführer im Sinne des damaligen ‚Gesetzes zur Ordnung der nationalen Arbeit‘ trug ich jedoch die volle politische Verantwortung für das Haus Reclam allein.“[2475] Abgesehen davon, dass sich Müller mit dieser Darstellung implizit auch die Verantwortung für die alles andere als oppositionelle Programmpolitik aufbürdet, spricht sie vor allem für sein Geltungsbedürfnis. Tatsächlich behielt der Unternehmer seine Weisungsbefugnis für den inneren Betrieb, musste sich jedoch bezüglich Arbeitszeit, Arbeitsgestaltung, Lohnpolitik und Kündigungsschutz nach den verpflichtenden Vorgaben des staatlich bestellten Treuhänders der Arbeit richten.[2476] Die verlegerische Verantwortung lag nach wie vor beim Verleger.

Müllers Aussagen stehen beispielhaft für den selbstüberhöhenden, Anerkennung heischenden, letztlich unseriösen Duktus aller seiner Berichte und Erinnerungen. Die folgenden – der Anschaulichkeit halber ausführlicher wiedergegebenen – Beispiele seiner 1979 selbst niedergeschriebenen Aktivitäten für den Widerstand fußen ebenfalls ausschließlich auf seinen eigenen Erinnerungen. Sie entbehren folglich jeglicher

Hans Emil Reclams), Margarete Reclam, Rolf Reclam (Sohn Hans Emil Reclams), Hedwig Wilhelmine Ruth Conrad geb. Reclam (Tochter Hans Emil Reclams), Annemarie Klinkhardt geb. Reclam (Tochter Ernst Reclams), Ernst Heinrich Reclam (Sohn Ernst Reclams) wurden angeklagt, „in den Jahren 1943 bis 1945 in Leipzig in Kriegsgeschäften unangemessen hohen Gewinn erzielt zu haben“ und seien nach Abschnitt II Artikel III C II, Ziffer 4 der Direktive 38 als Verbrecher einzustufen.

2473 Vgl. Lebenslauf Müllers vom 20.02.1946. In: RAL, Ordner 15; Erklärung Nußbächers vom 10.08.1948, S. 1. In: RAS, Mappe Dr. Ernst Reclam.

2474 Kuczynski; Puchert 1967, S. 78.

2475 Müller 1979, S. 2. In: RAS, Mappe Gotthold Müller.

2476 Vgl. Benz et al. 1997, S. 372.

Objektivität, belegen aber ein gewisses Talent für dramaturgische Inszenierung und Übertreibungen.

Im Herbst 1943 habe Müller mit dem ehemaligen Leipziger Bürgermeister Goerdeler in dessen Arbeitszimmer die Vorbereitung eines Attentates auf Hitler besprochen. In diesem Gespräch habe ihm Goerdeler nach Versicherung der „völligen Abschirmung" mitgeteilt, dass die Generäle nun endlich bereit seien zu handeln. Goerdeler habe Müller um Entgegennahme eines Anrufes des Grafen Fritz-Dietlof von der Schulenburg an dem „bevorstehenden Tage X" gebeten, der eine camouflierte, für Goerdeler bestimmte Nachricht enthalten werde. Sollte von Schulenburg verhindert sein, würde Graf Stauffenberg oder der Reichsbankdirektor Waldhecker den entscheidenden Anruf tätigen. Goerdeler, der, um sich in diesen entscheidenden Tagen im Hintergrund zu halten, sich noch an diesem Abend in eine Privatklinik begeben hätte, habe Müller ferner gebeten,

> ihn sofort nach dem zu erwartenden Anruf aus Berlin in seinem Krankenzimmer aufzusuchen, „denn dann ist es soweit", wie er mir mit starker Betonung sagte, und seine Worte klingen mir noch heute im Ohr. Ich erklärte mich ohne Zögern bereit, diesen Auftrag zu übernehmen.[2477]

Die folgenden zehn Tage und „schlaflosen" Nächte habe Müller wie im Fieber verbracht, „jeden Augenblick des Anrufes hier oder dort gegenwärtig", bis ihm Goerdelers Frau Annelies mitgeteilt habe, dass die Aktion aufgrund einer Operation des Generalobersten Ludwig Beck, auf dessen Teilnahme man nicht verzichten konnte, verschoben werden müsse. „Die ungeheure Spannung meines Inneren löste sich und wich dem Gefühl der Enttäuschung über die verpaßte Gelegenheit."[2478]

Schon kurze Zeit später, im Juni 1944, habe sich Müller die Chance geboten, Dr. Goerdeler einen diesmal tatkräftigeren Dienst zu erweisen. Dieser habe ihn – zweifelnd, ob der geplante Staatsstreich nach der zu erwartenden erfolgreichen Invasion der Alliierten noch zu vertreten wäre – gebeten, nach Stockholm zu reisen, und dort dem Vertrauensmann Konsul Jakob Wallenberg, Chef der Eskalida-Banken, eben diese Frage vorzutragen.[2479]

2477 Müller 1979, S. 1. In: RAS, Mappe Gotthold Müller.
2478 Müller 1979, S. 2. In: RAS, Mappe Gotthold Müller.
2479 Vgl. Müller 1974/1979a, S. 2ff. In: RAS, Mappe Gotthold Müller. Müller, der wegen der schwedischen Tochterfirma des Reclam Verlags bereits mehrmals relativ problemlos nach Schweden gereist war, sei es gelungen, in kurzer Zeit die nötige Ausreisegenehmigung vom Auswärtigen Amt zu erhalten. Schwieriger habe sich die Genehmigung durch das RMVP gestaltet, welche nur unter Komplikationen erwirkt worden sei, was zu großer Zeitnot geführt habe: „Es blieb mir also nichts anderes übrig, als am Tag des Abflugs noch vorher bei der Schwedischen Gesandtschaft in der Rauchstraße, die nur noch aus ganz wenigen Beamten bestand, das Visum eintragen zu lassen, etwa eine halbe Stunde vor Abflug der Maschine. Das Zentrum Berlins lag im Jahre 1944 bereits in Trümmern. Der Verkehr war nahezu erlahmt.

Diesen wohl eher als „Räuberpistolen" zu klassifizierenden Ausführungen Müllers sei der Vollständigkeit halber eine andere, durchaus elementare Bedeutung der UB innerhalb des Widerstandes gegenübergestellt, wenngleich sich diese „ohne Wissen und gegen den Willen des Verlags" ergeben hatte:[2480] Die Umschläge und Kataloge der UB wurden seit Beginn des NS-Regimes von Widerstandsgruppen zur Tarnung und Verbreitung antifaschistischer Propaganda und Literatur verwendet. Bereits während des Ersten Weltkriegs hatte die UB zur Tarnung illegaler Schriften gedient. Die UB eignete sich für diesen Zweck aufgrund ihrer Beliebtheit in allen Bevölkerungsschichten, ihres kleinen Formats, ihrer weiten Verbreitung und ihrer anspruchslosen Verarbeitung nahezu ideal. Heinz Gittig konnte im Zuge seiner Forschung 31 Tarnschriften im

Der schwedische Beamte erbot sich freundlicherweise, den Flughafen Tempelhof anzurufen und ihm mitzuteilen, daß der Fluggast Müller sich soeben in Richtung Flughafen in Bewegung gesetzt hätte, aber voraussichtlich nicht rechtzeitig eintreffen könne, weshalb er bäte, die Maschine auf ihn warten zu lassen, was auch zugestanden wurde." Nach dieser aufregenden Reise habe sich Müller als erstes bei der Deutschen Botschaft gemeldet, da ihm dies auferlegt worden sei. Leider habe dies bedeutet, dass er beschattet werden würde. Mit seinem Freund Hjalmar Pehrsson habe er einen Plan entworfen, wie er seinen „äußerst ‚heißen' Auftrag ausführen könnte, ohne mich in all zu große Gefahr zu begeben. […] [Zusammen] nahmen wir ein Taxi und fuhren zu dem berühmten Warenhaus ‚Nordiska Camp'. Dort warfen wir uns in das Gewimmel der Käufer, durcheilten das Erdgeschoß. Fuhren in einem Paternoster in die übrigen Stockwerke, die wir jeweils wieder an einer anderen Stelle im Paternoster betraten, bis wir schließlich aus einem der oberen Stockwerke im Fahrstuhl abwärts fuhren und einen, an einer anderen Straße gelegenen Ausgang benutzten, um zunächst einmal eine Weile in den Straßen unterzutauchen. Schließlich nahmen wir wieder ein Taxi und wiederholten das Manöver in einem anderen Warenhaus, dessen Name mir entfallen ist." Nach diesem Manöver habe sich Müller von Pehrsson getrennt und Konsul Wallenberg aufgesucht, der versprochen habe, Goerdelers Anliegen den Entscheidungsmächtigen vorzulegen. Müller solle ihn einige Tage später zur selben Zeit in seinem Büro aufsuchen. „Bei diesem zweiten Besuch war ich schon wesentlich unbefangener und glaubte einen Teil der Sicherungsvorkehrungen abbauen zu dürfen. Konsul Wallenberg empfing mich wiederum liebenswürdig und gab seiner Freude Ausdruck, daß es gelungen sei, den maßgebenden Herren ‚drüben' die Frage Dr. Goerdelers vorzulegen, worauf er folgende Antwort erhalten hätte: An der in Yalta beschlossenen bedingungslosen Kapitulation sei natürlich nichts mehr zu ändern. Sollte sich aber die Gelegenheit eines Umsturzes trotz der inzwischen fortgeschrittenen Invasion ergeben, würde sich das in irgendeiner Form bei den Kapitulations- oder Friedensverhandlungen positiv auswirken." Sofort nach seiner Rückkehr – nach Müller „etwa" der 20.06.1944 – habe Müller Goerdeler in dessen Villa besucht, um ihm die Resultate seiner Mission mitzuteilen. Goerdeler habe die Nachricht zufrieden zur Kenntnis genommen, habe jedoch nicht wie sonst eine „bewundernswerte Ruhe" ausgestrahlt: „Während unseres etwa halbstündigen Zusammenseins klingelte es dreimal und jedesmal sprang Goerdeler erregt auf, um vom Fenster aus zu beobachten, wer sich an der Gartentür befand. Dabei äußerte er ‚man muß jeden Augenblick mit allem rechnen'. Mich beunruhigte dieser Zustand des sonst so fest in sich ruhenden und seiner Sache sicheren Mannes. Schließlich nahmen wir voneinander Abschied, er begleitete mich in der ihm eigenen höflichen Art bis zur Gartenpforte, ein ‚Gott befohlen' waren meine letzten Worte. Es war ein letzter Abschied."

2480 Bode 2003. S. 111.

Reclam'schen Gewand finden, die von inhaltlich eindeutigen Titeln in Reclam-Typografie bis zu Aufklärungsschriften reichten, verborgen hinter Titeln wie *Wilhelm Tell* oder *Wallenstein*.[2481]

Im Sommer 1939 leitete der Schriftsteller Hermann Eris Busse ein ihm anonym zugesandtes UB-Bändchen mit Gedichten des jüdischen Schriftstellers Rudolf Leonhard an den Reclam Verlag weiter. Dieser legte das Bändchen mit der Nummer 7248, die eigentlich *Das Diktat von Versailles und seine Auswirkungen* von Hermann Gackenholz enthalten sollte, mit einem Prüfungsersuchen der RSK vor, zeigte es also an, und bat sogar darum, eine Notiz im *Börsenblatt* zu genehmigen, „die auf diese getarnte feindliche Propaganda hinweisen würde."[2482] Unsicher, wie mit einem solchen Hinweis auf dieses „Pamphlet", welches „offensichtlich [...] die Stellung des deutschen Volkes gegen Adolf Hitler und den Nationalsozialismus zu beeinflussen [beabsichtigt]"[2483], zu verfahren sei, wendet sich der Mitarbeiter der RSK an den Geschäftsführer der RSK, dieser sich wiederum ans RMVP mit dem Hinweis, „Ich halte eine solche Veröffentlichung für recht unglücklich, da dieses Heft bereits schon in vielen Exemplaren aufgetaucht ist, es jedoch wohl niemanden geben wird, der dem Reclam Verlag eine solche Handlungsweise zutraut."[2484] Die Entscheidung des RMVP, „daß eine entsprechende Notiz im Buchhändlerbörsenblatt nicht notwendig und nicht erwünscht ist"[2485], gelangt in strenger Reihenfolge – vom Präsidenten der RSK an Abteilungsleiter Thulke im RSK – letztlich auch zum Reclam Verlag.[2486]

2481 Vgl. Bode 2003, S. 111; Gittig 1967, S. 415 f.; Ruppelt 1992, S. 341.

2482 N. N. (Mitarbeiter RSK) an Geschäftsführer RSK am 03.08.1939. In: BArch, R 9361-V/9796, Lesefilm-Nr. RK B 168, Bild-Nr. 676.

2483 N. N. (Mitarbeiter RSK) an Geschäftsführer RSK am 03.08.1939. In: BArch, R 9361-V/9796, Lesefilm-Nr. RK B 168, Bild-Nr. 676.

2484 RSK an Reichsminister RMVP am 04.08.1939. In: BArch, R 9361-V/9796, Lesefilm-Nr. RK B 168, Bild-Nr. 672.

2485 RMVP an Präsidenten RSK am 14.08.1939. In: BArch, R 9361-V/9796, Lesefilm-Nr. RK B 168, Bild-Nr. 668. Das Ansinnen des Reclam Verlags war kein ungewöhnliches. 1935 reagierte die HAVA auf eine Fälschung von Carl Schmitts *Der deutsche Staat der Gegenwart* durch den Emigranten Hermann Seitz, der unter Kopie der Ausstattung und des Verlagssignets den Titel *Staatsgefüge und Recht im Dritten Reich* zur „kommunistische[n] Hetze gegen die deutsche Rechtserneuerung" in Amsterdam und Paris verbreitete, mit einem großen Inserat im *Börsenblatt* vom 06.09.1935: Fälschung unserer Schriftenreihe im Ausland. Vgl. Lokatis 1992, S. 58; Annonce der HAVA. In: *BBl.* vom 06.09.1935, Nr. 207. S. 3717, http://digital.slub-dresden.de/id39946221X-19350906/21 [25.05.2024].

2486 Vgl. RSK an Abteilungsleiter Thulke im RSK am 24.08.1939. In: BArch, R 9361-V/9796, Lesefilm-Nr. RK B 168, Bild-Nr. 666.

4 Selbstinszenierung und Rezeption im Kulturapparat

Das Mediensystem des Nationalsozialismus unterscheidet sich insofern von allen anderen, als dass zu keinem anderen Zeitpunkt der deutschen Mediengeschichte eine vergleichbare ‚Gleichschaltung', eine monolithische Instrumentalisierung des gesamten Medienapparates stattgefunden hat.[2487] Die staatliche Zwangsorganisation und Steuerung von Literatur, Presse, Rundfunk, Theater, Musik, Film und bildenden Künsten in der Reichskulturkammer unter Goebbels ist ohne Parallele, auch wenn insbesondere Kompetenzstreitigkeiten und die schiere Unmöglichkeit einer vollkommen lückenlosen Überwachung des kulturellen und medialen Schaffens durchaus Freiräume für Widerständiges und Gegenläufiges ließen, die allerdings nur in geringem Maße genutzt wurden. Trotz tendenziell differierender, teils sogar gegenläufiger Strategien des Medienapparates ist von Beginn des totalitären Regimes an eine nahezu vollständige Determinierung und Instrumentalisierung aller Medien und Kommunikationsmittel zu verzeichnen: Bücher und Hefte, die Presse, Plakatwerbung, Brief- und Propagandaflugblätter, Fotografie, Film und Radio, in geringem Maße Telefon, Schallplatte und Fernsehen sowie Feste, Theater, Aufmärsche oder auch repräsentative Bauten, Denkmäler und Statuen.[2488] Insbesondere die initiale ‚Gleichschaltung' des Mediums Buch wirkte standardisierend und wurde durch die Kontrolle aller wichtigen Instanzen der Branche (Autoren, Verlage, Buchhändler, Bibliothekare, aber auch Kritiker und Leserschaft) besonders konsequent umgesetzt. Gleichzeitig war die propagandistische Bedeutung des Buches bereits zu dieser Zeit rückläufig; die zentralen Grundpfeiler der nationalsozialistischen Medienarbeit bildeten neben der Presse vorrangig die Fotografie, der Film und das Radio.[2489] Dennoch kommt dem Buch als potenziellem Träger zentraler ideologischer und politischer Botschaften und somit als deren Vermittler in weite Teile der gesellschaftlichen Öffentlichkeit eine exponierte Stellung zu. In besonderem Maße gilt dies für den im Zuge des Zweiten Weltkriegs einsetzenden Bücherboom, aber auch bereits für die Zeit zuvor – 1937/1938

2487 Vgl. Faulstich 2012, S. 192.
2488 Vgl. Faulstich 2012, S. 133.
2489 Vgl. Faulstich 2012, S. 133 ff.

hatten die 6.500 kommerziellen Leihbibliotheken immerhin zehn Millionen Leserinnen und Leser, erreichten also rund ein Viertel der lesefähigen Bevölkerung.[2490]

Durch sein Renommee als bürgerlicher Traditionsverlag und die hohe Anzahl vertriebener Exemplare insbesondere der UB wirkte auch der Reclam Verlag wesentlich auf die Meinungsbildung in der breiten Gesellschaft ein. Er galt als neutral und bildungsbürgerlichen Idealen verpflichtet, dadurch konnte die im Programm reichlich vorhandene Indoktrinationsliteratur auf fruchtbareren Boden fallen als die allzu offensichtlichen Agitationsschriften der Parteiverlage wie Eher, Langen Müller, HAVA oder dem vollständig arisierten Ullstein und späteren Deutschen Verlag.

4.1 Reclams Reklame – Marketing und Werbestrategien

Neben dem in den Kapiteln 3.1 bis 3.8 bereits ausführlich betrachteten Verlagsprogramm ist im Folgenden von hohem Interesse, in welcher Weise der Reclam Verlag dieses und das Verlagshaus als solches in der Öffentlichkeit präsentierte, welche Themen vorrangig und mit welchen Strategien in die Gesellschaft transportiert wurden. Welche Publikationen, thematischen Schwerpunkte und Zielgruppen standen im Fokus der Werbeaktivitäten,[2491] wie sind diese sprachlich und illustrativ gestaltet, welche Kanäle wurden bedient, welches Bild von sich inszenierte der Verlag in der Gesellschaft? Wie entwickelte und veränderte sich die Werbung im Verlauf des Untersuchungszeitraums?

4.1.1 Crossmarketing und Vernetzung

Zwischen den Verlagsautoren und den Beiträgern für die periodischen Publikationen gab es häufig Überschneidungen. In den Zeitschriften *Reclams Universum* und *Deutsche Rundschau,* aber auch in den Almanachen gelangten regelmäßig neue Bücher zum Vorabdruck oder zum Zweitdruck – sowohl von Autoren, die bereits bei Reclam

2490 Vgl. Faulstich, S. 136. Mit Stand 16.06.1933 betrug die Bevölkerung des Deutschen Reiches 66.165.879 Einwohner, inkl. Saarland. Zum 17.05.1939 betrug die Bevölkerung des Deutschen Reiches inklusive der österreichischen und sudetendeutschen Gebiete 90.030.765 Einwohner. Vgl. Statistisches Reichsamt 1933, S. 5; Statistisches Reichsamt 1940, S. 7.

2491 Zur Analyse der Werbeaktivitäten standen zum einen umfangreiche Werbematerialien aus dem RAS zur Verfügung, die einen großen Teil des erhalten gebliebenen Archivs für den Untersuchungszeitraum ausmachen. Zum anderen konnte die Werbeaktivität des Verlags in der einschlägigen Branchenzeitschrift *Börsenblatt für den Deutschen Buchhandel* dank der 2019 erfolgten Digitalisierung des Magazins systematisch ausgewertet werden.

publiziert hatten,[2492] als auch von verlagsfremden Schriftstellern.[2493] Wenngleich das Crossmarketing zwischen Presseerzeugnissen und Büchern – sei es als Zweitverwertung erfolgreicher Fortsetzungsromane und Artikelserien in Büchern oder umgekehrt durch Vorabdruck von Büchern in Zeitungen und Zeitschriften (wobei die Honorare der Vorabdrucke häufig weit höher ausfielen als die der Buchausgaben)[2494] – bei Reclam kaum mit der Marketingmaschinerie etwa der Deutschen Verlags-Anstalt oder der Hanseatischen Verlagsanstalt vergleichbar gewesen sein dürfte,[2495] so unterhielt doch der Reclam Verlag ein großes Autorennetzwerk und nutzte dieses für vielfältige Zwecke. Wie bereits bei den Anthologien, etwa *Heldische Prosa* und *Deutsche Heldendichtung,* dargelegt, bestückte der Reclam Verlag auch die Almanache, die prinzipiell nur Erstveröffentlichungen brachten.[2496] Im redaktionellen Teil der Zeitschriften erschienen oft Beiträge von Autoren, die bereits bei Reclam veröffentlicht hatten – in der UB oder in größerem Format.[2497]

2492 Auszugsweise erschien beispielsweise 1937 im Vorabdruck Richard Benz' *Die deutsche Romantik* in der frisch übernommenen *Deutschen Rundschau*. Vgl. Ernst Reclam an Benz am 11.09.1937. In: DLA, A:Benz, Richard. Manfred Hausmanns Erzählung *Die Entenjagd*, publiziert im *Almanach* für das Jahr 1938, erschien als Zweitdruck auch in *Reclams Universum*; für beide Veröffentlichungen erhielt Hausmann 80 RM Honorar. Vgl. Nußbächer an Hausmann am 05.06.1937. In: DLA, A:Hausmann, Manfred.

2493 Beispielsweise wurde im Jubiläumsjahrgang des *Universums* ab Oktober 1933 „der große Ostpreußen-Roman" *Ein Fußbreit Erde* von Lotte Braun abgedruckt: „Das deutsche Schicksal wird heute wieder im Osten entschieden. Das seit Jahrhunderten deutsche Land Ostpreußen steht als unentbehrlicher Lebensraum im Brennpunkt unserer völkischen Zukunft. Seinen Menschen und seinem Volkstum gilt dieser große Siedlerroman", Werbeannonce des Staackmann Verlags. In: *BBl.* vom 18.10.1933, Nr. 243, S. 4692, http://digital.slub-dresden.de/id39946221X-19331018/9 [25.05.2024].

2494 Ullstein zahlte Leo Perutz 1928 28.000 RM für den Vorabdruck von *Wohin rollst Du, Äpfelchen?*; Heinrich Mann bot man sogar 45.000 RM für den Vorabdruck eines Romans, den er jedoch nicht schrieb. Vgl. Oels 2013, S. 50.

2495 Rowohlt beispielsweise profitierte bis zur Zwangsarisierung des Ullstein Verlags 1934 enorm von dem breitgefächerten Portfolio des Ullstein Verlags, der mit der *Berliner Illustrirten Zeitung* u. a. die auflagenstärkste Wochenzeitung der 1930er und 1940er Jahre vertrieb. Vgl. Oels 2013, S. 49 ff. Auch die HAVA vertrieb etliche Zeitschriften und konnte dort nicht nur werbewirksam die Verlagsproduktion platzieren, sie eigneten sich auch zur Akquise neuer Autoren. Vgl. Lokatis 1992, S. 33.

2496 Vgl. Reclam Verlag an Münchhausen am 16.03.1933. In: GSA, 69/6248.

2497 Börries Freiherr von Münchhausen beispielsweise schrieb für den *Almanach* 1934, „in dem die national eingestellten Autoren zu Worte kommen sollen", einen Aufsatz über „die Kräfte der jüngeren deutschen Dichtkunst, vor allem über die Wandlung gegenüber der expressionistischen Generation" für ein Honorar von 100 RM. Ernst Reclam an Münchhausen am 01.03.1933; vgl. auch Reclam Verlag an Münchhausen am 16.03.1933; Nußbächer an Münchhausen am 08.09.1933. In: GSA, 69/6248. Richard Benz erhielt für seinen Beitrag *Das Gesamtbild der Romantik* im *Almanach* für das Jahr 1937 120 RM Honorar, für *Schopenhauer und die Romantik* im *Almanach* 1939 100 RM, daneben wirkte er als Beiträger für die *Deutsche Rundschau.* Vgl. Ernst Reclam an Benz am 23.09.1936; Ernst Reclam an Benz am 27.10.1938; Pechel an Benz am 13.12.1939; Benz an Pechel am 27.01.1940. In: DLA, A:Benz, Richard.

Die vor allem in der UB üblichen Einführungen und Nachworte, die Schriftsteller und Werk für das breite Publikum kontextualisieren sollten, verfassten ebenfalls häufig Autoren, die selbst bei Reclam publizierten. Für die üblichen fünf bis sieben Seiten erhielten sie 50 RM Honorar.[2498] Daneben resultierten aus dem Netzwerk neue Publikationen oder Kontakte zu neuen Autoren, wie etwa im Fall Moritz Jahn, der über Vermittlung von Börries Freiherr von Münchhausen 1933 den Titel *Frangula oder die himmlischen Weiber im Wald* in der UB publizieren konnte.[2499]

Nicht zuletzt nutzte der Reclam Verlag sein Autorennetzwerk zu Distributionszwecken, etwa durch die häufig geäußerte Bitte, Listen mit Zeitungen und Zeitschriften, aber auch Kontakte von Privatpersonen zur Verfügung zu stellen, die Rezensionsexemplare erhalten sollen. Autoren wurden weiterhin regelmäßig gebeten, Auftritte und Vortragstermine mitzuteilen, damit Büchertische bestückt werden konnten;[2500] außerdem gab es die stete Bitte um Rezension soeben bei Reclam erschienener Titel,[2501] mit der Option, Passagen daraus in Werbetexten verwenden zu dürfen.[2502]

Folgendes Beispiel zeigt, wie der Reclam Verlag in einer Nachricht ganz verschiedene Botschaften unterbrachte: Eine Postkarte mit einem Bild des Reclam-Verlagsgebäudes wurde mit folgendem Anschreiben an die Autoren des Verlags verschickt:

> Es ist auch für die Autoren wertvoll, kennenzulernen, wie und durch welche Mittel der Verlag die Werbung für ihre Werke durchführt. Ich werde mir deshalb erlauben, Ihnen zukünftig alle Verzeichnisse, Anzeigen u. a. zu übersenden, in denen Ihre Bücher empfohlen sind. Vielleicht lassen Sie die Drucksachen,

2498 Börries Freiherr von Münchhausen beispielsweise schrieb das Nachwort zu Moritz Jahns *Frangula*, bei der 1925 verfassten Einleitung zum *Deutschen Reimlexikon* von Willy Steputat wollte er jedoch nicht namentlich genannt werden. Vgl. Nußbächer an Münchhausen am 07.04.1933, Ernst Reclam an Münchhausen am 14.07.1925. In: GSA, 69/6248. Die Bitte um Würdigung des Dichters Detlev von Liliencron in einem Nachwort zu *Mit Hurra drauf! 3 Kriegsnovellen* schlug er 1940 jedoch aus: „ich bin ausgeschrieben, und so etwas muß man selber etwas früher merken als andere Leute." Münchhausen an Maier am 01.02.1940. In: GSA, 69/6248.

2499 Die Zusammenarbeit mit Jahn erwies sich dann jedoch als schwierig, Münchhausen fungierte bei den Streitigkeiten zwischen dem Reclam Verlag und Moritz Jahn als Mittler. Siehe Kapitel 3.4.4.3. Für *Reclams Universum* vermittelte Münchhausen Werner Wicht, einen „ganz ungewöhnliche[n] Sekundaner oder Primaner, der zu der großen Klientel meiner ‚Neffen und Nichten' gehört, die mir mit ihren Gedichten und Erzählungen meist auch ihre menschlichen Angelegenheiten ans Herz legen." Münchhausen an Ernst Reclam am 19.11.1936. in: GSA, 69/6248. Alle Bemühungen Hans Ludwig Helds hingegen, Hans Carossa für eine Publikation bei Reclam zu gewinnen, schlugen fehl, siehe Kapitel 2.3.4.

2500 Vgl. z. B. Reclam Verlag an Wilhelm von Scholz o. D. In: DLA, A:Scholz, Wilhelm von, 61.3509/1-9; Richard Benz an Reclam Verlag am 02.05.1935, Nußbächer an Richard Benz am 31.03.1936. In: DLA, A:Benz, Richard.

2501 Vgl. z. B. Nußbächer an Münchhausen am 26.11.1937 In: GSA, 69/6248; *Reclams Universum* an Benz am 12.03.1935. In: DLA, A:Benz, Richard.

2502 Vgl. z. B. Hermann Maier an Münchhausen am 27.06.1938. In: GSA, 69/6248.

> die Sie nicht selbst aufbewahren wollen, Ihren Bekannten zukommen und vielleicht unterstützen Sie die Werbeabteilung auch durch eigene Vorschläge, wie die den Büchertiteln beigefügten Texte noch wirkungsvoller gestaltet werden können. Auch für Mitteilung von Privat- und Buchhändleradressen, an die nach Ihrer Ansicht die Versendung der betr. Anzeigen besonders empfehlenswert wäre, würde ich Ihnen sehr dankbar sein.[2503]

Mit diesem Anschreiben betonte der Verlag sein Engagement für die Autoren und für die Vermarktung ihrer Bücher. Die Bitte, sich aktiv an der Erstellung von Werbemitteln zu beteiligen, erweckte den Eindruck, der Verlag lasse der geistigen Leistung seiner Autoren den nötigen Respekt zukommen; gleichzeitig wurden den Schriftstellern subtil unterstützende Aufgaben bei der Werbemittelverteilung und der Buchhändlerakquise zugeteilt.

4.1.2 Buchhandel

Als wesentliche Multiplikatoren der Werbeaktivitäten dienten auch die Buchhändler. Der Verlag sprach sie auf vielfältige Weise an und stellte eigens für Buchhandlungen konzipierte Werbematerialien her. In großem Stile versandte der Reclam Verlag Kataloge oder erinnerte postalisch an deren Anschaffung. Besonders kurz vor den Oster-, Sommer- oder Weihnachtsferien bot der Verlag ‚Blickfänge' für die Schaufenster an, verbunden mit der Übersendung von Katalogen, die die gängigsten Titel für diese Jahreszeiten anpriesen.[2504] 1935 erstellte der Verlag beispielsweise mit dem Prospekt *Aus dem Schrank ins Fenster* eine monatliche Auswahl zur Fenstergestaltung mit konkreten Titelvorschlägen „für die Reclam-Werbung 1935".[2505] Darüber hinaus wurde Buchhändlern, die selbst mit Katalogen und Ähnlichem arbeiteten, kostenlos Illustrationsmaterial zur Verfügung gestellt, so zum Beispiel bei den Titeln der beiden *Illustrierten Reihen*.[2506] Auch Rabattierungen zur Erhöhung der Bestellquote wurden gezielt eingesetzt: Im Herbst des Jahres lockte der Verlag etwa mit einem Rabatt von 40 % statt wie üblich 30 % bei einem Bestellwert der UB-Bände ab 35 RM, inklusive kostenfreien Werbematerials in Form von Sammel- und Themenprospekten mit individuellem Firmeneindruck, die normalerweise ab 500 Stück für drei RM vom Verlag

2503 Vgl. Postkarte. In: RAS, Mappe Gebäude Inselstraße und Druckerei.
2504 Vgl. RAS, Mappe UB Ankündigungen und Sammelprospekte I; RAS, Mappe Großbuch Ankündigungen und Sammelprospekte.
2505 Prospekt *Aus dem Schrank ins Fenster*. In: RAS, Mappe UB Werbung I.
2506 Vgl. Reclam Verlag an Buchhändler. In: RAS, Mappe Großbuch Schaufenster, Werbemittel, Presse, Preisausschreiben.

zu beziehen waren, ab 1.000 Stück für 4,50 RM.[2507] Beim Kauf von 100 UB-Bändchen erhielten die Buchhändler kostenfrei einen im Verlag gefertigten stummen Diener.[2508]

Ein besonderes Bemühen des Verlags richtete sich darauf, Buchhändler dazu zu bewegen, spezielle Reclam-Schaufenster zu gestalten. Um hier nichts dem Zufall zu überlassen, erhielten die Buchhandlungen regelmäßig fertig konzipierte Vorschläge zur Schaufenstergestaltung sowie bei Interesse die dazugehörigen Materialien. Versandt wurde etwa ein Heft mit dem Titel *Reclam-Schaufenster*, in welchem Anregungen und Beispiele für „wirksame und geschmackvolle"[2509] Schaufenster- und Verkaufstisch-Auslagen gegeben wurden. Das Heft enthielt zudem für zwölf Vorschläge je ein Foto, eine Aufbaubeschreibung sowie Angaben dazu, wie viel Raum, UB-Bändchen und Hilfsmittel benötigt werden.[2510] Ein weiterer Prospekt, *Reclam-Sonderfenster* aus dem Jahr 1933, forderte die Buchhändler auf, anlassbezogene Sonderfenster mit geeigneten Werken übersichtlich und wirksam zu gestalten. Dafür gab der Reclam Verlag „wertvollstes Schrifttum" in 19 Kollektionen – neben „Deutsche Erzähler", „Hinaus ins Freie" oder „Für lange Abende und Regentage" so einschlägige Themen wie „Deutsche und arische Weltanschauung und Religion", „Das Zweite und das Dritte Reich", „Bücher zur nationalen Erziehung", „Volksgesundheit und Rassenpflege" sowie „Scholle und Landschaft in deutscher Dichtung" – als „gebundene Ausgaben in Kommission; [und stellte] Plakate und Prospekte in ausreichender Zahl kostenlos"[2511] zur Verfügung.

Auch über Annoncen im *Börsenblatt* übermittelte der Verlag regelmäßig konkrete Titelvorschläge zur Gestaltung von Sonderfenstern. So sollte beispielsweise 1934 anlässlich des Winterhilfswerks des deutschen Buchhandels ein Schaufenster mit Titeln zu den Themen *Meisterwerke der Literatur* und *Bücher für das praktische Leben* bestückt werden, ein zweites zum *Opfergedanken in der deutschen Literatur.*[2512] Im selben Jahr wollte der Verlag zur Deutschen Buchwoche in einem Sonderfenster *Arbeitsbeschaffung – Volksgesundheit – Bauerntum* einen dezidiert auf die nationalsozialistische Ideologie abgestimmten Ausschnitt seines Verlagsprogramms präsentiert sehen.[2513] Daneben veranstaltete Reclam regelmäßig über Aufrufe im *Börsenblatt* Schaufenster-Wettbewerbe, deren Gewinner – ermittelt anhand eingesandter Fotografien – entweder Geldpräsente im Wert von fünf, zehn oder 15 RM oder aber Buchgeschenke erhielten.

2507 Vgl. Rundschreiben an Buchhändler o. D. In: RAS, Mappe Großbuch Weihnachtsprospekte und Neuankündigungen.

2508 Vgl. Prospekt *Reclam im neuen Gewande*. In: RAS, Mappe UB Werbung I.

2509 Prospekt *Das Reclam-Schaufenster*. In: RAS, Mappe UB Ankündigungen und Sammelprospekte II.

2510 Vgl. Prospekt *Das Reclam-Schaufenster*. In: RAS, Mappe UB Ankündigungen und Sammelprospekte III.

2511 Prospekt *Reclam-Sonderfenster – immer ein Erfolg!* In: RAS, Mappe UB Werbung I.

2512 Vgl. Werbeannonce. In: *BBl.* vom 01.03.1934, Nr. 51, S. 919, http://digital.slub-dresden.de/id39946221X-19340301/9 [25.05.2024].

2513 Vgl. Annonce. In: *BBl.* vom 28.03.1934, Nr. 74, S. 1470, http://digital.slub-dresden.de/id39946221X-19340328/4 [25.05.2024].

Die Titel des Reclam Verlags mussten für mindestens eine Woche im Mittelpunkt der Fenstergestaltung stehen. Dazu erhielten interessierte Buchhändler umfangreiches Schaufenster-, Dekorations- und Prospektmaterial (mehrfarbige Plakate, Blickfänger, Umschlagleporellos).[2514] Bereits im Herbst 1932 wurde dazu aufgerufen, ein Schaufenster (mit der neuen Herbstserie im Mittelpunkt) allein für Reclam zu gestalten.[2515] Den Gewinnern winkten 45 Geldpreise im Wert von 10 bis 100 RM (Erstplatzierter); allen „Nicht-Gewinnern" wurde ein Gutschein für zehn geheftete UB-Nummern zugesichert.[2516] Die Gewinner wurden im April 1933 von den Verlagsmitarbeitern Nußbächer und Schöttler prämiert: „Es muß aber ausgesprochen werden, daß ein großer Teil der Einsender die Absicht des Verlages nicht recht erkannt hat. [...] Das Werbefenster erfordert unbedingt eine Durchorganisierung."[2517]

Neben dem Erscheinen neuer Serien der UB, für die beispielsweise im Herbst 1932 mit einem Sonderfenster-Wettbewerb Interesse für das „billige und wertvolle Buch"[2518] geweckt werden sollte, veranstaltete der Reclam Verlag bevorzugt auch Sonderfenster-Wettbewerbe zu den *schönen Reclam-Bänden* (Abb. 105). Während sich diese Kollektion mit Bänden von Thomas Mann, Stefan Zweig, Arnold Zweig, Louis Couperus und Gustav Meyrink auf der einen, und durchaus nationalen Autoren wie Franz Karl Ginzkey, Wilhelm von Scholz und Hermann Stehr auf der anderen Seite noch weitgehend unbeeindruckt von nationalsozialistischen Rasse- und Kulturvorstellungen präsentierte, spricht der Aufruf zum Sonderfenster-Preisausschreiben „Eine neue Reihe des Reclams-Verlags" sowohl inhaltlich als auch gestalterisch eine ganz andere Sprache (Abb. 106):[2519]

Abb. 105 Werbeplakat *Der schöne Reclam-Band*, o. J. In: RAS, Mappe UB Werbung I. Alle Rechte vorbehalten.

Beworben werden sollten ausschließlich die Titel *Kampf. Lebensdokumente deutscher Jugend*, Felix Dahns *Herrscher und Helden germanischer Frühzeit*, Robert Hohlbaums

2514 Vgl. Annonce. In: *BBl.* vom 16.05.1934, Nr. 112, S. 2196, http://digital.slub-dresden.de/id399 46221X-19340516/6 [25.05.2024]; Annonce. In: *BBl.* vom 04.01.1935, Nr. 3, S. 31, http://digital.slub-dresden.de/id39946221X-19350104/5 [25.05.2024], Reclam Verlag an Buchhändler am 28.01.1937. In: RAS, Mappe UB Werbung I.

2515 Um die Motivation zu erhöhen, diese spezielle Werbeleistung für den Verlag zu erbringen, stellte Reclam die Materialien hierfür – Schriftplakat *Bei Reclam finden Sie alles*, Aushängetafel *Reclam-Texte*, ein neues Auswahlverzeichnis und *Faust*-Plakat – kostenlos zur Verfügung.

2516 Vgl. Prospekt *Reclam-Sonder-Fensterwettbewerb*. In: RAS, Mappe UB Werbung II.

2517 *BBl.* 01.04.1933.

2518 Prospekt *Reclam-Sonder-Fensterwettbewerb*. In: RAS, Mappe UB Werbung II.

2519 Annonce. In: *BBl.* vom 26.10.1934, Nr. 251, S. 4662 f., http://digital.slub-dresden.de/id399 46221X-19341026/22 [25.05.2024].

Abb. 106 links: Annonce *Sonderfenster-Preisausschreiben. „Eine neue Reihe des Reclam-Verlages"*. In: *BBl.* 26.10.1934, Nr. 251, S. 4662 f., http://digital.slub-dresden.de/id39946221X-19341026/22. rechts: Annonce *Ergebnis des Schaufenster-Wettbewerbs „Eine neue Reihe des Reclam-Verlags"*. In: BBl. 04.01.1935, Nr. 3, S. 30, http://digital.slub-dresden.de/id39946221X-19350104/4. Alle Rechte vorbehalten – Freier Zugang.

Heldische Prosa sowie die bereits erschienenen Titel *Deutsche Heldendichtung* von Mirko Jelusich, *Blick auf die deutsche Geschichte* und *Cäsaren* von Erich Czech-Jochberg zu 4,80 RM in Ganzleinen. Den ersten Preis in Höhe von 50 RM erhielt die Firma E. Obertüschens Buchhandlung.[2520]

Obschon die mit derlei Wettbewerben intendierten Werbeeffekte vorrangig unter ökonomischen Gesichtspunkten zu bewerten sein mögen (der letzte Schaufensteraufruf ist für das Jahr 1937 nachweisbar und somit griff der Verlag vor allem in den wirtschaftlich schwierigen Zeiten auf diese Werbeform zurück), zeigt der letztgenannte Wettbewerb auch eine politische Ausrichtung.

Wenn in einem als mustergültig beworbenen Vorschlag für eine Schaufensterauslage „Zur

Abb. 107 *Schaufenster-Auslage zur Kriegs-Bücherwoche*, Prospekt *Das Reclam-Schaufenster*, o. J., S. 10. In: RAS, Mappe UB Ankündigungen und Sammelprospekte III. Alle Rechte vorbehalten.

2520 Vgl. Annonce. In: *BBl.* vom 04.01.1935, Nr. 3, S. 30, http://digital.slub-dresden.de/id39946221X-19350104/4 [25.05.2024].

Kriegs-Bücherwoche" (Abb. 107) die angepriesenen Bücher des Verlags genau vor einer im Hintergrund platzierten Passionsszene zu einem wahren Kalvarienberg, einem „Ort des Schädels" wie in den neutestamentlichen Passionsberichten, aufgetürmt werden,[2521] konterkarieren die vorgesehenen „14–16 Bücher aus dem Weltkrieg" allerdings die revisionistisch-militaristische Helden-Propaganda der Titel, indem durch „sehr auffallende Schaufensterwirkung"[2522] das Leiden Jesu am Kreuz in direkten Bezug zu demjenigen von Millionen Frontsoldaten gesetzt wird.

4.1.3 Prospektwerbung

Weniger als Werbemittel, sondern vor allem als Orientierungshilfe über das umfangreiche Angebot der UB wurden verschiedene Kataloge konzipiert, welche die Bestellung erleichtern sollten und über den Buchhandel sowie über den Verlag direkt bezogen werden konnten, etwa ein Katalog der gehefteten UB-Hefte (pro Nummer 35 Pfennig), der systematisch nach UB-Nummern geordnet war, oder als Äquivalent ein Katalog zu den gebundenen UB-Bänden, thematisch und in diesen alphabetisch nach Verfassern geordnet.[2523] Ein weiterer 80-seitiger Verfasserkatalog erschien beispielsweise im Mai 1940 in einer Auflage von 100.000 Stück.[2524] Die gebundenen UB-Bände bewegten sich preislich zwischen 75 Pfennig und 3,90 RM.[2525] Neben dem *Ausführlichen Schlag- und Stichwortkatalog zu RUB Nr. 1–6590*, der 1925 endete, und seinem im Juni 1935 abgeschlossenen Nachtrag (er enthält die Nummern 6591–7310) wurde jährlich ein Hauptkatalog produziert. In diesem waren die Werke nach Themengebieten aufgelistet. In der Regel wurden die Titel den Gebieten *Dichtung der Gegenwart (Werke ab 1900)*, *Dichtung der Vergangenheit (von der Frühzeit bis 1900)*, *Musik und Oper*, *Wissenschaft*, *Gesetzausgaben* und *Praktische Werke* zugewiesen. Diese Hauptkataloge enthielten, nach einer Übersichtsseite mit den wichtigsten Neuerscheinungen der

2521 Vgl. Roth 1996, Sp. 1152 f.

2522 *Schaufenster-Auslage zur Kriegs-Bücherwoche*. In: Prospekt *Das Reclam-Schaufenster*, o. J., S. 10. In: RAS, Mappe UB Ankündigungen und Sammelprospekte III.

2523 Vgl. Katalog *Reclams Universal-Bibliothek* geheftet; Katalog *Reclams Universal-Bibliothek* gebunden. In: RAS, Mappe UB Bestellzettel. Auch für die Bücher größeren Formats wurden spezifische Bestellkataloge gefertigt. Vgl. Katalog *Verlagswerke*. In: RAS, Mappe UB Bestellzettel.

2524 Vgl. Zeittafel zur Verlagsgeschichte, S. 47. In: RAL, Ordner 3.

2525 Diese Staffelung kommt dadurch zustande, dass im Gegensatz zu den gehefteten UB-Nummern bei den gebundenen UB-Nummern mit steigender Anzahl der Nummern Rabatte gewährt wurden. So kostete eine Nummer 75 Pfennig, zwei Nummern 1,10 RM, drei Nummern 1,45 RM und jede weitere noch 35 Pfennig mehr. Die ein bis zwei Nummern umfassenden Titel wurden in haltbaren Pappbänden mit andersfarbigem Titel- und Rückenschild geliefert, die stärkeren Ausgaben (ab drei Nummern) wurden in Ganzleinen gebunden. Vgl. UB-Katalog 1933, 1940 u. a. In: RAS, Mappe Prospekte UB.

UB und dem eigentlichen Verzeichnis, Auflistungen zu den *Helios-Klassikern* und den *Helios-Büchern*, teils auch zu den beiden *Illustrierten Reihen*, sowie Werbung für Verlagswerke, häufig in Form von Sammelseiten für thematisch zusammengefasste Romane.[2526] Im April 1940 erschien ein solcher nach Wissensgebieten geordneter Katalog im Umfang von 96 Seiten in einer Auflage von 60.000 Exemplaren.[2527] Da die unterschiedlichen Zugangsarten zum breiten Spektrum der UB der Orientierung von Händlern und Käufern und damit gleichermaßen einem leichteren Zugang und einem verbesserten Absatz dienten, sind diese Kataloge ebenfalls zu den Werbemitteln zu rechnen.

Die beliebteste Methode, UB-Titel in der Wahrnehmung der potenziellen Leserschaft zu platzieren, war die Verwendung von Sammelprospekten, welche in hoher Anzahl und in vielfältiger, teilweise sehr umfangreicher Form die Zeit überdauert haben. In der Regel waren diese Prospekte eng bedruckt, farbliche Nuancen über schwarz und weiß hinaus finden sich selten, Bilder – wenn überhaupt – nur in sehr kleinen Formaten. Die Covers der Prospekte sind ebenfalls mehrheitlich nicht mit illustrierenden Elementen, sondern mit den Prospekttiteln in großen Lettern gestaltet. Die häufigsten Formen der Sammelprospekte sind zum einen herkömmliche Hefte zum Blättern und zum anderen längliche Flyer im Wickelfalz, die Platz für sechs einzelne Werbeseiten boten. Neben der Listung der Titel wurde häufig mit Pressestimmen sowie mit werbenden Zitaten prominenter Persönlichkeiten gearbeitet, mit denen die beworbenen Werke – und mitunter der Verlag selbst – in gesellschaftliche oder politische Diskurse eingebettet werden konnten, wie etwa mit folgender Äußerung von Börries Freiherr von Münchhausen, die in zahlreichen Sammelprospekten zur UB gedruckt wurde: „Unsere kulturelle Überlegenheit über andere Völker beruht auf der Volksbildung. Die Volksbildung beruht auf dem billigen deutschen Buch. Und das billige deutsche Buch ist in Deutschland immer ein ‚Reclam'. Deshalb halte ich den Reclamschen Verlag für einen ungemeinen Kulturfaktor."[2528] Als ebenso werbewirksam empfunden wurden – zumindest deutet der häufige Abdruck darauf hin – Zitate von Bruno Brehm und Wilhelm Bölsche sowie Stimmen aus der *Leipziger Tageszeitung* oder dem *Frankfurter Volksblatt*, das mit folgender Bewertung der Reclam'schen Verdienste gern zitiert wurde:

> Man überlege sich, was für geistige Formationen in der Universal-Bibliothek aufmarschieren, wieviel Wissen, Bildung, Freude am Schönen, wieviel Baustoffe an seelischem Gut, wieviel Kultur, Erziehung, wieviel geistiger Reichtum durch die Sammlung verbreitet wurde. Als unsere Gegner uns ‚Barbaren' nannten, da hätte man ihnen nur die Reclam-Bändchen entgegenhalten brauchen.[2529]

2526 Vgl. RAS, Mappe Prospekte UB.
2527 Vgl. Zeittafel zur Verlagsgeschichte, S. 47. In: RAL, Ordner 3.
2528 Prospekt *Bücher für die Jugend*. In: RAS, Mappe UB-Reihen.
2529 Werbeposter. In RAS, Mappe UB Werbung II.

Die Sammelprospekte, die fast immer, gelegentlich ausschließlich, auch auf Neuankündigungen verwiesen, wurden häufig auf bestimmte Zielgruppen angepasst, etwa bei den Prospekten *Bücherei des Hausherren, Bücherei des deutschen Jungen, Bücherei der Hausfrau, Bücherei des deutschen Mädchens* oder *Nationale Stücke für die Laienbühne aus RUB.*[2530]

Junge Leserinnen und Leser im Allgemeinen und die Schule als Absatzort im Speziellen (vgl. Kapitel 4.1.5) stellten eine ganz wesentliche Zielgruppe des Verlags dar,[2531] sodass dieser mit Prospekten wie *Bücher der deutschen Jugend. Für die Heim- und Eigenbücherei* oder *Bücher für die Jugend aus allen Ländern und Zeiten in RUB* (Abb. 108) ein besonderes Augenmerk auf die Jugendlektüre richtete. Der letztgenannte Prospekt bot eine Lektüreauswahl aus den Gebieten „Was die Jugend von heute am meisten interessiert", „Von deutscher Art und Tapferkeit", „Etwas für junge Leseratten", „Durch die weite Welt", „Bücher für das ganze Leben", „Die heitere UB",

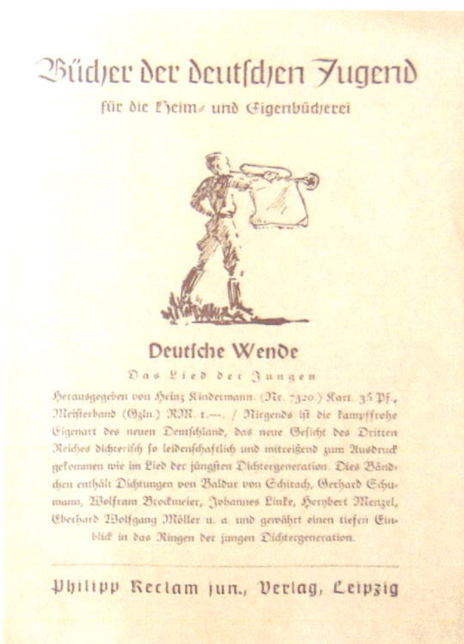

Abb. 108 links: Prospekt *Bücher der deutschen Jugend für die Heim- und Eigenbücherei*, [1936]. In: RAS, Mappe UB Reihen; rechts: Prospekt *Bücher für die Jugend*, o. J. In: RAS, Mappe Schule und Jugend. Alle Rechte vorbehalten.

„Natur und Technik", „Lehrreiche Lektüre" oder „Große Deutsche in Lebensbildern" sowie eine Auswahl griechischer und römischer Klassiker.[2532] Des Weiteren ist der Prospekt *Billiges, gutes Schrifttum aus RUB. Eine Auswahl für HJ und BDM* (Abb. 109) erwähnenswert, dessen Titelseite darauf hinweist, dass die Auswahl der Titel aus den

2530 Vgl. RAS, Mappe UB Einlageprospekte.

2531 Siehe dazu Kapitel 4.1.5.

2532 Vgl. Prospekt *Bücher für die Jugend aus allen Ländern und Zeiten in RUB.* In: RAS, Mappe UB Reihen.

Abb. 109 links: Prospekt *Billiges, gutes Schrifttum aus Reclams Universal-Bibliothek. Eine Auswahl für HJ und BDM*, o. J. In: RAS, Mappe UB Ankündigungen und Sammelprospekte III; rechts: *Poster Volk und Buch*, o. J. In: RAS, Mappe Werbung UB I. Alle Rechte vorbehalten.

Rubriken „Aus deutschem Volkstum", „Aus deutscher Vergangenheit", „Aus deutscher und nordischer Dichtung", „Aus dem Reiche der Natur und Technik" und „Für das tägliche Leben" vom Hauptlektorat für Jugendschrifttum in der Reichsstelle zur Förderung des deutschen Schrifttums geprüft und genehmigt wurde.[2533] Inhaltlich erfolgte statt einer Altersempfehlung zeitgemäß eine Unterteilung der Zielgruppe „Jugend" in Werke, die zur Lektüre von Führern der HJ vorgesehen waren, die Angehörigen der HJ ans Herz gelegt wurden oder die für Angehörige des Bundes Deutscher Mädel, des Jungvolks bzw. für Jungmädchen geeignet waren.[2534] Erziehung wurde dabei – für Groß und Klein – als Erziehung des Lesepublikums im nationalsozialistischen Sinne verstanden, wie in dem zwölfseitigen Sonderkatalog *Volk und Buch. Bücher für deutsches Volkstum und nationale Erziehung*, in welchem 71 geeignete Titel der UB zu den Rubriken „Bücher für deutsches Volkstum" und „Bücher zur nationalen Erhebung" angepriesen wurden (Abb. 109).[2535] Dieser Sonderkatalog war unmittelbar nach der ‚Machtergreifung' erstellt worden, sodass der Reclam Verlag mit dem Werbetext „[N]ationales Schrifttum für die Schullektüre bietet in größter Auswahl Reclams Universal-Bibliothek" nicht zu viel versprach, als er den Sonderkatalog bereits am 1. April 1933 als „[b]estes Werbemittel für Propaganda bei den höheren Schulen"[2536] bewarb.

2533 Vgl. Prospekt *Billiges, gutes Schrifttum aus RUB. Eine Auswahl für HJ und BDM.* In: RAS, Mappe UB Ankündigungen und Sammelprospekte III.

2534 Vgl. Prospekt *Billiges, gutes Schrifttum aus RUB. Eine Auswahl für HJ und BDM.* In: RAS, Mappe UB Ankündigungen und Sammelprospekte III.

2535 Vgl. Prospekt *Volk und Buch. Bücher für deutsches Volkstum und nationale Erziehung.* In: RAS, Mappe Sammlung von Herrn Kretzschmar [sic!] Leipzig UB Ankündigungen, Sammelprospekte.

2536 Werbeannonce. In: *BBl.* vom 01.04.1933, Nr. 78, S. 1716, http://digital.slub-dresden.de/id39946221X-19330401/27 [25.05.2024].

Abb. 110 Prospekt *Bücher für unsere Zeit*, o.J. In: RAS, Mappe UB Ankündigungen und Sammelprosekte I. Alle Rechte vorbehalten.

Das Bestreben des Verlags, zur ideologischen Einschwörung des Einzelnen geeignete Publikationen aus dem Hause Reclam zur Verfügung zu stellen, offenbart sich ferner in den beiden jeweils sechsseitigen Prospekten *Schrifttum zur weltanschaulichen Schulung aus der RUB* und *Deutsche Vergangenheit und Gegenwart in Werken nationaler Geschichtsschreiber*. Während Ersterer für diesen dezidiert belehrenden Zweck 52 passende Titel aus den Bereichen „Auslandsdeutschtum", „Volkskunde" sowie „Geschichte und Politik" bot,[2537] führte Zweiterer mit Autoren wie Hermann Gackenholz, Erich Czech-Jochberg, Johann von Leers und Hans Schoeneich das Best-of des gänzlich auf nationalsozialistische Inhalte abzielenden Sachbuchprogramms zusammen.[2538]

Der Wunsch, den nationalsozialistischen Zielsetzungen zu entsprechen, offenbart sich auch in einigen Broschüren, in denen mehrere, auch ‚unverfängliche', Themengebiete zusammenfassen gefasst werden, beispielsweise *Bücher, die nicht fehlen dürfen. Auswahlverzeichnis der gangbaren Werke des Verlages Reclam* und *Bücher für unsere Zeit. Auswahlverzeichnis bester, billiger Bücher aus RUB* (Abb. 110), die beide in leichten Abänderungen für zwei Jahre nachweisbar sind.

So listete der Verlag bei letzterer die meisten Titel (122) zum Thema „Deutsches Volkstum – Deutsche Geschichte, Deutsches Land. Bücher zur Führerschulung" auf. Gefolgt wird diese Rubrik von der 104 Titel umfassenden Kategorie „Deutsche Dichter der Gegenwart" und von „Aus zehn Jahrhunderten deutscher Dichtung" (84 Titel). Nach der abschließenden Gruppe „Deutsche Reichsgesetze" finden sich auf der letzten

2537 Vgl. Prospekt *Schrifttum zur weltanschaulichen Schulung aus RUB*. In: RAS, Mappe UB Ankündigungen und Sammelprospekte I.

2538 Vgl. Prospekt *Deutsche Vergangenheit und Gegenwart in Werken nationaler Geschichtsschreiber*. In: RAS, Mappe UB Ankündigungen und Sammelprospekte I.

Seite dieses 51-seitigen Prospektes – zusammengedrängt auf einer Seite – die Titel der *Helios Klassiker* und der beiden *Illustrierten Reihen.*[2539]

Der überwiegende Teil der Sammelprospekte richtete sich auf inhaltliche Rubriken aus. So finden sich beispielsweise Prospekte, die verschiedene Werke zu einzelnen Künsten enthielten,[2540] Sammelprospekte zu Lyrik, Epik und Dramatik,[2541] Prospekte mit handlungsorientierten und informativen Titeln wie *Neue Bücher, die Ihnen Erfolg bringen; Deutsche Reichsgesetze; Die großen deutschen Denker; Wirtschaftslehre in Einzeldarstellungen aus RUB* oder *Hinaus ins Freie – Billige gute Bücher für Garten, Haus, Reise und Wandern aus RUB.* Zum Buchkauf für den Sommerurlaub oder als Gabe für Weihnachten sollten Prospekte wie *Kleine Geschenke, die Freude bereiten* oder *Reclam – Eine ideale Sommerlektüre* anregen.[2542]

Neben den zahlreichen umfangreicheren Sammelprospekten gab es kleinformatige, schmucklos gestaltete Einblattprospekte für einzelne Titel oder für Kataloge der UB zur Einlage in Büchern sowie Prospekte zu einzelnen Titeln oder Autoren, die meist beidseitig schwarzweiß bedruckt und gefaltet waren und in denen werbende Verlagstexte, Pressestimmen und häufig Fotografien der Autoren oder den Plot charakterisierende Bilder zum Abdruck kamen.

Bezüglich der Verlagswerke lassen sich die hauseigenen Werbeprospekte ebenfalls in Sammelprospekte zu verschiedenen Themen, Autoren, Reihen und Literaturgattungen sowie in Einzelwerbeprospekte unterteilen. Neben funktionalen Prospekttiteln wie *Übersicht über die wichtigsten Neuerscheinungen des Verlages Reclam, Reclam. Herbst-Neuerscheinungen* oder *Bücher aus dem Verlag Philipp Reclam jun. Leipzig* werden thematisch gebündelte Titel beispielsweise durch Prospekte wie *Illustrierte Reihe, Mehr Freude am Buch durch illustrierte Ausgaben* (Abb. 111 links), *Deutsche Erzähler des 19. Jahrhunderts*[2543] oder *Bücher bereichern*[2544] (Abb. 111 rechts) angepriesen, und natürlich wurde dem Buch als potenziellem Geschenk, insbesondere in der Vorweihnachtszeit, mit Prospekten wie *Freude am Schenken* oder *Die schönsten Geschenke in diesem Jahr: Bücher* (Abb. 112) Rechnung getragen.[2545] So unterschiedlich die die Prospekte einleitenden Bilder auf den Betrachter wirken – die illustrative, historisch anmutende Grafik einer Weihnachtsmarktszene auf der einen, ein nahezu düsteres

2539 Vgl. Prospekt *Bücher für unsere Zeit.* In: RAS, Mappe UB Ankündigungen und Sammelprospekte I.

2540 *Musik und Musiker in RUB; Textausgaben in RUB (Opernbücher und Schauspieltexte).*

2541 *Dichter der Akademie in RUB; Deutsche Erzähler unserer Zeit, eine Auswahl aus RUB; Reclams Theaterkatalog. Verzeichnis der dramatischen Werke der RUB.*

2542 Vgl. RAS, Mappe UB Ankündigungen und Sammelprospekte I; RAS, Mappe UB Reihen.

2543 Vgl. RAS, Mappe Großbuch Reihen.

2544 In diesem Prospekt wurde nicht nur die Produktion des Verlags durch die Titelauflistung beworben, sondern das Verlagshaus an sich rückte durch mehrere Aufsätze in den Fokus des Lesepublikums. Vgl. Prospekt *Bücher bereichern.* In: RAS, Mappe Großbuch Ankündigungen und Sammelprospekte I.

2545 Vgl. RAS, Mappe Großbuch Weihnachtsprospekte und Neuankündigungen.

Abb. 111 links: Prospekt *Mehr Freude am Buch durch illustrierte Ausgaben*, o.J. In: RAS, Mappe Großbuch Reihen; rechts: Prospekt *Bücher bereichern*, o.J. In: RAS, Mappe Großbuch Ankündigungen und Sammelprospekte I. Alle Rechte vorbehalten.

Abb. 112 links: Prospekt *Freude am Schenken*, o.J. In: RAS, Mappe Großbuch Weihnachtsprospekte und Neuankündigungen; rechts: Prospekt *Die schönsten Geschenke in diesem Jahr*, o.J. In: RAS, Mappe Großbuch Weihnachtsprospekte und Neuankündigungen. Alle Rechte vorbehalten.

Abb. 113 links: Prospekt *Volksausgaben beliebter Romane*, o. J. In: RAS, Mappe Großbuch Ankündigungen und Sammelprospekte I; rechts: Werbezettel *10 fesselnde Romane bekannter Autoren billiger*, o. J. In: RAS, Mappe Großbuch Ankündigungen und Sammelprospekte I.

Stillleben auf der anderen Seite – so gleichen sich die Prospekte doch inhaltlich hinsichtlich der zur Gabe unter dem Weihnachtsbaum empfohlenen Bücher: Neben den *Illustrierten Reihen* liegt der Schwerpunkt auf nationalsozialistisch gefärbten Inhalten. Ebenso eigneten sich die zahlreichen Romane unter weit gefassten Kategorien hervorragend zur Sammelbewerbung; als Beispiele seien hier genannt: *Spannende Romane* oder der Prospekt *Volksausgaben beliebter Romane* (Abb. 113), welcher die Romane von Rothmund, Kuhnert und von Hülsen vereint.[2546] Während dieses Cover die Beschaulichkeit des heimischen Lesens verkörpert, wirkt ein anderer Prospekt zu eben diesen Volksausgaben ungleich moderner, kühler. Das Cover des Flyers bewirbt äußerst illustrativ den Spareffekt (Abb. 113). Daneben gibt es zahlreiche Prospekte für einzelne Verlagswerke, die durchschnittlich zwei bis sechs Seiten umfassen.

Insgesamt waren die Werbemittel für Verlagswerke ebenso textlastig gestaltet wie jene für die UB, jedoch wesentlich farbenprächtiger und mit größeren Bildern in höherer Anzahl versehen. Auffällig – vermutlich aufgrund unvollständiger Überlieferung aber nicht beweiskräftig – ist, dass von den 86 im Archiv noch vorhandenen Prospekten zu einzelnen Verlagswerken 56 für NS-affine Titel warben, von denen 27 nach 1945 indiziert wurden. Auf jeden Fall kann festgehalten werden, dass die

2546 Vgl. Prospekt *Volksausgaben beliebter Romane.* In: RAS, Mappe Großbuch Ankündigungen und Sammelprospekte.

Bewerbung systemkonformer und pro-nationalsozialistischer Schriften von Reclam nicht vernachlässigt wurde.

4.1.4 Periodika

4.1.4.1 *Deutscher Almanach*

Während des ‚Dritten Reiches' verlegte der Reclam Verlag fortdauernd zwei explizit für Werbezwecke konzipierte periodische Publikationen: die Hauszeitschrift *Der Bücherfreund* sowie den 1929 aus dieser hervorgegangenen *Deutschen Almanach für das Jahr …*[2547] (Abb. 114). *Der Bücherfreund*, ursprünglich eine werbende Begleitpublikation für neue UB-Serien, hatte sich durch seine zunehmende Ausrichtung auf schulische Kontexte (siehe unten) von seinem Almanach-Charakter entfernt. Als Ersatz für das weiter an einer jährlichen Verlagsschau interessierte Publikum erschien von nun ab der *Deutsche Almanach*.[2548] Der *Almanach* wurde genutzt, um kurze epische Texte, mehrheitlich von bereits bei Reclam erschienenen Autoren, sowie eine große Bandbreite literaturwissenschaftlicher, aber auch kulturpolitischer Aufsätze zu publizieren. Des Weiteren wurde der Lyrik viel Raum gegeben, vor allem wurden Ausschnitte aus der aktuellen Verlagsproduktion präsentiert. Schließlich dienten die letzten Seiten des Jahrbuchs stets der Vorstellung und Bewerbung der wichtigsten Neuerscheinungen des vergangenen Jahres. Diese Funktion ist nicht zu unterschätzen, lässt sich doch aus einem Interesse am Verlagsalmanach implizit auch ein Interesse an der sonstigen Verlagsproduktion ableiten.[2549] Ähnlich wie Anthologien dienten die *Almanache* folglich als literarische Leitfäden durch die Verlagsproduktion.[2550] Als solche präsentierten sie einen an die völkisch-nationale

Abb. 114 Buchcover *Deutscher Almanach für das Jahr 1935.* Archiv der Verfasserin. Alle Rechte vorbehalten.

2547 In der DNB ist der letzte *Almanach* für das Jahr 1941 ausgewiesen; dieser ist auf der *Liste der auszusondernden Literatur* indiziert. Vgl. Ministerium für Volksbildung DDR 1953, hier Buchstabe A.

2548 Vgl. Lerner 1992, S. 310.

2549 Der Rhythmus der *Almanach*-Herausgabe war folgender: 1933 wurde der *Almanach* für 1934 herausgegeben, 1934 der für 1935 usw.

2550 Die HAVA z. B. hatte derlei periodischer Publikationen gleich mehrere: den *Hansischen Bücherboten*, *Herdfeuer*, *Bücherbrief*, *HAVA-Bücherdienst*. Vgl. Lokatis 1992, S. 88.

Hochkonjunktur angepassten, ‚gleichgeschalteten' Verlag. Im *Bücherfreund,* der als beliebtes Werbemedium für die Almanache diente, beschreibt der Reclam Verlag die Zielstellung des *Almanachs* wie folgt:

> Der Reclam-Almanach [...] sucht den neuen Stil eines literarischen Jahrbuchs zu begründen, der dem Wesen und der Weltanschauung des Dritten Reiches angemessen ist. [...] Dabei wird das große Gut der Vergangenheit mit den neuen Kräften der Gegenwart verschmolzen unter dem einigenden Zeichen des arteigenen Volkstums.[2551]

Bereits 1933 war der *Almanach* bereitwillig und demonstrativ in den Dienst des Aufbaus des Nationalsozialismus gestellt worden:

> Der neue Reclam-Almanach stellt sich wieder mitten in das aufbauende Leben der Nation. Schon die früheren Jahrgänge hatten eine Linie verfolgt, die wesensnotwendig in die nationale Erhebung dieses Jahres einmündete. [...] Er bietet diesmal vorwiegend künstlerische Beiträge [...] deutscher Dichter, [...] die in ihrer Kunst Wesen und Haltung des neuen Deutschland kraftvoll verkörpern. [...] Der Reclam-Almanach für 1934 ist ein bezwingendes Ganzes aus neuer Gesinnung und dichterischem Können, ein imponierendes Zeugnis der Kunst im Dritten Reich.[2552]

Diese demonstrative Propagierung nationalsozialistischer Werte und Vorstellungen verfehlte in der Presse nicht ihre Wirkung. In einem Essay über „Almanache – was sie bedeuten und was sie bieten!" lobt Edmund Strakloff im *Börsenblatt*:

> Eine Sonderstellung nimmt der „Deutsche Almanach" des Verlages Reclam ein, weil er im Gegensatz zu allen anderen Jahrbüchern nicht Abbild einer bestimmten Produktion ist, sondern sich selbständig in das aufbauende Leben der Nation stellt und vorwiegend unabhängige Beiträge bringt, die auf einen thematischen Grundton gestimmt sind.[2553]

Auch diverse Tageszeitungen zollen der Almanachproduktion des Reclam Verlags lobend Tribut:

2551 *Bücherfreund* Nr. 8, September 1934.

2552 *Bücherfreund* Nr. 4, September 1933b.

2553 *BBl.* 11.01.1934. Auch im Jahr darauf würdigte das *Börsenblatt* den *Almanach* als wichtige Unterstützung der deutschen Volkwerdung: „Der ‚Deutsche Almanach' des Verlages Reclam ist unter ein Wort von Herder gestellt und legt in seiner Weise Zeugnis ab von den geistigen und künstlerischen Kräften, die dem Ziele der deutschen Volkwerdung verpflichtet sind." *BBl.* 15.01.1935.

> Der neue Reclam-Almanach bietet diesmal vorwiegend künstlerische Beiträge: neue Novellen und Erzählungen deutscher Dichter, die mit ihrem Volk von je schicksals- und blutmäßig verbunden waren. Im Mittelpunkt stehen die beiden großen Novellen „Segelflug" von Werner Beumelburg und „Bauerngeschichte" von K. H. Waggerl, dem Salzburger Dichter; die kurze Erzählung ist ein Stück erdgebundenes Schicksal von herrlich gesunder, natürlicher Gewachsenheit.[2554]

In diesem Sinne bot Reclams *Almanach* NS-Kulturfunktionären sowie mit dem Regime sympathisierenden Autoren wie Erwin Guido Kolbenheyer, Robert Walter, Alfred Hein, Richard Euringer, Paul Ritter, Carl Springenschmid, Kurt Hildebrandt, Friedrich Stieve und Werner Beumelburg – Hans Friedrich Blunck, Börries Freiherr von Münchhausen, Gerhard Bohlmann, Peter Dörfler und Johann von Leers durften mehrmals zu Wort kommen – eine Plattform, um ihre Vorstellungen von Literatur und Literaturbetrachtung vorzutragen. Für Aufsätze oder Abdrucke epischer Texte wurden je nach Umfang und Bedeutung des Autors 40 bis 200 RM, mehrheitlich 100 bis 150 RM, gezahlt. Für Gedichte erhielten die Verfasser in der Regel 10 RM.[2555]

Erwähnenswert ist eine als Vorwort des *Almanach* 1936 verwendete Abhandlung Nußbächers zum Thema *Die Wandlung zum politischen Menschen*. Nußbächer, der neben etlichen Beiträgen auch die meisten Vorworte der *Almanache* verfasste, konterkariert hier das stets als unpolitisch dargestellte Selbstverständnis des Reclam Verlags: Mit dem Weltkrieg seien die Deutschen in ein politisches Zeitalter getreten, Versailles habe das Schicksal der politischen Ohnmacht über Deutschland verhängt. Die Frage, ob die Deutschen die Notwendigkeit zur Wende ihrer Not einsähen und diese zum Anfang einer neuen deutschen Entwicklung machen wollten, sei bereits durch die ‚deutsche Erhebung' beantwortet worden. Nun müsse jeder Einzelne dazu beitragen:

> Während aber in der Außenpolitik Deutschland schrittweise die Stellung erlangt, die ihm nach seinem natürlichen Schwergewicht zukommt, sind wir im Inneren einer Fülle von Aufgaben gegenüber gestellt, die sich aus der Tatsache der großen Wandlung naturnotwendig ergeben – der Wandlung zum

2554 *Salzburger Volksblatt* 16.09.1933.

2555 Vgl. Verträge. In: RAL, Akte 210. Hans Grimm, der als zwingende Bedingung 1 RM je Schreibmaschinenzeile forderte, legte Nußbächer 1933 mit Verweis auf den niedrigen Verkaufspreis von 1,50 RM einen parallelen Vorabdruck in *Reclams Universum* ans Herz: „Hierdurch würde sich das Honorar wesentlich erhöhen lassen, [...]. Selbstverständlich stünden Ihnen Zweitdrucke des Beitrages in anderen Organen 4 Monate nach Erscheinen im ‚Almanach' vollkommen frei. Aus meiner bisherigen Erfahrung geht hervor, dass solche Zweitdrucke nach Erscheinen im ‚Almanach' durchaus möglich sind. [...] Der Almanach hat ja keineswegs die hohe Auflage wie verschiedene große Zeitschriften oder Zeitungen, sodass der Beitrag bei weitem nicht zur Kenntnis so vieler Leser gelangt, dass dadurch ein Zweitdruck unmöglich würde." Nußbächer an Grimm am 07.04.1933. In: DLA, A:Grimm, Hans, HS.NZ83.0002.

> politischen Menschen. […] Das politische Zeitalter, in das wir getreten sind, erfordert zur lebendigen Erfüllung den politischen Menschen.[2556]

Stets lobende Erwähnung fanden im *Almanach* die *Helios-Klassiker*, die beiden *Illustrierten Reihen* sowie Titel des NS-Naturheilkundlers Alfred Brauchle. Daneben wurden immer die wichtigsten Neuerscheinungen – hier hauptsächlich die Verlagswerke – angepriesen, wobei NS-affine Werbetexte neben neutralen stehen; allerdings ist die zeitgemäße farbliche Grundierung etwa im *Almanach für das Jahr 1935* nicht zu übersehen:

> Sieben größere Neuerscheinungen heben sich hervor als Wegmarken für den Zielwillen des Verlages. Die große Dichtung repräsentiert der neue Roman von Gerhard Bohlmann „Der vergessene Kaiser". Der deutsche Gegenwartsroman ist durch ein Werk von Toni Rothmund vertreten, das an einem Einzelfall die Krise des deutschen Bürgerhauses und ihre Überwindung durch das neue Gemeinschaftserlebnis aufzeigt. Dieses Erlebnis selbst in seiner Fülle und Ursprünglichkeit vermittelt die Anthologie „Kampf" in Dokumenten deutscher Jugend von 1914–1934. […] Die „Naturgeschichte des Volkes" von W. H. Riehl zeigt den breiten Lebensgrund von Blut und Boden, aus dem alle Taten und Leistungen hervorwachsen, die Anthologie „Heldische Prosa" sammelt die Zeugnisse deutschen Heldentums aus zwei Jahrtausenden, die mächtige Geschichtsdarstellung von Felix Dahn „Herrscher und Helden germanischer Frühzeit" läßt die großen Führergestalten von Arminius bis zu Widukind aufsteigen. Und in dem umfangreichen Briefwechsel zwischen Cosima Wagner und H. St. Chamberlain erleben wir die vertraute Zwiesprache zweier genialer Persönlichkeiten, die an der Wegbereitung des Dritten Reiches gedanklich stärksten Anteil haben.[2557]

Bis 1936 konnte der *Almanach* für 1,50 RM erworben werden, ab 1937 senkte man den Preis auf 1 RM und gab der Hoffnung Ausdruck, dass „[d]er erheblich geringere Preis […] seiner Verbreitung bestens zustatten kommen"[2558] werde. Das Auflagenbuch spricht jedoch eine andere Sprache: Während der *Almanach* 1930 noch in 10.000 Stück gedruckt wurde, waren es für das Jahr 1933 bereits nur noch 7.000 Exemplare; im weiteren Verlauf nahm die Auflagenhöhe weiter ab auf 5.000 Stück 1935, bis letztlich in den Jahren 1939 und 1941 nur noch 4.000 Exemplare gedruckt wurden; 1940 ist der *Almanach* nicht erschienen.[2559]

2556 *Deutscher Almanach für das Jahr 1936*, S. 11.
2557 *Deutscher Almanach für das Jahr 1935*, S. 213.
2558 Vgl. Prospekt *Herbstneuerscheinungen des Verlages Philipp Reclam jun.* In: RAS, Mappe Großbuch Weihnachtsprospekte und Neuankündigungen.
2559 Vgl. RAS, Auflagenbuch *Deutscher Almanach.*

4.1.4.2 *Der Bücherfreund*

Die Hauszeitschrift *Der Bücherfreund,* die in der Regel mit dem Erscheinen einer neuen UB-Serie, manchmal auch häufiger, publiziert wurde, diente ebenfalls Werbezwecken. Die seit 1929 kostenlose Verteilung des Blatts unterstreicht die reine Werbefunktion der Publikation. 1913 hatte der Reclam Verlag mit der Herausgabe von Hausmitteilungen zunächst als *Blätter für die Freunde der UB* begonnen. In der Folgezeit erlebte die Hauszeitschrift, die zu zwei Dritteln Leseproben aus Neuerscheinungen bot – den Rest teilten sich redaktionelle Anmerkungen des Verlags, eine Liste der Neuerscheinungen und zum Teil redaktionelle Artikel oder literarische Aufsätze – mehrere Umbenennungen und Veränderungen des inhaltlichen Erscheinungsbildes. 1929 begann mit der Einführung der Rubrik *Für Schulen wichtig* eine zunehmende Ausrichtung des *Bücherfreundes* auf die Schule. In Zahl und Umfang anwachsende Empfehlungen und Interpretationen sollten den Lehrern bei der Lektüreauswahl helfen und die Schwellenangst bei der Behandlung zeitgenössischer Literatur senken. Die Entwicklung zur reinen Werbepublikation für Lehrer war spätestens mit der letzten Umbenennung 1939 in *Reclam in der Schule. Klassenlesestoffe und Neuerscheinungen* abgeschlossen.[2560] 1934 charakterisiert Edmund Starkloff in seinem Aufsatz über die Hauszeitschriften deutscher Verlage den *Bücherfreund* des Reclam Verlags in Abgrenzung zum *Bücherbrief* der HAVA, der sich „auf sachliche Inhaltscharakteristiken der einzelnen Bücher beschränkt und nur vereinzelt eine Leseprobe einfügt, dagegen die Bildwerbung bevorzugt", als eine Publikation, die „den Leser durch gründliche Referate, zusammenfassende und richtungweisende Aufsätze bekannter Erzieher und Literarhistoriker über die Produktion, Einzelwerke und Buchreihen zu unterrichten und zu interessieren" suche.[2561] 1935 lehnte Nußbächer einen von Adolf Bartels für den *Bücherfreund* eingesandten Aufsatz ab, „da dieses Blatt sich in den letzten Jahren zu einem Fachorgan für die deutschen Erzieher entwickelt hat, in dem fast ausschliesslich Beiträge veröffentlicht werden, die die Verwendung meiner Verlagswerke im Unterricht betreffen."[2562] 1937 schrieb das *Börsenblatt* über die wohl älteste Hauszeitschrift eines Verlags, deren Grundlage die UB sei, dass diese eine

> Vielseitigkeit und Fülle des Materials bietet, wie sie wohl kein anderer Verlag aufweisen kann. Der „Bücherfreund" wendet sich jedoch nicht an die Allgemeinheit, sondern ist ausschließlich für Schulmänner und Pädagogen bestimmt. Diese sind aber nicht nur Empfänger, sondern auch Gestalter der Reclam'schen Zeitschrift […] sodaß also hier nicht so sehr der Verlag zum Leser als vielmehr der Fachmann zum Fachmann spricht.[2563]

2560 Vgl. Lerner 1992, S. 310 ff.
2561 *BBl.* 08.03.1934.
2562 Nußbächer an Bartels am 28.05.1935. In: GSA, 147/1108,1.
2563 *BBl.* 16.03.1937.

Die Schriftleitung dieser in zwangloser Folge erschienenen Publikation hatte Konrad Nußbächer inne. 1935/1936 verursachte *Der Bücherfreund* 5.462,51 RM Kosten, im Jahr darauf nur noch 2.516,86 RM.[2564] Die Werbewirkung wurde neben den Aufsätzen und Lektürevorschlägen durch die eigens kreierte Rubrik *Reclams Universal-Bibliothek in der Fachpresse* sowie durch den Abdruck von Leserbriefen und Gutachten aus dem Rezensionsorgan *Bücherkunde* verstärkt. Zusätzlich bot der *Bücherfreund* seinen Beziehern – „mehrere 1000 Lehrer und Pädagogen" – Analysen für die schulpraktische

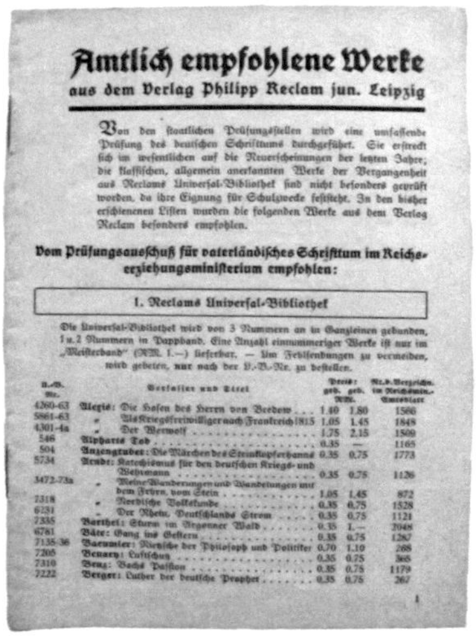

Amtlich empfohlene Werke
aus dem Verlag Philipp Reclam jun. Leipzig

Von den staatlichen Prüfungsstellen wird eine umfassende Prüfung des deutschen Schrifttums durchgeführt. Sie erstreckt sich im wesentlichen auf die Neuerscheinungen der letzten Jahre; die klassischen, allgemein anerkannten Werke der Vergangenheit aus Reclams Universal-Bibliothek sind nicht besonders geprüft worden, da ihre Eignung für Schulzwecke feststeht. In den bisher erschienenen Listen wurden die folgenden Werke aus dem Verlag Reclam besonders empfohlen.

Vom Prüfungsausschuß für vaterländisches Schrifttum im Reichserziehungsministerium empfohlen:

1. Reclams Universal-Bibliothek

Die Universal-Bibliothek wird von 3 Nummern an in Ganzleinen gebunden, 1 u. 2 Nummern in Pappband. Eine Anzahl einnummeriger Werke ist nur im „Meisterband" (RM. 1.–) lieferbar. – Um Fehlsendungen zu vermeiden, wird gebeten, nur nach der U.-B.-Nr. zu bestellen.

U.-B. Nr.	Verfasser und Titel	Preis: geh. RM.	geb. RM.	Nr. d. Verzeichn. im Reichsmin.-Amtsblatt
4260-63	Alexis: Die Hosen des Herrn von Bredow	1.40	1.80	1566
5861-63	„ Als Kriegsfreiwilliger nach Frankreich 1815	1.05	1.45	1848
4301-4a	„ Der Werwolf	1.75	2.15	1509
546	Alpharts Tod	0.35	—	1165
504	Anzengruber: Die Märchen des Steinklopferhanns	0.35	0.75	1773
5734	Arndt: Katechismus für den deutschen Kriegs- und Wehrmann	0.35	0.75	1126
3472-73a	„ Meine Wanderungen und Wandelungen mit dem Frhrn. vom Stein	1.05	1.45	872
7318	„ Nordische Volkskunde	0.35	0.75	1528
6231	„ Der Rhein, Deutschlands Strom	0.35	0.75	1121
7335	Barthel: Sturm im Argonner Wald	0.35	1.–	2048
6781	Bäte: Gang ins Gestern	0.35	0.75	1287
7135-36	Baeumler: Nietzsche der Philosoph und Politiker	0.70	1.10	268
7205	Benary: Luftschutz	0.35	0.75	365
7310	Benz: Bachs Passion	0.35	0.75	1179
7222	Berger: Luther der deutsche Prophet	0.35	0.75	267

1

Abb. 115 Prospekt *Amtlich empfohlene Werke aus dem Verlag Philipp Reclam jun. Leipzig*, o. J. In: RAS, Mappe Bücherfreund und amtlich empfohlene Werke.

Verwendung: „Erfahrungsgemäß werden dadurch viele Lehrer zur Einführung des Werkes in den Klassenunterricht veranlasst."[2565] Mit fortschreitender Zeit nahmen die Auflistung amtlich empfohlener Titel und deren stete Ergänzung immer größeren Raum ein. Aufgeführt wurden hier sowohl Titel des Verlags, die von der Reichsstelle zur Förderung des deutschen Schrifttums für den Aufbau einer Nationalsozialistischen Lernbücherei als geeignet bewertet wurden, als auch vom Prüfungsausschuss für vaterländisches Schrifttum im Reichs- und Preußischen Ministerium für Wissenschaft, Kunst und Volksbildung geprüfte und empfohlene Verlagstitel (Abb. 115). Nach anfangs 28 Titeln konnten in dieser Liste in der Zeit von August 1934 bis Dezember 1937 bereits 243 Ergänzungen aufgelistet werden.[2566]

2564 Vgl. Zeittafel zur Verlagsgeschichte, S. 43. In: RAL, Ordner 3.

2565 Nußbächer an Franck am 06.10.1933. In: LBMV, NL 08 Br Recl : Kasten 105.

2566 Vgl. *Bücherfreund* September 1934 bis November / Dezember 1937. Die vom Prüfungsausschuß für vaterländisches Schrifttum im Reichserziehungsministerium empfohlenen Titel listete der Verlag zusätzlich in einem gesonderten Prospekt. Vgl. Prospekt *Amtlich empfohlene Werke aus dem Verlag Philipp Reclam jun. Leipzig*. In: RAS, Mappe Bücherfreund und amtlich empfohlene Werke. Siehe dazu auch Kapitel 4.2.1.

4.1.5 Zielgruppe Schule

Den *Bücherfreund* als eigens für den schulischen Abnehmerkreis konzipiertes Werbemittel gab es nicht ohne Grund: Lehrer und Schüler aller Schularten können – vor Kriegsbeginn – als die entscheidende Absatzquelle für die Reclam'sche Verlagsproduktion betrachtet werden:[2567] In nahezu sämtlichen vorgefundenen Briefwechseln zu geplanten Publikationen im Hause Reclam – insbesondere in der UB – findet sich der betonte Hinweis auf die unbedingt erforderliche Eignung der Titel für den Einsatz in der Schule.[2568] Die Analyse der im Untersuchungszeitraum in höchster Auflagenzahl hergestellten UB-Bände (siehe Kapitel 3.7) hat gezeigt, dass dies mit Schillers *Wilhelm Tell* (1.060.000 Exemplare), *Die Jungfrau von Orleans* (570.000 Exemplare) und *Wallenstein* (430.000 Exemplare), Lessings *Minna von Barnhelm* (690.000 Exemplare), Goethes *Faust* (595.000 Exemplare) und *Götz von Berlichingen* (590.000 Exemplare), Kleists *Prinz Friedrich von Homburg* (450.000 Exemplare) und *Michael Kohlhaas* (448.000 Exemplare) sowie Eichendorffs *Aus dem Leben eines Taugenichts* (425.000 Exemplare) – um nur die ersten zehn Plätze zu nennen – vornehmlich Texte klassischer deutscher Autoren waren, die zum Standard-Repertoire jeglicher Schulbildung gehören. Entsprechende Hinweise in Werbeannoncen wie „Dieses Standardwerk [hier: Fichte: *Reden an die deutsche Nation*] des deutschen Nationalismus wird heute in allen Schulen, Hochschulseminaren, Schulungs- und Führerkursen gelesen

2567 Der Reclam Verlag publizierte zwar zahlreiche Titel in größerem Format und zu höheren Verkaufspreisen, diese bilden in der Summe aber kein entscheidendes Gegengewicht zu den Erlösen aus den millionenfachen Drucken der UB.

2568 So etwa lehnte Nußbächer im Sommer 1938 drei Novellen Gottfried Kölwels mit der Begründung ab, „[m]eine Sammlung wird sehr stark von den Schulen gelesen, und ich bin daher bestrebt, auch von zeitgenössischen Autoren möglichst nur solche Erzählungen zu bringen, die thematisch für die Lektüre in den Schulen und die Einstellung in die Schüler-Büchereien geeignet sind. Wenn Ausnahmen gemacht wurden, dann nur in solchen Fällen, wo der Autor keine Erzählung dieser Art zur Verfügung hatte und andererseits sein Name eine gewisse Garantie dafür bot, daß auch ohne den Absatz in den Schulen der Verkauf entsprechend groß sein würde." Nußbächer an Kölwel am 01.09.1938. In: Münchner Stadtbibliothek / Monacensia, HLH B 337. Victor Meyer-Eckhardt, von dem 1941 erfolglos aufgrund des Vetos des Originalverlegers ein Beitrag für die UB erbeten wurde, erhielt das Standardschreiben für Akquise in der UB: Es müsse sich um eine, in sich geschlossene Erzählung mit einer Länge von 65–78 Druckseiten handeln, die für einen „großen Leserkreis, auch für einfach[e] Volksgenossen geeignet ist, besonders erwünscht [ist], wenn [die] Erzählung auch für Klassenlektüre in höheren Schulen zugelassen werden kann". Nußbächer an Meyer-Eckhardt am 30.04.1941. In: HHI, Nachlass Victor Meyer-Eckhardt. Bereits im Dezember 1932 hatte Nußbächer die Novelle *Kreuz und Krone* von Hans Franck abgelehnt, deren „novellistisches Problem" zwar „sehr eigenartig und schön" sei, deren „lang ausgesponnene Darstellung des Liebeskonfliktes" hingegen den Leser nicht zu fesseln vermöge. Ausschlaggebend war aber der Hinweis auf die „Verwendbarkeit als Schullektüre […], der für die Verbreitung der Novelle in der Universal-Bibliothek so außerordentlich wichtig ist." Die erotischen Partien der Novelle würden aber die Lektüre im Unterricht verbieten. Ernst Reclam an Franck am 07.12.1932. LBMV, NL 08 Br Recl : Kasten 105.

und gehört in sämtliche Volksbüchereien“[2569] oder (angemerkt zu *Deutsche Volkskunde* von Walter Diener) „Die deutsche Volkskunde ist heute ein Hauptfach in der Schule und ein Interessensgebiet für jeden Deutschen“[2570] untermauern die Bedeutung des schulischen Marktes auch für die Sachbuchproduktion des Verlags. Während der NS-Zeit freilich gesellten sich zur Schule als sichere Abnahmequelle mit zunehmender Bedeutung die NS-Massenorganisationen KdF, DAF, HJ, BDM, NS-Volkswohlfahrt, NS-Frauenschaft, aber auch Ortsgruppen und sämtliche völkisch-nationalsozialistischen Organisationen. Für die dort betriebene weltanschauliche Schulung dürften die von Reclam akribisch zusammengestellten Titelvorschläge aus dem Verlagsprogramm ebenso geeignet wie gewinnbringend gewesen sein. Bereits mit Ausbruch des Kriegs, vornehmlich aber mit dessen Voranschreiten, bildete der Feldpostversand an die Soldaten (vgl. Kapitel 2.3.1) mit Abstand den wichtigsten Absatzmarkt – wiederum hauptsächlich organisiert und vertrieben durch die NS-Formationen.

Abb. 116 Werbeannonce *Reclam in der Schule*. In: *BBl.* vom 04.04.1934, Nr. 77, S. 1536 f., http://digital.slub-dresden.de/id39946221X19340404/14. Alle Rechte vorbehalten – Freier Zugang.

In einer doppelseitigen Annonce im *Börsenblatt* im April 1934 (Abb. 116) unterstreicht der Reclam Verlag die Eignung der UB für Schulen und damit gleichermaßen die Bedeutung der Schulen für den Absatz der Verlagsproduktion:

> Zum Schulbeginn bitte ich die reichen Möglichkeiten für den Absatz der Reclam-Ausgaben in der deutschen Schule in jeder Beziehung auszuwerten. Die Universal-Bibliothek wird heute mehr denn je für alle Zweige des Unterrichts

2569 Werbeannonce. In: *BBl.* vom 06.09.1933, Nr. 207, S. 3735, http://digital.slub-dresden.de/id39946221X-19330906/17 [25.05.2024].

2570 Werbeannonce. In: *BBl.* vom 12.10.1933, Nr. 238, S. 4575, http://digital.slub-dresden.de/id39946221X-19331012/21 [25.05.2024].

> benötigt. Mit fast allen deutschen Schulen steht mein Verlag in enger Verbindung. Aus Tausenden von Zuschriften geht hervor, daß die Lehrer zur Klassen- und Privatlektüre, für die Schülerbüchereien und zum eignen Gebrauch mit Vorliebe die Reclam-Ausgaben heranziehen. Die unermeßliche Auswahl der Sammlung, die Zuverlässigkeit der Ausgaben, die zahlreichen neuen, von führenden Stellen empfohlenen Klassenlesestoffe, der jetzt bei allen wichtigen Werken eingeführte große Druck, der niedrige Preis der Bücher und die fachmännisch zusammengestellten Werbemittel versprechen für jede systematische Schulwerbung einen vollen Erfolg.[2571]

In diesen Kontext gehören die zahlreichen eigens für die Schulen erstellten Werbeprospekte des Verlags, als deren Adressaten neben den Lehrern auch die Schüler selbst zu vermuten sind.[2572] Den neuen Bedingungen passten sich die Schulkataloge zu Beginn des NS-Regimes umgehend an, so beispielsweise mit dem Katalog *Für die Schule im neuen Deutschland* aus dem Jahr 1934 (Abb. 117). Das ausführliche Vorwort betonte die Relevanz der nationalen und zeitgenössischen Dichtung sowie das „völkisch-nationale Bildungsideal". Nationalsozialistische Phrasen häuften sich, Zitate prominenter Nationalsozialisten – vor allem Hitlers – fanden werbende Verwendung. Nach Lerner fehlten in diesem Katalog zwar einige Schriften – so die von Heine, die durch andere ersetzt worden waren –, davon abgesehen habe sich der Katalog in Titelauswahl und Umfang aber kaum von seinen Vorgängern unterschieden.[2573]

Im Archiv des Reclam Verlags fanden sich noch zahlreiche weitere Prospekte für die Schule: der bereits erwähnte Sonderkatalog *Volk und Buch. Bücher für deutsches Volkstum und Bücher zur nationalen Erziehung* sowie *Was ist vorgeprüft? Ratgeber für Prosalektüre im Deutschunterricht von Goethe bis zur Gegenwart, Bildung billig durch Reclam, Lesestoffe für Schule und Haus, Von deutscher Bildungsarbeit. RUB und die Ausgaben der höheren Schulen. Lesestoffe, Schüler- und Lehrerbücherei, Buch und Schule. Billiger Lesestoff für die Volksschule aus RUB* (Abb. 118) und *Die Welt draussen und drinnen in 35-Pfennig-Bändchen eingefangen* – um nur einige zu nennen.[2574] Der Prospekt *Ausgewählte Reclam-Nummern für die Schulen* listete neben den Kategorien *Neue Novellen, Märchen und Sagen, Märchenartige Erzählungen, Erzählungen, Geschichte,*

2571 Werbeannonce. In: *BBl.* vom 04.40.1934, Nr. 77, S. 1536 f., http://digital.slub-dresden.de/id39994622IX-19340404/14 [25.05.2024].

2572 Bereits 1919 hatte der Verlag mit der Herausgabe von Schulkatalogen begonnen. Vgl. Lerner 1992, S. 305. Zu diesem Themengebiet vgl. ausführlich Lerner 1992, S. 299–330. In diesem Beitrag fasst Lerner die Ergebnisse seiner Magisterarbeit zum Thema *Reclam und die Schule bis 1945: Verlagspolitik, Deutschunterricht und Lehrpläne* zusammen und beschreibt fortführend die Entwicklung des Stuttgarter Reclam Verlags; siehe auch Ruppelt 1992, S. 342.

2573 Vgl. Lerner 1992, S. 307 ff.

2574 Vgl. RAS, Mappe UB Ankündigungen und Sammelprospekte I; Mappe Jugend und Schule.

Abb. 117 Prospekt *Für die Schule*, 1934. In: RAS, Mappe UB Ankündigungen und Sammelprospekte III. Alle Rechte vorbehalten.

Abb. 118 Prospekt *Buch und Schule*, o. J. In: RAS, Mappe UB Ankündigungen und Sammelprospekte III. Alle Rechte vorbehalten.

Epen und Dramen, Erdkundliches, Geschichtliches und *Sachbücher* auch geeignete Titel in den Rubriken *Bücher zur nationalen Erziehung* und *Bücher für deutsches Volkstum.*[2575]

Im Herbst 1938 entwickelte der Verlag ein einträgliches Projekt speziell für Schüler: *Reclams Schülerkalender*:

> Er soll dem Schüler ein praktischer Begleiter sein, seine Interessen vertiefen und ihm für den Schulunterricht und seine Allgemeinbildung nützliches Material vermitteln. Auf die weltanschauliche Ausrichtung des Kalenders wurde dabei besonders Acht gegeben. Er enthält u. a. eine Schilderung der Befreiung der Ostmark durch den Führer, eine gedrängte Geschichtsübersicht und einen Aufsatz über das Deutschtum im Ausland, darüber hinaus wertvolle Beiträge über Sport, Gymnastik, Segelfliegerei, statistische Übersichten, etc.[2576]

2575 Vgl. Prospekt *Ausgewählte Reclam-Nummern für die Schulen.* In: RAS, Mappe Schule und Jugend.

2576 Müller an RSK am 25.11.1938. In: BArch, R 9361-V/9796, Lesefilm-Nr. RK B 168, Bild-Nr. 522. In der Werbeannonce heißt es zudem, mit diesem Handbuch versuche der Verlag, den Schüler „in seiner weltanschaulichen Haltung zu festigen […] Friedr. W. Hymmen, Schriftleiter der Zeitschrift ‚Wille und Macht', hat einen längeren Aufsatz über das Thema ‚Aufgabe und Wesen der Hitler-Jugend' beigesteuert, wie überhaupt auf die Bedürfnisse des HJ-Dienstes sowohl im Kalendarium als auch durch die Wiedergabe der Rangabzeichen in besonderer Weise Rücksicht genommen wurde." Werbeannonce. In: *BBl.* vom 10.12.1938, Nr. 287, S. 7634, http://digital.slub-dresden.de/id39946221X-19381210/26 [25.05.2024].

Unter der Auflage, dass der Vertrieb ausschließlich durch den Buchhandel zu erfolgen habe, genehmigte die RSK das Projekt des knapp 250 Seiten zu 95 Pfennig umfassenden Schülerkalenders.[2577] 1939 erstmalig in einer Auflage von 9.850 Stück für das Jahr 1940 produziert, schien sich der Titel gut am Markt zu etablieren: Für die Kalender der Jahre 1941 (Abb. 119) und 1942 konnten je 25.000 Exemplare hergestellt werden,[2578] die Auflage für 1941 war bereits im Januar 1941 vergriffen.[2579]

> Immer größer ist der Kreis der Jungen und Mädel in ganz Deutschland geworden, die Jahr für Jahr mit Ungeduld die Ankunft des neuen Kalenders erwarten und ihn wie einen guten Kameraden freudig begrüßen. […] Mit einem Überblick über den bisherigen Kriegsverlauf und die glanzvollen Waffentaten der deutschen Soldaten an allen Fronten beginnt der neue Kalender. […] Als eine wertvolle Unterstützung des Unterrichts dürfen die verschiedenen Übersichten, Tabellen und Aufstellungen gelten, die eingeleitet mit den Daten aus dem Leben des Führers, über die wichtigsten Jahreszahlen der deutschen Geschichte zu einer ausführlichen Kriegschronik vom 1. September 1939 bis zum 25. Juni 1940 führen.[2580]

Abb. 119 Werbeannonce *Reclams Schülerkalender* 1941. In: *BBl.* vom 13.09.1940, Nr. 214, S. 4109, http://digital.slub-dresden.de/id39946221X-19400913/31. Alle Rechte vorbehalten – Freier Zugang.

2577 Vgl. Ihde (RSK) an Reclam Verlag am 29.11.1938. In: BArch, R 9361-V/9796, Lesefilm-Nr. RK B 168, Bild-Nr. 520; Müller an RSK am 25.11.1938. In: BArch, R 9361-V/9796, Lesefilm-Nr. RK B 168, Bild-Nr. 522.

2578 Vgl. RAS, Auflagenbuch Werke im größeren Format / Illustrierte Werke. Es ist anzunehmen, dass *Reclams Schülerkalender* nur in den drei genannten Jahren publiziert wurde.

2579 Vgl. Annonce. In: *BBl.* vom 22.01.1941, Nr. 18, S. 272, http://digital.slub-dresden.de/id39946221X-19410122/18 [25.05.2024].

2580 Prospekt *Reclam in der Schule. Klassenstoffe und Neuerscheinungen*, S. 1. In: RAS, Mappe UB Werbung I.

Zu Werbezwecken veranstaltete der Reclam Verlag ein jährliches literarisches Preisausschreiben, an dem sich nur „die Besitzer des Kalenders beteiligen“ konnten. Die Preisträger erhielten Buchpreise, die die Gründung von Eigenbüchereien anregen sollten.[2581]

4.1.6 Annoncengeschäft

Selbstverständlich warb der Reclam Verlag auch durch Schaltung zahlreicher Annoncen in Zeitschriften – nicht nur in den eigenen Publikationen *Reclams Universum* und *Das neue Deutschland*, sondern auch in der Kulturzeitschrift *Westermanns Monatshefte*[2582] (Abb. 120), in *Velhagen & Klasings Monatsheften* oder in der einst liberalen Kulturzeitschrift *Süddeutsche Monatshefte*, die sich bereits mit Beginn des Kriegs 1914 unter dem jüdischen Herausgeber Paul Nikolaus Cossmann zu einem „‚politische[n] Kampfmittel‘ extrem nationalistischer und annexionistischer Ausrichtung“ gewandelt hatte.[2583] Ferner schaltete der Reclam Verlag regelmäßig Annoncen in der seit 1919 unter Wilhelm Stapel zu einem dezidiert antisemitischen Medium umgeformten Zeitschrift *Deutsches Volkstum. Monatsschrift für das deutsche Geistesleben*[2584] sowie in der auf nationalsozialistische Erziehung abzielenden Zeitschrift *Volk im Werden*, die von Januar 1933 bis November 1943 erschien und zahlreichen überzeugten Antisemiten eine Bühne bot.[2585] Daneben inserierte der Reclam Verlag auch im amtlichen Rezensionsorgan *Bücherkunde* der Reichsstelle zur Förderung des deutschen Schrifttums, in etlichen Tageszeitungen[2586] und natürlich im Branchenmagazin *Börsenblatt für den Deutschen Buchhandel*. Hier schaltete der Reclam Verlag zwischen 1933 und 1944 insgesamt 338 Anzeigen, davon 135 Sammelanzeigen für mehrere Bücher, 199 Anzeigen für Einzeltitel.[2587]

2581 Annonce. In: *BBl.* vom 13.09.1940, Nr. 214, S. 4109, http://digital.slub-dresden.de/id39946221X-19400913/31 [25.05.2024].

2582 Die im Archiv erhaltenen Anzeigen lassen darauf schließen, dass hier ausschließlich Werke in größerem Format, nicht aber Titel der UB beworben wurden. Von Januar 1933 bis Dezember 1941 wurden in 44 Anzeigen 122 Titel beworben. Vgl. RAS, Mappe Anzeigen in Westermanns Monatsheften.

2583 Selig 2009, S. 149. Cossmann wurde 1933 entlassen und verhaftet, 1942 verstarb er im KZ Theresienstadt.

2584 Vgl. Mayer 2002, S. 18.

2585 Vgl. Rösler 2017, S. 63; Werbeannonce. In: *BBl.* vom 09.11.1934, Nr. 262, S. 5017, http://digital.slub-dresden.de/id39946221X-19341109/17 [25.05.2024].

2586 Bei der Recherche zu dieser Arbeit wurde u. a. das Angebot digitalisierter Tageszeitungen der Österreichischen Nationalbibliothek *ANNO – AustriaN Newspaper Online* intensiv genutzt. Hier konnte eine Vielzahl verschiedenster einschlägiger Inserate in diversen Tageszeitungen ermittelt werden. Auf eine systematische inhaltliche Analyse wurde aufgrund der Fülle und der Heterogenität des Materials sowie des Fokus auf der österreichischen Presse verzichtet.

2587 In vier weiteren Annoncen inserierte der Reclam Verlag Aufforderungen zur Gestaltung von Sonderfenstern. Die im Portal *Börsenblatt digital* frei zugänglichen Jahrgänge des *Börsenblatts*

Abb. 120 Werbeannonce *Des deutschen Dichters Sendung in der Gegenwart*, *Westermanns Monatshefte*, August 1933. In: RAS, Mappe Anzeigen in Westermanns Monatsheften. Alle Rechte vorbehalten.

Die Auswertung dieser Anzeigen ergab, dass 56 % insofern als NS-affin zu bewerten sind, als dass entweder der Inhalt der beworbenen Titel der NS-Ideologie entsprach, der Autor sich dieser verschrieben hatte oder zumindest in ihrem Sinne instrumentalisiert wurde; oder aber die Titel in eindeutige NS-Kontexte gestellt,[2588] sprachlich entsprechend angepriesen oder mit Unterstützung von Zitaten einschlägiger NS-Persönlichkeiten beworben werden.[2589] 33 % der Anzeigen wurden als politisch neutral klassifiziert, 11 % enthalten Inserate für Gesetzesausgaben. Diese können nicht per se als NS-affin betrachtet werden, da der Verlag hier seine bisherige Editionspraxis von ausgesuchten, keinesfalls vollständigen neuen Gesetzesausgaben[2590] fortsetzt. Andererseits sprechen so

für die Jahre 1834–1945 ermöglichten die systematische Analyse der dort veröffentlichten Werbeannoncen. Mit Stand vom 08.03.2020 sind die Hefte der Jahre 1933 bis 1941 nahezu vollständig, die folgenden Jahrgänge mit kleineren Lücken verfügbar. Ein Anspruch auf Vollständigkeit kann somit nicht erhoben werden.

2588 Ein Beispiel: Der an und für sich unverfängliche historische Roman *Die silberne Jungfrau* von Gerhard Bohlmann habe sich, so der Reclam Verlag „[t]rotz glänzender Besprechungen in national gesinnten Zeitungen […] gegenüber den Büchern der Undeutschen nicht durchsetzen" können. Werbeannonce. In: *BBl.* vom 13.05.1933, Nr. 110, S. 46, http://digital.slub-dresden.de/id39946221X-19330513/52 [25.05.2024]. Die Rhetorik der zu dieser Zeit stattfindenden Bücherverbrennungen hatte offensichtlich schnell Eingang in die Werbesprache des Verlags gefunden.

2589 Da diese Analyse auf Annoncen beruht und nicht auf Titelebene durchgeführt wurde, werden Annoncen für mehrere Titel, in denen sich sowohl NS-affine als auch neutrale Kontexte finden, ebenfalls unter NS-affin gezählt. Zur Option, die Objektivität der Bewertung von Werbetexten mittels Text Mining und Algorithmus-basierten Analyseverfahren in nachfolgender Forschung ggf. steigern zu können, siehe Kapitel 5.

2590 Sämtliche rechtlichen Grundlagen des NS-Systems – Rechtstexte, Gesetze, Auslegungen und Kommentare, darunter der erste Kommentar zur Rassengesetzgebung, sowie die von Otto Palandt

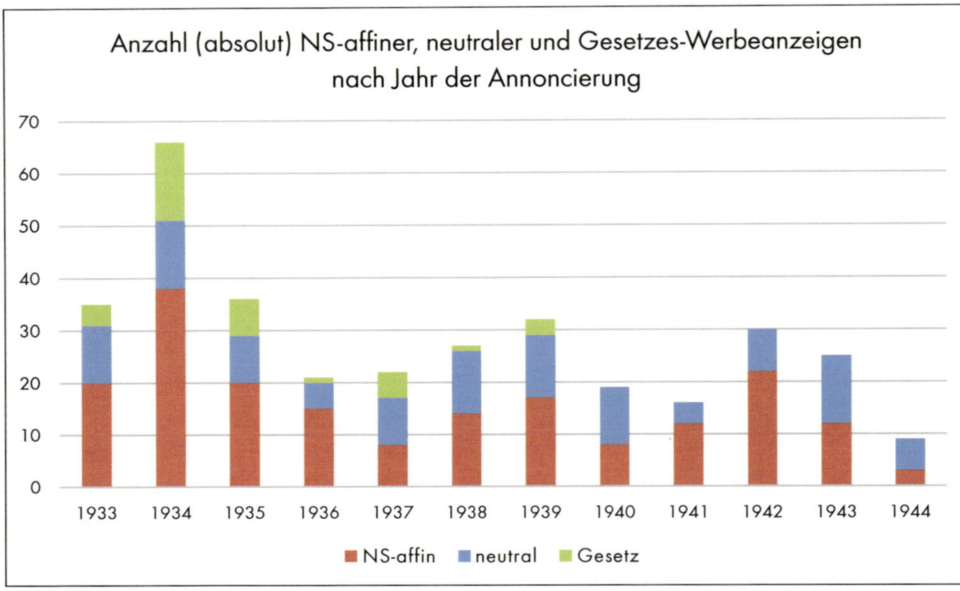

Abb. 121 Anzahl (absolut) NS-affiner, neutraler und Gesetzes-Werbeanzeigen nach Jahr der Annoncierung

plakative Ankündigungen wie „Hitler-Gesetze bei Reclam“[2591] eine deutliche Sprache, die keine Distanz zur menschenverachtenden Regierungsarbeit erkennen lässt, sodass die Werbeanzeigen für Gesetzestexte hier gesondert ausgewiesen werden. Abbildung 121[2592] zeigt die Verteilung NS-affiner, neutraler und Gesetzes-Werbeanzeigen nach Jahren in absoluten Zahlen.

Bis auf die Jahre 1937, 1940, 1943 und 1944 ist der Werbeoutput des Reclam Verlags im *Börsenblatt* für NS-affine Inhalte stets höher als 50 %. 1936, 1941 und 1942 liegt der Anteil sogar bei über 70 %.

Die auffällig hohe Anzahl veröffentlichter Inserate im Jahr 1934 lässt sich zumindest tendenziell mit der wirtschaftlichen Situation in Einklang bringen. Nach Jahresverlusten in Höhe von knapp 300.000 RM 1932 und 130.000 RM 1933 zeigte die vermehrte Bespielung der Werbefläche *Börsenblatt* immerhin insofern Wirkung, als im Jahr 1934 ein Gewinn von 111.000 RM erwirtschaftet werden konnte. Für 1935 und 1936 ist hingegen erneut ein Verlust von 100.000 RM bzw. 119.000 RM zu verzeichnen.

herausgegebene Erläuterung des BGB – erschienen schon zu dieser Zeit bei C. H. Beck, der sich über die Zeit des NS-Regimes als führender juristischer Fachverlag etablierte. Vgl. Rebenich 2013, S. 383 ff.

2591 Werbeannonce. In: *BBl.* vom 19.08.1933, Nr. 192, S. 3535, http://digital.slub-dresden.de/id39946221X-19330819/16 [25.05.2024].

2592 Eigene Erhebung. Datengrundlage: https://www.boersenblatt-digital.de/.

Auffällig und hervorzuheben ist, dass vermehrte Werbeaktivitäten im *Börsenblatt* – sowohl für NS-affine Annoncen sowie insgesamt – mit entscheidenden Phasen des NS-Regimes korrespondieren, so in den ersten Jahren der Etablierung des Regimes 1933/1934, 1938 mit dem ‚Anschluss' Österreichs sowie 1939 mit Kriegsbeginn. Wie auch die Analyse des Verlagsprogramms ergeben hat (siehe Kapitel 3.1–3.8), folgt der Verlag unmittelbar der politischen Konjunktur und setzt propagandistische Begleitung in eigenem wirtschaftlichen Interesse ein.

Die auffällig geringe Anzahl an Werbeannoncen 1940 und 1941 ist auf den allgemeinen Bücherboom zurückzuführen (siehe Kapitel 2.2), der Werbung aufgrund das Angebot übersteigender Nachfrage in vielen Bereichen schlicht unnötig machte. 1941 inserierte Reclam zwar sehr häufig im *Börsenblatt* – allerdings vorrangig Hinweise auf die völlig überlastete Verlagsauslieferung und das nötige Zuteilungsverfahren. Der Anstieg 1942 auf immerhin 30 Werbeannoncen steht in direktem Zusammenhang mit dem 75-jährigen Verlagsjubiläum – allein achtmal bestimmt dieses im Jubiläumsjahr die Titelseite des *Börsenblatts*. 1944 erschien das *Börsenblatt* bis August nur noch mittwochs und samstags, ab September nur noch samstags.

Am häufigsten inserierte Reclam viertelseitige Annoncen (100), 97 Annoncen erstreckten sich über eine ganze Seite, halbe und Achtelseiten wurden 48 bzw. 47 Mal bespielt, doppelseitige Inserate finden sich 33 Mal, den Luxus einer Titelblattgestaltung leistete sich der Verlag zehn Mal – acht davon für das Jubiläum.[2593] Annoncen, die drei Seiten einnahmen, fanden sich drei Mal. Abbildung 122[2594] zeigt die Verteilung der Annoncengrößen nach Jahren absolut.

Ein direkter Zusammenhang mit den erhaltenen Unterlagen über die Kosten, die dem Verlag durch Werbung entstanden, lässt sich hier nicht nachweisen: Die Angaben für 1935 bis 1937 beziehen sich ausschließlich auf Werbedrucksachen – 1935/1936 wurden dafür 12.780 RM ausgegeben, im Jahr darauf 11.059 RM. Ab dem Geschäftsjahr 1938/1939 werden die Kostenpunkte für die Werbung im Gesamten ausgewiesen. Für das Geschäftsjahr 1938/1939 sind 170.578 RM Werbekosten verzeichnet – und damit der höchste Betrag, der im Untersuchungszeitraum in Werbung investiert wurde. Wider Erwarten sind die Werbekosten für das Jubiläumsjahr geringer: Im Geschäftsjahr 1941/1942 wurden 163.090 RM, 1942/1943 112.497 RM für Werbezwecke aufgewendet.[2595]

2593 Auf der Titelseite des *BBl.* fand sich der Reclam Verlag außerhalb der Jubiläumswerbung lediglich zu Beginn und kurz vor Ende des NS-Regimes mit einer Annonce zu Adolf Arthur Kuhnerts *Karjane. Geliebte unseres Sommers* bzw. einer Annonce zur *Deutschen Romantik* von Richard Benz anlässlich dessen 60. Geburtstags. Vgl. Annonce. In: *BBl.* vom 21.07.1933, Nr. 167, Titelseite, http://digital.slub-dresden.de/id39946221X-19330721/1; Annonce. In: *BBl.* vom 10.06.1944, Nr. 45, Titelseite, http://digital.slub-dresden.de/id39946221X-19440610/1 [25.05.2024].

2594 Eigene Erhebung. Datengrundlage: https://www.boersenblatt-digital.de/.

2595 Vgl. Zeittafel zur Verlagsgeschichte, S. 43, 46, 49 f. In: RAL, Ordner 3.

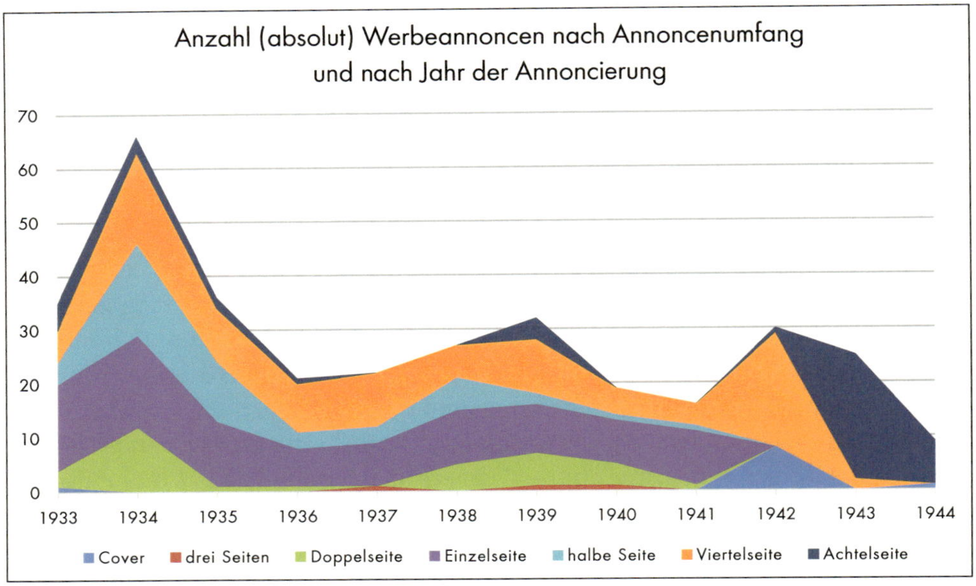

Abb. 122 Anzahl (absolut) Werbeannoncen nach Annoncenumfang und nach Jahr der Annoncierung

4.1.7 Sonstige Werbemittel

Der Reclam Verlag stellte sich in Bezug auf Werbeträger vielseitig auf. So finden sich verschiedene Werbemittel, die sich im heutigen Sprachgebrauch als Give-aways subsumieren lassen: Ein *Universum-Taschenkalender* wurde als „das beliebteste billige Geschenk des Buchhändlers an seine Kunden“[2596] beworben. Die Buchhändler konnten den Kalender mit den „praktischen Angaben und Rubriken: Kalendarium, Immerwährender Kalender, Posttarif, Auto- und Erkennungszeichen und die Rangzeichen in der Wehrmacht“[2597] für 2 RM netto je 100 Stück bestellen; ab 300 Stück bot der Reclam Verlag zusätzlich den Firmeneindruck für 1,50 RM an. Ferner fertigte der Verlag Verkaufsbeutel für die UB im Format 20 × 15 cm an. Diese konnten die Buchhändler, bedruckt mit ihren Firmennamen, 1935 für 5,50 RM, 1937 für 5,80 RM je 1.000 Stück bestellen.[2598] Außerdem verteilte der Verlag in intelligenter Zielgruppenausrichtung

2596 Werbeannonce. In: *BBl.* vom 09.09.1936, Nr. 210, S. 4035, http://digital.slub-dresden.de/id39946221X-19360909/32 [25.05.2024]; Werbeannonce. In: *BBl.* vom 21.09.1937, Nr. 218, S. 4004, http://digital.slub-dresden.de/id39946221X-19370921/28 [25.05.2024].

2597 Werbeannonce. In: *BBl.* vom 14.08.1936, Nr. 188, S. 3594, http://digital.slub-dresden.de/id39946221X-19360814/4 [25.05.2024].

2598 Vgl. Annonce. In: *BBl.* vom 01.04.1935, Nr. 77, S. 1573, http://digital.slub-dresden.de/id39946221X-19350401/15 [25.05.2024]; Annonce. In: *BBl.* vom 19.02.1937, Nr. 41, S. 678, http://digital.slub-dresden.de/id39946221X-19370219/8 [25.05.2024].

mit Werbetexten und Neuerscheinungsempfehlungen aus der UB bedruckte Rückgabescheine für entliehene Bücher[2599] an Bibliotheken und Büchereien: Die Nutzer der Bibliotheken wurden beim Blick auf das Rückgabedatum der entliehenen Bücher auf eine Sammlung aufmerksam gemacht, die aufgrund ihres günstigen Preises durchaus erschwinglich war.

Die häufige Nennung des Reclam Verlags in der *Börsenblatt*-Rubrik „Mitteilungen der Werbestelle", ab 1937 „Die Bücherstunde im Rundfunk"[2600], in der geordnet nach Radiosendern gelistet wurde, welche Titel zu welchen Terminen besprochen oder gelesen werden, lässt zudem auf eine hohe Präsenz in den Rundfunkmedien schließen. Auch auf Buchmessen war der Reclam Verlag vertreten.[2601]

Eine sehr nachhaltige Werbemöglichkeit stellte die Inszenierung eines Leseabends für Schüler der Buchhändlerlehranstalt und Gäste dar, bei dem Konrad Nußbächer Teile aus den *Zwei Festreden* Thomas Manns von 1928, eine Novelle von Galsworth sowie Romanausschnitte aus Bohlmanns *Silberner Jungfrau* vortrug.[2602] Hierdurch gelang es Reclam, die personelle Zukunft des Buchhandels zu erreichen, diese mit dem Verlag bekannt zu machen und ihn in bleibender und vorteilhafter Weise zu präsentieren – hier noch mit einer Textauswahl, die nur eine Woche später, nach der ‚Machtergreifung', nicht mehr vorstellbar gewesen wäre.

4.1.8 Jubiläumsmarketing

Das 75-jährige Verlagsjubiläum und insbesondere das Jubiläumsprogramm boten einen idealen Anlass, verstärkt mit Werbung an die Öffentlichkeit zu treten. Trotz des Beschlusses, dass „auf Grund der bestehenden Verhältnisse und der weiter noch unübersehbaren Situation auf den Kriegsschauplätzen, jede über das normale Maß hinausgehende Werbung im allseitigen Interesse zu unterbleiben hat"[2603], entwickelte der Verlag bereits im März 1941 ein ausgeklügeltes Werbekonzept, welches nahezu alle Bereiche des öffentlichen Lebens erreichen sollte. Zur Realisierung sollten die verfügbaren Mittel in konzentrierter Form für die Jubiläumswerbung eingesetzt werden. Eine zentrale Rolle spielte der Werbeslogan: „Reclam. Die größte Wissensquelle der Welt. 1867–1942. Heute – wie vor 75 Jahren":

2599 Vgl. RAS, Mappe UB Ankündigungen und Sammelprospekte I. In verschiedenen Varianten enthält diese Mappe derlei Rückgabescheine für die Jahre 1933 bis 1935 sowie 1939.

2600 Vgl. z. B.: Mitteilungen der Werbestelle. In: *BBl.* vom 14.07.1933, Nr. 161, Umschlag, http://digital.slub-dresden.de/id39946221X-19330714/19; Die Bücherstunde im Rundfunk. In: *BBl.* vom 28.05.1937, Nr. 119, Umschlag, http://digital.slub-dresden.de/id39946221X-19370528/2 [25.05.2024].

2601 Vgl. *BBl.* 14.12.1933.

2602 Vgl. *BBl.* 24.01.1933.

2603 Protokoll Müller vom 07.03.1941. In: RAS, Mappe 75-jähriges Jubiläum.

> Das beherrschende Motiv für die gesamte Jubiläumswerbung ist und bleibt der vorstehende skizzierte Werbespruch. Er ist in striktester Form einzuhalten und wird nur dann werbewirksam werden, wenn alle an der Jubiläumswerbung beteiligten Stellen unabänderlich daran festhalten. Er darf schon während der gesamten Dauer aller Veröffentlichungen über die Jubiläums-Werbung keine andere Version oder Abänderung erfahren. Seine konsequente Anwendung ist Richtschnur für Alle und Alles.[2604]

Das stringent angewandte Motto verfehlte seine Wirkung nicht, zahlreiche Zeitungen griffen es auf und unterstützten so die Corporate-Identity-Bemühungen des Verlags. Unter der leicht verkürzten Fassung „1867–1942. 75 Jahre Reclams Universal-Bibliothek" inserierte der Reclam Verlag in zahlreichen Tageszeitungen wie *Linzer Tages-Post*, *Kleine Volks-Zeitung*, *Illustrierte Kronen Zeitung* oder *Das kleine Blatt* Hinweise auf das Jubiläum, angereichert mit Titelangaben aus dem Jubiläumsprogramm[2605] (siehe Kapitel 2.3.4), sodass davon auszugehen ist, dass der Reclam Verlag nahezu flächendeckend in der Tagespresse darauf aufmerksam machte. Im *Börsenblatt* inserierte der Verlag vom 08.05. bis 09.06.1942 mit 18 Anzeigen für die erste Jubiläumsserie (Nr. 7497–7516) und vom 24.09. bis 10.12.1942 mit acht Anzeigen für die zweite Jubiläumsserie (Nr. 7517–7540) jeweils am Seitenkopf mit auffälligem Jubiläumsschriftzug in Orange und Grau je einen Titel der Serien (Abb. 123).

Dieser Schriftzug findet sich auch auf sieben Titelseiten des *Börsenblatts* von 1942, auf denen der Reclam Verlag im Zeitraum vom 24.09. bis 10.12.1942 auf das Jubiläum aufmerksam machte; einzig das Titelblatt des eigentlichen Jubiläumstags weicht vom Layout ab. Dieses zeigt eine Abbildung des *Faust* als Nr. 1 der UB, einen Auszug des *Börsenblatts* vom 13.11.1867 mit der ersten Anzeigenmeldung für diesen Titel sowie einen Hinweis auf Meiners *Reclam. Eine Geschichte der Universal-Bibliothek zu ihrem 75-jährigen Bestehen* (Abb. 124). Diese gehäufte Präsentation des Reclam Verlags – acht Mal nutzte er das Titelblatt des *Börsenblatts* für die Jubiläumswerbung, sonst konnte im Untersuchungszeitraum nur für 1933 und 1944 je ein Titelblattinserat nachgewiesen werden – unterstreicht zum einen den Stellenwert, den der Verlag bei dem wichtigsten Branchenmagazin genoss, zum anderen den entschiedenen Investitionswillen des Verlags, dieses Jubiläum weitreichend für Werbezwecke zu nutzen. Am 21.05. und am 13.11.1942 erhielten 4.500 Buchhändler ein Rundschreiben mit

2604 Protokoll Müller vom 10.03.1941. In: RAS, Mappe 75-jähriges Jubiläum.

2605 Vgl. Werbeannonce. In: *Linzer Tages-Post* vom 13.11.1942, Nr. 268, S. 4, https://anno.onb.ac.at/cgi-content/anno?aid=tpt&datum=19421113&seite=4; *Kleine Volks-Zeitung* vom 13.11.1942, Nr. 314, S. 8, https://anno.onb.ac.at/cgi-content/anno?aid=kvz&datum=19421113&seite=8; *Illustrierte Kronen Zeitung* vom 18.04.1943, Nr. 15.542, S. 15, https://anno.onb.ac.at/cgi-content/anno?aid=krz&datum=19430418&seite=15; sowie *Das kleine Blatt* vom 17.10.1942, Nr. 287, S. 7, https://anno.onb.ac.at/cgi-content/anno?aid=dkb&datum=19421017&seite=7 [25.05.2024].

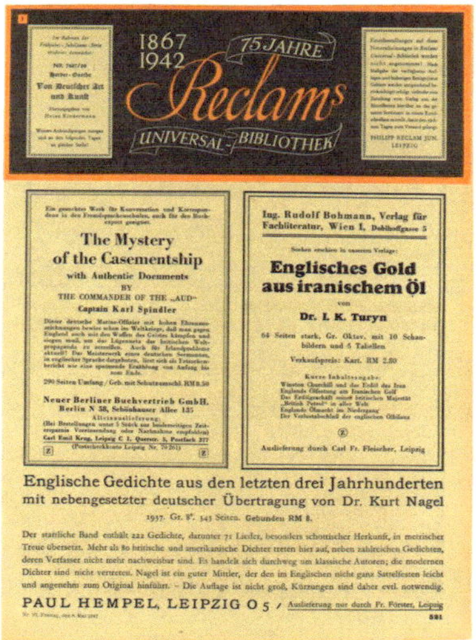

1867
1942
75 JAHRE
Reclams
UNIVERSAL-BIBLIOTHEK
PHILIPP RECLAM JUN.
LEIPZIG

The Mystery
of the Casementship
with Authentic Documents
BY
THE COMMANDER OF THE „AUD"
Captain Karl Spindler

290 Seiten Umfang / Geb. mit Schutzumschl. RM 8.50

Neuer Berliner Buchvertrieb GmbH.
Berlin N 58, Schönhauser Allee 135

Ing. Rudolf Bohmann, Verlag für Fachliteratur, Wien I, Dublhoffgasse 5

Englisches Gold
aus iranischem Öl
von
Dr. I. K. Turyn

64 Seiten stark, Gr. Oktav, mit 10 Schaubildern und 5 Tabellen

Verkaufspreis: Kart. RM 2.80

Auslieferung durch Carl Fr. Fleischer, Leipzig

Englische Gedichte aus den letzten drei Jahrhunderten
mit nebengesetzter deutscher Übertragung von Dr. Kurt Nagel
1937. Gr. 8°. 345 Seiten. Gebunden RM 8.

Der stattliche Band enthält 222 Gedichte, darunter 71 Lieder, besonders schottischer Herkunft, in metrischer Treue übersetzt. Mehr als 80 britische und amerikanische Dichter treten hier auf, neben zahlreichen Gedichten, deren Verfasser nicht mehr nachweisbar sind. Es handelt sich durchweg um klassische Autoren; die modernen Dichter sind nicht vertreten. Nagel ist ein guter Mittler, der den im Englischen nicht ganz Sattelfesten leicht und angenehm zum Original hinführt. – Die Auflage ist nicht groß, Kürzungen sind daher evtl. notwendig.

PAUL HEMPEL, LEIPZIG O 5 / Auslieferung nur durch Fr. Förster, Leipzig

521

Abb. 123 Jubiläumsannonce *Von deutscher Art und Kunst*. In: *BBl.* vom 08.05.1942, Nr. 97, S. 521, http://digital.slub-dresden.de/id39946221X-19420508/7. Alle Rechte vorbehalten – Freier Zugang.

Ausgabe A

Börsenblatt
für den Deutschen
Buchhandel

Eigentum des Börsenvereins der Deutschen Buchhändler zu Leipzig

Nr. 258 Leipzig, Freitag den 13. November 1942 109. Jahrgang

Abb. 124 Jubiläumscover *Heute vor 75 Jahren*. In: *BBl.* vom 13.11.1942, Nr. 258, Titelseite, http://digital.slub-dresden.de/id39946221X-19421113/1. Alle Rechte vorbehalten – Freier Zugang.

Informationen zum Jubiläum;[2606] allen zuteilungsbegünstigten Buchhändlern übersandte der Verlag zusätzlich ein für die Auslage bestimmtes Plakat, welches nur in „kriegsbedingter Ausstattung und kleiner Auflage" hergestellt werden konnte.[2607] Der Jubiläumssonderprospekt[2608] – in zwei leicht differierenden Versionen für die erste und zweite Jubiläumsserie – sollte unter anderem in einer Auflage von 140.000 Exemplaren in den Volksschulen, mittleren und höheren Schulen verteilt werden.[2609]

Darüber hinaus plante der Verlag zahlreiche weitere, bislang jedoch nicht belegbare Werbeaktivitäten. Im Frühjahr 1941 sollte ein literarisches Preisausschreiben für Schriftsteller stattfinden (1. Preis: 3.000 RM, 2. und 3. Preis je 1.000 RM weniger),

2606 Vgl. Notiz Jubiläumswerbung. RAS, Mappe 75-jähriges Jubiläum.

2607 Werbebroschüre *75 Jahre Reclams Universal-Bibliothek*. In: RAS, Mappe Werbung 75 Jahre UB. Ursprünglich waren zwei Plakate in unterschiedlichen Größen geplant: Größe 1 in 5.000 Exemplaren für 5–6 RM für das Schaufenster-Mittelstück, und Größe 2 in 10.000 Exemplaren. Größe 1 war vor allem für alle maßgebenden Sortimenter in den Großstädten gedacht, die im Frühjahr und im Herbst eine Jubiläums-Schaufensterdekoration durchführen sollten. Vgl. Protokoll Müller vom 07.03.1941. In: RAS, Mappe 75-jähriges Jubiläum.

2608 Vgl. Werbebroschüre *75 Jahre Reclams Universal-Bibliothek*. In: RAS, Mappe Werbung 75 Jahre UB.

2609 Vgl. Protokoll Müller vom 07.03.1941. In: RAS, Mappe 75-jähriges Jubiläum.

im Frühjahr 1942 sollte ein Publikumswettbewerb für Erlebnisberichte mit dem Reclam-Heft folgen (1. Preis 750 RM, 2. und 3. Preis je 250 RM weniger, des Weiteren 50 Trostpreise von 100 bis 25 RM sowie 100 Buch-Trostpreise). Für die Jury waren „namhafteste Vertreter aus allen Kreisen der deutschen Literatur […] (Langenbucher, Brehm u. a. m.)“[2610] vorgesehen. Zu den repräsentativen Veröffentlichungen des Verlags selbst zählten die Meiner'sche Geschichte der UB, der *Almanach* und *Reclams Schülerkalender* für das Jahr 1942, die beide in ihrer Gesamtheit auf das Jubiläum ausgerichtet sein sollten. Von der Verlagsgeschichte der UB sollten je 50.000 Exemplare an Volks-, Mittel- und höhere Schulen übersandt werden. Außerdem war vorgesehen, sie als Freiexemplar an Schriftsteller und Schriftleiter, an die Presse sowie an Rektoren der höheren Schulen zu verteilen, darüber hinaus „in erster Linie an das Sortiment und alle im Buchgewerbe tätigen maßgebenden Stellen.“[2611] Als Beilage, unter anderem zum Schülerkalender, wurde der Sonderprospekt *Reclam und die Jugend* in einer Auflage von 150.000 Exemplaren gefertigt. Als besonderer Höhepunkt sollten in ca. 100 Groß- und mittleren Städten des Reiches im Frühjahr und Herbst Jubiläum-Diaschauen in Lichtspieltheatern durchgeführt werden. Zu diesem Zweck war ein weiteres Schaufenster-Jubiläumsplakat vorgesehen. Zudem sollten eine Million Exemplare eines speziellen Jubiläumskatalogs in Holland gedruckt werden.[2612] Auch wenn nicht alle diese Pläne umgesetzt werden konnten, so zeigte der Reclam Verlag sowohl mit diesem Werbekonzept als auch mit den realisierten Werbemaßnahmen ein in diesen schwierigen Zeiten äußerst ambitioniertes Werbeverhalten.

4.1.9 Bewertung der Werbemaßnahmen

Nicht nur für seine Publikationen, auch für seine Werbeaktivitäten unterhielt der Reclam Verlag ein großes Autorennetzwerk, welches er umfangreich und gezielt für diese zu nutzen wusste. Die Buchhändler wurden mit einer Überfülle von Werbeaufforderungen, zugehörigen Materialien, Rabatten und Wettbewerben bedacht. Ein besonderer Fokus war auf die Absatzmärkte rund um Schule und Volksbildung gerichtet, denen sich Reclam gezielt als ‚Weltanschauungsverlag‘ der ‚deutschen Erhebung‘ präsentierte, indem er die UB als unerschöpflichen Fundus zur Erziehung und Schulung des NS-Volksgenossen inszenierte. Im Vordergrund standen dabei, wie auch Ruppelt insbesondere für den Bereich Schulwerbung konstatiert,[2613] oft nationalsozialistische Titel. Ruppelt betrachtet dies jedoch nicht als Beleg ideologischer Nähe des Verlags zum NS-Staat, sondern führt an, dass die stark nationalsozialistisch

2610 Protokoll Müller vom 07.03.1941. In: RAS, Mappe 75-jähriges Jubiläum.
2611 Protokoll Müller vom 07.03.1941. In: RAS, Mappe 75-jähriges Jubiläum.
2612 Vgl. Protokoll Müller vom 07.03.1941. In: RAS, Mappe 75-jähriges Jubiläum.
2613 Vgl. Ruppelt 1992, S. 342.

gefärbte Werbung, unter Berücksichtigung der gesamtwirtschaftlichen Lage des Verlags, zwar auch der Absatzverbesserung, letztlich aber der Existenzsicherung gedient habe.[2614] Kuczynski und Puchert stellen fest, das Verlagshaus sei aus Geschäftsgründen bemüht gewesen, den Nachweis zu erbringen, dass es auch Wegbereiter des Faschismus gewesen sei. Während Ruppelt Existenzangst als ursächlich für das gezeigte Verhalten anführt, bewerten Kuczynski und Puchert dieses wesentlich schärfer, indem sie herausstellen, dass der Verlag sich bei der Formulierung von Werbetexten, die eindeutig die nationalsozialistische Propaganda unterstützten, in keiner Weise so zurückgehalten habe, „wie man es hätte erwarten müssen, wenn er diese Bücher nur unter Zwang verlegt hätte."[2615]

Tatsächlich konnte gezeigt werden, dass in der Werbung nicht nur beschränkt auf die schulische Zielgruppe, sondern generell in den Verlagsprospekten und im Annoncengeschäft völkisch-nationale und nationalsozialistische Titel wesentlich stärker im Fokus der Werbeaktivitäten standen als neutrale Titel. Hinzu kommen der entsprechende Duktus, die anhand zahlreicher Werbetexte nachgewiesene Verwendung der Lingua Tertii Imperii sowie die bemühte NS-Kontextualisierung auch nicht einschlägiger Titel in den Werbeanzeigen und Begleittexten, die diese Titel oftmals deutlicher in die Sphäre der nationalsozialistischen Ideologie rücken, als es so mancher Inhalt hergibt. Im Anzeigengeschäft bediente der Verlag neben dem *Börsenblatt* die ‚gleichgeschaltete' Tagespresse, aber auch dezidiert nationalsozialistische Presseorgane. Darüber hinaus lassen sich Bemühungen um Besprechungen im *Völkischen Beobachter* an verschiedenen Schriftwechseln nachweisen.

Parallel dazu bemühte sich der Reclam Verlag auch in der Werbung, die zahlreichen der kultur- und literaturwissenschaftlichen Tradition verpflichteten Titel herauszustellen, womit insbesondere das konservative bildungsbürgerliche Publikum angesprochen werden sollte. Es ist anzunehmen, dass NS-konforme Literatur aus einem so renommierten Kultur- und Traditionsverlag wie dem Hause Reclam dieses Zielpublikum – auch und gerade durch die kombinierte Bewerbung unpolitischer zusammen mit dem Zeitgeist verpflichteten Titeln in etlichen Annoncen – weit eher und nachhaltiger erreichte als die plakativen Schriften dezidierter NS-Verlage, wie insbesondere des Zentralverlags der NSDAP Franz Ehrer Nachf. Dass der Verlag gerade den Titeln, die seine Einordnung als Klassikerverlag am meisten rechtfertigen, in der Werbung wenig Platz einräumte, kann insofern begründet erscheinen, als dass der Großteil der klassischen Werke in der Backlist der UB erschienen war und somit nicht zu den Neuerscheinungen zählte, die es hauptsächlich hervorzuheben galt. Dass die Edition neuer klassischer Texte zudem keinen Schwerpunkt des Neuerscheinungsprogramms im ‚Dritten Reich' bildete, auf den sich der Verlag zugunsten einer programmpolitischen Redlichkeit hätte konzentrieren können, erklärt ferner

2614 Vgl. Ruppelt 1992, S. 343.
2615 Kuczynski; Puchert 1976, S. 75.

die relative Abwesenheit solcher Titel in der Werbung. Dennoch wurde auch den *Helios-Klassikern*, die aufgrund ihres – im Vergleich zu den Bänden der UB – höheren Preises eine nicht zu vernachlässigende Einnahmequelle für den Verlag darstellten, wenig Aufmerksamkeit geschenkt. Die vorrangig lapidare Titelauflistung der Klassiker ohne werbende Texte, stets am Ende zahlreicher einseitiger Werbedrucksachen anderer Verlagswerke, lässt die Bedeutung, die der Reclam Verlag selbst den gebundenen Klassiker-Ausgaben – als gleichwertig neben der UB stehendem Verlagszweig – stets zuzuweisen pflegte, nicht erkennen.[2616]

4.2 „Zur geistigen Aufrüstung unseres deutschen Volkes"[2617] – Reclam im nationalsozialistischen Kulturbetrieb

4.2.1 Reclam im Blick staatlicher Literaturkritik – Auswertung von Empfehlungslisten

Neben den vielfältigen *Schwarzen Listen*, die das verbotene, ‚unerwünschte' Schrifttum verzeichneten – sie wurden nicht veröffentlicht, sondern nur an Vertrauenspersonen verschickt, um einerseits den Anschein einer Kulturnation zu wahren und andererseits durch eine nicht öffentlich agierende Zensur ein Klima dauernder Unsicherheit und daraus resultierender Selbstzensur zu erzeugen – gab es besondere *Weiße Listen*: staatliche Förderkataloge, herausgegeben von verschiedensten kulturpolitischen Instanzen, die die empfehlenswerte Literatur listeten.

Zu diesen gehörte die *Nationalsozialistische Bibliographie*, herausgegeben von der PPK, die von Januar 1936 bis März 1944 monatlich erschien und neben der Parteiliteratur auch „schöngeistiges Schrifttum" empfahl, vor allem sogenannte volkhafte Literatur sowie Kriegs-, Heimat- und Geschichtsromane;[2618] im Schnitt zwischen 40 und 60 Buchtitel pro Monatsheft, in den Jahren 1936 bis 1938 darunter je vier Buchempfehlungen aus dem Reclam Verlag.[2619]

2616 Mit diesen Werbestrategien stand der Reclam Verlag nicht allein. Rebenich skizziert in seiner Studie *C. H. Beck 1763–2013. Der kulturwissenschaftliche Verlag und seine Geschichte*, in der er die Analyse der Anzeigenwerbung und der Programmentwicklung mit der Auswertung der Bilanzen verknüpft, um zu überprüfen, ob die Strategien erfolgreich waren, für Beck ein vergleichbares Vorgehen. Vgl. Rebenich 2013, S. 383 ff., insbesondere S. 397.

2617 Saegenschnitter 1940, S. 171 f.

2618 Vgl. Schoeps 2000, S. 49 f., 53.

2619 Friedrich von Gottl-Ottlilienfelds *Wesen und Grundbegriffe der Wirtschaft*, Paul Ritters *Kampf um den Erdraum*; Alfred Brauchles *Gespräche über Schulmedizin und Naturheilkunde*, Werner Beumelburgs *Der Frontsoldat*, Friedrich Keiters *Menschenrassen in Vergangenheit und Gegenwart*, Johann von Leers' *Der Weg des deutschen Bauern von der Frühzeit bis zur Gegenwart*, Rudolf Frercks *Deutsche Rassenpolitik*, Adolf Bartels' *Weltliteratur*, Hans Künkels *Schicksal und Liebe*

Für die Bewertung der Produktion des Reclam Verlags in der staatlich instruierten Öffentlichkeit weit aussagekräftiger sind die seit 1934 von der Reichsstelle zur Förderung des deutschen Schrifttums, ab 1937 als Organ des Amtes für Schrifttumspflege von dem Beauftragten des Führers für die gesamte geistige und weltanschauliche Erziehung der NSDAP und der RFDS[2620] monatlich herausgegebene *Bücherkunde*[2621] und der ihr beigefügte *Gutachtenanzeiger*[2622], die sich an alle mittelbar und unmittelbar an der deutschen Schrifttumsproduktion Beteiligten sowie an die literarisch interessierte Öffentlichkeit richteten. Die zahlreichen Buchbesprechungen der *Bücherkunde* geben einen wesentlich detaillierteren Einblick, als es die schlichte empfehlende Auflistung von Verlagstiteln vermag. Zudem lässt sich an der *Bücherkunde* besonders deutlich ablesen, wie sich die kulturpolitische Entscheidung ausgewirkt hat, die Kunstkritik durch die fördernde Betrachtung zu ersetzen. Am 27.11.1936 war die ‚Kunstkritik' von Goebbels verboten und durch den ‚Kunstbericht' ersetzt worden.[2623] Im Bereich der Literatur wurde von nun an von ‚Literaturbetrachtung' gesprochen. Die Aussage der „geistigen Werke" sollte sich fortan staatlicher Lenkung unterwerfen, sich in Inhalt und Stil den politischen Wünschen anpassen, diesen entsprechen und sie ergänzen. Diese Vorschriften richteten sich an Feuilletons und Kulturzeitschriften, die damit den Eigenwert der sich von den restlichen Zeitungsrubriken klar abzugrenzenden literarischen Beilage verloren.[2624] Diese Bestimmungen waren auch für die staatlichen Rezensionsorgane wie die *Bücherkunde* bindend, und obwohl die Buchkritik immer

des Niklas von Cues, Friedrich Grimms *Um Rhein, Ruhr und Saar*, Alfred Detigs *Wie der Führer Österreich heimbrachte* sowie *Das Lied der Getreuen*. In den Jahren 1936 bis 1938 ist die *Nationalsozialistische Bibliographie* gegliedert nach Büchern, Aufsätzen aus Zeitschriften und Sammelwerken, Aufsätzen aus Tageszeitungen. Ab 1939 sind die Publikationsformen der Monografien und Aufsätze in der Bibliografie gemischt und nach Themenschwerpunkten sortiert, weshalb nach Abwägung von Aufwand und Nutzen auf eine weitere systematische Durchsicht verzichtet wurde.

2620 Bis März 1943 wurde sie von Hans Hagemayer (Leiter RFDS), danach von Bernhard Payr (Leiter des Hauptamtes Schrifttumspflege) herausgegeben.

2621 In ihr wurden ausgewählte Prüfungsresultate in Form von Buchbesprechungen abgedruckt. Als redaktionelle Bereicherung dienten häufig Aufsätze zu verschiedensten Themen des deutschen Buch- und Verlagswesens. Die inhaltliche Aufbereitung erwies sich beim Sichten als unbeständig, Buchbesprechungen sind unterschiedlich benannt und gekennzeichnet, die Anzahl der Aufsätze ist wechselnd. Dies spricht für eine aktive Redaktion. Bis zum Krieg und auch noch während der ersten beiden Kriegsjahre gab es die Rubriken *Spiegel* und *Gedankensplitter*, danach nicht mehr.

2622 Da nicht alle Prüfungsergebnisse in der *Bücherkunde* abgedruckt werden konnten, wurden spätestens ab Dezember 1935 in der Beilage *Gutachtenanzeiger* „zu fördernde" und „nicht zu fördernde Bücher" gesondert gelistet. Darüber hinaus veröffentlichte die RFDS ab 1937 jeweils bezogen auf das vorangegangene Jahr den alphabetisch geordneten *Jahresgutachtenanzeiger*, der nochmals alle empfehlenswerten und abzulehnenden Titel aufzählte und von der *Bücherkunde* selbst als Nachschlagewerk für jeden, dessen Aufgaben in den Bereich der Schrifttumsförderung gehörten, empfohlen wurde. Vgl. *Bücherkunde* 1937, H. 7, S. 431.

2623 Vgl. *Völkischer Beobachter* 28.11.1936.

2624 Vgl. Strothmann 1985, S. 259.

mehr auf eine reine Inhaltsangabe reduziert wurde, galt die Rezension damals wie heute als eines der wichtigsten Werbeinstrumente und macht somit die *Bücherkunde* als Untersuchungsobjekt relevant.

Die *Bücherkunde* wollte

> durch eine klare und kompromißlose Schrifttumsbewertung dem deutschen Volke einen Wegweiser durch die Fülle des erscheinenden Schrifttums [...] geben. Dabei steckten wir uns die Grenzen so weit wie möglich, indem wir nicht nur das schöngeistige Schrifttum bewerteten, sondern fast alle Sachgebiete von Allgemeinbedeutung mit in unsere Arbeit einbezogen und hierbei diejenigen wichtigen Neuerscheinungen, die nicht nur fachlich, sondern auch weltanschaulich ausgerichtet waren.[2625]

Die *Bücherkunde* publizierte wesentlich mehr positive als negative Buchbesprechungen; im *Gutachtenanzeiger* stand den zu fördernden Büchern nur ein Bruchteil nicht zu fördernder Bücher gegenüber,[2626] wobei die Zahl der Buchbesprechungen pro Heft erheblich schwankt. Für das Jahr 1939 wurde beispielhaft ermittelt, dass einer hohen Anzahl von Besprechungen im Januar (53) nur elf im Monat Februar folgten. Die Zahl der Besprechungen der Monate März bis September bewegt sich konstant zwischen 24 und 30. Zuweilen häufen sich in einem Heft mehrere Besprechungen von Titeln eines Verlagshauses, sodass der Eindruck entsteht, dass die Prüfungen mit Fokus auf bestimmte, wechselnde Verlage durchgeführt wurden, die im Anschluss für eine geraume Zeit aus dem Zentrum der Wahrnehmung verschwanden.

Die systematische Auswertung der *Bücherkunde*[2627] hat ergeben, dass die von Reclam besprochenen Titel in den dogmatischen, oft formelhaft formulierten

2625 *Bücherkunde* 1937, H. 1, S. 1. Laut DNB wurde der *Gutachtenanzeiger* 1944 mit Heft März/April, die *Bücherkunde* ebenfalls 1944 mit Heft Juli/August eingestellt. Ab 1940 sind die Hefte etwas dünner; um dies auszugleichen, wurde dickeres Papier verwendet. Interessanterweise gibt es dann jedoch bis 1943 keine nennenswerten Einbrüche in der Zahl der Buchbesprechungen; hier wird die zunehmende Mangelwirtschaft des Buchwesens in der *Bücherkunde* nicht spürbar. Es bleibt die Frage, welche der besprochenen Titel überhaupt noch das Publikum erreichen konnten. Der Umfang der Hefte jedoch nahm stetig ab und auch die Anzahl der Titel in den *Gutachtenanzeigern* sank zunächst schleichend, 1943 rapide. Parallel dazu entwickelte sich eine zunehmende Fokussierung der Bewertung von wissenschaftlicher Literatur; die Kategorie Fachbücher war erst im September 1939 eingeführt worden. Ab 1940 gab es die Möglichkeit, Verlagsanzeigen in der *Bücherkunde* zu schalten. Reclam machte davon erst im November-Heft Gebrauch, dafür ist die von Reclam geschaltete ganzseitige Werbeanzeige, die zehn wichtige Neuerscheinungen mit je vier- bis fünfzeiliger Anpreisung bewarb, die größte der bisher erschienenen.

2626 Die PPK veröffentlichte ebenfalls einen *Jahresgutachtenanzeiger* ihrer Prüfungsergebnisse, hier fanden sich jedoch ausschließlich die positiv bewerteten Werke. Vgl. Strothmann 1985, S. 244.

2627 Für die Analyse wurden alle Hefte der *Bücherkunde* von H. 1–3 1934 bis H. 9/10 1944 eingesehen. Der *Gutachtenanzeiger* lag der *Bücherkunde* erstmals im Heft 12 1935 bei. Der *Gutachtenanzeiger*

Besprechungen mehrheitlich großen Anklang fanden. Insgesamt wurden 199 Titel aus dem Verlagshaus Reclam in der *Bücherkunde* besprochen, im angeschlossenen *Gutachtenanzeiger* als zu empfehlen oder nicht zu empfehlen gelistet oder als redaktionelle Titelempfehlung in thematischen Listen genannt, 36 davon mehrfach. Zu berücksichtigen für die folgende Analyse sind allerdings nur die Besprechungen und Bewertungen des *Gutachtenanzeigers* zu Titeln aus dem Novitätenprogramm des Verlags von 1933 bis 1945.[2628]

Von der Gesamttitelproduktion des Reclam Verlags im Zeitraum von 1933 bis 1944 (592 Titel) wurden knapp 25 % Prozent (150 Titel) von der *Bücherkunde* oder dem *Gutachtenanzeiger* aufgegriffen, was darauf schließen lässt, dass die Produktion des Reclam Verlags durchaus relevant für die Lektoren der RFDS war. Der hohe Anteil positiver Besprechungen zeigt zudem, dass das Verlagsprogramm dort großen Anklang fand: 89 % der besprochenen Buchtitel wurden lobend rezensiert, 98 % der im *Gutachtenanzeiger* gelisteten Titel als zu fördernd bewertet.

Unter den insgesamt im Zeitraum 1934 bis 1944 besprochenen 47 Werken des Reclam Verlags[2629] befinden sich 21 Titel der UB und 26 Verlagswerke. Unter diesen ist die *Deutsche Literatu*r mit zwölf ausnahmslos positiven Besprechungen vertreten. Ergänzend zu den Besprechungen fanden sich zwei lobende Aufsätze zur Bedeutung der *Deutschen Literatur*, was wiederum die besondere Wertschätzung dieses Projekts untermauert. 42 der besprochenen Werke wurden positiv besprochen; lediglich über fünf Werke fällte die *Bücherkunde* ein abschlägiges Urteil, darunter drei Werke des 1935 in Ungnade gefallenen ‚Konjunkturritters' Erich Czech-Jochberg. Der in Kapitel 3.3.7.1 beschriebene gesellschaftliche Fall des ehemaligen Reclam'schen Starautors wurde auch in der *Bücherkunde* ausführlich begleitet.[2630] Dem Novitätenprogramm des Reclam Verlags folgte die *Bücherkunde* in ihren Besprechungen nur bedingt und oft

konnte nicht lückenlos ausgewertet werden, da wenige einzelne Ausgaben in den gesichteten Exemplaren der *Bücherkunde* fehlen.

2628 18 Besprechungen bzw. Bewertungen des *Gutachtenanzeigers* beziehen sich auf Titel, die vor 1933 publiziert worden waren. Ferner finden 31 lediglich in thematischen Listen zur Lektüre empfohlene Titel keine Berücksichtigung, da diese ausschließlich positiv waren und eine Gegenprüfung zur Ermittlung des Anteils nicht empfehlenswerter Literatur nicht stattfinden kann.

2629 Zu den in der *Bücherkunde* besprochenen bzw. im *Gutachtenanzeiger* bewerteten Titeln aus dem Programm des Reclam Verlags siehe Anhang 14.

2630 Vgl. *Bücherkunde* 1935, H. 3, S. 83–86; *Bücherkunde* 1935, H. 5, S. 159–161; *Bücherkunde* 1935, H. 7, S. 228–230. Ferner kritisierte die *Bücherkunde* an Robert Hernrieds Biografie zu Johannes Brahms, er habe noch nicht publiziertes Quellenmaterial nur „mechanisch in den Lebenslauf eingebaut", statt es „mit den Werken des Komponisten in Verbindung zu bringen". *Bücherkunde* 1935, H. 6, S. 193. Insbesondere störte sich der Rezensent aber an „Hernrieds Stellungnahme zu dem Juden Joachim, der für ihn ‚von einer Liebe zum Deutschtum bis in den letzten Winkel seines Herzens erfüllt ist'." *Bücherkunde* 1935, H. 6, S. 193. Dem Autor von *Kampf um die Saar*, Adolf Müller, lastet die *Bücherkunde* hingegen an, er habe hier lediglich eine Zusammenfassung der vorhandenen Saarliteratur verfasst, allerdings mit erheblichen fachlichen und stilistischen Mängeln. Vgl. *Bücherkunde* 1934, H. 1–4, S. 43.

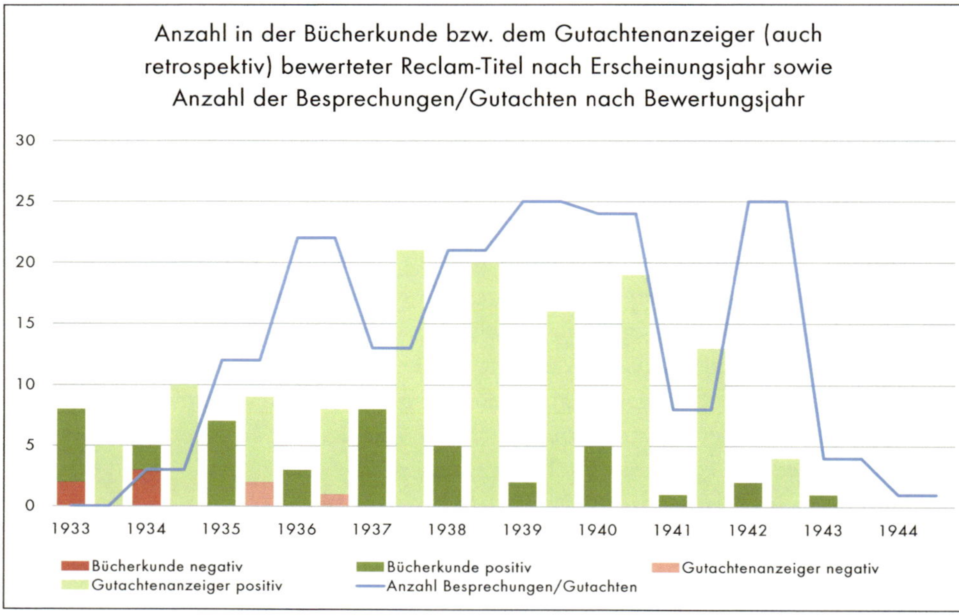

Abb. 125 Anzahl in der *Bücherkunde* bzw. dem *Gutachtenanzeiger* (auch retrospektiv) bewerteter Reclam-Titel nach Erscheinungsjahr sowie Anzahl der Besprechungen/Gutachten nach Bewertungsjahr

verzögert. Abbildung 125[2631] zeigt, dass insbesondere die Neuerscheinungen der Jahre 1933, 1935 und 1937 von der *Bücherkunde* aufgegriffen wurden; die Anzahl der in den Jahren 1933 bis 1944 besprochenen und vom Gutachter beurteilten Werke belegt hingegen, dass die Bewertungen häufig rückblickend auf die Veröffentlichung erfolgten. Von besonderem Interesse waren offensichtlich die Publikationen des Reclam Verlags der Jahre 1937 bis 1940.

Die Auswertung der *Gutachtenanzeiger* zeigt vergleichbare Resultate. Die Kriterien für die Einteilung der Schriften in „zu fördernde" und „nicht zu fördernde Bücher" wurden offensichtlich nach der ‚Weltanschauung' und ‚Rassenzugehörigkeit' der Autoren sowie nach Eignung der Bücher für den Propagandakampf des Nationalsozialismus bestimmt.[2632] *Die Bücherkunde* selbst betont hingegen, dass vor allem sprachliche Aspekte ausschlaggebend seien, während inhaltliche eine untergeordnete Rolle spielten. Dass dem nicht so war, zeigt die 1935 bis 1944 zur Förderung bestimmte Auswahl von 122 Titeln,[2633] die hauptsächlich ideologisch aufgeladene Themen wie Kampf, Gefolgschaft, Opfer sowie den Mythos von Scholle, Führer, Blut und Rasse

2631 Eigene Erhebung, Auswertung der *Bücherkunde* und des *Gutachtenanzeigers* der Jahre 1934 bis 1944.
2632 Vgl. Schoeps 2000, S. 51.
2633 Siehe Anhang 14.

behandelten. Nach Differenzierung bezüglich der Veröffentlichungsform lässt sich folgende Verteilung feststellen: 59 Titel wurden innerhalb der UB als förderwürdig bewertet, 63 Titel entfielen auf Verlagswerke, davon allein 22 abermals aus der Reihe *Deutsche Literatur*. Es verwundert also kaum, dass literaturwissenschaftliche Werke (24 Titel) den größten Anteil der vom *Gutachtenanzeiger* zur Lektüre und Verbreitung empfohlenen Titel ausmachten, dicht gefolgt von Erzählungen (23 Titel) und historischen und kulturgeschichtlichen Abhandlungen (22 Titel).

Die meisten Titel fanden in den *Gutachtenanzeigern* des Jahres 1942 Erwähnung (23), 1939 und 1940 verzeichnete die Auswahl 22 Titel von Reclam, 1938 wurden 20 Titel, 1936 18 Titel empfohlen. 1941 und 1943 fand Reclam mit sieben bzw. zwei Titeln dagegen verhältnismäßig wenig Beachtung; in der wesentlich ausgedünnten Ausgabe von 1944 spielt das Verlagshaus gar keine Rolle.

Drei Titel wurden doppelt empfohlen, in der vorliegenden Auswertung aber nur einmal berücksichtigt: *Blauer Schatz der Gärten* (Foerster), *Von Trylle, Valde und dem kleinen Hasen Lampe* (Gunnarsson) und *Der Bauernspiegel Großdeutschlands* (Springenschmid / Strohmeyer). Setzt man diese 122 Titel ins Verhältnis zur Gesamtproduktion des Verlags 1933 bis 1944 (592 Titel), zeigt sich, dass 21 % der Reclam'schen Verlagsproduktion von der RFDS als förderwürdig eingestuft wurde – ein beachtlicher Anteil, auch im Vergleich zu lediglich drei negativen Bewertungen (0,5 %).[2634] Bei Broder Christiansens Ratgeber *Wege zum Erfolg*, 1941 publiziert, war sich der *Gutachtenanzeiger* uneins: Im Oktober 1942 noch als zu fördern im *Gutachtenanzeiger* gelistet, wurde der Titel in der Ausgabe Juli / August 1943 als nicht zu fördern aufgeführt. Für den Publikationszeitraum 1933 bis 1944 stehen also 122 zu fördernden Titeln drei abgelehnte Werke gegenüber. Obschon das Hauptaugenmerk der *Bücherkunde* explizit auf dem Empfehlen von Literatur und nicht auf deren Kritik lag,[2635] belegt die hohe Anzahl empfehlenswerter Titel, dass sich das Reclam'sche Verlagsprogramm gut in die nationalsozialistische Programmatik einfügen ließ. Unliebsame Titel aus dem Hause Reclam waren immerhin nicht in dem Maße ungewollt, als dass sie dezidiert auf die Liste der nicht zu fördernden Titel hätten gesetzt werden müssen. 44 % der 141 von *Bücherkunde* und/oder *Gutachtenanzeiger* positiv bewerteten Titel sind als NS-affin zu klassifizieren (62 Titel).

Im Vergleich zur Nennungsfrequenz anderer Verlage ist festzustellen, dass – neben den zu erwartenden wie Eher Nachf., J. F. Lehmann, Langen Müller und HAVA – weitere Verlage wie Junker & Dünnehaupt, Essener Verlagsanstalt, Bibliographisches Institut, Paul List Verlag, Eugen Diederichs, Teubner, Quelle & Meyer, Hirzel, Koehler

2634 *Stefan George* von Will Scheller (1935), *Peter Drosts drittes Leben* von Hans von Hülsen (1935), *Bevölkerungspolitik* von Otto Most (1936).

2635 An dieser Stelle sei nochmals darauf hingewiesen, dass aufgrund des grundlegend eher empfehlenden Charakters der *Bücherkunde* die Anzahl der „zu fördernde[n] Titel" die Anzahl der „nicht zu fördernden" stets bei Weitem übersteigt. Es ist davon auszugehen, dass durchschnittlich knapp zehn Mal mehr positiv bewertete Titel in den *Gutachtenanzeigern* vermerkt sind als negative.

und Amelang sowie Cotta deutlich häufiger besprochen und in den Anzeigern genannt werden als Reclam. Fischer sowie die ‚System-Verlage' Rowohlt und Kiepenheuer wurden dagegen meist mit Ignoranz gestraft. Auf der anderen Seite gibt es eine Reihe von Verlagen, deren Titel in der Mehrzahl abgelehnt wurden, darunter Herder, Kösel und Pustet, Luser, Scherl, Schöning, Triltsch und Zsolnay. An der Buchproduktion von Reclam hatte die *Bücherkunde* aus staatlicher Sicht offenkundig wenig auszusetzen.

Über diese Bewertung der *Bücherkunde* hinaus lassen sich aus den vom Prüfungsausschuss für vaterländisches Schrifttum im Reichserziehungsministerium empfohlenen Titeln ergänzende Hinweise zur Eignung des gesamten Reclam-Programms für kulturpolitische Zwecke – im Konkreten zur Bildung und Schulung im nationalsozialistischen Sinne – gewinnen. Der Verlag pflegte an geeignetem Ort – dem *Bücherfreund* – gesondert auf diese vom Erziehungsministerium empfohlenen Titel hinzuweisen. Neu hinzugekommene Titel wurden in fortführenden Ergänzungen angezeigt. Außerdem stellte der Verlag Prospekte eigens für diese staatlich geprüften und genehmigten Werke unter dem Titel *Amtlich empfohlene Werke aus dem Verlag Philipp Reclam jun.* her. Ein solcher Prospekt vom Mai 1937 verzeichnete 243 Titel des UB-Programms, deren Eignung für Schulzwecke feststehe. 81 davon stammten aus der Verlagsproduktion seit 1933. Aus der Reihe *Deutsche Literatur in Entwicklungsreihen* fanden 59 Bände Eingang auf die Empfehlungsliste. Von den seit dieser Zeit erschienenen Verlagswerken wurden 18 empfehlend aufgelistet, fünf weitere Verlagswerke aus der Zeit bis 1933. Von den Bänden der *Deutschen Literatur* wurden 60 Bände, also ein Großteil der bis dato erschienenen Werke, gelistet.[2636] Die Prüfung „erstreckt sich im Wesentlichen auf die Neuerscheinungen der letzten Jahre; die klassischen, allgemein anerkannten Werke der Vergangenheit aus Reclams Universal-Bibliothek sind nicht besonders geprüft worden, da ihre Eignung für Schulzwecke feststeht."[2637]

Insgesamt bestätigt die Auswertung der Empfehlungslisten[2638] den Eindruck, dass ein gleichsam stromlinienförmiges Neuerscheinungsprogramm des Reclam Verlags insgesamt auf wenig Kritik stieß, während insbesondere die Edition einschlägig nationalsozialistisch gefärbter Titel sowie deren entsprechende Inszenierung in pronationalsozialistischen Werbekontexten zu nahezu ausschließlich positiven Bewertungen des Verlagsprogramms durch die staatlichen Kulturlenker führte. Titel aus dem

2636 Vgl. Prospekt *Amtlich empfohlene Werke*. In: RAS, Mappe Bücherfreund und amtlich empfohlene Werke.

2637 Prospekt *Amtlich empfohlene Werke*, S. 1. In: RAS, Mappe Bücherfreund und amtlich empfohlene Werke.

2638 Daneben finden sich zahlreiche Titel des Reclam Verlags in diversen weiteren Buchempfehlungslisten, z. B. in den vom Kulturamt der Reichsjugendförderung zusammengestellten „Buchvorschläge[n] zu den Heimabendthemen der HJ". Werbekalender für Februar 1938. In *BBl.* vom 27.01.1938, Nr. 22, Umschlag, http://digital.slub-dresden.de/id39946221X-19380127/2 oder Werbekalender für April 1938. In: *BBl.* vom 28.03.1938, Nr. 73, Umschlag, http://digital.slub-dresden.de/id39946221X-19380328/2 [25.05.2024].

Hause Reclam wurden sowohl für weltanschauliche Schulungszwecke als auch für die gehobene Unterhaltung zur Anschaffung empfohlen. Insofern bestätigt die Auswertung der Empfehlungslisten die zeitgenössische Einschätzung des *Börsenblatts*, derzufolge das Verlagsprogramm von Ernst Reclam der politisch-ideologischen Entwicklung effektiv angepasst und von ihm, „stets festhaltend an dem nationalen Grundzug der Sammlung, in die neue Zeit hinüber" geleitet worden sei.[2639]

4.2.2 Reclam in der Presse – Auswertung der Berichterstattung in Tageszeitungen und Zeitschriften

Ob die Verlagsproduktion aus dem Hause Reclam in der Presse ähnlich positiv aufgenommen wurde, soll im Folgenden anhand von Stichproben untersucht werden. Da die Grundgesamtheit der Presselandschaft unüberschaubar, vor allem aber aufgrund ihres unterschiedlichen Digitalisierungsgrads auf sehr unterschiedliche Weise für eine Auswertung zugänglich ist,[2640] können diese Stichproben nicht als statistisch repräsentativ gelten. Dennoch lassen sich bei Berücksichtigung regionaler Besonderheiten generalisierende Aussagen ableiten.

Die hier ausgewertete Stichprobe setzt sich quantitativ vor allem aus den Ergebnissen einer systematischen Volltextrecherche in *ANNO – AustriaN Newspaper Online*[2641] für den Zeitraum 1933–1945 zusammen. Allein in den digital bereitgestellten Tageszeitungen und Zeitschriften in Österreich konnten 582 Pressenachweise für Reclam in diesem Zeitraum ermittelt werden (485 Nennungen in Zeitungen, 97 in Zeitschriften). Hinzu kommen Pressedokumente aus dem Verlagsarchiv sowie gezielt recherchierte Beiträge in Branchenzeitschriften und Tageszeitungen, bei denen eine bunte Mischung aus genuinen NS-Organen und ehemals bürgerlichen Zeitungen zu verzeichnen ist.[2642]

2639 *BBl.* 21.03.1936.

2640 Die Digitalisierung deutscher Tageszeitungen ist zum jetzigen Zeitpunkt nicht für eine systematische Analyse geeignet. Weder das Projekt Zeitungsinformationssystem ZEFYS (http://zefys.staatsbibliothek-berlin.de/ [25.05.2024]) der Staatsbibliothek zu Berlin noch digiPress (https://digipress.digitale-sammlungen.de/ [25.05.2024]) der Bayerischen Staatsbibliothek weisen z. B. die beiden wichtigsten Leipziger Tageszeitungen – *Leipziger Neueste Nachrichten* und *Neue Leipziger Tageszeitung* – in ausreichender Aufarbeitung nach. Die in ZEFYS vorliegenden Digitalisate der *Leipziger Neuesten Nachrichten* beschränken sich jeweils auf einen Bruchteil der Jahre 1943, 1944 und 1945 und liegen zudem nur als Images und nicht volltextdurchsuchbar vor. Eine systematische Sichtung der beiden Publikationen im Printformat wurde nach Abwägung von Aufwand und Nutzen nicht durchgeführt.

2641 http://anno.onb.ac.at/ [25.05.2024].

2642 Zum Beispiel erschienen im *Völkischen Beobachter*, im *Westdeutschen Beobachter*, in der *Pariser Zeitung*, im *Deutschen Büchereiblatt* oder in *Die neue Literatur* lobende Abhandlungen zum Reclam Verlag. Als Beispiele für ehemals bürgerliche Verlage, die im Laufe des ‚Dritten Reiches'

Bereits die Summe der Fundstellen macht deutlich, dass der Verlag für die mediale Öffentlichkeit von großem Interesse war. Die zeitliche Verteilung der wohlwollenden medialen Berichterstattung zum Reclam Verlag und der ausschließlich positiven Resonanz der Reclam'schen Verlagsproduktion in den großen österreichischen Tageszeitungen spiegelt dabei anschaulich den politischen Umbruch in der medialen Vermittlungsrealität: Im *Neuen Wiener Tagblatt*, das bis 1938 zu den auflagenstärksten Zeitungen des Landes gehörte, 1938 auf NS-Linie gebracht und an einen Strohmann des Eher Verlags verkauft wurde,[2643] fand der Reclam Verlag im Zeitraum von 1933 bis 1937 keinerlei Erwähnung. Zwischen 1938 und 1944 hingegen konnten 59 relevante Nennungen des Verlagshauses Reclam ermittelt werden, darunter zu 53 % ausschließlich positive Buchbesprechungen und Rezensionen und zu 11 % empfehlende Titelnennungen. Im *Salzburger Volksblatt*, das insbesondere das deutschnationale Publikum ansprach,[2644] 1918 eine antisemitische Haltung entwickelte und sich 1931/1932 der österreichischen NSDAP zuwandte, konnten zwischen 1933 und 1942 70 relevante Nennungen des Verlagshauses Reclam ermittelt werden. Auch hier hatten mit 58 % die ausschließlich positiven Buchbesprechungen und Rezensionen den größten Anteil. Empfehlende Titelnennungen machten 14 % der Erwähnungen aus.[2645] Die Präsenz des Reclam Verlags in den *Innsbrucker Nachrichten*, bis 1938 eine unabhängige demokratische Tageszeitung, zwischen 1938 und 1945 das parteiamtliche Organ der NSDAP im Gau Tirol,[2646] folgt abermals der politischen Zäsur: Bis 1937 wird Reclam zehn Mal erwähnt, zwischen 1938 und 1944 insgesamt 32 Mal.

Neben wenigen umfangreicheren redaktionellen Beiträgen ausschließlich zum Reclam Verlag enthielten die Pressemeldungen personelle Mitteilungen, Verlagsanzeigen sowie Teilabdrucke von Büchern aus dem Hause Reclam in jeweils drei Folgen.[2647]

auf Parteilinie eingeschworen wurden, sind zu nennen: die *Deutsche Allgemeine Zeitung*, die *Frankfurter Zeitung* sowie die *Münchner Neuesten Nachrichten*.

2643 Steyrermühl Papierfabriks- und Verlagsgesellschaft, der Verlag des *Neuen Wiener Tagblatts* und zahlreicher weiterer einträglicher Tagblätter, wurde nach dem ‚Anschluss' Österreichs unter kommissarische Verwaltung gestellt und unter Zerlegung und Veräußerung seiner Einzelbestandteile zerschlagen. Der neugegründete Ostmärkische Zeitungsverlag übernahm die Zeitungsredaktion und die Druckerei und stellte die Tagblätter somit unter NS-Propagandakontrolle. Vgl. S. 3775 ff. Felber et al. 2004, S. 378.

2644 Hanisch 1988, S. 347, 356.

2645 Vor dem ‚Anschluss' Österreichs war der Reclam Verlag durchaus mit negativen Meldungen in der österreichischen Presse vertreten. So informierte der österreichische *Anzeiger für den Buch-, Kunst und Musikalienhandel* zwischen 1935 bis 1937 über Buchverbote von mindestens elf Titeln aus dem Hause Reclam bzw. sprach Verkaufswarnungen aus. Vgl. z. B. *Anzeiger für den Buch-, Kunst und Musikalienhandel* 18.01.1936.

2646 Vgl. Katalogeintrag Österreichische Nationalbibliothek, https://anno.onb.ac.at/info/ibn_info.htm [25.05.2024].

2647 1944 *Weißhaupt Vater und Sohn* von Josef Papesch und 1943/1944 *Der Mann in den Wolken* von Friedrich Schreyvogl im *Neuen Wiener Tagblatt* sowie *Alpennovelle* von Hans Dreißinger 1939 im *Salzburger Volksblatt*.

Den Großteil jedoch machten Buchbesprechungen und Buchempfehlungen aus. Auch die 45 relevanten Verlagsnennungen in dem ab 1938 als Wiener Ausgabe auch in Österreich erscheinenden *Völkischen Beobachter* setzen sich zu großen Teilen aus wohlwollenden Rezensionen (37,8 %) und empfehlenden Titelnennungen (28,9 %) zusammen.

Zur Einordnung dieses Presseechos gibt Abbildung 126[2648] einen Überblick darüber, in welchen österreichischen Medien mit dem Reclam Verlag vergleichbare bürgerliche Traditionsverlage maßgeblich thematisiert wurden. In den oben betrachteten Presseorganen *Salzburger Volksblatt*, *Neues Wiener Tagblatt*, *Innsbrucker Nachrichten* und *Völkischer Beobachter* waren alle bürgerlichen Verlage vertreten, wobei Rowohlt und S. Fischer im Vergleich zu Reclam und EDV im *Völkischen Beobachter* nur selten erwähnt wurden. Sie spielten hingegen bis 1938 in liberalen demokratischen Blättern eine wichtige Rolle, wie etwa in der *Neuen Freien Presse* und dem *Neuen Wiener Journal*, die zum 1. Februar 1939 mit dem *Neuen Wiener Tagblatt* unter dem Titel des letzteren zusammengelegt und somit klar in den nationalsozialistischen Dienst gestellt wurden. Dies gilt auch für Beiträge im *Prager Tagblatt*, seit 1933 literarisches Asyl für emigrierte oder verfemte deutsche Schriftsteller und direkt nach der Errichtung des Protektorats Böhmen und Mähren eingestellt, oder in dem modern aufgemachten Theater- und Kulturmagazin *Die Bühne*, das, dezidiert gegen Antisemitismus gerichtet und für Freizügigkeit stehend, bereits unmittelbar nach dem ‚Anschluss' Österreichs im März 1938 arisiert wurde. Auf den Reclam Verlag nahmen diese Medien bezeichnenderweise kein einziges Mal Bezug.

Im Vergleich mit anderen bürgerlichen Traditionsverlagen (Abb. 127[2649]) zeigt sich, dass der Reclam Verlag zwischen 1933 und 1944 mit 485 Erwähnungen stärker in der österreichischen Tagespresse präsent war als der Eugen Diederichs Verlag (245 Nennungen), Rowohlt (374), Kiepenheuer (83), H. Goverts Verlag (40) oder der Insel Verlag (140). Die Spitzenposition hat mit 1.611 Nennungen der in Österreich ansässige Verlag Zsolnay inne; stark vertreten waren daneben Piper (832 Nennungen) mit deutlichem Abstand zu Reclam sowie der S. Fischer Verlag (568 Nennungen).

Der zeitliche Verlauf zeigt aber auch, dass der sich dem NS andienende Verlag EDV nach 1938 deutlich Aufwind bekommt: 70 % der Nennungen erfolgten im Zeitraum 1938 bis 1944. Gegenläufig schwindet der Einfluss des bürgerlichen Traditionshauses S. Fischer signifikant: 80 % der Nennungen erfolgten bis einschließlich 1937. Deutlich wird auch, dass die Präsenz bürgerlicher Verlage 1935 im Vergleich zum Vorjahr um 46 % sinkt. Auch wenn sich die bürgerlichen Verlage in den folgenden Jahren 1936 bis 1938 bei durchschnittlich 62 % des Niveaus von 1934 bewegen, setzte sich die rückläufige Tendenz mit Kriegsausbruch deutlich fort bis auf 10 % des Niveaus von 1934 im Jahr 1944.

2648 Eigene Erhebung. Datengrundlage: https://anno.onb.ac.at/ mit Stand vom 05.07.2020.
2649 Eigene Erhebung. Datengrundlage: https://anno.onb.ac.at/ mit Stand vom 05.07.2020.

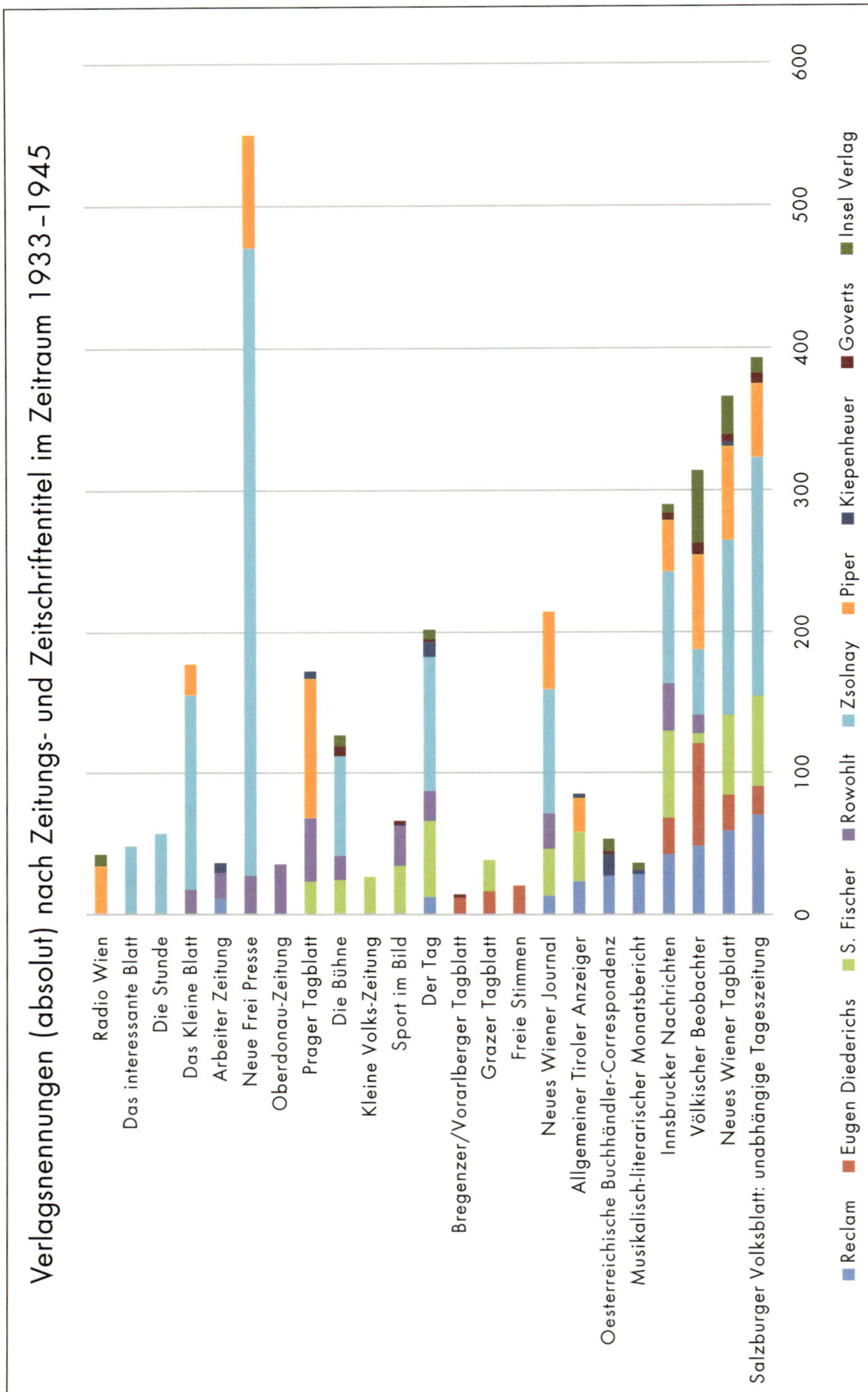

Abb. 126 Verlagsnennungen (absolut) nach Zeitungs- und Zeitschriftentitel im Zeitraum 1933–1945

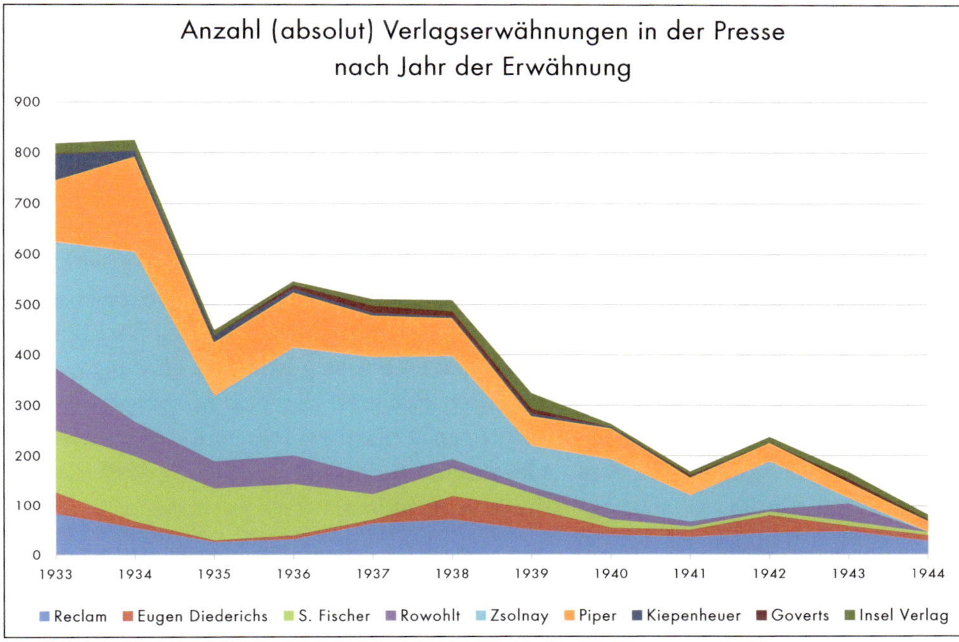

Abb. 127 Anzahl (absolut) Verlagserwähnungen in der Presse nach Jahr der Erwähnung

Dies betrifft insbesondere den österreichischen Verlag Zsolnay: Nachdem der Verleger Paul Zsolnay (der aufgrund seiner jüdischen Herkunft im Deutschen Reich verfemt war, dort aber den Großteil seiner Verlagsproduktion absetzte) ab 1934 zahlreiche Autoren aus dem Kreis der NSDAP für sein Verlagsprogramm rekrutiert hatte,[2650] brach die Präsenz des Verlags in der noch nicht ‚gleichgeschalteten' österreichischen Presse 1935 erstmals um 61 % im Vergleich zum Vorjahr ein. 1936 bis 1938 erhielt der Verlag, dessen Programm sich mit „Übersetzungen angloamerikanischer und skandinavischer Belletristik, dazu mittelmäßige[r], aber nicht betont nazistische[r] Lyrik und gefällige[n] Romane[n] [...] kaum mehr von der deutschen Konkurrenz"[2651] unterschied, zwischenzeitlich wieder deutlichen quantitativen Aufwind. Dies änderte jedoch nichts an der paradoxen Situation, in der der Verlag von der NS-Propaganda weiterhin als „Judenverlag" diffamiert wurde, sein Programm aber mit nationalsozialistischen Vorstellungen ‚gleichgeschaltet' hatte. Der Verlag geriet von Kritikern beider Seiten unter Beschuss. Nach dem politischen Umbruch 1938, in dessen Folge Paul Zsolnay im November 1938 ins Exil ging, verlor der Verlag weiter an Bedeutung.[2652]

2650 Vgl. Wittmann 2015, S. 363f.
2651 Wittmann 2015, S. 364.
2652 Vgl. Wittmann 2015, S. 364f. Zu Zsolnay siehe auch Kapitel 4.3.4.

Reclam und Piper hingegen sind relativ stabil über den gesamten Untersuchungszeitraum in der österreichischen Presse vertreten. In den Kriegsjahren 1943 und 1944 wird Reclam mit 47 und 27 Erwähnungen von allen bürgerlichen Verlagen am häufigsten in der österreichischen Tagespresse genannt, was auf eine hohe Konvergenz der Verlagsprodukte mit dem in den ‚gleichgeschalteten' Redaktionen herrschenden Zeitgeist deutet.

Die weiteren Betrachtungen beziehen sich ausschließlich auf umfangreichere redaktionelle Beiträge[2653] zum Reclam Verlag. Hierfür wurden 68 Artikel ausgewertet, von denen die meisten aus gegebenem Anlass vor allem im Jubiläumsjahr 1942 veröffentlicht wurden (25 Artikel). Auch im ersten Jahr der nationalsozialistischen Herrschaft konnten neun Beiträge zum Reclam Verlag ermittelt werden. Wichtige Berichterstattungsanlässe boten außerdem der 60. Geburtstag Ernst Reclams 1936 (sechs Artikel), der 100. Geburtstag Hans Heinrich Reclams, das Feldpostprogramm des Verlags sowie Meldungen über Veranstaltungen, Preisausschreiben und Wettbewerbe. Daneben stellten etliche Artikel ohne konkreten Anlass die Bedeutung des Leipziger Verlagshauses für das deutsche Schrifttum und Bildungswesen heraus:

> Man hat das deutsche Volk das „Volk der Dichter und Denker" genannt. Das ist keine journalistische Phrase, es zeigt vielmehr, welch ungeheuren Widerhall die qualitative und quantitative literarische Produktion gefunden hat, die seit einigen Jahrhunderten in stetigem Steigen begriffen ist und das deutsche Volk im Schrifttum der Welt an der Spitze sieht. Kein Volk der Welt hat, um mit einem einzigen Hinweis auf die geradezu ungeheure Umfänglichkeit der literarischen Produktion zu beginnen, dem Verlagsunternehmen Philipp Reclam in Leipzig etwas Gleichwertiges entgegenzustellen als Zeugnis der Weltgeltung und der Weltaufgeschlossenheit des deutschen Volkes, die in konzentriertester Form erstmalig in der Gestalt Herders auftauchte.[2654]

Das quantitativ stärkste Interesse am Reclam Verlag zeigten das *Börsenblatt* (17 Artikel) sowie die *Leipziger Neueste Nachrichten* (sechs Beiträge). Naturgemäß weisen die einzelnen Beiträge unterschiedliche Umfänge auf: 60 der gefundenen Artikel fokussieren einzig den Verlag, in weiteren acht wird dem Reclam Verlag innerhalb eines weiteren Kontextes zentrale Bedeutung zugemessen. Im Fokus der einstimmig positiven Berichterstattung stehen Verlagsporträts und Ausführungen zu Geschichte, Entwicklung und Bedeutung des Verlagsprogramms, insbesondere der UB in Bezug auf die Klassikerrezeption. Eingebettet in deutschnationale Floskeln werden neben der UB, den

2653 Buchbesprechungen, Rezensionen sowie reine Nennungen oder Empfehlungen von Publikationen sowie personelle Mitteilungen (Todesmeldungen z. B. Hans Emil Reclams oder Horst Schöttlers sowie Prokura-Erteilungen oder Informationen zu den Tochtergesellschaften) spielen für das Folgende keine Rolle.

2654 *Österreichischer Beobachter* 1. Maifolge 1943.

Helios-Klassikern und der *Deutschen Literatur* stets auch die *Kleine und Große Illustrierte Reihe*, *Reclams Universum* und *Brehms Tierleben* als die Schlaglichter des Programms vorgestellt. In den Verlagsporträts werden ausschließlich lobend die Einzigartigkeit, Entstehung, Entwicklung, Bedeutung und Reichweite der UB beschrieben, wobei mit emotionalisierenden Phrasen der Lingua Tertii Imperii und Superlativen nicht gespart wird. Voller Anerkennung wird die UB als Grundstock zahlreicher Bibliotheken wichtiger Persönlichkeiten (die Schilderung von Jugenderinnerungen ist hierbei ein zentrales Element) und als treuer Begleiter der „Feldgrauen" herausgestellt. Eine Nachahmung der Sammlung sei, so Ernst Saegenschnitter im Leipziger Jahrbuch 1940, dem „neidischen" Ausland nie geglückt: „Selbst fremde Nationen haben in Zeiten, da ihr Urteil noch nicht von politischem Haß getrübt war, der Universal-Bibliothek volle Anerkennung gezollt und aufrichtig bedauert, daß ihrem Volk nicht eine Sammlung von gleichen Werten geboten wird."[2655] Als besonders bedeutsam wurde immer wieder der völkisch-nationale Charakter der UB hervorgehoben: „Wenn man selbstverständlich auch die bedeutsame Weltliteratur in den Kreis der Reclam-Hefte einbezog, der Kern der Sammlung blieb jedoch stets die deutsche Dichtung, das deutsche Volkstum."[2656] Noch deutlichere Worte finden sich in Agnes Miegels Jubiläumsschrift: „Und die kleinen verblichenen Hefte werden selbst zu dem schönsten Werk, dem nie verklingenden Heldenlied der deutschen Seel, des deutschen Geistes, den kein Krieg und keine Zeit sterben lässt."[2657] 1943 schließt sich das *Deutsche Büchereiblatt* der Aussage Saegenschnitters, dass der *Bücherfreund* das Unternehmen Reclam mit vollem Recht als „Volksverlag" empfinde,[2658] ausdrücklich an: „Ohne die geringste Übertreibung darf man sagen, daß der volkstümlichste deutsche Verlag der Verlag Philipp Reclam jun. in Leipzig ist."[2659]

In zahlreichen Beiträgen werden Tätigkeitsfeld und Ruf des Reclam Verlags für den NS-Propagandakampf instrumentalisiert; besonders gern wird die Nützlichkeit der UB für den moralischen Aufbau des zum Aufstieg bestimmten deutschen Volkes unterstrichen:

> Als „Hausbücherei für alle Deutschen" wird die Reclambibliothek auch in der gegenwärtigen Zeit, die den geistig-seelischen Aufstieg unseres Volkes mit allen Mitteln fördert, ein kostbares Kulturgut bleiben, das der deutschen Volksgemeinschaft reichen Segen spendet. […] So wurden sie [UB-Bände] zugleich zu einem Symbol des deutschen soldatischen Menschen, der die Schlachten nicht nur mit der Waffe, sondern ebenso mit deutschem Geist und deutscher Seele schlägt. Einem solchen Geist muß der Endsieg werden.[2660]

2655 Saegenschnitter 1940, S. 167.
2656 *Pariser Zeitung* 18.07.1942.
2657 *Frauen-Kultur* September 1942.
2658 Saegenschnitter 1940, S. 172.
2659 *Deutsches Büchereiblatt* 1943.
2660 *Leipziger Neueste Nachrichten* 19.03.1942.

Auch Saegenschnitter definiert die „geistige[] Aufrüstung unseres deutschen Volkes" als die einzig maßgebende Zielsetzung in der Arbeit des Verlags: „Dieses in seiner machtvollen Entfaltung durch geistige Kräfte zu unterstützen, ist Sinn und Zweck des im Verlag erschienenen Schrifttums."[2661] An anderer Stelle wird die Verlagsproduktion gar als Garant ‚rassischer Überlegenheit' eingeführt: „So gewinnt ein Ausspruch von Börries von Münchhausen seine tiefe Bedeutung: ‚Unsere kulturelle Ueberlegenheit über andere Völker beruht auf der Volksbildung: die Volksbildung beruht auf dem deutschen billigen Buch.'"[2662] Saegenschnitter letztlich führt den Reclam Verlag als gelungenes Beispiel der staatlichen Kulturpolitik an: „In dieser eigensten Verlagsschöpfung wird sichtbar, wie eng Reclam in seinem ganzen Aufbau und Wirken mit der nationalen Entwicklung unseres Vaterlandes verbunden ist, und wie fruchtbar überhaupt ein solches gesundes Wechselverhältnis zwischen Staats- und Verlagspolitik sich auswirken kann."[2663]

Die gänzlich positive und affirmative Berichterstattung dieser 68 zeitgenössischen Artikel belegt die exponierte kulturpolitische Stellung des Verlags in der medialen Repräsentation eines ‚gleichgeschalteten' Kultursystems und im nationalsozialistischen Machtgefüge.[2664] Festzuhalten ist dabei, dass sich diese Stellung nicht überwiegend dem Verlegen klassischer Literatur verdankt, sondern dass wesentlich auch die offenkundig systemkonforme Neuerscheinungsproduktion in den Vordergrund tritt, und nicht zuletzt auch die Rolle des Reclam Verlags als Förderer zeitgenössischer Literatur, da „[...] sich die Sammlung in zunehmendem Maße zur Dienerin der deutschen Dichtung der Gegenwart machte."[2665]

Die verteidigend vorgebrachte gegenteilige Aussage Nußbächers, gegen den Verlag seien zahlreiche Angriffe in der Presse erschienen,[2666] kann hingegen nicht bestätigt werden – wenngleich die Tatsache, dass in den im Rahmen dieser Arbeit untersuchten Artikeln keinerlei Anfeindungen ermittelt werden konnten, nicht ausschließt, dass es solche gegeben hat. Nichtsdestoweniger überwiegt in den zahlreichen Berichterstattungen über den Reclam Verlag eine positive Einstellung gegenüber seiner hohen Bedeutung und Anerkennung innerhalb des staatlich reglementierten Verlagswesens. Angesichts ‚gleichgeschalteter'[2667] Presseorgane lässt sich aus der vorliegenden Berichterstattung

2661 Saegenschnitter 1940, S. 171f.

2662 *Deutsche Allgemeine Zeitung* 06.12.1942.

2663 Saegenschnitter 1940, S. 166.

2664 Einzig ein Beitrag von Kilian Klotz aus dem Jahr 1936 beklagt in leisen Tönen so manche Lücke im Reclam'schen Programm, in dem der Verlag dem – unzureichenden – Geschmack seines Publikums zu große Konzessionen zugestehe. Zwischen den Zeilen lässt sich durchaus Kritik am selbst ‚gleichgeschalteten' Verlagsprogramm herauslesen. Vgl. *Der Morgen. Wiener Montagblatt* 09.11.1936.

2665 Leipziger Neueste Nachrichten 19.02.1942.

2666 Vgl. Erklärung Nußbächers vom 10.08.1948, S. 1. In: RAS, Mappe Dr. Ernst Reclam.

2667 Vgl. Pürer; Raabe 2007, S. 82. Die ‚Gleichschaltung' der Presse wurde erreicht durch Eingriffe und Maßnahmen auf institutioneller Ebene (durch die Gründung des RMVP und der RKK),

eindeutig ableiten, dass der Reclam Verlag als anpassungswilliges Unternehmen auch von der Kulturpolitik gut gelitten war. Hinweise auf eine Gegnerschaft des Staats gegenüber dem Verlag – oder umgekehrt – finden sich nicht, sodass die von dem hier angeführten Quellenmaterial attestierte Staatsnähe des Hauses Reclam auch vor dem Hintergrund gültig bleibt, dass nicht alle Presseorgane gleichermaßen von den Auswirkungen der Presselenkung betroffen waren. Große und international beachtete Tageszeitungen genossen aufgrund des Bestrebens, dem Ausland gegenüber den Eindruck eines totalen Lenkungssystems zu vermeiden, einen gewissen Freiraum.[2668]

Ähnlich wie die Aufnahme und Bewertung des Verlags in staatlichen Empfehlungslisten belegen sowohl die Häufigkeit als auch der Tenor der Presseberichterstattung über das Verlagshaus den Erfolg der Strategie des Verlags, sich in weiten Teilen den ideologischen Zielen anzupassen.

auf rechtlicher Ebene (durch die Notverordnungen ‚Zum Schutze des deutschen Volkes' und ‚Zum Schutze von Volk und Staat' sowie durch das Schriftleitergesetz, welches den Journalisten zwar scheinbar aus den Abhängigkeiten der Verleger befreite, ihn jedoch an die Parteilinie band), auf wirtschaftlicher Ebene (lückenlose Kontrolle sollte durch Inbesitznahme der Presseverlage durch mehrere Enteignungswellen erreicht werden; dies gelang nicht ganz, aber nahezu) und auf inhaltlicher Ebene. Vgl. Pürer; Raabe 2007, S. 81 ff. Vor allem in Bezug auf die Medieninhalte waren die ‚Gleichschaltungsversuche' jedoch weniger erfolgreich als gemeinhin angenommen. So weisen Rössler und Pohl in einer inhaltsanalytischen Vergleichsstudie zu drei großen Thüringer Tageszeitungen (*Allgemeine Thüringische Landeszeitung*, *Die Thüringer Gauzeitung* und *Die Jenaische Zeitung*) sowie dem *Völkischen Beobachter* als Referenzmedium für den Zeitraum 1936 bis 1938 eine „bemerkenswerte externe Themenvielfalt" nach. Rössler; Pohl 2010, S. 170 ff., Zitat S. 183. Auch in Bezug auf die ideologiekonforme Umsetzung der staatlichen Presseanweisungen ergab die qualitative Vergleichsanalyse dreier Berichtsanlässe (Rheinlandbesetzung, Deutsch-italienischer Vorschlag zur Spanienkrise, Münchner Abkommen) zumindest für *Die Jenaische Zeitung* eine signifikant von den NS-Presseanweisungen abweichende Berichterstattung. Ferner bereiteten alle drei bürgerlichen Blätter die Inhalte deutlich sachlicher auf. Vgl. Rössler; Pohl 2010, S. 183 ff. Dass das „Netz aus Kontrolle und Sanktionen" im Bereich der Zeitschriftenpresse „deutlich weitmaschiger geknüpft" war, weist Rössler auch am Beispiel der „Mode- und Lifestyle-Illustrierte *die neue linie*" nach. Rössler 2014, S. 301; Zitat S. 303.

2668 Vgl. Pürer; Raabe 2007, S. 99. Als Formen publizistischer Opposition wären zu nennen: frühzeitiges Aufgreifen eines Themas ohne Anweisung, Tarnung durch historische Beispiele, literarische Einkleidung (z. B. Fabel), indirekte Mitteilung und Ironie oder der Gebrauch des Konjunktivs. Vgl. Wilke 2004, S. 489 f. Den Nationalsozialisten gelang weder eine komplette ‚Gleichschaltung' der Presse noch führten ihre Bemühungen dauerhaft zu den gewünschten Propagandaerfolgen. Spätestens ab 1942 begründeten Glaubwürdigkeitsverlust und Eintönigkeit den wirtschaftlichen Niedergang der Tagespresse. Vgl. Pürer; Raabe 2007, S. 102.

4.3 Führende Stellung im Geisteskampf[2669] – Reclam im Vergleich zu anderen bürgerlichen Verlagen

4.3.1 Verortung des Reclam'schen Verlagsprogramms im zeitgenössischen Lesegeschmack

Inwiefern das Reclam'sche Verlagsprogramm den Geschmack des Publikums traf, lässt sich schwerlich beantworten, da die Frage, was tatsächlich gern und viel gelesen wurde – die Sicht der Rezipienten –, bislang nicht hinreichend erforscht ist. Auflagen- und Absatzzahlen allein geben darüber keinen validen Aufschluss.[2670] Zimmermann vermutet eine verstärkte Nutzung der privaten Büchersammlungen, die sicherlich etliche verbotene und verfemte Autoren enthielten, aber auch hierzu liegen bislang keine Studien vor.[2671] Es bleibt also zur Ergründung der Lektürevorlieben nur ein einseitiger Blick auf die Kommunikatoren – die Programme der Verlage. Anhand der Longseller des deutschen Bürgertums attestiert Wittmann dem Lesepublikum vom Kaiserreich über die Weimarer Republik bis zum Nationalsozialismus eine „eindrucksvoll[e] […] Geschmackskonstanz."[2672] Bereits die Untersuchung von Tobias Schneider (siehe Kapitel 3.1) zu den Bestsellern der NS-Zeit hat gezeigt, dass diese mitnichten genuin NS-ideologisch unterwandert waren: Neben wenigen – expansiv beworbenen und durch vorrangige Papierzuteilung geförderten – NS-Bestsellern wie Kuni Treml-Eggerts *Barb*, Karl Aloys Schenzingers *Hitlerjunge Quex* oder Hans Zöberleins *Der Befehl des Gewissens* verkauften sich vor allem politisierte historische

2669 Vgl. Pohlmann, Hauptmann und Batl.-Kommandeur. In: Katalog *Reclams Universal-Bibliothek Katalog von A–Z. Nr. 1–7566*/Ausgabe 1943. In: RAS, Mappe UB Reihen.

2670 Für die sozialgeschichtlich ausgerichtete medienhistorische Forschung zur „konkreten Nutzung von Medien und deren alltäglicher Bedeutung" (Bösch 2011, S. 18) konstatiert Stiehler, dass „die Geschichte der Medienpublika – ihrer Aktivitäten, Bedürfnisse, Verarbeitungsmechanismen, Anschlusskommunikation usw. – kein[en] Schwerpunkt kommunikationsgeschichtlicher Forschung darstellt[]." (Stiehler 2020, S. 81). Für den Untersuchungszeitraum lässt sich dieses Desiderat vorrangig damit begründen, dass zu der Frage „[w]elche Medien Menschen überhaupt auswählten, welche Bedeutung diese in ihrem Alltag hatten und wie sie darüber sprachen […], bis in die 1950er Jahre […] keine Umfragen zur Mediennutzung vorliegen." (Bösch 2011, S. 18) Derlei systematische Datenerhebungen gibt es für die Bundesrepublik erst seit den 1960er Jahren. Als Erweiterung der historischen Datenanalyse skizziert Stiehler Medienbiografien und Dokumentenanalyse als zentrale Zugänge zu historischer Rezeptionsforschung. Somit bleibt es Aufgabe zukünftiger Forschung, für den Zeitraum 1933 bis 1945 geeignetes „hinterlassenes biografisches Material" – Zeitzeugeninterviews werden sich nur in sehr begrenztem Maße durchführen lassen – sowie entsprechende Dokumente ausfindig zu machen und in Bezug auf die „Nutzung, Rezeption, Aneignung von Medienangeboten" auszuwerten. Stiehler 2020, S. 83 f. Zu Stand und Ergebnissen der empirischen, repräsentativen Buch-Leseforschung in der Schweiz, in Österreich und in Deutschland, insbesondere zur Problematik empirisch belastbarer Studien, siehe u. a. Bonfadelli; Bucher 2002.

2671 Vgl. Zimmermann 2007, S. 56.

2672 Wittmann 2015, S. 308.

Romane, Unterhaltungsromane, Wissenschaftsromane, ausländische Romane und traditionalistische Werke besonders gut.[2673]

Dass die Wandlung des Lesegeschmacks trotz aller staatlichen Eingriffe in die Literaturpolitik – Verbot verfemter Autoren, Förderung politisch gewollter Schriftsteller – nicht im intendierten Maße gelang, untermauert auch eine zeitgenössische Untersuchung des nach 1933 kaum veränderten Ausleihverhaltens in den Leipziger Volksbüchereien.[2674] Die zumeist männlichen und jüngeren Leser der Arbeiterklasse interessierten sich insbesondere für technische Literatur (Auto, Ingenieursleistungen), Medizin, naturwissenschaftliche Überblicke, naturkundliche Führer, Reiseberichte sowie Ratgeber zum Gärtnern. All diese Themen bediente Reclam nur mit relativ wenigen Titeln in seinem Neuerscheinungsprogramm zwischen 1933 und 1945, insbesondere im Vergleich zu politischen Sachbüchern, an denen allerdings das bereits während der Weimarer Republik nur mäßige Leseinteresse nach 1933 noch weiter zurückging. Explizite NS-Literatur, wie sie auch Reclam mit Publikationen zum Führerkult und zur Rassenfrage produzierte,[2675] wurde bis auf wenige Ausnahmen nicht ausgeliehen. Historische Werke zur Festigung der vorhandenen politischen Einstellung waren dagegen schon in den 1920er Jahren in der Beliebtheit gestiegen – wobei sich das Reclam'sche Verlagsprogramm der NS-Zeit in diesem Segment insbesondere zur Festigung des Glaubens an die völkische Überlegenheit anbot. Das Gebiet der überaus beliebten „erlebnisorientierte[n] Kriegsliteratur", die „in erster Linie ‚Spannung' versprach"[2676], bediente Reclam mit einem vielfältigen Angebot, wobei die Titelzahl mit propagandistisch aufbereiteter Information die der auf Spannung abzielenden Werke leicht überstieg: In dieser Gattung wurden 1933 bis 1945 20 Sachbücher und 18 belletristische Werke veröffentlicht.

Insbesondere die literarischen und belletristischen Verlage, die sich vor 1933 größtenteils als unpolitisch verstanden hatten, standen im Fokus der NS-Schrifttumspolitik. Die „Neuordnung des literarischen Marktes" wurde als „kulturelle und politische Aufgabe höchster Priorität"[2677] verstanden. Um vor der beständigen staatlichen Kontrolle zu bestehen oder dieser zu entfliehen, entwickelten vornehmlich die bürgerlichen Verlage unterschiedliche Strategien, die durchaus kritisch von den Kulturfunktionären bewertet wurden.[2678] In Ermangelung überzeugender Stoffe für

2673 Vgl. Schneider 2004, S. 77–97; Zimmermann 2007, S. 56. Schneider bescheinigt der NS-Belletristik in Form von Propaganda-, Kriegs- und ‚Blut-und-Boden'-Romanen unter den meistverkauften Büchern trotz viel intensiverer Bewerbung lediglich einen Marktanteil von einem Viertel, während unpolitische Unterhaltungsromane einen Anteil von 75 % an den erfolgreichsten Büchern hatten. Vgl. Schneider 2004, S. 86.

2674 Vgl. Zimmermann 2007, S. 56 f.; Wittmann S. 308.

2675 Siehe dazu Kapitel 3.3.7.1 und 3.3.7.2.

2676 Zimmermann 2007, S. 57.

2677 Wittmann 2015, S. 296.

2678 Vgl. Wittmann 2015, S. 295 f., S. 305–307.

NS-Gegenwartsromane (Reclams Konkurrenzversuch der emanzipierten NS-Frau zu Kuni Treml-Eggerts *Barb – Herrin auf Birka* von Toni Rothmund kam – über die Startauflage von 7.500 Exemplaren nicht hinaus) erlebte der historische Roman eine Hochblüte. Neben den historischen Romanen und Erzählungen des preisgekrönten Hans Künkel (Volkspreis für deutsche Dichtung 1936) besetzte der Reclam Verlag dieses Genre mit Werken ausgesprochen pro-nationalsozialistisch eingestellter Literaten wie Harald von Königswald, Josef Magnus Wehner, Herbert Böhme, Robert Hohlbaum, Erwin Herbert Rainalter sowie mit dem linientreuen Nationalsozialisten Mirko Jelusich – dem „unbestrittenen Matador"[2679] des historischen Romans (vgl. Kapitel 3.4.4.1). Auch am Segment der nicht bestsellerverdächtigen, jedoch den Markt flutenden Bauernromane beteiligte sich der Reclam Verlag hoch engagiert und platzierte auch hier Texte hochgeschätzter NS-Autoren: Hans Friedrich Blunck, Heinrich Sohnrey, Josef Martin Bauer, Josef Wiessalla, Johannes Linke und Erwin Guido Kolbenheyer.

Nur in geringem Maße beteiligte sich Reclam an den beim Publikum äußerst beliebten Übersetzungen ausländischer Bestseller. Während beispielsweise der apolitische Kleinverlag H. Goverts, der aufgrund seiner ökonomischen Unabhängigkeit und des schmalen Programms weitgehend unbehelligt von politischem Druck agieren konnte,[2680] mit der Übersetzung des Weltbestsellers *Vom Winde verweht* von Margaret Mitchell einen der absoluten Publikumslieblinge veröffentlichte, befinden sich im Reclam'schen Verlagsprogramm 1933 bis 1945 kaum andere als deutschsprachige Autoren (93 %) (siehe dazu Kapitel 3.5). Während Kiepenheuer besonderes Augenmerk auf die Übersetzung internationaler Belletristik legte – Noa Kiepenheuer übersetzte einen Großteil der englischen und französischen Werke selbst – und der Gegenwartsliteratur anderer Länder im Programm nach 1933 einen noch viel breiteren Raum einräumte als davor – zumindest bis das Verbot englischer, französischer und schließlich auch russischer Übersetzungen im Krieg den Ausbau dieses wichtigen und erfolgreichen Programmsegments beendete[2681] –, scheint für Reclam die Möglichkeit, auf diesem Weg ideologieferne Literatur zu publizieren, nicht attraktiv gewesen zu sein.[2682] Selbst die politisch ‚erwünschten' Autoren der nordischen Staaten sind im Vergleich zu deutschsprachigen Autoren bei Reclam nur marginal vertreten: Berit Spong aus Schweden, Olaf Gulbransson und Björnson Björnstjerne aus Norwegen, Gunnar Gunnarsson aus Island, Hans Christian Andersen aus Dänemark sowie Felix Timmermans, Stijn Streuvels und Ernest Claes aus Belgien. Insbesondere die drei letztgenannten flämischen Autoren bildeten dagegen neben Rainer Maria Rilke und dem politikfernen Hans Carossa einen der Schwerpunkte der Verlagsproduktion des

2679 Wittmann 2015, S. 305.
2680 Vgl. Wallrath-Janssen 2007, S. 50 ff.; Wittmann 2015, S. 355.
2681 Vgl. Röttig 2011, S. 119.
2682 Siehe dazu auch Kapitel 3.5.

Insel Verlags,[2683] Piper bediente das „ideologisch sichere Gebiet des ‚Nordischen'" mit relativ unbekannten skandinavischen Autoren[2684] und auch im Verlagsprogramm des jüdischen Verlegers Paul Zsolnay in Wien (vgl. Kapitel 4.3.4) fand sich eine Fülle angloamerikanischer und skandinavischer Literatur.[2685]

An der Verbreitung trivialer Unterhaltungsliteratur wie billiger Kriminal-, Liebes- und Science-Fiction-Romane in Form von Broschüren und Heftchen beteiligte sich das Traditionshaus Reclam von jeher nicht,[2686] wenngleich mit der Übernahme des Verlags Wilhelm Schaefer & Co. zeitweilig versucht wurde, auf einem Nebengleis in dieses Segment vorzudringen.[2687] Trotz aller Bemühungen der staatlichen Kulturfunktionäre, diese „Schundliteratur", der spätestens seit dem Kaiserreich eine hochschädliche Wirkung zugeschrieben wurde, zu verdrängen, wurde und wird sie bis heute massenhaft vertrieben.[2688] Letztlich bot diese Heftromanliteratur vielleicht den einzigen sicheren Rückzugsort für von NS-Ideologie weitgehend freie Unterhaltung.[2689] Denn auch die von renommierten Verlagshäusern in großem Stile verlegten und sich großer Beliebtheit erfreuenden Unterhaltungsromane waren häufig nur vordergründig politisch unverfänglich, mit einschlägigen Mustern dienten sie vielmehr der ‚Gleichschaltung' des privaten Lebens. Die identifikationsstiftenden Heldinnen wurden inszeniert als „germanisch gebärfreudige Mädel"; den Männern wurde als nacheiferungswürdige Schablone ein „kerndeutsche[r] Protagonist, der sich in widriger, heimischer oder exotischer Umgebung glänzend bewährt", präsentiert.[2690] Reclams „kerndeutsche Protagonisten" finden sich insbesondere in *Wie Grete aufhörte ein Kind zu sein* von Hans Grimm, *Heimstätter. Schicksal in Kanada* von Karl Götz, *Die Herrin auf Birka* von Toni Rothmund, *Nur ein Soldat* von Oskar Sonnlechner, *Peter Drosts drittes Leben* von Hans von Hülsen, *Anna Leun* von Hans Künkel sowie in den historischen Romanen *Margreth und der Fremde* von Mirko Jelusich oder *Konradin reitet* von Otto Gmelin.

Nicht nur Reclam verdiente mit solcherlei Unterhaltungsschrifttum gutes Geld, nachdem die Werke jüdischer, liberaler, demokratischer und freigeistiger Autoren nicht mehr auf den Markt gebracht werden konnten. Wer sein belletristisches Programm über den Rückzug aus ‚gefährlichen' Bereichen, Zugeständnisse beim Niveau, ein reiches Angebot völkisch-nationaler Inhalte mit Fokus auf Unterhaltungsliteratur

2683 Vgl. Wittmann 2015, S. 350.
2684 Ziegler 2004, S. 121.
2685 Vgl. Wittmann 2015, S. 364.
2686 Bis 1918 erschien im Sachbuchprogramm der UB jedoch eine mindestens zwölf Bände umfassende Aufarbeitung berühmter Kriminalfälle.
2687 Das Experiment mit Kriminalromanen in dem zu Beginn der 1930er Jahre übernommenen Verlag Wilhelm Schaefer & Co. wurde mit der Trennung im Mai 1933 beendet. Siehe dazu Kapitel 3.2.3.
2688 Vgl. Wittmann 2015, S. 306–308; Zimmermann 2007, S. 57f.
2689 Vgl. Zimmermann 2007, S, 57f.
2690 Wittmann 2015, S. 303.

so gestaltete, dass keinerlei Gründe zur Beanstandung der nationalen Verfasstheit des Unternehmens bestanden, profitierte von den kulturpolitischen Lenkungs- und Steuerungsmaßnahmen im ‚Dritten Reich'.[2691]

4.3.2 Die angepassten bürgerlichen Traditionsverlage[2692]

Neben Reclam gelangen die im Kapitel 4.3.1 beschriebenen belletristischen Expansionsstrategien insbesondere den konservativ-bürgerlichen Verlagen Insel, Piper, C. H. Beck und dem Eugen Diederichs Verlag.[2693] Den Insel Verlag, politisch abstinent und mit kaum progressiven Titeln im Bereich der Belletristik, traf die über Bücherverbrennungen forcierte und Verbotslisten gesteuerte Vernichtung literarischer Kulturgüter ungleich weniger hart als beispielsweise Rowohlt, den Malik Verlag, den Zsolnay Verlag, Kiepenheuer oder S. Fischer.[2694] Im Gegensatz zum Reclam Verlag, der ge-

2691 Vgl. Wittmann 2015, S. 303; Zimmermann 2007, S. 63.

2692 Eine Verortung des Reclam Verlags innerhalb der bürgerlichen Verlagslandschaft – ein Vergleich mit parteieigenen und genuinen NS-Verlagen wie etwa Andermann, Stallin, Westermann oder dem Schützen Verlag scheint hier nicht sinnvoll – kann, da die Verlagsgeschichten unterschiedlich tief aufgearbeitet und methodisch unterschiedlich konzipiert sind und die Ergebnisse aufgrund individueller Interpretation mit einem differierenden Grad an Objektivität kaum vergleichbar sind, nur annähernd erfolgen.

2693 In der zeitgenössischen Wahrnehmung zählt zu den einschlägigen belletristischen Verlagshäusern ferner der Cotta Verlag, der mit grundlegend nationaler Gesinnung sein Verlagsprogramm während des ‚Dritten Reichs' neben vereinzelter regimekritischer Lyrik vorrangig mit Heimat- und Bauernromanen meist älteren Datums ausgestaltete. Der Engelhorn Verlag konzentrierte sich auf Reise- und Bergliteratur und den Ausbau der Roman-Bibliothek, der Societätsverlag auf Reisewerke, Biografien und Historisches, Schünemann auf Unterhaltungsliteratur und exotische Romane. Grote hingegen verdiente insbesondere an Wilhelm Raabe und den antisemitischen Werken Gustav Frenssens; bei ihm finden sich auch Schriften der NS-Autoren Richard Euringer und Karl Heinrich Bischoff. Staackmann publizierte vornehmlich völkische Autoren und Themen aus Österreich und dem Sudetenland wie etwa Peter Rosegger, Karl Hans Strobl, Hans Watzlik oder Adam Müller-Guttenbrunn. Mit Ausnahme von Karl Heinrich Bischoff finden sich alle Autoren auch im Verlagsprogramm des Reclam Verlags. Der Paul List Verlag mischte nationalistische Autoren wie Hermann Eris Busse und Hermann Stehr mit exotischen Geschichten. Goldmann, dem durch das Edgar-Wallace-Verbot die wirtschaftliche Grundlage weggebrochen war, setzte fortan Schwerpunkte mit geopolitischen Sachbüchern. Der 1936 arisierte Verlag Rütten & Loening verlegte Rudolf G. Binding und Gertrud Fussenegger, aber auch Paul Alverdes. Der Verlag Th. Knaur Nachf. suchte als einer von wenigen Abstand zu zeitgenössischer Literatur und konzentrierte sich vielmehr auf gemeinfreie Weltliteratur (Theodor Storm, Gustav Freytag) und Bestseller (Ludwig Ganghofer, Rudolf Herzog, Clara Viebig, Selma Lagerlöf). Der Wunderlich Verlag ging mit der Publikation von Gertrud Bäumler, Isolde Kurz, Ernst Wiechert und Werner Bergengruen auf vorsichtige Distanz zum Regime. Für alle genannten Verlage steht eine wissenschaftliche Aufarbeitung der Verlagsgeschichte zwischen 1933 und 1945 noch aus. Vgl. Wittmann 2015, S. 299–303.

2694 Vgl. Sarkowski 1999, S. 303.

wissenhaft und teilweise vorauseilend potenziell missliebige Werke aus seiner Backlist strich (vgl. Kapitel 3.2.1), wurden bei Insel lediglich zwei Romane und drei Dramen eingestampft, dazu einige ältere Titel von Johannes R. Becher und einer von Heinrich Mann. Stefan Zweig, dessen Bücher noch 1932 ein Drittel des Jahresumsatzes generierten, verlor Insel 1934 an Herbert Reichner, nachdem der Verlag einen von Zweig lediglich telefonisch bestätigten Entwurf zur Distanzierung Zweigs von Klaus Manns Exilzeitschrift *Die Sammlung* ohne Einverständnis ans RMVP weitergeleitet hatte, das dieses Schreiben postwendend im *Börsenblatt* veröffentlichte.[2695]

Zu den Topautoren während des NS-Regimes zählten bei Insel Rainer Maria Rilke und vor allem der trotz seiner Distanz zum NS-Regime geschätzte Hans Carossa. Daneben prägten Übersetzungen der flämischen Schriftsteller Stijn Streuvels, Felix Timmermans und Ernest Claes das Belletristikprogramm. Einzelne ‚Blut-und-Boden'-Titel, so Wittmann, fanden sich nur in den ersten Jahren der NS-Diktatur. Ab Mitte der 1930er Jahre widmete sich der Insel Verlag zunehmend der „risikolose[n] Klassikerpflege"[2696]. Bei Reclam hingegen dominieren – entgegen seinem Ruf als Klassikerverlag – die zeitgenössischen, vom NS-Staat hofierten oder geschätzten Belletristikautoren deutscher oder österreichischer Herkunft; Übersetzungen stand dagegen nur noch ein kleiner Raum zur Verfügung (vgl. Kapitel 3.5). 1936 merkte die *Bücherkunde* zum Insel'schen Verlagsprogramm kritisch an: „Da sind keine tieferen Bindungen im völkisch-politischen Sinn zu spüren. […] Die Bindungen des Inselverlages zum Judentum sind leider von Anfang an enger gewesen, als es gut tun konnte"[2697], während der *Völkische Beobachter* in *Verschwundene Juden*[2698] die ‚Säuberung' des Reclam'schen Verlagsprogramms lobend herausstellte (vgl. Kapitel 3.2.1). Die Insel-Bücherei legte ihren Schwerpunkt auf farbige Bildbände zu naturkundlichen Themen und erlebte insbesondere während des Kriegs mit 40 neuen Titeln und 80 Feldpostausgaben eine Blütezeit.[2699]

Der Piper Verlag, so Klaus Piper rückblickend, zog sich für die Zeit des ‚Dritten Reiches' zurück in ein „Nischendasein".[2700] Während die umfangreichen Streichungen missliebiger Titel in der Backlist des Reclam Verlags medial beobachtet wurden (siehe Kapitel 3.2.1), konnte der Piper Verlag sein Verlagsprogramm unauffällig bereinigen.[2701] Ziegler gibt in ihrer 2004 bei Piper publizierten Studie zum 100-jährigen Bestehen des Verlags an, keines der verbrannten Bücher sei bei Piper erschienen, keiner der

2695 Vgl. Wittmann 2015, S. 349.
2696 Wittmann 2015, S. 351.
2697 Zitiert nach Sarkowski 1999, S. 401.
2698 *Völkischer Beobachter* 09.01.1938.
2699 Vgl. Wittmann 2016, S. 350 f. Inwiefern die „risikolosen Klassiker" ggf. ähnlich wie bei Reclam (vgl. Kapitel 3.6) durch entsprechende Vor- und Nachworte nicht doch in den NS-Dienst gestellt wurden, bleibt offen.
2700 Ziegler 2004, S. 113.
2701 Vgl. Wittmann 2015, S. 347.

Verlagsautoren habe zu den Verfolgten gehört und abgesehen von einer ergebnislosen Verlagsdurchsuchung im März 1933 sei der Verlag zunächst relativ unbehelligt geblieben.[2702] Tatsächlich finden sich jedoch in der *Liste des schädlichen und unerwünschten Schrifttums* sechs Titel aus dem Piper'schen Verlagsprogramm vor 1933;[2703] aus dem Programm der NS-Zeit wurde 1936 lediglich Ernst Barlachs *Zeichnungen* verboten. Neben dem Kunstprogramm, mit dem Piper „planvoll und distanziert die Grenzen des noch Möglichen" auslotete,[2704] setzte Piper seine Reise- und Sprachführer soweit wie möglich fort; bei den Neuerscheinungen zog sich der Verlag „ganz auf deutsche Innerlichkeit zurück".[2705] Das Novitätenprogramm – bestehend aus historischen, humoristischen und idyllischen Erzählungen, Unterhaltungsliteratur aus der „heilen Welt des neuen Biedermeier", „politisch korrekten" nordischen Autoren, kulturgeschichtlichen Werken sowie „dem variantenreichen Genre der Blut-und-Boden-Literatur"[2706] – bewertet Ziegler als unverfänglich,[2707] was einer genaueren Betrachtung aber nicht standhalten dürfte. Wie die Analyse des Reclam'schen Verlagsprogramms, das ebenfalls all diese Themen fokussierte, gezeigt hat, greift diese Wertung vermutlich zu kurz: Auch Kulturgeschichtliches konnte der Verbreitung ideologischen Gedankengutes äußerst dienlich sein, ein historisches Setting allein bewahrte nicht vor der Verbreitung nationalsozialistisch geprägter Botschaften und die die ‚Blut-und-Boden'-Literatur prägenden Stoffe und Protagonisten können mitnichten ideologiefrei betrachtet werden.

Die für den Piper Verlag ab 1936 attestierten zunehmenden Schwierigkeiten, genügend Papier zu verhandeln und mit Buchbesprechungen in der Presse präsent zu sein,[2708] lassen sich für den Reclam Verlag so nicht feststellen. Im Gegenteil: Zumindest für die UB erhielt Reclam bis Kriegsende in hohem Maße Papierzuteilungen, aber auch zahlreiche Verlagswerke konnten realisiert werden, und auch an medialer Wahrnehmung sowohl in Bezug auf die Wirkung des Verlags im NS-Kulturapparat als auch in Form von Rezensionen einzelner Titel mangelte es nicht. Zudem hat die Auswertung von Presseberichten (vgl. Kapitel 4.2.2) gezeigt, dass auch die Präsenz des Piper Verlags in den untersuchten Tageszeitungen und Zeitschriften zwar – wie die aller bürgerlichen Verlage ab 1938 – rückläufig war, allerdings konnte er sich neben Reclam auf einem vergleichsweise hohen Niveau halten. Der allgemeinen Tendenz zur Produktion von weniger Titeln in höheren Auflagen während des Zweiten Weltkriegs folgte auch das Neuerscheinungsprogramm des Piper Verlags mit zwölf Titeln 1939 und

2702 Vgl. Ziegler 2004, S. 118.
2703 Unter anderem drei des rumänischen Schriftstellers sozialistischer Gesinnung Panait Istrati. Vgl. Lewis 2014.
2704 Ziegler 2004, S. 119.
2705 Ziegler 2004, S 119.
2706 Ziegler 2004, S. 113.
2707 Vgl. Ziegler 2004, S. 113.
2708 Vgl. Ziegler 2004, S. 118.

acht Titeln 1941. Ähnlich wie Reclam stellte die Bestell- und Lesewut auch Reinhard Piper 1941 vor logistische Herausforderungen: Er komme mit dem Drucken nicht hinterher; würde er alle Bestellungen ausliefern, wäre er aufgrund der schleppenden und zu niedrigen Papierzuteilungen ausverkauft.[2709] Inwiefern der Piper Verlag tatsächlich benachteiligt war, oder ob nicht vielmehr wie beim Reclam Verlag während des Kriegs bis dato nicht gekannte Auflagenhöhen gedruckt wurden, die freilich angesichts des Bücherbooms noch höher hätten ausfallen können, bleibt aufgrund mangelnder Angaben zu produzierten Exemplaren für den Piper Verlag offen.

Attraktiv waren in jedem Fall auch für den Piper Verlag die an den Frontbuchhandel vergebenen Lizenzen „für zeitgenössische Literatur mit völkischem Einschlag".[2710] Aus dem Geschäftsjahr 1944 berichtet der Lektor Karl Adolf Sauer, der nach dem Krieg aufgrund seiner NSDAP-Mitgliedschaft Berufsverbot erhielt:

> Der Vergebung von Lizenzen an die Wehrmacht kann ohne Bedenken und mit reiner Freude begegnet werden. […] In den Jahren 1940 bis 1944 sind insgesamt 62 Lizenz-Verträge für insgesamt 806.000 Bände abgeschlossen worden. Davon entfielen auf die Wehrmacht 52 Verträge mit insgesamt 570.000 Bänden.[2711]

Nachdem das Verlagsgebäude in der Georgenstraße 4 in München bei einem Bombenangriff 1944 getroffen worden war, verließen Reinhard und Klaus Piper die Stadt in Richtung des ländlichen Oberbayern, nachdem Piper zuvor den Großteil der raren Buchbestände hatte auslagern können. Im Gegensatz zum Reclam Verlag, der nicht nur seine Bestände auslagerte, sondern vielfältig Druck- und Verlagsbetrieb über Ausweichstellen aufrechterhalten und bis März 1945 drucken konnte, brach die Piper'sche Verlagsproduktion im letzten Kriegsjahr völlig ein; es erschien kein einziger Titel mehr.[2712] Bereits im Januar 1946 erhielt der Piper Verlag, dem ähnlich wie Reclam bislang eine relativ unbelastete Haltung während des NS-Regimes zugeschrieben worden war, die Lizenz zur Fortführung des Verlagsbetriebs von der amerikanischen Information Control Division.[2713] 2004 versuchte Ziegler im Zuge vereinzelt „erhobene[r] Einwände gegen diese ausschließlich positive Einschätzung […] das bisher unscharfe Bild des Piper Verlags im ‚Dritten Reich'"[2714] zu konkretisieren; sie beschränkt sich dabei jedoch auf die anekdotenhafte Rekonstruktion und den Nachweis „einzelner biographischer bzw. personeller Verbindungen des Verlags"[2715] zu linientreuen Autoren

2709 Vgl. Ziegler 2004, S. 125 f.
2710 Ziegler 2004, S. 126.
2711 Zitiert nach Ziegler 2004, S. 127.
2712 Vgl. Ziegler 2004, S. 128.
2713 Vgl. Ziegler 2004, S. 115.
2714 Ziegler 2004, S. 116.
2715 Ziegler 2004, S. 115.

und Übersetzern wie Josef Martin Bauer und Bruno Brehm, ohne den – so zitiert sie Ingeborg Bachmann – Piper das NS-Regime wirtschaftlich nicht überlebt hätte.[2716] Um den jüdischen Teilhaber Robert Freund, dem Reinhard Piper aufgrund dessen forschen Eingreifens ins Verlagsgeschehen ambivalent gegenüberstand, im Zuge der erzwungenen Trennung abfinden zu können, verkaufte Piper das Verlagsgebäude in der Römerstraße 1 und zog mit dem Verlag zur Miete in die Georgenstraße 4.[2717]

Der kulturwissenschaftliche Verlag C. H. Beck, der ebenfalls von den politischen Veränderungen nach 1933 profitierte und gute Kontakte zu den NS-Ministerien pflegte, verdankte seinen Aufstieg zum führenden Verlag juristischer Literatur der Übernahme des jüdischen Verlags Otto Liebmann. Ähnlich wie Reclam tilgte Beck alle jüdischen oder ‚jüdisch versippten' Autoren gewissenhaft aus Verlagsprogramm und Werbung, wobei „der Verlag zu einzelnen jüdischen Autoren und Außenmitarbeitern stand, solange dies möglich war und keine negativen Folgen für das Unternehmen hatte".[2718] Wie viele andere Verlage auch setzte Beck auf ausländische Bestseller und „gehobene Literatur", um – so Rebenich – sich von der „braunen Masse abzuheben"[2719]; allerdings ist, wie bereits gezeigt werden konnte, der Anspruch auf „gehobene Literatur" kein Garant für ideologiefreie Publikationen. Profitabel für Beck war es auch, den wachsenden Freizeitmarkt mit populären Büchern über Leibeserziehung und Ausdrucksgymnastik zu bedienen. ‚Blut-und-Boden'-Literatur und explizite NS-Propagandawerke seien dagegen nicht verlegt worden; von antisemitischen und rassistischen Schriften habe sich der Verlag ferngehalten.[2720] Einige der Titel waren Heinrich Beck aber im Nachhinein wohl doch peinlich; entschuldigend räumt er ein, er hätte sie nicht verlegt, wenn er sie zuvor gelesen hätte[2721] – eine heikle Argumentation, der sich auch Ernst Reclam bediente, und die Rebenich nonchalant zu tolerieren scheint. Dem Grundsatz *ignorantia legis non excusat* folgend ist allerdings zu hinterfragen, inwiefern nach 1945 die individuelle Verantwortung der Verleger für das Verlagsprogramm schlicht über (behauptete) Unkenntnis aufgehoben werden kann (siehe Kapitel 4.3.3). Ferner bleibt in Rebenichs Verlagsgeschichte offen, warum etwa Kriegsbegeisterung schürende Bücher wie der von Beck verlegte Titel *Für Dich, mein Vaterland* von Walter Flex – Reclam hatte aus dieser Rubrik auch etliches im Angebot (siehe Kapitel 3.3.7.5 und 3.4.4.6) – nicht zu Propagandawerken gezählt werden sollten.[2722] Für den C. H. Beck Verlag

2716 Vgl. Ziegler 2004, S. 128 f.

2717 Vgl. Ziegler 2004, S. 135 ff. Die Abfindung bestand ferner aus Verlagsrechten und Beständen von Werken ausländischer Autoren. Freund ging über Paris ins amerikanische Exil. Seinem Wunsch, die Teilhaberschaft 1948 zu erneuern, wird nicht entsprochen; allerdings erhält er, bedingt durch nachgewiesene Arisierungsgewinne, eine weitere Abfindung.

2718 Rebenich 2013, S, 403.

2719 Rebenich 2013, S. 399.

2720 Vgl. Rebenich 2013, S. 397, 399, 401, 403.

2721 Vgl. Rebenich 2013, S. 402.

2722 Nach Rebenich habe der C. H. Beck Verlag „das nationalsozialistische Propaganda-Schrifttum und Blut-und-Boden-Werke […] nicht verlegt." Rebenich 2013, S. 399.

im Nationalsozialismus resümiert Rebenich unter ökonomischen Gesichtspunkten, es sei „kaum zu bestreiten, dass der Verlag sich anpassen musste, um wirtschaftlich überleben zu können. So erscheint die Verlagspolitik im ‚Dritten Reich' ambivalent und diktiert von unternehmensstrategischen und wirtschaftlichen Überlegungen."[2723] Das ist – wie auch für Reclam und andere Verlage (Rebenich führt Bertelsmann, Diederichs, Oldenbourg an) – pauschal sicher zutreffend, lässt allerdings die Frage, in welchem Ausmaß diese Anpassungen tatsächlich stattgefunden haben und inwieweit diese angemessen oder notwendig waren, letztendlich offen. Ebenso unberührt bleiben die Fragen, inwieweit wirtschaftliche Erwägungen opportunistisches Handeln rechtfertigen können, und vor allem, welche Wirkung in die Gesellschaft sie zeitigen. Festzuhalten ist zumindest, dass der C. H. Beck Verlag zu keiner Zeit in Gefahr einer drohenden Schließung oder Enteignung war.[2724]

Der Eugen Diederichs Verlag zog sich unmittelbar nach der ‚Machtergreifung' aus dem ohnehin wirtschaftlich einbrechenden Minenfeld der politischen Literatur zurück. Mit der im Herbst 1933 gegründeten *Deutschen Reihe* (billige Geschenkbände zu 80 Pfennig) und der Veranstaltung von Volksausgaben begrenzte der Verlag das verlegerische Risiko: Die im Vergleich zu gebundenen Büchern in der Produktion ungleich günstigeren Heftchen eigneten sich hervorragend, um die Möglichkeiten des noch ungewissen belletristischen Marktes auszuloten – im Falle staatlicher Einwände ließen sie sich ohne größere Verluste wieder vom Markt nehmen. Zusammen mit den im Vergleich zu Erstauflagen ebenfalls günstiger zu kalkulierenden Nachdrucken älterer Werke – im bisherigen Verlagsprogramm fanden sich zahlreiche Titel zu ‚Volkstum' und Kulturgeschichte, die für die Erfüllung der ideologischen Anforderungen problemlos wiederbelebt werden konnten – erreichte der Verlag eine Verdopplung des Reingewinns von 1934 zu 1935. Wie der Reclam Verlag hatte sich EDV schnell angepasst, profitierte mit seiner verlegerischen Strategie aber wesentlich unmittelbarer von den kulturpolitischen Umwälzungen der Diktatur.[2725] Obgleich der Reclam Verlag mit der seit 1867 bestehenden UB die bessere Ausgangslage für ein ähnlich kapitalsparendes Vorgehen gehabt hätte, setzte er zu Beginn der NS-Diktatur auf politisch aufgeladene Sachbuchneuerscheinungen, die trotz bereitwilliger ideologischer Anpassung und einer Konjunktur des ‚Konjunkturschrifttums' nicht aus der wirtschaftlichen Schieflage herausführten. Die Neuauflage gemeinfreier belletristischer Autoren spielte bei Reclam ab 1933 kaum noch eine Rolle; auch die zahlreichen zwischen 1918 und 1932 verlegten völkisch-nationalen Stimmen, die die Ansprüche des neuen Belletristikmarktes wohl erfüllt hätten, wurden nicht vermehrt nachgedruckt.[2726]

2723 Rebenich 2013, S. 408.
2724 Vgl. Rebenich 2013, S. 408.
2725 Vgl. Triebel 2004, S. 110 f., S. 120, S. 123.
2726 Siehe dazu Kapitel 3.3, Kapitel 3.7. Obschon im Verlagsprogramm des Reclam Verlags 1918 bis 1932 zahlreiche völkisch-nationale bis nationalsozialistische Autoren und Themen nachgewiesen werden konnten (siehe Kapitel 3.1), lässt sich die Einschätzung Triebels, der EVD sei

Beide Verlage durchforsteten ihre Lager akribisch auf verbotene oder potenziell verbotsgefährdete Titel, entfernten diese gewissenhaft und bedienten anschließend staatlich erwünschte Themenfelder mit zahlreichen Titeln: Schwerpunkte beider Verlagsprogramme lassen sich in den die ‚Blut-und-Boden'-Ideologie transportierenden Heimat- und Bauernromanen, kulturgeschichtlichen und (populär)wissenschaftlichen Abhandlungen zum deutschen ‚Volkstum' sowie in der Aufnahme ‚auslandsdeutscher' Literaten aus Österreich bzw. der ‚Ostmark' ausmachen. Die Programme beider Verlagshäuser verherrlichten das bäuerliche Leben auf der eigenen Scholle, propagierten den Führerglauben und den Germanenkult, bedienten rassistische und antisemitische Ressentiments (beim EDV allerdings in geringerem Maß) und boten Werke, die die NS-Politik und den Krieg legitimieren halfen.[2727] Während der EDV durch Bedienung dieser Programmsegmente Umsatz und Gewinne bereits bis Kriegsbeginn auf ein „Hochplateau"[2728] steigern konnte, setzte bei Reclam ein nennenswerter wirtschaftlicher Erfolg erst mit dem überaus profitablen Kriegsbuchgeschäft ein.

Nach Triebel hat sich der EDV in der NS-Zeit „fest im völkisch-nationalen und konservativ-antiliberalen Geistesspektrum [verankert,] was sich nicht zuletzt in zahlreichen offiziösen Ehrungen und Würdigungen für Verlag und Autoren manifestierte."[2729] Diese Charakterisierung lässt sich nach Auswertung der Reclam'schen Programmpolitik ohne Weiteres auf das Leipziger Verlagshaus übertragen. Zudem adressierten beide Verlagsprogramme vornehmlich ein bildungsbürgerliches Publikum, sodass auch die folgenden, die Wirkung des EDV innerhalb des nationalsozialistischen Kultursystems beschreibenden Aussagen ohne Abstriche auf den Reclam Verlag anwendbar sind:

> Der Verlag wirkte mit seinem Programm auf die gesellschaftlichen Rahmenbedingungen ein und beeinflußte sie in seinem Sinn. Der EDV half mit seinem Programm mit, die Ideologeme der nationalsozialistischen Bewegung in diejenigen Teile des Bildungsbürgertums zu tragen, die für die Partei selbst nicht oder nur eingeschränkt erreichbar waren. Die von ihm herausgegebenen Bücher sorgten dafür, in dieser Gesellschaftsschicht Akzeptanz für die nationalsozialistische Weltanschauung zu schaffen.[2730]

ein Multiplikator für den „Extremismus der Mitte" gewesen und habe mit seinen Schriften geholfen, „die Deutsche von ihrem Staat zu entfremden und schließlich die Weimarer Republik zu zerstören", nicht auf den Reclam Verlag übertragen. Triebel 2004, S. 298.

2727 Vgl. Triebel 2004, S. 123, 157, 255.

2728 Triebel 2001, S. 192; siehe dazu Kapitel 2.3.3.

2729 Triebel 2004, S. 255.

2730 Triebel 2004, S. 256.

4.3.3 Spielräume und Verantwortungen der Verleger

So wenig sich die innere Einstellung der Verleger zum NS-Regime unmittelbar aus den Verlagsprogrammen ableiten lässt, so kompliziert ist deren Verortung zwischen Opposition, Rückzug, Opportunismus und Fanatismus. Die Bestimmung von NS-Nähe durch die Prüfung „harter" Fakten wie etwa einer NSDAP-Mitgliedschaft sagt nur wenig über die individuelle Schuld aus. Die Absurdität und die Grenzen einer Schuldfeststellung mittels Belastungskategorien und umfangreicher Fragebögen zur Entnazifizierung arbeitete schon Ernst Salomonin in seinem 1951 publizierten Roman *Der Fragebogen* heraus.[2731] Die für die Spruchkammerprozesse nach 1945 verfassten Selbstrechtfertigungen und Fremdzeugnisse (sogenannte Persilscheine) taugen nicht als valide Beweise für unbelastetes Agieren während des ‚Dritten Reiches', hatten sie doch das möglichst überzeugende und stimmige Entkräften konkreter Anschuldigungen zum Ziel und nicht die kritische Aufarbeitung.

Allerdings ist für die Beurteilung von Verlagsgeschichten in der NS-Zeit am Ende weniger die Frage entscheidend, ob Reinhard und Klaus Piper, Anton Kippenberg, Heinrich Beck, Peter und Niels Diederichs oder Ernst und Hans Emil Reclam Nationalsozialisten waren oder ob sie das nationalsozialistische Regime oder deren Ideologeme persönlich aktiv unterstützt haben, sondern vielmehr die Frage, wie sie ihre Verlage im nationalsozialistischen Kulturapparat positioniert haben und welche Implikationen dies hatte, verbunden mit der Frage, welche Spielräume die Verleger hatten und wie sie diese – nicht nur wirtschaftlich – genutzt haben. Denn dafür tragen sie Verantwortung. Versuche, sich genau dieser Verantwortung, meist mit Verweisen auf politische oder ökonomische Notwendigkeiten, im Nachhinein zu entziehen, prägen dagegen vielfach, nicht nur im Hause Reclam, die Rückschau auf die Verlegerpersönlichkeiten.

So charakterisiert Ziegler die Erinnerungen Reinhard und Klaus Pipers, beide keine NSDAP-Mitglieder, als lückenhaft und „geprägt von innerer Distanz zum Regime, von politischer Abstinenz und dem Rückzug ins Private".[2732] Reinhard Pipers in der unmittelbaren Nachkriegszeit verfasster Rückblick auf die Jahre 1933 bis 1945 ist dominiert von individuellen Anekdoten und Erlebnissen, die sich einem systematischen Blick widersetzen. Klaus Piper widmet der NS-Zeit im Jahre 2000 wenig aussagefähige acht Seiten und beschreibt die NS-Diktatur fast wie eine Störung von außen. Ziegler erkennt darin die „Tendenz, die zerstörerischen Kräfte der NS-Bewegung hoch zu werten gegenüber der Verantwortung der alten Eliten für das Ende der Weimarer Republik, ebenso wie der Tendenz zum Schweigen und Verschweigen".[2733]

Anton Kippenberg, in politischen Fragen sowohl privat als auch als Leiter des Insel Verlags sehr zurückhaltend,

2731 Vgl. Adam 2016, S. 117.
2732 Ziegler 2004, S. 114.
2733 Ziegler 2004, S. 114f.; Zitat: S. 115.

> verhielt sich gegenüber den Behörden der neuen Regierung äußerst vorsichtig und nach außen loyal. Er vermied alles, was den Verlag ins Zwielicht hätte geraten lassen. Stets war er darum bemüht, auch nur den Anschein bedingungsloser Gefolgschaft zu vermeiden. In den ersten Jahren des Nationalsozialismus verhielt er sich gelegentlich sogar aufsässig.[2734]

Heinrich Beck hingegen war neben seinem berufsständischen Engagement im Börsenverein, dem Deutschen Verlegerverein und dem Wirtschaftsverband Münchner Buchhändler auch politisch sehr rege: 1937 trat er in die NSDAP ein und gehörte ferner der DAF, der NS-Volkswohlfahrt und dem Reichsluftschutzbund an. Berufsbedingt war er auch Mitglied der RKK und der RSK. Dennoch sei dies, so Rebenich, nicht die Vita eines überzeugten Nationalsozialisten. Seine Frau, Eva Beck, hingegen war ähnlich wie Kippenbergs Gattin Katharina der NS-Bewegung gegenüber deutlich aufgeschlossener: Sie war von 1938 bis 1945 Mitglied der NS-Frauenschaft und von 1937 bis 1939 auch förderndes Mitglied der SS. Rebenich rekonstruiert für Beck eine anfängliche Zustimmung zum neuen System, verbunden mit dem Wunsch nach dem Wiederaufstieg Deutschlands und der Einigung des Volkes. Beck opponierte nicht, er passte sich geräuschlos an und zog als Unternehmer wirtschaftlichen Nutzen aus den gewandelten politischen Rahmenbedingungen.[2735]

Den erfolgreichen Kurs des EDV führt Triebel nicht auf eine „tief sitzende[] nationalsozialistische[] Gesinnung der Verlagsleitung", sondern vielmehr auf „das kaufmännische Kalkül"[2736] der verlegerischen Entscheidungen zurück. Er beschränkt sich hierbei auf eine rein ökonomische Bewertung der Verleger Peter und Niels Diederichs, die geleitet von einer „ausgeprägte[n] kaufmännische[n] Ader […] den jeweiligen gesellschaftlichen Geist der Zeit auf[spürten] und in gewandtem Umgang mit den staatlichen Vorgaben und Institutionen zum betriebswirtschaftlichen Wohl des Unternehmens [agierten]."[2737] „Die Personen innerhalb der Verlagsleitung", so betont Triebel ausdrücklich, seien

> keine überzeugten Nationalsozialisten und das Unternehmen selbst kein „nationalsozialistischer Verlag" [gewesen]. Auch wenn einzelne Titel in seinem Programm […] Elogen auf die faschistischen Führer und ihre Weltanschauung enthielten, war der EDV nicht direkt mit der NSDAP verbunden oder von ihr abhängig.[2738]

2734 Sarkowski 1999, S. 298 f.
2735 Vgl. Rebenich 2013, S. 415 ff.
2736 Triebel 2004, S. 300.
2737 Triebel 2004, S. 301.
2738 Triebel 2001, S. 326.

Für die Brüder Ernst und Hans Emil Reclam retrospektiv eine Einschätzung zur inneren und äußeren Haltung gegenüber dem NS-Regime zu treffen, ist aufgrund der spärlich überlieferten Dokumente persönlicher Natur gleichfalls nicht einfach. Aufgrund der berufsständischen Zwangsorganisation war die Verlagsleitung Mitglied der RSK, Gruppe Buchhandel, ferner des Reichsverbandes der deutschen Zeitungsverleger (organisiert in der RPK), der Wirtschaftsgruppe Druck sowie der Wirtschaftsgruppe industrielle Buchbinderei.[2739] Weder Ernst Reclam noch sein Bruder Hans Emil Reclam waren Mitglied der NSDAP. Ernst Reclam hatte auch vor und nach der NS-Zeit keiner politischen Partei angehört. Durch seine bereits vor 1933 begonnenen Mitgliedschaften beim Verein für das Deutschtum im Ausland (während des ‚Dritten Reiches' unter staatlicher Herrschaft als Volksbund für das Deutschtum im Ausland), bei der Deutschen Kolonialgesellschaft (während der NS-Zeit dem Reichskolonialbund zugehörig), beim Deutschen Roten Kreuz, der Deutschen Jägerschaft, dem Reichskriegerbund und als Klubführer des Schießclubs Leipzigs (während der NS-Zeit eingegliedert in die Dachorganisation Nationalsozialistischer Reichsbund für Leibesübungen) beteiligte er sich jedoch auf vielfältige andere Weise am gesellschaftlichen Leben. Beim Börsenverein bekleidete er vor 1933 verschiedene Ehrenämter; vom Sommer 1946 bis Ende 1947 fungierte er als Vorsteher. Er war jedoch seit dem 01.07.1934 Mitglied der Nationalsozialistischen Volkswohlfahrt, einem der NSDAP angeschlossenen Verband.[2740] Ferner unterstützte er ab September 1933 die SS als förderndes Mitglied mit zunächst 20 RM monatlich von seinem privaten Konto, später wurde der Betrag auf 10 RM und abermals auf 5 RM reduziert.[2741]

Er gehörte also zu den mehr als 300.000 Deutschen, die die SS über individuell festgelegte Mitgliedsbeiträge (in Summe jährlich zwischen vier bis fast sieben Millionen RM) zwischen 1933 und 1938 unterstützten. Mit Ausbruch des Zweiten Weltkriegs ruhte die Mitgliedschaft aller fördernden Mitglieder; die Arbeit der Organisation wurde eingestellt.[2742] Gleichzeitig nutzte Ernst Reclam die fördernde Mitgliedschaft für eigene Zwecke, etwa 1935 bei einem Ersuchen an das Polizeipräsidium Leipzig, um seinen Waffenschein wiederzuerlangen:

2739 Vgl. Devisenprüfungsbericht Devisenstelle vom 22.12.1941, S. 4. In: SächsStA-L, 21033, Nr. 1438.

2740 Vgl. Lebenslauf Ernst Reclams vom 18.12.1945; Fragebogen Militärregierung Ernst Reclam vom 20.06.1945. In: RAL, Ordner 15.

2741 Dies gibt Ernst Reclam unter Vorbehalt bei einer Vernehmung an. Vgl. Kriminalamt Leipzig, Untersuchungsorgan am 22.07.1948: Mitschrift Vernehmung Ernst Reclam und Theodor Otto Herbert Mettler. In: SächsStA-D, 13471, Nr. ZA VI 2628/01, Bl. 96; Landeskriminalamt Sachsen, K. A. Leipzig Kommissariat K5 am 08.01.1948, Aussage Ernst Reclam. In: SächsStA-D, 13471, Nr. ZA VI 2628/01, Bl. 21. In einer Stellungnahme o. D. konkretisiert Reclam, seine Leistungen im Rahmen der Mitgliedschaft habe sich auf einen geringen Betrag von im ersten Jahr 20 RM, im zweiten 10 RM und alle folgenden 5 RM monatlich beschränkt, die von einem Boten der SS an der Kasse der Firma abgeholt worden seien. Vgl. Stellungnahme Ernst Reclams [um 1948], S. 1. In RAS, Mappe Dr. Ernst Reclam.

2742 Vgl. Rebenich 2013, S. 415 ff.

> Durchaus zu verstehen ist es, wenn jetzt nach den grundlegend veränderten öffentlichen Verhältnissen Leuten, die unter der früheren Regierung einen Waffenschein besaßen und die jetzt nicht mehr als politisch zuverlässig angesehen werden, der Waffenschein verweigert wird. Der betreffenden Stelle, die mir den Waffenschein verweigert hat, ist aber augenscheinlich nicht bekannt gewesen, daß ich schon vor der nationalen Revolution nicht etwa zu den Bekämpfern der nationalsozialistischen Idee gehört habe, sondern daß ich im Gegenteil durch die Übernahme des Verlages der Monatszeitschrift „Das neue Deutschland", die damals Frühjahr 1932 sehr in wirtschaftlicher Bedrängnis war, und die erst durch unsere intensive Arbeit auf die Höhe gebracht wurde, den nationalsozialistischen Gedanken und dadurch auch die nationalsozialistische Revolution in hohem Maße unterstützt habe. Nebenbei bemerkt bin ich seit September 1933 förderndes Mitglied (Nr. 224034) der SS. Ich hoffe, dass eine ausführlichere Begründung meines Rekurses und meines Antrages auf einen Waffenschein nicht nötig ist.[2743]

Im Zuge der Anklage 1948 rechtfertigte sich Ernst Reclam ausführlich für dieses Schreiben, da neben dem Vorwurf der Bereicherung durch Kriegsgewinn vor allem seine „ausserordentliche politisch-propagandistische Unterstützung [...] der nationalsozialistischen Gewaltherrschaft"[2744] – fördernde Mitgliedschaft der SS und Sanierung des Verlags Das neue Deutschland (siehe Kapitel 3.8.2) – im Prozess besonders schwer wogen.

1948 gibt Ernst Reclam zur Aussage, dass diese 1935 von ihm gemachte Darstellung nicht der Wahrheit entspräche, sondern dass er seine „angeblichen Verdienste um die NSDAP in grellen Farben übertrieben dargestellt hatte, um die NS-Polizei für mich günstig zu stimmen."[2745] In Wahrheit habe er zusammen mit seinem Bruder diese Mitgliedschaft erworben, weil sie glaubten,

> daß es nötig wäre, sich und die Firma auf irgendeine Weise vor dem Zugriff der Partei loszukaufen und [die Brüder] hatten keine Bedenken gegen diese fördernde Mitgliedschaft der SS, weil man dadurch nicht wirklich Mitglied einer Formation der NSDAP wurde, keine Schulung mitzumachen und keinen Eid auf Hitler zu leisten, auch keine Beziehung zu einer Parteistelle zu unterhalten brauchte, sondern sich auf Zahlung eines Beitrages beschränken konnte.[2746]

2743 Kriminalamt Leipzig, Untersuchungsorgan am 22.01.1948, Abschrift aus den Polizeiakten R 14735: Ernst Reclam an Polizeipräsidium Leipzig am 31.05.1935. In: SächsStA-D, 13471, Nr. ZA VI 2628/01, Bl. 20.

2744 Landesregierung Sachsen Ministerium des Inneren Polizeiabteilung an Kriminalamt Leipzig, Untersuchungsorgan am 01.11.1948, Anklageschrift gegen Ernst Philipp Reclam. In: SächsStA-D, 13471, Nr. ZA VI 2628/01.

2745 Stellungnahme Ernst Reclams [um 1948], S. 5. In RAS, Mappe Dr. Ernst Reclam.

2746 Stellungnahme Ernst Reclams [um 1948], S. 2. In RAS, Mappe Dr. Ernst Reclam.

Auch im Nachhinein war Ernst Reclam der Überzeugung, dass die Mitgliedschaft

> das Mindestmaß von dem darstellte, was unbedingt erforderlich war, um „RUB“ dem deutschen Volke zu erhalten und sie nicht in die Hände des NS-Verlages fallen zu lassen. Die fördernde Mitgliedschaft hatte auch noch den Vorteil, daß ich, im Hinweis darauf, die Aufforderung Pg. zu werden, leichter ablehnen konnte.[2747]

Ob und in welcher Höhe die Brüder Reclam weitere private Spenden leisteten, konnte im Zuge des 1948 erstellten wirtschaftlichen Gutachtens nicht ermittelt werden. Allerdings unterstützte das Unternehmen Reclam die Adolf-Hitler-Spende der deutschen Wirtschaft und das Winterhilfswerk des Deutschen Volkes finanziell. Auch wenn die Beiträge nicht lückenlos ermittelt werden konnten, so gibt der Wirtschaftsgutachter für die Jahre 1933 bis 1938 eine Spendenhöhe von 6.338 RM, für 1939 bis 1945 insgesamt 42.240 RM an.[2748]

Daneben nimmt sich die von Gotthold Müller eidesstattlich bezeugte Unterstützung Ernst Reclams für den Widerstandskreis um Wilhelm Leuschner in Höhe von 3.000 RM (siehe Kapitel 3.9) im November 1943 klein aus.[2749] Rückblickend spricht Ernst Reclam hier von „einer erheblichen Summe […], wobei die Leistung weniger in der Zahlung lag, als in der Lebensgefahr, in die ich dadurch kam“[2750]. Dabei stellt

2747 Stellungnahme Ernst Reclams [um 1948], S. 2. In RAS, Mappe Dr. Ernst Reclam. In der Tat mussten fördernde Mitglieder der SS nicht in die Partei eintreten. Vgl. Rebenich 2013, S. 415 ff. 1948 gibt Ernst Reclam zur Aussage: „Ich wurde wiederholt aufgefordert, Mitglied der NSDAP zu werden, lehnte es aber immer wieder ab, mit der Begründung, dass ich nie Mitglied einer politischen Organisation war und schon förderndes Mitglied der SS sei. Der Hauptzweck meiner fördernden Mitgliedschaft war die Fernhaltung des nationalsozialistischen Geistes von der Universalbibliothek. Wenn die nationalsozialistische Zeitung ‚Neues Deutschland‘ den nationalsozialistischen Gedanken trug, so habe ich mich aber nie mit derselben beschäftigt.“ Landeskriminalamt Sachsen, K. A. Leipzig Kommissariat K5 am 08.01.1948, Aussage Ernst Reclams. In: SächsStA-D, 13471, Nr. ZA VI 2628/01, Bl. 21. Die Ablehnung einer NSDAP-Mitgliedschaft scheint für Ernst Reclam keine Schwierigkeiten nach sich gezogen zu haben. Zumindest gibt er in seinem Lebenslauf vom Dezember 1945 an, dass durch die NSDAP erlittene Nachteile „nicht ausdrücklich“ angegeben werden könnten. Vgl. Lebenslauf Ernst Reclams vom 18.12.1945. In: RAL, Ordner 15.

2748 Vgl. Wirtschaftsverständiger Karl Fritz Moser, Steuerberater am 09.07.1948: Bericht über die bei der Firma Philipp Reclam jun. durchgeführte Buch- und Betriebsprüfung. In: SächsStA-D, 13471, Nr. ZA VI 2628/01, Bl. 87 f. In der Anklageschrift werden für die Kriegsjahre abweichend Spenden in Höhe von 40.392 RM angeführt. Vgl. Landesregierung Sachsen Ministerium des Inneren Polizeiabteilung an Kriminalamt Leipzig Untersuchungsorgan am 01.11.1948, Anklageschrift gegen Ernst Philipp Reclam. In: SächsStA-D, 13471, Nr. ZA VI 2628/01.

2749 Vgl. Eidesstattliche Versicherung von Gotthold Müller vom 01.10.1947. In: SächsStA-D, 13471, Nr. ZA VI 2628/01.

2750 Erklärung Ernst Reclams, adressiert an Kriminalamt Leipzig vom 11.01.1948. In: SächsStA-D, 13471, Nr. ZA VI 2628/01.

sich zunächst die Frage, warum ein national-konservativer Vertreter des Bürgertums wie Ernst Reclam sozialdemokratische Widerstandsaktivitäten unterstützt habe, zumal diese finanzielle Zuwendung nur von Reclam selbst und Müller bezeugt ist. Müller bezeugt an derselben Stelle ferner, dass die Unterhaltung der Zeitschrift *Deutsche Rundschau*, durch deren Übernahme Ernst Reclam „seinen Willen, die oppositionellen geistigen Kreise zu stützen, bekundet“ habe, einen jährlichen Zuschuss von 12.000 bis 15.000 RM erforderte.[2751]

In zahlreichen Persilscheinen bestätigen die führenden Mitarbeiter des Verlags Ernst Reclam größtmögliche Distanz zum NS-Regime. Nußbächer äußerte sich dazu wie folgt:

> Voranstellen muß ich die Tatsache, daß Herr Dr. Reclam weder vor 1933 noch nachher ein Anhänger Hitlers gewesen ist. […] Er hat dieser Gesinnung in sehr vielen persönlichen Gesprächen, nicht nur unter vier Augen, und in seinem ganzen Verhalten gegen die Maßnahmen der Partei Ausdruck gegeben. So hat er weder bei den befohlenen „Betriebskundgebungen“ noch bei irgend einer anderen Gelegenheit im nationalsozialistischen Sinne gesprochen, meist nahm er gar nicht daran teil. Zu der Gratulation zum 50. Geburtstag Hitlers in Berlin ist er trotz Einladung nicht erschienen. […] Es wird wohl niemand behaupten können, daß Herr Dr. Reclam persönlich auch nur im weitesten Sinne jemals ein Nazi gewesen sei.[2752]

Ernst Reclams Angabe, er habe den „Verkehr mit der RSK und die Entgegennahme von Weisungen […] nicht selbst besorgt, weil ich mich von allem, was mit der Hitler-Regierung zusammenhing, möglichst fern hielt, sondern meinen Mitarbeitern, besonders dem Lektor und Verlagsredakteur, Herrn Dr. Konrad Nußbächer, […] überlassen“[2753], greift Nußbächer auf und bestätigt diese. Die Verhandlungen mit den Berliner Behörden seien in der späteren Zeit zum Teil ihm zugefallen, „da Herr Dr. Reclam eine heftige Abneigung zeigte, mit diesen ihm verhassten Leuten zusammenzukommen“[2754], ferner bezeugt er, dass Ernst Reclam den nationalsozialistischen Werken fernstand.

Rudolf Kaemmerer geht über die von Nußbächer eher als passiv beschriebene Renitenz gegenüber dem Nationalsozialismus hinaus und beschreibt das ablehnende Verhalten Ernst Reclams als deutlich aktiver:

2751 Eidesstattliche Versicherung von Gotthold Müller vom 01.10.1947. In: SächsStA-D, 13471, Nr. ZA VI 2628/01.
2752 Erklärung Nußbächers vom 10.08.1948, S. 1. In: RAS, Mappe Dr. Ernst Reclam.
2753 Stellungnahme Ernst Reclams [um 1948], S. 8. In: RAS, Mappe Dr. Ernst Reclam.
2754 Erklärung Nußbächers vom 10.08.1948, S. 3. In: RAS, Mappe Dr. Ernst Reclam.

> [Ich] bestätige [...] Ihnen gern und zwar aus genauer Kenntnis, daß Sie, solange ich in irgendeiner Verbindung mit dem Verlag Reclam stand, ein scharfer und unerschrockener Gegner der ns Bewegung und zwar von Anfang an waren und daß Sie dieser Ihrer Überzeugung stets und zum Teil in sehr kühner Form Ausdruck gegeben haben. Das Ihnen verschiedentlich gestellte Ansinnen, Mitglied der Partei zu werden, haben Sie Ihrer Überzeugung getreu mehrfach und in scharfer Form abgelehnt, wobei ich Zeuge war.[2755]

Gotthold Müller konkretisiert die „kühne Form“:

> Sobald Herr Dr. Reclam Vertrauen zu mir gefaßt hatte, machte er aus seiner oppositionellen Haltung gegen das Naziregime keinen Hehl. Schon damals bezeichnete er in intimen Gesprächen den vom Volke vergötterten Führer als „gefährlichen Irren“. Niemals hat sich Herr Dr. Reclam an einer Parteiveranstaltung beteiligt, auch den Betriebsversammlungen blieb er ostentativ fern und beauftragte stets einen Vertreter.[2756]

Für den mit Ernst Reclam befreundeten, während der NS-Zeit diffamierten Bibliotheksdirektor und wissenschaftlichen Herausgeber Hans Ludwig Held war es eine

> selbstverständliche Pflicht [...], mich für die politische Sauberkeit Dr. Reclam's einzusetzen, den ich immer als einen starken – ich möchte lieber sagen einen fast unnachgiebigen Charakter schätzen konnte. [...] Dr. Reclam [sprach sich] in schärfster Weise gegen den Nationalsozialismus aus [...], der im Laufe seiner Entwicklung von ihm als „nationale Pest“ und das „furchtbarste Unglück, das Deutschland treffen konnte“, bezeichnet wurde.[2757]

Das Problem dieser rückwirkend und mit dem einzigen Ziel der politischen Entlastung verfassten Persilscheine liegt auf der Hand: Sie sind kaum verifizierbar und somit zur Einschätzung für oder wider den NS gerichteter Handlungen und Haltungen ungeeignet. Held versichert unter anderem „[b]ei den zahlreichen Besuchen Dr. Reclams ging unser – ich möchte sagen ausschließliches – Gespräch um die Dinge

2755 Kaemmerer an Ernst Reclam am 29.07.1948. In: RAS, Mappe Dr. Ernst Reclam.

2756 Eidesstattliche Versicherung von Gotthold Müller vom 01.10.1947. In: SächsStA-D, 13471, Nr. ZA VI 2628/01.

2757 Eidesstattliche Versicherung von Hans Ludwig Held vom 27.01.1948. In: SächsStA-D, 13471, Nr. ZA VI 2628/01. Ferner finden sich eine eidesstattliche Erklärung Eugen Diesels vom 09.02.1948, die Abschrift einer notariell beglaubigten Abschrift Berthold Rassows vom 15.03.1948 sowie eine eidesstattliche Erklärung Annemarie Meiners vom 10.03.1948. In: SächsStA-D, 13471, Nr. ZA VI 2628/01.

der Politik."[2758] Möglich ist, dass kritischer Austausch über Politik ausschließlich mündlich stattfand. In dem umfangreichen und regen Briefwechsel zwischen Ernst Reclam und Hans Ludwig Held, der für den Zeitraum 1931 bis 1945 eingesehen wurde, spielt sie jedenfalls keine und die wirtschaftliche Lage nur eine marginale Rolle.[2759] Die beiden Herren tauschten sich rege über den Fortgang der *Deutschen Literatur in Entwicklungsreihen* und über zahlreiche Neuerscheinungen des Reclam Verlags aus, von denen Ernst Reclam Hans Ludwig Held regelmäßig und in hoher Zahl Exemplare zukommen ließ. Ferner bat Reclam Held um Schützenhilfe bei der Akquise von Autoren und um Unterstützung bei der Werbung für Verlagstitel. Neben dem regelmäßigen Austausch über gesundheitliche Schwierigkeiten (Ernst Reclam plagte Rheuma, Hans Ludwig Held wiederkehrende Sehnenscheidenentzündungen) teilten beide gleichermaßen die Liebe zur Natur und die Freude am eigenen Garten. Held zeigte sich ferner sehr interessiert zunächst an der akademischen Entwicklung Hans Heinrich Reclams, mit dem er sich ebenfalls sehr ausführlich über dessen Dissertationsprojekt austauschte; später bestimmte der Wehrmachtseinsatz die Gespräche über den Verlegersprössling. Deutlich wird, dass sich Ernst Reclam sehr für das Thema Auto und leidenschaftlich für die Jagd begeisterte. Da Hans Ludwig Helds Wohnsitz in Unterhaching mehr oder minder günstig auf dem Weg zu Reclams Tiroler Jagdhütte lag, die dieser mehrmals jährlich aufsuchte, verband Reclam die Jagdausflüge oft mit einem Besuch bei Held.[2760] Sogar unmittelbar nach dem ersten großen Bombenangriff am 20.10.1943 plante Reclam einen Jagdausflug:

> Eben bemerke ich, daß die Sendung mit dem Rundschreiben an die Mitarbeiter ohne meinen Brief an Sie abgegangen ist, zu dem es nur eine Beilage sein sollte, als Illustration unseres so schweren Fliegerschadens. Ich wollte Ihnen auch schreiben, daß ich Sie in München zu sehen hoffe, aber erst auf der Rückreise, wenn ich überhaupt nach Tirol fortkomme. Ich gedenke, schon am 5. Nov. nach Tirol zu fahren, nicht später, weil ich für den 8. oder 9. Nov. Fliegerbesuch für München fürchte, der auch dem Bahnhof gelten könnte.[2761]

2758 Eidesstattliche Versicherung von Hans Ludwig Held vom 27.01.1948. In: SächsStA-D, 13471, Nr. ZA VI 2628/01.

2759 Auch die wenigen weiteren Schriftstücke privater Natur erlauben keinerlei Rückschlüsse auf Ernst Reclams Einstellung zum Nationalsozialismus.

2760 Vgl. Briefwechsel Ernst Reclam und Hans Ludwig Held. In: Münchner Stadtbibliothek/ Monacensia, HLH B 335. Den Autor Börries Freiherr von Münchhausen, mit dem Ernst Reclam ebenfalls in stetigem, aber weniger regem Briefwechsel stand, grüßten die Mitarbeiter ab und an vom abwesenden Ernst Reclam: „... Herr Dr. Reclam ist noch auf seiner Jagdhütte und schreibt, daß er bei 18° Kälte und tiefem Schnee seinen ersten Gamsbock erlegt hat." Nußbächer an Münchhausen am 02.12.1942 In: GSA, 69/6248.

2761 Ernst Reclam an Held am 23.10.1943. In: Münchner Stadtbibliothek/Monacensia, HLH B 335.

In seinem Briefwechsel mit Lothar Kretschmar fällt Gotthold Müller ein offenbar ins Bild passendes, vernichtendes Urteil über den Verleger Ernst Reclam:

> Wie ihm denn überhaupt das Unternehmen „lästig“ war. Sein Ideal war der Arztberuf, auf den er verzichten mußte, aber wohl wöchentlich 2 × zum Zahnarzt fuhr, wo er (wie man gelegentlich erfuhr) auch sehr offenherzig über seine geschäftl. Sorgen sprach! „Herr Müller, wenn Sie uns nicht helfen ...“ Wie oft klang dieser Satz über Flure und Treppen, der zweite Stoßseufzer lautete: „es knistert ja schon im Gebälk“ [...] In Stuttg. fragte mich Volckmar-Fr[entzel] bei einem Glase Wein: „Wann kamen Sie zu R.?“ „1936.“ „Nun ja, das ist die Zeit in der wir R. bereits aufgegeben hatten ...“ (wörtlich).[2762]

Diese Darstellung des desinteressierten und unvermögenden Ernst Reclam ist eingebettet in Müllers Antwort auf Kretschmars Frage „nach persönlichen Erinnerungen an die NS-Zeit, wo wir bisher nur sagen können, daß Ernst Reclam kein Faschist war, aber in vielen Fragen eine zwiespältige Haltung einnahm (dies nur sehr verallgemeinert ausgedrückt).“[2763] Vom Vorwurf, ein Nationalsozialist gewesen zu sein, spricht Müller Ernst Reclam frei; der unverhohlene Groll gegenüber dem Verleger schmälert jedoch die Glaubwürdigkeit der diffamierenden Beurteilung der verlegerischen Expertise Reclams:

> „Faschist“ war Dr. E. R. keineswegs, ganz das Gegenteil, ein fast unpolitischer Großbürger. Sein Stichwort für A. H. lautete: „der gefährliche Irre“ und da er sehr unvorsichtig im Reden war [...] gefährdete er nicht nur sich, sondern auch seine Gesprächspartner. [...] So, nun habe ich wieder aus der Schule geplaudert. Denken Sie nicht, daß ich Dr. E. R. „reinwaschen“ wollte. Dazu habe ich keinen Grund, denn nach meinem Aufbau in Stuttg. hat er sich sehr undankbar gegen mich erwiesen.[2764]

Auch an anderer Stelle seiner Erinnerungen charakterisiert Müller seinen ehemaligen Chef zum einen als untätig, zum anderen als schwach:

> Die Herren Reclam wären zu schwach gewesen, um die überfällige Konsequenz aus den Fehlleistungen ihres Prokuristen [gemeint ist Rudolf Kaemmerer, Müllers Vorgänger] zu ziehen, denn er allein war es, der das Haus beherrschte,

2762 Müller an Kretschmar am 21.06.1989. In: SächsStA-L, 22399 Vorlass Lothar Kretschmar.
2763 Kretschmar an Müller am 03.05.1989. In: SächsStA-L, 22399 Vorlass Lothar Kretschmar.
2764 Müller an Kretschmar am 21.06.1989. In: SächsStA-L, 22399 Vorlass Lothar Kretschmar.

> während sie sich mehr oder weniger ihren privaten Interessen widmeten. Sie kamen morgens immer nur für wenige Stunden in die Firma.[2765]

Müller hingegen, der „1936 als ‚Vertriebsleiter' […] ganz gegen meine Absichten in die Geschäftsleitung" geriet, habe sich „um ein ‚sauberes' Programm [bemüht] – soweit das damals möglich war!"[2766]

Ernst Reclam hingegen beschreibt seine Haupttätigkeit im verlegerischen Ressort wie folgt:

> Hierbei sind mir sämtliche schriftstellerischen Manuskripte zur Übernahme in unserem Verlag vorgelegt worden und ich habe [mit Bleistift geschwärzt: nach Durcharbeitung derselben] entschieden, ob sie in unserem Verlag aufgenommen wurden. Dabei ist vorgekommen, daß der Prokurist Müller Vorverhandlungen mit einzelnen Schriftstellern führte und mir dann die Entscheidung übertrug.[2767]

Im sichtlichen Bemühen, Ernst Reclam im Zuge der Anklage als Kriegsverbrecher zu helfen, charakterisiert ihn auch Konrad Nußbächer indirekt als schwache Führungspersönlichkeit, indem er in Bezug auf die generelle Haltung des Verlags während des Nationalsozialismus sagt, dass Ernst Reclam für „Entgleisungen im einzelnen, die nach Lage der Dinge fast unvermeidlich waren, […] nach dem Gesichtspunkt persönlicher Verantwortung […] am wenigsten haftbar zu machen [ist], da er infolge seines Alters und Gesundheitszustandes nicht alle Einzelheiten des großen Verlagsunternehmens überblicken konnte."[2768] Im Schriftverkehr mit Autoren wird jedoch wiederholt deutlich, dass Ernst Reclam durchaus über alle geplanten Titel nicht nur im Bilde war, sondern sich auch das alleinige Entscheidungsrecht über deren Publikation vorbehielt:

2765 Müller 1975, S. 3. In: RAL, Ordner 15. Arthur Fischer, Prokurist und Hauptkassierer bei Reclam, der am 01.12.1909 seine Tätigkeit in der Anzeigenabteilung des Verlags begonnen hatte, beschreibt das Arbeiten mit seinem Vorgesetzten Ernst Reclam hingegen als angenehm: „Da er jedwede Angelegenheit peinlich genau und rein sachlich behandelt; da auch hin und wieder ein Scherz mit eingeflochten wird, fühlte man sich im Laufe der Zeiten immer mehr zu ihm hingezogen. Er war und ist heute noch in der Hauptkasse weniger der Chef oder der Vorgesetzte als vielmehr ein guter Kollege und freundlicher Mitarbeiter, demgegenüber selbstverständlich der notwendige Respekt und die ihm gebührende Hochachtung deshalb nicht unterlassen wird." Fischer: Berufsleben, S. 5. In: RAS, Mappe Mitarbeiter II; vgl. Lebenslauf Julius Arthur Fischers vom 20.08.1945. In: StadtAL, StVuR Nr. 9066, Bl. 10.

2766 Müller an Kretschmar am 15.06.1989. In: SächsStA-L, 22399 Vorlass Lothar Kretschmar.

2767 Kriminalamt Leipzig Untersuchungsorgan am 22.07.1948: Mitschrift Vernehmung Ernst Reclam und Theodor Otto Herbert Mettler. In: SächsStA-D, 13471, Nr. ZA VI 2628/01, Bl. 96.

2768 Erklärung Nußbächers vom 10.08.1948, S. 4. In: RAS, Mappe Dr. Ernst Reclam.

> Da sich Herr Dr. Reclam, der sich die letzte Entscheidung in Angelegenheiten der Universal-Bibliothek vorbehalten hat, gegenwärtig auf Reisen befindet und erst etwa in 2 Wochen zurückkommt, bitte ich Sie, sich wegen der Beantwortung Ihres freundlichen Briefes bis zu seiner Rückkehr zu gedulden.[2769]

Ernst Reclam selbst unterstützt das Narrativ der eigenen Senilität wenig glaubhaft, wenn er behauptet, zum Zeitpunkt der Übernahme des Verlags Das neue Deutschland seien „[i]ch und mein Bruder [...] uns über die Ziele des Nationalsozialismus noch nicht im Klaren [gewesen]. Es war uns bekannt, dass der übernommene Verlag den Nationalsozialismus propagierte. Den Nationalsozialismus kannten wir nur von seiner Propaganda her."[2770] Spätestens mit der unmittelbar nach der ‚Machtergreifung' einsetzenden Zerschlagung deutschen Kultur- und Literaturlebens – auf die Buchverbote und Bücherverbrennungen folgte direkt die erste große Welle der publizistischen Emigration[2771] – muss auch einem Verleger wie Ernst Reclam bewusst gewesen sein, welcher Geist fortan die literarische Produktion lenken würde. Die Zeitschrift *Das neue Deutschland* jedoch gab der Verlag bis September 1939 heraus.

Eine offene oder verdeckte oppositionelle Haltung lässt sich für Ernst Reclam nicht belegen. Im Gegenteil, das Verlagsprogramm, das er verantwortete und inhaltlich mitgestaltete, stützte und propagierte in Teilen offensiv die nationalsozialistische Ideologie oder ließ sich in anderen Teilen hervorragend für propagandistische Zwecke einsetzen. Sie wurde vom Verlag, wie gezeigt werden konnte, auch entsprechend beworben. Die Entscheidung, im Neuerscheinungsprogramm bis zum Beginn des Kriegs vornehmlich NS-affine Sachbücher zu verlegen, mag in dem Bestreben, den „ausserordentlich stark zurückgegangen [...] Allgemein-Absatz der Universal-Bibliothek-Bände und im Besonderen der Bücher erzählerischer Art"[2772] mit potenziell gewinnbringenden, gängigen Propagandathemen zu kompensieren, überwiegend ökonomisch motiviert gewesen sein – eine Rechnung, die nur in Teilen aufging (vgl. Kapitel 2.1 und 3.3.8). Das Gleiche gilt für die imposante Kehrtwende zur unterhaltenden Belletristik mit voranschreitendem Kriegsgeschehen, als das Publikum keinerlei Interesse an NS-Literatur mehr hatte. Aber auch eine primär ökonomische Motivation kann den Verleger nicht von inhaltlicher Verantwortung entbinden.

Nach 1945 wurden die „unvermeidlichen Konzessionen in der Verlagspolitik", denen Ernst Reclam „stets nur höchst widerwillig zugestimmt" habe, dennoch

2769 Reclam Verlag an Wilhelm Scholz am 15.05.1935. In: DLA, A:Scholz, Wilhelm von, HS. 1989.0002.

2770 Kriminalamt Leipzig Untersuchungsorgan 10.01.1948: Mitschrift Vernehmung Ernst Reclam. In: SächsStA-D, 13471, Nr. ZA VI 2628/01, Bl. 22.

2771 Vgl. Wallrath-Janssen 2007, S. 26.

2772 Ernst Reclam an Hans Franck am 26.10.1935. In: LBMV, NL 08 Br Recl : Kasten 105. Mit Verweis, dass Franck dies „wohl auch von anderen Verlegern wisse", lehnt Reclam in diesem Schreiben die Bitte Francks um Honorarvorauszahlungen ab.

verharmlosend auf die drohende Gefahr einer politischen Vereinnahmung zurückgeführt: „Als volkstümlicher deutscher Verlag war Reclam wie kein Zweiter in der Nazizeit bedroht, dem allmächtigen Amann [Präsident der Reichspressekammer] zum Opfer zu fallen.“[2773] Auch Nußbächer bekräftigt, der Verlag sei seit 1933 den „aktiven Kräften der Partei verdächtig“ gewesen und habe sich unausgesetzt in gefährdeter Position befunden:

> Es war bekannt, daß sehr ernste Bestrebungen am Werke waren, den Verlag Reclam „gleichzuschalten“, d. h. ihn als einen Volksverleger von weitreichender Wirkung von der Partei oder dem Eher-Verlag übernehmen zu lassen. Diese Bestrebungen gingen während der ganzen Dauer des Dritten Reiches teils verdeckt, teils offen weiter.[2774]

Dass es dem Verlag – letztlich durch freiwillige ‚Gleichschaltung‘ – gelang, in Familienbesitz zu bleiben und „sich ohne direkte Abhängigkeit von der Partei halten [zu können], ist fast als ein Wunder zu bezeichnen.“[2775] Müller gibt als Ursache dafür, „daß sich Reclam durch diese Jahre hindurch schlängeln konnte“[2776], an, die Partei sei in zunehmendem Maße gegenüber Institutionen und Personen, die internationalen Rang besaßen, vorsichtiger und zurückhaltender geworden.

Der Reclam Verlag als einer der bedeutendsten Klassikerverlage mit internationalem Renommee, der in der Versorgung der breiten Bevölkerung nicht zuletzt der Schulen und ab 1939 der Frontsoldaten mit preiswerten Editionen von Texten und Werken eine führende Rolle innehatte, war zweifellos für die nationalsozialistische Kulturpolitik von entscheidendem Interesse zur Propagierung und Verbreitung ihrer Vorstellungen. Allerdings ließen sich weder im Verlagsarchiv noch in den einschlägigen Beständen des Bundesarchivs Hinweise auf Bestrebungen finden, den Reclam Verlag organisatorisch gleichzuschalten. Ernst und Hans Emil Reclam, aber auch Gotthold Müller wurden durchaus als „Vertrauensperson für besondere Angelegenheiten [des] Betriebes“ ausersehen[2777] und ihre Eignung unter „wirtschaftliche[r], […] politischer, spionagepolizeilicher u. strafrechtlicher Hinsicht“ von der Gestapo Leipzig ohne

2773 Eidesstattliche Versicherung von Gotthold Müller vom 01.10.1947. In: SächsStA-D, 13471, Nr. ZA VI 2628/01.

2774 Erklärung Nußbächers vom 10.08.1948, S. 1. In: RAS, Mappe Dr. Ernst Reclam.

2775 Erklärung Nußbächers vom 10.08.1948, S. 2. In: RAS, Mappe Dr. Ernst Reclam. Andere „billige Reihen“ wie *Hilgers Jugendbücher*, *Wiesbadener Volksbücher* und viele andere seien im Gegensatz zu Reclam tatsächlich von Parteiorganisationen oder deren Funktionären übernommen und in rein nazistischem Sinn fortgeführt worden.

2776 Müller 1975, S. 11. In RAL, Ordner 15.

2777 Leiter der Außenstelle des Reichswirtschaftsministeriums an Geheime Staatspolizei Staatspolizeistelle Leipzig z. Hd. V. Oberregierungsrat Ebbeke am 06.10.1938, vom selben Tag datierte, separate Anfragen zu Hans Emil Reclam, Ernst Reclam und Gotthold Müller. In: SächsStA-D, 13471, Nr. ZA VI 2628/01.

Einschränkungen bestätigt.[2778] Spuren zur aktiven staatlichen Vereinnahmung des Verlags und des Leitungspersonals für politische Zwecke konnten dagegen nicht ermittelt werden. Offensichtlich gab es dazu auch keinen Anlass, da der familiengeführte Betrieb, der weite Teile seines Programms so entgegenkommend zu Diensten stellte, den NS-Kulturfunktionären viel nützlicher war als ein weiteres ‚gleichgeschaltetes' Gefolge der NSDAP und ihrer Organisationen.[2779] Fest steht, dass die nationalsozialistischen Kulturmachthaber keinesfalls schädigende oder gar auf die existenzielle Vernichtung des Reclam Verlags hinzielende Maßnahmen ergriffen. Ganz im Gegenteil, sowohl die Auswertung der Presse als auch die Bewertung des Verlags in den staatlichen Empfehlungslisten wie auch die maßgebliche staatliche Unterstützung zur Auslagerung des Betriebs in weniger kriegsgefährdete Gebiete und die Einstufung als ‚sicherzustellender Verlag' haben gezeigt, dass der Klassikerverlag hoch im Kurs stand: eine Bilanz, die für zahlreiche andere wegweisende, den deutschen Literaturmarkt bis 1933 bestimmende Verlagshäuser nicht gezogen werden kann.

2778 Geheime Staatspolizei, Staatspolizeistelle Leipzig an Außenstelle des Reichswirtschaftsministeriums z. Hd. Herrn Regierungsrat Gmeiner oder Vertreter im Amt am 18.11.1938 und am 28.11.1938. In: SächsStA-D, 13471, Nr. ZA VI 2628/01. Nach rückblickenden Aussagen zweier Mitarbeiter der Buchbinderei, Dr. Valerian Tornius und Paul Porschwitz, war die Arbeitsatmosphäre im Betrieb nicht durch den Nationalsozialismus bestimmt. Vgl. Aktennotiz Unterredung Tornius vom 18.10.1963. In: RAL, Ordner 33. Bespitzelungen habe es nicht gegeben und die Reclam-Arbeiter seien in jeder Hinsicht „in Ruhe gelassen" worden. Betriebsversammlungen habe es nur außerhalb des Betriebes gegeben. In der Buchbinderei wurde nicht mit „Heil Hitler" gegrüßt, illegale Flugblätter seien jedoch nicht umgelaufen. Vgl. Bericht Gespräche mit Porschwitz vom 03.03.1964. In: RAL, Ordner 33.

2779 Zu diesen gehörten etwa der unter Leitung des nationalkonservativen Antisemiten Gustav Petzold bereits vor 1933 nationalistisch-völkische Ideologie verbreitende Verlag Langen Müller, der Zentralverlag der NSDAP und umsatzstärkste Buchbetrieb Franz Eher Nachfolge GmbH (vgl. Wittmann 2015, S. 316–329), die Hanseatische Verlagsanstalt, die mit dem Aufbau eines umfangreichen Angebots an Freizeitliteratur für Arbeitsdienst und Schulungsdienst der SA einerseits und der Veröffentlichung von Autoren der ‚Inneren Emigration' andererseits eine erfolgreiche Doppelstrategie verfolgte (vgl. Zimmermann 2007, S. 59) oder der 1934 zwangsarisierte Ullstein Verlag, 1937 in Deutscher Verlag umbenannt und dem Eher Verlag angegliedert, dessen Konstanten im Buchbereich von jeher populäre Sachbücher – während des ‚Dritten Reiches' ein „unfreiwillig komisches Nebeneinander von unverhüllt propagandistischen, wissenschaftlichen […] und populärwissenschaftlichen Publikationen" (Wippermann 2011, S. 215.) – und unterhaltende Belletristik waren, wobei auch hier Werke nicht konformer Autoren wie Ehm Welk neben kurzweiligen Propagandaromanen der NS-Prominenz veröffentlicht wurden. Vgl. Gruber 2011, S. 224 ff.

4.3.4 Unbequeme Literaturverlage

Der 1886 von Samuel Fischer gegründete S. Fischer Verlag war zu Beginn des NS-Regimes längst zum führenden Verlag der klassischen Moderne mit internationalem Renommee avanciert. Im Gegensatz zum Reclam Verlag, der sein Programm zügig der NS-Ideologie anpasste, Missliebiges akkurat und vorausschauend aussortierte und neue Publikationen selbst vermeintlichen Erfordernissen anpasste, nahmen Samuel Fischer, und nach dessen Tod 1934 Gottfried Bermann Fischer, die „Schwarze Liste nur sehr in Grenzen zur Kenntnis und richtete[n] sich offenbar nur in gewissen Einzelfällen, wenn eine ausdrückliche Beschlagnahme vorlag, nach ihr".[2780] Im Oktober 1933 erschien Thomas Mann, 1934 Carl Zuckmayer, wie sich überhaupt zu Beginn der NS-Diktatur noch viele Exilanten im Verlagsprogramm fanden. Peter Suhrkamp, der im April 1936 einen Teil des Verlags gegen eine „erschütternd niedrige"[2781] Summe von Hedwig Fischer übernommen hatte, verlegte fortan ausländische Autoren wie Walt Whitman, Virginia Woolf und Henrik Ibsen neben ‚reichsdeutschen' Schriftstellern, darunter einige sehr linientreue. Gottfried Bermann Fischer war bereits im März 1936 mit den Beständen und Rechten von 26 Autoren zunächst nach Wien und später nach Stockholm und New York emigriert, wo er mehrere Exilverlage gründete. Suhrkamp, der sich – sehr vorsichtig – den kulturpolitischen Vorstellungen widersetzte, konnte jedoch nicht verhindern, dass die Rolle des Verlags zunehmend auf die Demonstration kultureller Vielfalt gegenüber dem Ausland beschränkt wurde. Goebbels selbst verhinderte 1943 die durch das RMVP geplante Stilllegung des Verlags. Ein Gestapo-Spitzel denunzierte Suhrkamp jedoch im April 1944, woraufhin er verhaftet und im Januar 1945 im KZ Sachsenhausen wegen Hoch- und Landesverrats interniert wurde.[2782]

Auch die Deutsche Verlags-Anstalt, die sich schon 1925 diversen publizistischen Angriffen aufgrund der hohen Anzahl von Werken jüdischer Schriftsteller ausgesetzt sah, deren Verlagsprogramm aber von konservativ-nationalen bis hin zu linken Autoren reichte, widersetzte sich den Ansprüchen der neuen Machthaber, die sich vergeblich bemühten, die DVA auf Linie zu bringen. Sie veröffentlichte Erich Kästner, Gottfried Benn und Max Frisch und zeigte so, wie groß die verlegerischen Spielräume anfangs waren. Doch es ging nicht lange gut: 1936 wurde die DVA von der Zeitungsauffanggesellschaft Vera übernommen, die, ursprünglich beim nationalkonservativen Hugenberg-Konzern angesiedelt, seit 1935 zum Zentralverlag der NSDAP Franz Eher Nachf. gehörte. Doch auch in Parteibesitz verlegte der Verlagsleiter Gustav Kilpper den verschmähten Demokraten Theodor Heuss und erreichte Ausnahmegenehmigungen, unter anderem für Jochen Klepper. „Der liberale Schwabe Kilpper, immerhin de facto Angestellter der Partei, hat es bis zu seiner Absetzung Anfang der Vierzigerjahre mit

2780 Peter de Mendelssohn, zitiert nach Wittmann 2015, S. 339.

2781 Zitiert nach Wittmann 2015, S. 341.

2782 Vgl. Wittmann 2015, S. 340 ff.

Zivilcourage verstanden, sein ‚bürgerliches' Verlagshaus durch die braune Zeit zu lavieren, ohne sich dem Regime anzudienen."[2783]

Der Rowohlt Verlag, der wie Kiepenheuer und Zsolnay von den Nationalsozialisten aufgrund der Publikation zahlreicher freiheitsliebender, liberaler, progressiver Stimmen während der Weimarer Republik abschätzig als „Systemverlag" bezeichnet wurde, dessen Verlagsprogramm sich aber ebenfalls von „linken Flugschriften" bis hin zu „rechte[n] Irrlichter[n]"[2784] erstreckte, stand de facto schon 1934 unter direktem Parteieinfluss. Der Ullstein Verlag hatte zu Beginn der 1930er Jahre, als Rowohlt ebenso wie Reclam mit enormen wirtschaftlichen Schwierigkeiten zu kämpfen hatte und kurz vor der Insolvenz stand, still und leise die Mehrheit der Anteile übernommen, die mit der Zwangsarisierung Ullsteins im Juni 1934 somit in den Besitz des Eher-Imperiums übergingen, auch wenn die formale Übertragung des Rowohlt Verlags erst 1936 stattfand.[2785]

Von Ernst Rowohlt, von dessen Autoren über 80 verboten wurden und der sich weder von den neuen Machtverhältnissen noch von den ständigen publizistischen Anfeindungen beeindrucken ließ,[2786] zeichnet Oels dennoch ein ambivalentes Bild: Einerseits publizierte er in getarnter Form weiterhin jüdische Autoren – wie den emigrierten Bruno Adler unter dem Synonym Urban Roedl – und Autoren, die nicht Mitglied der RSK waren wie Erik Reger; selbst der 1943 hingerichtete Widerstandskämpfer Adam Kuckhoff kam bei ihm zu Wort.[2787] 1934 rückte er eine Reihe ‚unerwünschter' Autoren in seinen Werbeprospekten prominent ins Licht: Erik Reger, Mascha Kaléko, Joachim Ringelnatz, Sinclair Lewis, Robert Musil und Hans Fallada. Einige davon, wie etwa Kaléko, verkaufte er trotz Verbots heimlich weiter.[2788] Andererseits schrieb er anbiedernde Briefe an den *Völkischen Beobachter* und versuchte, eine Zusammenarbeit von im Ausland lebenden Autoren mit Klaus Mann, den er als „Literat letzten Ranges"[2789] bezeichnete, zu verhindern.[2790] Nebenbei verteidigte er die Situation in Deutschland – auch den Antisemitismus.[2791]

In den Folgejahren sank jedoch der Anteil der gehobenen und anspruchsvollen Literatur. Im Gegenzug verlegte Rowohlt unter Reaktivierung seiner Kontakte aus der Kriegszeit militaristische Titel zum Ersten Weltkrieg, von denen er sich offenbar einen hinlänglichen, aber letztlich ausbleibenden Erfolg versprach.[2792] Als wirtschaftlich

2783 Vgl. Wittmann 2015, S. 352 f.; Zitat auf S. 354.
2784 Wittmann 2015, S. 359.
2785 Vgl. Wittmann 2015, S. 359; Oels 2013, S. 7, 56.
2786 Vgl. Wittmann 2015, S. 359.
2787 Vgl. Wittmann 2015, S. 361; Oels 2013, S. 95 f.
2788 Vgl. Oels 2013, S. 67 f., 101.
2789 Zitiert nach Oels 2013, S. 80.
2790 Vgl. Oels 2013, S 78 f.
2791 Vgl. Oels 2013, S. 80.
2792 Vgl. Oels 2013, S. 95, S. 57 f., 61.

einträglich erwies sich, den zunehmenden Bedarf nach politikferner, humorvoller Unterhaltung zu bedienen. Am erfolgreichsten waren neben den Romanen Hans Falladas jedoch Tatsachenromane, insbesondere diejenigen, die zwar systemkonform, aber keine expliziten Propagandawerke waren.[2793] Eindeutig nationalsozialistisches Gedankengut publizierte Rowohlt, darin dem Reclam Verlag vergleichbar (siehe Kapitel 3.3.7), mit *Woher kommt das Hakenkreuz* und dem Bildband *Ein Volk steht auf. 53 Tage nationaler Erhebung* (dieser war sogar bereits 1932 hergestellt worden) interessanterweise bereits ganz zu Beginn des NS-Regimes;[2794] bei Reclam war die Anzahl allerdings signifikant höher. Weitere Titel dieses Geistes folgten bei Rowohlt nicht, möglicherweise auch deshalb, weil der Versuch gründlich scheiterte, sich den neuen Machthabern anzubiedern – und sei es nur zum Schutz. Von Widerstand im Rowohlt'schen Verlagshaus kann jedenfalls nicht die Rede sein; der Verleger versuchte vielmehr, sich so gut wie möglich innerhalb der neuen Bedingungen zu platzieren. Möglicherweise lässt sich in diesem Kontext auch sein Parteieintritt Ende 1937 deuten, der allerdings das gegen ihn verhängte Berufsverbot durch Ausschluss aus der RSK zum 01.07.1938 nicht verhindern konnte.[2795] Ob hierfür das beschriebene Missachten von Publikationsverboten zugunsten der Unterstützung geschmähter Autoren, wofür er bis 1938 kaum zur Rechenschaft gezogen wurde (was wiederum beweist, dass es durchaus Spielräume für Renitenz gab), oder andere Gründe ausschlaggebend waren, bleibt letztlich offen.[2796] Im Dezember 1938 schied Rowohlt als Gesellschafter und Geschäftsführer des Verlags aus, der bereits vor seinem Ausschluss aus der RSK an die DVA in Stuttgart übergegangen war. Am 19.11.1938 verließ Ernst Rowohlt das ‚Dritte Reich' und emigrierte nach Brasilien.[2797]

Währenddessen versuchte sein Sohn Heinrich Maria Ledig mit den verbliebenen vier Mitarbeitern, den Verlag mit deutlich weniger Neuerscheinungen und immensem Substanzverlust weiterzuführen. Er konzentrierte sich auf leichte, aber gehobene Unterhaltung – wirtschaftlich erfolgreich waren Sportbücher, Kochbücher und Ratgeberliteratur – und nahm auch am Wehrmachtsgeschäft teil.[2798] Obwohl der Rowohlt Verlag sogar auf der Liste der zu sichernden Verlage stand, wurde er zum 01.11.1943 faktisch geschlossen. Über die List, den kläglichen Rest des Rowohlt Verlags nicht als nicht kriegswichtig zu schließen, sondern unter Einstellung der Produktion gänzlich in die DVA zu überführen, konnten Bücher und Autorenrechte in die DVA transferiert werden.[2799] Heinrich Maria Ledig erhielt bereits am 06.11.1945 in Stuttgart die Lizenz zur Wiederaufnahme eines Verlagsbetriebs; Ernst Rowohlt, der paradoxerweise 1940

2793 Vgl. Oels 2013, S. 89, 91, 95, 157.
2794 Vgl. Oels 2013, S. 63.
2795 Vgl. Oels 2013, S. 87.
2796 Vgl. Oels 2013, S. 97 ff.
2797 Vgl. Oels 2013, S. 109.
2798 Vgl. Wittmann 2015, S. 362 f.
2799 Vgl. Oels 2013, S. 114 f.

nach Deutschland zurückgekehrt war, um als Nahostpropagandist im Sonderstab F der Wehrmacht zu dienen, aus dem er 1943 als politisch unzuverlässig entlassen wurde, erhielt am 27.03.1946 eine neuerliche Verlagslizenz in Hamburg.[2800] Oels resümiert knapp: „[S]o geradlinig und zwangsläufig, wie die Verlagsüberlieferung glauben machen will, war der Niedergang des Verlags nicht".[2801]

Der 1909 von Gustav Kiepenheuer gegründete gleichnamige Verlag war als Kulturverlag für Expressionismus und Neue Sachlichkeit zweifellos eines der führenden Verlagshäuser in der Weimarer Republik. Dennoch startete er ebenfalls hoch verschuldet in das dritte Jahrzehnt des 20. Jahrhunderts. Mit der Machtübernahme der Nationalsozialisten verschlimmerte sich die Lage: Einem Großteil seiner progressiven, linksorientierten Autoren wurde das Schreiben unmöglich gemacht; im Exil forderten viele davon ihre Rechte zurück, um sie an Exilverlage, beispielsweise Querido in Amsterdam, geben zu können.[2802] Kiepenheuer, der dies nicht wie Reclam über eine umfangreiche Backlist und national-konservative Titel in hinlänglicher Zahl auffangen konnte, stand vor dem wirtschaftlichen Aus, wagte aber dennoch im August 1933 einen Neuanfang, mit Starthilfe von Rowohlt und nur sechs verbliebenen Titeln seines bisherigen Verlagsprogramms, darunter einem von Ernst Glaeser, der als einer der ersten Schriftsteller zu den offiziell verpönten gehörte. Ähnlich wie Rowohlt kündigte Kiepenheuer dessen Titel *Apotheker am Neckar* unter einem Pseudonym (Anton Ditschler) an; die RSK durchschaute jedoch diese von einigen Verlegern – Reclam war nicht darunter – angewandte Taktik und schloss mit der Aufforderung zur Meldung von Pseudonymen dieses Schlupfloch größtenteils.[2803] Kiepenheuer überließ Glaeser die Rechte. Mit frischem Kapital baute Kiepenheuer ab 1935 ein neues Verlagsprogramm auf, welches mit historischen Stoffen, Biografien und anspruchsvollen Unterhaltungsromanen weitestgehend unauffällig blieb.[2804]

Er lieferte aber weiter die 1933 verbotenen *Vorlesungen zur Einführung in die Psychoanalyse* Freuds aus und publizierte Werke von Autoren, die bereits mit älteren Titeln auf der *Liste des schädlichen und unerwünschten Schrifttums* indiziert waren, wie etwa von Günther Weisenborn (Mitglied der Roten Kapelle und 1942 wegen Hochverrats inhaftiert), Gerhart Pohl und Leopold Zahn. Zwei Bücher des jüdischen Autors Kurt Fried publizierte er unter dem Namen von dessen Ehefrau Elsie Gotsmann.[2805] Die mehr oder minder offen kritische Auseinandersetzung mit nationalsozialistischen Ideologemen führte bei Tami Oelfkens *Tine* (1940), einer Liebesgeschichte zwischen einer Deutschen und einem polnischen Gastarbeiter im 19. Jahrhundert, und Otto

2800 Vgl. Oels 2013, S. 119 ff., 149, 165, 179.
2801 Oels 2013, S. 87.
2802 Vgl. Wittmann 2015, S. 357 f.
2803 Vgl. Röttig 2011, S. 116.
2804 Vgl. Röttig 2011, S. 117.
2805 Vgl. Langforth; Lokatis 2011, S. 127.

Pankoks *Passion in 60 Bildern* zu Beschlagnahmung und Verbot.[2806] Bemerkenswert ist, dass Kiepenheuer trotz der literarisch vielfältigen gesellschaftlichen und politischen Gegenwartskritik kein Berufsverbot erhielt, wenngleich 1938 wohl ein Ausschluss aus der RSK kurzzeitig im Raum stand.[2807]

Infolge des minimierten Autorenstamms reanimierte Kiepenheuer die *Liebhaber-Bibliothek* mit dichterischen und philosophischen Werken sowie Reiseschilderungen, die sich insbesondere bei der ZdF großer Beliebtheit bei der Versorgung der Soldaten erfreute; die Wehrmacht druckte eigene Exemplare gegen Lizenzgebühr. Mit dem zehnten Band musste die Reihe jedoch 1941 eingestellt werden, da das nötige Papier nicht genehmigt wurde.[2808] Über die Wehrmachtsausgaben machte Kiepenheuer sehr gute Geschäfte, die nahezu die Hälfte des Gesamtumsatzes einbrachten, sodass es dem Verlag wirtschaftlich so gut erging wie noch nie.[2809] Über die Papierzuteilung hatten die Kulturfunktionäre jedoch ein probates Mittel, den ungeliebten Verleger schrittweise zu ruinieren: Ab 1941 konnte Kiepenheuer nur noch zwei bis drei Novitäten produzieren, für das Herbstprogramm 1943 wurde ihm kein einziges Blatt Papier genehmigt, ab Dezember 1943 durften die Bücher nur noch broschiert verkauft werden. Von einer der ersten Listen zur Schließung empfohlener Verlage wurde der Verlag zwar wieder gestrichen, aber im August 1944 wurde der Gustav Kiepenheuer Verlag geschlossen.[2810]

Mit Blick auf die Gesamtentwicklung bleibt für Röttig fraglich, ob das Verlagsprogramm auch unter Einbezug der unterhaltenden Titel für die Frontversorgung tatsächlich „in seiner Gesamtheit als Kritik an und Bewahrung vor nationalsozialistischer Ideologie“[2811] bewertet werden kann. Barbian, so Wittmann, beurteilt Kiepenheuers Agieren als „Akt gänzlicher politischer Anpassung“, Wittmann dagegen bescheinigt Kiepenheuer eine „demonstrative ideologische Abstinenz […]. […] Ein Leuchtturm der Inneren Emigration konnte er jedenfalls nicht werden. Aber er hat auch keinen einzigen Titel verlegt, dessen er sich nach 1945 schämen musste.“[2812]

Der erfolgreichste Literaturverlag Österreichs, der Paul Zsolnay Verlag, der seine Produktion zu drei Vierteln im Deutschen Reich absetzte, geriet durch die Machtübernahme der Nationalsozialisten im Nachbarland ebenfalls in arge Bedrängnis. Im Programm des jüdischen Verlegers fanden sich, ähnlich wie bei Kiepenheuer, etliche jüdische Autoren, wodurch der Verlag zahlreichen Angriffen ausgesetzt war und umfangreiche Verluste verbuchen musste. Der Versuch, das Fortbestehen des Verlags zu sichern, ging zulasten der literarischen Vielfalt und Qualität. Nicht nur, dass sich das Programm mit Übersetzungen angloamerikanischer und skandinavischer Belletristik

2806 Siehe dazu Langforth; Lokatis 2011, S. 124–127.
2807 Vgl. Röttig 2004, S. 52 f.; Röttig 2011, S. 121.
2808 Vgl. Röttig 2011, S. 119 f., Röttig 2004, S. 47 ff.
2809 Vgl. Funke 2011, S. 134 f.; Wittmann 2015, S. 358.
2810 Vgl. Röttig 2011, S. 121 f.
2811 Zitiert nach Wittmann 2015, S. 359.
2812 Wittmann 2015, S. 359.

sowie mit unterhaltenden Romanen zunehmend weniger von dem der ,reichsdeutschen' belletristischen Verlagshäuser unterschied: Die mit der Aufnahme zahlreicher der damals noch illegalen österreichischen NSDAP nahestehenden Autoren verbundene politische Kehrtwende schadete dem jüdischen Verleger Paul Zsolnay in sämtlichen kulturpolitischen Lagern. Nach dem ,Anschluss' Österreichs emigrierte Paul Zsolnay nach England; auf den gescheiterten Versuch einer Scheinarisierung hin wurde der Verlag unter Treuhandschaft gestellt und zum 01.10.1941 von Karl Heinrich Bischoff, Fachreferent der RSK, übernommen, arisiert und mit NS-Literatur bis Kriegsende äußerst profitabel weitergeführt.[2813]

4.3.5 Zensurlücken und Profitstrategien

Die Programme der Verlage Rowohlt, S. Fischer, Kiepenheuer und der Deutschen Verlags-Anstalt belegen,[2814] dass diese Häuser vielfältige, sich aus dem nur unzureichend koordinierten Überwachungssystem durchaus ergebende Lücken und Möglichkeiten zur Publikation ,unerwünschter' und kritischer Werke erheblich intensiver nutzten als der Reclam Verlag, Piper, Insel oder der EDV. Gerade zu Beginn des ,Dritten Reiches' eröffneten sich aufgrund der Vielzahl an Akteuren im deutschen Buchwesen und der aufwendigen Beilegung von Kompetenzstreitigkeiten diverser Kontrollinstanzen Spielräume für ,Unerwünschtes'. Die Zensur war allerdings auch später keinesfalls eine totale oder flächendeckende, sondern kam eher punktuell zum Tragen.[2815] Da die Zensur durch die NS-Instanzen keine klassische Vorzensur war, blieb sie zwar lange auf Einzelfälle beschränkt, wurde aber als ständige Bedrohung und Gefahr inszeniert,[2816] sodass sich die NS-Kulturfunktionäre in weiten Teilen auf die Selbstzensur der Verleger verlassen konnten. Wallrath-Janssen hat dies exemplarisch für den H. Goverts Verlag herausgearbeitet, der aufgrund der glücklichen Vermögensverhältnisse von Henry Goverts ökonomisch unabhängig agieren konnte. Die Verleger des 1934 gegründeten Kleinverlags waren sehr vorsichtig bei der Wahl ihrer Stoffe,[2817] „[e]s war ja immer unsere Haltung, keine heißen Eisen anzufassen und uns nach Möglichkeit von der Politik fernzuhalten."[2818] Sie lehnten folglich zahlreiche Autoren und Themen

2813 Vgl. Wittmann 2015, S. 363 ff.

2814 Um größtmögliche Distanz zum NS-Regime und ein markantes Verlagsprofil bemühten sich ferner Karl Rauh, F. A. Herbig und der junge Carl Hanser, der sich allerdings recht schnell auf den Fachverlag konzentrierte. Vgl. Wittmann 2015, S. 304.

2815 Obwohl das ,Dritte Reich' im Vergleich zu den nationalsozialistischen Diktaturen in Spanien und Frankreich die „rigorosesten politischen und gesellschaftlich-moralischen Kategorien für Zensur hatte", setzte diese sich auf dem leicht überschaubaren spanischen Buchmarkt am effektivsten durch. Zimmermann 2007, S. 82.

2816 Vgl. Zimmermann 2007, S. 63

2817 Vgl. Wallrath-Janssen 2007, S. 50 ff.

2818 Wallrath-Janssen 2007, S. 148.

ab, sondierten im Vorfeld jeder Publikation genauestens und informell das offizielle Meinungsbild zur Absicherung, überarbeiteten Manuskripte akribisch[2819] und versuchten so, „jegliche ihnen möglich erscheinende öffentliche Kritik zu antizipieren und ihr durch Selbstzensur vorzubeugen."[2820] Vorsichtig bemühten sich die Verleger, „jeden ‚Eklat' zu vermeiden, der gleichzeitig mit dem politischen in ihren Augen eben auch ein gesellschaftlicher gewesen wäre."[2821] Auf diese Weise gelang es ihnen zwar, „erstaunlicherweise weder durch die Diktatur noch durch den Krieg und die Nachkriegsjahre zu peinlichen Kompromissen genötigt"[2822] zu werden; allerdings setzten „[d]ie beiden dezidiert apolitischen Verleger [...] ihre prätendierte innere Distanz zum Regime nicht in ein valides Programmkonzept um."[2823]

Auch für den Reclam Verlag, der im Gegensatz zu Goverts das Feld politisch-tendenziöser Literatur nicht scheute und insbesondere mit dem ‚Konjunkturritter' Erich Czech-Jochberg zunächst einen enormen Erfolg einfuhr, bevor der Autor einen beispiellosen Sturz erfuhr, konnte mit dem vorauseilenden und überpräzisen Aussortieren der Backlist, aber auch im Schriftverkehr mit Autoren zu neuen Manuskripten und zu überarbeitenden Neuauflagen, die stets mit großer Vorsicht in Bezug auf Formulierungen und Inhalte in Kleinstarbeit redigiert wurden, ein hohes Maß an Selbstzensur nachgewiesen werden.[2824]

Die Beispiele S. Fischer, Rowohlt, Kiepenheuer und die DVA zeigen aber auch, dass die Mechanismen der Marktwirtschaft unter den Bedingungen der Diktatur insoweit außer Kraft gesetzt waren, als dass sie nur greifen konnten, wenn der Staat den Unternehmen wohlgesonnen war. Insofern ist Zimmermann, der für die Bücherproduktion im Nationalsozialismus konstatiert, diese folge marktwirtschaftlichen Logiken in einer organisierten Gesellschaft, nur bedingt zuzustimmen. Die von ihm aufgeworfene Frage, „wer aufgrund welcher wirtschaftlichen Bedingungen, Initiative und politischen Absicherung was produzieren konnte"[2825], beantwortet Wittmann für die schöngeistigen arischen Verlage, dass diese „nach 1933 durch die starken marktregulierenden, angesichts der Propagandamaßnahmen auch belebenden Einflußnahmen des nationalsozialistischen Staates und der verschiedenen Parteigliederungen generell überdurchschnittlich profitabel arbeiten"[2826] konnten.

Für den Reclam Verlag, der bis 1938 mit äußerst niedrigen Umsätzen, schwindenden Gewinnen oder gar Verlusten kämpfen musste, kann dies gewissermaßen mit Verspätung bestätigt werden. Von dem von Wittmann ab 1935 konstatierten

2819 Vgl. Wallrath-Janssen 2007, S. 148–152.
2820 Wallrath-Janssen 2007, S. 153.
2821 Wallrath-Janssen 2007, S. 392.
2822 Wallrath-Janssen 2007, S. 6.
2823 Wittmann 2015, S. 356.
2824 Siehe dazu Kapitel 3.3.7.1 und 3.4.3.3.
2825 Zimmermann 2007, S. 63.
2826 Zitiert nach Wittmann 2015, S. 298.

Konjunkturhoch der ‚schöngeistigen' Literatur im ‚Dritten Reich'[2827] konnte Reclam de facto erst mit Kriegsbeginn profitieren, dann allerdings in bis dahin nicht gekannten Größenordnungen – nicht zuletzt aufgrund der staatlich genehmigten Beibehaltung des Ladenpreises bei verminderter Ausstattung. Reclams UB bildete hierfür in zweierlei Hinsicht die entscheidende Grundlage: Zum einen eignete sich das Format der Reihe ohnehin bestens zum Feldpostversand, zum anderen konnte der Reclam Verlag mit seinem Profil das geänderte Lesebedürfnis – Weltanschauliches war nicht länger gefragt, sondern unterhaltende Stoffe, die vom Kriegsgeschehen ablenkten – aus dem Stand befriedigen. Der allgemeinen Tendenz der Verlage, Klassiker und ältere Titel zu drucken, konnte sich Reclam mit dem Fundus der UB – die Satz- und Drucktypen lagen bereits vor – leicht anschließen. Neben Reclam, dem EDV, Georg Westermann, Rütten & Loening, dem Insel Verlag und dem Bibliographischen Institut zählte insbesondere Bertelsmann zu den Verlagen mit hohen Gewinnmargen aus dem Feldpostvertrieb. Bertelsmann, ursprünglich gestartet mit einem überschaubaren theologischen Programm, hatte bereits vor Kriegsbeginn über ein weltanschaulich angepasstes Verlagsprogramm (Heimatdichtung, Kriegspropaganda, großzügig illustrierte Erlebnisberichte) und über ein modernes und innovatives Marketing den in der Weimarer Republik entstandenen Berufsstand der Angestellten als Publikum für sich gewinnen können. Insbesondere die in den 1930er Jahren mit dem Direktvertrieb gesammelten Erfahrungen sollten sich als ausschlaggebend für den Aufbau des erfolgreichen Leserings in den 1950er Jahren erweisen.[2828]

Besonders erfolgreich im Aufbau von Direktvertriebsstrukturen waren die Deutsche Arbeitsfront und der Zentralverlag der NSDAP Franz Eher; auch die HAVA profitierte insbesondere im neu geschaffenen Bereich der NS-Freizeitliteratur vom Direktvertrieb über die NS-Massenorganisationen. In diesen Absatzmarkt konnte der Reclam Verlag nicht vordringen: Obwohl er bereits die 1932 übernommene Propagandazeitschrift *Das neue Deutschland* über SA-Männer an den Haustüren verkaufen ließ, konnte er diese Vertriebsstruktur – mit Ausnahme des Titels *Das olympische Dorf* – nicht in den Buchvertrieb transferieren.[2829] Auch die Werbung war bei Reclam noch sehr traditionell aufgestellt: Mit klassischem Annoncengeschäft und gestalterisch eher zurückhaltenden Werbemitteln – farbenfrohe Eyecatcher gab es nur für einige der NS-Propagandawerke – richtete sich das Marketing häufig direkt an die Buchhändler und nahm vornehmlich die Zielgruppe Schule in den Blick (vgl. Kapitel 4.1).

Die Strategie, über identitätsstiftende Buchreihen spezielle Teilmärkte zu erschließen, deren Vertrieb in hohen Auflagen über Kooperationen mit offiziellen Institutionen und Massenorganisationen abgesichert war,[2830] lässt sich für den Reclam Verlag

2827 Vgl. Wittmann 2015, S. 297.
2828 Vgl. Zimmermann 2007, S. 61f.
2829 Siehe dazu Kapitel 3.8.2 und 3.3.2.4.
2830 Vgl. Zimmermann 2007, S. 63, 83.

ebenfalls nicht nachweisen. Weder die Reihe *Wirtschaftslehre in Einzeldarstellungen* noch *Reclams Meisterbände* waren für die NS-Massenorganisationen attraktiv; die bebilderten kulturgeschichtlichen Abhandlungen zu Deutschland von Edwin Redslob, Richard Benz und Hans Pflug erfreuten sich dennoch großer Beliebtheit und Anerkennung. Dem Selbstverständnis als Universal-Bibliothek folgend fokussierte Reclam keine spezifischen Themenfelder, sondern bediente alle literarischen Gattungen und nahezu alle gesellschaftlich relevanten Gebiete mit mehr oder weniger Titeln – oft mit deutlichen Zugeständnissen an das Niveau und im steten Bemühen, insbesondere in den Friedensjahren des Regimes, das Programm den ideologischen Erwartungen anzupassen, wobei sich der Reclam Verlag bei diesem Bemühen in guter Gesellschaft der bürgerlichen Konkurrenzverlage befand.

Dass Reclam ein Schicksal wie das des S. Fischer Verlags, Rowohlts, Kiepenheuers, der DVA und anderer, die über Enteignungen und das probate Zensurinstrument der Papiergenehmigung sukzessive zugrunde gewirtschaftet wurden, vermeiden wollte, ist verständlich. Allerdings lässt sich bei diesen der staatlich forcierte Untergang vermutlich weniger mit deren aktuellen Verlagsprogrammen begründen, sondern vielmehr mit der generell ablehnenden Haltung des NS-Staats gegenüber den ethnischen Zugehörigkeiten der Verleger und den vor 1933 entwickelten progressiven, liberalen Verlagsprofilen.

Der Grad der individuellen Anpassung an das NS-System ist durchaus als Graubereich zu bewerten, in dem die Übergänge zwar fließend, grundlegende Haltungen aber eindeutig bleiben. Beispiele wie Insel, Piper und Goverts zeigen, dass sich das ‚Dritte Reich' auch mit Zurückhaltung in Bezug auf NS-Propagandawerke überstehen ließ. Reclam, nach außen stets als Klassikerverlag auftretend, hätte sich mit Fokus auf diesen Marktbereich auch deutlich reservierter positionieren können. Wittmann bezeichnet – basierend auf den Forschungen von Georg Ruppelt und in Verortung des Verlags zwischen originären NS-Verlagen und oppositionellen Stimmen – das Agieren des Verlags zwischen 1933 und 1945 als „Lavieren".[2831] Als ein „gegen den Wind Kreuzen" kann man die verlegerische Praxis nach Analyse des Verlagsprogramms und der begleitenden werbenden Präsentation jedoch nicht bezeichnen. Vielmehr segelte der Verlag vor dem Wind, bediente nahezu sämtliche nationalsozialistischen Ideologeme und befeuerte maßgeblich deren Transfer in das Bildungsbürgertum.

2831 Vgl. Wittmann 2015, S. 365.

5 Fazit

Der Reclam Verlag gehört bis heute zu den bedeutendsten deutschen Verlagshäusern. Sein Ruf als insbesondere der Bildung verpflichtetes Haus beruht nach wie vor auf der 1867 gegründeten Universal-Bibliothek zur Verbreitung des literatur- und kulturgeschichtlichen Kanons sowie naturwissenschaftlicher und ökonomischer Schlüsseltexte. Obgleich der Verlag von jeher auch zahlreiche Werke größeren Formats verlegt hat, ist es doch primär die UB, der er seine weite Rezeption in der Gesellschaft zu verdanken hat.

Dem gegenüber stand bislang ein wenig ausgeprägtes akademisches Interesse an der Geschichte des Verlagshauses, insbesondere bezüglich der Zeit des Nationalsozialismus. Diese Lücke versucht die vorliegende Arbeit mit Blick auf die Positionierung Reclams innerhalb eines seit 1933 zutiefst antidemokratischen und inhumanen Staatswesens zu schließen. Betrachtet wurde das Wechselspiel von unternehmerischem Agieren und sich wandelnden politisch-gesellschaftlichen Rahmenbedingungen. Anschließend wurde das Verlagsprogramm mit einer ganzheitlichen Analyse auf den Niederschlag nationalsozialistischer Ideologeme, Konzepte und Deutungsmuster hin untersucht. Weiteres Augenmerk galt der aus Verlagsprogramm, unternehmerischen Entscheidungen und in die Bevölkerung transportieren Botschaften resultierenden Verortung und Wahrnehmung des Verlagshauses in Staat und Öffentlichkeit.

Zu beobachten war zunächst eine Verlagerung des Fokus des Verlagsprogramms zu Beginn des NS-Regimes auf Sachbücher zur völkischen Erziehung, die als ökonomisch motivierter Versuch zu verstehen ist, auf die allgemeine Krise des Buchmarktes und den Absatzrückgang der UB, insbesondere der belletristischen Werke, zu reagieren: 66 % des Neuerscheinungsprogramms 1933 bis 1937 machten Sachbücher aus, von denen 41 % als NS-affin zu bewerten sind. Diese anfänglichen Maßnahmen zeigen aber gleichermaßen die hohe Bereitschaft des Verlags, der gegenüber öffentlichen Stellen herausgestellten Eignung der UB zum ‚Aufbau des neuen Deutschland' Taten folgen zu lassen und das Neuerscheinungsprogramm entsprechend auszugestalten. Insbesondere Titel wie *Deutsche Geschichte. Nationalsozialistisch gesehen*, *Tausend Jahre deutscher Kampf im Osten* oder *Geschichte auf rassischer Grundlage* belegen die Bereitwilligkeit des Verlags, die veränderten politischen und somit auch gesellschaftlichen Rahmenbedingungen nicht nur zu akzeptieren, sondern diese aus wirtschaftlichen Erwägungen heraus auch propagandistisch zu stützen.[2832] Dies gilt in besonderem Maße für die bereits im Juli 1932 samt zugehörigem gleichnamigem Verlag übernommene Zeitschrift *Das neue Deutschland* mit dem unmissverständlichen Untertitel *Monatsschrift für die deutsche Freiheitsbewegung und nationalsozialistische Weltanschauung*, die über SA-Leute an Haustüren vertrieben wurde. Dies sei, so die spätere Rechtfertigung, zur besseren Auslastung der hauseigenen Druckerei geschehen. Diese Übernahme soll hier nicht als verfrühter Loyalitätsbeweis gegenüber dem noch nicht existenten NS-Staat gewertet werden, zumal die Zeitschrift nicht unter dem Label Reclam vertrieben wurde. Allerdings unternahm der Verlag offensichtlich den Versuch, den Einbruch der UB-Verkäufe im Zuge der allgemeinen Krise des Buchmarktes zu kompensieren und gezielt das neue Publikum der NS-Sympathisanten als Käuferschaft für die Verlagsprodukte zu gewinnen sowie über den Ausbau des Direktvertriebs die Absatzmöglichkeiten fernab des Buchhandels zu erhöhen, um der eklatant schlechten finanziellen Lage mit einem Verlust von knapp 300.000 RM im Geschäftsjahr 1931/1932 zu begegnen.[2833] Beide Strategien führten jedoch nicht zum Ziel: An dem sich freilich erst noch entwickelnden neuartigen NS-Massenbuchmarkt, der vorrangig von den NS-Verlagen Eher, Nordland und den NS-Massenorganisationen wie DAF, SA, SS, HJ oder BDM bewirtschaftet wurde, profitierte Reclam bis zum Ende des ‚Dritten Reiches' nicht nennenswert.[2834]

Mit Ausnahme des Geschäftsjahres 1933/1934 verzeichnete der Reclam Verlag auch in den Folgejahren hohe Verluste. Ende 1937 stand er trotz geringfügigen Gewinns im einstelligen Tausenderbereich aufgrund hoher Verschuldung kurz vor dem finanziellen Ruin, der nur durch eine Umschuldung abgewendet werden konnte.[2835] Das proaktiv den Aufbau eines ‚neuen Deutschland' propagierende Sachbuchprogramm ließ sich folglich nicht wie erhofft absetzen; *Das neue Deutschland* erlebte von 1935 zu 1936 bereits einen Auflageneinbruch von über 75 %.[2836] Die programmpolitische Haltung des Reclam Verlags war zunächst also wenig erfolgreich, aber eindeutig festgelegt. Die Verlagsleitung hatte unter veränderten Bedingungen rational begründbare Entscheidungen getroffen, allerdings zu Lasten ethisch-moralischer Wertestandards.[2837]

Konsequent begleitete der Reclam Verlag kultur- sowie innen- und außenpolitische Ziele und Ereignisse des NS-Staats regelmäßig mit einschlägigen Buchpublikationen. Das Programm folgte nahezu sämtlichen politischen Großereignissen und bediente eine außerordentliche Bandbreite nationalsozialistischer Ideologeme. Zahlreiche Titel waren darauf ausgerichtet, die ‚Machtergreifung' und die Etablierung der NS-Herrschaft zu legitimieren (z. B. *Vom 30. Januar zum 21. März. Die Tage*

2832 Vgl. Kapitel 3.3.7.
2833 Vgl. Kapitel 2.1.
2834 Vgl. Kapitel 2.2.1.3.
2835 Vgl. Kapitel 2.1.2.
2836 Vgl. Kapitel 3.8.2.
2837 Zur Einordnung betriebswirtschaftlichen Agierens in der NS-Zeit siehe u. a. Ahrens 2010, S. 26–35.

der nationalen Erhebung) und den entstehenden Führerkult zu befeuern (*Wie Adolf Hitler der Führer wurde*, *Die Rede des Führers Adolf Hitler am 30.1.1934 im Deutschen Reichstag*).[2838] Die wirtschaftlich attraktive Herausgabe der plakativ als *Hitler-Gesetze* beworbenen Reichsgesetze durch das Traditionshaus trug, wenigstens mittelbar, dazu bei, dass die darin festgeschriebene Auflösung demokratischer Strukturen oder die Institutionalisierung der nationalsozialistischen ‚Rassenlehre' von breiten Gesellschaftsschichten gebilligt wurden.[2839]

Stärker noch spiegelte sich die aggressive Außenpolitik im Verlagsprogramm, sei es in Bezug auf die Saarfrage (*Der Kampf um die Saar*, *Um Rhein, Ruhr und Saar: Ein Abwehrkampf 1918–1935*), auf den hegemonialen Bestrebungen geschuldeten Revisionismus (*Das Diktat von Versailles und seine Auswirkungen*), auf den ‚Anschluss' Österreichs und die Errichtung des Reichsprotektorats Böhmen und Mähren (*Wie der Führer Österreich heimbrachte*, *Österreich. Deutsches Schicksalsland*, *Heimgekehrte Grenzlande im Südosten*, *Heimkehr ins Reich*) oder auf die kolonialen Bestrebungen des NS-Staats (*Die deutschen Kolonien einst und jetzt* oder *Der Kampf um den Erdraum: Kolonien vom Altertum bis zur Gegenwart*).[2840]

Die expansive Politik und nicht zuletzt der mentale Rüstungswettkampf zur Vorbereitung und Rechtfertigung eines neuen Kriegs (*Vom Entwaffnungsdiktat zur allgemeinen Wehrpflicht*, *Kampf. Lebensdokumente deutscher Jugend von 1914–1934*, *Die deutsche Wehrmacht*, *Wie kam es zum Kriege 1939*, *Von 1914 bis 1939: Sinn und Erfüllung des Weltkrieges*) fanden nicht nur deutlichen Widerhall im Verlagsprogramm,[2841] sondern füllten, wie bei vielen anderen Verlagen auch, thematisch die Anzeigen und Inserate im *Börsenblatt*.

Gesellschaftspolitisch legte Reclam zu Beginn des NS-Regimes einen Fokus auf Ratgeberliteratur[2842] zur Selbstversorgung (*Siedeln – aber richtig*, *Gemüse und Obst von eigener Scholle*) und naturheilkundliche Medizin (*Handbuch der Naturheilkunde*, *Naturheilkunde in Lebensbildern*). Antisemitische und ‚rassentheoretische' Schriften (*Menschenrassen in Vergangenheit und Gegenwart*, *Deutsche Rassenpolitik*, *Viertausend Jahre jüdischer Geschichte*)[2843] fehlten ebenso wenig im Programm wie die Glorifizierung des Bauerntums (*Bauernspiegel Großdeutschlands*, *Der Weg des deutschen Bauern von der Frühzeit bis zur Gegenwart*).[2844] Kulturgeschichtliche und literaturwissenschaftliche Abhandlungen waren nicht selten von der Darstellung deutscher Überlegenheit geprägt (*Deutsche Leistungen in aller Welt*, *Des deutschen Dichters Sendung in*

2838 Vgl. Kapitel 3.3.7.1.
2839 Vgl. Kapitel 3.3.4.2 und 3.3.7.2.
2840 Vgl. Kapitel 3.3.7.3 und 3.3.7.5.
2841 Vgl. Kapitel 3.3.7.5.
2842 Vgl. Kapitel 3.3.2.
2843 Vgl. Kapitel 3.3.7.2.
2844 Vgl. Kapitel 3.3.7.4.

der Gegenwart, Vom deutschen Genius. Dokumente der deutschen Bewegung).[2845] Dem Wunsch der Etablierung eines eigenständigen NS-Dramas als einem der zentralen, wenngleich unerreichten kulturpolitischen Ziele entsprach der Reclam Verlag durch entsprechende Bewerbung bereits in der Sammlung befindlicher Stücke als auch durch ein – gleichermaßen hinter den Erwartungen zurückbleibendes – Preisausschreiben für neue, nationalsozialistische Wertvorstellungen transportierende dramatische Texte.[2846] Ferner fügte sich die hohe Präsenz staatlich geförderter, insbesondere ‚grenzlanddeutscher' Autoren, die zu einem nicht kleinen Anteil Bauern- und Heimatstoffe mit mehr oder minder ausgeprägter ‚Blut-und-Boden'-Romantik boten, ausnehmend gut in die kulturpolitischen Wünsche für zeitgenössische Belletristik.[2847] Erleichtert wurden die Programmanpassungen in diesem Bereich durch den bereits in der Weimarer Republik geöffneten Raum für völkische, deutsch-nationale Stimmen, die immerhin 23 % aller Titel des zeitgenössischen Belletristikprogramms zwischen 1918 und 1932 ausmachten.[2848] Das Neuerscheinungsprogramm zeitgenössischer Belletristik zwischen 1933 und 1945 dominierten mit 58 % NS-affine Autoren.[2849]

Im Gegensatz zu anderen bürgerlichen Literaturverlagen wie S. Fischer, Rowohlt oder Kiepenheuer[2850] ließ Reclam die aus Willkür, Chaos und Kompetenzstreitigkeiten im NS-Kultursystem entstandenen Lücken und Spielräume für Unangepasstes weitgehend ungenutzt. Ganz im Gegenteil durchforstete der Verlag die Backlist der UB akribisch nach ‚unerwünschten' Literaten und Texten und strich elf Prozent der bis 1933 veröffentlichten UB-Titel aus dem Programm. Rund ein Fünftel der Streichungen resultiert dabei nicht aus unumgehbaren äußeren Faktoren wie etwa jüdischer Herkunft, Angehörigkeit zu einem der immer zahlreicher werdenden Feindesländer oder der Indizierung als ‚schädlich und unerwünscht', sondern wurde vorausschauend und offenbar basierend auf sehr gründlichen Recherchen des Verlags zu potenziell missliebigen Inhalten der UB vorgenommen. Der Anteil im Katalog verbliebener ‚unerwünschter' Werke, die jedoch zum Großteil mit dem Vermerk „nicht lieferbar" gekennzeichnet wurden, ist dagegen verschwindend gering.[2851] Gemäß der von der nationalsozialistischen Kulturpolitik intendierten ‚Schere im Kopf' des Verlegers, dem die Verantwortung für die in seinem Haus publizierten Werke nicht genommen werden sollte, erarbeitete der Verlag die Vorschläge der auszusondernden Titel proaktiv und ließ sie von den staatlichen Stellen prüfen. Bei der Konzeption neuer Titel wurde sorgfältig darauf geachtet, keinerlei Inhalte zu veröffentlichen, die den ideologischen Leitlinien – vor allem den ‚rassenpolitischen' – zuwiderliefen. Demzufolge fand sich

2845 Vgl. Kapitel 3.3.5.2.
2846 Vgl. Kapitel 3.4.1.
2847 Vgl. Kapitel 3.5.1.
2848 Vgl. Kapitel 3.1.
2849 Vgl. Kapitel 3.5.2.
2850 Vgl. Kapitel 3.4.4.
2851 Vgl. Kapitel 3.2.

in der durch Nachzensur ermittelten ‚unerwünschten' Literatur kaum ein Titel aus dem Hause Reclam.[2852]

Aufgrund fehlender Überlieferung der Verlags-Autorenkorrespondenz im Verlagsarchiv, die auch durch die komplementäre Recherche in Autorennachlässen nur partiell überwunden werden konnte, lässt sich das Vorgehen des Verlags nur pars pro toto nachvollziehen. Die gesichteten Schriftwechsel etwa zu *Abraham Jakob Penzels Lebensirrfahrten. Eine Menschen- und Kulturtragödie aus dem 18. Jahrhundert* oder *Sturmtrupp Brooks* zeigen jedoch eindrucksvoll die augenfällige Vorsicht gegenüber auch nur andeutungsweise prosemitischen Äußerungen oder beim Verdacht auf sogenanntes Konjunkturschrifttum.[2853]

Umgekehrt können dem Verlagshaus im Bemühen um erwünschte Literatur recht beachtliche Erfolge bescheinigt werden: In dem zwischen 1933 und dem Frühjahr 1945 veröffentlichten Novitätenprogramm des Reclam Verlags (UB und VW) lassen sich im Gegensatz zur rückblickenden Selbstaussage des Verlags, NS-Titel seien nur in geringem Maße verlegt worden, immerhin 36 % der Titel und 43 % der Autoren als NS-affin bis nationalsozialistisch klassifizieren. Hervorzuheben ist hier zudem, dass mit Ausnahme weniger Kriegsjahre NS-affine Titel in Relation zu neutralen Titeln in signifikant höherer Exemplarzahl produziert wurden.[2854]

Zur Einordnung und Bewertung dieser Analyseergebnisse war eine Definition der unscharfen Kategorie ‚NS-affin' erforderlich, die zwangsläufig einen breiten Interpretationsspielraum eröffnet, da sie neben genuin nationalsozialistisch gesinnten Autoren auch völkische, deutsch-nationale und nationalkonservative Geisteshaltungen umfasst.[2855] Entscheidend war dabei, einen möglichst objektiven Bezugsrahmen zu definieren. Zugrunde gelegt wurden unter anderem die *Liste der auszusondernden Literatur* beziehungsweise das *Verzeichnis der auszusondernden Literatur* sowie, in Ermangelung eines Kanons NS-affiner Autoren, die literaturgeschichtliche Auswahl von Hellmuth Langenbucher von 1939.[2856] Wenngleich nicht alle dort aufgeführten Autoren und Texte das nationalsozialistische Politik- und Wertesystem in gleichem Maße vertraten, so wurde ihnen doch aus zeitgenössischer Perspektive zumindest eine partielle oder weitreichendere weltanschaulich-politische Zustimmung zum Nationalsozialismus attestiert. Das Verfahren, Titel und Autoren anhand externer Kriterien als NS-affin oder neutral zu bewerten, birgt trotzdem ein schwer zu quantifizierendes Fehlerpotenzial, dem kaum zu begegnen ist. Auch die quellenkritische Bewertung der zugrunde gelegten externen Indikatoren kann die einer objektiven Klassifizierung der Titel hinsichtlich ihrer nationalsozialistischen Durchdringung entgegenstehenden

2852 Vgl. Kapitel 3.5.3.
2853 Vgl. Kapitel 3.4.3.3.
2854 Vgl. Kapitel 3.5.2.
2855 Vgl. Kapitel 3.5.2.
2856 Vgl. Kapitel 3.1, 3.3.8, 3.5.2.

Kritikpunkte nicht hinlänglich ausräumen. Eindeutig nationalsozialistisch gesinnte Autoren wie Friedrich Schreyvogl finden in den Verzeichnissen keine Erwähnung, während in der *Liste der auszusondernden Literatur* als sich gegen die Alliierten wendend eingestufte Autoren heute ggf. ‚nur' als konservativ zu bewerten sind. Vor dem Hintergrund der ergänzend durchgeführten metatextuellen Einzeltitelanalyse ausgewählter Texte[2857] kann die durchaus zu konstatierende Fehlervarianz die Reliabilität der Ergebnisse jedoch nicht maßgeblich beeinträchtigen.

Ein möglicher Lösungsansatz zur Minimierung fehlerhafter Zuordnungen wäre eine umfassende intellektuelle Einzeltitelanalyse. Dieser wurde jedoch aufgrund des schieren Umfangs des zu rezipierenden und hermeneutisch zu deutenden Korpus (knapp 600 Neuerscheinungen zwischen 1933 und 1945) und angesichts der geringen Reliabilität eines rein subjektiven Zugriffs verworfen, wenngleich ein selektiver Einzelzugriff auf Titelgruppen einzelner Zeiträume oder Genres die Bewertung des Verlagsprogramms qualitativ stärken und eine fundiertere Auseinandersetzung mit den Legitimationsstrategien des Verlags nach 1945 ermöglichen würde. Zukünftige Forschung zur zuverlässigeren Bestimmung NS-affiner Werke könnte alternativ vom messbaren und bei sorgsamer Definition und Sampleerstellung auch hoch validen Ansatz des Text Mining profitieren. Mittels algorithmusbasierter Analyseverfahren könnten so aus den un- oder schwachstrukturierten Textdaten sowohl der Sachbuchtexte als auch der belletristischen Werke sowie der sie erläuternden Vor- und Nachworte und der Werbetexte Bedeutungsstrukturen aufgedeckt, die Verwendung beispielsweise der Lingua Tertii Imperii systematisch untersucht und das Vorkommen bedeutungstragender Schlagworte analysiert werden. Die Erstellung der dafür notwendigen, verlässlich digital auslesbaren Textkorpora wird dank der bereits fortgeschrittenen Entwicklung automatischer Texterkennung (Optical Character Recognition) sowohl für Antiqua als auch für Fraktur und dank der zunehmenden Zahl einschlägiger Digitalisierungsprojekte in naher Zukunft möglich sein.

Trotz der genannten Unschärfen bietet die hier gewählte Methode gegenüber bislang üblichen Analysen von Verlagsprogrammen unter politischen, gesellschaftlichen oder genrespezifischen Gesichtspunkten, die in der Regel lediglich einzelne Themenfelder, vermeintlich repräsentative Titel oder ökonomisch besonders relevante Schlaglichter herausgreifen, deutliche Vorteile: Sie ermöglicht, das Verlagsprogramm in Gänze zu betrachten und über das interessierende Merkmal – Spuren nationalsozialistischen Gedankenguts bis hin zu offener Agitation – quantitativ belastbare Aussagen hinsichtlich zeitlicher, gattungs- und themenspezifischer Schwerpunkte und Entwicklungen abzuleiten. Ferner sichern die zur Bewertung herangezogenen externen Listen und Übersichten zu Autoren und Titeln eine hohe Reliabilität der Ergebnisse. Deutlich werden konnte somit, dass die nach 1945 verlagsseitig vertretene Auffassung, dass NS-Propaganda nur in geringem Maße und nur unter Zwang oder

2857 Vgl. Kapitel 3.3 und 3.4.

aus Sorge vor staatlichen Repressionen verlegt worden sei und man zum Teil auch gar nicht recht gewusst habe, was bzw. wen man da eigentlich im Programm hatte, qualitativ und quantitativ unzutreffend ist.

Zu diesem Schluss führt auch die Analyse der für den Feldpostversand ausgewählten Titelkollektionen: Bei den knapp über 500 Titeln, die in 13 Zusammenstellungen beworben wurden, liegt der Anteil NS-affiner Literatur mit 24,3 % (51 % bei den in mindestens vier verschiedenen Prospekten beworbenen Titeln) relativ hoch – gemessen an der rückblickenden Behauptung, in diesem Segment habe der Verlag durchweg unterhaltende Stoffe produziert. Zutreffend ist jedoch, dass der Anteil der Belletristiktitel mit Kriegsbeginn sowohl in der Feldpostproduktion (83 %) als auch im Novitätenprogramm (65 %) im Vergleich zum Zeitraum 1933 bis 1939 (35 %) deutlich gestiegen war. Diese Entwicklung entsprach den kulturpolitischen Forderungen, nach denen spätestens 1943 die Soldaten (und auch die Zivilbevölkerung, sofern diese denn noch in den Genuss von frei erwerbbaren Büchern kam) zur Erhaltung der mentalen Stärke mit gehoben unterhaltenden Stoffen und nicht länger mit Indoktrinationsliteratur versorgt werden sollten, sowie auch ökonomischen Interessen, da insbesondere nach letzterer mit fortschreitendem Kriegsgeschehen kaum noch Nachfrage bestand.[2858]

Obwohl für diesen Zweck die klassischen Werke Theodor Storms, William Shakespeares, Johann Wolfgang von Goethes und Friedrich Schillers und vieler anderer, die die Liste der meistgedruckten Einzeltitel im Reclam-Programm anführen, millionenfach nachgedruckt wurden, ist der Anteil klassischer Belletristik an der Verlagsproduktion nicht so dominant, wie angenommen werden könnte. Insbesondere in der Produktion des belletristischen Ersterscheinungsprogramms betrug der Anteil der klassischen Titel lediglich 9 % im Zeitraum 1933 bis 1939 und 25 % zwischen 1940 und 1945. Da das Novitätenprogramm mit durchschnittlich 19 % jedoch nur ein Fünftel der Gesamtproduktion ausmachte, zeigt ein Blick auf die Gesamtproduktion von Neu- und Nachdrucken, dass die Produktion klassischer Autoren mit einem durchschnittlichen Anteil von 47 % (Titelebene) bzw. 49 % (Exemplarebene) über den gesamten Untersuchungszeitraum hinweg eine wesentliche Basis der Verlagsherstellung bildete.[2859]

Der Anteil des klassischen Kanons ist auch insgesamt jedoch nicht so dominant, dass er als strategische Schwerpunktsetzung betrachtet werden könnte, die es dem Verlag ermöglicht hätte, die NS-Zeit unbescholten auszusitzen. Die häufig aktualisierten Vor- und Nachworte der Klassiker wurden im Gegenteil zur pro-nationalsozialistischen Kontextualisierung oder Umdeutung der Stoffe herangezogen. Dass nicht konsequent versucht wurde, sich auf traditionelle Korpora zurückzuziehen, zeigt auch der Blick auf die Verteilung der gedruckten Exemplare zeitgenössischer Belletristik, deren Anteil von durchschnittlich 14 % zwischen 1933 und 1939 auf durchschnittlich 32 % während des Kriegs stieg, womit auch ein Anstieg der NS-affinen Belletristikexemplare einherging.

2858 Vgl. Kapitel 2.3.1.
2859 Vgl. Kapitel 3.7.

Die Möglichkeit, den schöngeistigen Bereich zu fokussieren, sich auch im Bereich der Neuerscheinungen insbesondere auf die Edition klassischer Literatur zurückzuziehen und das Profil als Klassikerverlag zu schärfen, hätte dem Reclam Verlag offengestanden, im Gegensatz zu anderen Verlagen, die sich teilweise nur durch den Aufbau neuer, unverfänglicher Programmstrecken des staatlichen Zugriffs erwehren konnten; sie blieb aber weitestgehend ungenutzt.

Durch den einsetzenden Bücherboom während des Kriegs, der das Kulturgut Buch schnell zur Mangelware werden ließ, und besonders durch die rege Beteiligung am Feldpostgeschäft konnten zahlreiche Verlage bislang nicht gekannte Gewinne einfahren. Auch der wichtigste Absatzmarkt des Reclam Verlags wandelte sich: Es waren nicht länger die Schulen und weitere Bildungseinrichtungen, sondern die Soldaten sämtlicher Wehrmachtsformationen, deren Lesebedürfnisse den Absatz des Verlags – sowohl im privaten Versand als auch in der staatlich organisierten Belieferung – außerordentlich ankurbelten.[2860] Mit Fortschreiten des Kriegs konnten die zunächst noch mageren Gewinne der Jahre unmittelbar vor Kriegsbeginn auf das beachtliche Ergebnis von 935.000 RM Gewinn im Sommer 1942 vervielfacht werden. Diese Steigerung um mehr als eine Million RM resultierte aus dem frühzeitigen Erkennen der Potenziale des Kriegsbuchmarkts und entsprechender Ausrichtung der strategischen Unternehmensplanung. Zum einen eigneten sich die Hefte der UB per se für die Gewichts- und Umfangsanforderungen für Feldpostlektüre, zum anderen setzte der Reclam Verlag auf die auch durch die staatliche Papiergenehmigungspraxis forcierte Verfahren, insbesondere im Neuerscheinungsprogramm nur wenige Titel, diese aber in besonders hohen Auflagen zu produzieren, wodurch die Herstellungskosten deutlich gesenkt werden konnten.

Die Untersuchung hat gezeigt, dass – auch unter den Bedingungen einer auf Kontrolle aller Bereiche des öffentlichen und privaten Lebens abzielenden Diktatur – die wirtschaftlichen Rahmenbedingungen und Möglichkeiten ihren Charakter als determinierende Faktoren für die Produktion und für den unternehmerischen Gewinn oder Verlust beibehielten, wobei der Reclam Verlag durchaus von staatlichen Eingriffen und Verordnungen profitierte, etwa durch die Preisbeibehaltung bei verminderter Qualität der Ausstattung oder durch das zur Produktionslenkung eingeführte Papiergenehmigungsverfahren.

Denn ganz im Gegensatz zu dem zeitgenössisch häufig gegenüber Autoren und staatlichen Behörden beklagten Papiermangel litt der Reclam Verlag kaum unter der sich stets verschärfenden Papierknappheit.[2861] Wurde 1933 bis 1936 selten die Zwei-Millionen-Marke gedruckter Exemplare (Neu- und Nachdrucke, UB und VW) überschritten, so steigerte sich die Produktion nach Kriegsbeginn auf fast sechs Millionen Exemplare; 1940, 1942 und 1944 wurden sogar über neun Millionen Bände

2860 Vgl. Kapitel 2.3.3.
2861 Vgl. Kapitel 2.2.1.1, 2.3.2 und 2.3.5.

hergestellt.[2862] Selbst für die Verlagswerke größeren Formats stand zumindest bis 1942 noch ähnlich viel Papier zur Verfügung wie zu Friedenszeiten. Dennoch konnte der Reclam Verlag der immensen Nachfrage nicht nachkommen und sah sich bereits seit März 1940 beständig mit Auslieferungsschwierigkeiten – zumindest an das klassische Sortiment – konfrontiert. Letzteres ist jedoch nicht auf Papiermangel, sondern auf die Priorität der Frontversorgung und insgesamt nicht zuletzt auf beschränkte Druckereikapazitäten zurückzuführen. Diese versuchte der Verlag angesichts der ungebremsten Absatzmöglichkeiten bei gleichzeitig einsetzendem Luftkrieg der Alliierten gegen deutsche Großstädte nicht nur aufrechtzuerhalten, sondern, vom Staat tatkräftig unterstützt, noch weiter zu steigern. Im Zuge der beträchtlichen, die Produktion aber im Kern nicht beeinträchtigenden Schäden durch Bombenangriffe ließ der Verlag ab 1940 in zahlreichen ländlichen Druckereien produzieren und lagerte mit Unterstützung des für den zivilen Luftschutz in der Provinz Sachsen zuständigen Luftgaukommandos III weite Teile des Verlags in etliche Ausweichlager aus. Von diesen war Passau, wohin 1944 auch ein Teil des Verlagsbetriebs evakuiert wurde, aufgrund seiner Funktion als Grundstein für den fortgesetzten Verlagsbetrieb als deutsch-deutscher Verlag nach 1945 besonders bedeutsam.[2863]

Zu den von Schließung bedrohten Verlagen zählte der Reclam Verlag, dessen kriegswichtige Bedeutung außer Frage stand, zu keiner Zeit. Ab September 1944 bewirtschaftete Reclam erhöhte Papierzuweisungen mit eigens angeschafften Druckmaschinen in zwei Zwölf-Stunden-Schichten rund um die Uhr und produzierte bis in den März 1945 umfangreich und nahezu ohne Pause. Möglich wurde dies auch, weil dem Verlagshaus im Vergleich zu anderen Unternehmen der Branche verhältnismäßig viele Mitarbeiter erhalten blieben.[2864] Die kulturpolitische Bedeutung des Verlags innerhalb des NS-Kulturapparates steht folglich außer Frage. Auch die üppigen, mit großem Presseecho und zahlreichen Laudationen kultureller Würdenträger begleiteten Feierlichkeiten zum 75-jährigen Jubiläum der UB im Kriegsjahr 1942 zeigen ein souveränes, sich seiner gesellschaftlichen Bedeutung und politischen Wertschätzung durchaus bewusstes Unternehmen.[2865] Dies belegt auch die durchgehend positive Resonanz auf das Reclam'sche Verlagsprogramm in den staatlichen Empfehlungslisten und die wohlmeinende Berichterstattung über Verlagshaus und Verlagspublikationen in der zeitgenössischen Zeitungs- und Zeitschriftenlandschaft.[2866]

2862 Vgl. Kapitel 2.3.2.
2863 Vgl. Kapitel 2.3.9 und 2.3.9.1.
2864 Vgl. Kapitel 2.3.6 und 2.4.2.
2865 Vgl. Kapitel 2.3.5 und 4.2.2.
2866 Vgl. Kapitel 4.2.1 und 4.2.2. Lohnend für künftige Forschung wäre im Zuge fortschreitender Digitalisierung und Zugänglichmachung deutscher Presseorgane die Ausweitung und Vertiefung der Analyse zu Reclam in der Presseberichterstattung des ‚Dritten Reichs', insbesondere in der lokal relevanten Tagespresse der *Leipziger Neueste Nachrichten* und der *Neuen Leipziger Tageszeitung*.

Die Wertschätzung des Reclam Verlags im NS-Staat und bei dessen lesender Bevölkerung ist als Ergebnis der beschriebenen Konzessionen im Verlagsprogramm zu werten, aber auch als Folge einschlägiger Verlagswerbung. Sowohl in den Verlagsprospekten als auch im Annoncengeschäft fokussierte der Verlag völkisch-nationale und nationalsozialistische Titel wesentlich stärker als neutrale. Werke, die eine direkte ideologische Verbindung nicht ermöglichten, wurden durch den Einsatz NS-konnotierter Schlagworte und Phrasen oder durch Verortung in ideologisch angezeigten Kontexten ebenfalls als systemkonform beworben.[2867] Die in dieser Studie ergänzend zur systematischen Programmanalyse vorgenommene intellektuelle Auswertung des Werbematerials nach subjektiven Einschätzungen und Maßstäben könnte in weiterführender Forschung mittels standardisierter Inhaltsanalyse zu Verteilungshäufigkeiten und Kontextbezügen fest definierter sprachlicher Ausdrücke und stilistischer Konnotationen geprüft und somit um eine quantifizier- und verifizierbare Komponente erweitert werden.

Obwohl die Interaktion mit staatlichen Schrifttumsstellen keinen Zweifel an den Machtverhältnissen und Entscheidungsbefugnissen zu Ungunsten des Verlags lässt, kann das Verhältnis zwischen Reclam Verlag und NS-Staat abschließend als Win-win-Situation beschrieben werden: Als bürgerliches Verlagshaus war Reclam potenziell bestens geeignet, NS-Botschaften direkt oder indirekt in die breite Bevölkerung zu transportieren und dort zu legitimeren. Dennoch instrumentalisierte nicht der Staat den Verlag, sondern der Reclam Verlag stellte sich und im Besonderen die UB, die inhaltliche Ausrichtung der Sammlung und das ihr zugrunde liegende Konzept – Wissen für die breite Masse zu günstigen Preisen zur Verfügung zu stellen – verschiedentlich in den Dienst des Propagandakampfes. Zu Beginn wurde dem Reclam Verlag besondere Verdienste als Helfer beim Aufbau des ‚neuen Deutschlands' – konkret zur Schulung und Umerziehung des Menschen nach nationalsozialistischen Grundsätzen – attestiert, später als bedeutender Lesestofflieferant für die Wehrmachtssoldaten. Diese Rolle nahm der Verlag bereitwillig an, untermauerte sie mit entsprechender Anpassung und Bewerbung des Verlagsprogramms und nutzte insbesondere während des Kriegs die politischen und wirtschaftlichen Rahmenbedingungen zur maximalen Gewinnsteigerung. Insofern entwickelte sich der Verlag, obwohl er vereinzelt auch Autoren verlegte, deren Schaffen im ‚Dritten Reich' kritisch bewertet bis ‚unerwünscht' war,[2868] und zeitweilig die als Sprachrohr des konservativen Widerstands geltende *Deutsche Rundschau* produzierte,[2869] vom insolvenzbedrohten bürgerlichen Traditionshaus zum Profiteur des Kriegs. So eindeutig sich dieses Resümee liest, so schwierig bleibt die Abgrenzung zwischen nationalistischer und nationalsozialistischer, in ihrer Tendenz antidemokratischer Grundausrichtung des Verlagsprogramms der NS-Zeit. Verlag und

2867 Vgl. Kapitel 4.1.
2868 Vgl. Kapitel 3.5.3.
2869 Vgl. Kapitel 3.8.3.

Verleger bewegten sich auf einem am Ende doch schmalen Feld zwischen Opportunismus und konservativer Opposition.

Die kombinierte Studie aus Quellenanalyse und -interpretation der überlieferten Verlagsarchivalien und ergänzender Schriftwechsel sowie einer inhaltsanalytischen Untersuchung des Verlagsprogramms verortet die unternehmerischen Aktivitäten des Reclam Verlags innerhalb der politischen, gesellschaftlich-kulturellen und wirtschaftlichen Rahmenbedingungen in der Zeit von 1933 bis 1945 und zeichnet ein daraus resultierendes Gesamtbild der programmpolitischen Aufstellung, das in der bisherigen Verlagsgeschichtsforschung fernab von verlagseigenen Sammelbandaufsätzen bislang nicht beleuchtet wurde. Die ganzheitliche Betrachtung des Verlagsprogramms erweitert die bisherige verlagshistorische Forschung zudem methodisch, indem die Kombination inhaltlicher (Rubrik, Thema), wirtschaftlicher (Auflagenzahlen, Publikationstyp, Erscheinungsjahr), biografischer (Nationalität, Aktualität) und bewertender Faktoren (Indizierung- und Empfehlungslisten) eine quantitativ belast- und vergleichbare Auswertung relevanter zeitlicher, ökonomischer und thematischer Merkmale und Entwicklungen auf Metaebene ermöglichte. Zudem wurde die nötige Datengrundlage zur Anwendung der sich von der werkimmanenten Betrachtung abgrenzenden Medieninhaltsanalyse so weit wie möglich mittels automatisierter Prozesse abgerufen, bearbeitet und angereichert, und somit die Verlagsgeschichtsschreibung um Methoden und Fragestellungen der Digital Humanities ergänzt.

Der Aufarbeitung des Nationalsozialismus kommt in der universitären und außeruniversitären Forschung eine ungebrochen hohe Relevanz in erfreulicher thematischer Varianz zu. Die vorliegende Studie ergänzt die mittlerweile in nicht kleiner Zahl vorliegenden Verlagsgeschichten um einen detaillierten Blick auf ein explizit dem universalen Bildungsanspruch verpflichtetes Haus.

Die Vermittlung von Ursachen, Ausmaß und Konsequenzen der NS-Verbrechen hingegen erreicht Teile der Gesellschaft trotz vielfältiger bildungspolitischer und medialer Initiativen und Programme nicht in ausreichendem Maß. Rund ein Viertel der deutschen Bevölkerung gilt als offen für populistische Haltungen, die somit in Teilen der bürgerlichen Mitte anschlussfähig werden; zum Rechtspopulismus neigen mehr als 10 % der Bevölkerung, daneben existiert ein wachsender Graubereich nicht eindeutiger Ablehnung demokratiegefährdender Positionen von mittlerweile 15 %.[2870] Wie die Verbreitungs- und Durchsetzungsmechanismen für demokratiefeindliche und antiparlamentarische Stimmen grundsätzlich wirken, zeigt – obwohl sich der Buchmarkt der NS-Zeit technologisch und strukturell kaum mit der aktuellen Medienlandschaft vergleichen lässt – der Blick auf den Reclam Verlag in der NS-Zeit. Mit seinem weitgefächerten Kanon belletristischer Literatur, ideen- und kulturgeschichtlicher Texte sowie natur- und wirtschaftswissenschaftlicher und staatstheoretischer Abhandlungen hätte sich der Verlag – wenn nicht als proaktiver Vermittler liberaler,

2870 Vgl. Friedrich-Ebert-Stiftung 2021, S. 85, 316.

demokratischer und humaner Werte und Ideen – zumindest so weit wie möglich auf sein traditionelles Kerngeschäft beschränken können. Mit dem akribischen Ausdünnen seiner Backlist und der Neuakzentuierung des Sachbuchprogramms ging er einen vermeintlich risikofreieren und vor allem wirtschaftlich erfolgversprechenderen Weg, dessen primäres Ziel nicht die Verbreitung nationalsozialistischer Ideologie war, zu deren Reichweite und Akzeptanz der Verlag mit seinem Gewicht als bildungsbürgerliche Institution – nicht anders als die Leitmedien der Presselandschaft – dennoch signifikant und aktiv beitrug.

Während die ideologischen Einflüsse auf Programmgestaltung und Marketing, die Wahrnehmung Reclams bei staatlichen Stellen sowie die Rezeption von Verlag und Programm in den Medien klar herausgearbeitet werden konnten, lässt sich die Frage, welchen Einfluss Verlag und Bücher auf die Leserschaft hatten, kaum beantworten. Die Rezeptionsperspektive der Leserschaft, die Frage also, welche Bücher tatsächlich gelesen wurden und ob und wie die Lektüre etwa Einstellungen und Meinungen beeinflusste, kann aus Mangel an geeignetem Quellenmaterial kaum geklärt werden. Zwar geben die Auflagenhöhen und insbesondere die Anzahl und Höhe der Nachauflagen Auskunft über den vermutlichen Absatz der Bücher, nicht aber über deren Rezeption durch das Lesepublikum und darüber, wie sie auf dieses wirkten. Verschiedene Ansätze zur Ermittlung relevanter Daten für diesen gesellschafts- und medientheoretisch hochinteressanten Untersuchungsaspekt mussten aus Gründen der Unpraktikabilität und Unzulänglichkeit verworfen werden: Die aus dem Abgleich von Ausleihstatistiken verschiedener Bibliothekstypen hinsichtlich entliehener Reclamtitel aus dem Novitätenprogramm 1933 bis 1945 extrahierten Daten etwa wären bezogen auf das Leseverhalten ähnlich vage und begrenzt deutbar wie die Anzahl verkaufter Exemplare. Qualitative Befragungen von Zeitzeugen sind aufgrund des zeitlichen Abstands nicht mehr möglich. Auch bibliometrische Zitationsanalysen wären für die Programmschwerpunkte des Verlags, belletristische und populärwissenschaftliche Bücher, nicht geeignet. Sie könnten allenfalls exemplarisch auf klar umrissene Wissenschaftsgebiete angewendet werden; allerdings würde sich diese Rezeptionsforschung auf einen sehr kleinen Leserkreis beschränken, sodass keine generalisierbaren Aussagen darüber getroffen werden können, inwiefern die von Reclam propagierten politischen und gesellschaftlichen Leitthesen in der breiten Bevölkerung aufgenommen wurden.

Ein weiteres Desiderat bleibt die fundierte Auseinandersetzung mit den Kontinuitäten und Brüchen im Programm des Reclam Verlags vor und nach dem Untersuchungszeitraum. Zwar wurde der Fokus dieser Arbeit über den Zeitraum 1933 bis 1945 hinaus ausgedehnt, indem etwa das Programm der Weimarer Republik kategorisiert und ausgewertet oder die Strategien des Verlags nach der Kapitulation in den Blick genommen wurden, doch fehlt bislang eine Gesamtbetrachtung über einen längeren Zeitraum. Welche Konstanten lassen sich über Jahrzehnte hinweg ausmachen, welche Muster der Anpassung an gesellschaftliche Veränderung? Oder konkreter: Welche Schwerpunkte setzte das Sachbuchprogramm der Weimarer Republik und inwiefern ebneten völkisch-nationale Belletristikautoren im Programm der 1920er Jahre nationalsozialistischem Gedankengut tatsächlich den Weg? In welchen weltanschaulichen und kulturgeschichtlichen Kontext betteten die Vorworte des Programms der Weimarer Republik die klassischen Texte? Welche Schwerpunkte setzte der Reclam Verlag Stuttgart in den späten 1940er und 1950er Jahren? Welche in der NS-Zeit aus der Backlist des Verlags entfernten Titel wurden sofort wieder aufgelegt, welche später, welche gar nicht? Welche deutsch-nationalen, völkischen oder offen nationalsozialistischen Titel waren noch nach 1945 lieferbar, und wie lange? Wie und wann wurden die Vor- und Nachworte der Klassikerausgaben in Ost und West modifiziert, inwiefern lässt sich daraus eine Positionierung der Verlagszweige zur jeweiligen gesellschaftlichen Entwicklung ablesen?

Die hier nur angerissenen Fragen zeigen, dass die Geschichte des Reclam-Verlags auch über den Untersuchungszeitraum dieser Arbeit hinaus ein unvermindert spannendes Forschungsfeld bleibt. Insbesondere die Kontinuitäten und Brüche in der Programmpolitik des traditionsreichen Verlagshauses, seit 1867 gleichsam kanonbildender Indikator bildungsbürgerlicher Lektüre, gilt es vor dem Hintergrund zahlreicher gesellschaftlicher und politischer Wandlungsprozesse zwischen Kaiserreich und Gegenwart noch zu erforschen.

Quellen- und Literaturverzeichnis

Archivalische Quellen

Archiv des Verlags Philipp Reclam jun. (RAL)

zum Zeitpunkt der Sichtung befindlich am Institut für Kommunikations- und Medienwissenschaft an der Universität Leipzig.

- Akte 3 Schriftwechsel Verlagsleitung I–Ma
- Akte 5 Schriftwechsel Verlagsleitung Q–Sch
- Akte 13 Schriftwechsel Verlagsleitung P–Z
- Akte 51 Schriftwechsel mit: Industrie- und Handelskammer Leipzig
- Akte 57 Schriftwechsel mit: Rat der Stadt Leipzig – Volksbildungsamt
- Akte 58 Schriftwechsel mit: Der Oberbürgermeister der Stadt Leipzig – Nachrichtenamt
- Akte 59 Schriftwechsel mit: Landesregierung Sachsen
- Akte 66 Kein Titel
- Akte 67 Personalangelegenheiten A–Z (1940)
- Akte 98 Schriftwechsel mit dem Börsenverein der deutschen Buchhändler zu Leipzig
- Akte 209 Ausweichlager
- Akte 210 Honorarbelege für „Deutscher Almanach" für die Jahre 1930–1941
- Akte 211 Deutsche Literatur. Sammlung literarischer Kunst- und Kulturdenkmäler in Entwicklungsreihen
- Ordner 3 Verlagsgeschichte zusammenhängend
- Ordner 9 Aufstellungen Verlagsproduktion 8–145
- Ordner 14 Dokumente zur Verlagsgeschichte 1802–1944
- Ordner 15 Dokumente zur Verlagsgeschichte ab 1945
- Ordner 17 Listen verbotener und makulierter Literatur (aus inhaltlichen Gründen)
- Ordner 33 Autoren / Mitarbeiter / Freie Mitarbeiter

Archiv des Verlags Philipp Reclam jun. (RAS)

zum Zeitpunkt der Sichtung befindlich am Verlagsstandort in Ditzingen bei Stuttgart.

- Auflagenbuch Deutsche Literatur
- Auflagenbuch Deutscher Almanach
- Auflagenbuch Heliosbücher und Brehms Tierleben
- Auflagenbuch Junge Deutsche und andere Romane und Novellen
- Auflagenbuch Neue Klassiker-Ausgaben
- Auflagenbuch Romane
- Auflagenbuch Roman-Reihe
- Auflagenbuch UB nach Jahren 1933–45
- Auflagenbuch Werke in größerem Format / Illustrierte Werke
- Reclam_Auflagenbuecher_SPR.pdf (Digitalisat der Originalauflagebücher der UB, numerische Erfassung der Titel nach Erscheinungsverlauf, Erfassung der Auflagenhöhen nach Druckdatum
- Auflagenbuch Wilhelm Schaefer & Co.
- Feldpostkiste I
- Feldpostkiste II
- Feldpostkiste klein Reclams Reihenbändchen
- Karton Autographen
- Mappe 75-jähriges Jubiläum UB

- Mappe Abschlussunterlagen Das neue Deutschland per 31.8.1934
- Mappe Anzeigen in Westermanns Monatsheften
- Mappe Bücherfreund und amtlich empfohlene Werke
- Mappe Dt. Lit. in Entwicklungsreihen
- Mappe Dr. Ernst Reclam
- Mappe Duisberg Akten
- Mappe Gebäude Inselstraße und Druckerei
- Mappe Generalverträge
- Mappe Gotthold Müller
- Mappe Großbuch Ankündigungen und Sammelprospekte
- Mappe Großbuch Brehm
- Mappe Großbuch Deutsche Literatur
- Mappe Großbuch Einzelprospekte A–E
- Mappe Großbuch Einzelprospekte F–K
- Mappe Großbuch Einzelprospekte L–R
- Mappe Großbuch Helios-Klassiker
- Mappe Großbuch Reihen
- Mappe Großbuch Schaufenster Werbemittel Presse
- Mappe Großbuch Universum und Deutsche Rundschau
- Mappe Grundstücke in Leipzig und Flüchtlingsrechte
- Mappe Großbuch Weihnachtsprospekte und Neuankündigungen
- Mappe Hans Emil Reclam
- Mappe Jubiläen Weihnachtsgratifikationen
- Mappe Korrespondenz 30er Jahre Leipzig
- Mappe Leipziger Plakate
- Mappe Lizenzierung Verlagstätigkeit 1945
- Mappe Mitarbeiter I
- Mappe Mitarbeiter II
- Mappe Prospekte UB
- Mappe Quellen zur Geschichte des Verlages
- Mappe Rechnungen der Firma Philipp Reclam jun. an Verlag Das neue Deutschland
- Mappe Rechnungen der Firma Verlag Das neue Deutschland an Philipp Reclam jun.
- Mappe Reclams Universum 1935–1944
- Mappe Sammlung von Herrn Kretzschmar [sic!] Leipzig UB Ankündigungen, Sammelprospekte
- Mappe Schule und Jugend
- Mappe UB Ankündigungen Sammelprospekte I
- Mappe UB Ankündigungen Sammelprospekte III
- Mappe Bestellzettel UB
- Mappe UB Einlageprospekte
- Mappe UB Feldpost
- Mappe UB Reihen
- Mappe UB Werbung I
- Mappe UB Werbung II
- Mappe Verlagsverträge Leipzig geb. Ausgaben A–G
- Mappe Verlagsverträge Leipzig geb. Ausgaben H–L
- Mappe Verlagsverträge Leipzig geb. Ausgaben M–Z
- Mappe Vertrag mit Importbokhandeln Peterson Stockholm
- Mappe Verträge Schaefer & Co.
- Mappe Werbung 75 Jahre UB
- Mappe Zweigstelle Passau
- Mappe Zweigstelle Passau I
- Ordner Leipziger Verträge A–Z
- Ordner Verlagsverträge vor 1945 A–G
- Schriftwechsel Schachlehrbuch 07.07.1891 bis 02.08.1955

Bundesarchiv Berlin (BArch)

NS 5 Deutsche Arbeitsfront / Zentralbüro, Arbeitswissenschaftliches Institut

- NS 5-VI/17693 Personen A–Z (Sammelakten) – Bd. 185: Pas–Pay

NS 6 Partei-Kanzlei

- NS 6/22 Vom Reichsminister der Justiz mitgeteilte Urteile und von der Dienststelle Berlin der Partei-Kanzlei an

Reichsleiter Martin Bormann übersandte Berichte von Prozessen vor dem Volksgerichtshof im Zusammenhang mit dem 20. Juli 1944 – Bd. 4

NS 15 Der Beauftragte des Führers für die Überwachung der gesamten geistigen und weltanschaulichen Schulung und Erziehung der NSDAP

- NS 15/27 Auskunftserteilung an das Deutsche Volksbildungswerk – Bd. 1
- NS 15/28 Auskunftserteilung an das Deutsche Volksbildungswerk – Bd. 2
- NS 15/31 Auskunftserteilung an das Deutsche Volksbildungswerk – Bd. 5
- NS 15/122 Hochschullehrer und sonstige wissenschaftlich-pädagogisch tätige Persönlichkeiten – Buchstabe Ab–Bu
- NS 15/128 Ostpreußen, Sachsen, Tirol-Vorarlberg und Kärnten
- NS 15/151 Auskunftsersuchen und Auskunftserteilung an das Hauptamt Schrifttum
- NS 15/217 Wissenschaftler, Privatgelehrte und Schriftsteller sowie deren Arbeiten. Korrespondenz, Beurteilungen, Eingaben, Presseausschnitte – Buchstabe Krü–Kür
- NS 15/253 Auskunftserteilung an das Deutsche Volksbildungswerk – Bd. 7
- NS 15/254 Auskunftserteilung an das Deutsche Volksbildungswerk – Bd. 8

NS 18 Reichspropagandaleiter der NSDAP

- NS 18/37 „Das Geistesleben in seiner volksbiologischen Bedeutung“ von E. G. Kolbenheyer. – Beanstandung des Vortrages durch Goebbels

NS 19 Persönlicher Stab Reichsführer-SS

- NS 19/3933 Schaffung eines „Klopstock-Archivs zur Förderung gottsucherischer deutscher Kunst“. Übersendung des ersten Exemplars des Werbeaufrufs der Klopstock-Gesellschaft

NS 21 Personenbezogene Sammlung „Ahnenerbe" des Berlin Document Center

- NS 21/1510 Akte Robert Henseling
- NS 21/2419 Akte Karl Springenschmid

NS 26 Hauptarchiv der NSDAP

- NS 26/1070 Das neue Deutschland, Leipzig

R 32 Reichskunstwart

- R 32/526 Schriftwechsel mit Verlagen, Verbänden, Redaktionen

R 43 Reichskanzlei

- R 43-I/831 Kunstberatungsstelle im Reichsministerium des Innern (Reichskunstwart)
- R 43-II/1092a Gewährung von Dotationen und anderen Zuwendungen durch den Reichskanzler – Bd. 7

R 55 Reichsministerium für Volksaufklärung und Propaganda

- R 55/96 Verleihung der Goethe-Medaille für Kunst und Wissenschaft, Einzelfälle; in der Regel mit Gutachten über künstlerische Leistungen und politische Zuverlässigkeit – Bd. 3
- R 55/119 Verleihung von Titeln und Ehrungen an Künstler
- R 55/20913 Prüfung von Schriftleitungen, Manuskripten und Artikeln – Bd. 5: „Deutsche Rundschau“, Berlin und „Auslese“
- R 55/21654 Erstellung einer „Sonderkartei“. Erhebung der Personendaten von NS-Funktionären und Persönlichkeiten des öffentlichen Lebens – Bd. 20
- R 55/23023 Ziegler, Wilhelm, Dr., geb. 25.11.1891
- R 55/33465 Promi-Freigaben (Uk-Stellungen, Unterstützungen, Einsatz

in Propagandakompanien), Akte zu Friedrich Bodenreuth

R 56-V Reichsschriftumskammer

- R 56-V/77 Dichterische Gemeinschaften, Kreise und Veranstaltungen, u. a. Dichtertreffen Lippoldsberg (Hans Grimm), Eutiner-, Bamberger Dichtertreffen
- R 56-V/106 Freimachung von Arbeitskräften in Druckereien für den totalen Kriegseinsatz. Allgemeines
- R 56-V/152 Schließung von Verlagen, Buchhandlungen, Büchereien
- R 56-V/154 SD-Berichte zur Lage im Schrifttum – Berichte, Konsequenzen in der RSK
- R 56-V/182 Schließung von Verlagen, Buchhandlungen, Büchereien
- R 56-V/486 Überprüfung und Genehmigung zur Herausgabe von Büchern, Heften und Publikationen – Verlag Wilhelm Schäfer & Co. GmbH, Leipzig
- R 56-V/499 Überprüfung und Genehmigung zur Herausgabe von Büchern, Heften und Publikationen – Verlag des Johannesbundes, Lautesdorf a. Rh.
- R 56-V/639 Überprüfung und Genehmigung zur Herausgabe von Büchern, Heften und Publikationen – Verlag Philipp Reclam jun., Leipzig

R 58 Reichssicherheitshauptamt

- R 58/839 Beschlagnahme – Bd. 2: Druckschriften mit staatsfeindlichem, unzüchtigem und jugendgefährdendem Inhalt (Sammellisten)

R 901 Auswärtiges Amt

- R 901/72134 Reclam's Universum

R 1501 Reichsministerium des Inneren: Personalakten und personenbezogene Vorgänge

- R 1501/209886 Redslob, Gustav Edwin, Dr., geb. 22.9.1884
- R 1501/212775 Papesch, Josef, Prof. Dr. phil.
- R 1501/ZW 437 A. 01 (Akte zu Karl Springenschmid)

R 3001 Reichsjustizministerium Personalakten

- R 3001/51666 Beyer, Rudolf, geb. 12.1.1891

R 9361-I Sammlung Berlin Document Center (BDC): Personenbezogene Unterlagen der NSDAP

- R 9361-I/29465, Lesefilm-Nr. OPG H 21, Prof. Josef Friedrich Perkonig

R 9361-II Sammlung Berlin Document Center (BDC): Personenbezogene Unterlagen der NSDAP / Parteikorrespondenz

- R 9361-II/165419, Lesefilm-Nr. PK B 306, Eugen Diesel
- R 9361-II/466304, Lesefilm-Nr. PK F 145, Moritz Jahn
- R 9361-II/702026, Lesefilm-Nr. RK I 29, Dr. Max Mell
- R 9361-II/795912, Lesefilm-Nr. PK J 28, Josef Perkonig
- R 9361-II/856482, Lesefilm-Nr. PK K 77, Toni Rothmund

R 9361-V Sammlung Berlin Document Center (BDC): Personenbezogene Unterlagen der Reichskulturkammer (RKK)

- R 9361-V/3962, Lesefilm-Nr. RK B 6, Walter Bauer
- R 9361-V/3993, Lesefilm-Nr. RK B 7, Dr. Henrik Becker
- R 9361-V/4033, Lesefilm-Nr. RK B 8,

Dr. Richard Benz
- R 9361-V/4042, Lesefilm-Nr. RK B 9, Werner Bergengruen
- R 9361-V/4048, Lesefilm-Nr. RK B 9, Siegfried Berger
- R 9361-V/4604, Lesefilm-Nr. RK B 26, Broder Christiansen
- R 9361-V/4655, Lesefilm-Nr. RK C 43, Erich Czech-Jochberg
- R 9361-V/4732, Lesefilm-Nr. RK B 29, Ida Deschmann
- R 9361-V/4788, Lesefilm-Nr. RK B 31, Dr. Eugen Diesel
- R 9361-V/5295, Lesefilm-Nr. RK B 46, Karl Foerster
- R 9361-V/5708, Lesefilm-Nr. RK B 59, Dr. Hans Grimm
- R 9361-V/6075, Lesefilm-Nr. RK B 70, Robert Henseling
- R 9361-V/7174, Lesefilm-Nr. RK B 99, Dr. Erwin Kolbenheyer
- R 9361-V/8256, Lesefilm-Nr. RK B 129, Dr. Max Mell
- R 9361-V/8353, Lesefilm-Nr. RK B 131, Agnes Miegel
- R 9361-V/9016, Lesefilm-Nr. RK B 149, Josef Perkonig
- R 9361-V/9199, Lesefilm-Nr. RK B 153, Hans Pflug
- R 9361-V/9796, Lesefilm-Nr. RK B 168, Verlagsbuchhandlung Philipp Reclam jun., Leipzig. – Genehmigung zur Herausgabe von Kalendern und Schriften
- R 9361-V/10176, Lesefilm-Nr. RK B 179, Dr. Eugen Roth
- R 9361-V/10196, Lesefilm-Nr. RK B 180, Toni Rothmund
- R 9361-V/10410, Lesefilm-Nr. RK B 185, Ina Seidel
- R 9361-V/11250, Lesefilm-Nr. RK B 211, Friedrich Stieve
- R 9361-V/11407, Lesefilm-Nr. RK B 217, Frank Thiess
- R 9361-V/15023, Lesefilm-Nr. RK I 52, Alfred Brauchle
- R 9361-V/16615, Lesefilm-Nr. RK I 81, Hans Fallada
- R 9361-V/17085, Lesefilm-Nr. RK I 89, Dr. Erich Ebermayer
- R 9361-V/17173, Lesefilm-Nr. RK I 91, Friedrich Ege
- R 9361-V/21150, Lesefilm-Nr. RK I 220, Hermann Harder
- R 9361-V/23401, Lesefilm-Nr. RK I 257, Mirko Jelusich
- R 9361-V/25709, Lesefilm-Nr. RK I 299, Mario Krammer
- R 9361-V/29033, Lesefilm-Nr. RK I 419, Max Millenkovich
- R 9361-V/30834, Lesefilm-Nr. RK I 451, Josef Papesch
- R 9361-V/31767, Lesefilm-Nr. RK I 467, Edwin Redslob
- R 9361-V/33357, Lesefilm-Nr. RK I 494, Ewald Seeliger
- R 9361-V/37916, Lesefilm-Nr. RK I 576, Werner Tiegel
- R 9361-V/135607 Werner Bergengruen
- R 9361-V/139335 Dr. Richard Benz
- R 9361-V/141168 Dr. Erich Ebermayer
- R 9361-V/154942 Dr. Erich Ebermayer
- R 9361-V/154945 Hans Fallada

R 9361-IX Sammlung Berlin Document Center (BDC): Personenbezogene Unterlagen der NSDAP. – Mitgliederkartei. – Gaukartei

- R 9361-IX Kartei/30930797 Konrad Otto Nußbächer
- R 9361-IX Kartei/33941492 Heinrich Reclam

R 4901 Reichsministerium für Wissenschaft, Erziehung und Volksbildung: Amt Wissenschaft

- R 4901/13313 Personenbezogene Unterlagen – Bd. 26: Kol–Kra
- R 4901/23502 Papesch, Josef, geb. 29.07.1893, Professor, Universität Graz
- R 4901/25681 Ziegler, Wilhelm, Dr.

Deutsches Literaturarchiv Marbach (DLA)

- A:Ackerknecht, Erwin, 60.2185/1-29
- A:Ackerknecht, Erwin, 60.4487/4
- A:Benz, Richard
- A:Breitenkamp, Edward Carlton 75.2057
- A:Diederichs° Eugen-Diederichs-Verlag, HS. 1995.0002
- A:Ernst, Paul, 61.2387/9
- A:Grimm, Hans, HS.NZ83.0002
- A:Hausmann, Manfred
- A:Kästner, Erich, HS. 2002.0154
- A:Kluckhohn, Paul, 68. 654
- A:Kluckhohn, Paul, 68.676
- A:Kluckhohn, Paul, 68. 677
- A:Kluckhohn, Paul, 68.800/44-68
- A:Kluckhohn, Paul, 68.871/1-4
- A:Kluckhohn, Paul, 68.872/2-18
- A:Kluckhohn, Paul, 68.872/19-27
- A:Kluckhohn, Paul, 68.872/60-67
- A:Kluckhohn, Paul, 8.872/67-69
- A:Kluckhohn, Paul, 68.872/70-72
- A:Langen-Müller, 85.834/1-4
- A:Paquet, Alfons, 68.501
- A:Piper, Reinhard Verlag, HS. 1998.0005
- A:Scholz, Wilhelm von, HS. 1989.0002
- A:Scholz, Wilhelm von, 61.3509/1-9
- A:Seidel, Ina, 74.1909/12
- A:Szittya, Emil
- A:Vesper, Will, 76. 2495/1-22
- A:Zuckmayer, Carl, HS. 1995.0001
- D:Hesse, Hermann

Deutsche Nationalbibliothek (DNB)

- DBSM, HA/BV 1: Müller, Gotthold (Deutsches Buch- und Schriftmuseum der Deutschen Nationalbibliothek Leipzig, Sammelbestand 1 des Historischen Archivs der Bibliothek des Börsenvereins des Deutschen Buchhandels, Frankfurt, HA/BV 1: Müller, Gotthold)
- EB 75/177 A. I. 3 Nachlass Wilhelm Sternfeld

Goethe- und Schiller-Archiv (GSA)

69 Münchhausen, Börries von

- 69/2838 Briefwechsel Ernst Reclam
- 69/5993 Briefwechsel Felsenverlag
- 69/6248 Briefwechsel Philipp Reclam jun.

72 Förster-Nietzsche / Nietzsche-Archiv

- 72/1865 Von Elisabeth Förster-Nietzsche bzw. der Stiftung Nietzsche-Archiv abgeschlossene Verträge: zwischen Max Oehler und dem Verlag Ph. Reclam jr. Leipzig zur Herausgabe einer Auswahl von Nietzsches Briefen
- 72/1981 Briefwechsel zwischen Max Oehler (Stiftung des NA) und dem Verlag Philipp Reclam jr. Leipzig

134 Weimar / Deutsche Schillerstiftung

- 134/51,16 Miegel, Agnes
- 134/87,19 Voss, Hans
- 134/137,23 Hülsen, Hans von
- 134/141,3 Mell, Max
- 134/145,8 Sohnrey, Heinrich
- 134/134,24 Findeisen, Kurt Arnold
- 134/150,2 Wiesalla, Josef

147 Bartels

- 147/1108,1 Briefe von Philipp Reclam jun.

Heinrich-Heine-Institut (HHI)

- Nachlass Victor Meyer-Eckhardt

Landesarchiv Berlin

Personenstandsregister, Geburtsregister, lfd. Nr. 195

- Geburts-Nebenregister des Jahres 1895 des Standesamtes Berlin Charlottenburg, Eintrag Nr. 1351

Landesbibliothek Mecklenburg-Vorpommern Günther Uecker (LBMV)

Nachlass Hans Franck

- NL 08 Br Recl : Kasten 105

Münchner Stadtbibliothek / Monacensia

Christiansen, Broder A I/1

Nachlass Hans Ludwig Held

- HLH B 335
- HLH B 336
- HLH B 337

Nachlass Jürgen Eggebrecht

- JE B 325

Nationalarchiv Rumänien, Kreis Brașov

- Tauf-Buch der innerstädtischen Gemeinde A. B. in Kronstadt, Bd. X von 1893–1914, S. 42, Eintrag 65

Sächsische Landesbibliothek – Staats- und Universitätsbibliothek Dresden (SLUB)

Teilnachlass Hans Voß

- Mscr. Dresd. App. 1956,28

Sächsisches Staatsarchiv, Hauptstaatsarchiv Dresden (SächsStA-D)

- 13471, NS-Archiv des MfS, Nr. ZA VI 2628/01
- 19056, Spezialinventar Handelsregister Amtsgericht Dresden, Nr. 1351

Sächsisches Staatsarchiv, Staatsarchiv Leipzig (SächsStA-L)

- 20031, Polizeipräsidium Leipzig, PP-P Nr. 33
- 20031, Polizeipräsidium Leipzig, PP-V Nr. 2279
- 20242, Kreis-, Industrie- und Handelskammern Nordwestsachsens, Nr. 2969
- 21033, Reichsbankhauptstelle Leipzig mit Nebenstellen, Nr. 0958
- 21033, Reichsbankhauptstelle Leipzig mit Nebenstellen, Nr. 1438
- 21088, Verlag Philipp Reclam jun. Leipzig, Nr. 001
- 21088, Verlag Philipp Reclam jun. Leipzig, Nr. 003
- 21765, Börsenverein der Deutschen Buchhändler zu Leipzig (I), Nr. 599
- 21765, Börsenverein der Deutschen Buchhändler zu Leipzig (I), Nr. 676
- 21765, Börsenverein der Deutschen Buchhändler zu Leipzig (I), Nr. 737
- 21765, Börsenverein der Deutschen Buchhändler zu Leipzig (I), Nr. F 1294
- 21765, Börsenverein der Deutschen Buchhändler zu Leipzig (I), Nr. F 7476
- 21765, Börsenverein der Deutschen Buchhändler zu Leipzig (I), Nr. F 9692
- 21765, Börsenverein der Deutschen Buchhändler zu Leipzig (I), Nr. F 10271
- 21766, Börsenverein der Deutschen Buchhändler zu Leipzig (II), Nr. 1055
- 20124, Amtsgericht Leipzig, Nr. 31531 (Registerkarten, HRA 250–500)
- 22399, Vorlass Lothar Kretschmar

Schleswig-Holsteinische Landesbibliothek (SHLB)

Nachlass Gustav Frenssen

- Cb 21.57:1.01-15.98

Teilnachlass Hans Friedrich Blunck

- Cb 92-13.63

- Cb 92-13,25
- Cb 92-22.19
- Cb 92.30
- Cb 92.42
- Cb 92.56:59
- Cb 92-61.9:2:110,01
- Cb 92:64.1:2:15,92-115
- Cb 92.92

Staatsbibliothek zu Berlin – Preußischer Kulturbesitz (SBB)

Nachlass Kurt Kluge

- Nachl. Kurt Kluge, Mappe 512
- Nachl. Kurt Kluge, Mappe 663
- Nachl. Kurt Kluge, Mappe 978

Nachlass Adolf Knoblauch

- Nachl. 331, 828
- Nachl. 331, 1006
- Nachl. 331, Mappe 758

Slg. Autogr. Bürgel, Bruno

Stadtarchiv Leipzig (StadtAL)

- StVuR Nr. 9066 Stadtverordnetenversammlung Rat der Stadt Leipzig

Thüringer Universitäts und Landesbibliothek Jena (ThULB)

Archiv des Eugen Diederichs Verlags

- Nachl. Diederichs, Di 113
- Nachl. Diederichs, Di 968a
- Nachl. Diederichs, Di 972
- Nachl. Diederichs, Di 974
- Nachl. Diederichs, Di 981
- Nachl. Diederichs, Di 984
- Nachl. Diederichs, Di 976

Universitäts- und Landesbibliothek Bonn (ULB Bonn)

Nachlass Karl Lamprecht

- S 2713 : M 4 c : 163
- S 2713 : M 4 c : 169

Universitätsbibliothek Heidelberg (UB Heidelberg)

Nachlass Karl Preisendanz

- Heid. Hs. 3763 III A – 830, Blatt 18

Quellenverzeichnis

Allgemeiner Tiroler Anzeiger 06.08.1934 Josef Fink: Wirtschaftskunde. In: *Allgemeiner Tiroler Anzeiger* vom 06.08.1934, Nr. 178, S. 9, https://anno.onb.ac.at/cgi-content/anno?aid=tan&datum=19340806&seite=9 [25.05.2024].

Allgemeiner Tiroler Anzeiger 16.03.1935 N. N.: Heinrich Sohnrey: Die Jungfernauktion. In: *Allgemeiner Tiroler Anzeiger* vom 16.03.1935, Nr. 64, S. 6, https://anno.onb.ac.at/cgi-content/anno?aid=tan&datum=19350316&seite=6 [25.05.2024].

Allgemeiner Tiroler Anzeiger 13.05.1935 N. N.: Literatur, Das Olympiade-Buch. In: *Allgemeiner Tiroler Anzeiger* vom 13.05.1935, Nr. 110, S. 11, https://anno.onb.ac.at/cgi-content/anno?aid=tan&datum=19350513&seite=11 [25.05.2024].

Allgemeiner Tiroler Anzeiger 21.05.1935 N. N.: Literatur, Josef Friedrich Perkonig. Der Guslaspieler. In: *Allgemeiner Tiroler Anzeiger* vom 21.05.1935, Nr. 117, S. 8, https://anno.onb.ac.at/cgi-content/anno?aid=tan&datum=19350521&seite=8 [25.05.2024].

Allgemeiner Tiroler Anzeiger 23.11.1936 A. D.: Schicksal und Liebe des Niklas von Cues. In: *Allgemeiner Tiroler Anzeiger* vom 23.11.1936, Nr. 271, S. 9, https://anno.onb.ac.at/cgi-content/anno?aid=tan&datum=19361123&seite=9 [25.05.2024].

Allgemeiner Tiroler Anzeiger 07.06.1937 Ferdinand Prillinger: Oesterreich, deutsches Schicksalsland. In: *Allgemeiner Tiroler Anzeiger* vom 07.06.1937, Nr. 127, S. 6, https://anno.onb.ac.at/cgi-content/anno?aid=tan&datum=19370607&seite=6 [25.05.2024].

Allgemeiner Tiroler Anzeiger 05.07.1937 N. N.: Stijn Streuvels, „Martje Maartens und der verruchte Totengräber“. In: *Allgemeiner Tiroler Anzeiger* vom 05.07.1937, Nr. 150, S. 10, https://anno.onb.ac.at/cgi-content/anno?aid=tan&datum=19370705&seite=10 [25.05.2024].

Alpenländische Morgenzeitung 25.01.1934 N. N.: Dietrich-Eckart-Preis für neue Bühnenwerke. In: *Alpenländische Morgenzeitung* vom 25.01.1934, Nr. 14, S. 4, https://anno.onb.ac.at/cgi-content/anno?aid=val&datum=19340125&seite=4 [25.05.2024].

Alpenländische Rundschau 27.10.1934 N. N.: Der Büttnerbauer: In: *Alpenländische Rundschau* vom 27.10.1934, Nr. 576, S. 36, https://anno.onb.ac.at/cgi-content/anno?aid=alp&datum=19341027&seite=36 [25.05.2024].

Alpenländische Rundschau 10.07.1937 N. N.: Bücherschau. Neue Bücher des Reclam Verlages. In: *Alpenländische Rundschau* vom 10.07.1937, Nr. 717, S. 7, https://anno.onb.ac.at/cgi-content/anno?aid=alp&datum=19370710&seite=7 [25.05.2024].

Anzeiger für den Buch-, Kunst und Musikalienhandel 18.01.1936 N. N.: Warnung vor Verkauf etc. von Druckschriften, die eine Förderung verbotener Parteien beinalten. In: *Anzeiger für den Buch-, Kunst und Musikalienhandel* vom 18.01.1936, Nr. 2, S. 8, https://anno.onb.ac.at/cgi-content/anno?aid=obc&datum=19360118&seite=2 [25.05.2024].

Anzeiger für den Buch-, Kunst und Musikalienhandel 24.05.1937 N. N.: Verbreitungsverbote. In: *Anzeiger für den Buch-, Kunst und Musikalienhandel* vom 24.05.1937, Nr. 12, S. 80, https://anno.onb.ac.at/cgi-content/anno?aid=obc&datum=19370524&seite=8 [25.05.2024].

Anzeiger für die Bezirke Bludenz und Montafon 05.08.1939 N. N.: Büchertisch, Gertrud Fussenegger, Eines Menschen Sohn. In: *Anzeiger für die Bezirke Bludenz und Montafon* vom 05.08.1939, Nr. 31, S. 12, https://anno.onb.ac.at/cgi-content/anno?aid=baz&datum=19390805&seite=12 [25.05.2024].

Arbeiter-Zeitung 22.03.1933 J.: Gold? Ein historischer Roman. In: *Arbeiter-Zeitung* vom 22.03.1933, Nr. 81, S. 8, https://anno.onb.ac.at/cgi-content/anno?aid=aze&datum=19330322&seite=8 [25.05.2024].

Arbeiter-Zeitung 16.09.1933 J.: Zwischen gestern und morgen. In: *Arbeiter-Zeitung* vom 16.09.1933, Nr. 256, S. 6, https://anno.onb.ac.at/cgi-content/anno?aid=aze&datum=19330916&seite=6 [25.05.2024].

Austria Vereinigte Emaillierwerke, Lampen und Metallwaren-Fabriken Januar/März 1943 N. N.: Unsere Soldaten-Betreuung, Lesestoff. In: *Austria Vereinigte Emaillierwerke, Lampen und Metallwaren-Fabriken* Januar/März 1943, Nr. 1, S. 11, https://anno.onb.ac.at/cgi-content/anno-plus?aid=elm&datum=1943&page=11&size=45 [25.05.2024].

Austria Vereinigte Emaillierwerke, Lampen und Metallwaren-Fabriken Oktober/Dezember 1943 N. N.: Die Betreuung unserer Eingerückten, Lesestoff. In: *Austria Vereinigte Emaillierwerke, Lampen und Metallwaren-Fabriken* Oktober/Dezember 1943, Nr. 4, S. 9, https://anno.onb.ac.at/cgi-content/anno-plus?aid=elm&datum=1943&page=51&size=45 [25.05.2024].

Banater Deutsche Zeitung 06.04.1941 N. N.: Seltsame Vorläufer der neuzeitlichen Waffen. Uralte Gedanken wurden in unseren Tagen verwirklicht. In: *Banater Deutsche Zeitung* vom 06.04.1941, S. 11, https://anno.onb.ac.at/cgi-content/anno?aid=bdz&datum=19410406&seite=11 [25.05.2024].

Banater Deutsche Zeitung 12.03.1943 N. N.: Kulturnotizen, Eine Klopstock-Ausgabe. In: *Banater Deutsche Zeitung* vom 12.03.1943, Nr. 70, S. 5, https://anno.onb.ac.at/cgi-content/anno?aid=bdz&datum=19430312&seite=5 [25.05.2024].

Banater Deutsche Zeitung 17.09.1943 Heinz Kindermann: Ehe der Vorhang aufgeht … Burgtheaterbesucher grüßen jeden Abend fünfzig Verwundete. In: *Banater Deutsche Zeitung* vom 17.09.1943, Nr. 213, S. 6, https://anno.onb.ac.at/cgi-content/anno?aid=bdz&datum=19430917&seite=6 [25.05.2024].

Berliner Ärzte-Korrespondenz 07.10.1933 Wagner: Aufruf an alle Ärzte Deutschlands, die sich mit biologischen Heilverfahren befassen. In: *Berliner Ärzte-Korrespondenz* vom 07.10.1933, Nr. 40, S. 2.

Bildungsarbeit. Blätter für sozialistisches Bildungswesen Januar 1933 I. P.: Gerhard Bohlmann: Die silberne Jungfrau. In: *Bildungsarbeit. Blätter für sozialistisches Bildungswesen*, Januar 1933, Nr. 1, S. 17, https://anno.onb.ac.at/cgi-content/anno-plus?aid=bar&datum=1933&page=25&size=45 [25.05.2024].

Bildungsarbeit. Blätter für sozialistisches Bildungswesen September 1933 F. R.: René Kraus: Spione im Geldkrieg. In: *Bildungsarbeit. Blätter für sozialistisches Bildungswesen*, September 1933, Nr. 9, S. 186, https://anno.onb.ac.at/cgi-content/anno-plus?aid=bar&datum=1933&size=45&page=194 [25.05.2024].

***Blatt der Hausfrau* Juli 1938** HEDWIG FORSTREUTER: Für jeden etwas auf den Büchertisch. In: *Blatt der Hausfrau*, Nr. 16 vom Juli 1938, S. 677 f., Zitat S. 678, https://anno.onb.ac.at/cgi-content/anno-plus?aid=bdh&datum=1938&page=468&size=45 [25.05.2024].

***Books Abroad* Juli 1934** W. A. W.: Vom 30. Januar zum 21. März von Erich Czech-Jochberg. In: *Books Abroad* vom Juli 1934, Nr. 3, S. 286 f.

***BBl.* 18.04.1931** Geschäftsbericht des Vorstandes des Börsenvereins der Deutschen Buchhändler zu Leipzig über das Vereinsjahr 1930. In: *BBl.* vom 18.04.1931, Nr. 89, S. 389–401, hier S. 389.

***BBl.* 12.04.1932** Geschäftsbericht des Vorstandes des Börsenvereins der Deutschen Buchhändler zu Leipzig über das Vereinsjahr 1931. In: *BBl.* vom 12.04.1932, Nr. 84, S. 285–299, hier S. 286, http://digital.slub-dresden.de/id39946221X-19320412/4 [25.05.2024].

***BBl.* 24.01.1933** N. N: Deutsche Buchhändler-Lehranstalt. In: *BBl.* vom 24.01.1933, Nr. 20, S. 63, http://digital.slub-dresden.de/id39946221X-19330124/24 [25.05.2024].

***BBl.* 01.04.1933** UHLIG: Schaufenster-Wettbewerb des Verlages Phil. Reclam jun., Leipzig. In: *BBl.* vom 01.04.1933, Nr. 78, S. 242, http://digital.slub-dresden.de/id39946221X-19330401/41 [25.05.2024].

***BBl.* 29.04.1933** Geschäftsbericht des Vorstandes des Börsenvereins der Deutschen Buchhändler zu Leipzig über das Vereinsjahr 1932. In: *BBl.* vom 29.04.1933, Nr. 99, S. 297–312, hier S. 298, http://digital.slub-dresden.de/id39946221X-19330429/4 [25.05.2024].

***BBl.* 13.05.1933a** GESAMTVORSTAND DES BÖRSENVEREINS DER DEUTSCHEN BUCHHÄNDLER ZU LEIPZIG. In: *BBl.* vom 13.05.1933, Nr. 110, S. 1, http://digital.slub-dresden.de/id39946221X-19330513/7 [25.05.2024].

***BBl.* 13.05.1933b** A. HESS: Zum Sofortprogramm des deutschen Buchhandels. In: *BBl.* vom 13.05.1933, Nr. 110, S. 1, http://digital.slub-dresden.de/id39946221X-19330513/7 [25.05.2024].

***BBl.* 21.11.1933** N. N.: Dietrich-Eckart-Preis für neue Bühnenwerke. In: *BBl.* vom 21.11.1933, Nr. 271, S. 894, http://digital.slub-dresden.de/id39946221X-19331121/57 [25.05.2024].

***BBl.* 14.12.1933** A. FRATZSCHER: Dr. Goebbels auf der Buchmesse in Berlin. In: *BBl.* vom 14.12.1933, Nr. 290, S. 968 f., Zitat S. 969, http://digital.slub-dresden.de/id39946221X-19331214/24 [25.05.2024].

***BBl.* 11.01.1934** EDMUND STARKLOFF: Almanache – was sie bedeuten und was sie bieten! In: *BBl.* vom 11.01.1934, Nr. 9, S. 34 f., Zitat S. 35, http://digital.slub-dresden.de/id39946221X-19340111/17 [25.05.2024].

***BBl.* 08.03.1934** EDMUND STARKLOFF: Hauszeitschriften deutscher Verlage. In: *BBl.* vom 08.03.1934, Nr. 57, S. 215 f., Zitat S. 216, http://digital.slub-dresden.de/id39946221X-19340308/32 [25.05.2024].

***BBl.* 15.01.1935** EDMUND STARKLOFF: Jahrbücher deutscher Verleger und das Jahr 1935. In: *BBl.* vom 15.01.1935, Nr. 12, S. 45 f., Zitat S. 46, http://digital.slub-dresden.de/id39946221X-19350115/24 [25.05.2024].

BBl. 23.02.1935 N. N.: Der Dietrich-Eckart-Wettbewerb des Reclam Verlages. In: *BBl.* vom 23.02.1935, Nr. 46, S. 151, http://digital.slub-dresden.de/id39946221X-19350223/32 [25.05.2024].

BBl. 30.04.1935 Präsident der Reichsschrifttumskammer: Anordnung der Reichsschrifttumskammer über schädliches und unerwünschtes Schrifttum vom 25. April 1935. In: *BBl.* vom 30.04.1935, Nr. 99, S. 338, http://digital.slub-dresden.de/id39946221X-19350430/4 [25.05.2024].

BBl. 22.06.1935 Heinz Wismann: Bekanntmachung der RSK. Anordnung über einen Normal-Verlagsvertrag zwischen Schriftstellern und Verlegern. In: *BBl.* vom 03.06.1935, Nr. 142, S. 505, http://digital.slub-dresden.de/id39946221X-19350622/3 [25.05.2024].

BBl. 10.03.1936 Ludwig Schönrock: Vom deutschen Büchermarkt 1935. In: *BBl.* vom 10.03.1936, Nr. 59, S. 221 f., Zitat S. 222, http://digital.slub-dresden.de/id39946221X-19360310/4 [25.05.2024].

BBl. 21.03.1936 N. N.: Dr. Ernst Reclam sechzig Jahre alt. In: *BBl.* vom 21.03.1936, Nr. 69, S. 265, http://digital.slub-dresden.de/id39946221X-19360321/38 [25.05.2024].

BBl. 12.05.1936 N. N.: Dr. Goebbels spricht von den Erfolgen des Buchhandels. In: *BBl.* vom 12.05.1936, Nr. 109, S. 424, http://digital.slub-dresden.de/id39946221X-19360512/6 [25.05.2024].

BBl. 16.03.1937 K. R. Engelhardt: Die verlegerischen Hauszeitschriften. In: *BBl.* vom 16.03.1937, Nr. 62, S. 233–235, Zitat S. 234, http://digital.slub-dresden.de/id39946221X-19370316/4 [25.05.2024].

BBl. 27.11.1937 N. N.: Leistungskampf der deutschen Betriebe. In: *BBl.* vom 27.11.1937, Nr. 275, S. 956, http://digital.slub-dresden.de/id39946221X-19371127/57 [25.05.2024].

BBl. 04.06.1938 N. N.: Verlagsübernahme. In: *BBl.* vom 04.06.1938, Nr. 128, S. 3119, http://digital.slub-dresden.de/id39946221X-19380604/20 [25.05.2024].

BBl. 14.10.1939 N. N.: Aufruf Alfred Rosenbergs „Spendet Bücher für unsere Soldaten“. In: *BBl.* vom 14.10.1939, Nr. 240, S. 685, http://digital.slub-dresden.de/id39946221X-19391014/3 [25.05.2024].

BBl. 13.02.1940 Wa.: Das Weihnachtsgeschäft 1939. In: *BBl.* vom 13.02.1940, Nr., 37, S. 49 f., Zitat S. 49, http://digital.slub-dresden.de/id39946221X-19400213/3 [25.05.2024].

BBl. 23.05.1940 Präsident der Reichsschrifttumskammer: Amtliche Bekanntmachung der Reichsschrifttumskammer Nr. 70 (Neufassung). Anordnung betreffend Listen des schädlichen und unerwünschten Schrifttums vom 15.04.1940. In: *BBl.* vom 23.05.1940, Nr. 117, S. 2453, http://digital.slub-dresden.de/id39946221X-19400523/3 [25.05.2024].

BBl. 16.11.1943 Bernhard Löschenkohl: Büchlein in der Tasche des Waffenrocks. Die Großtat der Feldpostausgaben – Nach einer Rundfrage dargestellt von Bernhard Löschenkohl. In: *BBl.* vom 16.11.1943, Nr. 170, S. 195–198, Zitat S. 197.

Bormann, NSDAP 1941 Martin Bormann: Merkblatt zum Verbot der Fraktur im Jahre 1941 vom 03.1.1941. In: Andreas Donati (Hg.): Schriftgrad.de, https://www.schriftgrad.de/Schriftentwickler/Merkblatt.htm [25.05.2024].

Bücherfreund Nr. 4, September 1933a Erich Czech-Jochberg: Die Reclams – eine deutsche Buchhändlerfamilie. In: *Der Bücherfreund: Hausmitteilungen des Verlages Philipp Reclam jun. Leipzig*, Nr. 4, September 1933, o. S.

Bücherfreund Nr. 4, September 1933b N. N.: Der Almanach volksdeutscher Erzähler für 1934. In: *Der Bücherfreund: Hausmitteilungen des Verlages Philipp Reclam jun. Leipzig*, Nr. 4, September 1933, o. S.

Bücherfreund Nr. 8, September 1934 N. N.: Deutscher Almanach für das Jahr 1935. In: *Der Bücherfreund: Hausmitteilungen des Verlages Philipp Reclam jun. Leipzig*, Nr. 8, September 1934, o. S.

Bücherfreund Nr. 2, Februar 1935 N. N.: Das Ergebnis des Dietrich-Eckart-Preisausschreibens. In: *Der Bücherfreund: Hausmitteilungen des Verlages Philipp Reclam jun. Leipzig*, Nr. 2, 1935, o. S.

Bücherkunde 1934 Hans Hagemayer (Hg.): Bücherkunde der Reichsstelle zur Förderung des deutschen Schrifttums, 1934, Jg. 1. Bayreuth.

Bücherkunde 1935 Hans Hagemayer (Hg.): Bücherkunde der Reichsstelle zur Förderung des deutschen Schrifttums, 1935, Jg. 2. Bayreuth.

Bücherkunde 1936 Hans Hagemayer (Hg.): Bücherkunde der Reichsstelle zur Förderung des deutschen Schrifttums, 1936, Jg. 3. Bayreuth.

Bücherkunde 1937 Hans Hagemayer (Hg.): Bücherkunde. Organ des Hauptamtes Schrifttum bei dem Beauftragten des Führers für die Überwachung der gesamten Geistigen und Weltanschaulichen Schulung und Erziehung der NSDAP, 1937, Jg. 4. Bayreuth.

Bücherkunde 1938 Hans Hagemayer (Hg.): Bücherkunde. Organ des Hauptamtes Schrifttum bei dem Beauftragten des Führers für die Überwachung der gesamten Geistigen und Weltanschaulichen Schulung und Erziehung der NSDAP, 1938, Jg. 5. Bayreuth.

Bücherkunde 1939 Hans Hagemayer (Hg.): Bücherkunde. Organ des Hauptamtes Schrifttum bei dem Beauftragten des Führers für die Überwachung der gesamten Geistigen und Weltanschaulichen Schulung und Erziehung der NSDAP, 1939, Jg. 6. Bayreuth.

Bücherkunde 1940 Hans Hagemayer (Hg.): Bücherkunde. Organ des Hauptamtes Schrifttum bei dem Beauftragten des Führers für die Überwachung der gesamten Geistigen und Weltanschaulichen Schulung und Erziehung der NSDAP, 1940, Jg. 7. Bayreuth.

Bücherkunde 1941 Hans Hagemayer (Hg.): Bücherkunde. Organ des Hauptamtes Schrifttum bei dem Beauftragten des Führers für die Überwachung der gesamten Geistigen und Weltanschaulichen Schulung und Erziehung der NSDAP, 1941, Jg. 8. Bayreuth.

Bücherkunde 1942 Hans Hagemayer (Hg.): Bücherkunde. Organ des Hauptamtes Schrifttum bei dem Beauftragten des Führers für die Überwachung der gesamten Geistigen und Weltanschaulichen Schulung und Erziehung der NSDAP, 1942, Jg. 9. Bayreuth.

Bücherkunde 1943 Hans Hagemayer; Bernhard Payr (Hg.): Bücherkunde. Organ des Hauptamtes Schrifttum bei dem Beauftragten des Führers für die Überwachung der gesamten Geistigen und Weltanschaulichen Schulung und Erziehung der NSDAP, 1943, Jg. 10. Bayreuth.

***Bücherkunde* 1944** BERNHARD PAYR (Hg.): Bücherkunde. Organ des Hauptamtes Schrifttum bei dem Beauftragten des Führers für die Überwachung der gesamten Geistigen und Weltanschaulichen Schulung und Erziehung der NSDAP, 1944, Jg. 11. Bayreuth.

Christiansen 1954 BRODER CHRISTIANSEN (1954): Plane und lebe erfolgreich. München.

***Das kleine Volksblatt* 13.11.1939** N. N.: 200.000 Exemplare des „Liedes der Getreuen" verkauft. In: *Das kleine Volksblatt* vom 13.11.1939, Nr. 314 S. 3, https://anno.onb.ac.at/cgi-content/anno?aid=dkv&datum=19391113&seite=3 [25.05.2024].

***Der Morgen. Wiener Montagblatt* 09.11.1936** KILIAN KLOTZ: Das verräterische Reclam-Bändchen. In: *Der Morgen. Wiener Montagblatt* vom 09.11.1936, Nr. 45, S. 7, https://anno.onb.ac.at/cgi-content/anno?aid=dmo&datum=19361109&seite=7 [25.05.2024].

Deuerlein 1940 ERNST DEUERLEIN (1940): Ewiges Kriegertum: Vom Kampf und Tod für's Vaterland. Leipzig, https://archive.org/details/DeuerleinErnstEwigesKriegertum1940102S.ScanFraktur_201810/page/n5/mode/2up [25.05.2024].

***Deutsche Allgemeine Zeitung* 06.12.1942** GÜNTHER JEREMIAS: Eine Verlagsidee und ihre Folgen. In: *Deutsche Allgemeine Zeitung* vom 06.12.1942, S. 6.

***Deutscher Almanach für das Jahr* 1934** N. N.: Die ersten Pressestimmen über „Des deutschen Dichters Sendung in der Gegenwart". In: Philipp Reclam jun. (Hg.): Deutscher Almanach für das Jahr 1934.

***Deutscher Almanach für das Jahr* 1935** N. N.: Die Neuerscheinungen 1934 des Verlages Philipp Reclam jun. in Leipzig. In: Philipp Reclam jun. (Hg.): Deutscher Almanach für das Jahr 1935.

***Deutscher Almanach für das Jahr* 1936** KONRAD NUSSBÄCHER: Die Wandlung zum politischen Menschen. Zur Einführung. In: Philipp Reclam jun. (Hg.): Deutscher Almanach für das Jahr 1936, S. 11–16.

***Deutscher Drucker* April 1942** N. N.: 75 Jahre Reclams Universal-Bibliothek. In: *Deutscher Drucker* vom April 1942, Nr. 571, S. 280.

***Deutsches Büchereiblatt* 1943** FRANZ HAMMER: Das Gesicht deutscher Verlage. In: *Deutsches Büchereiblatt* 1943, S. 274.

***Die Stunde* 22.09.1933** JOBS: Das geistige Grammophon. In: *Die Stunde* vom 22.09.1933, Nr. 3159, S. 5, https://anno.onb.ac.at/cgi-content/anno?aid=std&datum=19330922&seite=5 [25.05.2024].

***Die Stunde* 07.07.1936** N. N.: Kurzmeldungen. In: *Die Stunde* vom 07.07.1936, Nr. 3995, S. 1, https://anno.onb.ac.at/cgi-content/anno?aid=std&datum=19360707&query=%22Reclam%22&ref=anno-search&seite=1 [25.05.2024].

***Die Weltbühne* 24.03.1925** KLABUND: Gotteslästerung? Offener Brief an die Nationalsozialistische Freiheitspartei Deutschlands. In: *Die Weltbühne. Wochenschrift für Politik-Kunst-Wirtschaft* vom 24.03.1925, Nr. 12, S. 442, http://www.zeno.org/nid/20005163153 [25.05.2024].

F.A. Brockhaus 1941 F.A. BROCKHAUS (1941): Der Volks-Brockhaus. Deutsches Sach- und Sprachwörterbuch für Schule und Haus. A–Z. 9., verbesserte Auflage. Leipzig.

Fechter 1929 Paul Fechter (1929): Deutsche Dichtung der Gegenwart. Leipzig.

Fechter 1941 Paul Fechter (1941): Geschichte der deutschen Literatur. Von den Anfängen bis zur Gegenwart. Berlin.

***Frankfurter Zeitung* 28.11.1942** Fritz Kraus: Ein Kapitel Bildungsgeschichte. 75 Jahre Reclams Universal-Bibliothek. In: *Frankfurter Zeitung* vom 28.11.1942, S. 8.

***Frauen-Kultur* September 1942** Agnes Miegel: Der Fahrtgenoß. Reclams Universal-Bibliothek 1867–1942. In: *Frauen-Kultur* vom September 1942, S. 14.

***Freie Stimmen* 21.12.1934** M: Zwei namenlose Helden und Hannibal (Sammelrezension). In: *Freie Stimmen* vom 21.12.1934, Nr. 291, S. 2, https://anno.onb.ac.at/cgi-content/anno?aid=fst&datum=19341221&seite=2 [25.05.2024].

***Gerechtigkeit* 12.10.1933** N. N.: Inferno. In: *Gerechtigkeit* vom 12.10.1933, Nr. 6, S. 3, https://anno.onb.ac.at/cgi-content/anno?aid=gtk&datum=19331012&seite=3 [25.05.2024].

***Grazer Tageblatt* 12.09.1933** N. N.: Bücher und Zeitschriften, Spione im Geldkrieg. In: *Grazer Tageblatt* vom 12.09.1933, Nr. 419, S. 10, https://anno.onb.ac.at/cgi-content/anno?aid=gtb&datum=19330912&seite=10 [25.05.2024].

Griese 1934 Friedrich Griese (1934): Mein Leben. Von der Kraft der Landschaft. Berlin.

Haering 1943 Theodor Haering (1943): Der Tod und das Mädchen. Leipzig.

Helbok; Lehmann 1939 Adolf Helbok; Emil Lehmann (1939): Heimgekehrte Grenzlande im Südosten. Leipzig.

***Illustriertes Familienblatt* 1932** N. N.: Literatur, „Schicksale des Lebens“. In: *Illustriertes Familienblatt. Häuslicher Ratgeber für Österreichs Frauen*, 1932, Nr. 14/15, S. 19, https://anno.onb.ac.at/cgi-content/anno-plus?aid=ifb&datum=1932&page=239&size=45 [25.05.2024].

***Illustriertes Familienblatt* 1933** N. N.: Bücherschau, Marie Madeleine: Wie starb Bella Blackborn? In: *Illustriertes Familienblatt. Häuslicher Ratgeber für Österreichs Frauen*, 1933, Nr. 2/3, S. 18, https://anno.onb.ac.at/cgi-content/anno-plus?aid=ifb&datum=1933&page=38&size=45 [25.05.2024].

***Innsbrucker Nachrichten* 22.04.1940** N. N.: Dr. von Leers zum ordentlichen Professor ernannt. In: *Innsbrucker Nachrichten* vom 22.04.1940, Nr. 95, S. 5, https://anno.onb.ac.at/cgi-content/anno?aid=ibn&datum=19400422&seite=5 [25.05.2024].

***Innsbrucker Nachrichten* 11.07.1940** Maria Randolf: Ich und mein Erstes. In: *Innsbrucker Nachrichten* vom 11.07.1940, Nr. 162, S. 6, https://anno.onb.ac.at/cgi-content/anno?aid=ibn&datum=19400711&seite=6 [25.05.2024].

Jacob 1938 Ernst Gerhard Jacob (1938): Die deutschen Kolonien einst und jetzt. Leipzig.

Jung 1940 Hermann Albert Karl Jung (1940): Skagerrak. Mit Schlachtkreuzer „Lützow“ an der Spitze. Leipzig.

***Kärntner Volkszeitung* 06.07.1938** N. N.: Bücher, Dr. Alfred Detig: Wie der Führer Österreich heimbrachte. In: *Kärntner Volkszeitung* vom 06.07.1938, Nr. 53, S. 8, https://anno.onb.ac.at/cgi-content/anno?aid=kvh&datum=19380706&seite=8 [25.05.2024].

Kindermann 1937 Heinz Kindermann (1937): Goethes Gedichte. Leipzig.

Kisch 1992 Egon Erwin Kisch (1992): Die Abenteuer in Prag. Bd. 1. Berlin, erstmals publiziert 1920 bei E. Strache Prag, Wien.

Kußbach 1939 Karl August Kussbach (1939): Literaturgeschichtsschreibung unserer Zeit (V). In: *Die neue Literatur* vom Januar 1939, Nr. 1, S. 13–22.

***Landheimat* 08.02.1941** Otto Jauker: Bücherschau, Der Bauernspiegel Großdeutschlands. In: *Landheimat* vom 08.02.1941, Nr. 6, S. 2, https://anno.onb.ac.at/cgi-content/anno?aid=lht&datum=19410208&seite=2 [25.05.2024].

Langenbucher 1939 Hellmuth Langenbucher (1939): Volkhafte Dichtung der Zeit. Berlin.

Lebendiges Erbe 1936 Lebendiges Erbe. Festschrift aus dem Kreise der Mitarbeiter an der Monumentalsammlung „Deutsche Literatur" zum 60. Geburtstage ihres Verlegers Dr. Ernst Reclam. Leipzig, 1936.

***Leipziger Neueste Nachrichten* 19.02.1942** Herbert Günther: 75 Jahre Reclams Universal-Bibliothek. Jubiläum eines Leipziger Verlages. In: *Leipziger Neueste Nachrichten* vom 19.02.1942, S. 8.

***Leipziger Neueste Nachrichten* 19.03.1942** Herbert Günther: Ein Arsenal deutscher Bildung. Nr. 7500 von Reclams Universal-Bibliothek erscheint. In: *Leipziger Neueste Nachrichten* vom 19.03.1942, S. 3.

***Leipziger Neueste Nachrichten* 15.11.1942** N. N.: 75-Jahr-Feier im Reclam Verlag. In: *Leipziger Neueste Nachrichten* vom 15.11.1942, S. 3.

***Leipziger Volkszeitung* 26.07.1932** N. N.: Hakenkreuz ist Papenkreuz. In: *Leipziger Volkszeitung* vom 26.07.1932, Nr. 173, Titelseite, http://digital.slub-dresden.de/id394414608-19320726/1 [25.05.2024].

Lewis 2014 Jeremiah Lewis (19.08.2014): Codingdavinci. Archive. VerbannteBuecher-ergaenzt_ohneDuplikate.xslx. In: GitHub, https://github.com/jeremiahpslewis/codingdavinci/tree/master/archive [25.05.2024].

***Linzer Tagespost* 08.11.1930** H. S.: K. L. v. Oertzen: Neue Bücher, Der Große Krieg 1914–1918. In: *Linzer Tagespost* vom 08.11.1930, Nr. 260, S. 16, https://anno.onb.ac.at/cgi-content/anno?aid=tpt&datum=19301108&seite=16 [25.05.2024].

Magistrat der Stadt Berlin 1946 Abteilung für Volksbildung im Magistrat der Stadt Berlin (Februar 1946): Verzeichnis der auszusondernden Literatur. Berlin.

Mayer 2002 Michael Mayer (2002): NSDAP und Antisemitismus 1919–1933. In: Münchener Wirtschaftswissenschaftliche Beiträge (VWL), https://epub.ub.uni-muenchen.de/9/ [25.05.2024].

Meiner 1942 Annemarie Meiner (1942): Reclam. Eine Geschichte der Universal-Bibliothek zu ihrem 75jährigen Bestehen. Leipzig.

Ministerium für Volksbildung DDR 1953 Ministerium für Volksbildung der deutschen Demokratischen Republik: Liste der auszusondernden Literatur. Dritter

Nachtrag, Berlin: Zentralverlag, 1953. In: Olaf Simons (Hg.): Datenbank. Schrift und Bild. 1900–1960, http://www.polunbi.de/bibliothek/1953-nslit.html [25.05.2024].

Neues Wiener Journal 20.04.1937 N. N.: Neue Romane. In: *Neues Wiener Journal* vom 20.04.1937, Nr. 15.596, S. 8 f., Zitat S. 8, https://anno.onb.ac.at/cgi-content/anno?aid=nwj&datum=19370420&seite=8 [25.05.2024].

Neues Wiener Tagblatt 17.02.1938 G.: Naturheilkunde. In: *Neues Wiener Tagblatt* vom 17.02.1938, Nr. 47, S. 18, https://anno.onb.ac.at/cgi-content/anno?aid=nwg&datum=19380217&seite=18 [25.05.2024].

Neues Wiener Tagblatt 03.04.1938 Fritz Frank: Vom Schiffersohn zum Kardinal. In: *Neues Wiener Tagblatt* vom 03.04.1938, Nr. 92, S. 32, https://anno.onb.ac.at/cgi-content/anno?aid=nwg&datum=19380403&seite=32 [25.05.2024].

Neues Wiener Tagblatt 23.04.1938 N. N.: Das ist Oesterreichs Jugend! In: *Neues Wiener Tagblatt* vom 23.04.1938, Nr. 111, S. 9, https://anno.onb.ac.at/cgi-content/anno?aid=nwg&datum=19380423&seite=9 [25.05.2024].

Neues Wiener Tagblatt 09.07.1939 Robert Hohlbaum: Heimkehr ins Reich. Dichtung aus Oesterreich und Sudetenland. Eine vorbildliche Anthologie. In: *Neues Wiener Tagblatt* vom 09.07.1939, Nr. 186, S. 41/42, https://anno.onb.ac.at/cgi-content/anno?aid=nwg&datum=19390709&seite=41 [25.05.2024].

Neues Wiener Tagblatt 13.07.1939 Max von Millenkovich-Morold: Robert Hamerlin. Zu seinem 50. Geburtstag. In: *Neues Wiener Tagblatt* vom 13.07.1939, Nr. 190, S. 3, https://anno.onb.ac.at/cgi-content/anno?aid=nwg&datum=19390713&seite=3 [25.10.2019].

Neues Wiener Tagblatt, Sonntagsbeilage 27.08.1939 Fritz Stüber: Ein Monumentalwerk unsrer Gesamtdichtung. Die deutsche Literatur als entwicklungsgeschichtliches Ergebnis. In: *Neues Wiener Tagblatt, Sonntagsbeilage* vom 27.08.1939, Nr. 235, S. 9, https://anno.onb.ac.at/cgi-content/anno?aid=nwg&datum=19390827&seite=41 [25.05.2024].

Neues Wiener Tagblatt 15.10.1939 Fritz Stüber: Historisches Dokument. Wilhelm Ziegler: „Wie kam es zum Kriege 1939." In: *Neues Wiener Tagblatt* vom 15.10.1939, Nr. 284, S. 21, https://anno.onb.ac.at/cgi-content/anno?aid=nwg&datum=19391015&seite=21 [16.10.2019.]

Neues Wiener Tagblatt 22.10.1939 K. Z.: „Heimgekehrte Grenzlande". In: *Neues Wiener Tagblatt* vom 22.10.1939, Nr. 291, S. 21, https://anno.onb.ac.at/cgi-content/anno?aid=nwg&datum=19391022&seite=21 [25.05.2024].

Neues Wiener Tagblatt 14.01.1940 Walter Pollak: Anzengruber-Volksausgabe. In: *Neues Wiener Tagblatt* vom 14.01.1940, Nr. 13, S. 21, https://anno.onb.ac.at/cgi-content/anno?aid=nwg&datum=19400114&seite=21 [25.05.2024].

Neues Wiener Tagblatt 18.11.1940 Fritz Stüber: Im Kampf um Kunst und Volkstum. Die Lebenserinnerungen Max v. Millenkovich-Morolds. In: *Neues Wiener Tagblatt* vom 18.11.1940, Nr. 319, S. 6, https://anno.onb.ac.at/cgi-content/anno?aid=nwg&datum=19401118&seite=6 [25.05.2024].

Neues Wiener Tagblatt 07.12.1940 Manfred Jasser: Literaturspiegel. Schöne Geschenkwerke. In: *Neues Wiener Tagblatt* vom 07.12.1940, Nr. 338, S. 13. https://anno.onb.ac.at/cgi-content/anno?aid=nwg&datum=19401207&seite=13 [25.05.2024].

Neues Wiener Tageblatt 17.04.1943 N. N.: Hans Emil Reclam gestorben. In: *Neues Wiener Tageblatt* vom 17.04.1943, Nr. 107, S. 5, https://anno.onb.ac.at/cgi-content/anno?aid=nwg&datum=19430417&seite=5 [25.05.2024].

Neueste Zeitung. Das Innsbrucker Abendblatt 14.08.1944 Franz Hammer: Aus der Geschichte von Reclams Universal-Bibliothek. In: *Neueste Zeitung. Das Innsbrucker Abendblatt* vom 14.08.1944, Nr. 158, S. 4, https://anno.onb.ac.at/cgi-content/anno?aid=ibn&datum=19440814&seite=8 [25.05.2024].

Oberdonau-Zeitung 23.05.1943 Charlotte Steigleder: Von neuen Büchern, Josef Vogler: „Die Bekehrung des Heiligen". In: *Oberdonau-Zeitung* vom 23.05.1943, Nr. 141, S. 6, https://anno.onb.ac.at/cgi-content/anno?aid=obz&datum=19430523&seite=6 [25.05.2024].

Oberdonau-Zeitung vom 26.01.1945 N. N.: Deuter deutschen Schrifttums. Zum 50. Geburtstag W. Lindens am 23. Jänner. In: *Oberdonau-Zeitung* vom 26.01.1945, S. 4, https://anno.onb.ac.at/cgi-content/anno?aid=obz&datum=19450126&seite=4 [25.05.2024].

Österreichischer Beobachter 1. Maifolge 1943 N. N.: Deutsches Schrifttum an der Spitze. In: *Österreichischer Beobachter*, 1. Maifolge 1943, S. 6, https://anno.onb.ac.at/cgi-content/anno-plus?aid=obl&datum=1943&page=134&size=45 [25.05.2024].

Pariser Zeitung 18.07.1942 Karl Hermann Brinkmann: Vom Groschenheft zur Weltbücherei. 75 Jahre Reclams-Universal-Bibliothek. In: *Pariser Zeitung* vom 18.07.1942, S. 10.

Pilsner Tagblatt 24.11.1931 N. N.: Büchertisch, Prof. Dr. Walter Scheidt: „Rassenkunde". In: *Pilsner Tagblatt* vom 24.11.1931, Nr. 299, S. 4, https://anno.onb.ac.at/cgi-content/anno?aid=pit&datum=19311124&seite=4 [25.05.2024].

Pilsner Tagblatt 01.04.1933 N. N.: Büchertisch, Hans Künkel: Anna Leun: In: *Pilsner Tagblatt* vom 01.04.1933, Nr. 78, S. 3, https://anno.onb.ac.at/cgi-content/anno?aid=pit&datum=19330401&seite=3 [25.05.2024].

Platon 1937 Platon (1937): Erziehung zum politischen Menschen. Auswahl aus Platons Staat und Gesetzen. Zusammengestellt, übersetzt und erläutert von Curt Woyte. Leipzig.

Redslob 1940 Edwin Redslob (1940): Des Reiches Straße. Der Weg der deutschen Kultur vom Rhein nach Osten, dargestellt auf der Strecke Frankfurt–Berlin. Leipzig.

RegBl. 05.03.1946 Gesetz Nr. 104 zur Befreiung von Nationalsozialismus und Militarismus vom 5. März 1946. In: *Regierungsblatt für Württemberg-Baden* 1946 S. 71, http://www.verfassungen.de/bw/wuerttemberg-baden/befreiungsgesetz46.htm [25.05.2024].

RGBl., Teil I 09.12.1931 Vierte Notverordnung zur Sicherung von Wirtschaft und Finanzen und zum Schutz des inneren Friedens. Vom 8. Dezember 1931. In: *Deutsches Reichsgesetzblatt*, Teil I vom 09.12.1931, Nr. 79, S. 699–745, https://alex.onb.ac.at/cgi-content/alex?aid=dra&datum=1931&size=45&page=797 [25.05.2024].

RGBl., Teil I 07.04.1933 Gesetz zur Wiederherstellung des Berufsbeamtentums. Vom 7. April 1933. In: *Deutsches Reichsgesetzblatt*, Teil I vom 07.04.1933, Nr. 34, S. 175–177,

Zitat § 4 S. 175, https://alex.onb.ac.at/cgi-content/alex?aid=dra&datum=1933&page=300&size=45 [25.05.2024].

***RGBl.*, Teil I 07.10.1933** Schriftleitergesetz. Vom 4. Oktober 1933. In: *Deutsches Reichsgesetzblatt*, Teil I vom 07.10.1933, Nr. 11, S. 713–717, https://alex.onb.ac.at/cgi-content/alex?aid=dra&datum=1933&size=45&page=838 [25.05.2024].

***RGBl.*, Teil II 19.12.1934** Gesetz zur Verlängerung der Fristen im Urheberrecht. Vom 13. Dezember 1934. In: *Deutsches Reichsgesetzblatt*, Teil II vom 19.12.1934, Nr. 61, S. 1395, https://alex.onb.ac.at/cgi-content/alex?aid=drb&datum=1934&size=45&page=1450 [25.05.2024].

***RGBl.*, Teil I 29.01.1943** Verordnung über die Meldung von Männern und Frauen für Aufgaben der Reichsverteidigung. In: *Deutsches Reichsgesetzblatt*, Teil I, 29.01.1943, Nr. 10, S. 67 f., https://alex.onb.ac.at/cgi-content/alex?aid=dra&datum=1943&page=87&size=45 [25.05.2024].

***RGBl.*, Teil I 01.02.1943** Verordnung zur Freimachung von Arbeitskräften für kriegswichtigen Einsatz. In: In: *Deutsches Reichsgesetzblatt*, Teil I, 29.01.1943, Nr. 11, S. 75 f., https://alex.onb.ac.at/cgi-content/alex?aid=dra&datum=1943&size=45&page=95 [25.05.2024].

Reichsschrifttumskammer 1935 Reichsschrifttumskammer (Hg.): Liste des schädlichen und unerwünschten Schrifttums. Stand vom Oktober 1935. Berlin, https://sammlungen.ulb.uni-muenster.de/hd/periodical/titleinfo/2539679 [25.05.2024].

Reichsschrifttumskammer 1936 Reichsschrifttumskammer (Hg.): Nachträge I–III zur Liste des schädlichen und unerwünschten Schrifttums. Stand vom 10. Juni 1936. Berlin, https://sammlungen.ulb.uni-muenster.de/hd/periodical/titleinfo/2539841 [25.05.2024].

Reichsschrifttumskammer 1938 Reichsschrifttumskammer (Hg.): Liste 1 des schädlichen und unerwünschten Schrifttums. Stand vom 31. Dezember 1938. Berlin, https://sammlungen.ulb.uni-muenster.de/hd/periodical/titleinfo/2539887 [25.05.2024].

Reichsschrifttumskammer 1939 Reichsschrifttumskammer (Hg.): Jahresliste 1939 des schädlichen und unerwünschten Schrifttums. Berlin, https://sammlungen.ulb.uni-muenster.de/hd/periodical/titleinfo/2540092 [25.05.2024].

Reichsschrifttumskammer 1940 Reichsschrifttumskammer (Hg.): Jahresliste 1940 des schädlichen und unerwünschten Schrifttums. Berlin, https://sammlungen.ulb.uni-muenster.de/hd/periodical/titleinfo/2540117 [25.05.2024].

Reichsschrifttumskammer 1941 Reichsschrifttumskammer (Hg.): Jahresliste 1941 des schädlichen und unerwünschten Schrifttums. Berlin, https://sammlungen.ulb.uni-muenster.de/hd/periodical/titleinfo/2540156 [25.05.2024].

Reichsschrifttumskammer 1942 Reichsschrifttumskammer (Hg.): Jahresliste 1942 des schädlichen und unerwünschten Schrifttums. Berlin, https://sammlungen.ulb.uni-muenster.de/hd/periodical/titleinfo/2540204 [25.05.2024].

Saegenschnitter 1940 Ernst Saegenschnitter: Der Verlag Philipp Reclam jun. In: *Leipziger Jahrbuch* 1940, S. 165–172.

Salzburger Volksblatt 02.01.1931 N. N.: Dr. h. c. Alfred von Wegerer: Wie es zum Großen Kriege kam. In: *Salzburger Volksblatt* vom 02.01.1931, Nr. 1, S. 8, https://anno.onb.ac.at/cgi-content/anno?aid=svb&datum=19310102&seite=8 [25.05.2024].

Salzburger Volksblatt 24.03.1933 N. N.: Die Bucht von Sant'Agata. In: *Salzburger Volksblatt* vom 24.03.1933, Nr. 70, S. 6, https://anno.onb.ac.at/cgi-content/anno?aid=svb&datum=19330324&seite=6 [25.05.2024].

Salzburger Volksblatt 16.09.1933 N. N.: Neue Bücher und Zeitschriften. Deutscher Almanach für das Jahr 1934. In: *Salzburger Volksblatt* vom 16.09.1933, Nr. 214, S. 17, https://anno.onb.ac.at/cgi-content/anno?aid=svb&datum=19330916&seite=17 [25.05.2024].

Salzburger Volksblatt 29.09.1933 T. M.: Karjane. Geliebte unseres Sommers. In: *Salzburger Volksblatt* vom 29.09.1933, Nr. 225, S. 6, https://anno.onb.ac.at/cgi-content/anno?aid=svb&datum=19330929&seite=6 [25.05.2024].

Salzburger Volksblatt 25.01.1934 N. N.: Dietrich-Eckart-Preis für neue Bühnenwerke. In: *Salzburger Volksblatt* vom 25.01.1934, Nr. 20, S. 6, https://anno.onb.ac.at/cgi-content/anno?aid=svb&datum=19340125&seite=6 [25.05.2024].

Salzburger Volksblatt 11.10.1934 N. N.: Neue Bücher und Zeitschriften, Deutsche Leistungen in aller Welt. In: *Salzburger Volksblatt* vom 11.10.1934, Nr. 232, S. 7, https://anno.onb.ac.at/cgi-content/anno?aid=svb&datum=19341011&seite=7 [25.05.2024].

Salzburger Volksblatt 19.10.1934 N. N.: Neue Bücher und Zeitschriften, Harald von Koenigswald: Sickingens letzte Fehde. In: *Salzburger Volksblatt* vom 19.10.1934, Nr. 239, S. 9, https://anno.onb.ac.at/cgi-content/anno?aid=svb&datum=19341019&seite=9 [25.05.2024].

Salzburger Volksblatt 05.08.1937 N. N.: Neue Bücher und Zeitschriften, Eine neue Biographie Cosima Wagners. In: *Salzburger Volksblatt* vom 05.08.1937, Nr. 177, S. 10, https://anno.onb.ac.at/cgi-content/anno?aid=svb&datum=19370805&seite=10 [25.05.2024].

Salzburger Volksblatt 01.12.1938 N. N.: Neue Bücher und Zeitschriften, Ziegfeld, A. Hillen: England in der Entscheidung. In: *Salzburger Volksblatt* vom 01.12.1938, Nr. 277, S. 13, https://anno.onb.ac.at/cgi-content/anno?aid=svb&datum=19381201&seite=13 [25.05.2024].

Salzburger Volksblatt 08.12.1939a Thomas Mayerhofer: Neue Bücher und Zeitschriften. In: *Salzburger Volksblatt* vom 08.12.1939, Nr. 285, S. 15, https://anno.onb.ac.at/cgi-content/anno?aid=svb&datum=19391208&seite=15 [25.05.2024].

Salzburger Volksblatt 08.12.1939b A. Stacht: Neue Bücher und Zeitschriften, „Heimkehr ins Reich". In: *Salzburger Volksblatt* vom 08.12.1939, Nr. 285, S. 15, https://anno.onb.ac.at/cgi-content/anno?aid=svb&datum=19391208&seite=15 [25.05.2024].

Salzburger Volksblatt 19.12.1940 A. Ableitner: Der Bauernspiegel Großdeutschlands. Ein Buch, das Brücken baut. In: *Salzburger Volksblatt* vom 19.12.1940, Nr. 299, S. 4, https://anno.onb.ac.at/cgi-content/anno?aid=svb&datum=19401219&seite=4 [25.05.2024].

Scheidt 1934 Walter Scheidt (1934): Die Träger der Kultur. Berlin.

Schirach 1938a Baldur von Schirach (Hg.) (1938): Das Lied der Getreuen. Verse ungenannter österreichischer Hitler-Jugend aus den Jahren der Verfolgung 1933–37. Leipzig.

Schirach 1938b Baldur von Schirach (Hg.) (1938): Das Lied der Getreuen. Verse ungenannter österreichischer Hitler-Jugend aus den Jahren der Verfolgung 1933–37. Sonderausgabe. Leipzig.

Senatsverwaltung Berlin 2016 Senatsverwaltung für Wirtschaft, Energie und Betriebe Berlin (11.05.2016): Liste der verbannten Bücher. In: Berlin.de. Das offizielle Hauptstadtportal, https://daten.berlin.de/datensaetze/liste-der-verbannten-b%C3%BCcher [25.05.2024].

Simons 2005a Olaf Simons (20.08.2005): Deutsche Verwaltung für Volksbildung in der sowjetischen Besatzungszone, Liste der auszusondernden Literatur. Vorläufige Ausgabe, Berlin: Zentralverlag, 1946. Einordnung. In: Olaf Simons (Hg.): Datenbank. Schrift und Bild. 1900–1960, http://www.polunbi.de/bibliothek/1946-nslit.html#ein [25.05.2024].

***Sozialdemokratischer Pressedienst* 22.07.1932** N. N.: Hunger und Mord. Der Weg des Dritten Reichs: Ganz Deutschland – ein Zuchthaus. In: *Sozialdemokratischer Pressedienst* vom 22.07.1932, S. 1, http://library.fes.de/cgi-bin/populo/spdpdalt.pl?t_heft&modus=&f_VOL=19320722 [25.05.2024].

***Sozialdemokratischer Pressedienst* 23.07.1932** N. N.: Die „neue Staatsführung". Ihre Erfolge und die „Ordnung" von heute. In: *Sozialdemokratischer Pressedienst* vom 23.07.1932, S. 1, http://library.fes.de/cgi-bin/populo/spdpdalt.pl?t_heft&modus=&f_VOL=19320723 [25.05.2024].

Statistisches Reichsamt 1933 Statistisches Reichsamt (Hg.): Statistisches Jahrbuch für das Deutsche Reich, 1933, Jg. 52. Berlin.

Statistisches Reichsamt 1940 Statistisches Reichsamt (Hg.): Statistisches Jahrbuch für das Deutsche Reich, 1939/40, Jg. 58. Berlin.

Stieve 1944 Friedrich Stieve (1944): Wendepunkte europäischer Geschichte vom Dreißigjährigen Krieg bis zur Gegenwart. Leipzig.

***Tagblatt* 19.07.1932** N. N.: Vom Büchermarkt, Rafael Schermann: „Schicksale des Lebens". In: *Tagblatt. Organ für die Interessen des werktätigen Volkes*, Nr. 165, S. 9, https://anno.onb.ac.at/cgi-content/anno?aid=tab&datum=19320719&seite=9 [25.05.2024].

***Theologische Literaturzeitung* 20.06.1936** V. Wilmar: Winnig August: Heimkehr. In: *Theologische Literaturzeitung* vom 20.06.1936, Nr. 13, Spalte 240, http://idb.ub.uni-tuebingen.de/opendigi/thlz_061_1936#p=130 [25.05.2024].

Thukydides 1943 Thukydides (1943): Gedenkrede des Perikles auf die Gefallenen. Übertragen und eingeleitet von Ferdinand Willenbücher. Leipzig.

Umlauff 1934 Ernst Umlauff (1934): Beiträge zur Statistik des deutschen Buchhandels. Leipzig.

Verwaltung für Volksbildung SBZ 1946 Deutsche Verwaltung für Volksbildung in der sowjetischen Besatzungszone: Liste der auszusondernden Literatur. Vorläufige Ausgabe, Berlin: Zentralverlag, 1946. In: Olaf Simons (Hg.): Datenbank. Schrift und Bild. 1900–1960, http://www.polunbi.de/bibliothek/1946-nslit.html [25.05.2024].

Verwaltung für Volksbildung SBZ 1947 Deutsche Verwaltung für Volksbildung in der sowjetischen Besatzungszone: Liste der auszusondernden Literatur. Erster Nachtrag,

Berlin: Zentralverlag, 1947. In: Olaf Simons (Hg.): Datenbank. Schrift und Bild. 1900–1960, http://www.polunbi.de/bibliothek/1947-nslit.html [25.05.2024].

Verwaltung für Volksbildung SBZ 1948 Deutsche Verwaltung für Volksbildung in der sowjetischen Besatzungszone: Liste der auszusondernden Literatur. Zweiter Nachtrag, Berlin: Zentralverlag, 1948. In: Olaf Simons (Hg.): Datenbank. Schrift und Bild. 1900–1960, http://www.polunbi.de/bibliothek/1948-nslit.html [25.05.2024].

***Völkischer Beobachter* 28.11.1936** Joseph Goebbels: Anordnung des Reichsministers für Volksaufklärung und Propaganda über Kunstkritik vom 27.11.1936. In: *Völkischer Beobachter* vom 28.11.1936, https://alien.mur.at/rax/KUN_POL/UND/QUOTES/goebbkrit.html [25.05.2024].

***Völkischer Beobachter* 09.01.1938** Adolf Bartels: Verschwundene Juden. In: *Völkischer Beobachter* vom 09.01.1938, Nr. 9, S. 7.

***Völkischer Beobachter* 12.06.1938** Martin Kiessig: Tragik und Größe der deutschen Romantik. In: *Völkischer Beobachter* vom 12.06.1938, Nr. 87, S. 18 f., https://anno.onb.ac.at/cgi-content/anno?aid=vob&datum=19380612&seite=18 [25.05.2024].

***Völkischer Beobachter* 31.07.1938** Gillen: Deutsches Land und Deutsche Kultur. Deutschland. Ein Handbuch. In: *Völkischer Beobachter* vom 31.07.1938, Nr. 136, S. 45, https://anno.onb.ac.at/cgi-content/anno?aid=vob&datum=19380731&seite=45 [25.05.2024].

***Völkischer Beobachter* 25.09.1938** N. N.: Gespräch mit Hans Watzlik. „Ein Verbot folgte dem anderen …“. In *Völkischer Beobachter* vom 25.09.1938, Nr. 192, S. 9, https://anno.onb.ac.at/cgi-content/anno?aid=vob&datum=19380925&seite=9 [25.05.2024].

***Völkischer Beobachter* 11.12.1938** Helmuth Liebel: Lob der deutschen Landschaft. In: *Völkischer Beobachter* vom 11.12.1938, Nr. 269, S. 19, https://anno.onb.ac.at/cgi-content/anno?aid=vob&datum=19381211&seite=19 [25.05.2024].

***Völkischer Beobachter* 18.12.1938** F. H.: Der neue Hausarzt. In: *Völkischer Beobachter* vom 18.12.1938, Nr. 276, S. 25, https://anno.onb.ac.at/cgi-content/anno?aid=vob&datum=19381218&seite=25 [25.05.2024].

***Völkischer Beobachter* 29.01.1939** Wilhelm Gall: Die festliche Stunde. In: *Völkischer Beobachter* vom 29.01.1939, Nr. 29, S. 12, https://anno.onb.ac.at/cgi-content/anno?aid=vob&datum=19390129&seite=12 [25.05.2024].

***Völkischer Beobachter* 05.03.1939** Josef Michels: Logbuch der „Krake“. In: *Völkischer Beobachter* vom 05.03.1939, Nr. 64, S. 9, https://anno.onb.ac.at/cgi-content/anno?aid=vob&datum=19390305&seite=9 [25.05.2024].

***Völkischer Beobachter* 04.06.1939** Josef Michels: Gertrud Fussenegger: Eines Menschen Sohn. In: *Völkischer Beobachter* vom 04.06.1939, Nr. 155, S. 9, https://anno.onb.ac.at/cgi-content/anno?aid=vob&datum=19390604&seite=9 [25.05.2024].

***Völkischer Beobachter* 18.06.1939** Adalbert Schmidt: „Heimkehr ins Reich“. In: *Völkischer Beobachter* vom 18.06.1939, Nr. 169, S. 22, https://anno.onb.ac.at/cgi-content/anno?aid=vob&datum=19390618&seite=22 [25.05.2024].

***Völkischer Beobachter* 02.06.1940** Josef Michels: Ein Schicksal in Deutsch-Ostafrika. In: *Völkischer Beobachter* vom 02.06.1940, Nr. 154, S. 11, https://anno.onb.ac.at/cgi-content/anno?aid=vob&datum=19400602&seite=11 [25.05.2024].

***Völkischer Beobachter* 21.09.1940** Robert Volz: Berliner Theater. Max Geisenhyner: „Obrist Michael". In: *Völkischer Beobachter* vom 21.09.1940, Nr. 265, S. 4, https://anno.onb.ac.at/cgi-content/anno?aid=vob&datum=19400921&seite=4 [25.05.2024].

***Völkischer Beobachter* 03.11.1940** Eugen Diesel: Technik als Schicksal. Auszug aus Phänomen der Technik, abgedruckt im *Völkischen Beobachter* vom 03.11.1940, Nr. 308. S. 9, https://anno.onb.ac.at/cgi-content/anno?aid=vob&datum=19401103&seite=9 [25.05.2024].

***Völkischer Beobachter* 18.12.1940** N. N.: Von deutschen Soldaten und ihren Taten. In: *Völkischer Beobachter* vom 18.12.1940, Nr. 353, S. 4, https://anno.onb.ac.at/cgi-content/anno?aid=vob&datum=19401218&seite=4 [25.05.2024].

***Völkischer Beobachter* 21.12.1941** Wilhelm Antropp: Über den Umgang mit Büchern. In: *Völkischer Beobachter* vom 21.12.1941, Nr. 355, S. 3, https://anno.onb.ac.at/cgi-content/anno?aid=vob&datum=19411221&seite=3 [25.05.2024].

***Völkischer Beobachter* 26.03.1944** N. N.: Kulturpreis für bäuerliches Schrifttum. In: *Völkischer Beobachter* vom 26.03.1944, Nr. 86, S. 4, https://anno.onb.ac.at/cgi-content/anno?aid=vob&datum=19440326&seite=4 [25.05.2024].

***Völkischer Beobachter* 17.12.1944** N. N.: Kleine Umschau, Schrifttum. In: *Völkischer Beobachter* vom 17.12.1944, Nr. 339, S. 3, https://anno.onb.ac.at/cgi-content/anno?aid=vob&datum=19441217&seite=3 [25.05.2024].

***Vorarlberger Tagblatt* 17.06.1938** E. A.: Das Lied der Getreuen. Rubrik: Bücher und Zeitschriften. In: *Vorarlberger Tagblatt* vom 17.06.1938, Nr. 137, S. 7, https://anno.onb.ac.at/cgi-content/anno?aid=btb&datum=19380617&seite=7 [25.05.2024].

***Vorarlberger Tagblatt* 02.03.1943** Martin Bilgert: Neue Reclam-Bücher. In: *Vorarlberger Tagblatt* vom 02.03.1943, Nr. 51, S. 2, https://anno.onb.ac.at/cgi-content/anno?aid=btb&datum=19430302&seite=2 [25.05.2024].

***Vossische Zeitung* 26.10.1933** N. N.: Treuekundgebung deutscher Schriftsteller. In: *Vossische Zeitung. Berlinische Zeitung von Staats- und gelehrten Sachen* vom 26.10.1933, Nr. 511, S. 2, https://dfg-viewer.de/show?id=9&tx_dlf%5Bid%5D=https%3A%2F%2Fcontent.staatsbibliothek-berlin.de%2Fzefys%2FSNP27112366-19331026-0-0-0-0.xml&tx_dlf%5Bpage%5D=2 [25.05.2024].

Welk 1944 Ehm Welk (1944): Die wundersame Freundschaft. Das Buch von Tier und Mensch. Leipzig.

***Westböhmische Tageszeitung* 18.08.1933** N. N.: A. Arthur Kuhnert: Karjane. Geliebte unseres Sommers. In: *Westböhmische Tageszeitung* vom 18.08.1933, Nr. 188, S. 6, https://anno.onb.ac.at/cgi-content/anno?aid=pit&datum=19330818&seite=6 [25.05.2024].

***Westdeutscher Beobachter* 14.05.1944** Anton Henze: Wo bleiben die Bücher? Eine Frage, ein Vorschlag und was die Verleger dazu sagen. In: *Westdeutscher Beobachter* vom 14.05.1944, S. 7.

Wiener Magazin März 1933 N. N.: Marie Madeleine, „Wie starb Bella Blackborn?“. In: *Wiener Magazin* vom März 1933, Nr. 3, S. 94, https://anno.onb.ac.at/cgi-content/anno-plus?aid=wmg&datum=1933&page=292&size=45 [25.05.2024].

Wiener Zeitung 04.12.1932 N. N.: „Schicksale des Lebens“. In: *Wiener Zeitung* vom 04.12.1932, Nr. 280, S. 9, https://anno.onb.ac.at/cgi-content/anno?aid=wrz&datum=19321204&seite=9 [25.05.2024].

Zeitschrift für Deutschlands Buchhändler 25.11.1936 N. N.: Leipzig als Druckstadt. In: *Zeitschrift für Deutschlands Buchhändler* vom 25.11.1936, Nr. 85/86, S. 980–983.

Zweig 1942 Stefan Zweig: Abschiedsbrief vom 22.02.1942. In: Wikisource, https://de.wikisource.org/wiki/Abschiedsbrief_Stefan_Zweigs [25.05.2024].

Literaturverzeichnis

Abel 1968 Karl-Dietrich Abel (1968): Presselenkung im NS-Staat. Eine Studie zur Geschichte der Publizistik in der nationalsozialistischen Zeit. Berlin.

Abels; Hilgers 2011 Norbert Abels, Klaudia Hilgers (2011): Werfel, Franz. In: Wilhelm Kühlmann (Hg.): Killy Literaturlexikon. Bd. 12. Berlin. 2. vollständig überarbeitete Auflage, S. 307–311.

Adam 2017 Christian Adam (18.11.2017): Bestsellerliste. Basis für das Buchprojekt „Lesen unter Hitler“. In: Christan Adam: Bestsellerforschung, http://www.christian-adam.net/index.php/bestsellerforschung [25.05.2024].

Adam 2010 Christian Adam (2010): Lesen unter Hitler. Autoren, Bestseller, Leser im Dritten Reich. Berlin.

Adam 2016 Christian Adam (2016): Der Traum vom Jahre Null. Autoren, Bestseller, Leser. Die Neuordnung der Bücherwelt in Ost und West nach 1945. Berlin.

Agnes Miegel, Munzinger 2012 N. N. (17.07.2012): Agnes Miegel. In: Munzinger Online/Personen. Internationales Biographisches Archiv.

Ahrens 2010 Ralf Ahrens (2010): Kartelle und Verschwörungen. Franz Neumanns „Behemoth“ und die Nürnberger Prozesse. In: Norbert Frei, Tim Schanetzky (Hg.): Unternehmen im Nationalsozialismus. Zur Historisierung einer Forschungskonjunktur. Göttingen, S. 26–35.

Aigner 1971 Dietrich Aigner (1971): Die Indizierung „schädlichen und unerwünschten Schrifttums“ im Dritten Reich. Frankfurt am Main.

Altenhein 1997 Hans Altenhein (1997): Theorien des Buchhandels. In: Buchhandelsgeschichte 1997, H. 4, S. B165–B172. Frankfurt am Main.

Amann 1984 Klaus Amann (1984): Vorgeschichten. Kontinuitäten in der österreichischen Literatur von den dreißiger zu den fünfziger Jahren. In: Friedbert Aspetsberger, Nobert Frei, Hubert Lengauer (Hg.): Literatur der Nachkriegszeit und der fünfziger Jahre in Österreich. Wien, S. 46–58.

Amann 1997 Klaus Amann (März 1997): Der „Machtwechsel" in der österreichischen Literatur der dreißiger Jahre. In: *Neohelicon,* Jg. 24, Nr. 1, S. 209–230.

Arbeiter-Zeitung 03.01.1971 N. N.: Der Schriftsteller und Dramatiker Dr. Felix Braun. In: *Arbeiter-Zeitung* vom 03.01.1971, S. 4.

Arnold 1974 Heinz Ludwig Arnold (1974) (Hg.): Geschichte der deutschen Literatur aus Methoden. Bd. 7. Deutsche Literatur im Exil 1933–1945. Dokumente und Materialien. Frankfurt am Main.

Arnold Zweig, Künste im Exil o. J. N. N. (o. J.): Arnold Zweig. In: Deutsches Exilarchiv 1933–1945 der Deutschen Nationalbibliothek: Künste im Exil, https://kuenste-im-exil.de/KIE/Content/DE/Personen/zweig-arnold.html [25.05.2024].

Atteslander 2010 Peter Atteslander (2010): Methoden der empirischen Sozialforschung. Berlin.

Aust; Aust 2008 J. W. Aust, Thomas Aust (17.03.2008): Literatur im Nationalsozialismus: Überblick Werke und Autoren, http://www.bpb.de/geschichte/nationalsozialismus/dossier-nationalsozialismus/39573/ueberblick-werke-und-autoren [25.05.2024].

Autengruber et al. 2013 Peter Autengruber, Birgit Nemec, Oliver Rathkolb, Florian Wenninger (2013): Forschungsendbericht. Straßennamen Wiens seit 1860 als „Politische Erinnerungsorte". Wien.

Bähre 1997 Ralf Bähre (1997): Hellmuth Langenbucher (1905–1980). Beschreibung einer literaturpolitischen Karriere. In: *Archiv für Geschichte des Buchwesens*, Bd. 47, S. 249–308.

Bamberger-Stemmann 2017 Sabine Bamberger-Stemmann (2017): Rudolf Pechel. In: Michael Fahlbusch, Ingo Haar, Alexander Pinwinkler (Hg.): Handbuch der völkischen Wissenschaften. Akteure, Netzwerke, Forschungsprogramme. Berlin, S. 559–569.

Barbian 1993a Jan-Pieter Barbian (1993): Literaturpolitik im „Dritten Reich". Institutionen, Kompetenzen, Betätigungsfelder. Frankfurt am Main.

Barbian 1993b Jan-Pieter Barbian (1993): Von der Selbstanpassung zur nationalsozialistischen Gleichschaltung. Der Börsenverein der Deutschen Buchhändler in den Jahren 1933–34. In: Historische Kommission des Börsenvereins Frankfurt und Leipzig (Hg.): Buchhandelsgeschichte. Aufsätze, Rezensionen und Berichte zur Geschichte des Buchwesens, S. B41–B55.

Barbian 1997 Jan-Pieter Barbian (1997): Institutionen der Literaturpolitik. In: Günther Rüther (Hg.): Literatur in der Diktatur. Paderborn, S. 95–130.

Barbian 2010 Jan-Pieter Barbian (2010): Literaturpolitik im NS-Staat. Von der „Gleichschaltung" bis zum Ruin. Frankfurt am Main.

Barbian 2012 Jan-Pieter barbian (2012): Zwischen Anpassung und Widerstand. Regimekritische Autoren in der Literaturpolitik des Dritten Reiches. In: Frank-Lothar Kroll, Rüdiger von Voss (Hg.): Schriftsteller und Widerstand. Facetten und Probleme der „Inneren Emigration". Göttingen, S. 63–98.

Barbian 2015 Jan-Pieter Barbian (2015): Der Buchmarkt: Marktordnung und statistische Marktdaten. In: Ernst Fischer, Reinhard Wittmann (Hg.): Geschichte des deutschen Buchhandels im 19. und 20. Jahrhundert. Bd. 3. Drittes Reich. Teil 1. Berlin, S. 161–196.

Barkai 1995 Avraham Barkai (1995): Das Wirtschaftssystem des Nationalsozialismus Ideologie, Theorie, Politik 1933–1945. Erweiterte Neuausgabe. Frankfurt am Main.

Baumann 2008 Reinhard Baumann (2008): Dörfler, Peter. In: Wilhelm Kühlmann (Hg.): Killy Literaturlexikon. Bd. 3. Berlin. 2. vollständig überarbeitete Auflage, S. 70 f.

Baur; Gradwohl-Schlacher 2008 Uwe Baur, Karin Gradwohl-Schlacher (2008): Literatur in Österreich 1938–1945. Handbuch eines literarischen Systems. Bd. 1: Steiermark. Wien.

Baur; Gradwohl-Schlacher 2011 Uwe Baur, Karin Gradwohl-Schlacher (2011): Literatur in Österreich 1938–1945. Handbuch eines literarischen Systems. Bd. 2: Kärnten. Wien.

Baur; Gradwohl-Schlacher 2014 Uwe Baur, Karin Gradwohl-Schlacher (2014): Literatur in Österreich 1938–1945. Handbuch eines literarischen Systems. Bd. 3: Oberösterreich. Wien.

***BBl.* 18.12.2020** N. N: Reclam-Archiv geht nach Marbach. Mit Unterstützung Grütters. In: *BBl.* vom 18.12.2020, https://www.boersenblatt.net/home/reclam-archiv-geht-nach-marbach-159301#comments [25.05.2024].

Becher 2001 Peter Becher (2001): Herbert Cysarz (1896–1985) Germanist. Seine Prager Universitätsjahre. In: Monika Glettler, Alena Míšková (Hg.): Prager Professoren 1938–1948. Zwischen Wissenschaft und Politik. Essen, S. 277–297.

Beier 2008 Nikolaj Beier (2008): „Vor allem bin ich *ich* …“ Judentum, Akkulturation und Antisemitismus in Arthur Schnitzler Leben und Werk. Göttingen.

Bendt 2003 Jutta Bendt (2003): In der inneren Heimat oder nirgends. Isolde Kurz *(1853–1944)*. In: *Marbacher Magazin*, Nr. 104. Marbach am Neckar, S. 19–68.

Benz et al. 1997 Wolfgang Benz, Hermann Graml, Hermann Weiss (1997): Enzyklopädie des Nationalsozialismus. Stuttgart.

Benz 2014 Wolfgang Benz (2014): Der deutsche Widerstand gegen Hitler. München.

Berghoff 2016 Hartmut Berghoff (2016): Moderne Unternehmensgeschichte. Eine themen- und theorieorientierte Einführung. Berlin, Boston.

Betz; Fuchs 2005 Thomas Betz, Peter Fuchs (2005): Schaumann, Ruth. In: Neue Deutsche Biographie 22, S. 591–593, https://www.deutsche-biographie.de/pnd118754173.html#ndbcontent [25.05.2024].

Blaschke 2010 Olaf Blaschke (2010): Verleger machen Geschichte. Buchhandel und Historiker seit 1945 im deutsch-britischen Vergleich. Göttingen.

Bode 1992 Dietrich Bode (Hg.) (1992): Reclam. 125 Jahre Universal-Bibliothek. 1867–1992. Verlags- und kulturgeschichtliche Aufsätze. Stuttgart.

Bode 2003 Dietrich Bode (2003): Reclam. Daten, Bilder und Hintergründe zur Verlagsgeschichte. 1828–2003. Neuausgabe von „150 Jahre Reclam“ aus dem Jahr 1978, einerseits gekürzt und überarbeitet, andererseits um ein Vierteljahrhundert fortgeschrieben. Stuttgart.

Bösch 2011 Frank Bösch (2011): Mediengeschichte. Vom asiatischen Buchdruck zum Fernsehen. Frankfurt am Main.

Bonfadelli; Bucher 2002 Heinz Bonfadelli, Priska Bucher (2002) (Hg.): Lesen in der Mediengesellschaft. Stand und Perspektiven der Forschung. Zürich.

Bonte 2020 Achim Bonte (21.04.2020): Einzigartiger Wissensschatz: Börsenblatt für den Deutschen Buchhandel jetzt komplett online verfügbar. In: SLUBlog, https://blog.slub-dresden.de/beitrag/2020/04/21/einzigartiger-wissensschatz-boersenblatt-fuer-den-deutschen-buchhandel-jetzt-komplett-online-verfuegbar [25.05.2024].

Bourdieu 1999 Pierre Bourdieu (1999): Die Regeln der Kunst. Genese und Struktur des literarischen Feldes. Frankfurt am Main.

Boveri 1965 Margret Boveri (1965): Wir lügen alle. Eine Hauptstadtzeitung unter Hitler. Olten; Freiburg im Breisgau.

Bracher 1984 Karl Dietrich Bracher (1984): Die Auflösung der Weimarer Republik. Eine Studie zum Problem des Machtverfalls in der Demokratie. Düsseldorf.

Braun o. J. Thomas Braun (o. J.): Blunck, Hans Friedrich. In: Olaf Simons (Hg.): Datenbank. Schrift und Bild. 1900–1960, http://www.polunbi.de/pers/blunck-01.html [25.05.2024].

Braun 2004 Birgit Braun (2004): Umerziehung in der amerikanischen Besatzungszone. Die Schul- und Bildungspolitik in Württemberg-Baden von 1945 bis 1949. Münster.

Brekle 1985 Wolfgang Brekle (1985): Schriftsteller im antifaschistischen Widerstand 1933–1945 in Deutschland. Berlin, Weimar.

Briegleb 1971 Klaus Briegleb (1971): Der Editor als Autor. Fünf Thesen zur Auswahlphilologie. In: Gunter Martens, Hans Zeller (Hg.): Texte und Varianten. Probleme ihrer Edition und Interpretation. München, S. 91–116.

Brückner 2017 Florian Brückner (2017): In der Literatur unbesiegt. Werner Beumelburg (1899–1963) – Kriegsdichter in der Weimarer Republik und im Nationalsozialismus. Berlin.

Brünger 2018 Sebastian Brünger (2018): Schattenkapitel – NS-Unternehmensgeschichtsschreibung in der Bundesrepublik seit 1945 zwischen Öffentlichkeitsarbeit und Wissenschaft. In: *Zeitschrift für Unternehmensgeschichte*, Bd. 63, H. 1, S. 69–115.

Buchheim; Scherner 2009 Christoph Buchheim, Jonas Scherner (2009): Corporate Freedom of Action in Nazi Germany: A Response to Peter Hayes. In: *Bulletin of the German Historical Institute*, Bd. 45, Herbst 2009, S. 43–50.

Buchstadt Chronik 2011 N. N. (25.01.2011]: Buchstadt-Chronik 1945–1983. Frankfurt, Leipzigs alte Konkurrentin, hat die Nase vorn. In: Mitteldeutscher Rundfunk, https://www.mdr.de/kultur/buchmesse/artikel118454.html [25.05.2024].

Bühler; Bühler 2002 Hans-Eugen Bühler, Edelgard Bühler (2002): Der Frontbuchhandel 1939–1945. Organisationen, Kompetenzen, Verlage, Bücher. Eine Dokumentation. Frankfurt am Main.

Bühler; Simons 2004 Hans-Eugen Bühler, Olaf Simons (2004): Die blendenden Geschäfte des Matthias Lackas. Korruptionsermittlungen in der Verlagswelt des Dritten Reichs. Köln.

Bundesamt für Bevölkerungsschutz und Katastrophenhilfe o.J. Bundesamt für Bevölkerungsschutz und Katastrophenhilfe (o.J.): Gasschutz und Luftschutz 1931–1945, https://www.bbk.bund.de/DE/Service/Fachinformationsstelle/DigitalisierteMedien/Fachzeitschrift Notfallvorsorge/01_Gasschutz%20und%20Luftschutz/Gasschutz_und_Luftschutz.html [15.03.2021; nicht mehr online verfügbar (geprüft am 25.05.2024)].

Bundesamt für Justiz (o.J.) Bundesamt für Justiz (o.J.): Sozialgesetzbuch (SGB) Sechstes Buch (VI) – Gesetzliche Rentenversicherung – (Artikel 1 des Gesetzes v. 18. Dezember 1989, BGBl. I S. 2261, 1990 I S. 1337). Anlage 1 Durchschnittsentgelt in Euro/DM/RM. In: Gesetze im Internet, https://www.gesetze-im-internet.de/sgb_6/anlage_1.html [25.05.2024].

Bundesarchiv 2014. Bundesarchiv (2014): Informationen zur Provenienz des Bestands RL 19-3 Luftgaukommando III / Luftgaukommando III/IV (Berlin), https://invenio.bundesarchiv.de/invenio/direktlink/067eaba6-3532-4660-a230-7b30ce07e792/ [25.05.2024].

Bürklin o.J. Michael Bürklin (o.J.): Tariflohn-Entwicklung – Monatslohn pro Monat. In: Was war wann?, https://www.was-war-wann.de/historische_werte/monatslohn.html [25.05.2024].

Busch 1974 Rolf Busch (1974): Imperialistische und faschistische Kleist-Rezeption 1890–1945. Eine ideologiekritische Untersuchung. Frankfurt am Main.

Campbell 1989 Joan Campbell (1989): Joy in Work. German Work: The National Debate, 1800–1945. Princeton.

Caspar 1979 Gustav-Adolf Caspar (1979): Die Kriegslage vom Herbst 1943 bis zum Winter 1944/45 und das Entstehen der Vereinbarungen über die Grenzen der Besatzungszonen in Deutschland. In: *Militärgeschichtliche Mitteilungen*, Jg. 26, H. 2, S. 173–183.

Cwojdrak 1967 Günther Cwojdrak (1967): Glanz und Elend eines Katalogs. Deutsche Literatur des 20. Jahrhunderts in Reclams Universal-Bibliothek. In: Hans Marquardt (Hg.): 100 Jahre Reclams Universal-Bibliothek. 1867–1967. Beiträge zur Verlagsgeschichte. Leipzig, S. 167–180.

Dahm 1993 Volker Dahm (1993): Das jüdische Buch im Dritten Reich. München. 2.überarbeitete Auflage.

Dahm 2004 Volker Dahm (2004): Künstler als Funktionäre. Das Propagandaministerium und die Reichskulturkammer. In: Hans Sarkowicz (Hg.): Hitlers Künstler. Die Kultur im Dienst des Nationalsozialismus. Frankfurt am Main, S. 75–109.

Denkler 1976 Horst Denkler (1976): Janusköpfig. Zur ideologischen Physiognomie der Zeitschrift „Das innere Reich" (1934–1944). In: Ders., Karl Prümm (Hg.): Die deutsche Literatur im Dritten Reich. Themen – Traditionen – Wirkungen. Stuttgart, S. 382–405.

Denkler 2003 Horst Denkler (2003): Der Wilhelm-Raabe Preis – eine deutsche Geschichte in Namen und Daten. In: Hubert Winkels (Hg.): Jochen Missfeldt trifft Wilhelm Raabe. Der Wilhelm Raabe-Literaturpreis und seine Folgen. Göttingen, S. 40–43.

Denkler 2006 Horst Denkler (2006): Werkruinen, Lebenstrümmer. Literarische Spuren der ‚verlorenen Generation' des Dritten Reiches. Tübingen.

Der schöne Reclam-Band o.J. N.N. (o.J.): Der schöne Reclam-Band. In: Über Reclams Universalbibliothek, https://www.reclams-universal-bibliothek.de/index.php?title=Der_Sch%C3%B6ne_Reclam-Band [25.05.2024].

***Der Spiegel* 26.11.1979** N.N.: Verdun. Preußische Groteske. Ein Legenden-Killer geht um. In: *Der Spiegel* vom 25.11.1979, Nr. 48, S. 121–130, https://www.spiegel.de/politik/preussische-groteske-a-b6dc9a1b-0002-0001-0000-000039867416?context=issue [25.05.2024].

Diekmann 2011 Andreas Diekmann (2011): Empirische Sozialforschung. Grundlagen Methode Anwendungen. 5. Auflage der völlig überarbeiteten und erweiterten Neuausgabe von August 2007. Hamburg.

Dietzel; Hügel 1988 Thomas Dietzel, Hans-Otto Hügel (1988): Deutsche literarische Zeitschriften 1880–1945: Ein Repertorium. Bd. 3. München, New York, London, Paris.

Dlugosch 2017 Elisabeth Dlugosch (2017): Theoretische Fundierung der wissenschaftlichen Verlagsgeschichtsschreibung. Nürnberg, https://doi.org/10.25593/978-3-940338-45-7 [25.05.2024].

DNB o.J. Deutsche Nationalbibliothek (o.J.): Von der Gründung der Deutschen Bücherei bis zum Ende des Zweiten Weltkriegs. In: DNB: Geschichte, https://www.dnb.de/DE/Ueber-uns/Geschichte/geschichte_node.html [25.05.2024].

Düsterberg 2018 Rolf Düsterberg (2018): Margarete zur Bentlage – die Artländerin. In: Ders. (Hg.): Dichter für das „Dritte Reich". Bd. 4. 10 Autorenporträts. Bielefeld, S. 45–82.

Dyková 2006 Soňa Dyková (2006): Zur Schloss- und Dorf-Thematik im Werk Marie von Ebner-Eschenbach. Brno, https://is.muni.cz/th/epxaj/Ebner_-_Eschenbach.pdf [25.05.2024].

Ebermayer 1966 Erich Ebermayer (1966): „… und morgen die ganze Welt". Erinnerungen an Deutschlands dunkle Zeit. Bayreuth.

Edwin Redslob, Munzinger 1973 N.N. (05.03.1973): Edwin Redslob. In: Munzinger Online/Personen. Internationales Biographisches Archiv.

Ehlers 2011 Klaas-Hinrich Ehlers (2011): Strukturalismus in der deutschen Sprachwissenschaft. Die Rezeption der Prager Schule zwischen 1926 und 1945. Berlin.

Ehm Welk, Munzinger 1967 N.N. (09.01.1967): Ehm Welk. In: Munzinger Online/Personen. Internationales Biographisches Archiv.

Eikenberg 2014 Gabriel Eikenberg (14.09.2014): Carl Duisberg 1861–1935. In Lebendiges Museum Online, https://www.dhm.de/lemo/biografie/carl-duisberg; [25.05.2024].

Enderlein 2011 Anne Enderlein (Hg.) (2011): Ullstein-Chronik. 1903–2011. Berlin.

Englert 2001 Uwe Englert (2001): Magus und Rechenmeister. Henrik Ibsens Werk auf den Bühnen des Dritten Reiches. Tübingen, Basel.

Epkenhans et al. 2009 Michael Epkenhans, Jörg Hillmann, Frank Nägler (2009): Skagerrakschlacht. Vorgeschichte – Ereignis – Verarbeitung. München.

Erwin Guido Kolbenheyer, Munzinger 1962 N.N. (11.06.1962): Erwin Guido Kolbenheyer. In: Munzinger Online/Personen. Internationales Biographisches Archiv.

Eugen Diesel, Munzinger 1971 N. N. (08.03.1971): Eugen Diesel. In: Munzinger Online/Personen. Internationales Biographisches Archiv.

Eugen Roth, Munzinger 1976 N. N. (31.05.1976): Eugen Roth. In: Munzinger Online/Personen. Internationales Biographisches Archiv.

Faulstich 2012 Werner Faulstich (2012): Die Mediengeschichte des 20. Jahrhunderts. München.

Felber et al. 2004 Ulrike Felber, Peter Melichar, Markus Priller, Berthold Unfried, Fritz Weber (2004): Ökonomie der Arisierung. Teil 2: Wirtschaftssektoren, Branchen, Falldarstellungen. Wien, München.

Felix Braun, Historisches Lexikon Wien 1992 N. N.: Felix Braun (1992). In: Felix Czeike (Hg. (1992): Historisches Lexikon Wien. Bd. 1. Wien, S. 446.

Felix Riemkasten, Munzinger 1973 N. N. (14.05.1973): Felix Riemkasten. In: Munzinger Online/Personen. Internationales Biographisches Archiv.

Fetthauer 2004 Sophie Fetthauer (2004): Musikverlage im „Dritten Reich“ und im Exil. Hamburg.

Finkenberger 2011 Martin Finkenberger (2011): Johann von Leers und die „faschistische Internationale“ der fünfziger und sechziger Jahre in Argentinien und Ägypten. In: *Zeitschrift für Geschichtswissenschaft*. Jg. 59, Nr. 6, S. 522–543.

Fischer 2007a Ernst Fischer (2007): Urheberrecht. In: Ders., Stephan Füssel (Hg.): Geschichte des deutschen Buchhandels im 19. und 20. Jahrhundert. Bd. 2. Die Weimarer Republik 1918–1933, Teil 1. München, S. 83–98.

Fischer 2007b Ernst Fischer (2007): Marktorganisation. In: Ders., Stephan Füssel (Hg.): Geschichte des deutschen Buchhandels im 19. und 20. Jahrhundert. Bd. 2. Die Weimarer Republik 1918–1933, Teil 1. München, S. 265–304.

Fischer 2008 Ernst Fischer (2008): Brehm, Bruno. In: Wilhelm Kühlmann (Hg.): Killy Literaturlexikon. Bd. 2. Berlin. 2. vollständig überarbeitete Auflage, S. 164 f.

Flick 2019 Uwe Flick (2019): Gütekriterien qualitativer Sozialforschung. In: Nina Baur, Jörg Blasius (Hg.): Handbuch Methoden der empirischen Sozialforschung. 2., vollständig überarbeitete und erweiterte Auflage. Wiesbaden, S. 473–488.

Friedländer et al. 2002 Saul Friedländer et al. (2002): Bertelsmann im Dritten Reich. München.

Friedrich Bischoff, Munzinger 1976 N. N. (31.05.1976): Friedrich Bischoff. In: Munzinger Online/Personen. Internationales Biographisches Archiv.

Friedrich-Ebert-Stiftung 2021 Friedrich-Ebert-Stiftung (22.06.2021): Die geforderte Mitte. Rechtsextreme und demokratiegefährdende Einstellungen in Deutschland 2020/2021, https://www.fes.de/referat-demokratie-gesellschaft-und-innovation/gegen-rechtsextremismus/mitte-studie-2021 [25.05.2024].

Frohn 2014 Julia Frohn (2014): Literaturaustausch im geteilten Deutschland. 1945–1972. Berlin.

Fröhlich 1998 Elke Fröhlich (Hg.) (1998): Die Tagebücher von Joseph Goebbels. Teil I Aufzeichnungen 1923–1941. Bd. 6 August 1938 – Juni 1939. München.

Früh 2011 Werner Früh (2011): Inhaltsanalyse. Theorie und Praxis. 7. überarbeitete Auflage. Konstanz, München.

Früh 2012 Werner Früh (2012): Die qualitativ-quantitativ-Kontroverse. Anmerkungen zu einem alten Thema. In: Nina Springer, Johannes Raabe, Hannes Haas, Wolfgang Eichhorn (Hg.): Medien und Journalismus im 21. Jahrhundert. Konstanz, München, S. 597–610.

Früh 2015 Werner Früh (2015): Inhaltsanalyse. Theorie und Praxis. 8. überarbeitete Auflage. Konstanz, München.

Fuhrmeister et al. 2006 Christian Fuhrmeister, Stephan Klingen, Iris Lauterbach, Ralf Peters (2006): „Führerauftrag Monumentalmalerei". Eine Fotokampagne 1943–1945. Köln.

Funke 1999 Cornelia Caroline Funke (1999): „Im Verleger verkörpert sich das Gesicht seiner Zeit". Unternehmensführung und Programmgestaltung im Gustav Kiepenheuer Verlag 1909 bis 1944. Wiesbaden.

Funke 2011 Cornelia Caroline Funke (2011): Ohne Bücher zu verlegen, konnte Kiepenheuer nicht existieren. In: Siegfried Lokatis, Ingrid Sonntag (Hg.): 100 Jahre Kiepenheuer-Verlage. Berlin, S. 134–135.

Garke-Rothbart 2008 Thomas Garke-Rothbart (2008): „... für unseren Betrieb lebensnotwendig ...". Georg von Holtzbrinck als Verlagsunternehmer im Dritten Reich. München.

Gauß 1986 Karl-Markus Gauss (1986): Wann endet die Nacht. Über Albert Ehrenstein. Ein Essay. Zürich.

Geppert o.J. Geppert, Johannes: Jacques Mieses, http://www.mieses.info [25.05.2024].

Gerhards 2013 Thomas Gerhards (2013): Heinrich von Treitschke. Wirkung und Wahrnehmung eines Historikers im 19. und 20. Jahrhundert. Paderborn.

Gerhardt; Gantner 2004 Uta Gerhardt, Gösta Gantner (Juli 2004): Ritualprozess Entnazifizierung. Eine These zur gesellschaftlichen Transformation der Nachkriegszeit. In: Dietrich Hart, Axel Michael (Hg.): Diskussionsbeiträge des SFB 619 „Ritualdynamik" der Ruprecht-Karls-Universität Heidelberg. Nr. 7, Heidelberg, http://archiv.ub.uni-heidelberg.de/volltextserver/4827/1/Ritualprozess_Entnazifizierung.pdf [25.05.2024].

Gerstenberg 2006 Günther Gerstenberg (13.07.2006): Eiserne Front, 1931–1933. In: Historisches Lexikon Bayerns, http://www.historisches-lexikon-bayerns.de/Lexikon/Eiserne_Front,_1931-1933 [25.05.2024].

Gertrud Fussenegger, Munzinger 2009 N. N. (07.07.2009): Gertrud Fussenegger. In: Munzinger Online/Personen. Internationales Biographisches Archiv.

Gittig 1967 Heinz Gittig (1967): Antifaschistische Tarnschriften im Tarnumschlag. In: Hans Marquardt (Hg.): 100 Jahre Reclams Universal-Bibliothek. 1867–1967. Beiträge zur Verlagsgeschichte. Leipzig, S. 412–423.

Gnauk 1997 Rudolf Gnauk (1997): Molo, Walter Ritter von. In: Neue Deutsche Biographie 18, S. 7–9, https://www.deutsche-biographie.de/pnd118734601.html#ndbcontent [25.05.2024].

Goldammer; Richter 1966 Peter Goldammer, Helmut Richter (Hg.) (1966): Wilhelm Raabe. Ausgewählte Werke in sechs Bänden. Bd. 1: Die Chronik der Sperlingsgasse. Nach dem großen Kriege. Erzählungen 1860–1870. Berlin und Weimar.

Goldhagen 1976 Erich Goldhagen (1976): Weltanschauung und Endlösung. Zum Antisemitismus der nationalsozialistischen Führungsschicht. In: *Vierteljahreshefte für Zeitgeschichte*, Jg. 24, Nr. 4, S. 379–405.

Göttsche 2009a Dirk Göttsche (2009): Gmelin, Otto. In: Wilhelm Kühlmann (Hg.): Killy Literaturlexikon. Bd. 4. Berlin. 2. vollständig überarbeitete Auflage, S. 258.

Göttsche 2009b Dirk Göttsche (2009): Huch, Rudolf. In: Wilhelm Kühlmann (Hg.): Killy Literaturlexikon. Bd. 5. Berlin. 2. vollständig überarbeitete Auflage. S. 620 f.

Gradwohl-Schlacher 1998 Karin Gradwohl-Schlacher (1998): Ein „ostmärkisches" Sittenbild: Die Causa Max Stebich. In: Sabine Fuchs, Uwe Baur, dies. (Hg.) 1998: Macht Literatur Krieg. Österreichische Literatur im Nationalsozialismus. Wien.

Graebner 2001 Grith Graebner (2001): „Dem Leben unter die Haut kriechen …" Heinrich Hauser. Leben und Werk. Eine kritisch-biographische Werk-Bibliographie. Köln.

Graml 1985 Hermann Graml (1985): Die Alliierten und die Teilung Deutschlands. Konflikte und Entscheidungen 1941–1948.

Grill 1994 M. Grill (1994): Schnitzer, Manuel (Mandel); Ps. M. Nuél, Hans Baldrian, Pieterjann (1861–1941), Schriftsteller und Journalist. In: Österreichisches Biographisches Lexikon 10, S. 407, http://www.biographien.ac.at/oebl/oebl_S/Schnitzer_Manuel_1861_1941.xml [25.05.2024].

Gruber 2011 Eckhard Gruber (2011): Zwischen „Heimat" und „Verboten und Verbrannt". Anmerkungen zur Verlagsproduktion des Ullstein und des Deutschen Verlags während der NS-Diktatur. In: Anne Enderlein (Hg.): Ullstein-Chronik. 1903–2011. Berlin, S. 220–233.

Guntermann 2012 Georg Guntermann (2012): „Der spanische Rosenstock" als Versteck? Zur Konstruktion von Utopie und Gegenwelt in einer Novelle der „Inneren Emigration". In: Frank-Lothar Kroll, Rüdiger von Voss (Hg.): Schriftsteller und Widerstand. Facetten und Probleme der „Inneren Emigration". Göttingen, S. 145–181.

Haberkorn 2012 Tobias Haberkorn (20.04.2012): Kriegsverbrecherverfolgung in der SBZ und frühen DDR 1945–1950, https://www.bpb.de/geschichte/zeitgeschichte/deutschlandarchiv/132873/kriegsverbrecherverfolgung-in-sbz-und-frueher-ddr?p=all [25.05.2024].

Hachtmann 2012 Rüdiger Hachtmann (2012): Das Wirtschaftsimperium der Deutschen Arbeitsfront. 1933–1945. Göttingen.

Halfmann 1969 Horst Halfmann (1969): Bibliographien und Verlage der deutschsprachigen Exil-Literatur. 1933 bis 1945. Leipzig.

Hall 1994 Murray Hall (1994): Der Paul Zsolnay Verlag. Von der Gründung bis zur Rückkehr aus dem Exil. Tübingen.

Hammer 2013 Angela Hammer (2013): Aussonderung nationalsozialistischer Literatur in ostdeutschen Bibliotheken nach dem Zweiten Weltkrieg am Beispiel der Universitätsbibliothek der Humboldt-Universität zu Berlin. In: *Bibliothek Forschung und Praxis*, Jg. 37, Nr. 3, S. 331–346, https://doi.org/10.1515/bfp-2013-0046 [25.05.2024].

Hangler 1989 Reinhold Hangler (1989): Literatur in Österreich zwischen Austro- und Hitlerfaschismus. In: Mauthausen-Aktiv-Vöcklabruck (Hg.): Der Fall Franz Karl Ginzkey und Seewalchen. Eine Dokumentation. Seewalchen, S. 20–63.

Hanisch 1988 Ernst Hanisch (1988): Die Salzburger Presse in der Ersten Republik 1918–1938. In: Gesellschaft für Salzburger Landeskunde (Hg.): Mitt(h)eilungen der Gesellschaft für Salzburger Landeskunde. Bd. 128, S. 345–364.

Hanko 2005 Helmut Hanko (2005): „Großer Eingeweihter im Gartenreich der Schriftwerke“. Hans Ludwig Held – Eine Lebensbeschreibung. München.

Hans von Hülsen, Munzinger 1968 N. N. (27.05.1968): Hans von Hülsen. In: Munzinger Online/Personen. Internationales Biographisches Archiv.

Harald von Koenigswald, Literaturreport o. J. N. N. (o. J.): Harald von Koenigswald. In: Literarisches Colloquium Berlin, Brandenburgisches Literaturbüro: Literaturreport, https://www.literaturport.de/literaturlandschaft/autoren-berlinbrandenburg/autor/harald-von-koenigswald/ [25.05.2024].

Harten et al. 2006 Hans-Christian Harten, Uwe Neirich, Matthias Schwerendt (2006): Rassenhygiene als Erziehungsideologie des Dritten Reichs. Bio-bibliographisches Handbuch. Berlin.

Hayes 2009a Peter Hayes (2009): Corporate Freedom of Action in Nazi Germany. In: *Bulletin of the German Historical Institute*, Bd. 45, Herbst 2009, S. 29–42.

Hayes 2009b Peter Hayes (2009): Rejoinder. In: *Bulletin of the German Historical Institute*, Bd. 45, Herbst 2009, S. 51.

Heid 2010 Ludger Heid (2010): Neumann, Robert. In: Wilhelm Kühlmann (Hg.): Killy Literaturlexikon. Bd. 8. Berlin. 2. vollständig überarbeitete Auflage, S. 448–450.

Hein 1991 Christoph Hein (1991): Der „Bund proletarisch-revolutionärer Schriftsteller Deutschlands“. Biographie eines kulturpolitischen Experiments in der Weimarer Republik. Münster, Hamburg.

Heinemann 1983 Ulrich Heinemann (1983): Die verdrängte Niederlage. Politische Öffentlichkeit und Kriegsschuldfrage in der Weimarer Republik. Göttingen.

Heinrich Reclam, Munzinger 1984 N. N. (19.11.1984): Heinrich Reclam. In: Munzinger Online/Personen. Internationales Biographisches Archiv.

Hellmuth Langenbucher, Academic o. J. N. N.: Hellmuth Langenbucher. In: Academic dictionaries and encyclopedias, https://de-academic.com/dic.nsf/dewiki/2402268 [25.05.2024].

Hempel-Küter 2015 Christa Hempel-Küter (2015): Germanistik zwischen 1925 und 1955. Studien zur Welt der Wissenschaft am Beispiel von Hans Pyritz. Berlin.

Hermann Burte, Munzinger 1960 N. N. (23.05.1960): Hermann Burte. In: Munzinger Online/Personen. Internationales Biographisches Archiv.

Hermann Hesse, Munzinger 2006 N. N. (28.10.2006): Hermann Hesse. In: Munzinger Online/Personen. Internationales Biographisches Archiv.

Hesse 1995 Alexander Hesse (1995): Die Professoren und Dozenten der preußischen pädagogischen Akademien (1926–1933) und Hochschulen für Lehrerbildung (1933–1941). Weinheim.

Herzog 1995 Andreas Herzog (1995): Das literarische Leipzig. Kulturhistorisches Mosaik einer Buchstadt. Leipzig.

Hillig 2004 Hans-Peter Hillig (2004): Der Beitrag Curt Hilligs zur Entwicklung des Urheber- und Verlagsrechts. In: Archiv für Urheber- und Medienrecht (UFITA), Jg. 2004, Nr. 1, S. 31–45.

Hilzinger o. J. Sonja Hilzinger (o. J.): Literaturepoche Exil. Innere Emigration. In: Xlibris. Leben und Werk deutschsprachiger Autorinnen und Autoren sowie alle Literaturepochen vom Barock bis heute. https://www.xlibris.de/Epochen/Exil [25.05.2024].

Hock 1994 Sabine Hock (1994): Fulda, Ludwig. In: Frankfurter Personenlexikon, http://frankfurter-personenlexikon.de/node/2324 [25.05.2024].

Holland 2008 Detlef Holland (2008): Findeisen, Kurt Arnold. In: Wilhelm Kühlmann (Hg.): Killy Literaturlexikon. Bd. 3. Berlin. 2. vollständig überarbeitete Auflage, S. 447.

Hoser 2013 Paul Hoser (05.02.2013): Entnazifizierung. In: Historisches Lexikon Bayerns, https://www.historisches-lexikon-bayerns.de/Lexikon/Entnazifizierung [25.05.2024].

Hüpping 2009 Stefan Hüpping (2009): Rainer Schlösser – der Dichter-Soldat. In: Rolf Düsterberg (Hg.): Dichter für das „Dritte Reich". Bd. 1. 10 Autorenporträts. Bielefeld, S. 229–258.

Jäger 2005 Georg Jäger (2005): Keine Kulturtheorie ohne Geldtheorie. Grundlegung einer Theorie des Buchverlags. In: Monika Estermann, Ernst Fischer, Ute Schneider (Hg): Buchkulturen. Beiträge zur Geschichte der Literaturvermittlung. Festschrift für Reinhard Wittmann. Wiesbaden, S. 59–78.

Jahn 1957 Rudolf Jahn (1957): Herbert Cysarz ein Lebensbild. In: Ders. (Hg.): Grenzfall der Wissenschaft: Herbert Cysarz. Frankfurt am Main, S. 9–20.

Jansen 2017a Christian Jansen (2017): Ernst Moritz Arndt. In: Michael Fahlbusch; Ingo Haar, Alexander Pinwinkler (Hg.): Handbuch der völkischen Wissenschaften. Akteure, Netzwerke, Forschungsprogramme. Berlin, S. 39–43.

Jansen 2017b Christian Jansen (2017): Johann Gottlieb Fichte. In: Michael Fahlbusch, Ingo Haar, Alexander Pinwinkler (Hg.): Handbuch der völkischen Wissenschaften. Akteure, Netzwerke, Forschungsprogramme. Berlin, S. 156–161.

Janssen 2003 Christiaan Janssen (2003): Abgrenzung und Anpassung. Deutsche Kultur zwischen 1930 und 1945 im Spiegel der Referatenorgane Het Duitsche Boek und De Weegschaal. Münster.

Janßen 1990 KARL-HEINZ JANSSEN (06.04.1990): Preuße, Nationalsozialist und Hochverräter. Ein Mensch in seinem Widerspruch – Eine neue Biographie über den Widerstandskämpfer Fritz-Dietlof Graf von der Schulenburg. In: *Die Zeit* vom 06.04.1990, S. 4 f., https://www.zeit.de/1990/15/preusse-nationalsozialist-und-hochverraeter/seite-4 [25.05.2024].

Josef Magnus Wehner, Munzinger 1974 N. N. (18.02.1974): Josef Magnus Wehner. In: Munzinger Online/Personen. Internationales Biographisches Archiv.

Kaiser 2003 MAX KAISER (2003): Roda Roda, Alexander. In: Neue Deutsche Biographie 21, S. 687–689, https://www.deutsche-biographie.de/pnd11874562X.html#ndbcontent [25.05.2024].

Kaiser 2008 THOMAS KAISER (2008): Zwischen Philosophie und Spiritismus. (Bildwissenschaftliche) Quellen zum Leben und Werk des Carl du Prel. Lüneburg, https://pub-data.leuphana.de/frontdoor/index/index/docId/537 [15.03.2021; nicht mehr online verfügbar (geprüft am 25.05.2024)].

Kastner 2007 BARBARA KASTNER (2007): Statistik und Topographie des Verlagswesens. In: Ernst Fischer, Stephan Füssel (Hg.): Geschichte des deutschen Buchhandels im 19. und 20. Jahrhundert. Bd. 2. Die Weimarer Republik 1918–1933, Teil 1. München, S. 149–196.

Kater 2006 MICHAEL H. Kater (2006): Das „Ahnenerbe" der SS 1935–1945. München.

Kaufmann 2007 ULRICH KAUFMANN (2007): „Das Schloss in Wiesen". Der Balladendichter Börries Freiherr von Münchhausen in Windischleuba. 2: Die Idee einer „Deutschen Dichterakademie". In: LiteraturLand Thüringen, http://www.literaturland-thueringen.de/artikel/das-schloss-in-wiesen-der-balladendichter-boerries-freiherr-von-muenchhausen-in-windischleuba/boerries-von-muenchausens-idee-einer-deutschen-dichterakademie/ [25.05.2024].

Keiderling 2001 THOMAS KEIDERLING (2001): Betriebsfeiern bei F. A. Brockhaus. Wirtschaftliche Festkultur im 19. und frühen 20. Jahrhundert. Beucha.

Keiderling 2003 THOMAS KEIDERLING (2003): Unternehmer im Nationalsozialismus. Machtkampf um den Konzern Koehler & Volckmar AG & Co. Beucha.

Keiderling 2007 THOMAS KEIDERLING (2007): Wie viel Systemtheorie braucht die Buchwissenschaft? In: Ders., Arnulf Kutsch, Rüdiger Steinmetz (Hg.): Buch – Markt – Theorie. Kommunikations- und medienwissenschaftliche Perspektiven. Erlangen: Filos, S. 251–292.

Ketelsen 1976 UWE-KARSTEN KETELSEN (1976): Völkisch-nationale und nationalsozialistische Literatur in Deutschland. 1890–1945. Stuttgart.

Ketelsen 1992 UWE-KARSTEN KETELSEN (1992): Literatur und Drittes Reich. Schernfeld.

Kiesel 2007 HELMUTH KIESEL (2007): Ernst Jünger. Die Biographie. München.

Klee 2005 ERNST KLEE (2005): Das Personenlexikon zum Dritten Reich. Wer war was vor und nach 1945. Frankfurt am Main.

Klee 2009 ERNST KLEE (2009): Das Kulturlexikon zum Dritten Reich. Wer war was vor und nach 1945. Vollständig überarbeitete Ausgabe. Frankfurt am Main.

Klee 1999 KATJA KLEE (1999): Im „Luftschutzkeller des Reiches". Evakuierte in Bayern 1939–1953: Politik, soziale Lage, Erfahrungen. München.

Klemperer 1947 Victor Klemperer (1947): LTI. Notizbuch eines Philologen. Berlin.

Kletzin 2000 Brigit Kletzin (2000): Europa aus Rasse und Raum. Die nationalsozialistische Idee der Neuen Ordnung. Münster.

Koch 1990 Hans-Albrecht Koch (1990): Ernst Sander und der Verlag Philipp Reclam. In: Monika Estermann, Michael Knoche (Hg.): Von Göschen bis Rowohlt. Beiträge zur Geschichte des deutschen Verlagswesens. Festschrift für Heinz Sarkowski zum 65. Geburtstag. Wiesbaden, S. 198–206.

Koch 1992 Hans-Albrecht Koch (1992): Deutsche Gegenwartsliteratur in der Universal-Bibliothek der zwanziger Jahre. In: Dietrich Bode (Hg.): Reclam. 125 Jahre Universal-Bibliothek. 1867–1992. Stuttgart, S. 282–298.

Kock; Imwolde 2014 Sonja Kock, Janca Imwolde (14.09.2014): Ernst Jünger 1885–1998. In: Lebendiges Museum Online, https://www.dhm.de/lemo/biografie/ernst-juenger [25.05.2024].

Kolk 1998 Rainer Kolk (1998): Literarische Gruppenbildung. Am Beispiel des George-Kreises. 1890–1945. Tübingen.

Knopp 1999 Wolfgang Knopp (Dezember 1999): Der Mann war mehr als ein Heimaterzähler. Zum 100. Geburtstag von Erwin Wittstock. In: *Neohelicon*, Jg. 26, Nr. 2, S. 233–242.

Königseder 2016 Angelika Königseder (2016): Walter de Gruyter. Ein Wissenschaftsverlag im Nationalsozialismus. Tübingen.

Kretschmar 1992 Lothar Kretschmar (1992): Die Umschläge von Reclams Universal-Bibliothek 1867–1945. In: Dietrich Bode (Hg.): Reclam. 125 Jahre Universal-Bibliothek. 1867–1992. Stuttgart, S. 451–477.

Krings 2010 Stefan krings (2010): Hitlers Pressechef. Otto Dietrich (1897–1952). Eine Biografie. Göttingen.

Kroll et al. 2005 Frank-Lothar Kroll, Luise Hackelsberger, Sylvia Taschka (Hg.) (2005): Werner Bergengruen. Schriftstellerexistenz in der Diktatur. Aufzeichnungen und Reflexionen zu Politik, Geschichte und Kultur 1940 bis 1963. München.

Kroll 2012 Frank-Lothar Kroll (2012): Intellektueller Widerstand im Dritten Reich. Möglichkeiten und Grenzen. In: Ders., Rüdiger von Voss (Hg.): Schriftsteller und Widerstand. Facetten und Probleme der „Inneren Emigration". Göttingen, S. 13–44.

Kronenberg 2020 Thomas Kronenberg (2020): Diesel, Eugen. In: Arnold Heinz Ludwig (Hg.): Kindlers Literatur Lexikon (KLL). Stuttgart.

Krumme 2011: Peter Krumme (2011): Werfel, Franz. In: Wilhelm Kühlmann (Hg.): Killy Literaturlexikon. Bd. 10. Berlin. 2. vollständig überarbeitete Auflage, S. 56 f.

Krusche 2010 Dorit Krusche (2010): Seidel, Ina. In: Neue Deutsche Biographie 24, S. 172–174, https://www.deutsche-biographie.de/pnd118760629.html#ndbcontent [25.05.2024].

Kuczynski; Puchert 1967 Jürgen Kuczynski, Berthold Puchert (1967): Die Macht einer Tradition. Zur Geschichte von Reclams Universal-Bibliothek 1867 bis 1945. In: Hans

Marquardt (Hg.): 100 Jahre Reclams Universal-Bibliothek. 1867–1967. Beiträge zur Verlagsgeschichte. Leipzig, S. 35–79.

Kuhn 1980 Hugo Kuhn (1979): Kluckhohn, Paul. In: Neue Deutsche Biographie 12, S. 132 f., https://www.deutsche-biographie.de/pnd118777467.html#ndbcontent [25.05.2024].

Kunisch 2018 Hans-Peter Kunisch (09.08.2018): Der die Zeichen zu lesen wusste. In der Tradition der Lagerliteratur. Steffen Menschings Roman „Schermanns Augen". In: *Süddeutsche Zeitung* vom 09.08.2018, Nr. 182, S. 15.

Landratsamt Coburg 2008 Landratsamt Coburg (2008) (Hg.): 150 Jahre Landratsamt Coburg, https://www.total-lokal.de/pdf/96450_lrainfo.pdf [25.05.2024].

Langforth; Lokatis 2011 Jane Langforth, Siegfried Lokatis (2011): Die Passion Pankoks. Ein Bilderzyklus im Visier der Nationalsozialisten. In: Siegfried Lokatis, Ingrid Sonntag (Hg.): 100 Jahre Kiepenheuer-Verlage. Berlin, S. 124–127.

Laux 2010a Carmen Laux (2010): Reclam als Erinnerungsspeicher und Labor – Zum Projekt „Leipziger Verlagsarchive" In: *Leipziger Jahrbuch zur Buchgeschichte*, Bd. 19, S. 413–417.

Laux 2016a Carmen Laux (2016): Ein schwerer Anfang: Von der Lizenzierung zur Demontage. In: Ingrid Sonntag (Hg.): An den Grenzen des Möglichen. Reclam Leipzig 1945–1991. Leipzig, S. 40–51.

Laux 2016b Carmen Laux (2016): Von Leipzig nach Stuttgart. Reclam und das Schachlehrbuch. In: Patricia F. Blume, Thomas Keiderling, Klaus G. Saur (Hg): BUCH MACHT GESCHICHTE. Beiträge zur Verlags- und Medienforschung. Festschrift für Siegfried Lokatis zum 60. Geburtstag. Berlin/Boston, S. 177–184.

Leitgeb 1994 Hanna Leitgeb (1994): Der ausgezeichnete Autor. Städtische Literaturpreise und Kulturpolitik in Deutschland 1926–1971. Berlin.

Lemke-Matwey 2016 Christine Lemke-Matwey (28.07.2016): Hitler in Bayreuth. Die Laune ist glänzend. In: *DIE ZEIT* vom 28.07.2016, Nr. 32, https://www.zeit.de/2016/32/adolf-hitler-familie-wagner-bayreuth-film/komplettansicht [25.05.2024].

Lemmons 1994 Russell Lemmons (1994): Goebbels und Der Angriff. Lexington.

Lerner 1992 Andreas Lerner (1992): Die Universal-Bibliothek und die Schule. In: Dietrich Bode (Hg.): Reclam. 125 Jahre Universal-Bibliothek. 1867–1992. Stuttgart, S. 299–330.

Leskowa 2001 S. Leskowa (2001): Schwarzkopf, Gustav (1853–1939), Schriftsteller. In: Österreichisches Biographisches Lexikon 12, S. 32 f., http://www.biographien.ac.at/oebl/oebl_S/Schwarzkopf_Gustav_1853_1939.xml [25.05.2024].

Leuschner; Luckscheiter 2008 Ulrike Leuschner, Roman Luckscheiter (2008): Flake, Otto. In: Wilhelm Kühlmann (Hg.): Killy Literaturlexikon. Bd. 3. Berlin. 2. vollständig überarbeitete Auflage, S. 466–468.

Links 2009 Christoph Links (2009): Das Schicksal der DDR-Verlage. Die Privatisierung und ihre Konsequenzen. Berlin.

Lobenstein-Reichmann 2017 Anja Lobenstein-Reichmann (2017): Houston Stewart Chamberlain. In: Michael Fahlbusch, Ingo Haar, Alexander Pinwinkler (Hg.): Handbuch der völkischen Wissenschaften. Akteure, Netzwerke, Forschungsprogramme. Berlin, S. 114–119.

Lokatis 1992 Siegfried Lokatis (1992): Hanseatische Verlagsanstalt. Politisches Buchmarketing im „Dritten Reich". Frankfurt am Main.

Lokatis; Sonntag 2011 Siegfried Lokatis, Ingrid Sonntag (Hg.) 2011: 100 Jahre Kiepenheuer Verlage. Berlin.

Lokatis 2011 Siegfried Lokatis (2011): Der Zauberstab des Verlegers. Einleitung. In: Siegfried Lokatis, Ingrid Sonntag (Hg.) 2011: 100 Jahre Kiepenheuer Verlage. Berlin.

Lokatis 2013 Siegfried Lokatis (2013): „Krieg gegen England! Aber wie?" Die buchhändlerische Vermarktung des Zweiten Weltkriegs im Börsenblatt (1939–1940). In: Klaus G. Saur (Hg.): Verlage im „Dritten Reich". Frankfurt am Main, S. 165–188.

Lokatis et al. 2018 Siegfried Lokatis, Sophie Kräusslich, Freya Leinemann (2018): Luchterhand im Dritten Reich. Verlagsgeschichte im Prozess. Stuttgart.

Lorenz 2009 Matthias N. Lorenz (2009): Literatur und Zensur in der Demokratie. Göttingen.

Luhmann 1996 Niklas Luhmann (1996): Soziale Systeme. Grundriß einer allgemeinen Theorie. Frankfurt am Main.

Lulu von Strauß und Torney, Munzinger 2012 N. N. (25.09.2012): Lulu von Strauß und Torney. In: Munzinger Online/Personen. Internationales Biographisches Archiv.

Luserke 2010 Matthias Luserke (2010): Luserke, Martin. In: Wilhelm Kühlmann (Hg.): Killy Literaturlexikon. Bd. 7. Berlin, 2. vollständig überarbeitete Auflage, S. 575.

Malle; Nowotny 2012 Tanja Malle, Marlene Nowotny (12.10.2012): Späte NS-Aufarbeitung, https://sciencev2.orf.at/stories/1706253/index.html [25.05.2024].

Mallmann-Biehler 1978 Marion Mallmann-Biehler (1978): „Das innere Reich". Analyse einer konservativen Kulturzeitschrift im Dritten Reich. Bonn.

Malter 1992 Rudolf Malter (1992): Philosophie in der Universal-Bibliothek und die Kant- und Schopenhauer-Editionen bei Reclam. In: Dietrich Bode (Hg.): Reclam. 125 Jahre Universal-Bibliothek. 1867–1992. Stuttgart, S. 167–179.

Marquardt 1967 Hans Marquardt (Hg.) (1967): 100 Jahre Reclams Universal-Bibliothek. 1867–1967. Beiträge zur Verlagsgeschichte. Leipzig.

Marquardt o. J. Hans Marquardt (o. J.): Reclam und das ‚Klassiker-Jahr' 1867. In: Reclam-Museum, https://www.reclam-museum.de/Themen-von-A-bis-Z/Reclam-und-das-Klassiker-Jahr-1867/ [25.05.2024].

Martens 1972 Erika Martens (1972): Zum Beispiel „Das Reich". Zur Phänomenologie der Presse im totalitären Regime. Köln.

Massin 1999 Benoît Massin (1999): Anthropologie und Humangenetik im Nationalsozialismus oder: Wie schreiben deutsche Wissenschaftler ihre eigene Wissenschaftsgeschichte? In: Heidrun Kaupen-Haas, Christian Saller (Hg.): Wissenschaftlicher Rassismus. Analysen einer Kontinuität in den Human und Naturwissenschaften. Frankfurt am Main, S. 12–64.

Mattl; Schwarz 2006 Siegfried Mattl; Werner Michael Schwarz (2006): Felix Salten. Annäherung an eine Biographie. In: Ders. (Hg.): Felix Salten. Schriftsteller – Journalist – Exilant, Wien, S. 14–73.

Mauersberger 1971 Volker Mauersberger (1971): Rudolf Pechel und die „Deutsche Rundschau". Eine Studie zur konservativ-revolutionären Publizistik in der Weimarer Republik (1918–1933). Bremen.

Meiner 1958 Annemarie Meiner (1958): Reclam. Geschichte eines Verlages. Stuttgart.

Menges 1977 Franz Menges (1977): Kapp, Gottfried. In: Neue Deutsche Biographie 11, S. 136 f., https://www.deutsche-biographie.de/pnd118720805.html#ndbcontent [25.05.2024].

Menges 1982 Franz Menges (1982): Kreutz, Rudolf Jeremias. In: Neue Deutsche Biographie 13, S. 24 f., https://www.deutsche-biographie.de/pnd124813739.html#ndbcontent [25.05.2024].

Messerschmidt 1969 MAnfred Messerschmidt (1969): Die Wehrmacht im NS-Staat. Zeit der Indoktrination. Hamburg.

Meyer 1989 Andreas Meyer (1989*):* Die Verlagsfusion Langen-Müller. Zur Buchmarkt- und Kulturpolitik des Deutschnationalen Handlungsgehilfen-Verbands in der Endphase der Weimarer Republik. Frankfurt am Main.

Mielczarek 2011 Zygmunt Mielczarek (2011): Zweig, Stefan. In: Wilhelm Kühlmann (Hg.): Killy Literaturlexikon. Bd. 12. Berlin. 2. vollständig überarbeitete Auflage, S. 723–726.

Mikota 2011 Jana Mikota (2011): Jüdische Schriftstellerinnen – wieder entdeckt: „Eine Humoristin ist uns gekommen": Alice Berend. In: *Medaon. Magazin für Jüdisches Leben in Forschung und Bildung,* Jg. 5, Nr. 8, S. 1–6, https://www.medaon.de/en/artikel/juedische-schriftstellerinnen-wieder-entdeckt-eine-humoristin-ist-uns-gekommen-alice-berend/ [15.03.2021; nicht mehr online verfügbar (geprüft am 25.05.2024)].

Mix 1998 York-Gothart Mix (1998): Buchwissenschaft in der Postmoderne. Probleme, Prämissen und Perspektiven. In: *Leipziger Jahrbuch zur Buchgeschichte*, 1998, Bd. 8, S. 13–32. Wiesbaden.

Mogge 1987 Winfried Mogge (1987): Luserke, Martin. In: Neue Deutsche Biographie 15, S. 533 f., https://www.deutsche-biographie.de/pnd118575376.html#ndbcontent [25.05.2024].

Mohler 1972 Armin Mohler (1972): Die konservative Revolution in Deutschland 1918–1932. Ein Handbuch. 2. völlig neu bearbeitete und erweiterte Fassung. Darmstadt.

Mohler; Weissmann 2005 Armin Mohler, Karlheinz Weissmann (2005): Die konservative Revolution in Deutschland. 1918–1932. Ein Handbuch, 6. völlig überarbeitete und erweiterte Auflage. Graz.

Monath 1966 Wolfgang Monath (1966): Grimm, Hans. In: Neue Deutsche Biographie 7, S. 83–85, https://www.deutsche-biographie.de/pnd118542249.html#ndbcontent [25.05.2024].

Morat 2007 Daniel Morat (2007): Von der Tat zur Gelassenheit. Konservatives Denken bei Martin Heidegger, Ernst Jünger und Friedrich Georg Jünger. 1920–1960. Göttingen.

Moritz Jahn, Munzinger 1979 N. N. (04.06.1979): Moritz Jahn. In: Munzinger Online/ Personen. Internationales Biographisches Archiv.

Mühle; Scriba 2019 Alexander Mühle, Arnulf Scriba (2019): Edwin Redslob 1884–1973. In: Lebendiges Museum Online, https://www.dhm.de/lemo/biografie/edwin-redslob [25.05.2024].

Müller 2004: Wissenschaft und Markt Helen Müller (2004): Wissenschaft und Markt um 1900. Das Verlagsunternehmen Walter de Gruyters im literarischen Feld der Jahrhundertwende. Tübingen.

Müller 2004: Josef Ponten Richard Matthias Müller (2004): Josef Ponten (1883–1940), Freund Thomas Manns. In: *Thomas Mann Jahrbuch*. Bd. 17, S. 147–161.

Müller-Waldeck 2011 Gunnar Müller-Waldeck (2011): Stoll, Heinrich Alexander. In: Wilhelm Kühlmann (Hg.): Killy Literaturlexikon. Bd. 11. Berlin. 2. vollständig überarbeitete Auflage, S. 296.

Nawrocka 2000 Irene Nawrocka (2000): Verlagssitz: Wien, Stockholm, New York, Amsterdam. Der Bermann-Fischer Verlag im Exil. Ein Abschnitt aus der Geschichte des S. Fischer Verlages. In: *Archiv für Geschichte des Buchwesens*, Bd. 53, S. 1–216.

Neuburger 2012 Andreas Neuburger (Januar 2012): Zur Biographie Alfred Brauchles. In: Findbuch N 1/92 T 1, Nachlass Prof. Dr. Alfred Brauchle, Arzt, Naturheilkundler (1898–1964), https://www2.landesarchiv-bw.de/ofs21/olf/einfueh.php?bestand=22795 [25.05.2024].

Nowara-Matusik 2016 Nina Nowara-Matusik (2016): „da die Tränen der Frauen stark genug sein werden...“. Zum Bild der Frau im Erzählwerk Ina Seidels. Katowice, https://rebus.us.edu.pl/handle/20.500.12128/5708 [25.05.2024].

Oels 2011 David OEls (2011): Von Eulen und Enten. Populäre Sachbücher bei Ullstein. In: Anne Enderlein (Hg.): Ullstein-Chronik. 1903–2011. Berlin, S. 249–268.

Oels 2013 David Oels (2013): Rowohlts Rotationsroutine. Markterfolge und Modernisierung eines Buchverlags vom Ende der Weimarer Republik bis in die fünfziger Jahre. Essen.

Olzog; Hacker 2004 Dagmar Olzog, Johann Hacker (Hg.) (2004): Dokumentation deutschsprachiger Verlage. 15. Auflage, Frankfurt 2004.

Omland 2014 Sabine Omland (2014): NS-Propaganda im Unterricht deutscher Schulen 1933–1943. Die nationalsozialistische Schülerzeitschrift „Hilf mit!“ als Unterrichts- und Propagandainstrument. Längsschnittunterschungen im Erscheinungszeitraum 1933–1943. Herausgabebedingungen, Autorenbiografien und tabellarische Darstellung von Analyseergebnissen. Berlin.

Opitz; Sohns 2006 Kathrin Opitz, Katrin Sohns (Juli 2006): Schwarze Listen. In: Wider den undeutschen Geist!, http://www.buecherverbrennung33.de/schwarzelisten.html [17.05.2021; nicht mehr online verfügbar (geprüft am 25.05.2024)].

Oskar Sonnlechner, Wien Geschichte Wiki o. J. Wiener Stadt- und Landesarchiv, Wienbibliothek im Rathaus (o. J): Oskar Sonnlechner. In: Wien Geschichte Wiki, https://www.geschichtewiki.wien.gv.at/Oskar_Sonnlechner [25.05.2024].

Osterloh 2010 Jörg Osterloh (2010): Die Monopole und ihre Herren. Marxistische Interpretationen. In: Norbert Frei, Tim Schanetzky (Hg.): Unternehmen im Nationalsozialismus. Zur Historisierung einer Forschungskonjunktur. Göttingen, S. 36–47.

Ostwinkel 2017 Brigitte Ostwinkel (2017): Im Dialog mit dem Jenseits: Ein Buch über die Geschichte, Philosophie, Ethik und Didaktik des Spiritualismus und der medialen Kommunikation in der geistigen Welt. Norderstedt.

Pankau 2010 Johannes G. Pankau (2010): Einführung in die Literatur der Neuen Sachlichkeit. Darmstadt.

Pechel 1947 Rudolf Pechel (1947): Deutscher Widerstand. Erlenbach-Zürich.

Pechel 1948 Rudolf Pechel (1948): Zwischen den Zeilen. Der Kampf einer Zeitschrift für Freiheit und Recht. 1932–1942. Aufsätze. Wiesentheid.

Penning 2018 Christoph Penning (2018): Josef Friedrich Perkonig – der zwiespältige Kärntner. In: Rolf Düsterberg (Hg.): Dichter für das „Dritte Reich". Bd. 4. 10 Autorenporträts. Bielefeld, S. 299–329.

Peters 1947 Friedrich Ernst Peters (1947): „Ulenspegel un Jan Dood". Die Gestalt eines Dichters in Niederdeutschland. In: Ders.: Im Dienst der Form. Gesammelte Aufsätze, S. 49–59. Göttingen, zweitveröffentlicht am 15.02.2012, https://publishup.uni-potsdam.de/opus4-ubp/frontdoor/index/index/docId/5613 [25.05.2024].

Pesditschek 2017 Martina Pesditschek (2017): Heinrich Ritter von Srbik. In: Michael Fahlbusch, Ingo Haar, Alexander Pinwinkler (Hg.): Handbuch der völkischen Wissenschaften. Akteure, Netzwerke, Forschungsprogramme. Berlin S. 779–781.

Petzina 1968 Dietmar Petzina (1968): Autarkiepolitik im Dritten Reich. Der nationalsozialistische Vierteljahresplan. München.

Pfefferle; Pfefferle 2014 Roman Pfefferle, Hans Pfefferle (2014): Glimpflich Entnazifiziert. Die Professorenschaft der Universität Wien von 1944 in den Nachkriegsjahren. Schriften des Archivs der Universität Wien. Wien.

Pfister 2013 Eva Pfister (18.03.2013): Gegner aller Konventionen. Vor 200 Jahren kam der norddeutsche Dichter Friedrich Hebbel zur Welt. In: Deutschlandfunk, https://www.deutschlandfunk.de/gegner-aller-konventionen.871.de.html?dram:article_id=240026 [25.05.2024].

Philipp Reclam jun. Verlag GmbH o. J. Philipp Reclam jun. Verlag GmbH (o. J.): Wir über uns, https://www.reclam.de/info_pool/wir_ueber_uns [25.05.2024].

Pierenkemper 2000 Toni Pierenkemper (2000): Unternehmensgeschichte. Eine Einführung in ihre Methoden und Ergebnisse. Stuttgart.

Pierenkemper 2011 Toni Pierenkemper (2011): Unternehmensgeschichte. Stuttgart.

Pürer; Raabe 2007 Heinz Pürer, Johannes Raabe (2007): Presse in Deutschland. 3. Auflage. Konstanz.

Putna 2006 Martin C. Putna (2006): Was Böhmerwalddeutsche sind, wo Böhmerwalddeutsche sind. In: Walter Koschmal, Václav Maidl (Hg.): Hans Watzlik – eine Nazidichter? Wuppertal, S. 219–237.

Raab 2007 Harald Raab (27.01.2007): Der Heimatdichter, der seine Heimat verrät. Über Hans Watzlik als ‚Nazidichter' liegen jetzt literaturhistorische Untersuchen vor. In: *Mittelbayerische Zeitung*, https://www.mittelbayerische.de/kultur/buecher/buchbesprechungen/der-heimatdichter-der-seine-heimat-verraet-21860-art11270.html; [09.02.2019; nicht mehr online verfügbar (geprüft am 25.05.2024)].

Raabe 1992 Paul Raabe (1992): Die Autoren und Bücher des Expressionismus. Ein bibliographisches Handbuch. Stuttgart. 2. verbesserte und um Ergänzungen und Nachträge 1985–1990 erweiterte Auflage.

Rathkolb 1991 Oliver Rathkolb (1991): Führertreu und gottbegnadet. Künstlereliten im Dritten Reich. Wien.

Rautenberg 2003 Ursula Rautenberg (Hg.) (2003): Reclams Sachlexikon des Buches. 2. Auflage. Stuttgart.

Rduch 2009 Robert Rduch (2009): ... für uns führen eben alle Wege nach Schlesien. Arnold Ulitz als schlesischer Autor. In: Edward Białek, Paweł Zimniak (Hg.): Silesia in litteris servata. Paradigmen der Erinnerung in Texten schlesischer Autoren nach 1945. Bd. 1. Dresden, S. 55–66.

Rebenich 2013 Stefan Rebenich (2013): C. H. Beck 1763–2013. Der kulturwissenschaftliche Verlag und seine Geschichte. München.

Reclam Verlag Stuttgart 1953 Reclam Verlag Stuttgart (Hg.) (1953): Begegnung mit 125 Jahren Reclam. Zum 1. Oktober 1953 den Freunden des Verlages gewidmet. Stuttgart.

Reclam Verlag Stuttgart 1967 Reclam Verlag Stuttgart (Hg.) (1967): Reclam. 100 Jahre Universal-Bibliothek. Ein Almanach. Stuttgart.

Reifenberg 1969 Benno Reifenberg (1969): Heilborn, Ernst. In: Neue Deutsche Biographie 8, S. 257 f., https://www.deutsche-biographie.de/pnd119158965.html#ndbcontent [25.05.2024].

Reinsch o. J. Melanie Reinsch (o. J.): „Schwarze Liste" von Dr. Wolfgang Herrmann, 16. Mai 1933. In: Berlin.de. Das offizielle Hauptstadtportal, https://www.berlin.de/geschichte/nationalsozialismus/verbannte-buecher/8517232-8516821-schwarze-liste-von-dr-wolfgang-herrmann-.html; [25.05.2024].

Renner 1986 Gerhard Renner (1986): Österreichische Schriftsteller und der Nationalsozialismus (1933–1940). Der „Bund der deutschen Schriftsteller Österreichs" und der Aufbau der Reichsschrifttumskammer in der „Ostmark". Frankfurt am Main.

Richard Benz, Munzinger 1973 N. N. (13.02.1967): Richard Benz. In: Munzinger Online/Personen. Internationales Biographisches Archiv.

Rösler 2017 Wolfgang Rösler (2017): Werner Jaeger und der Nationalsozialismus. In: Colin G. King; Roberto Lo Presti (Hg.): Werner Jaeger – Wissenschaft, Bildung, Politik. Berlin, Boston, S. 51–82.

Rössler 2010 Patrick Rössler (2010): „Wir zerstreuten uns zu Tode". Formen und Funktionen der Medialisierung des Politischen in illustrierten Zeitschriften der NS-Zeit. In: Klaus Arnold, Christoph Classen, Susanne Kinnebrock, Edgar Lersch, Hans-Ulrich Wagner (Hg.):

Von der Politisierung der Medien zur Medialisierung des Politischen? Zum Verhältnis von Medien, Öffentlichkeiten und Politik im 20. Jahrhundert. Leipzig, S. 183–239.

Rössler; Pohl 2010 Patrick Rössler, Sebastian Pohl (2010): Wie gleichgeschaltet war die Tagespresse? Eine Fallstudie zur Themenvielfalt in Thüringer Zeitungen 1936–1938. In: Carsten Reinemann, Rudolf Stöber (Hg.): Wer die Vergangenheit kennt, hat eine Zukunft. Festschrift für Jürgen Wilke. Köln, S. 162–192.

Rössler 2014 Patrick Rössler (2014): Vielfalt in der Gleichschaltung? Beobachtungen zu einem nur scheinbaren Widerspruch in der NS-Medienpolitik. In: Karin Peter, Gabriele Bartelt-Kircher, Anita Schröder (Hg.): Zeitungen und andere Drucksachen. Die Bestände des Dortmunder Instituts für Zeitungsforschung als Quelle und Gegenstand der Forschung. Essen, S. 301–309.

Rössler 2017 Patrick Rössler (2017): Inhaltsanalyse. 3., völlig überarbeitete Auflage. Konstanz, München.

Rother 2009 Karin Rother (2009): Hausmann, Manfred. In: Wilhelm Kühlmann (Hg.): Killy Literaturlexikon. Bd. 5. Berlin. 2. vollständig überarbeitete Auflage, S. 94 f.

Röttig 2004 Sabine Röttig (2004): „Bleiben Sie wie bisher getrost in Dichters Landen und nähren Sie sich redlich“. Der Gustav Kiepenheuer Verlag 1933–1949. In: *Archiv für Geschichte des Buchwesens*, Bd. 58, S. 1–139.

Röttig 2011 Sabine Röttig (2011): „Wir haben wahrhaftig keinen Überfluß mehr an Verlegern, die das Recht haben, [sich] Verleger zu nennen.“ Kiepenheuer zwischen 1933 und 1944. In: Siegfried Lokatis, Ingrid Sonntag (Hg.): 100 Jahre Kiepenheuer-Verlage. Berlin, S. 116–123.

Rogge 2015 Jana Rogge (2015): Ludwig Finckh – der rassistische Ahnenforscher. In: Rolf Düsterberg (Hg.): Dichter und das „Dritte Reich“. Biografische Studien zum Verhältnis von Literatur und Ideologie. Bd. 3. 9 Autorenporträts und eine Skizze über das Deutsche Kulturwerk Europäischen Geistes. Bielefeld, S. 79–104.

Roloff 2004 Stefan Roloff (2004): Die Rote Kapelle. Die Widerstandsgruppe im Dritten Reich und die Geschichte Helmut Roloffs. München.

Roth 1996 Elisabeth Roth (1996): Kalvarienberg. II. Kunstgeschichtlich. In: Walter Kasper (Hg.): Lexikon für Theologie und Kirche. 3. Auflage. Bd. 5. Freiburg im Breisgau.

Ruppelt 1991 Georg Ruppelt (1991): Gotthold Müller. Verleger in schweren Zeiten. In: *Aus dem Antiquariat*, Beilage zum Börsenblatt für den deutschen Buchhandel vom 28.03.1991, Nr. 25, S. 98–101.

Ruppelt 1992 Georg Ruppelt (1992): Die Universal-Bibliothek im „Dritten Reich“. Zwischen Anpassung und Abstand. In: Dietrich Bode (Hg.): Reclam. 125 Jahre Universal-Bibliothek. 1867–1992. Stuttgart, S. 331–357.

Sachslehner 2009a Johannes Sachslehner (2009): Hohlbaum, Robert. In: Wilhelm Kühlmann (Hg.): Killy Literaturlexikon. Bd. 5. Berlin. 2. vollständig überarbeitete Auflage, S. 549 f.

Sachslehner 2009b Johannes Sachslehner (2009): Jelusich, Mirko. In: Wilhelm Kühlmann (Hg.): Killy Literaturlexikon. Bd. 6. Berlin. 2. vollständig überarbeitete Auflage, S. 132 f.

Sachslehner; Gess 2011 Johannes Sachslehner, Nicola Gess (2011): Wassermann, Jakob. In: Wilhelm Kühlmann (Hg.): Killy Literaturlexikon. Bd. 12. Berlin. 2. vollständig überarbeitete Auflage, S. 153–156.

Sarkowicz 2011 Hans Sarkowicz (2011): Scholz, Wilhelm von. In: Wilhelm Kühlmann (Hg.): Killy Literaturlexikon. Bd. 10. Berlin. 2. vollständig überarbeitete Auflage, S. 550 f.

Sarkowski 1999 Heinz Sarkowski (1999): Die Geschichte des Verlags 1899–1964. In: Siegfried Unseld (Hg.): Der Insel-Verlag 1899–1999. Frankfurt am Main, S. 3–499.

Saur 2013 Klaus G. Saur (Hg.) (2013): Verlage im „Dritten Reich". Frankfurt am Main.

Schaper 2018 André Schaper (2018): Herbert Böhme – der Dichter der „preußischen Ostmark". In: Rolf Düsterberg (Hg.): Dichter für das „Dritte Reich". Bd. 4. 10 Autorenporträts. Bielefeld, S. 83–113.

Schloßberger 2002 Matthias Schlossberger (18.09.2002): Ernst Jünger und die „Konservative Revolution". Überlegungen aus Anlaß der Edition seiner politischen Schriften. Rezension zu Berggötz, Sven Olaf (Hg.): Ernst Jünger. Politische Publizistik 1919 bis 1933. Stuttgart. In: IASLonline. Rezensionen, https://www.iaslonline.lmu.de/index.php?vorgang_id=2382 [25.05.2024].

Schmahl 2012 Karolin Schmahl (2012): Ein gelungener Schachzug. Die Umschuldung des Reclam Verlages unter Gotthold Müller. In: Carmen Laux, Patricia F. Zeckert (Hg.): Flachware. Fußnoten der Leipziger Buchwissenschaft. Leipzig, S. 15–24.

Schmahl 2013a Karolin Schmahl (2013): „… für das deutsche Ansehen als schädigend zu erachten". Die Programmpolitik des Reclam Verlages zu Beginn der nationalsozialistischen Diktatur. In: Klaus G. Saur (Hg.): Verlage im „Dritten Reich". Frankfurt am Main, S. 17–38.

Schmahl 2013b Karolin Schmahl (2013): Wie Phönix aus der Asche. Vom Kampf des Reclam Verlages gegen Zerstörung und Untergang. In: Klaus G. Saur (Hg.): Verlage im „Dritten Reich". Frankfurt am Main, S. 211–232.

Schmahl 2016 Karolin Schmahl (2016): Kontinuitäten im Neubeginn. Der Reclam Verlag zwischen Kapitulation und Lizenzierung unter der Leitung von Ernst Reclam und Gotthold Müller. In: Ingrid Sonntag (Hg.): An den Grenzen des Möglichen. Reclam Leipzig 1945–1991. Leipzig, S. 30–39.

Schmitt o. J. Werner Schmitt (o. J.): Eugen Roth. In: Lyrik-Lesezeichen, http://www.lyrik-lesezeichen.de/gedichte/eugen_roth.php [25.05.2024].

Schmitz-Berning 2007 Cornelia Schmitz-Berning (2007): Vokabular des Nationalsozialismus. Berlin.

Schnabel 1997 Gudrun Schnabel (1997): Gerhard Fricke. Karriereverlauf eines Literaturwissenschaftlers nach 1945. In: Petra Boden, Rainer Rosenberg (Hg.): Deutsche Literaturwissenschaft 1945–1965. Fallstudien zu Institutionen, Diskursen, Personen. Berlin. S. 61–84.

Schneider 2004 Tobias Schneider (2004): Bestseller im Dritten Reich. Ermittlung und Analyse der meistverkauften Romane in Deutschland 1933–1944. In: *Vierteljahreshefte* *für Zeitgeschichte*, Jg. 52, Nr. 1. München; Berlin, S. 77–97, https://www.ifz-muenchen.de/heftarchiv/2004_1.pdf [25.05.2024].

Schneider 2007 UTE SCHNEIDER (2007): Buchkäufer und Leserschaft. In: Ernst Fischer, Stephan Füssel (Hg.): Geschichte des deutschen Buchhandels im 19. und 20. Jahrhundert. Bd. 2. Die Weimarer Republik 1918–1933, Teil 1. München, S. 149–196.

Schnell; Hill; Esser 2008 RAINER SCHNELL, PAUL B. HILL, ELKE ESSER (2008): Methoden der empirischen Sozialforschung. 8. Unveränderte Auflage. München.

Schoeps 2000 KARL-HEINZ JOACHIM SCHOEPS (2000): Literatur im Dritten Reich (1933–1945). 2. Auflage. Berlin.

Schramm 1963 PERCY ERNST SCHRAMM (Hg.) (1963.): Dr. Henry Picker. Hitlers Tischgespräche im Führerhauptquartier 1941–42. Stuttgart.

Schütz 2019 ERHARD SCHÜTZ (2019): Mediendiktatur Nationalsozialismus. Heidelberg.

Schultz 1969 UWE SCHULTZ (1969): Hauser, Heinrich. In: Neue Deutsche Biographie 8, S. 117 f., https://www.deutsche-biographie.de/pnd118547046.html#ndbcontent [25.05.2024].

Schulz 1960 HANS FERDINAND SCHULZ (1960): Das Schicksal der Bücher und der Buchhandel. System einer Vertriebskunde des Buches. 2. Auflage. Berlin.

Schulz 1972 ECKHARD SCHULZ (1972): Huch, Rudolf. In: Neue Deutsche Biographie 9, S. 708 f., https://www.deutsche-biographie.de/pnd117035564.html#ndbcontent [25.05.2024].

Schulz 2010 ULRIKE SCHULZ (22.02.2010): Tagungsbericht zu Unternehmen im Nationalsozialismus. Zur Historisierung einer Forschungskonjunktur. In: H-Soz-Kult. Kommunikation und Fachinformation für die Geschichtswissenschaften, https://www.hsozkult.de/conferencereport/id/tagungsberichte-3005 [25.05.2024].

Schulze 1989 HAGEN SCHULZE (1989): Weimar. Deutschland 1917–1933. 3. Auflage. Berlin.

Schwarz 1972 FALK SCHWARZ (1972): Literarisches Zeitgespräch im Dritten Reich, dargestellt an der Zeitschrift „Neue Rundschau". Frankfurt am Main.

Scriba 2015 ARNULF SCRIBA (15.05.2015): NS-Literatur. In: Lebendiges Museum Online, https://www.dhm.de/lemo/kapitel/ns-regime/kunst-und-kultur/ns-literatur.html [25.05.2024].

Seidler 1980 HERBERT SEIDLER (1980): Kolbenheyer, Erwin Guido. In: Neue Deutsche Biographie 12, S. 453–455, https://www.deutsche-biographie.de/pnd118564803.html#ndbcontent [25.05.2024].

Seifert 2007 OTTO SEIFERT (2007): Aspekte des geistigen Klimas für die „Arisierung" und die Folgen für die Buchstadt Leipzig. In: Monika Gibas (Hg.): Arisierung in Leipzig. Annäherung an ein lang verdrängtes Kapitel der Stadtgeschichte der Jahre 1933 bis 1945. Leipzig, S. 72–91.

Selig 2009 Wolfram Selig (2009): Cossmann, Paul Nikolaus. In: Wolfgang Benz (Hg.): Handbuch des Antisemitismus. Judenfeindschaft in Geschichte und Gegenwart. Bd. 2/1 Personen A–K. Berlin, S. 149 f.

Sienerth 1994 Stefan Sienerth (1994): Meschendörfer, Adolf. In: Neue Deutsche Biographie 17, S. 206 f., https://www.deutsche-biographie.de/pnd118831569.html#ndbcontent [25.05.2024].

Skopec 2001 Manfred Skopec (2001): Prießnitz, Vincenz. In: Neue Deutsche Biographie 20, S. 720, https://www.deutsche-biographie.de/pnd118741896.html#ndbcontent [25.05.2024].

Sonntag 2016 Ingrid Sonntag (Hg.): An den Grenzen des Möglichen. Reclam Leipzig 1945–1991. Berlin.

Sonntag; Laux 2016 Ingrid Sonntag, Carmen Laux (2016): Ein Name, zwei Verlage. In: Ingrid Sonntag (Hg.): An den Grenzen des Möglichen. Reclam Leipzig 1945–1991. Berlin, S. 52–72.

Sprecher; Wimmer 2004 Thomas Sprecher, Ruprecht Wimmer (Hg.) (2004): *Thomas Mann Jahrbuch*, Bd. 17.

Staehr 1986 Christian Staehr (1986): Spurensuche. Ein Wissenschaftsverlag im Spiegel seiner Zeitschriften. 1886–1986. Stuttgart.

Stark 2000 Roland Stark (2000): „Junge Deutsche". Eine Reihe des Reclam Verlags. In: *Aus dem Antiquariat*, Beilage zum Börsenblatt für den deutschen Buchhandel vom 29.08.2000, Nr. 69, S. A490–A500.

Steeger 2018 Carina Steeger (2018): Gertrud Fussenegger – Autorin im Widerspruch? In: Rolf Düsterberg (Hg.): Dichter für das „Dritte Reich". Bd. 4. 10 Autorenporträts. Bielefeld, S. 185–212.

Stefan Andres, Munzinger 1970 N. N. (12.10.1970): Stefan Andres. In: Munzinger Online/Personen. Internationales Biographisches Archiv.

Steinbach; Adam 1998 Peter Steinbach, Ursula Adam (Hg.) (1998): Lexikon des Widerstandes 1933–1945. 2. Auflage. München.

Steiner 1997 Uwe C. Steiner (1997): Müller-Einigen, Hans. In: Neue Deutsche Biographie 18, S. 492–494, https://www.deutsche-biographie.de/pnd119054329.html#ndbcontent [25.05.2024].

Stenzel 1997 Burkhard Stenzel (1997): „Buch und Schwert". Die „Woche des deutschen Buches" in Weimar (1934–1942). Anmerkungen zur NS-Literaturpolitik. In: Ders., Ursula Härtl, Justus H. Ulbricht (Hg.): Hier, hier ist Deutschland … Von nationalen Kulturkonzepten zur nationalsozialistischen Kulturpolitik. Göttingen.

Stiehler 2020 Hans-Jörg Stiehler (2020): Möglichkeiten einer Rezeptionsforschung in historischer Perspektive. In: Thomas Birkner, Patrick Merziger, Christian Schwarzenegger (Hg.): Historische Medienwirkungsforschung. Ansätze, Methoden, Quellen. Köln, S. 80–110.

Stolarczyk 2001 Anna Stolarczyk (2001): Ruth Schaumann – Erste Annäherungen. In: *Studia Germanica Posnaniensia*, Bd. 27, S. 143–153. Poznan.

Strallhofer-Mitterbauer 1994 Helga Strallhofer-Mitterbauer (1994): NS-Literaturpreise für österreichische Autoren. Eine Dokumentation. Wien.

Streller 1986 Siegfried Streller (1986): Einleitung. In: Heinrich von Kleist: Heinrich von Kleist. Werke und Briefe in vier Bänden. Bd. 1. Dramen 1. Frankfurt am Main, S. 5–96.

Strohmeyer 1999 Arn Strohmeyer (1999): Der Mitläufer. Manfred Hausmann und der Nationalsozialismus. Bremen.

Strothmann 1985 Dietrich Strothmann (1985): Nationalsozialistische Literaturpolitik. Ein Beitrag zur Publizistik im Dritten Reich. 4. Auflage. Bonn.

Weber 2018 Mirko Weber: Buchweltgeschichte auf 50 Quadratmetern. Reclam in Leipzig kommt ins Museum. In: *Stuttgarter Zeitung* vom 01.11.2018, https://www.stuttgarter-zeitung.de/inhalt.reclam-in-leipzig-kommt-ins-museum-buchweltgeschichte-auf-50-quadratmeterne.011de8ec-793f-4809-b7a9-91dd205febd7.html [25.05.2024].

Tabaczek 2003 Martin Tabaczek (2003): Kulturelle Kommerzialisierung. Studien zur Geschichte des Verlages Velhagen & Klasing 1835–1870. Frankfurt am Main.

Taschwer 2016 Klaus Taschwer (2016): Geheimsache Bärenhöhle. Wie eine antisemitische Professorenclique nach 1918 an der Universität Wien jüdische Forscherinnen und Forscher vertrieb. In: Regina Fritz, Grzegorz Rossolinski-Liebe, Jana Starek (Hg.): Alma Mater Antisemitica. Akademisches Milieu, Juden und Antisemitismus an den Universitäten Europas zwischen 1918 und 1939. Wien, S. 221–242.

Tavernaro 2004 Thomas Tavernaro (2004): Der Verlag Hitlers und der NSDAP. Die Franz-Eher-Nachfolger-GmbH. Wien.

Thomas 2002 Piet Thomas (2002): Streuvels en zijn biografen. Tielt.

Tilitzki 2002 Christian Tilitzki (2002): Die deutsche Universitätsphilosophie in der Weimarer Republik und im Dritten Reich. Berlin.

Träger 1967 Claus Träger (1967): Bevorwortetes Erbe – bevormundete Nachwelt? Deutsche Literatur des 18. und 19. Jahrhunderts in Reclams Universal-Bibliothek. In: Hans Marquardt (Hg.): 100 Jahre Reclams Universal-Bibliothek. 1867–1967. Beiträge zur Verlagsgeschichte. Leipzig, S. 101–166.

Triebel 2001 Florian Triebel (2001): Der Eugen Diederichs Verlag 1930–1949. Ein Unternehmen zwischen Kultur und Kalkül. München, http://nbn-resolving.de/urn:nbn:de:bsz:352-opus-11233 [25.05.2024].

Triebel; Seidl 2001 Florian Triebel, Jürgen Seidl (2001): Ein Analyserahmen für das Fach Unternehmensgeschichte. In: *Zeitschrift für Unternehmensgeschichte*, Jg. 46, Nr. 1, S. 11–26.

Triebel 2004 Florian Triebel (2004): Der Eugen Diederichs Verlag 1930–1949. Ein Unternehmen zwischen Kultur und Kalkül. München.

Triebel o.J. Florian Triebel (o.J.): Theoretische Überlegungen zur Verlagsgeschichte. In: IASLonline. Diskussionsforen. Geschichtsschreibung des Buchhandels, http://www.iasl.uni-muenchen.de/discuss/lisforen/Triebel_Theorie.pdf [25.05.2024].

Trinckauf o. J. Korinna Trinckauf (o. J.): Nicht nur Festschrift – Methodische Überlegungen zur wissenschaftlichen Verlagsgeschichtsschreibung. In: IASLonline. Diskussionsforen. Geschichtsschreibung des Buchhandels, http://www.iasl.uni-muenchen.de/discuss/lisforen/Trinckauf_Verlagsgeschichtsschreibung.pdf [25.05.2024].

Umlauff 1978 Ernst Umlauff (1978): Der Wiederaufbau des Buchhandels. Beiträge zur Geschichte des Büchermarktes in Westdeutschland nach 1945. Frankfurt am Main.

Wallrath-Janssen 2007 Anne-Margret Wallrath-Janssen (2007): Der Verlag H. Goverts im Dritten Reich. München.

Weber o. J. Christiane Weber (o. J.): Rheinwiesenlager. Kriegsgefangenschaft in den Rheinwiesenlagern (1945–1948), http://rheinwiesen-lager.de/ [25.05.2024].

Weidermann 2008 Volker Weidermann (2008): Das Buch der verbrannten Bücher. Köln.

Weiss 2009 Lennart Weiss (2009): In Wien kann man zwar nicht leben, aber anderswo kann man nicht l e b e n. Kontinuität und Veränderung bei Raoul Auernheimer. Uppsala.

Weissweiler 1999 Eva Weissweiler (1999): Ausgemerzt! Das Lexikon der Juden in der Musik und seine mörderischen Folgen. Köln.

Weiß 2002 Hermann Weiss (2002) (Hg.): Biographisches Lexikon zum Dritten Reich. Fischer, Frankfurt am Main.

Weiß 2012 Volker Weiss (2012): Moderne Antimoderne. Arthur Moeller van den Bruck und der Wandel des Konservatismus. Paderborn.

Welzbacher 2009 Christian Welzbacher (2009): Edwin Redslob. Biografie eines unverbesserlichen Idealisten. Berlin.

Wesolowski 2010 Tilmann Wesolowski (2010): Verleger und Verlagspolitik. Der Wissenschaftsverlag R. Oldenbourg zwischen Kaiserreich und Nationalsozialismus. München.

Weyrer 2008 Ursula Weyrer (2008): Braun, Felix. In: Wilhelm Kühlmann (Hg.): Killy Literaturlexikon. Bd. 2. Berlin. 2. vollständig überarbeitete Auflage, S. 136 f.

Wiede 2003 Wiebke Wiede (13.03.2003): Rezension zu: S. Friedländer u. a. (Hgg.): Bertelsmann. In: H-Soz-Kult. Kommunikation und Fachinformation für die Geschichtswissenschaften, www.hsozkult.de/publicationreview/id/reb-4031 [25.05.2024].

Wilke 2004 Jürgen Wilke (2004): Presse im Dritten Reich. In: Ders., Elisabeth Noelle-Neumann, Winfried Schulz (Hg.): Das Fischer-Lexikon Publizistik, Massenkommunikation. 3. Auflage. Frankfurt am Main, S. 482–492.

Winkler 1993 Heinrich August Winkler (1993): Weimar 1918–1933. Die Geschichte der ersten deutschen Demokratie. München.

Winter 2012 Ralph Winter (2012): Generation als Strategie. Zwei Autorengruppen im literarischen Feld der 1920er Jahre. Ein deutsch-französischer Vergleich. Göttingen.

Wippermann 2011 Wolfgang Wippermann (2011): Eule und Hakenkreuz. Ullstein und Deutscher Verlag im „Dritten Reich“1933 bis 1945. In: Anne Enderlein (Hg.): Ullstein-Chronik. 1903–2011. Berlin, S. 198–219.

Wittmann 1999 Reinhard Wittmann (1999): Geschichte des deutschen Buchhandels. 2. Auflage. München.

Wittmann 2005 Reinhard Wittmann (2005): Der Carl-Hanser-Verlag 1928–2003. Eine Verlagsgeschichte. München; Wien.

Wittmann 2015 Reinhard Wittmann (2015): Verlagsbuchhandel. In: Ders., Ernst Fischer (Hg.): Geschichte des deutschen Buchhandels im 19. und 20. Jahrhundert. Bd. 3. Drittes Reich. Teil 1. Berlin, S. 295–379.

Wolf 2003 Yvonne Wolf (2003): Frank Thiess und der Nationalsozialismus. Ein konservativer Revolutionär als Dissident. Tübingen.

Wulf 1964 Joseph Wulf (1964): Presse und Funk im Dritten Reich. Eine Dokumentation. Gütersloh.

Wulf 1989 Joseph Wulf (1989): Literatur und Dichtung im Dritten Reich. Eine Dokumentation. Frankfurt am Main.

Zimmermann 2007 Clemens Zimmermann (2007): Medien im Nationalsozialismus. Deutschland, Italien und Spanien in den 1930er und 1940er Jahren. Wien, Köln, Weimar.

Zimmermann 2012 Hans Dieter Zimmermann (2012): „Innere Emigration“. Ein historischer Begriff und seine Problematik. In: Frank-Lothar Kroll; Rüdiger von Voss (Hg.): Schriftsteller und Widerstand. Facetten und Probleme der „Inneren Emigration“. Göttingen, S. 45–61.

Zeller 1983 Bernhard Zeller (1983) (Ausstellung und Katalog): Klassiker in finsteren Zeiten 1933–1945. Eine Ausstellung des Deutschen Literaturarchivs im Schiller Nationalmuseum Marbach am Neckar. Bd. 1. Stuttgart.

Ziegler 2004 Edda Ziegler (2004): 100 Jahre Piper. Die Geschichte eines Verlags. München.

Graue Literatur

Laux 2010b Carmen laux (2010): Philipp Reclam jun. Leipzig. „Eine Prestigefrage des Leipziger Buchhandels“. Die Entwicklungen des Verlages in den Jahren 1945–1953. Magisterarbeit an der Universität Leipzig, Institut für Kommunikations- und Medienwissenschaft.

Lokatis o. J. Siegfried Lokatis (o. J.): Der nationalsozialistische Massenbuchmarkt. Absatzstrategien und Konzernpolitik von NS-Verlagen. (Typoskript, zur Verfügung gestellt vom Autor im Dezember 2017).

Müller 1974 Gotthold Müller (03.07.1974): Luftkrieg und Konspiration, 8-seitiges Typoskript. In: DNB, DBSM, HA/BV 1: Müller, Gotthold.

Müller 1975 Gotthold Müller (August 1975): Die Sanierung des Hauses Reclam 1937, 11-seitiges Typoskript. In: RAL, Ordner 15.

Müller 1976a Gotthold Müller (05.05.1976): Reclam und Bibliographisches Institut, 5-seitiges Typoskript. In: DNB, DBSM, HA/BV 1: Müller, Gotthold.

Müller 1976b Gotthold Müller (28.06.1976): In Leipzig unter russischer Besatzung, 9-seitiges Typoskript. In: DNB, DBSM, HA/BV 1: Müller, Gotthold.

Müller 1977 Gotthold Müller (April 1977): Die Lizenzierung Reclams durch die russische Militärverwaltung in Karlshorst, 7-seitiges Typoskript. In: RAS, Mappe Gotthold Müller. Teilabdruck unter dem Titel: Die Lizenzierung der ersten Verlage in der russisch besetzten Zone. In: Siegfried Lokatis; Ingrid Sonntag (Hg.) (2011): 100 Jahre Kiepenheuer-Verlage. Berlin, S. 152–155.

Müller 1978 Gotthold Müller (Juni 1978): Die Gründung der Firma Reclam & Cie. Zürich. Ein verborgenes Kapitel der Verlags- und Zeitgeschichte, 8-seitiges Typoskript. In: RAS, Mappe Gotthold Müller.

Müller 1979 Gotthold Müller (Mai 1979): Als der heiße Draht über mich laufen sollte. Ein Stück Zeitgeschichte und ein Beitrag zur Geschichte des Hauses Reclam, 2-seitiges Typoskript. In: RAS, Mappe Gotthold Müller.

Müller 1974/1979a Gotthold Müller (vermutlich zwischen 1975 und 1979): Meine Stockholmer Mission, 5-seitiges Typoskript. In: RAS, Mappe Gotthold Müller.

Müller 1974/1979b Gotthold Müller (vermutlich zwischen 1975 und 1979): Nach der Kapitulation 1945 in Leipzig und Rückblicke aus der amerikanischen Gefangenschaft in Kreuznach, 17-seitiges Typoskript. In: RAS, Mappe Gotthold Müller.

Müller 1974/1979c Gotthold Müller (vermutlich zwischen 1975 und 1979): Verleger im Dritten Reich … (eine Glosse), 3-seitiges Typoskript. In: DNB, DBSM, HA/BV 1: Müller, Gotthold.

Münch 2000 Farina Münch (2000): Der Leipziger Verlag Philipp Reclam jun. zwischen Opposition und Opportunismus im Nationalsozialismus, unveröffentlichte Seminararbeit zum Seminar „Leipziger Verlage im Dritten Reich und in der DDR“ an der Universität Leipzig, Institut für Kommunikation und Medienwissenschaft, Sommersemester 2000.

Anhang

Anhang 1:
Kategoriensystem der Datenerhebung

Die Tabelle gibt einen Überblick über die erhobenen Kategorien, deren Ausprägungen, die formale Struktur der Daten sowie die verwendeten Datengrundlagen.

Kategorie	Erhebung	Normalisierung	Ausprägung	Datengrundlage
Typ	intellektuell	codiert	Almanach | Brehms Tierleben | Deutsche Literatur | Große Illustrierte Reihe | Helios Klassiker | Helios-Bücherei | Illustrierte Werke | Junge Deutsche | Klassiker | Kleine Illustrierte Reihe | Kurzweil-Büchel | Moderne Romane | Neue Klassiker-Ausgaben | Reclams Automaten-Bücher | Reclams Roman-Reihe | Romane | RRB | UB	numerischer Bestellkatalog der gehefteten UB-Bände vom September 1943. In: RAS, Mappe Bestellkataloge; Liste 1933–1945 erschienener Verlagswerke. In: RAL, Ordner 9; Auflagenbücher im RAS; Recherche im Online-Katalog der DNB; Datenabzug SLUB-Katalog zur UB.
Cluster Typ	automatisch mittels Datenprocessing	codiert	UB = Universal-Bibliothek | VW = Verlagswerk	/
Erscheinungsjahr	intellektuell	numerisch	/	numerischer Bestellkatalog der gehefteten UB-Bände vom September 1943. In: RAS, Mappe Bestellkataloge; Liste 1933–1945 erschienener Verlagswerke. In: RAL, Ordner 9; Auflagenbücher im RAS; Recherche im Online-Katalog der DNB; Datenabzug SLUB-Katalog zur UB.
Publikationszeitraum	automatisch mittels Datenprocessing	codiert	1867–1917 | 1918–1932 | 1933–1939 | 1940–1945	/

Anhang 1 Kategoriensystem *Fortsetzung*

<table>
<tr><th>Kategorie</th><th>Erhebung</th><th>Normalisierung</th><th>Ausprägung</th><th>Datengrundlage</th></tr>
<tr><td>Nummer UB</td><td>intellektuell</td><td>numerisch</td><td>/</td><td>numerischer Bestellkatalog der gehefteten UB-Bände vom September 1943. In: RAS, Mappe Bestellkataloge; Auflagenbücher im RAS; Recherche im Online-Katalog der DNB; Datenabzug SLUB-Katalog zur UB.</td></tr>
<tr><td>Rubrik</td><td>intellektuell</td><td>codiert</td><td>E = Erzählungen, Novellen, Märchen, Skizzen | R = Romane | G = Gedichte, größere Dichtungen, | D = Dramatische Werke | Kl = griechische und römische Klassiker | H = Humoresken und Satiren | Äl = Ältere deutsche und altnordische Literatur | A = Aphorismen, Sprüche | Or = Orientalische Literatur | Almanache | B = Biografien | Gs = Gesetzesausgaben | Hb = Praktische Handbücher, Spiele, Sport | Hi = Historische und kulturgeschichtliche Werke | Hy = Gesundheitslehre, Heilkunde | Li = Literaturwissenschaft | MT = Musik- und Theaterliteratur | Na = Naturwissenschaften | O = Operntexte | Pä = Pädagogik | Ph = Philosophie | Rg = Religiöse Literatur, Religionswissenschaft | St = Staats- und Sozialwissenschaft, Volkswirtschaft | Wt = Wörterbücher, Lexika | Schülerkalender</td><td>numerischer Bestellkatalog der gehefteten UB-Bände vom September 1943. In: RAS, Mappe Bestellkataloge; intellektuelle Ergänzung für VW und im Katalog gestrichene Titel</td></tr>
<tr><td>Cluster Rubrik</td><td>automatisch mittels Datenprocessing</td><td>codiert</td><td>Belletristik | Sachbuch</td><td>/</td></tr>
<tr><td>Titel</td><td>intellektuell</td><td>Freitext</td><td>/</td><td>numerischer Bestellkatalog der gehefteten UB-Bände vom September 1943. In: RAS, Mappe Bestellkataloge; Liste 1933 – 1945 erschienener Verlagswerke. In: RAL, Ordner 9; Auflagenbücher im RAS; Recherche im Online-Katalog der DNB; Datenabzug SLUB-Katalog zur UB.</td></tr>
</table>

Anhang 1 Kategoriensystem *Fortsetzung*

<table>
<tr><th>Kategorie</th><th>Erhebung</th><th>Normalisierung</th><th>Ausprägung</th><th>Datengrundlage</th></tr>
<tr><td>Thema</td><td>intellektuell</td><td>codiert</td><td>‚Anschluss' Österreich / Sudetenland | Astronomie | Bauerntum und Heimat | ‚Hitler-Gesetze' | Historisch | Humor | instrumentalisierte Kulturgeschichte | instrumentalisierte Literaturwissenschaft | instrumentalisierte Lyrik | instrumentalisiertes Drama | Kolonialismus | Krieg | Kulturgeschichte | Märchen | Naturheilkunde | NS-Konjunktur | Privatsphären | ‚Rassenlehre' | Ratgeber | Schifffahrt; Reisen; Fliegen | Sport | Völkische Stimmen aus Österreich | Wirtschaftslehre</td><td>eigene Recherche</td></tr>
<tr><td>Feldposttyp</td><td>intellektuell</td><td>codiert</td><td>5er = Reclams Fünferpackungen | FB1 = Reclams Feldbücherei 1 | FB2 = Reclams Feldbücherei 2 | FB3 = Reclams Feldbücherei 3 | FB4 = Reclams Feldbücherei 4 | FB5 = Reclams Feldbücherei 5 | 100F = 100 Freunde der Soldaten. Standardauswahl | FPK = Feldpostkiste | FPK1 = Feldpostkiste 1 | FPK2 = Feldpostkiste 2 | RFK10 = Reclams Feldkassetten 10 Bände | RFK10g = Reclams Feldkassetten 10 Bände gebunden |RFK25 = Reclams Feldkassetten 25 Bände</td><td>Feldpostkiste 1; Feldpostkiste 2; Auflistung ‚Feldpostausgaben'. In: RAS, Feldpostkiste 2; Werbeprospekt 100 Freunde der Soldaten. Standardauswahl aus Reclams Universal-Bibliothek, Verzeichnis der einzelnen Feldpostpackungen aus Reclams Universal-Bibliothek, Werbezettel Reclams Feldpostpackungen – 20 Beispiele, Verzeichnis der Fünfer-Feldpostpackungen aus Reclams Universal-Bibliothek, Reclam-Hefte. Die Freunde der Soldaten in schwerer Zeit. In: RAS, Mappe UB Feldpost.</td></tr>
<tr><td>Autor</td><td>intellektuell</td><td>normierte Namensansetzung</td><td>/</td><td>numerischer Bestellkatalog der gehefteten UB-Bände vom September 1943. In: RAS, Mappe Bestellkataloge; Liste 1933 – 1945 erschienener Verlagswerke. In: RAL, Ordner 9; Auflagenbücher im RAS; Recherche im Online-Katalog der DNB; Datenabzug SLUB-Katalog zur UB.</td></tr>
</table>

Anhang 1 Kategoriensystem *Fortsetzung*

<table>
<tr><th>Kategorie</th><th>Erhebung</th><th>Normalisierung</th><th>Ausprägung</th><th>Datengrundlage</th></tr>
<tr><td>Nationalität</td><td>intellektuell</td><td>codiert</td><td>/</td><td>eigene Recherche</td></tr>
<tr><td>Todesjahr</td><td>intellektuell</td><td>numerisch</td><td>/</td><td>eigene Recherche</td></tr>
<tr><td>Status Urheberrecht</td><td>intellektuell</td><td>codiert</td><td>gemeinfrei | geschützt | geschützt, vor Publikation verstorben</td><td>/</td></tr>
<tr><td>Aktualität</td><td>intellektuell</td><td>codiert</td><td>vor 1918 verstorben = Klassiker | in WR verstorben = Klassiker | ab 1933 verstorben = zeitgenössisch</td><td>/</td></tr>
<tr><td>weitere Beteiligte</td><td>intellektuell</td><td>Freitext mit Eingaberegel</td><td>/</td><td>numerischer Bestellkatalog der gehefteten UB-Bände vom September 1943. In: RAS, Mappe Bestellkataloge; Liste 1933–1945 erschienener Verlagswerke. In: RAL, Ordner 9; Auflagenbücher im RAS; Recherche im Online-Katalog der DNB; Datenabzug SLUB-Katalog zur UB.</td></tr>
<tr><td>Liste auszusondernder Literatur</td><td>intellektuell</td><td>codiert</td><td>x = Titel ist indiziert | blank = Titel ist nicht indiziert</td><td>Verwaltung für Volksbildung SBZ 1946 ff.; Ministerium für Volksbildung DDR 1953</td></tr>
<tr><td>Jahr der indizierten Ausgabe</td><td>intellektuell</td><td>numerisch</td><td>/</td><td>Verwaltung für Volksbildung SBZ 1946 ff.; Ministerium für Volksbildung DDR 1953</td></tr>
<tr><td>Liste Nr.</td><td>automatisch mittels Datenprocessing</td><td>numerisch, codiert</td><td>1 = Titel ist auf Liste auszusondernden Literatur indiziert</td><td>/</td></tr>
</table>

Anhang 1 Kategoriensystem *Fortsetzung*

<table>
<tr><th>Kategorie</th><th>Erhebung</th><th>Normalisierung</th><th>Ausprägung</th><th>Datengrundlage</th></tr>
<tr><td>Verzeichnis der auszusondernden Literatur</td><td>intellektuell</td><td>codiert</td><td>xx = Titel ist im Verzeichnis auszusondernder Literatur indiziert | xx Gesamtwerk = alle Schriften des Autors sind indiziert | blank = Titel ist nicht indiziert</td><td>Magistrat der Stadt Berlin 1946</td></tr>
<tr><td>Verzeichnis Nr.</td><td>automatisch mittels Datenprocessing</td><td>numerisch, codiert</td><td>2 = Titel ist im Verzeichnis auszusondernder Literatur indiziert</td><td>/</td></tr>
<tr><td>Indiziert in SBZ</td><td>automatisch mittels Datenprocessing</td><td>codiert</td><td>x | xx | xx Gesamtwerk | blank</td><td>/</td></tr>
<tr><td>Langenbucher</td><td>intellektuell</td><td>normierte Namensansetzung</td><td>/</td><td>Langenbucher 1939</td></tr>
<tr><td>Langenbucher Nr.</td><td>automatisch mittels Datenprocessing</td><td>numerisch, codiert</td><td>3 = Autor oder weitere Beteiligte des Titels bei Langenbucher gelistet</td><td>/</td></tr>
<tr><td>Langenbucher Autor</td><td>intellektuell</td><td>normierte Namensansetzung</td><td>/</td><td>/</td></tr>
<tr><td>Langenbucher weitere Beteiligte</td><td>intellektuell</td><td>normierte Namensansetzung</td><td>/</td><td>/</td></tr>
<tr><td>Gelöbnis</td><td>intellektuell</td><td>normierte Namensansetzung</td><td>/</td><td>Vossische Zeitung 26.10.1933</td></tr>
<tr><td>Gelöbnis Nr.</td><td>intellektuell</td><td>numerisch, codiert</td><td>4 = Autor oder weitere Beteiligte Unterzeichner des Gelöbnisses für Adolf Hitler</td><td>/</td></tr>
</table>

Anhang 1 Kategoriensystem *Fortsetzung*

Kategorie	Erhebung	Normalisierung	Ausprägung	Datengrundlage
Gelöbnis Autor	automatisch mittels Daten-processing	normierte Namensansetzung	/	/
Gelöbnis weitere Beteiligte	intellektuell	normierte Namensansetzung	/	/
Gottbegna-deten-Liste	intellektuell	normierte Namensansetzung	/	Rathkolb 1991, S. 173 f.
Gottbe-gnadeten-Liste Nr.	automatisch mittels Daten-processing	numerisch, codiert	5 = Autor oder weitere Beteiligte auf Gottbegnade-ten-Liste	/
Gottbegna-deten-Liste Autor	intellektuell	normierte Namens-ansetzung	/	/
Gottbegna-deten-Liste weitere Beteiligte	intellektuell	normierte Namens-ansetzung	/	/
Sonderliste 6 wichtigste Schrift-steller	intellektuell	normierte Namens-ansetzung	/	Rathkolb 1991, S. 173 f.
Sonderliste Nr.	automatisch mittels Daten-processing	numerisch, codiert	6 = Autor auf Sonderliste A der sechs wichtigsten Schriftsteller	/

Anhang 1 Kategoriensystem *Fortsetzung*

Kategorie	Erhebung	Normalisierung	Ausprägung	Datengrundlage
NS-affin [Merge aus Nr. 1–5]	automatisch mittels Datenprocessing	numerisch, codiert	1 = Titel ist auf Liste auszusondernden Literatur indiziert 2 = Titel ist im Verzeichnis auszusondernder Literatur indiziert 3 = Autor oder weitere Beteiligte des Titels bei Langenbucher gelistet 4 = Autor oder weitere Beteiligte Unterzeichner des Gelöbnisses für Adolf Hitler 5 = Autor oder weitere Beteiligte auf Gottbegnadeten-Liste 6 = Autor auf Sonderliste A der sechs wichtigsten Schriftsteller	/
Bücherkunde	intellektuell	codiert	x = Gutachtenanzeiger fördern | xx = positive Rezension | v = Gutachtenanzeiger nicht fördern | vv = negative Rezension | t = empfehlende redaktionelle Titelnennung	Bücherkunde 1934 ff.
Anmerkung Bücherkunde	intellektuell	normierter Quellennachweis	/	Bücherkunde 1934 ff.
Schwarze Liste	intellektuell	normierte Namensansetzung	/	Reinsch o.J.; Opitz; Sohns 2006
Widerstandsautoren	intellektuell	normierte Namensansetzung	/	Aust; Aust 2008; Benz 2014; Brekle 1985; Hein 1991; Hilzinger o.J.; Roloff 2004.

Anhang 1 Kategoriensystem *Fortsetzung*

Kategorie	Erhebung	Normalisierung	Ausprägung	Datengrundlage
Neue Sachlichkeit/ Expressionismus	intellektuell	normierte Namensansetzung	/	Pankau 2010, S. 141–143; Raabe 1992, S. 563–567
Katalogstreichung	intellektuell	normierte Namensansetzung	/	Aufstellung der in der Nummernliste von 1943 gesperrten RUB-Nummern. In: RAL, Ordner 9; numerischer Bestellkatalog der gehefteten UB-Bände vom September 1943
unerwünschtes Schrifttum	intellektuell	Freitext mit Eingaberegel	/	Senatsverwaltung Berlin 2016; Lewis 2014; Reichsschrifttumskammer 1935 ff.
Anmerkung	intellektuell	Freitext	/	eigene Recherche
Gründe Katalogstreichung	intellektuell	codiert	jüdische Abstammung | Gesamtwerk verboten | Gesamtwerk eines weiteren Beteiligten verboten | französische Staatsangehörigkeit | amerikanische Staatsangehörigkeit | britische Staatsangehörigkeit | polnische Staatsangehörigkeit | russische Staatsangehörigkeit | Thema | Freimaurer | Liberalist | Sozialist | Hugenotte | Pazifist | spezifische Umstände | ungeklärt	eigene Recherche
Σ 1933–1945 (aus Einzelerfassung nach Jahren in NS)	automatisch mittels Rechenformel	numerisch	/	/

Anhang 1 Kategoriensystem *Fortsetzung*

Kategorie	Erhebung	Normalisierung	Ausprägung	Datengrundlage
1933	intellektuell	numerisch	/	Auflagenbuch Deutsche Literatur; Auflagenbuch Deutscher Almanach; Auflagenbuch Heliosbücher und Brehms Tierleben; Auflagenbuch Werke in größerem Format / Illustrierte Werke; Auflagenbuch Junge Deutsche; Auflagenbuch Neue Klassiker-Ausgaben; Auflagenbuch Romane; Auflagenbuch Roman-Reihe; Auflagenbuch UB nach Jahren 1933–45; Auflagenbuch Wilhelm Schaefer & Co; Reclam Auflagenbuecher SPR
1934				
1935				
1936				
1937				
1938				
bis 08/1939				
ab 09/1939				
1940				
1941				
1942				
1943				
1944				
1945				
Σ 1933–08/39 (aus Einzelerfassung nach Jahren in NS)	automatisch mittels Rechenformel	numerisch	/	/

Anhang 1 Kategoriensystem *Fortsetzung*

Kategorie	Erhebung	Normalisierung	Ausprägung	Datengrundlage
Σ 09/1939–1945 (aus Einzelerfassung nach Jahren in NS)	automatisch mittels Rechenformel	numerisch	/	/
Σ 1939 (aus Einzelerfassung nach Jahren in NS)	automatisch mittels Rechenformel	numerisch	/	/
Auflagenzahl **Erstauflage** **Gesamtauflage Titel WR** **in WR nachgedruckte ältere Klassiker**	intellektuell	numerisch	/	Auflagenbuch Deutsche Literatur; Auflagenbuch Deutscher Almanach; Auflagenbuch Heliosbücher und Brehms Tierleben; Auflagenbuch Werke in größerem Format/Illustrierte Werke; Auflagenbuch Junge Deutsche; Auflagenbuch Neue Klassiker-Ausgaben; Auflagenbuch Romane; Auflagenbuch Roman-Reihe; Auflagenbuch UB nach Jahren 1933–45; Auflagenbuch Wilhelm Schaefer & Co; Reclam Auflagenbuecher SPR

Anhang 2: Kennzahlen Rechnungswesen

Die Tabelle führt die wichtigsten Kennzahlen zur Bewertung der unternehmerischen Entwicklung des Reclam Verlags zusammen: Sie enthält die Angaben sowohl aus den Bilanzen als auch aus den Verlust- und Gewinnrechnungen, die stets mit Stichtag 31. August erstellt wurden.[2871] Die einzelnen Bilanzen und Verlust- und Gewinnrechnungen sind undatiert, nur die Bilanz zum 31.08.1944 weist den 15.10.1945 als Datum der Erstellung aus. Das einheitliche Erscheinungsbild der Bilanzen und der Verlust- und Gewinnrechnungen legt nahe, dass es sich vermutlich um rückwirkend erstellte, komprimierte Abschriften oder Rekonstruktionen handelt, die möglicherweise im Kontext der Ermittlungsverfahren gegen die Familie Reclam entstanden sind. Die Originaldokumente sind nicht überliefert.

2871 Die Kennzahlen sind entnommen und zusammengeführt aus: Wirtschaftsverständiger Karl Fritz Moser am 09.07.1948: Bericht über die bei der Firma Philipp Reclam jun. durchgeführte Buch- und Betriebsprüfung. In: SächsStA-D, 13471, Nr. ZA VI 2628/01, Bl. 85; Aufstellung Betriebsergebnisse der Firma Reclam 1905–1942 vom 23.11.1967 durch Lothar Kretschmar. In: RAL, Ordner 14; Zeittafel zur Verlagsgeschichte, S. 44f. In: RAL, Ordner 3; Abschrift: Finanzgestaltung der Firma Philipp Reclam jun. ab Wirtschaftsjahr 1933. In: SächsStA-D, 13471, Nr. ZA VI 2628/01, Bl. 43-54; Verlust- und Gewinnrechnung per 31.08.1933; Bilanz per 31.08.1933; Verlust- und Gewinnrechnung per 31.08.1934; Bilanz per 31.08.1934; Verlust- und Gewinnrechnung per 31.08.1935; Bilanz per 31.08.1935; Verlust- und Gewinnrechnung per 31.08.1936; Bilanz per 31.08.1936; Verlust- und Gewinnrechnung per 31.08.1937; Bilanz per 31.08.1937; Verlust- und Gewinnrechnung per 31.08.1938; Bilanz per 31.08.1938; Verlust- und Gewinnrechnung per 31.08.1939; Bilanz per 31.08.1939; Verlust- und Gewinnrechnung per 31.08.1940; Bilanz per 31.08.1940; Verlust- und Gewinnrechnung per 31.08.1941; Bilanz per 31.08.1941; Verlust- und Gewinnrechnung per 31.08.1942; Bilanz per 31.08.1942; Verlust- und Gewinnrechnung per 31.08.1943; Bilanz per 31.08.1943; Verlust- und Gewinnrechnung per 31.08.1944; Bilanz per 31.08.1944; Verlust- und Gewinnrechnung per 31.08.1945; Bilanz per 31.08.1945; Verlust- und Gewinnrechnung per 31.12.1945; Bilanz per 31.12.1945. In: SächsStA-D, 13471, Nr. ZA VI 2628/01, Bl. 82, 86, 87, 91, 126, 128, 130–133, 137, 139, 150, 152, 154, 156, 158, 159, 161, 163, 165, 167, 178, 180, 182, 183, 185, 187. Die Dokumente für die Jahre 1936, 1939, 1941–1945 sind nicht nummeriert.

Anhang 2: Kennzahlen Rechnungswesen

		1929/30	1930/31	1931/32	1932/33	1933/34	1934/35	1935/36	1936/37	1937/38
	Umsatz (brutto)	2.658.447	2.437.216	1.358.049	1.400.000	1.508.000	1.389.000	1.375.000	1.597.007	1.730.703
Bilanz (RM)	Anlagevermögen	k. A.	k. A.	k. A.	1.256.615,96	1.316.788	1.253.460	1.214.733	1.144.526	1.178.241
	Umlaufvermögen	k. A.	k. A.	k. A.	1.784.072,98	1.577.457	1.594.604	1.657.913	1.609.048	1.718.624
	Schulden / Passiva	k. A.	k. A.	k. A.	812.265	851.100	700.633	1.197.308	1.052.968	1.320.986
	Kapitalkonten	k. A.	k. A.	k. A.	2.357.296	1.950.122	1.938.441	1.741.120	1.667.634	1.568.599
	Fremdkapital	k. A.	k. A.	k. A.	612.000	468.000	623.000	791.000	755.000	1.030.000
(RM)	Gesamtkosten	k. A.	k. A.	k. A.	2.543.203	2.749.589	2.555.638	2.489.126	2.732.418	2.975.274
	davon									
	all. Unkosten	k. A.	k. A.	k. A.	777.249	789.240	715.423	669.659	662.620	511.265
	Herstellung & Honorar	k. A.	k. A.	k. A.	738.268	839.365	843.819	778.928	944.594	977.174
	davon: Honorarkonto	k. A.	k. A.	k. A.	66.145	78.627	69.580	50.976	51.584	71.390
	Personal	k. A.	k. A.	k. A.	k. A.	k. A.	k. A.	k. A.	k. A.	k. A.
	Reklame	k. A.	k. A.	k. A.	k. A.	k. A.	k. A.	38.527	40.223	170.863
	Verlagsabschlusskonto[2872]	k. A.	k. A.	k. A.	1.401.179	1.508.745	1.389.540	1.375.092	1.597.007	1.730.703
	Sonstige Konten[2873]	k. A.	k. A.	k. A.	957.688	1.211.153	957.695	921.707	1.065.412	1.174.194
	Verlagsrechte	k. A.	k. A.	k. A.	k. A.	k. A.	k. A.	k. A.	k. A.	k. A.
	sonst. Erlöse	k. A.	k. A.	k. A.	42.940	140.900	109.379	72.482	75.932	77.657
	Gewinn / Verlust nach Handelsbilanz[2874]	98.644	3.711	-287.769	-128.872	111.209	-99.024	-119.846	5.933	7.279

2872 Einnahmen aus dem Bücherverkauf.

2873 Grundstück und Gebäude, Druckerei, Buchbinderei, Licht und Kraft, Schlosserei, Tischlerei, Automaten, Klischee, Sortiment.

2874 Ob es sich hierbei um die Rein- oder Rohgewinne bzw. Verluste handelt, ließ sich nicht ermitteln.

Anhang 2 Rechnungswesen *Fortsetzung*

		1938/39	1939/40	1940/41	1941/42	1942/43	1943/44	1944/45	Rumpfjahr Sep–Dez 1945
	Umsatz (brutto)	1.891.000	2.305.184	3.049.495	3.254.390	3.334.000	2.063.000	1.250.000	121.000
Bilanz (RM)	Anlagevermögen	1.181.407	1.235.954	1.358.203	1.487.795	1.680.137	1.120.923	1.365.211	1.375.526
	Umlaufvermögen	1.877.069	1.704.367	2.290.091	2.352.156	2.120.688	5.067.251	4.953.476	5.074.882
	Schulden / Passiva	1.499.057	1.188.958	1.189.176	1.136.577	1.198.172	4.812.721	5.026.583	5.115.359
	Kapitalkonten	1.419.420	1.332.213	1.853.125	1.662.500	1.561.045	1.473.125	1.447.989	1.159.692
	Fremdkapital	1.220.000	933.000	1.055.000	1.208.000	1.232.000	1.304.000	1.764.000	1.115.000
GuV (RM)	Gesamtkosten	3.314.897	3.238.142	3.706.479	3.606.902	3.891.667	2.930.840	2.018.794	388.964
	davon								
	all. Unkosten	510.484	545.103	555.489	582.100	577.553	k. A.	k. A.	k. A.
	Herstellung & Honorar	1.128.571	1.032.568	1.433.286	1.425.908	1.758.826	1.430.608	1.277.856	245.057
	davon: Honorar-konto	56.867	99.986	152.474	181.901	185.135	203.297	161.589	167.027
	Personal	k. A.	k. A.	k. A.	k. A.	k. A.	k. A.	k. A.	k. A.
	Reklame	170.578	126.313	146.804	163.091	112.498	k. A.	k. A.	k. A.
	Verlagsabschluss-konto	1.891.842	2.305.184	3.049.495	3.254.990	3.334.442	2.063.158	1.250.994	121.446
	Sonstige Konten	1.394.499	662.464	4.425.354	1.218.859	1.305.724	637.790	405.525	385.624
	Verlagsrechte	k. A.	k. A.	k. A.	k. A.	k. A.	k. A.	k. A.	k. A.
	sonst. Erlöse	94.001	87.493	106.679	68.324	61.750	50.646	50.757	21.492
	Gewinn / Verlust nach Handels-bilanz	65.445	417.367	825.553	935.291	810.248	-179.246	-311.517	139.598

Anhang 3:
Feldposttitel im Reclam-Programm

erschienen	UB-Nr.	Autor	Titel	Feldposttyp[2875]	NS-affin[2876]	Rubrik[2877]	gedruckte Exemplare 1933–1945
1867	1	Goethe, Johann Wolfgang von	Faust I	RFK10 | RFK25 | RFK10g | FB2 | 100F		D	595.000
1867	2	Goethe, Johann Wolfgang von	Faust II	RFK25 | FB2		D	381.000
1867	5	Shakespeare, William	Romeo und Julia	FB4		D	46.000
1867	7	Hauff, Wilhelm	Die Bettlerin	5er | RFK25 | FB2		E	55.000
1867	9	Shakespeare, William	Julius Cäsar	RFK25 | FB1		D	110.000
1867	10	Lessing, Gotthold Ephraim	Minna von Barnhelm	FB4		D	690.000
1867	12	Schiller, Friedrich	Wilhelm Tell	RFK25 | FB1		D	1.060.000
1867	17	Shakespeare, William	Macbeth	FB4		D	136.000
1867	18/19	Jean Paul	Dr. Katzenbergers Badereise	FB5		E	
1867	25	Hoffmann, E.T.A.	Das Fräulein von Scuderi	RFK25 | FB5		E	78.000

2875 5er = Reclams Fünferpackungen | FB1 = Reclams Feldbücherei 1 | FB2 = Reclams Feldbücherei 2 | FB3 = Reclams Feldbücherei 3 |FB4 = Reclams Feldbücherei 4 | FB5 = Reclams Feldbücherei 5 | 100F = 100 Freunde der Soldaten. Standardauswahl | FPK = Feldpostkiste | FPK1 = Feldpostkiste 1 | FPK2 = Feldpostkiste 2 | RFK10 = Reclams Feldkassetten 10 Bände | RFK10g = Reclams Feldkassetten 10 Bände gebunden | RFK25 = Reclams Feldkassetten 25 Bände.

2876 1 = Titel ist auf *Liste auszusondernden Literatur* indiziert | 2 = Titel ist im *Verzeichnis auszusondernder Literatur* indiziert | 3 = Autor oder weitere Beteiligte des Titels bei Langenbucher gelistet | 4 = Autor oder weitere Beteiligte Unterzeichner des Gelöbnisses für Adolf Hitler | 5 = Autor oder weitere Beteiligte auf *Gottbegnadeten-Liste* | 6 = Autor auf *Sonderliste A* der sechs wichtigsten Schriftsteller.

2877 E = Erzählungen, Novellen, Märchen, Skizzen | R = Romane | G = Gedichte, größere Dichtungen, | D = Dramatische Werke | Kl = griechische und römische Klassiker | H = Humoresken und Satiren | Äl = Ältere deutsche und altnordische Literatur | A = Aphorismen, Sprüche | Or = Orientalische Literatur | Almanache | B = Biografien | Gs = Gesetzesausgaben | Hb = Praktische Handbücher, Spiele, Sport | Hi = Historische und kulturgeschichtliche Werke | Hy = Gesundheitslehre, Heilkunde | Li = Literaturwissenschaft | MT = Musik- und Theaterliteratur | Na = Naturwissenschaften | O = Operntexte | Pädagogik | Ph = Philosophie | Rg = Religiöse Literatur, Religionswissenschaft | St = Staats- und Sozialwissenschaft, Volkswirtschaft | Wt = Wörterbücher, Lexika | Schülerkalender.

Anhang 3 Feldpost *Fortsetzung*

erschienen	UB-Nr.	Autor	Titel	Feldpost-typ[2875]	NS-affin[2876]	Rubrik[2877]	gedruckte Exemplare 1933–1945
1867	26	Shakespeare, William	Der Widerspenstigen Zähmung	RFK25 | FB1		D	44.000
1867	31	Shakespeare, William	Hamlet, Prinz von Dänemark	FB3		D	155.000
1867	32	Hoffmann, E.T.A.	Das Majorat	5er | RFK10 | FB3 | 100F | FPK1		E	73.000
1867	33	Schiller, Friedrich	Kabale und Liebe	RFK25		D	230.000
1868	40/40a	Kleist, Heinrich von	Das Käthchen von Heilbronn oder Die Feuerprobe	FB3		D	130.000
1868	41	Schiller, Friedrich	Wallenstein I	FB5		D	430.000
1868	42	Schiller, Friedrich	Wallenstein II	FB5		D	320.000
1868	44	Hauff, Wilhelm	Phantasien im Bremer Ratskeller	FB5		E	78.000
1868	45	Lessing, Gotthold Ephraim	Emilia Galotti	RFK25 | FB1		D	155.000
1868	46	Shakespeare, William	Der Sturm	FB2		D	15.000
1868	47	Schiller, Friedrich	Die Jungfrau von Orleans	RFK25 | FB3		D	570.000
1868	52	Hoffmann, E.T.A.	Meister Martin der Küfner und seine Gesellen	5er | RFK10 | RFK25 | FB2 | 100F		E	86.000
1868	55	Goethe, Johann Wolfgang von	Hermann und Dorothea	RFK25 | RFK10g | FB2		G	295.000
1868	70/70a	Schiller, Friedrich	Der Geisterseher	RFK25		E	3.000
1868	71	Goethe, Johann Wolfgang von	Götz von Berlichingen	RFK10g | FB5		D	590.000
1868	73	Shakespeare, William	Ein Sommernachtstraum	FB5		D	61.000

Anhang 3 Feldpost *Fortsetzung*

erschienen	UB-Nr.	Autor	Titel	Feldposttyp[2875]	NS-affin[2876]	Rubrik[2877]	gedruckte Exemplare 1933–1945
1868	75	Goethe, Johann Wolfgang von	Egmont	RFK25 | RFK10g | FB3		D	305.000
1868	91	Kleist, Heinrich von	Der zerbrochene Krug	FB5		D	145.000
1868	93	Chamisso, Adelbert von	Peter Schlemihls wundersame Geschichte	RFK25 | FB2		E	40.000
1868	98	Shakespeare, William	Viel Lärm um Nichts	RFK25		D	18.000
1868	101/102	Hoffmann, E. T. A.	Der goldne Topf	RFK25 | FB1		E	41.000
1869	119	Paul, Jean	Leben des vergnügten Schulmeisterlein Maria Wutz in Auenthal	FB3		E	80.000
1869	128	Arnim, Achim von	Die Verkleidungen	FB2		E	3.000
1869	142/144	Hebel, Johann Peter	Schatzkästlein	RFK25		E	20.000
1869	147/148a	Hauff, Wilhelm	Der Mann im Monde	RFK25		E	
1869	159	Hauff, Wilhelm	Ritter von Marienburg	5er | FB3		D	3.000
1869	178	Kleist, Heinrich von	Prinz Friedrich von Homburg	RFK25 | FB2		D	450.000
1869	179	Hauff, Wilhelm	Die Sängerin	FB2		D	3.000
1870	218/219	Kleist, Heinrich von	Michael Kohlhaas	5er | RFK25 | FB3 | FPK1		D	448.000
1870	249/253	Homer	Ilias	RFK25 | FB3		Kl	46.000
1871	280/283	Homer	Odyssee	FB5		Kl	52.000
1871	305/306	Hoffmann, E. T. A.	Klein Zaches, genannt Zinnober	FB2		E	13.000

Anhang 3 Feldpost *Fortsetzung*

erschienen	UB-Nr.	Autor	Titel	Feldpost-typ[2875]	NS-affin[2876]	Rubrik[2877]	gedruckte Exemplare 1933–1945
1871	348	Kleist, Heinrich von	Die Hermannsschlacht	FB3		D	370.000
1871	358	Kleist, Heinrich von	Die Verlobung in St. Domingo	FB2		D	3.000
1872	386	Puschkin, Alexander	Der Gefangene im Kaukasus	FB4		E	
1872	391/393	Fichte, Johann Gottlieb	Reden an die deutsche Nation	FB5		Ph	44.000
1873	411	Brentano, Clemens	Geschichte vom braven Kasperl und dem schönen Annerl	5er | RFK10 | FB1 | FPK1		E	75.000
1873	450	Brentano, Clemens	Das Märchen von Gockel, Hinkel und Gackeleia	RFK25		E	68.000
1873	468	Turgenjew, Iwan	Eine Unglückliche	FB3		E	
1873	480	Anzengruber, Ludwig	Der Einsame	5er | RFK25 | FB1		D	5.000
1874	500	Riehl, Wilhelm Heinrich	Die 14 Nothelfer	FB5		E	38.000
1874	504	Anzengruber, Ludwig	Die Märchen des Steinklopferhans	FB4		D	65.000
1874	509	Anzengruber, Ludwig	Dorfgänge	FB5		D	5.000
1874	515	Anzengruber, Ludwig	Die Herzfalte	FB5		D	5.000
1874	547	Anzengruber, Ludwig	Wissen macht Herzweh	FB3		D	5.000
1874	559/560	Hölderlin, Friedrich	Hyperion oder Der Eremit in Griechenland	FB4	3 | 4	R	55.000
1875	608	Anzengruber, Ludwig	Für d'Katz	FB3		D	5.000
1875	629	Harte, Bret	Californische Erzählungen	RFK25		E	

Anhang 3 Feldpost *Fortsetzung*

erschienen	UB-Nr.	Autor	Titel	Feldpost-typ[2875]	NS-affin[2876]	Rubrik[2877]	gedruckte Exemplare 1933–1945
1875	672	Turgenjew, Iwan	Punin und Barburin	FB2		E	
1875	687	Casanova, Giacomo	Casanovas Gefangenschaft und Flucht	FB4		E	5.000
1876	781/782	Kuhn, Hans (Neubearbeitung und Einleitung)	Die Edda I	FB4		Äl	39.000
1876	783/784	Kuhn, Hans (Neubearbeitung und Einleitung)	Die Edda II	FB5		Äl	36.000
1876	785	Kuhn, Hans (Neubearbeitung und Einleitung)	Die Edda III	RFK25 | FB3		Äl	33.000
1877	865	Dickens, Charles	Heimchen am Herde	RFK10g | FB4		E	
1877	876/877	Cooper, James Fenimore	Der letzte Mohikaner	FB3		E	
1877	899/900	Brant, Sebastian	Das Narrenschiff	FB2		Äl	
1877	918/919	Platon	Phaidon oder Von der Unsterblichkeit der Seele	RFK25 | FB2		Kl	18.000
1877	950	Björnson, Björnstjerne	Der Brautmarsch	5er | RFK25 | RFK10g | FB1		E	70.000
1878	997/998.a	Gogol, Nikolai	Taras Bulba	RFK25 | FB1		E	5.000
1879	1130	Kant, Immanuel	Macht des Gemüts	5er | RFK25 | FB1		Ph	15.000
1879	1201/1202	Fichte, Johann Gottlieb	Die Bestimmung des Menschen	RFK25		Ph	5.000
1880	1346/46a	Wickram, Jörg	Das Bollwagen-Büchlein	FB1		Äl	
1881	1540/a	Lie, Jonas	Der Hellseher	RFK25		E	

Anhang 3 Feldpost *Fortsetzung*

erschienen	UB-Nr.	Autor	Titel	Feldposttyp[2875]	NS-affin[2876]	Rubrik[2877]	gedruckte Exemplare 1933–1945
1882	1577	Daudet, Alphonse	Künstler-Ehen	5er		E	
1882	1578/1578a	Luther, Martin	Reformatorische Schriften	FB4		Rg	15.000
1882	1602	Mérimée, Prosper	Carmen	FB5		E	
1882	1646	Poe, Edgar Allan	Seltsame Geschichten	FB3		E	8.000
1883	1703	Poe, Edgar Allan	Seltsame Geschichten II	5er | FB4		E	
1883	1706	Voß, Richard	Maria Botti	RFK25		E	
1883	1707/a	Daudet, Alphonse	Tartarin aus Tarascon	RFK25		E	
1883	1716	Gogol, Nikolai	Phantasien	5er		E	5.000
1883	1731	Luther, Martin	Von der Freiheit eines Christenmenschen	FB5		Rg	26.000
1883	1732	Turgenjew, Iwan	Erste Liebe	5er | RFK25 | FB5		E	
1883	1744	Gogol, Nikolai	Phantasien II	5er		E	
1884	1836	Gogol, Nikolai	Phantasien IV	5er		E	
1884	1840/a	Paul, Jean	Immergrün	RFK10g | FB2		E	
1884	1850	Gogol, Nikolai	Phantasten und Geschichten V	FB3		E	
1884	1858	Droste-Hülshoff, Annette von	Die Judenbuche	5er | RFK25 | FB1 | FPK1		E	170.000
1884	1860	Turgenjew, Iwan	Der Raufbold	FB2		E	
1884	1867	Björnson, Björnstjerne	Kleine Erzählungen	RFK25 | RFK10g | FB3		E	45.000
1884	1887	Gogol, Nikolai	Phantasien und Geschichten VI	RFK25 | FB4		E	

Anhang 3 Feldpost *Fortsetzung*

<table>
<tr><th>erschienen</th><th>UB-Nr.</th><th>Autor</th><th>Titel</th><th>Feldpost-typ[2875]</th><th>NS-affin[2876]</th><th>Rubrik[2877]</th><th>gedruckte Exemplare 1933–1945</th></tr>
<tr><td>1884</td><td>1907/1908</td><td>Rotterdam, Erasmus von</td><td>Das Lob der Torheit</td><td colspan="2">RFK25 | FB1</td><td>Äl</td><td>5.000</td></tr>
<tr><td>1885</td><td>1957</td><td>Kleist, Heinrich von</td><td>Die Marquise von O.</td><td colspan="2">RFK25 | FB1</td><td>D</td><td>30.000</td></tr>
<tr><td>1885</td><td>1963/1964a</td><td>Balzac, Honoré de</td><td>Die Frau von dreißig Jahren</td><td colspan="2">FB1</td><td>E</td><td></td></tr>
<tr><td>1885</td><td>2000</td><td>Raabe, Wilhelm</td><td>Zum wilden Mann</td><td colspan="2">5er | RFK10 | RFK25 | FB2 | 100F | FPK1</td><td>E</td><td>116.000</td></tr>
<tr><td>1885</td><td>2001</td><td>Epiktet</td><td>Handbüchlein der Moral</td><td colspan="2">RFK25 | FB1</td><td>Ph</td><td></td></tr>
<tr><td>1885</td><td>2064</td><td>Tieck, Ludwig</td><td>Wunderlichkeiten</td><td colspan="2">5er</td><td>E</td><td></td></tr>
<tr><td>1886</td><td>2126</td><td>Dostojewski, Fjodor</td><td>Die weißen Nächte</td><td colspan="2">5er | FB3</td><td>E</td><td></td></tr>
<tr><td>1886</td><td>2127/2128</td><td>Dostojewski, Fjodor</td><td>Heilige Landschaft</td><td colspan="2">FB5</td><td>E</td><td></td></tr>
<tr><td>1886</td><td>2176</td><td>Poe, Edgar Allan</td><td>Novellen</td><td colspan="2">RFK25 | FB2</td><td>E</td><td>18.000</td></tr>
<tr><td>1887</td><td>2235</td><td>Poe, Edgar Allan</td><td>Seltsame Geschichten IV</td><td colspan="2">FB5</td><td>E</td><td>18.000</td></tr>
<tr><td>1887</td><td>2240/2243</td><td>Balzac, Honoré de</td><td>Chagrinleder</td><td colspan="2">FB3</td><td>E</td><td></td></tr>
<tr><td>1887</td><td>2257</td><td>Poe, Edgar Allan</td><td>Seltsame Geschichten V</td><td colspan="2">5er | RFK25 | FB1</td><td>E</td><td>5.000</td></tr>
<tr><td>1887</td><td>2309/2310</td><td>Ibsen, Henrik</td><td>Peer Gynt</td><td colspan="2">RFK25 | FB1</td><td>D</td><td>70.000</td></tr>
<tr><td>1887</td><td>2340</td><td>Eckstein, Ernst</td><td>Besuch im Karzer</td><td colspan="2">5er | RFK10 | RFK10g | FB4 | 100F</td><td>H</td><td>30.000</td></tr>
<tr><td>1888</td><td>2354</td><td>Eichendorff, Joseph von</td><td>Aus dem Leben eines Taugenichts</td><td colspan="2">5er | RFK10 | RFK10g | FB5 | 100F | FPK1</td><td>E</td><td>425.000</td></tr>
<tr><td>1888</td><td>2365</td><td>Eichendorff, Joseph von</td><td>Das Marmorbild</td><td colspan="2">FB3</td><td>E</td><td>33.000</td></tr>
<tr><td>1888</td><td>2440/2443</td><td>Balzac, Honoré de</td><td>Das Chagrinleder</td><td colspan="2">RFK25</td><td>E</td><td></td></tr>
</table>

Anhang 3 Feldpost *Fortsetzung*

erschienen	UB-Nr.	Autor	Titel	Feldposttyp[2875]	NS-affin[2876]	Rubrik[2877]	gedruckte Exemplare 1933–1945
1888	2445/2446	Luther, Martin	Sendbrief vom Dolmetschen	FB5		Rg	15.000
1889	2618		Deutscher Minensang	FB2		Äl	
1890	2638	Jahn, Friedrich Ludwig	Deutsches Volksthum	RFK25 | FB1		Hi	
1890	2687	Bergsøe, Vilhelm	Delila	5er		E	
1890	2750	Habberton, John	Frau Marburgs Zwillinge	5er		E	
1892	3000	Jensen, Wilhelm	Hunnenblut	RFK25 | FB1		E	73.000
1893	3149/3150	Victor, Metta Victoria Fuller	Tagebuch der bösen Buben	FB2		R	5.000
1894	3179/3180	Brüder Grimm	Kinder- und Hausmärchen	FB5		E	63.500
1894	3214	Bülau, Friedrich	Geheime Geschichten IV	RFK25 | FB1		Hi	
1895	3368	Weber, Karl Julius	Demokritos I	FB4		E	
1895	3373	Tolstoi, Lew	Herr und Knecht	FB3		E	
1895	3442	Weber, Karl Julius	Demokritos III	FB5		E	
1896	3494/3496	Ludwig, Otto	Zwischen Himmel und Erde	RFK25 | FB2		E	25.000
1897	3700	Blüthgen, Victor	Gedanke eines Junggesellen	5er		E	
1897	3739	Pauli, Karl	Dreizehn und eine Geschichte	RFK25		E	
1897	3749	Twain, Mark	Ausgewählte Skizzen	FB3		E	
1898	3761	Trenck, Friedrich von der	Merkwürdige Lebensgeschichten	FB4		E	
1898	3861	Stifter, Adalbert	Hochwald	FB5		E	63.000
1898	3898	Stifter, Adalbert	Der Waldsteig	RFK25 | FB2		E	78.000

Anhang 3 Feldpost *Fortsetzung*

erschienen	UB-Nr.	Autor	Titel	Feldposttyp[2875]	NS-affin[2876]	Rubrik[2877]	gedruckte Exemplare 1933–1945
1899	3911	Stifter, Adalbert	Brigitta	RFK25 | FB1		E	103.000
1899	3912	Stifter, Adalbert	Bergkristall	RFK25 | RFK10g | FB2 | 100F | FPK1		E	126.000
1899	3987	Stifter, Adalbert	Feldblumen	FB4		E	23.000
1899	3989	Weber, Karl Julius	Demokritos VI	FB1		H	
1899	4000	Rosegger, Peter	Geschichten und Gestalten aus den Alpen	RFK25 | FB3		E	145.000
1901	4160	Moltke, Helmuth von	Die beiden Freunde	FB5		E	23.000
1901	4194/4195	Stifter, Adalbert	Hagestolz	FB5		E	30.000
1901	4244/4245	Loti, Pierre	Die Islandfischer	FB2		E	5.000
1902	4260/4263	Alexis, Willibald	Die Hosen des Herren von Bredow	RFK25		R	15.000
1902	4343/a	Reuter, Christian	Schelmuffskys Reisebeschreibung	FB3		E	
1903	4430	Grillparzer, Franz	Der arme Spielmann	FB4		D	94.000
1903	4467/4468	Gerstäcker, Friedrich	Herrn Mahlhubers Reiseabenteuer	FB1 | FPK1		E	30.000
1904	4532/4533	Stifter, Adalbert	Die Narrenburg	FB3		E	30.000
1904	4551	Gobineau, Joseph Arthur	Die Tänzerin von Schmecha	FB1		E	
1904	4567	Tolstoi, Lew	Zwei Husaren	FB2		E	
1904	4570	Kröger, Timm	Die Wohnung des Glücks	RFK25 | FB2		E	

Anhang 3 Feldpost *Fortsetzung*

erschienen	UB-Nr.	Autor	Titel	Feldpost-typ[2875]	NS-affin[2876]	Rubrik[2877]	gedruckte Exemplare 1933–1945
1905	4641/4642	Reuter, Fritz	Ut de Franzosentid	FB5		D	20.000
1905	4674/4675a	Reuter, Fritz	Ut mine Festungstid	RFK25 | FB4		E	
1905	4688	Presber, Rudolf	Der Untermensch	FB3		H	
1906	4741	Mörike, Eduard	Mozart auf der Reise nach Prag	5er | RFK10 | RFK25 | FB2 | 100F | FPK1		E	190.000
1906	4755	Mörike, Eduard	Das Stuttgarter Hutzelmännlein	5er | RFK25 | FB1		E	138.000
1906	4856/4858	Stevenson, Robert Louis	Die Schatzinsel	RFK25 | FB1		E	
1908	4991	Voß, Richard	Narzissenzauber	RFK25		E	
1908	4997	Hansjakob, Heinrich	Der Theodor	RFK10g | FB3		E	
1908	4998/4999a	Ranke, Leopold von	Die Erhebung Preußens im Jahre 1813	FB4		Hi	
1908	5001	Reuter, Gabriele	Eines Toten Wiederkehr	FB3		E	
1908	5002/03	Schopenhauer, Arthur	Aphorismen zur Lebensweisheit	FB4		Ph	20.000
1908	5049/5050	Herzog, Rudolf	Komödien des Lebens	FB3 | FB5	2 | 4	E	
1909	5098/5099	Bleibtreu, Karl	Friedrich der Große bei Kolin	FB2		E	
1909	5100	Greinz, Rudolf	Lustige Tiroler Geschichten	5er | 100F		H	130.000
1909	5125	Weber, Karl Julius	Demokritos VII	FB4		E	
1910	5213/5214	Hagen, Ernst August	Norika	RFK25		E	10.000
1910	5238/5240	Tschudi, Clara	König Ludwig II. von Bayern	RFK25		R	13.000
1911	5290	Tschechow, Anton	Humoresken I	FB5		E	

Anhang 3 Feldpost *Fortsetzung*

erschienen	UB-Nr.	Autor	Titel	Feldpost-typ[2875]	NS-affin[2876]	Rubrik[2877]	gedruckte Exemplare 1933–1945
1911	5308	Tschechow, Anton	Humoresken II	FB1		E	
1911	5318	Tschechow, Anton	Humoresken III	FB3		E	
1912	5401	Enking, Ottomar	Heine Stölting	RFK10g | FB4		E	
1912	5460	Voß, Richard	Stärker als der Tod	RFK25		E	
1912	5464	Tolstoi, Lew	Kindheit	5er | FB4		E	
1912	5475	Schmidt, Albert	Jagd ums Gold	5er | RFK10g | FB4		E	
1913	5513	Hebbel, Friedrich	Der Rubin	5er		E	
1913	5551	Voß, Richard	Kentaurerliebe	RFK10g		E	
1913	5601/5602	Eyth, Max	Berufstragik	RFK10 | FB3 | 100F		E	20.000
1913	5607		Kriminalfälle VIII	RFK25 | FB2		Hi	10.000
1914	5650	Schullern zu Schrattenhofen, Heinrich von	Berggenossen	FB5		E	
1914	5697	Cölestin, C.	Der grüne Abend	5er		E	
1914	5734	Arndt, Ernst Moritz	Katechismus	5er | RFK10 | FB4 | 100F		Ph	20.000
1915	5786		Kriminalfälle IX	5er | FB5		Hi	5.000
1915	5796	Ernst, Paul	Preußengeist	FB4	2 | 3	D	128.000
1915	5800	Schönaich-Carolath, Prinz Emil von	Die Rache ist meine	RFK10g		E	
1915	5816		Berühmte Kriminalfälle X	5er | FB4		Hi	26.000

Anhang 3 Feldpost *Fortsetzung*

erschienen	UB-Nr.	Autor	Titel	Feldpost-typ[2875]	NS-affin[2876]	Rubrik[2877]	gedruckte Exemplare 1933–1945
1917	5935	Scheffel, Joseph Victor von	Hugideo – Juniperus	RFK10g | FB1		E	
1917	5954	Bröger, Karl	Der unbekannte Soldat	RFK25 | FB1	2 | 3	Hi	44.000
1918	5964	Blücher, Gebhard Leberecht von	Briefe	RFK10g | FB4		Hi	
1918	5987	Pilz, Hermann	Kriminalfälle XII	5er | RFK25		Hi	33.000
1918	6000	Sudermann, Hermann	Der verwandelte Fächer	5er		E	5.000
1919	6007	Storm, Theodor	Immensee	FB4 | FPK1		E	213.000
1919	6013	Storm, Theodor	Pole Poppenspäler	5er | RFK25 | FB2		E	355.000
1919	6014	Storm, Theodor	Aquis submersus	FB5 | FPK1		E	96.000
1919	6015/6016	Storm, Theodor	Der Schimmelreiter	5er | RFK10 | FB5 | 100F | FPK1		E	383.000
1919	6021	Storm, Theodor	Viola Tricolor	FB3		E	51.000
1919	6022	Storm, Theodor	Beim Vetter Christian	RFK10g | FB5 | FPK1		E	149.000
1919	6023/6024	Storm, Theodor	Zur Chronik von Grieshuus	FB4 | FPK1		E	70.000
1919	6035	Storm, Theodor	Hans und Heinz Kirch	RFK25 | FB1 | FPK		E	98.000
1919	6036	Storm, Theodor	Renate	5er | FB4		E	253.000
1919	6053	Storm, Theodor	Auf der Universität	FB4		E	40.000
1919	6054	Storm, Theodor	Carsten Curator	5er | FB5		E	83.000
1919	6055	Storm, Theodor	Schweigen	RFK25 | RFK10g | FB2		E	35.000
1919	6060	Büchner, Georg	Dantons Tod	RFK25		D	5.000

Anhang 3 Feldpost *Fortsetzung*

erschienen	UB-Nr.	Autor	Titel	Feldpost-typ[2875]	NS-affin[2876]	Rubrik[2877]	gedruckte Exemplare 1933–1945
1919	6061/6062	Zahn, Ernst	Stephan der Schmied	RFK25 | FB1		E	
1919	6070	Storm, Theodor	Drüben am Markt	RFK25 | FB1		E	80.000
1919	6071	Storm, Theodor	Halligfahrt Psyche	RFK25 | RFK10g | FB2		E	70.000
1919	6072	Storm, Theodor	John Riew	FB5		E	65.000
1919	6073	Storm, Theodor	Bötjer Basch	5er | FB2		E	126.000
1920	6082	Storm, Theodor	Ein Doppelgänger	RFK25 | FB3		E	35.000
1920	6108	Storm, Theodor	Im Schloß. Veronika	FB3		E	5.000
1920	6126	Storm, Theodor	Der Amtschirurgus. Der Herr Etatsrat	RFK25		E	
1920	6133	Schmidtbonn, Wilhelm	Hinter den sieben Bergen	5er | RFK25	3	E	43.000
1920	6138	Storm, Theodor	Ein Bekenntnis	5er | RFK10 | RFK25 | FB3 | 100F		E	48.000
1920	6141	Finckh, Ludwig	Hinterm Gartenbusch	RFK25 | FB1	3 | 4	E	15.000
1920	6145	Storm, Theodor	Ein Fest auf Haderslevhuus	RFK10g | FB5		E	135.000
1920	6146	Storm, Theodor	Ein grünes Blatt. Auf dem Staatshof	FB5		E	
1920	6159	Storm, Theodor	Unter dem Tannenbaum	RFK25 | FB1		E	16.000
1920	6160	Storm, Theodor	Draußen im Heidedorf	RFK25 | FB2		E	5.000
1921	6171	Keller, Gottfried	Pankraz, der Schmoller	5er | RFK10 | FB3 | 100F		E	175.000

Anhang 3 Feldpost *Fortsetzung*

erschienen	UB-Nr.	Autor	Titel	Feldpost-typ[2875]	NS-affin[2876]	Rubrik[2877]	gedruckte Exemplare 1933–1945
1921	6172	Keller, Gottfried	Romeo und Julia auf dem Dorfe	5er | RFK10 | RFK25 | FB2 | 100F | FPK1		E	181.000
1921	6173/6174	Keller, Gottfried	Die drei gerechten Kammacher	5er | FB3		E	140.000
1921	6175	Keller, Gottfried	Spiegel, das Kätzchen	RFK25 | FB1 | FPK1		E	65.000
1921	6176	Keller, Gottfried	Die missbrauchten Liebesbriefe	RFK25 | RFK10g | FB1		E	76.000
1921	6177	Keller, Gottfried	Dietegen	FB4		E	28.000
1921	6178/6179	Keller, Gottfried	Das verlorene Lachen	RFK25 | FB2		E	63.000
1921	6180/81	Keller, Gottfried	Der Narr auf Manegg	5er | RFK10 | FB5		E	46.000
1921	6182/83	Keller, Gottfried	Der Landvogt von Greifensee	FB4 | FPK1		E	146.000
1921	6184	Keller, Gottfried	Das Fähnlein der sieben Aufrechten	5er | RFK10 | FB5 | 100F		E	290.000
1921	6185	Keller, Gottfried	Ursula	RFK10g | FB5		E	41.000
1921	6186/87	Keller, Gottfried	Sieben Legenden	FB4		E	15.000
1921	6200	Schäfer, Wilhelm	Rheinische Novellen	5er | RFK10 | FB5 | 100F	3 | 5	E	100.000
1921	6205	Storm, Theodor	Waldwinkel	RFK25 | RFK10g | FB2		E	35.000
1921	6211	Franck, Hans	Machtnix!	RFK10g | FB5	4	E	33.000
1921	6218	Storm, Theodor	Zur Wald- und Wasserfreude	RFK25 | FB1		E	40.000

Anhang 3 Feldpost *Fortsetzung*

erschienen	UB-Nr.	Autor	Titel	Feldpost-typ[2875]	NS-affin[2876]	Rubrik[2877]	gedruckte Exemplare 1933–1945
1921	6222	Storm, Theodor	Angelika. Von jenseits des Meeres	FB4		E	
1921	6223	Storm, Theodor	Eine Malerarbeit. Es waren zwei Königskinder	FB3		E	68.000
1921	6224	Storm, Theodor	Posthuma	RFK25 | FB1		E	30.000
1921	6225	Storm, Theodor	Erinnerungen und Familiengeschichten	RFK10g | FB4		E	5.000
1921	6231	Arndt, Ernst Moritz	Der Rhein. Deutschlands Strom aber nicht Deutschlands Grenze	FB3	1	St	8.000
1921	6236	Dombrowski, Ernst von	Grüne Buche	RFK25 | FB1		E	
1921	6250	Tschechow, Anton	Humoresken und Satiren IV	FB4		H	
1921	6256	Dostojewski, Fjodor	Der Großinquisitor	FB2		E	5.000
1921	6260	Strecker, Karl	Kränze	5er		E	
1921	6261	Ponten, Josef	Die Insel	5er | RFK10 | FB5 | 100F	3 | 4	E	44.000
1922	6274	Bauer, Hans	Die Purzelbaumallee. Humoresken	5er		H	
1922	6281	Huggenberger, Alfred	Der Glücksfinder	5er | RFK10 | RFK10g | FB4 | 100F	3	E	70.000

Anhang 3 Feldpost *Fortsetzung*

erschienen	UB-Nr.	Autor	Titel	Feldpost-typ[2875]	NS-affin[2876]	Rubrik[2877]	gedruckte Exemplare 1933–1945
1922	6294	Widmer, Anna Clara Hedwig (Pseud. Fröhlich, Hanna)	Fideli Schwizerg'schichtli	5er		E	
1922	6310	Ertl, Emil	Der Handschuh	5er | FB5	3	E	
1922	6320	Gerstäcker, Friedrich	Die Flucht über die Kordilleren	5er | RFK10 | RFK25 | FB2 | 100F		E	68.000
1922	6321	Beyerlein, Franz Adam	Wetterleuchten im Herbst und zwei andere Novellen	5er		E	
1922	6328/6330	Doyle, Arthur Conan	Das Geheimnis von Cloomber-Hall	FB4		E	
1922	6331	Bosshart, Jakob	Richter Dâmigh u. a. orientalische Novelletten	5er		E	
1922	6334	Noder, Anton Alfred	Das Ende der Marquise u. a. Novellen	FB4		E	
1922	6341	Scholz, Wilhelm von	Kopf im Fenster	RFK25 | FB1	3 | 4 | 5	G	23.000
1922	6350	Hartenstein, Anna	Der Geschwisterhof	RFK10g | FB4		E	
1922	6351/6352	Lang, Robert Jakob	Frühling	RFK25		E	
1922	6356	Wuttke-Biller, Emma	Ju-Kiao-Li	5er		Or	
1922	6360	Tolstoi, Lew	Der arme Paul	RFK25 | FB1		E	
1922	6364/6366	Poe, Edgar Allan	Die Abenteuer des Gordon Pyms	RFK25 | FB1		R	
1923	6380	Fischer, Margarete	Zwischen Haff und See	5er		E	

Anhang 3 Feldpost *Fortsetzung*

erschienen	UB-Nr.	Autor	Titel	Feldpost-typ[2875]	NS-affin[2876]	Rubrik[2877]	gedruckte Exemplare 1933–1945
1923	6384	Hodgson Burnett, Frances	Das Land der blauen Blume	RFK25 | FB1		E	13.000
1923	6400	Martens, Kurt	Abenteuer der Seele	RFK10g | FB5		E	
1923	6404	Ertl, Emil	Sternschnuppen	RFK25 | RFK10g | FB3	3	E	5.000
1923	6409/6410	Wilde, Oscar	Das Granatapfelhaus	FB3		E	
1923	6414	Turgenjew, Iwan	Klara Militsch	FB3		E	
1923	6421	Waser, Maria	Das Gespenst im Antistitium	5er		E	
1923	6425	De Coster, Charles	Braf der Prophet	RFK25 | RFK10g | FB2		E	
1924	6435	François, Louise von	Fräulein Muthchen und ihr Hausmeister	5er | RFK10g | FB5		E	
1924	6441	Schrickel, Leonhard	Rosen gefällig?	RFK10g		E	
1924	6450	Hallström, Per	Das ewig Männliche	5er		E	
1924	6452	Bartsch, Rudolf Hans	Pfingstküsse	FB3		E	35.000
1924	6453	Ginzkey, Franz Karl	Brigitte und Regine	RFK25		E	83.000
1924	6455	Hohlbaum, Robert	Von ewiger Kunst	FB5	2 | 3	E	61.000
1924	6456	Mell, Max	Morgenwege	RFK25 | FB1	3	E	
1924	6457	Petzold, Alfons	Das letzte Mittel	5er		E	
1924	6459	Schönherr, Karl	Die erste Beicht'	RFK25	3	E	93.000

Anhang 3 Feldpost *Fortsetzung*

erschienen	UB-Nr.	Autor	Titel	Feldposttyp[2875]	NS-affin[2876]	Rubrik[2877]	gedruckte Exemplare 1933–1945
1924	6460	Strobl, Karl Hans	Der betrogene Tod	5er | RFK10 | FB3 | 100F	3	E	21.000
1924	6471	Lang, Robert Jakob	Der Lorbeerkranz	RFK10g | FB3		E	
1924	6474	Brentano, Clemens	Die Schachtel mit der Friedenspuppe	5er		E	
1924	6481	Huch, Ricarda	Der neue Heilige	RFK25 | FB3		E	20.000
1924	6489/6490	Gotthelf, Jeremias	Die schwarze Spinne	5er | RFK10 | FB4 | 100F | FPK1		E	68.000
1924	6501	Heer, Jakob Christoph	Held der heiligen Wasser	FB4		E	51.000
1925	6521	Huch, Rudolf	Der tolle Halberstädter	RFK25 | FB2	3 | 4	E	38.000
1925	6530	Rüttenauer, Benno	Weltgeschichte in Hinterwinkel	RFK10g		E	
1925	6533	Gagern, Friedrich von	Der Marterpfahl	5er | RFK10 | RFK25 | FB1 | 100F		E	106.000
1925	6536	Perkonig, Josef Friedrich	Siebenruh	RFK25 | FB1	3	E	35.000
1925	6538	Watzlik, Hans	Ungebeugtes Volk	5er | RFK10 | RFK10g | FB4 | 100F | FPK	3	E	158.000

Anhang 3 Feldpost *Fortsetzung*

erschienen	UB-Nr.	Autor	Titel	Feldpost-typ[2875]	NS-affin[2876]	Rubrik[2877]	gedruckte Exemplare 1933–1945
1925	6541	Stehr, Hermann	Der Schindelmacher	5er | RFK10 | RFK25 | FB1 | 100F	3	E	113.000
1925	6542/6544	Lagarde, Paul de	Drei deutsche Schriften	FB5		Ph	10.000
1925	6549/6550	Voltaire	Candide oder Die Beste der Welten	5er		R	
1925	6554	Fleuron, Svend	Marodeure des Sees	FB3		E	25.000
1925	6561	Halbe, Max	Frau Meseck	RFK25 | FB3	4 | 5	E	45.000
1925	6563/6564	Wenger, Lisa	Wie der Wald still ward	5er		E	
1925	6570	Dostojewski, Fjodor	Die Sanfte	FB1	4	E	
1925	6575	Hoffmann, E. T. A.	Die Brautwahl	5er | RFK25 | RFK10g | FB1		E	45.000
1925	6589	Loder, Dietrich	Das verrückte Auto	5er		H	130.000
1926	6605	Freytag, Gustav	Aus der Römerzeit	5er		Hi	
1926	6606	Freytag, Gustav	Aus der Wanderzeit	5er | RFK10g		Hi	
1926	6611	Freytag, Gustav	Der Dreißigjährige Krieg	5er		Hi	
1926	6615	Freytag, Gustav	Die Erhebung von 1813	RFK10g		Hi	
1926	6617	Hauptmann, Gerhart	Bahnwärter Thiel	FB5	5	E	105.000

Anhang 3 Feldpost *Fortsetzung*

erschienen	UB-Nr.	Autor	Titel	Feldpost-typ[2875]	NS-affin[2876]	Rubrik[2877]	gedruckte Exemplare 1933–1945
1926	6622/6623	Huch, Rudolf	Der Herr Neveu und seine Mondgöttin	RFK25 | FB1	3 | 4	E	
1926	6630	Flaubert, Gustave	Die Legende von Sankt Julian dem Gastfreien	5er		E	
1926	6634	Anthes, Otto	Unter den sieben Türmen	FB4		E	5.000
1926	6644	Westkirch, Luise	Die Fortuna von Praeneste	RFK10g | FB5		E	
1926	6645	Bacon, Francis	Neu-Atlantis	RFK25 | RFK10g | FB2		E	
1926	6647	Stockert-Meynert, Dora von	Euphorion	5er		E	
1926	6655	Mikkelsen, Ejnar	Der Gletscherteufel	RFK25 | RFK10g | FB2		E	33.000
1926	6660	Hülsen, Hans von	Der Finkensteinsche Orden	5er	4	E	
1926	6700	Sidow, Max	Spiel mit dem Feuer	RFK10g		E	
1926	6705	Hebel, Johann Peter	Kannitverstan und andere Geschichten aus dem Schatzkästlein des Rheinischen Hausfreunds	5er | RFK25 | FB1		E	20.000
1926	6708	Storm, Theodor	Geschichten aus der Tonne	FB3		E	18.000
1926	6720	Musset, Alfred de	Der Sohn des Tizian	5er		E	
1927	6721	Müller-Guttenbrunn, Adam	Das idyllische Jahr	RFK10g	3	E	
1927	6727	Obée, Adolf	Die Punschgesellschaft	5er | RFK10g		E	30.000
1927	6731	Berstl, Julius	Lichtenbergs Idyll	5er		E	
1927	6737/6738	Scherr, Johannes	Menschliche Tragödie II	RFK25		Hi	

Anhang 3 Feldpost *Fortsetzung*

erschienen	UB-Nr.	Autor	Titel	Feldpost-typ[2875]	NS-affin[2876]	Rubrik[2877]	gedruckte Exemplare 1933–1945
1927	6740	Griepenkerl, Wolfgang Robert	Ein Überlebender	5er		E	
1927	6742/6743	Stevenson, Robert Louis	Der Strand von Falesa	FB3		E	
1927	6751	Griese, Friedrich	Wittvogel	5er | RFK10 | RFK25 | FB2 | 100F	3 | 4 | 5	E	76.000
1927	6765	Stevenson, Robert Louis	Der Flaschenkobold	RFK10g | FB5		E	23.000
1927	6781	Bäte, Ludwig	Gang ins Gestern	RFK25		E	
1927	6785/6786	Scherr, Johannes	Menschliche Tragikomödie VI	RFK25		Hi	
1927	6789/6790	Polenz, Wilhelm von	Wald	RFK25 | FB4	3	E	
1927	6796/6797	Scherr, Johannes	Menschliche Tragikomödie VII	RFK25		Hi	
1927	6800	Ammers-Küller, Jo van	Kuss des Erlösers	5er	4	E	18.000
1927	6801	Riehl, Wilhelm Heinrich	Das Spielmannskind und andere Geschichten	FB4		E	55.000
1927	6802	Riehl, Wilhelm Heinrich	Der stumme Ratsherr	5er | RFK25 | FB1 | FPK1		E	83.000
1927	6803	Riehl, Wilhelm Heinrich	Der Stadtpfeifer	5er | RFK25 | FB2 | FPK1		E	61.000
1927	6805	Brentano, Clemens	Der Dilldapp und andere Märchen	FB4		E	
1927	6809	Fronemann, Wilhelm	Moderne Erzähler II	FB2		E	

Anhang 3 Feldpost *Fortsetzung*

erschienen	UB-Nr.	Autor	Titel	Feldpost-typ[2875]	NS-affin[2876]	Rubrik[2877]	gedruckte Exemplare 1933–1945
1927	6810	Fronemann, Wilhelm	Die schönsten Historien von Till Eugenspiegel	FB3		Äl	15.000
1927	6817	Wilde, Oscar	Das Gespenst von Canterville und andere Erzählungen	RFK25 | RFK10g | FB1		E	
1927	6819/6820	Walter, Robert	Thespis und das Meerschweinchen	5er		R	
1928	6824/6825	Treitschke, Heinrich von	Der Befreiungskrieg	RFK25 | FB2		Hi	
1928	6831	Blunck, Hans Friedrich	Bruder und Schwester	5er | FB4 | 100F	2 | 3 | 5	E	113.000
1928	6835	Welle-Strand, Edvard	Pohjola	5er		E	
1928	6845	Lang, Robert Jakob	Der Tote und das Dorf	RFK10g | FB2		E	
1928	6854	Carthaus, Emil	Auf der Suche nach dem Pithekanthropus	RFK25		Na	
1928	6855/6856	Görres, Joseph von	Wider Napoleon – für das deutsche Volk	FB4		Hi	
1928	6861	Schanz, Frida	Zweite Ehe	RFK25		E	
1928	6871	Hegeler, Wilhelm	Goya und die Bucklige	RFK10g | FB4		E	
1928	6897	Gregorovius, Ferdinand	Die Insel Capri	5er | RFK25 | RFK10g | FB2		Hi	
1928	6901	Hamsun, Knut	Frauensieg	5er | RFK25 | FB2		E	48.000
1928	6906	Beheim-Schwarzbach, Martin	Lorenz Schaarmanns unzulängliche Buße	FB4		E	

Anhang 3 Feldpost *Fortsetzung*

erschienen	UB-Nr.	Autor	Titel	Feldpost-typ[2875]	NS-affin[2876]	Rubrik[2877]	gedruckte Exemplare 1933–1945
1928	6921	Walter, Robert	Der Krippenschnitzer	5er | RFK10g | FB1		E	13.000
1928	6932	Rausch, Albert H.	Märchen unter Palmen	RFK10g		E	
1928	6935	Giaever, John	Der Unhold	5er | RFK10g | FB5		E	
1928	6940	Kurz, Isolde	Nachbars Werner	FB5		E	35.000
1929	6942	Meyer, Conrad Ferdinand	Huttens letzte Tage	RFK25 | RFK10g | FB3		G	170.000
1929	6943	Meyer, Conrad Ferdinand	Das Amulett	5er |RFK10 | RFK25 | RFK10g | FB3 | 100F | FPK2		E	410.000
1929	6944	Meyer, Conrad Ferdinand	Der Schuß von der Kanzel	5er | RFK10 | FB4 | FPK1		E	233.000
1929	6945	Meyer, Conrad Ferdinand	Gustav Adolfs Page	RFK25 | FB1 | 100F | FPK1		E	155.000
1929	6946/6947	Meyer, Conrad Ferdinand	Angela Borgia	RFK25 | FB2		E	60.000
1929	6948/6949	Meyer, Conrad Ferdinand	Der Heilige	FB4		E	65.000
1929	6950/6951	Meyer, Conrad Ferdinand	Die Hochzeit des Mönchs	FB5		E	78.000
1929	6952	Meyer, Conrad Ferdinand	Die Richterin	RFK10g | FB1		E	50.000
1929	6954/6955	Meyer, Conrad Ferdinand	Die Versuchung des Pescara	5er | RFK10 | FB5		E	58.000
1929	6957	Fontane, Theodor	Eine Fahrt in den Spreewald	5er | RFK25		Hi	25.000
1929	6958	Fontane, Theodor	Die Tragödie im Hause Katte	FB3		Hi	5.000
1929	6959	Fontane, Theodor	Der alte Schadow	5er | RFK25 | RFK10g | FB1		Hi	

Anhang 3 Feldpost *Fortsetzung*

erschienen	UB-Nr.	Autor	Titel	Feldpost-typ[2875]	NS-affin[2876]	Rubrik[2877]	gedruckte Exemplare 1933–1945
1929	6960	Fontane, Theodor	Bilder aus England und Schottland	5er		Hi	
1929	6961/6963	Fontane, Theodor	Effi Briest	5er | FB2		R	28.000
1929	6964/6966	Meyer, Conrad Ferdinand	Jürg Jenatsch	RFK25 | FB2		R	106.000
1929	6970	Hauptmann, Gerhart	Die blaue Blume	RFK10g	5	G	10.000
1929	6971	Gerhard, Adele	Die Hand Gottes	RFK25 | FB3		E	5.000
1929	6980	Böttcher, Max Karl	Rings ums Jagdjahr	RFK25	2 | 4	E	
1929	7000	Kolbenheyer, Erwin Guido	Wenzel Tiegel	5er | RFK10 | FB5 | 100F | FPK1 | FPK2	3	E	135.000
1929	7006	Banse, Ewald	Der Atem des Morgenlandes	RFK10g | FB5	2	E	
1929	7011	Iden-Zeller, Anita	Das Dorf Myszkowo	5er | RFK10g | FB3		E	
1929	7015	Kuhnert, Adolf Arthur	Der Wald	RFK25 | RFK10g | FB1		E	
1929	7029/7030	Kurz, Karl Friedrich	Ein Grab im Moor	FB4		E	10.000
1929	7040	Beheim-Schwarzbach, Martin	Der kleine Moltke und die Rapierkunst	RFK25 | RFK10g | FB3		E	
1930	7044	Fleuron, Svend	Der Kater Mirööh	FB5		E	35.000
1930	7050	Jensen, Johannes V.	Jörgine	RFK10g		E	5.000

Anhang 3 Feldpost *Fortsetzung*

erschienen	UB-Nr.	Autor	Titel	Feldpost-typ[2875]	NS-affin[2876]	Rubrik[2877]	gedruckte Exemplare 1933–1945
1930	7055	Jungnickel, Max	Sorge 13	FB4	4	E	21.000
1930	7060	Unamuno, Miguel de	Die Höhle des Schweigens	5er		E	
1930	7063/7064	Schneider-Edenkoben, Richard	Tarakanova	RFK25	4	R	
1930	7070	London, Jack	Die Goldschlucht	5er		E	8.000
1930	7075	Däubler, Theodor	Der Marmorbruch	5er | FB5		E	38.000
1930	7076	Scheidt, Walter	Rassenkunde	RFK10g | FB1	1	Na	40.000
1930	7077	Oertzen, Karl Ludwig von	Der große Krieg 1914–1918	5er | RFK10 | RFK25 | FB2 | 100F	1	Hi	45.000
1930	7078/7079	Dreyer, Max	Das Riesenspielzeug	FB1	4	E	
1930	7102	Rabindranath Tagore	Aus indischer Seele	5er		Or	
1930	7108/7109	Schmeljow, Iwan	Liebe in der Krim	RFK25 | FB1		E	
1931	7111/7113	Nietzsche, Friedrich	Also sprach Zarathustra	RFK10 | FB3 | 100F		Ph	54.000
1931	7117	Nietzsche, Friedrich	Gedichte	RFK25 | RFK10g | FB1		G	25.000
1931	7121/7122	Nietzsche, Friedrich	Ecco homo	RFK25 | FB2		Ph	10.000
1931	7131/7132	Nietzsche, Friedrich	Die Geburt der Tragödie aus dem Geiste der Musik	RFK25		Ph	10.000
1931	7134	Nietzsche, Friedrich	Vom Nutzen und Nachteil der Historie für das Leben	RFK10g | FB4		Ph	23.000

Anhang 3 Feldpost *Fortsetzung*

erschienen	UB-Nr.	Autor	Titel	Feldpost-typ[2875]	NS-affin[2876]	Rubrik[2877]	gedruckte Exemplare 1933–1945
1931	7142	Ponten, Josef	Zwischen Rhone und Wolga	FB1	3 | 4	Hi	
1931	7152	Schaffner, Jakob	Der lachende Hauptmann	5er | RFK10 | FB4	1 | 2 | 3	E	54.000
1931	7153	Wilbrandt, Adolf von	Der Lotsenkommandeur	RFK25 | RFK10g	4	E	
1931	7156	Czibulka, Alfons von	Handschuhe der Kaiserin	5er | FB1		E	31.000
1931	7157/7158	Weymar-Hey, Gertrud	Enoch Arden im Riesengebirge	RFK25		R	
1932	7186	Seidel, Willy	Alarm im Jenseits	FB5	3 | 4	E	34.000
1933	7196/97	Chamberlain, Houston Stewart; Pretzsch, Paul	Richard Wagner der Deutsche, als Künstler, Denker und Politiker	RFK25		MT	15.000
1933	7210	Burte, Hermann; Berl, Heinrich	Der besiegte Lurch: Ein Gleichnis des Kampfes gegen das Leiden	FB3	2 | 3 | 5	E	36.000
1933	7211	Jahn, Moritz	Frangula oder die himmlischen Weiber im Wald	5er | RFK10 | FB3 | 100F	3 | 5	E	66.000
1933	7212	Schaumann, Ruth	Ave von Rebehagen, Erzählung	5er		E	65.000
1933	7213	Gmelin, Otto	Konradin reitet	5er | RFK10 | FB5 | 100F	3	E	220.000

Anhang 3 Feldpost *Fortsetzung*

<table>
<tr><th>erschienen</th><th>UB-Nr.</th><th>Autor</th><th>Titel</th><th>Feldpost-typ[2875]</th><th>NS-affin[2876]</th><th>Rubrik[2877]</th><th>gedruckte Exemplare 1933–1945</th></tr>
<tr><td>1933</td><td>7214</td><td>Bergengruen, Werner</td><td>Die Feuerprobe, Novelle</td><td colspan="2">5er | RFK10 | RFK25 | FB2 | 100F</td><td>E</td><td>103.000</td></tr>
<tr><td>1933</td><td>7215</td><td>Franck, Hans</td><td>Fort damit!</td><td>FB4</td><td>4</td><td>E</td><td>59.000</td></tr>
<tr><td>1933</td><td>7216</td><td>Ponten, Josef</td><td>Aus griechischer Landschaft</td><td>RFK25</td><td>3 | 4</td><td>Hi</td><td>10.000</td></tr>
<tr><td>1933</td><td>7223</td><td>Riemkasten, Felix</td><td>Die alte Schuld: Novelle</td><td>5er | RFK10 | RFK25 | FB1 | 100F</td><td>2</td><td>E</td><td>69.000</td></tr>
<tr><td>1933</td><td>7225</td><td>Treitschke, Heinrich von</td><td>Das deutsche Ordensland Preußen</td><td colspan="2">FB4</td><td>Hi</td><td>25.000</td></tr>
<tr><td>1933</td><td>7227</td><td>Diener, Walter</td><td>Deutsche Volkskunde</td><td colspan="2">RFK10g | FB1</td><td>Hi</td><td>20.000</td></tr>
<tr><td>1934</td><td>7242</td><td>Moeller van den Bruck, Arthur</td><td>Armin</td><td>FB3</td><td>1 | 2</td><td>Hi</td><td>30.000</td></tr>
<tr><td>1934</td><td>7243</td><td>Moeller van den Bruck, Arthur</td><td>Freiherr von Stein</td><td>FB5</td><td>2</td><td>Hi</td><td>25.000</td></tr>
<tr><td>1934</td><td>7245</td><td>Jagow, Kurt</td><td>Königin Luise</td><td colspan="2">RFK25</td><td>Hi</td><td>10.000</td></tr>
<tr><td>1934</td><td>7246</td><td>Neumann, Emanuel</td><td>Blücher, Scharnhorst, Gneisenau: drei dt. Heerführer in großer Zeit</td><td>RFK10g | FB3</td><td>1</td><td>Hi</td><td>15.000</td></tr>
<tr><td>1934</td><td>7249</td><td>Leers, Johann von</td><td>Geschichte auf rassischer Grundlage</td><td>5er | RFK10 | RFK10g | FB5 | 100F</td><td>1 | 2 | 4</td><td>Hi</td><td>68.000</td></tr>
</table>

Anhang 3 Feldpost *Fortsetzung*

erschienen	UB-Nr.	Autor	Titel	Feldpost-typ[2875]	NS-affin[2876]	Rubrik[2877]	gedruckte Exemplare 1933–1945
1934	7250	Hitler, Adolf; Frick, Wilhelm	Die Rede des Führers Adolf Hitler am 30.1.1934 im Deutschen Reichstag	5er	1 | 2	Hi	35.000
1934	7253/54	Kiekebusch, Albert	Deutsche Vor- und Frühgeschichte in Einzelbildern: Vom ersten Auftreten des Menschen bis zu Wiedergewinnung des Ostens	FB4		Hi	51.000
1934	7260	Hartung, Fritz	Hindenburg	5er | RFK10 | RFK25 | FB2	1	Hi	25.000
1934	7265	Schoeneich, Hans	Die ihr Heimatland verließen: Wege und Schicksale dt. Auswanderer	5er | RFK10 | RFK25 | FB2 | 100F	1	Hi	31.000
1934	7266	Rumpf, Wilhelm	Deutsche Leistungen in aller Welt	5er | RFK10 | FB3	1	Hi	24.000
1934	7267	Koenigswald, Harald von	Sickingens letzte Fehde	5er | RFK10 | RFK25 | FB3 | 100F	2	E	47.000

Anhang 3 Feldpost *Fortsetzung*

erschienen	UB-Nr.	Autor	Titel	Feldpost-typ[2875]	NS-affin[2876]	Rubrik[2877]	gedruckte Exemplare 1933–1945
1934	7268	Molo, Walter von	Der Große Fritz im Kriege, Novelle	5er | RFK10 | FB4 | 100F	4	E	88.000
1934	7269	Krause, Willy (Pseud. Peter Hagen)	Greta und Ulle, Novelle	5er | RFK10 | FB5 | 100F	2 | 3	E	57.000
1935	7289	Gronau, Wolfgang von	Wie ich fliegen lernte: Erlebnisse und Erfahrungen als Schüler und Lehrer	5er | RFK10 | FB5 | 100F	1 | 2	Hi	91.000
1935	7290	Supf, Peter	Der Tod des Fliegers	5er | RFK10 | FB3 | 100F	2	E	54.000
1935	7291	Sohnrey, Heinrich	Die Jungfernauktion, Erzählung	5er | RFK10 | FB2 | 100F | FPK1	3 | 4	E	139.000
1935	7292	Timmermans, Felix	Kleine Leute in Flandern. Erzählungen	5er | RFK10 | RFK25 | FB2 | 100F		E	176.000
1935	7295	Sybel, Heinrich von	Nationale Erhebung gegen Napoleon (Original von 1860)	RFK25 | RFK10g | FB1		Hi	10.000
1935	7301/02	Leers, Johann von	Der Weg des deutschen Bauern von der Frühzeit bis zur Gegenwart	RFK25 | FB3	1 | 2 | 4	Hi	24.000

Anhang 3 Feldpost *Fortsetzung*

<table>
<tr><th>erschienen</th><th>UB-Nr.</th><th>Autor</th><th>Titel</th><th>Feldpost-typ[2875]</th><th>NS-affin[2876]</th><th>Rubrik[2877]</th><th>gedruckte Exemplare 1933–1945</th></tr>
<tr><td>1935</td><td>7304</td><td>Zillich, Heinrich</td><td>Die Reinerbachmühle: Eine Erzählung aus Siebenbürgen</td><td>5er | FB4 | 100F | FPK</td><td>2 | 3 | 5</td><td>E</td><td>161.000</td></tr>
<tr><td>1935</td><td>7305</td><td>Perkonig, Josef Friedrich</td><td>Der Guslaspieler, Erzählung</td><td>5er | RFK10 | FB4 | 100F | FPK</td><td>3</td><td>E</td><td>101.000</td></tr>
<tr><td>1935</td><td>7306</td><td>Beheim-Schwarzbach, Martin</td><td>Die Todestrommel, Novelle</td><td colspan="2">FB5</td><td>E</td><td>19.000</td></tr>
<tr><td>1935</td><td>7310</td><td>Benz, Richard</td><td>Bachs Passion: die nordische Tragödie</td><td colspan="2">RFK10g | FB1</td><td>MT</td><td>18.000</td></tr>
<tr><td>1936</td><td>7311</td><td>Hausmann, Manfred</td><td>Die Begegnung, Erzählung</td><td colspan="2">5er | RFK10 | RFK25 | FB1</td><td>E</td><td>81.000</td></tr>
<tr><td>1936</td><td>7312</td><td>Seidel, Ina</td><td>Spuk in des Wassermanns Haus, Novelle</td><td>5er | RFK10 | FB4 | 100F | FPK2</td><td>3 | 4 | 5</td><td>E</td><td>123.000</td></tr>
<tr><td>1936</td><td>7313</td><td>Dörfler, Peter</td><td>Das Gesicht im Nebel, Erzählung</td><td>5er | RFK25 | FB2</td><td>3 | 4</td><td>E</td><td>91.000</td></tr>
<tr><td>1936</td><td>7314</td><td>Fallada, Hans</td><td>Hoppelpoppel – Wo bist du?</td><td colspan="2">5er | RFK25 | FB2</td><td>E</td><td>91.000</td></tr>
<tr><td>1936</td><td>7315</td><td>Rüdt-Collenberg, Ludwig von</td><td>Vom Entwaffnungsdiktat zur allgemeinen Wehrpflicht</td><td>RFK25</td><td>1</td><td>Hi</td><td>50.000</td></tr>
<tr><td>1936</td><td>7317</td><td>Most, Otto</td><td>Bevölkerungspolitik</td><td>RFK25</td><td>1</td><td>St</td><td>20.000</td></tr>
</table>

Anhang 3 Feldpost *Fortsetzung*

erschienen	UB-Nr.	Autor	Titel	Feldpost-typ[2875]	NS-affin[2876]	Rubrik[2877]	gedruckte Exemplare 1933–1945
1936	7319	Meister Eckhart	Vom Wunder der Seele: Eine Auswahl aus den Traktaten u. Predigten	5er | RFK10 | RFK25 | RFK10g | FB3 | 100F		Rg	20.000
1936	7320	Kindermann, Heinz	Deutsche Wende: Das Lied der Jungen	5er | RFK10 | FB3 | 100F	1	G	71.000
1936	7326	Beumelburg, Werner	Der Frontsoldat, Erzählung	RFK25 | FB3	1 | 2 | 3 | 4	E	121.000
1936	7327	Blunck, Hans Friedrich	Dammbruch. Novellen	5er | RFK10 | FB2 | 100F	2 | 3 | 4 | 5	E	76.000
1936	7328	Gunnarsson, Gunnar	Advent im Hochgebirge	5er | RFK10 | FB1 | 100F		E	261.000
1936	7329	Italiaander, Rolf	Erlebnisse beim Segelflug	5er | RFK10 | RFK10g | FB5 | 100F	1 | 2	Hb	81.000
1936	7330	Busch, Wilhelm	Die Kirmes- und Bildergeschichten	5er | RFK10 | RFK10g | FB5 | 100F | FPK2		G	411.000
1936	7331	Bismarck, Otto von	Im Kampf um das Reich. Ausgew. Kapitel aus d. „Gedanken und Erinnerungen"	FB5		Hi	33.000
1936	7334	Hedin, Sven Anders	Wildes heiliges Tibet	5er | RFK10 | RFK10g | FB5 | 100F | FPK2		Hi	161.000

Anhang 3 Feldpost *Fortsetzung*

<table>
<tr><th>erschienen</th><th>UB-Nr.</th><th>Autor</th><th>Titel</th><th>Feldpost-typ[2875]</th><th>NS-affin[2876]</th><th>Rubrik[2877]</th><th>gedruckte Exemplare 1933–1945</th></tr>
<tr><td>1936</td><td>7335</td><td>Barthel, Max</td><td>Sturm im Argonner Wald: Erzählung aus dem Weltkrieg</td><td>5er | RFK10 | FB5</td><td>1 | 2 | 3 | 4</td><td>E</td><td>47.000</td></tr>
<tr><td>1936</td><td>7336</td><td>Franck, Hans</td><td>Fiedelfite, Novelle</td><td>5er | FB1</td><td>4</td><td>E</td><td>39.000</td></tr>
<tr><td>1936</td><td>7337</td><td>Blaschke, Richard</td><td>Carl von Clausewitz, der Soldat und Kriegsphilosoph</td><td>5er | RFK10 | RFK25 | RFK10g | FB2</td><td>1</td><td>Hi</td><td>24.000</td></tr>
<tr><td>1936</td><td>7338</td><td>Schmidt, Fritz</td><td>Soldaten-Liederbuch</td><td>FB5</td><td>1</td><td>G</td><td>20.000</td></tr>
<tr><td>1936</td><td>7340/41</td><td>Keiter, Friedrich</td><td>Menschenrassen in Vergangenheit und Gegenwart</td><td>FB5</td><td>1</td><td>Na</td><td>15.000</td></tr>
<tr><td>1937</td><td>7345</td><td>Miegel, Agnes</td><td>Das Bernsteinherz, Erzählung</td><td>5er | RFK10 | RFK25 | RFK10g | FB1 | FPK</td><td>3 | 4</td><td>E</td><td>139.000</td></tr>
<tr><td>1937</td><td>7346/47</td><td>Jelusich, Mirko</td><td>Streit um Agnes, Erzählung aus der Stauferzeit</td><td>FB2 | 100F</td><td>2 | 3</td><td>E</td><td>74.000</td></tr>
<tr><td>1937</td><td>7348</td><td>Hauser, Heinrich</td><td>Die Flucht des Ingenieurs, Novelle</td><td colspan="2">5er |RFK10 | RFK25 | RFK10g | FB2 | 100F</td><td>E</td><td>41.000</td></tr>
<tr><td>1937</td><td>7349</td><td>Sander, Ulrich</td><td>Das Gefecht von Kalkehmen, Erzählung</td><td>RFK10g | FB1</td><td>1 | 2</td><td>E</td><td>39.000</td></tr>
</table>

Anhang 3 Feldpost *Fortsetzung*

<table>
<tr><th>erschienen</th><th>UB-Nr.</th><th>Autor</th><th>Titel</th><th>Feldpost-typ[2875]</th><th>NS-affin[2876]</th><th>Rubrik[2877]</th><th>gedruckte Exemplare 1933–1945</th></tr>
<tr><td>1937</td><td>7350</td><td>Ponten, Josef</td><td>Besinnliche Fahrten im Wilden Westen</td><td>5er |
RFK10 |
RFK10g</td><td>3 | 4</td><td>Hi</td><td>32.000</td></tr>
<tr><td>1937</td><td>7351</td><td>Frercks, Rudolf</td><td>Deutsche Rassenpolitik</td><td>5er |
RFK10 |
RFK25 |
RFK10g |
FB3 | 100F</td><td>1</td><td>St</td><td>18.000</td></tr>
<tr><td>1937</td><td>7364/65</td><td>Jünger, Ernst</td><td>Feuer und Blut: ein kleiner Ausschnitt aus einer großen Schlacht</td><td>RFK10 |
FB3 | 100F</td><td>2 | 3</td><td>E</td><td>35.000</td></tr>
<tr><td>1937</td><td>7366</td><td>Rainalter, Erwin Herbert</td><td>Die Botin, Erzählung</td><td>5er |
RFK10 |
RFK25 |
RFK10g |
FB2 |
100F |
FPK2</td><td>2 | 3</td><td>E</td><td>151.000</td></tr>
<tr><td>1937</td><td>7367/68</td><td>Meschendörfer, Adolf</td><td>Siebenbürgen, Land des Segens</td><td>FB2 | 100F</td><td>2 | 3</td><td>E</td><td>24.000</td></tr>
<tr><td>1937</td><td>7369</td><td>Fock, Gorch</td><td>Das schnellste Schiff der Flotte</td><td>5er |
RFK10 |
FB2 |
100F |
FPK2</td><td>3</td><td>E</td><td>181.000</td></tr>
</table>

Anhang 3 Feldpost *Fortsetzung*

erschienen	UB-Nr.	Autor	Titel	Feldpost-typ[2875]	NS-affin[2876]	Rubrik[2877]	gedruckte Exemplare 1933–1945
1937	7370/71	Hedin, Sven Anders	Im verbotenen Land	5er | RFK10 | RFK25 | FB4 | 100F		Hi	64.000
1937	7372	Luserke, Martin	Das Wrack des Raubschiffes: Seegeschichten	5er | RFK10 | RFK10g | FB4 | 100F	3	E	61.000
1937	7373	Streuvels, Stijn	Martje Maartens und der verruchte Totengräber	5er | RFK10 | RFK10g | FB5 | 100F		E	51.000
1937	7374	Platon	Erziehung zum politischen Menschen: Auswahl aus Platons Staat und Gesetz	RFK25 | FB2	1	Kl	20.000
1937	7375	Wittstock, Erwin	Das Begräbnis der Maio	5er | RFK10 | RFK25 | RFK10g | FB2 | 100F | FPK2	2 | 3	E	71.000
1937	7376	Stickelberger, Emanuel	Bluthochzeit, hist. Erzählung	FB4	3	E	39.000
1937	7377	Bischoff, Friedrich	Rübezahls Grab, Erzählung	5er | RFK10 | RFK25 | RFK10g | FB1 | 100F | FPK2	3	E	81.000

Anhang 3 Feldpost *Fortsetzung*

erschienen	UB-Nr.	Autor	Titel	Feldpost-typ[2875]	NS-affin[2876]	Rubrik[2877]	gedruckte Exemplare 1933–1945
1937	7378	Böhme, Jakob	Vom Geheimnis des Geistes: Eine Auswahl aus den Schriften Böhmes	RFK25		Ph	18.000
1937	7379/81	Goethe, Johann Wolfgang von	Gedichte	RFK10 | FB4		G	70.000
1937	7383/84	Harder, Hermann	Die Religion der Germanen	FB3		Hi	16.000
1937	7385	Grimm, Friedrich	Um Rhein, Ruhr und Saar: Ein Abwehrkampf 1918–1935	RFK10g | FB4	1 | 2	Hi	16.000
1937	7386	Jung, Hermann Albert Karl	Skagerrak: Mit Schlachtkreuzer „Lützow" an der Spitze	FB5 | 100F	1 | 2	Hi	39.000
1938	7389	Frenssen, Gustav	Land an der Nordsee, Erzählungen	5er | RFK10 | FB3 | 100F	3 | 4 | 5	E	96.000
1938	7390	Winnig, August	Im Kreis verbunden, Erzählungen	5er | RFK10 | RFK10g | FB3 | 100F	2	E	255.000
1938	7391	Schiestl-Bentlage, Margarete	Bernats Heimkehr und Ehe, Novelle	5er | RFK10 | RFK10g | FB2 | 100F | FPK2	3	E	101.000
1938	7392	Bauer, Josef Martin	Die barocke Kerze, Novelle	RFK25 | FB1 | FPK2	3	E	97.000

Anhang 3 Feldpost *Fortsetzung*

erschienen	UB-Nr.	Autor	Titel	Feldpost-typ[2875]	NS-affin[2876]	Rubrik[2877]	gedruckte Exemplare 1933–1945
1938	7393	Lauber, Cécile	Geschenk eines Sommer, Novelle	FB1		E	69.000
1938	7394	Böhme, Herbert	Nacht der Verschwörung, Novelle	FB5	2 | 3	E	38.000
1938	7395	Radtke, Eugen	Die Erstürmung des Douaumont	RFK25	1 | 2 | 3 | 4	Hi	36.000
1938	7396	Schmidtke, Heinz	Die deutsche Wehrmacht	FB4	1	Hb	10.000
1938	7398	Jacob, Ernst Gerhard	Die deutschen Kolonien einst und jetzt	RFK10g | FB3	1 | 2	Hi	83.000
1938	7412	Detig, Alfred	Wie der Führer Österreich heimbrachte	RFK25 | RFK10g | FB3	1	Hi	38.000
1938	7413/14	Bund der deutschen Schriftsteller Österreich (Hg.)	Gesänge der Ostmark: Ein Dichtergruß	RFK25 | FB2	1	G	10.000
1938	7416	Kleist, Heinrich von	Amphitryon: Ein Lustspiel nach Molière	FB4		D	96.000
1939	7424	Grimm, Hans	Wie Grete aufhörte ein Kind zu sein. Erzählung aus Südafrika	5er | RFK10 | RFK25 | FB3 | 100F | FPK	3 | 5	E	201.000
1939	7425	Dreißinger, Hans	Alpennovelle	5er | RFK10 | FB3 | 100F		E	81.000

Anhang 3 Feldpost *Fortsetzung*

<table>
<tr><th>erschienen</th><th>UB-Nr.</th><th>Autor</th><th>Titel</th><th>Feldpost-typ[2875]</th><th>NS-affin[2876]</th><th>Rubrik[2877]</th><th>gedruckte Exemplare 1933–1945</th></tr>
<tr><td>1939</td><td>7426</td><td>Fussenegger, Gertrud</td><td>Eines Menschen Sohn, Erzählung</td><td colspan="2">5er | RFK10 | RFK10g | FB2 | 100F</td><td>E</td><td>40.000</td></tr>
<tr><td>1939</td><td>7427</td><td>Claes, Ernest</td><td>Die Dorfmusik, Erzählung</td><td colspan="2">5er | RFK10 | RFK10g | FB4 | 100F | FPK2</td><td>E</td><td>221.000</td></tr>
<tr><td>1939</td><td>7428</td><td>Findeisen, Kurt Arnold</td><td>Der Siebenpunkt oder Die Reise ins Elbsandsteingebirge</td><td colspan="2">5er | RFK10 | RFK25 | FB4 | FPK</td><td>E</td><td>200.000</td></tr>
<tr><td>1939</td><td>7429/31</td><td>Ginzkey, Franz Karl</td><td>Deutsche Balladen. Eine Auswahl für die Schule</td><td colspan="2">FB1</td><td>G</td><td>26.000</td></tr>
<tr><td>1939</td><td>7432</td><td>Rothacker, Gottfried</td><td>Sudetenland und das deutsche Prag</td><td>5er | RFK10 | FB1 | FB5 | 100F</td><td>1 | 2 | 3</td><td>Hi</td><td>50.000</td></tr>
<tr><td>1939</td><td>7433</td><td>Böhme, Hermann</td><td>Carl Peters, der Begründer von Deutsch-Ostafrika</td><td>5er | RFK10 | FB4 | 100F</td><td>1</td><td>Hi</td><td>29.000</td></tr>
<tr><td>1939</td><td>7440</td><td>Ziegler, Wilhelm</td><td>Wie kam es zum Kriege 1939</td><td>5er | RFK10 | RFK25 | RFK10g | FB3 | 100F</td><td>1 | 2</td><td>Hi</td><td>231.000</td></tr>
</table>

Anhang 3 Feldpost *Fortsetzung*

erschienen	UB-Nr.	Autor	Titel	Feldpost-typ[2875]	NS-affin[2876]	Rubrik[2877]	gedruckte Exemplare 1933–1945
1939	7441	Beumelburg, Werner	Von 1914 bis 1939: Sinn und Erfüllung des Weltkrieges	5er | RFK10 | RFK10g | FB5 | 100F | FPK1	1 | 2 | 3 | 4	Hi	81.000
1939	7442	Becker, Henrik	Trutzbüchlein der Deutschen	5er | RFK10 | RFK25 | RFK10g | 100F	1	A	50.000
1939	7443	Binding, Rudolf	Vier Jahre an der Front: Aus dem Kriegstagebuch	5er | RFK10	2 | 3 | 4	B	91.000
1939	7444	Brehm, Bruno	Der dümmste Sibiriak	5er | RFK10 | RFK10g | 100F | FPK	2 | 3 | 5	E	161.000
1939	7445	Kluge, Kurt	Nocturno	FPK	3	E	90.000
1939	7446/48	Brewitz, Walther	Viertausend Jahre jüdischer Geschichte	RFK25	1	Hi	16.000
1940	7454	Bodenreuth, Friedrich	Das Ende der eisernen Schar	FPK	1 | 2	E	146.000
1940	7455	Götz, Karl	Die Heimstätter: Ein Schicksal in Kanada	5er	2	E	101.000
1940	7456	Wehner, Josef Magnus	Echnaton und Nofretete	FPK2	2 | 3 | 4	E	80.000

Anhang 3 Feldpost *Fortsetzung*

erschienen	UB-Nr.	Autor	Titel	Feldpost-typ[2875]	NS-affin[2876]	Rubrik[2877]	gedruckte Exemplare 1933–1945
1940	7458	Renker, Gustav	Flug ins Schicksal	5er | FPK2		E	115.000
1940	7459	Strauß und Torney, Lulu von	Schuld	5er	3 | 4 | 5	E	51.000
1940	7460	Scholz, Wilhelm von	Die Liebe der Charlotte Donc	5er	3 | 4 | 5	E	81.000
1940	7461	Liliencron, Detlef von	Mit Hurra drauf! Drei Kriegs-novellen	5er		E	80.000
1940	7469	Puschkin, Alexander	Der Postmeister und andere Novellen	5er		E	50.000
1940	7470	Keller, Gottfried	Kleider machen Leute	FPK2		E	170.000
1940	7471	Künkel, Hans	Die arge Ursula, Erzählung	5er		E	81.000
1940	7472	Busse, Hermann Eris	Zum silbernen Stern	5er	3	E	116.000
1940	7473	Hohlbaum, Robert	Der Kurfürst: Eine Vinzenz-Prießnitz-Novelle	5er	2 | 3	E	76.000
1940	7474	Heinsen, Fred	Germaine und die beiden Kameraden: Ein Schicksal in Flandern	5er	1	E	36.000
1940	7475	Hauptmann, Gerhart	Die Hochzeit auf Buchenhorst	5er	4	E	81.000
1940	7476	Sudermann, Hermann	Miks Bumbullis, der Wilderer	5er | FPK2		E	141.000
1940	7477	Ebner-Eschenbach, Marie von	Die Freiherren von Gemperlein	5er | FPK2		E	91.000
1940	7478	Dresler, Adolf	Benito Mussolini	5er	1 | 2	Hi	31.000
1941	7483	Busch, Wilhelm	Die ängstliche Nacht	FPK2		H	367.000

Anhang 3 Feldpost *Fortsetzung*

erschienen	UB-Nr.	Autor	Titel	Feldpost-typ[2875]	NS-affin[2876]	Rubrik[2877]	gedruckte Exemplare 1933–1945
1941	7484	Bürgel, Bruno Hans	Vom täglichen Ärger	FPK		H	280.000
1941	7485	Weiß Ferdl	Gibt's denn dös aa?	FPK2		H	280.000
1942	7506	Thieß, Frank	Der Tenor von Trapani, Novelle	FPK2		E	380.000
1942	7507	Lux, Hanns Maria	Die Verschwörung der 47 Samurai	FPK2		E	290.000

Anhang 4:
Im Programm des Reclam Verlags vertretene Autoren aus Hellmuth Langenbuchers Literaturkanon *Volkhafte Dichtung der Zeit*

von Langenbucher gelistet	Autor	Titel	weitere Beteiligte	erschienen	Rubrik[2878]	gedruckte Exemplare 1933–1945	Typ[2879]	UB-Nr.
vor 1933								
Blunck, Hans Friedrich	Blunck, Hans Friedrich	Bruder und Schwester		1928	E	113.000	UB	6831
Bröger, Karl	Bröger, Karl	Der unbekannte Soldat		1917	Hi	44.000	UB	5954
Ernst, Paul	Ernst, Paul	Preußengeist		1915	D	128.000	UB	5796
Ertl, Emil	Ertl, Emil	Der Handschuh		1922	E		UB	6310
Ertl, Emil	Ertl, Emil	Sternschnuppen		1923	E	5.000	UB	6404
Finckh, Ludwig	Finckh, Ludwig	Hinterm Gartenbusch		1920	E	15.000	UB	6141
Griese, Friedrich	Griese, Friedrich	Wittvogel		1927	E	76.000	UB	6751
Handel-Mazzetti, Enrica von	Handel-Mazzetti, Enrica von	Der Richter von Steyr		1924	E	28.000	UB	6454
Hohlbaum, Robert	Hohlbaum, Robert	Von ewiger Kunst		1924	E	61.000	UB	6455
Huch, Rudolf	Huch, Rudolf	Hans der Träumer		1925	R	7.000	Moderne Romane	

2878 E = Erzählungen, Novellen, Märchen, Skizzen | R = Romane | G = Gedichte, größere Dichtungen, | D = Dramatische Werke | Kl = griechische und römische Klassiker | H = Humoresken und Satiren | Äl = Ältere deutsche und altnordische Literatur | A = Aphorismen, Sprüche | Or = Orientalische Literatur | Almanache | B = Biografien | Gs = Gesetzesausgaben | Hb = Praktische Handbücher, Spiele, Sport | Hi = Historische und kulturgeschichtliche Werke | Hy = Gesundheitslehre, Heilkunde | Li = Literaturwissenschaft | MT = Musik- und Theaterliteratur | Na = Naturwissenschaften | O = Operntexte | Pädagogik | Ph = Philosophie | Rg = Religiöse Literatur, Religionswissenschaft | St = Staats- und Sozialwissenschaft, Volkswirtschaft | Wt = Wörterbücher, Lexika | Schülerkalender.

2879 UB = Universal-Bibliothek | RRB = Reclams Reihenbändchen.

Anhang 4 Langenbucher *Fortsetzung*

von Langenbucher gelistet	Autor	Titel	weitere Beteiligte	erschienen	Rubrik[2878]	gedruckte Exemplare 1933–1945	Typ[2879]	UB-Nr.
Huch, Rudolf	Huch, Rudolf	Der tolle Halberstädter		1925	E	38.000	UB	6521
Huch, Rudolf	Huch, Rudolf	Der Kirchenbau		1925	D		UB	6557
Huch, Rudolf	Huch, Rudolf	Wilhelm Brinkmeyers Abenteuer von ihm selbst erzählt		1926	R	13.000	Reclams Roman-Reihe	
Huch, Rudolf	Huch, Rudolf	Die beiden Ritterhelm		1926	R		Moderne Romane	
Huch, Rudolf	Huch, Rudolf	Der Herr Neveu und seine Mondgöttin		1926	E		UB	6622/ 6623
Huch, Rudolf (Herausgeber)	Jhering, Rudolf von	Der Kampf ums Recht	Herausgeber: Huch, Rudolf	1925	St		UB	6552/ 6553
Huggenberger, Alfred	Huggenberger, Alfred	Der Glücksfinder		1922	E	70.000	UB	6281
Kolbenheyer, Erwin Guido	Kolbenheyer, Erwin Guido	Wenzel Tiegel		1929	E	135.000	UB	7000
König, Eberhard	König, Eberhard	Don Ferrante		1910	D		UB	5217
Mell, Max	Mell, Max	Morgenwege		1924	E		UB	6456
Müller-Guttenbrunn, Adam	Müller-Guttenbrunn, Adam	Das idyllische Jahr		1927	E		UB	6721
Münchhausen, Börries Freiherr von	Münchhausen, Börries Freiherr von	Clémentine von Münchhausen. Anlagen u. Talente, Entwickelung u. Studien		1907	B		UB	4958
Perkonig, Josef Friedrich	Perkonig, Josef Friedrich	Siebenruh		1925	E	35.000	UB	6536

Anhang 4 Langenbucher *Fortsetzung*

von Langenbucher gelistet	Autor	Titel	weitere Beteiligte	erschienen	Rubrik[2878]	gedruckte Exemplare 1933–1945	Typ[2879]	UB-Nr.
Polenz, Wilhelm von	Polenz, Wilhelm von	Wald		1927	E		UB	6789/ 6790
Ponten, Josef	Ponten, Josef	Die Insel		1921	E	44.000	UB	6261
Ponten, Josef	Ponten, Josef	Die Bockreiter		1926	E		UB	6690/ 6691
Ponten, Josef	Ponten, Josef	Zwischen Rhone und Wolga		1931	Hi		UB	7142
Schäfer, Wilhelm	Schäfer, Wilhelm	Rheinische Novellen		1921	E	100.000	UB	6200
Schaffner, Jakob	Schaffner, Jakob	Die Mutter		1924	E	43.000	UB	6500
Schaffner, Jakob	Schaffner, Jakob	Der lachende Hauptmann		1931	E	54.000	UB	7152
Schmidtbonn, Wilhelm	Schmidtbonn, Wilhelm	Hinter den sieben Bergen		1920	E	43.000	UB	6133
Schmidtbonn, Wilhelm (Nachwort)	Ehrenstein, Albert	Dem ewigen Olymp	Nachwort: Schmidtbonn, Wilhelm	1921	E		UB	6235
Scholz, Wilhelm von	Scholz, Wilhelm von	Kopf im Fenster		1922	G	23.000	UB	6341
Schönherr, Karl	Schönherr, Karl	Die erste Beicht'		1924	E	93.000	UB	6459
Seidel, Ina	Seidel, Willy	Alarm im Jenseits		1932	E	34.000	UB	7186
Stehr, Hermann	Stehr, Hermann	Der Schindelmacher		1925	E	113.000	UB	6541
Strobl, Karl Hans	Strobl, Karl Hans	Der betrogene Tod		1924	E	21.000	UB	6460
Vesper, Will	Vesper, Will	Der Balte		1919	E		Kurzweil-Büchel	5

Anhang 4 Langenbucher *Fortsetzung*

von Langenbucher gelistet	Autor	Titel	weitere Beteiligte	erschienen	Rubrik[2878]	gedruckte Exemplare 1933–1945	Typ[2879]	UB-Nr.
Vesper, Will	Vesper, Will	Annemarie		[um 1920]	E		Kurzweil-Büchel	11
Vesper, Will (Herausgeber)	Hölderlin, Friedrich	Gedichte	besorgt von: Vesper, Will	1921	G	25.000	UB	6266/6269
Vesper, Will (Herausgeber)	Hölderlin, Friedrich	Werke	Auswahl und Einleitung: Vesper, Will	1928	Werkausgabe		Helios Klassiker	
Vesper, Will (Nachwort)	Hölderlin, Friedrich	Hyperion oder Der Eremit in Griechenland	Nachwort 1921: Vesper, Will	1874	R	55.000	UB	559/560
Watzlik, Hans	Watzlik, Hans	Ungebeugtes Volk		1925	E	158.000	UB	6538
			ab 1933					
Andres, Stefan	Andres, Stefan	Der olympische Frieden		1944	E		UB	7585
Bauer, Josef Martin	Bauer, Josef Martin	Die barocke Kerze, Novelle		1938	E	97.000	UB	7392
Beumelburg, Werner	Beumelburg, Werner	Der Frontsoldat, Erzählung	Nachwort: Pfeffer, Ernst	1936	E	121.000	UB	7326
Beumelburg, Werner	Beumelburg, Werner	Von 1914 bis 1939: Sinn und Erfüllung des Weltkrieges		1939	Hi	81.000	UB	7441
Binding, Rudolf	Binding, Rudolf	Unvergängliche Erinnerung, Auswahl aus der Autobiographie von Binding	Nachwort: Alverdes, Paul	1939	B	111.000	UB	7423

Anhang 4 Langenbucher *Fortsetzung*

von Langenbucher gelistet	Autor	Titel	weitere Beteiligte	erschienen	Rubrik[2878]	gedruckte Exemplare 1933–1945	Typ[2879]	UB-Nr.
Binding, Rudolf	Binding, Rudolf	Vier Jahre an der Front: Aus dem Kriegstagebuch	Herausgeber und Nachwort: Nußbächer, Konrad	1939	B	91.000	UB	7443
Bischoff, Friedrich	Bischoff, Friedrich	Rübezahls Grab, Erzählung	Nachwort: Bade, Wilfried	1937	E	81.000	UB	7377
Blunck, Hans Friedrich	Blunck, Hans Friedrich	Dammbruch. Novellen		1936	E	76.000	UB	7327
Blunck, Hans Friedrich	Blunck, Hans Friedrich	Auf dem Babenhof		1943	E		RRB	3
Böhme, Herbert	Böhme, Herbert	Nacht der Verschwörung, Novelle		1938	E	38.000	UB	7394
Brehm, Bruno	Brehm, Bruno	Der dümmste Sibiriak	Nachwort: Günther, Herbert	1939	E	161.000	UB	7444
Brües, Otto	Brües, Otto	Braune Spindeln		1944	E		RRB	32
Burte, Hermann	Burte, Hermann	Der besiegte Lurch: Ein Gleichnis des Kampfes gegen das Leiden	Nachwort: Berl, Heinrich	1933	E	36.000	UB	7210
Busse, Hermann Eris	Busse, Hermann Eris	Zum silbernen Stern		1940	E	116.000	UB	7472
Dörfler, Peter	Dörfler, Peter	Zusann und der Trompeter		1942	E	290.000	UB	7505
Dörfler, Peter	Dörfler, Peter	Das feldgraue Buch		1943	E		RRB	12
Dörfler, Peter	Dörfler, Peter	Die tüchtige Person		1944	E		RRB	26

Anhang 4 Langenbucher *Fortsetzung*

von Langenbucher gelistet	Autor	Titel	weitere Beteiligte	erschienen	Rubrik[2878]	gedruckte Exemplare 1933–1945	Typ[2879]	UB-Nr.
Dörfler, Peter; Wehner, Josef Magnus (Nachwort)	Dörfler, Peter	Das Gesicht im Nebel, Erzählung	Nachwort: Wehner, Josef Magnus	1936	E	91.000	UB	7313
Ernst, Paul	Ernst, Paul	Stolzer Adel		1942	E	340.000	UB	7529
Euringer, Richard	Euringer, Richard	Als Flieger in zwei Kriegen	Nachwort: Probst, Karl Friedrich	1941	E	61.000	UB	7488
Fock, Gorch	Fock, Gorch	Das schnellste Schiff der Flotte	Nachwort: Bussmann, Aline	1937	E	181.000	UB	7369
Frenssen, Gustav	Frenssen, Gustav	Land an der Nordsee, Erzählungen		1938	E	96.000	UB	7389
Friedrich Bischoff	Bischoff, Friedrich	Im Morgenrot		1943	E		RRB	15
Gmelin, Otto	Gmelin, Otto	Konradin reitet	Scheller, Will	1933	E	220.000	UB	7213
Gmelin, Otto	Gmelin, Otto	Die Botschaft der Kaiserin		1940	E	116.000	UB	7457
Gmelin, Otto	Gmelin, Otto	Konradin reitet		1941	R	5.100	Verlagswerk	
Gorch Fock	Fock, Gorch	Seegeschichten		1943	E		RRB	20
Grimm, Hans	Grimm, Hans	Wie Grete aufhörte ein Kind zu sein. Erzählung aus Südafrika	Nachwort: Endres, Fritz	1939	E	201.000	UB	7424
Hohlbaum, Robert	Hohlbaum, Robert	Heldische Prosa		1934	E	5.000	Verlagswerk	
Hohlbaum, Robert	Hohlbaum, Robert	Der Kurfürst: Eine Vinzenz-Prießnitz-Novelle		1940	E	76.000	UB	7473

Anhang 4 Langenbucher *Fortsetzung*

von Langenbucher gelistet	Autor	Titel	weitere Beteiligte	erschienen	Rubrik[2878]	gedruckte Exemplare 1933–1945	Typ[2879]	UB-Nr.
Hohlbaum, Robert (Nachwort)	Jelusich, Mirko	Streit um Agnes, Erzählung aus der Stauferzeit	Nachwort: Hohlbaum, Robert	1937	E	74.000	UB	7346/47
Jahn, Moritz	Jahn, Moritz	Frangula oder die himmlischen Weiber im Wald		1943	E	10.000	Verlagswerk	
Jahn, Moritz; Börries Münchhausen (Nachwort)	Jahn, Moritz	Frangula oder die himmlischen Weiber im Wald	Nachwort: Börries Münchhausen	1933	E	66.000	UB	7211
Jünger, Ernst	Jünger, Ernst	Feuer und Blut: ein kleiner Ausschnitt aus einer großen Schlacht		1937	E	35.000	UB	7364/65
Kluge, Kurt	Kluge, Kurt	Nocturno		1939	E	90.000	UB	7445
Kolbenheyer, Erwin Guido	Kolbenheyer, Erwin Guido	Die Wiedergeburt des alten Daringer		1942	E	140.000	UB	7504
Lersch, Heinrich (Nachwort)	Barthel, Max	Sturm im Argonner Wald: Erzählung aus dem Weltkrieg	Nachwort: Lersch, Heinrich	1936	E	47.000	UB	7335
Linke, Johannes	Linke, Johannes	Die Silvesternacht	Nachwort: Westecker, Wilhelm	1943	E	230.000	UB	7555
Luserke, Martin	Luserke, Martin	Das Wrack des Raubschiffes: Seegeschichten	Nachwort: Heinrich, Gregor	1937	E	61.000	UB	7372

Anhang 4 Langenbucher *Fortsetzung*

von Langenbucher gelistet	Autor	Titel	weitere Beteiligte	erschienen	Rubrik[2878]	gedruckte Exemplare 1933–1945	Typ[2879]	UB-Nr.
Luserke, Martin	Luserke, Martin	Krake kreuzt im Nordmeer		1938	R	10.083	Kleine Illustrierte Reihe	
Mell, Max	Mell, Max	Verheißungen		1944	E		UB	7584
Meschendörfer, Adolf	Meschendörfer, Adolf	Siebenbürgen, Land des Segens		1937	E	24.000	UB	7367/68
Miegel, Agnes	Miegel, Agnes	Das Bernsteinherz, Erzählung		1937	E	139.000	UB	7345
Müller-Partenkirchen, Fritz	Müller-Partenkirchen, Fritz	Lustige Geschichten		1943	E		RRB	23
Münchhausen, Börries Freiherr von	Münchhausen, Börries Freiherr von	Geschichten aus der Geschichte		1934	R	4.630	Verlagswerk	
Nierentz, Hans Jürgen (Nachwort)	Krause, Willy (Pseud. Peter Hagen)	Greta und Ulle, Novelle	Nachwort: Nierentz, Hans Jürgen	1934	E	57.000	UB	7269
Perkonig, Josef Fried-rich	Perkonig, Josef Friedrich	Der Guslaspieler, Erzählung		1935	E	101.000	UB	7305
Pleyer, Wilhelm	Pleyer, Wilhelm	Kämpfen und Lachen		1941	E	61.000	UB	7487
Polenz, Wilhelm von	Polenz, Wilhelm von	Der Büttnerbauer		1933	R	39.358	Verlagswerk	
Ponten, Josef	Ponten, Josef	Aus griechischer Landschaft		1933	Hi	10.000	UB	7216
Ponten, Josef	Ponten, Josef	Besinnliche Fahrten im Wilden Westen		1937	Hi	32.000	UB	7350
Ponten, Josef	Ponten, Josef	Die deutsche Landschaft und der deutsche Mensch		1944	E		RRB	27

Anhang 4 Langenbucher *Fortsetzung*

von Langenbucher gelistet	Autor	Titel	weitere Beteiligte	erschienen	Rubrik[2878]	gedruckte Exemplare 1933–1945	Typ[2879]	UB-Nr.
Rainalter, Erwin Herbert	Rainalter, Erwin Herbert	Die Botin, Erzählung		1937	E	151.000	UB	7366
Rainalter, Erwin Herbert	Rainalter, Erwin Herbert	Walzer im Mondschein		1942	E	270.000	UB	7531
Rothacker, Gottfried	Rothacker, Gottfried (Pseud. Nowak, Bruno)	Sudetenland und das deutsche Prag		1939	Hi	50.000	UB	7432
Schäfer, Wilhelm	Schäfer, Wilhelm	Zwei Anekdoten		1943	E		RRB	17
Schauwecker, Franz (Nachwort)	Radtke, Eugen	Die Erstürmung des Douaumont	Nachwort: Schauwecker, Franz	1938	Hi	36.000	UB	7395
Schiestl-Bentlage, Margarete	Schiestl-Bentlage, Margarete	Bernats Heimkehr und Ehe, Novelle		1938	E	101.000	UB	7391
Schirach, Baldur von	Schirach, Baldur von (Herausgeber)	Das Lied der Getreuen		1938	G	288.973	Verlagswerk	
Schönherr, Karl	Schönherr, Karl	Der Ehrenposten		1944	E		RRB	25
Scholz, Wilhelm von	Scholz, Wilhelm von	Die Liebe der Charlotte Donc		1940	E	81.000	UB	7460
Seidel, Ina	Seidel, Ina	Spuk in des Wassermanns Haus, Novelle		1936	E	123.000	UB	7312
Seidel, Ina	Seidel, Ina	Briefe der Deutschen aus einem Jahrtausend		1943	Hi	5.000	Illustrierte Werke	
Sohnrey, Heinrich	Sohnrey, Heinrich	Die Jungfernauktion, Erzählung		1935	E	139.000	UB	7291

Anhang 4 Langenbucher *Fortsetzung*

von Langenbucher gelistet	Autor	Titel	weitere Beteiligte	erschienen	Rubrik[2878]	gedruckte Exemplare 1933–1945	Typ[2879]	UB-Nr.
Stickelberger, Emanuel	Stickelberger, Emanuel	Bluthochzeit, hist. Erzählung		1937	E	39.000	UB	7376
Strauß und Torney, Lulu von	Strauß und Torney, Lulu von	Schuld		1940	E	51.000	UB	7459
Wehner, Josef Magnus	Wehner, Josef Magnus	Echnaton und Nofretete		1940	E	80.000	UB	7456
Wittstock, Erwin	Wittstock, Erwin	Das Begräbnis der Maio		1937	E	71.000	UB	7375
Zillich, Heinrich	Zillich, Heinrich	Die Reinerbachmühle: Eine Erzählung aus Siebenbürgen		1935	E	161.000	UB	7304

Anhang 5:
Im Programm des Reclam Verlags vertretene Unterzeichner der Treuekundgebung für Adolf Hitler

Unterzeichner Treuegelöbnis	Autor	Titel	weitere Beteiligte	erschienen	Rubrik[2880]	NS-affin[2881]	gedruckte Exemplare 1933–1945	Typ[2882]	UB-Nr.
vor 1933									
Böttcher, Max Karl	Böttcher, Max Karl	Rings ums Jagdjahr		1929	E	2 | 4		UB	6980
Diers, Marie	Diers, Marie	Frau Elsbeth		1914	R	4		UB	5716/ 5717
Diers, Marie	Diers, Marie	Die tugendhaften Beekholzer		[um 1920]	E	4		Kurzweil-Büchel	
Dreyer, Max	Dreyer, Max	Das Riesenspielzeug		1930	E	4		UB	7078/ 7079
Dreyer, Max (Nachwort)	Wilbrandt, Adolf von	Der Lotsenkommandeur	Nachwort: Dreyer, Max	1931	E	4		UB	7153
Dülberg, Franz (Übersetzung)	Ammers-Küller, Jo van	Kuss des Erlösers	Übersetzung: Dülberg, Franz	1927	E	4	18.000	UB	6800
Finckh, Ludwig	Finckh, Ludwig	Hinterm Gartenbusch		1920	E	3 | 4	15.000	UB	6141

2880 E = Erzählungen, Novellen, Märchen, Skizzen | R = Romane | G = Gedichte, größere Dichtungen, | D = Dramatische Werke | Kl = griechische und römische Klassiker | H = Humoresken und Satiren | Äl = Ältere deutsche und altnordische Literatur | A = Aphorismen, Sprüche | Or = Orientalische Literatur | Almanache | B = Biografien | Gs = Gesetzesausgaben | Hb = Praktische Handbücher, Spiele, Sport | Hi = Historische und kulturgeschichtliche Werke | Hy = Gesundheitslehre, Heilkunde | Li = Literaturwissenschaft | MT = Musik- und Theaterliteratur | Na = Naturwissenschaften | O = Operntexte | Pädagogik | Ph = Philosophie | Rg = Religiöse Literatur, Religionswissenschaft | St = Staats- und Sozialwissenschaft, Volkswirtschaft | Wt = Wörterbücher, Lexika | Schülerkalender.

2881 1 = Titel ist auf *Liste auszusondernden Literatur* indiziert | 2 = Titel ist im *Verzeichnis auszusondernder Literatur* indiziert | 3= Autor oder weitere Beteiligte des Titels bei Langenbucher gelistet | 4 = Autor oder weitere Beteiligte Unterzeichner des Gelöbnisses für Adolf Hitler | 5 = Autor oder weitere Beteiligte auf *Gottbegnadeten-Liste* | 6 = Autor auf *Sonderliste A* der sechs wichtigsten Schriftsteller.

2882 UB = Universal-Bibliothek | RRB = Reclams Reihenbändchen.

Anhang 5 Treuekundgebung *Fortsetzung*

Unterzeichner Treuegelöbnis	Autor	Titel	weitere Beteiligte	erschienen	Rubrik[2880]	NS-affin[2881]	gedruckte Exemplare 1933–1945	Typ[2882]	UB-Nr.
Flake, Otto	Flake, Otto	Die Scheidung		1929	E	4	5.000	UB	6981
Franck, Hans	Franck, Hans	Machtnix!		1921	E	4	33.000	UB	6211
Griese, Friedrich	Griese, Friedrich	Wittvogel		1927	E	3 | 4 | 5	76.000	UB	6751
Grube, Max (Einleitung)	Ludwig, Otto	Die Torgauer Heide	Einleitung: Grube, Max	1914	D	4	5.000	UB	5705
Günther, Johannes (Übersetzung)	Dostojewski, Fjodor Michailowitsch	Die Sanfte	Übersetzung: Günther, Johannes	1925	E	4		UB	6570
Halbe, Max	Halbe, Max	Frau Meseck		1925	E	4 | 5	45.000	UB	6561
Herzog, Rudolf	Herzog, Rudolf	Komödien des Lebens		1908	E	2 | 4		UB	5049/5050
Huch, Rudolf	Huch, Rudolf	Hans der Träumer		1925	R	3 | 4	7.000	Moderne Romane	
Huch, Rudolf	Huch, Rudolf	Der tolle Halberstädter		1925	E	3 | 4	38.000	UB	6521
Huch, Rudolf	Huch, Rudolf	Der Kirchenbau		1925	D	3 | 4		UB	6557
Huch, Rudolf	Huch, Rudolf	Wilhelm Brinkmeyers Abenteuer von ihm selbst erzählt		1926	R	3 | 4	13.000	Reclams Roman-Reihe	
Huch, Rudolf	Huch, Rudolf	Die beiden Ritterhelm		1926	R	3 | 4		Moderne Romane	
Huch, Rudolf	Huch, Rudolf	Der Herr Neveu und seine Mondgöttin		1926	E	3 | 4		UB	6622/6623
Huch, Rudolf (Herausgeber)	Jhering, Rudolf von	Der Kampf ums Recht	Herausgeber: Huch, Rudolf	1925	St	3 | 4		UB	6552/6553
Hülsen, Hans von	Hülsen, Hans von	Der Kelch und die Brüder		1925	R	4		Moderne Romane	

Anhang 5 Treuekundgebung *Fortsetzung*

Unterzeichner Treuegelöbnis	Autor	Titel	weitere Beteiligte	erschienen	Rubrik[2880]	NS-affin[2881]	gedruckte Exemplare 1933–1945	Typ[2882]	UB-Nr.
Hülsen, Hans von	Hülsen, Hans von	Nickel List		1925	R	4		Moderne Romane	
Hülsen, Hans von	Hülsen, Hans von	Camerlinak oder Der Weg durch die Macht		1926	R	4		Moderne Romane	
Hülsen, Hans von	Hülsen, Hans von	Der Finkensteinsche Orden		1926	E	4		UB	6660
Hülsen, Hans von	Hülsen, Hans von	Gerhart Hauptmann		1927	Li	2 | 4	5.000	UB	6811/ 6813
Hülsen, Hans von	Hülsen, Hans von	Güldenboden. Oder Erwirb es, um es zu besitzen		1928	R	4		Moderne Romane	
Hülsen, Hans von	Hülsen, Hans von	Die Bucht von Sant'Agata		1932	R	4		Reclams Roman-Reihe	
Jungnickel, Max	Jungnickel, Max	Das Herz in der Laterne		1921	D	2 | 4		UB	6249
Jungnickel, Max	Jungnickel, Max	Sorge 13		1930	E	4	21.000	UB	7055
Ponten, Josef	Ponten, Josef	Die Insel		1921	E	3 | 4	44.000	UB	6261
Ponten, Josef	Ponten, Josef	Die Bockreiter		1926	E	3 | 4		UB	6690/ 6691
Ponten, Josef	Ponten, Josef	Zwischen Rhone und Wolga		1931	Hi	3 | 4		UB	7142
Presber, Rudolf	Presber, Rudolf	Liselott von der Pfalz		1921	D	4		UB	6207
Presber, Rudolf	Presber, Rudolf	Kreuzfeuer		1924	R	4		Verlagswerk	
Rehbein, Arthur (Nachwort)	Marlitt, Eugenie	Das Geheimnis der alten Mamsell	Nachwort: Rehbein, Arthur	1926	R	4		UB	6626/ 6629
Reicke, Ilse	Reicke, Ilse	Die Frauenbewegung		1929	Hi	4		UB	6975

Anhang 5 Treuekundgebung *Fortsetzung*

Unterzeichner Treuegelöbnis	Autor	Titel	weitere Beteiligte	erschienen	Rubrik[2880]	NS-affin[2881]	gedruckte Exemplare 1933–1945	Typ[2882]	UB-Nr.
Schlaf, Johannes	Schlaf, Johannes	Tantchen Mohnhaupt und Anderes		1913	E	4		UB	5626/ 5627
Schlaf, Johannes	Schlaf, Johannes	Miele. Ein Charakterbild		1920	E	4		UB	6100
Schnack, Anton (Nachwort)	Schmitz, Oskar	Heimliche Geschichte	Nachwort: Schnack, Anton	1925	E	4		UB	6560
Schneider-Edenkoben, Richard	Schneider-Edenkoben, Richard	Tarakanova		1930	R	4		UB	7063/ 7064
Scholz, Wilhelm von	Scholz, Wilhelm von	Kopf im Fenster		1922	G	3 | 4 | 5	23.000	UB	6341
Vesper, Will	Vesper, Will	Der Balte		1919	E	2 | 3 | 4		Kurzweil-Büchel	5
Vesper, Will	Vesper, Will	Annemarie		[um 1920]	E	2 | 3 | 4		Kurzweil-Büchel	11
Vesper, Will (Herausgeber)	Hölderlin, Friedrich	Gedichte	besorgt von: Vesper, Will	1921	G	3 | 4	25.000	UB	6266/ 6269
Vesper, Will (Herausgeber)	Hölderlin, Friedrich	Werke	Auswahl und Einleitung: Vesper, Will	1928	Werkausgabe	3 | 4		Helios Klassiker	
Vesper, Will (Nachwort)	Hölderlin, Friedrich	Hyperion oder Der Eremit in Griechenland	Nachwort 1921: Vesper, Will	1874	R	3 | 4	55.000	UB	559/ 560
Willy Seidel	Seidel, Willy	Alarm im Jenseits		1932	E	3 | 4	34.000	UB	7186

Anhang 5 Treuekundgebung *Fortsetzung*

Unterzeichner Treuegelöbnis	Autor	Titel	weitere Beteiligte	erschienen	Rubrik[2880]	NS-affin[2881]	gedruckte Exemplare 1933–1945	Typ[2882]	UB-Nr.
ab 1933									
Beumelburg, Werner	Beumelburg, Werner	Der Frontsoldat, Erzählung	Nachwort: Pfeffer, Ernst	1936	E	1 | 2 | 3 | 4	121.000	UB	7326
Beumelburg, Werner	Beumelburg, Werner	Von 1914 bis 1939: Sinn und Erfüllung des Weltkrieges		1939	Hi	1 | 2 | 3 | 4	81.000	UB	7441
Binding, Rudolf	Binding, Rudolf	Unvergängliche Erinnerung, Auswahl aus der Autobiographie von Binding	Nachwort: Alverdes, Paul	1939	B	3 | 4	111.000	UB	7423
Binding, Rudolf	Binding, Rudolf	Vier Jahre an der Front: Aus dem Kriegstagebuch	Herausgeber und Nachwort: Nußbächer, Konrad	1939	B	2 | 3 | 4	91.000	UB	7443
Blunck, Hans Friedrich	Blunck, Hans Friedrich	Dammbruch. Novellen		1936	E	2 | 3 | 4 | 5	76.000	UB	7327
Blunck, Hans Friedrich	Blunck, Hans Friedrich	Auf dem Babenhof		1943	E	2 | 3 | 4 | 5		RRB	3
Dörfler, Peter	Dörfler, Peter	Zusann und der Trompeter		1942	E	3 | 4	29.0000	UB	7505
Dörfler, Peter	Dörfler, Peter	Das feldgraue Buch		1943	E	3 | 4		RRB	12
Dörfler, Peter	Dörfler, Peter	Die tüchtige Person		1944	E	3 | 4		RRB	26

Anhang 5 Treuekundgebung *Fortsetzung*

<table>
<tr><th>Unterzeichner Treuegelöbnis</th><th>Autor</th><th>Titel</th><th>weitere Beteiligte</th><th>erschienen</th><th>Rubrik[2880]</th><th>NS-affin[2881]</th><th>gedruckte Exemplare 1933–1945</th><th>Typ[2882]</th><th>UB-Nr.</th></tr>
<tr><td>Dörfler, Peter; Wehner, Josef Magnus (Nachwort)</td><td>Dörfler, Peter</td><td>Das Gesicht im Nebel, Erzählung</td><td>Nachwort: Wehner, Josef Magnus</td><td>1936</td><td>E</td><td>3 | 4</td><td>91.000</td><td>UB</td><td>7313</td></tr>
<tr><td>Euringer, Richard</td><td>Euringer, Richard</td><td>Als Flieger in zwei Kriegen</td><td>Nachwort: Probst, Karl Friedrich</td><td>1941</td><td>E</td><td>1 | 2 | 3 | 4</td><td>61.000</td><td>UB</td><td>7488</td></tr>
<tr><td>Franck, Hans</td><td>Franck, Hans</td><td colspan="2">Fort damit!</td><td>1933</td><td>E</td><td>4</td><td>59.000</td><td>UB</td><td>7215</td></tr>
<tr><td>Franck, Hans</td><td>Franck, Hans</td><td>Fiedelfite, Novelle</td><td>Nachwort: Knudsen, Hans</td><td>1936</td><td>E</td><td>4</td><td>39.000</td><td>UB</td><td>7336</td></tr>
<tr><td>Frenssen, Gustav</td><td>Frenssen, Gustav</td><td colspan="2">Land an der Nordsee, Erzählungen</td><td>1938</td><td>E</td><td>3 | 4 | 5</td><td>96.000</td><td>UB</td><td>7389</td></tr>
<tr><td>Haensel, Carl</td><td>Haensel, Carl</td><td colspan="2">Die Ablösung, Novelle</td><td>1945</td><td>E</td><td>4</td><td></td><td>UB</td><td>7606</td></tr>
<tr><td>Hülsen, Hans von</td><td>Hülsen, Hans von</td><td colspan="2">Peter Drosts drittes Leben</td><td>1935</td><td>R</td><td>4</td><td>3.000</td><td colspan="2">Reclams Roman-Reihe</td></tr>
<tr><td>Hülsen, Hans von (Nachwort)</td><td>Hauptmann, Gerhart</td><td>Die Hochzeit auf Buchenhorst</td><td>Nachwort: Hülsen, Hans von</td><td>1940</td><td>E</td><td>6</td><td>81.000</td><td>UB</td><td>7475</td></tr>
<tr><td>Leers, Johannes von</td><td>Leers, Johann von</td><td colspan="2">Geschichte auf rassischer Grundlage</td><td>1934</td><td>Hi</td><td>1 | 2 | 4</td><td>68.000</td><td>UB</td><td>7249</td></tr>
<tr><td>Leers. Johannes von</td><td>Leers, Johann von</td><td colspan="2">Der Weg des deutschen Bauern von der Frühzeit bis zur Gegenwart</td><td>1935</td><td>Hi</td><td>1 | 2 | 4</td><td>24.000</td><td>UB</td><td>7301/02</td></tr>
</table>

Anhang 5 Treuekundgebung *Fortsetzung*

Unterzeichner Treuegelöbnis	Autor	Titel	weitere Beteiligte	erschienen	Rubrik[2880]	NS-affin[2881]	gedruckte Exemplare 1933–1945	Typ[2882]	UB-Nr.
Lersch, Heinrich (Nachwort)	Barthel, Max	Sturm im Argonner Wald: Erzählung aus dem Weltkrieg	Nachwort: Lersch, Heinrich	1936	E	1 | 2 | 3 | 4	47.000	UB	7335
Miegel, Agnes	Miegel, Agnes	Das Bernsteinherz Erzählung		1937	E	3 | 4 | 6	139.000	UB	7345
Molo, Walter von	Molo, Walter von	Der Große Fritz im Kriege, Novelle	Nachwort: Gloy, Albert	1934	E	4	88.000	UB	7268
Müller-Partenkirchen, Fritz	Müller-Partenkirchen, Fritz	Lustige Geschichten		1943	E	3 | 4		RRB	23
Münchhausen, Börries Freiherr von	Münchhausen, Börries Freiherr von	Geschichten aus der Geschichte		1934	R	3 | 4 | 5	4.630	Verlagswerk	
Otto Brües	Brües, Otto	Braune Spindeln		1944	E	2 | 3 | 4		RRB	32
Ponten, Josef	Ponten, Josef	Aus griechischer Landschaft		1933	Hi	3 | 4	10.000	UB	7216
Ponten, Josef	Ponten, Josef	Besinnliche Fahrten im Wilden Westen		1937	Hi	3 | 4	32.000	UB	7350
Ponten, Josef	Ponten, Josef	Die deutsche Landschaft und der deutsche Mensch		1944	E	3 | 4		RRB	27
Schauwecker, Franz (Nachwort)	Radtke, Eugen	Die Erstürmung des Douaumont	Nachwort: Schauwecker, Franz	1938	Hi	1 | 2 | 3 | 4	36.000	UB	7395

Anhang 5 Treuekundgebung *Fortsetzung*

Unterzeichner Treuegelöbnis	Autor	Titel	weitere Beteiligte	erschienen	Rubrik[2880]	NS-affin[2881]	gedruckte Exemplare 1933–1945	Typ[2882]	UB-Nr.
Scholz, Wilhelm von	Scholz, Wilhelm von	Die Liebe der Charlotte Donc		1940	E	3 | 4 | 5	81.000	UB	7460
Seidel, Ina	Seidel, Ina	Spuk in des Wassermanns Haus, Novelle		1936	E	3 | 4 | 6	123.000	UB	7312
Seidel, Ina	Seidel, Ina	Briefe der Deutschen aus einem Jahrtausend		1943	Hi	3 | 4 | 6	5.000	Illustrierte Werke	
Sohnrey, Heinrich	Sohnrey, Heinrich	Die Jungfernauktion, Erzählung		1935	E	3 | 4	139.000	UB	7291
Strauß und Torney, Lulu von	Strauß und Torney, Lulu von	Schuld		1940	E	3 | 4 | 5	51.000	UB	7459
Wehner, Josef Magnus	Wehner, Josef Magnus	Echnaton und Nofretete		1940	E	2 | 3 | 4	80.000	UB	7456

Anhang 6: Im Programm des Reclam Verlags vertretene Autoren der *Schwarzen Liste*

Autoren der Schwarzen Liste	Autor	Titel	weitere Beteiligte	erschienen	Rubrik[2883]	Typ[2884]	UB-Nr.
Barthel, Max	Barthel, Max	Sturm im Argonner Wald: Erzählung aus dem Weltkrieg	Nachwort: Lersch, Heinrich	1936	E	UB	7335
Ebermayer, Erich	Ebermayer, Erich	Nacht in Warschau		1929	R	Junge Deutsche	
Ebermayer, Erich	Ebermayer, Erich	Kaspar Hauser. Dramatische Legende		1929	E	UB	7014
Ebermayer, Erich	Ebermayer, Erich	Der Schritt ins Freie		1932	E	UB	7192
Fink, Georg (Übersetzer)	Le Sage, Alain René	Der hinkende Teufel	Übersetzer: Fink, G.	1871	R	UB	353/354
Fink, Georg (Übersetzer)	Le Sage, Alain René	Geschichte des Gil Blas von Santillana	Übersetzer: Fink, G.	1874	R	UB	531/533
Frank, Leonhard	Frank, Leonhard	Absturz	Nachwort: Polgar, Alfred	1929	E	UB	7004
Gorki, Maxim	Gorki, Maxim	Ausgewählte Erzählungen I		1901	E	UB	4221
Gorki, Maxim	Gorki, Maxim	Ausgewählte Erzählungen II		1902	E	UB	4271
Gorki, Maxim	Gorki, Maxim	Malwa		1902	E	UB	4366
Gorki, Maxim	Gorki, Maxim	Die Geschichte eines Verbrechens		1903	E	UB	4445
Gorki, Maxim	Gorki, Maxim	Die alte Isergil und andere Erzählungen		1904	E	UB	4587

2883 E = Erzählungen, Novellen, Märchen, Skizzen | R = Romane | G = Gedichte, größere Dichtungen, | D = Dramatische Werke | Kl = griechische und römische Klassiker | H = Humoresken und Satiren | Äl = Ältere deutsche und altnordische Literatur | A = Aphorismen, Sprüche | Or = Orientalische Literatur | Almanache | B = Biografien | Gs = Gesetzesausgaben | Hb = Praktische Handbücher, Spiele, Sport | Hi = Historische und kulturgeschichtliche Werke | Hy = Gesundheitslehre, Heilkunde | Li = Literaturwissenschaft | MT = Musik- und Theaterliteratur | Na = Naturwissenschaften | O = Operntexte | Pädagogik | Ph = Philosophie | Rg = Religiöse Literatur, Religionswissenschaft | St = Staats- und Sozialwissenschaft, Volkswirtschaft | Wt = Wörterbücher, Lexika | Schülerkalender

2884 UB = Universal-Bibliothek | RRB = Reclams Reihenbändchen.

Anhang 6 *Fortsetzung*

Autoren der Schwarzen Liste	Autor	Titel	weitere Beteiligte	erschienen	Rubrik[2883]	Typ[2884]	UB-Nr.
Gorki, Maxim	Gorki, Maxim	Konowalow		1905	E	UB	4673
Gorki, Maxim	Gorki, Maxim	Ausgewählte Erzählungen VII		1906	E	UB	4772
Lampel, Peter Martin	Lampel, Peter Martin	Heereszeppeline im Angriff		1918	Hi	UB	5996
London, Jack	London, Jack	Die Goldschlucht		1930	E	UB	7070
Mann, Heinrich	Mann, Heinrich	Der Tyrann	Nachwort: Salten, Felix	1929	E	UB	7001
Mann, Klaus	Mann, Klaus	Abenteuer		1929	R	Junge Deutsche	
Meyrink, Gustav	Meyrink, Gustav	Die Uhr	Co-Autor: Roda Roda, Alexander	1918	E	UB	5992
Meyrink, Gustav	Meyrink, Gustav	Der violette Tod		1922	E	UB	6311
Neumann, Robert	Neumann, Robert	Die Blinden von Kagoll		1929	E	UB	7013
Neumann, Robert (Nachwort)	Olden, Hans	Der Glückstifter	Nachwort: Neumann, Robert	1891	D	UB	2886
Neumann, Robert (Nachwort)	Meissner, Leopold Florian	Aus den Papieren eines Polizeikommissars I	Auswahl und Nachwort: Neumann, Robert	1892	E	UB	2926
Neumann, Robert (Nachwort)	Meissner, Leopold Florian	Aus den Papieren eines Polizeikommissars II	Auswahl und Nachwort: Neumann, Robert	1892	E	UB	2961/2962
Neumann, Robert (Nachwort)	Olden, Hans	Ilse	Nachwort: Neumann, Robert	1892	D	UB	3004

Anhang 6 *Fortsetzung*

Autoren der Schwarzen Liste	Autor	Titel	weitere Beteiligte	erschienen	Rubrik[2883]	Typ[2884]	UB-Nr.
Neumann, Robert (Nachwort)	Meissner, Leopold Florian	Aus den Papieren eines Polizeikommissars III	Auswahl und Nachwort: Neumann, Robert	1892	E	UB	3013
Neumann, Robert (Nachwort)	Meissner, Leopold Florian	Aus den Papieren eines Polizeikommissars IV	Auswahl und Nachwort: Neumann, Robert	1894	E	UB	3304
Schaeffer, Albrecht	Schaeffer, Albrecht	Die tanzenden Füße		1926	E	UB	6631/6632
Schnitzler, Arthur	Schnitzler, Arthur	Die dreifache Warnung		1924	E	UB	6458
Suttner, Bertha	Suttner, Bertha	Ku-i-kuk		1913	E	UB	5568
Ulitz, Arnold	Ulitz, Arnold	Die Unmündigen. Grenzfälle aus dem Seelenleben Jugendlicher		1931	Hy	UB	7149
Wassermann, Jakob	Wassermann, Jakob	Der Geist des Pilgers		1926	R	Moderne Romane	
Wassermann, Jakob	Wassermann, Jakob	Das Gold von Caxamalca	Nachwort: Zuckerkandl, Viktor	1928	E	UB	6900
Werfel, Franz	Werfel, Franz	Das Geheimnis des Saverio		1932	E	UB	7184
Zweig, Arnold	Zweig, Arnold	Gerufene Schatten	Nachwort: Stroh, Heinz	1926	E	UB	6711
Zweig, Stefan	Zweig, Stefan	Der verwandelte Komödiant		1923	E	UB	6374
Zweig, Stefan	Zweig, Stefan	Angst		1925	E	UB	6540
Zweig, Stefan (Herausgeber)	Goethe, Johann Wolfgang von	Gedichte	Herausgeber: Zweig, Stefan	1927	G	UB	6782/6784
Zweig, Stefan (Nachdichtung)	Verhaeren, Emile	Helenas Heimkehr	Nachdichtung: Zweig, Stefan	1928	E	UB	6850

Anhang 6 *Fortsetzung*

Autoren der Schwarzen Liste	Autor	Titel	weitere Beteiligte	erschienen	Rubrik[2883]	Typ[2884]	UB-Nr.
Zweig, Stefan (Nachwort)	Bahr, Hermann	Die schöne Frau	Nachwort: Zweig, Stefan	1924	E	UB	6451
Zweig, Stefan (Nachwort)	Ginzkey, Franz Karl	Brigitte und Regine	Nachwort: Zweig, Stefan	1924	E	UB	6453
Zweig, Stefan (Nachwort)	Baum, Oskar	Nacht ist umher	Nachwort: Zweig, Stefan	1929	E	UB	7005
Zweig, Stefan (Nachwort)	Specht, Richard	Florestan Kestners Erfolg	Nachwort: Zweig, Stefan	1929	E	UB	7038/7039

Anhang 7: Im Programm des Reclam Verlags vertretene Autoren mit indiziertem Gesamtwerk auf der *Liste des schädlichen und unerwünschten Schrifttums*

in *Liste des schädlichen und unerwünschten Schrifttums* verboten	Autor	Titel	weitere Beteiligte	erschienen	Rubrik[2885]	Typ[2886]	UB-Nr.
Gesamtwerk Autor	Andersen-Nexö, Martin	Schwarze Erde		1926	E	UB	6716
Gesamtwerk Autor	Auernheimer, Raoul	Die große Leidenschaft		1919	E	UB	6039
Gesamtwerk Autor	Bauer, Walter	Die zweite Mutter		1942	E	UB	7509
Gesamtwerk Autor	Bauer, Walter	Das letzte Glück des Herrn Giorgione		1944	E	RRB	43
Gesamtwerk Autor	Berend, Alice	Kleine Umwege		1924	E	UB	6511
Gesamtwerk Autor	Ehrenstein, Albert	Dem ewigen Olymp	Nachwort: Schmidtbonn, Wilhelm	1921	E	UB	6235
Gesamtwerk Autor	Fried, Alfred Hermann	Lexikon deutscher Citate		1888	Wt	UB	2461/2463
Gesamtwerk Autor	Gorki, Maxim	Ausgewählte Erzählungen I		1901	E	UB	4221
Gesamtwerk Autor	Gorki, Maxim	Ausgewählte Erzählungen II		1902	E	UB	4271
Gesamtwerk Autor	Gorki, Maxim	Malwa		1902	E	UB	4366
Gesamtwerk Autor	Gorki, Maxim	Die Geschichte eines Verbrechens		1903	E	UB	4445
Gesamtwerk Autor	Gorki, Maxim	Die alte Isergil und andere Erzählungen		1904	E	UB	4587

2885 E = Erzählungen, Novellen, Märchen, Skizzen | R = Romane | G = Gedichte, größere Dichtungen, | D = Dramatische Werke | Kl = griechische und römische Klassiker | H = Humoresken und Satiren | Äl = Ältere deutsche und altnordische Literatur | A = Aphorismen, Sprüche | Or = Orientalische Literatur | Almanache | B = Biografien | Gs = Gesetzesausgaben | Hb = Praktische Handbücher, Spiele, Sport | Hi = Historische und kulturgeschichtliche Werke | Hy = Gesundheitslehre, Heilkunde | Li = Literaturwissenschaft | MT = Musik- und Theaterliteratur | Na = Naturwissenschaften | O = Operntexte | Pädagogik | Ph = Philosophie | Rg = Religiöse Literatur, Religionswissenschaft | St = Staats- und Sozialwissenschaft, Volkswirtschaft | Wt = Wörterbücher, Lexika | Schülerkalender.

2886 UB = Universal-Bibliothek | RRB = Reclams Reihenbändchen.

Anhang 7 unerwünschtes Schrifttum *Fortsetzung*

in *Liste des schädlichen und unerwünschten Schrifttums* verboten	Autor	Titel	weitere Beteiligte	erschienen	Rubrik[2885]	Typ[2886]	UB-Nr.
Gesamtwerk Autor	Gorki, Maxim	Konowalow		1905	E	UB	4673
Gesamtwerk Autor	Gorki, Maxim	Ausgewählte Erzählungen VII		1906	E	UB	4772
Gesamtwerk Autor	Heymann, Robert	Tagebuch des Grenadiers		1914	E	UB	5736
Gesamtwerk Autor	Heymann, Robert	Die Blitzteufel		1915	E	UB	5751
Gesamtwerk Autor	Heymann, Robert	Ulanen der Luft		1915	E	UB	5806
Gesamtwerk Autor	Kreutz, Rudolf Jeremias	Menschen im Schutt		1923	E	UB	6381
Gesamtwerk Autor	Kreutz, Rudolf Jeremias	Die Passion des Grafen Klingenperg		1928	E	UB	6860
Gesamtwerk Autor	Lassalle, Ferdinand	Franz von Sickingen		1905	D	UB	4716/ 4717
Gesamtwerk Autor	Lassalle, Ferdinand	Arbeiter-Programm. Über den besonderen Zusammenhang der gegenwärtigen Geschichtsperiode mit der Idee des Arbeiterstandes		1919	St	UB	6048
Gesamtwerk Autor	Luschnat, David	Die Reise nach Insterburg		1927	R	Junge Deutsche	
Gesamtwerk Autor	Mann, Klaus	Abenteuer		1929	R	Junge Deutsche	
Gesamtwerk Autor	Mann, Thomas	Tristan		1924	E	UB	6431
Gesamtwerk Autor	Mann, Thomas	Zwei Festreden		1928	Hi	UB	6931
Gesamtwerk Autor	Margueritte, Victor	Weltkinder		1913	R	UB	5592/ 5594
Gesamtwerk Autor	Marx, Karl	Lohnarbeit und Kapital: Zur Judenfrage		1919	St	UB	6068/ 6069

Anhang 7 unerwünschtes Schrifttum *Fortsetzung*

in *Liste des schädlichen und unerwünschten Schrifttums* verboten	Autor	Titel	weitere Beteiligte	erschienen	Rubrik[2885]	Typ[2886]	UB-Nr.
Gesamtwerk Autor	Marx, Karl	Drei Schriften zum Materialismus		[um 1920]	Hi	Reclams Automaten-Bücher	35
Gesamtwerk Autor	Meyrink, Gustav	Der violette Tod		1922	E	UB	6311
Gesamtwerk Autor	Müller, Hans	Das Hemdenknöpfchen		1900	D	UB	4040
Gesamtwerk Autor	Müller, Hans	Der Brand von Trukitzan		1925	E	UB	6535
Gesamtwerk Autor	Neumann, Robert	Die Blinden von Kagoll		1929	E	UB	7013
Gesamtwerk Autor	Puttkamer, Marie Madeleine	Wie starb Bella Blackborn?		1932	R	Verlagswerk	
Gesamtwerk Autor	Puttkamer, Marie Madeleine	Die Kleinstadt Babylon		1932	R	Verlagswerk	
Gesamtwerk Autor	Roda Roda, Alexander	Der Schlangenbiss		1930	E	UB	7110
Gesamtwerk Autor	Rolland, Romain	Empedokles von Agrigent und das Zeitalter des Hasses		1930	Hi	UB	7080
Gesamtwerk Autor	Sacher-Masoch, Leopold	Don Juan von Kolomea		1926	E	UB	6624
Gesamtwerk Autor	Salten, Felix	Schöne Seelen ...		1925	E	UB	6537
Gesamtwerk Autor	Schnitzler, Arthur	Die dreifache Warnung		1924	E	UB	6458
Gesamtwerk Autor	Seeliger, Gerhard Ewald	Zwischen den Wäldern		1908	R	Romane	
Gesamtwerk Autor	Strasser, Charlot	Exotische Erzählungen		1921	E	UB	6221
Gesamtwerk Autor	Suttner, Bertha	Ku-i-kuk		1913	E	UB	5568

Anhang 7 unerwünschtes Schrifttum *Fortsetzung*

in ***Liste des schädlichen und unerwünschten Schrifttums* verboten**	**Autor**	**Titel**	**weitere Beteiligte**	**erschienen**	**Rubrik**[2885]	**Typ**[2886]	**UB-Nr.**
Gesamtwerk Autor	Vrchlický, Jaroslav	Gedichte	Übersetzer: Adler, Friedrich Wolfgang	1895	G	UB	3431/ 3433
Gesamtwerk Autor	Wassermann, Jakob	Der Geist des Pilgers		1926	R	Moderne Romane	
Gesamtwerk Autor	Weinhausen, Karl	Reclams Zimmergärtnerei	Co-Autor: Pjatnicij, Osip	1931	Hb	UB	7167
Gesamtwerk Autor	Wenger, Lisa	Wie der Wald still ward		1925	E	UB	6563/ 6564
Gesamtwerk Autor	Werfel, Franz	Das Geheimnis des Saverio		1932	E	UB	7184
Gesamtwerk Autor	Zweig, Stefan	Der verwandelte Komödiant		1923	E	UB	6374
Gesamtwerk Autor	Zweig, Stefan	Angst		1925	E	UB	6540
Gesamtwerk Autor und weitere Beteiligte	Baum, Oskar	Nacht ist umher	Nachwort: Zweig, Stefan	1929	E	UB	7005
Gesamtwerk Autor und weitere Beteiligte	Frank, Leonhard	Absturz	Nachwort: Polgar, Alfred	1929	E	UB	7004
Gesamtwerk Autor und weitere Beteiligte	Mann, Heinrich	Der Tyrann	Nachwort: Salten, Felix	1929	E	UB	7001
Gesamtwerk Autor und weitere Beteiligte	Meyrink, Gustav	Die Uhr	Co-Autor: Roda Roda, Alexander	1918	E	UB	5992
Gesamtwerk Autor und weitere Beteiligte	Wassermann, Jakob	Das Gold von Caxamalca	Nachwort: Zuckerkandl, Viktor	1928	E	UB	6900

Anhang 7 unerwünschtes Schrifttum *Fortsetzung*

in ***Liste des schädlichen und unerwünschten Schrifttums* verboten**	**Autor**	**Titel**	**weitere Beteiligte**	**erschienen**	**Rubrik**[2885]	**Typ**[2886]	**UB-Nr.**
Gesamtwerk Autor und weitere Beteiligte	Zweig, Arnold	Gerufene Schatten	Nachwort: Stroh, Heinz	1926	E	UB	6711
Gesamtwerk eines weiteren Beteiligten	Bahr, Hermann	Die schöne Frau	Nachwort: Zweig, Stefan	1924	E	UB	6451
Gesamtwerk eines weiteren Beteiligten	Berger, Gisela	Die Schlange	Nachwort: Salten, Felix	1925	E	UB	6531
Gesamtwerk eines weiteren Beteiligten	Eichendorff, Joseph von	Die Freier	freie Bearbeitung: von Zoff, Otto	1923	E	UB	6419
Gesamtwerk eines weiteren Beteiligten	Eucken, Rudolf	Geistesprobleme und Lebensfragen	Herausgeber und Einleitung: Braun, Otto	1918	Hy	UB	5993/ 5995
Gesamtwerk eines weiteren Beteiligten	Ginzkey, Franz Karl	Brigitte und Regine	Nachwort: Zweig, Stefan	1924	E	UB	6453
Gesamtwerk eines weiteren Beteiligten	Goethe, Johann Wolfgang von	Gedichte	Herausgeber: Zweig, Stefan	1927	G	UB	6782/ 6784
Gesamtwerk eines weiteren Beteiligten	Meissner, Leopold Florian	Aus den Papieren eines Polizeikommissars I	Auswahl und Nachwort: Neumann, Robert	1892	E	UB	2926
Gesamtwerk eines weiteren Beteiligten	Meissner, Leopold Florian	Aus den Papieren eines Polizeikommissars II	Auswahl und Nachwort: Neumann, Robert	1892	E	UB	2961/ 2962
Gesamtwerk eines weiteren Beteiligten	Meissner, Leopold Florian	Aus den Papieren eines Polizeikommissars III	Auswahl und Nachwort: Neumann, Robert	1892	E	UB	3013

Anhang 7 unerwünschtes Schrifttum *Fortsetzung*

in ***Liste des schädlichen und unerwünschten Schrifttums* verboten**	**Autor**	**Titel**	**weitere Beteiligte**	**erschienen**	**Rubrik**[2885]	**Typ**[2886]	**UB-Nr.**
Gesamtwerk eines weiteren Beteiligten	Meissner, Leopold Florian	Aus den Papieren eines Polizeikommissars IV	Auswahl und Nachwort: Neumann, Robert	1894	E	UB	3304
Gesamtwerk eines weiteren Beteiligten	Specht, Richard	Florestan Kestners Erfolg	Nachwort: Zweig, Stefan	1929	E	UB	7038/ 7039
Gesamtwerk eines weiteren Beteiligten	Verhaeren, Emile	Helenas Heimkehr	Nachdichtung: Zweig, Stefan	1928	E	UB	6850

Anhang 8: Im Programm des Reclam Verlags vertretene Autoren des Widerstands

Widerstandsautoren	Autor	Titel	weitere Beteiligte	erschienen	Rubrik[2887]	gedruckte Exemplare 1933–1945	Typ[2888]	UB-Nr.
Bauer, Hans[2889]	Bauer, Hans	Die Purzelbaumallee		1922	H		UB	6274
Bauer, Walter[2890]	Bauer, Walter	Die zweite Mutter		1942	E	110.000	UB	7509
Bauer, Walter	Bauer, Walter	Das letzte Glück des Herrn Giorgione		1944	E		RBB	43
Bergengruen, Werner	Bergengruen, Werner	Die Feuerprobe, Novelle		1933	E	103.000	UB	7214
Bergengruen, Werner	Bergengruen, Werner	Das Hornunger Heimweh		1942	E	316.000	UB	7530
Bröger, Karl	Bröger, Karl	Der unbekannte Soldat		1917	Hi	44.000	UB	5954
Huch, Ricarda	Huch, Ricarda	Der neue Heilige		1924	E	20.000	UB	6481
Huch, Ricarda (Herausgeber)	Annette von Droste-Hülshoff	Ausgewählte Werke	Bearbeitung: Huch, Ricarda	1932	Werk	10.000	VW	
Mann, Heinrich	Mann, Heinrich	Der Tyrann	Nachwort: Salten, Felix	1929	E		UB	7001
Mann, Klaus	Mann, Klaus	Abenteuer		1929	R		Junge Deutsche	
Mann, Thomas	Mann, Thomas	Tristan		1924	E		UB	6431

2887 E = Erzählungen, Novellen, Märchen, Skizzen | R = Romane | G = Gedichte, größere Dichtungen, | D = Dramatische Werke | Kl = griechische und römische Klassiker | H = Humoresken und Satiren | Äl = Ältere deutsche und altnordische Literatur | A = Aphorismen, Sprüche | Or = Orientalische Literatur | Almanache | B = Biografien | Gs = Gesetzesausgaben | Hb = Praktische Handbücher, Spiele, Sport | Hi = Historische und kulturgeschichtliche Werke | Hy = Gesundheitslehre, Heilkunde | Li = Literaturwissenschaft | MT = Musik- und Theaterliteratur | Na = Naturwissenschaften | O = Operntexte | Pädagogik | Ph = Philosophie | Rg = Religiöse Literatur, Religionswissenschaft | St = Staats- und Sozialwissenschaft, Volkswirtschaft | Wt = Wörterbücher, Lexika | Schülerkalender.

2888 UB = Universal-Bibliothek | RRB = Reclams Reihenbändchen.

2889 Die Mitgliedschaft im Bund proletarisch-revolutionärer Schriftsteller ist ungesichert. Vgl. Hein 1991, S. 314.

2890 Die Mitgliedschaft im Bund proletarisch-revolutionärer Schriftsteller ist ungesichert. Vgl. Hein 1991, S. 314.

Anhang 8 Widerstand *Fortsetzung*

Widerstandsautoren	Autor	Titel	weitere Beteiligte	erschienen	Rubrik[2887]	gedruckte Exemplare 1933–1945	Typ[2888]	UB-Nr.
Mann, Thomas	Mann, Thomas	Zwei Festreden		1928	Hi		UB	6931
Neumann, Robert	Neumann, Robert	Die Blinden von Kagoll		1929	E		UB	7013
Neumann, Robert (Nachwort)	Olden, Hans	Der Glückstifter	Nachwort: Neumann, Robert	1891	D		UB	2886
Neumann, Robert (Nachwort)	Meissner, Leopold Florian	Aus den Papieren eines Polizeikommissars I	Auswahl und Nachwort: Neumann, Robert	1892	E		UB	2926
Neumann, Robert (Nachwort)	Meissner, Leopold Florian	Aus den Papieren eines Polizeikommissars II	Auswahl und Nachwort: Neumann, Robert	1892	E		UB	2961/ 2962
Neumann, Robert (Nachwort)	Olden, Hans	Ilse	Nachwort: Neumann, Robert	1892	D		UB	3004
Neumann, Robert (Nachwort)	Meissner, Leopold Florian	Aus den Papieren eines Polizeikommissars III	Auswahl und Nachwort: Neumann, Robert	1892	E		UB	3013
Neumann, Robert (Nachwort)	Meissner, Leopold Florian	Aus den Papieren eines Polizeikommissars IV	Auswahl und Nachwort: Neumann, Robert	1894	E		UB	3304
Schaeffer, Albrecht	Schaeffer, Albrecht	Die tanzenden Füße		1926	E		UB	6631/ 6632
Welk, Ehm	Welk, Ehm	Die wundersame Freundschaft		1940	Hi	21.127	VW	
Werfel, Franz	Werfel, Franz	Das Geheimnis des Saverio		1932	E		UB	7184

Anhang 8 Widerstand *Fortsetzung*

Widerstandsautoren	Autor	Titel	weitere Beteiligte	erschienen	Rubrik[2887]	gedruckte Exemplare 1933–1945	Typ[2888]	UB-Nr.
Zoff, Otto (Bearbeitung)	Eichendorff, Joseph von	Die Freier	Bearbeitung: Zoff, Otto	1923	E		UB	6419
Zweig Stefan (Nachwort)	Bahr, Hermann	Die schöne Frau	Nachwort: Zweig, Stefan	1924	E		UB	6451
Zweig Stefan (Nachwort)	Ginzkey, Franz Karl	Brigitte und Regine	Nachwort: Zweig, Stefan	1924	E	83.000	UB	6453
Zweig Stefan (Nachwort)	Baum, Oskar	Nacht ist umher	Nachwort: Zweig, Stefan	1929	E		UB	7005
Zweig Stefan (Nachwort)	Specht, Richard	Florestan Kestners Erfolg	Nachwort: Zweig, Stefan	1929	E		UB	7038/ 7039
Zweig, Stefan	Zweig, Stefan	Der verwandelte Komödiant		1923	E		UB	6374
Zweig, Stefan	Zweig, Stefan	Angst		1925	E		UB	6540
Zweig, Stefan (Herausgeber)	Goethe, Johann Wolf-gang von	Gedichte	Herausgeber: Zweig, Stefan	1927	G		UB	6782/ 6784
Zweig, Stefan (Nachdichtung)	Verhaeren, Emile	Helenas Heimkehr	Nachdichtung: Zweig, Stefan	1928	E		UB	6850

Anhang 9: Vertreter des Expressionismus und der Neuen Sachlichkeit im Programm des Reclam Verlags

Autor	Titel	weitere Beteiligte	erschienen	Rubrik[2891]	gedruckte Exemplare 1933–1945	Typ[2892]	UB-Nr.
Däubler, Theodor	Der Marmorbruch		1930	E	38.000	UB	7075
Ehrenstein, Albert	Dem ewigen Olymp	Nachwort: Schmidtbonn, Wilhelm	1921	E		UB	6235
Flake, Otto	Die Scheidung		1929	E	5.000	UB	6981
Frank, Leonhard	Absturz	Nachwort: Polgar, Alfred	1929	E		UB	7004
Hauptmann, Gerhart	Bahnwärter Thiel		1926	E	105.000	UB	6617
Hauptmann, Gerhart	Die blaue Blume		1929	G	10.000	UB	6970
Hauser, Heinrich	Brackwasser		1928	R	5.000	Junge Deutsche	
Hauser, Heinrich	Friede mit Maschinen		1928	E		UB	6891
Heynicke, Kurt	Fortunata zieht in die Welt		1930	R		UB	7046/7048
Klabund	Kleines Klabund-Buch		1921	E		UB	6251
Klabund	XYZ. Spiel zu Dreien	Vorwort: Stoessl, Otto	1928	E		UB	6836
Kuhnert, Adolf Arthur	Kriegsfront der Frauen		1929	R		Junge Deutsche	

2891 E = Erzählungen, Novellen, Märchen, Skizzen | R = Romane | G = Gedichte, größere Dichtungen, | D = Dramatische Werke | Kl = griechische und römische Klassiker | H = Humoresken und Satiren | Äl = Ältere deutsche und altnordische Literatur | A = Aphorismen, Sprüche | Or = Orientalische Literatur | Almanache | B = Biografien | Gs = Gesetzesausgaben | Hb = Praktische Handbücher, Spiele, Sport | Hi = Historische und kulturgeschichtliche Werke | Hy = Gesundheitslehre, Heilkunde | Li = Literaturwissenschaft | MT = Musik- und Theaterliteratur | Na = Naturwissenschaften | O = Operntexte | Pädagogik | Ph = Philosophie | Rg = Religiöse Literatur, Religionswissenschaft | St = Staats- und Sozialwissenschaft, Volkswirtschaft | Wt = Wörterbücher, Lexika | Schülerkalender.

2892 UB = Universal-Bibliothek | RRB = Reclams Reihenbändchen.

Anhang 9 Expressionismus *Fortsetzung*

Autor	Titel	weitere Beteiligte	erschienen	Rubrik[2891]	gedruckte Exemplare 1933–1945	Typ[2892]	UB-Nr.
Kuhnert, Adolf Arthur	Paganini		1929	R		Junge Deutsche	
Kuhnert, Adolf Arthur	Der Wald		1929	E		UB	7015
Kuhnert, Adolf Arthur	Fische im Fjord!		1930	R		Junge Deutsche	
Kuhnert, Adolf Arthur	Die Männer von St. Kilda		1931	R		Junge Deutsche	
Lucka, Emil	Am Sternbrunnen		1925	R		Moderne Romane	
Lucka, Emil	Thule. Eine Sommerfahrt	Nachwort: Braun, Felix	1925	E		UB	6534
Lucka, Emil	Tag der Demut		1929	R		Moderne Romane	
Lucka, Emil	Die Blumen schweigen		1929	E		UB	7002
Mann, Klaus	Abenteuer		1929	R		Junge Deutsche	
Mann, Thomas	Tristan		1924	E		UB	6431
Neumann, Robert	Die Blinden von Kagoll		1929	E		UB	7013
Reuter, Gabriele	Eines Toten Wiederkehr		1908	E		UB	5001
Schnitzler, Arthur	Die dreifache Warnung		1924	E		UB	6458
Sidow, Max	Spiel mit dem Feuer		1926	E		UB	6700
Sidow, Max	Haß		1927	R		Junge Deutsche	
Strindberg, August	Die Leute auf Hemsö		1890	R		UB	2758/2759
Strindberg, August	Meister Olaf		1913	E		UB	5514
Strindberg, August	Ein Traumspiel		1919	D		UB	6017
Strindberg, August	Glückspeters Fahrt		1919	E		UB	6074

Anhang 9 Expressionismus *Fortsetzung*

Autor	Titel	weitere Beteiligte	erschienen	Rubrik[2891]	gedruckte Exemplare 1933–1945	Typ[2892]	UB-Nr.
Thieß, Frank	Eine sonderbare Ehe		1929	E	8.000	UB	7009
Ulitz, Arnold	Die Unmündigen. Grenzfälle aus dem Seelenleben Jugendlicher		1931	Hy		UB	7149
Unger, Hellmuth	Mammon		1922	D		UB	6369
Unger, Hellmuth	Liebesaffären		1924	D		UB	6432
Unger, Hellmuth	Die Insel der Affen		1926	D		UB	6648
Unger, Hellmuth	Passagiere		1928	R		Moderne Romane	
Unger, Hellmuth	Legende vom Tod		1928	D		UB	6826
Unger, Hellmuth	Mutterlegende		1928	D		UB	6869
Viebig, Clara	West und Ost		1920	E		UB	6129/6130
Wassermann, Jakob	Der Geist des Pilgers		1926	R		Moderne Romane	
Wassermann, Jakob	Das Gold von Caxamalca	Nachwort: Zuckerkandl, Viktor	1928	E	10.000	UB	6900
Werfel, Franz	Das Geheimnis des Saverio		1932	E		UB	7184
Zollikofer, Fred von	Die Nacht von Mariensee. Drei Kap. aus d. Leben Ludwig Heinrich Christoph Höltys		1927	R		Junge Deutsche	
Zweig, Arnold	Gerufene Schatten	Nachwort: Stroh, Heinz	1926	E		UB	6711
Zweig, Stefan	Der verwandelte Komödiant		1923	E		UB	6374
Zweig, Stefan	Angst		1925	E		UB	6540

Anhang 10:
Aus dem UB-Programm gestrichene Titel / „nicht lieferbare" Titel des UB-Programms

Autor	Titel	weitere Beteiligte	erschienen	Rubrik[2893]	UB-Nr.
Aldrich, Thomas Bailey	Prudence Palfrey		1880	R	1387/1388
Aldrich, Thomas Bailey	Tragödie von Stillwater		1884	R	1837/1838
Andersen-Nexö, Martin	Schwarze Erde		1926	E	6716
Anstey Guthrie, Thomas	Tourmalins Zeit-Checks		1894	E	3300
Anstey Guthrie, Thomas	Der Mann von Blankley und andere Humoresken		1898	H	3810
Arnold, Edwin	Die Leuchte Asiens		1892	E	2941/2942
Auerbach, Berthold	Barfüßele		1913	E	5491/5493
Auerbach, Berthold	Diethelm von Buchenberg		1913	E	5508/5510
Auerbach, Berthold	Joseph im Schnee		1913	E	5528/5529
Auerbach, Berthold	Die Frau Professorin		1914	E	5646/5647
Auernheimer, Raoul	Die große Leidenschaft		1919	E	6039
Baum, Oskar	Nacht ist umher	Nachwort: Zweig, Stefan	1929	E	7005
Beer, Michael	Der Paria		1867	D	27
Beer, Michael	Struensee		1871	D	299
Beheim-Schwarzbach, Martin	Lorenz Schaarmanns unzulängliche Buße		1928	E	6906
Beheim-Schwarzbach, Martin	Der kleine Moltke und die Rapierkunst		1929	E	7040
Beheim-Schwarzbach, Martin	Die Todestrommel, Novelle		1935	E	7306

2893 E = Erzählungen, Novellen, Märchen, Skizzen | R = Romane | G = Gedichte, größere Dichtungen, | D = Dramatische Werke | Kl = griechische und römische Klassiker | H = Humoresken und Satiren | Äl = Ältere deutsche und altnordische Literatur | A = Aphorismen, Sprüche | Or = Orientalische Literatur | Almanache | B = Biografien | Gs = Gesetzesausgaben | Hb = Praktische Handbücher, Spiele, Sport | Hi = Historische und kulturgeschichtliche Werke | Hy = Gesundheitslehre, Heilkunde | Li = Literaturwissenschaft | MT = Musik- und Theaterliteratur | Na = Naturwissenschaften | O = Operntexte | Pädagogik | Ph = Philosophie | Rg = Religiöse Literatur, Religionswissenschaft | St = Staats- und Sozialwissenschaft, Volkswirtschaft | Wt = Wörterbücher, Lexika | Schülerkalender.

Anhang 10 gestrichene UB-Titel *Fortsetzung*

Autor	Titel	weitere Beteiligte	erschienen	Rubrik[2893]	UB-Nr.
Bellamy, Edward	Ein Rückblick aus dem Jahre 2000 auf 1887		1890	E	2661/2662
Bellamy, Edward	Dr. Heidenhoff's Process		1890	E	2757
Bellamy, Edward	Miss Ludingtons Schwestern		1891	E	2807/2808
Benary, Albert	Luftschutz: Die Gefahren aus der Luft und ihre Abwehr		1933	Hb	7205
Benzmann, Hans	Moderne deutsche Lyrik		1904	G	4510/4515
Berend, Alice	Kleine Umwege		1924	E	6511
Berger, Gisela	Die Schlange	Nachwort: Salten, Felix	1925	E	6531
Bern, Maximilian	Auf schwankem Grunde		1875	E	605
Bern, Maximilian	Meine geschiedene Frau		1878	D	1011
Bern, Maximilian	Deklamatorium		1887	G	2291/2295
Bernhard, Tristan	Loriveaus Milchbruder	Übersetzung: Bondy, Fritz	1930	E	7084
Bernstein, Henry	Der Dieb		1907	D	4956
Bernstein, Henry	Bakkarat		1908	D	5004
Bernstein, Max	Mein neuer Hut		1882	E	1552
Bernstein, Max	Coeur-Dame		1888	D	2424
Bernstein, Max	Blau		1894	D	3254
Bernstein, Max	Die Sünde		1909	D	5085
Bernstein, Max	Der Richter. Ruhetag		1915	D	5805
Bernstein, Max	Herrenrecht		1916	D	5848
Bernstein, Nikolai	Anton Rubinstein		1911	B	5302
Beyer, Rudolf von	Not. Novellen	Bearbeitung: Schade, Rudolf; Nachwort: Heilborn, Ernst	1930	E	7066

Anhang 10 gestrichene UB-Titel *Fortsetzung*

Autor	Titel	weitere Beteiligte	erschienen	Rubrik[2893]	UB-Nr.
Blumenthal, Oscar	Teufelsfelsen		1881	D	1468
Blumenthal, Oscar	Scherzgedichte		1914	G	5677
Blumenthal, Oscar	Humoresken		1916	H	5860
Bock, Alfred	Meßfahrt und andere Erzählungen		1912	E	5435
Bock, Alfred	Der Flurschütz		1929	E	7026/7027
Börne, Ludwig	Ausgewählte Skizzen und Erzählungen I		1867	E	11
Börne, Ludwig	Ausgewählte Skizzen und Erzählungen II		1868	E	109
Bourget, Paul	Der Luxus der Anderen		1908	E	4995/4996
Bourget, Paul	Die Schuld		1912	E	5417
Bourget, Paul	Kinderherzen		1913	E	5505
Boyesen, Hjalmar Hjorth	Ein Kommentar zu Goethe's Faust		1881	Li	1521/1522
Brandes, Georg	Homer		1927	E	6741
Braun, Felix	Die vergessene Mutter. Drei Erzählungen		1925	E	6532
Brüll, Ignaz	Das goldene Kreuz		1910	O	5162
Cassmann, Charles	Wat ut en Scheper werden kann	Co-Autor: Tegeler, L.	1888	D	2439
Cherbuliez, Viktor	Graf Kostia		1887	R	2296/2298
Chop, Max	Jacques Offenbach. Hoffmanns Erzählungen		1908	E	5036
Cohn, Ferdinand	Weinstock und Wein		1929	E	7007/7008
Cohn, Oskar Justinus	Griechisches Feuer		1887	D	2238
Cohn, Oskar Justinus	Die Ehestifterin		1887	D	2242
Cohn, Oskar Justinus	Die Liebesprobe		1888	D	2345

Anhang 10 gestrichene UB-Titel *Fortsetzung*

Autor	Titel	weitere Beteiligte	erschienen	Rubrik[2893]	UB-Nr.
Cohn, Oskar Justinus	In der Kinderstube		1889	D	2594
Conrad, Joseph	Unsere Szlachta		1879	R	1123/1124
Coppée, François	Der Schatz		1881	D	1456
Coppée, François	Einfache Geschichten		1908	E	5011
Corday, Michel	Automobilgeschichten		1913	E	5574
Couperus, Louis	Lucrezia Borgia		1926	E	6641
Couperus, Louis	Der verliebte Esel		1927	E	6771/6773
Crompton, Richmal	Willis Einbrecher		1931	E	7159
Czech-Jochberg, Erich	Wie Adolf Hitler der Führer wurde		1933	Hi	7217
Damaschke, Adolf	Deutsche Bodenreform		1929	St	6972
Daudet, Ernest	Die Frau des Botschafters		1912	R	5394/5397
David, Jakob Julius	Ein Poet und andere Erzählungen		1910	E	5154
David, Jakob Julius	Der Bettlervogt und andere geschichtliche Erzählungen		1910	E	5174
Davids, Thomas W. Rhys	Der Buddhismus		1899	Rg	3941/3942
Denison, Mary Andrews	So'n Mann wie mein Mann		1886	H	2141/2142
Devrient, Otto	Luther. Historisches Charakterbild in 7 Abteilungen		1925	Hi	6528/6529
Diderot, Denis	Moralische Erzählungen		1925	E	6579/6580
Donnelly, Ignatius	Cäsars Denksäule		1893	E	3028-3030
Doyle, Arthur Conan	Onkel Bernac		1910	R	5157/5158
Doyle, Arthur Conan	Das Geheimnis von Cloomber-Hall		1922	E	6328/6330
Duesberg, Edmond	Verschwunden		1893	D	3156

Anhang 10 gestrichene UB-Titel *Fortsetzung*

Autor	Titel	weitere Beteiligte	erschienen	Rubrik[2893]	UB-Nr.
Dymow, Ossip	Das Kuckucksspiel		1932	E	7195
Ebermayer, Erich	Kaspar Hauser. Dramatische Legende		1929	E	7014
Ebers, Georg	Homo sum		1929	R	6967/6969
Ehrenstein, Albert	Dem ewigen Olymp	Nachwort: Schmidtbonn, Wilhelm	1921	E	6235
Eichendorff, Joseph von	Die Freier	freie Bearbeitung: von Zoff, Otto	1923	E	6419
Eulenberg, Herbert	Der Opfertod. Eine Hoffmann-Erzählung		1930	E	7051
Farina, Salvatore	Der Schatz des Frauchens		1885	R	2048/2049
Fechter, Paul	Deutsche Dichtung der Gegenwart		1929	Li	6984
Federn, Karl	Die Flamme des Lebens		1928	E	6821/6823
Feldhaus, Erich	Das deutsche Zeitungswesen		1916	Hi	5875/5875a
Flake, Otto	Die Scheidung		1929	E	6981
France, Anatole	Professor Bonnards Schuld		1911	R	5279/5280
France, Anatole	Die rote Lilie		1928	R	6917/6920
Frank, Leonhard	Absturz	Nachwort: Polgar, Alfred	1929	E	7004
Franzos, Karl Emil	Die Hexe		1880	E	1280
Frapan-Akunian, Ilse	Die Retter der Moral		1905	D	4664
Friedmann, Alfred	Vertauscht		1878	E	1037
Friedmann, Alfred	Kirchenraub		1887	E	2260
Friedmann, Alfred	Der Todesring		1888	E	2430
Friedmann, Alfred	Falsche Freundschaft. Das Bild Tizians		1889	E	2571
Friedmann, Alfred	Der letzte Schuss		1891	E	2871/2872

Anhang 10 gestrichene UB-Titel *Fortsetzung*

Autor	Titel	weitere Beteiligte	erschienen	Rubrik[2893]	UB-Nr.
Friedmann, Alfred	Russische Rache		1894	E	3272
Friedmann, Alfred	Gallier und Hellenin. Inez de Castro. Der Alte von Nervi		1898	E	3814
Friedmann, Alfred	Sonderbare Geschichten und anderes		1915	E	5801
Friedmann-Frederich, Fritz	Meyers		1911	D	5329
Friedmann-Frederich, Fritz	Das Familienkind		1912	D	5372
Friedmann-Frederich, Fritz	Die Vergnügungsreise		1912	D	5457
Friedmann-Frederich, Fritz	Gemütsmenschen II		1913	D	5527
Fulda, Ludwig	Unter vier Augen		1887	D	2300
Fulda, Ludwig	Das Recht der Frau		1888	D	2358
Fulda, Ludwig	Die Aufrichtigen		1891	D	2770
Fulda, Ludwig	Die wilde Jagd		1893	D	3044
Fulda, Ludwig	Der Vulkan		1922	E	6327
Fulda, Ludwig	Die Durchgängerin		1926	E	6659
Fürth, Amand	Gaston		1892	E	2986
Gallet, Louis	Abenteuer des Cyrano de Bergerac (Kapitän Satan)		1903	R	4431/4435
Galsworthy, John	Die Ersten und die Letzten		1932	E	7190
George, Henry	Fortschritt und Armut		1892	Hi	2931-2936
Gestrich, Hans	Der Youngplan. Inhalt und Wirkung gemeinverständlich dargestellt		1930	St	7061/7062
Goethe, Johann Wolfgang von	Faust I und II (Bühnenfassung)	Bearbeitung: Witkowski, Georg	1906	D	4811/4812
Goethe, Johann Wolfgang von	Gedichte	Herausgeber: Zweig, Stefan	1927	G	6782/6784
Goldmark, Karl	Die Königin von Saba		1912	O	5467

Anhang 10 gestrichene UB-Titel *Fortsetzung*

Autor	Titel	weitere Beteiligte	erschienen	Rubrik[2893]	UB-Nr.
Goldschmidt, Lothar (Pseud. Schmidt, Lothar)	Josefine Martens		1905	D	4676
Gorki, Maxim	Ausgewählte Erzählungen I		1901	E	4221
Gorki, Maxim	Ausgewählte Erzählungen II		1902	E	4271
Gorki, Maxim	Malwa		1902	E	4366
Gorki, Maxim	Die Geschichte eines Verbrechens		1903	E	4445
Gorki, Maxim	Die alte Isergil und andere Erzählungen		1904	E	4587
Gorki, Maxim	Konowalow		1905	E	4673
Gorki, Maxim	Ausgewählte Erzählungen VII		1906	E	4772
Görlitz, Karl	Ein weiblicher Gutsherr		1881	D	1419
Görlitz, Karl	Die Romanheldin		1881	D	1527
Görlitz, Karl	Eine Nacht im Hyazinthen-Tunnel		1883	D	1745
Görlitz, Karl	Vergesslichkeit		1883	D	1819
Greiner, Leo	Altdeutsche Novellen II	Herausgeber: Hirsch, Siegmund	1930	E	7093
Groller, Balduin	Ganz zufällig und andere humoristische Novellen		1898	H	3900
Groller, Balduin	Aus meinem Briefkasten der Redaktion		1900	H	4053
Groller, Balduin	Der olle ehrliche Lehmann		1902	E	4370
Groller, Balduin	In schlechter Form und andere Novellen		1905	E	4710
Groller, Balduin	Eine Panik und andere humoristische Erzählungen		1907	E	4935
Groller, Balduin	Vom kleinen Rudi		1909	E	5077
Groller, Balduin	Detektiv Dagoberts Taten und Abenteuer I		1910	E	5180
Groller, Balduin	Detektiv Dagoberts Taten und Abenteuer II		1910	E	5185

Anhang 10 gestrichene UB-Titel *Fortsetzung*

Autor	Titel	weitere Beteiligte	erschienen	Rubrik[2893]	UB-Nr.
Groller, Balduin	Detektiv Dagoberts Taten und Abenteuer III		1910	E	5216
Groller, Balduin	Detektiv Dagoberts Taten und Abenteuer IV		1911	E	5268
Groller, Balduin	Detektiv Dagoberts Taten und Abenteuer V		1911	E	5310
Groller, Balduin	Detektiv Dagoberts Taten und Abenteuer VI		1912	E	5444
Groller, Balduin	Sportgeschichten		1913	E	5570
Gumtau, Lotte	Die fremde Erde		1930	R	7103/1705
Gussew, Sergej	Erzählungen aus dem russischen Volksleben		1913	E	5577
Habberton, John	Allerhand Leute		1881	E	1517/1518
Habberton, John	Helenes Kinderchen		1885	E	1993/1194
Habberton, John	Andrer Leute Kinder oder Bob und Teddi in der Fremde		1886	E	2103/2105
Habberton, John	Frau Marburgs Zwillinge		1890	E	2750
Haber, Siegmund	An der Mosel		1889	D	2536
Haek, David (Pseud. Helbing, Franz)	Phantasie- und Lebensbilder		1891	E	2860
Haek, David (Pseud. Helbing, Franz)	Parodien und Travestien		1912	E	5398
Halévy, Jacques Fromental	Der Blitz		1891	O	2866
Hardy, Thomas	Seiner Frau zuliebe		1924	E	6520
Harte, Bret	Californische Erzählungen I		1874	E	571
Harte, Bret	Erzählungen II		1875	E	607
Harte, Bret	Californische Erzählungen		1875	E	629
Harte, Bret	Erzählungen IV		1875	E	671

Anhang 10 gestrichene UB-Titel *Fortsetzung*

Autor	Titel	weitere Beteiligte	erschienen	Rubrik[2893]	UB-Nr.
Harte, Bret	Erzählungen V		1876	E	712
Harte, Bret	Gabriel Conroy		1876	R	771/775
Harte, Bret	Thankful blossom		1877	R	870
Harte, Bret	Die beiden Männer von Sandy-Bar		1877	E	916
Harte, Bret	Die Geschichte einer Mine		1878	R	1039/1040
Harte, Bret	Erzählungen VI		1878	E	1069
Harte, Bret	Erzählungen VII		1879	E	1127
Harte, Bret	Erzählungen VIII		1879	E	1164
Harte, Bret	Erzählungen IX		1879	E	1204
Harte, Bret	Erzählungen X		1879	E	1230
Hartmann, Moritz	Der Krieg um den Wald		1904	R	4536/4537a
Hawthorne, Julian	Archibald Malmaison		1894	E	3164
Heijermans, Herman	Ghetto		1903	D	4469
Heijermans, Herman	Ahasverus		1904	D	4615
Heijermans, Herman	Die Hoffnung auf Segen		1905	D	4684
Heilborn, Ernst	Tor und Törin		1927	E	6756/6757
Heine, Heinrich	Die Harzreise		1887	R	2221
Heine, Heinrich	Buch der Lieder		1887	G	2231/2233
Heine, Heinrich	Neue Gedichte		1887	G	2241
Heine, Heinrich	Romanzero		1887	G	2251/2251a
Heine, Heinrich	Atta Troll		1887	G	2261

Anhang 10 gestrichene UB-Titel *Fortsetzung*

Autor	Titel	weitere Beteiligte	erschienen	Rubrik[2893]	UB-Nr.
Heine, Heinrich	Memoiren		1887	E	2301
Heine, Heinrich	Der Rabbi von Bacherach		1888	R	2350
Heine, Heinrich	Reisebilder. Die Nordsee. Ideen. Das Buch Le Grand		1889	G	2623/24
Heine, Heinrich	William Ratcliff		1895	D	3460
Heine, Heinrich	Italien		1896	E	3602/3605
Heine, Heinrich	Almansor		1900	D	4044
Heinemann, Heinrich	Gesammelte dramatische Werke		1897	D	3717-3720
Henle, Elise	Der Erbonkel		1887	D	2325
Henle, Elise	Durch die Intendanz		1891	D	2834
Henle, Elise	Aus Goethes lustigen Tagen		1892	D	2998
Hernried, Robert	Johannes Brahms		1934	MT	7251/52
Herzen, Alexander	Rußlands soziale Zustände		1921	Hi	6262/6264
Heymann, Robert	Tagebuch des Grenadiers		1914	E	5736
Heymann, Robert	Die Blitzteufel		1915	E	5751
Heymann, Robert	Ulanen der Luft		1915	E	5806
Heyse, Paul	Zwei Gefangene		1878	E	1000
Heyse, Paul	König Saul		1909	D	5060
Heyse, Paul	Mutter und Tochter		1909	D	5129
Hirsch, Marie	Ein Regentag		1911	E	5312
Hirschfeld, Georg	Überwinder		1913	D	5622
Hirschfeld, Georg	Rösickes Geist		1914	D	5663

Anhang 10 gestrichene UB-Titel *Fortsetzung*

Autor	Titel	weitere Beteiligte	erschienen	Rubrik[2893]	UB-Nr.
Hirschfeld, Georg	Die japanische Ente und andere Novellen		1919	E	6001
Hirschfeld, Georg	Das hohe Ziel		1920	E	6085
Hodgson Burnett, Frances	Der kleine Lord Fauntleroy		1890	R	2728/2730
Hodgson Burnett, Frances	Das Land der blauen Blume		1923	E	6384
Hofmannsthal, Hugo von	Wege und Begegnungen		1931	E	7171
Hollaender, Felix	Der Pflegesohn und zwei andere Novellen		1911	E	5300
Hopfen, Hans	Der Böswirt		1903	E	4400
Hopfen, Hans	Mein Onkel Don Juan		1904	E	4541/4544
Horneffer, August	Die Freimaurerei		1917	Hi	5930
Istel, Edgar	Peter Cornelius		1906	B	4766
Jacobson, Benno	Zum Einsiedler		1899	D	3936
Jacobson, Eduard	Der gemachte Mann		1887	D	2265
Jacobson, Eduard	Ein weißer Rabe		1888	D	2359
Jacobson, Eduard	Mann im Monde		1892	D	2977
Jerome, Jerome Klapka	Müßige Gedanken	Übersetzer: Kaulen, Julius	1898	R	3891/3892
Jerome, Jerome Klapka	Bunte Skizzen		1904	E	4517/4518
Jerome, Jerome Klapka	Miß Hobbs		1906	E	4765
Jerome, Jerome Klapka	Der Fremde		1912	E	5392
Jess, Hartwig	Heinrich Heine		1924	Li	6496/6497
Kadelburg, Gustav	Familie Schimek		1915	D	5748
Kalisch, David	Einer von unsere Leut	Wittmann, Carl Friedrich	1903	D	4427

Anhang 10 gestrichene UB-Titel *Fortsetzung*

Autor	Titel	weitere Beteiligte	erschienen	Rubrik[2893]	UB-Nr.
Kalisch, David	100 000 Taler		1903	D	4439
Kalisch, David	Berlin, wie es weint und lacht		1905	D	4689
Kallenberg, Siegfried	Richard Strauß. Leben und Werk		1926	MT	6698/6699
Kallenberg, Siegfried	Max Reger		1930	MT	7045
Karlweis, Carl	Eine Geldheirat	zusammen mit: Schwarzkopf, Gustav	1892	D	2908
Karlweis, Carl	Martins Ehe		1907	E	4901
Keller, Helen	Auswahl aus ihren Werken		1912	E	5430
Kennan, George	Sibirien I		1890	Hi	2741/2743
Kennan, George	Sibirien II		1891	Hi	2775/2776
Kennan, George	Zeltleben in Sibirien und Abenteuer bei den Korjäken und anderen Stämmen Kamtschatkas und Nordasiens		1891	Hi	2795/2797
Kennan, George	Sibirien III		1891	Hi	2882
Kennan, George	Russische Gefängnisse		1892	Hi	2924
Kipling, Rudyard	Schlichte Geschichten aus Indien		1895	E	3459
Klabund	Kleines Klabund-Buch		1921	E	6251
Klabund	XYZ. Spiel zu Dreien	Vorwort: Stoessl, Otto	1928	E	6836
Koenig, Alma Johanna	Schibes		1925	E	6551
Kohn, Salomon	Prager Ghettobilder		1884	E	1825/1826
Kohut, Adolph	Meyerbeer		1890	B	2734
Korolenko, Vladimir	Sibirische Novellen		1891	E	2867/2868
Korolenko, Vladimir	Der blinde Musiker		1892	E	2929/2929a

Anhang 10 gestrichene UB-Titel *Fortsetzung*

Autor	Titel	weitere Beteiligte	erschienen	Rubrik[2893]	UB-Nr.
Krasinski, Zymunt	Irydion		1881	D	1519/1520
Kraszewski, Józef Ignacy	Jermola, der Töpfer. Eine Dorfgeschichte		1877	R	845/846
Kraszewski, Józef Ignacy	Morituri		1878	R	1086/1089
Kraszewski, Józef Ignacy	Resurrecturi		1879	R	1212-1215
Kraszewski, Józef Ignacy	Der Dämon		1880	R	1395/1396
Kraszewski, Józef Ignacy	Alte und neue Zeit		1882	R	1581
Kraszewski, Józef Ignacy	Hetmannssünden		1883	R	1711/1714
Kraus, Oskar	Meyriade		1892	G	2980
Kreutz, Rudolf Jeremias	Menschen im Schutt		1923	E	6381
Kreutz, Rudolf Jeremias	Die Passion des Grafen Klingenperg		1928	E	6860
Krüger, Albert Peter Johann (Pseud. Schreiber, A.)	Lamm und Löwe		1887	D	2253
Lassalle, Ferdinand	Franz von Sickingen		1905	D	4716/4717
Lassalle, Ferdinand	Arbeiter-Programm: über den besonderen Zusammenhang der gegenwärtigen Geschichtsperiode mit der Idee des Arbeiterstandes		1919	St	6048
Lee, Heinrich	Hans Wurst		1898	?	3808
Leeser, Otto	Homöopathie und Biochemie		1932	Hy	7175
Lehmann, Jon	Die Schrippe		1902	D	4359
Lehmann, Jon	Oberarzt II Klasse		1903	D	4404
Lemberger, Ernst (Pseud. Berger, Ernst L. M.)	Ehe man Ehemann wird und andere Humoresken		1896	H	3584
Lindau, Paul	Die beiden Leonoren		1904	D	4590

Anhang 10 gestrichene UB-Titel *Fortsetzung*

Autor	Titel	weitere Beteiligte	erschienen	Rubrik[2893]	UB-Nr.
Lindau, Paul	Der Schatten		1905	D	4637
Lindau, Paul	Die Sonne		1906	D	4754
Lindau, Paul	Der Komödiant		1906	D	4787
Lindau, Paul	Der Andere		1906	D	4817
Lindau, Paul	Die Brüder		1908	R	4972
Lindau, Paul	Der Abend		1908	D	5032
Lindau, Paul	Nacht und Morgen		1909	D	5087
Lindau, Paul	Herr im Hause		1909	D	5102
Lindau, Paul	Drei Satiren des Lucian		1909	D	5146
Lindau, Paul	... so ich Dir!		1910	D	5173
Lindau, Paul	Venus von Milo		1910	D	5205
London, Jack	Die Goldschlucht		1930	E	7070
Lothar, Rudolf	Frauenlob		1906	D	4854
Lothar, Rudolf	Die große Gemeinde	Co-Autor: Lipschütz, Leopold	1908	D	4966
Lothar, Rudolf	Das Andere		1908	D	4987
Lothar, Rudolf	Venus im Grünen		1908	D	5023
Lothar, Rudolf	Die Metternich-Pastete		1918	E	5983
Lothar, Rudolf	Kikeriki	Co-Autor: Wodehouse, P. G.	1929	E	6998
Loti, Pierre	Die Islandfischer		1901	E	4244/4245
Lubliner, Hugo	Der Jourfix		1892	D	2914
Lubomirski, Józef	Tatjana		1879	R	1261/1264

Anhang 10 gestrichene UB-Titel *Fortsetzung*

Autor	Titel	weitere Beteiligte	erschienen	Rubrik[2893]	UB-Nr.
Lucka, Emil	Thule. Eine Sommerfahrt	Nachwort: Braun, Felix	1925	E	6534
Lucka, Emil	Die Blumen schweigen		1929	E	7002
Maartens, Maarten	Die Komödie eines Verbrechens		1922	E	6280
Maartens, Maarten	Die Mutter		1928	E	6876
Malczewski, Antonin	Maria		1874	E	584
Mann, Heinrich	Der Tyrann	Nachwort: Salten, Felix	1929	E	7001
Mann, Thomas	Tristan		1924	E	6431
Mann, Thomas	Zwei Festreden		1928	Hi	6931
Marawske, Max	Die Fremdenlegion		1915	Hi	5743
Margueritte, Victor	Weltkinder		1913	R	5592/5594
Marx, Karl	Lohnarbeit und Kapital: Zur Judenfrage		1919	St	6068/6069
Mehring, Sigmar	Deutsche Verslehre		1891	Li	2851
Mehring, Sigmar	Ungebundenes in gebundener Form		1901	G	4161
Méhul, Étienne Nicolas	Joseph und seine Brüder in Ägypten		1893	O	3117
Meilhac, Henri	Der Mann der Debütantin		1879	D	1216
Meissner, Leopold Florian	Aus den Papieren eines Polizeikommissars I	Auswahl und Nachwort: Neumann, Robert	1892	E	2926
Meissner, Leopold Florian	Aus den Papieren eines Polizeikommissars II	Auswahl und Nachwort: Neumann, Robert	1892	E	2961/2962
Meissner, Leopold Florian	Aus den Papieren eines Polizeikommissars III	Auswahl und Nachwort: Neumann, Robert	1892	E	3013
Meissner, Leopold Florian	Aus den Papieren eines Polizeikommissars IV	Auswahl und Nachwort: Neumann, Robert	1894	E	3304

Anhang 10 gestrichene UB-Titel *Fortsetzung*

Autor	Titel	weitere Beteiligte	erschienen	Rubrik[2893]	UB-Nr.
Mendelssohn, Moses	Phädon		1871	Ph	335
Mendès, Catulle	Novellen		1899	E	3934
Mendheim, Max	Johann Ludwig Uhland		1900	B	4128
Mendheim, Max	Emanuel Geibel		1915	B	5802
Merrick, Leonard	Der Theaterdirektor		1902	E	4318
Merrick, Leonard	Ein Bombenerfolg und andere Novellen		1909	E	5145
Meyerbeer, Giacomo	Robert der Teufel		1896	O	3596
Meyerbeer, Giacomo	Die Hugenotten		1897	O	3651
Meyerbeer, Giacomo	Der Prophet		1897	O	3715
Meyerbeer, Giacomo	Dinorah oder Die Wallfahrt nach Ploërmel		1901	O	4215
Meyerbeer, Giacomo	Die Afrikanerin		1927	O	6728
Meyrink, Gustav	Die Uhr	Co-Autor: Roda Roda, Alexander	1918	E	5992
Meyrink, Gustav	Der violette Tod		1922	E	6311
Morgenstern, Gustav	Bilder und Geschichten		1921	E	6226
Mosenthal, Salomon Hermann	Deborah		1908	D	4978
Mosenthal, Salomon Hermann	Sonnenwendhof		1908	D	5042
Müller, Hans	Der Brand von Trukitzan		1925	E	6535
Nansen, Peter	Der Hochzeitsabend		1913	D	5629
Neal, Max	Der müde Theodor. Schwank in 3 Akten	Co-Autor: Ferner, Max	1928	E	6877
Neisser, Arthur	Gustav Mahler		1918	MT	5985/5986
Neumann, Robert	Die Blinden von Kagoll		1929	E	7013

Anhang 10 gestrichene UB-Titel *Fortsetzung*

Autor	Titel	weitere Beteiligte	erschienen	Rubrik[2893]	UB-Nr.
Nordau, Max	Seifenblasen		1879	E	1187
Nötel, Louis	Sternschnuppe		1879	D	1267
O'Rell, Max	Ihre Königliche Hoheit die Frau		1925	E	6576/6577
Offenbach, Jacques	Fritzchen und Lieschen		1911	O	5344
Offenbach, Jacques	Orpheus in der Unterwelt		1926	MT	6639
Ohnet, Georges	Der Hüttenbesitzer		1888	R	2471
Ohnet, Georges	Gräfin Sarah		1891	R	2789
Ohnet, Georges	Sergius Panin		1895	R	3408/3410
Olden, Hans	Der Glückstifter	Nachwort: Neumann, Robert	1891	D	2886
Olden, Hans	Ilse	Nachwort: Neumann, Robert	1892	D	3004
Olden, Hans	Thielemanns		1895	D	3444
Olden, Hans	Die offizielle Frau		1897	D	3634
Olden, Julian	Erträumt		1885	E	2063
Ouida (Maria Louise de la Ramée)	Wanda		1886	R	2171/2174
Ouida (Maria Louise de la Ramée)	Farnmoor		1891	R	2857/2858
Ouida (Maria Louise de la Ramée)	Fürstin Zourofi		1902	R	4309/4310
Pasqué, Ernst	Frau Venus	Co-Autor: Blumenthal, Oscar	1893	D	3039
Pohl, Emil	Die Sterne wollen es		1881	D	1507
Pohl, Emil	Lucinde vom Theater		1881	D	1523

Anhang 10 gestrichene UB-Titel *Fortsetzung*

Autor	Titel	weitere Beteiligte	erschienen	Rubrik[2893]	UB-Nr.
Pohl, Emil	Der Jongleur		1882	D	1548
Pohl, Emil	Gold-Onkel		1882	D	1576
Pohl, Emil	Bruder Liederlich		1882	D	1592
Pohl, Emil	Unruhige Zeiten		1882	D	1627
Pohl, Emil	Eine leichte Person		1882	D	1647
Pohl, Emil	Die sieben Raben		1882	D	1665
Pohl, Emil	Auf eigenen Füßen	Co-Autor: Wilken, Heinrich	1883	D	1696
Pohl, Emil	Kleingeld		1883	D	1715
Poritzky, Jakob Elias	Keinen Kadosch wird man sagen		1896	R	3568
Prel, Carl du	Der Spiritismus		1893	Ph	3116
Proskauer, Martin	Das eiserne Spiel		1916	R	5841/5842
Proskauer, Martin	Der interessante Film und andere Erzählungen		1918	E	5974
Przyborowski, Walery	Fähnrichstochter		1887	E	2223/2224
Redenbacher, Else	François Frédéric Chopin		1911	B	5327
Reicke, Ilse	Die Frauenbewegung		1929	Hi	6975
Renard, Georges	Ist der Mensch frei?		1894	Ph	3208/3209
Roda Roda, Alexander	Der Schlangenbiss		1930	E	7110
Rodziewicz, Marya	Das Märchen vom Glück		1903	E	4446
Rolland, Romain	Empedokles von Agrigent und das Zeitalter des Hasses		1930	Hi	7080
Roosevelt, Theodore	Amerikanismus		1907	Hi	4919
Rosenbaum, Eduard	Der Vertrag von Versailles		1921	St	6206

Anhang 10 gestrichene UB-Titel *Fortsetzung*

Autor	Titel	weitere Beteiligte	erschienen	Rubrik[2893]	UB-Nr.
Rosenberger, Erwin	Der König der Diebe und andere Erzählungen		1910	E	5249
Rössler, Carl	Im Klubsessel	Co-Autor: Heller, Ludwig	1913	D	5552
Ruppius, Otto	Der Pedlar		1879	R	1141/1143
Ruppius, Otto	Das Vermächtnis des Pedlars		1880	R	1316/1318
Rzewuski, Henryk	Denkwürdigkeiten des Pan Severin Soplica		1875	R	701/704
Sacher-Masoch, Leopold	Don Juan von Kolomea		1926	E	6624
Saenger, Eduard	Anthologie altgriechischer Lyrik. Unter Benutzung von Teilen d. Jacobs-Boeselschen Auswahl		1884	Kl	1921/1924
Salingré, Hermann	Pech-Schulze		1911	D	5360
Salingré, Hermann	Einberufen!		1914	D	5715
Salten, Felix	Schöne Seelen ...		1925	E	6537
Salus, Hugo	Nachdenkliche Geschichten		1914	E	5700
Saphir, Moritz Gottlieb	Meine Memoiren und anderes		1889	H	2510
Saphir, Moritz Gottlieb	Humoristische Vorlesungen I		1889	H	2516
Saphir, Moritz Gottlieb	Humoristische Vorlesungen II		1889	H	2529
Saphir, Moritz Gottlieb	Humoristisch-satirische Novelletten		1889	H	2546/2547
Saphir, Moritz Gottlieb	Humoristische Vorlesungen III		1889	H	2603
Saphir, Moritz Gottlieb	Album ernster und heiterer Deklamationsgedichte		1890	G	2651/2653
Sardou, Victorien	Der letzte Brief		1875	D	606
Sardou, Victorien	Familie Benoiton		1875	D	689
Sardou, Victorien	Gute Freunde		1875	D	708
Sardou, Victorien	Die alten Junggesellen		1877	D	936

Anhang 10 gestrichene UB-Titel *Fortsetzung*

Autor	Titel	weitere Beteiligte	erschienen	Rubrik[2893]	UB-Nr.
Sardou, Victorien	Unsere Landleute		1878	D	1007
Sardou, Victorien	Fernande		1880	D	1306
Sardou, Victorien	Vaterland		1880	D	1357
Sardou, Victorien	Ferréol		1886	D	2209
Sardou, Victorien	Cyprienne		1887	D	2331
Sardou, Victorien	Dora		1888	D	2366
Sardou, Victorien	Odette		1889	D	2519
Sardou, Victorien	Fedora		1891	D	2806
Sardou, Victorien	Georgette		1892	D	3014
Sardou, Victorien	Theodore		1896	D	3578
Scapinelli, Carl	Künstlerspesen und andere Novellen		1916	E	5838
Scarpi, N. O.	Der Sprung von der Bühne		1927	E	6769/6770
Scherek, Jakob	Die Doppelverlobung. Erzählung aus dem jüdischen Kleinstadtleben		1919	E	6075
Schermann, Leo	Firma Murks I		1914	H	5690
Schermann, Leo	Firma Murks II		1914	H	5696
Schermann, Leo	Firma Murks III		1915	H	5778
Schiff, Bert	Die Mutter Gottes von Himmelsburg		1929	E	6999
Schnitzer, Manuel	Wunderliche Lebensläufe		1911	E	5255
Schnitzer, Manuel	Die Korallen der Frau Diana Schöngart, Die beiden Michel		1919	E	6059
Schnitzler, Arthur	Die dreifache Warnung		1924	E	6458
Schönthan, Paul von	Kleine Humoresken	Co-Autor: Schönthan, Franz von	1884	H	1939

Anhang 10 gestrichene UB-Titel *Fortsetzung*

Autor	Titel	weitere Beteiligte	erschienen	Rubrik[2893]	UB-Nr.
Schönthan, Paul von	Humoresken IV	Co-Autor: Schönthan, Franz von	1887	H	2279
Schrader, Bruno	Mendelssohn		1898	B	3794
Schröder, Wilhelm	Humoresken II	Co-Autor: Schröder, Arnold	1873	H	488
Schröder, Wilhelm	Humoresken III	Co-Autor: Schröder, Arnold	1875	H	611
Schwarzkopf, Gustav	Der Magier und andere Satiren, und Skizzen		1907	H	4957
Sienkiewicz, Henryk	Dorfgeschichten		1881	E	1437
Sienkiewicz, Henryk	Zersplittert		1882	E	1637
Sienkiewicz, Henryk	Die Dritte. Lux in tenebris lucet		1893	E	3053
Sienkiewicz, Henryk	Quo vadis? I u. II		1903	R	4481/4486
Sienkiewicz, Henryk	Die Familie Polaniecki		1912	E	5377
Siklósy, Joseph	Eisenbahngeschichten		1884	E	1845
Siklósy, Joseph	Londoner Geschichten		1895	E	3445
Siklósy, Joseph	Radfahrergeschichten		1899	E	3980
Silberstein, August	Trutz Nachtigall		1870	G	263
Singer, Fritz	Briefe eines Junggesellen		1894	E	3200
Singer, Fritz	Toren und Törinnen		1894	E	3314
Singer, Fritz	Voran die Liebe		1898	E	3860
Singer, Fritz	Ein Jahr		1903	E	4389
Singer, Fritz	Hausfreund a. D.		1906	E	4860
Smiles, Samuel	Der Charakter		1892	Ph	2992/2994
Smiles, Samuel	Selbsthilfe		1894	Ph	3267/3269

Anhang 10 gestrichene UB-Titel *Fortsetzung*

Autor	Titel	weitere Beteiligte	erschienen	Rubrik[2893]	UB-Nr.
Smiles, Samuel	Die Pflicht		1896	Ph	3586/3589
Smiles, Samuel	Sparsamkeit		1908	Ph	4973/4976
Sonnlechner, Oskar	Grüne Tage – grüne Nächte I		1926	E	6651/6652
Sonnlechner, Oskar	Grüne Tage – grüne Nächte II		1926	E	6696/6697
Specht, Richard	Florestan Kestners Erfolg	Nachwort: Zweig, Stefan	1929	E	7038/7039
Stanley, Henry Morton	Wie ich Livingstone fand I		1892	Hi	2909/2910
Stanley, Henry Morton	Wie ich Livingstone fand II		1892	Hi	2911/2913
Stein, Leo Walther	Die von Hochsattel	Co-Autor: Heller, Ludwig	1907	D	4933
Stein, Leo Walther	Die Ahnengalerie	Co-Autor: Heller, Ludwig	1912	D	5483
Steinitzer, Max	Tschaikowsky		1925	MT	6584
Stern, Jakob	Lichtstrahlen aus dem Talmud		1883	A	1733
Stoessl, Otto	Opfer. Zwei Novellen		1923	E	6371
Stoessl, Otto	Johannes Freudensprung		1923	E	6420
Strasser, Charlot	Exotische Erzählungen		1921	E	6221
Strunz, Johann	Der Völkerbund. Entstehung und Satzung, Organe und Geschäftsordnungen, Entwicklung und Wirkung in der großen Politik		1930	St	7106
Suttner, Bertha	Ku-i-kuk		1913	E	5568
Swietochowski, Alexander	Aus dem Volksleben		1884	E	1829
Szafranski, Telesfor	Carlas Onkel		1894	D	3206
Teweles, Heinrich	Der Ring des Polykrates		1889	D	2522
Teweles, Heinrich	Gesellschafterin		1894	D	3213

Anhang 10 gestrichene UB-Titel *Fortsetzung*

Autor	Titel	weitere Beteiligte	erschienen	Rubrik[2893]	UB-Nr.
Teweles, Heinrich	Mein Papa		1895	D	3397
Thomass, Ella (Pseud. El Correi)	Lachende Erben		1913	E	5516
Ulitz, Arnold	Die Unmündigen. Grenzfälle aus dem Seelenleben Jugendlicher		1931	Hy	7149
Vaka, Demetra	Harem. Bilder aus dem türkischen Frauenleben		1912	Hi	5481/5482
Valentine, John	Das starke Geschlecht		1911	D	5303
Veigelstock, Max (Pseud. Viola, Maximilian)	Die Nadel der Kleopatra und andere Humoresken		1889	H	2577
Verhaeren, Emile	Helenas Heimkehr	Nachdichtung: Zweig, Stefan	1928	E	6850
Verne, Jules	Die Reise um die Erde in achtzig Tagen	Bühnenbearbeitung: d'Ennery, Adolphe	1886	R	2208
Verne, Jules	Die Kinder des Kapitän Grant	Bühnenbearbeitung: d'Ennery, Adolphe	1887	R	2229
Victor, Metta Victoria Fuller	Tagebuch der bösen Buben		1893	R	3149/3150
Wallace, Lewis	Ben Hur I u. II		1906	R	4758/4763
Wasserbauer, Arnold	Bolschewiki. Ernste und heitere Erzählungen aus Sowjetrußland		1928	E	6898/6899
Wassermann, Jakob	Das Gold von Caxamalca	Nachwort: Zuckerkandl, Viktor	1928	E	6900
Weilen, Josef	Graf Horn		1871	D	311
Weilen, Josef	Der neue Achilles		1872	D	396
Weilen, Josef	König Erich		1881	D	1480
Weiser, Karl	Rabbi David		1894	D	3271
Welle-Strand, Edvard	Rote Novellen I		1929	E	6990
Welle-Strand, Edvard	Rote Novellen II		1929	E	6991

Anhang 10 gestrichene UB-Titel *Fortsetzung*

Autor	Titel	weitere Beteiligte	erschienen	Rubrik[2893]	UB-Nr.
Welten, Heinz	Aus dem Großen Kriege		1915	E	5754
Welten, Heinz	Pflanzenkrankheiten		1919	Hb	6031/6034
Werfel, Franz	Das Geheimnis des Saverio		1932	E	7184
Wichert, Ernst	Der geheime Sekretär		1881	D	1463
Wichert, Ernst	Der Mann der Freundin		1890	R	2660/2662
Wildgans, Anton	In Ewigkeit Amen. Ein Gerichtsstück		1925	E	6539
Wilken, Hans	Kyritz-Pyritz	Co-Autor: Cohn, Oskar Justinius	1886	D	2220
Wodiczka, Victor	Der schwarze Junker		1888	E	2388
Wolff, C.A. Hermann	Elementar-Gesanglehre		1903	MT	4426
Zaleski, Jozef Bohdan	Die heilige Familie		1878	G	1118
Zschokke, Heinrich	Jonathan Frock		1874	E	518
Zweig, Arnold	Gerufene Schatten	Nachwort: Stroh, Heinz	1926	E	6711
Zweig, Stefan	Der verwandelte Komödiant		1923	E	6374
Zweig, Stefan	Angst		1925	E	6540

Anhang 11:
Auf der *Liste* und / oder im *Verzeichnis der auszusondernden Literatur* indizierte Titel des Reclam'schen Verlagsprogramms vor 1933

Autor	Titel	erschienen	Rubrik[2894]	Liste der auszusondernden Literatur[2895]	Verzeichnis der auszusondernden Literatur[2896]	gedruckte Exemplare 1933–1945	Typ[2897]	UB-Nr.
Banse, Ewald	Der Atem des Morgenlandes	1929	E		x GW		UB	7006
Banse, Ewald	Rund um die Erde	1931	Hi		x GW		UB	7168
Bartels, Adolf	Weltliteratur I	1918	Li		x GW		UB	5997/5999
Bartels, Adolf	Weltliteratur. Führer durch UB Fremdländische Dichtung II	1919	Li		x GW		UB	6008/6010
Bartels, Adolf	Weltliteratur. Führer durch UB Wissenschaftliche Literatur III	1919	Li		x GW		UB	6011/6012
Blunck, Hans Friedrich	Bruder und Schwester	1928	E		x GW	113.000	UB	6831
Bodenstedt, Friedrich	Lieder des Mirza-Schaffy	1923	G		x GW		UB	6375/6376
Böttcher, Max Karl	Rings ums Jagdjahr	1929	E		x GW		UB	6980
Bröger, Karl	Der unbekannte Soldat	1917	Hi		x GW	44.000	UB	5954
Ernst, Paul	Preußengeist	1915	D		x	128.000	UB	5796

2894 E = Erzählungen, Novellen, Märchen, Skizzen | R = Romane | G = Gedichte, größere Dichtungen, | D = Dramatische Werke | Kl = griechische und römische Klassiker | H = Humoresken und Satiren | Äl = Ältere deutsche und altnordische Literatur | A = Aphorismen, Sprüche | Or = Orientalische Literatur | Almanache | B = Biografien | Gs = Gesetzesausgaben | Hb = Praktische Handbücher, Spiele, Sport | Hi = Historische und kulturgeschichtliche Werke | Hy = Gesundheitslehre, Heilkunde | Li = Literaturwissenschaft | MT = Musik- und Theaterliteratur | Na = Naturwissenschaften | O = Operntexte | Pädagogik | Ph = Philosophie | Rg = Religiöse Literatur, Religionswissenschaft | St = Staats- und Sozialwissenschaft, Volkswirtschaft | Wt = Wörterbücher, Lexika | Schülerkalender

2895 x = auf der Liste der auszusondernden Literatur indiziert.

2896 x = Titel im Verzeichnis der auszusondernden Literatur indiziert | x GW = Gesamtwerk des Autors im Verzeichnis der auszusondernden Literatur indiziert.

2897 UB = Universal-Bibliothek | RRB = Reclams Reihenbändchen.

Anhang 11 auszusondernde Literatur vor 1933 *Fortsetzung*

Autor	Titel	erschienen	Rubrik[2894]	Liste der auszusondernden Literatur[2895]	Verzeichnis der auszusondernden Literatur[2896]	gedruckte Exemplare 1933–1945	Typ[2897]	UB-Nr.
Herzog, Rudolf	Komödien des Lebens	1908	E		x GW		UB	5049/5050
Heuschele, Otto	Junge deutsche Lyrik. Eine Anthologie	1928	G		x		Junge Deutsche	
Hohlbaum, Robert	Von ewiger Kunst	1924	E		x GW	61.000	UB	6455
Hülsen, Hans von	Gerhart Hauptmann	1927	Li		x	5.000	UB	6811/6813
Iden-Zeller, Oskar	Der Weg der Tränen	1926	R	x	x	3.500	Illustrierte Werke	
Jungnickel, Max	Das Herz in der Laterne	1921	D		x GW		UB	6249
Kerausch, Josef	Die Generalshose. Soldatenschwank	1897	E	x			UB	3723
König, Eberhard	Don Ferrante	1910	D		x GW		UB	5217
Krumm, Paul	Der deutsche Sozialismus nach Adolf Hitler	1932	Hi	x			Verlagswerk	
Kuhnert, Adolf Arthur	Kriegsfront der Frauen	1929	R		x		Junge Deutsche	
Lüdecke, Winfried	S. M. S. Dresden. Nach Mitteilungen von Offizieren und Mannschaften	1917	Hi	x			UB	5955
Rosner, Karl	Der Überläufer	1918	E		x GW		UB	5961
Schaffner, Jakob	Die Mutter	1924	E		x GW	43.000	UB	6500
Schreiner, Wilhelm	Letztes Lied. Bilder vom Seekrieg	1922	Hi	x			UB	6308

Anhang 11 auszusondernde Literatur vor 1933 *Fortsetzung*

Autor	Titel	erschienen	Rubrik[2894]	Liste der auszusondernden Literatur[2895]	Verzeichnis der auszusondernden Literatur[2896]	gedruckte Exemplare 1933–1945	Typ[2897]	UB-Nr.
Schwarte, Max	Der Krieg der Zukunft	1931	Hi	x		8.000	UB	7155
Unger, Hellmuth	Mammon	1922	D		x GW		UB	6369
Unger, Hellmuth	Liebesaffären	1924	D		x GW		UB	6432
Unger, Hellmuth	Die Insel der Affen	1926	D		x GW		UB	6648
Unger, Hellmuth	Passagiere	1928	R		x GW		Moderne Romane	
Unger, Hellmuth	Legende vom Tod	1928	D		x GW		UB	6826
Unger, Hellmuth	Mutterlegende	1928	D		x GW		UB	6869
Vesper, Will	Der Balte	1919	E		x GW		Kurzweil-Büchel	5
Vesper, Will	Annemarie	[um 1920]	E		x GW		Kurzweil-Büchel	11
Wasserbauer, Arnold	Bolschewiki. Ernste und heitere Erzählungen aus Sowjetrußland	1928	E	x			UB	6898/6899
Wegerer, Alfred von	Wie es zum Großen Kriege kam	1930	Hi		x	35.000	UB	7101
Wichert, Ernst	Das eiserne Kreuz	1879	E	x			UB	1150
Wichert, Ernst	In Feindes Land	1879	E	x			UB	1163
	Kriegsnovellen I	1914	E	x			UB	5735

Anhang 12:
Auf der *Liste* und / oder im *Verzeichnis der auszusondernden Literatur* indizierte Titel des Reclam'schen Verlagsprogramms ab 1933

Autor	Titel	erschienen	Rubrik[2898]	Liste der auszusondernden Literatur[2899]	Verzeichnis der auszusondernden Literatur[2900]	gedruckte Exemplare 1933–1945	Typ[2901]	UB-Nr.
Arndt, Ernst Moritz	Der Rhein. Deutschlands Strom aber nicht Deutschlands Grenze	1921 (indizierte Ausgabe von 1941)	St	x		8.000	UB	6231
Barthel, Max	Sturm im Argonner Wald: Erzählung aus dem Weltkrieg	1936	E	x	x GW	47.000	UB	7335
Becker, Henrik	Trutzbüchlein der Deutschen	1939	A	x		50.000	UB	7442
Benary, Albert	Luftschutz: Die Gefahren aus der Luft und ihre Abwehr	1933	Hb	x	x GW	30.000	UB	7205
Berger, Siegfried	Regine und die Ahnherren	1944	R	x			Verlagswerk	
Beumelburg, Werner	Der Frontsoldat, Erzählung	1936	E	x	x GW	121.000	UB	7326
Beumelburg, Werner	Von 1914 bis 1939: Sinn und Erfüllung des Weltkrieges	1939	Hi	x	x GW	81.000	UB	7441

2898 E = Erzählungen, Novellen, Märchen, Skizzen | R = Romane | G = Gedichte, größere Dichtungen, | D = Dramatische Werke | Kl = griechische und römische Klassiker | H = Humoresken und Satiren | Äl = Ältere deutsche und altnordische Literatur | A = Aphorismen, Sprüche | Or = Orientalische Literatur | Almanache | B = Biografien | Gs = Gesetzesausgaben | Hb = Praktische Handbücher, Spiele, Sport | Hi = Historische und kulturgeschichtliche Werke | Hy = Gesundheitslehre, Heilkunde | Li = Literaturwissenschaft | MT = Musik- und Theaterliteratur | Na = Naturwissenschaften | O = Operntexte | Pädagogik | Ph = Philosophie | Rg = Religiöse Literatur, Religionswissenschaft | St = Staats- und Sozialwissenschaft, Volkswirtschaft | Wt = Wörterbücher, Lexika | Schülerkalender

2899 x = auf der Liste der auszusondernden Literatur indiziert.

2900 x = Titel im Verzeichnis der auszusondernden Literatur indiziert | x GW = Gesamtwerk des Autors im Verzeichnis der auszusondernden Literatur indiziert.

2901 UB = Universal-Bibliothek | RRB = Reclams Reihenbändchen.

Anhang 12 auszusondernde Literatur ab 1933 *Fortsetzung*

Autor	Titel	erschienen	Rubrik[2898]	Liste der auszusondernden Literatur[2899]	Verzeichnis der auszusondernden Literatur[2900]	gedruckte Exemplare 1933–1945	Typ[2901]	UB-Nr.
Beyer, Rudolf	Hitler-Gesetze I: Arbeitsbeschaffungsprogramm	1933	Gs	x		10.000	UB	7218/19
Beyer, Rudolf	Hitler-Gesetze II: Wechselgesetz vom 21. Juni 1933 samt Einführungsgesetz: Schutz des Einzelhandels	1933	Gs	x		10.000	UB	7220
Beyer, Rudolf	Hitler-Gesetze III: Reicherbhofgesetz vom 29. September 1933	1934	Gs	x		66.000	UB	7237 /38a
Beyer, Rudolf	Hitler-Gesetze IV: Schriftleitergesetz [vom 4. Okt. 1933], Wirtschaftswerbungsgesetz [Gesetz über Wirtschaftswerbung vom 12. Sept. 1933] mit den Durchführungsverordnungen, Rabattgesetz [Gesetz über Preisnachschläge (sog. Rabattgesetz) vom 25. Nov. 1933]	1934	Gs	x		10.000	UB	7239
Beyer, Rudolf	Hitler-Gesetze V: Gesetz zur Verhütung erbkranken Nachwuchses [vom 14. Juli 1933]	1934	Gs	x		46.000	UB	7240
Beyer, Rudolf	Hitler-Gesetz VI: Gesetz zur Ordnung der nationalen Arbeit vom 20. Jan. 1934	1934	Gs	x		117.000	UB	7241/a

Anhang 12 auszusondernde Literatur ab 1933 *Fortsetzung*

Autor	Titel	erschienen	Rubrik[2898]	Liste der auszusondernden Literatur[2899]	Verzeichnis der auszusondernden Literatur[2900]	gedruckte Exemplare 1933–1945	Typ[2901]	UB-Nr.
Beyer, Rudolf	Hitler-Gesetze VII: Wechselgesetz vom 21. Juni 1933 nebst dem Scheckgesetz vom 14. August 1933	1934	Gs	x		44.000	UB	7255/56
Beyer, Rudolf	Hitler-Gesetze VIII: Gesetz über Förderung der Eheschließungen [Abschnitt 5 des Gesetzes zur Verminderung der Arbeitslosigkeit vom 1. Juni 1933	1934	Gs	x		16.000	UB	7257
Beyer, Rudolf	Hitler-Gesetz IX: Arbeitsgerichtsgesetz	1934	Gs	x		10.000	UB	7258
Beyer, Rudolf	Hitler-Gesetz X: Reichsjagdgesetz vom 3. Juli 1934	1934	Gs	x		28.000	UB	7259
Beyer, Rudolf	Hitler-Gesetze XI: Reichs-Straßenverkehrs-Ordnung nebst Einführungsverordnung und Ausführungsanweisung vom 29. Sept. 1934	1934	Gs	x		31.000	UB	7271/72
Beyer, Rudolf	Hitler-Gesetze XII: Die Deutsche Gemeindeordnung vom 30. Januar 1935	1935	Gs	x		20.000	UB	7286/88b
Beyer, Rudolf	Hitler-Gesetze XIII: Die Nürnberger Gesetze vom 15. September 1935	1936	Gs	x		110.000	UB	7321/21a

Anhang 12 auszusondernde Literatur ab 1933 *Fortsetzung*

Autor	Titel	erschienen	Rubrik[2898]	Liste der auszusondernden Literatur[2899]	Verzeichnis der auszusondernden Literatur[2900]	gedruckte Exemplare 1933–1945	Typ[2901]	UB-Nr.
Beyer, Rudolf	Hitler-Gesetze XV: Die Realsteuergesetze mit Gewerbesteuergesetz	1937	Gs	x		10.000	UB	7343/44
Beyer, Rudolf	Hitler-Gesetze XVI: Deutsches Beamtengesetz vom 26. Januar 1937 und Reichsdienststrafordnung vom 26. Januar 1937	1937	Gs	x		34.000	UB	7357/59
Beyer, Rudolf	Hitler-Gesetze XVII: Gesetz über Aktiengesellschaften und Kommanditgesellschaften auf Aktien vom 30. Januar 1937	1937	Gs	x		18.000	UB	7360/63
Beyer, Rudolf	Hitler-Gesetze XVIII: Straßenverkehrsrecht vom 13. November 1937	1937	Gs	x		105.000	UB	7387/88
Beyer, Rudolf	Hitler-Gesetz XIX: Ehegesetz [Gesetz zur Vereinheitlichung des Rechts der Eheschließung und der Ehescheidung im Lande Österreich und im übrigen Reichsgebiet] vom 6. Juli 1938	1938	Gs	x		20.000	UB	7420/21a

Anhang 12 auszusondernde Literatur ab 1933 *Fortsetzung*

Autor	Titel	erschienen	Rubrik[2898]	Liste der auszusondernden Literatur[2899]	Verzeichnis der auszusondernden Literatur[2900]	gedruckte Exemplare 1933–1945	Typ[2901]	UB-Nr.
Beyer, Rudolf	Hitler-Gesetze XX: Jugendschutzgesetz [Gesetz über Kinderarbeit und die Arbeitszeit d. Jugendlichen] und Arbeitszeitordnung vom 30. April 1938	1939	Gs	x		13.000	UB	7437/39
Binding, Rudolf	Vier Jahre an der Front: Aus dem Kriegstagebuch	1939	B		x	91.000	UB	7443
Blaschke, Richard	Carl von Clausewitz, der Soldat und Kriegsphilosoph	1936	Hi	x		24.000	UB	7337
Blunck, Hans Friedrich	Dammbruch. Novellen	1936	E		x GW	76.000	UB	7327
Blunck, Hans Friedrich	Auf dem Babenhof	1943	E		x GW		RRB	3
Bodenreuth, Friedrich	Das Ende der eisernen Schar	1940	E	x	x GW	146.000	UB	7454
Böhme, Herbert	Nacht der Verschwörung, Novelle	1938	E		x GW	38.000	UB	7394
Böhme, Hermann	Carl Peters, der Begründer von Deutsch-Ostafrika	1939	Hi	x		29.000	UB	7433
Brehm, Bruno	Der dümmste Sibiriak	1939	E		x GW	161.000	UB	7444
Brewitz, Walther	Viertausend Jahre jüdischer Geschichte	1939	Hi	x		16.000	UB	7446/48

Anhang 12 auszusondernde Literatur ab 1933 *Fortsetzung*

Autor	Titel	erschienen	Rubrik[2898]	Liste der auszusondernden Literatur[2899]	Verzeichnis der auszusondernden Literatur[2900]	gedruckte Exemplare 1933–1945	Typ[2901]	UB-Nr.
Brües, Otto	Braune Spindeln	1944	E		x GW		RRB	32
Bund der deutschen Schriftsteller Österreich (Hg.)	Gesänge der Ostmark: Ein Dichtergruß	1938	G	x		10.000	UB	7413/14
Burte, Hermann; Berl, Heinrich	Der besiegte Lurch: Ein Gleichnis des Kampfes gegen das Leiden	1933	E		x GW	36.000	UB	7210
Christiansen, Broder	Ich will! Ich kann!	1938	Hb	x		5.391	Illustrierte Werke	
Christiansen, Broder	Die Redeschule	1939	Hb	x		3.688	Illustrierte Werke	
Cysarz, Herbert	Das deutsche Schicksal im deutschen Schrifttum. Ein Jahrtausend Geisteskampf um Volk und Reich	1942	Li	x		30.000	UB	7513
Czech-Jochberg, Erich	Wie Adolf Hitler der Führer wurde	1933	Hi	x	x GW	104.000	UB	7217
Czech-Jochberg, Erich	Deutsche Geschichte, nationalsozialistisch gesehen	1933	Hi	x	x GW	67.707	Illustrierte Werke	
Czech-Jochberg, Erich	Vom 30. Januar zum 21. März. Die Tage der nationalen Erhebung	1933	Hi	x	x GW		Verlagswerk	
Czech-Jochberg, Erich	Cäsaren	1934	Hi		x GW	9.804	Verlagswerk	

Anhang 12 auszusondernde Literatur ab 1933 *Fortsetzung*

Autor	Titel	erschienen	Rubrik[2898]	Liste der auszusondernden Literatur[2899]	Verzeichnis der auszusondernden Literatur[2900]	gedruckte Exemplare 1933–1945	Typ[2901]	UB-Nr.
Dahn, Felix	Herrscher und Helden germanischer Frühzeit	1934	Hi		x GW	11.000	Illustrierte Werke	
Detig, Alfred	Wie der Führer Österreich heimbrachte	1938	Hi	x		38.000	UB	7412
Deuerlein, Ernst	Ewiges Kriegertum: Vom Kampf und Tod für's Vaterland	1940	A	x		55.000	Verlagswerk	
Diem, Carl	Der Läufer von Marathon	1941	E	x		91.000	UB	7491
Dresler, Adolf	Benito Mussolini	1940	Hi	x	x GW	31.000	UB	7478
Euringer, Richard	Als Flieger in zwei Kriegen	1941	E	x	x GW	61.000	UB	7488
Fleege-Althoff, Fritz	Wirtschaftslehre 18: Grundzüge der allgemeinen Betriebswirtschaftslehre	1934	St	x		15.000	UB	7283
Frercks, Rudolf	Deutsche Rassenpolitik	1937	St	x		18.000	UB	7351
Frick, Wilhelm; Roth, Bert	Kampf. Lebensdokumente deutscher Jugend von 1914–1934	1934	Hi	x	x GW	7.680	Illustrierte Werke	
Friedrich, Rudolf	Die festliche Stunde. Vortragsbuch ernster und heiterer Dichtungen	1938	G	x		9.720	Verlagswerk	
Friedrichsen, Detlef	Ein Leutnant von der Infanterie	1942	E	x		120.000	UB	7516

Anhang 12 auszusondernde Literatur ab 1933 *Fortsetzung*

Autor	Titel	erschienen	Rubrik[2898]	Liste der auszusondernden Literatur[2899]	Verzeichnis der auszusondernden Literatur[2900]	gedruckte Exemplare 1933–1945	Typ[2901]	UB-Nr.
Gackenholz, Hermann	Das Diktat von Versailles und seine Auswirkungen	1934	St	x	x	25.000	UB	7248
Gottl-Ottlilienfeld, Friedrich von	Wirtschaftslehre I: Wesen und Grundbegriffe der Wirtschaft	1933	St	x		20.000	UB	7228
Götz, Karl	Die Heimstätter: Ein Schicksal in Kanada	1940	E		x GW	101.000	UB	7455
Grimm, Friedrich	Um Rhein, Ruhr und Saar: Ein Abwehrkampf 1918–1935	1937	Hi	x	x GW	16.000	UB	7385
Gronau, Wolfgang von	Wie ich fliegen lernte: Erlebnisse und Erfahrungen als Schüler und Lehrer	1935	Hi	x	x GW	91.000	UB	7289
Haebler, Rolf Gustav	Wie unsere Waffen wurden. Aus der Geschichte der Waffentechnik.	1940	Hi	x	x	8.032	Illustrierte Werke	
Haering, Theodor Lorenz	Der Tod und das Mädchen	1943	E	x		80.000	UB	7558
Halm, George Nikolaus	Wirtschaftslehre VII: Der wirtschaftliche Kreislauf und seine Gesetze	1934	St	x		10.000	UB	7234
Hartung, Fritz	Hindenburg	1934	Hi	x		25.000	UB	7260

Anhang 12 auszusondernde Literatur ab 1933 *Fortsetzung*

Autor	Titel	erschienen	Rubrik[2898]	Liste der auszusondernden Literatur[2899]	Verzeichnis der auszusondernden Literatur[2900]	gedruckte Exemplare 1933–1945	Typ[2901]	UB-Nr.
Hasenack, Wilhelm	Wirtschaftslehre XX: Das Rechnungswesen der Unternehmung	1934	St	x		10.000	UB	7285
Hein, Alfred	Sturmtrupp Brooks	1933	R	x	x GW	8.400	Junge Deutsche	
Heinsen, Fred	Germaine und die beiden Kameraden: Ein Schicksal in Flandern	1940	E	x		36.000	UB	7474
Helbok, Adolf; Lehmann, Emil	Heimgekehrte Grenzlande im Südosten	1939	Hi	x		6.000	Illustrierte Werke	
Herrmann, Gerhard	Wirtschaftslehre XII: Handelspolitik	1934	St	x		10.000	UB	7277
Hitler, Adolf; Frick, Wilhelm	Die Rede des Führers Adolf Hitler am 30.1.1934 im Deutschen Reichstag	1934	Hi	x	x GW	35.000	UB	7250
Hofstaetter, Walther; Usadel, Georg	Aus reinem Quell. Deutsche Dichtung von Hölderlin bis zur Gegenwart	1935	G	x	x GW	7.546	Verlagswerk	
Hohlbaum, Robert	Heldische Prosa	1934	E	x	x GW	5.000	Verlagswerk	
Hohlbaum, Robert	Der Kurfürst: Eine Vinzenz-Prießnitz-Novelle	1940	E		x GW	76.000	UB	7473
Holzwart, Hanna	Wege der Liebe: Frauenlyrik der Gegenwart	1937	G	x		21.000	UB	7382
Italiaander, Rolf	Segelflug in aller Welt	1936	Hb	x	x GW	50.000	UB	7316

Anhang 12 auszusondernde Literatur ab 1933 *Fortsetzung*

Autor	Titel	erschienen	Rubrik[2898]	Liste der auszusondernden Literatur[2899]	Verzeichnis der auszusondernden Literatur[2900]	gedruckte Exemplare 1933–1945	Typ[2901]	UB-Nr.
Italiaander, Rolf	Erlebnisse beim Segelflug	1936	Hb	x	x GW	81.000	UB	7329
Jacob, Ernst Gerhard	Die deutschen Kolonien einst und jetzt	1938	Hi	x	x GW	83.000	UB	7398
Jecht, Horst	Wirtschaftslehre VIII: Konjunkturschwankungen und Weltwirtschaftskrise	1934	St	x		10.000	UB	7273
Jelusich, Mirko	Deutsche Heldendichtung	1934	G	x	x GW	9.922	Verlagswerk	
Jelusich, Mirko	Streit um Agnes, Erzählung aus der Stauferzeit	1937	E		x GW	74.000	UB	7346/47
Jelusich, Mirko	Margreth und der Fremde	1942	E		x GW	250.000	UB	7508
Jung, Hermann Albert Karl	Skagerrak: Mit Schlachtkreuzer „Lützow“ an der Spitze	1937	Hi	x	x GW	39.000	UB	7386
Jünger, Ernst	Feuer und Blut: ein kleiner Ausschnitt aus einer großen Schlacht	1937	E		x GW	35.000	UB	7364/65
Kaufmann, Günter	Deine Jugend, mein Volk; Gedichte aus dem großdeutschen Freiheitskampf	1943	G	x	x GW	30.000	UB	7553/54
Keding, Paul	Deutsch-Südwest, Schauspiel	1935	D	x	x	8.000	UB	7299
Keiter, Friedrich	Menschenrassen in Vergangenheit und Gegenwart	1936	Na	x		15.000	UB	7340/41

Anhang 12 auszusondernde Literatur ab 1933 *Fortsetzung*

Autor	Titel	erschienen	Rubrik[2898]	Liste der auszusondernden Literatur[2899]	Verzeichnis der auszusondernden Literatur[2900]	gedruckte Exemplare 1933–1945	Typ[2901]	UB-Nr.
Keiter, Friedrich	Rassenpsychologie: Einführung in eine werdende Wissenschaft	1941	Hi	x		10.000	UB	7493
Kindermann, Heinz	Des deutschen Dichters Sendung in der Gegenwart	1933	Li	x		4.100	Illustrierte Werke	
Kindermann, Heinz	Deutsche Wende: Das Lied der Jungen	1936	G	x		71.000	UB	7320
Kindermann, Heinz	Theater und Nation	1943	MT	x		30.000	UB	7563
Kindermann, Heinz (Hg.)	Reihe Politische Dichtung X: Heimkehr ins Reich. Großdeutsche Dichtung aus Ostmark und Sudetenland 1866-1938.	1939	Li	x		6.600	Deutsche Literatur	
Koenigswald, Harald von	Sickingens letzte Fehde	1934	E		x GW	47.000	UB	7267
Krause, Willy (Pseud. Peter Hagen)	Greta und Ulle, Novelle	1934	E		x GW	57.000	UB	7269
Künkel, Hans	Ein Arzt sucht seinen Weg	1939	R		x	83.852	Junge Deutsche	
Lange, Friedrich	Deutsches Volk in 15 Staaten	1935	Hi	x	x GW	20.000	UB	7303
Lange, Friedrich	Österreich, Deutsches Schicksalsland	1936	Hi	x	x GW	21.000	UB	7339

Anhang 12 auszusondernde Literatur ab 1933 *Fortsetzung*

Autor	Titel	erschienen	Rubrik[2898]	Liste der auszusondernden Literatur[2899]	Verzeichnis der auszusondernden Literatur[2900]	gedruckte Exemplare 1933–1945	Typ[2901]	UB-Nr.
Leers, Johann von	Geschichte auf rassischer Grundlage	1934	Hi	x	x GW	68.000	UB	7249
Leers, Johann von	Der Weg des deutschen Bauern von der Frühzeit bis zur Gegenwart	1935	Hi	x	x GW	24.000	UB	7301/02
Linden, Walther	Heinrich von Kleist, d. Dichter d. völkischen Gemeinschaft	1935	Li		x GW	16.000	UB	7293
Linden, Walther	Geschichte der deutschen Literatur	1937	Li	x	x GW	22.586	Illustrierte Werke	
Meschendörfer, Adolf	Siebenbürgen, Land des Segens	1937	E		x GW	24.000	UB	7367/68
Millenkovich, Max von	Cosima Wagner. Ein Lebensbild	1937	B		x	15.940	Illustrierte Werke	
Millenkovich, Max von	Vom Abend zum Morgen	1940	R		x	5.015	Verlagswerk	
Moeller van den Bruck, Arthur	Armin	1934	Hi	x	x GW	30.000	UB	7242
Moeller van den Bruck, Arthur	Freiherr von Stein	1934	Hi		x GW	25.000	UB	7243
Most, Otto	Bevölkerungspolitik	1936	St	x		20.000	UB	7317
Neumann, Emanuel	Blücher, Scharnhorst, Gneisenau: drei dt. Heerführer in großer Zeit	1934	Hi	x		15.000	UB	7246

Anhang 12 auszusondernde Literatur ab 1933 *Fortsetzung*

Autor	Titel	erschienen	Rubrik[2898]	Liste der auszusondernden Literatur[2899]	Verzeichnis der auszusondernden Literatur[2900]	gedruckte Exemplare 1933–1945	Typ[2901]	UB-Nr.
Oertzen, Karl Ludwig von	Der große Krieg 1914–1918	1930 (indizierte Ausgabe von 1940)	Hi	x		45.000	UB	7077
Paetsch, Heinrich; Baum, Ernst	Luftschutz	1938	Hb	x		18.000	UB	7397
Papesch, Josef	Weißhaupt Vater und Sohn	1944	E		x GW	150.000	UB	7591
Platon	Erziehung zum politischen Menschen: Auswahl aus Platons Staat und Gesetz	1937	Kl	x		20.000	UB	7374
Pleyer, Wilhelm	Kämpfen und Lachen	1941	E	x	x GW	61.000	UB	7487
Raab, Friedrich	Wirtschaftslehre IV: Die deutsche Volkswirtschaft der Gegenwart	1934	St	x		15.000	UB	7231
Raab, Friedrich	Wirtschaftslehre XIII: Gewerbepolitik	1934	St	x		10.000	UB	7278
Raab, Friedrich	Wirtschaftslehre XVI: Der öffentliche Haushalt	1934	St	x		10.000	UB	7281
Raab, Friedrich	Wirtschaftslehre XVII: Steuerwesen	1934	St	x		10.000	UB	7282
Radtke, Eugen	Die Erstürmung des Douaumont	1938	Hi	x	x GW	36.000	UB	7395
Rainalter, Erwin Herbert	Die Botin, Erzählung	1937	E		x GW	151.000	UB	7366

Anhang 12 auszusondernde Literatur ab 1933 *Fortsetzung*

Autor	Titel	erschienen	Rubrik[2898]	Liste der auszusondernden Literatur[2899]	Verzeichnis der auszusondernden Literatur[2900]	gedruckte Exemplare 1933–1945	Typ[2901]	UB-Nr.
Rainalter, Erwin Herbert	Walzer im Mondschein	1942	E		x GW	270.000	UB	7531
Redslob, Edwin	Des Reiches Straße	1940	Hi	x		36.761	Illustrierte Werke	
Riedel, Johannes	Wirtschaftslehre XIX: Betriebsführung	1934	St	x		10.000	UB	7284
Riemkasten, Felix	Die alte Schuld, Novelle	1933	E		x GW	69.000	UB	7223
Ritter, Paul	Der Kampf um den Erdraum: Kolonien vom Altertum bis zur Gegenwart	1935	Hi	x	x GW	27.690	Illustrierte Werke	
Rothacker, Gottfried	Sudetenland und das deutsche Prag	1939	Hi	x	x GW	50.000	UB	7432
Rothmund, Toni	Die Herrin auf Birka	1935	R	x		7.500	Romane	
Rüdt-Collenberg, Ludwig von	Vom Entwaffnungsdiktat zur allgemeinen Wehrpflicht	1936	Hi	x		50.000	UB	7315
Rumpf, Wilhelm	Deutsche Leistungen in aller Welt	1934	Hi	x		24.000	UB	7266
Sander, Ulrich	Das Gefecht von Kalkehmen, Erzählung	1937	E	x	x GW	39.000	UB	7349
Sanftenberg, Gustav	Hitler-Gesetze XIV: Gesetze über das Patent-, Gebrauchsmuster- und Warenzeichenrecht: vom 5. Mai 1936	1936	Gs	x		10.000	UB	7323/25

Anhang 12 auszusondernde Literatur ab 1933 *Fortsetzung*

Autor	Titel	erschienen	Rubrik[2898]	Liste der auszusondernden Literatur[2899]	Verzeichnis der auszusondernden Literatur[2900]	gedruckte Exemplare 1933–1945	Typ[2901]	UB-Nr.
Sappok, Gerhard	An Warthe und Weichsel: Dt. Schicksal in Vergangenheit und Gegenwart	1940	Hi	x		16.000	UB	7466
Schaffner, Jakob	Der lachende Hauptmann	1931 (indizierte Ausgabe von 1933)	E	x	x GW	54.000	UB	7152
Scheidt, Walter	Rassenkunde	1930 (indizierte Ausgabe von 1933)	Na	x		40.000	UB	7076
Schirach, Baldur von (Hg.)	Das Lied der Getreuen	1938	G	x	x GW	288973	Verlagswerk	
Schmidt, Fritz	Soldaten-Liederbuch	1936	G	x		20.000	UB	7338
Schmidtke, Heinz	Die deutsche Wehrmacht	1938	Hb	x		10.000	UB	7396
Schmitt, Alfons	Wirtschaftslehre XIV: Verkehrswesen	1934	St	x		10.000	UB	7279
Schoeneich, Hans	Tausend Jahre deutscher Kampf im Osten	1933	Hi	x	x	46.000	UB	7224
Schoeneich, Hans	Die ihr Heimatland verließen: Wege und Schicksale dt. Auswanderer	1934	Hi	x		31.000	UB	7265
Sonnlechner, Oskar	Nur ein Soldat	1934	R	x	x	3.000	Reclams Roman-Reihe	

Anhang 12 auszusondernde Literatur ab 1933 *Fortsetzung*

Autor	Titel	erschienen	Rubrik[2898]	Liste der auszusondernden Literatur[2899]	Verzeichnis der auszusondernden Literatur[2900]	gedruckte Exemplare 1933–1945	Typ[2901]	UB-Nr.
Springenschmid, Karl; Strohmeyer, Curt	Der Bauernspiegel Großdeutschlands	1940	Hi	x	x GW	10.000	Illustrierte Werke	
Srbik, Heinrich von	Gestalten und Ereignisse aus Österreichs deutscher Vergangenheit	1942	Hi	x		30.000	UB	7535
Stieve, Friedrich	Wendepunkte europäischer Geschichte	1940	Hi	x	x GW	49.011	Illustrierte Werke	
Supf, Peter	Der Tod des Fliegers	1935	E		x GW	54.000	UB	7290
Thalheim, Karl C.	Wirtschaftslehre II: Die natürlichen und gesellschaftlichen Grundlagen der Wirtschaft	1934	St	x		15.000	UB	7229
Thalheim, Karl C.	Wirtschaftslehre III: Werden und Wesen der modernen Wissenschaft	1934	St	x		15.000	UB	7230
Thalheim, Karl C.	Wirtschaftslehre V: Die Weltwirtschaft	1934	St	x		10.000	UB	7232
Thalheim, Karl C.	Wirtschaftslehre X: Die Finanzierung der Wirtschaft	1934	St	x		10.000	UB	7275
Thalheim, Karl C.	Wirtschaftslehre XI: Agrarpolitik	1934	St	x		10.000	UB	7276

Anhang 12 auszusondernde Literatur ab 1933 *Fortsetzung*

Autor	Titel	erschienen	Rubrik[2898]	Liste der auszusondernden Literatur[2899]	Verzeichnis der auszusondernden Literatur[2900]	gedruckte Exemplare 1933–1945	Typ[2901]	UB-Nr.
Thalheim, Karl C.	Wirtschaftslehre XV: Sozialpolitik	1934	St	x		10.000	UB	7280
Thierfelder, Franz	Das Deutschtum im Ausland	1933	Hi		x GW	20.000	UB	7226
Verlag Philipp Reclam jun.	Reclams Schülerkalender 1940	1939	Schülerkalender	x		9.850	Illustrierte Werke	
Verlag Philipp Reclam jun.	Reclams Schülerkalender 1941	1940	Schülerkalender	x		25.000	Illustrierte Werke	
Verlag Philipp Reclam jun.	Deutscher Almanach für das Jahr 1941	1940	Almanach	x		4.000	Almanach	
Verlag Philipp Reclam jun.	Reclams Schülerkalender 1942	1941	Schülerkalender	x		25.000	Illustrierte Werke	
Vogel, Emanuel Hugo	Wirtschaftslehre IX: Geld und Kredit	1934	St	x		20.000	UB	7274
Vogel, Johannes	Patrouille in Serbien	1941	E		x	28.000	UB	7489
Volkmann, Ernst (Hg.)	Reihe Politische Dichtung VIII (Deutsche Dichtung im Weltkrieg 1914–1918)	1934	Li	x		2.200	Deutsche Literatur	
Wagenführ, Horst	Wirtschaftslehre VI: Geschichte der wirtschaftlichen Lehrmeinungen und der wirtschaftspolitischen Systeme	1934	St	x		15.000	UB	7233
Wehner, Josef Magnus	Echnaton und Nofretete	1940	E		x GW	80.000	UB	7456

Anhang 12 auszusondernde Literatur ab 1933 *Fortsetzung*

Autor	Titel	erschienen	Rubrik[2898]	Liste der auszusondernden Literatur[2899]	Verzeichnis der auszusondernden Literatur[2900]	gedruckte Exemplare 1933–1945	Typ[2901]	UB-Nr.
Wiessalla, Josef	Niemands Land	1942	E		x	260.000	UB	7510
Winnig, August	Im Kreis verbunden, Erzählungen	1938	E		x GW	255.000	UB	7390
Winnig, August	Stiegel, der Holzhauer	1943	E		x GW	230.000	UB	7556
Winnig, August	Wiederkehr des Gleichen, Novelle	1945	E		x GW		UB	7605
Wittstock, Erwin	Das Begräbnis der Maio	1937	E		x GW	71.000	UB	7375
Ziegfeld, Arnold Hillen	England in der Entscheidung	1938	Hi	x	x GW	8.962	Illustrierte Werke	
Ziegler, Wilhelm	Wie kam es zum Kriege 1939	1939	Hi	x	x GW	23.1000	UB	7440
Ziegler, Wilhelm	Großdeutschlands Kampf: Ein Rückblick auf das Kriegsjahr 39/40	1941	Hi	x	x GW	63.500	Illustrierte Werke	
Zillich, Heinrich	Die Reinerbachmühle: Eine Erzählung aus Siebenbürgen	1935	E		x GW	161.000	UB	7304

Anhang 13:
Übersicht der auf der *Gottbegnadeten-Liste* und der *Sonderliste A* genannten Reclam-Autoren

Autor	Titel	erschienen	Rubrik[2902]	Gott-begnadeten-Liste	Sonderliste 6 wichtigste Schriftsteller	gedruckte Exemplare 1933–1945	Typ[2903]	UB-Nr.
Blunck, Hans Friedrich	Bruder und Schwester	1928	E	x		113.000	UB	6831
Blunck, Hans Friedrich	Dammbruch. Novellen	1936	E	x		76.000	UB	7327
Blunck, Hans Friedrich	Auf dem Babenhof	1943	E	x			RRB	3
Brehm, Bruno	Der dümmste Sibiriak	1939	E	x		161.000	UB	7444
Burte, Hermann	Der besiegte Lurch: Ein Gleichnis des Kampfes gegen das Leiden	1933	E	x		36.000	UB	7210
Frenssen, Gustav	Land an der Nordsee, Erzählungen	1938	E	x		96.000	UB	7389
Griese, Friedrich	Wittvogel	1927	E	x		76.000	UB	6751
Grimm, Hans	Wie Grete aufhörte ein Kind zu sein. Erzählung aus Südafrika	1939	E	x		201.000	UB	7424
Halbe, Max	Frau Meseck	1925	E	x		45.000	UB	6561
Hauptmann, Gerhart	Bahnwärter Thiel	1926	E		x	105.000	UB	6617
Hauptmann, Gerhart	Die blaue Blume	1929	G		x	10.000	UB	6970
Hauptmann, Gerhart	Die Hochzeit auf Buchenhorst	1940	E		x	81.000	UB	7475
Hauptmann, Gerhart	Griechischer Frühling	1942	Hi		x	30.000	UB	7526/28
Kolbenheyer, Erwin Guido	Wenzel Tiegel	1929	E		x	135.000	UB	7000

2902 E = Erzählungen, Novellen, Märchen, Skizzen | R = Romane | G = Gedichte, größere Dichtungen, | D = Dramatische Werke | Kl = griechische und römische Klassiker | H = Humoresken und Satiren | Äl = Ältere deutsche und altnordische Literatur | A = Aphorismen, Sprüche | Or = Orientalische Literatur | Almanache | B = Biografien | Gs = Gesetzesausgaben | Hb = Praktische Handbücher, Spiele, Sport | Hi = Historische und kulturgeschichtliche Werke | Hy = Gesundheitslehre, Heilkunde | Li = Literaturwissenschaft | MT = Musik- und Theaterliteratur | Na = Naturwissenschaften | O = Operntexte | Pädagogik | Ph = Philosophie | Rg = Religiöse Literatur, Religionswissenschaft | St = Staats- und Sozialwissenschaft, Volkswirtschaft | Wt = Wörterbücher, Lexika | Schülerkalender.

2903 UB = Universal-Bibliothek | RRB = Reclams Reihenbändchen.

Anhang 13 Gottbegnadeten-Liste *Fortsetzung*

Autor	Titel	erschienen	Rubrik[2902]	Gott-begnadeten-Liste	Sonderliste 6 wichtigste Schriftsteller	gedruckte Exemplare 1933–1945	Typ[2903]	UB-Nr.
Kolbenheyer, Erwin Guido	Die Wiedergeburt des alten Daringer	1942	E		x	140.000	UB	7504
Miegel, Agnes	Das Bernsteinherz, Erzählung	1937	E		x	139.000	UB	7345
Münchhausen, Börries Freiherr	Nachwort zu: Jahn, Moritz: Frangula oder die himmlischen Weiber im Wald	1933	E	x		66.000	UB	7211
Münchhausen, Börries Freiherr von	Clémentine von Münchhausen, geb. v. d. Gabelentz: Anlagen u. Talente, Entwickelung u. Studien	1907	B	x			UB	4958
Münchhausen, Börries Freiherr von	Geschichten aus der Geschichte	1934	R	x		4.630	Verlagswerk	
Schäfer, Wilhelm	Rheinische Novellen	1921	E	x		100.000	UB	6200
Schäfer, Wilhelm	Zwei Anekdoten	1943	E	x			RRB	17
Scholz, Wilhelm von	Kopf im Fenster	1922	G	x		23000	UB	6341
Scholz, Wilhelm von	Die Liebe der Charlotte Donc	1940	E	x		81.000	UB	7460
Seidel, Ina	Spuk in des Wassermanns Haus, Novelle	1936	E		x	123.000	UB	7312
Seidel, Ina	Briefe der Deutschen aus einem Jahrtausend	1943	Hi		x	5.000	Illustrierte Werke	
Strauß und Torney, Lulu von	Schuld	1940	E	x		51.000	UB	7459
Zillich, Heinrich	Die Reinerbachmühle: Eine Erzählung aus Siebenbürgen	1935	E	x		161.000	UB	7304

Anhang 14: In der *Bücherkunde* besprochene bzw. im *Gutachtenanzeiger* bewertete Titel aus dem Programm des Reclam Verlags

Autor	Titel	weitere Beteiligte	erschienen	Rubrik[2904]	*Bücherkunde*[2905]	*Gutachtenanzeiger*[2906]	NS-affin[2907]	gedruckte Exemplare 1933–1945	Typ[2908]	UB-Nr.
Anzengruber, Ludwig	Volks-Anzengruber		1939	Werkausgabe	pos				Verlagswerk	
Arndt, Ernst Moritz	Nordische Volkskunde	Nachwort: Otto Huth	1936	Hi		pos		20.000	UB	7318
Barge, Hermann	Geschichte der Buchdruckerkunst		1940	Hi	pos			9.565	Illustrierte Werke	
Becker, Henrik	Trutzbüchlein der Deutschen		1939	A		pos	1	50.000	UB	7442
Bener-Fröhlich, Marianne (Hg.)	Reihe Deutsche Selbstzeugnisse VII: Pietismus und Nationalismus		1933	Li	pos	pos		2.200	Deutsche Literatur	
Berger, Arnold Erich (Hg.)	Reihe Reformation III: Satirische Feldzüge wider die Reformation. Thomas Murner, Daniel von Soest		1933	Li	pos			2.200	Deutsche Literatur	

2904 E = Erzählungen, Novellen, Märchen, Skizzen | R = Romane | G = Gedichte, größere Dichtungen, | D = Dramatische Werke | Kl = griechische und römische Klassiker | H = Humoresken und Satiren | Äl = Ältere deutsche und altnordische Literatur | A = Aphorismen, Sprüche | Or = Orientalische Literatur | Almanache | B = Biografien | Gs = Gesetzesausgaben | Hb = Praktische Handbücher, Spiele, Sport | Hi = Historische und kulturgeschichtliche Werke | Hy = Gesundheitslehre, Heilkunde | Li = Literaturwissenschaft | MT = Musik- und Theaterliteratur | Na = Naturwissenschaften | O = Operntexte | Pädagogik | Ph = Philosophie | Rg = Religiöse Literatur, Religionswissenschaft | St = Staats- und Sozialwissenschaft, Volkswirtschaft | Wt = Wörterbücher, Lexika | Schülerkalender.

2905 pos = positive Besprechung in der *Bücherkunde* | neg = negative Besprechung.

2906 pos = vom *Gutachtenanzeiger* als „zu fördern" bewertet | neg = vom *Gutachtenanzeiger* als „nicht zu fördern" bewertet

2907 1 = Titel ist auf *Liste der auszusondernden Literatur* indiziert | 2 = Titel ist im *Verzeichnis der auszusondernden Literatur* indiziert | 3 = Autor oder weitere Beteiligte des Titels bei Langenbucher gelistet | 4 = Autor oder weitere Beteiligte Unterzeichner des Gelöbnisses für Adolf Hitler | 5 = Autor oder weitere Beteiligte auf *Gottbegnadeten-Liste* | 6 = Autor auf *Sonderliste A* der sechs wichtigsten Schriftsteller.

2908 UB = Universal-Bibliothek | RRB = Reclams Reihenbändchen.

Anhang 14 Bücherkunde *Fortsetzung*

Autor	Titel	weitere Beteiligte	erschienen	Rubrik[2904]	*Bücherkunde*[2905]	*Gutachtenanzeiger*[2906]	NS-affin[2907]	gedruckte Exemplare 1933–1945	Typ[2908]	UB-Nr.
Berger, Arnold Erich (Hg.)	Reihe Reformation V/VI: Die Schaubühne im Dienste der Reformation		1935	Li		pos		2.200	Deutsche Literatur	
Beumelburg, Werner	Von 1914 bis 1939: Sinn und Erfüllung des Weltkrieges		1939	Hi		pos	1 | 2 | 3 | 4	81.000	UB	7441
Blunck, Hans Friedrich	Dammbruch. Novellen		1936	E		pos	2 | 3 | 4 | 5	76.000	UB	7327
Böhme, Herbert	Nacht der Verschwörung, Novelle		1938	E	pos	pos	2 | 3	38.000	UB	7394
Böhme, Hermann	Carl Peters, der Begründer von Deutsch-Ostafrika		1939	Hi		pos	1	29.000	UB	7433
Brauchle, Alfred	Naturheilkunde in Lebensbildern		1937	Hy		pos		5.822	Illustrierte Werke	
Brauchle, Alfred	Ergebnisse aus der Gemeinschaftsarbeit von Naturheilkunde und Schulmedizin I	Co-Autor: Grote, Louis R.	1938	Hy		pos		1.000	Illustrierte Werke	
Brentano, Clemens	Reihe Romantik XXI: Dramen von Clemens Brentano und Achim von Arnim	Co-Autor: Armin, Achim von; Herausgeber: Kluckhohn, Paul	1938	Li		pos		1.600	Deutsche Literatur	
Brüggemann, Fritz (Hg.)	Reihe Aufklärung VI: Die bürgerliche Gemeinschaftskultur der vierziger Jahre		1933	Li	pos	pos		2.200	Deutsche Literatur	

Anhang 14 Bücherkunde *Fortsetzung*

Autor	**Titel**	**weitere Beteiligte**	**erschienen**	**Rubrik**[2904]	***Bücherkunde***[2905]	***Gutachtenanzeiger***[2906]	**NS-affin**[2907]	**gedruckte Exemplare 1933–1945**	**Typ**[2908]	**UB-Nr.**
Brüggemann, Fritz (Hg.)	Reihe Aufklärung VIII: Die Anfänge des bürgerlichen Trauerspiels in den fünfziger Jahren		1934	Li		pos		2.200	Deutsche Literatur	
Brüggemann, Fritz (Hg.)	Reihe Aufklärung X: Bänkelsang und Singspiel vor Goethe		1937	Li	pos	pos		1.600	Deutsche Literatur	
Brüggemann, Fritz (Hg.)	Reihe Aufklärung XI: Die Aufnahme Shakespeares auf der Bühne der Aufklärung in den sechziger und siebziger Jahren		1937	Li		pos		1.600	Deutsche Literatur	
Brüggemann, Fritz (Hg.)	Reihe Aufklärung XIV: Sophie von la Roche: Geschichte des Fräulein von Sternheim		1938	Li		pos		1.600	Deutsche Literatur	
Brüggemann, Fritz (Hg.)	Reihe Aufklärung XV: Nicolai Friedrich: Das Leben und die Meinungen des Herrn Magister Sebaldus Rothanker		1938	Li		pos		1.600	Deutsche Literatur	
Bund der deutschen Schriftsteller Österreich (Hg.)	Gesänge der Ostmark: Ein Dichtergruß		1938	G		pos	1	10.000	UB	7413/14
Bürgel, Bruno Hans	Vom täglichen Ärger		1941	H		pos		28.0000	UB	7484
Chamberlain, Houston Stewart	Richard Wagner der Deutsche, als Künstler, Denker und Politiker	Vorwort: Pretzsch, Paul	1933	MT		pos		15.000	UB	7196/97

Anhang 14 Bücherkunde *Fortsetzung*

Autor	**Titel**	**weitere Beteiligte**	**erschienen**	**Rubrik**[2904]	***Bücher-kunde***[2905]	***Gutachten-anzeiger***[2906]	**NS-affin**[2907]	**gedruckte Exemplare 1933–1945**	**Typ**[2908]	**UB-Nr.**
Christiansen, Broder	Wege zum Erfolg (neu zu Technik des Erfolges)		1941	Hb		pos | neg		5.000	Illustrierte Werke	
Claes, Ernest	Die Dorfmusik, Erzählung	Nachwort: Mertens, Peter	1939	E		pos		221.000	UB	7427
Cysarz, Herbert	Das deutsche Schicksal im deutschen Schrifttum. Ein Jahrtausend Geisteskampf um Volk und Reich		1942	Li		pos	1	30.000	UB	7513
Czech-Jochberg, Erich	Wie Adolf Hitler der Führer wurde		1933	Hi	neg		1 | 2	10.4000	UB	7217
Czech-Jochberg, Erich	Deutsche Geschichte, nationalsozialistisch gesehen	Verlag Das neue Deutschland	1933	Hi	neg		1 | 2	67.707	Illustrierte Werke	
Czech-Jochberg, Erich	Cäsaren		1934	Hi	neg		2	9.804	Verlagswerk	
Detig, Alfred	Wie der Führer Österreich heimbrachte		1938	Hi		pos	1	38.000	UB	7412
Deuerlein, Ernst	Ewiges Kriegertum: Vom Kampf und Tod für's Vaterland		1940	A		pos	1	55.000	Verlagswerk	
Diem, Carl	Olympiade-Buch		1935	Hb	pos			17.094	Illustrierte Werke	
Diem, Carl	Der Läufer von Marathon		1941	E		pos	1	91.000	UB	7491
Diesel, Eugen	Das Phänomen der Technik		1939	Hb		pos		12.616	Illustrierte Werke	
Dresler, Adolf	Benito Mussolini		1940	Hi	pos	pos	1 | 2	31.000	UB	7478

Anhang 14 Bücherkunde *Fortsetzung*

Autor	Titel	weitere Beteiligte	erschienen	Rubrik[2904]	*Bücherkunde*[2905]	*Gutachtenanzeiger*[2906]	NS-affin[2907]	gedruckte Exemplare 1933–1945	Typ[2908]	UB-Nr.
Engelke, Heinz	Wissenschaftliche Graphologie		1940	Hb		pos		10.000	UB	7464
Euringer, Richard	Als Flieger in zwei Kriegen	Nachwort: Probst, Karl Friedrich	1941	E		pos	1 | 2 | 3 | 4	61.000	UB	7488
Fleege-Althoff, Fritz	Wirtschaftslehre XVIII: Grundzüge der allgemeinen Betriebswirtschaftslehre		1934	St		pos	1	15.000	UB	7283
Flemming, Willi (Hg.)	Reihe Barockdrama V		1933	Li	pos	pos		2.200	Deutsche Literatur	
Flemming, Willi (Hg.)	Reihe Barockdrama VI		1933	Li	pos	pos		2.200	Deutsche Literatur	
Fock, Gorch	Das schnellste Schiff der Flotte	Nachwort: Bussmann, Aline	1937	E		pos	3	181.000	UB	7369
Foerster, Karl	Blauer Schatz der Gärten		1940	Hb		pos | pos		10.080	Illustrierte Werke	
Frenssen, Gustav	Land an der Nordsee, Erzählungen		1938	E	pos | pos		3 | 4 | 5	96.000	UB	7389
Frercks, Rudolf	Deutsche Rassenpolitik		1937	St		pos	1	18.000	UB	7351
Friedrich, Rudolf	Die festliche Stunde. Vortragsbuch ernster und heiterer Dichtungen		1938	G		pos	1	9.720	Verlagswerk	
Friedrichsen, Detlef	Ein Leutnant von der Infanterie		1942	E	pos		1	120.000	UB	7516
Gackenholz, Hermann	Das Diktat von Versailles und seine Auswirkungen		1934	St	pos		1 | 2	25.000	UB	7248

Anhang 14 Bücherkunde *Fortsetzung*

Autor	Titel	weitere Beteiligte	erschienen	Rubrik[2904]	*Bücherkunde*[2905]	*Gutachtenanzeiger*[2906]	NS-affin[2907]	gedruckte Exemplare 1933–1945	Typ[2908]	UB-Nr.
Ginzkey, Franz Karl	Deutsche Balladen. Eine Auswahl für die Schule		1939	G		pos		26.000	UB	7429/31
Goethe, Johann Wolfgang von	Gedichte	Auswahl und Einleitung: Kindermann, Heinz	1937	G		pos		70.000	UB	7379/81
Goldammer, Rudolf	Fernsehen, das technische Wunder der Zeit		1936	Na		pos		10.000	UB	7342
Götz, Karl	Die Heimstätter: Ein Schicksal in Kanada		1940	E		pos	2	101.000	UB	7455
Grabbe, Christian Dietrich	Die Hermannsschlacht	Nachwort: Bergmann, Alfred	1942	D		pos		30.000	UB	7499
Grillparzer, Franz	Werke I	Vorwort: Kindermann, Heinz	1941	Werkausgabe		pos		8.000	Neue Klassiker-Ausgaben	
Grillparzer, Franz	Werke II	Vorwort: Kindermann, Heinz	1941	Werkausgabe		pos		8.000	Neue Klassiker-Ausgaben	
Grillparzer, Franz	Werke III	Vorwort: Kindermann, Heinz	1941	Werkausgabe		pos		8.000	Neue Klassiker-Ausgaben	

Anhang 14 Bücherkunde *Fortsetzung*

Autor	Titel	weitere Beteiligte	erschienen	Rubrik[2904]	*Bücherkunde*[2905]	*Gutachtenanzeiger*[2906]	NS-affin[2907]	gedruckte Exemplare 1933–1945	Typ[2908]	UB-Nr.
Grillparzer, Franz	Werke IV	Vorwort: Kindermann, Heinz	1941	Werkausgabe		pos		8.000	Neue Klassiker-Ausgaben	
Grillparzer, Franz	Werke V	Vorwort: Kindermann, Heinz	1941	Werkausgabe		pos		8.000	Neue Klassiker-Ausgaben	
Grillparzer, Franz	Werke VI	Vorwort: Kindermann, Heinz	1941	Werkausgabe		pos		8.000	Neue Klassiker-Ausgaben	
Grimm, Friedrich	Um Rhein, Ruhr und Saar: Ein Abwehrkampf 1918–1935		1937	Hi	pos	pos	1 | 2	16.000	UB	7385
Gunnarsson, Gunnar	Advent im Hochgebirge (1936 als UB, jetzt in Kleine illustrierte Reihe)	Übersetzung: Boor, Helmut de	1938	E	pos	pos		38.618	Kleine Illustrierte Reihe	
Gunnarsson, Gunnar	Von Trylle, Valde und dem kleinen Hasen Lampe	Übersetzung: Boor, Helmut de	1939	E		pos | pos		12.901	Kleine Illustrierte Reihe	
Haebler, Rolf Gustav	Wie unsere Waffen wurden. Aus der Geschichte der Waffentechnik		1940	Hi	pos	pos	1 | 2	8.032	Illustrierte Werke	
Harder, Hermann	Die Religion der Germanen		1937	Hi	pos			16.000	UB	7383/84
Harder, Hermann	Irische Heimkehr		1941	E		pos		30.000	UB	7492

Anhang 14 Bücherkunde *Fortsetzung*

Autor	Titel	weitere Beteiligte	erschienen	Rubrik[2904]	Bücherkunde[2905]	Gutachtenanzeiger[2906]	NS-affin[2907]	gedruckte Exemplare 1933–1945	Typ[2908]	UB-Nr.
Hartl, Eduard (Hg.)	Reihe Drama des Mittelalters II: Osterspiele		1937	Li		pos		1.600	Deutsche Literatur	
Hennig, Richard	Das vor- und frühgeschichtliche Altertum in seinen Kultur- und Handelsbeziehungen		1942	Hi		pos		10.000	UB	7494/96
Henseling, Robert	Der neu entdeckte Himmel		1939	Na		pos			Verlagswerk	
Henseling, Robert	Umstrittenes Weltbild		1939	Na		pos		32.157	Illustrierte Werke	
Hernried, Robert	Johannes Brahms		1934	MT	neg			8.000	UB	7251/52
Hoffmann, E. T. A.	Erzählungen		1937	E		pos		23.900	Große Illustrierte Reihe	
Hofstaetter, Walther	Aus reinem Quell. Deutsche Dichtung von Hölderlin bis zur Gegenwart	Co-Autor: Usadel, Georg	1935	G		pos	1 | 2	7.546	Verlagswerk	
Hohlbaum, Robert	Der Kurfürst: Eine Vinzenz-Prießnitz-Novelle		1940	E	pos	pos	2 | 3	76.000	UB	7473
Hölderlin, Friedrich	Empedokles	Herausgabe: Seebaß, Friedrich	1942	D		pos		70.000	UB	7500

Anhang 14 Bücherkunde *Fortsetzung*

Autor	Titel	weitere Beteiligte	erschienen	Rubrik[2904]	Bücherkunde[2905]	Gutachtenanzeiger[2906]	NS-affin[2907]	gedruckte Exemplare 1933–1945	Typ[2908]	UB-Nr.
Holzwart, Hanna	Wege der Liebe: Frauenlyrik der Gegenwart	Herausgeber	1937	G		pos	1	21.000	UB	7382
Hülsen, Hans von	Peter Drosts drittes Leben		1935	R		neg	4	3.000	Reclams Roman-Reihe	
Jelusich, Mirko	Deutsche Heldendichtung	Verlag Das neue Deutschland	1934	G	pos		1 | 2	9.922	Verlagswerk	
Jelusich, Mirko	Streit um Agnes, Erzählung aus der Stauferzeit	Nachwort: Hohlbaum, Robert	1937	E	pos	pos	2 | 3	74.000	UB	7346/47
Johnen, Kurt	Allgemeine Musiklehre		1937	MT		pos		50.000	UB	7352/53
Jung, Hermann Albert Karl	Skagerrak: Mit Schlachtkreuzer „Lützow" an der Spitze		1937	Hi	pos	pos	1 | 2	39.000	UB	7386
Keller, Gottfried	Kleider machen Leute		1940	E		pos		170.000	UB	7470
Kindermann, Heinz	Deutsche Wende: Das Lied der Jungen		1936	G	pos		1	71.000	UB	7320
Kindermann, Heinz	Theater und Nation		1943	MT	pos		1	30.000	UB	7563
Kindermann, Heinz (Hg.)	Reihe Irrationalismus VIII: Kampf um das soziale Ordnungsgefüge		1939	Li		pos		1.600	Deutsche Literatur	

Anhang 14 Bücherkunde *Fortsetzung*

Autor	Titel	weitere Beteiligte	erschienen	Rubrik[2904]	Bücherkunde[2905]	Gutachtenanzeiger[2906]	NS-affin[2907]	gedruckte Exemplare 1933–1945	Typ[2908]	UB-Nr.
Kindermann, Heinz (Hg.)	Reihe Politische Dichtung X: Heimkehr ins Reich. Großdeutsche Dichtung aus Ostmark und Sudetenland 1866-1938.		1939	Li	pos | pos	pos	1	6.600	Deutsche Literatur	
Kißhauer, Kurd	Sternenlauf und Lebensweg. Betrachtungen über Astrologie		1935	Hi		pos		10.000	UB	7296
Krause, Konrad	Anno 1791 fing es an		1938	R		pos		4.000	Verlagswerk	
Künkel, Hans	Schicksal und Liebe des Niklas von Cues		1936	R	pos	pos		31.518	Junge Deutsche	
Künkel, Hans	Ein Arzt sucht seinen Weg		1939	R		pos	2	83.852	Junge Deutsche	
Künkel, Hans	Laszlo. Die Geschichte eines Königsknaben		1941	E	pos			10.300	Junge Deutsche	
Lange, Friedrich	Deutsches Volk in 15 Staaten		1935	Hi	pos		1 | 2	20.000	UB	7303
Lange, Friedrich	Österreich, Deutsches Schicksalsland		1936	Hi		pos	1 | 2	21.000	UB	7339
Meier, John (Hg.)	Reihe Das deutsche Volkslied I: Balladen		1935	Li	pos			2.200	Deutsche Literatur	
Meier, John (Hg.)	Reihe Das deutsche Volkslied II: Balladen		1936	Li	pos	pos		2.000	Deutsche Literatur	
Meschendörfer, Adolf	Siebenbürgen, Land des Segens		1937	E		pos	2 | 3	24.000	UB	7367/68
Meyer, Conrad Ferdinand	Novellen		1937	E		pos		15.000	Große Illustrierte Reihe	

Anhang 14 Bücherkunde *Fortsetzung*

Autor	Titel	weitere Beteiligte	erschienen	Rubrik[2904]	*Bücherkunde*[2905]	*Gutachtenanzeiger*[2906]	NS-affin[2907]	gedruckte Exemplare 1933–1945	Typ[2908]	UB-Nr.
Miegel, Agnes	Das Bernsteinherz, Erzählung		1937	E	pos	pos	3 | 4 | 6	139.000	UB	7345
Millenkovich, Max von	Dreigestirn: Wagner, Liszt, Bülow		1940	B		pos		15.000	Illustrierte Werke	
Millenkovich, Max von	Vom Abend zum Morgen		1940	R		pos	2	5.015	Verlagswerk	
Most, Otto	Bevölkerungspolitik		1936	St		neg | neg	1	20.000	UB	7317
Müller, Adolf	Der Kampf um die Saar		1934	Hi	neg			30.000	UB	7247
Neckel, Gustav (Hg.)	Reihe Deutsche Sagen III: Vermischte Sagen		1936	Li		pos		1.600	Deutsche Literatur	
Paetsch, Heinrich	Luftschutz	Co-Autor: Baum, Ernst	1938	Hb		pos	1	18.000	UB	7397
Pflug, Hans	Deutschland. Landschaft, Volkstum, Kultur. Ein Handbuch		1937	Hi	pos	pos		24.039	Illustrierte Werke	
Pflug, Hans	Lob der deutschen Landschaft		1938	Hi		pos		10.922	Illustrierte Werke	
Pleyer, Wilhelm	Kämpfen und Lachen		1941	E		pos	1 | 2 | 3	61.000	UB	7487
Podleiszek, Franz (Bearbeitung)	Reihe Volks- und Schwankbücher VII: Anfänge des bürgerlichen Prosaromans in Deutschland		1933	Li	pos			2.200	Deutsche Literatur	
Puschkin, Alexander	Der Postmeister und andere Novellen		1940	E		pos		50.000	UB	7469

Anhang 14 Bücherkunde *Fortsetzung*

Autor	Titel	weitere Beteiligte	erschienen	Rubrik[2904]	*Bücherkunde*[2905]	*Gutachtenanzeiger*[2906]	NS-affin[2907]	gedruckte Exemplare 1933–1945	Typ[2908]	UB-Nr.
Raab, Friedrich	Wirtschaftslehre IV: Die deutsche Volkswirtschaft der Gegenwart		1934	St		pos	1	15.000	UB	7231
Raab, Friedrich	Wirtschaftslehre XIII: Gewerbepolitik		1934	St		pos	1	10.000	UB	7278
Raab, Friedrich	Wirtschaftslehre XVII: Steuerwesen		1934	St		pos	1	10.000	UB	7282
Reclam, Ernst Heinrich	Die Gestalt des Paracelsus in der Dichtung		1938	Li	pos	pos		1.524	Illustrierte Werke	
Redslob, Edwin	Des Reiches Straße		1940	Hi		pos	1	36.761	Illustrierte Werke	
Renker, Gustav	Fünf Männer bauen einen Weg		1935	R	pos	pos		5.346	Reclams Roman-Reihe	
Riedel, Johannes	Wirtschaftslehre XIX: Betriebsführung		1934	St		pos	1	10.000	UB	7284
Ritter, Paul	Der Kampf um den Erdraum: Kolonien vom Altertum bis zur Gegenwart		1935	Hi		pos	1 | 2	27.690	Illustrierte Werke	
Rommel, Otto (Hg.)	Reihe Barocktraditionen im österreichisch-bayrischen Volkstheater I: Die Maschinenkomödie		1935	Li		pos		2.200	Deutsche Literatur	
Rommel, Otto (Hg.)	Reihe Barocktraditionen im österreichisch-bayrischen Volkstheater III: Das parodistische Zauberspiel		1937	Li		pos		1.600	Deutsche Literatur	
Rommel, Otto (Hg.)	Reihe Barock: Barocktraditionen im österreichisch-bayrischen Volkstheater IV: Besserungsstücke. Teil I		1938	Li		pos		1.600	Deutsche Literatur	

Anhang 14 Bücherkunde *Fortsetzung*

Autor	Titel	weitere Beteiligte	erschienen	Rubrik[2904]	*Bücherkunde*[2905]	*Gutachtenanzeiger*[2906]	NS-affin[2907]	gedruckte Exemplare 1933–1945	Typ[2908]	UB-Nr.
Rothmund, Toni	Die Herrin auf Birka		1935	R		pos	1	7.500	Romane	
Rothmund, Toni	Der unsichtbare Dom: Ein Gutenberg-Roman		1937	R	pos	pos		8.900	Romane	
Rupprich, Hans (Hg.)	Reihe Humanismus und Renaissance I: Die Frühzeit des Humanismus und der Renaissance in Deutschland		1938	Li		pos		1.600	Deutsche Literatur	
Sallust	Briefe an Cäsar über den Staat	Bearbeitung: Woyte, Curt	1939	Kl		pos		10.000	UB	7436
Sappok, Gerhard	An Warthe und Weichsel: Dt. Schicksal in Vergangenheit und Gegenwart		1940	Hi		pos	1	16.000	UB	7466
Scheller, Will	Stefan George		1935	Li		neg		8.000	UB	7307/09
Schiestl-Bentlage, Margarete	Bernats Heimkehr und Ehe, Novelle		1938	E		pos	3	101.000	UB	7391
Schiller, Friedrich	Vergils Aeneis. 2. u. 4. Gesang in der Nachdichtung von Friedrich Schiller	Woyte, Curt (Hg.)	1939	Kl		pos		20.000	UB	7435
Schirach, Baldur von (Hg.)	Das Lied der Getreuen	Herausgeber	1938	G		pos	1 | 2 | 3	288.973	Verlagswerk	
Schmidtke, Heinz	Die deutsche Wehrmacht		1938	Hb		pos	1	10.000	UB	7396

Anhang 14 Bücherkunde *Fortsetzung*

Autor	Titel	weitere Beteiligte	erschienen	Rubrik[2904]	*Bücherkunde*[2905]	*Gutachtenanzeiger*[2906]	NS-affin[2907]	gedruckte Exemplare 1933–1945	Typ[2908]	UB-Nr.
Schmitt, Alfons	Wirtschaftslehre XIV: Verkehrswesen		1934	St		pos	1	10.000	UB	7279
Schmitt, Carl	Land und Meer. Eine weltgeschichtliche Betrachtung		1942	Hi	pos			70.000	UB	7536
Schwarz, Georg	Ernst Schweninger. Bismarcks Leibarzt		1941	R		pos		7.000	Verlagswerk	
Sonthoff, Herbert	Revolutionär, Soldat, Staatsmann: Der Deutsche und der Amerikaner: Carl Schurz		1937	Hi		pos		8.000	UB	7356
Springenschmid, Karl	Der Bauernspiegel Großdeutschlands	Co-Autor: Strohmeyer, Curt	1940	Hi	pos	pos | pos	1 | 2	10.000	Illustrierte Werke	
Stemplinger, Eduard (Hg.)	Reihe Formkunst II: Nachromantiker. Kinkel, Redwitz, Roquette, Carrière, Bodenstedt, Schack		1938	Li		pos		1.600	Deutsche Literatur	
Stieve, Friedrich	Wendepunkte europäischer Geschichte		1940	Hi		pos	1 | 2	49.011	Illustrierte Werke	
Strauß und Torney, Lulu von	Schuld		1940	E		pos	3 | 4 | 5	51.000	UB	7459
Sudermann, Hermann	Miks Bumbullis, der Wilderer	Nachwort: Felchner, Kuno	1940	E		pos		141.000	UB	7476
Sybel, Heinrich von	Nationale Erhebung gegen Napoleon (Original von 1860)	Nachwort: Gloy, Albert	1935	Hi	pos			10.000	UB	7295

Autor	Titel	weitere Beteiligte	erschienen	Rubrik[2904]	*Bücherkunde*[2905]	*Gutachtenanzeiger*[2906]	NS-affin[2907]	gedruckte Exemplare 1933–1945	Typ[2908]	UB-Nr.
Thalheim, Karl C.	Wirtschaftslehre X: Die Finanzierung der Wirtschaft		1934	St		pos	1	10.000	UB	7275
Thalheim, Karl C.	Wirtschaftslehre XV: Sozialpolitik		1934	St		pos	1	10.000	UB	7280
Timmermans, Felix	Kleine Leute in Flandern. Erzählungen	Übertragung von: Mertens, Valeton, Jacobs	1935	E	pos			176.000	UB	7292
Tjadens, Herbert	Yoko und die Philosophen		1939	R		pos		23.800	Junge Deutsche	
Verlag Philipp Reclam jun.	Deutscher Almanach für das Jahr 1941		1940	Almanach		pos	1	4.000	Almanach	
Volkmann, Ernst (Hg.)	Reihe Deutsche Selbstzeugnisse XI: Zwischen Romantik und Biedermeier		1938	Li	pos	pos		1.600	Deutsche Literatur	
Wagenführ, Horst	Wirtschaftslehre VI: Geschichte der wirtschaftlichen Lehrmeinungen und der wirtschaftspolitischen Systeme		1934	St		pos	1	15.000	UB	7233
Welk, Ehm	Die wundersame Freundschaft		1940	Hi		pos		21.127	Illustrierte Werke	
Wittstock, Erwin	Das Begräbnis der Maio		1937	E		pos	2 | 3	71.000	UB	7375
Ziegler, Wilhelm	Wie kam es zum Kriege 1939		1939	Hi		pos	1 | 2	231.000	UB	7440
Ziegler, Wilhelm	Großdeutschlands Kampf: Ein Rückblick auf das Kriegsjahr 39/40		1941	Hi		pos	1 | 2	63.500	Illustrierte Werke	
Zillich, Heinrich	Die Reinerbachmühle: Eine Erzählung aus Siebenbürgen		1935	E	pos		2 | 3 | 5	161.000	UB	7304

Druck und Bindung
Libri Plureos GmbH
Friedensallee 273, 22763 Hamburg